스펄전 설교전집 32

# 히브리서

KB192448

스펄전 설교전집 32

The Treasury of the Bible

# 스펄전 설교전집
# 히브리서

정충하 옮김

CH북스
크리스천
다이제스트

# 차례

## ■ 히 브 리 서

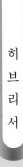

히
브
리
서

제

1

장

—

# 예수를 보니

—

"오직 우리가 천사들보다 잠시 동안 못하게 하심을 입은 자
곧 죽음의 고난 받으심으로 말미암아 영광과 존귀로 관을
쓰신 예수를 보니" — 히 2:9

　　본 구절에서 바울 사도는 주님을 육체로 보았다고 주장하고 있는 것이 아닙니다. 비록 그가 다른 곳에서 주님을 보았음을 자랑하면서 그것을 자신의 사도직의 증거들 가운데 하나로서 주장한다 하더라도 말입니다. 실제로 본문에서 그는 육체의 눈으로 주님을 보는 것에 대해 전혀 언급하고 있지 않습니다. 그는 지금 믿음에 대해 말하고 있습니다. 다시 말해서 그는 주 예수 그리스도를 영적으로 보는 것에 대해 말하고 있는 것입니다. 오늘 밤 우리가 주목해야 할 요점은 성경에서 그와 같은 '봄' 혹은 '바라봄'은 믿음을 나타내는 하나의 은유나 상징으로 매우 자주 사용된다는 사실입니다. 믿음은 영혼의 눈입니다. 믿음은 예수를 바라보는 행동이며, 우리는 그러한 행동으로 말미암아 구원을 받습니다. 그를 바라볼 때, 우리는 구원을 발견합니다.

　　우리의 육체적인 눈으로 보는 것과 관련된 한, 그것은 믿음과 정반대입니다. 우리는 많은 사람들이 "내가 주님의 시대에 살면서 그를 바라볼 수 있었다면 얼마나 좋았을까!"라고 말하는 것을 종종 듣습니다. 그것은 영적인 마음을 가진 사람들에게 분명 큰 특권일 것입니다. 그러나 영적으로 소경인 자들에게 그것은 아무런 특권도 아닙니다. 주님이 나사렛 회당에서 말씀을 전파하셨을 때를 생각

해 보십시오. 그 때 우리 주님을 보고 그로부터 말씀을 들었던 사람들이 어떻게 행동했습니까? 그를 회당으로부터 끌어내어 낭떠러지에서 떨어뜨리려고 하지 않았습니까?(눅 4:29). 그의 위엄에 압도되는 대신, 그들은 그를 비웃으며 그를 향하여 미쳤다느니 마귀에 들렸다느니 사마리아인이라느니 하며 비방했습니다. 심지어 십자가에 달린 예수를 바라보는 것조차 거기에 있는 사람들을 회심시키지 못했습니다. 도리어 그들은 그를 향해 입술을 함부로 놀리며 악한 말을 함으로써 죽어가는 그를 더욱 슬프게 했습니다. 나의 형제자매들이여, 육체의 눈으로 예수 그리스도는 보는 것은 아무것도 아닙니다. 왜냐하면 장차 모든 사람이 그를 볼 것이기 때문입니다. 그를 찌른 자들도 그를 볼 것이며, 그로 인해 울며 애곡할 것입니다. 그가 마지막 날 의로써 세상을 심판하기 위해 오실 때 그를 보는 것은 악인들에게 두려움의 원천이 될 것입니다. 그렇게 예수를 보는 것에는 어떤 유익도, 어떤 구원의 축복도 없습니다.

바울 사도는 여기에서 영적인 눈에 대해 말하고 있습니다. 다시 말해서, 그는 성령으로 말미암아 그 눈이 하늘의 안약(眼藥)으로 기름 부음을 받음으로써 볼 수 있게 된 자들의 영적인 시각(視覺)에 대해 말하고 있는 것입니다. 오늘 밤 우리의 주제는 어째서 믿음이 시각(視覺) 즉 보는 감각과 그토록 자주 비유되는지를 밝히는 것입니다.

### 1. 첫째로, 믿음이 종종 보는 것에 비유되는 이유를 살펴보도록 합시다.

여러 가지 측면에서 보는 것은 모든 감각들 가운데 가장 중요한 감각이 아닙니까? 우리의 모든 감각들 가운데 어느 감각을 잃어버린다 하더라도 그것은 매우 큰 손실일 테지만, 그러나 아마도 가장 큰 손실은 시각(視覺)을 잃어버리는 것일 것입니다. 시각을 잃는 것은 인간의 가장 중요한 기능을 잃는 것입니다.

첫째로, 시각은 놀랄 만큼 빠릅니다. 시각이 얼마나 빠른지 그리고 얼마나 멀리까지 여행하는지 생각해 보십시오. 이쪽으로부터 눈을 돌려 저쪽을 바라보는 데는 많은 시간이 걸리지 않습니다. 만일 여러분이 산 위에 올라가 있다면, 여러분은 150km 떨어진 곳까지도 능히 바라볼 수 있습니다. 그리고 거기까지 바라보는 데는 많은 시간이 걸리지 않습니다. 단지 그쪽을 향해 눈을 뜨기만 하면 됩니다. 그것은 모두 거기에 있습니다. 여러분의 생각은 눈 깜빡하는 순간 멀리까지 날아갑니다. 높은 산의 정상에 올라가 보십시오. 그러면 여러분은 멀리까지

그리고 넓은 지역을 보게 될 것이며, 여러분의 발 밑에 거대한 호수가 펼쳐져 있
는 것을 보게 될 것입니다. 그리고 멀리 산줄기가 연이어 달리고 있는 것이나 혹
은 흰 눈을 뒤집어 쓴 산봉우리들을 보게 될 것입니다. 그러한 산들은 아마도
300km 이상 떨어져 있을 것이지만, 그러나 여러분의 시각(視覺)은 순식간에 그
곳에 닿습니다. 우리의 시각은 이렇게 빨리 여행합니다. 뿐만 아니라 우리는 순
간적으로 달에도 가고 해에도 갑니다. 우리의 시각이 그곳까지 도달하는데 얼마
의 시간이 걸리는지 전혀 인식하지도 못하면서 말입니다. 뿐만 아니라 측량할
수 없을 정도로 멀리 떨어져 있는 하늘의 별들에도 우리의 시각은 순간적으로
도달합니다. 하늘을 향해 눈을 뜨기만 하면, 우리의 시각은 즉시 그곳에 도달합
니다. 이와 같이 우리의 시각은 놀라울 정도로 빠르게 여행합니다. 믿음의 행동
역시 그와 마찬가지로 빠릅니다. 형제들이여, 우리는 천국이 어디에 있는지 알
지 못합니다. 그러나 믿음은 단순히 한순간의 묵상으로 말미암아 우리를 그곳으
로 데려갑니다. 우리는 주님이 언제 오실지 말할 수 없습니다. 어쩌면 수 세기가
더 걸릴는지도 모릅니다. 그러나 믿음은 순간적으로 그 간격을 뛰어넘어 그가
하늘 구름을 타고 오시는 것을 보며 부활의 나팔소리를 듣습니다. 또 믿음의 병
거(兵車)보다 우리를 더 오랜 과거로 데려갈 수 있는 병거는 결코 없습니다. 왜
냐하면 우리로 하여금 세상이 창조되던 순간을 보도록 이끄는 것은 다름 아닌
믿음이기 때문입니다. 하늘의 별들이 함께 노래하며 하나님의 아들들이 기쁨으
로 소리치던 바로 그 때 말입니다. 또 믿음은 우리로 하여금 에덴 동산에서 우리
의 첫 조상들과 함께 걷는 것을 가능하게 만들어 줍니다. 또 우리로 하여금 여자
의 후손이 뱀의 머리를 상하게 할 것이라고 하나님이 약속하신 장면을 증언할
수 있도록 만들어 줍니다. 또 믿음은 우리를 족장들과 친하게 만들어 주며, 우리
로 하여금 왕들의 고난과 시련을 보도록 이끌어 줍니다. 또 믿음은 우리를 골고
다 언덕으로 데려갑니다. 믿음으로 우리는 그곳에 서서 우리 구주를 바라봅니
다. 그의 십자가 밑에서 슬퍼하고 있는 그의 모친 마리아와 똑같이 말입니다. 또
오늘날 우리는 오순절로 되돌아갈 수 있습니다. 그리고 마치 우리가 급하고 강
한 바람소리를 들으며 불의 혀처럼 갈라지는 것을 볼 수 있는 것처럼 느낄 수 있
습니다. 이와 같이 믿음은 너무나 빠른 속도로 여행합니다. 더욱이 놀라운 것은
믿음이 한순간에 죄인을 사망의 상태로부터 생명의 상태로 옮길 수 있다는 사실
입니다. 믿음은 죄인을 저주로부터 구원으로 옮길 수 있으며, 그를 사망의 그늘

진 땅으로부터 건져낼 수 있습니다. 또 믿음은 애곡하는 자에게 기쁨의 기름을 주며, 마음이 낙망한 자에게 찬미의 옷을 줄 수 있습니다. 죄인이여, 당신은 한순간에 그리스도께 도달할 수 있습니다. 예수를 믿는 순간, 당신은 그와 함께 있게 되며 그에게 연합되게 됩니다. 당신은 "그가 어디에 있지? 그를 찾을 수만 있다면 하늘 꼭대기까지라도 올라가고, 그를 만날 수만 있다면 음부 아래까지라도 내려갈 거야"라고 말할 필요가 없습니다. 그는 당신 가까이 계십니다. 그는 당신이 믿음의 행동으로 지금 당장 그의 품 안으로 옮겨질 수 있으며, 그의 피 안으로 던져질 수 있으며, 그의 의로 옷 입을 수 있으며, 하나님의 가족 안으로 입양(入養)될 수 있으며, 그리스도와 함께 공동상속자가 될 수 있을 정도로 그렇게 가까이 계십니다. 이제 우리는 어째서 그렇게 자주 믿음이 보는 것에 비유되는지 그 이유를 이해할 수 있습니다. 그것은 믿음이 작동(作動)되는 것이 마치 보는 것만큼이나 빠르게 일어나기 때문입니다. 믿음이 작동되는 데는 시간이 걸리지 않습니다. 어떤 죽어가는 죄인을 상상해 보십시오. 그러나 만일 그가 예수를 믿는다면, 그는 즉시 구원을 받습니다. 그는 고해성사를 하러 갈 필요도 없고, 죄 사함을 위한 어떤 보속(補贖)도 필요하지 않습니다. 죄 사함을 위한 어떤 참회의 기간도 필요하지 않습니다. 그는 있는 모습 그대로 예수께 올 수 있습니다. 예수께로 가는 길은 단 한 발자국이면 닿을 수 있을 만큼 짧습니다. 여러분은 단지 자신의 자아(自我)를 뒤에 남겨두고 그를 믿기만 하면 됩니다. 그러면 여러분은 그와 함께 있게 됩니다. "오직 우리가 예수를 보니." 이와 같이 믿음은 그 빠름에 있어 보는 것과 비슷합니다.

둘째로, 믿음은 또한 그 광대함에 있어 보는 것과 비슷합니다. 시각(視覺)은 얼마나 놀라운 능력을 가지고 있습니까? 여러분과 나의 눈은 한순간에 여기의 건물 전체와 이 안에 모여 있는 모든 회중을 봅니다. 우리가 지금 런던 인근의 높은 산꼭대기에 서 있다고 상상해 보십시오. 그러면 우리의 눈은 런던 전체와 거미줄처럼 얽혀 있는 수많은 도로들을 한꺼번에 보게 될 것입니다. 심지어 우리의 눈은 밤하늘의 수많은 천체들까지도 한꺼번에 볼 수 있습니다. 적절한 도구만 주어진다면 말입니다. 눈이 붙잡을 수 없는 것이 무엇이란 말입니까? 큰 눈뿐만 아니라 작은 눈까지도 말입니다. 그렇습니다. 종달새의 작은 눈은 의심의 여지 없이 황소의 큰 눈이 볼 수 있는 것을 모두 볼 수 있습니다. 하나님은 당신이 창조한 가장 작은 눈조차도 거대한 우주를 포괄하여 바라볼 수 있도록 만드셨습니다. 눈은 얼마나 경이롭습니까! 그것의 줄기는 모든 곳으로 뻗어나가며, 그것의 빛은 만물을 끌어안습니다. 믿음의 능력 또한 이와 같습니다. 믿음은 모든 것을 붙잡는 능력을 가지고 있습니다. 그것은 과거와 현재와 미래를 붙잡습니다. 믿음은 얽히고설킨 모든 복잡한 것들을 관통하여 모든 것을 합력하여 선을 이루시는 하나님을 바라봅니다. 나아가 믿음은 눈이 할 수 없는 것까지도 합니다. 믿음은 무한한 것을 봅니다. 믿음은 보이지 않는 것을 봅니다. 믿음은 눈이 한 번도 보지 못한 것을 보며, 귀가 한 번도 듣지 못한 것을 듣습니다. 믿음은 우리와 두려움의 나라 사이를 나누는 휘장 너머를 봅니다. 그리고 그것은 두려움 가운데 우리를 구주께로 날아가도록 만듭니다. 믿음은 진주 문 너머를 봅니다. 그리고 더 나은 나라를 바라보는 가운데 우리로 하여금 낙원의 열쇠를 가지신 예수께로 날아가도록 만듭니다. 나는 믿음이 보는 것을 어떻게 충분히 묘사할 수 있을지 알지 못합니다. 믿음이 보지 못하는 것이 도대체 무엇이겠습니까? 믿음은 심지어 하나님 자신까지도 봅니다. 나의 유한한 생각은 하나님을 붙잡을 수 없습니다. 나의 유한한 이해력은 이를테면 단지 그의 옷자락만 붙잡을 수 있을 뿐입니다. 그러나 나의 믿음은 하나님 전체를 붙잡을 수 있습니다. 그리고 그를 믿고 영접할 수 있습니다. 비록 온전히 알고 온전히 이해하지는 못한다 하더라도 말입니다. 아, 믿음의 놀라운 능력이여! 사랑하는 자들이여, 하나님이 바로 그것을 여러분에게 주십니다. 하나님은 여러분에게 더 많은 믿음을 주십니다. 그럼으로써 그것이 여러분에게 "바라는 것들의 실상이요 보지 못하는 것들의 증거"가 될 수 있도록 하기 위해서 말입니다. 이와 같이 모든 것을 포괄하는 광대한 믿음으로 여러분은 이렇게 노래할 수 있습니다.

> "만물이 나의 것이요 하나님의 선물이로다.
> 그 모든 것은 구주의 피로써 사신 것이로다.
> 이 세상과 다음 세상이 나의 것이로다.
> 땅은 나의 장막이요, 하늘은 나의 집이로다."

셋째로, 보는 것이 놀라운 능력인 것은 그것이 대부분의 사람들이 생각하기에 매우 확실한 것이기 때문입니다. 우리는 들음으로 말미암아 종종 속곤 한다는 사실을 압니다. 다른 사람으로부터 어떤 이야기를 들을 때 우리는 종종 이렇게 말합니다. "내가 그것을 보았더라면 충분히 믿을 수 있을 텐데. 그렇지 않으니 믿기가 어렵군. 나는 들음으로 말미암아 종종 속곤 했거든. 나는 귀로 들은 것에 대해서는 믿을 수가 없어." 또 우리는 느낌 혹은 감각에 의해서도 쉽게 속는다는 사실을 잘 압니다. 이삭을 생각해 보십시오. 그는 촉감(觸感)에 의해 속아 야곱을 축복하고 말았습니다. 그러나 사람들은 보는 것에 대해서는 굳은 신뢰를 가지고 있습니다. "보는 것이 믿는 것이다"(seeing is believing)라는 격언도 있지 않습니까? 어떤 사람이 무엇인가를 보았을 때, 그는 그것을 안다고 말합니다. 우리가 특별히 최근에 심지어 시각(視覺)조차도 항상 믿을 만한 것은 아니라는 사실을 배웠음에도 불구하고 말입니다. 오늘날 오락(娛樂)을 위해 상영되는 영상물 같은 것을 생각해 보십시오. 오늘날 여러분은 여러분 자신의 눈을 믿을 수 없습니다. 여러분은 실제로 거기에 있지 않은 것을 봅니다. 혹은 본다고 생각합니다. 또 여러분이 어디에 있다고 분명하게 말할 수 있는 것들이 실제로 거기에 전혀 있지 않은 것으로 드러납니다. 그것은 단지 반사된 것이거나 환영(幻影)일 뿐입니다. 그러면서도 그것은 가장 강렬하게 여러분의 눈을 사로잡습니다. 그럼에도 불구하고 사람들은 통상적으로 시각(視覺)을 우리의 모든 기능들 가운데 가장 확실한 것으로 간주합니다. 만일 우리가 무엇인가를 본다면, 그것은 거기에 있는 것입니다. 사람들은 그에 대해 의심하지 않습니다. 마찬가지로 믿음은 훨씬 더 높은 차원에서 이와 같은 확증하는 능력을 가집니다. 왜냐하면 하나님의 택하신 자들을 특징짓는 믿음은 확실한(infallible) 것이기 때문입니다. 하나님의 백성들의 믿음은 거짓을 믿지 않을 것입니다. 거짓 그리스도들과 거짓 선지자들이 일어나 "가능하기만 하다면"(if it were possible) 택하신 자들도 미혹하려고 할 것이라고 기록되어 있지 않습니까?(마 24:24). 그러나 그것은 가능하지 않습니다. 믿음이 그 기초로서 하나님의 말씀을 취하고 그 위에 근거할 때, 믿음은 확실한 것이 됩니다. 그리고 우리는 믿음이 우리에게 나타내는 것을 온전히 신뢰할 수 있습니다. 예컨대 하나님의 존재라든지 영원한 언약 같은 확실한 것들을 아는 것은 영광스러운 일입니다. 또 주의 백성들의 죄를 제거하는 효과적인 구속이라든지 혹은 우리 영혼 안에 내주하시는 성령의 임재와 같은 확실한 것들은 얼마나 우리를 복되게 합니까? 이와 같이 믿음은 그것이 가진 확증하는 능력에 있어 보는 것과 비슷합니다.

넷째로, 또 믿음은 그것이 생각(mind)에 끼치는 영향력에 있어 보는 것과 비슷합니다. 믿음은 사람으로 하여금 어떤 일을 실제화(實際化)하는 것을 가능하게 만들어 줍니다. 내가 의미하는 바는 이것입니다. 미국의 탁월한 설교자 비처 (Beecher)는 종종 청중들에게 흑인 노예제도에 대해 설교하곤 했습니다. 그의 감동적인 설교는 항상 청중들을 감동시켰으며, 그들로 하여금 노예제도를 미워하며 그 아래 고통당하는 노예들을 동정하도록 이끌었습니다. 한번은 그는 특별한 목적을 위한 거액의 돈을 모금하기 위해 사람들의 마음을 감동시키기를 바랐습니다. 그리하여 그는 한 아름다운 소녀의 슬픔에 대해 열정적으로 말했습니다. 그녀는 거의 백인이었지만, 그러나 그녀의 혈통 속에는 그녀의 주인이 그녀를 자기 노예라고 주장할 만큼의 충분한 아프리카의 피가 흐르고 있었습니다. 그녀는 남부로 팔려갈 예정이었습니다. 비처는 청중들의 마음을 감동시킴으로써 그들이 그리스도 안에서의 자매인 그녀를 노예로부터 자유롭게 해주기를 바랐습니다. 그는 열정적으로 말하는 가운데, 효과를 극대화하기 위해 그녀를 자리로부터 일어나게 했습니다. 그녀가 회중 가운데 일어났을 때, 여러분은 그로 인해 어떤 결과가 야기되었을지 충분히 상상할 수 있을 것입니다. 그날 그녀를 자유롭게 해주기 위해 필요한 모든 돈을 모금하는 데는 아무런 어려움도 없었습니다. 그들의 마음은 노예 소녀를 보는 것을 통해 움직였습니다. 그것은 설교자의 말이 할 수 없었던 일이었습니다. 이것은 대부분의 경우 그러합니다. 우리는 가난에 대해 말합니다. 그러나 가난한 가정에 방문하여 어린아이들이 먹을 것을 달라고 부르짖는 모습을 볼 때보다 여러분의 지갑이 더 잘 열리는 때가 언제이겠습니까? 우리는 고아들을 불쌍히 여깁니다. 그러나 그들이 실제로 살아가는 모습을 볼 때, 그들을 향한 긍휼의 마음은 훨씬 더 강렬하게 불타오릅니다. 최근에 설립한 고아원을 통해 우리는 많은 고아들을 돌보고 있습니다. 그들과 더 많이 접촉할수록 우리는 그들에게 더 많은 긍휼을 베풀어야만 하겠다는 생각을 갖게 됩니다. 이와 같이 보는 것은 우리에게 강력한 영향력을 끼칩니다. 거리에서 추위에 떠는 가족을 볼 때, 우리는 겨울이 너무나도 가혹하다는 사실을 느끼게 됩니다. 그리고 얼마의 돈을 지출하여 그들을 위한 담요를 사게 됩니다. 그렇지만 따뜻한 난롯가에 앉아 즐거운 식사를 할 때, 우리는 겨울이 그다지 나쁘지 않다고 생각합니다. 그러는 가운데 가난한 사람들이나 그들을 위한 담요 따위는 전혀 생각하지 않게 됩니다. 나의 형제들이여, 무엇인가를 깨달음에 있어 보는 것만큼 중요한 것은 아무것도 없습니다. 믿음도 그와 마찬가지입니다. 믿음 역시도 이와 같이 무엇인가를 깨닫게 하는 강한 힘을 가지고 있습니다. 한층 더 높은 차원에서 말입니다. 참된 믿음은 그리스도인으로 하여금 마치 자신이 하나님을 본 것처럼 느끼게 만듭니다. 참된 믿음은 그리스도인에게 실제로 하나님을 보았을 때 갖게 되는 것과 동일한 경외심과 동일한 즐거운 확신을 줍니다. 믿음은 우리로 하여금 죄를 미워하고 구주를 사랑하도록 만듭니다. 마치 우리의 모든 죄가 그리스도에게 전가된 것을 우리가 본 것처럼 말입니다. 그리고 마치 우리가 그의 손과 발에 박힌 못과 그의 등을 내리친 채찍을 본 것처럼 말입니다.

> "우리는 함께 있지 않았나이다.
> 당신의 십자가 옆에 서 있었던 자들과 함께.
> 우리는 당신이 기도하는 것을 듣지 못했으며,
> 지진으로 땅이 흔들리는 것을 느끼지 못했나이다.
> 우리는 당신의 옆구리를 찌른 창을 보지 못했나이다.
> 그러나 우리는 당신이 죽으신 것을 느낄 수 있나이다."

믿음은 어떤 일을 실제화시킵니다. 따라서 믿음은 "바라는 것들의 실상이며 보지 못하는 것들의 증거"가 됩니다. 바로 이것이 믿음의 영광이며 믿음의 아름다움입니다. 여러분 가운데 많은 사람들은 하나님의 진노에 대해 들었습니다. 그러나 그것은 모두 잊혀졌습니다. 여러분은 장차 임할 하나님의 심판과 진노에 대해 들었으며, 또 죄를 제거하는 속죄의 능력에 대해 들었습니다. 그러나 그것이 여러분의 마음에 특별한 영향력을 끼치지 못한 것은 바울의 말처럼 그것이 믿음과 결부되지 않았기 때문입니다. "들은 바 그 말씀이 그들에게 유익하지 못한 것은 듣는 자가 믿음과 결부시키지 아니함이라"(히 4:2). 그러나 만일 여러분이 여러분의 구원의 기초로서 제시된 하나님의 진리를 믿음으로 받아들인다면, 여러분은 감동과 자극을 받고 분연히 일어나 죄를 미워하며 예수께로 날아갈 것입니다. 부디 하나님이 우리로 하여금 더 큰 믿음을 갖도록 허락하시기를 기원합니다. 지금까지 우리는 믿음과 보는 것 사이의 유사점을 살펴보았습니다.

**2. 둘째로, 여기에서 믿음 즉 '영혼이 보는 것'이 계속적인 것으로서 언급되는 것을 주목하십시오.**

"오직 우리가 예수를 보니." 본문은 "오직 우리가 예수를 볼 수 있으니"라고
말하지 않습니다. 물론 그것이 분명한 사실임에도 불구하고 말입니다. 영적인
눈은 구주를 볼 수 있습니다. 또 본문은 "오직 우리가 그를 보았으니"라고 말하
지도 않습니다. 이 역시 분명한 사실임에도 불구하고 말입니다. 우리는 주님을
보았으며, 그를 보며 즐거워했습니다. 뿐만 아니라 본문은 "오직 우리가 예수를
볼 것이니"라고 말하지도 않습니다. 비록 이것이 우리의 자랑이며 소망임에도
불구하고 말입니다. "그가 나타나시면 우리가 그와 같을 줄을 아는 것은 그의 참
모습 그대로 볼 것이기 때문이니"(요일 3:2). 본문은 "오직 우리가 예수를 보니"
(We see Jesus)라고 말합니다. 우리는 지금 그를 보며, 또 계속적으로 그를 봅니
다. 이것은 그리스도인의 일상적인 습관이며, 그리스도인의 영적 생명의 요소입
니다. 이것은 그리스도인의 가장 즐거운 일이며, 그리스도인의 계속적인 일입니
다. "오직 우리가 예수를 보니."

　　사랑하는 형제자매들이여, 우리는 여전히 죄인으로서 예수 그리스도를 우리의
구주로서 바라봅니다. 항상 스스로를 죄인으로 느끼면서 항상 그리스도를 구주
로서 바라보는 것은 얼마나 복된 일입니까? "그러므로 너희가 그리스도 예수를
주로 받았으니 그 안에서 행하되"(골 2:6). 우리는 이따금씩 그에게 나아가는 것
이 아니라 항상 그 안에 거해야 합니다. "산 돌이신 예수께 나아가"(벧전 2:4). 우
리는 항상 나아가야 하며, 계속적으로 나아가야 합니다. 얼마 전 신자들의 모임
에 참석한 적이 있었습니다. 그 가운데 매우 열정적인 한 형제가 있었습니다. 그
는 자신이 영적으로 나약해지고 마음이 싸늘하게 식을 때, 항상 병자나 혹은 임
종을 앞둔 사람을 찾아간다고 말했습니다. 왜냐하면 그렇게 하는 것이 자기 자
신에게도 매우 축복된 일임을 발견했기 때문입니다. 그는 그렇게 하는 것이 자
신의 믿음을 회복시키는 가장 좋은 방법임을 알게 되었다고 말하면서, 거기 참
석한 모든 사람들에게 가능한 병자들과 임종을 앞둔 자들을 자주 방문할 것을
권면했습니다. 또 한 사람의 형제가 있었는데, 그는 정육점을 경영하면서 복음
을 전파하는 사람이었습니다. 그는 예수를 만나며 또 믿음을 회복하기 위해 임
종을 앞둔 사람을 찾아갈 필요가 없음으로 인해 하나님께 감사한다고 말했습니
다. 그는 예배당에서와 마찬가지로 시장(市場)에서 하나님과 달콤한 교제를 나
눈다고 말했습니다. 그는 항상 그리스도께서 원하시는 대로 사는 것, 즉 항상 죄
를 의식하며 항상 속죄제물을 바라보는 것이 최선이라고 말했습니다. 그러므로

처음 예수께 나아왔던 것처럼 계속해서 그에게 나오십시오. 계속해서 씻음을 받을 필요가 있는 것처럼 항상 그 샘으로 달려가십시오. 계속해서 그곳에 거하십시오. 그리고 그 샘으로부터 흘러나오는 물로 계속해서 씻으십시오. 예루살렘에 열린 샘이 죄인들을 위해서라기보다 신자들을 위해 열린 것은 얼마나 복된 일입니까? "그 날에 죄와 더러움을 씻는 샘이 다윗의 족속과 예루살렘 주민을 위하여 열리리라"(슥 13:1). 그러므로 항상 그 샘으로 나아갑시다! 그리고 밤낮으로 이렇게 부르짖읍시다! "죄는 잠잠해져라! 악은 잠잠해져라! 더러운 것들은 잠잠해져라! 우리는 예수를 보며 계속해서 보고 있노라. 우리는 구원받았음을 아노라."

우리가 지금 그의 제자라는 사실 역시 또 다른 측면에서 우리의 삶의 양식이지 않습니까? 우리는 옛 삶의 방식으로부터 구원받아 이제 주 예수의 제자들이 되었습니다. 그러므로 우리는 예수의 제자로서 계속해서 그와 함께 있어야 하지 않습니까? "우리는 계속해서 예수를 보노라" — 이것이 우리 삶의 표어가 되어야 하지 않습니까? 우리는 예수 그리스도의 명령들을, 우리를 떠나심으로써 이제 더 이상 볼 수도 없으며 또 나아갈 수도 없는 주인에 의해 남겨진 율법으로 간주해서는 안 됩니다. 예수 그리스도는 살아 계시며, 여전히 그의 교회 가운데 계시며, 우리가 순종하는지 혹은 불순종하는지 지켜보고 계십니다. 그러므로 "볼지어다 내가 세상 끝날까지 너희와 함께 있으리라"는 약속에 따라 그가 항상 우리와 함께 계신다고 믿는 것이 훨씬 더 낫지 않습니까?

"십자가 곁에서 그와 함께 머물라.
무덤 곁에서 그와 함께 머물라.
부활하신 주님을 볼 때까지 머물라.
그의 오심을 볼 때까지 머물라."

나의 형제들이여, 만일 우리가 항상 예수를 본다면, 우리는 그렇게 자주 냉담하며 무관심해지지 않을 것입니다. 만일 우리가 항상 멸망 아래 있는 죄인들을 눈물로써 바라본다면, 우리의 마음은 그들을 향해 그토록 완고해지지 않을 것입니다. 만일 우리가 십자가에 달린 자를 계속해서 바라본다면, 도대체 어떻게 우리가 세상 가운데 가만히 앉아 우리의 모든 힘을 오직 우리 자신에게만 쏟을 수 있겠습니까? 나는 항상 이 자리에 와서 예수를 전파할 수 있기를 바랍니다. 내 옆에 계신 그를 보며, 마음으로 그를 느끼면서 말입니다. 나는 여러분이 항상 이 장소에 와서 이렇게 느낄 수 있기를 바랍니다. "주님이 여기에 계시도 다. 그 앞에 있는 것처럼 우리가 그에게 경배하자. 맹인으로서 우리를 볼 수 없는 자가 아니라 우리 모두를 바라보며 우리의 속마음까지 통찰하시는 자에게 예배 하자." 제자로서 우리는 그의 모든 명령들을 지키며 그를 닮아가는 일에 더 착념 해야 합니다. 그가 항상 우리 앞에 계시다면 말입니다. 가톨릭교도들은 그들의 눈앞에 십자가 우상을 놓습니다. 그러면 우리는 무엇을 놓아야 하겠습니까? 우 리는 마땅히 우리 영 안에 계신 그리스도를 놓아야 합니다. 그는 자신의 품안에 십자가를 품고 계십니다. 그러므로 우리도 계속해서 예수를 생각하며, 항상 그 를 바라보며, 마음속에 그를 품읍시다.

사랑하는 형제들이여, 우리는 또한 이 땅의 모든 나그네 길에서 항상 예수를 우 리의 친구로서 바라봅니다. 그는 이렇게 말씀하십니다. "이제부터는 너희를 종이 라 하지 아니하고 … 너희를 친구라 하리니"(요 15:15). 나의 사랑하는 형제여, 당신은 매우 가난합니다. 그렇지만 예수를 보십시오. 그는 당신보다 더 가난했 습니다. 당신에게는 오늘 밤 잠자리가 있습니다. 그러나 그는 "여우도 굴이 있고 공중의 새도 거처가 있으되 인자는 머리 둘 곳이 없도다"라고 말씀하셨습니다 (마 8:20). 당신은 오늘 밤 번민으로 괴로워합니까? 그렇다면 예수를 보십시오. 그는 "내 마음이 매우 고민하여 죽게 되었으니"라고 말씀하셨습니다(마 26:38). 당신의 슬픔은 그의 슬픔과 비교될 수 없습니다. 당신은 버림을 당하고 배반을 당했습니까? 그렇다면 유다에 의해 입맞춤을 받으신 예수를 보십시오. 몇몇 친 구들이 당신을 부인했습니까? 그렇다면 베드로에 의해 부인을 당하신 예수의 얼 굴을 보십시오. 죽음이 당신의 얼굴을 노려봅니까? 그렇다면 "사람의 모양으로 나타나사 자기를 낮추시고 십자가에 죽기까지 복종하신" 자를 기억하십시오(빌 2:8). 만일 우리가 예수를 볼 수 있다면, 우리는 결코 외롭지 않을 것입니다. 설령 외롭다 하더라도, 그것은 축복된 외로움일 것입니다. 만일 우리가 예수를 볼 수 있다면, 우리는 결코 버림을 당한 느낌을 갖지 않을 것입니다. 도리어 우리는 '최 고의 돕는 자'를 가질 것입니다. 만일 우리가 항상 예수를 본다면, 우리는 결코 나약함을 느끼지 않을 것입니다. 왜냐하면 그가 우리의 힘이며 우리의 노래가 될 것이기 때문입니다. 그는 우리의 구원이 되실 것입니다. 마라의 쓴 물과 한낮 의 모든 괴로움은 달게 변할 것입니다. 만일 이 나무가 우리를 위해 물에 던져진다면 말입니다. 그리고 만일 예수가 거룩한 묵상 가운데 우리의 영 안으로 던져져 그것과 접촉한다면 말입니다. 아, 예수를 보는 것은 얼마나 복된 일입니까! 당신은 그를 당신의 구주로 보았습니다. 당신은 그를 당신의 주인으로 보기를 열망합니다. 계속해서 그를 당신의 친구로 보십시오. 그 품에 당신의 아픈 머리를 기댈 수 있고, 그 귀에 당신의 슬픈 이야기를 쏟아놓을 수 있는 그런 친구 말입니다. 광야를 여행하는 동안, 당신은 계속적으로 그에게 기댈 수 있으며 그와의 달콤한 교제를 영속적으로 누릴 수 있습니다. 그럼으로써 광야는 마치 장미꽃으로 가득한 동산처럼 바뀔 것이며, 당신의 영은 이 땅에서 하늘을 향유할 것입니다.

사랑하는 형제들이여, 또한 우리는 예수를 우리 앞서 간 자로서 바라봅니다. 예수가 우리 앞서 가셨음을 생각하면서 즐겁게 그 뒤를 따르는 것은 얼마나 복된 일입니까? 우리 가운데 어떤 사람들은 하늘을 바라보며 즐거워하면서도 동시에 죽음을 생각하면서 종종 우울함에 사로잡히곤 합니다. 사망의 음침한 골짜기로 내려가 육체로부터 영혼이 분리되고 이 땅의 장막을 벌레들의 먹이로 남겨두는 것은 결코 마음편한 일일 수 없습니다. 사실 그것은 얼마나 섬뜩하며 끔찍한 모습입니까! 심지어 바울 사도 자신도 "참으로 이 장막에 있는 우리가 짐진 것 같이 탄식하는 것은 벗고자 함이 아니요 오히려 덧입고자 함이니"라고 말할 때 어느 정도 몸서리치면서 그렇게 말한 것처럼 보입니다(고후 5:4). 죽음은 우리 모두에게 쓴 알약처럼 보입니다. 만일 그 알약이 승리 가운데 삼켜지지 않는다면 그리고 승리가 사망의 쏘는 것을 제거하지 않는다면, 그것이 용해되는 시간은 너무나 쓸 것입니다. 그러나 죽음에 대해 우리가 우울하게 생각하는 것은 많은 경우 예수께서 우리와 함께 계실 것이라는 사실을 잊어버리는 것으로부터 말미암지 않습니까? 만일 우리가 믿음으로 예수께서 우리 곁에 계시며 그가 우리로 하여금 요단 강을 안전하게 통과할 수 있도록 인도할 것이라는 사실을 볼 수 있다면, 그렇다면 우리는 죽음을 매우 다른 시각으로 바라보게 되지 않겠습니까? 다음과 같은 와츠(Watts)의 찬송을 들어보십시오.

> "만일 나의 주님이 오셔서 맞아 주신다면,
> 나의 영혼은 급히 그 날개를 펼치고
> 기쁘게 죽음의 요단 강을 날아 통과할 것이요
> 나의 영혼은 아무런 두려움도 느끼지 않을 것이라.

예수는 느끼게 만들 수 있도다.

임종의 자리를 솜털베개처럼 포근하게.

나는 그의 품에 머리를 기대고

그곳에서 고요하게 숨을 거두도다."

나의 형제자매들이여, 만일 우리가 예수를 아침부터 저녁까지 그리고 살아 있을 때든 죽을 때든 항상 우리와 함께 계시는 자로서 바라본다면, 그것은 우리를 얼마나 멋진 그리스도인으로 만들겠습니까? 그럴 때, 우리는 서로에게 대하여 그렇게 속히 분을 내지 않을 것입니다. 그의 사랑스런 얼굴이 우리 앞에 있을 때, 우리는 분낼 수 없습니다. 우리가 예수를 볼 때, 설령 모욕을 당했다 하더라도 우리는 기꺼이 용서할 수 있게 될 것입니다. 그의 부드러운 얼굴을 볼 때, 누가 형제를 미워할 수 있겠습니까? 만일 우리가 계속해서 예수를 본다면, 우리는 결코 세속적인 사람이 될 수 없습니다. 형제여, 만일 당신이 예수를 본다면, 당신은 다른 사람들을 향해 그렇게 함부로 말할 수 있겠습니까? 나의 사랑하는 친구여, 만일 당신이 예수를 본다면, 당신은 동료들에게 그렇게 함부로 행동할 수 있겠습니까? 만일 당신이 예수를 본다면, 당신은 당신의 종들에게 그렇게 함부로 말했겠습니까? 만일 당신이 예수를 본다면, 당신은 당신의 주인에게 그렇게 함부로 행동했겠습니까? 주인이 보는 앞에서는 함부로 행동할 수 없는 법입니다. 하물며 예수 앞에서 어떻게 함부로 행동할 수 있겠습니까? 예수의 눈을 의식(意識)할 때, 그것은 우리를 그의 뜻대로 빚어가는 그의 손과 같을 것입니다. "오직 우리가 예수를 보니."

나는 여러분이 예배당에 앉아 있을 때와 마찬가지로 항상 예수를 보기를 바랍니다. 주일에 주께서 설교자를 통해 자신을 명백하게 나타내실 때, 여러분은 예수를 본 것입니다. 그렇지만 그것이 전부여서는 안 됩니다. 여러분은 예배가 마친 후에 그를 볼 것입니까? 여러분은 집에 돌아간 후에 그를 볼 것입니까? 여러분은 월요일에 일터에서 그를 볼 것입니까? 여러분은 화요일에 시장(市場)에서 그를 볼 것입니까? 이것은 그렇게 쉽지 않습니다. 그러나 만일 우리가 풍성한 은혜 가운데 거한다면, 우리는 예배당에서와 마찬가지로 일터와 시장에서도 그리스도를 볼 것입니다. 우리는 골방에서 무릎을 꿇고 있을 때와 마찬가지로 말을 타고 있거나 거리를 걷고 있을 때에도 그를 볼 것입니다. 바로 이것이 항상 우리와 함께 있는 참된 은혜입니다. 바로 이것이 우리 가운데 영원히 거하는 예수의 임재입니다. 바로 이것이 세상 염려 가운데 가장 아름답게 비취는 참된 경건입니다. 부디 우리 모두가 이러한 은혜를 소유하기를 바랍니다. "우리가 항상 예수를 보노라" ― 이것이 우리 삶의 표어가 되기를 바랍니다. 그러면 우리는 한 걸음 더 나아가 "내게 사는 것이 그리스도니 죽는 것도 유익함이라"라고 말할 수 있게 될 것입니다(빌 1:21).

### 3. 셋째로, 보는 것과 마찬가지로 우리의 믿음이 항상 선명한 것은 아니라는 사실을 주목하십시오.

우리는 항상 똑같이 선명하게 보지 못합니다. 우리의 시각(視覺)에 영향을 끼치는 것들이 얼마나 많습니까? 흐린 날씨일 때보다 맑은 날씨일 때, 우리는 훨씬 더 멀리까지 볼 수 있습니다. 얼마 전에 나는 뉴캐슬에 있는 한 친구의 집에 있었습니다. 그 집의 제일 꼭대기에 있는 창문 앞에 섰을 때, 그는 나에게 이렇게 말했습니다. "전망(前望)이 좋지? 주일에는 여기에서 더럼 대성당(Durham Cathedral)을 볼 수 있다네." 그 말에 나는 이렇게 물었습니다. "주일에? 어떻게 그럴 수 있지?" "저기 매연을 내뿜고 있는 공장의 굴뚝들이 보이나? 저기에 있는 모든 공장들이 주일에는 가동을 멈춘다네. 그러면 공기는 깨끗해지고, 우리는 더럼 대성당을 볼 수 있게 되지." 그 순간 나는 '아, 그렇구나!'라고 생각했습니다. 우리는 주일에 훨씬 더 멀리까지 볼 수 있습니다. 왜냐하면 세상의 매연이 잠깐 동안 사라지기 때문입니다. 우리는 주일에 하늘로 가는 모든 길을 볼 수 있습니다. 그렇지만 때때로 우리는 우리 자신이 혹은 마귀가 혹은 죄가 만든 각종 매연으로 인해 아주 조금밖에는 볼 수 없게 됩니다. 이와 같이 우리의 자연적인 시각(視覺)이 여러 가지 원인들에 의해 다양한 변이(變異)를 겪는 것처럼, 우리의 믿음 역시도 다양한 변이를 겪습니다. 그러지 말아야 하지만, 그러나 종종 그러합니다. 그리스도가 우리의 것임을 온전히 인식하는 때가 있는 것으로 인해 그의 이름에 영광을 돌립시다! 설령 지옥의 모든 마귀들이 반대로 말한다 하더라도, 그러나 우리는 주님이 우리의 것임을 압니다. 우리는 그것을 확신합니다. 설령 하늘의 모든 천사들이 그것을 부인한다 하더라도, 우리는 그들에 맞서 이렇게 말합니다. "내가 믿는 자를 내가 알고 또한 내가 의탁한 것을 그 날까지 그가 능히 지키실 줄을 확신함이라"(딤후 1:12). 그러나 같은 신자가 다음과 같은 존

뉴턴(John Newton)의 찬송을 부를 때가 있습니다. 그 찬송을 부를 때마다 그는 그것을 혼자 불러야 합니다. 왜냐하면 다른 사람들에게 그런 불안과 두려움의 마음이 전염될 수도 있기 때문입니다.

> "내가 알기를 바라는 것이 이것이라.
> 그런데 그것이 항상 나를 불안하게 하노라.
> 내가 정말로 주님을 사랑하는가?
> 내가 정말로 그의 소유인가?"

우리에게 때로 쥐구멍에라도 들어가 숨기를 바랄 때가 있습니다. 우리는 스스로에 대해 너무도 미약하며 보잘것없는 존재로 느낍니다. 우리의 믿음은 마치 썰물처럼 빠져나가고, 우리는 어찌할 바를 알지 못합니다. 그렇지만 이런 것으로 인해 우리가 하나님의 자녀가 아닌 것처럼 두려워하거나 불안해하지 맙시다. 생명을 가진 모든 것에는 변이(變異)가 있게 마련입니다. 대들보는 날씨에 의해 영향을 받지 않지만 그러나 살아 있는 사람은 영향을 받습니다. 죽은 막대기를 땅에 꽂아 보십시오. 봄이든 여름이든 가을이든 겨울이든, 죽은 막대기는 아무런 영향력도 느끼지 못합니다. 그렇지만 만일 그것이 살아 있는 나무라면, 그것은 곧 싹을 내기 시작할 것입니다. 그리고 여러분은 그 나무에 일어나는 변이를 통해 봄이 오고 있다든지 혹은 겨울이 오고 있다는 등의 말을 할 수 있게 될 것입니다. 생명은 이러한 변이들로 가득합니다. 그러므로 여러분이 그러한 변이들을 경험한다고 해서 놀라거나 이상하게 여기지 마십시오.

믿음은 이와 같이 다양한 변이 아래 있을 뿐만 아니라 또한 크게 자라기도 합니다. 보는 것과 마찬가지로 말입니다. 어떤 의미에서 하루밖에 안 된 아기는 스무 살 되었을 때와 마찬가지로 참되게 봅니다. 그러나 우리는 그 아기가 정확하게 본다고 상상해서는 안 됩니다. 아기는 실제로 그렇게 보지 못합니다. 학자들에 따르면, 어린 아기는 모든 것을 평면적으로 본다고 합니다. 멀리 있는 물건도 그에게는 가까이 있는 것처럼 보입니다. 왜냐하면 그는 아직 사물들 간의 상대적인 위치를 판단할 만큼 충분한 경험을 갖지 못했기 때문입니다. 그것은 획득된 지식입니다. 의심의 여지 없이 매우 어린 시기에 획득된 것일 것입니다. 그렇지만 어쨌든 그것은 지적인 경험을 통해 배워 획득한 것입니다. 뿐만 아니라 우리가 눈으로 거리를 재는 모든 능력은 습관과 관찰에 의해 얻어지는 것입니다. 한 친구와 함께 스위스에 간 적이 있었습니다. 그 때 우리는 멀찌감치 떨어져 있는 한 산을 보았습니다. 그 산은 우리가 등산하려고 계획했던 산이었습니다. 나는 중간쯤 되어 보이는 한 장소를 가리키면서 이렇게 말했습니다. "저기까지 가는데 대략 네 시간 반쯤 걸릴 거야." 그러자 친구가 이렇게 대답했습니다. "네 시간 반이라고? 십 분이면 충분히 갈 수 있을 걸세." "십 분이라고? 어림없는 소리!" "그래, 십 분까지는 아니더라도 적어도 30분이면 충분히 갈 수 있어!" 그는 다시 한 번 그곳을 바라보면서 이렇게 말했습니다. "누구라도 30분이면 저곳에 충분히 도달할 수 있어." 그곳은 그렇게 먼 곳처럼 보이지 않았습니다. 그러나 우리는 무려 여섯 시간이 지난 후에야 비로소 그곳에 도달할 수 있었습니다. 우리의 눈은 산에 대해 익숙하지 않았으며, 우리는 그 거리를 정확하게 측량할 수 없었습니다. 산에서의 거리를 정확하게 측량하기 위해서는 상당한 정도의 경험이 필요합니다. 여러분은 충분히 지혜로워질 때까지는 사물들 간의 위치와 거리를 어느 정도 정확하게 알 수 없습니다. 그리고 이것은 믿음에 있어서도 마찬가지입니다. 어떤 그리스도인이 처음 믿음을 갖게 되었을 때, 그것은 참된 것이기는 하지만 그러나 아직 균형 잡혀 있지는 않습니다. 그는 어떤 한 교리를 믿습니다. 그것은 그에게 다른 모든 교리들을 삼킬 정도로 너무나 강력한 것입니다. 그리고 나서 그는 또 하나의 교리를 붙잡습니다. 그러자 그는 마치 시계추처럼 반대쪽으로 이동합니다. 그에게 다른 어떤 교리도 이것만큼 참될 수 없습니다. 잠깐 사이에 그는 시계추처럼 반대쪽 방향으로 움직입니다. 그는 왔다 갔다 합니다. 그의 믿음은 하나님의 진리를 인식하지만 그러나 아직까지 하나님의 진리들 간의 균형과 조화는 인식하지 못합니다. 예컨대, 그의 믿음은 주 예수 그리스도를 인식할 수 있지만 그러나 아직까지 하나님의 거대한 경륜 속에서 그리스도가 차지하는 위치를 인식하지는 못합니다. 그는 절반의 맹인입니다. 그는 멀리까지 볼 수 없습니다. 그는 시각(視覺)을 가지고 있지만 그러나 그것은 불충분한 시각입니다. 우리 주님으로부터 고침을 받은 맹인이 처음 눈을 떴을 때 사람들을 마치 나무들이 걸어 다니는 것 같이 보았던 것처럼 말입니다. 그러나 그는 시간이 지남과 함께 잘 보게 될 것입니다. 왜냐하면 은혜가 계속해서 역사(役事)하기 때문입니다. 은혜는 결코 중간에서 멈추지 않을 것입니다. 어쨌든 처음에는 모든 것이 흐릿하며 불분명합니다. 여러분이 어두운 곳에 있다가 갑자기 밝은 곳으로 나온다고 상상해 보십시오. 여러분은 갑작스런 빛을 감당할 수 없습니다. 여러분은 눈이 부셔 어쩔 줄을 모릅니다. 여러분에게는 새로운 빛에 적응될 때까지 약간의 시간이 필요합니다. 그러나 어느 정도 시간이 지나면 여러분의 눈은 빛에 적응됩니다. 그리고 여러분은 더 많은 빛을 감당할 수 있으며, 편안하게 더 잘 볼 수 있습니다. 그러므로 주님께 우리의 믿음을 더하여 달라고 간구합시다. 우리의 영혼의 눈이 밝아지고 선명해질 때까지 말입니다. 그럼으로써 우리는 빛 가운데 성도의 기업에 참여하는 자가 되고, 그리스도와 함께 거하며, 계신 그대로 그를 보게 될 것입니다. 설령 여러분이 작은 믿음밖에는 갖고 있지 못하다 하더라도, 그것이 여러분을 구원할 것이라는 사실을 기억하십시오. 가장 작은 다이아몬드도 영국 왕실의 왕관에 박힌 다이아몬드와 똑같이 참된 다이아몬드입니다. 마찬가지로 하나님의 택하신 자들에게 있어 작은 믿음도 가장 큰 믿음과 똑같이 참된 믿음입니다. 만일 여러분이 예수를 보기만 한다면, 여러분은 구원받을 것입니다. 단지 곁눈으로 본 것이라 하더라도 말입니다. 설령 여러분이 성숙한 신자들이 보는 분량만큼 예수를 보지 못한다 하더라도, 만일 여러분이 그를 온전히 믿고 신뢰할 만큼 충분히 본다면, 여러분의 죄는 사해질 것입니다. 아무리 많은 죄라 하더라도 말입니다. 그리고 여러분은 영광 가운데 계신 그를 볼 때까지 은혜 위에 은혜가 더하여질 것입니다. 그러므로 항상 "주여, 우리의 믿음을 더하여 주소서"라고 기도하십시오.

　지금까지 우리는 믿음을 보는 것과 관련시켜 다루었는데, 이제 마지막으로 보는 것은 언제든지 매우 **단순한** 동작이라는 사실을 주목하십시오. 보십시오! 아무도 보기 위해 고등학교나 혹은 대학교에 갈 필요가 없습니다. 보십시오! 가장 작은 아이도 볼 수 있으며, 가장 무식한 사람도 볼 수 있습니다. 죄인이여, 만일 당신이 구원받고자 한다면, 당신은 그리스도 외에는 그 무엇에 대해서도 생각할 필요가 없습니다. 당신의 죄가 당신을 괴롭게 합니까? 그리스도께 가십시오. 그리고 그를 믿으십시오. 그를 바라보는 순간 당신은 구원받습니다. 어떤 사람이 말합니다. "아, 나는 그렇게 할 수 없습니다! 나의 믿음은 너무나 약합니다." 지금 내가 아름다운 풍경을 바라보고 있다고 상상해 보십시오. 나는 내 자신의 시력(視力)에 대해서는 거의 생각하지 않을 것입니다. 나의 모든 생각은 외부의 풍경에 집중되어 있을 것입니다. 여러분도 그렇게 하십시오. 눈에 대해서는 신경 쓰지 마십시오. 보여지는 대상에 대해 더 많이 생각하십시오. 그리스도에 대해 생각하십시오. 거리에서 큰 행렬이 지나가고 있다고 생각해 보십시오. 그런데 만일 모든 사람이 자신의 눈에 대해서만 생각한다면, 그것은 얼마나 딱한 일이겠습니까? 그렇다면 멋진 행렬에 대해서는 거의 보지 못할 것입니다. 여러분의 믿음에 대해서는 조금 생각하고, 예수님에 대해서는 많이 생각하십시오.

> "지친 죄인이여! 눈을 들어
> 속죄의 희생제물을 바라보라.
> 십자가 위에서 피 흘리는 그를 보라.
> 당신을 위해 생명을 쏟는 자를 보라.
>
> 죄로 얼룩진 당신의 영혼을 그에게 던지라.
> 그에게는 당신을 구속할 충분한 능력이 있도다.
> 그의 발 앞에 당신의 짐을 내려놓으라.
> 당신의 의심과 두려움이 사라지는 것을 보라."

항상 여러분의 생각을 '십자가 위에서 이루어진 위대한 일'에 집중하십시오. 지금 이 자리에 구원의 길을 찾는 자들이 있습니까? 집에 가서, 한 시간 동안 그리스도의 죽음에 대해 곰곰이 생각하십시오. 여러분의 마음의 눈으로 그 장면을 그려 보십시오. 왜냐하면 그렇게 하는 것이 믿음이 임하는 길이기 때문입니다. 우리가 복음의 이야기를 믿게 되는 것은 성령의 능력을 통해 그에 대해 생각하고 그 안에서 예수를 봄으로 말미암는 것입니다. 믿음을 위해 십자가로 가십시오. 만일 여러분이 믿음과 함께 갈 수 없다면 말입니다. 부디 하나님이 여러분으로 하여금 예수 안에서 참된 믿음과 참된 회개를 발견하게 하시기를 기원합니다. 그래서 여러분 역시도 우리와 함께 "우리가 예수를 보노라"라고 말할 수 있게 되기를 기원합니다. 이 세상에서 우리가 바라보아야 할 대상으로서 예수 그리스도와 비교할 수 있는 것이 무엇이겠습니까? 다른 모든 것은 잠깐 나타났다가 사라지는 사막의 신기루와 같습니다. 그것은 지친 여행자에게 물을 마실 수 있고 새 힘을 얻을 수 있다는 헛된 소망을 가져다주고는 갑자기 백일몽처럼 사라집니다. 아무것도 남겨 놓지 않고 말입니다. 당신은 물거품을 바라봄으로써 무엇인가를 얻을 수 있습니까? 그것이 여러분으로부터 죽음의 목마름을 해결해

줄 것입니까? 세상의 황금과 명예와 지혜와 권력 속에 도대체 무엇이 있단 말입니까? 그런 것들이 여러분에게 무엇을 줄 수 있단 말입니까? 어떤 사람이 저녁 무렵에 이탈리아의 한 오솔길을 여행하고 있었습니다. 그는 어둠에 대비하여 등불을 들고 있었습니다. 그렇지만 좁고 가파른 내리막길에 도달할 때까지, 그것은 필요하지 않았습니다. 실제로 그 때까지 그것은 도리어 방해가 되었습니다. 그런데 정작 등불이 필요한 지점에 도달했을 때, 그것은 꺼져 버렸고 그는 완전한 어둠 가운데 남겨지고 말았습니다. 어둠 가운데 여행하는 죄인의 경험 속에서 이런 일은 얼마나 자주 일어납니까! 그의 등불은 가장 필요할 때 꺼져 버립니다. 그러므로 한낮의 밝은 때에 여행하는 것이 훨씬 더 낫지 않습니까? 의의 태양으로부터 쏟아져 나오는 복음의 밝은 빛 안에서 믿음의 눈을 사용하면서 말입니다. 빛 가운데 행하십시오. 빛으로 나오십시오. 그리고 예수를 보면서 사십시오.

　　　"우리는 예수를 바라볼 것이라,
　　　　우리 인생의 석양에 그림자가 길어질 때.
　　　　우리는 예수를 바라볼 것이라,
　　　　우리의 연약한 믿음을 강화시키기 위해.

　　　　우리는 예수를 바라볼 것이라,
　　　　우리의 발이 그의 거대한 반석 위에 세워질 때.
　　　　우리가 그의 얼굴을 바라볼 때,
　　　　그 무엇도 우리를 그로부터 떼어놓을 수 없도다.

　　　　우리는 예수를 바라볼 것이라,
　　　　하늘이 흐릿하며 멀리 있는 것처럼 보일 때.
　　　　우리는 당신을 바라볼 것이라.
　　　　우리의 큰 빚을 탕감해주신 것을 회상하며.

　　　　우리는 예수를 바라볼 것이라,
　　　　그럴 때 기쁨과 힘과 활력이 임할 것이라.

우리는 예수를 바라볼 것이라,
그러면 어둠은 지나가고 아침이 오리라."

하나님이 예수님으로 인해 여러분 모두를 축복하시기를 기원합니다.

제
2
장
—

# 고난을 통해
# 온전하게 되신 그리스도

—

"그러므로 만물이 그를 위하고 또한 그로 말미암은 이가
많은 아들들을 이끌어 영광에 들어가게 하시는 일에
그들의 구원의 창시자를 고난을 통하여 온전하게
하심이 합당하도다." —히 2:10

우리는 하나님이 모든 것을 미리 아신다고 믿습니다. 그런 사실을 생각할
때, 우리는 그가 인간의 타락을 미리 아셨으며 따라서 그것은 그가 스스로를 영
화롭게 하기 위한 한 방편이었다는 결론에 이르게 됩니다. 하나님은 인간의 타
락을 미리 아시고, 그로부터 자기의 택한 자들을 구원하는 계획을 미리 정하셨
습니다. 그리고 그러한 계획 속에서 자신의 모든 속성을 나타내시고 또 자신의
지혜를 온 천하에 선포하시기를 기뻐하셨습니다. 여러분은 하나님이 정하신 구
원의 방법 속에서 미련함의 흔적을 털끝만큼도 발견하지 못합니다. 헬라인들은
그것을 미련한 것으로 말하지만, 그러나 실제로 미련한 것은 그들 자신일 뿐입
니다. 복음은 최고의 지혜입니다. 우리는 복음의 주된 특성들에서 뿐만 아니라
그것의 사소한 부분들 전체 속에 하나님의 지혜가 가장 분명하게 나타난다는 사
실을 인정하지 않을 수 없습니다. 광야에서 성막을 만들 때를 생각해 보십시오.
단 하나의 고리와 걸쇠조차도 인간의 생각이나 판단에 맡겨지지 않았습니다. 하

물며 구원의 큰 계획 속에서야 얼마나 더 그렇겠습니까? 그것의 어떤 부분도 인간의 의지나 혹은 육체의 어리석음에 맡겨지지 않았습니다. 모든 것이 완전한 지혜 안에 내포된 필연성과 적합성에 따라 이루어지는 것이 하나님의 행동법칙입니다. 누가복음 24장 46절은 그리스도가 고난을 받는 것을 마땅한 것으로 말합니다(한글개역개정판에는 "이같이 그리스도가 고난을 받고"라고만 되어 있음). 또 우리는 오늘의 본문 속에서 다음과 같은 표현을 발견합니다. "그러므로 만물이 그를 위하고 또한 그로 말미암은 이가 많은 아들들을 이끌어 영광에 들어가게 하시는 일에 그들의 구원의 창시자를 고난을 통하여 온전하게 하심이 합당하도다." 하나님의 구원계획은 그의 본성과 부합할 뿐만 아니라 또한 자연적인 측면에서도 적합성을 갖습니다. 그러므로 하나님의 구원계획을 전파해야만 하는 우리는 얼마나 조심해야 하겠습니까! 우리는 그것을 일점일획도 바꾸어서는 안 됩니다. 그렇다면 우리가 전파해야만 하는 것에 대해 먼저 하나님께 그에 대한 분명한 깨달음을 달라고 기도하는 것은 얼마나 중요한 일입니까! 그럼으로써 우리는 여기에서 오류를 범하지 않게 될 것입니다. 여기에서 한 가지 오류가 생겼다고 상상해 보십시오. 그 한 가지 오류가 복음 안에서 빛나는 하나님의 명백한 형상을 망쳐 놓을 것입니다. 그리고 청중들로 하여금 하나님의 계획의 아름다운 적합성을 보는 것을 방해할 것입니다. 하나님의 구원계획은 나타난 그대로여야만 합니다. 그것은 다른 것으로 바뀔 수 없습니다. 하나님의 속성이 그대로 유지되기 위해서는 말입니다. 그러므로 우리는 그것을 결코 변개(變改)시켜서는 안 됩니다. 단 하나의 단어도 바꾸어서는 안 됩니다. "우리나 혹은 하늘로부터 온 천사라도 우리가 너희에게 전한 복음 외에 다른 복음을 전하면 저주를 받을지어다"라는 바울 사도의 저주를 듣지 않고자 한다면 말입니다(갈 1:8).

본문으로부터 우리는 다음과 같은 세 가지 사실을 주목해야 합니다. 첫째로, 그리스도가 온전한 구주라는 사실. 둘째로, 그가 고난을 통해 온전하게 되었다는 사실. 셋째로, 그가 고난을 통해 온전하게 된 것이 신적 은혜의 전체적인 사역을 존귀하게 할 것이라는 사실. "그러므로 만물이 그를 위하고 또한 그로 말미암은 이가 많은 아들들을 이끌어 영광에 들어가게 하시는 일에 그들의 구원의 창시자를 고난을 통하여 온전하게 하심이 합당하도다"(혹은 "마땅하도다.")

### 1. 첫째로, 주 예수가 온전한 구주라는 사실을 주목하십시오.

(1) 그가 온전한 구주인 것은 그가 구원사역에 완전하게 적합화되었기 때문입니다. 먼저 그의 본성이 그를 구주의 직분에 적합화시킵니다. 그는 하나님이십니다. 그는 하나님이셔야만 했습니다. 하나님 외에 누가 인간의 죄의 거대한 무게를 지탱할 수 있었겠습니까? 신성(神性) 외에 무엇이 그의 어깨 위에 지워진 진노의 무게를 감당할 수 있었겠습니까? 전지(全知) 외에 어떤 지식이 모든 악을 이해할 수 있었겠습니까? 전능(全能) 외에 어떤 능력이 그러한 악을 허물어뜨릴 수 있었겠습니까? 그리스도가 하나님이라는 사실은 항상 그의 백성들의 감사와 찬미의 주제가 되어야만 합니다. 그리스도의 신성(神性)을 부인하는 자들은 고작 초라하기 짝이 없는 기초만을 가질 수 있을 뿐입니다. 그러한 기초 위에서 우리가 어떻게 쉴 수 있겠습니까? 그들의 소망의 기초보다 차라리 모래(砂)가 더 견고할 것입니다. 어떤 사람의 순종은 단지 그 자신에 대한 진노만을 돌이킬 수 있을 뿐일 것입니다. 그런데 도대체 어떻게 그가 멸망 아래 있는 무한한 사람들에 대한 진노를 돌이킬 수 있단 말입니까? 그러나 사랑하는 자들이여, 만일 그가 단지 하나님일 뿐이며 사람이 되지 않았다면, 그는 온전한 구주로 적합화되지 못했을 것입니다. 사람은 죄를 범했으며, 형벌을 받아야만 합니다. 사람 안에서 하나님의 목적은 잠시 동안 좌절되었습니다. 그러므로 하나님이 그의 대적을 이기는 것은 사람 안에서여야만 합니다. 구주는 아브라함의 씨로 와야만 합니다. 아브라함의 자손들을 대신하고 또 그들의 언약의 머리가 될 수 있기 위해서는 말입니다. 어떤 천사도 십자가의 형벌을 받을 수 없었습니다. 어떤 천사도 속죄를 위해 하나님의 진노가 요구하는 형벌을 담당할 수 없었습니다. 그러나 우리가 하나님의 아들로서 뿐만 아니라 사람의 아들로서 우리 앞에 계신 주 예수를 바라볼 때, 우리는 욥이 간절히 바랐던 것이 허락된 것을 깨닫게 됩니다. 욥은 "우리 사이에 손을 얹을 판결자가 없구나"라고 한탄하면서, 판결자가 있기를 간절히 바랐습니다(욥 9:33). 그러나 우리에게는 양쪽에 손을 얹을 판결자가 있습니다. 주 예수는 강한 신성(神性)에 손을 얹으셨을 뿐만 아니라 또한 약한 인성(人性)에도 손을 얹으셨습니다. 그는 땅과 하늘을 연결하는 사다리를 만들 수 있습니다. 그는 타락한 인성과 하나님의 완전함 사이를 연결하는 다리를 놓을 수 있습니다. 하나님의 아들이며 나사렛 예수인 자 외에는 어느 누구도 구원의 일에 온전하게 적합화되지 못합니다.

나아가 그의 본성뿐만 아니라 그의 경험까지도 그의 구원사역에 온전하게 적합화되었습니다. 의사는 병에 대해 잘 알아야만 합니다. 병에 대해 무지한 의사가 어떻게 환자를 치료할 수 있겠습니까? 우리 구주는 모든 것을 아셨습니다. 왜냐하면 그는 우리의 허물을 담당하시고 우리의 질병을 짊어지셨을 뿐만 아니라 또한 모든 일에 우리와 같이 시험을 받으셨기 때문입니다. 그는 하늘의 먼 곳으로부터 죄를 바라보지 않으셨습니다. 도리어 그는 그 가운데 행하셨으며, 그 가운데 사셨습니다. 병을 분명하게 이해함이 없이 급히 병원을 지나가는 사람과는 달리, 그는 급히 세상을 지나가지 않으셨습니다. 그는 죄의 한가운데서 30년 이상을 사셨으며, 죄의 모든 양상(樣相)들을 보셨습니다. 그는 죄와 관련하여 여러분과 내가 보지 못한 것까지도 보셨습니다. 그는 지옥이 잠시 동안 열리면서 죄가 마귀적인 모습으로 풀려나오는 것을 보셨습니다. 그럼으로써 싸움은 더 치열해지고, 승리는 더 영광스러워졌습니다. 또 그는 죄가 가장 극악한 형태로 역사(役事)하는 것을 보셨습니다. 그것이 하나님 자신을 십자가에 달고, 하늘의 상속인 예수를 저주받은 나무에 못 박을 때 말입니다. 또 그는 병을 이해하셨습니다. 그는 풋내기 의사가 아니었습니다. 그는 전체를 철저하게 연구하셨습니다. 그는 사람의 마음이 얼마나 거짓된지를 아셨습니다. 그는 사람의 마음이 얼마나 변덕스러운지 아시고 이해하셨습니다. 그는 일생 동안 인간의 본성(本性)의 병원을 걸어 다녔으며, 그것이 그에게 병을 가르쳐 주었습니다. 그는 또한 환자들도 아셨습니다. 그는 사람을 아셨으며, 사람 안에 있는 것을 아셨습니다. 그렇습니다. 예수는 자신의 경험을 통해 가장 숙련된 의사가 그의 경험을 통해 알 수 있는 것보다 훨씬 더 잘 아셨습니다. 그 자신이 우리의 약함을 취하셨으며, 우리의 슬픔을 담당하셨습니다. 그 자신이 환자이면서 동시에 그 자신이 약(藥)이었습니다. 그는 인간을 구원하기 위해 인간의 모든 본성을 취하셨습니다. 그럼으로써 인간으로서의 모든 감정과 느낌이 그의 사역 속에서 그를 온전하게 했습니다. 모든 아픔과 고통이 그를 가르쳤습니다. 번민 가운데 고동친 그의 모든 맥박들이 그를 지혜롭게 만들었으며, 그로 하여금 많은 아들들을 영광으로 이끄는 하나님의 목적을 더 잘 이룰 수 있도록 이끌었습니다. 만일 여러분이 그의 온전한 경험에다가 그의 놀라운 인격을 더한다면, 여러분은 그가 구원의 일에 얼마나 완전하게 적합화되었는지 알게 될 것입니다. 우리는 사랑으로 가득 찬 구주를 필요로 합니다. 그의 사랑은 그로 하여금 그의 목적에 굳게 붙어 있도록 만들 것입니다. 그의 사랑은 그로 하여금 그가 가진 모든 권능과 능력에 멍에를 메도록 강제할 것입니다. 우리는 자신을 삼킬 정도로 열심으로 불타는 구주를 필요로 합니다. 물론 그는 불굴의 용기로 모든 대적과 직면할 것입니다. 동시에 우리는 이러한 용기의 놋쇠에다가 온유함과 부드러움의 황금을 더하는 자를 필요로 합니다. 우리는 열심의 옷을 입고 두려움 없이 대적들과 맞서면서 동시에 긍휼과 온유로써 죄로 얼룩진 인생들의 병을 다루는 자를 필요로 합니다. 그리고 그러한 자를 우리는 그리스도 안에서 발견합니다. 그리스도의 인격을 조금이라고 깨달은 사람이라면 누구를 막론하고 "그가 바로 나의 친구로서 내가 필요로 하는 자입니다"라고 말하지 않을 수 없게 될 것입니다. 예수 그리스도는 "나의 멍에를 메고 내게 배우라"고 요구하셨는데, 그러한 요구의 근거가 무엇이었습니까? "나는 마음이 온유하고 겸손하다"는 것이 아니었습니까?(마 11:29). 그리스도의 인격은 그에게 세상의 구주가 되는 자격을 부여합니다. 그의 인격 안에는 우리의 마음을 잡아끄는 강력한 무엇이 있습니다. 그러므로 우리는 이렇게 말할수 있습니다.

> "만일 열방이 그의 가치를 안다면,
>  필경 온 세상이 그를 사랑하게 될 것이라."

만일 우리에게 구주가 있어야만 한다면, 그에 합당한 자가 그리스도 외에 누구겠습니까? 만일 우리가 이상적(理想的)인 인물을 찾아야만 한다면, 그에 합당한 자가 그리스도 외에 누구겠습니까? 우리는 그 모든 것을 하나님의 아들이신 나사렛 예수 안에서 발견합니다. 그러므로 우리는 회심하지 못한 모든 사람들에게 예수 그리스도가 그들을 위한 구주로서 완전하게 적합화되었다고 확실하게 말할 수 있습니다. 그러한 말에 모든 성도들은 "그렇습니다. 그는 우리의 구주로서 완전하게 적합화되었습니다"라고 응답할 것입니다. 그는 사람이면서 동시에 하나님입니다. 그는 "우리의 뼈 중의 뼈요 살 중의 살"이지만, 동시에 하나님과 동등한 분입니다. 그는 우리처럼 고난을 당하시고 인간의 모든 질고를 짊어지셨습니다. 그러나 동시에 우리와는 달리 죄로부터 자유로우시고, 거룩하시고, 아무런 악의도 없으시고, 온전히 정결하십니다. 그리고 모든 측면에서 구원의 위대한 일을 담당하고 이루는데 완전하게 적합화되었습니다. 예수여, 당신은 우리에게 온전한 구주시나이다!

(2) 예수 그리스도가 완전한 구주인 것은 또한 그러한 능력을 가지고 계시기 때문입니다. 그는 죄인들의 모든 필요에 부응할 수 있습니다. 그러한 필요는 매우 큽니다. 죄인은 모든 것을 필요로 합니다. 그리스도의 문 앞에 있는 거지는 떡 부스러기를 구하지 않습니다. 그는 그리스도가 줄 수 있는 모든 것을 필요로 합니다. 예수 그리스도는 죄로 말미암아 타락한 아담의 가련한 아들의 모든 필요에 부응할 수 있습니다. 그리스도 예수 안에는 모든 충만이 거합니다. 우리는 그리스도 안에서 모든 것을 발견합니다. 우리는 그의 피 안에서 죄 사함을 발견하며, 그의 의 안에서 의롭다 하심을 발견하며, 그의 가르침 안에서 지혜를 발견하며, 그의 영 안에서 거룩하게 하심을 발견합니다. 그는 우리에게 모든 은혜의 하나님입니다. 우리의 죄와 고통이 아무리 크고 깊다 하더라도, 그의 측량할 수 없는 사랑과 은혜와 능력의 곳간은 여전히 그것들을 능가합니다. 그는 가장 비참한 인생들을 찾기 위해 모든 나라에 자신의 영(靈)을 보냅니다. 그는 짐승과 다를 바 없이 살아가는 가장 미개한 부족들까지도 찾아냅니다. 그는 심지어 식인종이었던 자들까지도 선택합니다. 가장 비도덕적인 자, 살인으로 붉게 물든 자, 정욕으로 검게 물든 자, 가장 비열한 악행으로 얼룩진 자 — 예수 그리스도는 이들의 모든 경우에 부응할 수 있습니다. 죄와 마귀의 모든 역사(役事)에도 불구하고, 예수 그리스도는 그의 풍성한 능력으로 말미암아 그 모든 것을 능히 덮을 수 있습니다. "그러므로 자기를 힘입어 하나님께 나아가는 자들을 온전히 구원하실 수 있으니"(히 7:25). 천지를 창조한 말씀은 그리스도 예수 안에서 새 창조를 행할 수 있습니다. 수만 번 천지를 창조하고 나도 결코 다 소모되지 않는 능력이 모두 그리스도 안에 있습니다. 그리고 그러한 능력은 그의 피의 공로와 연결되어 있습니다. 이와 같이 그리스도는 영혼들을 구원하기 위한 하늘과 땅의 모든 능력을 가지고 계십니다. 모든 필요에 부응하는 능력을 가지고 있는 것과 마찬가지로, 또한 그는 모든 경우에 부응하는 능력을 가지고 있습니다. 그는 자기에게 나아온 모든 사람들을 치료할 수 있습니다. 자기에게 나아온 사람들 가운데 그가 치료할 수 없는 사람은 아무도 없습니다. 나면서부터 소경된 자라 하더라도, 그의 손이 닿는 순간 볼 수 있게 되었습니다. 앉은뱅이조차도 그는 수사슴처럼 뛰게 만들었습니다. 그렇습니다. 심지어 죽은 자도 마찬가지였습니다. 그리스도의 음성은 죽은 나사로를 무덤으로부터 나오게 만들었습니다. 자신의 경우는 결코 치료될 수 없다고 생각하는 사람들이 있습니다. 그러나 우리 주님의 능력은 가

장 악독한 죄인의 경우까지도 모두 포괄합니다. 그리고 우리 주님의 은혜는 그런 사람을 통해 더 영광스럽게 드러날 수 있습니다. 당신은 가장 악독한 죄인입니까? 당신은 그렇게 느낍니까? 사탄이 당신에게 그렇다고 말합니까? 그렇다면 나의 주님이 당신의 경우에 부응할 수 있음을 믿으십시오. 그가 심지어 당신조차도 구원할 수 있음을 믿으십시오. 그리고 그렇게 함으로써 그를 존귀하게 하십시오. 설령 당신이 땅의 끝이라 하더라도, 하나님은 당신을 구원할 수 있습니다. "땅의 모든 끝이여 내게로 돌이켜 구원을 받으라 나는 하나님이라 다른 이가 없느니라"(사 45:22). 이와 같이 그는 모든 경우에 부응할 수 있습니다. 나아가 그는 모든 때에 부응할 수 있습니다. 죄인들에게 너무 늦었다고 말하는 것은 지옥의 거짓말입니다. 등불이 계속해서 타고 있는 한, 가장 악독한 죄인이라 하더라도 그리스도께 돌이킨다면 그는 그 안에서 긍휼을 발견할 것입니다. 그는 열한 시에 강도를 구원하셨습니다. 이것을 여러분의 지체(遲滯)의 근거로 삼지 마십시오. 그것은 감사할 줄 모르는 태도입니다. 도리어 그것을 소망의 근거로 삼으십시오. 그렇게 하는 것이 합리적인 태도입니다. 그는 지금 당신을 구원할 수 있습니다. 바로 지금 이 순간 당신이 그를 믿는다면, 당신은 구원받습니다. 만일 당신이 지금 즉시 그리스도가 당신을 구원할 수 있음을 믿는다면, 그는 지금 즉시 당신을 구원할 것입니다. 그의 치료는 즉각적입니다! 그가 말씀하면, 즉시 말씀대로 이루어집니다. 값없이 베푸시는 그의 은혜의 목적은 마치 번개가 번쩍이는 것처럼 즉시 이루어집니다. 예수 그리스도는 마지막 날 인자(人子)의 임함이 번개가 동쪽에서 서쪽으로 번쩍이는 것처럼 그렇게 순간적으로 이루어질 것이라고 말씀하셨습니다. 그가 구원하기로 결정한 죄인들의 마음속에 놀랍게 임하는 것 역시도 마찬가지일 것입니다. 예수 그리스도는 지금 이 순간 모든 경우에 부응할 수 있습니다. 죄인이여, 예수 그리스도는 온전히 당신을 구원할 수 있으며, 또 당신을 온전하게 구원할 수 있습니다. 사람들은 구원을 시작하기 위해 무엇인가를 행하기를 원합니다. 아, 그러나 이것은 얼마나 악한 태도입니까! 그리스도가 알파입니다. 어째서 당신은 그의 자리를 빼앗으려고 합니까? 어째서 당신 자신이 알파가 되려고 합니까? 이번 주에도 이 문제로 혼돈을 겪는 형제들을 보았습니다. 그들은 "만일"이라든지 혹은 "그렇지만" 따위의 말을 합니다. 또 그들은 "아마도"라든지 혹은 "그리고"라든지 혹은 "나는 이렇게 혹은 저렇게 느끼지 않아요"라는 따위의 말을 합니다. 아, 이런 말들은 얼마나 그리스도를 불신하는 악한 말들입니까! 그들과 이야기하며 그들을 위로하려고 애쓰는 동안 나는 마음속으로 하나님을 의심하는 것이 얼마나 두려운 죄인지 절실히 느꼈습니다. 그것은 하나님을 의심하는 것이며 동시에 십자가 위에서 피를 흘리며 말씀하고 계시는 자를 의심하는 것입니다. 죄인을 그리스도를 믿는 자리로 이끄는 것은 결코 쉬운 일이 아니지만, 그럼에도 불구하고 나는 그리스도를 믿지 않는 것이 죄 중에 가장 큰 죄라고 생각합니다. 여기에 구원의 계획이 있습니다. 그리스도를 믿으십시오. 그러면 그가 당신을 구원할 것입니다. 그러나 그들은 "나는 충분하게 느끼지 못합니다" "나는 이러저러한 죄인이었습니다" "나는 내가 필요로 하는 기쁨을 느낄 수 없습니다" "나는 원하는 만큼 기도할 수 없습니다" 따위의 말을 합니다. 그러면 나는 그들에게 "당신은 그리스도를 믿습니까?"라고 묻습니다. 그러면 그들은 "물론 그리스도를 믿지만 그러나 나는 구원받지 못했습니다"라고 대답합니다. 아! 이것이 하나님을 거짓말쟁이로 만드는 것이란 사실을 알지 못합니까? 하나님이 이렇게 말씀하지 않으셨습니까? "하나님이 세상을 이처럼 사랑하사 독생자를 주셨으니 이는 그를 믿는 자마다 멸망하지 않고 영생을 얻게 하려 하심이라"(요 3:16). 어떤 사람이 그리스도를 믿노라고 고백하면서 "그렇지만 나는 그가 나를 구원하지 않을 것을 두려워해요"라고 말한다고 상상해 보십시오. 도대체 이것이 하나님을 면전에서 거짓말쟁이라고 부르는 것과 무엇이 다르단 말입니까? 당신은 이것보다 더 큰 모독을 상상할 수 있습니까? 아, 그들은 얼마나 어리석은 자들입니까! 아, 그들이 지혜를 얻을 수만 있다면! 아, 그들이 하나님의 말씀을 붙잡을 수만 있다면! 아, 그들이 그리스도가 온전한 구주임을 믿기만 한다면! 아, 그들이 구원을 시작함에 있어 그리스도를 도울 필요가 없음을 깨달을 수만 있다면! 아, 그리스도가 그들을 그들의 모든 완고한 마음과 그들의 죄로 얼룩진 영혼으로부터 하늘의 진주 문으로 옮길 수 있음을 그들이 깨달을 수만 있다면! 가련한 영혼들이여, 예수 그리스도가 온전한 구주라는 사실을 믿으십시오. 그는 당신을 위한 온전한 구주입니다. 여러분은 놋뱀의 이야기를 잘 압니다. 놋뱀이 장대에 달렸을 때, 거기에는 분명 다음과 같이 말하는 지혜로운 사람들이 있었을 것입니다. "나는 놋뱀을 바라보고 치료를 받을 필요가 없어. 왜냐하면 나는 다른 사람들이 느끼는 만큼 불뱀의 독을 느끼지 않기 때문이야." 그는 불뱀에 물려 퉁퉁 부었지만, 그러나 다른 사람들이 느끼는 만큼의 고통은 느끼지 않는다고 말합니다. 그렇기 때문에 설령 치료를 받는다 하더라도 다른 사람들이 느끼는 만큼의 기쁨을 느끼지 못할 것이라는 것입니다. 그는 말합니다. "만일 어떤 천사가 내려와, 나를 위해 놋뱀이 장대에 달렸으며 그로 말미암아 내가 치료를 받도록 정해졌노라고 말한다면, 나는 기꺼이 그것을 바라볼 거야." 반면 거기에 아무런 의문도 품지 않은 한 무지한 사람이 있었다고 상상해 보십시오. 그는 단지 자신이 들은 대로 행동할 뿐입니다. 모세가 "불뱀에 물려 죽어가는 자들이여, 바라보라. 바라보라. 바라보고 생명을 얻으라"라고 외칩니다. 그 무지한 자는 자신이 어떤 존재인지 혹은 불뱀에 물린 고통을 얼마만큼 느끼는지 따위는 전혀 묻지 않습니다. 그는 모세의 말을 듣고, 들은 대로 바라봅니다. 그 순간 생명의 에너지가 그에게 흘러들어옵니다. 그는 회복됩니다. 반면 지혜로운 자는 모세로부터 들은 대로 행동하기에는 자신이 너무나 지혜롭다고 생각하면서 자신의 어리석음 가운데 멸망을 당합니다. 그는 불뱀의 희생물이면서 동시에 자기 자신의 어리석음의 희생물입니다. 그리스도는 당신의 있는 모습 그대로 구원을 시작할 수 있는 온전한 구주입니다. 뿐만 아니라 그는 그 일을 계속해서 이루어나갈 수 있는 온전한 구주이실 것입니다. 그는 결코 당신의 도움을 필요로 하지 않으실 것입니다. 나아가 그는 그 일을 끝마칠 수 있는 온전한 구주입니다. 그는 마침내 당신을 그의 오른편으로 데려갈 것입니다. 그리고 빛 가운데 당신을 자기 옆에 앉히실 것입니다. 그러므로 하나님의 이름을 송축하며 찬미하십시오. 하나님은 사람들을 위한 온전한 구주를 예비하셨습니다.

(3) 그리스도가 온전한 구주인 것은 또한 그가 이미 구원의 일을 끝마치셨기 때문입니다. 예수 그리스도는 영혼을 구원하기 위해 행해야 할 모든 일을 이미 행하셨습니다. 치러야 할 속전(贖錢)은 더 이상 남아 있지 않습니다. 그는 치러야 할 값으로서 마지막 드라크마까지 모두 지불하셨습니다. 더 이상 행해져야 할 의는 없습니다. 그는 옷을 짓는 일을 마지막 한 땀까지 모두 마쳤습니다. 하나님과 죄인들을 화해시키기 위해 행해져야 할 일은 더 이상 아무것도 없습니다. 그는 자신의 피로 우리를 하나님께 화해시키셨습니다. 은혜의 보좌로 나아가는 길을 열기 위해 행해져야 할 일은 더 이상 아무것도 없습니다. 우리에게는 찢어진 휘장 즉 그리스도의 몸을 통해 나아가는 새롭고 산 길이 있습니다. 우리를 받아들이기 위해 하나님 편에서 준비할 필요가 있는 것은 더 이상 아무것도 없습니다. "다 이루었다" — 바로 이것이 골고다로부터 울려퍼진 외침이었습니다. 실제로 모든 것이 다 이루어졌습니다. 예수 그리스도는 죄를 종식(終熄)시키고, 영원

한 의를 가져오셨습니다. 그는 우리를 위해 모든 사역을 성공적으로 이루셨습니다. 그러므로 그 사역이 적용되는 모든 경우에 완전한 성공이 따릅니다. 그리스도께서 이루신 사역이 성공적으로 적용되지 않는 경우를 단 한 경우라도 제시해 보십시오. 그리스도께서 시작하신 일이 끝마치지 못하고 중단된 경우를 단 한 경우라도 제시해 보십시오. 신적 은혜로부터 떨어진 사람들의 이야기를 들었습니까? 그런 사람들을 제시해 보십시오. 오늘은 하나님의 자녀였다가 내일은 마귀의 자녀가 된 사람들의 이야기를 들었습니까? 그런 사람들을 제시해 보십시오. 어제는 하나님의 사랑을 받았다가 오늘은 하나님으로부터 버림을 당한 사람들의 이야기를 들었습니까? 그런 사람들을 제시해 보십시오. 그리스도께서 주신 약이 잠시 동안 약효를 발휘하다가 마침내 온전히 치료하지 못하고 끝난 환자들에 대해 들었습니까? 그런 사람들을 제시해 보십시오. 사람들이 볼 수 있도록 그리고 마귀들이 볼 수 있도록 분명하게 제시해 보십시오. 만일 그러한 경우들이 발견된다면, 하늘은 온통 비탄과 애곡으로 가득할 것입니다. 만일 하나님이 땅에서 실패한다면, 하늘에서도 역시 마찬가지 아니겠습니까? 만일 그런 경우가 단 한 경우라도 발견된다면, 지옥은 마귀들의 웃음으로 메아리칠 것입니다. 정말로 그런 경우가 발견된다면, 하나님의 말씀과 약속의 영광은 도대체 어디에 있는 것입니까? 지옥의 사자들이여, 우리가 그대들에게 도전하노라! 지옥의 저주받은 무리들이여, 우리가 그대들에게 도전하노라! 예수 그리스도를 믿음으로 말미암아 구원을 받았다가 마침내 버림을 당한 경우가 있으면 단 한 가지라도 제시해 보라! 중생을 체험하고 새 영을 받았다가 마침내 영원히 멸망당한 자가 있으면 단 한 사람이라도 제시해 보라! 눈을 들어 하늘을 보십시오. 그리스도의 피로 말미암아 구속된 영들이 하늘의 별처럼 헤아릴 수 없이 많이 있지 않습니까? 그 모든 무리가 모두 예수 그리스도가 완전한 구주라는 사실을 증언하고 있지 않습니까? 예수 그리스도는 공언(公言)하고 행하지 않는 자가 결코 아닙니다. 왜냐하면 그는 그들 모두를 그곳으로 데려갔기 때문입니다. 그들을 바라볼 때, 우리는 이렇게 말할 수 있습니다. "당신은 당신의 피로 말미암아 그들을 구속하여 하나님께 데려갔나이다." 주 예수 그리스도여, 당신은 구원할 수 있으며 또 완전하게 구원할 수 있나이다.

지금까지 우리는 예수 그리스도의 완전한 적합화와 완전한 능력과 완전한 성공에 대해 이야기했습니다. 나아가 본문은 하나님이 그와 같은 구주를 주신 것은 합당한 일이었다고 말합니다. "그러므로 만물이 그를 위하고 또한 그로 말미암은 이가 많은 아들들을 이끌어 영광에 들어가게 하시는 일에 그들의 구원의 창시자를 고난을 통하여 온전하게 하심이 합당하도다." 특별히 여기에서 "만물이 그를 위하고"라는 표현을 주목해 보십시오. 다시 말해서, 만물이 그의 영광을 위하여 지음을 받았다는 것입니다. 그러므로 우리에게 불완전한 구주를 주시는 것은 결코 하나님의 영광과 부합할 수 없는 일입니다. 그것은 이루어질 수 없는 헛된 소망으로 우리를 희롱하는 것이 아니겠습니까? 만일 하나님이 우리에게 완전한 구주를 주시지 않았다면, 그것은 인간의 헛된 소망을 부추기는 것 외에 아무것도 아닐 것입니다. 하나님의 구원의 일이 부분적으로만 이루어질 것입니까? 만일 하나님의 은혜가 부분적인 은혜에 불과하다면, 그것은 결코 참된 은혜가 아닐 것입니다. 만일 우리가 그리스도의 구속을 유효하게 하기 위해 무엇인가를 해야만 한다면, 그것은 우리에게 아무런 구속도 아닐 것입니다. 만일 스스로 긍휼의 하나님이라고 말씀하신 하나님이, 우리에게 아무런 효력도 없으며 또 우리의 상태를 더 절망적으로 만드는 종교를 주셨다면, 우리는 그러한 종교와 함께 지옥으로 떨어져야만 할 것입니다. 그렇다면 이런 식의 교리를 전파하는 설교자들은 도대체 무엇이란 말입니까? 그들은 만민에게 복음을 전파하라는 명령을 받았습니다. 그러나 그들은 매우 지혜롭게 그렇게 하지 않습니다. 왜냐하면 그들은 자신들이 전파하는 복음이 만민에게 적합한 복음이라고 느끼지 않기 때문입니다. 그리하여 그들은 자신들의 주인의 명령을 소홀히 하면서 소수의 사람들만 뽑습니다. 나는 내가 전파하는 복음이 이 시간 여러분 모두에게 유효한 복음인 것으로 인해 하나님께 감사합니다. 왜냐하면 "누구든지 그를 믿는 자마다 멸망하지 않고 영생을 얻기" 때문입니다. 만일 하나님이 여러분의 경우에 부응하지 못하는 복음을 주셨다면 그리고 여러분을 완전하게 구원할 수 없는 복음을 전파하라고 나를 보내셨다면, 그것은 "만물이 그를 위하는" 하나님 자신의 성품과 맞지 않는 일이 되었을 것이며 필경 그의 영광을 훼손하는 일이 되었을 것입니다. 그러나 하나님께 영광을 돌립시다. 지금 여기에서 전파되는 구원 그리고 성경이 제시하는 구원은 여러분에게 모든 것을 가져다주며 여러분으로부터 아무것도 요구하지 않습니다.

계속해서 바울은 우리 하나님을 "만물이 그로 말미암은 이"라고 부릅니다. 만일 하나님이 부분적인 구주(part-Savior)를 보내셨다면, 다시 말해서 구원의 일을 위해 일부는 그리스도가 하고 나머지는 우리가 해야만 한다면, 그것은 "만물이 그로 말미암은" 자의 성격과 부합하지 않을 것입니다. 해를 보십시오. 하나님은 해로 하여금 땅에 빛을 비추도록 뜻하십니다. 그러면 하나님이 땅의 어둠으로 하여금 빛을 비추는 일에 협력하도록 요구하십니까? 하나님이 캄캄한 밤에게 한 낮의 광채에 기여할 수 있는 어떤 것이 있느냐고 물으십니까? 나의 형제들이여, 결코 그럴 수 없습니다. 단지 해가 떠오르면, 땅이 밝아질 뿐입니다. 하나님은 땅에게 아무것도 요구하지 않습니다. 하물며 하나님이 어두운 죄인에게 그 안에 영원한 빛에 기여할 수 있는 어떤 것이 있느냐고 물으실 것입니까? 결코 그럴 수 없습니다. 마치 의의 태양처럼 예수의 얼굴이 떠오르면, 그의 날개 아래 치료의 광선이 비취고, 그와 함께 어둠이 빛으로 바뀝니다. 그것이 전부입니다. 또 한여름에 쏟아지는 소나기를 보십시오. 땅이 메말라 갈라질 때, 하나님이 구름에게 "땅이 너를 도울 수 있을 때까지 그리고 그 자신의 생산력을 스스로 행사할 수 있을 때까지 기다려라"라고 말씀하십니까? 진실로 그럴 수 없습니다. 다만 구름이 하늘을 덮으면 마침내 메마른 땅 위에 상쾌한 소나기가 쏟아질 뿐입니다. 예수 그리스도도 그와 같습니다. 그는 사람을 기다리지 않습니다. 그는 우리로부터 아무것도 요구하지 않습니다. 다만 우리에게 그의 부요한 은혜를 주실 뿐입니다. 이와 같이 그는 온전하며 완전한 구주입니다. 이제 두 번째 주제로 넘어가도록 합시다.

**2. 둘째로, 예수 그리스도는 고난을 통해 온전한 구주가 되셨습니다.**

그는 고난을 통해 온전한 인격이 되지 않았습니다. 왜냐하면 그는 항상 온전한 하나님이며 온전한 사람이셨기 때문입니다. 그러나 그는 고난을 통해 다음과 같은 네 가지 방식으로 우리 구원의 창시자로서 직무적으로 온전하게 되셨습니다.

(1) 그는 고난을 통해 죄를 위한 완전한 속죄를 드림으로써 온전한 구주가 되셨습니다. 죄는 거룩함에 의해 제거될 수 없었습니다. 가장 선한 행실이라 하더라도 고난이 없이는 인간의 죄책을 제거할 수 없었습니다. 고난은 절대적으로 필요했습니다. 왜냐하면 고난은 죄에 대한 형벌이었기 때문입니다. 하나님은 아담에게 "네가 그것을 먹는 날에는 정녕 죽으리라"라고 말씀하셨습니다. 그러므로 그는 반드시 죽어야만 합니다. 이 경우에 부응할 수 있는 것은 죽음 외에 아무것

도 없었습니다. 그리스도는 십자가로 가야만 합니다. 그는 거기에서 고난을 받아야만 합니다. 그렇습니다. 그는 거기에서 머리를 숙이고 숨이 끊어져야 합니다. 그렇지 않으면 죄를 위한 속죄는 결코 가능할 수 없었습니다. 죄의 결과로서 저주가 우리에게 임합니다. "누구든지 율법 책에 기록된 대로 모든 일을 항상 행하지 아니하는 자는 저주 아래에 있는 자라"(갈 3:10). 설령 그리스도가 항상 온전한 분이셨다 하더라도 만일 고난을 받지 않았다면, 그는 결코 우리의 저주를 담당할 수 없었습니다. "나무에 달린 자마다 저주 아래에 있는 자라"(13절). 그러므로 나무 즉 십자가가 없이는 그리스도는 결코 우리의 대속물이 될 수 없었습니다. 그렇다면 그가 행한 모든 것은 우리에게 아무 소용없는 것이 될 것이었습니다. 십자가에 달림으로써 그는 저주를 받은 바 되셨습니다. 십자가에 달려 죽으심으로써 그는 죄를 위한 완전한 속죄를 이룰 수 있었습니다. 죄는 형벌을 요구합니다. 그리고 형벌은 필연적으로 상실(loss)과 고통(pain)으로 구성되어야만 합니다. 그리스도는 모든 것을 상실했습니다. 심지어 그의 옷까지 벗김을 당했으며, 그의 영광이 그로부터 취하여졌습니다. 사람들은 그를 아무렇게나 대했습니다. 그들은 그의 얼굴에 침을 뱉었습니다. 그들은 그의 무릎을 꿇리고, 조롱하며, 비웃었습니다. 그러나 그는 그 모든 고통을 기꺼이 감당했습니다. 또 그의 몸 여러 곳에 상처가 났으며, 그러한 상처들로부터 열(熱)이 발생했습니다. 뿐만 아니라 그의 영혼 속에도 죽을 정도로 극심한 괴로움과 말로 형언할 수 없는 고뇌가 있었습니다. 우리는 이러한 고뇌가 지옥에 떨어지는 것과 대등한 고뇌였다고 믿습니다. 물론 동일한 고뇌는 아니었다 하더라도, 둘은 분명 대등한 고뇌였습니다. 그가 짊어진 고뇌는 헤아릴 수 없이 많은 사람들이 지옥에 떨어지는 고뇌를 모두 합한 것과 같은 고뇌였습니다. 그 모든 고뇌가 응축되어 그의 잔에 놓였으며, 그는 그 잔을 마셨습니다. 끝없는 영원의 고뇌, 인간의 반역에 대한 하나님의 무한한 진노로 말미암은 고뇌 ― 이러한 고뇌는 그와 언약으로 연결된 무수한 사람들로 말미암아, 그리고 그들의 모든 고뇌를 다 합한 분량만큼 증폭되었습니다. 나의 형제들이여, 그것은 얼마나 쓴 잔이었겠습니까? 그것은 심지어 그조차도 비틀거리게 만들 정도로 쓴 잔이었습니다. 그러나 그는 그 잔을 마지막 찌끼까지 모두 마셨습니다. 단 한 방울도 남지 않았습니다. 나의 영혼아, 이제 너를 위한 지옥의 불꽃은 남아 있지 않도다. 왜냐하면 유월절 어린 양이신 그리스도께서 그 불에 완전하게 태워졌기 때문이니라. 나의 영혼아, 이제 너를 위한 저주의 고통은 남아 있지 않도다. 왜냐하면 그리스도께서 너를 대신하여 저주를 받으셨기 때문이로다. 나의 영혼아, 이제 너는 결코 하나님으로부터 버림을 당하지 않게 되었도다. 왜냐하면 그리스도께서 너를 대신하여 하나님께 버림을 당하셨기 때문이로다. 예수여, 당신의 고난으로 모든 것이 다 이루어졌나이다. 당신은 당신의 백성들의 죄를 완전히 속죄하셨나이다. 나의 형제들이여, 여러분의 죄가 완전하게 속죄되었다는 사실을 기억하십시오. 더 이상 여러분의 죄가 형벌과 관련하여 여러분을 괴롭히지 못하도록 하십시오. 형벌은 지나갔습니다. 죄는 동시에 두 곳에 있을 수 없습니다. 죄가 그리스도 위에 놓였을 때, 그것은 동시에 여러분 위에 있을 수 없습니다. 실제로 여러분의 죄는 더 이상 어디에서도 발견되지 않습니다. 아사셀의 염소가 놓임을 받았으며, 여러분의 죄는 더 이상 발견되지 않을 것입니다. 아무리 찾아도 여러분의 죄는 더 이상 발견될 수 없습니다. 모든 것을 통찰하는 하나님의 눈조차도 여러분 안에 있는 단 하나의 흠조차도 발견할 수 없습니다. 율법의 형벌과 관련된 한, 그것은 모두 끝났습니다. 그러므로 그리스도는 온전한 구주입니다.

(2) 고난이 없이는 온전한 구주가 될 수 없었던 것은 또한 그럴 때 그가 완전한 의를 가져올 수 없었기 때문이었습니다. 죄를 속하는 것만으로는 충분하지 않습니다. 하나님은 사람에게 완전한 순종을 요구하십니다. 만일 사람이 천국에 있다면, 그는 완전하게 순종할 것입니다. 그리스도는 우리의 죄책을 제거하심으로써 우리에게 무엇과도 비길 수 없는 의를 공급해 주셨습니다. 그가 한 일은 곧 우리가 한 일입니다. 그가 행한 것은 곧 우리가 행한 것입니다. 전가(轉嫁)에 의해 말입니다. 그러나 순종의 일부는 하나님의 뜻을 끝까지 인내하며 견디는 것입니다. 인내는 진실한 영혼의 충분한 순종에 있어 결코 하찮은 부분이 아닙니다. 그러므로 그리스도는 일생 동안 굶주림과 추위와 벗음을 견뎌야만 합니다. 그럼으로써 그는 인내의 덕을 이룰 수 있었습니다. 그에게 있어 죽기까지 인내하는 것이 완전한 형태의 유일한 순종이었습니다. 하나님의 율법을 완전하게 지키고자 하는 사람은 심지어 순교(殉敎)로부터도 움츠러서는 안 됩니다. "네 마음을 다하고 목숨을 다하고 뜻을 다하여 주 너의 하나님을 사랑하라"는 말씀이 순종의 극치로서 죽음을 요구합니다(마 22:37). 우리 주님에게 있어 이음매 없이 통옷으로 짠 옷을 입는 것은 가능하지 않았습니다. 왜냐하면 십자가의 붉은 실이 그 이음매를 꿰매고 지나갔기 때문입니다. 그러나 이제 그리스도는 우리의 완전한 구주

이십니다. 왜냐하면 그가 우리에게 완전한 의를 주셨기 때문입니다. 더 이상 행해져야 할 것은 아무것도 없습니다. 우리의 삶이나 심지어 죽음조차도 우리의 의를 더 완전하게 만들 수 없습니다. 그리스도께서 시작하신 것을 끝마치기 위해 어떤 행함도, 수고도, 자기부인도, 고난도 필요하지 않습니다. "다 이루었다." 그리스도인들이여, 여러분의 예복을 입으십시오! 그 예복을 입고 당당하게 걸어가십시오. 그리고 그것으로 하여금 여러분의 혼인예복이 되게 하십시오. 천사들이 여러분을 부러워합니다. 하나님 자신이 여러분을 받으십니다. 하나님은 자신의 혼인잔치에 나오셔서 이 예복을 입고 있는 여러분을 보십니다. 그리고 하나님은 여러분에게 어째서 여기에 앉아 있느냐고 묻지 않으십니다. 다만 계속해서 앉아 영원히 잔치를 즐기라고 말씀하십니다. 왜냐하면 여러분은 이미 혼인예복을 입고 있기 때문입니다.

(3) 그가 고난을 통해 온전한 구주가 된 것은 또한 고난으로 말미암아 우리를 동정할 수 있게 되셨기 때문입니다. 죄가 씻어지고 의가 전가된 이후에도 우리는 여전히 친구를 필요로 합니다. 왜냐하면 우리는 고난과 슬픔의 땅에 있기 때문입니다. 만일 그리스도가 고난을 당하지 않았다면, 그는 시험받는 자들을 능히 도울 수 있는 충성된 대제사장이 될 수 없었습니다(히 2:17). 만일 그가 고난을 당하지 않았다면, 우리는 다음과 같은 복된 말씀을 갖지 못했을 것입니다. "그는 모든 일에 우리와 똑같이 시험을 받으신 이로되 죄는 없으시니라"(히 4:15). 그러나 지금 그는 모든 형태의 고난을 아십니다. 지금 이 자리에 앉아 있는 수많은 사람들의 경우들 가운데 그리스도가 부응할 수 없는 경우는 단 하나도 없습니다.

> "슬픔의 사람인 예수는 아시도다,
> 　마음을 찢는 모든 고통들에 대해."

질병과 아픔과 가난과 궁핍과 외로움과 절망과 고독 — 그는 이 모든 것을 아십니다. 사람이 겪는 수많은 고통들 가운데 그리스도에게 새로운 것은 아무것도 없습니다. "그가 그들의 모든 환난에 동참하사"(사 63:9). 여러분의 발에 가시가 찌르는 것 같은 고통이 느껴집니까? 그 가시가 한때 그의 머리를 찌른 사실을 기억하십시오. 만일 여러분에게 고난과 역경이 있다면, 여러분은 거기에서 그의 손의 흔적을 볼 수 있습니다. 왜냐하면 그가 전에 그 길을 올라가셨기 때문입니다. 슬픔의 모든 길에는 그의 피가 묻은 발자국이 있습니다. 왜냐하면 슬픔의 사람(the Man of Sorrow)이 거기에 있었기 때문입니다. 그는 지금 여러분을 동정하실 수 있습니다. 어떤 사람이 말합니다. "그렇지만 나의 슬픔은 죄의 결과입니다." 그의 슬픔 역시 죄의 결과였습니다. 물론 그 자신의 죄의 결과는 아니었지만, 어쨌든 그의 슬픔 역시 죄의 결과였습니다. 여러분은 말합니다. "그렇지만 나는 비방당하는 것을 참을 수가 없습니다." 그리스도를 보십시오. 사람들이 그를 술 취한 자요 포도주를 탐하는 자라고 불렀습니다. 그리스도가 당한 고난을 생각해 보십시오. 그러면 여러분의 고난은 아무것도 아니라는 사실을 깨닫게 될 것입니다. 그리스도의 고난과 비교할 때, 우리의 고난은 아이의 숨결에 날아온 먼지 알갱이 하나밖에는 안 됩니다. 여러분의 작은 잔을 마시십시오. 그가 마신 잔을 보십시오. 여러분의 잔에 떨어진 적은 분량의 몰약을 여러분은 기쁘게 받아들일 수 있습니다. 왜냐하면 여러분의 작은 고난들은 그가 당한 고난과 도무지 비교될 만한 가치가 없기 때문입니다.

(4) 그는 또한 우리의 **모범**으로서 고난을 통해 온전하게 되었습니다. "많은 아들들을 이끌어 영광에 들어가게" 하는 일에 이것 역시 꼭 필요했습니다. 왜냐하면 우리는 그리스도의 피로 씻음을 통해서와 마찬가지로 또한 그의 모범을 따름으로써 천국에 들어가기 때문입니다. "거룩함을 따르라 이것이 없이는 아무도 주를 보지 못하리라"(히 12:14). 그리스도의 인격을 살펴볼 때, 가장 선명하게 드러나는 것이 바로 거룩함입니다. 만일 그리스도가 고난을 받지 않았다면, 그는 우리의 모범이 될 수 없었습니다. 그러면 우리는 이렇게 말할 것이었습니다. "그래, 그는 고난이 없는 천사들에게는 모범이 될 수 있을 뿐이야. 하지만 풀무불을 지나가야만 하는 사람들에게는 모범이 될 수 없어." 만일 그가 고난을 당하지 않았다면, 그는 우리에게 인내의 모범이 될 수 없었을 것입니다. 만일 그가 어떤 비방이나 수욕도 당하지 않았다면, 그는 우리에게 용서를 가르칠 수 없었을 것입니다. 만일 그가 격렬하게 싸우지 않았다면, 그는 우리에게 거룩한 용기를 가르칠 수 없었을 것입니다. 만일 그가 환난을 통해 자신의 보좌로 나아가지 않았다면, 그는 결코 우리에게 "환난은 인내를 낳고 인내는 소망을 낳는" 길을 보여줄 수 없었을 것입니다. 왕에게나 필요한 모범이 보잘것없는 농부들에게 무슨 필요가 있겠습니까? 우리는 그런 모범을 필요로 하지 않습니다. 우리는 가난한 자들을 위한 가난한 자의 모범을 필요로 합니다. 우리는 은밀하게 살면서 우리에게

어떻게 은밀하게 살 것인지 가르쳐 주는 사람을 필요로 합니다. 우리는 군중의 얼굴을 두려워하지 않으면서 우리에게 어떻게 우리의 길을 걸어갈 것인지를 보여주는 자를 필요로 합니다. 우리는 인생의 다양한 국면들을 통과한 구주를 필요로 합니다. 우리는 수많은 사람들과 함께 있으면서, 사방으로부터 공격을 당하고, 모든 면에서 우리처럼 시험을 당한 구주를 필요로 합니다. 만일 예수 그리스도가 아무런 고난도 당하지 않았다면, 그는 결코 우리가 필요로 하는 구주가 될 수 없었을 것입니다. 그는 폭풍이 몰아치는 바다 위에 계셔야만 합니다. 그의 배는 암초에 부딪히며, 그의 배 안에 물이 들어와야 합니다. 그 주위에 빽빽한 어둠이 몰려오고 폭풍이 몰아쳐야 합니다. 그리고 실제로 그러했습니다. 이와 같이 우리 구원의 창시자는 고난을 통해 온전하게 되었습니다. 우리가 본받을 모범으로서 말입니다. 이와 같이 우리는 그의 피의 효력 안에서, 그의 의의 영광 안에서, 그의 달콤한 동정심 안에서, 그의 완전한 모범 안에서 그를 알 수 있습니다.

### 3. 셋째로, 그가 고난을 통해 온전하게 된 것이
### 신적 은혜의 전체적인 사역을 존귀하게 할 것이라는 사실을 주목하십시오.

"그러므로 만물이 그를 위하고 또한 그로 말미암은 이가 많은 아들들을 이끌어 영광에 들어가게 하시는 일에 그들의 구원의 창시자를 고난을 통하여 온전하게 하심이 합당하도다." 모든 것은 하나님의 영광을 위해 일하며, 하나님의 영광으로 귀결될 것입니다. 나의 형제자매들이여, 사람이신 그리스도가 고난을 통해 온전하게 된 것은 마침내 하나님께 얼마나 큰 영광이 될 것입니까? 이것은 마귀들 앞에 얼마나 하나님을 영화롭게 할 것입니까? 그들이 불 속에서 헛되이 이를 가는 모습을 상상해 보십시오. 그들에게 하나님의 지혜와 권능은 그들의 지도자의 그것과 얼마나 비교할 수 없는 것이겠습니까? 그들은 사람 안에서 잠시 동안 하나님을 좌절시켰습니다. 이제 하나님은 사람 안에서 그들을 멸망시킵니다. 그들은 사람의 발꿈치를 물었지만, 사람은 그들의 머리를 깨어 버렸습니다. 그들은 사람으로부터 에덴의 일시적인 영광의 면류관을 빼앗았지만, 그러나 사람은 영원히 쇠하지 않는 영광의 면류관을 씁니다. 그 사람은 신성(神性)의 보좌 위에 앉습니다. 영원한 빛과 영광의 면류관을 쓴 그 사람은 사탄과 마주쳤던 바로 그 사람이었습니다. 그 사람은 고통으로부터 면제되지 않았습니다. 그 사람은 내부적인 괴로움과 외부적인 괴로움으로부터 면제되지 않았습니다. 도리어 그 사람은 다른 사람들과 마찬가지로 연약함과 결함으로 가득합니다. 그러나 그 사람은 하나님으로 말미암아 영원한 승리를 거두었으며, 지금 영원무궁토록 왕 노릇 합니다. 밀턴(Milton)은 이것이 사탄의 첫 반역의 이유였을 것이라고 추측합니다. 그는 자기보다 낮은 존재가 자기보다 높여지는 것을 참을 수 없었습니다. 실제로 그렇든 그렇지 않든 간에, 지금 그 사람이 만유의 상속자이며 만왕의 왕이며 만주의 주인 것은 분명 교만한 반역자의 분노와 시기심을 더욱더 가중시키는 일입니다.

그날 잃은 영들의 눈에 하나님은 얼마나 존귀하게 될 것입니까! 아, 멸망 아래 있는 가련한 자들이여! 만일 여러분이 지옥에서 멸망을 당할 것이라면, 여러분은 거기에서 하나님께 영광을 돌리지 않을 수 없게 될 것입니다. 고난을 통해 온전하게 된 그리스도가 거기에서 왕 노릇 하는 것을 볼 때 말입니다. 그 때 여러분은 이렇게 말할 수밖에 없게 될 것입니다. "그래, 매 주일마다 나에게 전파된 자는 하나님이었어. 그는 나를 구원할 수 있었어. 또 내가 믿어야만 했던 자는 사람이었어. 그는 나를 동정할 수 있었어. 그렇지만 나는 생명을 얻기 위해 그에게 나오지 않았어." 여러분은, 불타는 글씨체로 "너는 마땅히 해야 할 일을 알고 있었지만 그러나 그렇게 하지 않았도다"라고 기록된 것을 읽게 될 것입니다. 심지어 여러분의 신음과 애통하는 소리조차 다음과 같은 두려운 진리를 선포하는 것 외에 아무것도 아닐 것입니다. "크신 하나님이여, 당신은 의로우시나이다. 아니, 당신은 갑절로 의로우시나이다. 무엇보다도 당신은 죄로 인해 나를 저주하는 것으로 의로우시나이다. 또 당신은 나를 당신의 발 아래 짓밟으시는 것으로 의로우시나이다. 왜냐하면 내가 하나님의 아들의 피를 발로 짓밟으며 그의 언약을 부정한 것으로 여겼기 때문이나이다." 심지어 여러분의 울음소리조차도 우주 전체가 자발적으로든 마지못해서든 온전한 구주를 예비한 자에게 드려야만 하는 두려운 찬미의 일부 외에 아무것도 아닐 것입니다. 그리고 그것은 음울한 저음(低音)의 베이스 파트일 것입니다.

반면 구속받은 자들의 마음은 얼마나 큰 기쁨과 황홀함으로 가득 찰 것입니까! 그 때 하나님은 얼마나 큰 영광을 받으실 것입니까! 아, 그리스도가 받은 모든 상처들은 영원한 찬미를 불러일으킬 것입니다. 우리가 기뻐하면서 그의 보좌를 돌 때, "일찍이 죽임을 당하사 우리를 피로 사서 하나님께 드리시고"라는 노래가 우리의 찬미의 절정이 될 것입니다(계 5:9). 우리는 하나님이 무엇을 할 수 있는지 혹은 무엇을 할 수 없는지에 대해 말해서는 안 됩니다. 그렇지만 나는 창조의 어떤 과정을 통해서도 하나님이 '우리가 장차 될 것과 같은 피조물'을 만드실 수 없었을 것이라고 생각합니다. 우리가 천국에 들어갈 때 이루어질 모습 말입니다. 왜냐하면 만일 하나님이 우리를 완전하게 만드셨다면, 우리는 우리 자신의 거룩함으로 말미암아 섰을 것이기 때문입니다. 또 만일 하나님이 속죄 없이 우리를 용서하셨다면, 우리는 그의 공의뿐만 아니라 그의 놀라운 사랑까지도 결코 알 수 없었을 것입니다. 그러나 천국에서 우리는 아무 자격이 없음에도 불구하고 모든 것을 가졌노라고 느끼는 피조물이 될 것입니다. 우리는 가장 놀라운 사랑의 대상인 피조물, 그러므로 우리 주님께 가장 강력하게 붙어 있는 피조물, 그렇기 때문에 수많은 마귀들도 결코 실족시킬 수 없는 피조물이 될 것입니다. 또한 우리는 어떤 천사도 결코 될 수 없는 종들(servants)이 될 것입니다. 왜냐하면 우리는 천사들과는 비교할 수 없는 '빚진 자의 의식'을 가질 것이기 때문입니다. 천사들은 단지 축복된 존재로 창조되었을 뿐입니다. 반면 우리는 하나님의 사랑하는 아들의 피로 말미암아 구속받았습니다. 그러므로 우리는 천사들보다 더 큰 기쁨으로 즐거워하면서 하나님의 보좌 주위를 돌 것입니다. 왜냐하면 천사들은 악이 무엇인지 알지 못하지만, 그러나 우리는 그것을 충분하게 알면서 그것으로부터 완전하게 자유로워질 것이기 때문입니다. 그들은 고통이 무엇인지 알지 못하지만, 그러나 우리는 고통과 죽음과 슬픔을 알면서 그것들로부터 영원히 자유로워질 것입니다. 그들은 타락이 무엇인지 알지 못하지만, 그러나 우리는 지옥의 깊음을 내려다보면서 그것이 우리의 분깃이 될 수도 있었음을 기억할 것입니다. 그러므로 우리는 얼마나 기쁘게 노래하며 그를 찬미할 것입니까! 우리가 보좌에 앉은 어린 양에게 모든 빚을 지고 있다는 사실은 우리에게 최고의 찬미가 될 것입니다. 우리는 그것을 노래하고, 또 노래하고, 또 노래할 것입니다. 그가 사람이 되시고 피 흘려 죽으시고 다시 사셨다는 사실은 우리의 찬미의 영원한 주제가 될 것입니다. 천사들이 "할렐루야, 할렐루야, 할렐루야, 할렐루야" 하고 노래할 때, 우리는 거기에다가 "그대들이 그렇게 찬미하는 자는 한때 피로 얼룩진 땀을 흘리셨도다"라고 덧붙일 것입니다. 그리고 우리는 우리의 면류관을 그의 발 앞에 던지면서 "그는 한때 사람들에게 멸시와 배척을 당하셨도다"라고 말할 것입니다. 또 눈을 들어 그를 바라보며 그에게 입 맞출 때, 우리는 갈대와 해융과 몰약과 못을 기억할 것입니다. 그리고 우리가 그에게 나아가 그와 교제할 때, 그는 우리를 생명수 강가로 인도할 것입니다. 그 때 우리는 그가 슬픔 가운데 마셨던 기드론 시냇물과 그가 들어갔던 무덤을 기억할 것입니다. 하늘의 모든 화려함 속에서, 우리는 결코 세상의 고뇌와 고통과 수욕을 잊지 않을 것입니다. 그리고 심지어 천사들이 가장 큰 목소리로 하나님의 사랑과 능력과 은혜를 노래할 때조차도, 우리는 무엇보다도 하나님의 아들 예수가 우리를 위해 죽으셨다는 바로 이 사실을 노래할 것입니다. 그리고 이것이 우리의 영원한 노래가 될 것입니다. "그가 우리를 사랑하사 우리를 위해 자신을 주셨으며, 우리의 옷은 어린 양의 피로 씻어 희게 되었도다."

제
3
장
—

# 고난을 당하신 구주의 동정(同情)

—

**"그가 시험을 받아 고난을 당하셨은즉 시험 받는 자들을
능히 도우실 수 있느니라."**—히 2:18

우리는 히브리서 5장에서 대제사장에게 필요한 한 가지 특별한 요소가 사람들에 대한 동정(同情)이라는 사실을 발견합니다. "대제사장마다 사람 가운데서 택한 자이므로 하나님께 속한 일에 사람을 위하여 예물과 속죄하는 제사를 드리게 하나니 그가 무식하고 미혹된 자를 능히 용납할 수 있는 것은 자기도 연약에 휩싸여 있음이라"(1, 2절). 여러분도 알다시피 하나님이 천사들을 대제사장으로 택하지 않은 것은 그들이 사람들의 연약함을 동정할 수 없었기 때문이었습니다. 그들은 사람들 특유의 고통과 아픔을 이해할 수 없었습니다. 그들은 연약한 인생들과 더불어 조금 교제할 수 있었을 뿐이었습니다. 그러나 대제사장은 연약한 인생들 가운데 한 사람이었습니다. 그의 직분이 아무리 존귀하다 하더라도, 그는 여전히 한 사람이었습니다. 그는 아내를 잃을 수도 있고 자식을 잃을 수도 있는 사람들 가운데 한 사람이었습니다. 그는 다른 사람들과 마찬가지로 먹고 마셔야만 하며, 병으로 고통당할 수 있는 사람이었습니다. 대제사장에게는 이 모든 것이 필요했습니다. 왜냐하면 사람들이 느끼는 것을 이해하고 그러한 느낌을 하나님께 표현하기 위해 말입니다. 또 사람들에게 하나님에 관해 말할 때 높은 자리에서 내려다보며 말하는 것이 아니라 그들의 뼈 중의 뼈요 살 중의 살로서 그리고 그들 옆에 함께 앉아 있는 자로서 말하기 위해 말입니다.

이것은 우리 주 예수 그리스도의 경우에 특별히 그러했습니다. 그는 우리를 아시고, 우리를 동정하십니다. 그보다 더 부드럽고 온유한 자는 아무도 없습니다. 그는 자신의 고난으로 그것을 배웠으며, 자신의 계속적인 낮추심으로 그의 고난당하는 백성들에게 그것을 나타내십니다. 나의 형제들이여, 주일학교에서 가르치는 여러분은 항상 여러분의 가장 큰 능력이 사랑 안에 놓여 있다는 사실을 발견할 것입니다. 가장 탁월한 웅변가의 말 속에 담겨 있는 것보다 훨씬 더 강력한 능력이 사랑 안에 담겨 있습니다. 우리가 사람들을 얻는 것은 수사학적인 화려한 말에 의해서라기보다 마음의 사랑을 쏟음을 통해서입니다. 그 사랑이 그들로 하여금 우리가 그들의 영혼을 구원하려고 하며, 그들을 축복하려고 하며, 그들을 형제로서 간주하며, 형제의 입장에서 그들을 위해 기도하며, 그들의 유익을 구한다는 사실을 느끼도록 만듭니다. 양들을 돌보는 목자들을 생각해 보십시오. 그들도 그러하지 않습니까? 그렇다면 하물며 "양들의 큰 목자"야 얼마나 더 그렇겠습니까? 그는 풍성한 부드러움과 온유함을 가지고 계십니다. 설령 그가 완전한 대제사장을 구성하는 다른 모든 자질들을 가지고 계시다 하더라도 또 그가 완전하며 아무것도 부족한 것이 없다 하더라도, 만일 내가 그의 가장 두드러진 속성 한 가지를 제시해야만 한다면, 그것은 그가 여러 가지 일로 아픔과 고난을 당하는 모든 사람들에게 따뜻한 동정심을 갖고 계시다는 사실입니다.

이 시간 나도 그와 같은 따뜻한 동정심으로 여러분에게 말씀을 전하고자 합니다. 부디 은혜의 영께서 나를 도우시기를 기원합니다. 이 시간 그 마음이 기쁨으로 가득 차 있는 형제들에게 간청합니다. 부디 그러한 기쁨을 가지지 못한 형제들을 위해 기도해 주십시오. 그럼으로써 그들에게 위로의 말씀을 전하려고 하는 나를 도와주기를 바랍니다. 부디 성령께서 여러분의 기도에 응답하셔서, 이 시간 내가 전파하는 모든 말들이 신앙생활 도중에 부딪히는 이런저런 일로 고난당하는 모든 자들의 상처에 포도주와 기름이 되게 하시기를 기원합니다. 우리는 시험당한 자들을 찾기 위해 먼 곳을 바라볼 필요가 없습니다. 왜냐하면 그들은 모두 우리 주위에 있기 때문입니다. 그들은 우리의 돌봄과 살핌을 받을 자격이 있습니다. 나의 사랑하는 형제들이여, 부디 그들을 간과하지 마십시오. 그리고 그들을 통해 여러분 자신을 살피십시오. "너 자신을 살펴보아 너도 시험을 받을까 두려워하라"(갈 6:1).

본문에서 우리는 두 가지를 매우 분명하게 볼 수 있습니다. 첫째로, 예수의 고난당하심 — "그가 시험을 받아 고난을 당하셨은즉." 그리고 둘째로, 예수의 도우심 — "시험 받는 자들을 능히 도우실 수 있느니라." 그리고 나는 여기에서 우리가 세 번째로 예수의 찾으심을 분명하게 볼 수 있다고 생각합니다. 왜냐하면 여기의 "도우실 수 있느니라"(succor)라고 번역된 단어 속에는 부르짖음의 의미가 숨어있기 때문입니다. 그는 시험 받는 자들의 부르짖음을 들으실 수 있습니다. 그 단어는 아기의 부르짖음에 엄마가 속히 응답하는 것을 연상시키는 단어입니다. 이와 같이 예수는 우리의 부르짖음에 응답할 수 있습니다. 그러므로 우리 영혼이 고통 속에 있을 때, 우리는 목소리를 높여 그에게 부르짖어야 합니다. 이 시간에도 우리 가운데 수고하고 무거운 짐 진 영혼들을 예수께서 찾으시는 것은 얼마나 복된 일입니까! 성령이여, 우리 가운데 임하사 이 시간 애통하는 자들에게 기도의 영과 간구의 은혜를 베풀어 주소서!

### 1. 첫째로, 예수의 고난당하심으로부터 시작합시다.

먼저 여기에서 "그가 시험을 받아 고난을 당하셨은즉"이라고 표현된 말씀을 주목해 보십시오. 많은 사람들이 시험을 받지만, 그러나 시험 받는 것으로 인해 고통 받지는 않습니다. 불경건한 사람들이 시험을 받을 때, 도리어 그들은 그러한 시험의 미끼를 좋아하며 그것을 탐욕스럽게 삼킵니다. 시험(temptation) 혹은 유혹은 그들에게 즐거운 일입니다. 실제로 그들은 마귀에게 자신들을 유혹하라고 유혹합니다. 그들은 자기 자신의 정욕을 은근히 부추기며 부채질합니다. 그러면서 유혹으로 인해 고통을 당하는 대신 도리어 그것을 즐깁니다. 그러나 선한 사람들은 유혹을 당할 때 괴로워합니다. 더 많이 선할수록, 더 많이 괴로워합니다. 나는 유혹으로 인해 밤낮으로 괴로워하는 몇몇 하나님의 자녀들을 알고 있습니다. 만일 유혹이 외적인 고난의 형태를 취한다면, 그들은 기꺼이 그것을 감당할 것입니다. 그러나 그들에게 유혹은 악한 생각과 불경스러운 충동의 형태를 띱니다. 그런 것들이 그들의 의지와 상관없이 갑자기 그들의 생각 속으로 뛰어 들어옵니다. 그런 것들을 정말로 미워함에도 불구하고 말입니다. 그러한 악한 생각이나 충동들은 내가 아는 어떤 성도들을 밤낮으로 괴롭힙니다. 또 그것들은 그들을 마치 파리나 모기 떼가 포위하는 것처럼 그렇게 포위합니다. 그렇게 시험을 받는 형제들은 그러한 시험으로 인해 고통을 당합니다. 우리 주 예수 그리스도는 누구보다도 철저하게 시험을 받으셨으며, 그러한 시험으로 말미암은 고통은 다른 어떤 성도들이 경험한 고통보다 훨씬 더 컸습니다. 왜냐하면 그는 우리 가운데 어느 누구보다도 훨씬 더 순진하며 정결했기 때문입니다.

복되신 예수 그리스도에게 있어 심지어 이 땅에서 사람들 가운데 거하는 것 자체만으로도 고통스러운 일이었습니다. 그는 스스로를 최고로 낮추며 행동하셨지만, 그러나 죄인들로 가득 찬 세상에서 보고 경험하는 것들로 말미암아 그는 크게 괴로워하며 슬퍼하지 않을 수 없었습니다. 그에게 있어 사람들은 결코 온전한 모습이 아니었습니다. 그의 관점과 사람들의 관점은 매우 달랐으며, 그의 성품과 사람들의 성품 역시 매우 달랐습니다. 그에게 있어 사람들은 마치 의사에게 있어 환자들과 같았습니다. 아니, 그보다도 선생에게 있어 저능아 학생들과 같았으며, 정신과 의사에게 있어 정신병 환자들과 같았습니다. 그의 은혜가 그들을 변화시키고 새롭게 만들기 전까지는, 그들은 결코 그에게 가까이 나아올 수 없었습니다. 우리 주님은 거룩함과 관련하여 매우 민감한 영혼을 가지고 있었습니다. 죄를 바라볼 때, 그의 마음은 찢어졌습니다. 마치 벌거벗은 자가 가시와 엉경퀴와 찔레에 찔려 그 살이 찢어지는 것처럼 말입니다. 그의 본성 속에 무감각한 부분은 전혀 없었습니다. 그는 스스로를 죄를 행하는 일에 익숙하도록 만들지 않았습니다. 뿐만 아니라 그는 악(惡)을 탐닉하는 자들과 교제함으로써 자신도 그들처럼 악에 대해 무감각해지게 만들지 않았습니다. 우리는 선조(先祖)들의 관습을 유산으로 상속받으며, 통상적으로 행해져온 것에 대해 의문을 제기하지 않습니다. 우리는 도덕(道德)에 있어 악한 지점에서 시작하며 잘못된 장소로부터 출발하지만, 그러나 우리 주님은 그렇지 않았습니다. 그는 원죄(原罪)를 가지고 있지 않았으며, 자라는 가운데 악을 배우지도 않았습니다. 우리는 또한 죄에 대한 상대적인 무지(無知)로 말미암아 죄를 범하지만, 그러나 그는 죄가 얼마나 악하며 두려운 것인지를 아셨습니다. 그는 거룩한 율법과 살아 계신 하나님에 대한 죄가 얼마나 악한 것이며, 수치스러운 것이며, 본질적으로 추악한 것인지 영혼으로 느끼셨습니다. 또 그는 자신의 무한한 지식으로 말미암아 죄가 얼마나 가중한 것이며 또 지옥에 합당한 것인지 이해하셨습니다. 그러므로 죄와 더불어 단순히 접촉하는 것만으로도 그를 가장 슬프게 만들기에 충분했습니다. 이와 같이 그는 시험을 받을 수 있는 자리에 놓인 것으로 인해 고통을 당했습니다.

마귀가 그에게 돌을 떡으로 바꾸는 이적을 행함으로써 자신이 하나님의 아들임을 증명하라고 시험했을 때, 그는 그러한 시험을 얼마나 미워했겠습니까!
사탄이 그에게 성전 꼭대기에서 뛰어내리라고 말했을 때, 그는 그와 같은 말에
얼마나 분개했겠습니까! 유혹자가 그의 귀에다가 "네가 만일 내게 엎드려 절하
면 이 모든 것을 네게 주리라"라고 속삭였을 때, 그것은 예수의 거룩한 마음에
얼마나 큰 슬픔을 불러일으켰겠습니까! 그는 시험에 굴복할 수 없었지만, 그러
나 그것으로부터 고통을 당했습니다. 그는 시험으로부터 도덕적으로가 아니라
정신적으로 고통을 당했습니다. 그의 정결하심으로 인해 말입니다. 그의 마음은
그가 감당해야만 했던 시험으로 말미암아 슬픔과 괴로움과 아픔을 겪었습니다.
이것은 특별히 겟세마네 동산에서 잘 나타납니다. 거기에서 주님은 자신의 슬픔
을 나타내셨습니다. 특별히 피로 얼룩진 땀을 땅에 떨어뜨릴 때 말입니다. 다른
많은 경우들에서는, 그는 자신에 대한 악인들의 유혹과 적대행위를 묵묵히 감당
했습니다. 그러나 여기에서는, 그는 시험으로 인해 고통을 당하며 "내 마음이 심
히 고민하여 죽게 되었으니"라고 토로합니다(막 14:34).

　　자신의 연약함을 생각하며 부끄러움으로 고개를 들지 못하는 가련한 자들
이여, 여기로 오십시오. 그리고 시험으로 인해 고통을 당하신 자와 만나십시오.
그는 여러분이 지옥의 개들에 의해 어떻게 쫓김을 당하고 있는지 잘 아십니다.
그는 여러분이 시험하는 자를 피할 수 없다는 사실을 잘 아십니다. 그는 그 자신
의 경험을 통해 여러분의 마음을 충분히 아십니다. 그는 여러분이 아볼루온에
대항하여 싸우며 시험으로 인해 괴로워할 때, 여러분의 영혼의 깊은 고통을 충
분히 동정하십니다. 왜냐하면 그 자신도 시험으로 인해 고통을 당했기 때문입니
다.

　　　　"가장 쓰라린 고통을 당하면서도
　　　　위대한 구속자는 굳게 서셨도다.
　　　　그는 사탄의 불화살을 견디며,
　　　　피 흘리기까지 대적하셨도다."

　　이제 우리 주님이 시험을 받은 사실을 묵상해 보도록 합시다. 본문 가운데
특별히 "그 자신"(himself)이라는 단어를 주목해 보십시오(KJV, "For in that he
himself hath suffered being tempted" ― 한글개역개정판에는 나타나지 않음). 본문은

단순히 "그가" 시험을 받아 고통을 당했다고 말하지 않고 "그 자신이" 시험을 받아 고통을 당했다고 말합니다. 이러한 표현은 종종 강조의 의미로 사용됩니다. "그 자신이 친히 나무에 달려 그 몸으로 우리 죄를 담당하셨으니"(벧전 2:24, Who his own self bare our sins in his own body on the tree). 우리는 성경에서 "예수 그리스도 자신"(Jesus Christ Himself)이라는 표현을 자주 발견합니다. 그것은 언급되는 사실이 그 자신과 실제적으로, 진실로, 개인적으로, 실질적으로 연결되는 것을 강조하기 위한 것입니다. 그 안에 있는 모든 것, 그리고 그를 구성하는 모든 것이 시험으로 인해 고통을 당했습니다. 이러한 사실을 주의 깊게 살펴보십시오. 우리 주님은 여러분과 마찬가지로 그의 환경에 의해 시험을 받았습니다. 그는 여러분과 비교될 수 없는 극심한 가난의 고통을 느꼈습니다. "여우도 굴이 있고 공중의 새도 거처가 있으되 인자는 머리 둘 곳이 없도다"(마 8:20). 여러분은 때로 "장차 집이 없게 되면 어떻게 하나?"라는 생각으로 시험을 받습니다. 여러분은 어디에서 밤을 보낼 것입니까? 예수는 여러분의 마음을 이해하며 여러분을 동정(同情)할 수 있습니다. 그는 또한 계속적인 수고로 피곤했습니다. "예수께서 길 가시다가 피곤하여 우물 곁에 그대로 앉으시니"(요 4:6). 피곤함 역시도 시험의 요소를 가지고 있습니다. 피곤한 사람은 상황을 올바르게 판단하기 어렵습니다. 피곤할 때, 우리는 짜증을 내며 불평하며 경솔하게 행동하는 경향이 있습니다. 만일 여러분이 지금 피곤함 가운데 잠이 쏟아진다면, 그러한 피곤함에 굴복하기 전에 여러분의 주님도 피곤했었음을 기억하십시오. 마가복음 4장에서 우리는 "그들이 무리를 떠나 예수를 배에 계신 그대로 모시고 가매"라는 말씀을 읽습니다(36절). 나는 이 말씀이 그가 너무나 피곤하여 스스로 배로 갈 수 없었기 때문이 그들이 극도로 탈진한 그를 모시고 배로 갔음을 의미하는 것이라고 생각합니다. 하루 종일 일하고 나서 피곤한 몸을 이끌고 교회당에 와서 예배드리는 가운데 피곤함을 느끼며 잠이 쏟아지는 것으로 스스로를 책망하지 마십시오. 나 역시도 그런 당신을 책망하지 않을 것입니다. 왜냐하면 우리 주님도 겟세마네 동산에서 피곤함 가운데 잠에 떨어진 제자들을 아주 조금밖에는 책망하지 않았기 때문입니다. 그는 "마음에는 원이로되 육신이 약하도다"라고 말씀하셨습니다. 만일 그 자신의 육신이 피곤함을 경험하지 못했다면, 그는 결코 그와 같은 따뜻한 이해의 말씀을 할 수 없었을 것입니다. 이와 같이 우리 주님은 그 자신의 환경으로부터 가난과 피곤함의 시험을 아셨습니다. 또 우리 주님은 배고픔과 목마름을 경험하셨습니다. 그는 "내가 목마르다"라고 말씀하셨습니다. 그를 둘러싸고 있는 모든 것이 고통과 고난과 괴로움이었습니다. 그는 우리 모두를 뛰어넘는 "고통에 익숙한 슬픔의 사람"이었습니다.

나아가 그는 사람으로부터 말미암는 시험으로 인해 고난을 당했습니다. 그는 선한 사람들로부터도 슬픔을 당했습니다. 심지어 그의 사랑하는 어머니조차도 그를 괴롭게 했습니다. 그의 형제와 자매들이 찾아와 그와 말하고자 했을 때, 그의 어머니도 그들과 함께 있었습니다. 그 때 그들은 "그가 미쳤다"라고 말하면서 그를 데려가려고 했었습니다(막 3:21). 그의 형제들조차도 그가 미쳤으므로 붙잡아 두어야만 한다고 생각했던 것입니다. "이는 그 형제들까지도 예수를 믿지 아니함이러라"(요 7:5).

주님이 사랑한 제자들도 주님을 슬프게 했습니다. 심지어 가장 많은 사랑을 받은 요한조차도 자기 형제 야고보와 함께 그의 오른편과 왼편에 앉게 해 달라고 요청했습니다. 심지어 베드로조차도 "그를 붙들고 항변"했습니다(마 16:22). 그가 예루살렘에 올라가 십자가에 달려 죽을 것이라고 말씀하셨을 때, 모든 제자들이 베드로와 같은 생각을 가졌습니다. 그들의 생각은 종종 너무나 세속적이며, 이기적이며, 어리석었습니다. 그들의 주님을 슬프게 하기에 충분할 정도로 말입니다. 그가 모든 자들의 종이었던 동안, 그의 제자들은 높은 자가 되고자 추구했습니다. 그가 잃은 자들을 찾는 동안, 그의 제자들은 순종하며 나아오지 않는 자들에게 하늘로부터 불이 임할 것을 구했습니다. 그들은 분별없이 말하며, 그러한 말로써 주님을 곤란하게 만들었습니다. 특별히 "내 떡을 먹는 자가 내게 발꿈치를 들었도다"라고 탄식해야만 했을 때, 그의 영(靈)은 얼마나 쓰라렸겠습니까?(요 13:18). 이와 같이 사랑하는 자들로부터 그는 장미보다도 가시를 더 많이 받아야만 했습니다. 그는 친구들의 집에서도 상처를 받았습니다. 여러분도 종종 그런 것처럼 말입니다. 여기에서도 그는 우리를 동정할 수 있습니다. 그는 우리와 마찬가지로 고난을 받았으며, 심지어 사랑하는 자들로부터도 시험을 받고 고통을 겪었습니다.

> "사랑하는 자들의 배신으로 인해
> 　그대의 마음이 쓰라린 상처로 고통당할 때,
> 　세상에서 가혹한 고통을 당한 자를 생각하라.

그와 함께 떡을 나누던 자들이
그를 배신하고, 부인하고, 떠나지 않았는가?
그럼에도 그는 긍휼과 도우심을 베푸셨도다."

하물며 그의 원수들에 대해서야 더 말해 무엇하겠습니까? 그들 모두가 그를 시험하지 않았습니까? 헤롯당원들과 사두개인들은 그를 공공연히 믿지 않았습니다. 또 가장 종교적이었던 바리새인들과 서기관들은 똑같이 그를 격렬하게 반대했습니다. 그에게 은혜를 입은 자들이 그에게 돌을 던졌으며, 그가 위하여 눈물을 흘렸던 예루살렘이 "그를 십자가에 못 박으라, 그를 십자가에 못 박으라"라고 외쳤습니다. 아, 주여! 당신처럼 많은 적(敵)을 가진 자가 우리 가운데 누가 있겠습니까! 우리의 적은 당신의 적과 그 숫자에 있어서나 잔인함에 있어 능히 비교될 수 없습니다. 그 뿐입니까? 우리의 적은 어느 정도 우리를 미워할 만한 근거를 가지고 있습니다. 그러나 당신의 적들은 아무 근거 없이 당신을 미워했습니다. 그들은 그에 대해 정당한 근거를 제시할 수 없었기 때문에 어쩔 수 없이 가장 비열한 거짓을 날조할 수밖에 없었습니다. 이와 같이 그는 시험을 받아 고난을 당했습니다.

더 놀라운 것은 그가 마귀로부터 시험을 받았다는 사실입니다. 예수 그리스도는 마귀로부터 시험을 받았습니다. 모든 악의 화신(化身)인 자가 감히 그 안에 모든 선을 가진 자와 맞서 결투를 벌였습니다. 지옥의 악마가 감히 성육신하신 하나님과 맞섰습니다. 사람의 몸을 입은 하나님이 시험의 광야에서 마귀와 마주쳤습니다. 어떻게 악마가 감히 우리 주님을 공격할 수 있었던 말입니까? 진실로 루시퍼는 교만의 극치까지 올라갔습니다. 감히 우리 주님과 맞섰을 때 말입니다. 그러나 예수 그리스도는 공생에 초기에 뿐만 아니라 또다시 그 끝 부분에 시험을 받았습니다. 그는 "이제는 너의 때요 어둠의 권세로다"라고 말씀하셨습니다(눅 22:53). 그는 용(龍)의 날개치는 소리를 들으면서 "이 세상의 임금이 오고 있음이라"라고 말하면서, 조용히 "그러나 그는 내게 관계할 것이 없으니"라고 덧붙입니다(요 14:30). 그러나 그의 마음은 섬뜩한 모습으로 다가오는 대적(大敵) 앞에서 싸늘한 한기(寒氣)를 느꼈습니다. 겟세마네에서의 고통도 결코 그에 못지않았습니다. 그것은 예수와 어둠의 권세 사이의 고통스러운 씨름이었습니다. 마귀로부터 시험을 받는 자들이여, 귀에 들리는 세미한 속삭임으로 말미암아 괴로움을 당하는 자들이여, 심지어 기도하거나 찬양할 때조차 은밀하게 악한 생각이 떠오르는 자들이여, 예수 그리스도를 생각하며 위로를 받으십시오. 왜냐하면 여러분의 주님은 시험에 대해 모든 것을 알고 계시기 때문입니다.

　　아마도 이런 종류의 시험에 대해 알지 못하는 사람들도 있을 것입니다. 또 나는 여러분이 그에 대해 알지 못하기를 바랍니다. 그러나 이런 것들로 인해 항상 괴로움과 우울함 가운데 있는 형제들도 적지 않게 있습니다. 그렇지만 그런 형제들도 주님과의 교제 속으로 들어갈 수 있습니다. 왜냐하면 우리 주님 역시도 마귀로부터 시험을 받으셨기 때문입니다. 그러므로 기운을 내십시오. 그리고 우리 주님이 시험을 받아 고난을 당하신 사실을 기억하십시오.

> "설령 어떤 것이 나의 영혼을 시험하여
> 천국의 좁은 길로부터 길을 잃게 만들며,
> 인생의 선한 길로부터 방황하게 만들며,
> 마침내 죄 가운데 떨어지게 만든다 할지라도,
> 여전히 시험의 권능을 겪으신 그가
> 그 위험한 때에 나를 지키실 것이라."

　　나아가 우리 주님은 하나님에 의해 버림을 당하는 것으로부터 말미암는 시험까지도 아셨습니다. 때로 우리의 영혼이 버림을 당하는 것처럼 느껴질 때가 있습니다. 하나님의 얼굴빛이 거두어짐으로 인해 믿음이 약해지고 기쁨이 메말라버릴 때 말입니다. 우리는 하나님을 찾을 수 없음으로 인해 욥처럼 이렇게 부르짖습니다. "내가 어찌하면 하나님을 발견하고 그의 처소에 나아가랴"(욥 23:3). 또 우리는 다윗처럼 이렇게 부르짖습니다. "내 영혼이 하나님 곧 살아 계시는 하나님을 갈망하나니 내가 어느 때에 나아가서 하나님의 얼굴을 뵈올까 사람들이 종일 내게 하는 말이 네 하나님이 어디 있느뇨 하오니 내 눈물이 주야로 내 음식이 되었도다"(시 42:3, 4). 의의 태양이 가려지는 것보다 우리 영혼을 더 어둡게 만드는 것은 아무것도 없습니다. 주님이 우리로부터 멀어질 때, 우리 영혼은 힘을 잃습니다.

> "하나님이 진노하시고 어둠이 달을 가리며,

한낮의 해가 점점 어두워지도다.
하늘의 기둥들이 그의 꾸지람으로 인해
두려워 떨며 놀라 흔들리도다."

우리 주님도 이와 같은 큰 시험을 당하셨습니다. 그는 "엘리 엘리 라마 사박
다니"라고 부르짖었습니다. 그러한 부르짖음 속에 우리가 결코 상상할 수 없는
무한한 고뇌가 응축되어 있었습니다. 우리 가운데 어떤 사람들은 이러한 무시무
시한 바다의 표면은 어느 정도 압니다. 그러나 우리는 그가 내려가셨던 그 끔찍
한 밑바닥까지는 결코 내려갈 수 없습니다. 그렇지만 설령 우리가 그런 자리까
지 내려간다 하더라도, 우리는 위로를 받을 수 있습니다. 왜냐하면 그가 먼저 그
곳에 계셨기 때문입니다. 그는 제일 밑바닥까지 내려가셨습니다. 그는 하나님의
아들들에게 떨어지는 모든 시험들 가운데 가장 큰 시험을 받으셨으며 또 그로
인해 고난을 당하셨습니다.

그러나 그의 고난은 열매가 있는 고난이었습니다. 설령 시험을 받아 고난을
당하셨다 하더라도, 그는 결코 헛되이 고난을 당하지 않으셨습니다. 왜냐하면
그는 그러한 고난을 통해 온전하게 되시고 또 대제사장으로서의 거룩한 직분에
합당하게 되셨기 때문입니다. 이러한 사실로부터 나는 여러분도 고난을 통해 열
매를 거두기를 바랍니다. 왜냐하면 우리의 하늘 아버지는 또한 여러분을 축복하
시기를 바라시기 때문입니다. 만일 우리 자신이 위로를 받지 못했다면, 우리는
결코 다른 사람들을 위로할 수 없을 것입니다. 과부 사정 과부가 안다는 말이 있
지 않습니까? 남편을 잃은 여자를 가장 잘 위로해 줄 수 있는 사람은 역시 남편
을 잃은 여자입니다. 죽은 아이를 부둥켜 안고 우는 어머니의 찢어지는 마음을
어떻게 아이를 가져본 적도 없고 잃어본 적도 없는 여자가 충분히 이해할 수 있
겠습니까? 만일 여러분이 시험이 의미하는 것을 충분히 알지 못한다면, 시험 가
운데 괴로워하는 자를 도우려는 여러분의 시도는 고작해야 초라한 열매밖에는
맺지 못할 것입니다. 우리 주님이 시험을 받아 고난을 당함으로써 축복을 얻었
으므로, 여러분 역시도 그럴 수 있습니다. 형제여, 주님은 당신을 "위로의 아들"
바나바처럼 만들기를 뜻하십니다. 나의 사랑하는 자매여, 주님은 당신을 쓰라린
고통과 시련 가운데 떨어진 사람들에게 참된 위로의 말을 전해줄 수 있는 이스
라엘의 어머니로 만들기를 뜻하십니다. 어느 날 여러분은 이렇게 말하게 될 것

입니다. "아, 그 때 슬픔을 통과한 것은 결코 헛된 일이 아니었어. 그로 인해 상처 받고 고통당하는 심령들을 도울 수 있게 되었으니까 말이야." 슬픔의 길을 통과 한 자여, 당신은 다른 사람들을 위로하지 않을 것입니까? 물론 당신은 기꺼이 다 른 사람들을 위로할 것입니다. 당신은 상처받고 고통당하는 사람들을 위로하며 싸매주는 거룩한 의사가 될 것입니다. 그러므로 시험을 받아 고난을 당할 때, 도 리어 기뻐하고 즐거워하십시오. 그리고 그 모든 고난들이 당신 안에서 맺을 아 름다운 열매들을 바라보십시오.

지금까지 우리는 고난의 느낌과 고난의 사실과 고난의 열매를 살펴보았습 니다. 그러면 이러한 주제로부터 우리는 어떤 추론을 끌어낼 수 있을까요? 이에 대해 짤막하게 살펴보도록 하겠습니다. 나는 시험 가운데 있는 여러분이 주 예 수 그리스도의 시험과 고난으로부터 다음과 같은 추론들을 끌어내기를 바랍니 다.

첫째로, 시험 당하는 것 자체는 결코 죄가 아니라는 사실입니다. 시험을 받는 것 은 죄가 아닙니다. 왜냐하면 예수는 그 안에 아무 죄도 없었음에도 불구하고 시 험을 받으셨기 때문입니다. 그는 시험을 받아 고난을 당했지만, 그러나 그 자체 에는 어떤 죄의 요소도 없었습니다. 왜냐하면 그 자신 안에는 아무런 죄도 없었 기 때문입니다. 아무리 극심한 시험을 받는다 하더라도, 그것으로 스스로를 정 죄하지 마십시오. 여러분이 시험을 받는 것은 여러분 자신의 잘못이 아닙니다. 거기에는 아무런 죄의 요소도 없습니다. 그러므로 여러분은 그에 대해 회개할 필요가 없습니다. 다만 여러분이 시험에 굴복할 때, 거기에 죄가 있는 것입니다. 그러나 단순히 시험을 받는다는 사실은 결코 여러분의 죄가 아닙니다. 그것이 아무리 극심한 시험이라 하더라도 말입니다.

둘째로, 하나님은 시험 자체를 불쾌하게 여기지 않는다는 사실입니다. 하나님은 자신의 독생자로 하여금 시험을 당하도록 허락하셨습니다. 그는 항상 하나님의 사랑하는 아들이었지만 그러나 시험을 받았습니다. 하나님은 자기 아들이 세례 받을 때 "이는 내 사랑하는 아들이라"고 증언하셨지만, 그러나 바로 다음 순간 그 아들은 마귀에게 시험을 받기 위해 성령에 이끌려 광야로 갔습니다. 이것은 여러분의 경우에도 마찬가지입니다. 하나님은 여러분이 시험 당하는 것을 불쾌 하게 여기지 않습니다. 도리어 그것은 종종 하나님의 호의(好意)의 연장선상에 서 나타나곤 합니다.

셋째로, 시험은 종종 여러분이 하나님의 자녀임을 증명하는 것이 됩니다. 왜냐하면 지극히 높은 자의 아들 자신이 시험을 받으셨기 때문입니다. 그리스도 자신이 시험을 받으셨다면, 어째서 여러분은 그렇지 않겠습니까? 시험은 여러분이 그의 자녀임을 나타내는 표적입니다.

넷째로, 시험이 사람을 필연적으로 악한 결과로 이끌지는 않는다는 사실입니다. 주님의 경우를 생각해 보십시오. 그의 경우, 시험은 그를 죄로 이끌지 않았습니다. 주 예수는 시험 이전과 마찬가지로 시험 가운데 있을 때와 시험 이후에도 똑같이 무죄했습니다. 우리 역시도 그의 은혜로 말미암아 마찬가지입니다. 사도 요한은 거듭한 자와 관련하여 이렇게 말합니다. "하나님께로부터 나신 자가 그를 지키시매 악한 자가 그를 만지지도 못하느니라"(요일 5:18).

다섯째로, 그러므로 시험을 받는 것으로 인해 불평하지 마십시오. 여러분의 주님이 시험을 받으신 것을 기억하십시오. 제자가 선생보다 나을 것입니까? 종이 주인보다 나을 것입니까? 만일 완전한 자가 시험을 받아야만 했다면, 하물며 우리야 얼마나 더 그렇겠습니까? 그러므로 시험을 받아들이십시오. 그리고 그것을 수치스럽거나 혹은 불명예스러운 것으로 생각하지 마십시오. 시험은 여러분의 주님을 수치스럽거나 불명예스럽게 만들지 않았습니다. 그러므로 그것은 여러분을 수치스럽거나 불명예스럽게 만들지 않을 것입니다. 여러분에게 시험을 허락하신 하나님은 또한 그와 함께 피할 길도 주실 것입니다. 그러므로 그 길로 피하십시오. 그것은 여러분에게 영예로울 뿐만 아니라 유익한 결과를 가져다줄 것입니다.

여섯째로, 어떤 시험이 여러분을 절망으로 이끌 것이라고 생각하지 마십시오. 예수는 절망하지 않았습니다. 예수는 승리하셨으며, 그러므로 여러분도 승리할 것입니다. 그의 말씀을 들어 보십시오. "세상에서는 너희가 환난을 당하나 담대하라 내가 세상을 이기었노라"(요 16:33). 여러분은 그의 몸의 지체입니다. 그러므로 머리가 승리를 거두었을 때, 몸 전체가 그러한 승리를 공유합니다. 그는 또한 "내가 살았으니 너희도 살겠음이라"고 말씀하셨습니다(요 14:19). 그러므로 극심한 시험 가운데 있는 여러분도 살 것입니다. 옛 제자들은 어린 양의 피로 말미암아 이겼습니다. 그러므로 여러분도 이길 것입니다. 그러므로 이 말로 서로 위로하십시오. "그가 시험을 받아 고난을 당하셨은즉 시험 받는 자들을 능히 도우실 수 있느니라." 여러분 안에는 그의 생명이 있습니다. 그러므로 여러분은 먼저 그와 함께 시험을 받고, 그러고 난 연후에 그와 함께 왕 노릇 할 것입니다.

여기까지가 오늘 설교의 첫 부분입니다. 만일 성령께서 오늘 설교를 시험 가운데 있는 심령에 적용하신다면, 그것은 분명 풍성한 위로를 가져다줄 것입니다. 나는 스스로에 대해 매우 서투른 의사라고 느낍니다. 나에게는 연고(軟膏)와 부드러운 세마포 천이 있습니다. 나는 어떤 때는 너무 단단하게 매기도 하고 또 어떤 때는 매우 느슨하게 매기도 합니다. 오, 거룩한 위로자여! 당신의 일을 행하소서! 상처받은 심령에 올바르게 연고를 바르기 위해서는 못 박힌 손이 필요합니다.

### 2. 둘째로, 이제 예수의 도우심을 살펴보도록 합시다.

고난당하는 예수에 이어 도우시는 예수가 뒤따릅니다. "시험 받는 자들을 능히 도우실 수 있느니라." 여기에서 우리는 그의 긍휼을 보게 됩니다. 그는 시험 받는 자들을 돕는 일에 이르기까지 자신을 주셨습니다. 여러분에게 돌봐야 할 어떤 형제가 있습니까? 그렇다면, 여러분은 매일같이 짊어져야 할 십자가를 가지고 있는 셈입니다. 왜냐하면 우리가 시험 가운데 고난당하는 자들을 위로하려고 애쓸 때, 종종 우리 자신이 나락 가운데 떨어지곤 하기 때문입니다. 그럴 때 우리는 그러한 짐을 회피하려고 하는 시험을 받게 됩니다. 어떤 사람이 말합니다. "저기 앉아 있는 사람은 나에게 무거운 짐이에요. 나는 여러 번 그를 위로하려고 애썼지만, 그는 조금도 나아지지 않았고 도리어 나를 지치게 만들었어요. 이제 나는 그를 피하기 위해 다른 문으로 나가곤 해요." 당신의 주님도 당신에게 그렇게 행하실 수 있습니다. 만일 그가 당신의 주님이 아니었다면 말입니다. 그러나 그는 긍휼로 가득합니다. 그는 낙망하고 지친 자들을 찾습니다. 그는 마음이 상한 자를 치료하며, 그들의 상처를 싸맵니다. 그는 시험 받는 자들을 돕기 위해 스스로를 나타냅니다. 그러므로 그는 그들을 피한다든지 혹은 그냥 지나치지 않습니다. 이것은 우리에게 얼마나 좋은 모범입니까? 그는 애통하는 모든 자들을 위로하는 거룩한 일에 스스로를 바칩니다. 그는 만유의 주님이지만, 그러나 스스로를 가장 약한 자들의 종으로 만듭니다. 그는 시험 받는 자들을 도우십니다. 그는 힘들다고 그 일을 내던져 버리지 않습니다. 그는 그들의 어리석음으로 인해 그들에게 화를 내며 그들을 포기하지 않습니다. 그는 그들에게 어리석은 자라고 호통치며 그따위 터무니없는 생각은 당장 내던져 버리라고 말하지 않습니다. 사람들은 종종 그런 투로 말하곤 합니다. 그럴 때, 나는 그들 자신이 시험의 고통에 대해 좀 더 풍성하게 이해할 수 있기를 바랍니다. 그러면 괴로움 가운데 있는 자들에게 좀 더 따뜻하고 부드러운 말을 해줄 수 있을 것입니다. 주 예수 그리스도는 절뚝거리는 양을 과도하게 몰지 않습니다. 도리어 그 양을 자기 어깨에 메고 갑니다. 그는 얼마나 동정심이 많고 온유합니까! 여기에 그의 긍휼이 있습니다.

본문은 또한 돕는 자로서의 그의 적합성에 대해 다룹니다. 그는 시험 받는 자들을 도울 수 있는 바로 그분입니다. 나는 전에 이에 대해 설교한 적이 있습니다. 그는 그의 고난으로 말미암아 고난당하는 자들 가운데 들어가 그들과 교통할 수 있는 권리를 가집니다. 그는 애통하는 무리 가운데 자유롭게 출입합니다.

> "우리의 머리가 고뇌로 숙여질 때,
> 우리의 눈에 쓰라린 눈물이 흐를 때,
> 우리가 잃은 자들로 인해 애곡할 때,
> 그 때 인자가 가까이 계시도다.
>
> 당신은 우리와 같은 육체를 입으시고,
> 우리의 슬픔을 짊어지셨나이다.
> 고난 가운데 애통하는 자들을 위해
> 인자여, 당신은 눈물을 흘리셨나이다."

그는 시험 받는 자들을 도울 수 있는 권리를 가지고 계십니다. 왜냐하면 그들은 그의 소유이기 때문입니다. 그가 자기 피로 그들을 사셨기 때문에 말입니다. 그는 미약하고, 연약하며, 낙망하며, 두려워 떠는 자들을 돌보십니다. 왜냐하면 하나님이 그들을 그에게 맡기셨기 때문입니다. 그는 "적은 무리여 무서워 말라"고 말씀하셨는데(눅 12:32), 이것은 그의 양 떼들이 연약하며 두려움 가운데 있음을 보여줍니다. 또 그가 "적은 무리여 무서워 말라"고 말씀하신 것은 그들이 너무나 쉽게 두려워하는 경향이 있기 때문입니다. 그는 그들이 두려워 떠는 것을 보고 싶어 하지 않습니다. 그는 그들을 사셨습니다. 그러므로 그들을 도우며 끝까지 보존하는 권리를 가집니다.

　　뿐만 아니라 그에게는 그들을 돕고자 하는 기질이 있습니다. 그는 그 자신이 시험을 받고 고난을 당함으로 말미암아 그와 같은 축복된 기질을 얻었습니다. 고난을 겪은 사람은 하나님이 축복하실 때 고난당하는 자들을 위로하는 기질을 갖게 됩니다. 하룻밤 동안 눈 속에 빠져 있었던 어떤 여자에 대한 이야기를 들은 적이 있습니다. 그녀는 극도의 추위 속에서 이렇게 부르짖었습니다. "아, 돈도 없고 땔감도 없는 사람들은 얼마나 가련한가! 이 모진 겨울에 그들은 얼마나 추울까! 나는 최소한 스무 가정에 50kg씩의 석탄을 보내줄 거야!" 마침내 그녀는 자신의 안락한 집에 돌아왔습니다. 그녀는 따뜻한 난로 위에서 몸을 녹이며 최고급 차를 마셨습니다. 그리고 그녀는 혼자 이렇게 속삭였습니다. "사실 그렇게 춥지는 않았어. 굳이 석탄을 보낼 필요는 없을 거야. 최소한 지금 당장은 보낼 필요가 없겠어." 가난한 자가 가난한 자를 돕는 것처럼, 고난당하는 자가 고난당하는 자를 생각하는 법입니다. 놀라운 것은 우리 주님이 "부요하신 자로서 우리를 위하여 가난하게" 되셨다는 사실입니다. 그는 가난한 자들을 돕기를 기뻐하셨습니다. 자신이 시험을 받으심으로써, 그는 시험 받는 자들을 도우십니다. 그 자신의 시험이 그로 하여금 시험 받는 자들을 축복하기를 열망하도록 만들었습니다.

　　뿐만 아니라 그는 그들을 도울 수 있는 **능력**을 가지고 계십니다. "그는 시험 받는 자들을 능히 도우실 수 있느니라." 내 주변에는 내가 건강할 때는 함께 있는 것이 무척 즐겁지만 그러나 내가 아플 때는 함께 있는 것이 즐겁지 않은 그런 형제자매들이 있습니다. 내가 건강하지 않을 때, 나는 그들이 자주 방문하는 것이 반갑지 않습니다. 그들은 침울한 모습으로 방을 이리저리 걸어 다닙니다. 그들은 문을 열어놓든지 아니면 쾅 하고 닫습니다. 또 그들은 큰 소리로 시끄럽게 말함으로써 나의 머리를 더욱 아프게 만듭니다. 그들이 위로한답시고 하는 말들은 마치 상처에다가 소금을 뿌리는 것과 같습니다. 그들은 고통당하는 자의 형편을 이해하지 못하고, 엉뚱한 말만 합니다. 만일 그들이 진정한 위로자가 되고자 한다면, 먼저 그들 자신이 스스로 고난을 당함으로써 위로의 기술을 배울 필요가 있습니다. 다른 방법으로는 결코 그것을 배울 수 없습니다. 우리의 복된 주님은 고난의 삶을 사심으로써 고난당하는 자들의 형편을 너무도 잘 이해하시며, 그럼으로써 "그들을 위해 침상을 만드는" 방법을 아십니다. 그런 이상한 말이 어디 있느냐고요? 다윗이 말한 것을 생각해 보십시오. "당신은 그가 병들어 누웠을 때 그의 모든 침상을 만들 것이나이다"(시 41:3, 한글개역개정판에는 "여호와께서 그를 병상에서 붙드시고 그가 누워 있을 때마다 그의 병을 고쳐 주시나이다"라고 되어 있음). 만일 주님이 침상 만드는 법을 알지 못했다면, 다윗은 결코 그렇게 말하지 않았을 것입니다. 병자가 침상에 누워 있을 때, 그의 베개를 물어뜯으며 침상을 흔들어대는 특별한 기술이 있습니다. 그런가 하면 부드러운 덮개를 씌움으로써 포근하며 위로가 되는 침상을 만드는 방법도 있습니다. 어쨌든 이러한 상징을 통해 우리는 주 예수 그리스도가 고난으로 인해 고통과 슬픔 가운데 있는 우리를 다루는 방법을 알고 계신다는 사실을 배웁니다. 그는 우리의 슬픔을 통과하심으로써 좋은 유모와 거룩한 의사와 따뜻한 위로자가 되셨습니다. "그는 우리의 연약한 것을 친히 담당하시고 병을 짊어지셨도다"(마 8:17).

> "그가 쓰라린 시험이 의미하는 것을 아는 것은
> 그 자신이 같은 것을 느꼈기 때문이라."

그는 시험 받는 자들을 돕기 위한 충분한 적합성과 능력을 가지고 있습니다.

이제 시험 받는 자들을 돕는 그의 방법들을 살펴보도록 합시다. 그는 여러 가지 방법들로 그렇게 하시는데, 아마도 여기 있는 사람들 가운데 많은 사람들이 그에 대해 나보다 더 잘 알 것입니다.

통상적으로 그는 그의 동정심을 느끼게 함으로써 시험 받는 자들을 도우십니다. 그들은 말합니다. "그래, 주님이 여기 계셔. 그는 나의 아픔을 알고 계셔." 이것은 그 자체로 결코 작은 도움이 아닙니다.

때로 그는 그들에게 슬픔을 멎게 하는 하나님의 보배로운 진리들을 제시함으로써 그들을 돕습니다. 성경 속에는 여러분의 슬픔을 치료하는 최고의 약들이 들어 있습니다. 여러분이 그것을 발견할 수만 있다면 말입니다. 때로 여러분은 서랍의 열쇠를 잃어버립니다. 그러면 어떻게 합니까? 열쇠수리공을 부르지 않습니까? 그러면 그는 큰 열쇠꾸러미를 들고 옵니다. 그 가운데 어딘가에 여러분의 서랍에 꼭 맞는 열쇠가 있습니다. 이와 같이 성경 속에는 여러분의 고난의 쇠문을 열고 여러분을 슬픔으로부터 건져낼 수 있는 열쇠들이 포함되어 있습니다. 요점은 올바른 약속을 찾아내는 것입니다. 하나님의 영은 종종 우리 기억 속에 주 예수의 말씀을 생각나게 만듦으로써 이러한 문제에 있어 우리를 도우십니다. 만일 하나님이 우리의 다양한 고통들과 관련하여 어떻게 모든 것을 미리 아시고 약속의 언약 가운데 그 모든 것을 위해 미리 준비하셨는지 우리에게 보여주시지 않았다면, 우리는 그의 말씀의 부요함을 전혀 알지 못했을 것입니다.

또 주님은 때로 내적으로 강하게 만듦으로써 자기 백성들을 도우십니다. 어떤 사람이 말합니다. "아, 나는 너무나 끔찍한 고난 가운데 있었지만, 생각했던 것보다 훨씬 더 잘 견딜 수 있었습니다." 그렇습니다. 신적 은혜의 에너지가 그의 영혼 속에 부어진 것입니다. 존 번연이 말한 것처럼, 하나님은 은밀한 방법으로 우리에게 은혜를 공급해 주십니다. 우리는 마치 「천로역정」에 나오는 '저쪽에 있는 불'(yonder fire)과 같습니다. 한 사람이 거기에다가 물을 끼얹었지만, 그러나 불은 계속해서 타오릅니다. 그 이유가 무엇이었습니까? 그것은 벽 뒤에서 다른 사람이 그 불에다가 은밀하게 계속해서 기름을 붓고 있었기 때문이었습니다.

또 어떤 경우 주님은 매우 약하게 만듦으로써 자기 백성들을 도우시기도 합니다. 주 안에서 강하게 되는 차선(次善)의 방법은 스스로 약하게 되는 것입니다. 둘은 함께 가지만, 그러나 때로 나누어지기도 합니다. "나는 더 이상 애쓰지 않을 거야. 이제 나는 포기하고, 주의 손이 움직이는 대로 스스로를 내맡길 거야" — 이것은 얼마나 아름다운 말입니까! 나는 하늘 아래 이것보다 더 아름다운 말은 아무것도 없다고 생각합니다. 어쩌면 여러분은 내가 이렇게 말하는 것에 대해 의아하게 생각하는지 모릅니다. 그러나 결코 그렇지 않습니다. 태풍의 중심을 생각해 보십시오. 그곳에 완전한 고요함이 있지 않습니까? 또 거대하게 타오르는 불의 중심에는 전혀 불기가 없는 지점이 있다고 합니다. 마찬가지로 고통과 슬픔과 고난과 낙망의 한가운데서 자신의 모든 것을 하나님께 온전히 내맡기는 깊은 의식 속에는 완전하게 평온한 지점이 있습니다. 여러분에게 충분하게 설명할 수는 없지만, 나는 이것이 사실임을 압니다. 그 자신이 시험을 받아 고난을 당하신 주님은 이와 같은 여러 가지 방법들로 시험 받는 자들을 도우십니다.

### 3. 마지막으로, 예수의 찾으심에 대해 생각해 보도록 합시다.

수고하고 무거운 짐 진 자여, 당신을 도우실 수 있는 자에게 나오십시오. 그를 찾으십시오. 조금 위로받을 때까지 머무르지 마십시오. 낙망 가운데 그냥 나오십시오. 조금 더 큰 믿음을 갖게 될 때까지 기다리지 마십시오. 지금 있는 그대로 나오십시오. 그리고 이렇게 말하십시오. "사랑하는 주님, 당신은 이 모든 것

을 겪으셨나이다. 나는 당신의 사랑하는 발 앞에 엎드리나이다. 간절히 구하노
니 나를 도우소서."

당신은 다른 어느 곳으로 갈 수 있습니까? 누가 당신의 영혼을 도울 수 있습니
까? 그에게 나오십시오. 사람은 아무것도 아닙니다. 사람은 모두 초라한 위로자
에 불과합니다. 웅덩이들은 모두 터졌습니다. 샘 근원으로 오십시오. 나의 주님
에게로 오십시오. 다른 모든 문은 닫혔습니다. 그렇지만 당신은 낙망할 필요 없
습니다. 왜냐하면 주님이 "볼지어다 내가 네 앞에 열린 문을 두었으되 능히 닫을
사람이 없으리라"라고 말씀하시기 때문입니다(계 3:8).

당신은 더 나은 어느 곳으로 갈 수 있습니까? 당신에게 당신을 도울 수 있는 친
구가 필요합니까? 당신에게 형제와 같은 벗이 정말로 필요합니까? 그렇다면 당
신은 당신을 동정할 수 있는 인자(人子) 외에 도대체 누구에게 갈 것이란 말입니
까? 당신은 더 나은 누구에게 갈 수 있습니까? 당신은 낙망 가운데 슬퍼하고 있
습니까? 당신은 자신이 하나님의 자녀가 아닐까봐 두렵습니까? 염려하지 마십시
오. 만일 당신이 거룩한 자로 나올 수 없다면, 죄인으로 나오십시오. 당신의 머릿
속에 자꾸 나쁜 생각이 떠오릅니까? 와서 당신의 나쁜 생각들을 고백하십시오.
당신은 죄에 대해 애통하는 마음을 갖지 못하는 것으로 인해 괴로워합니까? 그
렇다면 애통하는 마음이 되기 위해 오십시오. 당신은 자신이 말할 수 없이 악한
자라고 생각합니까? 그렇다면 가장 악한 모습 그대로 오십시오. 의사가 필요함
에도 불구하고 "나의 뼈가 부러지기는 했지만 그러나 나는 그것을 고치지 않을
거야"라고 말한다면, 그것은 얼마나 어리석은 일입니까! 당신의 뼈가 부러졌다
면, 부러진 뼈를 가지고 주님께로 오십시오. 아, 멸망을 향해 치닫고 있는 죄인이
여! 구주께 부르짖으십시오. 그에게 지금 구원해 달라고 간청하십시오. 당신은
모든 사람들 가운데 가장 악한 자입니까? 그렇다면 지금 가장 선한 자에게 가십
시오. 그는 아무도 내쫓지 않는다는 사실을 기억하십시오. 그는 지금까지 단 한
사람도 내쫓지 않았습니다. 나는 어디를 가든 항상 이렇게 말하곤 했습니다. "만
일 여러분이 예수 그리스도에게 나옴에도 불구하고 그가 어떤 사람을 내쫓는다
면, 부디 그 사실을 나에게 알려 주십시오. 왜냐하면 나는 더 이상 이곳저곳을 돌
아다니며 거짓말을 하고 싶지 않기 때문입니다." 이 시간 또다시 여러분에게 도
전합니다! 만일 나의 주님이 자신에게 나오는 가련한 영혼을 내쫓는다면, 부디
그 사실을 나에게 알려 주십시오. 그러면 지금 이 순간부터 나는 더 이상 말씀을

전파하지 않을 것입니다. 왜냐하면 나는 더 이상 그리스도를 전파할 면목이 없게 될 것이기 때문입니다. 그는 "내게 오는 자는 내가 결코 내쫓지 아니하리라"라고 말씀하셨습니다(요 6:37). 그럼에도 불구하고 자기의 말과 정반대로 행동한다면, 그는 필경 거짓 그리스도일 것입니다. 그러나 그는 결코 당신을 내쫓을 수 없습니다. 도대체 어떻게 그렇게 할 수 있단 말입니까? "아, 그렇지만 나는 너무나 악한 자입니다." 그렇다면, 그는 더더욱 당신을 거부할 수 없습니다. 왜냐하면 죄가 많은 곳에 은혜도 많기 때문입니다.

    휫필드(Whitefield)의 한 형제는 헌팅던 백작 부인에게 "나는 잃어버린 자입니다"라고 탄식하며 말했습니다. 그러자 백작부인은 "그에 대해 좀 더 듣고 싶군요"라고 말했습니다. 이에 대해 그가 "아, 그에 대해 말하는 것은 너무나 끔찍한 일입니다"라고 부르짖자, 백작 부인은 "아닙니다, 인자가 온 것은 잃은 자를 찾아 구원하기 위함이 아닙니까? 그러니까 그가 온 것은 당신을 구원하기 위함입니다"라고 말했다고 합니다. 아, 죄인이여! 절망하는 것은 이치에 맞지 않는 일입니다. 만일 당신이 스스로 판단하기에 더 많이 망가지고 더 많이 파괴되고 더 많이 비열하고 더 많이 악하다면, 당신에게는 무한한 긍휼이 베풀어질 여지가 그만큼 더 많은 것입니다.

    그러므로 당신이 거룩한 자든 죄인이든, 있는 모습 그대로 나오십시오. 선한 자아든 악한 자아든, 자아를 버리고 이렇게 말하십시오. "설령 멸망할지라도, 나는 예수를 믿을 것이라." 예수를 믿으십시오. 그러면 당신은 멸망할 수 없습니다. 만일 당신이 예수를 믿고 멸망한다면, 나도 분명 당신과 함께 멸망할 것입니다. 나는 당신과 같은 배를 타고 있습니다. 당신은 배 멀미로 괴로워하는 승객이며, 나는 유능한 선원일는지 모릅니다. 그러나 만일 당신이 물에 빠져 죽는다면, 나 역시도 그럴 것입니다. 배가 파선(破船)했는데, 유능한 선원이라고 무사하겠습니까? 나는 우리가 타고 있는 신적 은혜의 배의 능력을 의지합니다. 우리는 함께 아름다운 항구에 도착하든지 아니면 함께 물에 빠져 죽어야만 합니다. 아름다운 항구에 안전하게 도착할 때, 우리는 노래하지 않을 것입니까? 천국 항구에 도착할 때, 우리는 목청껏 노래하며 있는 힘을 다해 '큰 소리 나는 제금'을 울리지 않을 것입니까? 나는 당신과 더불어 누가 더 하나님을 멋지게 찬양할 것인지 경쟁할 것입니다. 당신은 당신이 더 잘 찬양할 것이라고 말하며, 나는 내가 더 잘 할 것이라고 말할 것입니다. 우리는 서로 그리고 모든 구속받은 자들과 더불어 하나님과 어린 양에게 누가 더 할렐루야를 잘 부르는지 경쟁할 것입니다. 우리와 같은 죄인들이 천국문 안으로 들어갈 때, 우리는 거룩한 기쁨과 즐거움의 탄성을 발할 것입니다. 그것은 어떤 천사의 입술로부터도 결코 나온 적이 없는 탄성일 것입니다. 그것은 오직 어린 양의 피로 산 죄인들의 입술로부터만 나올 수 있는 탄성일 것입니다.

시험 받는 자들을 도우시는 주님이 이 시간 여러분 모두를 축복하시고 위로하시기를 기원합니다. 아멘.

제
4
장
—

# 성령의 간절한 애원

—

"그러므로 성령이 이르신 바와 같이 오늘 너희가
그의 음성을 듣거든 … 너희 마음을 완고하게
하지 말라."─히 3:7-8

　　지금 우리가 처한 독특한 상황은 나의 설교가 일차적으로 아직 회심하지 않은 자들에게 향하여질 것과, 아직 복음의 빛이 비춰지지 않은 자들에게 복음의 빛을 비춰도록 하는 것과, 복음의 빛이 비췬 자들로 하여금 결신하도록 이끄는 것과, 주님을 찾고자 하는 열망이 우리 주변 전체에 퍼지도록 할 것을 요구합니다. 우리는 아흔아홉 마리의 양을 잠깐 동안 우리에 남겨두고, 길을 잃은 한 마리의 양을 찾으러 가야 합니다. 물론 자녀들을 먹이는 것이 우리의 통상적인 의무이지만, 그러나 그 일은 잠깐 다른 사람들에게 남겨두고 우리는 양식을 가지고 굶주려 죽어가고 있는 사람들에게 가야 합니다.

　　오늘날과 같은 부흥의 때는 영원히 계속되지 않습니다. 부흥의 때는 왔다가 갑니다. 그러므로 우리는 이러한 때를 놓치지 말고 잘 선용(善用)해야 합니다. 농부는 해가 비췰 때 지체하지 말고 건초를 만들어야 합니다. 그러므로 우리도 이러한 부흥의 때에 열심히 수고하며, 특별히 아직 결신하지 않은 자들을 부지런히 찾아다녀야 합니다. 하나님이 강력하게 말씀하고 계시는 동안, 우리는 사람들에게 그 음성을 들으라고 촉구해야 합니다. 하나님이 말씀할 때 "아멘" 하는 것이 우리의 지혜입니다. 왜냐하면 하나님의 말씀이 헛되이 땅에 떨어지지 않는 것처럼, 우리의 말 역시 그러하기 때문입니다. 특별히 우리가 하나님의 말씀에 "아멘"으로 화답할 때 말입니다. 그러므로 오늘 아침 나의 설교의 주제는 다음과 같은 찬송가 가사의 주제와 같은 것이 될 것입니다.

> "하나님이 말씀하실 때,
> 그 말씀을 들어라.
> 하나님이 들으실 때,
> 그분께 기도하라.
> 그의 약속을 믿고
> 그의 말씀을 의지하라.
> 그가 명하실 때,
> 그 명령에 순종하라."

부디 하나님이 오늘의 본문을 축복하시기를 바랍니다. 그래서 본문이 구원받지 못한 자들을 위한 주의 백성들의 간절한 염려의 눈물로 세례받기를 바랍니다.

### 1. 첫째로, 성령의 특별한 음성을 주목하십시오.

"성령이 이르신 바와 같이 오늘 너희가 그의 음성을 듣거든." 바울 사도는 계속적으로 구약을 인용하지만, 그러나 항상 여기와 같은 독특한 방식으로 하는 것은 아닙니다. 바로 다음 장에서 같은 구절을 언급할 때, 그는 "다윗의 글에 일렀으되"라는 표현을 사용합니다(4:7). 다시 말해서 4장에서는 '인간적 저작권'(human author)을 언급하는 반면("다윗의 글에 일렀으되"), 여기의 본문에서는 하나님의 진리를 좀 더 충분히 부각시키기 위해 '신적 저작권'(Divine Author)을 강조합니다("성령이 이르신 바와 같이"). 신적 저작권을 강조하는 본문과 같은 어법은 물론 성경의 모든 구절에 적용될 수 있습니다. 다시 말해서, 우리는 영감받은 성경의 모든 구절들에 대해 "성령이 이르신 바와 같이"라고 말할 수 있습니다. 그러나 여기에서 그와 같은 표현이 의도적으로 사용된 것은 인용하는 구절의 의미를 좀 더 강조하기 위한 것입니다.

실제로 성령은 시편 95편에서만 그렇게 말씀하지 않습니다. 그것은 성령의 변함없는 말씀입니다. 성령은 지금도 계속해서 "오늘 너희가 그의 음성을 듣거든"이라고 말씀하고 계십니다. 성령께는 각 시대마다 그 시대 사람들의 필요에 따른 혹은 그 시대 사람들의 준비된 정도에 따른 특별한 진리가 있습니다. 그러나 여기의 말씀은 모든 시대를 위한 말씀입니다. 성령은 바울을 통해 ― 전에 다윗을 통해서와 마찬가지로 ― "오늘"이라고 말씀합니다. 그렇습니다. 본문의 훈계는 여전히 성령이 그의 사역자들에게 지우는 책무입니다. 그들은 모든 곳에서 사람들에게 "오늘 너희가 그의 음성을 듣거든 너희 마음을 완고하게 하지 말라"고 호소하며 설득해야 합니다.

그러면 성령은 어떻게 이와 같이 말씀합니까? 무엇보다도 성령은 성경 속에서 이와 같이 말씀합니다. 성경의 모든 명령은 즉각적인 순종을 요구합니다. 하나님의 율법이 우리에게 주어진 것은 우리로 하여금 미래의 어느 날 순종하기 위해 그냥 책장 안에 꽂아놓도록 하기 위한 것이 아닙니다. 또 우리 구주 예수 그리스도의 복음은 단지 열한 시에만 필요한 것이 아닙니다. 그 시간이 될 때까지는 대수롭지 않은 것으로 취급되다가 말입니다. 성령은 훈계할 때마다 현재 시제로 말씀합니다. 그는 우리에게 지금 회개하라고, 지금 믿으라고, 지금 주를 찾으라고 명령합니다. 여러분이 성경을 읽을 때마다 꼭 기억해야 할 것이 있습니다. 그것은 거기에서 여러분에게 즉각적으로 순종하라고 훈계하는 자는 살아 계신 하나님의 영이라는 사실입니다. 영감된 말씀이 요구하는 것은 모세나 다윗이나 바울이나 베드로가 요구하는 것이 아닙니다. 그것은 그들을 통해 말씀하시는 성령의 엄숙한 요구입니다.

이러한 사실은 성경에 얼마나 놀라운 위엄의 옷을 입힙니까! 그러므로 우리는 성경을 읽을 때, 그와 같은 엄숙한 마음으로 읽어야 합니다. 성경을 읽으면서 흠이나 찾으려고 한다든지 혹은 성경을 대수롭지 않게 여긴다든지 혹은 성경의 교훈을 가지고 논쟁이나 벌인다든지 혹은 성경이 가르치는 훈계를 소홀히 여기는 따위의 행동은 모두 하나님의 영을 근심하게 만드는 것입니다. 그렇다면 이러한 행동들은 얼마나 위험한 행동들입니까? 비록 오래 참으시고 또 긍휼이 많으신 하나님이지만, 그러나 성령을 훼방하는 죄는 영원히 사함을 받지 못한다고 성경이 분명하게 말하고 있지 않습니까? 성령을 훼방하는 모든 죄가 사함받지 못하는 것은 아닙니다. 이로 인해 하나님께 감사드립시다. 그러나 결코 사함받지 못하는 '성령을 훼방하는 죄'가 있습니다. 그러므로 우리는 하나님의 말씀을 읽으면서 그것이 가르치는 교훈들을 가볍게 여기지 않도록 조심해야 합니다. 집집마다 성경을 가지고 있는 영국인들은 특별히 조심할 필요가 있습니다. 하나님의 말씀을 함부로 취급하지 마십시오. 왜냐하면 하나님의 말씀을 배척하는 것은 단지 사도들과 선지자들의 음성을 배척하는 것이 아니라 성령 자신의 음성을 배척하는 것이기 때문입니다. 성령은 "오늘"이라고 말씀합니다. 성령은 자기 백성들에게 지체하지 말고 하나님의 말씀을 지키라고 명령합니다. 또 성령은 죄인들에게 여호와를 찾을 만한 때에 찾으라고, 그리고 그가 가까이 계실 때에 그를 부르라고 명령합니다. 그의 경고의 음성을 들으십시오. 그리고 생명을 얻으십시오.

또 성령은 그의 백성들의 마음속에서 그와 같이 말씀합니다. 성령은 살아 계시며 역사(役事)하십니다. 그의 일은 끝나지 않았습니다. 그는 여전히 말씀하시고, 여전히 쓰십니다. 그의 손에는 여전히 붓이 들려 있습니다. 그는 먹으로 종이 위에 쓰는 것이 아니라, 준비된 자들의 마음판 위에 쓰십니다. 지금 하나님의 영은 교회 안에 계시며, 자기 백성들과 교제하십니다. 지금 그의 말씀의 골자는 "오늘 영혼들을 얻기를 추구하라"입니다. 어떤 경우에도 성령은 "연말에 죄인들을 회심시키도록 추구하라"라든지 혹은 "네가 좀 더 성숙된 연후에 다른 영혼들을 각성시키기를 추구하라"라고 말씀하지 않습니다. 하나님의 은혜로 구원받은 모든 사람들 그리고 자기 안에 성령의 임재를 느끼는 모든 사람들은 곧바로 죄인들의 회심을 추구하는 마음을 갖습니다. 그들은 죄인들이 더 이상 죄 가운데 거하지 않으며, 지금 복음의 빛으로 비췸받아 즉시 영원한 생명을 붙잡으며, 그리스도 안에서 평강을 발견하기를 간절히 바라는 마음을 갖습니다. 나는 나의 사랑하는 형제자매들에게 여러분은 그렇지 않느냐고 묻고 싶습니다. 여러분은 "지금은 잠에서 깨어야 할 때"라고 느끼지 않았습니까? "네 손이 일을 얻는 대로 힘을 다하여 할지어다"(전 9:10)라는 훈계가 여러분에게 강력한 충동을 느끼게 만들지 않았습니까? 다른 때에 우리는 선한 일이 은밀하게 진행되며, 미래의 추수를 위해 땅을 경작하며, 어떤 방법으로든 하나님의 말씀이 헛되이 돌아가지 않는 것으로 그런대로 만족했습니다.

그러나 지금 우리는 그렇지 않습니다. 지금 우리는 매 예배마다 주님이 일하시는 것을 보아야만 합니다. 우리는 사람들이 그 자리에서 회심하는 것을 보기를 원합니다. 우리는 영혼을 열망합니다. 마치 수전노(守錢奴)가 돈을 열망하는 것처럼 말입니다. 나는 여러분 모두가 그렇게 느낀다고 말하지 않습니다. 그렇지만 나는 오늘날과 같은 부흥의 때에 성령의 감동을 충분하게 받은 모든 사람은 영혼의 즉각적인 구원을 위한 열망으로 가득 찬다고 분명하게 말할 수 있습니다. 마치 산통(産痛) 가운데 있는 여자들처럼, 그들은 새롭게 태어난 영혼들의 울부짖는 소리를 듣기를 간절히 열망합니다. 그들은 이렇게 기도합니다. "선하신 주님, 오늘 우리의 기도에 응답하셔서 우리의 친구들이 주의 음성을 듣고 구원받게 하소서."

성령은 또한 복음의 빛으로 비췸 받은 사람들 안에서 말씀하십니다. 그들은 아직 하나님의 백성들 가운데 계수되지 않지만, 그러나 그들은 영혼의 근심 아래 있습니다. 이 시간 그런 사람들에게 간곡히 말합니다. 지금 여러분은 자신이 하나님을 거역했음을 의식하고 있습니다. 여러분은 자신이 하나님으로부터 분리된 상태에 있음을 발견하고 두려워하고 있습니다. 여러분은 하나님과 화해하기를 바라며, 자신이 정말로 죄 사함받았음을 확신하기를 열망합니다. 여러분은 그러한 확신을 위해 또다시 6년 혹은 7년이 지나기를 기다리기를 원합니까? 아니면 지금 당장 그러한 확신을 갖고 집으로 돌아가 매일같이 그러한 확신 가운데 살기를 원합니까?

만일 여러분이 여전히 우물쭈물하며 지체한다면, 하나님의 영은 여러분에게 효과적으로 역사(役事)하지 않은 것입니다. 여러분은 단지 부분적으로만 영향을 받은 것에 불과합니다. "지금은 가라 내가 틈이 있으면 너를 부르리라"라고 말했던 불행한 벨릭스처럼 말입니다(행 24:25). 만일 하나님의 영이 여러분 위에 있다면, 여러분은 이렇게 부르짖을 것입니다. "주여, 도우소서. 지금 도우소서. 지금 구원하소서. 그렇지 않으면 내가 죽을 것이나이다. 나의 하나님이여, 속히 나를 건지소서. 지체하지 마소서. 사랑의 날개를 펼치사 나의 발 밑에서 입을 벌리고 있는 멸망의 구덩이로부터 속히 나를 건져내소서."

> "주여, 당신의 미약한 종에게
> 새 힘을 주소서.
> 당신의 병거 바퀴로 하여금
> 지체하지 말게 하소서.
> 나의 가련한 심령 가운데 임하소서.

나의 구주 나의 하나님이여,

내게 임하소서."

진실로 복음의 빛을 비춤 받은 죄인은 현재 시제로 구원을 부르짖습니다. 그리고 성령은 인간의 영혼을 얻고자 할 때마다 "오늘! 오늘!"이라고 외칩니다.

또 성령은 말로써 뿐만 아니라 **행동으로 말미암아** 말씀합니다. 말보다 행동이 더 크게 소리치는 법입니다. 많은 사람들을 구주께로 이끄는 일에 성령은 실제적으로 초청하며, 격려하며, 명령합니다. 은혜의 문은 일 년 내내 활짝 열려 있습니다. 그것이 열려 있는 것은 곧 들어오라고 초청하며 명령하는 것입니다. 많은 사람들이 그리스도를 발견하고 은혜의 문으로 들어갈 때, 그것은 다른 사람들을 오라고 부르는 것이 아닙니까? 그들이 이렇게 말하고 있지 않습니까? "우리가 이 길로 걸어가고 있으니 당신도 그렇게 하는 것이 어떨까? 이 길은 필경 평강으로 향하는 길이야. 왜냐하면 우리가 그 안에서 안식을 발견했기 때문이지." 정말로 그렇습니다.

성령이 이와 같은 방식으로 말할 때, 여러분은 그로 인해 큰 영향을 받지 않을 수 없습니다. 여러분은 여러분의 자녀가 천국에 들어가는 것을 보았지만 그러나 여러분 자신은 구원받지 못했습니다. 여러분은 여러분의 자매가 구원받는 것을 보았지만 그러나 여러분은 여전히 회심하지 않은 상태로 남아 있습니다. 저쪽에 한 남편이 있습니다. 그의 아내가 그에게 눈물로 자신이 발견한 구주에 대해 말했지만, 그러나 그는 구주를 찾기를 거절합니다. 또 여기에 예수를 발견한 부모들이 있습니다. 그러나 그들에게 자녀들은 무거운 짐입니다. 왜냐하면 자녀들의 마음은 아직 새로워지지 않았기 때문입니다. 나의 형제가 구원의 문을 통과하는 것을 내가 보았습니까? 그렇다면 나에게 이것은 하나님의 영이 보내는 일종의 암시가 아닙니까? 하나님이 은혜 가운데 나 또한 기다리고 계시다는 사실을 나타내는 암시 말입니다. 다른 사람들이 믿음으로 말미암아 구원받는 것을 볼 때, 나는 그 믿음이 나까지도 구원할 수 있음을 확신할 수 있지 않습니까? 만일 내가 그리스도 안에 다른 사람들의 죄를 위한 은혜가 있음을 인식한다면, 또한 내가 거기에 나를 위한 은혜도 있을 것이라고 바랄 수 있지 않습니까? 나는 기꺼이 바라며, 기꺼이 믿을 것입니다. 물론 그것은 각 사람의 결심이며 결단입니다. 또 마땅히 그래야만 합니다. 그렇지만 그것은 동시에 성령이 우리를 그렇게 이끄는 것이 아닙니까? 그것은 한 사람의 죄인을 구주께로 인도하는 것이 아닙니까?

이와 같이 성령은 "오늘"이라고 말씀합니다. 그렇지만 복된 성령이여, 어째서 그렇게 급박하나이까? 어째서 그렇게 급하게 재촉하나이까? 그것은 성령이 하나님과 한마음이기 때문입니다. 성령은 탕자가 돌아오기를 간절히 기다리는 아버지와 한마음입니다. 성령은 그 영혼의 수고한 것을 보기를 바라는 아들과 한마음입니다. 성령이 그토록 급박한 것은 그가 죄로 인해 탄식하고 계시며 또한 그러한 죄가 단 한 시간 동안이라도 계속되는 것을 보고 싶어하지 않기 때문입니다. 죄인이 그리스도께 나오기를 거절하는 모든 시간은 죄 가운데 보내는 시간입니다. 그렇습니다. 그리스도께 나오기를 거절하는 것은 그 자체로 가장 방자하며 악독한 죄입니다. 복음에 대해 마음을 완고하게 하는 것은 하나님을 가장 격노하게 만드는 것입니다. 그러므로 성령은 사람들이 그러한 죄로부터 벗어나기를 간절히 바라십니다. 성령은 사람들이 전능자의 사랑에 스스로를 굴복시키기를 간절히 바라십니다. 또 성령은 사람들이 하나님의 음성에 귀를 기울이기를 간절히 바라십니다. 왜냐하면 그는 선한 것과 옳은 것을 기뻐하시기 때문입니다. 그에게 있어 그것은 개인적인 즐거움입니다. 그는 자신의 역사(役事)로 말미암아 마침내 죄인이 구원받는 것을 보는 것을 기뻐하십니다. 뿐만 아니라 그는 위로자로서의 직분을 행하기를 간절히 바라십니다. 그는 불경건한 영혼을 위로할 수 없습니다. 그는 완고한 마음을 가진 자를 위로할 수 없습니다. 불신자를 위로하는 것은 도리어 그들에게 멸망이 될 것입니다. 그는 위로자가 되기를 즐거워하며 또 특별히 그 일을 행하도록 아버지로부터 보냄을 받았습니다. 그렇기 때문에 그는 하나님의 백성들을 위로할 수 있습니다. 그는 상한 마음과 회개하는 영을 주시(注視)합니다. 그들에게 길르앗의 향유를 바르고 그들의 상처를 치료하기 위해서 말입니다. 그러므로 성령은 오늘도 말씀하고 계십니다. 본문의 특별한 음성은 단순히 사람의 음성이 아니라 성령 자신의 음성입니다. 귀 있는 자는 들을지어다.

"그러므로 오늘이라 일컫는 동안
복음의 소리를 들으라!
죄인이여, 오늘 서둘러 나오라.

아직 사죄의 은총이 베풀어지는 동안."

## 2. 둘째로, 하나님의 음성을 들어야 하는
##    우리의 특별한 의무를 주목하십시오.

만일 여러분이 본문에 귀를 기울이면, 여러분은 아버지가 이렇게 외치는 음성을 듣게 될 것입니다. "배역한 자식들아 돌아오라; 오라 우리가 서로 변론하자 너희의 죄가 주홍 같을지라도 눈과 같이 희어질 것이요 진홍 같이 붉을지라도 양털 같이 희게 되리라"(렘 3:22; 사 1:18). 또 그것은 예수 그리스도의 음성일 수도 있습니다. 왜냐하면 바울은 여기에서 그리스도에 대해 말하고 있었기 때문입니다. "수고하고 무거운 짐 진 자들아 다 내게로 오라 내가 너희를 쉬게 하리라"라고 부르는 자는 예수입니다. 실제로 우리가 들어야 하는 음성은 성 삼위일체의 음성입니다. 왜냐하면 아버지와 아들과 성령이 함께 "오라!'고 말씀하시기 때문입니다.

우리가 그의 음성을 들어야 하는 것은 결코 가혹한 의무가 아닙니다. 복음의 위대한 훈계는 "네 귀를 기울이고 내게 와서 들으라 그러면 네 영혼이 살리라"는 것입니다. 왜냐하면 "믿음은 들음에서 나고 들음은 하나님의 말씀으로 말미암기" 때문입니다. 그러므로 주의 음성을 들으십시오. 어떤 사람이 말합니다. "예, 우리는 주의 음성을 듣습니다. 우리는 성경을 읽으며, 주일에 선포되는 말씀을 기꺼이 듣습니다." 사랑하는 형제여, 그러나 많은 사람들이 들을 귀를 가지고 있으면서도 실제로는 듣지 못합니다. 우리에게 요구되는 들음은 경외함으로 듣는 것입니다. 복음은 사람의 말이 아니라 하나님의 말씀입니다. 그것은 당신을 만드신 당신의 주님의 음성입니다. 그것은 오류 없는 진리의 음성이며, 무한한 사랑의 음성이며, 주권적 권위의 음성입니다.

그러므로 우리는 보통 정도의 주의를 기울여 들어서는 안 됩니다. 우리는 모든 마음을 기울여 경외함으로 들어야 합니다. 천사들은 여호와 앞에서 자신들의 얼굴을 가립니다. 하물며 사람이 그 앞에서 희희낙락하며 장난할 것입니까? 하나님이 말씀하실 때, 그것을 단순한 왕의 음성처럼 여기지 마십시오. 그의 메시지에 귀를 막을 때 자칫 반역이 될 수 있는 그런 왕의 음성 말입니다. 오직 그것을 당신의 하나님의 음성으로 여기십시오. 그의 메시지에 무관심할 때 자칫 신성모독이 될 수 있는 그런 하나님의 음성 말입니다. 그의 음성을 진지하게 들으십시오. 그가 말씀하는 것의 의미를 알고자 하는 간절한 마음으로 들으십시오. 그의 교훈을 마시십시오. 온유함으로 당신의 영혼을 구원할 수 있는 말씀을 받으십시오. 당신의 생각을 그 말씀에 굴복시키십시오. 그것을 깨닫기를 열망하십시오. 그것에 의해 영향 받기를 사모하십시오. "그의 음성을 들으라." 다시 말해서, 그의 음성을 순종하는 마음으로 들으십시오. 그가 힘주시는 대로, 그가 당신에게 명하는 것을 행하기를 열망하십시오. 듣고 잊어버리지 마십시오. 마치 거울을 통해 자기 얼굴을 보고나서 곧 잊어버리는 것처럼 말입니다. 그 말씀을 계속해서 기억하십시오. 나아가 그것을 당신의 삶 속에서 실천하십시오. 이렇게 듣는 것은 실제로 당신 자신을 하나님의 의지에 순복시키는 것입니다. 그리고 당신 자신을 부드러운 진흙처럼 만드는 것입니다. 그의 말씀이 당신을 마음대로 빚을 수 있는 그런 부드러운 진흙 말입니다.

또 주께서 당신을 가르칠 때, 그의 말씀을 들으십시오. 기꺼이 하나님의 진리를 알고자 하십시오. 사람들의 귀는 얼마나 자주 편견의 마개에 막혀 무뎌지곤 합니까? 그들은 자신들의 생각으로 복음이 어떠해야 한다고 상상하면서, 그것을 있는 그대로 들으려고 하지 않습니다. 그들은 스스로를 하나님의 말씀의 재판관으로 생각합니다. 하나님의 말씀이 그들의 재판관이 되는 것이 아니라, 그들이 하나님의 말씀의 재판관이 되는 것입니다. 또 어떤 사람들은 지나치게 많이 알기를 원하지 않습니다. 만일 그들이 너무 많이 안다면, 그들은 자신들의 죄로 인해 불편함을 느끼게 될 것입니다. 그래서 그들은 가르침을 받으려고 애쓰지 않습니다. 사람들이 하나님의 진리를 두려워하는 것은 그것이 자신들을 대적한다고 생각하기 때문입니다. 아담의 자손이 창조주의 음성으로부터 숨는 것은 그의 타락한 상태를 보여주는 한 가지 분명한 표적입니다.

그러나 사랑하는 자들이여, 오늘 그의 음성을 들으십시오. 예수의 음성을 들으십시오. 어린 학생들처럼 그의 발 앞에 앉으십시오. 왜냐하면 만일 여러분이 "돌이켜 어린 아이들과 같이 되지 아니하면 결단코 천국에 들어가지 못할" 것이기 때문입니다(마 18:3). 어린 학생들이 선생님에게 듣는 것처럼 그에게 들으십시오. 왜냐하면 시온의 모든 자녀들은 주님으로부터 배우는 학생들이기 때문입니다. 그러나 주님은 여러분을 가르치기만 하지 않습니다. 그는 명령하십니다. 경건하지 않은 자들에게 전파되어야 하는 복음은 단순히 경고와 교훈만이 아닙니다. 거기에는 엄중하며 적극적인 명령이 포함되어 있습니다. 다음의 말씀을 들어 보십시오. "알지 못하던 시대에는 하나님이 간과하셨거니와 이제는 어디든지 사람에게 다 명하사 회개하라 하셨으니"(행 17:30). 믿음과 관련한 주의 말씀은 단순한 권면이나 약속으로서만 오지 않습니다. 도리어 그것은 다음과 같은 방식으로 옵니다. "주 예수를 믿으라 그리하면 너와 네 집이 구원을 받으리라; 믿고 세례를 받는 사람은 구원을 얻을 것이요 믿지 않는 사람은 정죄를 받으리라"(행 16:31; 막 16:16).

주님의 이러한 단호한 말씀은 믿지 않는 자에 대한 정죄의 경고가 결코 허언(虛言)이 아님을 분명하게 보여주기 위한 것입니다. 그리스도는 이렇게 말씀하십니다. "하늘과 땅의 모든 권세를 내게 주셨으니 그러므로 너희는 가서 모든 민족을 제자로 삼아 아버지와 아들과 성령의 이름으로 세례를 베풀고"(마 28:18, 19). 말씀은 신적 권위와 함께 선포됩니다. "회개하고 복음을 믿으라"(막 1:15). 이러한 명령은 "네 마음을 다하여 주 너의 하나님을 사랑하라"는 명령 못지않게 강력한 하나님의 명령입니다. 또 그것은 모세의 율법이 요구하는 책무보다 훨씬 더 무거운 책무를 요구합니다. 왜냐하면 그러한 복음의 명령은 하나님의 아들 자신에 의해 주어졌기 때문입니다. "모세의 법을 폐한 자도 불쌍히 여김을 받지 못하고 죽었거든 하물며 하나님의 아들을 짓밟는 자가 당연히 받을 형벌은 얼마나 더 무겁겠느냐"(히 10:28, 29). 그러므로 예수의 명령을 들으십시오. 왜냐하면 그의 복음은 만왕의 왕의 최고의 권위로써 임하기 때문입니다.

뿐만 아니라 주님은 명령하기만 하지 않고 은혜 가운데 초청하십니다. 그는 온유함으로 죄인들에게, 모든 것이 준비되었으니 은혜의 잔치에 오라고 초청합니다. 그는 마치 사람들과 더불어 변론하는 것처럼 이렇게 말씀합니다. "오호라 너희 모든 목마른 자들아 물로 나아오라 돈 없는 자도 오라 너희는 와서 사 먹되 돈 없이, 값 없이 와서 포도주와 젖을 사라"(사 55:1). 주의 초청은 대부분의 경우 뜨거운 긍휼의 어조로 발하여집니다. 마치 죄인이 완고한 마음으로 초청을 거절할 때, 그로 인해 고통을 당하는 것은 죄인이라기보다 도리어 그 자신인 것처럼 말입니다. 그는 이렇게 소리지릅니다. "내게로 돌이키라 내게로 돌이키라 이스라엘 족속아 너희가 어찌하여 죽고자 하느냐?" 스스로 파멸의 길로 달려가는 불순종하는 아들과 변론하는 아버지처럼, 하나님은 애절한 마음으로 애원합니다.

그렇습니다. 성육신하신 하나님은 죄인들을 바라보며 눈물을 흘리면서 이렇게 외칩니다. "예루살렘아 예루살렘아 선지자들을 죽이고 네게 파송된 자들을

돌로 치는 자여 암탉이 그 새끼를 날개 아래에 모음 같이 내가 네 자녀를 모으려
한 일이 몇 번이더냐 그러나 너희가 원하지 아니하였도다"(마 23:37). 그러면 하
나님이 가르치실 때, 여러분은 듣지 않을 것입니까? 하나님이 빛을 비추심에도
불구하고 여러분의 눈은 감겨 있을 것입니까? 하나님이 명령하실 때, 여러분은
불순종할 것입니까? 여러분은 하나님을 대적하고자 합니까? 하나님이 초청하실
때, 여러분은 등을 돌릴 것입니까? 여러분은 그의 사랑을 외면하며, 그의 풍성한
은혜를 배척할 것입니까? 하나님이여, 부디 그렇게 되지 않게 하소서! 성령께서
"너희는 주의 음성을 들으라"라고 말씀하실 때, 그는 공의로우며 합당한 것 이상
을 요구하지 않으십니다.

　　그러나 주님은 단순히 초청만 하지 않습니다. 거기에다가 그는 약속을 더하
십니다. "너희는 귀를 기울이고 내게로 나아와 들으라 그리하면 너희의 영혼이
살리라 내가 너희를 위하여 영원한 언약을 맺으리니 곧 다윗에게 허락한 확실한
은혜이니라"(사 55:3). 그는 우리에게 이렇게 말씀하셨습니다. "만일 우리가 우
리 죄를 자백하면 그는 미쁘시고 의로우사 우리 죄를 사하시며 우리를 모든 불
의에서 깨끗하게 하실 것이요"(요일 1:9). 그의 말씀 속에는 영광스러운 약속들
이 있습니다. 그것은 너무도 위대하며 보배로운 약속들입니다. 간절히 당부하노
니 그런 약속들을 대수롭지 않게 여기지 마십시오. 왜냐하면 만일 그렇게 하면,
여러분의 피가 여러분 자신의 머리 위로 돌아갈 것이기 때문입니다.

　　나아가 주님은 애원할 뿐만 아니라 또한 경고합니다. 그는 여러분에게 이렇
게 경고합니다. "사람이 회개하지 아니하면 그가 그의 칼을 가심이여 그의 활을
이미 당기어 예비하셨도다"(시 7:12). 그는 하나님의 구원을 대수롭지 않게 여기
는 자들이 마침내 멸망을 당할 것이라고 선언하면서, 이렇게 묻습니다. "우리가
이같이 큰 구원을 등한히 여기면 어찌 그 보응을 피하리요"(히 2:3). 또 그는 "악
인들이 스올로 돌아감이여 하나님을 잊어버린 모든 이방 나라들이 그리하리로
다"라고 말씀하십니다(시 9:17). 물론 하나님은 악인들이 멸망 가운데 죽는 것보
다 자신에게로 돌이켜 살기를 바라십니다. 그럼에도 불구하고 모든 죄와 허물은
그에 합당한 보응을 받을 것입니다. 만일 그리스도가 배척을 당한다면, 영원한
진노가 확실하게 임할 것입니다. 여러분은 그리스도로 말미암아 열린 문을 통해
천국으로 들어갑니다. 그러나 만일 여러분이 그 문을 그냥 지나친다면, 지금은
못 박힌 손으로 여러분을 맞아주는 자가 마지막 큰 날에는 여러분을 치기 위해

철장(鐵杖)을 가지고 올 것입니다. "오늘 너희가 그의 음성을 듣거든 너희 마음을 완고하게 하지 말라." 오늘 말씀을 깊이 마음에 새기기를 바랍니다. 부디 하나님이 은혜를 베푸서서 오늘 말씀이 여러분의 마음판 위에 큰 흔적으로 남기를 바랍니다.

### 3. 셋째로, 본문에서 특별한 시간이 강조되어 있는 것을 주목하십시오.

"그러므로 성령이 이르신 바와 같이 오늘." 오늘은 하나님의 음성을 듣기 위해 정해진 시간입니다. 오늘은 다시 말해서 "하나님이 말씀하시는 동안"입니다. 만일 우리가 합당한 상태에 있다면, 하나님이 "너희는 내 얼굴을 찾으라"라고 말씀하시는 순간 우리는 "주여, 내가 주의 얼굴을 찾으리이다"라고 대답할 것입니다. 은혜의 초청을 받는 순간, 우리는 "보소서, 우리가 구원받기 위해 주께 왔나이다"라고 대답할 것입니다. 창조 때에 하나님의 음성이 어떻게 즉각적으로 응답되었는지 생각해 보십시오. 주께서 "빛이 있으라"고 말씀하시자, 즉각 "빛이 있었습니다." 또 하나님이 "물들은 생물을 번성하게 하라"고 말씀하시니, 즉시로 그대로 되었습니다. 어떤 지체도 없었습니다. 하나님의 명령은 즉각적으로 실행되었습니다. 아, 하나님의 형상을 따라 창조된 자여! 아무 감각도 느끼지 못하는 땅이 당신보다 더 잘 순종할 것입니까? 여호와께서 말씀하시자 바다는 물고기들로 가득 차고 땅은 풀들로 가득 차지 않았습니까? 하물며 하늘의 음성이 "잠자는 자여 깨어라 죽은 자들로부터 일어나라 그리스도께서 네게 생명을 주실 것이라"라고 외칠 때, 당신은 계속해서 잠잘 것입니까? 오늘 하나님의 음성을 들으십시오. 왜냐하면 오늘 그가 말씀하시기 때문입니다.

바울 사도는 다음 장에서 "오랜 후에"라는 표현을 사용합니다(4:7, 오랜 후에 다윗의 글에 다시 어느 날을 정하여 오늘이라고 미리 이같이 일렀으되 오늘 너희가 그의 음성을 듣거든 너희 마음을 완고하게 하지 말라 하였나니). 여기에서 이러한 표현을 좀 더 상세히 살펴보도록 합시다. 지금 나의 눈에 나이가 많아 머리가 하얗게 센 사람들의 모습이 보이는군요. 만일 여러분이 회심하지 않았다면, 부디 성령께서 여러분에게 이렇게 말씀하기를 바랍니다. "오랜 후에, 오늘 그의 음성을 들으라." 지금까지 하나님 없이 살아온 60년은 여러분의 하나님을 격노케 하기에 충분히 길지 않습니까? 아, 가련한 인생들이여! 죄 가운데 살아온

70년은 너무도 충분하지 않습니까? 어쩌면 여러분은 80년의 인생을 거의 채웠으면서도 여전히 하나님의 은혜의 초청을 거절하고 있는지도 모릅니다. 그와 같은 완고한 태도로 나이만 먹는 것은 하나님을 격노케 하는 것이 아닙니까? 여러분은 언제까지 하나님을 격노케 할 것입니까? 도대체 얼마만큼의 시간이 지나야 하나님을 믿을 것입니까?

　여러분은 죄가 어리석은 것이며 그것이 주는 향락은 헛된 것일 뿐임을 깨달을 정도의 충분한 시간을 가졌습니다. '만일 평강이 있다면 그것은 결코 죄의 길에서는 발견될 수 없다'는 진리를 충분히 배울 수 있을 만큼의 시간을 여러분은 가졌습니다. 여러분은 도대체 언제까지 위험한 땅에서 머뭇거리며 우물쭈물하고자 합니까? 늙은 남자들이여, 어쩌면 여러분은 여러분의 길을 되돌아볼 시간을 갖지 못할는지도 모릅니다. 늙은 여자들이여, 어쩌면 여러분은 또다시 하나님을 격노케 할 시간을 갖지 못할는지도 모릅니다. 간절한 마음으로 여러분에게 촉구합니다. 오랜 후에, 오늘 그의 음성을 들으십시오. 지금 나 혼자서만 여러분과 더불어 변론하고 있는 것이 아닙니다. 성령께서도 이 시간 여러분의 양심에 말씀하고 계십니다. "오늘 하나님의 음성을 들으라."

　또 "오늘"은 특별히 성령께서 사람들로 하여금 듣고 긍휼을 발견하도록 이끌고 계시는 동안입니다. 오늘 소나기가 쏟아지는 동안, 은혜의 물방울들을 받으십시오. 오늘 여러분을 위해 기도가 드려지는 동안, 하나님의 음성을 들으십시오. 오늘 경건한 자들의 마음이 여러분을 향하고 있는 동안, 하나님의 음성을 들으십시오. 오늘 천국 보좌의 발등상이 여러분을 사랑하는 사람들의 눈물로 젖어 있는 동안, 하나님의 음성을 들으십시오. 오늘 무기력함이 다시금 교회를 붙잡지 못하도록, 하나님의 음성을 들으십시오. 오늘 하나님의 말씀을 전파하는 것이 판에 박힌 일이 되지 않도록, 그리고 설교자 자신도 낙망 가운데 여러분의 영혼을 위한 모든 열정을 잃어버리지 않도록, 하나님의 음성을 들으십시오. 오늘 아직 기회가 남아 있는 동안, 하나님의 음성을 들으십시오. 바람이 불고 있는 동안, 돛을 올리십시오. 하나님이 일하고 계시는 동안, 그를 만나십시오. 오늘 아직 여러분의 마음이 완전히 완고해지지 않은 동안, 하나님의 음성을 듣고 생명을 얻으십시오. 오늘 여러분 안에 아직 양심이 남아 있는 동안, 하나님의 음성을 듣고 생명을 얻으십시오.

　오늘 여러분이 어느 정도 위험 가운데 있음을 아직까지 인식하고 있는 동안, 하나님의 음성을 듣고 생명을 얻으십시오. 오늘 우물쭈물하면서라도 아직까지 아버지의 집을 바라보고 있는 동안, 하나님의 음성을 듣고 생명을 얻으십시오. 오늘 여러분이 영원한 사망의 전주곡인 두려운 무관심에 내버려지기 전에, 예수의 사랑의 음성을 듣고 마음을 완고하게 하지 마십시오. 오늘 아직까지 여러분이 총체적인 악으로 더럽혀지지 않은 동안, 예수의 사랑의 음성을 듣고 마음을 완고하게 하지 마십시오. 오늘 아직까지 여러분이 이 오염된 도시에서 정욕의 강물에 완전히 매몰되지 않은 동안, 예수의 사랑의 음성을 듣고 마음을 완고하게 하지 마십시오. 오늘 아직까지 여러분에게 소망이 남아 있는 동안, 예수의 사랑의 음성을 듣고 마음을 완고하게 하지 마십시오.

나에게 본문의 "오늘"이라는 말씀은 놀랍도록 복음적인 것으로 느껴집니다. 왜냐하면 그것은

"내 모습 이대로 주 받으옵소서"

라는 복된 찬송가가 교훈하는 것과 매우 흡사하기 때문입니다. "오늘" — 당신이 지금 처해 있는 바로 그 상태에서 — 복음을 듣고 그것에 순종하십시오. 당신이 지금 어디에 앉아 있든, "오늘" 바로 그 자리에서 하나님의 긍휼의 음성을 들으십시오. 오늘 하나님이 말씀하시는 동안, 그 말씀이 당신과 관련되게 하십시오. 당신은 말합니다. "아, 내가 다른 집에서 살기만 한다면!" 설령 당신이 가장 악한 죄인들 가운데 살고 있다 하더라도, 하나님은 오늘 그 가운데서 당신을 뽑아내십니다. 당신은 말합니다. "며칠 후 약속된 모임에서 죄의 향락을 즐긴 후에 하나님의 음성을 듣겠습니다." 아, 만일 그것이 죄에 속한 것이라면, 당장 그것으로부터 도망치십시오. 그렇지 않으면, 어쩌면 그것이 당신의 영혼의 파멸을 영원히 인치는 것이 될는지도 모릅니다. "그러므로 성령이 이르신 바와 같이 오늘 너희가 그의 음성을 듣거든." 또 당신은 말합니다. "아, 만일 내가 부흥회에 참석하여 좀 더 많은 은혜를 받는다면, 나는 순종할 것입니다." 죄인이여, 결코 그렇지 않습니다. 절대로 그렇지 않습니다. 나는 복음을 받을 수 있도록 준비된 사람들에게 복음을 전파하라고 명령받지 않았습니다. 하나님은 "만일 어떤 사람이 이미 어느 정도 준비되어 있다면, 그는 믿고 세례를 받음으로써 구원을 받을 것이라"라고 말씀하지 않으셨습니다. 결코 그렇지 않습니다. 하나님은 모든 사람

에게 구원의 메시지를 전파하라고 말씀하셨습니다. 그러므로 나는 여기에 앉아 있는 모든 사람들에게 동일한 구원의 메시지를 전파합니다. 나사렛 예수의 이름으로 말합니다. 그를 믿으십시오. 그러면 당신은 생명을 얻을 것입니다. 왜냐하면 당신을 위한 그의 메시지는 오늘을 위한 것이기 때문입니다. 그것은 어떤 지체(遲滯)도 허락하지 않습니다. "그러나 나는 나 자신을 좀 더 새롭게 만들어야만 합니다. 그리고 난 연후에야 비로소 나는 믿음을 가질 수 있다고 생각합니다." 그게 도대체 무슨 말입니까? 절대로 그렇지 않습니다. 그것은 결과를 원인 앞에 놓는 것입니다. 만일 당신이 그의 음성을 듣는다면, 당신에게 새로워지는 것이 따를 것입니다. 당신은 새로워지는 것으로부터 시작해서는 안 됩니다. 하나님의 음성은 그렇게 말하지 않습니다. 다만 "주 예수 그리스도를 믿으라"라고만 말할 뿐입니다. 부디 그러한 음성을 들으십시오.

여기에서 잠시 어째서 주님이 긍휼 가운데 "오늘"이라고 말씀하시는지 생각해 보도록 합시다. 여러분은 다른 사람들이 죽는 것을 알지 못합니까? 그렇다면 왜 여러분이라고 해서 죽을 수 없겠습니까? 지난주에도 우리 가운데 몇 명의 형제들이 하늘의 부름을 받았습니다. 나는 그 삶이 아직도 많이 남아 있다고 생각한 사람들이 그토록 빨리 부름을 받는 것을 보면서 너무나 놀랐습니다. 그런데 왜 여러분이라고 해서 빨리 죽을 수 없겠습니까? 어떤 사람이 말합니다. "나는 건강하고 튼튼합니다." 당신은 갑작스럽게 죽음을 당하는 사람들이 대부분 건강하다고 자부하던 사람들이었다는 사실을 알지 못합니까? 태풍이 몰아칠 때를 생각해 보십시오. 갈대는 태풍에 고개를 숙임으로써 그 가공할 위력을 피합니다. 그렇지만 숲의 나무들은 어떻습니까? 태풍에 맞서다가 결국 뿌리째 뽑히거나 꺾이지 않습니까? 갑작스런 죽음도 이와 비슷합니다. 그것은 얼마나 자주 전혀 예상하지 못했던 사람들에게 임하곤 합니까? "그러므로 성령이 이르신 바와 같이 오늘 너희가 그의 음성을 듣거든." 나는 여러분에게 한 가지 질문을 던지고자 하는데, 그 질문은 페이슨(Mr. Pason)이 복음의 빛에 비췸을 받은 사람들에게 던진 질문이었습니다.

그는 이렇게 물었습니다. "여러분은 자신의 존재를 다른 사람들에게 의존할 수밖에 없는 인생 끝 부분에 그리스도를 발견하기를 바랍니까? 여러분이 알고 있는 사람들 가운데 가장 건강한 사람을 뽑아 보십시오. 그리고 여러분의 영원한 복리(福利)와 관련한 모든 것이 그의 건강 여부에 달려 있음을 상상해 보십시오. 그가 병에라도 걸리면 여러분은 어떻게 할 것입니까? 여러분은 그의 건강에 대해 얼마나 염려하겠습니까?" 죄인들이여, 그렇습니다. 만일 여러분이 계속해서 회개하기를 지체한다면, 여러분은 마침내 여러분의 모든 것을 다른 사람들에게 의존할 수밖에 없게 될 것이고 여러분의 구원은 훨씬 더 안전하지 못하게 될 것입니다. 여러분의 생명을 소홀히 여기는 어리석은 자가 되지 마십시오. 지옥에 떨어지는 것조차 대수롭지 않게 여기는 어리석은 자가 되지 마십시오. 여러분은 자신의 운명을 주사위 던지는 것에 걸지는 않을 것입니다. 어떤 미친 도박꾼들이 하는 것처럼 말입니다. 그럼에도 불구하고 여러분은 자신의 영혼의 영원한 운명을 불확실한 것에 걸고 있습니다. 왜냐하면 여러분은 오늘 밤 잠들고 난 후 내일 아침 자신의 침대에서 깨어날지 아니면 지옥에서 깨어날지 알지 못하기 때문입니다. 여러분은 다음 숨을 쉴 수 있을지 알지 못합니다. 어쩌면 지금 쉬는 숨이 마지막 숨이 되는지도 모릅니다. 만일 그렇게 된다면, 여러분은 하나님의 임재로부터 영원히 단절될 것입니다. 아, 사랑하는 자들이여! 황금을 걸고 도박을 해도 좋습니다. 명예를 걸고 도박을 해도 좋습니다. 그렇지만 제발 여러분의 영혼을 걸고 도박을 하지는 마십시오. 여러분의 영혼은 도박에 걸기에는 너무나 크고 무겁습니다. 죄로 말미암아 완전히 정신이 나간 사람을 제외하고는 말입니다. 제발 부탁하노니, 내일도 아무 문제 없이 살 것이라고 생각함으로써 여러분의 영혼을 위태롭게 하지 마십시오. 오직 오늘 하나님의 음성을 들으십시오.

### 4. 오늘의 마지막 요점은
### 본문이 제시하는 특별한 위험입니다.

"오늘 너희가 그의 음성을 듣거든 너희 마음을 완고하게 하지 말라." 이것은 매우 특별한 위험입니다. 그러면 우리는 어떻게 그러한 상태에 빠질까요? 사람들의 영혼이 각성되어 있을 때, 그들의 마음은 어느 정도 부드러운 상태가 됩니다. 그러나 첫째로, 사람들이 고의적으로 예전의 무관심한 마음으로 되돌아갈 때, 그들의 마음은 쉽게 완고해질 수 있습니다. 그들은 모든 두려움을 떨쳐 버리고 고의적으로 반항을 하며 "아니야, 나는 그의 음성을 듣지 않을 거야"라고 말합니다. 언젠가 어떤 도시에서 말씀을 전파한 적이 있었습니다. 그 때 내가 머물고 있던 집의 주인은 나를 매우 친절하게 대해 주었습니다. 나는 그를 포함한 여러 명의 사람들에게 말씀을 전파했습니다. 그런데 내가 세 번째 설교할 때, 그는 갑자기 그 자리를 떠났습니다. 그 때 나의 한 친구가 그를 따라가 물었습니다. "어째서 당신은 그 자리를 떠났습니까?" 그는 이렇게 대답했습니다. "예, 그 자리에 계속 남아 있으면 내가 회심하게 될 것 같았기 때문입니다. 왜냐하면 어떤 강력한 힘이 내게 임하는 것을 느꼈기 때문입니다. 그렇지만 나는 아직 회심하기를 원치 않습니다." 많은 사람들이 이와 같은 식입니다. 그들의 마음은 들은 말씀으로 인해 잠시 동안 흔들립니다. 그러나 그것이 전부이며, 결국 헛되이 돌아갑니다. 개가 자기의 토한 것으로 되돌아가고, 돼지가 자기의 시궁창으로 되돌아가는 것처럼 말입니다. 이것은 자신의 마음을 완고하게 하는 것이며, 하나님의 진노를 격발시키는 것입니다.

둘째로, 사람들의 마음은 불신앙으로 인해 완고해집니다. 본문 가운데 마음을 완고하게 함으로써 하나님의 진노를 초래하는 통상적인 방법이 나타납니다. "광야에서 시험하던 날에 거역하던 것 같이 너희 마음을 완고하게 하지 말라." 이것은 하나님을 의심하는 불신앙입니다. 다시 말해서 "하나님은 나를 구원할 수 없어. 그는 나를 용서할 수 없어. 그리스도의 피는 나를 깨끗하게 할 수 없어. 나는 하나님의 긍휼의 대상이 되기에 너무나 악독한 죄인이야"라고 말하는 불신앙입니다. 그것은 "하나님은 우리를 가나안으로 데려갈 수 없어. 그는 아낙 자손들을 정복할 수 없어"라는 이스라엘 백성들의 말과 똑같은 말입니다. 여러분은 불신앙을 사소한 죄로 여길는지 모릅니다. 그러나 그것은 '죄 중에 죄'(the sin of the sins)입니다. 부디 성령께서 여러분에게 이러한 사실을 깨닫게 하시기를 기원합니다. 요한복음 16장은 진리의 성령이 오시면 그가 죄에 대하여 세상을 책망하실 것이라고 말씀하면서, "죄에 대하여라 함은 그들이 나를 믿지 아니함이요"라고 덧붙입니다(8, 9절). 또 예수 그리스도는 "믿지 아니하는 자는 벌써 심판을 받은 것이니라"라고 말씀하시면서, 그 이유를 "하나님의 독생자의 이름을 믿지 아니하므로"라고 제시합니다(요 3:18). 이러한 말씀들은 나의 귀에 불신앙의 죄와 비교하여 다른 모든 죄들은 그 정죄의 권능에 있어 대수롭지 않은 것이라는 의미처럼 들립니다. 그러므로 나의 주님을 의심하지 마십시오. 가장 악하고 더러운 죄인이여, 지옥으로부터 나오십시오. 예수는 당신을 깨끗하게 할 수 있습니다. 돌처럼 딱딱한 마음을 가진 죄인이여, 예수의 사랑은 당신의 마음을 부드럽게 만들 수 있습니다. 그를 믿으십시오. 그를 믿으십시오. 부디 당신의 마음을 완고하게 하지 마십시오.

셋째로, 어떤 사람들은 더 많은 표적을 구함으로써 그 마음을 완고하게 합니다. 이 역시도 이스라엘 백성들의 행태를 되풀이하는 것입니다. "하나님이 우리에게 만나를 주셨지만 그러나 물을 주실 수 있을까? 그가 우리에게 반석으로부터 물을 주셨지만 그러나 고기까지도 주실 수 있을까? 그가 우리를 위해 광야에서 식탁을 차려 주실 수 있을까?" 하나님이 행하신 모든 일에도 불구하고, 그들은 계속해서 하나님이 이적을 행하시기를 원했습니다. 그렇지 않으면 하나님을 믿지 않을 것이었습니다. 우리 가운데 아무도 이런 방식으로 우리 마음을 완고하게 하지 맙시다. 하나님은 이미 사람들을 위해 모든 이적(異蹟)과 기사(奇事)를 능가하는 최고의 이적을 행하셨습니다. 하나님은 자신의 아들을 주시고 그로 하여금 죄인들을 위해 죽도록 하셨습니다. 이러한 하나님의 긍휼의 나타남으로 만족하지 못하는 죄인은 다른 어떤 증거로도 결코 만족하지 않을 것입니다. 십자가에 달린 그리스도는 복음의 섭리 아래서 모든 이적들의 총체입니다. 만일 여러분이 "세상을 이처럼 사랑하사 독생자를 주시고 누구든지 그를 믿는 자는 멸망하지 않고 영생을 얻게 하신" 하나님을 믿지 않을 것이라면, 여러분은 결코 믿지 않을 것입니다. "아, 그렇지만 나는 강하게 느끼기를 원합니다. 나는 특별한 방식으로 임하는 강력한 영향력을 원합니다. 나는 밤에는 꿈을 꾸고 낮에는 환상을 보기를 원합니다." 여러분은 이렇게 원합니까? 그렇다면 여러분은 자신의 마음을 완고하게 하고 있는 것입니다. 여러분은 하나님이 주신 것을 배척하고, 그분을 향해 여러분의 뜻을 따르라고 요구하고 있는 것입니다. 설령 이 모든 것이 주어진다 하더라도, 여러분은 여전히 믿지 않을 것입니다. 모세와 선지자들의 증언을 믿지 않는 자들은 설령 죽었다가 다시 살아난 자가 증언한다 하더라도 역시 믿지 않을 것입니다. 십자가에 달린 그리스도가 여러분 앞에 있습니다. 그를 배척할 것입니까? 만일 여러분이 그를 배척한다면, 다른 어떤 것도 여러분을 믿음으로 이끌어줄 수 없습니다. 여러분은 여전히 불신앙 가운데 마음을 완고하게 한 채 계속해서 그 자리에 남아 있을 것입니다.

넷째로, 하나님의 긍휼을 빙자하여 "그래, 우리는 아무 때고 원할 때 돌이킬 수 있어"라고 말하는 자들 역시도 그 마음을 완고하게 하는 것입니다. 아, 이것은 "우리는 오직 믿음으로 구원을 받아야만 해"라고 말하는 것과 얼마나 다릅니까! 구원은 아이들 장난이 아닙니다. 나는 어느 날 아침 일어나 보니 자신이 유명해진 것을 발견했다는 어떤 사람의 이야기를 들은 적이 있습니다. 그러나 여러분은 그런 방식으로 구원을 찾아서는 안 됩니다. 열심히 구하고, 찾고, 두드려야 합니다. "찾는 이가 찾을 것이요 두드리는 이에게 열릴 것이니라"(마 7:8).

다섯째로, 세상의 쾌락에 몰입하는 것 역시 그 마음을 완고하게 하는 것입니다. 만일 여러분이 아무렇게나 행동하는 친구들과 어울린다면, 그것은 여러분의 마음을 완고하게 하는 것입니다. 만일 여러분이 거룩한 주일에 잡담이나 탐닉하며 희희낙락하는 말이나 듣는다면, 그것은 여러분의 마음을 완고하게 하는 것입니다. 부드러운 양심을 가지고 있던 많은 사람들이 주변사람들과의 교류를 통해 그 마음이 완고해집니다. 어떤 젊은 여자가 주일에 강력한 설교를 듣습니다. 그 설교는 그녀에게 큰 축복이 됩니다. 그러나 그녀는 다음 날 밤을 웃고 떠들며 희희낙락하는 장소에서 보냅니다. 그렇다면 전날 들은 하나님의 말씀이 어떻게 그녀에게 축복이 될 수 있겠습니까? 이것은 고의적으로 성령을 소멸하는 것입니다. 이와 같이 행하는 사람이 어떻게 하나님의 안식에 들어갈 것을 기대할 수 있겠습니까? 이 같이 행하여 하나님에 대해 여러분의 마음을 완고하게 하지 않도록 조심하십시오.

이제 설교를 마무리할 시간이 되었습니다. 그렇지만 나는 여러분 앞에 오늘의 주제를 좀 더 충분하게 제시할 필요를 느낍니다. 나는 여기에 있는 모든 죄인들이 이 시간 자신의 자리를 알기를 바랍니다. 하나님은 모든 사람들에게 회개하라고 명령하십니다. 예수 그리스도는 사람들에게 오늘 자신을 믿으라고 명령하십니다. 여러분은 둘 가운데 하나를 선택해야만 합니다. 여러분에게 다른 선택은 없습니다. 여러분은 하나님의 명령에 순종할 생각이 없다고 말하든지, 아니면 그에 순복해야 합니다. 여러분은 바로처럼 "여호와가 누구관대 내가 그의 음성에 순종해야만 한다 말이냐?"라고 말하든지(출 5:2), 아니면 탕자처럼 "내가 일어나 아버지께 가리라"라고 결심해야만 합니다(눅 15:18). 다른 선택은 없습니다. 자꾸 핑계를 대려고 하지 마십시오. 하나님은 죄인들의 핑계에 귀를 기울이지 않습니다. 혼인잔치에 청함을 받은 사람들이 어떻게 말했습니까? 이렇게 말하지 않았습니까? "나는 밭을 샀으매 불가불 나가 보아야 하겠노라, 나는 소 다섯 겨리를 샀으매 시험하러 가야 하겠노라, 나는 장가들었으니 그러므로 가지 못하겠노라"(눅 14:18-20). 그러면 주님은 그들에 대해 어떻게 말씀하셨습니까? "전에 청하였던 그 사람들은 하나도 내 잔치를 맛보지 못하리라"(24절)라고 말씀하지 않았습니까? 이것이 그들의 마지막 결과였습니다.

또 한 달란트 받은 사람을 생각해 보십시오. 그는 한 달란트를 수건에 싸서 땅에 묻으며 "주여 당신은 굳은 사람이라"라고 말했습니다(마 25:24, 25). 이에 주인은 어떻게 대답했습니까? 주인의 대답의 요지는 이것이 아니었습니까? "네 입의 말로부터 내가 너를 정죄할 것이라. 네가 알기에 내가 굳은 사람이라고 하니, 그렇다면 바로 그 이유 때문에 너는 마땅히 나의 맡긴 일을 더 열심히 행했어야 할 것이라." 주님은 여러분이 대는 핑계를 통해 여러분의 중심을 보실 것입니다. 그러므로 그러한 핑계들로 그를 모독하지 마십시오. 살아 계신 하나님과, 산 자와 죽은 자를 심판하실 그리스도 앞에서 어떤 사람은 이렇게 말하고, 또 어떤 사람은 저렇게 말할 것입니다. 하나님은 여러분에게 자신의 죄로부터 돌이켜 지금 그의 얼굴을 찾고 그의 사랑하는 아들을 믿으라고 명령하십니다. 여러분은 그렇게 할 것입니까, 아니면 그렇게 하지 않을 것입니까? 그럴 것입니까, 아닐 것입니까? 어쩌면 오늘 아침의 호소가 여러분에게 주어지는 마지막 호소가 될는지도 모릅니다.

여러분은 계속해서 마음을 완고하게 하며 "나는 결코 순종하지 않을 거야"라고 말할 것입니까? 그렇다면 여러분은 지금 자신이 어디에 있는지 알 것입니다. 여러분은 여러분 자신의 위치를 이해할 것입니다. 만일 하나님이 하나님이 아니라면, 그와 더불어 싸우십시오. 만일 여러분이 하나님을 믿지 않는다면, 그와 더불어 싸우십시오. 만일 그가 여러분을 만드셨고 또 여러분을 멸망시킬 수 있는 여호와가 아니라면, 그와 더불어 싸우십시오. 만일 여러분이 기꺼이 그의 원수가 되고자 한다면, 그와 더불어 싸우십시오. 만일 여러분이 바로처럼 완고한 마음으로 "나는 결코 그에게 순종하지 않을 거야"라고 말한다면, 그와 더불어 싸우십시오. 아, 그러나 간절히 당부하노니, 제발 그와 같이 하나님을 대적하지 마십시오! 하나님은 은혜로우십니다. 그런데 여러분은 그런 하나님을 대적할 것입니까? 하나님은 사랑이십니다. 그런데 여러분은 마음을 완고하게 할 것입니까? 예수 그리스도는 자신에게 오라고 여러분을 초청하십니다. 또 성령께서도 여기 계시면서 본문 속에서 이렇게 말씀하고 계십니다. "오늘 너희 마음을 완고하게 하지 말라." 지금 그의 사랑에 스스로를 순복시키십시오.

"지금 그대를 둘러싸고 있는 자의 띠가
    그대에게 던져지도다.

> 그의 사랑의 띠가 그의 제단에
> 그대를 단단하게 매도다."

   그의 나타나시는 때에 여러분이 그의 제단에서 안전하게 발견되기를 기원합니다.

   하나님이 예수 그리스도로 인해 여러분을 축복하시기를 기원합니다. 아멘.

제
5
장

—

# 이르지 못할까 두려워하라

—

"그러므로 우리는 두려워할지니 그의 안식에 들어갈
약속이 남아 있을지라도 너희 중에는 혹 이르지 못할 자가
있을까 함이라 그들과 같이 우리도 복음 전함을
받은 자이나 들은 바 그 말씀이 그들에게 유익하지
못한 것은 듣는 자가 믿음과 결부시키지 아니함이라."
—히 4:1-2

바울의 어조(語調)는 대부분의 경우 확신과 기쁨으로 가득 차 있습니다. 여러분은 성경 어디에서 바울의 어조보다 더 담대한 어조를 발견할 수 있습니까? "그러므로 이제 그리스도 예수 안에 있는 자에게는 결코 정죄함이 없나니"(롬 8:1). "내가 확신하노니 사망이나 생명이나 천사들이나 권세자들이나 현재 일이나 장래 일이나 능력이나 높음이나 깊음이나 다른 어떤 피조물이라도 우리를 우리 주 그리스도 예수 안에 있는 하나님의 사랑에서 끊을 수 없으리라"(롬 8:38, 39). "누가 능히 하나님께서 택하신 자들을 고발하리요"(롬 8:33). "내가 믿는 자를 내가 알고 또한 내가 의탁한 것을 그 날까지 그가 능히 지키실 줄을 확신함이라"(딤후 1:12). 바울은 큰 믿음과 충만한 확신으로 가득 찬 선생이었습니다. 여러분은 그의 글에서 의심과 두려움을 조장하는 것은 아무것도 만나지 못할 것입니다. 또 그의 글에 성도들을 근심과 염려의 멍에 속으로 잡아매는 것은 아무것도 없습니다. 그런데 오늘 본문에서 바울은 어떤 이유로 인해 우리가 하나님이

약속하신 안식에 이르지 못하는 것을 두려워하라고 훈계합니다. 오늘의 설교를 통해 여러분은 이와 같은 훈계가 바울의 통상적인 가르침과 결코 모순되지 않을 뿐만 아니라 실제로 그것의 본질적인 일부임을 깨닫게 될 것입니다. 바울은 그와 같은 훈계를 통해 우리로 하여금 확신을 위한 견고한 기초를 놓도록 이끕니다. 자신의 집을 반석 위에 올바로 세우고자 항상 주의를 기울이는 사람은 비바람이 몰아치는 날에도 능히 평안을 누릴 수 있을 것입니다. 오늘의 거룩한 두려움은 미래의 충만한 확신을 가져다줍니다.

　바울의 교훈의 특징은 전체적으로 균형이 잘 잡혀 있다는 것입니다. 만일 어떤 사람의 교훈이 서로 상충되며 전체적으로 균형이 맞지 않는다면, 그는 결코 지혜로운 사람이 아닐 것입니다. 충만한 확신을 가르치는 선생은 또한 방심하지 말 것을 가르쳐야만 합니다. 그렇지 않으면 그는 한쪽으로 기울어진 선생일 것입니다. 담대한 확신은 거룩한 두려움이 더해질 때 한층 더 온전한 것이 됩니다. 거룩한 두려움이 없을 때, 믿음은 자칫 경솔함이 되고 충만한 확신은 자칫 근거 없는 억측이 될 수 있습니다.

　오늘 본문을 통해 바울은 가장 중요한 주제에 대해 두려워할 것을 훈계합니다. 그에게 있어 하나님이 자기 백성들을 위해 예비해 놓으신 안식보다 더 중요한 것이 무엇이겠습니까? 그는 형제들 가운데 어떤 사람이 그러한 안식을 잃는 것을 혹은 잃는 것처럼 나타나는 것을 염려하며 두려워합니다. 나는 바울 같은 강한 믿음의 사람이 그리고 약속된 안식에 대한 거룩한 기대로 충만한 사람이 자신에게 맡겨진 어떤 사람이 혹시 바라는 목적지에 도달하지 못할 것을 염려하는 것으로 인해 조금도 놀라지 않습니다. 모든 아버지가 자신의 자녀들이 성공적인 삶을 살지 못할 것을 염려하며 두려워하지 않습니까? 사랑하는 친구들이 인생의 거대한 바다를 지나갈 때, 우리는 애틋한 염려 없이 그들을 바라볼 수 없습니다. 그리고 그러한 염려로 인해 우리는 그들에게 조심하라고 당부하게 됩니다. 나 역시도 마찬가지입니다. 여러분을 향한 나의 진실한 사랑은 나로 하여금 여러분에게 오늘 본문과 같은 거룩한 경고를 발하도록 이끕니다. 경솔함과 지나친 담대함은 결코 지혜로운 것이 아닙니다. 우리의 안전(安全)은 조심하며 경계하는 가운데 있습니다. 나는 오늘의 주제를 여러분에게 온 마음으로 당부하고 싶습니다. 부디 성령께서 이 시간 여러분의 마음을 일깨우시기를 기원합니다.

### 1. 첫째로, 본문이 명령하는 두려움이
### 근본적으로 무엇과 연결되는지 주목하십시오.

"그러므로 우리는 두려워할지니 그의 안식에 들어갈 약속이 남아 있을지라도 너희 중에는 혹 이르지 못할 자가 있을까 함이라." 여기의 본문은 우리가 공로의 부족으로 말미암아 천국에 이르지 못할 것을 두려워해야 한다고 가르치는 것일 수 없습니다. 왜 그럴까요? 그것은 과거와 현재와 미래를 통틀어 공로의 길로 말미암아 천국에 이를 자는 단 한 사람도 없기 때문입니다. 인간의 공로는 천국으로 가는 길이 아닙니다. 우리의 첫 조상이 하나님의 말씀을 불순종한 이래 율법을 완전하게 지키는 것은 불가능하기 때문입니다. 우리 주 예수 그리스도의 복음 안에서 우리 앞에 율법을 지키는 것이 놓인 것 역시 우리가 하나님께 받아들여지기 위한 길로서가 아닙니다. "그러므로 율법의 행위로 그의 앞에 의롭다 하심을 얻을 육체가 없나니 율법으로는 죄를 깨달음이니라"(롬 3:20). 의인은 오직 믿음으로 말미암아 살 것입니다. 그러므로 우리가 이르지 못할 것을 두려워해야 하는 것은 전적으로 '믿음 안에서'입니다. 바울은 복음의 경주가 시내 산 밑에서 행해져야 한다는 개념과 구원이 선행으로 말미암는다는 개념을 단호히 배격합니다. 그는 반복적으로 구원은 "은혜로 말미암아 값없이 주시는 선물"이며, 행위에서 난 것이 아니므로 결코 자랑할 수 없는 것이라고 분명하게 선언합니다(엡 2:9). 그러므로 우리는 본문의 경고를 공로와 관련한 경고로 왜곡시켜서는 안 됩니다. 왜냐하면 여기에는 결코 그러한 의미가 포함되어 있지 않기 때문입니다. 본문의 핵심적인 논점은 믿음에 이르지 못함으로 말미암아 하늘의 안식에 이르지 못하는 것입니다. 2절을 다시 한 번 읽어 보십시오. "그들과 같이 우리도 복음 전함을 받은 자이나 들은 바 그 말씀이 그들에게 유익하지 못한 것은 듣는 자가 믿음과 결부시키지 아니함이라." 우리는 이러한 말씀에 좀 더 깊은 주의를 기울일 필요가 있습니다. 여기에서 우리는 우리가 들은 말씀이 믿음과 결부되어야만 한다는 사실을 발견하게 됩니다. 천국으로 가는 길은 믿음으로 말미암는 길입니다. 그러므로 우리는 거짓된 믿음이나 비틀거리는 믿음이나 혹은 일시적인 믿음을 가짐으로써 하늘의 안식에 이르지 못할 것을 두려워해야 합니다.

무엇보다도 우리는 믿음의 영성(靈性)을 충분히 깨닫는데 이르지 못할 것을 두려워할 필요가 있습니다. 광야의 이스라엘 백성들은 여러 종류의 희생제사들을 보았지만, 그러나 '그 위대한 희생제사'(the grand Sacrifice)는 보지 못했습니다. 그들은 제단 위에 뿌려지는 피를 보았지만, 그러나 때가 차매 많은 사람들의 죄를 위해 뿌려질 피는 보지 못했습니다. 그들은 여러 가지 씻음과 정결하게 하는 것들을 보았지만, 그러나 그들의 영이 새로워지고 그들의 본성이 변화될 필요가 있다는 사실은 보지 못했습니다. 그들은 외적인 의식(儀式)들로 만족하면서, 그것의 내적 의미는 놓치고 말았습니다. 그들은 살아 계신 하나님을 믿는 믿음이 그것의 본질적인 의미라는 사실을 깨닫지 못했습니다. 나는 모든 교파의 많은 종교인들이 이와 같은 측면에서 "이르지 못하는"(fall short), 즉 모자라는 것을 두려워합니다. 그들은 자신들의 의식(儀式)과 성례(聖禮)에 참례하는 것으로 만족합니다. 그들은 예배하는 장소에 동참하는 것으로 완전히 만족합니다. 그러나 그들은 성령의 신비한 능력을 느끼지 못하며, 그것의 부재(不在)로 인해 애통해 하지 않습니다. 외적인 의식에 참례함으로 그들은 모든 것을 다 했다고 생각합니다. 어떤 사람들은 매일 같이 성경을 한 장씩 읽고 기도를 반복합니다. 그러한 행동이 그들에게 선(善)을 이루어줄 것을 확신하면서 말입니다. 비록 자신들이 읽는 것을 충분히 묵상하지 않고 또 기도에 마음을 쏟지는 않지만 말입니다. 교황주의자들이 영혼으로 예수께 가지는 않으면서도 십자가상(像) 안에서 안식하는 것처럼, 개신교인들도 하나님과의 참된 교제에는 이르지 못하면서도 성경을 읽고 기도하는 모양을 취하는 것 안에서 안식할 수 있습니다.

안타깝게도 너무나 많은 사람들이 종교의 겉껍데기로 만족합니다. 영혼에 양식을 제공하는 것은 오직 그것의 알맹이임에도 불구하고 말입니다. 꿇은 무릎은 아무것도 아닙니다. 엎드린 마음이 모든 것입니다. 하늘을 향한 눈은 아무것도 아닙니다. 중요한 것은 영혼이 하나님을 향하는 것입니다. 기도나 혹은 찬송에 있어 좋은 단어들을 반복적으로 되풀이하는 것은 별 의미가 없습니다. 만일 그곳에 마음이 담겨 있지 않다면 말입니다. 마음이 빠져 있다면, 모든 것은 돌처럼 딱딱하게 죽은 것이 될 것입니다. 우리는 거듭나야만 합니다. 거듭남이 없는 세례는 아무 소용없습니다. 우리는 죽임당한 구속자 위에서 영적으로 살아나야 합니다. 만일 우리가 예수를 먹고 마시지 않는다면, 성만찬의 떡과 포도주는 아무것도 아닙니다. "사람이 마음으로 믿어 의에 이르고"(롬 10:10). 내적 본질인 영혼이 살아나야 합니다. 왜냐하면 "하나님은 영이시므로 그에게 예배하는 자는 영과 진리로 예배해야" 하기 때문입니다. 그러므로 사랑하는 형제들이여, 여러분 가운데 여기에 이르지 못할 자가 있을까 두려워하십시오. 왜냐하면 여기에 이르지 못할 때, 여러분은 하나님의 백성들을 위해 예비된 안식에 이르지 못할 것이기 때문입니다. "너희는 옷을 찢지 말고 마음을 찢고 너희 하나님 여호와께로 돌아올지어다"(욜 2:13). 마음으로 하나님에게 가까이 다가오십시오. 왜냐하면 그렇게 하지 않는 것은 여러분의 입술로 그를 모독하는 것이기 때문입니다. 여러분이 얼마나 정통적인 교리를 가지고 있느냐 하는 것은 중요하지 않습니다. 또 여러분이 교회의 각종 의식(儀式)들에 열심히 참례하는 것도 중요하지 않습니다. 여러분의 내적 자아인 영(靈)이 하나님과 화해하지 않는다면 말입니다. 만일 여러분의 영이 하나님과 화해하지 않고 예수 그리스도로 말미암아 사함받지 않으며 예수를 통해 성령의 능력 안에서 아버지께 나아가지 않는다면, 여러분의 모든 종교행위는 헛된 것입니다. 이러한 교훈은 오늘날 런던의 모든 거리에서 반복적으로 전파되어야 합니다. 또 공적으로 믿음을 고백하는 많은 그리스도인들은 이러한 사실을 특별히 마음에 새길 필요가 있습니다. 왜냐하면 오늘날 마음의 종교는 소홀히 여겨지고, 겉으로 드러나는 종교만 만연하기 때문입니다. 종교의 외관(外觀)은 아름다운 교회당과 거대한 파이프오르간과 멋진 제단과 뛰어난 언변(言辯)과 학식(學識)으로 장식되면서, 경건의 생명력과 참된 제자도는 완전히 무시될 수 있습니다.

다음으로 우리는 구원의 전체적인 방법이 믿음이라는 사실을 분별하는데 이르지 못할까 두려워해야 합니다. 많은 사람들이 이러한 기본적인 복음의 진리를 배우지 못했습니다. 그들은 기독교 신앙을 종교적인 의식(儀式)들에 참례하는 것이나 혹은 도덕적인 규율들을 준수하는 것으로 생각합니다. 삶의 모양이 그런대로 정상적인 한, 그들은 모든 것이 잘 되고 있으며 아무 문제 없다는 확신 가운데 스스로 안위(安慰)를 느낍니다. 그러나 성경을 주의 깊게 읽어본 사람이라면 누구든지 구원의 길이 그와는 전혀 다른 방향으로 뻗어 있음을 발견할 것입니다. 실제로 성경은 이렇게 말합니다. "아들을 믿는 자에게는 영생이 있고 아들에게 순종하지 아니하는 자는 영생을 보지 못하고 도리어 하나님의 진노가 그 위에 머물러 있느니라"(요 3:36). "그러므로 상속자가 되는 그것이 은혜에 속하기 위하여 믿음으로 되나니"(롬 4:16). "너희는 그 은혜에 의하여 믿음으로 말미암아 구원을 받았으니 이것은 너희에게서 난 것이 아니요 하나님의 선물이라"(엡 2:8). 우리 주님이 감람산에서 제자들에게 주신 명령을 생각해 보십시오. "너희는 온 천하에 다니며 만민에게 복음을 전파하라 믿고 세례를 받는 사람은 구원을 얻을 것이요 믿지 않는 사람은 정죄를 받으리라"(막 16:15, 16). 예수 그리스도는 "그 삶이 정상적인 사람들에게 믿음은 중요하지 않느니라"라고 말씀하지 않으셨습니다. 도리어 그는 믿음을 절대적이며 본질적인 것으로 만드셨습니다. "믿고 세례를 받는 사람은 구원을 얻을 것이요"란 약속을 붙잡기 전까지, 우리는 스스로 안위를 느껴서는 안 됩니다. 믿음이 본질적이며 절대적입니다. 그러므로 우리는 믿음을 가져야만 합니다. 다시 말해서, 우리는 주 예수 그리스도의 피와 의를 신뢰해야만 합니다. 우리는 다른 모든 신뢰하는 것들을 버리고 스스로를 온전히 그리스도 위에 던져야 합니다. 그렇지 않으면 필경 우리는 믿는 자들을 위해 예비된 안식에 들어가지 못할 것입니다.

또 우리는 우리의 믿음의 대상과 관련하여 "이르지 못할"(come short), 즉 모자랄 수 있습니다. 어떤 사람이 "나는 믿음을 가지고 있습니다"라고 말합니다. 그러면 나는 그에게 이렇게 묻습니다. "그러면 당신은 무엇을 믿습니까?" "예, 나는 내가 느낀 것을 믿습니다." 그런 믿음이라면 당장 버리십시오. 당신이 느낀 것은 믿음의 대상도 아니고 전혀 신뢰할 만한 것이 되지 못합니다. 또 어떤 사람이 말합니다. "나는 내가 배운 교리들을 믿습니다." 그 말을 들으니 기쁘군요. 그렇지만 교리는 결코 구주가 아니라는 사실을 기억하십시오. 하나님의 진리의 모든 교리들을 믿으면서도 구원받지 못할 수 있습니다. 교리(敎理)든 교의(敎義)든 신조(信條)든, 사람을 구원할 수도 없고 구속할 수도 없습니다. 그러면 믿음의 대상은 무엇입니까? 그것은 한 인물입니다. 그것은 하나님이 정하신 한 인물입니다. 그러면 그 인물은 누구입니까? 그는 영원하신 하나님의 아들이면서 동시에 우리를 위해 마리아를 통해 세상에 태어나신 나사렛 예수입니다. 어떤 믿음도 예수 그리스도 위에 안식하지 않는 자를 구원하지 않을 것입니다. 우리는 그리스도 전체를 의지해야 합니다. 그렇지 않으면 우리의 믿음은 하나님의 택하신 자들의 믿음이 아닙니다. 우리는 그리스도의 인성(人性)을 믿고, 그가 당한 고난 안에서 기뻐해야 합니다. 우리는 그의 신성(神性)을 믿고, 그의 무한한 공로 안에서 즐거워해야 합니다. 우리는 우리를 위한 대속물로서 그리스도를 믿어야 합니다. 그는 하나님의 율법을 깨뜨린 우리를 대신해 고난을 받으시고 속죄를 이루셨습니다. 그럼으로써 의로우신 하나님은 믿는 자들을 의롭다 하실 수 있게 되었습니다. 만일 우리가 우리의 믿음을 이러한 기초 위에 고정시키지 않는다면, 우리의 믿음은 성령의 역사(役事)가 아닙니다. 왜냐하면 성령은 항상 그리스도를 영화롭게 하는 방향으로 역사(役事)하기 때문입니다. 사랑하는 형제들이여, 여기에 주의를 집중하십시오. 설령 우리의 믿음이 매우 강하다 하더라도 만일 그것이 허약한 기초 위에 세워진다면, 그것은 모래의 기초 위에 화강암 건물을 세우는 것과 같을 것입니다. 견고한 믿음이 도대체 무슨 소용이 있겠습니까? 만일 그러한 믿음이 견고한 기초를 갖지 못한다면 말입니다. 만일 그리스도의 인격과 관련하여 오류가 생긴다면, 그것은 치명적입니다. 왜냐하면 그것이 기초를 허물어뜨리기 때문입니다. 기초가 잘못되었다면, 그 위에 세워진 모든 건물들은 결국 무너지고 말 것입니다. 그러므로 사람의 육체로 오셔서 자신의 희생 제사로 우리를 구속하신 하나님의 견고한 반석 위에 안전하게 세우십시오. "이 닦아 둔 것 외에 능히 다른 터를 닦아 둘 자가 없으니 이 터는 곧 예수 그리스도라"(고전 3:11). "다른 이로써는 구원을 받을 수 없나니 천하 사람 중에 구원을 받을 만한 다른 이름을 우리에게 주신 일이 없음이라"(행 4:12). 그러므로 주 예수 그리스도의 복된 인격과 그의 완성된 사역 위에서 안식하십시오. 그렇지 않으면 여러분은 불가불 그의 안식에 이르지 못할 것입니다.

여기에서 우리의 믿음의 질(質)이 우리의 관심의 대상이 되어야만 한다는 사실을 기억하도록 합시다. 믿음의 질과 관련하여, 첫째로 그것은 단순해야 합니다. 그리스도를 부분적으로 의지하는 것은 죽은 믿음입니다. 우리의 믿음은 전적으로 단순하며 다른 무엇과도 섞이지 않아야 합니다. 만일 내가 일부는 그리스도의 의를 의지하고 또 일부는 어떤 특별한 사람에 의해 전달되는 마술적인 힘을 의지하고 또 일부는 성례를 의지하고 또 일부는 내 자신의 회개를 의지하고 또 일부는 나의 믿음을 의지하고 또 일부는 다른 어떤 것을 의지한다면, 나는 영원히 잃어버린 자입니다! 예수 그리스도는 완전한 구주든지 아니면 전혀 구주가 아니든지 둘 중의 하나입니다. 우리는 우리 자신의 전체 무게를 그의 품에 던지고, 오직 그만을 붙잡아야만 합니다. 왜냐하면 그 외에 다른 모든 것은 멸망으로부터 우리를 지켜줄 수 없기 때문입니다. 나의 형제들이여, 여러분의 믿음이 단순한 믿음인지 살펴보십시오. 그것이 여러분의 '자기 신뢰'(self-confidence)와 섞이지 않도록 조심하십시오. 여러분의 본성이 짠 모든 천은 풀어져야 합니다. 여러분의 본성이 바느질한 모든 것은 풀어져야 합니다. 여러분은 그리스도를 도울 수 있다고 생각합니까? 스랍과 개미가 함께 멍에를 멜 것입니까? 설령 스랍과 개미가 함께 멍에를 멜 수 있다 하더라도, 그리스도와 여러분은 결코 그렇게 할 수 없습니다. 왜냐하면 그리스도와 여러분의 차이는 스랍과 개미의 차이보다 무한히 더 크기 때문입니다. 여러분 자신을 신뢰하는 것이나 다른 어떤 사람들을 신뢰하는 것이나 성례를 신뢰하는 것이나 교리를 신뢰하는 것 따위는 모두 가증히 여기며 혐오하십시오. 오직 여러분의 주 예수 그리스도만 신뢰하십시오.

> "나는 그리스도의 견고한 반석 위에 서노라.
> 다른 모든 기초들은 가라앉는 모래로다."

둘째로, 우리의 믿음은 실제적이어야 합니다. 단순히 "나는 예수를 믿습니다"라고 말하는 것만으로는 소용이 없습니다. 여러분은 실제로 믿어야 합니다. 어떤 사람들은 믿음을 대수롭지 않게 생각하면서, 자신들이 믿는다고 생각하는 것으로 완전히 충분하다고 여깁니다. 그러나 자신이 믿는다고 생각하는 것과 실제로 믿는 것은 전혀 별개입니다. 예수를 믿고 의뢰하는 것은 결코 작은 일이 아닙니다. "하나님께서 보내신 이를 믿는 것이 하나님의 일이니라"(요 6:29).

셋째로, 우리의 믿음은 **마음으로부터** 말미암는 살아 있는 믿음이어야 합니다. 여러분의 믿음이 온전한 마음으로 믿는 믿음이기를 바랍니다. 왜냐하면 "마음으로 믿어 의에 이르기" 때문입니다. 자신들의 장군을 믿고 신뢰하는 용감한 병사들을 생각해 보십시오. 그들은 수적으로 불리함에도 불구하고 자신들의 장군이 전쟁에 능하다고 느낍니다. 그리하여 그들은 승리를 확신하는 가운데 가공할 적의 공격에도 기가 꺾이지 않고 견고하게 섭니다. 그들의 부대는 포탄이 우박처럼 쏟아지는 가운데서도 요동하지 않습니다. 흔들리지 않는 믿음으로 그들은 자신들의 장군 안에서 안식하며, 결국 승리를 얻습니다. 그리스도를 믿는 우리의 믿음 역시 이와 같아야 합니다. 그 무엇이 우리의 소망을 꺾고 그의 약속을 훼방한다 하더라도, 우리는 온 마음으로 예수 안에 안식합니다. 왜냐하면 그러한 믿음은 우리를 어린 양과 결합시키고, 또 그의 이름을 통해 구원을 가져다주기 때문입니다. 관념적인 믿음을 경계하십시오. 역사적인 믿음을 경계하십시오. 이론적이며 변론적인 믿음을 경계하십시오. 열정적인 믿음을 가지십시오. 그리스도의 못 박힌 발 앞에 스스로를 던지십시오. 그리고 거기에 엎드리십시오. 그리고 십자가 위에서 "다 이루었다"라고 말씀하신 자의 명령에 따라 일어나 앞으로 전진하십시오. 아, 우리 모두가 이와 같은 믿음에 이르지 못함이 없기를 간절히 기원합니다!

　　또한 우리는 우리의 본성에 대한 믿음의 내적 역사(役事)와 관련해서도 이르지 못할까 두려워해야 합니다. 참된 믿음은 회개와 함께 걸어갑니다. 눈물이 없는 믿음은 생명이 없는 믿음입니다. 회개가 없는 믿음은 죽은 믿음입니다. 죄를 혐오하는 사람은 항상 죄 사함의 은혜를 열망합니다. 믿음에는 필연적으로 중생(重生)이 수반됩니다. 해가 뜰 때 필연적으로 빛이 수반되는 것처럼 말입니다. 믿음이 영혼 속으로 들어올 때, 마음은 변화되고 사람은 그리스도 예수 안에서 새 피조물이 됩니다. 그는 새 생명을 받고, 그와 함께 새로운 능력과 새로운 소망과 새로운 두려움과 새로운 사랑과 새로운 혐오감과 새로운 기쁨과 새로운 고통을 갖게 됩니다. 예수 그리스도가 믿음으로 말미암아 어떤 사람의 마음 안으로 들어갈 때, 그는 그곳에서 이렇게 외칩니다 — "보라 내가 만물을 새롭게 하노라." 사랑하는 자들이여, 여러분은 실제적으로 그리고 근본적으로 그리고 총체적으로 변화되었습니까? 만일 그렇지 않다면, 나는 여러분에게 움츠리지 않고 직설적으로 하나님의 진리를 말하겠습니다. 여러분이 아무리 경건하며 새로워진 것처럼 보인다 하더라도, 여러분은 하나님의 안식에 이르지 못합니다. 왜냐하면 여러분은 거듭나야 하기 때문입니다. 여러분의 영(靈)이 새로 태어나야 합니다. 그렇지 않으면, 여러분은 하나님의 택하신 자들 가운데 계수되지 않으며 또 하늘에서 구원받은 자들 가운데 앉지 못할 것입니다. 그러므로 스스로 속지 않도록 자신을 살피십시오.

　　　"만일 냉랭하고 죽은 믿음이라면,
　　　당신의 바라는 것들은 모두 헛되도다.
　　　오직 생명의 능력만이 연합시키도다.
　　　생명의 머리이신 그리스도에게.

　　　썩지 않은 씨처럼,
　　　은혜가 안에 거하며 다스리도다.
　　　또 영원한 원리들이 금하도다,
　　　하나님의 아들들이 죄를 범하는 것을."

　　믿음은 또한 성품에 대하여 갖는 그것의 능력에 의해 판단되어야 합니다. 실제로 예수를 믿는 사람은 기도의 사람이 됩니다. 만일 어떤 사람이 참된 믿음을 가졌다면, 그는 결코 은혜의 보좌를 대수롭지 않게 여기지 않습니다. "보라 그가 기도하노라"라는 말은 "보라 그가 믿노라"라는 말과 거의 동의어입니다. 나의 사랑하는 친구들이여, 여러분의 개인 기도는 어떻습니까? 여러분은 개인 기도를 게을리합니까? 여러분은 개인 기도를 할 때 단정하지 못한 태도로 합니까? 나는 여러분에게 기도의 모양보다도 기도의 영(靈)에 대해 묻고 있는 것입니다. 여러분의 마음은 매 순간 조용한 부르짖음과 은밀한 탄식으로 하나님께 올라갑니까? 여러분은 일하는 동안 잠깐 동안씩 여러분의 내적 영혼으로 하나님께 기도합니까? 여러분은 은밀하게 "나의 아버지 하나님이여, 나를 도우소서"라고 기도합니까? 만일 여러분이 기도의 영을 가지고 있지 않다면, 여러분은 영적 생명의 가장 확실한 표적들 가운데 하나를 가지고 있지 않은 것입니다. 그렇다면 여러분은 자신의 믿음이 하나님의 안식에 이르지 못하는 죽은 믿음이라고 결론 내려도 좋을 것입니다.

　　또 참된 믿음은 우리를 순종으로 이끕니다. 예수를 믿을 때, 우리는 예수께서 우리에게 말씀하신 모든 것을 행하기를 열망하게 됩니다. 그렇지만 여기에 이르지 못하는 그리스도인들이 얼마나 많습니까! 그들은 아주 조금밖에 순종하지 않으면서 평온한 양심을 유지하기를 바랍니다. 그들은 성경의 어떤 부분은 읽지 않습니다. 혹시 자신들이 행하기를 원하지 않는 어떤 명령들을 발견할까 두려워하기 때문입니다. 하늘의 빛에 대하여 눈을 감는 것은 위험한 일입니다. 우리 주 예수 그리스도의 가장 작은 명령이라도 소홀히 여기지 마십시오. 왜냐하면 본질적이지 않은 것처럼 보이는 어떤 것에 대한 고의적인 불순종은 자칫 여러분의 신앙고백이 거짓임을 증명하는 것이 될 수 있기 때문입니다. 여러분이 여호와의 율법을 즐거워하지 않기 때문에 말입니다.

> "믿음은 아버지의 은혜를 신뢰할 뿐만 아니라
> 그의 뜻에 순종하기를 즐거워하도다.
> 용서의 하나님은 여전히 질투하는 하나님이로다.
> 그 자신의 거룩하심으로 인해.

> 하나님이 우리를 저주로부터 자유롭게 하실 때,
> 그는 우리의 본성들을 깨끗하게 만드시도다.
> 하나님이 자기 아들을 보내신 것은
> 죄를 보살피는 자가 되게 하심이 아니로다."

또 믿음은 우리 안에서 우리로 하여금 죄인들과 분리되도록 역사(役事)합니다. 예수를 믿는 자들은 경건하지 않은 자들의 쾌락 안으로 들어갈 수 없습니다. 그들은 더 높은 기쁨을 가집니다. 독수리처럼, 그들은 세상의 하이에나들이 좋아하는 썩은 고기를 경멸합니다. 천사가 부정하며 불경한 자들과 더불어 술판을 벌이며 허탄한 소리를 지절거리겠습니까? 하늘의 상속자들은 천사들과 비슷합니다. 그렇다면 하늘의 상속자들이 저급한 열락(悅樂)에 마음을 빼앗기는 것은 얼마나 부끄러운 일입니까! 우리의 믿는 도리의 대제사장이며 큰 사도이신 예수 그리스도는 "거룩하며 정결한 자들이여, 죄인들로부터 떠날지어다"라고 말씀하십니다. 그의 참된 제자들은 마땅히 그를 본받습니다.

나의 형제들이여, 여러분은 여러분의 믿음에 대해 어떻게 말할 것입니까? 여러분의 믿음은 여러분을 세상으로부터 분리시키는 믿음입니까? 여러분의 믿음은 여러분으로 하여금 유혹에 대항하여 싸우도록 고취하는 믿음입니까? 여러분의 믿음은 여러분으로 하여금 하나님과 동행하도록 몰아붙이는 믿음입니까? 여러분의 믿음은 여러분을 하나님이 거하시는 빛 속으로 이끄는 믿음입니까? "그가 빛 가운데 계신 것 같이 우리도 빛 가운데 행하면 우리가 서로 사귐이 있고 그 아들 예수의 피가 우리를 모든 죄에서 깨끗하게 하실 것이요"라는 말씀을 곰곰이 읽어 보십시오(요일 1:7). 이러한 말씀의 후반부는 종종 인용되지만 그러나 전반부는 고의적으로 소홀히 여겨지는 경향이 있습니다. 여기에서 예수의 피에 의해 씻음을 받는 것이 하나님과 함께 행하는 것과 서로 연결되는 것을 주목하십시오. 그런데 어째서 사람들은 이러한 연결을 그토록 자주 잊어버리는 것일까요? 사랑하는 형제들이여, 하나님과 함께 행하십시오. 그러면 여러분은 씻음을 받을 것입니다. 그러나 하나님과 함께 행하는 것이 없다면, 여러분의 믿음은 성도들을 하늘의 안식으로 이끄는 믿음이 아닐 것입니다.

이 시간 간절한 마음으로 여러분에게 당부합니다. 나의 형제들이여, 하나님의 안식에 들어갈 약속이 남아 있을지라도 우리 가운데 혹 거기에 이르지 못할 자가 있을까 우리는 마땅히 두려워해야 합니다. 스스로를 부지런히 살피십시오. 우리에게는 마땅히 그렇게 해야 할 절박한 필요가 있습니다. 그러므로 지금 당장 스스로를 살피십시오.

### 2. 둘째로, 어떤 상황들이 우리로 하여금 이러한 두려움을 갖도록 만드는지 주목하십시오.

첫째는, 공적으로 신앙을 고백하는 많은 사람들이 믿음을 등지고 배교한다는 사실입니다. 다음과 같은 탄식은 결코 과장이 아닙니다.

> "아, 얼마나 많은 사람들이
> 　시온의 길로부터 등지고 떠나는가?"

많은 배교자들이 지옥의 문으로 몰려듭니다. 참된 믿음은 어떤 경우에도 버려지거나 파괴될 수 없습니다. 만일 사람들이 살아 있는 믿음으로 말미암아 실제로 하나님의 안식 안으로 들어왔다면, 그들은 그것으로부터 결코 떠나지 않을 것입니다. 왜냐하면 "하나님의 은사와 부르심에는 후회함이 없기" 때문입니다. 우리 안에서 선한 일을 시작하신 이는 필경 그리스도 예수의 날까지 그것을 이루실 것입니다. 이러한 안식에 이르지 못하는 자들은 스스로 믿었노라고 생각할는지 모르지만 그러나 실제로는 믿지 않았던 것입니다. 그들은 스스로 하나님의 자녀라고 생각했지만 그러나 실제로는 그렇지 않았던 것입니다. 그들은 스스로를 속였으며, 생명이 있노라고 스스로 여겼을 뿐입니다. 사랑하는 형제들이여, 설령 다른 사람들이 배교한다 하더라도, 우리 역시도 그래서야 되겠습니까? 만일 우리는 결코 배교하지 않을 것이라고 스스로 믿는다면, 아마도 우리의 믿음은 실제적인 믿음이 아닐 것입니다. 우리의 촛불은 우리 자신의 불꽃에 의해 탔었을 수 있습니다. 그렇다면, 그것은 마침내 꺼지고 말 것입니다. 오직 성령의 역사(役事)만이 마지막까지 견딜 것입니다.

우리는 많은 사람들이 스스로 속음으로써 참된 구원에 이르지 못하는 것을 압니다. 우리는 판단해서는 안 됩니다. 왜냐하면 하나님이 그렇게 하는 것을 금하셨기 때문입니다. 그렇지만 공적으로 신앙을 고백하는 주위 사람들의 행동으로부터 그들의 믿음이 정말로 참된 믿음인지 의심할 수밖에 없는 때가 있습니다. 참으로 회심했다면, 결코 그렇게 행동할 수는 없겠기에 말입니다. 우리는 사랑의 마음으로 가능한 희망적으로 보고 싶습니다. 그렇지만 우리는 공적으로 신앙을 고백하는 사람들 가운데 너무나 많은 사람들이 도저히 그리스도인이라고 생각할 수 없을 정도로 지나치게 세속적이며, 세상의 유흥에 탐닉하며, 하나님 섬기는 일을 너무나 소홀히 여기는 것을 어렵지 않게 봅니다. 자, 여기에서 잠깐 정신을 차리고 내 말을 들어 보십시오. 만일 우리가 다른 사람들에 대해 그와 같이 생각한다면, 어떤 사람이 우리에 대해 그와 같이 생각할 수 없겠습니까? 훨씬 더 나쁜 것은 우리가 실제로 그럴 수 있다는 사실입니다. 사람들이 이렇게 혹은 저렇게 생각하는 것이야 무슨 큰 일이겠습니까? 그렇지만 실제로 그러하다면, 그것은 얼마나 두려운 일입니까? 설령 우리가 도덕적으로 매우 훌륭하다 하더라도, 우리에게 신적 은혜의 실제적인 역사(役事)가 결핍되어 있을 수 있으며, 그럼으로써 우리가 그의 안식에 이르지 못할 수 있습니다. 우리 모두 이러한 가능성을 두려워하며 스스로를 살펴야 마땅하지 않겠습니까?

나아가 공적으로 신앙을 고백하는 사람들 가운데 주의 안식을 알지 못하는 사람들이 있음을 기억하십시오. "이미 믿는 우리들은 저 안식에 들어가는도다"(히 4:3). 그러나 여러분은 안식을 알지 못합니다. 나는 지금 믿음이 있노라 하면서도 평안을 누리지 못하는 사람들에게 말하고 있습니다. 여러분은 가만히 앉아 자신의 영적인 셈(spiritual accounts)을 하지 않습니다. 여러분은 "내가 영적으로 파산된 자가 아닐까?" 하는 의구심을 가지고 스스로를 곰곰이 살피지 않습니다. 또 여러분은 설교에 집중하려고 하지 않습니다. 자신의 마음속에 무언가 잘못된 것이 있음을 스스로 의식하기 때문에 말입니다. 여러분은 그러함을 압니다. 그래서 조금 아프다든지 혹은 약간의 죽음의 두려움이 생기기만 해도 여러분은 즉시로 평안을 잃고 두려움 가운데 떱니다. 가련한 자들이여, 만일 여러분이 마부(馬夫)들과 함께 달리면서 피곤함을 느낀다면, 말들과 함께 달릴 때는 어떻게 할 것입니까? 만일 견고한 평안의 땅에서 피곤함을 느낀다면, 소용돌이치는 요단강에서는 어떻게 할 것입니까? 아, 연약한 자들이여! 만일 여러분이 내가 전파하는 하나님의 진리로 말미암아 조금 흔들리는 것을 감당할 수 없다면, 장차 흉악한 마귀가 "오늘 밤 네 영혼이 나와 함께 있을 것이라"라고 말할 때의 무시무시한 흔들림은 도대체 어떻게 감당할 것입니까? 도대체 여러분은 만유의 심판자의 우레와 같은 음성을 어떻게 감당할 것입니까?

여러분에게 또 하나의 질문을 던집니다. 여기에 공적으로 신앙을 고백하면 서도 예수로 만족할 수 없는 사람들이 있습니까? 여러분은 구주의 멍에를 기쁨 으로가 아니라 어쩔 수 없는 것으로 메고 있습니다. 스스로를 즐겁게 할 필요가 있을 때, 여러분은 세상으로 달려갑니다. 이것이 여러분의 마음이 어디에 있는 지를 보여주는 확실한 표지판이 아닙니까? 만일 여러분이 자신의 가장 풍성한 기쁨을 그리스도 안에서 발견할 수 없다면, 또 그가 여러분의 최고의 즐거움이 아니라면, 여러분은 분명 그의 안식에 이르지 못하는 상태입니다. 왜냐하면 참 된 성도들에게 그의 아름다운 이름과 같은 달콤한 음악은 어디에도 없기 때문입 니다. 또 그들에게 예수와 교제하는 것보다 더 큰 즐거움은 결코 없기 때문입니 다. 만일 여러분이 아직까지 기독교 신앙의 달콤함을 발견하지 못했다면, 여러 분은 스스로를 돌아보며 "나에게 정말로 믿음이 있는지" 살필 필요가 있습니다.

사랑하는 자들이여, 간절히 당부하노니 여러분에게 주의 안식을 가져다줄 살아 있는 믿음에 이르지 못할까 스스로를 돌아보며 두려워하십시오. 공적으로 신앙을 고백하는 많은 사람들이 마음 없이 예배장소에 가지 않습니까? 그들은 단순한 형식주의자가 아닙니까? 그들이 머리를 숙였다 들었다 하는 것은 마치 기계에 의해 작동되는 것 같지 않습니까? 마음은 완전히 결여된 채 말입니다. 그 들은 그리스도의 교회가 흥왕하는지 그러지 않은지에 대해서는 아무 관심 없습 니다. 예수의 나라가 임하든 적그리스도가 승리하든, 그들은 무관심합니다. 그 들은 총선에서 어느 당이 승리를 거두느냐, 이번에 내각이 어떻게 바뀌느냐 따 위에 더 큰 관심을 갖습니다. 또 그들은 하나님의 나라와 그의 영광을 위해 무엇 을 할 것인지에 대해서보다 농작물의 상태에 더 많은 관심을 갖습니다. 여러분 은 이런 사람들이 거룩한 안식에 능히 이를 것이라고 생각합니까?

그런가 하면 공적으로 신앙을 고백하는 자들 가운데 열정과 활력을 완전히 결여한 사람들도 있습니다. 그들은 마치 꿈속에 있는 것처럼 하나님을 섬깁니 다. 그들은 경건에 속한 일을 하면서도 마치 아편을 맞은 사람처럼 합니다. 실제 로 그들은 기독교 신앙을 자신들의 마음을 달래 줄 목적으로 주어진 일종의 위 안제(慰安劑)처럼 생각합니다. 만일 천국을 위해 고난과 고통을 당해야만 한다 면, 이런 사람들은 거기에 이르지 못하는 것처럼 보이지 않습니까?

그런가 하면 공적으로 신앙을 고백하면서도 여전히 비판적이며, 흠을 잡으 며, 비방하기를 좋아하는 사람들도 있습니다. 그들은 그리스도의 영에 이르지 못한 것처럼 보입니다. 그렇지 않습니까? 나는 그들을 비판하려고 하지 않습니다. 그렇지만 우리는 그들에 대해 어떻게 말할 수 있습니까? 그들은 그들의 주님과 너무나 다르게 보입니다. 그들에게 사랑의 속성은 거의 보이지 않을 정도로 너무나 흐립니다.

또 우리는 예수를 위해 아무 일도 하지 않는 사람들을 압니다. 그들은 교회에서 운영하는 빈민학교에 대해 아무런 관심도 없습니다. 그들은 복음을 전하는 일에 대해 조금의 관심도 기울이지 않습니다. 정치적인 모임에서는 유창하게 말을 잘함에도 불구하고 말입니다. 그들은 병자들을 방문할 수 있습니까? 결코 그럴 수 없습니다. 그들에게는 그렇게 할 시간이 결코 없습니다. 그들은 주일학교에서 어린아이들을 가르칠 수 있습니까? 물론 그들은 어린아이들을 맡을 수 없습니다. 그들은 구역모임에 참석할 수 있습니까? 절대로 그럴 수 없습니다. 왜냐하면 그곳으로 가는 길 위에 사자들이 있기 때문입니다. 그들이 할 수 있는 일은 아무것도 없습니다. 아니, 그들이 하고자 하는 일은 아무것도 없습니다.

또 공적으로 신앙을 고백하는 사람들 가운데 많은 사람들이 자기가 가진 것 가운데 별 쓸모없는 것들만을 주님께 드립니다. 그들은 주님께 상(床)으로부터 떨어진 부스러기를 드립니다. 지금 나는 그런 사람들은 그리스도인이 아니라고 말하지 않습니다. 다만 지금 내가 말하는 것은 우리는 그렇게 하지 말자는 것입니다. 그리스도를 위해 스스로를 불태워 드린 순교자들의 생애를 생각해 보십시오. 그들과 비교할 때, 조롱하는 말 한 마디조차 감당할 수 없는 세속적인 그리스도인들은 정말로 주의 안식에 이르지 못한 것처럼 보이지 않습니까? 전쟁에서 기꺼이 선봉에 서서 달려갈 준비가 되어 있는 병사들을 바라볼 때, 우리는 그들에 대해 무슨 생각을 하게 됩니까? 그들이 진정한 십자가의 군병들입니까? 그들이 넉넉히 이기는 자들입니까? 그들은 하나님에 대한 순전한 예배를 버립니다. 왜냐하면 그것이 그다지 좋아 보이지 않기 때문입니다. 그러면서 그들은 세상적으로 좋아 보이는 종교를 찾아갑니다. 만일 여러분이 그리스도를 위해 불이익을 당하는 것을 부끄러워한다면, 여러분의 선조들의 피는 어디에 있습니까? 여러분은 분명 그리스도인으로서의 합당한 모습에 이르지 못한 것으로 보입니다. 공적으로 신앙을 고백하는 많은 사람들의 방종(放縱)을 생각해 보십시오. 그리스도를 위해 어떤 희생도 하지 않으려는 자들을 생각해 보십시오. 하나님의 진리를 전파하고자 하는 열정과 열의가 결여된 자들을 생각해 보십시오. 주의 나라의 확장을 위한 기도(祈禱)가 결여된 자들을 생각해 보십시오. 만일 내가 그런 사람들을 생각하면서 많은 사람들이 하늘의 안식에 이르지 못한 것처럼 보인다고 말한다면, 내가 너무 가혹합니까?

　　그런가 하면 십자가의 거치는 것을 피하려고 전전긍긍하는 사람들도 있습니다. 그들은 자신들의 이웃을 기쁘게 하기 위해 잘라내고 도려냅니다. 그들은 예수의 모든 보화보다 세상의 좋은 평가를 더 크게 여깁니다. 그들은 육체를 위해 준비하며, 좋은 평판과 명성과 상류사회의 일원이 되는 것을 모든 것으로 여깁니다. 그들의 신(神)은 세상이며, 그들의 마음은 땅의 것들로 향합니다. 하나님이여, 우리에게 긍휼을 베푸사 우리로 하여금 이와 같은 악한 길에 떨어지지 않도록 지켜 주소서.

### 3. 셋째로, 어떤 진리들이 이러한 두려움을 요구하는지 주목하십시오.

　　만일 우리가 실제로 천국에 이르기에 모자란다면, 우리는 그곳의 모든 영광과 행복을 영원히 잃을 것입니다. 우리는 십자가에 달린 자를 보지 못할 것이며, 아름다움 가운데 계신 만왕의 왕을 만나지 못할 것입니다. 그리고 그와 함께 우리는 천국을 잃을 것입니다. 그렇다면 우리는 건축하는 일을 시작하기는 했지만 그러나 끝마치지는 못한 것이 될 것입니다. 우리는 영원히 부끄러움으로 가득할 것이며, 지옥의 저주받은 자들이 우리를 비웃을 것입니다. 왜냐하면 우리는 그들과 다르다고 공언했지만, 결국 "이르지 못했기" 때문입니다. 만일 내가 잃어버린 자가 되어야만 한다면, 믿음이 있는 양 외식(外飾)하는 자로서 잃어버린 자가 되지 않기를 바랍니다. 왜냐하면 지옥의 가장 깊은 곳은 유다의 역할을 맡은 자들을 위한 장소이기 때문입니다. 돈을 위해 주님을 팔았다든지 혹은 다른 방법으로 "이르지 못한" 자들 말입니다. 천국을 향해 조금 나아갔다가 결국 그것을 잃어버리는 것은 그 잃음의 아픔을 훨씬 더 고통스럽게 만들 것입니다. 성찬의 잔을 마시고 난 연후에 영원히 마귀의 잔을 마셔야만 한다면, 그것은 얼마나 고통스러운 일이겠습니까? 잃어지고 난 연후에 다음과 같이 말해야만 한다면, 그것은 얼마나 비참한 일이겠습니까? "나는 계속해서 복음을 들었고, 그것을 믿노라고 고백했어. 나는 하나님의 성도들과 함께 찬송을 불렀어. 나는 외면적으로나마 머리를 숙이고 그들의 기도에 동참했어. 그러나 지금 나는 사랑의 하나님으로부터 영원히 쫓겨났어. 나는 하늘의 안식 대신 무한한 괴로움을 당하고 있어. 나는 성도들의 찬송 대신 잃은 영들의 울부짖는 소리를 영원히 들어야만 해!' 나의 형제들이여, 주의 안식에 이르지 못할까 두려워하십시오. 또 여러분이 주의 안식에 이르지 못하는 것처럼 '보일까' 두려워하십시오. 왜냐하면 '보이는' 것을 두려워하는 자는 실제로 그렇게 되는 것으로부터 건짐받게 될 것이기 때문입니다.

### 4. 마지막으로, 이러한 두려움이
### 우리에게 어떻게 영향을 끼치는지 주목하십시오.

나는 오류를 방지하기 위해 이에 대해 잠깐 동안 설명할 필요를 느낍니다. 주의 안식에 이르지 못하는 것에 대한 우리의 두려움은 결코 우리를 불신앙으로 인도하지 않습니다. 왜냐하면 불신앙의 경우, 두려움은 즉시 우리를 "이르지 못하게" 만들기 때문입니다. 항상 이야기한 것처럼, 주의 안식에 이르는 길은 믿음으로 말미암는 길입니다. 그러므로 나는 믿는 것을 두려워하지 않습니다. 오히려 나는 불신앙 혹은 믿지 않는 것을 두려워합니다. 우리는 결코 약속을 의심해서는 안 됩니다. 그렇지 않으면 우리는 즉시로 안식에 이르지 못할 것입니다. 성경번역자들은 본문 가운데 "우리"를 끼워넣음으로써 의미를 애매하게 만들었습니다(KJV, Let us therefore fear, lest, a promise being left us of entering into his rest, any of you should seem to come short of it. ― 한글개역개정판에는 그렇지 않음). 우리에게 우리가 이를 수 없는 약속은 없습니다. 우리에게 모든 약속은 확실한 약속입니다. 본문은 남아 있는 약속, 즉 어떤 사람들이 들어가도록 남아있는 약속에 대해 말합니다. 여러분은 그러한 "어떤 사람들"에 속합니까? 이것이 문제입니다. 만일 여러분이 주 예수를 믿는 참된 신자라면, 여러분은 그러합니다. 다시 말해서, 2절의 표현처럼 만일 여러분이 듣는 말씀을 믿음과 결부시킨다면, 여러분은 그러합니다. 그러나 만일 여러분이 듣는 말씀을 믿음과 결부시키지 않는다면, 여러분에게 하나님의 안식에 들어갈 것이라는 약속은 없습니다. 그리고 여러분은 약속된 안식에 이르지 못할 것입니다. 왜냐하면 여러분은 아무런 약속도 가지고 있지 않기 때문입니다. 그 약속은 그리스도를 믿는 신자들을 위한 것입니다. 그러므로 나는 나의 주님을 의심하는 것을 두려워할 것입니다. 나는 그를 불신하는 것을 두려워할 것입니다. 나는 그의 진실하심을 의심하는 것을 두려워할 것입니다. 나는 그가 죄인들을 구원하기 위해 세상에 오셨음을 믿을 것입니다. 나는 그가 자신으로 말미암아 하나님께 나오는 자들을 끝까지 구원할 수 있음을 믿을 것입니다. 나는 그를 믿기를 주저하지 않을 것입니다. 왜냐하면 나는 거짓말할 수 없는 하나님을 의심하기를 두려워하기 때문입니다. 혹 다음과 같은 말씀이 나에게 해당될까 염려하여 말입니다. "그들이 믿지 아니하므로 능히 들어가지 못한 것이라"(히 3:19).

　　다음으로, 바울 사도는 우리가 구원받았는지 혹은 구원받지 못했는지 항상 의심하도록 가르치지 않습니다. 왜냐하면 그러한 의심 자체가 주의 안식에 이르지 못하는 것이기 때문입니다. 자신의 구원에 대해 의심하는 동안, 그에게는 어떤 안식도 없습니다. 그렇기 때문에 성경의 많은 구절들이 확신의 교리를 가르칩니다. 다음의 말씀을 보십시오. "성령이 친히 우리의 영과 더불어 우리가 하나님의 자녀인 것을 증언하시나니"(롬 8:16). 여기에서 바울은 우리 안에 거하시는 성령의 증언과 상충되는 것을 말하고 있지 않습니다. 만일 내가 정말로 예수 그리스도를 믿었다면, 나는 틀림없이 구원받았으며 그러한 사실을 결코 의심해서는 안 됩니다. 나는 그러한 사실을 믿고 안식 안으로 들어가야만 합니다. 내가 온 영혼으로 예수 그리스도를 믿노라고 고백할 때, 나는 나 자신의 구원을 충분히 깨닫지 못하는 것을 두려워해야 합니다.

　　바울이 우리에게 가르치는 것을 본장(히 4장) 전체를 통해 살펴보도록 합시다. 우리는 우리의 믿는 도리를 굳게 붙잡아야 합니다(14절). 만일 여러분이 예수를 믿었다면, 그를 굳게 붙잡으십시오. 만일 그의 십자가가 정말로 여러분을 지탱하는 버팀목이라면, 그것을 굳게 붙잡고 결코 놓지 마십시오. 만일 오늘날 유행하는 새로운 개념들이나 혹은 옛 신앙을 사칭(詐稱)하는 이상한 개념들이 여러분을 유혹한다면, 그 모든 것들에 대해 이렇게 말하십시오.

> "인간이 고안한 모든 것들이
> 　흉악한 궤계로 나를 공격하도다.
> 　나는 그것들을 헛되며 거짓된 것이라 부를 것이라.
> 　나는 오직 복음만을 붙잡을 것이라."

　　나는 오직 예수 그리스도의 복음만을 붙잡을 것입니다. 여러분도 그렇게 하십시오. 그러면 여러분은 주의 안식에 이르지 못하는 자가 되지 않을 것입니다.

다음으로 여러분 자신을 전체적인 하나님의 말씀에 순복시키십시오. 왜냐하면 하나님의 말씀은 살아 있고 활력이 있기 때문입니다(12절). 그것은 관절과 골수에 이르기까지 여러분의 내적 영혼을 살피며 찾을 것입니다. 그러므로 하나님의 말씀으로 하여금 항상 여러분 안에서 그와 같이 역사(役事)하게 하십시오. 성경을 두려워하지 마십시오. 만일 여러분이 감히 직면하지 못하는 어떤 성경구절이 있다면, 직면할 수 있을 때까지 스스로를 겸비하게 하십시오. 만일 여러분이 가지고 있는 어떤 교리와 성경이 서로 일치하지 않는다면, 여러분의 교리를 산산이 부숴 버리십시오. 그리고 그것을 성경과 일치되게 만드십시오. 만일 여러분이 속한 교회 안에 영감된 하나님의 말씀과 반대되는 어떤 것이 있다면, 그 교회를 떠나십시오. 성경에 기록된 율법과 증언들 속에 믿음의 정확무오(正確無誤)한 원리들이 있습니다. 그러한 원리들을 철저하게 따르십시오. 그렇게 하면, 여러분은 "이르지 못하는" 것을 두려워할 필요가 없습니다. 왜냐하면 이 책은 여러분을 잘못된 길로 인도할 수 없기 때문입니다. 성경의 교훈을 철저히 따르십시오. 사람들이 여러분을 보고 지나치게 유별나다고 비웃는다 하더라도, 개의치 마십시오. 성경의 일점일획까지 지키십시오. 그러면 여러분은 "이르지 못하는" 자가 되지 않을 것입니다.

그리고 나서 본장의 마지막 결말처럼 은혜의 보좌 앞에 담대히 나아가십시오(16절). 거기에서 여러분은 긍휼을 얻고, 때를 따라 돕는 은혜를 발견할 것입니다. 요압이 제단의 뿔을 붙잡은 것처럼, 은혜의 보좌를 붙잡으십시오. 많이 기도하십시오. 항상 기도하십시오. 하나님께 도와 달라고 부르짖으십시오. 여러분의 도움은 영원한 산들(eternal hills)로부터 옵니다. 여러분이 더 잘 기도하게 될수록, 여러분은 "이르지 못함"이 되지 않음을 느낄 것입니다. 왜냐하면 하나님이 여러분의 기도를 들으시기 때문입니다. 만일 여러분이 영혼에 안식을 가져다주는 믿음에 이르지 못했다면, 하나님은 여러분을 듣지도 않고 응답하지도 않을 것입니다.

한 마디로, 충분하게 믿으십시오. 만일 우리가 지금까지 반쪽짜리 그리스도인이었다면, 이제 온전한 그리스도인이 됩시다. 만일 우리가 지금까지 우리의 시간과 재물과 우리 자신의 작은 부분만 하나님께 드렸다면, 이제 주 예수 그리스도로 세례를 받읍시다. 그와 함께 장사됩시다. 그에게 전적으로 순복하며 항복합시다. 작은 은혜로 만족하지 맙시다. 영원히 세상에 대하여 죽고, 새 생명 안에서 하나님에 대하여 다시 살아납시다. 이것은 얼마나 충족한 일입니까? 예수 그리스도의 피로 구속받은 자들이여, 그가 여러분의 자아 전체에 충족합니까? 여러분은 스스로를 그리스도인이라고 고백합니다. 그렇게 고백한다면, 나의 질문에 대답해 보십시오. 하나님과 그의 나라에 대한 믿음이 여러분의 자아 전체에 충족합니까? 만일 여러분이 참된 그리스도인이라면, 나는 여러분의 대답이 무엇인지 압니다. 여러분은 이렇게 대답할 것입니다.

> "만일 나에게 백만 개의 입술이 있다면,
> 단 하나의 입술도 잠잠하지 않을 것이라.
> 만일 나에게 백만 개의 마음이 있다면,
> 나는 그 모든 것을 당신께 드릴 것이라."

　사랑하는 형제들이여, 우리가 하나님을 위해 충분히 행하지 않은 것은 그를 충분히 사랑하지 않았기 때문입니다. 또 우리가 강력한 능력을 갖지 못한 것은 마음을 다하지 않았기 때문입니다. 만일 우리가 사랑으로 불탄다면, 우리는 분명 매우 다를 것입니다. 그러나 우리는 냉랭하며, 육신적이며, 세속적이며, 마음이 나뉘었습니다. 만일 우리가 바뀌지 않는다면, 우리는 "이르지 못할" 것입니다. 부디 하나님이 무한한 긍휼 가운데 우리 안에 있는 믿음을 자라게 하시기를 기원합니다. 그래서 그 믿음이 우리의 열정에 강력한 영향을 끼치고, 그 열정이 우리를 사르기를 기원합니다. 아멘.

제
6
장
—

# 하나님의 말씀의 검

—

"하나님의 말씀은 살아 있고 활력이 있어 좌우에 날선 어떤
검보다도 예리하여 혼과 영과 및 관절과 골수를 찔러 쪼개
기까지 하며 또 마음의 생각과 뜻을 판단하나니" —히 4:12

복잡한 미로(迷路)를 좋아하는 사람들은 오늘 본문에 대한 학자들의 다양한
주석(註釋)을 읽는다면 극도로 혼란스러운 미로를 발견하게 될 것입니다. 문제
는 여기의 말씀을 태초에 하나님과 함께 계셨던 신적 로고스인 성육신한 말씀으
로 이해해야 하느냐, 아니면 영감된 성경과 그것의 핵심인 복음으로 이해해야
하느냐 하는 것입니다. 존 오웬 박사(Dr. John Owen)를 위시한 상당수의 학자들
이 전자의 견해를 옹호합니다. 그들은 본문의 하나님의 말씀이 분명 하나님의
아들을 지칭하고 있는 것이라고 확신합니다. 나는 그들의 논증을 별로 반박하고
싶지 않습니다. 반면 존 칼빈(John Calvin)을 비롯한 많은 학자들은 본문의 하나
님의 말씀이 의심의 여지 없이 성경과 그 안에 있는 복음과 하나님의 계시라고
주장합니다. 나는 본문에 대한 이들의 해석 역시 무시되어서는 안 된다고 생각
합니다. 내가 볼 때, 이들 역시도 전자의 견해를 옹호하는 학자들과 마찬가지로
훌륭한 근거들을 가지고 있습니다. 이렇게 학자들의 의견이 갈릴 때, 나는 그들
의 견해와 경쟁하는 나 자신의 또 다른 해석을 제시하기를 원하지 않습니다. 설
령 내가 그들 모두를 포괄하는 그래서 모두가 수긍할 수 있는 해석을 제시할 수
있다 하더라도 말입니다. 모두가 동의할 수 있는 길을 발견할 수 있다면, 그것은

너무나 좋은 일일 것입니다. 그렇지만 나는 여기에서 성령이 하나님의 아들 예수 그리스도에 대해 말하고 있는지, 아니면 하나님의 책에 대해 말하고 있는지 결정하는 것은 매우 어려운 일이라는 사실을 인정하지 않을 수 없습니다. 이러한 사실은 우리에게 다른 상황에서는 쉽게 발견할 수 없는 한 가지 위대한 하나님의 진리를 보여줍니다. 그것은 주 예수 그리스도에 대해 말하여질 수 있는 것은 동시에 영감된 성경에 대해서도 동일하게 말하여질 수 있다는 사실입니다. 둘은 서로 얼마나 긴밀하게 연결되어 있습니까! 하나를 경멸하는 사람들은 다른 하나 역시도 배척할 것입니다. 육신이 된 말씀과 영감받은 사람들에 의해 말하여진 말씀은 서로 얼마나 긴밀하게 결합됩니까!

　나는 오늘의 본문이 성육신하신 하나님의 말씀과 영감된 하나님의 말씀 모두와 관련된다고 보는 것이 좀 더 정확할 것이라고 생각합니다. 양자(兩者)를 하나의 개념 안으로 짜 넣으십시오. 왜냐하면 하나님이 둘을 서로 결합시켰기 때문입니다. 그러면 여러분은 본문 속에서 새로운 의미와 새로운 빛을 발견하게 될 것입니다. 하나님의 말씀 즉 성경 안에 있는 하나님 자신의 계시가 여기에 묘사된 것의 전부입니다. 왜냐하면 성육신한 하나님의 말씀인 예수가 그 안에 계시기 때문입니다. 이를테면, 그가 이와 같은 보이는 그리고 명백한 계시 안에서 신적 진리로서 스스로를 구체화하셨습니다. 이와 같이 하여 그것은 살아 있고, 활력이 있으며, 찔러 쪼개며, 판단하는 것이 됩니다. 그리스도가 하나님을 나타내는 것처럼, 성경은 그리스도를 나타냅니다. 그러므로 성경은 하나님의 말씀으로서 성육신하신 말씀의 모든 속성에 참여합니다. 이와 같이 육신이 된 말씀과 기록된 말씀은 서로 긴밀하게 결합됩니다. 실제로 양자는 나누는 것이 불가능할 정도로 너무나 긴밀하게 결합되어 있습니다. 오늘날 우리는 이러한 사실을 깊이 새길 필요가 있습니다. 왜냐하면 오늘날 계시의 모든 교리를 부인하면서도 여전히 그리스도를 찬미하는 사람들이 있기 때문입니다. 만일 어떤 사람들이 어떤 선생에 대해 최고의 찬사로 칭송하면서 그의 교훈은 배척한다면 ― 이 시대의 철학과 합치되는 것만을 제외하고 ― 그것은 얼마나 이상한 일입니까? 그들은 예수에 대해 많이 말하지만, 그러나 실제 예수 즉 그의 복음과 그의 영감된 말씀은 내팽개쳐 버립니다. 그들은 입맞춤으로 인자(人子)를 배반한 유다와 같습니다 ― 나는 이러한 비유가 조금도 지나치지 않다고 믿습니다. 그들은 교리들의 이름을 소리 높여 부르면서, 그러나 그것들을 전혀 다른 의미로 사용합니다. 그들은 그리스도에 대한 충성에 대해 말하며 또 산상수훈에 경의를 표한다고 말하지만, 그러나 그것은 헛된 언사(言辭)에 불과합니다. 그들은 나를 향하여 의심의 씨앗을 뿌린다고 비난합니다. 그렇습니다. 나는 실제로 의심의 씨앗을 뿌립니다. 나는 기꺼이 그렇게 하기를 열망합니다. 왜냐하면 너무나 많은 그리스도인들이 총명한 사람들이 흥미를 끄는 태도로 말하는 한 기꺼이 그리고 만족스럽게 듣기 때문입니다. 나는 그들이 영들을 시험해 보기를 바랍니다. 그것이 하나님께 속한 것인지 말입니다. 왜냐하면 많은 거짓선지자들이 세상에 왔기 때문입니다. 하나님이 하나로 결합하신 것을 이들 현대 사상가들은 고의적으로 나눕니다. 그들은 계시자(Revealer)를 그 자신의 계시로부터 나눕니다. 나는 나의 주님이 그들의 경멸보다 그들의 경의를 더 불쾌하게 여길 것이라고 믿습니다. 정말로 그럴 것입니다. 왜냐하면 그들은 그 앞에서 절하며 경의를 표하면서, 뒤로는 그의 언약의 피를 짓밟고 그의 대속의 희생제사를 혐오하며 배척하기 때문입니다. 그들은 또다시 주님을 십자가에 못 박으면서, 그가 자기 피로 자신의 백성을 산 것을 감히 "상거래"(商去來)라고 조롱하며 비하합니다. 나는 이것보다 더 큰 신성모독을 알지 못합니다.

다시 말하거니와, 그리스도와 그의 말씀은 함께 가야만 합니다. 그리스도에 대해 사실인 것은 그의 말씀에 대해서도 똑같이 사실입니다. 영원한 복음은 항상 그 안에 그리스도를 가지고 있습니다. 그 안에 그가 타고 있습니다. 마치 병거 안에 그가 타고 있는 것처럼 말입니다. 마치 여호와가 "그룹을 타고 다니시며 바람 날개를 타고 높이 솟아오르셨던" 것처럼, 그가 복음 안에 타고 계십니다(시 18:10). 말씀이 살아 있고 활력이 있으며 "좌우에 날선 어떤 검보다도 예리한" 것은 오직 예수가 죽지 않고 영원히 살아 계시기 때문입니다. 만일 여러분이 말씀으로부터 그리스도를 빼버린다면, 여러분은 말씀의 능력과 생명력을 빼버리는 것입니다. 우리는 말씀 없는 그리스도를 가질 수 없는 것처럼 또한 그리스도 없는 말씀을 가질 수 없습니다. 만일 여러분이 성경으로부터 그리스도를 빼버린다면, 여러분은 본질적인 하나님의 진리를 빼버린 것입니다. 그렇습니다. 만일 여러분이 성경으로부터 대속물로서의 그리스도, 십자가에서 죽으신 그리스도, 피로 물든 옷을 입고 계신 그리스도를 빼버린다면, 여러분은 성경으로부터 살아 있고 활력이 있는 모든 것을 빼버린 것입니다. 우리는 복음과 관련하여 얼마나 자주 여러분에게 "피가 곧 생명"이라는 사실을 일깨워 주었습니까? 피 없는 복음은 생명 없는 복음입니다! 최근에 어떤 유명한 화가가 빌라도 앞에 서 있는 우리 주님의 모습을 묘사한 작품을 발표했습니다. 그 작품은 당연히 큰 관심을 끌었습니다. 한 유명 신문이 이 작품을 지면(紙面)에 실었습니다. 그런데 그 작품 전체를 싣기에는 지면이 너무 모자랐습니다. 그래서 그들은 그 작품의 일부만을 실었습니다. 그들은 빌라도를 이쪽에 그리고 가야바를 저쪽에 놓았습니다. 그러나 예수를 그린 부분을 놓을 공간이 부족했습니다. 그래서 그들은 그 부분을 빼 버리고 말았습니다. 그 그림을 보았을 때, 나는 이것이야말로 현대 설교의 특징을 가장 잘 보여주고 있다고 생각했습니다. 여기에 있는 빌라도를 보십시오. 저기에 있는 가야바를 보십시오. 또 저쪽에 있는 유대인들을 보십시오. 그러나 인간의 죄를 위해 결박과 고통을 당하신 희생제물은 빠져 있습니다. 아마도 신문의 경우, 그리스도를 그린 부분은 다음 호에 실릴 것입니다. 그러나 설령 그리스도가 새로운 신학(神學)을 전파하는 설교자들의 다음 설교에 등장한다 하더라도, 그것은 우리를 구속하기 위해 우리 죄를 짊어지고 죽으신 대속물로서가 아니라 도덕적인 모범으로서일 것입니다. 그 안에 그리스도가 빠진 설교는 전적으로 잘못된 설교입니다. 예배당에 가서 설교를 듣고 난 후 "사람들이 내 주님을 옮겨다가 어디 두었는지 내가 알지 못하나이다"(요 20:13)라고 울부짖어야만 한다면, 그것은 얼마나 슬픈 일입니까? 그러나 안심하십시오. 우리는 그들이 그를 어디에 두었는지 압니다. 그들은 그를 무덤에 두었습니다. 여러분은 그것을 확신해도 좋습니다. 그들은 그를 죽은 물건처럼 치워 버렸습니다. 그들에게 그는 죽은 것이나 마찬가지입니다. 그러나 참된 신자들이여, 여러분은 그가 다시 살아나셨음을 기억하며 위로를 받을 수 있습니다. 그는 어떤 의미로도 사망의 멍에에 매어 있을 수 없습니다. 설령 그의 교회가 그를 장사(葬事)하고, 그 위에 거짓의 큰 돌을 덮는다 하더라도, 구속자는 다시 살아나실 것이며 그와 그의 진리의 말씀은 살아서 영원무궁토록 함께 통치할 것입니다.

형제들이여, 여러분은 내가 '하나님의 계시인 주 예수'와 '하나님의 복음의 말씀'을 동일한 것으로 말하는 것을 충분히 이해할 수 있을 것입니다. 여러분은 복음을 듣고 생명을 얻었는데, 이 영감된 책이 바로 그 복음입니다. 그 안에 예수가 계시며 또 그로 말미암아 예수가 역사(役事)하는 복음은 "살아 있고 활력이 있어 좌우에 날선 어떤 검보다도 예리하여 혼과 영과 및 관절과 골수를 찔러 쪼개기까지 하며 또 마음의 생각과 뜻을 판단"합니다. 오늘 나는 여러분과 함께 다음과 같은 내용들을 다루고자 합니다. 첫째로, 하나님의 말씀의 특성들에 관하여. 둘째로, 그러한 특성들이 우리에게 제시하는 실제적인 교훈들에 관하여.

### 1. 첫째로, 하나님의 말씀의 특성들에 관하여 살펴보도록 합시다.

"하나님의 말씀은 살아 있고 활력이 있어 좌우에 날선 어떤 검보다도 예리하여." 하나님의 말씀은 "살아"(quick) 있습니다. 나는 성경번역자들이 "quick"이란 단어를 사용한 것에 대해 매우 유감스럽게 생각합니다. 왜냐하면 그 단어는 빠르다는 의미로 오해되기 쉽기 때문입니다. 그러나 그것은 결코 그러한 의미가 아닙니다. 그 단어는 "살아 있는" 혹은 "생존해 있는"을 의미합니다. "Quick"은 "살아 있는"을 의미하는 옛 영어단어입니다. 사도신경에서 "산 자와 죽은 자"를 말할 때 "quick and dead"라는 표현을 사용하는 것처럼 말입니다. 하나님의 말씀은 살아 있습니다. 성경은 살아 있는 책입니다. 이것은 오직 하나님의 영으로 말미암아 다시 살아난 '생명을 가진 사람들'만 충분히 이해할 수 있는 비밀입니다. 성경 이외의 다른 책들에도 그 안에 어느 정도의 생명력이 있을 수 있습니다. 그러나 그 안에 성경 속에 있는 것과 같은 "숨을 쉬며, 말하며, 탄원하며, 정복하는" 형언할 수 없는 생명력은 결코 없습니다. 서점에 가면 우리는 여러 명의 위대한 저자들로부터 정선(精選)하여 편집한 책을 볼 수 있습니다. 그리고 그런 책 안에는 종종 성경의 일부 구절들이 인용되기도 합니다. 그러면서 그 밑에 그 글의 저자로서 "다윗" 혹은 "예수" 등으로 이름을 적습니다. 그러나 이것은 불필요한 일이라기보다 너무나 나쁜 일입니다. 하나님의 말씀을 다룰 때는 그에 합당한 위엄의 방식으로 그렇게 해야 합니다. 성경 이외의 다른 모든 책에는 그 안에 하늘의 생명이 없습니다. 읽는 자들에게 기적을 일으키기도 하고 생명을 나누어 주기도 하는 그런 하늘의 생명 말입니다. 성경은 영원히 썩지 않는 살아 있는 씨입니다. 그것은 생명을 가지고 있으며, 움직이며, 꿈틀거립니다. 그것은 살아 있는 말씀으로서 살아 있는 사람들과 교제합니다. 솔로몬은 그것과 관련하여 이렇게 말합니다. "그것이 네가 다닐 때에 너를 인도하며 네가 잘 때에 너를 보호하며 네가 깰 때에 너와 더불어 말하리니"(잠 6:22). 여러분은 이것이 무엇을 의미하는지 압니까? 그 책은 나와 더불어 씨름합니다. 그 책은 나를 칩니다. 그 책은 나를 위로합니다. 그 책은 나에게 미소를 짓습니다. 그 책은 나를 향해 얼굴을 찌푸립니다. 그 책은 나의 손을 꽉 줍니다. 그 책은 나의 마음을 뜨겁게 만듭니다. 그 책은 나와 함께 울며, 나와 함께 노래합니다. 그 책은 나에게 속삭이며 나에게 설교합니다. 그 책은 나의 길을 인도하며, 나의 삶을 붙잡아 줍니다. 그 책은 나에게 최고의 친구이며, 여전히 아침저녁으로 말씀을 가르치는 교사입니다. 그것은 살아 있는 책입니다. 그것은 항상 살아 있는 책입니다. 첫 글자부터 마지막 글자까지, 그 책은 이상하며 신비한 생명력으로 가득 차 있습니다. 그러한 생명력으로 말미암아, 그 책은 모든 살아 있는 하나님의 자녀들에게 다른 모든 책과 비교할 수 없는 특별한 책이 됩니다.

　　나의 형제들이여, 우리가 지은 글들과 우리가 지은 책들을 생각해 보십시오. 그 모든 것들은 마침내 사라지고 말지 않습니까? 시대에 뒤떨어졌다는 이유로 이제 아무도 읽지 않는 책들이 얼마나 많습니까? 어렸을 때는 큰 유익이 되었지만, 그러나 지금은 아무것도 가르쳐 주지 않는 책들이 얼마나 많습니까? 그런가 하면 초신자 시절에는 기쁨으로 읽을 수 있었지만 그러나 지금은 결코 읽을 생각조차 하지 않는 신앙서적들도 많이 있습니다. 하물며 어린아이 시절 처음 발음을 배울 때 읽었던 책이야 더 말해 무엇하겠습니까? 우리는 지적인 측면이나 혹은 여러 가지 다른 측면에서 어린 시절에 읽었던 책들을 능가할 정도로 자랐습니다. 우리는 선생들과 목사들을 능가할 수는 있지만, 그러나 사도들과 선지자들을 능가할 수는 없습니다. 한때 강력한 영향력을 가졌던 인간의 체계(human system)는 낡은 것이 되고 마침내 모든 생명력을 잃을 수 있지만, 그러나 하나님의 말씀은 항상 새롭고 신선하며 생명력으로 가득합니다. 하나님의 말씀은 결코 늙지 않습니다. 그것의 이마에는 주름이 생기지 않으며, 그것의 피부는 쭈글쭈글해지지 않습니다. 구약과 신약에는 '가장 오래 되었으면서 동시에 가장 새로운' 책들이 있습니다. 호메로스와 헤시오도스의 책들은 모세오경이나 시편과 비교할 때 어린아이에 불과합니다. 그럼에도 불구하고 그 안에 담겨 있는 복음은 오늘 아침 신문만큼이나 새롭고 신선합니다. 다시 말하거니와 우리의 말은 왔다가 갑니다. 마치 나무에 새 잎에 돋아 무성해졌다가 가을에 낙엽으로 떨어지는 것처럼 말입니다. 이와 같이 인간의 사상과 이론들은 한때 무성했다가 낙엽처럼 떨어져 마침내 사라지고 맙니다. "풀은 마르고 꽃은 떨어지되 오직 주의 말씀은 세세토록 있도다 하였으니 너희에게 전한 복음이 곧 이 말씀이니라" (벧전 1:24).

성경은 또한 자신의 생명력을 그것을 읽는 자들에게 나누어 줄 수 있습니다. 그러므로 계시와 더불어 교제할 때, 여러분은 종종 자신이 새로운 생명력으로 회복되는 것을 발견할 것입니다. 읽기 시작할 때는 생명력을 거의 상실하여 빈사상태에 있었음에도 불구하고 말입니다. 여러분은 성경에다가 생명을 가져다줄 필요가 없습니다. 다만 성경으로부터 생명을 끌어내기만 하면 됩니다. 종종 성경의 어느 한 구절이 우리를 깨어 일어나게 만듭니다. 마치 예수의 부르심에 나사로가 깨어 일어났던 것처럼 말입니다. 우리 영혼이 미약하여 거의 빈사상태일 때, 하나님의 영으로 말미암아 우리 마음에 적용된 어떤 말씀이 우리를 깨어 일어나게 만듭니다. 그것은 살아 있는 말씀이면서 동시에 살리는 말씀입니다. 이러한 사실로 인해 나는 기쁨을 금할 수 없습니다. 왜냐하면 나는 때때로 거의 빈사상태에 빠지기 때문입니다. 그러나 하나님의 말씀은 죽지 않습니다. 그러한 말씀과 접촉할 때, 우리는 다시 살아납니다. 마치 무덤 속에 들어간 시체가 엘리사의 뼈에 닿을 때 다시 살아났던 것처럼 말입니다. 선지자들이 말하고 기록했던 말씀들은 마치 엘리사의 뼈와 같이 그것과 접촉하는 사람들에게 생명을 나누어 줍니다. 하나님의 말씀은 이와 같이 완전히 살아 있습니다.

이와 같이 하나님의 말씀은 살아 있으므로 여러분은 그것이 죽을 것을 조금도 염려할 필요가 없습니다. 어떤 사람들은 우리가 옛 복음을 전파한다고 구닥다리 취급을 합니다. 그들은 사도들과 종교개혁자들의 교리를 조롱합니다. 그러면서 그러한 교리를 믿는 사람들을 시대에 뒤떨어진 사람들로 취급하며, 옛 시대의 유물들이라고 조롱합니다. 그렇습니다. 그들은 그렇게 말합니다. 그러나 그들이 말하는 것은 사실이 아닙니다. 왜냐하면 복음은 살아 있는 복음이기 때문입니다. 설령 사람들이 복음을 천 개로 쪼갠다 하더라도, 각각의 파편들은 여전히 살아 계속해서 자랄 것입니다. 설령 사람들이 복음을 거짓의 거대한 눈사태 속에 매몰시킨다 하더라도, 복음은 모든 눈덩이들을 떨치고 무덤으로부터 다시 일어날 것입니다. 설령 사람들이 복음을 불 속에 던진다 하더라도, 복음은 여전히 불꽃 가운데 걸어 다닐 것입니다. 지금까지 수도 없이 그랬던 것처럼 말입니다. 종교개혁이 발발한 것은 마르틴 루터가 수도원 깊숙한 곳에 놓여 있던 성경으로부터 특별한 영향을 받은 것으로부터 기인합니다. 만일 교황주의자들이 신약성경을 진지하게 읽는다면, 분명 그들 가운데 복음적 신앙이 일어나게 될 것입니다. 특별히 어떤 설교자가 그들에게 복음을 전파하지 않는다 하더라도 말입니다. 어떤 지역에 미지(未知)의 식물이 갑자기 땅으로부터 솟아올랐다면, 그 이유가 무엇이겠습니까? 그 식물의 씨앗이 바람이나 강물이나 혹은 새에 의해 그곳으로 옮겨졌기 때문이 아닙니까? 씨앗에는 생명이 있기 때문에, 어느 자리로 옮겨졌든지 그곳에서 살아 자랍니다. 설령 수 세기 동안 깊은 땅 속에 묻혀 있었다 하더라도 땅이 갈아엎어짐으로 말미암아 흙의 표면으로 올라올 때, 씨앗들은 즉시 싹이 트면서 줄기를 뻗기 시작합니다. 하나님의 말씀도 이와 같습니다. 그것은 영원히 살아 있습니다. 모든 흙 속에서, 다시 말해서 모든 상황 아래서, 하나님의 말씀은 그 자신의 생명력을 증명할 준비가 되어 있습니다. 싹을 내고, 줄기를 뻗으며, 마침내 하나님의 영광을 위해 열매를 맺음으로써 말입니다. 그러므로 복음을 말살시키려는 모든 시도는 얼마나 헛되며 또 악합니까! 그들은 여러 가지 방법으로 복음을 말살시키고자 시도합니다. 그러나 어떤 방법을 사용하든, 그들의 모든 시도는 결국 수포로 돌아갈 것입니다. 박해를 통해 죽이려고 하든, 세속주의를 통해 질식시키려고 하든, 거짓으로 뭉개 버리려고 하든, 무관심으로 굶겨 죽이려고 하든, 잘못된 해석의 독약을 타든, 불신앙의 물에 빠뜨려 죽이려고 하든, 결국 그들의 모든 시도는 실패로 끝날 것입니다. 하나님이 살아 계신 한, 그의 말씀 역시 살아 있을 것입니다. 이로 인해 하나님을 찬미합시다. 우리는 결코 죽을 수 없는 복음, 결코 멸망을 당할 수 없는 복음을 가지고 있습니다. 햇빛은 꺼질지라도, 복음은 영원히 살아 비출 것입니다.

　　본문은 계속해서 하나님의 말씀이 "활력이 있다"(powerful) 혹은 "활동적이다"(active)라고 말합니다. 그렇지만 아마도 "왕성하다"(energetic)라고 번역하는 것이 가장 좋은 번역일 것입니다. 또 나는 "효과적이다"(effectual)라는 번역 역시 그에 못지않게 좋은 번역이라고 생각합니다. 성경은 활력과 에너지로 가득 차 있습니다. 아, 하나님의 말씀의 장엄함이여! 어떤 사람들은 우리를 성경숭배자(bibliolatry)라고 비난합니다. 그러나 이것은 그들이 만들어낸 허구의 죄입니다. 만일 사소하고 경미한 죄가 있다면, 성경에 대한 과도한 경외심이 거기에 해당될 것입니다. 나에게 성경은 하나님이 아닙니다. 다만 하나님의 음성일 뿐입니다. 나는 경외하는 마음 없이는 결코 그 음성을 들을 수 없습니다. 사람에게 있어 이 거룩한 말씀을 연구하고, 설명하며, 전파하라고 부르심을 받는 것은 얼마나 큰 영광입니까! 하나님의 말씀을 전파하는 자는 단순히 강단(講壇)이 아니라 보좌 위에 서 있다고 나는 굳게 믿습니다. 나의 형제여, 당신은 당신의 설교를 연구할 수 있습니다. 당신은 위대한 웅변가가 될 수 있습니다. 당신은 당신의 설교를 유창하고 힘 있게 전달할 수 있습니다. 그러나 설교의 최고의 목적을 유효하게 만드는 유일한 능력은 당신의 말이나 혹은 나의 말에 있는 것이 아니라 오직 하나님의 말씀에 있습니다. 사람들이 회심할 때, 그들은 대부분의 경우 그것을 설교 중에 인용된 어떤 본문에 돌립니다. 영혼을 구원하는 것은 하나님의 말씀이지, 하나님의 말씀에 대한 우리의 해설이 아닙니다. 하나님의 말씀은 모든 거룩한 목적을 이루는 강력한 힘을 가지고 있습니다. 사람들로 하여금 죄를 깨닫게 함에 있어 그것은 얼마나 강력한 힘을 갖습니까! 우리는 자기 의에 사로잡혀 있던 사람들이 하나님의 계시된 진리로 말미암아 완전히 뒤집히는 것을 보았습니다. 하나님의 말씀 외에는 그 어떤 것도 그들을 그렇게 변화시킬 수 없었습니다. 그것은 회심을 위해 얼마나 강력한 힘을 갖습니까! 하나님의 말씀은 갑자기 사람에게 찾아옵니다. 그의 허락을 구하지 않고 말입니다. 그러고는 그의 손으로부터 키를 빼앗아 그것을 반대방향으로 돌립니다. 그러면 그 사람은, 그의 생각에 영향력을 끼치며 그의 의지를 다스리는 불가항력적인 힘 앞에 기쁘게 굴복합니다. 하나님의 말씀으로 말미암아 사람의 마음속에서 죄가 죽임을 당하며, 신적 은혜가 잉태됩니다. 그것은 생명을 가져다주는 빛입니다. 영혼이 죄를 깨닫고 그 안에 복음의 자유가 비칠 때, 그것은 얼마나 강력하며 활력에 넘칩니까! 우리는 옥(獄)에 갇혀 있는 사람들을 많이 보았습니다. 우리는 그들을 자유롭게 해주려고 많은 애를 썼습니다. 우리는 포로된 자들을 자유롭게 해주기 위해 철문을 흔들었지만, 그러나 철문은 꼼짝도 하지 않았습니다. 그러나 주의 말씀은 능히 철문을 부술 수 있습니다. 그것은 의심의 성(城)을 허물어뜨릴 수 있을 뿐만 아니라, 거인 '절망'(Despair)의 머리를 벨 수 있습니다. 의심의 성 안에 있는 어떤 감옥도 영혼을 묶어둘 수 없습니다. 마스터키(master key)인 하나님의 말씀이 '낙망'(Despondency)의 옥문 앞에 떨어질 때 말입니다. 또 하나님의 말씀은 격려와 위로를 줌에 있어 살아 있고 활력이 있습니다. 사랑하는 자들이여, 복음은 우리에게 얼마나 강력한 힘으로 위로를 베풀어 줍니까! 복음은 처음에 우리를 그리스도께 데려갔습니다. 그리고 계속해서 우리로 하여금 그리스도를 바라보도록 인도합니다. 우리가 그와 같이 될 때까지 말입니다. 하나님의 자녀들은 율법의 방법들이 아니라 은혜의 방법들로 거룩하여집니다. 하나님의 말씀과 그리스도의 복음은 사람들을 거룩하게 만드는데 극도로 강력한 힘을 갖고 있습니다.

하나님이여, 당신의 말씀의 능력을 우리 안에서 증명하소서! 어떻게 그렇게 할 수 있습니까? 그것은 우리로 하여금 모든 선한 일에 열매를 맺도록 만드심으로써 증명될 것입니다. 하나님이여, 우리를 말씀으로 씻으소서! 그리하여 우리가 매일같이 정결하게 되고, 그럼으로써 주 앞에서 흰옷을 입고 행하게 하소서! 우리로 하여금 우리 구주 하나님의 진리를 아름답게 장식하는 자들이 되게 하소서!

이와 같이 하나님의 말씀은 우리 자신의 개인적인 경험 속에서 살아 있고 활력이 있습니다. 특별히 형제들을 축복하고자 하나님의 말씀을 사용할 때, 우리는 그것이 정말로 그러함을 발견하게 될 것입니다. 사랑하는 형제들이여, 만일 여러분이 이 슬픔 많은 세상에서 선을 행하고자 추구한다면 그리고 그렇게 하도록 돕는 강력한 무기를 원한다면, 복음 곧 살아 있는 복음 곧 옛 복음을 굳게 붙잡으십시오. 그러한 복음 안에 죄와 맞서기에 충분한 힘이 있습니다. 인간의 모든 생각들은 지푸라기로 악어를 간질이는 것과 같습니다. 하나님의 말씀 외에 그 어떤 것도 이 괴물의 가죽을 뚫을 수 없습니다. 하나님의 말씀은 쇠보다도 더 강한 재료로 만들어진 무기입니다. 그것은 쇠로 만든 갑옷을 뚫을 수 있습니다. 아무것도 그것에 저항할 수 없습니다. "왕의 말은 권능이 있나니"(전 8:4). 복음이 성령의 권능으로 선포될 때, 그 안에 태초에 "빛이 있으라"고 말씀하실 때 그 말씀 속에 있었던 것과 동일한 능력이 있습니다. 아, 우리는 하나님의 계시를 얼마나 사랑하며 소중히 여겨야 마땅합니까! 왜냐하면 그것은 생명으로 가득 차 있을 뿐만 아니라 또한 그 생명은 사람들의 삶과 마음속에서 극도로 강력하며 효과적으로 역사(役事)하기 때문입니다.

계속해서 바울은 하나님의 말씀이 "예리하다"고 말합니다. 그것은 "좌우에 날선 어떤 검보다도 예리"합니다. "좌우에 날선"이란 표현을 통해 우리는 "전체적으로 날이 서 있는" 검을 상상할 수 있습니다. 양쪽에 날이 있는 검은 어느 쪽에도 무딘 면을 가지고 있지 않습니다. 그것은 이쪽으로도 베고, 저쪽으로도 벱니다. 성경 안에서 우리에게 주어진 하나님의 계시는 전체적으로 날이 서 있습니다. 그것의 모든 부분이 살아 있습니다. 모든 부분이 양심을 베고 마음을 찌르기에 충분할 만큼 예리합니다. 성경 속에 필요 없는 구절은 단 한 구절도 없습니다. 약 중에는 아무런 효능도 가지고 있지 않은 약이 있습니다. 그러나 성경 속에 아무런 효능도 가지고 있지 않은 구절은 단 한 구절도 없습니다. 모든 구절이 나름대로의 효능을 가지고 있습니다. 창세기 앞부분에 보면 홍수 이전에 수백 년씩 살았던 족장들의 이야기가 나오는데, 거기에는 계속해서 "죽었더라"는 말씀이 반복됩니다. 가장 오래 살았던 므두셀라도 결국 "죽었더라"로 끝납니다. 이와 같이 "죽었더라"는 말씀이 계속해서 반복되는 것은 언뜻 보면 별 의미 없는 것처럼 보입니다. 그러나 나는 아무 생각 없이 살던 어떤 사람이 그 말씀을 들으면서 자신의 필멸성(必滅性)을 깨닫고 구주께 나왔다는 이야기를 들은 적이 있습니다. 또 역대기에는 끝없이 계속되는 지루한 이름들의 긴 목록이 나옵니다. 설령 내가 어떤 사람이 그 목록을 읽으면서 회심하였다는 이야기를 듣는다 할지라도, 나는 결코 놀라지 않을 것입니다. 그러므로 우리는 성경의 어떤 부분도 대수롭지 않게 여겨서는 안 됩니다. 성경을 대수롭지 않게 혹은 심지어 불경스러운 태도로 읽다가 망한 사람들이 얼마나 많습니까? 회의주의자(懷疑主義者)들은 성경을 갈기갈기 찢으려고 했지만, 결국 성경이 그들을 갈기갈기 찢었습니다. 그렇습니다. 어리석은 자들은 조롱할 목적으로 성경을 읽었지만, 도리어 그로 인해 그들이 성경에 의해 정복을 당했습니다. 휫필드의 설교를 들으러 간 어떤 사람이 있었습니다. 그는 "지옥불 클럽"((Hell-fire Club)의 회원이었으며, 스스로를 거의 포기한 사람이었습니다. 휫필드의 설교를 듣고 난 후, 그는 지옥불 클럽의 동료들 앞에서 자신이 들은 그의 설교를 놀랍도록 정확하게 전달했습니다. 심지어 그의 목소리와 몸짓까지 흉내냈습니다. 그런데 그것을 똑같이 전달하는 도중, 주님이 그를 회심시키셨습니다. 그는 갑작스럽게 말을 멈추고, 깨어진 마음으로 주저앉아 복음의 능력을 고백했습니다. 그날 지옥불 클럽은 해체되었으며, 그날의 놀라운 회심의 주인공은 브리스톨의 토르프(Mr. Thorpe of Bristol)였습니다. 하나님은 훗날 그를 다른 사람들을 구원하는 일에 크게 쓰셨습니다. 나는 여러분이 전혀 성경을 읽지 않는 것보다 차라리 조롱할 목적으로라도 성경을 읽기를 바랍니다. 나는 여러분이 전혀 하나님의 말씀을 들으러 오지 않는 것보다 차라리 증오하는 마음으로라도 하나님의 말씀을 들으러 오기를 바랍니다.

하나님의 말씀은 너무도 예리하며, 베는 힘이 강합니다. 여러분은 베이지 않을 것이라고 생각하는 어느 순간 그 검에 베일 수 있습니다. 복음을 접하면서 그 복음으로부터 아무런 영향도 받지 않는 것은 불가능합니다. 복음은 여러분의 죄를 베고 또 죽일 수 있습니다. 심지어 그런 일이 있을 것이라고 전혀 생각하지 못했을 때조차 말입니다. 사랑하는 친구들이여, 여러분은 하나님의 말씀이 좌우에 날선 어떤 검보다도 더 예리하며 베는 힘이 강하다는 것을 발견하지 못했습니까? 그 말씀이 여러분의 마음을 내적으로 피 흘리게 하지 않았습니까? 여러분은 그러한 검에 저항할 수 없지 않았습니까? 우리는 그 검의 예리함을 점점 더 잘 알게 될 것입니다. 그 검이, 죄를 좇는 삶과 관련하여 우리를 철저하게 죽일 때까지 말입니다. 하나님의 말씀은 마치 희생제물을 죽이는 칼과 같습니다. 하나님의 말씀은 죄와 연결된 모든 습관과 생각과 기질의 목구멍을 찌릅니다. 죄를 죽이는데 있어 하나님의 말씀과 같은 것은 아무것도 없습니다. 하나님의 말씀이 임할 때, 그것은 검처럼 임하며 결국 악을 찔러 죽입니다. 때로 말씀의 능력을 느끼게 해달라고 기도할 때, 우리는 우리가 구하는 것을 거의 알지 못합니다. 언젠가 한 형제를 만난 적이 있습니다. 그는 나에게 이렇게 말했습니다. "나는 당신과 함께 이야기했던 것을 기억합니다. 당신이 열아홉 살 아니면 스무 살 되었을 때입니다. 나는 그 때 당신이 나에게 말한 것을 결코 잊을 수가 없습니다. 나는 기도모임에서 당신과 함께 기도하고 있었습니다. 우리에게 성령을 가득 부어달라고 말입니다. 기도를 마친 후 당신은 나에게 물었습니다. '사랑하는 형제여, 당신은 하나님께 무엇을 구했는지 알고 있습니까? 나는 '물론이지요'라고 대답했습니다. 그러나 당신은 나에게 매우 엄숙하게 말했습니다. '성령은 심판의 영이며 불타는 영입니다. 이러한 두 가지 표현이 의미하는 내적 갈등을 위해 준비된 사람은 극히 드뭅니다.'" 그 친구는 나에게 그 때는 내가 말하는 것의 의미를 알지 못했으며, 내가 참 이상한 젊은이라고 생각했었노라고 말했습니다. 그는 계속해서 말했습니다. "아, 지금은 압니다. 그렇지만 그것을 충분히 이해할 수 있게 된 것은 오직 고통스러운 경험을 통해서였습니다." 그렇습니다. 그리스도께서 오실 때, 그는 세상에 평안을 주기 위함이 아니라 검을 주기 위해 오십니다. 그리고 그 일은 우리 자신의 영혼 속에서 시작됩니다. 그것은 찌르고, 베고, 난도질하고, 죽입니다. 주의 말씀의 예리함을 아는 자는 복이 있습니다. 왜냐하면 그것은 오직 마땅히 죽임을 당해야 하는 것만을 죽이기 때문입니다. 하나님에게 속한 모든 것에게, 그것은 살리며 새 생명을 줍니다. 그러나 마땅히 죽임을 당해야만 하는 부패한 옛 생명에 대해서는, 그것은 인정사정없이 쪼갭니다. 마치 사무엘이 여호와 앞에서 아각을 쪼갰던 것처럼 말입니다. "하나님의 말씀은 살아 있고 활력이 있어 좌우에 날선 어떤 검보다도 예리하여."

    계속해서 하나님의 말씀은 찌르는 속성을 가지고 있습니다. "혼과 영과 밑

관절과 골수를 찔러 쪼개기까지 하며." 그것은 좌우에 날이 서 있을 뿐만 아니라 끝이 뾰족합니다. 실제로 어떤 자연인의 마음을 영적으로 찔러 관통시키는 것은 하나님의 말씀 외에 아무것도 없습니다. 계시의 칼은 어떤 것이든 뚫고 들어갈 것입니다. 시편 기자의 표현처럼 "살져서 기름덩이 같은" 마음조차도 하나님의 말씀은 능히 뚫을 것입니다(119:70). 거룩한 진리는 사람의 골수 속까지 관통하여 그를 찾아낼 것입니다. 우리 마음에 그러한 것처럼, 다른 사람들의 마음에도 마찬가지로 그러합니다. 사랑하는 친구들이여, 복음은 어디로든 자신이 원하는 곳으로 나아갈 수 있습니다. 사람들이 편견에 싸여 있는지 모르지만, 그러나 복음의 칼은 그러한 편견의 관절을 찾아낼 수 있습니다. 사람들이 믿지 않겠다고 결심하며, 자기 의로 스스로 만족할는지 모릅니다. 그러나 그 칼은 자신의 길을 찾을 것입니다. 하나님의 말씀의 화살은 만왕의 왕의 원수들의 마음을 예리하게 꿰뚫으며, 그럼으로써 그들은 그 앞에 엎드러집니다. 그러므로 주 예수의 원수들과 맞서 싸우도록 부름받을 때, 이러한 무기를 신뢰하기를 두려워하지 맙시다. 우리는 이러한 무기로써 그들을 찌르며, 쪼개며, 죽일 수 있습니다.

계속해서 하나님의 말씀은 판단하는 속성이 있습니다. "또 마음의 생각과 뜻을 판단하나니." 그것은 혼과 영을 쪼갭니다. 혼과 영을 쪼갤 수 있는 것은 하나님의 말씀 외에 아무것도 없습니다. 왜냐하면 그것을 쪼개는 것은 매우 어려운 일이기 때문입니다. 많은 학자들이 여러 가지 방법으로 혼과 영 사이의 차이를 설명하려고 노력했습니다. 그러나 나는 그들이 성공했는지 의구심을 갖습니다. "혼은 자연인의 생명이며, 영은 거듭난 혹은 영적인 사람의 생명"이라는 정의는 의심의 여지 없이 매우 훌륭한 정의입니다. 그러나 정의를 내리는 것과 쪼개는 것은 전혀 별개입니다.

우리는 이러한 형이상학적인 문제를 풀려고 시도하지 않을 것입니다. 하나님의 말씀이 들어오면, 그것은 사람에게 혼에 속한 것과 영에 속한 것의 차이를 보여줍니다. 그리고 사람으로 말미암은 것과 하나님으로 말미암은 것 사이의 차이를 보여주며, 또한 신적 은혜로 말미암은 것과 본성으로 말미암은 것 사이의 차이를 보여줍니다. 하나님의 말씀은 이에 관하여 놀랍도록 명확합니다. 어떤 시인(詩人)이 꼬집은 것처럼, 우리의 신앙 안에는 "생명의 산물이 아니라 그럴듯하게 차려입은 본성(本性)의 산물"이 얼마나 많습니까! 그것은 혼에 속한 것일 뿐, 영에 속한 것은 아닙니다. 하나님의 말씀은 영과 본성 사이를, 그리고 육체와 은혜 사이를 예리하게 나눕니다. 때로 여러분은 목사들의 대중기도나 설교로부터 우리 모두가 그리스도인이라고 생각할 것입니다. 그러나 성경은 우리의 실제적인 상태에 대한 이러한 입에 발린 평가를 확증해 주지 않습니다. 우리가 함께 모일 때, 기도는 우리 모두를 위한 것이고 설교 역시 우리 모두를 위한 것입니다. 하나님의 백성으로 태어났든지 혹은 세례에 의해 하나님의 백성이 된 사람들로서 말입니다. 여기에는 의문의 여지가 없습니다. 그러나 하나님의 말씀은 전혀 다른 방식으로 가르칩니다. 그것은 산 자와 죽은 자에 대해 말하며, 회개한 자와 회개하지 않은 자에 대해 말합니다. 그것은 믿는 자와 믿지 않는 자에 대해 말하며, 보는 자와 보지 못하는 자에 대해 말하며, 하나님으로부터 부르심을 받은 자와 여전히 마귀의 품 안에 있는 자에 대해 말합니다. 그것은 보배로운 것과 무가치한 것을 날카롭게 구별하며 나눕니다. 이와 같이 하나님의 말씀은 사람들을 두 부류로 나눕니다.

이러한 사실은 하나님 앞에서 예배하는 자들을 매우 진지하게 긴장하게 만듭니다. 다음과 같은 와츠 박사(Dr. Watts)의 노래처럼 말입니다.

> "진기한 기쁨으로
> 거룩한 지파들이 궁정에 모여들도다.
> 다윗의 자손이 보좌에 앉아
> 거기에서 심판하시도다.
>
> 그는 우리의 찬미와 불평을 들으시도다.
> 그의 두려운 음성이
> 성도들로부터 죄인들을 나눌 때,
> 우리는 두려워 떨며 또 기뻐하도다."

이와 같이 하나님의 말씀은 분별하고, 구별하며, 나눕니다.

계속해서 하나님의 말씀은 내적 자아를 놀랍게 드러냅니다. 그것은 관절과 골수를 찔러 쪼갭니다. 골수는 쉽게 도달될 수 없는 장소입니다. 그러나 하나님의 말씀은 우리 인성(人性)의 골수에 도달합니다. 그것은 영혼의 은밀한 생각을 있는 그대로 드러냅니다. 그것은 "마음의 생각과 뜻을 판단"합니다. 여러분은 하나님의 말씀을 듣는 가운데 종종 놀라지 않습니까? 도대체 어떻게 설교자가 여러분 안에 감추어져 있는 것을 그렇게 적나라하게 드러낼 수 있는가 하고 말입니다. 그는 여러분이 침실에서 은밀하게 말한 것을 강단에서 그대로 말합니다. 그렇습니다. 이와 같이 하나님의 말씀은 여러분 안에 깊숙이 감추어진 것을 적나라하게 드러냅니다. 그것은 심지어 사람에게 그 자신조차도 인식하지 못했던 것을 보여주기도 합니다. 말씀 안에 계신 그리스도는 모든 것을 아십니다. 본문에 이어지는 구절을 읽어 보십시오. "지으신 것이 하나도 그 앞에 나타나지 않음이 없고 우리의 결산을 받으실 이의 눈 앞에 만물이 벌거벗은 것 같이 드러나느니라"(13절).

하나님의 말씀은 여러분의 생각을 드러낼 뿐만 아니라 또한 판단합니다. 그것은 이 생각에 대해 "그것은 헛된 생각이야"라고 말하고, 저 생각에 대해 "그것은 올바른 생각이야"라고 말합니다. 또 그것은 이 생각에 대해 "그것은 이기적인 생각이야"라고 말하고, 저 생각에 대해 "그것은 그리스도를 닮은 생각이야"라고 말합니다. 하나님의 말씀은 사람들의 생각을 판단하는 심판관입니다. 사람들이 자기 마음의 생각과 뜻을 왜곡시키고 비틀 때에도, 하나님의 말씀은 그들을 추적합니다. 사람의 마음의 생각과 뜻을 추적하는 것보다 더 어려운 일은 아무것도 없습니다. 여러분은 오소리나 여우는 추적할 수 있지만 그러나 사람을 추적할 수는 없습니다. 사람에게는 추격을 피할 수 있는 갖가지 재주가 있으며, 또 숨을 곳도 많이 있습니다. 그러나 하나님의 말씀은 사람을 탐지하며 마침내 붙잡을 것입니다. 사람은 붙잡히지 않으려고 몸을 비트는 등 갖가지 재주를 피우는지 모릅니다. 그러나 전파된 복음의 말씀은 그의 마음과 양심에까지 다다르며, 마침내 그는 그 말씀의 힘 앞에 굴복하게 됩니다.

사랑하는 형제들이여, 의심의 여지 없이 여러분은 말씀의 판단하는 능력 안에서 종종 위로를 발견하곤 했을 것입니다. 때로 많은 사람들이 여러분의 허물을 찾으며, 비방하며, 흠을 보지 않았습니까? 여러분은 주님을 위해 무엇인가를 행하려고 했지만, 그러나 원수들은 여러분을 비방하며 조롱했습니다. 그 때 주님이 여러분의 중심을 판단하신다는 사실은 여러분에게 큰 위로가 아니었습니까? 성경은 여러분으로 하여금 그러한 사실을 확신하도록 만들었습니다. 때로 여러분을 이해하며 또 격려해 주는 방법 등으로 말입니다. 주님은 여러분의 진정한 의도를 헤아리시며, 결코 여러분을 오해하지 않습니다. 또 이러한 사실로 말미암아 여러분은 그런 주님의 충성된 종이 되겠노라고 굳게 결심하곤 하지 않았습니까? 모든 비방과 중상은 그리스도의 심판대를 피하지 못할 것입니다. 우리는 사람들의 생각에 의해 판단받지 않고, 오직 편벽되지 않은 하나님의 말씀에 의해 판단받습니다. 그러므로 우리는 평안히 안식할 수 있습니다.

### 2. 둘째로, 하나님의 말씀의 이러한 특성들이 우리에게 제시하는 실제적인 교훈들에 대해 살펴보도록 합시다.

첫 번째로, 우리는 마땅히 하나님의 말씀을 심히 존귀하게 여겨야 합니다. 하나님의 말씀이 정말로 그러하다면, 마땅히 우리가 그것을 읽고 연구하며 소중히 여기며 우리의 힘으로 삼아야 하지 않겠습니까? 이 자리에 있는 사람들 가운데 아직 회심하지 않은 사람들에게 말합니다. 간절히 당부하노니, 하나님의 말씀을 거룩한 사랑과 경외심을 가지고 대하십시오. 그 안에서 그리스도와 그의 구원을 찾고자 하는 마음으로 그것을 읽으십시오. 아우구스티누스는 종종 성경을 아기 예수의 포대기를 묶은 끈으로 비유하곤 했습니다. 그 끈을 푸십시오. 그러면 여러분은 그를 만나게 될 것입니다.

두 번째로, 영적인 나락에 떨어져 있을 때라든지 특별히 기도할 때, 하나님의 말씀으로 가까이 나아가십시오. 왜냐하면 하나님의 말씀은 살아 있기 때문입니다. 은혜 안에 거하는 사람은 항상 똑같이 기도하지 않습니다. 하나님에게 말할 것이 아무것도 없을 때, 하나님으로 하여금 여러분에게 말씀하게 하십시오. 경건생활의 절반은 성경을 찾는 것이며, 나머지 절반은 기도와 찬송을 드리는 것입니다. 전자는 하나님이 우리에게 말씀하는 것이고, 후자는 우리가 하나님께 말하는 것입니다. 만일 여러분이 영적인 나락에 떨어져 있다면, 그러한 나락으로부터 돌이켜 살아 있는 말씀으로 가까이 나아가십시오.

세 번째로, 여러분의 의무(義務)들을 행함에 있어 연약함을 느낄 때, 능력을 위해 하나님의 말씀과 그 말씀 속에 계신 그리스도에게 가십시오. 그것이 여러분에게 최고의 능력이 될 것입니다. 우리의 자연적인 재능으로부터 말미암은 능력, 우리가 얻은 지식으로부터 말미암은 능력, 우리의 경험으로부터 말미암은 능력 — 이러한 능력들은 헛될 수 있지만 그러나 하나님의 말씀 안에 있는 능력은 결코 헛될 수 없습니다. 여러분의 미약한 힘의 웅덩이로부터 일어나 전능자의 샘으로 가십시오. 왜냐하면 거기에서 마시는 자들은 "달음박질하여도 곤비하지 아니하겠고 걸어가도 피곤하지 아니할" 것이기 때문입니다(사 40:31).

　네 번째로, 만일 여러분이 사역자로서 회중의 마음을 찔러 쪼갤 필요를 느낀다면, 그것을 위해 성경으로 가십시오. 어떤 설교자들은 자기 자신의 말로 그렇게 하려고 애를 쓰는데, 그것은 얼마나 딱한 일입니까! 하나님이여, 부디 우리를 그러한 헛된 수고로부터 구원하소서! 우리의 마음이 아무리 뜨겁고 우리의 말이 아무리 면도날처럼 날카롭다 하더라도, 사람의 노하는 것이 하나님의 의를 이루지 못하는 사실을 기억하십시오. 사탄의 무기를 가지고 그리스도의 전쟁을 수행하려고 시도하지 마십시오. 하나님의 말씀만큼 예리하며 찔러 쪼개는 것은 아무것도 없습니다. 그러므로 계속해서 하나님의 말씀을 붙잡으십시오. 나는 사람들로 하여금 자신의 잘못을 깨닫게 만드는 가장 좋은 방법은 그러한 잘못을 지적하는 것이 아니라 하나님의 진리를 더 분명하게 선포하는 것이라고 확신합니다. 만일 여러분이 어떤 막대기가 구부러져 있음을 증명하기를 원한다면, 똑바른 막대기를 가져다가 조용히 그 옆에 놓으십시오. 사람들은 그것을 바라봄으로써 그 차이를 분명하게 알게 될 것입니다. 이와 같이 하나님의 말씀은 매우 날카로우며 예리합니다. 그러므로 만일 여러분이 회중의 마음을 찔러 쪼개기를 원한다면, 지체하지 말고 하나님의 말씀으로 가십시오.

　다섯 번째로, 하나님의 말씀에는 찔러 관통하는 능력이 있습니다. 만일 우리가 하나님의 진리로 말미암아 사람들을 알 수 없다면, 우리는 사람들을 전혀 알 수 없습니다. 어떤 설교자들은 일정 부분 스스로를 사람들에게 맞추어야 한다고 생각합니다. 그리하여 그들은 하나님의 진리 가운데 사람들의 생각과 잘 맞지 않는 부분은 빼버립니다. 형제들이여, 만일 하나님의 말씀이 찔러 관통하지 못한다면, 우리의 말은 더욱더 그럴 것입니다. 그것은 너무도 확실한 사실이 아닙니까? 하나님의 말씀은 다윗이 "그 같은 것이 또 없나니 내게 주소서"라고 말했던, 성소에 놓여 있던 골리앗의 칼과 같습니다(삼상 21:9). 어째서 다윗은 그 칼을 그토록 좋아했을까요? 그가 그 칼을 그토록 좋아했던 한 가지 이유는 아마도 그것이 제사장들에 의해 성소에 놓여 있었기 때문일 것입니다. 그러나 나는 더 큰 이유가 그 칼에 골리앗의 피가 묻어 있기 때문이었을 것이라고 생각합니다. 내가 나의 칼을 좋아하는 것은 그것이 손잡이까지 피로 덮여 있기 때문입니다. 죽임 당한 죄와 허물과 편견의 피가 그것을 돈 로드리고의 칼처럼 만들었습니다. 옛 복음으로 말미암아 얼마나 많은 것들이 죽임을 당했습니까? 참된 복음의 칼날에 의해 죽임을 당한 많은 것들을 보십시오. 어떤 사람들은 나에게 새 칼을 사용하라고 말합니다. 그러나 나는 한 번도 새 칼을 사용하지 않았습니다. 아무 짝에도 쓸모없는 칼을 가지고 도대체 나에게 무엇을 하라는 말입니까? 나는 여호와와 기드온의 칼을 가지고 많은 전과(戰果)를 올렸습니다. 나는 계속해서 그 칼을 붙잡을 것입니다. 나의 사랑하는 전우(戰友)들이여, 이 칼을 차십시오. 나무로 만든 칼은 내버리십시오. 그것으로 도대체 무엇을 할 수 있단 말입니까? 가장 완고한 자들을 찔러 쪼개기 위해 불로 단련된 이 칼을 사용하십시오. 그들은 결코 이 칼에 대항할 수 없습니다. 그들이 잠깐 동안 저항할는지 모르지만, 그러나 결국 굴복하지 않을 수 없을 것입니다. 그들은 차라리 항복을 준비하는 것이 나을 것입니다. 왜냐하면 주님이 자신의 말씀과 함께 싸우러 나올 때, 그들은 자포자기하며 긍휼을 애걸하지 않을 수 없게 될 것이기 때문입니다.

여섯 번째로, 만일 우리가 어느 때든지 혼과 영과 및 관절과 골수를 구별하기를 원한다면, 그러한 구별을 위해 하나님의 말씀으로 갑시다. 우리는 여러 가지 주제들을 구별하며 분별하기 위해 하나님의 말씀을 사용할 필요가 있습니다. 거룩함의 주제를 생각해 보십시오. 그와 관련하여, 이 사람은 이렇게 말하고, 저 사람은 저렇게 말합니다. 그렇지만 그들이 어떻게 말하든 개의치 마십시오. 오직 성경으로 가십시오. 왜냐하면 성경이 모든 문제를 결정하는 심판관이기 때문입니다. 오늘날 수만 가지 주제들로 논쟁하며 변론을 벌이고 있지 않습니까? 오직 정확무오(正確無誤)한 이 책을 굳게 붙잡으십시오. 그러면 이 책이 여러분을 올바른 길로 인도할 것입니다.

마지막으로, 마음의 생각과 뜻을 판단하는 이 책으로 하여금 우리를 판단하게 합시다. 만일 여러분이 출판사로부터 새 책을 출판한다면 — 실제로 여러분은 매일같이 새 책을 출판하는데, 그것은 매일의 삶이 인생출판사로부터 출판되는 새로운 책이기 때문입니다 — 그 책을 이 위대한 판단자에게 가져가십시오. 그리고 하나님의 말씀으로 하여금 그것을 판단하게 하십시오. 만일 하나님의 말씀이 여러분을 인정한다면, 여러분은 인정되는 것입니다. 만일 하나님의 말씀이 여러분을 인정하지 않는다면, 여러분은 인정되지 못하는 것입니다. 친구들이 여러분을 칭찬합니까? 그렇게 하는 그들은 어쩌면 여러분의 원수들일는지 모릅니다. 다른 사람들이 여러분을 욕합니까? 그들이 맞을 수도 있고 틀릴 수도 있습니다. 오직 성경으로 하여금 결정하게 하십시오. 하나의 책을 가진 사람은 하나님의 사람입니다. 만일 그 책이 성경이라면 말입니다. 살아 있는 말씀을 붙잡으십시오. 여러분의 선조들의 복음으로 하여금 여러분의 복음이 되게 하십시오. 순교자들의 복음으로 하여금 여러분의 복음이 되게 하십시오. 종교개혁자들의 복음으로 하여금 여러분의 복음이 되게 하십시오. 하나님의 보좌 앞에 있는 피로 씻음받은 무리의 복음으로 하여금 여러분의 복음이 되게 하십시오. 주 예수 그리스도의 복음으로 하여금 여러분의 복음이 되게 하십시오. 그리고 그 외에 다른 어떤 것도 여러분의 복음이 되게 하지 마십시오. 그러면 그 복음은 여러분을 구원하고, 또 여러분으로 하여금 다른 사람들을 구원하는 도구가 되게 할 것입니다.

제
7
장
—

# 예수의 온유하심

—

"우리에게 있는 대제사장은 우리의 연약함을 동정하지
못하실 이가 아니요 모든 일에 우리와 똑같이 시험을
받으신 이로되 죄는 없으시니라." —히 4:15

사랑하는 자들이여, 우리는 대제사장을 가지고 있습니다. 이스라엘이 율법 아래 가졌던 모든 것을 우리는 여전히 가지고 있습니다. 다만 그들은 그림자를 가지고 있었던 반면 우리는 실체를 가지고 있습니다. "우리에게 제단이 있는데 장막에서 섬기는 자들은 그 제단에서 먹을 권한이 없나니"(히 13:10). 우리는 한 번 드려짐으로 그 효력이 영원히 지속되는 희생제사를 가지고 있으며, 또한 "성전보다 더 큰 자"를 가지고 있습니다. 그는 우리에게 은혜의 보좌이며 대제사장입니다. 율법의 모든 축복들이 복음 아래서도 계속해서 남아 있는 것은 의심의 여지 없는 사실입니다. 그리스도는 율법을 폐하지 않았습니다. 또 그는 율법으로부터 단 하나의 축복도 폐하지 않았습니다. 도리어 자기 백성들에게 율법의 모든 축복들을 확실하게 했습니다. 옛 언약 속에 있는 행위언약에 첨부된 어떤 축복들을 바라보며, 나는 스스로에게 믿음으로 이렇게 말합니다. "그러한 축복들은 모두 내 것이야. 왜냐하면 나는 나의 언약의 머리의 인격 안에서 행위언약을 지켰기 때문이야. 완전한 순종에 약속된 모든 축복들이 나에게 속해. 왜냐하면 나는 하나님께 나의 위대한 대속자 주 예수 그리스도의 인격 안에서 완전한 순종을 드리기 때문이야." 이스라엘이 가졌던 모든 참된 영적 축복들을 여러분은 그리스도인으로서 가집니다.

또 우리는 대제사장을 가지고 있습니다(We have a High Priest). 이러저러한 축복들이 여전히 남아 있음을 아는 것은 그다지 중요한 일이 아닙니다. 중요한 것은 믿음으로 말미암아 우리가 개인적으로 그러한 축복들을 소유하는 것입니다. 우리에게 큰 대제사장이 도대체 무엇이란 말입니까? 만일 그가 나의 것이 아니라면 말입니다. 나에게 구주가 도대체 무엇이란 말입니까? 만일 그 구주가 나의 것이 아니라면 말입니다. 언약의 모든 축복들은 우리가 그것을 소유하는 분량만큼 소중하게 여겨지게 됩니다. "우리가 대제사장을 가지노니." 여러분에게 당부하노니, 언약의 축복들과 은혜의 교리들에 대해, 그것을 개인적으로 소유하는 것과 분리하여 말하지 마십시오. 항상 그것을 향유하며 경험하기를 추구하십시오. "나의 주시며 나의 하나님이시니이다" ─ 이것은 도마의 위대한 외침이었습니다. "우리가 대제사장을 가지노니" ─ 이것은 성도들의 감미로운 외침입니다. 사랑하는 자들이여, 하나님의 보좌로 담대하게 나아가십시오. 왜냐하면 여러분은 대제사장을 가지고 있기 때문입니다. 주 예수께서 주신 최고의 은혜를 믿음으로 굳게 붙잡으십시오.

본문은 계속해서 주 예수를 "승천하신 이"로 말씀합니다. 하늘로 올라가셨음에도 불구하고 여전히 우리가 그를 대제사장으로 소유하는 것은 얼마나 복된 일입니까! 가장 높은 하늘로 올라가서서 아버지의 영광 가운데 통치하고 계심에도 불구하고, 그는 여전히 우리를 잊지 않고 계십니다. 그는 여전히 우리의 연약함을 동정하십니다. 모든 고통과 고난과 약함의 자리를 떠나셨음에도 불구하고, 그는 지금도 그 모든 감정을 충분히 간직하십니다. 그는 우리와 가까운 친족입니다. "그 사람은 우리와 가까우니 우리 기업을 무를 자 중의 하나이니라"(룻 2:20). 그가 우리와 가까운 친족이라는 사실, 그리고 그로 말미암은 그의 무한한 사랑은 조금도 바뀌지 않았습니다. 우리의 요셉은 '애굽 전체의 주'임에도 불구하고 여전히 우리의 형제입니다. 그는 지금 왕의 예복을 입고 계시지만, 그러나 그 안에서 그의 사랑의 심장은 여전히 계속해서 뛰고 있습니다. 우리의 대제사장을 생각해 보십시오. 그는 우리 이름이 새겨진 흉패를 그의 가슴으로부터 풀지 않았으며, 역시 우리 이름이 새겨진 "금테에 물린 호마노 두 개"를 그의 어깨로부터 풀지 않았습니다(출 28:9). 우리의 대제사장은 그의 가슴과 어깨 위에 그의 모든 백성들을 짊어지고 계십니다. 그의 가슴과 그의 팔은 여전히 그의 백성들을 짊어지는 일에 사용되고 있습니다. 그의 사랑과 그의 능력은 온전히 그들에게 향합니다. 우리 주님은 자신의 못 박힌 손과 발, 그리고 창에 찔린 옆구리 안에 자신의 구속받은 자들에 대한 기억을 보존하고 계십니다. "내가 너를 내 손바닥에 새겼고"라고 기록된 것처럼 말입니다(사 49:16). 우리의 승천하신 자는 우리의 영원한 대제사장입니다. 그는 진실로 긍휼이 풍성하신 대제사장입니다. 그는 이 땅에 계셨을 때와 똑같이 지금도 제자들의 발을 씻어주기 위해 허리에 수건을 차고 계십니다.

이러한 말씀들을 하나로 결합하여 읽어 봅시다. 우리는 대제사장을 가지고 있습니다. 우리는 지금 그를 가지고 있습니다. 그가 승천하여 하늘의 영광 가운데 계심에도 불구하고, 우리는 여전히 그를 가지고 있습니다. 그는 여전히 우리 가운데 계시면서 우리를 향해 자신의 은혜와 능력을 베풀고 계십니다.

특별히 바울이 여기에서 우리의 대제사장의 위엄과 영광을 강조하여 언급하는 것을 주목하십시오. 그가 무엇이라고 말합니까? "그러므로 우리에게 큰 대제사장이 계시니." 그는 "큰" 대제사장이라고 말합니다. 마치 아론과 그의 모든 아들들은 그와 비교할 때 아주 작은 존재들인 것처럼 말입니다. 하나님의 아들이신 예수 안에서 우리는 "큰 대제사장"을 갖습니다. 이 땅의 성소(聖所)에서 하나님 앞에 서서 섬기도록 부름받은 제사장의 긴 혈통은 종지부를 찍었습니다. 이제 우리는 결코 죽음을 알지 못하는 한 분의 "큰 대제사장"을 갖습니다. 아론과 그의 아들들은 모두 흠이 있는 자들이었습니다. 그러나 우리의 "큰 대제사장"은 절대적으로 완전합니다. 그들은 단지 그를 나타낸 것에 불과했습니다. 마치 이슬방울 속에 태양이 반사된 것처럼 말입니다. 그는 하나님과 사람 사이에 선 참된 대제사장입니다. 그러므로 "큰"이라는 수식어는 오직 그의 이름 앞에만 붙여질 수 있을 뿐, 그 외의 다른 모든 제사장들에게는 결코 붙여질 수 없습니다.

또 그가 "큰 대제사장"인 것은 땅에 속한 성소 안으로 들어가지 않고 하나님이 거하시는 하늘의 성소로 들어가셨기 때문입니다. 그의 이름은 예수입니다. 여기에 그의 인성(人性)이 있습니다. 그는 자기 백성들을 그들의 죄로부터 구원하기 위해 여자로부터 나셨습니다. 그런데 본문은 그의 이름에다가 "하나님의 아들"이라는 호칭을 덧붙입니다. 여기에 그의 신성(神性)이 있습니다. 그는 아버지의 독생자입니다. 그는 자신의 인성 안에서 은혜로우신 것처럼, 자신의 신성 안에서 영광스러우십니다.

바울은 이와 같이 예수 그리스도와 관련하여 영광스러운 단어들을 계속해서 나열하기를 기뻐합니다. 그런데 아마도 그 순간 그의 마음속에 이러한 대제사장의 위엄과 영광 앞에서 어떤 가련한 죄인들이 그에게 가까이 다가오기를 두려워할 수 있겠다는 생각이 떠오른 것 같습니다. 그리하여 그는 즉시로 주님의 온유하심으로 되돌아옵니다. 우리의 대제사장은 "큰" 대제사장임에도 불구하고 "우리의 연약함을 동정하지 못하실" 이가 아닙니다. 바울은 부들부들 떠는 마음 안에서 자연스럽게 일어날 수 있는 두려움에 대해 "그렇지 않다"라고 말합니다. 나 역시도 연약함으로 가득 차 있음을 여러분 앞에 고백하지 않을 수 없습니다. 한 사람의 연약한 설교자로서 나는 오늘 아침 여러분에게 동정심으로 가득한 대제사장에 대해 이야기하고자 합니다. 부디 오늘 설교를 통해 낙망과 무기력함과 심지어 총체적인 절망 가운데 있는 사람들이 다시금 새 힘을 얻고 주 예수께 새롭게 나아갈 수 있게 되기를 바랍니다. 우리는 온유함과 동정심으로 가득한 그를 결코 두려워해서는 안 됩니다. 설령 자신의 연약함을 의식한다 하더라도, 여러분은 상한 갈대를 꺾지 아니하시고 꺼져가는 심지도 끄지 아니하시는 자에게 담대히 나아갈 수 있습니다. 이 시간 나도 우리 주님과 같은 온유함으로 여러분에게 말씀을 전파하고자 합니다. 그래서 낙망 가운데 있는 자들이 우리의 연약함을 동정할 수 있는 사랑의 주님을 새롭게 바라보며 그분께 가까이 나아갈 수 있게 되기를 바랍니다.

**1. 첫째로, 우리 주님이 온유한 직분을 취하셨음을 주목하십시오.**

만일 대제사장의 직분이 온전하게 수행된다면, 나는 그것이 모든 직분들 가운데 가장 온유하며 부드러운 직분임을 믿어 의심치 않습니다. 왕은 선한 자들에게는 큰 도움이 될 수 있지만, 반대로 악을 행하는 자들에게는 큰 두려움입니다. 반면 "사람들을 위해 세워진" 대제사장은 가장 파렴치한 사람들에게조차 친구와 은인이 됩니다.

무엇보다도 하나님은 대제사장으로 말미암아 사람들과 교제하고자 뜻하셨습니다. 이것은 큰 온유의 사람을 필요로 합니다. 하나님의 말씀을 듣고 그가 가르치는 바를 이해할 수 있기 위해서는 상당한 온유함이 필요했습니다. 하늘의 높은 의미를 인간의 낮은 언어로 바꾸기 위해서는 말입니다. 만일 어떤 사람이 무한하신 자와 함께 있다가 무지와 연약함으로 가득한 사람들에게 내려와야만 한다면, 그에게는 어린아이를 돌보는 유모와 같은 온유함이 필요할 것이었습니다. 위대한 철학자라고 해서 항상 위대한 선생이 되는 것은 아닙니다. 도리어 그들의 심오한 지식이 종종 그들의 위대한 사상을 보통사람들의 평범한 언어로 바꾸는 것을 방해하곤 합니다. 지식이 너무나 꽉 차 있음으로 인해 도리어 그것이 나갈 수 있는 틈이 남아 있지 않은 경우도 종종 있습니다. 위대한 지식은 위대한 인내를 필요로 합니다. 그것을 무지한 자들에게 가르치고자 한다면 말입니다. 지혜의 큰 빵 덩어리를 어린아이에게 주고자 한다면 어떻게 해야 합니까? 그것을 작은 조각으로 떼어서 우유 잔에 넣어주어야 하지 않습니까? "자녀로 먼저 배불리 먹게 할지니"(막 7:27)라는 말씀을 기억하는 사람은 얼마나 적습니까! 대제사장은 하나님과 더불어 교제하면서 거룩한 신탁(神託)을 들을 수 있는 사람이어야 했습니다. 그러고 나서 그는 광야와 농장과 일터에 있는 보통사람들에게 와서, 무한하신 하나님으로부터 은밀하게 들은 것을 그들에게 말해 주어야 했습니다. 그는 하나님과 백성 사이를 중보하며, 자신의 입으로 하여금 하나님의 입이 되도록 해야 했습니다. "제사장의 입술은 지식을 지켜야 하겠고"(말 2:7). 그는 하나님으로부터 붙잡은 것을 백성들에게 제시해야 했습니다. 백성들도 그것을 붙잡고 그에 따라 행하도록 하기 위해서 말입니다. 이 일을 우리 주님은 가장 온유하며 부드러운 방식으로 행하셨습니다. 그는 아버지를 나타냅니다. 그는 자신이 아는 하나님의 일들을 성령으로 말미암아 우리에게 알게 합니다. 우리가 감당할 수 있는 만큼 말입니다. 우리는 그에 대해 배워야 합니다. 어떤 사람들은 자연(Nature)으로부터 자연의 하나님(Nature's God)에게로 올라갈 것이라고 말합니다. 그러나 그들은 그렇게 하지 못할 것입니다. 왜냐하면 그들이 오르기에 그 계단이 너무나 가파르기 때문입니다. 그들은 어리석음의 심연으로 떨어질 뿐 하나님께 가까이 오지 못합니다. 여러분은 예수 그리스도로부터 하나님께로 갈 필요가 없습니다. 왜냐하면 그 자신이 하나님이기 때문입니다. "그 안에는 신성의 모든 충만이 육체로 거하시고 너희도 그 안에서 충만하여졌으니"(골 2:9, 10). 그러므로 큰 대제사장에게 와서 그에게 배우십시오. 그의 직분은 가장 온유하며 부드러우며 동정심이 많은 직분입니다. 따라서 여러분은 그로부터 하나님에 대한 모든 것을 배울 수 있습니다. 더욱이 그는 마음이 온유하며 겸손하기 때문에 여러분에게 하나님의 진리의 ABC를 가르치는 일을 결코 귀찮은 일로 여기지 않습니다.

그러나 대제사장에게는 또 다른 측면이 있습니다. 그는 사람들로부터 하나님 께로 나아가 그들의 사정을 하나님께 전달해야 했습니다. 여기에도 또한 온유한 마음이 필요했습니다. 대제사장은 가정의 무거운 짐을 지고 고통 가운데 괴로워하는 어머니들의 모든 탄식을 들어야만 합니다. 그는 압제받는 자들의 모든 하소연을 들어야만 합니다. 그는 괴로움 가운데 있는 자들의 모든 신음소리를 들어야만 합니다. 그는 가난한 자들의 모든 부르짖음을 들어야만 합니다. 그는 마음이 상한 자들의 모든 슬픔을 들어야만 합니다. 하나님의 사람으로서 대제사장은 이 모든 것들을 취하여 지극히 높은 자 앞에 기도와 탄원을 올리도록 세움을 받았습니다. 이것은 얼마나 온유하며 부드러운 직분입니까! 이와 같은 직분을 실행할 수 있는 사람은 얼마나 적습니까! 심지어 선의(善意)의 사역자에게조차 애통하는 죄인의 간절한 몸부림 속으로나 혹은 시험당한 영혼의 갈등 속으로 들어가는 일은 그리 쉬운 일이 아닙니다. 그리하여 그들에게 가는 사람들은 결국 실망하고 맙니다. 그러나 우리의 대제사장은 애통하는 자들의 사정을 아시고 그들의 사정 속으로 들어갑니다. 마치 좋은 의사가 환자들의 증상을 이해하는 것처럼 말입니다. 우리가 주님께 우리의 내적 슬픔을 이야기할 때, 그는 그것을 우리 자신보다 더 잘 이해합니다. 그는 우리의 형편을 올바로 읽고, 그것을 지극히 높은 자 앞에 지혜롭게 제시합니다. 자신의 희생제사에 근거하여 하나님으로 하여금 우리에게 은혜를 베푸시도록 하기 위해 말입니다. 사랑하는 자들이여, 바로 이것이 예수 그리스도께서 하나님께 나아가기를 바라는 모든 사람들을 위해 행하실 일입니다. 그는 우리의 탄식을 하나님께 전달하는 우리의 대언자입니다. 만일 여러분이 하나님에게 여러분의 필요를 전달하기를 바란다면, 하늘과 땅을 연결하는 중보자에게 가십시오. 우리 주님이 자기 백성들을 위해 이토록 온유한 직분을 떠맡은 것은 얼마나 큰 은혜입니까!

뿐만 아니라 대제사장은 백성들을 위해 죄와 판결을 다루어야만 하는 사람이었습니다. 출애굽기 28:29에서 우리는 다음과 같은 말씀을 읽습니다. "아론이 성소에 들어갈 때에는 이스라엘 아들들의 이름을 기록한 이 판결 흉패를 가슴에 붙여 여호와 앞에 영원한 기념을 삼을 것이니라." 이와 같이 대제사장은 죄에 대한 고백을 듣고 용서를 탄원하도록 부름받았습니다. 많은 사람들이 그에게 와서 고의적으로 지은 죄를 자백하거나 혹은 부지중에 지은 죄를 발견하도록 도와주기를 바랐습니다. 하나님을 대표하는 자로서 대제사장은 자신들의 죄를 위해 희생제물을 드리러 온 자들의 잘못을 판결하고 그들에게 마땅히 행할 바를 가르쳤습니다. 이것은 정말로 너무나 온유하며 부드러운 직책이었습니다. 일반적으로 어느 누구도 모든 종류의 사람들의 고백을 듣기에 적합하지 않습니다. 그러나 하나님의 양 떼를 먹이도록 부름받은 사람은 때로 다른 사람들의 영혼의 고통 속으로 들어가도록, 그리고 그들의 고통스러운 이야기를 듣도록 강요됩니다. 이렇게 함에 있어 대제사장에게는 큰 온유함이 필요합니다. 우리의 대제사장은 우리가 회개하며 자백하는 모든 것을 들을 수 있는 귀를 가지고 계십니다. 가서 그렇게 하십시오! 예수께 모든 것을 고할 수 있는 사람은 얼마나 복된 사람입니까! 극심한 양심의 고통 가운데 있는 사람들은 주 예수 안에서 완전한 평안을 발견할 것입니다. 긍휼이 많으신 우리의 대제사장은 우리에게 무서운 눈초리를 보내지 않으실 것이며, 가혹한 힐문(詰問)을 하지 않으실 것이며, 우리를 짓뭉기는 판결을 선언하지 않으실 것입니다. 오직 그에게 가십시오. 왜냐하면 그와 같은 자는 어디에도 없기 때문입니다. 그는 여러분에게 가까이 다가오실 것이며, 여러분은 여러분의 모든 무거운 짐을 그의 발 앞에 내려놓을 것입니다.

뿐만 아니라 대제사장은 슬픔 가운데 있는 자들을 위로하도록 세움을 받았습니다. 슬픔 가운데 빠져 있는 자들에게 있어 주의 성소(聖所)에 가서 하나님의 사람으로 말미암아 슬픈 자에게 주시는 하나님의 약속들 가운데 하나를 일깨움받는 것은 분명 큰 위로였을 것입니다. 단지 자신의 슬픈 사정을 이야기하기만 하면 되었습니다. 슬픔 가운데 애통하는 사람들은 단지 자신의 슬픔을 이야기하는 것만으로도 큰 위로를 받습니다. 만일 극심한 슬픔이 지금 여러분의 심령을 갉아먹고 있다면, 여러분의 친구인 예수께 가십시오. 만일 그것이 여러분의 아버지에게나 혹은 남편에게 말할 수 없는 종류의 것이라면, 그것을 가지고 예수께 가십시오. 믿음의 여인 한나를 생각해 보십시오. 주의 전에서 그녀는 처음에 엘리로부터 거의 위로를 받지 못했습니다. 그녀가 주님께 은밀히 이야기하고 있는 동안, 늙은 제사장은 그녀가 술에 취한 줄로 생각했습니다. 왜냐하면 음성은 들리지 않은 채 그녀의 입술만 움직였기 때문이었습니다. 그리하여 엘리는 거친 태도로 그녀를 꾸짖었습니다. 그러나 그녀가 모든 것을 설명하자, 엘리는 그녀의 기도가 허락되기를 기원하며 그녀에게 평안히 가라고 말했습니다. 그리하여 그녀는 집으로 돌아와 더 이상 슬퍼하지 않았습니다. 사랑하는 친구여, 그러나 예수 그리스도는 결코 당신의 마음을 오해하지 않을 것입니다. 설령 당신이 슬픔에 취해 입술만 움직인다 하더라도 말입니다. 홀로 당신의 골방으로 가십시오. 그리고 예수께 당신의 괴로움을 말하십시오. 그러면 그는 풍성한 긍휼과 지혜로 당신의 괴로움과 마주할 것입니다. 그리고 그를 통해 보혜사이신 성령께서 오실 것이며, 당신의 슬픔은 기쁨으로 변할 것입니다. 그렇게 해 보십시오. 오늘 아침 나는 어떤 말의 능력으로도 당신에게 설교할 수 없습니다. 말은 전혀 필요하지 않습니다. 만일 당신이 내가 당신에게 온유하신 구주와 관련하여 이야기한 모든 것을 시험해 보기만 한다면 말입니다. 빨리 랍사게의 편지를 주님 앞으로 가져가십시오. 여러분의 쑥과 쓸개를 그 앞에 쏟으십시오. 주님은 그것들이 얼마나 쓴지 아십니다. 그리고 주님은 필경 그것들이 승리 가운데 삼켜지도록 만들 것입니다. 바로 이것이 그의 대제사장직의 목적이며, 그는 그 일을 결코 실패하지 않을 것입니다.

대제사장은 또한 백성들의 바라는 것들을 들어야만 했습니다. 이스라엘에 속한 사람들에게 어떤 큰 바람이 있을 때, 그들은 개인적으로 기도할 뿐만 아니라 또한 성전에 가서 대제사장에게 자신이 구하는 것을 하나님 앞에 올려줄 것을 간청했습니다. 한나는 자신이 바라는 것이 만족된 연후에야 비로소 제사장에게 그에 대해 이야기했는데, 그것은 그와 같은 특별한 바람을 그토록 거칠게 자신을 꾸짖은 사람에게 말할 용기를 낼 수 없었기 때문이었습니다. 그녀가 실로에 갔던 것은 아이를 주실 것을 간청하기 위함이었습니다. 왜냐하면 남편의 또 다른 아내인 브닌나가 아이를 낳지 못한다는 이유로 자신을 너무나 괴롭혔기 때문이었습니다. 그녀는 엘리에게 여호와께서 자신의 기도를 들으신 것을 이야기하면서, 여호와께 아들을 드릴 것에 대해 그와 의논했습니다. 나의 친구여, 어쩌면 당신은 영적인 일들과 관련하여 매우 특별한 바람을 가지고 있을는지 모릅니다. 오직 하나님과 당신 자신만 알 수 있는 바람 말입니다. 부디 그것을 당신의 마음을 알며 또 당신에게 은혜를 베푸실 당신의 온유하신 대제사장에게 말하기를 두려워하지 마십시오.

백성들을 가르치며 책망하는 것 역시 대제사장의 직무였습니다. 가르치는 것은 즐거운 일이지만, 그러나 책망하는 것은 어려운 일입니다. 오직 온유한 심령을 가진 사람만이 지혜롭게 책망할 수 있습니다. 이스라엘의 대제사장은 백성들을 책망할 때의 모세처럼 온유할 필요가 있었습니다. 우리 주 예수 그리스도는 우리의 허물을 말할 때 사랑의 어조(語調)로 그렇게 합니다. 그의 책망은 결코 우리의 마음을 상하게 하지 않습니다. 그는 결코 가혹하게 비난하지 않습니다. 아, 그리스도의 온유하심이여! 나는 오늘의 주제가 얼마나 심오한지 깊이 느끼지만, 그러나 그것을 충분하게 설명할 수 없습니다. 그는 나의 잘못을 고침에 있어 가장 은혜로운 방식으로 그렇게 합니다. 나는 다음과 같은 그의 말이 참임을 압니다. "무릇 내가 사랑하는 자를 책망하여 징계하노니"(계 3:19). 우리는 예수로부터 무엇이든 기쁘게 받을 수 있습니다. 그의 손은 쓴 것을 달게 만듭니다. 아마도 여러분은 고통 가운데 있을 때 피하고 싶은 사람들이 있을 것입니다. 최선을 다해 도와줄 것이라고 믿음에도 불구하고 말입니다. 여러분은 자신의 마음을 그들에게 드러낼 수 없다고 느낍니다. 또 그들과 함께 있으면 결코 편안함을 느끼지 못합니다. 왜 그럴까요? 그것은 그들의 친절이 너무나 거칠고 냉랭하기 때문입니다. 그들의 조언(助言)에는 따뜻한 동정심이 없습니다. 그들은 면도날처럼 날카롭습니다. 그들과 함께 있으면 꼭 날카로운 날에 베일 것 같습니다. 그들은 우리보다 너무나 높은 곳에 있는 것 같습니다. 우리가 그들에게 올라갈 수도 없고, 그들이 우리에게 내려올 수도 없는 것 같습니다. 그러나 또 다른 사람들이 있습니다. 그들은 마치 배들이 정박하며 쉬는 항구와 같습니다. 여러분은 그 항구에 닻을 던지기를 기뻐합니다. 여러분은 이렇게 느낍니다. "저 사람에게는 무슨 말이든 할 수 있을 것 같아. 그는 나의 말을 참을성 있게 들어주고 또 나를 긍휼히 여겨줄 거야. 그의 마음이 나를 향하고 있는 것이 느껴져." 사랑하는 자들이여, 여러분은 어떤 사람을 허물없는 친구로 여긴 것으로 인해 종종 실망하곤 했을 것입니다. 그러나 만일 하나님이 대제사장으로 세우신 주 예수께 간다면, 여러분은 바로 그가 여러분이 필요로 하는 친구라는 사실을 발견하게 될 것입니다. 그가 환난당하는 자들을 사랑하는 것은 그 자신이 "환난당하는 자들의 모든 환난에 동참"했기 때문입니다(사 63:9). 그는 작은 자들과 연약한 마음을 가진 자들을 주의 깊게 살핍니다. "그는 목자 같이 양 떼를 먹이시며 어린 양을 그 팔로 모아 품에 안으시며 젖먹이는 암컷들을 온순히 인도하시리로다"라고 기록된 것처럼 말입니다(사 40:11). 특별히 시험과 시련을 당할 때, 그는 더 큰 온유함으로 다가옵니다. 우리가 슬픔 가운데 있을 때, 그는 따뜻함으로 찾아옵니다. 여러분은 주의 백성들이 주님에 대해 너무나 포악하다고 말하는 것을 들은 적이 있습니까? 여러분은 그의 신부들이 자신의 남편이 너무나 거칠고 싸늘하다고 말하는 것을 들은 적이 있습니까? 그는 책망할 수 있으며, 실제로 그렇게 합니다. 왜냐하면 그것 역시 그의 사랑의 일부이기 때문입니다. 그러나 그는 풍성한 긍휼을 가지고 있으며, 그의 사랑은 한계를 알지 못합니다. 그의 마음은 온유함으로 만들어졌으며, 그의 영혼은 그의 택하신 자들에 대한 사랑으로 녹습니다. 우리가 우리의 대제사장을 찬미하는 것은 그의 큰 공로 때문만이 아니라 또한 그의 풍성한 긍휼 때문입니다.

아, 우리의 대제사장에 대해 좀 더 적절하게 말할 수만 있다면 얼마나 좋을까요! 그렇지만 나는 이것만은 꼭 말해야만 합니다. 그에게 오십시오. 그리고 그 안에서 안식하십시오. 왜냐하면 그가 여러분을 부르고 계시기 때문입니다. 그는 모든 때 모든 장소에 여러분 가까이 계십니다. 여러분은 교회당에 앉아 있든지 혹은 길에서 걸어다닐 때든지 언제든지 그에게 올 수 있습니다. 오십시오, 수고하고 무거운 짐 진 자들이여! 여러분의 무거운 짐을 그의 발 앞에 내려놓으십시오. 오십시오, 죄 의식 아래 영혼이 깊은 나락 속에 빠져 있는 자들이여! 여러분의 큰 대제사장으로서 속죄의 희생제사를 드린 자에게 오십시오. 그가 긍휼의 전(展)의 문 앞에 앉아 계십니다. 그가 은혜 가운데 기다리고 계십니다. 이것이 오늘의 첫 번째 주제입니다.

### 2. 둘째로, 우리 주 예수는 온유한 직분뿐만 아니라 온유한 마음을 가지고 계십니다.

"우리에게 있는 대제사장은 우리의 연약함을 동정하지 못하실 이가 아니요." 본문의 "동정"과 관련하여 "touched by"가 아니라 "touched with"가 사용된 것을 주목하십시오(KJV, For we have not an high priest which cannot be touched with the feeling of our infirmities). 많은 사람들이 다른 사람의 슬픔에 의해(by) 동정심을 느낄 수는 있지만, 그러나 그러한 슬픔과 함께(with) 동정심을 느끼지는 않습니다. 그들은 슬퍼하는 자들을 긍휼히 여기지만, 그러나 그들과 함께 슬퍼하지는 않습니다. 부자들을 생각해 보십시오. 그들은 가난한 자들을 불쌍히 여기지만, 그러나 그들 자신은 결코 가난하지 않습니다. 따라서 그들은 가난의 고통에 의해(by) 동정심을 느낄 수는 있지만, 그러나 가난의 고통과 함께(with) 동정심을 느끼지는 않습니다. 반면 우리 주님은 우리의 연약함과 함께 동정하십니다. 여러분이 느끼고, 또 그가 동시에 느낍니다. 어떤 고통이 나의 마음을 관통할 때, 그 순간 나의 주님도 함께 그 고통을 느낍니다. 어떤 슬픔이

나의 영의 수면(水面)을 휘저을 때, 그 순간 큰 대제사장의 영의 수면도 함께 출
렁입니다. 어떤 사람들로부터 하프와 관련하여 매우 흥미로운 이야기를 들었습
니다. 나는 그 이야기가 사실인지 여부는 잘 모릅니다. 한 방에 두 개의 하프가
있다고 상상해 보십시오. 사람이 한 하프의 현(絃)을 튕깁니다. 그러면 그 현이
진동할 때, 옆에 있던 다른 하프의 현도 함께 부드럽게 진동한다는 것입니다. 아
무 손도 대지 않았음에도 불구하고 말입니다. 신자와 그의 주님 역시도 이와 꼭
같습니다. 만일 여러분이 그의 지체 가운데 한 사람을 건드린다면, 여러분은 그
몸의 머리를 건드린 것입니다. 여러분이 지금 가지고 있는 고통은 우리 주님의
마음 위에도 똑같이 있습니다.

"그는 그 자신의 분량으로 새로이 느끼시도다.
모든 지체들이 짊어지고 있는 것을."

우리 주님은 우리의 연약함을 아십니다. "내가 애굽에 있는 내 백성의 고통
을 분명히 보고 그들이 그들의 감독자로 말미암아 부르짖음을 듣고 그 근심을
아노라"라고 기록된 것처럼 말입니다(출 3:7). 그러나 그것이 전부가 아닙니다.
그는 또한 우리가 우리의 연약함으로 말미암아 느끼는 것을 함께 느낍니다. 이
러한 사실을 굳게 붙잡으십시오! 우리 주님이 자기 백성들의 고난을 주목하고
계시며, 또 그들의 매일의 고통에 큰 관심을 기울이고 계신다는 사실은 얼마나
놀라운 일입니까! 그러나 이것이 전부가 아닙니다. 그는 자기 백성들과 함께 느
낍니다. 그는 우리가 우리의 연약함으로 인해 느끼는 것을 함께 느낍니다. 그는
우리의 연약함을 동정하십니다. "느낀다"는 개념은 "안다"는 개념보다 훨씬 더
강렬하고 생생합니다. 고통을 "아는" 것과 고통의 감정을 함께 "느끼는" 것은 전
혀 별개입니다. 여러분의 주님의 이러한 동정(同情)의 마음을 가슴에 새기십시
오. 그러면 슬픔의 날에, 그것이 여러분에게 큰 힘이 되어줄 것입니다.
"우리의 연약함을 동정하지 못하실 이가 아니요"란 표현을 다시 한 번 주목
해 보십시오. 누구의 연약함이라고요? "우리의"는 바로 "여러분과 나의"를 의미
하는 것이 아닙니까? 예수 그리스도는 여러분과 나의 연약함을 동정하십니다.
나의 형제들이여! 나의 자매들이여! 믿음의 문으로 들어온지 얼마 되지 않은 자
들이여! 주께 돌아갈 날이 얼마 남지 않은 자들이여! 비방을 당하는 자들이여! 질

병 가운데 고통당하는 자들이여! 슬픔으로 인해 울부짖는 자들이여! 두려움으로 마음이 짓눌리는 자들이여! 우리의 대제사장은 우리의 연약함을 함께 느끼십니다. 나는 여러분이 여러분의 연약함을 어떻게 느끼는지 알지 못합니다. 그러나 본문은 우리 모두를 하나로 묶어 줍니다. 우리 모두가 본문의 "우리의" 안에 포괄됩니다. 우리는 "연약함"의 병동(病棟)에서 모두 만납니다. 최고로 좋은 소식은 예수께서 우리 모두를 거기에서 만나 주시고, 우리의 연약함을 함께 느끼신다는 사실입니다. 유명한 목회자들이나 성자들의 연약함뿐만 아니라 가장 보잘것없는 "우리의" 연약함까지 말입니다.

또 여기에서 "연약함들"(infirmities)이라는 단어를 주목해 보십시오. "우리의 연약함들을 동정하지 못하실 이가 아니요." 그는 단지 우리의 슬픔만 함께 느끼지 않고, 우리의 모든 "연약함들"을 함께 느낍니다. 그는 단지 순교자들의 영웅적인 인내만 함께 느끼지 않고, 영웅이 아닌 그리고 "마음에는 원이로되 육신이 약하나이다"라고 고백할 수밖에 없는 우리의 연약함들을 함께 느낍니다. 여러분이 육체의 가시를 제거해 달라고 세 번 간구하는 동안, 그는 여러분과 더불어 여러분의 육체의 가시를 함께 느낍니다. 본문은 그가 우리의 인내나 혹은 우리의 용기나 혹은 우리의 자기부인을 함께 느낀다고 말하지 않습니다. 다만 우리의 "연약함들" 다시 말해서 우리의 약함과 우리의 작음을 함께 느낀다고 말합니다. 그는 우리의 고통과 우리의 낙망과 우리의 두려움과 우리의 무기력함을 함께 느낍니다. 죄에 떨어짐이 없이도 말입니다. 이러한 하나님의 진리를 굳게 붙잡으십시오. 언젠가 이러한 진리가 여러분에게 큰 위로가 될 것입니다. 예수 그리스도는 여러분의 강함을 함께 느끼지 않고, 여러분의 약함을 함께 느낍니다. 가련한 자들이여, 여기를 보십시오! 연약함은 하늘에서 영광과 존귀로 관을 쓰신 우리의 큰 대제사장의 마음에 아무런 악영향도 끼치지 않습니다. 어머니가 자기 아이의 연약함을 느끼는 것처럼, 예수 그리스도는 자기의 택하신 자들 가운데 가장 가난하며, 가장 슬프며, 가장 미약한 자들의 연약함을 함께 느낍니다.

사랑하는 형제들이여, 우리 주님이 온유한 마음을 가지고 계신 사실을 잠깐 동안 생각해 보십시오. 사람들 가운데는 전혀 동정심을 가지고 있지 않은 사람들도 있습니다. 그들의 마음에는 관대함이 없습니다. 우리는 모두 흙으로 만들어졌습니다. 그렇지만 어떤 흙은 다른 흙보다 더 딱딱하게 굳어 있습니다. 어떤 경우에는 거의 돌처럼 굳은 흙도 있습니다. 어떤 사람들은 숫돌보다 더 딱딱한 마음을 가지고 있습니다. 가난한 사람들을 위한 기부금을 모금할 때, 그들은 이렇게 말할 것입니다. "나는 단 한 푼도 낼 수 없어. 각자 자기 일은 자기가 알아서 해야 하는 법이지. 만일 그들이 좀 더 알뜰하게 저축을 했다면, 그렇게 가난해지지는 않았을 거야." 이 사람의 마음은 정말로 숫돌처럼 딱딱하게 굳어 있습니다. 나의 친구여, 나는 당신을 압니다. 나는 오랫동안 당신을 알아 왔습니다. 나는 당신을 바라보면서 "이 따위 사람은 빨리 죽어버리는 게 나아!"라고 말하려고 했습니다. 그러나 나는 그렇게 말하지 않을 것입니다. 왜냐하면 그렇게 하는 것은 당신으로 인해 내 자신의 마음까지도 딱딱하게 만드는 것이 될 수 있기 때문입니다. 게다가 당신 같은 사람은 세상에 많이 있기 때문입니다. 많은 숫자 가운데 한 사람 줄어드는 것이 도대체 무슨 의미가 있겠습니까? 여러분은 항상 자선행위를 못마땅하게 여기며 단 한 푼의 돈도 기부하지 않을 이유를 부지런히 찾는 부류의 사람들을 압니다. 그런 사람들은 기부금 모금함에 아무것도 넣지 않을 것입니다. 혹시 얼마의 돈을 넣는다면, 틀림없이 그것은 다른 사람들의 눈을 의식해서일 것입니다. 그러나 우리 주 예수는 본성적으로 온유합니다. 하늘의 복락 가운데 그는 땅의 고통들을 내려다보셨습니다. 그러고는 자신의 영광을 버리고 인간을 구원하기 위해 이 땅으로 오실 것을 결심하셨습니다. 그의 본성적인 온유함이 그를 하늘 보좌로부터 베들레헴의 구유로, 그리고 베들레헴의 구유로부터 골고다의 십자가로 이끌었습니다.

　　우리 주님은 본성적으로 온유할 뿐만 아니라 또한 **사람들의 연약함**을 속히 이해하십니다. 이해력의 결핍은 종종 사람들의 동정심을 가로막습니다. 만일 여러분이 한 번도 질병의 고통을 겪어보지 않았다면, 여러분은 그것을 이해하고 그 고통을 느끼기 위해 약간의 상상력을 필요로 할 것입니다. 지난 금요일 나는 런던 시장 앞에서 행한 허친슨 박사의 멋진 연설을 들을 기회를 가졌습니다. 거기에서 허친슨 박사는 동정심이 부족한 어떤 사람에게 일주일 동안 한쪽 눈에 검은 색 헝겊을 붙이든지 아니면 목발을 짚고 생활해 보라고 조언합니다. 그는 이렇게 말합니다. "그렇게 해도 아무런 효과도 없다면, 한가한 날을 선택하여 24시간 동안 양쪽 눈을 모두 붕대로 감고 거리를 다녀보십시오. 그러면 틀림없이 다음 날 아침이 되면 맹인구호단체에 넉넉한 기부금을 낼 마음이 느껴지게 될 것입니다." 나는 이런 방법이 분명 동정심이 부족한 사람을 좀 더 동정적인 사람으로 변화시키는데 상당한 도움이 될 것이라고 생각합니다. 허친슨 박사는 하루 정도 탈장방지대라든지 혹은 척추보호대를 착용하는 것 역시 좀 더 동정적인 사람이 되게 하는데 도움이 될 수 있다고 말합니다. 나는 이런 방법을 강요하지 않을 것입니다. 그렇지만 그것은 얼마나 멋진 생각입니까? 우리는 그것을 다른 방향으로 시도해 볼 수 있습니다. 일주일 임금으로 10실링 내지 12실링 정도면 충분하다고 생각하는 어떤 지주(地主)를 상상해 보십시오. 그는 자신의 아내에게 이렇게 말합니다. "우리는 항상 우리 농장의 일꾼들이 생활하기에 충분한 돈을 가지고 있다고 말해왔소. 그렇다면 그들이 받는 임금이 정말로 생활하기에 적당한지 시험해 봅시다. 우리는 일주일 동안 우리 집을 떠나 그들이 받는 임금을 가지고 그들의 오두막에서 살 것이오." 이것은 경제를 배우는 얼마나 좋은 학교입니까! 이렇게 하면 사람들이 돈의 가치에 대해 얼마나 잘 알게 되겠습니까! 우리의 의회 의원들에게 이런 경험이 필요하지 않겠습니까? 아마도 일주일보다 훨씬 더 긴 기간이 필요할 것입니다. 돈의 가치를 제대로 배우기 위해서는 말입니다. 존경받을 만한 의원이 되려면 6개월 정도 이런 기간이 필요하지 않을까요? 어쨌든 이렇게 할 때 우리는 동정심을 기르게 될 것입니다. 우리 주님은 이와 같이 실제적인 경험을 하셨습니다. 그는 스스로를 고난의 자리에 두셨으며, 슬픔을 아는 사람이 되셨습니다. 그는 대제사장으로서 사람들의 연약함과 자기 백성들의 슬픔을 속히 이해하십니다.

반면 너무나 많은 사람들이 자신의 슬픔 속에 함몰되어 다른 사람들에 대한 동정심을 가질 여유를 갖지 못합니다. 여러분은 그런 사람들을 알지 못합니까? 그들이 아침에 일어나서 하는 첫 번째 일은 사람들에게 지난 밤에 자신이 겪은 끔찍한 일을 이야기하는 것입니다. 그들은 만족스러운 아침식사를 하지 못합니다. 왜냐하면 항상 고통스러운 일이 생기기 때문입니다. 그들은 특별한 돌봄을 받아야만 하며, 모든 가족들로부터 불쌍히 여김을 받아야만 합니다. 그는 하루 종일 모든 사람들에게 자신이 얼마나 큰 고통을 받고 있는지 토로합니다. 그는 사람들의 모든 동정심을 독점해야만 합니다. 그는 항상 자신의 슬픔 속에 함몰되어 있으며, 따라서 다른 사람들을 위해 남겨 두어야 할 동정심은 없습니다. 만일 여러분이 전적으로 자기 자신에 집착되어 있다면, 다른 사람들에게 흘려보내야 할 관심이나 동정심은 하나도 남지 않을 것입니다. 이것은 우리 주님의 모습과 얼마나 다릅니까! 그는 단 한 번도 "나의 친구들이여, 나를 불쌍히 여겨 다오! 나를 불쌍히 여겨 다오!"라고 부르짖지 않았습니다. 그는 "십자가를 참으시고 부끄러움을 개의치" 않으셨습니다(히 12:2). 그의 사랑이 너무도 컸기 때문에, 그는 다른 사람들을 구원하면서도 자기 자신은 구원할 수 없었습니다. 그는 고통당하는 자들을 도왔지만, 그러나 아무도 그를 돕지 않았습니다.

또 자신의 영광에 함몰되어 있는 사람도 다른 사람들에 대해 동정심을 갖지 못합니다. 자신의 훌륭함을 묵상하며 일생을 보내는 것은 정말로 바람직한 일입니까? 그 모든 생각이 자신의 위대함에 집중되어 있는 사람은 고난에 대해서는 거의 생각하지 못합니다. 그는 말합니다. "아니야, 모든 사람은 수요와 공급의 법칙에 따라야만 해. 사람은 자기 능력만큼 사는 거야. 그들로 하여금 내가 한 대로 하게 해봐. 만일 내가 그들처럼 했다면, 나도 그들처럼 가난하게 되었을 거야." 이 사람은 거침없이 말하면서 보통사람들의 작은 고통들에 대해서는 아무런 동정심도 갖지 않습니다. 그의 동정심은 오직 그의 집에서만 필요할 뿐입니다. 그는 오직 자기 집만을 돌보며, 그것으로 만족하는 가운데 더 이상 나아가지 않습니다. 우리 주님은 이런 부류의 사람들로부터 정반대의 위치에 서 있습니다. 그는 결코 스스로 영광을 취하지 않았습니다. 도리어 그는 "자기를 비워 종의 형체를" 가졌으며, 그렇게 하여 자신의 온유함을 나타냈습니다(빌 2:7).

또 우리 주님의 온유하심은 그가 우리를 자신의 소유로 삼으신 것을 통해 나타납니다. 우리는 그의 친구입니다. 친구가 다른 친구에게 온유하게 행동하지 않습니까? 우리는 그 이상입니다. 우리는 그와 혼인했습니다. 신랑이 신부에게 온유할 것이 아닙니까? 우리는 여기에서 한 걸음 더 나아갑니다. 우리는 그의 몸의 지체이며, 그의 뼈 중의 뼈요 살 중의 살입니다. 머리가 마땅히 모든 지체의 고통을 느낄 것이 아닙니까? 그것은 너무나 자명합니다. 이와 같이 예수는 스스로를 자기 백성들과 동일시함으로써 영원히 그들과 함께 하시며 그들의 모든 것을 함께 느끼십니다.

### 3. 셋째로, 또 우리 주님은 우리와 똑같이 시험을 받으셨습니다.

이와 관련하여 바울은 이렇게 말합니다. "모든 일에 우리와 똑같이 시험을 받으신 이로되 죄는 없으시니라." 사랑하는 자들이여, 우리 주님이 우리와 똑같이 시험을 받으셨다는 사실을 기억하십시오.

첫 번째로, 그는 모든 형태의 육체적 고통을 받으셨습니다. 배고프며, 피곤하며, 기진하며, 머리 둘 곳조차 없는 등, 그는 가난이 가져다주는 모든 형태의 괴로움으로 시험을 받았습니다. 그는 "우리의 연약한 것을 친히 담당하시고 병을 짊어"지셨습니다(마 8:17). 예수 그리스도는 십자가 위에서 "내가 목마르다"라고 외칠 때까지 우리의 고통과 슬픔의 길을 걸어가셨습니다. 그는 단 한 걸음도 아끼지 않으셨습니다.

두 번째로, 우리 주님은 정신적으로 시험을 받으셨습니다. 그는 배반을 당하는 아픔과 배은망덕의 고통을 느꼈습니다. 가장 예리한 화살들이 그의 심장에 꽂혔습니다. 어떤 사람이 말합니다. "아, 나보다 더 잔인한 시험을 받은 사람은 아무도 없을 거예요." 결코 그렇지 않습니다. 왜냐하면 예수 그리스도는 모든 사람들로부터 버림을 당하고, 믿었던 제자에 의해 배신을 당했기 때문입니다.

세 번째로, 우리 주님은 영적인 고통을 당하셨습니다. 그는 "나의 하나님 나의 하나님 어찌하여 나를 버리셨나이까?"라고 부르짖었습니다. 그는 위와 아래로부터 그리고 안과 밖으로부터 시험을 당했습니다. 그랬기 때문에 그는 모든 형태의 고통을 함께 느낄 수 있습니다.

여기에서 "우리와 똑같이"라는 말씀을 주목해 보십시오. 여기에서 "우리"는 누구를 의미하는 것입니까? 앞에서 다루었던 것과 마찬가지로, 이 역시 "여러분과 나"를 의미합니다. 예수 그리스도는 우리와 똑같은 시험을 통과하셨습니다. 맏아들께서 다른 형제들이 시험을 받는 것과 똑같이 시험을 받으셨습니다.

그러나 본문은 단순히 "시험"을 의미하는 "tried"를 사용하지 않고 "유혹"을 의미하는 "tempted"를 사용합니다(KJV, but was in all points tempted like as we are, yet without sin). 예수 그리스도는 비록 유혹의 희생물은 될 수 없었지만, 그러나 일평생 유혹의 대상이었습니다. 그는 유혹을 받았지만, 그러나 유혹의 죄가 그의 영혼을 더럽힐 수는 없었습니다. 그가 광야에서 불신앙으로 유혹을 받으신 것을 생각해 보십시오. 악한 자는 "네가 만일 하나님의 아들이라면"이라고 말했습니다(마 4:3). 우리 가운데 대부분의 사람들은 마귀가 어떻게 우리 귓속에다가 "만일"(if)이라고 속삭일 수 있는지 압니다. "네가 만일 하나님의 아들이라면." 그러한 "만일"이 우리 주님 위에 떨어집니다. 그리고 계속해서 이기적인 행동으로 스스로를 도우라는 유혹이 옵니다. "이 돌을 명하여 떡이 되게 하라." 우리 역시도 종종 악한 자가 우리에게 제안하는 이와 같은 경솔한 행동을 하곤 합니다. 유혹자는 이렇게 말합니다. "조금 잘못된 일을 행함으로써 난관을 벗어날 수 있어. 그렇게 해! 실제로 그것은 그렇게 잘못된 일이 아니야. 그것은 상황에 따라 정당화될 수도 있는 일이야. 하나님을 기다리는 것은 정말로 헛된 일이야. 네 손을 뻗어 스스로 필요한 것을 취해. 지금은 하나님을 믿고 기다리기에는 너무나 절박해." 우리 주님도 이와 똑같은 유혹을 받았습니다. 여러분의 집에 떡이 없는 것이 유혹의 배경이 될 때, 우리 주님도 그와 똑같은 유혹을 받으셨던 것을 기억하십시오.

다음으로, 우리 주님은 자의적인 억측(presumption)의 유혹을 받으셨습니다. 성전 꼭대기에서 그는 다음과 같이 말하는 목소리를 들었습니다. "네가 만일 하나님의 아들이어든 뛰어내리라 기록되었으되 그가 너를 위하여 그의 사자들을 명하시리니 그들이 손으로 너를 받들어 발이 돌에 부딪치지 않게 하리로다 하였느니라"(6절). 여러분도 이와 비슷한 유혹을 받습니까? 예전의 생각을 버리고 새로운 생각을 시험해 보라는 유혹을 받습니까? 여러분도 각종 자의적인 억측의 유혹을 받습니까? 그러한 유혹들에 힘을 다해 대적하십시오. 아, 사랑하는 친구들이여! 여러분의 주님은 그 모든 것을 아십니다. 그가 그러한 유혹을 피하셨던 것처럼, 여러분도 그렇게 하십시오.

계속해서 사탄은 감히 그리스도에게 "내게 엎드려 경배하면 이 모든 것을 네게 주리라"(9절)라고 말합니다. 하늘의 왕권을 가지고 계시며 모든 천사들의 수종을 받고 계신 주님을 그려 보십시오. 그런데 더러운 사탄이 감히 그에게 "엎드려 경배하라"고 말합니다. 여러분에게도 비슷한 유혹이 올 수 있습니다. "황금을 위해 살아라. 명예를 위해 살아라. 쾌락을 위해 살아라. 나에게 경배하고 하나님을 믿는 믿음을 포기하라." 어둠의 통치자는 말합니다. "나에게 경배하라. 새로운 교리들을 받아들여라. 오늘날 유행하는 세속주의를 따르라. 철학자들의 지혜를 위해 하나님의 말씀을 버려라." 사탄은 오늘날에도 이와 같은 형태로 유혹의 올무를 던집니다. 그러나 설령 사탄이 자신의 약속을 지켜 모든 세상이 우리의 것이 된다 하더라도, 우리는 그러한 유혹에 죽기까지 대항해야 합니다. 그렇지만 우리가 우리의 구속자께서 싸우시고 승리하신 옛 터전 위에 서 있다는 사실은 우리에게 얼마나 큰 격려가 됩니까! 예수 그리스도는 이러한 유혹이 야기하는 우리의 고통 속으로 들어올 수 있습니다. 왜냐하면 그 역시도 같은 것을 느끼셨기 때문입니다. 마귀의 유혹 앞에서 우리 주님은 분명 두려운 마음으로 뒤로 움츠렸을 것입니다. 단 한순간도 그는 그러한 유혹에 마음을 빼앗기지 않았습니다. 단지 그러한 유혹의 속삭임이 그의 귓가를 스친 것만으로도 그는 틀림없이 큰 고통을 느꼈을 것입니다. 왜냐하면 그는 죄를, 측량할 수 없는 중오심으로 미워하셨기 때문입니다.

사랑하는 자들이여, 우리 주님이 이 시간에도 여러분에게 온유하신 것은 그 자신도 우리와 똑같이 유혹을 받으셨기 때문입니다. 그는 여러분의 연약함을 동정(同情)할 수 있습니다. 그것은 그가 모든 일에 여러분과 똑같이 유혹을 받으셨기 때문입니다. 설령 유혹이 말 발꿈치를 무는 뱀처럼 여러분을 따라온다 하더라도, 여러분의 주님은 그것을 아시고 그것으로부터 여러분을 구원하실 것입니다.

### 4. 마지막으로, 우리 주님은 완전한 온유함을 가지고 계십니다.

"모든 일에 우리와 똑같이 시험을 받으신 이로되 죄는 없으시니라." 여러분 가운데 이렇게 말하는 사람이 있는지 모릅니다. "아, 바로 그것이 문제입니다. 그는 죄에 있어서는 나를 동정할 수 없습니다. 그것이 나의 큰 괴로움입니다." 형제여, 당신은 당신의 주님이 당신과 똑같은 죄인이었기를 바랍니까? 그것은 얼마나 혐오스러운 생각입니까? 그것은 얼마나 신성모독적인 생각입니까? 당신은 그것은 결코 바랄 수 없는 것이라는 사실을 압니다. 그렇지만 내 말을 들어 보십시오. "만일 주 예수에게 죄가 있었다면 그는 좀 더 온유하며 동정적이었을 것"이라는 생각은 너무나 터무니없는 생각입니다. 왜냐하면 죄는 항상 완고하게 하는 속성을 가지고 있기 때문입니다. 만일 그리스도가 죄를 지을 수 있었다면, 그는 온유하며 동정적인 본성의 완전함을 잃어버렸을 것입니다. 자아(自我)를 제쳐두고 다른 사람들의 연약함을 함께 느낄 수 있기 위해서는 마음의 완전함이 필요합니다.

죄에 대한 동정은 도리어 유해한 것이라는 사실을 기억하십시오. 예를 들어, 어떤 잘못된 일을 행한 아이를 생각해 보십시오. 그의 아버지가 아이에게 매우 합당하며 지혜로운 징계를 내렸습니다. 그런데 어리석은 어머니가 아이를 동정합니다. 이것은 사랑이 많은 것처럼 보이지만, 그러나 아이에게 매우 해로운 결과를 가져다줍니다. 이런 행동은 아이로 하여금 마땅히 혐오해야 할 악을 사랑하도록 만듭니다. 여러분에게 그리스도인 친구가 있다고 가정해 보십시오. 여러분이 그리스도 밖에 있었을 때 만일 그 친구가 그러한 여러분의 불신앙을 동정하는 마음으로 옹호해 주었다면, 그것은 유해한 일이 아닙니까? 도리어 불신앙을 책망하며 질책하는 것이 훨씬 더 낫지 않습니까? 우리는 잘못된 일에 대해 동정을 바라서는 안 됩니다. 죄에 대한 동정은 죄를 함께 공모(共謀)하는 것이나 마찬가지입니다. 우리는 죄인에 대해 동정해야지, 그의 죄에 대해 동정해서는 안 됩니다. 주 예수께서 여러분의 죄에 대해서까지 동정해 주기를 바라는 것은 큰 잘못입니다. 그러한 동정은 ─ 만일 그것이 가능하다면 ─ 우리를 가장 해롭게 하는 것이 될 것입니다. 그에게 죄가 없기 때문에, 우리는 그의 모든 위로의 말씀들을 두려움 없이 마실 수 있습니다. 그의 기름과 포도주는 우리의 아픈 상처에 아무런 해도 끼치지 않을 것입니다. 그의 거룩한 경험은 우리를 위로하며, 우리에게 아무런 위험도 가져다주지 않습니다. 죄인에게 있어 죄 없는 자의 동정을 받는 것은 너무나 복된 일입니다. 하나님의 백성들이여, 기뻐하십시오! 죄 없는 자가 여러분의 연약함을 완전하게 동정하는 사실로 인해 기뻐하십시오. 그의 동정이 더 크고 은혜로운 것은 그에게 죄가 없기 때문입니다.

　　사랑하는 형제들이여, 만일 우리 주님이 이와 같이 우리를 동정하셨다면, 우리도 우리 형제들에 대해 그렇게 합시다. 우리의 동정심을 억제하지 말고 도리어 북돋우며 고취합시다. 하나님의 모든 은혜들 가운데 가장 빛나는 것이 사랑이며, 복음을 가장 아름답게 장식하는 것 역시 사랑입니다. 고난과 슬픔과 궁핍 가운데 있는 자들에 대한 사랑은 새로워진 마음의 정원 안에서 자라는 아름다운 꽃입니다. 사랑을 경작하십시오. 여러분의 사랑을 실제적인 사랑으로 만드십시오. 가난한 자들을 사랑하되, 말로써만이 아니라 실제적인 행동으로 그렇게 하십시오. 병자들을 사랑하고, 그들이 회복되도록 도우십시오. 여러분 가운데 병들고 가난한 자가 있으면, 그들에게 거처를 마련해 주고 고통을 경감해 주기를 힘쓰십시오. 오늘날 병자들이 이토록 많음에도 불구하고 우리의 병원들에 빈 침대가 남아돌아가는 것은 정말로 슬픈 일입니다. 성 토머스 병원의 이사장으로서, 나는 요즘 후원금이 자꾸 줄어드는 것을 목도하고 있습니다. 경기가 좋지 않은데다가 농사까지 흉작이라서 말입니다. 분명 런던은 십만 파운드 정도의 적자는 쉽게 메울 수 있을 정도로 충분히 부유합니다. 그렇게 하기 위해 우리는 후원금 모금활동을 두 배로 벌일 필요가 있습니다. 여러분은 가난한 병자로 하여금 자신의 초라한 방에서 그냥 한숨만 지으며 누워 있도록 내버려 둘 것입니까? 의학적 도움을 받지 못한 채 그냥 죽도록 내버려 둘 것입니까? 그러면서 스스로를 온유하시며 동정심이 많으신 예수의 제자로 부를 것입니까? 여러분은 그의 동정심으로 말미암아 구원받기를 바랍니까? 오늘 병원주일(Hospital Sunday)을 맞이하여, 나는 부유한 그리스도인들에게 더 이상 지체하지 말고 가난한 형제들의 고통을 동정할 것을 촉구합니다. 우리 모두 최선을 다합시다. 나는 여러분이 기꺼이 그렇게 할 것을 믿습니다. 나는 여러분이 특별히 여러분을 동정하시는 자를 위해 그렇게 할 것을 믿습니다. 그럴 때, 우리의 필요한 후원금은 즉시로 채워질 것입니다.

제
8
장
—


# 은혜의 보좌

—

### 은혜의 보좌 — 히 4:16


　　이 말은, "그러므로 우리는 긍휼하심을 받고 때를 따라 돕는 은혜를 얻기 위하여 은혜의 보좌 앞에 담대히 나아갈 것이니라"(히 4:16)는 은혜로 가득 찬 구절 속에 들어 있는 말씀 중의 하나입니다. 이 말은 금덩어리 속에 끼어 있는 보석입니다. 참된 기도를 통해 우리의 영혼은 하나님의 영의 인도를 따라 하나님의 보좌 앞에 나아가게 됩니다. 그것은 말로만 하는 얘기가 아닙니다. 그것은 단순히 그렇게 되기를 바라는 감정으로 끝나는 것도 아닙니다. 그것은 하나님께 소원을 제출하는 것으로, 우리의 본성이 주 우리 하나님을 향해 영적으로 나아가는 것입니다. 기도는 단순한 정신의 운동도 아니고, 말의 행위도 아닙니다. 그것은 그 이상의 것입니다. 그것은 하늘과 땅의 창조주와의 영적 교제입니다. 하나님은 영이시기 때문에 육안으로는 보이지 아니하고, 단지 속사람에 의해서 감지되는 분입니다. 우리가 거듭나는 순간 성령에 의해 태어난 우리의 영은 성령을 인식하고, 그분과 교제하고, 그 간구들을 그분 앞에 내놓으며, 그분으로부터 평강의 응답을 받습니다. 그것은 처음부터 끝까지 영적 작업입니다. 그 목표는 사람에게 있지 않고, 하나님 자신에게 도달하는 것입니다.

　　이런 기도를 드리기 위해서는 성령의 역사가 필수적입니다. 만일 기도가 입술로만 드려지는 것이 되어 버리면, 우리는 기도하기 위해 콧구멍으로 숨만 들이켜면 됩니다. 만일 기도가 단지 욕망의 표출로만 끝난다면, 심지어는 불신자들에 의해서도 훌륭한 기도가 드려질 수 있다고 쉽게 느껴지게 될 것입니다. 그러나 기도가 우리의 영이 성령과 더불어 갖는 영적 열망이 되고 영적 교제가 될 때, 비로소 성령께서 기도를 통해 모든 것을 좌우하게 됩니다. 그분은 우리의 연약함을 도우시고, 우리에게 생명과 능력을 주시는 분입니다. 성령이 없다면 참된 기도도 결코 없습니다. 하나님께 드려진 기도가 그 이름과 형식을 갖추고 있다고 해도, 그것이 기도의 내적 생명과 상관이 없다면 아무 소용이 없을 것입니다.

나아가 응답받는 기도가 되기 위해서는 주 예수 그리스도의 중보가 본질적이라는 것을 본문의 문맥은 분명히 합니다. 하나님의 영이 없이는 참된 기도가 될 수 없는 것처럼, 하나님의 아들 없이는 효력 있는 기도가 될 수 없습니다. 대제사장이신 그분은 우리를 위해 성전의 휘장 안으로 들어가셔야 했습니다. 그 때까지 우리는 살아 계신 하나님께 나아가는 길이 차단되어 있었습니다. 성경의 가르침을 무시하고 우리 구주 없이 기도하는 사람은 하나님을 모독하는 것입니다. 누구든 자신의 자연적 욕망을 그리스도의 보배 피를 뿌리지 않고 하나님 앞에 내놓는다면, 그는 실수하는 것입니다. 이 때 그는 개의 머리를 베어 바치거나 부정한 짐승을 희생 제물로 바치는 것 못지않게 하나님이 받아들일 수 없는 희생제물을 바친 것입니다. 성령을 통해 우리 안에 역사되고, 그리스도를 통해 우리에게 제공된 기도는 그 어떤 다른 방법으로도 가질 수 없는 효력을 지존자 앞에서 발휘합니다.

본문을 설교하는 데에 저는 다음 두 가지를 주제로 삼고자 합니다. 첫째는 보좌가 있다는 것. 둘째는 은혜가 있다는 것. 그런데 우리는 이 두 가지를 하나로 묶어서 살펴보아야 하고, 그래서 우리는 보좌 위의 은혜를 조명하게 될 것입니다. 그리고 이것을 순서를 바꾸어 말한다면, 우리는 은혜를 드러냄으로써 자신을 계시하는 주권을 조명하게 될 것입니다.

### 1. 보좌

본문은 보좌를 "은혜의 보좌"라고 말씀합니다. 우리는 기도할 때 하나님을 우리 아버지로서 바라보아야 합니다. 그것이 우리에게는 가장 중요한 사실입니다. 그러나 우리는 그분을 우리가 생각하는 그런 아버지상으로 생각해서는 안됩니다. 주님은 "우리 아버지"라는 그 은혜로운 말 앞에 "하늘에 계신"이라는 말씀을 함께 사용하셨습니다(마 6:9). 주님은 우리 아버지가 우리가 생각하는 것과는 비교할 수 없이 무한히 위대하신 분임을 깨닫기를 원하셨습니다. 그분은 "거룩히 여김을 받으시오며 나라가 임하시오며"(마 6:9-10)라고 말씀하셨는데, 그것은 우리 아버지가 왕으로 간주되어야 하실 분이기 때문이었습니다. 우리는 기도할 때 우리 아버지 발 앞에 나아갈 뿐만 아니라 우주의 대주재의 보좌 앞으로 또한 나아가는 것입니다. 속죄소는 보좌입니다. 우리는 이것을 절대로 잊어서는 안되겠습니다.

　　만일 기도가 항상 우리로 하여금 천국의 궁정으로 들어가는 입구로 간주되어야 한다면, 그래서 우리가 절대 주권자 앞에 서 있는 신하들처럼 행동해야 한다면, 올바른 기도의 방법을 알아두면 우리로서는 손해 볼 것이 없습니다. 기도할 때 우리가 보좌 앞에 나아간다면, 우리는 무엇보다 먼저 **겸손한 마음**을 갖고 나아가는 것이 마땅합니다. 왕에게 나아가는 신하는 당연히 왕에게 존경과 경의를 표해야 합니다. 왕을 왕으로 인정하지 않는 오만, 주권자의 뜻에 반하는 반감을, 현명한 사람이라면 보좌 앞에 나아갈 때는 절대로 드러내지 않는 법입니다. 교만은 멀리 쫓아보내야 합니다. 반역은 구석에 처박아 두어야 합니다. 오직 낮아진 마음만을 가지고 위엄의 왕복을 입고 보좌에 좌정하신 왕 앞에 나아가야 합니다.

　　우리의 경우에는, 우리가 앞에 나아갈 왕은 만군의 유일하신 주권자요 만왕의 왕이요 만주의 주이십니다. 세상의 임금들은 그분의 절대 권력의 그림자들에 불과합니다. 그들은 스스로 신적 권세를 가진 왕으로 자처하지만, 그들이 소유하고 있는 신적 권세가 도대체 무엇입니까? 상식은 그들의 주장을 비웃습니다. 오직 주님만이 신적 권세를 갖고 있고, 그분에게만 나라가 속해 있습니다. 그분은 "복되시고 유일하신 주권자"(딤전 6:15)입니다. 세상 임금들은 단지 이름만 그렇게 부르는 왕들로서 사람들의 뜻에 따라서 또는 하나님의 섭리에 따라 일어서고 스러지는 그런 존재들입니다. 그러나 그분은 유일하신 주님이시고, 세상의 임금들의 임금이 되십니다.

　　　　"그분은 불안한 보좌 위에 앉아 계시지 않고,
　　　　　빌려온 것이 아니니 두고 떠나실 일도 없네."

저는 이런 분 앞에서 여러분이 무릎을 꿇고 엎드리기를 바랍니다. 그분은 너무 위대하시기 때문에, 그분 앞에서 여러분의 입을 다물고 계셔야 합니다. 그분은 가장 강하신 만왕의 왕이시기 때문입니다. 그분의 보좌는 온 세계를 좌우합니다. 하늘도 그분에게 기꺼이 복종하고, 지옥도 그분의 진노하심에 두려워떨고, 땅도 그분에게 의도적이든 아니든 충성을 다하도록 되어 있습니다. 그분의 권능은 창조할 수도 있고 파괴할 수도 있습니다. 창조하거나 파괴하는 것 둘다 그분에게는 너무 쉬운 일입니다. 저는 여러분이 "소멸하는 불"(신 4:24)이신 전능하신 하나님께 가까이 나아갈 때, 신발을 벗고 가장 겸손한 자세로 그분을 경배하기를 바랍니다.

게다가 그분은 가장 거룩하신 만왕의 왕이십니다. 그분의 보좌는 지극히 흰 보좌로 수정처럼 흠이 없고 깨끗합니다. "하늘이라도 그가 보시기에 부정하고"(욥 15:15) "그의 천사라도 미련합니다(욥 4:18). 그리고 여러분은 죄를 범한 피조물이기 때문에 더더욱 겸손한 마음으로 그분께 나아가야 합니다. 친밀함은 가질수 있지만, 그것 때문에 하나님을 모독해서는 안됩니다. 담대함은 가질 수 있지만, 그것 때문에 건방진 모습이 되어서는 안됩니다. 더더욱 여러분은 땅 위에 거하고 그분은 하늘에 계십니다. 또한 여러분은 "하루살이 앞에서라도 무너질"(욥 4:19) 피조물로서 흙 속의 구더기와 같고, 그분은 영원하십니다. "산이 생기기 전 … 주는 하나님이시니이다"(시 90:2). 모든 피조물은 다시 사라질 것이지만, 그분은 영원토록 변함이 없으십니다. 형제들이여, 저는 이처럼 영원하신 지존자 앞에 우리가 무릎을 꿇지 못할까 염려됩니다. 그러나 지금부터라도 우리는 올바른 태도를 취할 수 있도록 성령의 도우심을 구해야 합니다. 그렇게 되면 우리의 모든 기도는 하늘에 계신 무한하신 지존자 앞에 겸손하게 나아갈 수 있게 될 것입니다.

두 번째로, 우리는 보좌에 벅찬 즐거움을 가지고 나아가야 합니다. 만일 제가 그분의 궁정에 자주 출입하는 사람들 중 한 사람으로 설 만큼 하나님의 은혜를 힘입은 사람이라는 것을 안다면, 그것을 정말 기뻐하지 않겠습니까? 저는 그분의 감옥에 갇혀 있어야 될 사람이었지만 지금 그분의 보좌 앞에 있습니다. 저는 영원히 그분 앞에서 추방되어야 할 사람이었지만, 지금은 그분에게 나아가도록, 심지어는 그분이 거하시는 궁정 안까지, 아니 그분의 가장 은밀한 가운데 있는 비밀의 방까지 들어가도록 허락되었습니다. 그러니 제가 얼마나 감사해야 할까

요? 감사가 넘쳐 즐거움으로 승화되지 않겠습니까? 그러니 기도가 허락되었을
때, 그 위대한 은혜의 수혜자가 된 것이 영광스럽게 느껴지지 않겠습니까? 그런
데 왜 여러분은 기도자로서 은혜의 보좌 앞에 서 있을 때, 그토록 슬픈 안색을 보
이십니까? 만일 여러분이 죄악을 정죄받기 위해 율법의 보좌 앞에 있다면, 당연
히 슬퍼해야 할 것입니다. 그러나 지금 여러분은 사랑의 옷을 입으신 왕 앞에 나
아가도록 은혜를 입었습니다. 여러분의 얼굴은 주체할 수 없는 즐거움으로 빛나
야 합니다. 만일 여러분이 짊어진 슬픔의 짐들이 너무 무겁다면, 그것들을 그분
에게 다 말씀드리십시오. 그러면 그분은 여러분을 위로해 주실 것입니다. 만일
여러분이 범한 죄들이 너무 많다면, 그것들을 자백하십시오. 그러면 그것들을
용서해 주실 것입니다. 오, 지존자의 궁정 안에 있는 성도들이여, 열렬히 감사하
고 찬양과 함께 기도를 드리십시오.

　　그곳은 보좌입니다. 그러므로 세 번째로, 우리가 그곳으로 나아갈 때에는
반드시 완전한 복종이 함께 동반되어야 합니다. 우리는 하나님이 무엇을 해야 하
실지에 대해 가르쳐 드리겠다고 기도하지 않습니다. 또한 우리는 한순간이라도
하나님의 역사의 과정을 지시하는 듯 기도해서도 안됩니다. 다만 우리는 항상
"하지만 우리는 무지하고 실수가 많기 때문에 — 우리는 여전히 육체 속에 있고,
따라서 육체의 정욕을 따라 움직일 수밖에 없기 때문에 — 우리가 원하는 대로
가 아니라 당신이 원하는 대로 하기를 원합니다"라고 하나님께 기도해야 합니
다. 누가 보좌에 대해 명령할 수 있겠습니까? 아무리 하나님이 가장 아끼시는 자
녀라고 해도 한순간이라도 왕의 자리를 차지할 수 있으리라고 상상해서는 안됩
니다. 다만 그는 모든 것의 주인으로서 모든 권리를 갖고 계시는 그분 앞에 무조
건 고개를 숙여야 합니다. 그는 자신의 욕구를 진지하게, 열정적으로, 끊임없이
구하고 또 반복해서 간구한다고 할지라도, 그것은 언제나 다음과 같은 필수적인
조건에 따라 해야 합니다. "나의 주님, 당신의 뜻이 이루어지기를 원합니다. 만
일 제가 당신의 뜻에 일치하지 않는 어떤 것을 구한다면, 저의 가장 깊은 마음의
뜻은 당신이 당신의 종을 거부한다고 해도 좋다는 것이옵니다. 만일 제가 당신
보시기에 선한 것을 구하지 못한다면 당신이 저를 거부하는 것이 제 기도의 참
된 응답으로 알겠습니다." 만일 우리가 이것을 항상 잊지 않고 기억한다면, 보좌
앞에서 우리의 어떤 요구를 관철시키기 위해서는 덜 기도하게 되리라고 저는 생
각합니다. 왜냐하면 "나는 지금 나 자신의 편의, 나 자신의 안일, 나 자신의 이득

만을 구하기 위해 여기 있고, 어쩌면 그것이 하나님을 욕되게 하는 기도를 드리고 있는 것이 될 수 있다. 그러므로 나는 하나님의 뜻에 철저하게 복종하기를 구하는 기도를 드려야겠다"고 느낄 것이기 때문입니다.

사랑하는 형제들이여, 네 번째로, 만일 그것이 보좌라면, 우리는 그곳에 큰 기대를 가지고 나아가야 합니다. 우리가 부르는 찬송가가 그것을 잘 표현합니다.

> "왕으로 오신 주님이여
> 큰 간구를 드리옵니다."

우리는 기도할 때, 말하자면, 단지 하나님이 가난한 자에게 자선을 베푸시는 하나님의 구제원에 나아가는 것도 아니고, 남은 찌꺼기를 받기 위해 자비의 집 뒷문으로 구걸하러 가는 것도 아닙니다. 그러나 그것은 우리가 받을 만한 것 이상입니다. 우리는 그만한 가치가 없습니다. 주님의 식탁에서 떨어지는 빵 부스러기를 먹는 것은 우리가 주장할 수 있는 것 이상입니다. 그러나 기도할 때 우리는 위대하신 왕의 화려한 영빈관 귀빈석에 앉아 있는 것입니다. 기도할 때 우리는 천사들이 얼굴을 가리고 공손히 인사하는 자리에 서 있습니다. 거기서, 아니 거기서도, 그룹들과 스랍들이 우리의 기도가 올라가는 똑같은 보좌 앞에서 찬송하고 있습니다. 그런데 우리가 시시한 기도제목이나 좁고 위축된 믿음을 가지고 그곳에 나아가야 하겠습니까? 아니지요. 동전 몇 푼 던져 주는 그런 왕으로 만들면 안됩니다. 그분은 황금덩어리를 나누어 주시는 분입니다. 그분은 가난한 사람들이 빵 조각이나 남은 고깃덩어리를 바랄 때 쫓아 보내는 무정한 분이 아닙니다. 그분은 진수성찬과 최고급 포도주로 잔칫상을 준비하시는 분입니다.

알렉산더 대왕의 휘하에 있는 한 병사가 자기가 원하는 대로 구하라고 들었습니다. 그 요구가 너무 과중했기 때문에 물품담당자는 그 지불을 거절했고, 그래서 그는 왕에게 그 사실을 보고했습니다. 알렉산더 대왕은 왕권으로 이렇게 대답했습니다. "알렉산더 대왕이 얼마나 위대한지 그는 알고 있고, 그래서 그는 왕에게 구했다. 그가 청구하는 것을 주도록 하라." 하나님의 생각이 여러분의 생각이고, 그분의 길이 여러분의 길과 같다고 상상하지 않도록 주의하십시오(사 55:8). 하나님 앞에 시시한 청원이나 편협한 소원들을 가지고 와서 "주여, 이것 좀 해 주십시오"라고 말하지 마십시오. 하늘이 땅보다 높음 같이 그분의 길은 여러분의 길보다 높고 그분의 생각은 여러분의 생각보다 높습니다(사 55:9). 그러므로 하나님 수준에 따라 구하십시오. 위대한 일을 구하십시오. 여러분은 위대하신 보좌 앞에 있습니다. 오, 우리는 은혜의 보좌 앞에 나아올 때 항상 이것을 느꼈습니다. 왜냐하면 그 때에도 그분은 "우리가 구하거나 생각하는 모든 것에 더 넘치도록"(엡 3:20) 능히 주실 것이기 때문입니다.

그리고 사랑하는 형제들이여, 다섯 번째로, 저는 은혜의 보좌 앞에 나아가는 의로운 심령은 **흔들리지 않는 신뢰**의 사람이어야 한다고 덧붙이는 바입니다. 누가 그 왕을 의심할 수 있겠습니까? 누가 그 임금을 감히 비난할 수 있겠습니까? 세상의 모든 사람들의 마음속에서 신뢰가 사라진다고 해도, 왕들의 마음속에서 그것이 사라져서는 안된다고 말할 수 있습니다. 만일 왕이 거짓말한다면 부끄러워해야 합니다. 거리에서 빌어먹는 거지도 약속을 어기면 욕을 먹는데, 하물며 왕의 말 한 마디는 얼마나 믿을 만해야 하겠습니까? 오, 만일 우리가 하늘과 땅의 왕의 보좌 앞에서 불신하는 마음을 갖고 있다면 부끄러워해야 합니다. 그 무한하신 영광의 하나님이 은혜의 보좌에 앉아 우리 앞에 계시는데, 그 앞에서 우리의 마음이 어떻게 감히 그분을 못믿겠다고 말하겠습니까? 확실히 어린 아이는, 충성스러운 신하가 그의 섬기는 왕을 믿는 것처럼 자신의 아버지를 믿습니다. 그러므로 보좌 앞에서는 동요나 의심이 전혀 없어야 합니다. 은혜의 보좌 앞에서는 흔들리지 않는 믿음을 견지해야 합니다.

이제 마지막으로 저는 한 가지만 더 지적하고자 합니다. 만일 기도가 하나님의 보좌 앞에 나아가는 것이라면, 가장 깊은 **진실성**을 항상 견지함으로써 만사를 진실하게 행하는 심령이 되어야 한다는 것입니다. 만일 여러분이 왕을 무시할 만큼 불충하다면, 최소한 여러분 스스로를 위해서라도 그분의 면전에서 그리고 그분이 보좌에 계실 때 그분을 모욕해서는 안됩니다. 만일 어디서든 여러분이 진실한 마음 없이 경건한 말을 반복한다면, 그것이 여호와의 궁정에서 그렇게 되지 않도록 조심하십시오. 만일 제가 대표기도를 하도록 요청받는다면, 저는 동료 예배자들의 귀를 즐겁게 하기 위해 기도하지 않고, 하나님과 말씀을 나누고, 그분과 거래하는 사무를 보고 있음을 염두에 두겠습니다. 그리고 개인기도를 할 때에는 아침에 침대에서 일어나면 무릎을 꿇고 기도하든지 아니면 밤에 조용한 시간에 매일 기도를 드리든지 간에 나의 진정한 영혼이 지존자에게 말씀드리는 한, 선한 행실을 자랑하기보다는 죄를 고백하겠습니다. 여러분은 하늘의 왕이 여러분이 시시한 혀로 분별없는 마음으로 하는 말들을 들으시기를 기뻐하신다고 생각합니까? 그렇지 않다는 사실을 아셔야 합니다. "하나님은 영이시니 예배하는 자가 영과 진리로 예배할지니라"(요 4:24).

사랑하는 형제들이여, 지금까지 제가 전한 말씀을 요약하면 다음과 같습니다: 기도는 결코 사소한 일이 아니라는 것. 기도는 귀하고 고상한 행위입니다. 기도는 고귀하고 놀라운 특권입니다. 고대 페르시아의 황제 밑에 있던 극소수의 귀족들은 언제든 왕에게 나아오는 것이 허용되었고, 이것은 사람으로서 가질 수 있는 최고의 특권으로 생각되었습니다. 하나님의 백성인 저와 여러분은 우리가 원할 때는 언제든 천국 보좌 앞에 나아갈 수 있는 허가증, 곧 여권을 갖고 있고, 우리는 담대히 나아갈 용기를 갖습니다. 그러나 우리는 하늘과 땅의 궁정의 문지기가 되어 우리를 지으시고 생명을 보존하시는 분을 예배하는 것은 결코 가벼운 일이 아님을 잊어서는 안됩니다. 참으로 기도할 때 우리는 찬란한 영광 속에서 "무릎을 꿇어라" 하고 말씀하시는 음성을 들어야 합니다. 지금도 하늘에 계신 우리 아버지의 얼굴을 대면하는 모든 심령들로부터 우리는 다음과 같은 목소리를 듣습니다. "오라 우리가 굽혀 경배하며 우리를 지으신 여호와 앞에 무릎을 꿇자 그는 우리의 하나님이시요 우리는 그의 기르시는 백성이며 그의 손이 돌보시는 양이기 때문이라"(시 95:6-7). 또한 그 음성은 이렇게 천명합니다. "아름답고 거룩한 것으로 여호와께 경배할지어다 온 땅이여 그 앞에서 떨지어다"(대상 16:29-30).

## 2. 은혜

보좌라는 말의 선명도와 그 광휘로 사람의 시야가 얼어붙지 않도록, 본문은 지금 우리에게 부드럽고 온화한 은혜라는 유쾌한 단어의 광채를 함께 보여주고 있습니다. 우리는 율법의 보좌가 아니라 은혜의 보좌로 부르심을 받습니다. 과거 시내 산 바위는 하나님이 바란 광야에서 일만 성도들 가운데 강림하셨을 때 율법의 보좌였습니다(신 33:2). 누가 그 보좌 가까이 다가가기를 바랐겠습니까? 이스라엘조차도 바라지 않았습니다. 산 주위에는 경계가 쳐졌는데, 심지어는 짐승이 산으로 접근하기만 해도 돌이 날아오고 창이 던져졌습니다. 오, 스스로 율법에 순종할 수 있다고 생각하고, 그것을 통해 구원받을 수 있다고 자신하는 자기의(自己義)의 사람은 모세가 본 불꽃 앞에서 두려워하고 떨며 절망합니다. 지금 우리는 그 보좌 앞에 나아가지 않습니다. 왜냐하면 예수님을 통해 상황이 크게 변했기 때문입니다. 그리스도의 보배 피가 뿌려진 양심에 대해서는 신적 보좌에서 나오는 진노가 없습니다.

> "전에는 불타는 진노의 자리였고,
>   고통의 불꽃이 폭발했었네.
>   그러나 우리 하나님이 소멸하는 불로 나타나시고,
>   질투하시는 하나님이 그분의 이름이 되었네."

  그리고 하나님의 축복받은 형제들이여, 저는 지금 궁극적 공의의 보좌에 관해 말씀드리는 것이 아닙니다. 우리 모두 그 앞에 서기 전, 믿음을 가진 우리 성도들은 그것이 공의의 보좌일 뿐만 아니라 은혜의 보좌라는 사실도 발견할 것입니다. 왜냐하면 그 보좌에 앉으신 분은 믿음으로 의롭게 된 사람에 대해서는 정죄의 선고를 하지 않으실 것이기 때문입니다. 그것은 은혜를 나누어 주기 위해 세워진 보좌, 곧 그 위에서 들려오는 말씀은 오직 은혜의 말씀인 보좌입니다. 거기서 선포된 명령들은 은혜의 목적으로 주어지는 말씀들입니다. 그 황금계단 아래로 흩어지는 선물들은 은혜의 선물들입니다. 그 보좌에 앉으신 분은 은혜 자체이십니다. 그것은 우리가 기도할 때 접근이 가능한 "은혜의 보좌"입니다. 우리는 기도를 시작하는 사람들 ─ 진실로 기도하는 우리 모든 사람들 ─ 에게 위로와 용기를 주기 위해 이것을 한 번 더 생각해 볼 필요가 있습니다.
  만일 기도할 때 은혜의 보좌 앞에 나아간다면, 우리 기도의 많은 실수들이 그냥 넘어가게 될 것입니다. 사랑하는 형제들이여, 기도를 시작할 때 여러분은 마치 기도하지 않은 것처럼 느낄 것입니다. 여러분의 심령의 신음소리는 무릎 꿇고 기도했으나 일어날 때 그 기도가 아무것도 아닌 것처럼 생각될 것입니다. 우리가 하는 기도가 얼마나 흠 있고 희미하고 얼룩진 기도일까요! 그러나 염려하지 마십시오. 하나님이 여러분의 기도에 문제가 있다는 것을 아시더라도 여러분은 율법의 보좌 앞으로 나아가는 것이 아닙니다. 그분은 그것을 문제 삼지 않으십니다. 여러분의 실수 많은 말, 여러분의 급한 숨소리, 여러분의 더듬는 말 등은 은혜의 보좌 앞에 나아가는데 아무 지장이 없습니다. 우리 가운데 누가 하나님 앞에서 최고의 기도를 드렸는데, 하나님이 그것을 보시는 것처럼 그가 그것을 보

왔다면, 그것에 대해 크게 통탄할 수밖에 없음은 의심의 여지가 없습니다. 지금까지 하나님께 드려진 그 어떤 기도보다 더 진실하게 드려진 최고의 기도 속에도 여전히 죄는 들어 있습니다. 그러나 다시 말씀드리지만 그것은 율법의 보좌가 아니고, 그러기에 우리의 불충분하고, 무기력한 간구에도 소망이 있습니다. 은혜로우신 우리의 왕은 사람들 사이에서 세상 임금들이 보여주는 것과 같은 품위 있는 에티켓을 그의 궁정에서는 지키지 않습니다. 그곳에서는 간구자의 사소한 실수나 오점도 결코 문제가 되지 않습니다. 오, 그렇습니다. 자신의 자녀들의 실수 많은 간구를 그분은 절대로 엄히 다스리지 않습니다. 하늘 궁전의 시종장관인 우리 주 예수 그리스도는 아버지께 그것을 내놓기 전 모든 기도를 유심히 살펴 흠 없는 내용으로 바꾸고 교정하심으로써 기도를 자신의 완전성으로 완전하게 만드시고 자신의 공로로 그 효력이 나타나도록 하십니다. 하나님은 우리의 기도를 그리스도를 통해 제시된 대로 받으시고, 우리의 기도 자체가 갖고 있는 그 모든 결함을 무조건 용납하십니다.

이것은 기도할 때 스스로 부족하고 두서없고 세련되지 못하다고 느끼는 우리에게 얼마나 큰 용기를 줄까요! 비록 여러분이 때로 오랫동안 하나님께 기도하지 못한다고 해도, 비록 여러분이 하나님께 간구하는 일이 왠지 무의미하게 느낀다고 해도, 결코 포기하지 마십시오. 그래도 계속 나아오십시오. 예, 그럴수록 더욱 자주 나오셔야 합니다. 왜냐하면 여러분이 나아가는 그곳은 냉혹한 비판의 보좌가 아니고 은혜의 보좌이기 때문입니다.

그리고 나아가 그곳이 은혜의 보좌인 한, 간구자 자신의 죄과(罪過)들이 기도의 성공을 방해하지는 못할 것입니다. 오, 우리는 얼마나 죄과가 많을까요! 보좌 앞에 나아올 때 우리는 얼마나 부적절한지요. 안팎으로 온갖 죄로 오염되어 있는 우리가 아닙니까! 아, 그러나 그곳이 은혜의 보좌가 아니라면 성도인 여러분에게조차도 저는 "기도하라"고 말할 수 없었을 것입니다. 그렇다면 죄인인 여러분들에게는 기도에 관해 더더욱 말할 수 없겠지요. 그러나 저는 지금 스스로 가장 악한 죄인이라고 생각하는 모든 사람들에게 이렇게 말하고 싶습니다: 주님께 부르짖고, "너희는 여호와를 만날 만한 때에 찾으라"(사 55:6). 은혜의 보좌는 여러분에게 가장 적절한 장소이므로 나아가 무릎을 꿇으십시오. 연약한 믿음이라도 구주에게 나아가십시오. 그분이, 바로 그분이 은혜의 보좌이시니까요. 하나님이 사람의 그 악한 죄악들을 은혜로 사하실 수 있는 것은 바로 그분 안에서입니다.

하나님의 축복을 받은 형제들이여, 기도의 결함이나 기도자의 실수 때문에 우리의 간구가 상하고 애통하는 심령을 기뻐하시는 하나님으로부터 무시당하는 일은 없음을 기억하십시오.

만일 그것이 은혜의 보좌라면, 간구자의 소원은 이해될 것입니다. 만일 제가 제 소원을 구하는 말들을 해석할 수 없다고 해도, 하나님은 그 은혜를 가지고 말 속에 들어 있는 제 마음의 소원을 이해할 것입니다. 그분은 그의 성도들의 뜻 곧 그들의 탄식소리의 의미를 파악하십니다. 은혜가 없는 보좌였다면 우리의 간구를 이해하기 위해 그토록 수고하지 않으실 것입니다. 그러나 하나님은 무한히 은혜로우신 분으로서 간절한 소원으로 가득 찬 우리의 영혼 속에 뛰어드시고, 거기서 우리 혀가 다 말할 수 없는 것을 파악하실 것입니다.

여러분은 자녀가 부모에게 뭔가를 말하고자 할 때 보신 적이 있지요? 부모는 어린 자녀가 서툰 단어와 말로 도와달라고 말할 때 그 의미를 누구보다 잘 압니다. 가령 어린 자녀가 자기가 해야 할 말을 절반 정도 잊어먹었다고 해도 아버지는 그 말의 뜻을 이미 간파하고 있음을 여러분은 잘 아실 것입니다. 마찬가지로 항상 축복을 베푸시는 성령은 은혜의 보좌로부터 우리가 할 말을 가르쳐 주심으로써 도와주십니다. 아니 우리 마음속에 있는 소원들을 아예 기록하셔서 우리를 도우십니다. 우리는 성경에서 하나님이 죄인들의 입술에 말씀을 두신다는 기록들을 발견합니다: "너희는 말씀을 취하라 그리고 여호와께로 돌아와서 '저희를 은혜로 받아주시고 자유롭게 사랑하소서'라고 말하라"고 말씀하십니다(호 14:2 참조).

그분은 자신의 은혜를 통해 여러분의 영혼 속에 소원을 두시고 그것을 표현하도록 하실 것입니다. 그분은 여러분의 소원이 여러분이 구하는 것들이 되도록 가르쳐 주실 것입니다. 그분은 여러분이 미처 알지 못할 때에도 여러분의 필요가 무엇인지 가르쳐 주실 것입니다. 그분은 여러분에게 자신의 약속들을 제시하심으로써 그것들을 간구할 수 있도록 하십니다. 실제로 그분은 여러분의 구원에 대해 그런 것처럼 기도에 대해서도 알파와 오메가가 되십니다. 구원이 처음부터 끝까지 은혜로 이루어지는 것처럼 죄인이 은혜의 보좌로 나아가는 것 역시 처음부터 끝까지 은혜로 이루어진다는 것입니다. 이것이 얼마나 우리에게 큰 위로가 될까요! 사랑하는 형제들이여, 우리가 "은혜의 보좌"라는 이 보배로운 말의 감동스러운 의미를 알았다면, 얼마든지 이 보좌에 담대하게 가까이 나아갈 수 있지 않겠습니까?

만일 그곳이 은혜의 보좌라면, 그곳에 나아오는 사람들의 모든 필요는 충족될 것입니다. 이 보좌에 앉으신 왕은 "너희는 나에게 선물을 가져와야 한다. 너희는 내게 희생제물을 바쳐라"고 말씀하시지 않습니다. 그곳은 공물을 받는 보좌가 아닙니다. 그곳은 은혜를 베푸는 곳입니다. 가난하면 가난한 대로 나아가십시오. 아담의 타락으로 말미암아 그리고 여러분 자신의 범죄로 말미암아 거지처럼 무가치한 존재 그대로 나아가십시오. 이곳은 그 수하들의 징세를 통해 유지하는 엄위의 보좌가 아니라 선한 일이 홍수 같이 흘러나오는, 샘처럼 은혜가 쏟아져 나와 스스로를 영화롭게 하는 보좌입니다. 그러니 지금이라도 나아가십시오. 그러면 자유롭게 주어지는 포도주와 젖을 받을 것입니다. "너희는 와서 사먹되 돈 없이 값없이 와서 포도주와 젖을 사라"(사 55:1). 다시 말하지만, 기도자의 모든 필요는 그곳이 은혜의 보좌이기 때문에 충족될 것입니다.

이와 같이 고통 가운데 하나님 앞에 나아와 간구하는 자들은 모두 긍휼히 여기심을 받게 될 것입니다. 내가 나의 죄의 무거운 짐과 함께 은혜의 보좌 앞에 나온다고 상상해 보십시오. 거기에 오래 전 죄의 무게를 친히 느끼셨을 뿐만 아니라 지금도 그 무게를 잊지 않고 계시는 자가 보좌 위에 앉아 계십니다. 내가 슬픔의 무거운 짐을 지고 나온다고 상상해 보십시오. 거기에 사람이 당할 수 있는 모든 슬픔을 아시는 자가 앉아 계십니다. 지금 내가 낙망과 괴로움 가운데 있습니까? 지금 내가 하나님이 나를 버리셨다고 생각하며 두려워하고 있습니까? 보좌 위에 "나의 하나님 나의 하나님 어찌하여 나를 버리셨나이까?"라고 부르짖었던 자가 앉아 계십니다. 그는 지금도 따뜻한 사랑의 눈으로 사람들의 모든 고통을 바라보고 계십니다. 그리고 그들을 살피시며, 그들의 고통을 덜어 주십니다. 그러므로 고통 가운데 차라리 죽기를 바라는 ─ 죽기를 두려워하면서도 ─ 가련한 자들이여, 그에게 나오십시오. 그에게 나오십시오. 포로들이여, 여러분을 묶고 있는 사슬을 그대로 가지고 그에게 나오십시오. 노예들이여, 여러분의 영혼 위에 찍힌 노예의 낙인(烙印)을 그대로 가지고 그에게 나오십시오. 어둠 가운데 앉아 있는 자들이여, 그 모습 그대로 그에게 나오십시오. 설령 여러분이 은혜의 보좌에 아무것도 드릴 것이 없다 하더라도, 은혜의 보좌는 여러분에게 풍성한 것을 베풀 것입니다. 설령 여러분이 스스로를 구원하기 위해 손가락 하나도 까딱할 수 없다 하더라도, 은혜의 보좌는 여러분을 구원할 것입니다.

"은혜의 보좌" — 이 말은 제 마음속에 고동처럼 메아리치고 있습니다. 만일 제가 기도를 통해 하나님의 보좌에 나아간다면, 내 안에 비록 천 가지 결함들이 있으나 소망이 있다는 것, 그것이 제게는 가장 즐거운 생각입니다. 저는 항상 제가 하는 다른 일들보다 기도가 부족하다는 것을 느낍니다. 많은 성도들 앞에서 합당한 헌신의 모습을 보여주기 위해 대표기도를 하는 것은 쉬운 일이 아닙니다. 우리는 때때로 설교를 잘해서 칭찬받는 사람들을 보는데, 만일 어떤 사람이 기도를 잘할 수 있다면 그것 역시 그와 똑같은 은사로서 그 안에는 특별한 은혜가 있습니다. 그러나 형제들이여, 우리가 기도할 때 지식적으로 결함이 있을 수 있음을 인정하기 바랍니다. 그러나 그곳은 은혜의 보좌이기 때문에 우리 아버지는 이런 일들에 대해 필요를 갖고 있음을 아십니다. 믿음이 부족하다는 것도 기억하십시오. 그러나 그분은 우리의 약한 믿음을 보시고, 그것이 아무리 작다고 해도 결코 거부하지 않습니다. 그분은 어떤 경우든 우리 믿음의 수준에 따라서가 아니라 신앙의 성실성과 진실함에 따라 베푸시는 은혜의 양을 재시는 분입니다. 우리의 마음속에 중대한 결함이 있고, 기도의 열정이나 겸손함에 부족함이 있다고 해도, 더더욱 우리가 이것들을 뉘우치지 못하는 상태에 있어도, 은혜는 이 모든 것을 간과하고 용납하실 것입니다. 나아가 그 자비로우신 손길은 우리의 필요를 따라 우리를 충분히 부요하게 하는데 부족함이 없을 것입니다. 확실히 이것은 기도하지 않는 많은 사람들을 기도하도록 이끌고, 이것은 기도를 신성한 업무로 생각하는 우리에게 담대한 마음을 가지고 은혜의 보좌로 더욱 가까이 나아가도록 할 것입니다.

### 3. 보좌에 앉으신 은혜

그런데 본문을 전체적으로 주시해 보면, 우리를 보좌에 앉으신 은혜의 개념으로 인도합니다. 그곳은 보좌인데, 누가 그곳에 앉아 계십니까? 그것은 인격화된 은혜로서, 여기서 위엄이 시작됩니다. 진실로 오늘날 은혜는 보좌 위에 앉게 십니다. 예수 그리스도의 복음 안에는 은혜가 가장 두드러진 하나님의 속성입니다.

그것이 어떻게 그렇게 높은 자리에 앉게 되었을까요? 그것은 아마 은혜가 정복을 통해 얻은 보좌를 가지고 있기 때문일 것입니다. 은혜는 사랑의 축복의 형태로 이 땅에까지 내려오셨고, 그곳에서 죄와 맞닥뜨렸습니다. 오랫동안 치열한 전쟁이 벌어졌고, 은혜는 죄를 발 아래 짓밟고 승리하셨습니다. 은혜는 결국 죄를 결박해서 그것을 그 어깨에 메었습니다. 그리고 죄의 짐 아래 있는 모든 것과 함께 은혜는 죄를 십자가에 매달아 그것을 못 박고, 죽이고, 영원히 사망 속에 두셨습니다. 이런 이유로 은혜는 인간의 죄를 정복하고, 인간의 죄책의 형벌을 담당하고, 그 모든 원수들을 물리쳤기 때문에 이 시간 보좌 위에 앉아 계십니다.

또한 은혜는 그곳에 공의를 세우셨기 때문에 보좌 위에 앉아 계십니다. 하나님의 은혜 속에는 불의가 없습니다. 하나님은 죄인을 지옥에 던지실 때만큼 신자를 용서하실 때에도 의로우신 분입니다. 저는 회개하지 않고 죽고, 여호와의 임재 앞에서 쫓겨남을 당하는 영혼들에게 주어지는 거부 속에 있는 공의와 마찬가지로 하나님이 그리스도를 믿는 영혼을 받아들이시는 용납 속에도 크고 순전한 공의가 들어 있다고 확신합니다. 그리스도의 희생으로 하나님은 "자기도 의로우시며 또한 예수 믿는 자를 의롭게"(롬 3:26) 하실 수 있었습니다. 대속이라는 말을 알고, 그 올바른 의미를 포착하고 있는 사람은 신자에게는 절대로 형벌의 공의가 적용되지 않고, 예수 그리스도가 모든 신자의 죗값을 지불하셨다는 것을 알게 될 것입니다. 만약 하나님이 그리스도가 위해서 대신 고난당하고, 그분의 의가 제공되며, 그것이 전가된 사람들을 구원하시지 않는다면, 그분은 불의한 분이 될 것입니다. 은혜는 정복을 통해 보좌 위에 있고, 공의를 통해 그 위에 앉아 계십니다.

사랑하는 형제들이여, 그리스도는 자신의 사역을 완수하고 하늘로 올라가셨기 때문에 은혜는 지금도 보좌 위에 계십니다. 은혜는 권능 가운데 보좌에 앉아 계십니다. 우리는 그 보좌에 관해 말할 때, 그것은 그분이 무한한 능력을 갖고 계신다는 것을 말하는 것입니다. 은혜는 하나님의 발등상 위에 앉아 계시는 것이 아닙니다. 은혜는 하나님의 법정에 서 계시는 것도 아닙니다. 은혜는 보좌 위에 앉아 계십니다. 그것은 다스리는 권세를 갖고 있습니다. 그것은 지금도 왕이십니다. 지금은 은혜의 분배의 때요 은혜의 해입니다. 은혜는 의를 통해 영생을 지배합니다. 우리는 다스리시는 은혜의 시대에 살고 있습니다. 예수님은 사람의 아들들을 위해 "항상 살아 계셔서 그들을 위하여 간구하시기 때문에" 사람의 아들들 곧 "자기를 힘입어 하나님께 나아가는 자들을 온전히 구원하실 수 있습니다"(히 7:25). 죄인들이여, 만일 여러분이 순례하는 여행자로서 그 길에서 은혜를 만나려고 한다면, 그것의 친구가 되어 그 능력을 구하기를 바랍니다. 만일 여러분이 손에 보물을 들고 장사하는 상인으로서 은혜를 만나기 원한다면, 그것으로 그의 우정을 사기를 권면합니다. 그것은 궁핍의 때에 여러분을 부요하게 할 것입니다. 만일 여러분이 지극히 높아진 천국의 귀족들로서 은혜를 만나기를 원한다면, 그 지위를 얻도록 노력하기를 바랍니다. 그러나 오, 은혜가 보좌 위에 앉아 있을 때 즉시 그 앞에 나아가도록 권고합니다. 그것은 우리가 나아갈 수 없을 만큼 높지 않습니다. 그것은 우리가 나아갈 수 없을 만큼 크지 않습니다. 그 이유는 하나님을 은혜의 별칭인 "사랑이시라"(요일 4:8)고 부르고 있기 때문입니다. 오, 오십시오. 오셔서 그 앞에 무릎을 꿇으십시오. 오셔서 하나님의 무한하신 자비와 은혜를 찬미하십시오. 의심하지 마십시오. 멈추지 마십시오. 지체하지 마십시오. 은혜는 지배자이십니다. 은혜는 하나님이십니다. 하나님은 사랑이십니다. "무지개가 있어 보좌에 둘렸는데 그 모양이 녹보석 같더라"(계 4:3). 여기서 녹보석은 그분의 인자와 사랑으로 이루어져 있습니다. 오, 이것을 믿을 수 있는 영혼들은 얼마나 행복할까요! 그리고 그것을 믿고 있는 사람들은 즉시 나아와 그 능력을 맛보게 됨으로써 은혜를 영화롭게 할 수 있을 것입니다.

### 4. 은혜의 영광

마지막으로, 정확하게 읽는다면, 본문은 그 안에 영광으로 충만한 주권 ─ 은혜의 영광 ─ 을 포함하고 있습니다. 속죄소는 보좌입니다. 은혜가 있지만 그곳은 여전히 보좌입니다. 은혜는 주권을 제거하지 않습니다. 아니 주권의 속성이 굉장히 크고 강하게 나타나 있습니다. 그 빛은 지극히 귀한(계 21:11) 보석 같고 벽옥 같으며, 또한 에스겔 선지자가 그렇게 부른 것처럼, "두려운 수정"(겔 1:22)과 같습니다. 그래서 만군의 주이신 왕께서 "내가 긍휼히 여길 자를 긍휼히 여기고 불쌍히 여길 자를 불쌍히 여기리라"(롬 9:15)고 말씀하십니다.

"이 사람아 네가 누구이기에 감히 하나님께 반문하느냐 지음을 받은 물건이 지은 자에게 어찌 나를 이같이 만들었느냐 말하겠느냐 토기장이가 진흙 한 덩이로 하나는 귀히 쓸 그릇을, 하나는 천히 쓸 그릇을 만들 권한이 없느냐"(롬 9:20-21).

그러나 여러분 가운데 누구든 그분의 주권에 대한 생각으로 말미암아 풀이 죽지 않도록 하기 위해서 저는 본문으로 여러분을 초대하는 바입니다. 그것은 보좌입니다 ─ 주권이 있습니다. 그러나 기도하는 법을 알고 있는 모든 영혼들에게 곧 믿음으로 예수님께 나아오는 모든 영혼들에게, 참된 속죄소, 신적 주권은 어둡고 두려운 장면은 전혀 없고 다만 사랑으로 충만합니다. 그것은 은혜의 보좌입니다. 이 사실로부터 저는 성도에 대한, 간구자에 대한, 그리스도 안에서 하나님께 나아오는 사람에 대한 하나님의 주권은 항상 순전한 은혜 속에서 행사된다는 것을 발견하게 됩니다. 여러분들에게, 기도로 하나님께 나아오는 여러분들에게 주권은 항상 다음과 같이 진행됩니다: "나는 죄인에게 자비를 베풀 것이다. 하지만 그는 그것을 받을 자격이 없다. 그 안에는 그럴 만한 공로가 없다. 그러나 나는 무엇이든 내 자신의 뜻대로 할 수 있기 때문에 그를 축복할 것이다. 나는 그를 내 자녀로 삼고 그를 용납할 것이다. 그는 내가 그를 나의 보배로 만들 때까지 내 것이 될 것이다."

그러나 여기서 거론해야 할 사실이 몇 가지 있습니다. 저는 이 주제를 다룰 생각입니다. 은혜의 보좌의 자리에서 주권은 사랑의 예속 아래 놓여 있습니다. 하나님은 자신의 뜻대로 모든 것을 행하십니다. 그러나 속죄소에서 그분은 예속 ― 자신이 만드신 예속 ― 아래 있습니다. 왜냐하면 그분은 그리스도와의 언약 관계 속에 있고, 따라서 그의 택한 백성들과도 그 관계 속에 들어가 있기 때문입니다. 비록 하나님이 주권을 지금도 갖고 계시고, 또 앞으로도 항상 갖고 계실 것이지만, 그분은 자신의 언약을 깨뜨리지 않을 것이고 자신의 입술을 통해 하신 말씀을 절대로 바꾸지 아니하실 것입니다. 그분은 자신이 친히 세우신 언약에 대해 결코 속일 수 없습니다. 제가 그리스도 안에서 하나님께, 속죄소 위에 계시는 하나님께 나아갈 때, 저는 어떤 주권적 행위를 통해 하나님이 자신의 언약을 파기하실 것이라고 상상할 필요가 없습니다. 그런 일은 절대로 일어날 수 없습니다. 그것은 불가능합니다.

더구나 은혜의 보좌 위에 계신 하나님은 또한 자신의 약속들에 의해 예속을 받으십니다. 언약은 그 안에 은혜로운, 특별히 위대하고 보배로운 많은 약속들을 포함하고 있습니다. "구하라 그리하면 너희에게 주실 것이요 찾으라 그리하면 찾아낼 것이요 문을 두드리라 그리하면 너희에게 열릴 것이니"(마 7:7). 하나님이 이 말씀이나 이 말씀의 결과에 대한 말씀을 하시기 전까지는 기도를 듣거나 듣지 않으시는 것은 그분 자신의 선택의 문제였습니다. 그러나 지금은 그렇지 않습니다. 왜냐하면 지금은, 만일 예수 그리스도를 통해 참된 기도가 드려진다면, 그 기도를 들으시는 것이 그분의 진리에 속하기 때문에 그분은 그렇게 하실 수밖에 없기 때문입니다. 사람은 누구나 약속하기 전에는 완전히 자유로울 수 있지만, 약속을 하는 순간부터 그는 그것을 깰 자유가 없습니다. 그런 것처럼 영원하신 하나님도 자신의 약속을 깨뜨리는 것을 원하시지 않습니다. 그분은 그것을 지키는 것을 기뻐하십니다. 그분은 자신의 모든 약속은 예수 그리스도 안에서 "예"와 "아멘"이 된다고 선언하셨습니다(고후 1:20). 다행스럽게도 우리는 그 크고 두려운 주권을 쥐고 계신 하나님에 관해 다음과 같은 결론에 이르게 됩니다: "그분은 자기를 찾는 영혼들에게 신실하기 위해 언약적 약속의 예속 아래 계신다. 그분의 보좌는 그의 백성들에게는 은혜의 보좌가 되심이 틀림없다."

　　이 모든 것에 대한 가장 은혜로운 결론은, 모든 언약적 약속은 그의 사랑하는 아들이신 그리스도의 보혈로 보증되고 인증되었고, 영원하신 하나님은 그 피를 결코 무시하지 못하신다는 것입니다. 어떤 왕이 어떤 도시에 자치권을 허용했을 때, 그는 그 전까지는 그 지역에 대해 절대적인 권리를 가질 수 있었습니다. 그의 허락이 없이는 아무것도 할 수 없었습니다. 그러나 그 도시가 자치권을 갖게 되었을 때, 그 권리를 왕에게 탄원할 수 있게 됩니다. 그런 것처럼 하나님도 그의 백성들에게 말로 다할 수 없는 축복권 곧 다윗에게 허락한 확실한 은혜를 주셨습니다. 자치권의 타당성은 왕의 서명과 보증에 크게 의존합니다. 형제들이여, 그러니 언약의 은혜에 대한 권리가 얼마나 확실합니까! 그 서명은 하나님 자신의 자필서명이고, 그 보증은 독생자의 보혈입니다. 언약은 보혈, 곧 그의 사랑하는 아들의 피로 비준됩니다. 우리가 "만사에 구비하고 견고하게 하신" 보혈로 보증된 언약을 내세울 때, 하나님께 헛된 간청을 하는 것이 결코 아닙니다. "천지는 없어질지언정"(마 24:35), 예수님의 보혈의 능력은 하나님에 대해 결코 실패할 수 없습니다. 그것은 우리가 침묵할 때 말씀하고, 우리가 패배당할 때에 승리를 주십니다. 그것은 "아벨의 피보다 더 나은 것"(히 12:24)을 외치고, 그 외침은 하나님께 들릴 것입니다. 우리는 담대하게 나아가야 합니다. 왜냐하면 우리는 마음속에 약속을 갖고 있기 때문입니다. 하나님의 주권 때문에 불안감을 느낄 때, 우리는 이렇게 노래합시다.

　　　"복음이 나의 영혼을 지탱시키고,
　　　신실하고 불변하시는 하나님은
　　　내 소망의 근거를

언약과 약속과 보혈 속에 두시네."

성령 하나님이 이 시간부터 "은혜의 보좌"라는 말을 올바로 사용하도록 우리를 인도해 주시기를 바랍니다. 아멘.

제
9
장
—

# 무식한 자에 대한 동정심

—

**"그가 무식하고 미혹된 자를 능히 용납할 수 있는 것은
자기도 연약에 휩싸여 있음이라." —히 5:2**

오늘 본문은 율법에 따른 제사장의 필수적인 자질들 가운데 하나를 다룹니다. 옛 율법 하에서, 사람들을 위해 하나님께 말하고 또 하나님을 위해 사람들에게 말하기 위하여 사람들 가운데서 택하여진 제사장들이 있었습니다. 그들은 천사들 가운데서 택하여지지 않고 사람들 가운데서 택하여졌습니다. 그들은 절대적으로 완전한 사람들 가운데서 택하여지지 않고 연약에 휩싸여 있는 사람들 가운데서 택하여졌습니다. 연약한 인생들이 쉽게 다가올 수 있도록 하기 위해서 말입니다. 이스라엘 백성들은 제사장들이 자신들의 연약함과 슬픔을 알며 또 이해하는 자들이라는 사실을 알았습니다. 그들에게 있어 제사장은 고요한 무관심으로 자신들을 내려다보는 고고한 존재가 아니었습니다. 그들은 아무 두려움 없이 제사장에게 나아갈 수 있다고 느꼈습니다. 그들에게 있어 제사장과 자신들 사이를 나누는 빙하의 크레바스와 같은 심연(深淵)은 결코 없었습니다. 그들은 하나님의 사역자인 제사장에게 마치 친구에게 말하는 것처럼 자신들의 고통과 슬픔을 말할 수 있었습니다. 왜냐하면 그 역시 같은 것을 느꼈으므로 그들을 위로해 줄 수 있었기 때문입니다. 제사장은 자신을 찾아온 자들에게 따뜻하고 친절한 말을 해주었습니다. 그러나 만일 그 자신이 "연약에 휩싸여" 있지 않았다면, 그는 결코 그렇게 말해 줄 수 없었을 것이었습니다. 그는 그들을 사랑하는 마

음으로 그들의 다양한 사정을 참을성 있게 들어줄 수 있었습니다. 제사장은 자신에게 나아오는 자들의 어리석음으로 인해 화를 내지 않았습니다. 도리어 그들의 말을 주의 깊게 들으면서 그들의 어려움을 해결해 주려고 노력했습니다. 제사장은 자신 역시도 하나님 앞에서 연약하며 어리석은 자에 불과하다는 사실을 알고 있었습니다. 그에게도 고통과 두려움이 있었으며, 그러한 사실이 그로 하여금 다른 사람들에 대해 온유한 마음을 갖도록 이끌었습니다. 왜냐하면 하나님이 연약한 그를 온유하게 대해 주셨기 때문입니다. 이와 같이 지혜로우신 하나님이 연약에 휩싸여 있는 아론의 아들들을 제사장으로 택하신 것은 그들로 하여금 연약한 인생들을 온유한 마음으로 동정(同情)하도록 하시기 위함이었습니다. 사람들은 전쟁을 위해 "철의 군주"(iron duke)를 사모합니다. 그렇지만 고난의 날에 누가 "철의 제사장"(iron priest)을 감당할 수 있겠습니까? 놋 성벽은 방어를 위해서는 좋습니다. 그렇지만 위로를 위해서는, 우리는 피와 살로 된 가슴을 필요로 합니다. 영적인 위로자와 인도자로서, 나는 삼중 관을 쓴 무오(無誤)한 교황이 아니라 나와 똑같은 본성을 가진 형제와 친구를 원합니다.

오늘 설교를 통해 나는 여러분에게 다음과 같은 두 가지를 제시하고자 합니다. 첫째는 그러한 동정심과 관용이 형제들에게 선을 행함에 있어서의 두 가지 큰 자질이라는 것이고, 둘째는 그러한 두 가지 자질이 근본적으로 우리 주 예수 그리스도 안에 있으므로 우리가 그에게 담대하게 나아갈 수 있다는 것입니다. 부디 성령께서 오늘의 설교를 축복하시기를 기원합니다.

### 1. 첫째로, 형제들에게 선을 행하고자 하는 사람은 동정심과 관용의 마음을 가져야만 합니다.

동정심과 관용의 마음은 무식하고 미혹된 자들로 하여금 여러분 주위로 모여들도록 이끌 것입니다. 사람들은 지나치게 엄격하며, 냉정하며, 쉽게 접근할 수 없는 사람에게는 모여들지 않을 것입니다. 그들은 돌덩어리처럼 보입니다. 그들에게는 아무런 감정도 없는 것 같습니다. 그들은 메마르고 삭막합니다. 그들에게는 따뜻한 인간성의 향기가 풍겨나지 않습니다. 그들에게는 따뜻한 피가 없는 것 같습니다. 그러므로 여러분은 그들에게 끌리지 않습니다. 톱밥으로 가득 찬 자루를 누가 사랑하겠습니까? 쇳조각으로 가득 찬 상자를 누가 좋아하겠습니까? 그럼에도 불구하고 어떤 사람들은 너무나 엄격하며 냉정합니다. 만일 사람들을 끌어당기기를 바란다면, 여러분은 그들에게 동정심을 가져야만 합니다. 자석이 바늘을 끌어당기는 것처럼, 동정심은 사람을 끌어당깁니다. 넓은 마음은 너무나 유용합니다. 넓은 마음을 연습하고 계발하십시오. 다른 사람의 슬픔에 귀를 막지 마십시오. 슬퍼하는 자들과 함께 슬퍼하십시오. 무식하고 미혹된 자들에 대해 동정심을 가지십시오. 그러면 그들은 당신에게 예전에 세리와 죄인들이 주님에게 했던 것처럼 그렇게 할 것입니다. "모든 세리와 죄인들이 말씀을 들으러 가까이 나아오니"(눅 15:1). 사람들이 당신 주위에 몰려들 것입니다. 마치 벌들이 여왕벌 주위로 몰려들듯이 말입니다. 그들은 그렇게 하지 않을 수 없을 것입니다. 그들은 그렇게 하지 않기를 바라지 않을 것입니다. 사랑은 여왕벌과 같습니다. 여왕벌이 있는 곳으로 무수한 벌들이 모여드는 법입니다.

또 이러한 마력으로 여러분은 여러분에게 모여드는 사람들을 붙잡을 것입니다. 사람들은 사랑 없는 지도자 곁에 오래도록 머물기를 바라지 않습니다. 심지어 학교에서 공부하는 어린이들도 사랑이 없는 선생님의 말은 듣고 싶어하지 않습니다. 병사들이 자신들을 사랑하는 지도자를 따르는 것처럼, 아이들은 자신들을 사랑하는 선생님을 따릅니다. 사람들은 동정심이 없는 사람 주위에 잠시 동안은 머물러 있을 수 있습니다. 그러나 그들은 이내 그에게 동정심이 없다는 사실을 육감적으로 알아채고 각자 자신들의 길로 갈 것입니다. 여러분은 어떤 특별한 방법으로 잠시 동안 사람들을 모을 수 있습니다. 그러나 만일 당신이 그들을 사랑하며 진심으로 그들의 선(善)을 바란다는 사실을 그들이 인식하지 못한다면, 그들은 곧 당신에 대해 싫증을 느끼게 될 것입니다. 예수께서 말씀을 전파할 때, 군중들은 계속해서 그의 옷자락을 붙잡았습니다. 그 이유가 무엇이었겠습니까? 그것은 그가 진정으로 자신들의 선을 바란다는 사실을 그들이 알았기 때문입니다. 사랑하는 친구여, 만일 당신이 설교하는 동안 계속해서 청중의 주의를 붙잡기를 바란다면, 당신은 동정심을 가져야만 합니다. 지구는 인력(引力) 즉 잡아당기는 힘에 의해 균형을 유지합니다. 사람들에게도 그와 같은 힘이 작동하는데, 그것은 사랑과 동정심의 힘입니다.

동정심은 또한 죄인들을 움직여 스스로를 돌아보도록 만드는데 크게 유용합니다. 자신들의 영혼에 대해 아무것도 느끼지 못하는 사람들이 있습니다. 다른 사람들로 말미암아 그에 대해 느끼지 않을 수 없게 될 때까지 말입니다. 닐(Knill)이라 불리는 사람이 있었습니다. 한번은 그가 체스터(Chester)에서 전도지를 나누어 주고 있었습니다. 그는 군인들이 모여 있는 곳으로 가서 그들에게 전도지를 나누어 주었습니다. 많은 군인들이 전도지를 받았습니다. 그런데 한 사람이 그 앞에서 전도지를 갈기갈기 찢었습니다. 그러고는 동료 병사들에게 말했습니다. "여보게, 우리 모두 이 친구 주위를 둘러싸세." 군인들이 닐의 주위를 둘러싸자, 그 악한 친구는 포악한 태도로 닐을 저주했습니다. 그러자 닐은 도리어 그를 불쌍히 여기면서 눈물을 흘렸습니다. 그 순간 닐의 눈물을 보면서 그 악한 자의 마음이 깨어졌습니다. 그 어느 것도 그의 마음을 움직일 수 없었습니다. 그는 자신과 같은 장성한 사람이 자기로 인해 눈물을 흘리는 것을 견딜 수 없었습니다. 그리고 몇 년 후 그는 닐이 보여준 동정적인 마음이 자신의 영혼을 움직였으며 마침내 자신을 회개의 길로 인도했다고 고백했습니다. 만일 여러분이 다른 사람들에게 동정심을 갖는다면, 그들은 어째서 여러분이 그들에게 그토록 큰 관심을 갖는지 의아하게 생각할 것입니다. 「천로역정」에 보면 한 불신자가 그의 영혼을 구원하고자 애쓰는 크리스천에게 다음과 같이 묻는 이야기가 나옵니다. "어째서 당신은 나를 위해 그토록 큰 관심을 기울이는 거요?" 그 때 맞은편에서 그들을 바라보고 있던 사람이 이렇게 대답했습니다. "아, 아무도 나의 영혼을 위해 관심을 기울이지 않아요. 나에게는 나를 위해 기도해 줄 사람이 아무도 없어요. 아무도 나를 위해 관심을 기울여주지 않아요. 아, 그렇게만 해준다면, 나에게 약간의 희망이라도 있을 텐데." 사랑하는 자들이여, 만일 여러분이 다른 사람들의 선(善)을 추구한다면, 여러분에게 가장 필요한 것은 동정심과 관용과 인내입니다. 이런 것들이 없다면, 여러분은 여러분의 말을 듣고 있는 사람들의 마음을 결코 움직이지 못할 것입니다.

　뿐만 아니라 여러분 자신의 오래 참음을 위해서도 큰 동정심이 필요합니다. 만일 여러분이 여러분의 학급의 아이들을 사랑하지 않는다면, 여러분은 곧 그 일을 포기하게 될 것입니다. 만일 여러분이 집집마다 방문하며 다니는 사람들을 사랑하지 않는다면, 결국 여러분은 그 일을 형식적으로만 하게 될 것입니다. 만일 여러분이 주변의 죽어가는 죄인들에게 동정심을 품지 않는다면, 여러분은 결코 그들의 영혼을 얻을 수 없을 것입니다. 여러분은 사람의 마음을 정복하는 것이 어려운 일이 아니라는 사실을 결코 발견하지 못할 것입니다. 실제로 그것은 모든 일 가운데 가장 어려운 일입니다. 만일 여러분이 수만 번의 거절까지도 감내하면서 계속해서 복음을 전할 정도로 사람들을 사랑하지 않는다면, 여러분은 결국 낙망한 가운데 사람을 낚는 거룩한 그물이나 혹은 천국의 씨를 뿌리는 복된 씨앗 바구니를 내던져 버리게 될 것입니다. 어쩌면 여러분은 여기에 한줌 저기에 한줌 계속해서 씨앗을 뿌릴는지 모릅니다. 그러나 만일 마음이 손을 움직이지 않는다면, 여러분은 결국 풍성한 수확을 거두지 못할 것입니다.

나아가 오직 동정심만이 여러분에게 어떻게 다른 사람들에게 말할지 가르칠 수 있습니다. 새로 회심한 신자들이 자신들보다 훨씬 오래된 신자들에게 그리스도의 사랑에 대해 말하는 것을, 그것도 매우 효과적으로 말하는 것을 보는 것은 참으로 흥미로운 일입니다. 여러분은 어떤 사람을 대학으로 데려가 그에게 어떻게 죄인들에게 올바로 말씀을 전파할지에 대해 가르칠 수 없습니다. 그것은 책이나 강의나 규범 따위로 가르칠 수 없습니다. 그것은 오직 일종의 새로운 본성의 충동에 의해서만 배울 수 있습니다. 아무도 젊은 엄마에게 그녀의 첫 아이를 어떻게 다루어야 할지 가르칠 필요가 없습니다. 오직 그녀의 사랑이 모든 것을 가르칠 것입니다. 과부가 된 어머니가 혼자 몸으로 자신의 많은 자녀들을 먹이는 것은 나에게 참으로 놀라운 일입니다. 나는 어떻게 그렇게 하는지 말할 수 없습니다. 오직 사랑이 그녀로 하여금 다른 사람들은 거의 감당할 수 없는 초인적인 노력을 하도록 이끕니다. 자신의 아이들에게 먹을 것과 입을 것과 잠자리를 마련해 주기 위해서 말입니다. 만일 여러분이 충분한 사랑을 가지고 있다면, 여러분은 하나님의 은혜로 말미암아 사람들을 그리스도께로 이끌 수 있을 것입니다. 설령 그들의 마음이 숫돌처럼 딱딱하다 하더라도, 여러분은 그보다 더 큰 사랑으로 마침내 그들의 마음을 녹일 것입니다. 설령 여러분이 하늘과 땅을 움직일 만한 믿음을 가지고 나아간다 하더라도, 여러분은 실패할 수 있습니다. 그러나 만일 여러분에게 충분한 사랑과 따뜻한 마음이 있다면, 여러분은 필경 선을 이룰 것입니다. 나는 이러한 동정심과 관용의 마음이 목회자와 주일학교 교사와 기타 모든 종류의 그리스도인 사역자들에게 필요한 가장 주된 자질이라고 믿습니다.

사랑하는 친구들이여, 설령 동정심과 관용의 마음을 가지고 나간다 할지라도, 여러분은 곧 많은 시험과 반대에 부딪히게 될 것입니다. 젊은 사역자들이여, 만일 여러분이 기독교 사역을 감당한다면, 머지않아 여러분은 노골적인 반대에 직면하게 될 것입니다. 많은 사람들이 어리석은 말로 여러분을 비웃으며 조롱할 것이며, 불경스러운 사람들이 여러분을 욕할 것입니다. 이것은 결코 이상한 일이 아닙니다. 그러나 만일 여러분이 그들을 동정심으로 바라볼 수 있다면, 여러분은 그들로 인해 평정을 잃는다든지 혹은 낙심하지 않을 것입니다. 대적자를 이기는 가장 확실한 방법은 그들이 결코 여러분을 화나게 만들 수 없다는 사실을 그들로 하여금 깨닫도록 만드는 것입니다. 도리어 여러분은 그들에 대한 긍휼의 마음을 더 많이 느껴야 합니다. 왜냐하면 그들에게 복음이 필요한 이유를 더 확실하게 알게 되었기 때문입니다. 그들이 더 많은 죄를 저지를수록 여러분은 그들에게 일곱 배로 더 진지하게 다가가야 합니다. 실제로 노골적으로 반대하는 사람들보다 반대하지는 않지만 동시에 굴복하지도 않는 사람들이 더 힘들게 하는 경우도 종종 있습니다. 내가 어떤 사람에게 그리스도에 대해 말했다고 가정합시다. 그는 이렇게 대답합니다. "예, 목사님! 그렇지요. 알겠습니다." 나는 말합니다. "그렇지만 사랑하는 친구여, 당신은 마음이 새로워질 필요가 있습니다." 그는 대답합니다. "예, 목사님! 그렇습니다." "그리스도를 믿는 믿음으로 말미암지 않고는 결코 구원을 받을 수 없습니다." "예, 그렇습니다. 목사님!" 내가 아는 어떤 사람이 있습니다. 나는 그에게 여러 차례 복음에 대해 이야기했습니다. 그러면 그는 항상 나에게 그토록 친절하게 말해 주어서 너무나 감사하다고 대답합니다. 그러면서 나로부터 너무나 큰 은혜를 입어서 어찌할 바를 알지 못하겠노라고 말하곤 합니다. 그는 항상 "예, 알겠습니다! 예, 알겠습니다!"라고 덧붙입니다. 그러나 그것이 전부입니다. 나는 그가 나에게 욕을 하기를 바라지 않습니다. 그렇지만 나는 차라리 그가 나에게 격분하는 말이라도 했으면 좋겠습니다. 그렇다면 그에 대해 약간의 희망이라도 가질 것입니다. 그러나 그는 결코 그렇게 말하지 않습니다. 오직 "예, 알겠습니다! 예, 알겠습니다!"가 전부입니다. 그렇기 때문에 나는 그를 붙잡을 수가 없습니다. 그는 와서 설교를 들을 것입니다. 그는 설교에 대해 이러쿵저러쿵 하지 않고, 오직 "아, 정말 훌륭하고 멋진 설교였어!"라고 말할 것입니다. 그리고 그것이 전부입니다. 여러분은 이런 부류의 사람들을 더 이상 어떻게 할 수 없습니다. 그들은 그와 같은 고분고분한 태도로 여러분을 이길 것입니다. 마치 갈대가 북풍 앞에 고분고분하게 고개를 숙임으로써 그것을 이기는 것처럼 말입니다. 성실한 사역자들은 이런 사람들에 대해 난감한 마음을 갖게 됩니다. 그렇지만 우리는 이런 사람들에 대해서도 동정심을 가져야만 합니다. 우리는 우리 마음을 더 큰 사랑으로 채워야 합니다. 그럴 때 비로소 그와 같은 사람들을 불쌍히 여기게 될 것입니다. 그렇지 않으면, 우리는 곧 지치고 마침내 그들의 영혼을 포기해 버리고 말 것입니다. 그들을 긍휼히 여기십시오. 그들을 향해 계속해서 거룩한 열심을 품으십시오. 참고 인내하며 관용하십시오. 설령 그들이 자주 여러분을 좌절시킨다 하더라도 말입니다.

또한 여러분은 종종 속이기를 잘 하는 사람들을 만날 것입니다. 여러분은 그들을 보며 희망에 부풀지만, 그러한 희망은 곧 실망으로 끝날 것입니다. 여러분은 말합니다. "내가 설교할 때 그의 눈에 눈물이 맺히는 것을 보았어." 그렇습니다. 그는 매우 물기가 많은 눈을 가지고 있습니다. 어쩌면 그는 지금 술에 취해 있기 때문에 쉽게 눈물을 흘리는 것인지도 모릅니다. 여러분은 마침내 그를 잃어버리고 맙니다. 또 여러분은 말합니다. "저 여자는 정말로 모든 주의를 기울여 나의 설교를 들어. 그녀는 나의 설교에 큰 은혜를 받은 것이 분명해." 그러나 나중에 여러분은 그것이 모두 겉치레에 불과한 것이었다는 사실을 알게 됩니다. 자, 이제 여러분의 동정심이 발휘되어야 할 시간입니다. 자주 실망할수록, 여러분은 더 많은 동정심을 가져야만 합니다. 자주 실망할지라도, 결코 포기하지 마십시오. 그들의 장례식이 열리고 그들의 영혼이 당신의 영향력의 범주를 떠날 때까지 말입니다.

우리의 믿음과 인내를 시험하는 또 다른 경우는, 회심했노라고 고백하는 사람들 가운데 우리의 마음을 슬프게 하는 자들이 많이 있다는 사실입니다. 밀의 이삭이 나왔음에도 불구하고 이런저런 병충해로 인해 추수하지 못하는 경우도 있습니다. 스스로를 주의 소유로 고백했다가 이내 냉랭해지고 마침내 죄 가운데 떨어져 좁은 길로부터 벗어나 버리고 마는 사람들이 있습니다. 사도 요한은 이렇게 말합니다. "그들이 우리에게서 나갔으나 우리에게 속하지 아니하였나니 만일 우리에게 속하였더라면 우리와 함께 거하였으려니와 그들이 나간 것은 다 우리에게 속하지 아니함을 나타내려 함이니라"(요일 2:19). 그들은 우리의 마음을 상하게 하는 자들이며, 옆구리에 박힌 가시이며, 뼈 속에 있는 칼입니다. 그들은 우리를 슬프게 만들며, 우리에게 쓰라린 고통을 가져다줍니다. 유다처럼, 그들은 돈을 위해 그리스도를 팝니다. 그들은 자신들의 주인을 배반함으로써 자신들이 지옥의 자식임을 스스로 드러냅니다. 비록 잠시 동안 그리스도의 제자들 가운데 있었다 하더라도 말입니다. 그렇지만 심지어 이런 사람들까지도 우리는 완전히 버려서는 안 됩니다. 우리는 그들을 불쌍히 여기며, 잃은 양을 찾으러 나가야 합니다. 이런 사람들에 대하여 여러분의 마음을 닫히게 만드는 모든 것을 피하십시오. 그들의 행동이 여러분의 마음을 돌처럼 굳어지게 만드는 것은 사실입니다. 그러나 그러한 것에 굴복하지 마십시오. 그렇지 않으면 여러분은 결국 많은 것을 잃을 것입니다. 어떤 사람들은 런던 같은 대도시에서는 가능하면 그런 부류의 사람들은 피하는 것이 좋다고 조언하기도 합니다. 그러나 나는 그런 조언에 동의할 수 없습니다. 나는 여러분이 그런 영혼까지도 포기하지 않고 구원으로 이끌고자 애쓰기를 바랍니다. 동정심을 느끼지 못하는 것보다 차라리 계속해서 속는 것이 훨씬 더 낫습니다. 나는 동정심을 느끼지 못하는 무감각한 사람이 되기보다는 차라리 속기 잘하는 얼간이가 되고 싶습니다. 물론 꼭 둘 중 어느 하나가 되어야만 할 필요는 없지만 말입니다. 온유한 마음을 가지십시오. 긍휼과 동정심으로 가득 찬 마음을 가지십시오. 힘을 다해 오늘 본문이 말씀하는 것처럼 되고자 노력하십시오. "그가 무식하고 미혹된 자를 능히 용납할 수 있는 것은 자기도 연약에 휩싸여 있음이라."

우리가 동정심과 관용의 마음을 가져야만 하는 가장 큰 이유는 무엇보다도 하나님이 우리에게 그렇게 하셨기 때문입니다. 당신은 어떤 사람이 당신을 슬프게 만든다고 말합니다. 아, 그렇지만 그는 당신보다 하나님을 훨씬 더 슬프게 만들었습니다. 당신은 고작 10년 동안만 인내하며 그를 그리스도께 인도하고자 애썼을 뿐입니다. 그러나 주님은 50년 동안 인내하셨음을 기억하십시오. 여러분은 "그렇지만 당신은 그가 나를 얼마나 악하게 대했는지 모를 겁니다"라고 대답할 것입니다. 그렇습니다. 나는 모릅니다. 그러나 당신은 그가 당신의 주인이신 예수 그리스도에게 얼마나 악하게 대했는지는 잊었습니다. 사람들이 항상 하나님의 진노를 격발하지 않았습니까? 사람들이 수천 년 동안 하나님의 성령을 슬프게 하지 않았습니까? 한 사람이 일으키는 하나님의 진노의 분량이 얼마나 어마어마한지 생각해 보십시오. 그렇다면 런던의 400만 인구가 일으키는 진노의 분량은 얼마나 엄청나겠습니까? 그렇다면 지구상의 모든 사람들이 일으키는 진노의 분량은 어느 정도이겠습니까? 참 하나님은 내팽개쳐 버리고 나무와 돌을 깎아 신들을 만들고 그 앞에 절하지 않습니까? 사방에서 거짓 교리들이 가르쳐지며, 어떤 사람을 소위 교황이라고 부르며 그를 무오(無誤)한 자라고 떠받들지 않습니까? 그리스도는 잊혀지고, 사람들은 자신들의 공로를 신뢰하며 자신들의 의를 자랑합니다. 이 모든 것들에 대해 하나님이 진노하지 않을 것입니까? 곳곳에서 노골적으로 하나님을 모독하며, 안식일을 깨뜨리며, 수만 가지 형태의 죄가 저질러집니다. 하나님이 얼마나 망령되이 여김을 당하고 계십니까! 그럼에도 불구하고 하나님은 매일같이 이 모든 것을 참으시며, 자신의 격렬한 진노를 죄인들에게 쏟으시지 않습니다.

　　이러한 하나님의 오래 참으심은 기적 중의 기적이 아닙니까? 로마에 빌라도의 계단이 있는데, 나는 그 밑에서 몇 분 동안 서 있었던 적이 있습니다. 거기에서 나는 많은 사람들이 무릎으로 그 계단을 오르내리는 것을 보았습니다. 그리고 스스로 제사장(priest, 사제)이라고 자칭하는 자들이 그러한 모습을 지켜보고 있는 것을 보았습니다. 그 때 나는 '만일 내가 벼락을 내릴 수만 있다면 이들을 모두 눈 깜빡할 사이에 쓸어 버릴 수 있을 텐데'라고 생각했습니다. 그러나 하나님은 그들에게 진노를 쏟으시기를 기뻐하지 않으십니다. 하나님은 적그리스도와 그의 모든 가증한 일들을 내려다보고 계시면서도 여전히 자신의 손을 붙들어 두고 계십니다. 하나님은 런던에서 행해지는 차마 입에 담을 수 없는 모든 죄들을 보고 계시면서도, 여전히 이곳에 벼락을 내리지 않습니다. 하나님은 사람들이 자신을 저주하는 것과 심지어 자신의 면전에서 도전하는 것을 보고 계시면서도, 여전히 그들을 참으시며 그들에게 동정심을 나타내십니다. 전능자의 오래 참으심은 얼마나 놀랍고 또 놀랍습니까! 그러므로 나의 형제들이여, 마땅히 우리도 하나님의 일을 행하는 가운데 받게 되는 사소한 모욕을 기꺼이 인내해야만 합니다. 우리는 선한 일을 행하는 가운데 낙심해서는 안 됩니다.

　　나의 사랑하는 형제들이여, 회심하기 이전에 하나님이 여러분에 대해 얼마나 오래 참으셨는지 생각해 보십시오. 여러분의 악한 태도에도 불구하고, 하나님은 여러분을 포기하지 않으셨습니다. 만일 하나님이 여러분에 대해 오래 참으셨다면, 여러분도 다른 죄인들에 대해 끝까지 참아야 하지 않겠습니까? 실제로 죄를 행하는 자들은 사실상 미친 것입니다. 왜냐하면 죄 자체가 미친 것이기 때문입니다. 자신의 모든 돈을 허랑방탕하게 탕진한 탕자를 생각해 보십시오. 그는 제정신이 아니었습니다. 왜냐하면 17절에 "그가 그 자신으로 돌아와 이르되"라고 기록되어 있기 때문입니다(he came to himself, 한글개역개정판에는 "이에 스스로 돌이켜 이르되"라고 되어 있음). 죄 가운데 있는 사람들을 미친 사람들로 생각하십시오. 그러면 여러분은 그들을 불쌍히 여기며, 그들의 모든 어리석은 행동을 기꺼이 참을 수 있게 될 것입니다. 여러분에게 지적 능력이 점점 더 떨어져가는 가련한 딸이 있다고 상상해 보십시오. 그러면 여러분은 스스로에게 이렇게 말할 것입니다. "그녀가 말하는 것에 지나치게 주의를 기울일 필요가 없어. 그녀의 정신은 지금 오락가락하고 있지 않은가! 지금 그녀의 지적 능력은 아주 낮은 상태에 있으니까." 그들의 가련한 영혼 역시 지금 제정신이 아닌 상태에 있습니다. 그들의 정신은 하나님으로부터 오락가락하며 방황하고 있습니다. 그러므로 그들의 미쳐 날뛰는 소리에 개의치 마십시오. 계속해서 그들에게 선을 행하십시오. 그들이 온갖 소리로 여러분을 괴롭힌다 하더라도 말입니다. 그들을 병자로 보십시오. 여러분도 알다시피 병든 사람은 쉽게 짜증을 내며 투정을 하지 않습니까? 심지어 악한 말을 퍼부어대기도 합니다. 그럴 때에도 여러분은 스스로에게 이렇게 말해야 하지 않습니까? "그들이 이렇게 터무니없는 행동을 하는 것은 열이나 혹은 고통 때문이야." 여러분은 병자들에 대해 매우 온유하며 부드러운 태도를 취합니다. 그렇지 않습니까? 어떤 사람이 여러분에게 "아, 지난 밤 당신에게 그토록 악독하게 말한 것은 그 순간 극심한 치통이 발작했기 때문이었어요"라고 말한다면, 여러분은 이렇게 대답할 것입니다. "아, 조금도 마음에 두지 마십시오. 지금 나는 당신을 충분히 이해합니다." 죄인들을 그와 같은 시각으로 바라보십시오. 그리고 그들에 대하여 이렇게 생각하십시오. '죄의 질병이 그들의 가련한 영혼을 그토록 강하게 붙잡고 있었으므로 나는 그들을 제정신을 가진 사람으로 생각해서는 안 돼, 도리어 나는 그들을 불쌍히 여겨야만 해.' 인간 본성에 대한 이와 같은 관점은 여러분으로 하여금 무식하고 미혹된 자들에 대해 동정심을 갖도록 만드는데 큰 도움이 될 것입니다.

　나아가서 만일 여러분이 동정심을 갖지 않는다면, 여러분은 그들에게 선을 행할 수 없다는 사실을 기억하십시오. 만일 여러분이 그들에 대해 피곤해하며 아무렇게나 말한다면, 여러분은 그들에게 축복의 도구가 될 수 없습니다. 그리고 만일 여러분이 그들에게 축복의 도구가 되지 못한다면, 어쩌면 어느 누구도 그들에게 축복의 도구가 되지 못하는지 모릅니다. 아내여, 그것이 당신의 남편입니까? 남편을 얻으십시오. 남편을 얻으십시오. 잔소리를 함으로써 남편을 나쁜 상태에서 더 나쁜 상태로 이끌지 마십시오. 자매여, 그것이 당신의 형제입니까? 그에게 사랑을 베푸십시오. 그렇게 하여 그를 그리스도께 이끄십시오. 쌀쌀맞게 대함으로써 그를 짜증나게 만들지 마십시오. 왜냐하면 그렇게 함으로써 자칫 한순간에 그를 생명의 길로 잡아끄는 줄이 끊어져 버릴 수 있기 때문입니다. 동정심을 가지십시오! 완고하며, 무지하며, 고의적으로 반항하는 자들에게 동정심을 가지십시오! 어떤 영혼을 그리스도께 인도함에 있어, 더 많은 수고를 할수록 그에 대한 여러분의 상급이 더 커진다는 사실을 기억하십시오. 훗날 "저 사람의 영혼을 살리기 위해 얼마나 많은 고통을 겪었던가!"라고 회고할 수 있게 될 때, 여러분의 양심은 큰 위로와 보상을 느끼게 될 것입니다. 여러분이 어떤 사람의 영혼을 위해 더 많은 고통을 겪을 때, 여러분은 그의 영혼을 더 많이 사랑하게 될 것입니다. 나는 그것을 확신합니다. 가장 많은 비용을 들인 것을 우리는 가장 귀하게 여길 것입니다. 야베스가 그의 형제들보다 더 존귀했던 것은 그의 어머니가 그를 슬픔 가운데 낳았기 때문입니다(대상 4:9). 야곱은 요셉에게 다른 형제들보다 한 몫을 더 주었는데, 그것은 "활 쏘는 자들이 그를 학대하며 적개심을 가지고 그를 쏘았기" 때문이었습니다(창 49:24-26). 또 그 몫이 더 귀했던 것은 야곱이 그것을 그의 칼과 활로 아모리인들의 손으로부터 취했기 때문이었습니다. 만일 여러분이 어떤 영혼을 격렬한 싸움을 통해 여러분 자신의 칼과 활로 아모리인들의 손으로부터 취하여 그리스도께 인도했다면, 여러분에게 그 영혼은 다른 어떤 영혼보다도 더 귀할 것입니다. 그러므로 사랑하는 자들이여, 여기에 있는 그리고 온 세상에 있는 모든 기독교 사역자들에게 간절한 마음으로 당부합니다. 무식한 자들과 미혹된 자들에 대해 동정심을 가지십시오. 여러분 자신도 연약에 휩싸여 있음을 기억하면서 말입니다.

### 2. 둘째로, 그와 같은 동정심과 관용의 마음은 근본적으로 우리 주 예수 그리스도 안에 있다는 사실을 주목하십시오.

예수 그리스도는 결코 죄와 관련한 연약에 휩싸여 있지 않았습니다. 왜냐하면 그 안에는 어떤 죄도 없었기 때문입니다. 그럼에도 불구하고 그는 육체적인 연약함을 취하셨으며, 그러므로 그는 최고의 의미에서 온유함의 주님이십니다.

> "그의 마음은 온유함으로 만들어졌으며,
> 그의 마음은 사랑으로 녹도다."

무엇보다도 그는 무지한(ignorant, 한글개역개정판에는 "무식한"으로 되어 있음) 자들을 동정하십니다. 다시 말해서, 예수 그리스도는 "무지의 죄"(sins of ignorance) 혹은 "부지중에 지은 죄"를 기꺼이 도말하십니다. 거듭나지 못한 상태로 살던 시절에, 여러분은 진리에 대해 잘 알지 못했을 것입니다. 어떤 사람들은 자신들의 선행(善行)을 신뢰했을 것입니다. 약간의 의심은 있었을지 모르지만, 어쨌든 여러분은 그것이 소망을 위한 온전한 기초가 아니라는 사실을 알지 못했습니다. 또 어떤 사람들은 외적인 형식과 의식(儀式)을 매우 열심히 준수했을 것입니다. 여러분은 하나님을 위한 열심을 가지고 있었지만, 그러나 그것은 지식을 따른 것이 아니었습니다. 여러분은 구원이 오직 예수 안에 있다는 사실을 알지 못했습니다. 만일 알았다면, 영광의 주를 십자가에 못 박지 않았을 사람들이 많이 있습니다. 그들은 바울처럼 이렇게 말할 수 있습니다. "내가 믿지 아니할 때에 알지 못하고 행하였음이라"(딤전 1:13). 사랑하는 자들이여, 만일 여러분이 죄 가운데 자신이 하는 일을 알지 못한 채 살았다면, 또 만일 여러분이 올바로 알았다면 결코 배척하지 않았을 구주를 올바로 알지 못하여 배척했다면, 우리의 큰 대제사장이신 주 예수는 기꺼이 그러한 죄를 도말하실 것입니다. 그에게 오십시오. 그리고 이렇게 말하십시오. "내가 알지 못하는 것을 내게 가르치소서. 알지 못한 채 감추어져 있는 은밀한 허물들로부터 나를 깨끗하게 하소서." 틀림없이 여러분은 아무리 곰곰이 살핀다 할지라도 지금까지 행한 모든 죄와 악을 다 찾아낼 수는 없을 것입니다. 그렇다 하더라도 절망하지 마십시오. 오직 여러분의 마음을 그 앞에 있는 그대로 드러내십시오. 그러면 그는 여러분의 "무지"(ignorance) 즉 알지 못하는 것에 대해 동정심을 베푸시고 여러분의 죄를 영원히 제거하실 것입니다.

그러나 본문은 단지 무지(無知)로부터 야기된 죄만을 다루지 않습니다. 본문은 무지 그 자체까지도 다룹니다. 너무나 많은 사람들이 그리스도에 대해 고의적으로 무지합니다. 그들은 그에 대해 충분히 알 수 있었습니다. 알고자 하기만 했다면 말입니다. 어쩌면 오늘 밤 가까운 곳에 예배당이 있음에도 불구하고 좀처럼 예배에 참석하지 않던 어떤 사람이 이곳에 나왔을는지 모릅니다. 복음을 알지 못하는 런던 시민은 그것으로 인해 자기 자신을 제외하고는 어느 누구도 비난할 수 없습니다. 예수 그리스도의 복음을 듣기 위해 150km를 걷는 것은 충분히 가치 있는 일입니다. 그러나 나는 여러분 가운데 거의 대부분의 사람들이 복음을 듣기 위해 2km도 걸을 필요가 없는 사실로 인해 하나님께 감사드립니다. 여러분은 듣고자 하기만 하면 얼마든지 복음을 들을 수 있습니다. 만일 런던 시민인 여러분이 멸망을 당한다면, 여러분은 생명의 기회가 바로 여러분 문 앞에 있음에도 불구하고 멸망을 당한 것입니다. 자신의 집에 성경책을 가지고 있고 또 언제든지 기쁘게 복음을 설명해 줄 수 있는 그리스도인 이웃을 가지고 있음에도 불구하고 여전히 그리스도에 대한 완전한 무지 가운데 살고 있는 사람들이 얼마나 많습니까? 그들은 언제든 복음을 들을 수 있었습니다. 그렇게 하고자 하기만 했다면 말입니다. 그것은 마치 해가 비춰고 있음에도 불구하고 눈을 감고 있는 것과 마찬가지입니다. 우레가 울리고 있었음에도 불구하고 그들은 눈을 감고 있었습니다. 이것은 주님을 진노하게 만들기에 충분하지 않습니까? 그럼에도 불구하고 그의 오래 참으심은 계속됩니다. 주 예수는 여전히 여러분을 동정하실 것입니다. 여러분이 주님에 대해 그토록 오만하며 경멸적으로 대했음에도 불구하고 말입니다. 지금 있는 모습 그대로 그에게 나오십시오. 그리고 여러분의 고의적인 무지를 고백하십시오. 그러면 그는 그러한 죄를 제거하시고 여러분에게 평안을 주실 것입니다.

　　그런가 하면 잘 알 수 없는 장소에 있음으로 인해 무지한 자들도 있습니다. 그들은 경건하지 않은 가정에서 태어났거나, 혹은 경건하지 않은 자들 가운데서 자랐거나, 혹은 단지 형식적인 종교를 가진 자들 가운데서 자랐습니다. 그들은 하나님의 진리를 알지 못하지만, 그러나 그것으로 인해 거의 비난받을 수 없습니다. 사랑하는 자들이여, 그리스도는 여러분을 가르칠 수 있습니다. 그에게 나오십시오. 그리고 그의 발 앞에 앉으십시오. 왜냐하면 그가 여러분의 무지를 동정하실 것이기 때문입니다. 어떤 사람들은 너무나 어리기 때문에 충분히 깨닫지 못합니다. 어린 자들이여, 예수 그리스도는 어린아이들의 무지를 동정하시고 그들을 구원할 준비가 되어 있으십니다. 어쩌면 그들은 아주 조금밖에는 알지 못할는지 모릅니다. 그러나 만일 그들이 예수 그리스도가 죄인들의 구주이심을 안다면, 그는 그들의 무지를 동정하실 것입니다. 아, 그런가 하면 매우 늙은 사람들도 있습니다. 그들은 듣는 것이 너무나 둔하며, 깨닫는 것이 너무나 미약합니다. 우리는 그들의 머릿속에 많은 지식을 넣어줄 수 없습니다. 간혹 나와 더불어 이야기를 나누기 위해 찾아오는 사람들이 있습니다. 나는 그런 사람들에게 큰 동정심을 베풀고자 애를 씁니다. 이미 오래 전에 나는 지식의 양으로 사람의 인격을 평가하는 것을 버렸습니다. 왜냐하면 종종 나는 가장 지식이 많은 사람들이 가장 나를 잘 속일 수 있다는 사실을 발견했기 때문입니다. 일상생활 속에서 우리는 얼마나 자주 가장 많이 아는 사람이 가장 약삭빠른 사람인 것을 발견하곤 합니까? 가장 위대한 학자가 가장 큰 악인인 경우는 얼마나 흔합니까? 우리는 신문에서 이러한 경우를 너무나 자주 접합니다. 그런가 하면 머릿속에 두 개의 개념조차 담을 수 없는 사람이 하나의 올바른 개념 즉 복음의 위대한 개념을 담고 있는 경우도 있습니다. 그의 머리와 마음은 복음의 위대한 개념으로 가득합니다. 그는 예수 그리스도가 죄인들을 구원하기 위해 세상에 오셨음을 알고, 그러한 진리를 굳게 붙잡습니다. 종종 가장 단순한 마음을 가진 사람들이 하나님을 경외하는 법도를 가장 빨리 깨닫곤 합니다. 주님은 이러한 무지를 기꺼이 그리고 충분히 동정하실 것입니다.

그런가 하면 지적인 능력이나 용량의 부족으로 인해서가 아니라 죄로 인해 충분히 깨닫지 못하는 사람들도 많이 있습니다. 마치 땅에 버려진 소금처럼, 죄가 그들의 마음을 황폐하고 메마르게 만들었습니다. 이것은 정말로 소름끼치는 마음상태입니다. 런던에는 온갖 종류의 추잡한 죄에 함몰되어 정결함이나 거룩함이나 진실함 등과 같은 신적 속성을 알 수 있는 능력을 거의 상실한 것처럼 보이는 사람들이 많이 있습니다. 그들은 방탕과 음행에 너무나 심하게 빠져 있어 여러분은 실제로 그들의 머릿속에 영적인 개념을 거의 넣어줄 수 없습니다. 그들은 거의 동물 수준으로 퇴화되었습니다. 마치 돼지처럼, 그들은 오물을 먹고 마십니다. 그들은 자신들이 뒹굴고 있는 돼지우리 이상의 생각을 갖지 못합니다. 이런 사람들을 선교대상으로 삼고 있는 사역자들은 우리에게 죄가 가진 짐승적인 힘을 이야기해 줄 수 있습니다. 하나님의 은혜가 어리석은 자를 지혜롭게 만드는 것처럼, 죄는 지혜로운 자를 어리석게 만듭니다. 하나님의 은혜가 돌을 살로 바꾸는 것처럼, 죄는 살을 돌로 바꿉니다. 하나님의 은혜가 사람을 천사로 승귀(昇貴)시키는 것처럼, 죄는 사람을 마귀로 비하(卑下)시킵니다. 죄는 사람의 마음을 일곱 겹의 어둠의 장막으로 가리는, 그리고 한낮의 햇살이 뚫고 들어가는 것이 불가능한 것처럼 보이는 빽빽한 구름입니다. 그러나 성령 하나님으로부터 빛의 광채가 그러한 영혼의 빽빽한 어둠을 뚫고 들어갈 때, 예수는 무지한 자에 대한 자신의 동정심을 나타내시며 그의 구원의 능력을 입증합니다. 나의 형제들이여, 주 예수 그리스도께서 자신에 대해 거의 알지 못하는 사람들을 구원하는 것은 얼마나 큰 은혜입니까! 예수의 옷깃을 만졌던 여인을 생각해 보십시오. 그녀가 그의 옷 안에 필연적으로 능력이 담겨 있는 것으로 생각한 것은 분명 잘못된 생각이었습니다. 그럼에도 불구하고 주님은 그녀의 잘못된 생각을 책망하지 않으시고, 자신의 옷으로부터 능력이 나가도록 허락하셨습니다. 사랑하는 친구여, 그는 당신을 만나주실 것입니다. 당신의 절름발이 믿음의 손으로 그를 붙잡을 때조차, 그는 당신을 만나주시고 당신을 구원하실 것입니다. 당신이 아무리 무지하다 하더라도, 그는 당신의 무지를 동정하시고 당신에게 그의 빛과 그의 구원을 보내실 것입니다. 그러면 당신은 그를 알고, 그 안에서 기뻐할 것입니다. 이 땅에 계실 때, 그는 몇 명의 어부들과 세리들을 택하시고 그들을 가르치셨습니다. 그가 그렇게 하신 것은 얼마나 아름다운 일입니까! 그는 그들에게 비유로 가르치시고, 쉬운 말로 가르치시고, 여기에서 조금 저기에서 조금 가르치셨습니다. 요한복음을 보십시오. 그리스도께서 강론하신 것들을 보십시오. 그것은 오늘날 박학다식한 설교자들의 격조 높은 설교와 얼마나 다릅니까! 그들은 사람들의 머리에다가 설교하지만, 그러나 그리스도는 사람들의 마음에다가 설교했습니다. 그는 너무도 평이하고 단순하게 가르쳤으며, 모든 사람이 그의 가르침을 듣고 이해할 수 있었습니다. 그러나 오늘날의 위대한 박사들은 심지어 자신들조차도 충분히 이해할 수 없을 정도로 어렵게 가르칩니다. 이러한 사실로 인해 우리는 우리 주님이 무지한 자들을 동정하셨음을 분명하게 알게 됩니다.

　여기에서 나는 여러분에게 우리 주님이 제자들에게 한 번에 너무 많은 것을 가르치지 않으셨다는 사실을 다시 한 번 일깨워 주고 싶습니다. 그는 한 번에 한 가지 개념을 제시했습니다. 그리고 제자들이 감당할 수 없을 때는 감당할 수 있을 때까지 기다렸습니다. 그는 이렇게 말씀하셨습니다. "내가 아직도 너희에게 이를 것이 많으나 지금은 너희가 감당하지 못하리라"(요 16:12). 그가 가르친 것은 대부분 매우 단순한 것이었습니다. 그는 바울이 성령으로 말미암아 복음을 잘 다듬어 좀 더 교리적인 진리들을 우리에게 명백한 언어로 말해줄 수 있게 될 때까지 그것을 그냥 남겨 두었습니다. 그는 제자들이 감당할 수 있는 한 그들을 열심히 가르쳤습니다. 그러나 그는 그들이 과식(過食)하지 않는 범위 내에서, 다시 말해서 그들이 받은 것을 소화시킬 수 있는 범위 안에서 가르쳤습니다. 또 주님은 제자들을 가르침에 있어 그들에게 필요한 최소한 만큼만 꾸짖으셨습니다. 그는 이렇게 말씀하셨습니다. "빌립아 내가 이렇게 오래 너희와 함께 있으되 네가 나를 알지 못하느냐"(요 14:9). 물론 그는 때때로 그들의 마음의 완고함으로 인해 그들을 꾸짖으셨습니다. 그럼에도 불구하고 그의 꾸짖음 속에는 여전히 온유함이 있었습니다. 뿐만 아니라 그는 제자들 가운데 단 한 사람도 우둔함으로 인해 쫓아내지 않았습니다. 만일 그가 실제로 어떤 사람을 쫓아냈다면, 아마도 여기 앉아 있는 사람들 가운데 어떤 사람들 역시 그렇게 될 수 있을 것입니다. 그러나 열둘 가운데 어느 누구에 대하여서도 그는 "너는 지적(知的)으로 너무나 모자라므로 내가 너를 가르칠 수 없노라"라고 말씀하지 않았습니다. 결코 그렇지 않습니다. 그는 각 사람이 받을 수 있는 만큼 가르쳤으며, 그리고 난 연후에 "가서 그것을 다른 사람들에게 말하라"고 말씀하셨습니다. 그렇게 하여 그들은 그것을 다른 사람들에게 말하는 동안 자신들이 더 잘 배우게 되었습니다. 왜냐하면 어떤 것을 배우는 가장 좋은 방법은 그것을 다른 사람들에게 가르치는 것이기 때문입니다. "내가 너희에게 어두운 데서 이르는 것을 광명한 데서 말하며 너희가 귓속말로 듣는 것을 집 위에서 전파하라"(마 10:27). 이와 같이 그가 가장 지혜로운 선생이었던 것은 그가 가장 동정적이었기 때문입니다.

이것은 오늘날의 우리들에게도 마찬가지입니다. 그는 우리를 가르침에 있어 매우 온유하셨습니다. 어떤 선생들은 우리가 먼저 중요한 교리들을 배우기를 원했습니다. 그들은 우리가 단번에 선택과 섭리의 모든 중요한 진리들을 이해하기를 원했습니다. 정통적인 신앙을 가진 어떤 사람들은 새로 태어난 모든 아기들이 즉시로 고기를 먹을 것을 기대합니다. 이제 막 회심한 사람에게 그들은 타락 전 선택설과 타락 후 선택설 사이의 논쟁을 가르칩니다. 그리고 그것을 충분히 깨닫지 못하면, 그들은 "그는 의심스러운 신자야, 그는 건전하지 못해"라고 말합니다. 아, 그러나 이런 태도는 우리 주님의 태도와 얼마나 다릅니까! 우리 주님은 마치 유모가 아기에게 온유한 것처럼 그렇게 우리에게 온유하십니다. 그는 우리의 경험 속에서 몇 가지 초보적인 진리들을 가르치는 것으로 시작합니다. 그리고 난 연후에 우리는 좀 더 많은 것을 발견하게 됩니다. 그는 우리가 감당할 수 있게 되었을 때 자신의 진리들을 우리에게 나타내십니다. 사도들을 단번에 가르치지 않았던 것처럼, 그는 우리를 한꺼번에 가르치지 않습니다. 그는 우리의 마음을 조금씩 점진적으로 비춥니다. 소경이었던 우리의 가련한 눈은 처음에는 광명한 빛을 감당할 수 없습니다. 그러므로 그는 처음에는 작은 별빛을 주시고, 다음에는 달빛을 주시며, 다음에는 새벽의 미명(微明)을 주십니다. 그리고 그는 마침내 우리를 한낮의 광명과 같은 그의 사랑의 풍성한 계시 속으로 이끕니다. 어두운 색안경을 생각해 보십시오. 그것은 우리의 연약한 시력(視力)에 적합하도록 의도적으로 그렇게 만든 것입니다. 그와 같이 주님은 무지한 자들을 동정하십니다. 이 시간 자신이 신학적으로 퇴보하고 있다고 느끼는 모든 사람들과 자신이 하나님의 말씀에 대해 많이 알지 못한다고 생각하는 모든 사람들에게 말합니다. 사랑하는 형제여, 개의치 마십시오. 사랑하는 자매여, 걱정하지 마십시오. 예수 그리스도께 나오십시오. 그리고 그를 신뢰하십시오. 그러면 그는 당신을 구원할 뿐만 아니라 또한 당신을 가르칠 것입니다. 설령 지금 많이 알지 못하며 충분한 가르침을 받지 못했다 하더라도, 그것으로 인해 움츠리지 마십시오. 뒤로 물러나지 마십시오. 도리어 모든 소망을 품고 앞으로 나오십시오. 설령 여러분이 알파벳조차 알지 못한다 하더라도, 그리고 예수 그리스도께서 죄인들을 구원하기 위해 세상에 오셨다는 것을 제외하고는 아무것도 알지 못한다 하더라도, 아무 염려 하지 말고 나오십시오. 그리고 여러분의 큰 대제사장을 기쁨으로 맞이하십시오. 왜냐하면 그는 무지한 자들을 기꺼이 동정하실 것이기 때문입니다.

　이제 설교를 마칠 시간이 거의 되었습니다. 이제 오늘 설교의 마지막 주제를 제시하고자 합니다. 그것은 그가 "길 밖에 있는 자들"(out of the way, 한글개역개정판에는 "미혹된 자들"이라고 되어 있음)을 기꺼이 동정하실 것이라는 사실입니다. 그는 길 밖에 있는 자들, 올바른 길 밖에 있는 자들, 좁은 길 밖에 있는 자들, 복된 길 밖에 있는 자들, 유일한 길 밖에 있는 자들을 동정하실 것입니다. 이들은 누구입니까? 아마도 지금까지 한 번도 길 안에 있어 본 적이 없고 그래서 그 길을 알지 못하는 사람들이 있을 것입니다. 어쩌면 그들은 그 길에 대해 조금 들었을는지 모릅니다. 그러나 그들은 그 길 안에 결코 발을 들여놓고자 시도하지 않았습니다. 그들은 교회에 가지 않습니다. 왜냐하면 전적으로 길 밖에 있기 때문입니다. 그들은 복음을 듣지 않으며, 기도하는 모양조차도 취하지 않습니다. 또 그들은 길 밖에 있음을 스스로 공언합니다. 자, 내 말을 들어 보십시오. 본문은 우리에게 예수 그리스도는 길 밖에 있는 자들을 동정하실 수 있다고 말씀합니다. 많은 사람들이 특별한 의미에서 길 밖에 있는 죄인들입니다. 그들은 방종의 길로 나아갔으며, 일반적인 도덕의 길 밖에 있습니다. 심지어 그들의 동료들조차도 그들을 보고 깜짝 놀랍니다. 심지어 신앙을 갖고 있지 않은 자들조차도 그들을 보고 이렇게 말합니다. "자네는 나보다 훨씬 더하는군. 자네는 길 밖에 있는 친구일세." 어떤 사람이 말합니다. "나도 때로 술을 마시기는 하지만 그러나 자네는 정말로 길 밖에 있는 술꾼이로군." 또 다른 사람이 말합니다. "나도 뭐 잘하고 있다고는 말할 수 없네만, 그래도 어느 정도 한계선을 긋기는 한다네. 그런데 자네는 모든 한계를 넘어서는군. 자네는 정말로 길 밖에 있는 친구일세." 이 시간 나는 나의 주 예수께서 이와 같은 길 밖에 있는 죄인들조차도 동정하실 것이라는 사실을 말해야만 합니다. 여러분이 아무리 멀리 갔다 하더라도, 오직 그에게 돌이키십시오. 그러면 그가 값없이 용서해 주실 것입니다. 오늘 밤 여러분의 죄를 버리십시오. 그리고 예수의 발 앞에 나와 스스로를 그 앞에 던지며 이렇게 말하십시오. "당신이 나를 새롭게 만들어 주실 때까지 나는 결코 가지 않겠나이다. 부디 나를 이 모든 죄의 멍에로부터 건져주소서." 그는 그렇게 할 수 있습니다. 그렇습니다. 그는 기꺼이 그렇게 하실 것입니다. 왜냐하면 그는 길 밖에 있는 죄인들에 대해 동정심을 가지고 계시기 때문입니다.

이 시간 한때 명목적(名目的)으로 길 안에 있었던 사람들에게 말합니다. 여러분은 한때 교회의 지체였습니다. 그런데 지금 여러분은 어디에 있습니까? 교회는 여러분을 부인할 수 있으며, 여러분은 교회를 부인할 수 있습니다. 여러분은 오늘 아침 무엇을 하고 있었습니까? 여러분은 안식일을 어떻게 보냅니까? 여러분은 지난 한 주 동안 어떻게 행동했습니까? 지금 나는 한때 신앙을 고백했지만 그러나 이제는 탕자가 된 사람들에게 개인적으로 말하고 있습니다. 여러분은 한때 감리교도들 가운데 있었습니다. 그렇지 않습니까? 고향에 있었을 때 말입니다. 그러나 지금 여러분은 그들과 아무런 관계도 없습니다. 군대에 들어가기 전만 해도 여러분은 기독교 신앙에 대한 약간의 개념을 가지고 있었으며, 여러분의 어머니의 하나님께 예배드리는 일을 어느 정도 좋아했었습니다. 그러나 지금 여러분은 그 모든 것을 잊었습니다. 군대생활을 하는 가운데 말입니다. 나는 어떻게 많은 사람들이 이와 비슷한 길로 나아가는지 압니다. 그리스도가 황금 옷을 입고 황금 면류관을 쓰고 광명한 한낮에 걸어다닐 때, 그들은 기꺼이 그와 함께 합니다. 그러나 십자가를 지고 그를 따라 야유하는 군중 사이를 지나가는 것은 전혀 다른 문제입니다. 그리하여 그들은 길 밖으로 나갑니다. 길 밖으로 나간 자여, 절망하지 마십시오. 우리의 믿는 도리의 큰 대제사장은 당신을 동정할 수 있습니다. 오직 그에게 돌이키십시오. 그는 여전히 방황하는 자를 위한 큰 긍휼을 가지고 계십니다. 그는 우리 안에 있는 아흔아홉 마리의 양보다 한 마리의 잃은 양을 발견할 때 더 기뻐하십니다.

사랑하는 하나님의 자녀여, 여기에 또한 당신을 위한 말씀이 있습니다. 왜냐하면 오늘 밤 당신은 마치 자신이 길 밖에 있는 것처럼 느낄 수 있기 때문입니다. 당신은 예전과는 달리 지금은 하나님과의 관계를 즐기고 있지 못합니다. 찬송가를 불러도 당신의 마음은 기쁘지 않습니다. 기도를 드리는 가운데에도 당신은 마치 기도할 수 없는 것처럼 느껴집니다. 그렇지만 절망하지 마십시오. 왜냐하면 주님은 당신을 동정할 수 있기 때문입니다. 또 당신은 무지합니다. 우리 가운데 무지하지 않은 자가 누구란 말입니까? 그리스도에 대해 가장 많이 아는 사람조차도 실상 아주 조금밖에는 알지 못하는 것이 아닙니까? 우리는 모두 무지합니다. 그러나 그는 우리에 대해 동정심을 가지고 계십니다. 또 우리는 모두 어느 정도 길 밖에 있습니다. 이 땅에 있는 최고의 하나님의 자녀라 하더라도 결코 완전하지는 않습니다. 나는 어떤 형제로부터 자신이 완전하다고 말하는 것을 들은 적이 있습니다. 그러나 나는 결코 그의 말을 믿지 않습니다. 뿐만 아니라 그를 다른 사람들보다 더 나은 사람으로 생각하지도 않습니다. 자신이 완전하다고 말할 때, 나는 그의 눈빛에서 완전하지 않음을 볼 수 있었습니다. 만일 내가 좀 더 가까이 보았다면, 아마도 나는 그의 입술에서 또 다른 것을 발견했을 것입니다. "나는 완전하다"라고 말하느니 차라리 "나는 길 잃은 양처럼 다른 길로 갔나이다. 당신의 종을 찾으소서. 내가 당신의 계명들을 잊지 않았음이니이다"라고 말하는 것이 훨씬 더 낫습니다. 선한 목자는 우리를 동정하실 것입니다. 그는 우리의 상처를 싸매고, 우리의 연약한 것들과 어리석은 것들을 담당하실 것입니다. 그러므로 새롭게 그에게 나아갑시다. 그리고 그를 더욱더 신뢰합시다. 그가 지금 계신 곳으로 나아가 이렇게 말합시다. "예수여, 우리는 당신이 무지한 자들과 길 밖에 있는 자들을 동정하신다는 말씀을 들었나이다. 우리가 바로 그런 자들이나이다. 보소서, 우리는 스스로를 당신께 의탁하나이다." 두려워 떠는 신자여, 그에게 가까이 나아가기를 머뭇거리지 마십시오. 왜냐하면 그의 사랑의 심장은 결코 당신을 거부할 수 없기 때문입니다. 만일 당신이 스스로를 구주께 의탁한다면, 그는 결코 당신의 의탁하는 믿음을 배반할 수 없습니다. 오직 그렇게 하십시오. 그러면 당신의 믿음은 십자가에 달린 구주의 거룩한 심장을 잡아당길 것입니다. 만일 당신의 사랑하는 아들이 장난감을 사 달라고 말하며 당신이 사줄 것을 굳게 믿는다면, 분명 당신은 맨손으로 집에 돌아오기를 기뻐하지 않을 것입니다. 만일 당신의 어린 딸이 당신을 신뢰하며 당신이 자신을 위해 무엇인가를 사줄 것을 믿는다면, 분명 당신은 딸을 실망시키기를 기뻐하지 않을 것입니다. 우리의 복되신 구주 하나님도 마찬가지입니다. 하나님은 자신을 신뢰하는 자들을 실망시킬 수 없으며 또 실망시키지 않을 것입니다. 만일 우리가 온 마음으로 하나님을 신뢰할 수 있다면, 하나님은 결코 우리를 뿌리치지 않고 축복하실 것입니다. 그렇습니다. 하나님은 영원히 우리를 축복하실 것입니다. 하나님이 예수님을 위하여 우리로 하여금 하나님을 신뢰하도록 도우시기를 기원합니다. 아멘.

제
10
장
—


# 궁휼이 풍성한 우리의 대제사장

—

**"그가 무식하고 미혹된 자를 능히 용납할 수 있는 것은**
**자기도 연약에 휩싸여 있음이라." —히 5:2**


대제사장은 하나님 쪽을 바라보는 사람이었습니다. 그러므로 그는 거룩해야만 했습니다. 왜냐하면 그는 모든 일을 하나님에게 합당하게 처리해야만 했기 때문입니다. 그러나 동시에 그는 사람 쪽을 바라보는 사람이었습니다. 그가 대제사장으로 임명된 것은 사람들을 위한 것이었습니다. 사람들은 그를 통해 하나님과 관계를 맺을 수 있었습니다. 그러므로 그는 온유해야만 했습니다. 그는 사람들을 동정할 수 있는 사람이어야만 했습니다. 그렇지 않으면 설령 하나님과의 관계에서는 성공한다 하더라도, 그는 온유함과 동정심의 결핍으로 인해 하나님과 사람을 서로 연결하는 일에는 실패할 것이었습니다.

그러므로 대제사장은 사람들 가운데로부터 택하여졌습니다. 그것은 그 자신도 그 일원(一員)으로서 그들과 똑같은 것을 느껴야만 했기 때문입니다. 성소(聖所)에 들어간 것은 천사가 아니었습니다. 흰옷을 입은 것은 천사가 아니었습니다. 에봇을 입고 보석이 달린 흉패를 착용한 것은 천사가 아니었습니다. 그것은 사람이었습니다. 그것은 하나님으로부터 임명된 사람이었습니다. 사람이 쉐키나 앞에서 형제들을 위해 간구해야 했습니다. 나는 우리 가운데 많은 사람들이 그 마음속에 하나님께 나아가고자 하는 열망을 가지고 있다고 믿습니다. 그러나 우리는 대제사장을 필요로 합니다. 하나님께 가까이 나아가기 위해서는,

우리는 하나님이면서 동시에 사람이신 대제사장을 필요로 합니다. 우리는 우리의 큰 대제사장의 신성(神性)에 대해 기쁨으로 묵상할 수 있습니다. 그는 하나님과 동등한 분이십니다. 그는 하나님으로부터 말미암은 자로서 아버지와 교제하며 항상 아버지 앞에서 기뻐합니다. 그러나 동시에 우리는 너무나 감사하게도 그의 인성(人性)의 측면에서 우리의 대제사장에게 나아갈 수 있습니다. 우리는 그가 참 사람인 것으로 인해 기뻐합니다. "내가 능력 있는 용사에게는 돕는 힘을 더하며 백성 중에서 택함받은 자를 높였으되"라고 말씀하신 것처럼 말입니다(시 89:19). 그가 그의 형제들 위에 기쁨의 기름으로 부음을 받은 것은 분명한 사실입니다. 그럼에도 불구하고 그와 그의 형제들은 여전히 하나입니다. "거룩하게 하시는 이와 거룩하게 함을 입은 자들이 다 한 근원에서 난지라 그러므로 형제라 부르시기를 부끄러워하지 아니하시고"(히 2:11).

옛 대제사장에게 온 사람들은 대부분의 경우 험악하며 흉포한 부류의 사람들이 아니었습니다. 성막이나 혹은 성전에서 대제사장을 통해 하나님과 교제하기를 바랐던 사람들은 일반적으로 백성들 가운데 연약하며 두려워하는 사람들이었습니다. 엘리가 대제사장이었을 때 그에게 나아온 여인은 "마음이 슬픈 여자"였습니다(삼상 1:15). 대제사장은 대부분의 경우 이런 부류의 사람들을 다루어야만 했습니다. 하나님의 신탁(神託)을 찾아온 사람들은 대부분 고통과 슬픔 가운데 있는 사람들이었으며, 그들은 하나님과 더불어 교제하기를 간절히 바랐습니다. 따라서 대제사장은 단지 사람일 뿐만 아니라 특별히 마음이 온유하며 부드러운 사람일 필요가 있었습니다. 대제사장은 마음이 상한 자들과 죄 의식 아래 신음하는 자들이 쉽게 다가올 수 있는 사람이어야만 했습니다. 만일 대제사장이 엄격하고 냉정한 사람이라면, 사람들은 그를 두려워하며 가까이 다가올 수 없었을 것입니다. 자, 여기에서 우리의 큰 대제사장을 생각해 보십시오. 그가 기꺼이 죄인들과 고통 가운데 있는 자들과 시험과 유혹을 당하는 자들을 받으시는 것은 우리에게 얼마나 큰 긍휼입니까! 그는 상한 갈대와 꺼져가는 심지와 같은 사람들을 기뻐하시며, 바로 여기에서 우리는 그의 온유하심이 나타나는 것을 발견합니다. 그는 무식하고 미혹된 자를 능히 "**동정할**" 수 있습니다(Who can have compassion on the ignorant and on them that are out of the way, 한글개역개정판에는 "용납할"이라고 되어 있음). 고통 가운데 아파하는 마음을 동정하는 것은 그의 본성입니다. 그러나 그는 아무런 고통도 없고 부족한 것도 없는 사람들은 동정할 수 없습니다. 동정심의 강물은 슬픔과 고통과 낙망을 향해 흐릅니다. 왜냐하면 바로 거기에서 자신의 은혜를 가장 풍성하게 나타낼 수 있기 때문입니다.

　종종 다른 사람들에게 선(善)을 행하고자 애쓸 때, 우리 자신이 더 큰 선을 얻게 됩니다. 며칠 전 내가 이 자리에 있었을 때의 일입니다. 여기에 교회에 가입하기 위해 온 많은 친구들이 있었는데, 그 가운데 수줍음이 많고 온유한 마음을 가진 한 여자가 있었습니다. 그녀는 자신의 주님에 대해 나에게 여러 가지 이야기를 했습니다. 그녀는 내가 자신의 말을 참을성 있게 들어주지 않을 것을 염려하는 가운데 내가 특별히 기억하는 한 가지 이야기를 했습니다. 그녀는 내게 이렇게 말했습니다. "나는 네 부류의 사람들로부터 큰 위로를 얻는답니다." 그러한 말에 나는 "자매님, 그들이 누구인데요?"라고 물었습니다. 그녀는 대답했습니다. "예, 그들은 '은혜를 모르는 자들'과 '악한 자들'과 '무식한 자들'과 '미혹된 자들'입니다. 왜냐하면 예수님은 '은혜를 모르는 자들과 악한 자들에게 인자하시며' (눅 6:35), '무식한 자들과 미혹된 자들을 능히 동정할' 수 있기 때문입니다. 그렇기 때문에 나는 이러한 네 부류의 사람들로부터 큰 위로를 얻지 않을 수 없답니다. 설령 내가 큰 죄인이라 하더라도, 나는 그가 나를 동정하시며 나에게 인자를 베푸실 것을 믿습니다." 나는 그 말을 깊이 마음에 새겼습니다. 왜냐하면 언젠가 그것이 나 자신에게도 필요할 수 있겠다고 생각했기 때문입니다. 나는 여러분도 마찬가지라고 생각합니다. 설령 그것이 지금 필요하지는 않다 하더라도 언젠가는 필요할 수 있기 때문입니다. 어쩌면 여러분은 이미 자신이 "은혜를 모르는 자들과 악한 자들과 무식한 자들과 미혹된 자들"의 범주에 포함된다고 생각해야만 할는지도 모릅니다. 그렇다면 우리 주님이 "은혜를 모르는 자들과 악한 자들에게 인자하시며" 또 "무식한 자들과 미혹된 자들을 능히 동정할" 수 있음을 기억하는 것은 여러분에게 얼마나 큰 위로를 줄 것입니까!

　오늘 나는 바로 이러한 주제를 다루고자 합니다. 특별히 오늘의 주제가 마음이 슬픈 자와 우리 주님의 위안을 필요로 하는 모든 사람들에게 큰 위로가 되기를 바랍니다.

　첫째로, 본문 가운데 어떤 종류의 죄인들을 우리의 대제사장이 다루시는지 주목하십시오. 그것은 "무식하고 미혹된 자들"입니다. 둘째로, 그러한 죄인들을 다루시는 우리의 대제사장이 어떤 분인지 주목하십시오. "그가 무식하고 미혹된 자를 능히 동정할 수 있는 것은." 그리고 셋째로, 사람 안에 있는 연약함들이 위대한 일을 위해 사용되도록 성별(聖別)될 수 있음을 주목하십시오. 이 땅의 대제사장에 대해 본문은 그 역시도 "연약에 휩싸여 있음이라"라고 말씀합니다. 어떤 연약함들은 심지어 우리가 거의 기뻐할 수 있기까지 합니다. 왜냐하면 그러한 것들은 우리로 하여금 하나님 앞에 제사장처럼 되도록 해줄 뿐만 아니라 또한 슬픔과 고통 가운데 있는 하나님의 자녀들을 도울 수 있도록 만들어 주기 때문입니다.

### 1. 첫째로, 어떤 종류의 죄인들을 우리의 대제사장이 다루시는지 살펴보도록 합시다.

그는 모든 종류의 죄인들을 기꺼이 받으십니다. 그럼에도 불구하고 많은 사람들이 그에게 나오지 않으며, 그의 권세에 순복하지 않습니다. 그는 교만한 마음으로 하나님 앞에 자신의 공로로 서고자 하는 사람들과는 아무런 관계도 맺지 않지만, 그러나 다른 종류의 죄인들과는 기쁘게 관계를 맺으십니다.

그리스도께서 찾는 사람들은 일반적으로 스스로에 대해 매우 낮게 평가하는 사람들입니다. 이스라엘의 모든 지파들로부터 대제사장에게 와서 자신들을 위해 하나님께 희생제물을 드려주며 자신들에게 하나님의 말씀을 전해줄 것을 요청한 자들은 대부분 하나님을 경외하는 자들이었습니다. 물론 때로 위선자들도 왔을 것이며, 자신의 제물을 의지하는 교만한 마음을 가진 자들도 왔을 것입니다. 그렇지만 나는 대제사장에게 왔던 대부분의 사람들은 모든 이스라엘 가운데 가장 겸비하며 선한 사람들이었을 것이라고 생각합니다. 쓰라린 고통 가운데 연단을 받아 정결하게 된 마음을 가진 사람들이 그에게 왔을 것입니다. 자신의 죄를 의식하며 사죄의 은총을 사모하는 사람들이 그에게 왔을 것입니다. 설령 세상의 악을 따라 범죄하지는 않았다 할지라도, 그럼에도 불구하고 자신의 양심 안에 어두운 악의 성향을 느끼는 자들이 그에게 왔을 것입니다. 하나님의 임재의 빛을 잃어버린 가운데 그것이 없이는 살 수 없으므로 그것을 되찾기를 간절히 열망하는 사람들이 하나님의 전(展)으로 나아왔을 것입니다. 대제사장은 이 모든 사람들을 따뜻한 위로와 동정심으로 맞이했을 것입니다. 우리의 큰 대제사장이신 예수 그리스도께서 오늘날 축복하기를 기뻐하는 사람들 역시 바로 이런 사람들입니다. 교만 가운데 스스로를 족하게 여기는 사람들은 그의 사랑을 알 수 없지만, 그러나 가난하며 고통 가운데 있는 사람들은 항상 그 안에서 위로와 기쁨을 발견할 수 있습니다.

구약의 대제사장의 경우와 마찬가지로, 우리의 대제사장에게 나아오는 사람들 가운데 무지(無知)로 인해 두려움과 고통을 느끼는 사람들이 많이 있습니다. 사랑하는 친구들이여, 만일 무지한(ignorant, 한글개역개정판에는 "무식한"으로 되어 있음) 자들이 나아올 수 있다면, 우리 모두 나아올 수 있습니다. 왜냐하면 우리는 모두 무지한 자들이기 때문입니다. 그러나 자신은 그렇지 않다고 생각하는 사람들이 있습니다. 그들은 자신이 모든 것을 안다고 생각합니다. 그들은 스스로 지혜롭다고 공언하는 가운데 어리석은 자가 됩니다. 그들은 자신이 큰 대제사장을 필요로 한다는 사실을 알지 못합니다. 그들의 어리석음은 스스로에 대한 그들 자신의 경박한 평가로 말미암아 드러납니다. 그러나 우리의 큰 대제사장에게 나오는 것은 오직 무지한 자들뿐입니다.

먼저 보편적인 무지가 있습니다. 어떤 사람들은 자신의 의식(意識)의 발전에 대해 말하지만, 그러나 나는 사람이 자신의 의식으로부터 발전시킬 수 있는 것은 오직 어리석음과 죄밖에 없다고 생각합니다. 왜냐하면 거기에는 그것 외에 아무것도 없기 때문입니다. 만일 그가 계속해서 발전한다면, 그는 더 큰 어리석음과 더 큰 죄로 발전할 것입니다. 그것이 전부입니다. 그러나 하나님이 사람들을 다루실 때, 하나님은 그들로 하여금 자신들이 아주 조금밖에는 아는 것이 없다는 사실을 느끼도록 만드십니다. 우리가 죄에 대해 얼마나 압니까? 아마도 우리는 우리의 죄 가운데 상당히 많은 부분을 알지 못할 것입니다. 우리는 종종 죄를 행하면서도 그러한 사실을 인식하지 못합니다. 어떤 죄 안에 놓여 있는 악을 도대체 누가 안단 말입니까? 저울로 자신의 죄의 무게를 달 수 있는 사람이 도대체 누구란 말입니까? 죄의 주제에 대하여, 우리 모두는 마치 어린 아기와 같습니다. 우리가 죄에 대하여 아는 분량은 극히 미량(微量)에 불과합니다. 우리는 죄인입니다. 그러나 이것은 죄의 결과의 일부일 뿐입니다. 우리는 우리의 죄성(罪性)의 범위를 알지 못합니다. 만일 성령의 가르침이 없었다면, 우리는 그것을 전혀 알지 못했을 것입니다.

또 우리는 우리 자신에 대해 얼마나 압니까? 사람이 정말로 자기 자신에 대해 압니까? 알렉산더 포프(Alexander Pope, 1688-1744. 영국 시인·풍자가)는 "인류가 정말로 탐구해야 할 주제는 바로 사람이다"라고 말했습니다. 나는 그렇게 생각하지 않습니다. 나는 인류가 정말로 탐구해야 할 주제는 그리스도라고 확신합니다. 왜냐하면 그 안에서 우리는 사람에 대하여 알 수 있을 뿐만 아니라 또한 그 외에도 매우 많은 것을 알 수 있기 때문입니다. 그렇지만 어쨌든 우리는 우리 자신에 대해, 우리의 본성적인 연약함에 대해, 우리의 악한 성향(性向)에 대해 아주 조금밖에는 알지 못합니다.

또 우리는 측량할 수 없는 하나님에 대해 얼마나 압니까? 하나님은 우리가 찾아낼 수 있는 범위를 넘어서지 않습니까? 도대체 누가 하나님의 본성이나 혹은 그의 놀라운 속성들에 대해 충분하게 말할 수 있단 말입니까? 도대체 누가 하나님의 위대하심이나 혹은 그의 영광에 대해 합당하게 말할 수 있단 말입니까? 도대체 누가 그의 연수(年數)를 헤아리며, 그의 사랑과 인자하심을 온전히 선포할 수 있단 말입니까? "깊도다 하나님의 지혜와 지식의 풍성함이여, 그의 판단은 헤아리지 못할 것이며 그의 길은 찾지 못할 것이로다"(롬 11:33). 우리는 이와 같은 위대한 주제들에 대한 보편적인 무지를 인정하지 않을 수 없습니다. 하나님의 빛과 비교할 때, 우리는 희미한 박명(薄明) 가운데 있습니다. 가장 많이 아는 사람조차도 실상은 아주 조금밖에는 알지 못합니다. 마치 맹인이 눈을 뜨고 난 후 사람들을 마치 나무가 걸어다니는 것처럼 알았던 것처럼 말입니다.

이와 같은 보편적인 무지에 더하여 또한 상대적인 무지를 가진 사람들이 있습니다. 그리고 이러한 상대적인 무지로 인해 그리스도의 동정심이 그들에게 향합니다. 예수 그리스도는 대제사장으로서 바로 이런 측면에서 무지한 자들을 돕기 위해 오셨습니다.

먼저 새로 회심한 자들이 있습니다. 그들은 아직 어린 자들입니다. 어쩌면 그들은 자신들이 실제로 아는 것보다 더 많이 안다고 생각하는지 모릅니다. 그러나 만일 그들이 지혜롭다면, 그들은 자신들의 연소함으로 인해 선악을 분별할 만큼의 충분한 지각을 갖고 있지 못하다는 사실을 깨달을 것입니다. 여러분은 그들에게 하나님의 깊은 것들에 대해 물어서는 안 됩니다. 그들은 성경 가운데 어린 양이 걸어서 건널 수 있는 얕은 부분으로 만족해야 합니다. 그들은 레비아탄(Leviathan: 욥기에 나오는 거대한 바다 괴물)조차도 헤엄을 쳐야만 하는 깊은 지역에서 어슬렁거려서는 안 됩니다. 많은 하나님의 진리들이 그들의 이해의 범위를 넘어서며, 그들이 가까이 하기에 너무 깊습니다. 많은 하나님의 길들 앞에서 그들은 이렇게 말할 수밖에 없게 됩니다. "이 지식이 내게 너무 기이하니 높아서 내가 능히 미치지 못하나이다"(시 139:6). 주 예수 그리스도는 어린아이들을 품에 안을 수 있으며, 실제로 그렇게 하십니다. 비록 그들이 많은 것들에 대해 무지하다 하더라도 말입니다. 그는 그들을 사랑하십니다. 그는 그들을 가르치십니다. 그는 그들을 동정하시며 이렇게 말씀하십니다. "어린 아이들이 내게 오는 것을 용납하고 금하지 말라 하나님의 나라가 이런 자의 것이니라"(눅 18:16). 그리스도는 무지함에도 불구하고 그들을 받으십니다. 그러므로 우리는 그러한 자들을 온유하게 다루어야만 합니다. "삼가 이 작은 자 중의 하나도 업신여기지 말라 너희에게 말하노니 그들의 천사들이 하늘에서 하늘에 계신 내 아버지의 얼굴을 항상 뵈옵느니라"(마 18:10). 우리는 무지한 자를 업신여겨서는 안 됩니다. 왜냐하면 우리의 큰 대제사장이 그들의 무지를 동정하시고 그들을 가르치시기 때문입니다. "네 모든 자녀는 여호와의 교훈을 받을 것이니 네 자녀에게는 큰 평안이 있을 것이며"(사 54:13). 이와 같이 무지한 자라 하더라도 하나님의 교훈을 받아 큰 평안을 누릴 수 있습니다. 그들이 그들을 동정하시며 보살피시는 자를 의지할 때 말입니다.

그런가 하면 가르침을 받을 기회가 거의 없음으로 인해 무지한 자들이 있습니다. 읽는 법을 배울 기회를 거의 갖지 못한 사람들이 많이 있지 않습니까? 우리는 미래에 그런 사람이 거의 남아 있지 않을 것으로 인해 감사합니다. 그렇지만 읽을 수 있음에도 불구하고 성경을 읽는 시간이 거의 허락되지 않는 사람들도 있습니다. 간혹 성경을 읽을 때, 그들은 자신이 읽은 것을 전혀 깨달을 수 없었던 구스 내시와 매우 비슷합니다. 만일 누군가가 그들에게 "너희가 읽는 것을 깨닫느냐?"라고 묻는다면, 그들은 거짓 없이 이렇게 말할 수 있습니다. "지도해 주는 사람이 없으니 어찌 깨달을 수 있느냐?"(행 8:30, 31). 이 나라 전역에 복음을 자주 들을 수 없는 위치에 놓인 사람들이 많이 있습니다. 복음을 들을 때 그들이 혼란에 빠져 올바로 분별하지 못하는 것이 거의 이상하지 않을 정도로 말입니다. 우리는 계속적으로 이런 종류의 사람들을 만납니다. 무지하기는 하지만 그러나 가르침을 받지 못함으로 인해 그 무지가 변명의 여지가 있는 그런 사람들 말입니다. 그들은 우리 대부분의 사람들과는 달리 성경을 읽거나 찾을 기회를 거의 갖지 못했습니다. 우리의 큰 대제사장은 이런 사람들을 동정하십니다. 그리고 종종 그들은 그와 같은 미미한 지식을 가지고 훨씬 더 풍성한 빛을 가진 우리들보다 더 큰 열매를 맺곤 합니다.

나아가 매우 연약한 지능(知能)을 가진 사람들도 많이 있습니다. 그들의 머릿속에 작은 개념 하나를 집어넣어 주는 일조차 결코 쉬운 일이 아닙니다. 만일 여러분이 그들에게 또 하나의 개념을 집어넣어 주고자 한다면, 아마도 두 번째 개념이 첫 번째 개념을 밀어내 버릴 것입니다. 그들은 결코 많은 것을 배우지 못합니다. 또 많은 것을 배우려고 하지도 않습니다. 우리와 함께 순례여행을 하는 무리 가운데 '연약한 지능 씨'(Mr. Feeblemind)와 같은 사람들이 적지 않게 있습니다. 설령 우리가 할 수 있는 모든 일을 한다 하더라도, 우리는 그들을 결코 총명한 사람들로 만들 수 없을 것입니다. 그런가 하면 목발을 짚고 있는 '멈춤 씨'(Mr. Ready-to-Halt)와 같은 사람들도 있습니다. 여러분이 기억하는 것처럼, 한때 그는 춤을 추었습니다. 거인 '절망'(Giant Despair)의 머리가 잘렸을 때 말입니다. 그러나 그는 여전히 자신의 목발을 짚고 가야만 합니다. 그는 강을 건널 때까지는 결코 자신의 목발을 버리지 않았습니다. 강을 건너고 난 연후에야 비로소 그는 자신의 목발을 그것을 필요로 하는 다른 사람에게 주었습니다. 나는 여기에도 목발을 필요로 하는 사람이 많이 있을 것을 두려워합니다. 우리 가운데 은혜로 가득 차 있음에도 불구하고 은혜의 교리에 대해 체계적으로 이야기할 수 없는 사람들이 있습니다. 자신들이 어떻게 구원받았는지 결코 설명할 수 없지만, 그러나 그들은 분명 구원받았습니다. 달팽이는 자신이 어떻게 방주 안으로 들어왔는지 결코 설명할 수 없지만, 그러나 어쨌든 그 안에 들어왔습니다. 마찬가지로 이와 같은 연약한 지능을 가진 사람들은 그리스도 안에 있습니다. 비록 자신들이 어떻게 그 복된 처소로 들어갈 수 있었는지 충분하게 설명할 수는 없다고 하더라도 말입니다. 선한 백성들 가운데 어떤 사람들은 거의 지식을 얻을 수 없습니다. 그들은 배울 수 있는 능력이 없습니다. 그들은 기꺼이 배우려고 하지만, 그러나 배울 수 있는 능력은 없습니다. 아, 그렇지만 우리의 복된 대제사장은 무지하며 연약한 지능을 가진 자들을 긍정할 수 있습니다!

보편적인 무지와 상대적인 무지에 더하여 우리는 죄와 관련한 **무지**를 덧붙여야만 합니다. 우리 가운데 변명의 여지가 없는 무지를 가진 사람들이 있습니다. 그들의 무지는 마땅히 정죄되어야만 합니다. 이러한 무지를 가진 사람들에게 나는 부디 하나님께 그러한 죄를 용서해 달라고, 그리고 더 이상 그와 같은 방법으로 범죄하기를 그치게 해 달라고 기도할 것을 간곡히 당부합니다. 그들은 무관심으로 인해 무지한 사람들입니다. 그들은 많은 일로 분주합니다. 그들의 생각은 그러한 일들에 몰두되어 있으며, 따라서 은혜의 수단들에 대해서는 귀하게 여기지 않습니다. 그들은 시간이 없어서 예배에 참석할 수 없노라고 말합니다.

그러나 우리는 뜻이 있는 곳에 길이 있음을 압니다. 아마도 그들은 일주일에 고작 한번 예배당에 나올 것입니다. 그리고 그 외에는 결코 나오지 않을 것입니다. 그렇지만 생각해 보십시오. 일주일에 한 끼만을 먹는 사람이 도대체 어떻게 건강할 수 있단 말입니까? 조금씩 수시로 먹어야 하지 않습니까? 월요일 기도모임에서도 조금 먹고, 목요일 밤에도 조금 먹어야 하지 않습니까? 그렇게 할 때 비로소 우리의 영혼은 좋은 상태를 유지할 수 있을 것입니다.

　그런가 하면 배우고자 하는 마음이 없음으로 인해 무지한 자들이 있습니다. 그들은 하나님에게 속한 것들을 배우고자 하지 않습니다. 그들은 하나님의 계시를 귀하게 여기지 않습니다. 하나님이여, 부디 그들의 마음을 각성시켜 주소서! 그리하여 그들이 하나님의 계시를 귀하게 여기게 하여 주소서! 그들에게 이와 같은 죄책이 있음에도 불구하고, 그러나 그들은 오늘 본문의 범주에서 배제되지 않습니다. 우리 주님은 "무지한 자들과 길 밖에 있는 자들"을 동정하실 수 있습니다. 지금 이 자리에도 본문의 "무지한 자들"의 범주에 포함되는 사람들이 많이 있을 것입니다. 아니, 차라리 나는 우리 모두가 그와 같은 "무지한 자들"의 범주에 포함된다고 말하는 것이 더 나을 것이라고 생각합니다. 우리 모두가 "무지한 자들"의 범주에 포함되어 우리 주님의 동정을 얻는 것이 훨씬 더 낫지 않습니까? 나는 종종 기차역에서 일등석 승차권을 가지고 있으면서 일등칸을 찾지 못한 채 우왕좌왕하는 사람들을 보았습니다. 그러는 가운데 기차가 출발하면, 그들은 삼등칸에 뛰어 오릅니다. 여행의 목적을 이루기 위해서 말입니다. 만일 이 자리에 자신은 결코 "무지한 자들"의 범주에 포함되어서는 안 된다고 생각하는 사람이 있다면, 어쨌든 뛰어 오르십시오. 왜냐하면 삼등칸에서라도 당신은 당신의 여행의 목적을 이룰 것이기 때문입니다. 또 지금은 지혜로운 자들을 위한 일등칸은 없기 때문입니다. 여기의 본문으로부터 출발하는 열차 속에 "무지한 자들"을 위해 예비된 좌석 외에 다른 좌석은 없습니다.

　계속해서 본문은 길 밖에 있는 자들에 대해 언급합니다(out of the way, 한글개역개정판에는 "미혹된 자들"이라고 되어 있음). 주님은 "무지한 자들과 길 밖에 있는 자들을 능히 동정할" 수 있습니다. 내가 스스로에 대해 어느 누구보다도 더 큰 죄인이라고 느꼈을 때, 본문은 나에게 너무나 큰 축복이었습니다. 그 때 나는 여기의 본문을 읽고 또 읽었습니다. 그리고 여기의 "길 밖에 있는 자들"이라는 표현이 내 마음을 파고들었습니다. 나는 내가 길 밖에 있는 죄인임을 알았습니다. 그 때 나는 "명부(名簿)에 이름이 없는 그래서 자기 길로 가야만 하는" 잉여의 사람과 같았습니다. 아, 그러나 얼마나 놀라운 일입니까! 우리의 대제사장은 잉여의 사람들, 길 밖에 있는 사람들, 열외(列外)의 사람들을 능히 동정할 수 있습니다. 그는 그와 같은 부류의 사람들을 기꺼이 동정할 수 있습니다.

자, 이제 본문의 의미를 좀 더 상세하게 살펴보도록 합시다.

길 밖에 있는 것은 실제로 모든 사람들의 자연적인 상태입니다. "우리는 다 양 같아서 그릇 행하여 각기 제 길로 갔거늘"(사 53:6). 그러므로 그리스도는 그에게 오는 우리 모두를 동정할 수 있습니다. 왜냐하면 우리 모두가 문자 그대로 길 밖에 있는 자들이기 때문입니다.

그런가 하면 자신의 개인적인 어리석음으로 말미암아 갈 밖으로 나간 사람들도 있습니다. 우리는 충분한 원죄(original sin)를 가지고 있습니다. 그러나 우리는 거기에다가 또 다른 종류의 독창적인 악(originality in sin)을 더했습니다.

> "양처럼 하나님의 우리를 깨뜨리고
> 우리는 각기 제 길로 갔도다.
> 각자 다른 길로 방황하는 가운데
> 우리 모두는 내리막길로 치달았도다."

그렇지만 그 가운데서도 특별히 가장 어리석게 방황하는 자들이 있습니다. 여러분은 어째서 그들이 그와 같이 특별한 길로 죄를 범하는지 의아하게 생각합니다. 그와 같은 길로 나아갈 특별한 이유도, 동기도, 유혹도 없는 것처럼 보입니다. 그럼에도 불구하고 그들은 그와 같이 행합니다. 그들은 스스로 길 밖으로 나가 방황합니다. 사랑하는 친구여, 당신도 그렇게 했습니까? 그렇지만 우리 주님이 길 밖에 있는 자들을 동정할 수 있다는 사실을 잊지 마십시오.

또 어떤 사람들은 다른 사람의 꾐에 빠져 길 밖으로 나갑니다. 거짓 선생들이 그들에게 거짓을 가르치며, 그들은 그러한 거짓을 받아들입니다. 어떤 경우 악한 삶을 사는 사람들이 그들을 유혹합니다. 특별히 젊은 사람들에게 그들의 삶은 너무도 멋져 보입니다. 그들은 다른 사람들의 악에 너무나 쉽게 마음을 빼앗깁니다. 그들은 자기 자신의 의지가 아니라 다른 사람의 의지에 의해 다스려지고 통치됩니다. 이와 같이 하여 그들은 길 밖으로 나갑니다. 그들은 마치 "흐리고 캄캄한 날에 흩어진" 양들과 같습니다. "목자가 양 가운데에 있는 날에 양이 흩어졌으면 그 떼를 찾는 것 같이 내가 내 양을 찾아서 흐리고 캄캄한 날에 그 흩어진 모든 곳에서 그것들을 건져낼지라"(겔 34:12). 아, 가련한 친구여! 당신이 다른 사람의 유혹의 희생물이 되는 것은 얼마나 나쁜 일입니까! 그러나 당신을 유혹하는 자를 비난하지 마십시오. 도리어 당신 자신을 비난하십시오. 그리고 동시에 그리스도가 길 밖으로 나간 자들을 동정할 수 있다는 사실을 기억하십시오. 다른 사람의 의지로 말미암아 당신이 참된 길로부터 벗어난 것처럼, 마찬가지로 또 다른 사람의 사랑으로 말미암아 당신은 다시 돌아올 수 있게 될 것입니다. 우리 가운데 많은 사람들이 그렇게 된 것처럼 말입니다.

그런가 하면 은혜를 받은 후 뒤로 미끄러짐으로써 길 밖으로 나간 사람들도 있습니다. 오늘 본문은 한때 길 안에 있었다가 뒤로 미끄러진 사람들까지도 포함합니다. 그런 사람들에게 우리는 이렇게 말할 수 있습니다. "너희가 달음질을 잘 하더니 누가 너희를 막아 진리를 순종하지 못하게 하더냐"(갈 5:7). 그들은 어떤 기회에 실족하여 넘어졌습니다. 설령 지금 하나님의 집 안에 앉아 있다 하더라도, 그들은 예전의 그들이 아닙니다. 그들의 지금 상태는 마땅히 그래야만 하는 상태에 있지 않습니다. "배역한 자식들아 돌아오라 나는 너희 남편임이라"(렘 3:14). 어째서 당신은 유일한 선(善)의 원천으로부터 방황할 것입니까? "너는 말씀을 가지고 여호와께로 돌아오라"(호 14:2). "오라 우리가 서로 변론하자 너희의 죄가 주홍 같을지라도 눈과 같이 희어질 것이요 진홍 같이 붉을지라도 양털 같이 희게 되리라"(사 1:18). 주님은 무한한 긍휼 가운데 당신을 부르십니다. 왜냐하면 그는 뒤로 미끄러진 자들을 동정하시고, 그들로 하여금 배교자가 되지 않고 다시 돌아오도록 만들 수 있기 때문입니다.

그런가 하면 자신의 특별한 죄를 의식함으로 말미암아 길 밖에 있는 사람들이 있습니다. 여기에 과거에 지은 어떤 큰 죄를 의식하고 있는 사람들이 있습니까? 여러분의 손에 씻어내려고 애를 쓰지만 그러나 그렇게 할 수 없는 진홍같이 붉은 얼룩이 있습니까? 여러분의 인생 가운데 여러분이 원상태로 되돌리기를 간절히 원하는 어떤 행동이 있습니까? 그것이 밤에 여러분을 괴롭히며, 낮에 여러분을 피곤하게 만듭니까? 아, 그것이 여러분을 길 밖에 있도록 만들었습니다. 아마도 여러분은 여러분이 행하고 있었던 것의 모든 결과를 알지 못했을 것입니다. 그 일을 행하고 있었을 때 말입니다. 그렇지만 본문의 은혜로운 말씀으로 말미암아 위로를 받으십시오. 그리고 여러분의 대제사장의 기도를 들으십시오. "아버지 저들을 사하여 주옵소서 자기들이 하는 것을 알지 못함이니이다"(눅 23:34). 그는 여러분의 무지(無知)를 탄원하십니다. 여러분은 "불신앙 가운데 알지 못하고" 행했습니다. 그러므로 여러분은 본문의 "무지한 자들과 길 밖에 있는 자들"의 범주에 포함됩니다. 여러분을 동정할 수 있는 대제사장에게 오십시오. 그리고 여러분의 사정을 그의 사랑의 손에 의탁하십시오. 그의 사랑의 손이 못 박힌 것은 바로 여러분의 죄 때문이었습니다. 여러분의 죄를 그에게 맡기십시오. 그의 심장에서 피가 흘러나온 것은 바로 여러분의 죄 때문이었습니다. 오십시오. 그리고 그를 믿으십시오. 그는 여러분의 죄 때문에 죽으셨습니다. "그러므로 자기를 힘입어 하나님께 나아가는 자들을 온전히 구원하실 수 있으니 이는 그가 항상 살아 계셔서 그들을 위하여 간구하심이라"(히 7:25).

지금까지 우리는 대제사장이신 그리스도께서 동정할 수 있는 죄인들인 "무지한 자들과 길 밖에 있는 자들"에 대해 살펴보았습니다. 본문의 메시지는 이 자리에 앉아 있는 거의 모든 사람들을 위한 메시지입니다. 자신은 모든 것을 알며 아무런 잘못도 행하지 않았다고 생각하는 소수의 사람들을 제외하고 말입니다. 그런 사람들은 어떤 그리스도도 필요로 하지 않습니다. 주 예수는 "건강한 자에게는 의사가 쓸 데 없고 병든 자에게라야 쓸 데 있느니라"라고 말씀하십니다(마 9:12). 그러면서 그는 아무런 잘못도 행하지 않았다는 여러분의 입을 막으면서 "나는 의인을 부르러 온 것이 아니요 죄인을 부르러 왔노라"라고 덧붙입니다(13절). 스스로에 대해 많은 것을 알며 매우 선하다고 평가하는 것은 그리스도께 칭찬받을 만한 일이 아닙니다. 오히려 그 반대입니다. 그는 동정을 필요로 하는 사람들에게 오십니다. 그리고 그런 사람들을 가르치시며, 그들을 영원한 길로 인도하십니다.

**2. 둘째로, 그러한 죄인들을 다루시는 우리의 대제사장이 어떤 분인지 주목하십시오.**

만일 내가 구약시대로 돌아가 옛 대제사장의 모습을 볼 수 있다면, 그 모습은 분명 믿음직한 아버지의 모습일 것입니다. 나는 모든 백성들이 대제사장의 온유하며 동정심 많은 모습에 크게 기뻐했을 것이라고 생각합니다. 그런가 하면 간혹 매우 고고하며 엄격한 대제사장도 있었을 것입니다. 죄인들이 그를 만날

필요가 있었을 때, 그는 만나기도 어려울 뿐만 아니라 보기도 어려웠습니다. 또
그가 백성들에게 말할 때, 그는 온유함이 없이 매우 엄격하게 말했습니다. 때로
그는 백성들에게 이렇게 말했을 것입니다. "너희들은 모두 어리석은 자들이로
다. 너희들은 모두 터무니없는 소리만 하고 있도다." 어떤 백성이 큰 슬픔 가운
데 빠져 있을 때, 그는 이렇게 말할 것입니다. "그 따위 나약한 감상에 빠져 있으
니 참으로 어리석은 자임에 틀림없군." 그러나 대제사장의 본래적인 모습은 아
버지와 같은 모습이었습니다. 대제사장은 그 눈에는 사랑이 있고, 그 얼굴에는
미소가 있으며, 그 자신도 때로 슬픔 가운데 빠지며, 모든 백성들이 쉽게 다가올
수 있는 그런 사람이었습니다. 오늘날에도 그런 사람들이 있습니다. 그들은 마
치 배들이 쉬는 항구와 같은 사람들입니다. 때로 그들에게 매우 무거운 짐이 지
워지기도 하지만, 그러나 그들은 그로 인해 도리어 기뻐합니다. 그러한 대제사
장들은 죄에 대하여 뿐만 아니라 하나님의 긍휼과 사랑에 대하여서도 풍성하게
알고 있었습니다. 성전에 올라온 백성들을 상상해 보십시오. 어떤 사람이 이렇
게 말합니다. "나는 성전에 들어가 대제사장을 만나야만 해. 나는 너무나 무거운
짐을 지고 있어. 대제사장은 기꺼이 나를 도와줄 수 있을 거야." 그러자 다른 사
람이 이렇게 말합니다. "아니야, 나는 성전에 들어가지 않을 거야. 나는 군이 대
제사장의 시간을 빼앗을 필요가 없어. 너는 그가 말하는 것을 듣지 못했어? 그가
말한 것이 내가 필요로 했던 바로 그것이었어. 하나님이 그에게 내가 필요로 하
는 바로 그 말씀을 주셨어. 그렇기 때문에 나는 평안히 집으로 돌아갈 수 있어."
또 여기저기에서 사람들이 말합니다. "아, 나는 그를 만나야만 해. 지금 나는 내
마음의 무거운 짐을 내려놓아야만 해." 바로 이것이 우리 모두가 바라는 대제사
장의 모습입니다. 만일 우리가 그 시대에 살았다면 말입니다. 그러나 우리 주 예
수는 그러한 대제사장들보다 비교할 수 없이 더 나은 대제사장입니다.

우리의 큰 대제사장은 무지와 망각과 어리석음을 참을 수 있는 자입니다. 그것
을 내가 어떻게 압니까? 그것은 그가 이 땅에 계실 때 백성들의 무지를 놀랍게
참으셨기 때문입니다. 그는 매우 부드러운 억양으로 제자들 가운데 한 사람에게
이렇게 말씀하셨습니다. "빌립아 내가 이렇게 오래 너희와 함께 있으되 네가 나
를 알지 못하느냐"(요 14:9). 그는 제자들에게 여러 번 반복하고 또 반복해서 같
은 것을 말씀하셨습니다. 그는 제자들을 동정하심으로써 때로 자신이 말하고 싶
은 것을 말할 수 없었습니다. 그는 자신의 무거운 짐을 알지 못하는 가련한 제자

들을 참으셨습니다. 그는 단지 이렇게 말씀하실 뿐이었습니다. "내가 아직도 너희에게 이를 것이 많으나 지금은 너희가 감당하지 못하리라"(요 16:12). 그가 제자들에게 가르치면, 제자들은 곧 잊어버립니다. 그렇지만 그는 제자들을 꾸짖지 않으셨습니다. 그는 제자들의 우둔함으로 인해 그들 가운데 단 한 사람도 쫓아내지 않았습니다. 그는 심지어 도마조차도 불신앙으로 인해 쫓아내지 않았습니다. 그는 제자들이 자신의 인격에 대해 올바로 알지 못하며 우물쭈물하고 있는 것을 그대로 내버려 두셨습니다. 자신의 인격에 대한 그들의 어리석은 개념과 그의 말을 쉽게 잊어버리는 그들의 우둔함에도 불구하고 말입니다. 제자들은 종종 무지로 인해 그리고 길 밖으로 나감을 통해 주님을 슬프게 만들었습니다. 특별히 각자가 서로 더 큰 자가 되기를 열망했을 때 말입니다. 그렇지만 그 모든 것에도 불구하고 우리 주님은 백성들에 대해 망령되이 말하였던 모세와 같지 않았습니다. "이는 그들이 그의 뜻을 거역함으로 말미암아 모세가 그의 입술로 망령되이 말하였음이로다"(시 106:33). 그의 입술로부터 참을 수 없는 가운데 터져 나오는 분노의 말은 단 한 마디로 나오지 않았습니다. 우리 주님이 가졌던 마음보다 더 온유하고 부드러우며 평온한 마음은 결코 없었습니다. 나는 이에 대해 길게 설명할 필요를 느끼지 않습니다. 왜냐하면 여러분 모두 그가 무지한 자들에게 얼마나 큰 동정심을 가졌는지 잘 알기 때문입니다.

그는 또한 슬픔을 느낄 수 있는 자입니다. 왜냐하면 그 자신도 같은 것을 느꼈기 때문입니다. 만일 내가 동정심(同情心)을 온유한 성격을 의미하는 것으로 설명한다면, 나는 여러분에게 그에 대해 충분하게 설명하지 못한 것입니다. 우리 주님이 무지한 자들을 동정하는 것은 단지 그들에 대해 온유하게 대하는 것을 통해서만 이루어지는 것이 아닙니다. 그것은 또한 그들과 같은 감정을 갖는 것을 통해 이루어집니다. 그들은 길 밖으로 나가 가시와 엉겅퀴 속으로 들어갔습니다. 그들은 방황하며 미로(迷路) 속으로 떨어졌습니다. 그들은 어두운 산 속에서 길을 잃었습니다. 그러나 그는 "간고를 많이 겪었으며 질고를 아는" 자였습니다(사 53:3). 또 그는 "그들의 모든 환난에 동참"했습니다(사 63:9). 그 모든 것은 그가 그들과 같은 것을 느꼈기 때문입니다. 그는 항상 온유하시며 긍휼에 풍성하십니다. 슬픔 가운데 빠져 있는 자녀들을 발견할 때마다, 그는 그들에게 풍성한 동정심을 갖습니다.

뿐만 아니라 그는 자신에게 나아오는 자들을 온유함으로 기꺼이 도우시는 자입니다. 그는 육체로 세상에 계실 때 그렇게 했으며, 그것은 지금도 마찬가지입니다. 그는 자신의 모든 생명을 온유함으로 내주셨습니다. 그리스도는 결코 우리가 개에게 뼈다귀를 던져 주듯이 그렇게 굶주린 백성들에게 떡과 고기를 던져 주지 않습니다. 그는 굶주린 백성들을 풀밭 위에 앉게 하셨습니다. 그리고 떡을 축사하시고 제자들에게 주셨으며, 제자들은 그것을 조용하며 질서 있게 무리에게 나누어 주었습니다. 지금도 주 예수 그리스도는 매우 따뜻하며 온유한 사랑의 방식으로 자기 백성들을 돕습니다. 우리를 향한 그의 지혜와 돌보심은 너무나 풍성하며, 따라서 우리는 "주의 온유함이 나를 크게 하셨나이다"라고 말할 수 있습니다(시 18:35). 아, 그는 얼마나 놀라운 구주입니까! 우리를 동정하며 온유하게 대함에 있어 그와 같은 자는 결코 없습니다.

또한 그는 아무도 내쫓지 않는 자입니다. 심지어 가장 무지하며 가장 길 밖에 있는 자조차도 결코 그로부터 쫓겨나지 않았습니다. 그것은 항상 사실이었습니다. "바리새인과 서기관들이 수군거려 이르되 이 사람이 죄인을 영접하고 음식을 같이 먹는다 하더라"(눅 15:2). "내게 오는 자는 내가 결코 내쫓지 아니하리라" — 이 말씀이 새겨진 깃발이 천국 문 앞에 영원히 펄럭입니다(요 6:37).

나는 오늘의 이러한 두 번째 주제에 대해 더 이상 자세히 설명할 필요를 느끼지 않습니다. 왜냐하면 그리스도의 생애를 기록한 복음서를 읽어본 사람이라면 누구든지 그가 얼마나 온유한 대제사장인지 알 것이기 때문입니다.

> "설령 그가 하늘에서 통치하신다 할지라도,
> 그의 사랑은 여전히 크고 놀랍도다.
> 그는 골고다를 기억하시며,
> 그의 성도들로 하여금 잊지 않게 하시도다."

비록 그가 하늘에 승천하셨다 할지라도, 그의 마음은 여전히 이 땅에 있습니다. 만일 어떤 사람이 이 땅에서 그를 향해 신음한다면, 그는 그 소리를 들을 것입니다. 비록 여러분의 목소리는 그에게 상달되지 않는다 할지라도, 만일 여러분의 마음이 그를 향해 몹시 아프다면, 그는 그러한 마음의 고통을 느끼며, 그것이 무엇을 의미하는지 아실 것입니다. 만일 여러분이 기도하는 법을 알지 못한 채 신음하며 탄식한다면, 그는 그러한 탄식소리를 능히 해석하실 것입니다.

그는 무지한 자들을 동정할 수 있습니다. 만일 여러분이 자신에게 필요한 것이 무엇인지 알지 못한 채 다만 마음으로 그것을 간절히 바란다면, 그는 여러분에게 그것을 주실 것입니다. 왜냐하면 그는 여러분의 마음의 바람을 해석할 것이기 때문입니다. 비록 아무 말도 하지 않았다 하더라도 말입니다. 설령 여러분 자신조차 여러분의 마음을 읽을 수 없다 할지라도, 그는 여러분의 마음을 읽을 것입니다. 그러나 여러분은 그(예수)를 가져야만 합니다! 여러분은 그를 가져야만 합니다! 여러분은 그로 말미암지 않고는 하나님께 다가갈 수 없습니다. 그의 온유하심을 느끼십시오. 그리고 그에게 가십시오. 그리고 그를 여러분의 대제사장으로 영접하십시오. 그렇게 영접하는 순간 그는 여러분의 대제사장이 될 것입니다. 그는 자기에게 나오는 자들을 결코 내쫓지 않을 것입니다. 그는 그들 앞에서 스스로를 숨기지 않을 것입니다. 그는 회개하는 죄인에게 결코 멀리하거나 혹은 모른 체하지 않을 것입니다. 만일 여러분이 그를 열망한다면, 그것은 그가 여러분을 열망하기 때문입니다. 만일 여러분이 불꽃 하나 분량만큼 그를 열망한다면, 그가 여러분을 열망하는 분량은 용광로만큼입니다. 그에게 오십시오. 그를 기쁨으로 맞이하십시오. 그는 무지한 자들과 길 밖에 있는 자들을 능히 동정할 수 있습니다. 하나님이 오늘의 설교를 축복하셔서, 오늘 설교를 통해 많은 사람들이 큰 유익을 받기를 소원합니다.

### 3. 셋째로, 사람 안에 있는 연약함들이 위대한 일을 위해 사용되도록 성별(聖別)될 수 있음을 주목하십시오.

옛 대제사장들은 연약에 휩싸여 있었으며, 그것은 그들의 자격의 일부였습니다. 어떤 사람이 말합니다. "그래 맞아, 그들은 죄와 관련된 연약에 휩싸여 있었어. 그렇지만 우리 주 예수는 아무런 죄도 없었지 않은가!" 이것은 의심의 여지 없는 사실입니다. 그러나 이것이 그리스도를 덜 온유한 자로 만들지 않고 도리어 더 온유한 자로 만든다는 사실을 기억하십시오. 죄와 관련된 것은 사람을 완고하게 만듭니다. 만일 그리스도에게 아무 죄도 없다면, 그는 사람을 완고하게 만드는 죄의 모든 영향력 밖에 있는 것입니다. 또 그가 연약함들에 둘러싸여 있었을 때, 그것은 그를 한층 더 온유한 자로 만듭니다. 왜냐하면 죄는 그러한 연약함들의 목록에 포함되지 않았기 때문입니다. 그러므로 우리는 죄를 어떤 형태로든 위대한 일을 위해 사용될 수 있는 연약함의 하나로 간주하지 않을 것입니다. 설령 죄가 많은 곳에 하나님의 은혜가 더욱 넘쳤다 하더라도 말입니다. 사랑하는 친구들이여, 이 시간 나는 선을 행하기를 원하는 여러분에게 잠시 고통스럽기는 하지만 그러나 결국 풍성한 결실을 가져다주는 몇 가지 연약함들을 제시하고자 합니다.

첫 번째로, 긍휼을 찾고자 하는 우리의 발버둥을 생각해 보십시오. 과거에 여러분은 구주를 찾고자 애쓰는 가운데 매우 힘든 시간을 보냈습니다. 나는 여러분이 그토록 힘든 과정을 거친 것으로 인해 기뻐합니다. 나 역시도 오랜 시간 고통스럽게 발버둥을 치는 과정을 거치고 난 연후에야 비로소 영원한 하나님의 빛을 인식하고 스스로를 그리스도께 던질 수 있었습니다. 나는 그런 과정을 거친 것으로 인해 하나님께 감사드립니다. 왜냐하면 나는 목사로서 그와 유사한 수만 가지 경우들을 다루어야만 했기 때문입니다. 만일 내가 어떤 사람들의 경우처럼 매우 쉽게 그리스도를 발견했다면, 아마도 많은 사람들을 인도할 수 없었을 것입니다. 그렇지만 지금 나는 그들 곁에 앉아 이렇게 말할 수 있습니다. "무엇이라고요? 당신은 지금 어둠 가운데 빠져 있다고요? 나 역시도 그와 같은 어둠 가운데 빠져 있었습니다. 당신은 지금 가장 깊은 토굴 속에 빠져 있지요? 그렇지 않습니까? 나 역시도 가장 깊은 토굴 속에 빠져 있었습니다. 나는 당신에게 그러한 토굴을 빠져나올 수 있는 길을 보여줄 수 있습니다. 나는 그 길을 알고 있습니다. 왜냐하면 내 자신이 거기에 있었으니까요." 만일 여러분이 어떤 경험을 하지 못했다면, 여러분은 그와 같은 상태에 빠져 있는 다른 사람들을 잘 도울 수 없습니다. 그렇지만 만일 여러분이 그리스도께 처음 나올 때 연약에 휩싸여 있었다면, 여러분은 그것을 사용하여 다른 사람들을 도울 수 있을 것입니다. 그들이 그리스도께 나오는 일에 말입니다.

두 번째로, 우리의 쓰라린 유혹들 역시 선한 일에 사용될 수 있는 연약함일 수 있습니다. 어떤 사람이 말합니다. "유혹 없이 사는 것은 얼마나 큰 축복입니까!" 그렇지만 나는 그것이 축복이라고 믿지 않습니다. 나는 유혹이 없는 것은 유혹이 있는 것보다 더 큰 유혹이라고 생각합니다. 유혹이 없는 것보다 더 큰 유혹은 없습니다. 왜냐하면 아무런 유혹도 없는 것처럼 보일 때, 우리는 매우 안일한 마음을 가지면서 모든 것이 잘 되고 있다고 생각하기 때문입니다. 실제로 그렇지 않음에도 불구하고 말입니다. 만일 여러분이 지금 유혹을 당하고 있다면, 기뻐하십시오. 유혹이 사역자의 서재에 있는 최고의 책들 가운데 하나라는 사실을 기억하십시오. 시험을 당하며 고난을 받으며 시련을 당하며 낙망 가운데 떨어지는 이 모든 것들은 여러분으로 하여금 다른 사람들을 올바로 다루도록 돕습니다. 만일 여러분이 연약함들에 휩싸여 있지 않았다면, 여러분은 다른 사람들을 효과적으로 도울 수 없었을 것입니다. 그러므로 여러분을 괴롭히는 유혹들을 도리어 여러분을 더 유용한 도구가 되도록 만드는 연단의 과정으로 받아들이십시오.

세 번째로, 우리의 병 역시 그와 같은 범주에 포함될 수 있습니다. 물론 우리는 항상 건강한 것을 더 좋아합니다. 나는 건강이야말로 하나님이 우리에게 주시는 가장 큰 축복이라고 생각합니다. 다만 병을 제외하고 말입니다. 왜냐하면 종종 병이 우리에게 더 나은 것을 주기도 하기 때문입니다. 나는 완전한 건강을 위해서라면 무엇이든 줄 것입니다. 나는 나의 지나온 과거를 여러 가지 병으로 말미암은 쓰라린 고통과 그로 인해 잠잘 수 없었던 수많은 밤들을 제외하고는 결코 회상할 수 없습니다. 그러나 도리어 그것은 나에게 많은 축복을 가져다주었습니다. 만일 우리가 목회자요 다른 사람들을 돕는 자요 백성들을 가르치는 선생이라면, 우리의 축복은 많은 부분 고통과 괴로움으로부터 올 것입니다. 나는 여러분이 지나치게 고통당하는 것을 원하지 않습니다. 그러나 주님은 얼마만큼 고통당하는 것이 지나치게 고통당하는 것인지 아십니다. 주님은 우리에게 우리가 감당할 수 있는 이상의 고통을 주지 않으실 것입니다. 그렇지만 어쨌든 이따금씩 겪는 병의 고통은 여러분에게 큰 도움이 될 수 있습니다. 나는 어떤 형제들이 복음을 전파하는 것을 들은 적이 있습니다. 그러나 그것은 마치 호두알처럼 너무나 딱딱했습니다. 어린아이들은 결코 그 알맹이를 얻을 수 없었습니다. 그 이유가 무엇이었을까요? 그것은 그들이 별다른 고난을 겪어보지 못했기 때문입니다. 여러분이 아무런 고난도 겪어보지 못했다고 가정해 보십시오. 여러분은 매우 온유하고 부드럽게 행동하려고 노력할는지 모르지만, 그러나 그것은 마치 코끼리가 바늘을 집어 올리려고 하는 것과 같을 것입니다. 여러분은 인내하며 동정심을 가지려고 노력할는지 모르지만, 그러나 여러분은 결국 그렇게 할 수 없을 것입니다. 그러므로 여러분의 약한 것들을 자랑하십시오. 왜냐하면 여러분이 경험한 고통스러운 병조차도 하나님의 병든 백성들을 위로하는 일에 매우 유용하게 사용될 것이기 때문입니다.

네 번째로, 우리의 시련들 역시 이와 같이 성별(聖別)될 수 있습니다. 아무런 시련도 겪어보지 못한 사람은 실제로 매우 불행한 사람입니다. 그는 마치 백성들이 빵이 없음으로 인해 폭동을 일으켰을 때 그들의 고통을 전혀 이해할 수 없었던 프랑스의 마리 앙투아네트 왕비와 같은 사람입니다. 그녀는 분노한 군중들에게, 일 페니를 가지고 시장에 가서 일 페니짜리 빵을 사면 되지 않느냐고 말했습니다. 그녀는 세상에서 가장 부유한 사람들 가운데 한 사람이었습니다. 나는 그녀가 일생 동안 단 한 번도 일 페니짜리 빵을 사본 적이 없을 것이라고 생각합니다. 아니, 어쩌면 그녀는 일 페니짜리 동전을 가져본 적도 없었을는지 모릅니다. 아, 사랑하는 친구들이여! 만일 여러분이 다른 사람들을 돕고자 한다면, 먼저 여러분 자신이 연약에 휩싸여 있어야만 합니다.

다섯 번째로, 우리의 낙망 역시 그와 같은 범주에 포함될 수 있습니다. 절망 가운데 심령이 꺾이는 것은 정말로 좋지 않은 일입니다. "사람의 심령은 그의 병을 능히 이기려니와 심령이 상하면 그것을 누가 일으키겠느냐"(잠 18:14). 그러나 나의 사랑하는 형제여, 만일 당신이 그와 같은 경험을 갖지 못한다면, 당신은 훌륭한 설교자가 되지 못할 것입니다. 만일 당신 자신이 깊은 침체 가운데 떨어져보지 못했다면, 당신은 결코 다른 사람들을 도울 수 없습니다. 당신은 다른 사람들을 낙망과 침체의 늪으로부터 건져낼 수 없습니다. 만일 당신 자신이 그와 같은 늪으로부터 빠져나온 경험을 하지 못했다면 말입니다. 당신은 때로 이러한 연약에 휩싸여야 합니다. 비슷한 상황에 빠져 있는 사람들을 동정하기 위해서 말입니다.

나는 우리 모두가 자신의 모든 연약함들을 이와 같이 성별(聖別)하고자 노력해야 한다고 생각합니다. 연약한 자로서의 우리의 전체 본성은 가장 숭고한 목적에 사용되도록 변화될 수 있습니다. 만일 그것이 다른 사람들을 향한 우리의 동정심을 불러일으킨다면 말입니다. 나는 여러분이 '철의 사람'(man of iron)이 아닌 것으로 인해 하나님께 감사드립니다. 우리에게 한때 '철의 공작'(Iron Duke)이 있었습니다(Iron Duke: 영국의 Wellington 공작의 별명). '철의 설교자'(iron preacher)는 '철의 청중들'(iron hearers)을 필요로 합니다. 그러면 나는 그들 사이에 머지않아 큰 충돌이 일어날 것임을 확신합니다. 그렇습니다. 우리는 우리의 연약함들을 하나님께 성별하고 그의 발 앞에 놓아야만 합니다. 그리고 우리에게 그런 연약함들이 필요합니다. 자, 우리의 연약함들과 함께 갑시다! 그리고 무지한 자들과 길 밖에 있는 자들을 돕고자 노력합시다. 우리는 능히 그들을 도울 수 있습니다. 왜냐하면 우리도 한때 그들과 같았기 때문입니다. 우리는 약할 때 강할 것입니다. 우리가 가장 약한 상태에 있을 때, 하나님의 강하심이 더욱 분명하게 드러날 것입니다. 이제 우리는 여기에서 멈추어야 합니다. 왜냐하면 우리의 시간이 다 되었기 때문입니다. 부디 주님이 그의 이름을 위하여 오늘의 말씀을 죄인들과 성도들 모두에게 큰 축복이 되게 하시기를 기원합니다. 아멘.

제
11
장
—

# 우리를 동정하시는 대제사장

—

"그는 육체에 계실 때에 자기를 죽음에서 능히 구원하실 이에게 심한 통곡과 눈물로 간구와 소원을 올렸고 그의 경건하심으로 말미암아 들으심을 얻었느니라 그가 아들이시면서도 받으신 고난으로 순종함을 배워서 온전하게 되셨은즉 자기에게 순종하는 모든 자에게 영원한 구원의 근원이 되시고 하나님께 멜기세덱의 반차를 따른 따른 대제사장이라 칭하심을 받으셨느니라." —히 5:7-10

　　성령께서는 본장을 통해 대제사장에게 두 가지가 필요하다는 사실을 우리에게 일깨워 줍니다. 첫째는 그가 사람들을 위해 합당해야만 한다는 것이며, 둘째는 그가 하나님께 받아들여질 수 있어야만 한다는 것입니다. "대제사장마다 사람 가운데서 택한 자이므로 하나님께 속한 일에 사람을 위하여 예물과 속죄하는 제사를 드리게 하나니"(히 5:1). 그는 두 가지 관점으로부터 적합해야 합니다. 하나는 사람 쪽을 향한 관점이며, 또 하나는 하나님 쪽을 향한 관점입니다. 우리 주 예수 그리스도는 스스로 대제사장의 직분을 취하지 않으셨습니다. 그는 하나님으로부터 임명되었으며, 선지자들은 그에 대해 하나님의 메시야로 선포했습니다. "너는 영원히 멜기세덱의 반차를 따른 대제사장이라"(6절). 또 그가 세상에 오셨을 때 성령이 그를 지극히 높은 자의 아들로 증언했으며, 그가 세례를 받을 때 하늘로부터 "너는 내 사랑하는 아들이라 내가 너를 기뻐하노라"라는 음성이 임했습니다. 그리고 같은 음성이 동일한 사실을 선포하며 세 번 울려퍼졌습니다. 또 아버지는 그를 죽은 자로부터 다시 살리시고 우리를 위해 하늘의 처소로 이끄셨습니다. 나아가 아버지는 그에게 왕과 제사장인 멜기세덱으로서 그의 원수들이 그의 발등상이 될 때까지 자기 우편에 앉을 것이라는 약속을 주셨습니다. 이와 같이 우리 주 예수는 "승천하신 우리의 큰 대제사장"으로 택하여지고, 임명되며, 영광을 받았습니다. 바로 이것이 우리 주 예수 안에 있는 우리의 위로의 기초입니다. 왜냐하면 우리는 그가 언약의 사자요 여호와 우리 하나님의 대리자로서 아버지와 함께 계신 자요 만물이 그로 말미암은 자라는 사실을 알기 때문입니다.

그렇지만 오늘의 주제는 이것이 아닙니다. 오늘 우리가 살필 주제는 인간의 측면으로부터 나타나는 우리를 위한 대제사장으로서의 우리 주 예수의 탁월한 적합성입니다. 대제사장은 "자신도 연약에 휩싸여 있음으로 인해 무지한 자들과 길 밖에 있는 자들을 능히 동정할 수 있는" 사람이어야만 합니다(2절). 그는 고난의 학교에서 동정심을 배움으로써 고난당하는 자들을 도울 수 있는 사람이어야만 합니다. 고난 외에 동정심을 배우는 다른 방법은 없습니다. 그것은 책을 통해 배울 수 없습니다. 그것은 마음판 위에 기록되어야만 합니다. 만일 여러분이 불타는 숯 위를 걸어가는 사람들을 동정한다면, 여러분은 필경 불 가운데로 걸어갈 것입니다. 만일 여러분이 인생의 무거운 짐을 지고 가는 사람들을 동정한다면, 여러분은 필경 십자가를 짊어질 것입니다. 사랑하는 친구들이여, 우리는 죄와 슬픔으로 가득한 세상에서 살고 있습니다. 우리는 죄를 지으며, 슬픔을 당합니다. 우리는 우리의 죄를 제거할 수 있는 자를 필요로 합니다. 우리는 우리의 슬픔을 공유할 수 있는 자를 필요로 합니다. 만일 그가 우리의 순례여행의 모든 험한 길을 우리와 함께 갈 수 없다면, 어떻게 그가 우리의 인도자가 될 수 있겠습니까? 만일 그가 한 번도 밤에 여행을 해보지 않았다면, 어떻게 그가 가장 어두운 밤을 지나는 우리를 위로해 줄 수 있겠습니까? 우리 주 예수 그리스도는 충분한 자격을 갖춘 대제사장입니다. 그는 그 용량(容量)에 있어 완전합니다. 오늘 아침 나는 예수 그리스도와 관련하여 이와 같은 측면에서 이야기하고자 합니다. 이 시간 나는 위로부터의 도우심이 임하기를 간절히 소망합니다. 왜냐하면 나는 예수 그리스도에 대해 합당하게 말하기 위해서는 거룩한 자의 영감(靈感)이 필요하다고 생각하기 때문입니다. 우리의 믿는 도리의 큰 대제사장을 올바로 묘사하기 위해서는 반드시 신중하며 분별 있는 언사(言辭)가 필요합니다. 완전한 구속자를 충분하게 묘사하기 위해서는 완전한 설교자가 필요합니다. 그렇지만 우리가 그런 설교자를 어디에서 발견할 수 있겠습니까? 십자가에 못 박힌 방식으로 십자가에 못 박힌 구주를 설교하는 것은 결코 쉬운 작업이 아닙니다. 예수의 온유한 동정심에 대해 말하고자 하면, 나는 그의 영광에 대해 말할 때와 같은 분량으로 나의 입술이 제단으로부터 취한 불타는 숯불에 닿을 필요가 있다고 생각합니다. 성령의 도우심 없이 이야기해야만 한다면, 나는 겟세마네 동산에 대해 이야기하기보다 차라리 에덴 동산에 대해 이야기하는 것을 선택할 것입니다. 부디 성령께서 이 시간 우리의 묵상을 인도하시기를 기원합니다. 그럼으로써 우리가 그리스도께 영광을 돌리고 또 더 큰 확신으로 그 안에서 안식할 수 있게 되기를 기원합니다.

　　오늘 설교의 또 하나의 목적은 하나님의 백성들을 위로하는 가운데 아직까지 그리스도 밖에 있는 사람들을 우리의 큰 대제사장에게 나아가도록 설득하는 것입니다. 아, 지금까지 그리스도의 사랑을 알지 못했던 많은 사람들이 이 시간 그의 사랑을 깨닫고 스스로를 그에게 던질 수 있게 된다면 얼마나 좋겠습니까! 예수 그리스도가 슬픔 가운데 있는 여러분을 능히 동정할 수 있는 사실로 말미암아, 나는 이 시간 고통 가운데 있는 자들이 그에게 가까이 나아갈 수 있게 되기를 간절히 바랍니다. 이 시간 오랜 세월 주저하며 머뭇거리던 자들이 긍휼이 풍성하신 자 안에서 피난처를 발견할 수 있게 되기를 바랍니다. 그는 여러분에게 영원한 위로를 주고자 기다리고 계십니다. 그를 믿으십시오! 그리고 그를 향유하십시오! 우리는 그것을 바라보며 기도할 것입니다. 부디 하나님이 우리의 기도에 응답하셔서 그의 아들 예수가 영광을 받으시게 되기를 기원합니다.

　　우리는 그리스도에게 있어서의 그의 사역을 위한 큰 적합성을 그의 세 가지 성격 안에서 발견할 수 있습니다. 우리는 첫째로 **탄원자로서의** 그리스도를 살펴볼 것입니다. 이것은 7절에 나타납니다. "그는 육체에 계실 때에 자기를 죽음에서 능히 구원하실 이에게 심한 통곡과 눈물로 간구와 소원을 올렸고 그의 경건하심으로 말미암아 들으심을 얻었느니라." 그리고 둘째로 **아들로서의** 그리스도를 살펴볼 것입니다. "그가 아들이시면서도 받으신 고난으로 순종함을 배워서"(8절). 그리고 마지막으로 **구주로서의** 그리스도를 살피는 것으로 오늘의 설교를 마무리할 것입니다. "자기에게 순종하는 모든 자에게 영원한 구원의 근원이 되

시고"(9절). 성령이여, 임하소서! 그리고 그리스도와 관련한 모든 것을 우리에게
보이소서!

### 1. 첫째로, 우리의 근심과 슬픔을 다루는 우리 주님의 적합성을
### 보기 위해 탄원자로서의 그리스도를 살펴보도록 합시다.

본문은 그리스도의 약함을 나타내는 단어와 함께 시작합니다. "그가 육체에
계실 때에"(7절). 우리의 복되신 주님은 약함 가운데 자신을 구원할 수 있는 하나
님께 탄원하셨습니다. 우리 주님은 육체의 약함에 둘러싸여 있었을 때 많은 기
도를 하셨습니다. 특별히 젊은이들에게 있어 주 예수께서 기도하셨던 모든 상황
들을 유심히 살피는 것은 매우 유익한 일이 될 것입니다. 실제로 그의 기도와 관
련하여 복음서에 기록된 상황들만 해도 매우 많습니다. 그렇지만 의심의 여지
없이 그것들은 단지 몇 개의 표본에 불과할 것입니다. 실제로 그는 훨씬 더 많은
상황들 속에서 기도했을 것입니다. 예수는 습관적으로 기도했습니다. 심지어 입
술이 발음을 낼 수 없었을 때조차도, 그는 기도하고 있었습니다. 그의 마음은 항
상 하늘 아버지와 더불어 교제하고 있었습니다. "그가 육체에 계실 때"란 표현은
그의 지상 생애를 그의 이전의 영광의 상태로부터 구별하기 위해 사용되는 표현
입니다. 옛적부터 하나님의 아들은 아버지와 더불어 거하셨지만, 그러나 그 때
는 사람의 본성을 취하지 않으셨습니다. 그 때는 "그가 육체에 계실 때"가 아니
었습니다. 그 때 그는 지금, 즉 베들레헴에서 태어나시고 골고다에서 죽으신 이
후와 같이 죄인들을 동정(同情)할 수 있는 상태에 있지 않으셨습니다. "그가 육
체에 계실 때"는 결국 죽음으로 나아가는 이 땅의 생애를 의미합니다. 그것은 그
의 약함의 때이며, 비하(卑下)의 때이며, 수고와 고난의 때입니다. 그가 하늘에
서 우리의 본성을 입은 것은 사실입니다. 왜냐하면 부활 후 그가 제자들에게 이
렇게 말씀하셨기 때문입니다. "나를 만져 보라 영은 살과 뼈가 없으되 너희 보는
바와 같이 나는 있느니라"(눅 24:39). 그럼에도 불구하고 우리는 아버지 우편에
앉아 계신 그의 승귀(昇貴)의 때를 "그의 육체의 때"라고 부르지 않습니다. 그는
여전히 기도하고 계십니다. 실제로 그는 범죄자들을 위해 계속적으로 중보(仲
保)하고 계십니다. 그렇지만 그것은 "그가 육체에 계실 때" 기도했던 것과는 다
른 방식으로 이루어지는 것입니다.

> "이 땅에서는 심한 통곡과 눈물로
> 겸비한 간구와 소원을 올렸지만,
> 그러나 지금은 영광의 보좌에 앉아
> 권세와 함께 간구하시도다."

　나아가 그의 지상 생애의 날들 가운데 특별하게 "그가 육체에 계실 때"라고 불릴 만한 때가 있었습니다. 그것은 그의 육체의 본성이 극단까지 갔을 때입니다. 그 때 사람들은 선생으로서의 그의 위대함과 특별히 사람으로서의 그의 고난을 거의 알지 못했습니다. 겟세마네 동산에서 "그의 마음이 매우 고민하여 죽게 되었을 때"를 나는 그러한 때 가운데 하나라고 부릅니다(마 26:38). 그의 마음은 십자가의 그림자가 빽빽한 어둠으로 드리워짐으로 인해 매우 무거웠습니다. 그가 하나님으로부터 버림을 당하고 사람들로부터 "저 사람이 징벌을 받아 하나님께 맞으며 고난을 당한다"고 수군거림을 당할 때, 그 때가 바로 "그가 육체에 계실 때"였습니다(사 53:4). 감람나무 아래 엎드려 피로 얼룩진 땀을 흘리며 온 영혼으로 애절한 간구를 올릴 때, 여러분은 여러분의 구주가 "육체에 계실 때" 약함 가운데 탄원하는 모습을 발견합니다.

　형제들이여, 우리 주님이 "육체에 계실 때" 실제로 기도하셨던 것을 기억하십시오. 그가 마치 유령인 것처럼 그리고 그의 기도가 마치 허상(虛像)인 것처럼 상상하지 마십시오. 그는 실제적인 사람이었으며, 그의 기도는 여러분의 기도와 똑같이 실제적인 기도였습니다. 사람으로서의 예수를 믿으십시오. 여러분은 그의 신성(神性)의 영광을 감소시키는 자들에 대해 분개할 것입니다. 그것은 지극히 마땅하고 정당합니다. 그러나 그와 같이 여러분 자신이 그로부터 그의 인성(人性)의 진리를 탈취하지 마십시오. 그는 실제로 육체가 되셨으며 우리 가운데 거하셨습니다. 사도 요한은 그의 영광을 보았을 때 이렇게 말합니다. "우리가 그의 영광을 보니 아버지의 독생자의 영광이요 은혜와 진리가 충만하더라"(요 1:14). 우리는 참된 인성을 굳게 붙잡아야 합니다. 그렇지 않으면 우리는 그의 희생제사적 죽음과 부활과 여타의 모든 것들을 잃게 됩니다. 그리고 우리의 위로의 큰 원천인 우리 주님의 형제됨 역시 사라질 것입니다. 하나님 우편에 앉은 자가 한때 죄된 육신의 모양으로 여기에 계셨다는 사실을 기억하십시오. 산 자와 죽은 자를 심판하기 위해 곧 오실 자는 한계와 약함과 고난과 수고의 기간을 통과하셨습니다. 왜냐하면 그는 사람의 육체 안에 계셨기 때문입니다. 또 "그가 육체에 계실 때"는 그에게 가난과 수고와 수욕과 시험의 때였습니다. 비록 그 안에 죄가 없었음에도 불구하고, 그는 범사에 우리와 같이 시험과 유혹을 당했습니다. 이와 같은 때를 통과하심으로써, 그는 각자 자신들의 육체의 때를 통과하고 있는 신자들의 대제사장으로서 적합하게 되셨습니다. 형제들이여, 우리 모두는 혈과 육에 참여한 자들입니다. 이런 우리에게 우리 주 예수 역시도 같은 것에 참여했다는 사실은 얼마나 큰 위로입니까!

육체에 계실 때, 우리 주님은 여러 가지 필요들을 느끼셨습니다. "심한 통곡과 눈물로 간구와 소원을 올렸고"란 표현은 그에게 많은 필요들이 있었음을 증명합니다. 만일 이 세상이 만족시켜 줄 수 있는 것보다 더 큰 필요들을 가지고 있지 않다면, 사람들은 간구와 기도를 올리지 않습니다. 사람들은 일을 통해 얻을 수 있는 것을 위해서는 일을 하지만, 그러나 다른 방법으로는 결코 얻을 수 없는 것을 위해서는 기도를 합니다. 우리 구주는 단지 모양으로만 기도하지 않았습니다. 그의 기도는 하늘의 도움에 대한 필요를 절박하게 인식함으로부터 말미암았습니다. 우리 구주가 우리를 위해 스스로를 많은 것을 필요로 하는 위치에 놓으셨다는 것은 정말로 사실입니다. 우리가 그것을 이해하는 것은 결코 쉬운 일이 아니기는 하지만 말입니다. 물론 그는 하나님으로서 아무것도 필요로 하지 않는 상태로 오실 수 있었습니다. 그러나 우리와 같은 사람으로서 그는 그의 신성(神性)의 능력으로 사람과 동일한 육체의 약함을 파괴하기를 기뻐하지 않으셨습니다. 그러므로 그는 무엇인가를 필요로 하는 위치를 기꺼이 담당하시고, 기도로써 "모든 것을 채우시는 한 분의 충족한 근원"이신 그의 아버지에게 나아가셨습니다. 그는 기도로써 축복들을 구하셨습니다. 그는 간구로써 악에 대항하셨습니다. 그는 많은 "기도들과 간구들"로 하나님께 나아갑니다. 여기에서 두 단어가 복수형으로 되어 있는 것을 주목하십시오. 여기에서 우리는 다양한 형태의 기도들과 간구들이 있음을 알 수 있습니다. 왜냐하면 우리 주님이 모든 종류의 기도들과 간구들을 올렸기 때문입니다. 특별히 겟세마네 동산에서 그는 여러 번 부르짖었습니다. "내 아버지여 만일 할 만하시거든 이 잔을 내게서 지나가게 하옵소서"(마 26:39). 너무나 당연한 말일는지 모르지만 어쨌든 우리 구주가 실제로 기도하셨다는 것은 계속적으로 반복되어 강조될 필요가 있습니다. 여러분이 무거운 마음을 안고 골방 문을 닫고 무릎을 꿇고 기도할 때, 그러한 기도를 통해 여러분이 고통과 번민으로 얼굴이 일그러질 때, 여러분이 지극히 높은 자 앞에서 어떤 필요로 인해 통곡하며 눈물을 흘릴 때, 여러분에게 있어 예수 역시도 그와 똑같이 기도했음을 떠올리는 것은 결코 쉬운 일이 아닙니다. 그러나 그는 실제로 그렇게 기도하셨습니다. 그는 여러분이 간구한 것과 똑같이 간구하셨습니다. 그는 탄원하며 애원했습니다. 그는 간청하며 씨름했습니다. 그는 엘리야가 자신의 두 무릎 사이에 머리를 박고 여호와께 일곱 번 간절히 부르짖었던 갈멜 산의 외딴 장소를 아십니다. 그는 히스기야가 그랬던 것처럼 벽을 향해 얼굴을 돌리고 슬퍼하며 우는 것을 아십니다. 그는 외로움과 혼란과 괴로움과 슬픔과 비참함 가운데 있는 여러분에게 긍휼을 베풀 수 있습니다. 그러므로 슬픔의 밤에 그를 바라보십시오. 그리고 새 힘을 얻으십시오.

　　이제 기도하기를 시작하는 사람들에게 말합니다. 여러분의 기도의 모범이신 예수를 기억하십시오. 설령 여러분의 기도가 말은 몇 마디 안 되고 대부분 눈물과 통곡으로 구성되었다 할지라도, 그러나 그것은 바로 그 부분에서 여러분의 구주의 기도와 같습니다. 그러므로 여러분은 여러분의 기도가 열납(悅納)될 것을 바랄 수 있습니다. 만일 여러분이 여러분의 기도가 거부될 것을 두려워한다면, 주님이 시편 22편에서 어떻게 탄식하셨는지 기억하십시오. "내 하나님이여 내 하나님이여 어찌 나를 버리셨나이까 어찌 나를 멀리 하여 돕지 아니하시오며 내 신음 소리를 듣지 아니하시나이까 내 하나님이여 내가 낮에도 부르짖고 밤에도 잠잠하지 아니하오나 응답하지 아니하시나이다"(1, 2절). 그는 나중에 들으심을 받았지만, 그러나 처음에는 그렇지 않았습니다. 그는 헛되이 기도하는 것처럼 보였습니다. 예수는 낙망 가운데 기도하셨습니다. 그는 자신이 경험한 것을 통해 동일한 것을 경험하는 여러분을 도우실 것입니다. 그는 기도의 투쟁이 무엇을 의미하는지 아십니다. 여러분이 쓰라린 마음으로 회개하며 주님을 찾을 때, 그는 형제의 눈으로 여러분을 바라보실 것입니다. 온유한 마음과 사랑의 영혼을 가진 우리의 대제사장은 정말로 합당한 대제사장입니다.

　　나아가 하나님의 아들의 격렬하게 기도하는 모습이 우리와 얼마나 비슷한지 보십시오. 이와 같은 엄숙한 주제에 대해 어떻게 설교해야 할지 좀 더 잘 알았으면 좋겠습니다. 우리는 이러한 갑절로 거룩한 땅 위에서 신발을 벗을 필요가 있습니다. 그리스도의 기도의 격렬함은 "심한 부르짖음과 눈물로"(with strong crying and tears, 한글개역개정판에는 "심한 통곡과 눈물로"라고 되어 있음)라는 표현에 잘 나타납니다. 복음서 기자들은 그의 눈물에 대해 기록하지 않았지만, 그러나 성령은 여기에서 사람의 눈이 결코 볼 수 없었던 것을 계시합니다. 그는 슬픔 가운데 큰 소리로 탄원하며 기도하기 시작했습니다. 그가 큰 소리로 부르짖어 기도했기 때문에 제자들은 돌 던질 만큼 떨어진 거리에 있었음에도 불구하고 그의 기도를 들을 수 있었습니다. "내 아버지여 만일 할 만하시거든 이 잔을 내게서 지나가게 하옵소서"(마 26:39). 슬픔 가운데 그의 목소리는 점점 더 커졌습니다. 그의 부르짖음에는 강한 힘이 있었습니다. 그것은 "심한 부르짖음"이었습니다. 그것은 깊고, 애처로우며, 애절하며, 마음을 쏟는 부르짖음이었습니다. "내 아버지여 만일 할 만하시거든 이 잔을 내게서 지나가게 하옵소서." 우리는 우리의 위대한 대속자 위에 떨어진 극심한 고통의 부르짖음을 듣지 못한 것으로 인해 감사할 수 있습니다. 부르짖는 것은 연약한 것입니다. 그러나 그의 부르짖음은 강한 부르짖음이었습니다. 그것은 하늘 아버지의 마음에 큰 부르짖음이었습니다. 이 같은 부르짖음에 이어, 그의 눈으로부터 눈물이 흐릅니다. 하나님은 그의 눈물 안에 있는 소리를 들으셨습니다. 그의 부르짖음과 눈물 가운데 어느 것이 더 크게 소리치는지 도대체 누가 말할 수 있단 말입니까? 예수와 같이 용기와 인내심이 있는 사람이 심히 부르짖으며 눈물을 흘릴 때, 우리는 그의 마음의 슬픔이 얼마나 극심했는지 짐작할 수 있습니다. 그의 영혼은 슬픔으로 파열(破裂)되고 있었음에 분명합니다. 우리는 또 다른 표적을 통해 정말로 그러했음을 압니다. 왜냐하면 생명의 피가 자신의 통상적인 경로(經路)를 망각하고 그 경계를 넘어 땀구멍으로 흘러넘쳤기 때문입니다. 피로 얼룩진 땀을 흘릴 때 말입니다. 나는 그것이 예컨대 일할 때 흘리는 것과 같은 단순한 땀이었다고 생각하지 않습니다. 나는 그것이 피의 땀(sweat of blood)이었다고 믿습니다. 그렇지 않으면 "땀이 땅에 떨어지는 핏방울 같이 되더라"라는 표현은 결코 사용되지 않았을 것입니다(눅 22:44). 우리는 간혹 극도의 슬픔이나 놀람 가운데 빠져 있는 사람에게서 피의 땀이 흐르는 것을 봅니다. 그러나 지금 우리 구주의 상황은 이 모든 것들을 훨씬 더 능가합니다. 왜냐하면 지금 그가 흘리고 있는 피의 땀은 땅에 뚝뚝 떨어질 정도로 큰 핏방울이었기 때문입니다. 이것은 실로 그의 인성 전체를 소진(消盡)하는 기도였습니다. 지금 그의 몸과 혼과 영은 극심한 고통의 고문대 위에, 그리고 쓰라린 고뇌의 무거운 짐 아래 있었습니다. 그는 우리가 결코 도달할 수 없는 가장 처참하며, 고통스러우며, 끔찍한 상태에서 하나님께 탄원하고 있었습니다. 그러나 형제들이여, 여기에 요점이 있습니다. 만일 여러분이 지금 가장 어둡고 절망스러운 상황 속에서 기도한다면, 만일 여러분이 영혼 전체를 쏟아 큰 소리로 부르짖으며 눈물을 흘릴 수밖에 없다면, 그렇다면 "육체에 계실 때"의 예수를 생각하십시오. 통상적으로 여러분은 조용히 그리고 소리 없이 기도할 것입니다. 그러나 지금 여러분은 스스로를 억제할 수 없습니다. 요셉이 울음을 억제하지 못함으로 인해 바로의 집에 있는 모든 애굽사람들이 그의 우는 소리를 들었던 것처럼, 지금 여러분은 여러분의 고뇌를 폭발시킵니다. 여러분의 약함을 부끄러워하지 마십시오. 여러분의 주님도 여러분보다 앞서 그렇게 하셨습니다. 장성한 성인임에도 불구하고 여러분은 어린아이처럼 웁니다. 그러나 보십시오! 여러분은 혼자가 아닙니다! 예수께서 여러분과 함께 깊은 심연을 통과하고 계십니다. 여러분은 지금 피로 얼룩진 주님의 발자국을 볼 수 없습니까? 그는 여러분의 극심한 고뇌를 아십니다. 두려워하지 마십시오! 여러분의 길을 주님께 맡기십시오. 지금 빠져 있는 가장 끔찍한 길까지도 말입니다. 여러분의 영혼 안으로 쇳덩어리가 들어올 때, 그를 믿으십시오. 모든 것을 그의 손에 맡기십시오. 왜냐하면 그는 그 모든 것을 이미 경험하셨기 때문입니다.

아직까지도 나의 주님을 신뢰하지 못하는 가련한 영혼들이여! 여러분은 그의 부르심을 듣지 못합니까? 만일 그가 이 모든 것을 겪었다면, 그가 여러분의 상황에 부응할 수 없겠습니까? 이 모든 것으로 말미암아, 그는 대제사장으로 온전하게 되셨습니다. 아, 여러분은 그를 믿을 수 없습니까? 그가 여러분의 고통 속으로 들어올 수 없습니까? 아, 캄캄하게 어두워진 마음들이여! 여기에 여러분을 위한 빛이 있지 않습니까? 여러분이 고통 가운데 기도할 때, 예수는 여러분의 형편을 완전하게 이해합니다. 아, 스스로를 혐오하는 자들이여! 아, 차라리 태어나지 않았으면 좋았을 것이라고 생각하는 자들이여! 아, 슬픔과 절망의 자녀들이여! 여러분은 여러분의 구속자의 일그러진 얼굴 속에서 그를 믿을 이유를 볼 수 없습니까? 심하게 부르짖는 그의 입술로부터, 그리고 눈물을 흘리는 그의 눈으로부터, 여러분은 그의 뜨거운 동정심을 느낄 수 없습니까? 그래서 고난의 날에 그에게 달려갈 수 없습니까? 마치 병아리들이 암탉의 품안으로 달려가는 것처럼 말입니다.

지금까지 우리는 본문으로부터 우리 주님의 필요들과 그의 기도의 격렬함을 살펴보았습니다. 이제 기도에 대한 그의 이해를 주목해 보도록 합시다. 그는

"자기를 죽음에서 능히 구원하실 이에게" 기도했습니다(7절). 이것은 얼마나 놀랄 만한 표현입니까! 구주가 구원받기를 기도하다니요! 극심한 고뇌 가운데 그리스도는 자신의 기도를 받으시는 자가 어떤 분이신지 충분히 이해하며 기도하셨습니다. 우리의 기도를 받으시는 분이 어떤 분인지 잘 알고 기도하는 것은 우리에게 있어 얼마나 중요한 일입니까! 예수는 곧 죽을 것이었습니다. 그러므로 그는 지금 아버지를 "자기를 죽음에서 능히 구원하실" 자로 바라봅니다. 이러한 구절은 두 가지 방식으로 해석될 수 있습니다. 먼저 그것은 그가 실제적인 죽음으로부터 구원받을 것을 의미하는 것일 수 있습니다. 만일 그것이 아버지의 영광과 부합하는 일이라면 말입니다. 또 그것은 그가 죽음으로부터 구원받기를 탄원한 것을 의미하는 것일 수 있습니다. 그가 실제로 죽음으로 내려갔다 하더라도 말입니다. 왜냐하면 여기의 전치사는 "from" 혹은 "out of"로 번역될 수 있기 때문입니다. 요컨대 예수 그리스도는 하늘 아버지를 자신을 사망의 권세로부터 지킬 수 있는 자로서, 그리고 또한 자신을 죽은 자들로부터 다시 데려올 수 있는 자로서 보신 것입니다. 시편에서 그가 어떻게 말했는지 보십시오. "이는 주께서 내 영혼을 스올에 버리지 아니하시며 주의 거룩한 자를 멸망시키지 않으실 것임이니이다"(시 16:10). 예수 그리스도는 죽음과 관련하여 하나님을 믿었으며, 그러한 믿음에 따라 기도했습니다. 이러한 사실은 우리의 복된 구주를 우리와 아주 가깝게 만들어 줍니다. 그는 우리와 마찬가지로 믿음으로 기도했습니다. 그는 자신을 죽음으로부터 구원할 수 있는 하나님의 능력을 믿었습니다. 심지어 극심한 두려움 속에 빠져 있었을 때조차도, 그는 하나님을 붙잡는 믿음을 놓치지 않았습니다. 그는 여러분과 내가 두려움 가운데 그러나 믿음으로 말미암아 용기를 얻어 탄원하는 것처럼 그렇게 탄원하셨습니다. 자, 여기를 보십시오! 우리가 마땅히 기도에 있어서의 그의 격렬함과 그의 지식과 그의 믿음을 본받아야 하지 않겠습니까! 그는 스스로를 낮추사 우리가 본받을 수 있는 모범이 되셨습니다. 그는 우리의 가장 절박한 탄원 안에서 우리와의 살아 있는 교제 안으로 들어오셨습니다. 그는 야곱이 얍복 강 나루터에서 기도했던 것처럼 그렇게 기도했습니다. 그러므로 야곱의 자손들이여, 그를 믿으십시오!

이제 그의 두려움을 주목하십시오. 나는 옛 흠정역이 개정역(Revised Version)보다 훨씬 더 정확하다고 믿습니다. 흠정역의 7절은 이렇게 되어 있습니다. "자기를 죽음에서 능히 구원하실 이에게 심한 부르짖음과 눈물로 간구와 소원을 올렸고 그의 **두려워하심으로 말미암아 들으심을 얻었느니라**"(with strong crying and tears unto him that was able to save him from death, and was heard in that he feared, 한글개역개정판에는 "경건하심으로 말미암아"라고 되어 있음). 다시 말해서 그는 두려움을 가지고 있었다는 것입니다. 물론 그것은 죄와 관련한 두려움이 아니라 자연적인 두려움이었습니다. 그리고 이러한 두려움으로부터 그는 천사들을 통해 하늘로부터 주어지는 힘으로 말미암아 구원을 받았습니다. 하나님은 우리 모두 안에 생명에 대한 사랑을 심어 넣으셨습니다. 따라서 우리는 별다른 고뇌 없이 그것을 떨쳐 버릴 수 없습니다. 우리 주님은 죽음에 대한 두려움을 느끼셨습니다. 어떤 사람들은 우리 구주가 너무나 용기 있는 분이시기 때문에 결코 죽음에 대한 두려움을 느낄 수 없었다고 말합니다. 그러나 나는 그가 자신이 두려워하는 것에 평온하게 직면하셨기 때문에 더욱 용기 있는 것이라고 말하고 싶습니다. 순교자들은 우리 주님에게 떨어졌던 두려움 없이 죽었습니다. 그렇지만 그들을 지탱해 주었던 하나님의 도움이 예수로부터는 제거되었던 사실을 기억하십시오. 또 그의 죽음은 매우 특별했으며 다른 모든 사람들의 죽음과는 근본적으로 달랐다는 사실을 기억하십시오. 왜냐하면 그의 죽음 안에는 죄에 합당한 형벌이 응축되어 있었기 때문입니다. 의로운 사람에게, 이제 죽음은 형벌이 아닙니다. 다만 하늘의 집으로 돌아가는 것일 뿐입니다. 그러나 예수에게, 그것은 가장 충만한 의미에서 인간의 죄를 위한 형벌이었습니다. 우리와는 달리, 그는 자기 앞에 있는 죽음의 모든 고통과 아픔을 보았습니다. 그는 자신이 담당해야만 했던 것을 아셨으며, "죄인을 위한 보증"이 되는 것 안에 포함된 고통을 겟세마네 동산에서 미리 맛보셨습니다. 하나님의 진노의 몰약이 그의 머리 위에 부어질 것이었습니다. 하나님은 이렇게 말씀하십니다. "칼아 깨어서 내 목자, 내 짝 된 자를 치라"(슥 13:7). 우리 구주는 자신이 떨어져야만 하는 심연(深淵)을 보셨습니다. 만일 그에게 아무런 두려움도 임하지 않았었다면, 나는 대속의 고통의 본질이 결여되었을 것이라고 생각합니다. 두려움이 그를 붙잡아야만 합니다. 겁쟁이로서가 아니라 상상할 수 없는 분량으로 압도된 자로서 말입니다. 그의 영혼은 "심히 고민하여 죽게" 되었습니다. 그러므로 만일 여러분이 여러분의 쓴 잔을 한 모금 마시면서 두려워 떨고 있다면, 예수 역시도 그와 같이 두려워 떨었다는 사실을 생각하십시오. 만일 여러분이 사망의 음침한 골짜기 속으로 들어가는 가운데 큰 두려움을 느낀다면, 예수 역시도 그와 같은 두려움을 느끼셨다는 사실을 기억하십시오. 그러므로 두려워하는 자여, 오십시오! 그리고 여러분과 마찬가지로 두려워한 자 안에서 도움을 찾으십시오. 두려움 가운데 기도함으로써 승리하신 자로부터 용기를 빌리십시오. 다음과 같이 하나님께 부르짖은 자를 기억하십시오. "여호와여 멀리 하지 마옵소서 나의 힘이시여 속히 나를 도우소서"(시 22:19). 여러분의 영혼을 육체에 계실 때 고통 가운데 "나의 하나님 나의 하나님 어찌하여 나를 버리셨나이까"라고 부르짖은 자에게 맡기십시오.

나아가 본문 속에서 기도에 있어서의 그의 승리를 주목하십시오. 이 역시 그를 우리와 아주 가깝게 만들어 줍니다. 그는 "두려워하심으로 말미암아" 들으심을 얻었습니다. 가련한 탄원자인 우리가 들으심을 얻는 것처럼, 우리 주님 역시도 들으심을 얻었다는 사실을 생각해 보십시오. 그럼에도 불구하고 그의 잔은 그냥 지나가지 않았습니다. 뿐만 아니라 그 안에 담긴 모든 쓴 맛은 조금도 감해지지 않았습니다. 우리가 육체의 가시를 감당해야만 할 때, 그리고 "내 은혜가 네게 족하도다"라는 응답 외에는 어떤 응답도 받지 못할 때, 예수를 바라보십시오. 예수는 고통 가운데 이렇게 외쳤습니다. "주께서 내게 응답하시고 들소의 뿔에서 구원하셨나이다 내가 주의 이름을 형제에게 선포하고 회중 가운데에서 주를 찬송하리이다"(시 22:21, 22). 아, 예수 그리스도는 우리의 형제가 아닙니까! 그 역시도 부르짖으시고, 눈물을 흘리셨으며, 모든 것을 기도로 극복하셨습니다. 하나님이 우리를 많은 물들로부터 건져내셨을 때, 주 예수가 거기 계시며 우리와 함께 노래하시고 우리와 함께 기뻐하십니다. 그는 우리의 모든 경험들 가운데 항상 함께 하는 우리의 친구입니다. 여러분은 그를 신뢰할 수 없습니까? 형제들이여, 만일 예수가 우리와 함께 사람의 목소리가 올라갈 수 있는 가장 높은 음(音)까지 올라간다면, 그리고 만일 그가 또한 우리와 함께 사람의 목소리가 내려갈 수 있는 가장 낮은 음까지 내려간다면, 그렇다면 우리는 그가 모든 음계(音階) 속에서 우리와 함께 노래할 것이라고 결론내릴 수 있습니다. 예수는 죄를 제외하고는 모든 면에서 우리와 같습니다. 그러므로 우리는 아무 두려움 없이 그에게 나아와 그를 신뢰할 수 있습니다. 마치 우리가 아버지나 혹은 형제를 기꺼이 신뢰하는 것처럼 말입니다. 그리고 다정한 아내가 사랑하는 남편을 기꺼이 신뢰하는 것처럼 말입니다.

**2. 둘째로, 이제 아들로서의 우리 주님을 바라보도록 합시다.**

그의 기도와 간구는 아버지와 함께 하는 아들의 그것이었습니다. "그가 아들이시면서도 받으신 고난으로 순종함을 배워서"(8절).

우리 구주의 아들되심(Sonship)은 충분하게 입증됩니다. 하나님은 시편 2편에서 그것을 분명하게 선포합니다. "여호와께서 내게 이르시되 너는 내 아들이라 오늘 내가 너를 낳았도다"(7절). 예수의 공생애 동안 하늘의 음성이 이러한 진리를 세 번 선포했으며, 그는 "성결의 영을 따라 죽은 자들 가운데서 부활하사 능력으로 하나님의 아들로 선포"되셨습니다(롬 1:4). 그렇습니다. 부르짖은 자, 눈물을 흘린 자, 피로 얼룩진 땀을 흘리기까지 탄원한 자, 자신의 쓴 잔을 끝까지 다 마신 자 — 그는 그럼에도 불구하고 하나님의 독생자였습니다. 그러므로 나의 형제들이여, 설령 여러분이 큰 슬픔 가운데 떨어진다 할지라도 결코 여러분의 아들됨을 의심하지 마십시오. 아버지가 징계하지 않는 아들이 어디 있겠습니까? 설령 여러 가지 시련 가운데 고통당한다 할지라도, "네가 만일 하나님의 아들이라면"이라고 속삭이는 원수의 속삭임에 귀 기울이지 마십시오. 그렇습니다. 설령 여러분이 "나의 하나님 나의 하나님 어찌하여 나를 버리셨나이까"라고 부르짖을 수밖에 없는 상황에 떨어졌다 할지라도, 여러분의 아들됨을 의심하지 마십시오. 여러분은 여러분의 믿음을 여러분 자신의 즐거움 위에서 찾아서는 안 됩니다. 오직 하나님의 약속과 그의 신실하심 위에서 찾아야 합니다. 여러분은 여호와의 얼굴 빛 안에서 즐거워할 때와 똑같이 어둠 가운데 행할 때에도 하나님의 아들이며 하나님의 딸입니다.

계속해서 본문은 아들로서 그가 순종을 배워야만 했다고 말씀합니다. 이것은 놀라운 사실이 아닙니까? 우리 구주는 사람으로서 배워야만 했습니다! 그는 배워야만 했으며, 하나님 자신이 그를 가르쳤습니다. 모든 하나님의 자녀들은 배워야만 합니다. "네 모든 자녀는 여호와의 교훈을 받을 것이니"(사 54:13)라고 기록된 것처럼 말입니다. 그것은 실천적인 교훈입니다. 우리는 순종하는 것을 배웁니다. 우리 주님은 이러한 교훈을 기꺼이 취하셨으며, 항상 아버지를 기쁘시게 하는 일을 행했습니다. 그러므로 우리 역시도 바로 그것을 배워야만 합니다. 우리는 순종에 대해 배우고 있으며, 이것이 모든 것 가운데 최고의 그리고 최선의 교훈입니다. 그가 아들로서 배워야만 했다는 사실은 우리 주님을 우리에게 얼마나 가깝게 데려다줍니까! 그가 아들로서 순종함을 배워야만 했다는 사실은 우리로 하여금 우리를 동정할 수 있는 대제사장으로서의 그의 적합성을 느끼도록 만듭니다.

또 예수는 고난으로 말미암아 배워야 했습니다. 수영은 오직 물속에서만 배울 수 있는 것처럼, 순종은 오직 하나님의 뜻을 실제적으로 행하며 또 고난을 겪는 것을 통해서만 배울 수 있습니다. 순종은 학교에서 배울 수 없습니다. 만일 그 학교가 경험의 학교가 아니라면 말입니다. 여러분은 하나님의 계명과 함께 가야 합니다. 그러면 그것이 여러분을 가르칠 것입니다. 우리는 우리가 처음 회심할 때 순종을 배웠다고 생각합니다. 물론 우리가 어느 정도 순종의 영(靈)을 받은 것은 분명한 사실입니다. 그러나 적극적인 의미로든 소극적인 의미로든 실제로 순종할 때까지, 아무도 순종을 알지 못합니다. 심지어 주 예수조차도 하나님의 율법 아래 오셔야만 했습니다. 그는 율법을 담당하며 그것을 존귀하게 해야 했습니다. 그렇지 않으면 그는 순종을 배울 수 없었습니다. 자기 자신의 의지를 내려놓을 때까지, 사람은 하나님께 충분하게 순종하는 것이 무엇인지 결코 알지 못합니다. 사랑하는 자녀의 생명을 위해 간절히 기도했음에도 불구하고 그 자녀의 죽음을 보면서 그러한 징계의 회초리를 기꺼이 받아들일 때, 우리는 순종을 배웁니다. 남편의 생명을 위해 간절히 기도했음에도 불구하고 눈물로 그를 땅에 묻으면서, 그러나 "주신 이도 여호와시요 거두신 이도 여호와시오니 여호와의 이름이 찬송을 받으실지니이다"라고 말할 때, 우리는 순종을 배웁니다(욥 1:21). 우리 주님은 사람으로서 고난으로 말미암아 순종이 무엇을 의미하는 것인지 알게 되었습니다. 그의 순종은 실제적이며, 경험적이며, 개인적인 순종이었습니다. 그리고 그 모든 면에서 그는 우리와 너무도 가까이 계십니다. 순종을 배우는 아들 - 그가 우리의 주님입니다. 우리의 행하는 모든 길에 우리는 그와 기쁘게 동행할 수 있지 않습니까? 그 길의 구석구석을 모두 아는 자의 품에 우리는 안심하고 기댈 수 있지 않습니까?

나아가 주 예수 그리스도는 이러한 순종을 온전하게 배우셨습니다. 본문은 그에 대하여 "온전하게 되셨은즉"이라고 말합니다(9절). 그가 완전한 대제사장인 것은 그가 범사에 형제들과 같이 되는데 반드시 필요한 모든 것을 끝까지 담당하셨기 때문입니다. 그는 순종의 책을 처음부터 끝까지 다 읽으셨습니다. 그는 신적 훈련을 하나도 빠지지 않고 다 받으셨습니다. 여러분과 나는 결코 슬픔의 끝까지 가지 않습니다. 우리는 가장 깊은 곳까지는 가지 않습니다. 그러나 우리 주님은 그렇지 않았습니다. 주님은 우리에게 각자의 능력의 분량만큼 일을 맡깁니다. 그렇지만 하나님의 아들에게 요구되는 일의 분량은 얼마나 큽니까! 우리의 짐은 가볍게 덜어진 짐이지만, 그러나 그의 짐은 조금도 감하여지지 않았습니다. "그러므로 만물이 그를 위하고 또한 그로 말미암은 이가 많은 아들들을 이끌어 영광에 들어가게 하시는 일에 그들의 구원의 창시자를 고난을 통하여 온전하게 하심이 합당하도다"(히 2:10).

또 우리 주님은 기도와 간구와 함께 고난으로 말미암아 많은 것을 배우셨습니다. 그의 슬픔은 성별(聖別)되지 않은 슬픔이 아니었습니다. 그의 슬픔은 기도로 세례를 받았습니다. 그에게 있어 고난으로 말미암아 배우는 데에는 부르짖음과 눈물이 요구되었습니다. 그는 기도 없이 고난을 당하지 않았으며, 고난 없이 기도하지 않았습니다. 기도와 고난은 함께 손잡고 갔으며, 이런 방식으로 우리 주님은 우리의 믿는 도리의 대제사장으로 온전하게 되셨습니다.

여기에서 내가 제시하고자 하는 요점은 이것입니다. 그것은 아들(Son)로서 아들들(sons)의 시련과 연단을 아는 자를 온전히 신뢰하자는 것입니다. 여러분도 그와 함께 아들들이 되었습니다. 그러므로 여러분의 맏형이 받은 모든 시험을 바라보면서, "그가 시험을 받아 고난을 당하셨은즉 시험 받는 자들을 능히 도우실 수 있느니라"는 사실을 항상 기억하십시오(히 2:18). 하나님의 자녀가 되지 못할 것을 두려워하는 자들이여, 여러분의 구주가 외치는 소리를 들으십시오. "수고하고 무거운 짐 진 자들아 다 내게로 오라 내가 너희를 쉬게 하리라"(마 11:28). 사람의 아들들이여, 어째서 여러분은 방황하고 있습니까? 어째서 범사에 여러분과 같이 되신 자에게 나오지 않습니까? 여러분은 어느 쪽을 바라봅니까? 여러분을 대신하여 고난을 당한 자를 바라보십시오. 탄원자로서 그리고 아들로서 고난을 당한 자를 바라보십시오. 만일 여러분이 지금까지 그를 믿지 않았다면, 바로 지금 시작하십시오. 이 시간 나는 여러분 앞에 그의 권세와 영광을 제시하지 않습니다. 이 부분에 대해서는 다른 기회에 이야기할 것입니다. 이 시간 나는 여러분 앞에 그의 약함과 그의 겸비를 제시합니다. 그와 같은 돕는 자(Helper)를 필요로 하는 가련한 자들을 그에게로 이끌기 위해서 말입니다.

### 3. 셋째로, 구주로서 주 예수를 바라봅시다.

그가 탄원자로서 기도하며 아들로서 순종을 배운 것은 바로 이러한 목적을 위한 것이었습니다.

구주로서 그는 완전합니다. 그는 고난으로 말미암아 온전하게 되심으로써 자신의 직분을 충분하게 이행할 수 있습니다. 우리를 온전히 구원함에 있어 그리스도의 인격과 성품 안에 부족한 것은 아무것도 없습니다. 그는 구주이며 큰 자입니다. 여러분은 완전하게 잃어진 자이지만, 그러나 예수는 여러분을 완전하게 구원할 수 있습니다. 여러분은 심한 병에 걸렸지만, 그러나 예수는 여러분을 완전하게 고칠 수 있습니다. 어쩌면 여러분은 죄의 극단까지 갔을는지 모릅니다. 그러나 그는 속죄의 극단까지 갔습니다. 우리의 구원에 필수불가결한 모든 일을 예수는 완전하게 이루었습니다. 어떤 부분에서도 그 안에 부족한 것은 아무것도 없습니다. 여러분이 아무리 비참한 상황에 빠져 있다 할지라도, 그는 여러분의 상황에 능히 부응할 수 있습니다. 그는 고난으로 말미암아 온전하게 되심으로써 여러분이 처한 모든 상황에 부응할 수 있으며 또한 가장 위급한 상황에서도 여러분을 능히 건져낼 수 있습니다.

그러므로 그는 **구원의 근원입니다**(9절). 구원의 근원이라는 표현을 주목해 보십시오. 그것은 얼마나 많은 것을 시사하는 표현입니까! 근원(Author)이라는 단어를 생각해 보십시오. 그것은 얼마나 풍부한 의미를 함축하는 단어입니까! 그는 구원의 원인입니다. 그는 구원의 창시자입니다. 그는 구원을 이루는 자입니다. 그는 구원의 제작자입니다. 구원은 그리스도와 함께 시작합니다. 구원은 그리스도로 말미암아 계속해서 이루어져 갑니다. 구원은 그리스도로 말미암아 완성됩니다. 만일 어떤 사람이 어떤 책의 단순한 편집자가 아니라 저자(author)라면, 그것은 모두 그 자신이 쓴 것입니다. 예수 그리스도가 구원의 저자(Author)입니다. 여러분 자신이 그 책의 작은 일부를 스스로 쓰기를 원합니까? 그렇다면 예수는 그 책의 저자가 되지 못할 것입니다. 예수와 여러분이 그 책의 공동저자가 될 것입니다. 그러나 그가 우리의 본성을 취하시고 우리와의 교제 안으로 들어오셨기 때문에, 그는 구원의 저자가 되셨습니다. 따라서 우리는 그의 직분을 침해해서는 안 됩니다. 구원의 저자로 하여금 그 자신의 일을 완성하게 하십시오. 와서 그가 여러분에게 주기 위해 기다리고 있는 구원을 받으십시오. 그가 그것을 완성하셨으며, 여러분은 거기에다가 무엇인가를 더할 수 없습니다. 여러분에게 남겨진 일은 단지 그것을 받아들이는 것뿐입니다.

또한 그것이 영원한 **구원**이라는 사실을 주목하십시오. "영원한 구원의 근원이 되시고"(9절). 예수는 오늘 우리를 구원했다가 내일 멸망하도록 버려두지 않습니다. 그는 사람 안에 무엇이 있는지 아시며, 따라서 사람을 위한 완전한 구원을 준비하셨습니다. 영원하지 않은 구원은 사실상 전혀 구원이 아닙니다. 예수가 구원한 사람들은 진짜로 구원받습니다. 사람은 일시적인 구원의 근원이 될 수 있습니다. 그러나 오직 "영원한 대제사장"인 자만이 영원한 구원을 가져올 수 있습니다. 이것은 우리에게 다음과 같은 이사야 선지자의 말씀을 일깨워 줍니다. "이스라엘은 여호와께 구원을 받아 영원한 구원을 얻으리니 너희가 영원히 부끄러움을 당하거나 욕을 받지 아니하리로다"(사 45:17). 나는 여호와께서 영원히 이루실 것을 분명히 압니다. 영원한 구원은 정말로 우리가 소유할 만한 충분한 가치를 가지고 있습니다. 그렇지 않습니까? 예수 그리스도는 결코 여러분에게 '결국 은혜로부터 떨어져 멸망을 당할' 구원을 주지 않습니다. 오직 그는 여러분을 끝까지 지킬 구원을 주십니다. 설령 여러분이 므두셀라만큼 오래 산다 하더라도 말입니다. 예수께서 준비하신 구원은 영원까지 이르는 구원이며, 또한 영원을 통한 구원입니다. 사랑하는 성도들이여, 주님을 사랑하십시오. 스스로를 낮추심으로 말미암아 대제사장으로서 온전하게 되심으로써, 그는 여러분을 위해 영원한 구원을 가져올 수 있게 되셨습니다.

　　나아가 순종을 배우고 또 온전한 대제사장이 된 까닭에, 그의 구원은 그 범위에 있어 매우 넓습니다. 그의 구원은 "자기에게 순종하는 모든 자에게" 적용됩니다(9절). 그의 구원은 몇몇 소수의 사람들에 대한 것이 아닙니다. 그의 구원은 이곳저곳에 있는 소수의 선택받은 무리에 대한 것이 아닙니다. 그의 구원은 "자기에게 순종하는 모든 자에게" 대한 것입니다. 그의 최초의 말씀들 가운데 하나는 "회개하라"입니다. 여러분은 이러한 말씀에 순종하여 자신의 죄를 버릴 것입니까? 또한 그는 여러분을 위한 영원한 구원의 근원입니다. 그의 위대한 명령은 "믿고 생명을 얻으라!"입니다. 그러면 여러분은 그를 믿을 것입니까? 그렇게 할 때, 그는 여러분을 위한 영원한 구원의 근원이 되실 것입니다. 그는 이 시간 자신을 믿고 순종하는 여러분 모두를 능히 구원할 수 있으며 또 기꺼이 구원하실 것입니다.

　　사랑하는 친구들이여, 예수 그리스도를 여러분의 구주와 주인으로 모셔들이십시오! 그로부터 도망치는 자들이여, 그에게로 돌이키십시오! 파선(破船)을 당한 자들이여, 그 안에서 소망을 가지십시오! 그의 소유가 되십시오. 왜냐하면 그는 스스로를 여러분의 소유가 되도록 만드셨기 때문입니다. 그를 찾으십시오. 왜냐하면 그가 여러분을 찾으셨기 때문입니다. 그에게 순종하십시오. 왜냐하면 그가 여러분을 위해 순종하셨기 때문입니다. 그는 "자기에게 순종하는 모든 자에게 영원한 구원의 근원"이 되십니다.

그가 영원히 이 모든 것이라는 사실을 주목하십시오. 왜냐하면 그는 "한 영원한 제사장"이기 때문입니다. 만일 여러분이 그가 겟세마네 동산으로부터 내려왔을 때 그를 볼 수 있었다면, 여러분은 그를 믿을 수 있었을 것이라고 생각합니까? 이 시간 그를 믿으십시오. 왜냐하면 그는 "하나님으로부터 멜기세덱의 반차를 따른 대제사장이라 칭하심을" 받으셨기 때문입니다(10절). 멜기세덱의 반차가 무엇입니까? 그것은 영원하며 영속적인 제사장직이 아닙니까? 그는 오늘도 여러분을 위해 간구할 수 있습니다. 그는 오늘도 여러분의 죄를 제거할 수 있습니다. 성령 하나님께서 이 시간 많은 사람들을 믿음과 순종으로 이끄시기를 기원합니다!

오늘 아침 무기력한 분위기가 지금 이곳을 억누르고 있는 것 같습니다. 그렇지만 생각해 보십시오. 만일 여러분이 예컨대 집에 불이 났다든지 혹은 사랑하는 자녀가 죽었다는 따위의 갑작스런 소식을 듣는다면, 분명 여러분은 모든 무기력함과 둔감함과 지루함을 떨쳐 버리고 벌떡 일어날 것입니다. 그러므로 나는 여러분에게 가장 생생한 마음으로 오늘의 장엄한 주제를 생각해 보라고 요구합니다. 하늘과 땅의 모든 권세를 갖고 계신 하나님의 아들에 대해 많이 생각하십시오. 우리의 구원을 위해 오셨고, 사랑하셨고, 사셨고, 섬기셨고, 고난을 받으신 자를 많이 생각하십시오. 사람을 만드신 자가 사람이 되셨습니다. 눈물로 부르짖는 탄원자로서, 그는 하나님께 탄원하셨습니다. 그는 하늘의 천군천사들이 엎드려 경배하는 자임에도 불구하고 말입니다. 고난으로 말미암아 순종함을 배우신 그는 여전히 온유함을 가지고 계십니다. 그는 여러분에게 지금 자신에게 나오라고 명령하십니다. 그를 사랑하는 자들이여, 지금 그에게 나오십시오. 그리고 그의 심장 위에 새겨진 사랑을 읽으십시오. 아직까지 그를 알지 못하는 자들이여, 그에게 담대하게 나오십시오. 그리고 여러분에게 가까이 오신 자를 믿으십시오. 그는 우리와 가까운 친족이 되셨습니다. 그가 우리를 얼마나 사랑하는지 보십시오. 그는 자신의 손에 영원한 구원을 가지고 우리에게 오십니다. 그를 믿고 생명을 얻으십시오! 하나님이여, 부디 그렇게 되도록 허락하소서! 아멘.

# 영원한 구원의 근원

—

**"온전하게 되셨은즉 자기에게 순종하는 모든 자에게**
**영원한 구원의 근원이 되시고" —히 5:9**

　스스로 잃어진 자임을 깨달았음에도 불구하고 여전히 자기 자신을 바라보는 자들은 얼마나 어리석은 자들입니까! 율법이 그들을 정죄하고 또 그들의 양심에 사망의 판결이 슬픈 조종(弔鐘)처럼 울릴 때, 그들은 그럼에도 불구하고 도움을 위해 스스로를 바라봅니다. 불행하게도 그들은 사망의 골짜기에서 생명을 찾으며, 캄캄한 토굴에서 빛을 찾고 있는 꼴입니다. 먼저 그들은 외적인 개선(改善)을 통해 무엇인가를 이루고자 애를 쓰지만, 그러나 마침내 자신들의 무력함을 발견하고 좌절합니다. 다음으로 그들은 자신들의 눈을 자신들의 감정(感情)으로 돌립니다. 그리하여 그들은 눈물을 흘린다거나 혹은 정신적인 고뇌를 추구하고자 애쓰든지, 아니면 자신의 마음이 딱딱한 돌 같은 사실을 발견하고 모든 소망을 잃어버린 채 자포자기에 빠집니다.

　그들은 빈번하게 각종 의식(儀式)들을 향해 달려가지만 그러나 거기에서 아무런 평안도 발견하지 못합니다. 또 종종 그들은 정통적인 교리를 신뢰하는 쪽으로 향하면서 단순히 하나님의 말씀을 아는 것 속에서 구원을 찾고자 애씁니다. "너희가 성경에서 영생을 얻는 줄 생각하고 성경을 연구하거니와 이 성경이 곧 내게 대하여 증언하는 것이니라"는 예수의 말씀을 잊어버린 채 말입니다(요 5:39). 어떤 측면에서 모든 자연인(自然人)은 자아(自我) 안에서 안식처를 찾으며 계속해서 그곳으로 달려갑니다. 그러나 그러한 행동은 무익하며, 어리석으며, 하나님을 모독하며, 스스로를 더럽히는 행동입니다. 만일 사람들이 하나님의 진리를 믿기만 한다면, 그들은 자신들이 결코 스스로를 구원할 수 없다는 사실을 알게 될 것입니다. 자기가 자기 스스로를 구원하는 일은 악을 선으로 바꾸며 지옥을 천국으로 바꾸는 일보다 훨씬 더 어려운 일입니다. 자기 안에 스스로를 파괴시킬 수 있는 강력한 힘이 있으며 또 구원을 위한 모든 도움은 전적으로 예수 그리스도 안에 있음을 깨닫는 것은 참으로 위대한 일입니다. 이러한 사실을 깨달을 때, 그들은 스스로를 구속자 위에 던질 것이며 그들의 영혼은 평안과 기쁨으로 가득 차게 될 것입니다. 이것은 설교자들에게 있어서도 마찬가지입니다. 자신의 수고와 노력을 의지할 때, 그들은 완전하게 좌절될 것입니다. 그것은 오직 성령께서 이루실 수 있는 일입니다. 죄인으로 하여금 자아(自我)의 품으로부터 젖을 떼게 만드는 일, 그를 그의 교만한 망상으로부터 건져내는 일, 그로 하여금 구원은 오직 하나님의 은혜의 선물로서 위로부터 임하는 것임을 알게 하는 일 — 이 모든 일은 신적 은혜의 기적을 요구합니다.

성령 하나님은 이와 같이 스스로를 바라보는 어리석음을 바로잡기 위해 통상적으로 사람들에게 예수 그리스도를 나타냅니다. 그럼으로써 그리스도가 자아를 밀어내고 대신 그 자리를 차지합니다. 예수를 바라보는 것은 자아와 감정과 공로를 바라보는 것을 종식(終熄)시킵니다. 오늘 나는 구주이신 예수 그리스도의 충만한 완전하심을 전파하고자 합니다. 그럼으로써 가련한 죄인들로 하여금 자기 자신 안에서 완전함을 찾는다든지 혹은 자기 자신 안에서 어떤 강함이나 적합함을 찾지 않고 오직 예수께 달려갈 수 있도록 돕고자 합니다. 그들의 구원을 위해 필요한 모든 것이 오직 그 안에 풍성하게 준비되어 있음을 깨닫는 가운데 말입니다. 나는 오늘의 본문으로부터 대략 다섯 가지 정도의 개념들을 끌어낼 수 있다고 생각합니다. 이제 그러한 개념들을 하나씩 살펴보도록 합시다.

### 1. 예수 그리스도의 의심의 여지 없는 구원의 의지.

본문 어디에서 내가 이러한 개념을 찾을까요? 나는 그것을 본문의 이면(裏面)에서 찾습니다. 여기에 그것이 있습니다. 하나님으로서 주 예수는 가장 강조적인 의미에서 완전하시고 또 항상 완전하셨습니다. 사람으로서 그리스도의 성품 또한 처음부터 완전하십니다. 그 안에는 부족한 것도 없고 넘치는 것도 없습니다. 그는 스스로를 완전하게 자격을 갖춘 자로 만들기 위한 과정을 감당해야 만 했습니다. "온전하게 되심으로써 영원한 구원의 근원이 되시고"라고 본문에 기록된 것처럼 말입니다. 만일 그가 스스로를 구원자의 직분을 위해 완전하게 적합하도록 만드는 과정을 기꺼이 감당하고 계셨음을 우리가 발견한다면, 우리 는 그가 자신이 얻은 자격을 기꺼이 충분하게 행사하실 것이라고 확실하게 결론 내릴 수 있습니다. 우리 앞에 병자들을 돌보기를 열망하는 어떤 여자가 있다고 가정해 봅시다. 그녀는 모든 면에서 가장 훌륭하며 흠이 없는 여자일는지 모르 지만 그러나 아직 간호사로서 적합하지 않습니다. 병원에서 적절한 수련과정을 거칠 때까지는 말입니다. 그렇게 하기 위해 그녀는 집의 안락을 포기하고 고된 일을 수행하며 적절한 수련과정을 감당해야만 합니다. 그리고 자신에게 고통을 가져다주는 것들을 많이 알아야 합니다. 왜냐하면 자기 자신이 질병과 고통이 의미하는 것이 무엇인지 알고 이해해야만 하기 때문입니다. 그렇지 않으면 그녀 는 쓸모 있는 간호사가 되지 못할 것입니다. 만일 그녀가 쓸모 있는 간호사가 되 기 위해 개인적인 불편함과 육체적인 수고를 기꺼이 감당하며 필요한 모든 과정 을 실제로 이행했다면, 도대체 누가 나중에 간호사의 직분을 수행하고자 하는 그녀의 의지를 의심할 것이란 말입니까? 스스로를 간호사로서 적합하게 만들기 위해 많은 고통과 수고를 기꺼이 감당한 그녀를 말입니다. 그렇다면 주 예수를 이 여자의 경우에 대입해 보십시오. 그는 자신을 완전한 구주로 만드는데 필요 한 모든 것을 기꺼이 떠맡았습니다. 그러므로 그는 그의 사역을 위해 모든 면에 서 완전하게 적합하게 되었습니다. 따라서 그는 기꺼이 구주로서의 자신의 일을 감당하면서 하나님을 떠난 죄인들을 구원할 것입니다.

    하나님의 아들이 스스로를 구주로서 적합하게 만들기 위해 떠맡은 것이 극 도의 비하(卑下)와 고통이었다는 사실을 기억하십시오. 그는 십자가를 위해 보 좌를 버렸으며, 비천한 자들의 조롱을 위해 천사들의 찬미를 버렸습니다. 그는 흑암과 사망의 음침한 골짜기 가운데 앉아 있는 자들을 만나기 위해 햇빛조차도 필요 없는 하늘의 밝은 세계로부터 왔습니다. 그는 머리 둘 곳조차 없을 정도로 가난했습니다. 그의 백성들조차도 그를 영접하지 않으며 그로부터 얼굴을 가릴 정도로 그는 심한 멸시를 당했습니다. 그는 가장 치욕스럽고 고통스러운 형태의 죽음을 기꺼이 감수했습니다. 그에게 있어 대제사장과 구주로서 온전하게 되기 위해 이 모든 것이 반드시 필요했습니다. 그는 그 모든 것을 감당했으며, 그 모든 것과 관련하여 "다 이루었다"라고 외쳤습니다. 그의 손 위에 있는 상처는 무엇입니까? 그가 그의 직분을 위해 적합하게 된 것의 증표가 아니면 무엇이겠습니까? 그의 옆구리의 찢긴 상처는 무엇입니까? 그를 완전한 구주가 되도록 만드는 일이 다 이루어졌음을 보여주는 확실한 보증이 아니면 무엇이겠습니까? 이 모든 것에도 불구하고 그가 구원하는 일을 기피하며 거부하겠습니까? 그가 죄인들의 부르짖음에 귀를 막겠습니까? 여러분이 합심하여 기도함에도 불구하고 그가 응답하지 않을 것입니까? 여러분이 그에게 나와 스스로를 그의 발 앞에 던짐에도 불구하고 그가 여러분을 기꺼이 받아들이지 않을 것입니까? 아, 그 따위 어리석은 말들은 모두 집어치우십시오! 그것은 얼마나 근거 없는 말입니까! 그것은 얼마나 그를 모독하며 여러분 스스로를 더럽히는 말입니까! 예수는 기꺼이 구원하실 것입니다. 그는 기꺼이 그렇게 하셔야만 합니다. 그렇게 하지 않을 것이었다면, 그는 중보자로서 세워지기 위한 그토록 고통스러운 준비과정을 결코 감당하지 않았을 것입니다. 그는 자기로 말미암아 하나님께 나오는 자들을 끝까지 구원하기 위한 위치에 도달하기 위해 그토록 가혹하게 수고하지 않았을 것입니다.

만일 그가 죄인들을 기꺼이 받아들이고자 하는 불타는 의지를 가지고 있지 않았었다면 말입니다. 두려움 가운데 떨고 있는 죄인이여, 만일 당신이 예수 그리스도가 기꺼이 구원하지 않을 것이라고 결론내린다면, 당신은 그가 아무 의미 없이 큰 고통의 대가를 치르며 스스로를 준비시켰다고 상정해야만 합니다. 만일 그가 사람들을 구원하지 않는다면, 그렇다면 그는 쓸데없이 세상에 온 것이며 아무 의미 없이 죽은 것입니다. 분명 그는 그들을 정죄하기 위해 오지 않았습니다. "하나님이 그 아들을 세상에 보내신 것은 세상을 심판하려 하심이 아니요 그로 말미암아 세상이 구원을 받게 하려 하심이라"(요 3:17). "인자가 온 것은 잃어버린 자를 찾아 구원하려 함이니라"(눅 19:10). 그러므로 만일 그가 잃어버린 자를 찾아 구원하지 않는다면, 그는 아무 의미 없이 스스로를 준비시킨 것이며 헛되이 살며 또 헛되이 피를 흘린 것입니다. 만일 당신이 그와 그의 사역에 대해 이와 같이 생각할 수 있다면, 나는 당신의 불신앙에 놀라지 않을 수 없습니다. 그리고 죄가 얼마나 치명적으로 당신의 눈을 멀게 했는지 생각하며 떨 수밖에 없습니다. 더욱이 만일 당신이 예수가 기꺼이 구원하지 않을 것이라고 생각한다면, 당신은 그가 일생 동안 순종의 삶과 고통스러운 죽음을 담당하고 난 후 결국 그 마음을 바꿔 한때 소중하게 가지고 있었던 자신의 목적을 포기하고 말았다고 결론내려야만 합니다. 또 당신은 죽기까지 피와 물을 쏟은 심장이 갑자기 딱딱한 돌이 되었다고 결론내려야만 합니다. 또 당신은 예루살렘을 바라보며 눈물을 흘렸던 눈에 사람의 아들들을 위한 더 이상의 긍휼이 남아 있지 않다고 결론내려야만 합니다. 또 당신은 자기를 죽이는 자들을 위해 "아버지여 저들을 사하여 주옵소서!"라고 기도했던 자가 이제는 완악한 마음을 가지고 긍휼을 구하는 죄인들과 아무 상관도 하지 않는 자가 되었다고 결론내려야만 합니다. 우리 구주에 대해 이렇게 생각하는 것은 그를 얼마나 모독하는 것입니까! 보십시오. 그는 어제나 오늘이나 영원토록 동일하십니다. "예수 그리스도는 어제나 오늘이나 영원토록 동일하시니라"(히 13:8). 그의 상처들을 세심하게 살피면서 정말 그에게 변한 것이 있는지 보십시오. 그의 얼굴을 바라보며 정말로 사랑이 떠났는지 보십시오. 그는 지금 하늘에 계십니다. 그리고 항상 살아 계셔서 죄인들을 위해 기도하고 계십니다.

　당신에게 묻습니다. 더 이상 사랑하지 않음에도 불구하고, 그가 계속해서 기도한단 말입니까? 그의 본성이 잃어버린 자들에게 더 이상 아무 관심도 갖지 않을 정도로 변했음에도 불구하고, 그가 자신의 직분을 혐오하는 마음으로 내던져 버리지 않았단 말입니까? 그러한 터무니없는 생각을 버리십시오! 당신은 예수 그리스도가 자신이 축복하기로 계획한 모든 사람들을 구원할 수 없을 것이라고 상상합니까? 당신은 그의 피의 공로가 모두 소진(消盡)되어 버렸다고 상상합니까? 당신은 죄인들을 용서하는 그의 능력과 의지가 이제 그로부터 사라졌다고 상상합니까? 결코 그럴 수 없습니다. "내게 구하라 내가 이방 나라를 네 유업으로 주리니 네 소유가 땅 끝까지 이르리로다"라고 기록된 것처럼 말입니다(시 2:8).

　이 말씀은 이미 성취되었음을 기억하십시오. 하나님의 의로운 종이 그의 지식으로 많은 사람들을 의롭게 할 것입니다. "나의 의로운 종이 자기 지식으로 많은 사람을 의롭게 하며"라고 기록된 것처럼 말입니다(사 53:11). 그렇지만 아직까지도 많은 사람들이 의롭게 되지 않았습니다. 왜냐하면 아직까지도 구원받은 사람들의 수가 지옥으로 떨어지는 사람들의 수보다 적기 때문입니다. 예수는 탁월한 능력을 가지고 있지 않습니까? 그가 아무라도 능히 셀 수 없는 무리를 자기에게 이끌 것이 아닙니까? 인간 역사의 거대한 서사시 가운데, 그리스도가 사탄을 이기고 긍휼이 진노를 이긴 것이 기록될 것이 아닙니까? 여자의 자손의 수효가 뱀의 자손의 수효보다 더 많지 않을 것입니까? 그렇지 않다면, 도대체 어떻게 그의 상한 발꿈치가 뱀의 머리를 밟을 것이 사실일 수 있단 말입니까? 예수가 더 이상 구원하지 않는다고 믿는 대신, 나는 열방이 그에게 돌아오는 날 그의 능력이 한층 더 충만하게 나타날 것을 바라봅니다. 그의 은혜의 샘은 조금도 감하지 않고 흐릅니다. 죄인이여, 그 물을 마시십시오. 그리고 생명을 얻으십시오. 두려움 가운데 떨고 있는 가련한 죄인이여, 당신은 사랑하는 구속자가 사람들을 구원하기 위해 모든 고난을 담당하고 난 연후에 마침내 그의 거룩한 직분을 내팽개쳐 버렸다고 상상해서는 안 됩니다. 그것은 얼마나 악한 상상입니까! 그러한 상상은 여러분의 영혼을 슬프게 하며 마침내 파멸시킬 것입니다. 가서 그를 시험해 보십시오. 당신은 그가 기꺼이 당신을 구원하실 것이라는 사실을 발견하게 될 것입니다.

### 2. 구주의 사역을 위한 그의 완전한 적합성.

우리는 양쪽 즉 하나님 쪽에서와 사람 쪽에서 그러한 적합성을 볼 것입니다.

먼저 하나님 쪽에서 그의 완전한 적합성을 보도록 합시다. 죄인이여, 만일 어떤 사람이 당신을 위하여 하나님과 상대한다면, 그는 하나님이 택하신 자임이 분명합니다. 왜냐하면 그러한 직무는 스스로 취하지 못하기 때문입니다. 본장 4절과 5절에 다음과 같이 기록된 것처럼 말입니다. "이 존귀는 아무도 스스로 취하지 못하고 오직 아론과 같이 하나님의 부르심을 받은 자라야 할 것이니라 또한 이와 같이 그리스도께서 대제사장 되심도 스스로 영광을 취하심이 아니요 오직 말씀하신 이가 그에게 이르시되 너는 내 아들이니 내가 오늘 너를 낳았다 하셨고." 그리스도는 영원부터 하나님으로 말미암아 하나님의 보좌 앞에서 그의 백성들을 대표하는 대표자로서 세움을 받았습니다. "여호와께서 그에게 상함을 받게 하시기를 원하사 질고를 당하게 하셨은즉"(사 53:10). "우리는 다 양 같아서 그릇 행하여 각기 제 길로 갔거늘 여호와께서는 우리 모두의 죄악을 그에게 담당시키셨도다"(사 53:6). 그는 영원부터 그의 백성들의 구속자와 대제사장으로서 구별되었습니다. 여기에서 당신은 그 위에서 안식하기 위한 기초를 발견할 수 없습니까?

예수 그리스도가 구주로서의 직분에 적합하게 되기 위해서는, 그가 사람이 되는 것이 반드시 필요했습니다. 사람이 죄를 범했습니다. 그러므로 사람이 율법을 깨뜨린 것에 대해 배상(賠償)을 해야만 합니다. 하나님은 대속물로서 천사를 받지 않으실 것입니다. 왜냐하면 율법은 사람과 관련되기 때문입니다. 사람이 반란을 행했기 때문에, 사람 가운데 한 구성원을 통해 하나님의 공의가 옹호되고 세워져야만 합니다. 그러나 예수는 하나님이셨습니다. 그런데 그가 어떻게 우리의 구주가 될 수 있었습니까? 여기에 나타난 비밀을 보십시오. 하나님이 육체 가운데 나타나셨습니다. 그는 베들레헴의 구유로 내려오셨습니다. 그는 한 여자의 품안에 안겼습니다. 피와 살을 가진 한 아기로서 말입니다. 죄인이여, 당신의 성육신하신 하나님을 보십시오. 영원한 자(Eternal One)가 죽을 육체를 입으시고 죽어가는 사람들 가운데 거하십니다. 그들을 구원하기 위해 말입니다. 이것은 사람들의 귀에 들려져야 하는 가장 위대한 사실입니다. 우리는 자주 듣는 가운데 으레 그러려니 하고 듣지만, 그러나 천사들은 그가 육체를 입으시던 날 "지극히 높은 곳에서는 하나님께 영광이요 땅에서는 기뻐하심을 입은 사람들 중에 평화로다"라고 노래한 이후 지금까지 한 번도 놀람을 멈추지 못했습니다. 하나님이 사람에게 내려오셨습니다. 사람을 하나님께 올리기 위해 말입니다. 만일 우리가 구원자로서 완전하게 적합하게 되기 위해 스스로를 낮추신 구주를 배척한다면, 그것은 분명 모든 죄 가운데 가장 큰 죄가 될 것입니다.

예수께서 "사람의 모양으로 나타나셔서" 율법을 이루시고 또 완전한 순종을 행하는 것은 하나님에게 있어 반드시 필요한 일이었습니다(빌 2:8). 천사의 순종은 하나님의 구원사역에 부응할 수 없었습니다. 오직 사람으로부터의 순종이 요구될 뿐이었습니다. 사람이 하나님께 완전한 순종을 제시해야만 합니다. 그러나 보십시오! 인류의 새로운 머리이신 둘째 아담이 하나님께 율법이 요구하는 완전한 순종을 제시합니다. 그는 온 마음으로 하나님을 사랑하고, 자기 몸처럼 이웃을 사랑했습니다. 그가 그의 어머니에게 "내가 내 아버지 집에 있어야 될 줄을 알지 못하셨나이까"라고 말한 때로부터 "다 이루었다!"라고 기쁨으로 외친 때까지, 그는 항상 아버지의 순종하는 종이었습니다. 이제 그가 우리를 위해 의를 이루심으로써 우리는 사랑하는 자 안에서 받아들여집니다. 우리를 중보하는 대제사장은 "여호와께 성결"이라고 새긴 패를 그의 이마 위에 달아야 하는데, 우리 주 예수가 바로 그 대제사장입니다. 왜냐하면 그는 "거룩하며 흠이 없으며 더럽혀지지 않고 죄인들로부터 분리된" 자이기 때문입니다.

이것이 하나님 쪽에서 보는 모든 것이 아닙니다. 우리를 구원할 대제사장은 충분한 희생제사를 드릴 수 있어야만 합니다. 그는 유효한 속죄를 이룸으로써 영원한 공의를 만족시키고 죄를 종식시켜야만 합니다. 가련한 죄인들이여, 보십시오! 예수 그리스도는 제단 위에 황소와 염소의 피가 아니라 자기 자신의 피를 드렸습니다. "친히 나무에 달려 그 몸으로 우리 죄를 담당하셨으니"(벧전 2:24). "오직 그리스도는 죄를 위하여 한 영원한 제사를 드리시고 하나님 우편에 앉으사 그 후에 자기 원수들을 자기 발등상이 되게 하실 때까지 기다리시나니 그가 거룩하게 된 자들을 한 번의 제사로 영원히 온전하게 하셨느니라"(히 10:12-14). 황소와 염소의 피는 결코 죄를 제거할 수 없었습니다. 그러나 하나님의 아들의 피는 무한한 효력을 갖습니다. 그가 위하여 죽으신 모든 자들을 위해 모든 죄가 제거되었습니다. 그가 그 모든 죄의 형벌을 담당하심으로써 말입니다. 율법은 더 이상 아무것도 요구할 수 없었습니다. 아, 하나님의 아들의 속죄의 희생제사와 아무 상관 없는 사람들은 얼마나 가련합니까! 그들의 죄는 여전히 그들 위에 남아 있으며, 진노가 그들을 기다리고 있습니다. 자신의 죄를 의식하고 또 예수를 믿으라는 말씀을 들었음에도 불구하고 계속해서 자기 자신을 바라보는 죄인은 얼마나 불쌍합니까! 그는 그렇게 함으로써 보배로운 희생제사를 모독하고 있는 것입니다. 예수의 피는 아벨의 피보다 더 나은 것을 말합니다. 그럼에도 불구하고 그 피의 은혜로운 부르짖음을 경멸하는 사람에게 임할 화는 얼마나 크겠습니까!

"하늘의 기쁨을 경멸하는 자들은
가장 두려운 지옥에 얼마나 합당한가!
그러한 사랑의 끈을 끊어버리는 자들은
보응의 쇠사슬에 얼마나 합당한가!"

이와 같이 하나님 쪽에서 예수 그리스도는 우리의 구주로서 온전하게 되셨습니다. 예수께서 자신의 모든 사역을 마친 후 죽은 자 가운데 다시 일어나 하나님 보좌 우편에 앉으심으로써, 그의 사역이 완성되고 또 하나님께 받아들여졌음이 확증되었습니다. 심판주로서 우리의 죄로 말미암아 진노하셨던 하나님은 이제 그의 아들 안에서 기뻐하시며, 그 아들로 말미암아 우리와 더불어 화평의 언약을 세우셨습니다. 하나님이 예수로 만족하셨는데, 당신은 불만족할 것입니까? 무한한 공의가 만족되었는데, 당신은 의심과 두려움으로 계속해서 하나님과 화해하기를 기피할 것입니까? 당신은 계속해서 머뭇거리며 예수가 당신을 구원할 수 없다고 말할 것입니까? 그로 말미암아 하나님께 나아오는 자들을 그가 끝까지 구원할 수 있다고 하나님의 말씀이 선포하고 있음에도 불구하고 말입니다. 거짓말할 수 없는 하나님이 분명하게 선언하고 계심에도 불구하고, 당신은 겸손을 빙자하여 계속해서 당신의 편견과 불신앙을 고집할 것입니까? 하나님은 자신이 자신의 사랑하는 아들을 기쁘게 받으셨음을 분명하게 선포하십니다. 그런데 어째서 당신은 자꾸 이의를 제기한단 말입니까? 하나님은 당신이 그러한 죄에 탐닉하는 것을 더 이상 묵과하지 않습니다. 더 이상 하나님과 맞서지 마십시오. 하나님이 쉬는 곳에서 당신도 쉬십시오. 만일 하나님이 예수에게 나오는 자들을 구원하시기를 기뻐하신다면, 하나님의 복되신 영의 도우심으로 말미암아 그런 하나님의 뜻에 순종하십시오.

이제 **사람** 쪽에서 구주로서의 그의 완전한 적합성을 보도록 합시다. 예수 그리스도는 우리의 대제사장으로서 사람 쪽에서도 또한 온전할 필요가 있었습니다. 죄인이여, 당신과 관련한 그의 온전하심을 생각해 보십시오. 우리를 구원할 수 있기 위해서는, 그는 죄를 용서하며 또 마음을 새롭게 만드는 능력을 가져야만 합니다. 그리고 그는 이러한 능력을 충만하게 가지고 계십니다. 왜냐하면 그에게 하늘과 땅의 모든 권세가 주어졌기 때문입니다. 그는 회개와 용서 모두를 주십니다. 그러나 안타깝게도 우리는 그를 두려워합니다. 우리는 그에게 나아가기를 움츠립니다. 따라서 완전한 구주가 되기 위해 그는 온유한 마음을 가지고 무지한 자들과 길 밖에 있는 자들을 동정하면서 기꺼이 우리에게 나아오셔야 합니다. 우리가 그에게 나아가기를 꺼릴 때 말입니다. 그는 우리가 스스로 치료할 수 없는 큰 상처를 치료하기 위해 스스로를 낮출 수 있는 자여야만 합니다. 그는 나병환자에게 손을 대기를 꺼리지 않으며, 열병 든 자의 머리에 기꺼이 손을 대며, 썩어 냄새가 진동하는 무덤에 서슴지 않고 나아갈 수 있는 자여야만 합니다. 그는 나병환자에게 먼저 스스로를 정결하게 하라고 요구하지 않고 그의 부정한 몸에 손을 대면서 그를 구원하는 자여야만 합니다. 자, 형제들이여! 예수는 우리에게 "나는 마음이 온유하며 겸손하니 나에게 오라"고 명령하십니다. 사람들은 그에 대해 "이 사람이 죄인들을 영접하고 세리들과 더불어 먹는다"고 수군거렸습니다. 그는 "세리들과 죄인들의 친구"로 불렸습니다. 그의 이름은 사랑이며, 그의 마음은 긍휼입니다.

우리는 어떻게 실제적으로 온유한 사람이 될 수 있을까요? 그것을 위해 우리는 부드러운 본성을 가져야할 뿐만 아니라 또한 다른 사람들의 고통을 함께 짊어져야 합니다. 그들을 동정(同情)하기 위해서 말입니다. 우리가 어떤 고난 가운데 있는 사람들을 동정하고자 시도한다고 가정해 봅시다. 그러나 만일 우리가 그들과 같은 길을 걷지 않는다면, 그러한 시도는 필경 성공하지 못할 것입니다. 죄인이여, 당신은 상한 마음을 가지고 있습니까? 예수 그리스도 역시도 그러했습니다. 시편 69편을 보십시오. 그가 "비방이 나의 마음을 상하게"(시 69:20) 하였노라고 말하고 있지 않습니까?

당신은 하나님의 진노 아래 두려워 떨고 있습니까? 그리스도 역시도 그러했습니다. 그 역시도 "나의 하나님 나의 하나님 어찌하여 나를 버리셨나이까"라고 부르짖었습니다. 당신은 무거운 짐을 지고 있습니까? 당신이 어떤 짐을 지고 있든, 그의 짐이 당신의 짐보다 훨씬 더 무거웠다는 사실을 기억하십시오. 당신은 상처를 입었습니까? 그는 십자가에 못 박혔습니다. 당신은 죽을 정도로 극심한 슬픔을 느낍니까? 예수 그리스도 역시도 그러했습니다. 그의 얼굴 위에 피로 얼룩진 땀이 흐를 정도로 말입니다. 그는 형제와 같은 구주입니다. 그는 슬픔의 학교를 이수(履修)했습니다. 그렇기 때문에 그는 슬픔 가운데 있는 당신을 능히 위로할 수 있습니다. 그는 우리의 본성을 속속들이 아시며, 사람 안에 있는 것을 아십니다. 이것은 구주로서의 그의 위대한 자격입니다. 당신이 특이한 병에 걸려 의사를 찾아간다고 상상해 보십시오. 분명 당신은 그의 능력에 대해 의문을 가질 것입니다. 그런데 그가 당신에게 나타나는 모든 증상들을 정확하게 이야기하면서 "나도 한때 똑같은 질병으로 고통을 받았었답니다"라고 말한다면, 틀림없이 당신은 "이 사람이 바로 내가 찾던 그 의사야"라고 말할 것입니다. 예수가 바로 그러합니다.

"그는 격렬한 유혹의 의미를 아시도다.
그 자신이 똑같은 것을 경험하셨으므로."

이와 같이 예수 그리스도는 당신의 모든 상황을 동정(同情)할 수 있습니다.

그는 내적 갈등과 두려움과 쓰라린 눈물과 말할 수 없는 탄식을 아십니다. 그는 당신의 경험의 모든 일점일획을 아십니다. 그렇기 때문에 그는 당신의 모든 상황에 대처하는 충분한 자격을 갖고 계십니다. 당신이 지금 배 위에 있다고 상상해 보십시오. 당신은 방향을 잃어버렸습니다. 그런데 당신은 멀지 않은 곳에 수로안내인(水路案內人)이 있는 것을 봅니다. 그러면 어떻겠습니까? 그를 보며 당신은 크게 기뻐하지 않겠습니까? 그가 당신이 타고 있는 배에 올라타고 당신은 그에게 말합니다. "여보시오, 수로안내인! 당신은 우리가 어디에 있는지 알고 있소?" 그가 대답합니다. "물론이지요. 나는 당신에게 그것을 충분하게 설명해 줄 수 있습니다." "정말 다행이군. 그러면 당신은 우리 배를 댈 수 있는 장소로 우리를 데려다줄 수 있소?" 그가 대답합니다. "물론이지요." "당신은 해안의 상태에 대해 잘 알고 있소?" "그야 물론이지요! 나는 이곳의 해안과 관련한 모든 것을 속속들이 알고 있습니다. 나는 어디에 암초가 있으며 어디에 유사(流砂)가 있는지 마치 거울로 내 얼굴을 보는 것처럼 속속들이 알지요. 나는 여기의 해안을 수도 없이 다녀 보았답니다. 잔잔할 때와 광풍이 몰아칠 때와 밀물 때와 썰물 때와 모든 때에 말입니다. 여기에 있을 때, 나는 어린아이가 집에 있는 것처럼 편안함을 느낍니다." "수로안내인, 그러면 당신은 이곳의 모래톱에 대해서도 잘 알고 있소?" "그렇습니다. 나 자신이 언젠가 거의 그곳에 올라탈 뻔한 적이 있었습니다. 그 때 우리는 아슬아슬하게 그곳을 피해 나왔지요. 어쨌든 나는 이곳의 모든 모래톱들을 속속들이 알고 있습니다." 당신은 그와 같은 수로안내인 안에서 완전하게 안심할 것입니다. 예수 그리스도는 이와 같이 죄인들을 천국으로 안내하는 충분한 자격을 갖고 계십니다. 지옥의 소용돌이와 천국의 아름다운 항구 사이에는 암초도, 유사도, 모래톱도 없습니다. 예수 그리스도는 그곳의 모든 깊은 곳과 얕은 곳과 조류의 움직임 따위를 철저히 조사하셨습니다. 그는 하늘의 항구로 가는 최선의 항로를 아시고 배를 그 길로 인도하십니다.

뿐만 아니라 그리스도는 우리의 구주로서 "항상 살아 계셔서 우리를 위해 간구"하십니다(히 7:25). 만일 그가 죽으시고 그로 말미암아 구원의 축복이 우리 자신들에게 남겨졌다면, 우리에게는 아무 소망도 없었을 것입니다. 그러나 그는 죽음 가운데 계시지 않습니다. 그는 살아 계십니다. 그는 우리에게 유산을 남기셨습니다. 그렇지만 유산의 상당 부분은 아직 성취되지 않은 부분으로 남겨져 있습니다. 보십시오. 그는 자신의 목적을 이루기 위해 살아 계십니다. 그는 죽으심으로써 좋은 유산을 남기셨습니다. 그리고 다시 살아나셨습니다. 그리고 아무도 그의 사랑하는 자들로부터 그가 남긴 유산을 빼앗아가지 못하도록 지키기 위해 살아 계십니다. 여러분은 그리스도께서 하늘에서 간구하고 계시는 것에 대해 어떻게 생각합니까? 여러분은 그러한 간구의 능력을 측량해 보았습니까? 그는 자신에게 순종하는 모든 자들을 위해 밤낮으로 간구하고 계십니다. 그는 죄인들을 위해 밤낮으로 간구하고 계십니다. 그는 가장 큰 범죄자들에게조차 죄 사함의 은혜가 주어지게 해 달라고 밤낮으로 하나님께 간구하고 계십니다. 그러면 그가 헛되이 간구할 것입니까? 그의 간구는 아버지께 받아들여지지 않을 것입니까? 결코 그럴 수 없습니다! 그런데 죄인이여, 어째서 당신은 계속해서 자기 자신을 바라봅니까? 당신의 눈을 당신의 주님께 돌리는 것이 훨씬 더 지혜로운 일이 아닙니까? 당신은 "나는 완전하지 않습니다"라고 말합니다. 그러면 당신은 언제까지나 그런 상태에 있기를 바랍니까? 완전함은 그리스도 안에 있습니다. "아! 그렇지만 나는 이것도 아니고 저것도 아닙니다."

이것과 저것이 도대체 무슨 상관입니까? 예수 그리스도가 필요한 모든 것입니다. 만일 당신이 당신 자신의 구주가 되고자 한다면, 그것보다 더 나쁜 일이 무엇이겠습니까? 그것은 전적으로 잘못된 일이며, 결국 아무 열매도 맺지 못할 것입니다. 그러나 만일 그가 당신의 구주라면, 당신은 당신 자신에 대해 이러쿵저러쿵 할 필요가 없습니다. 그는 세상을 위해 충분하게 구비(具備)된 구주입니다. 그는 결코 당신의 도움을 요청하지 않습니다. 그가 당신의 도움을 필요로 할 것이라고 생각하는 것은 그를 모독하는 것입니다. 당신은 죄 가운데 죽지 않았습니까? 당신은 악과 타락으로 부패하지 않았습니까? 그럼에도 불구하고 그는 당신을 죽은 자들 가운데 다시 살리시고 하늘에서 자기의 오른편에 앉게 만드실 수 있습니다. 왜냐하면 그는 끝까지 구원할 수 있는 완전한 구주이기 때문입니다.

### 3. 우리 주 예수께서 구원과 관련하여 취하는 높은 위치.

본문에 따르면, 그는 "영원한 구원의 근원"(author)이 되셨습니다. 그는 구원의 계획자(Designer)이며, 조성자(Creator)이며, 성취자(Worker)이며, 원인(Cause)입니다. 그로 말미암아 구원이 성취되었습니다. "그는 기이한 일을 행하사 그의 오른손과 거룩한 팔로 자기를 위하여 구원을 베푸셨음이로다"(시 98:1).

"만민 가운데 나와 함께 한 자가 없이 내가 홀로 포도즙틀을 밟았는데"(사 63:3). 그는 모든 축복이 그를 통해 온다는 의미에서 구원의 근원입니다. 구원의 모든 과정들, 즉 선택과 부르심과 칭의와 성화 등의 모든 축복은 그를 통해 우리에게 옵니다. 하나님은 창세 전에 우리를 그 안에서 선택하셨습니다. 또 우리는 그 안에서 부르심을 받으며, 그 안에서 보존되며, 그 안에서 받아들여집니다. 이와 같이 모든 은혜는 그로부터 옵니다. 그리스도는 모든 것이며, 모든 것 안에 계십니다. 우리의 구원은 모두 그의 역사(役事)입니다. 그가 우리를 찾으셨을 뿐만 아니라 또한 사셨습니다. 그의 영이 먼저 우리에게 죄에 대한 깨달음을 주시고, 이어 우리를 믿음으로 인도하십니다. 그 자신이 우리를 그 자신에게로 이끕니다. 그의 이름은 예수입니다. 왜냐하면 그는 자기 백성들을 그들의 죄로부터 구원하기 때문입니다.

여기에서 구원을 하나의 책으로 비유해 보도록 합시다. 그 책의 유일한 저자(Author)는 예수입니다. 어느 누구도 그 책에 단 한 줄도 혹은 단 하나의 개념도 기여하지 않았습니다. 그는 어떤 사람에게 서문(序文)을 써달라고 요청하지 않았습니다. 첫 번째 단어는 그의 붓으로부터 옵니다. 어떤 사람들은 자신이 그리스도의 일에 서문을 쓰려고, 다시 말해서 자신이 그리스도의 일을 시작하려고 노력합니다. 그러나 그런 수고는 아무런 열매도 맺지 못할 것입니다. 그는 그의 황금 같은 사랑의 글에 여러분의 조잡하기 짝이 없는 서문을 결코 넣지 않을 것입니다. 서문 없이 있는 그대로 그에게 오십시오.

설령 당신이 소돔의 더러운 것들로 가득 차 있다 하더라도 말입니다. 미리 무엇인가를 준비하려고 하지 마십시오. 아무런 준비도 필요하지 않습니다. 그냥 그에게 오십시오. 와서 여러분의 마음의 서판(書板)을 그 앞에 펼쳐 놓으십시오. 그가 그 위에 무엇인가를 쓸 수 있도록 말입니다. 그는 매우 능숙한 저자입니다. 어느 누구도 그의 책 속에서 가장 작은 오류조차도 발견하지 못했습니다. 거기에는 아무런 오류도 없습니다. 거기에는 어떤 수정(修訂)도 필요하지 않습니다. 그가 구원할 때, 그의 구원은 완전합니다. 그는 우리에게 그 책을 수정하거나 보완해 달라고 요청하지 않습니다. 그 책은 그 자신의 손으로 말미암아 완성됩니다. 그 책에는 어떤 부록(附錄)로 필요하지 않습니다. 그 책은 완성되었습니다. 만일 어떤 사람이 그 책에 단 한 줄이라도 더한다면, 그는 저주를 받을 것입니다. 우리는 완성된 구원을 취해야 하며 그 안에서 기뻐해야 합니다. 우리는 결코 거기에다가 무엇인가를 더해서는 안 됩니다. 뿐만 아니라 그 책은 사람의 출판허가를 필요로 하지 않습니다. 그 책은 사람의 후원이나 찬조 없이도 찬란하게 빛나며, 예수 그리스도는 그런 책을 쓰기에 충분한 위엄과 권세를 가지고 계십니다. 그는 구원의 저자(Author of salvation)입니다. 죄인이여, 당신이 할 일은 그냥 그것을 취하는 것입니다. 당신은 그것에 서문을 쓴다든지 혹은 수정을 한다든지 혹은 무엇인가를 덧붙여서는 안 됩니다. 단지 그것을 있는 그대로 취해야만 합니다. 거기에 당신을 위해 그것이 있습니다. 그냥 취하기만 하면 됩니다. 당신의 손을 뻗어 그것을 받으십시오. 당신의 빈 잔을 내미십시오. 그리고 그것이 거룩한 샘으로부터 채워지게 하십시오. 필요한 모든 것은 그것을 받아들이는 믿음입니다.

그런데 어째서 당신은 머뭇거립니까? 예수를 믿기 전에 먼저 당신 자신을 좀 더 선하게 만들 필요가 있단 말입니까? 그것은 당신 자신이 당신의 구원의 근원(author, 저자)이 되기를 원하는 것이며, 그리스도를 당신의 팔로 밀쳐버리는 것입니다. 여러분은 "그렇지만 나는 내가 원하는 대로 기도할 수 없어요"라고 말할 것입니다. 만일 당신이 자신이 원하는 대로 기도할 수 있었다면, 그리스도가 당신을 구원할 수 있었겠습니까? 그가 당신의 기도를 필요로 한단 말입니까? 정말로 그렇습니까? "아, 그렇지만 나는 충분하게 느끼지 못합니다." 그러면 당신의 감정이 그리스도를 도울 것입니까? 정말로 그럴 것입니까? "아, 그렇지만 나는 다르기를 원합니다." 만일 당신이 달랐다면, 그리스도가 당신을 구원할 수 있었겠습니까? 그러면 당신의 있는 모습 그대로는 그리스도가 구원할 수 없다는 말입니까? 당신은 정말로 그렇게 생각합니까? 당신은 예수 그리스도가 지금 이 순간 당신을 용서할 수 없다고 생각합니까? 지금 이 순간 그가 온갖 죄로 얼룩진 죄인인 당신을 용서할 수 없단 말입니까? 당신이 지금 그를 믿음에도 불구하고 말입니다. 만일 당신이 정말로 그렇게 생각한다면, 당신은 속고 있는 것입니다. 왜냐하면 그는 바로 지금 당신을 구원할 수 있기 때문입니다. 그는 온전하게 되심으로써 그에게 순종하는 모든 사람들에게 영원한 구원의 근원이 되셨습니다. 그는 지금 그에게 순종하는 모든 사람들의 양심에 당장 평안을 줄 수 있습니다. 부디 하나님이 여러분으로 하여금 지금 내가 전하는 말씀의 의미를 잘 붙잡을 수 있도록 은혜를 허락하시기를 기원합니다. 그렇지만 여러분으로 하여금 이 모든 것을 깨닫도록 이끌 수 있는 분은 오직 하나님의 영뿐입니다.

### 4. 그리스도가 이룬 구원의 놀랄 만한 특성.

그는 영원한 구원의 근원입니다. 아, "영원한"이란 단어는 얼마나 놀랄 만한 단어입니까! "영원한 구원!" 구약의 대제사장이 희생제물을 드렸을 때, 예배자는 만족스러운 마음으로 집으로 돌아갔습니다. 왜냐하면 피가 뿌려지고, 제물이 받아들여졌기 때문입니다. 그러나 얼마 후 그는 또다시 죄를 범합니다. 그러면 그는 또 다른 희생제물을 가지고 와야만 했습니다. 또 일 년에 한 번 대제사장이 휘장 안으로 들어갔다가 나와 백성들에게 축복을 선포할 때, 모든 이스라엘은 기뻐하며 집으로 돌아갔습니다. 그러나 다음 해에 또다시 똑같이 죄를 생각나게 하는 것이 있고 똑같은 피 뿌림이 반복될 것입니다. 왜냐하면 황소와 염소의 피가 실제적으로 죄를 제거할 수 없었기 때문입니다. 그것들은 단지 모형이었을 뿐입니다. 우리 주 예수가 어느 때든지 또 다른 희생제사를 드릴 필요가 없다는 사실은 얼마나 복된 진리입니까! 왜냐하면 그는 단번의 희생제사를 통해 영원한 구원을 얻으셨기 때문입니다.

그것은 다른 모든 종류의 구원들과는 근본적으로 다른 영원한 구원입니다. 성경에 일시적인 것으로 언급되는 많은 구원들이 있습니다. 그것들은 단지 일시적인 고난이나 어려움 따위로부터 건짐 받는 것일 뿐입니다. 그러나 한 번 그리스도의 손으로 말미암아 죄의 끔찍한 구덩이로부터 건짐 받은 사람은 결코 또다시 그 같은 끔찍한 장소에 놓이지 않을 것입니다. 죽은 자들 가운데 다시 살아난 우리는 또다시 죽지 않습니다. 예수 그리스도께서 우리를 구원하기 위해 오실 때, 우리는 죄의 통치로부터 효과적으로 구원받습니다.

또 그것은 타락과 멸망의 위험과 반대되는 것으로서 영원한 구원입니다. 우리 형제들 가운데 어떤 사람들은 일시적인 성격의 구원으로 만족합니다. 그것의 지속 여부가 자기 자신의 행동 여하에 달려 있는 그런 구원 말입니다. 나는 그들을 조금도 부러워하지 않습니다. 나는 그들로부터 그들의 보화를 탈취하고자 시도하지 않을 것입니다. 설령 그들이 아무리 강요한다 할지라도, 나는 결코 그런 구원을 소유하지 않을 것입니다. 나는 영원한 구원을 소유하는 것으로 만족하고 또 만족할 것입니다. 그것은 완성된 사역 위에 기초한 구원이며, 신적 능력에 의해 계속해서 이루어져 가는 구원이며, 변할 수 없는 구주가 책임지는 구원입니다. 어떤 사람이 "당신은 오늘 영원한 구원을 소유했다가 내일 그것을 잃어버릴 수도 있습니다"라고 말합니다. 그게 도대체 무슨 말입니까? 당신이 잃어버릴 수 있는 생명이 어떻게 영원한 생명일 수 있습니까? 그런 생명은 결코 영원한 생명일 수 없습니다. 당신의 말은 논리적으로도 앞뒤가 맞지 않습니다. 그것은 그 자체로 모순입니다. "그를 믿는 자는 영원한 생명을 얻었고"(요 5:24). "내가 그들에게 영원한 생명을 주노니 영원히 멸망하지 아니할 것이요 또 그들을 내 손에서 빼앗을 자가 없느니라"(요 10:28). "이는 내가 살았으니 너희도 살겠음이라"(요 14:19). 죄인이여, 만일 당신이 예수를 믿는다면, 그는 오늘 당신을 구원하고는 내일 멸망당하도록 내버려 두지 않을 것입니다. 그는 당신에게 영원한 구원을 주실 것입니다. 그 구원은 사망도 파괴할 수 없고, 지옥도 파괴할 수 없고, 시간도 파괴할 수 없고, 영원도 파괴할 수 없는 구원입니다. "누가 우리를 그리스도의 사랑에서 끊으리요 환난이나 곤고나 박해나 기근이나 적신이나 위험이나 칼이랴"(롬 8:35). 예수를 믿는 사람은 이미 천국에 있는 사람처럼 행복하지는 않지만, 그러나 이미 천국에 있는 사람처럼 안전합니다.

> "그의 영광은 구원하는 것이로다.
> 그의 양들 가운데 가장 미약한 양을.
> 그의 손은 안전하게 지키도다.
> 그의 천부께서 그에게 주신 모든 것을.
>
> 사망도 지옥도 결코 떼어낼 수 없도다.
> 그의 품으로부터 그의 사랑하는 자들을.
> 그들은 영원히 안식하도다.
> 그의 사랑의 품 안에서."

성경 속에는 이런 가르침들로 가득합니다. 성경의 깃발 위에는 "믿는 자는 구원받을 것이라!"는 글귀가 새겨져 있습니다. 하나님이여, 우리에게 이러한 약속을 깨닫도록 은혜를 허락하여 주소서!

본문이 "영원한 구원"이라고 말할 때, 그것은 또한 영원한 행복으로 익을 것을 의미합니다. 여러분은 영원한 불행으로부터 구원받았습니다. 여러분은 영원한 생명으로 말미암아 옛 생명으로 되돌아가는 것으로부터 보존됩니다. 그리고 여러분은 영원한 행복으로 인도될 것입니다. 누구든지 그리스도가 구원하는 자는 영원한 기쁨으로 하나님의 얼굴을 볼 것입니다. 그리스도는 영원한 구원의 근원이 될 수 있도록 완전하게 되셨습니다.

### 5. 이러한 구원과 관련된 사람들.

"자기에게 순종하는 모든 자에게." 오웬 박사(Dr. Owen)는 여기의 "순종"이라는 단어가 "듣는 것에 대한 순종"을 의미한다고 말합니다. 그러면서 그는 이것이 믿음을 나타내는 것이라고 해석하는데, 나는 그의 해석이 매우 정확하다고 생각합니다. 그리스도에게 순종하는 것은 본질적으로 그를 신뢰하며 믿는 것입니다. 그러므로 우리는 본문을 다음과 같이 읽을 수 있습니다. "자기를 믿는 모든 자에게 영원한 구원의 근원이 되시고." 만일 여러분이 구원받고자 한다면, 여러분의 첫 번째 순종의 행동은 예수를 전적으로, 순전하게, 마음을 다해, 오직 그만을 믿는 것입니다. 여러분의 영혼을 전적으로 예수에게 기대십시오. 그러면 여러분은 지금 구원받습니다. "그것이 전부입니까?" 그렇습니다. 그것이 전부입니다. "그렇지만 본문은 '그에게 순종하는 모든 자에게'라고 말하지 않습니까?" 분명 그렇습니다. 여러분은 그리스도를 믿는 모든 사람이 그에게 순종하는 것을 알지 못합니까?

앞에서 이야기한 수로안내인의 예화를 생각해 보십시오. 수로안내인이 갑판 위에 올라와서 말합니다. "내가 키를 잡고 배를 항구로 인도할 때, 여러분은 나를 믿어야만 합니다. 그리고 여러분은 내가 내리는 명령에 순종해야만 합니다." 자, 그가 명령을 내립니다. "돛을 올리고 앞으로 나가시오!" 그런데 선장이 선원들에게 이렇게 말한다고 상상해 보십시오. "돛을 올리지 말고 그대로 내버려 두라. 나의 명령에 따르라!" 그러면 무엇입니까? 선장은 수로안내인을 믿지 않은 것이 아닙니까? 만일 선장이 수로안내인을 믿었다면, 선장은 수로안내인의 명령대로 따랐을 것입니다. 또 수로안내인이 선원들에게 "배의 속도를 늦추시오"라고 명령했다고 상상해 보십시오. 그런데 만일 선장이 반대로 "배의 속도를 더욱 높여라"라고 명령했다면, 선장은 분명히 수로안내인을 믿지 않은 것입니다. 그로 인해 배가 좌초된다면, 그것은 결코 수로안내인의 책임이 아닙니다. 이것은 우리 주님에 대하여서도 마찬가지입니다. 여러분이 스스로를 그의 손에 맡긴 순간, 여러분은 그에게 순종해야만 합니다. 그렇지 않으면 여러분은 그를 믿지 않은 것입니다.

다른 예화를 생각해 볼까요? 의사가 여러분의 맥박을 재고는 이렇게 말합니다. "당신의 병을 치료할 수 있는 약을 드리지요. 효과가 아주 뛰어난 약입니다. 집에 가서 약을 드시고 뜨거운 물에 목욕하십시오. 그러면 곧 병이 나을 것입니다." 다음 날 의사가 또다시 찾아옵니다. 여러분은 그에게 이렇게 말합니다. "박사님으로부터 진료를 받았지만 조금도 나아지지 않았습니다." 그러자 의사가 말합니다. "어째서 당신은 나를 믿지 않은 것이요?" "무슨 말입니까, 박사님? 나는 박사님에 대한 온전한 믿음을 가지고 있습니다." 의사가 말합니다. "아니요, 당신은 나를 믿지 않고 있소. 저기 보시오. 약병이 손도 대지 않은 채 그대로 있지 않소. 당신은 내가 준 약을 한 알도 먹지 않았소. 그러면 뜨거운 물로 목욕은 했소?" "하지 않았습니다." "나를 놀리는 거요? 다시는 여기에 오지 않겠소. 당신은 나를 믿고 있지 않소. 당신에게 나는 의사가 아니오."

그리스도를 믿는 모든 사람은 그에게 순종합니다. 믿음과 순종은 항상 함께 갑니다. 여러분은 그리스도께서 단지 과거를 지워 버리기 위해 온 것이 아니라는 사실을 알지 못합니까? 그는 우리를 구원하기 위해 오셨습니다. 그는 우리를 나쁜 기질로부터, 교만한 눈으로부터, 음탕한 시선으로부터, 부패한 마음으로부터, 탐욕스러운 욕망으로부터, 반항적인 의지와 게으름으로부터 구원하기 위해 오셨습니다. 자, 여기를 보십시오. 만일 우리가 순종하지 않는다면, 이러한 것들은 결코 이루어질 수 없습니다. 왜냐하면 만일 우리가 계속해서 죄 가운데 산다면 우리에게 있어 구원은 결국 단순한 말장난에 불과한 것이 되기 때문입니다.

그리고 구원받았노라고 자랑하는 것은 참으로 우스꽝스러운 일이 될 것입니다. 만일 우리가 계속해서 죄 가운데 살고 있다면, 도대체 어떻게 우리가 죄로부터 구원받은 것일 수 있단 말입니까? 어떤 사람이 말합니다. "그리스도께서 나를 구원하셨지만, 나는 여전히 술에 빠져 살고 있습니다." 가련한 자여, 당신은 지금 거짓말하고 있습니다! 만일 당신이 계속해서 술 취함 가운데 살고 있다면, 도대체 어떻게 당신이 술 취함으로부터 구원받은 것일 수 있습니까? 다른 사람이 말합니다. "비록 내가 세속적이며 방종하며 경솔하기는 하지만, 어쨌든 그리스도가 나를 구원했습니다." 무엇이라고요? 그가 당신을 구원했다고요? 도대체 어떻게 구원했단 말입니까? 당신은 지금 나에게 의사가 당신의 나병을 고쳐 주었다고 말하고 있습니다. 당신은 여전히 나병을 앓고 있음에도 불구하고 말입니다. 당신은 지금 오한(惡寒)으로 계속해서 떨고 있습니다. 그런데 당신은 도대체 어떻게 의사가 당신을 열병으로부터 고쳐 주었다고 말할 수 있습니까? 당신은 지금 당신이 말하는 것을 알지 못하고 있는 것이 분명합니다. 예수 그리스도는 예전에 우리가 살았던 삶으로부터 우리를 구원하기 위해 오셨습니다. 그는 우리를 새 사람으로 만들기 위해 오셨습니다. 그는 우리에게 새 마음과 정직한 영을 주시기 위해 오셨습니다. 만일 그가 우리를 구원했다면, 그는 우리가 또다시 옛 죄로 되돌아가는 것을 결코 허락하지 않을 것입니다. 도리어 우리를 의와 거룩의 길로 계속해서 인도할 것입니다.

　그리스도에게 순종하는 모든 사람은 필경 구원받을 것입니다. 그의 지나간 삶이 어떠했든지 간에 말입니다. 만일 여러분이 구속자에게 순종한다면, 여러분 모두는 현재의 상태가 어떠하든지 간에 구원받을 것입니다. 왜냐하면 그는 "자기에게 순종하는 모든 자에게 영원한 구원의 근원이 되시기" 때문입니다. 그러나 그리스도에게 순종하기를 거부하는 자들은 구원에 있어 아무런 분깃도 갖지 못할 것입니다. 사람들이 어떻게 공언하든지 간에 만일 그들이 예수에게 순종하지 않는다면, 그들은 결코 영원한 구원을 얻지 못할 것입니다. 순종하는 사람들에게 활짝 열린 문은, 믿지 않으며 순종하지 않는 사람들에게는 속히 닫힐 것입니다. "하나님이 세상을 이처럼 사랑하사 독생자를 주셨으니 이는 그를 믿는 자마다 멸망하지 않고 영생을 얻게 하려 하심이라"(요 3:16). 세상에 대한 하나님의 사랑의 범위는 그가 예수를 믿는 모든 자들을 구원할 만큼 크고 방대합니다. 그러나 하나님은, 믿지 않으며 순종하지 않고 죽는 영혼은 단 하나도 구원하지 않으실 것입니다. 만일 여러분이 그리스도를 배척한다면, 여러분은 여러분 자신의 손으로 유일한 소망의 문을 닫는 셈입니다. "믿지 아니하는 자는 하나님의 독생자의 이름을 믿지 아니하므로 벌써 심판을 받은 것이니라"(18절).

　어떤 사람들은 믿음이 하나님의 선물이며 오직 성령의 능력으로 말미암아 역사(役事)되는 것이기 때문에 사람들에게 믿으라고 명령한다든지 혹은 권유해서는 안 된다고 말합니다. 그러나 이것은 결코 올바른 생각이 아닙니다. 물론 구원에 이르는 믿음은 항상 하나님의 선물이며, 모든 측면에서 성령의 역사(役事)입니다. 그러나 동시에 믿음은 사람의 행동입니다. 성령이 우리를 대신하여 믿지 않습니다. 성령이 도대체 무엇을 믿는단 말입니까? 성령이 우리를 대신하여 회개하지 않습니다. 성령이 도대체 무엇을 회개해야 한단 말입니까? 여러분 자신이 믿어야 합니다. 믿음은 여러분 자신의 개인적인 행동이어야 합니다. 그렇지 않으면 여러분은 결코 구원받지 못할 것입니다. 믿음이 하나님의 선물이라는 위대한 진리가 여러분으로 하여금 만일 여러분이 개인적으로 예수를 믿지 않는다면 결코 구원받지 못할 것이라는 사실을 잊도록 만들지 않는다는 사실을 명심하십시오. 만일 여러분이 주 예수 그리스도를 믿는다면, 여러분은 구원받을 것입니다. "믿고 세례를 받는 사람은 구원을 얻을 것이요." 바로 여기에 복음이 있습니다. 그러나 거기에는 동시에 엄중한 형벌의 경고가 덧붙여져 있습니다. "믿지 않는 사람은 정죄를 받으리라"(막 16:16).

죄인이여, 예수 그리스도와 같은 구주는 결코 없습니다! 그는 당신을 위한 '바로 그 구주'입니다. 그는 구원할 수 있으며, 기꺼이 구원하실 것이며, 구원하는 방법을 아십니다. 그는 자신을 믿는 모든 사람들을 구원하겠다고 약속하셨습니다. 그에게 가서 시험해 보십시오. 만일 오늘 아침 당신이 그를 믿음에도 불구하고 그가 당신을 내쫓는다면, 나에게 그 사실을 알려 주십시오. 그러면 나는 당장 말씀을 전하는 일을 그만둘 것입니다. 만일 나의 주님이 자신에게 나오는 자들을 쫓아 버린다면, 나는 당장 복음사역을 내팽개쳐 버릴 것입니다. 나는 단지 내가 발견한 것을 말할 수 있을 뿐입니다. 나는 두려움과 낙망 가운데 그에게 갔습니다. 나는 그가 나를 결코 받아들이지 않을 것이라고 생각했습니다. 그러나 그는 다음과 같은 말과 함께 나를 따뜻하게 받아 주셨습니다. "들어오라, 주의 축복받은 자여! 어찌하여 밖에 서 있느뇨?" 그는 나의 모든 죄를 씻어 주셨으며, 나로 하여금 기쁨으로 나의 길을 가도록 보내 주셨습니다.

그리고 지난 23년 동안 나는 이곳에서 값없이 베푸시는 은혜와 십자가의 사랑을 전파했습니다. 그리고 그 동안 나는 그가 자기에게 나아오는 죄인을 내쫓는 것을 단 한 번도 보지 못했습니다. 만일 내가 그러한 경우를 만난다면, 나는 큰 부끄러움과 함께 말씀 전하는 일을 중단해야만 합니다. 그러나 나는 그렇게 될 것을 두려워하지 않습니다. 왜냐하면 이 세상에서 그런 경우가 있었다는 이야기를 한 번도 들어본 적이 없기 때문입니다. 지옥의 무저갱에서 다음과 같이 말하는 영혼은 단 하나도 없을 것입니다. "나는 열심히 주님을 찾았지만 그러나 그는 나를 외면했습니다. 나는 그를 믿었지만 그러나 그는 나를 구원하지 않았습니다. 나는 그의 약속을 붙잡았지만 그러나 그 약속은 물거품이 되었습니다." 아닙니다! 결코 그럴 수 없습니다! 하나님이 참되신 한, 신자는 결코 멸망을 당하지 않을 것입니다! 여기에 "내게 오는 자는 내가 결코 내쫓지 아니하리라"는 약속이 있습니다(요 3:37). 이런 복음을 전파하는 설교자는 얼마나 복됩니까! 그러나 나는 여러분으로 하여금 그 약속을 받아들이도록 만들 수 없습니다. 나는 말을 물가로 데려갈 수는 있지만, 그러나 물을 마시게 할 수는 없습니다. 그 일은 하나님이 하셔야만 합니다. 부디 하나님이 여러분을 예수 그리스도로 말미암아 영원한 구원을 받도록 이끄시기를 기원합니다. 아멘.

제
13
장
—

# 구원의 긴 행렬

—

**"구원에 속한 것" —히 6:9**

문맥대로 읽고 이해할 때, 나는 본문이 오늘 내가 본문과 관련하여 말하려고 하는 모든 것을 확증한다고는 생각하지 않습니다. 그렇지만 어쨌든 나는 오늘 설교의 제목을 "구원의 긴 행렬"이라고 정하고, 조용히 앉아 그것을 깊이 묵상했습니다. 오늘 아침 나는 여러분에게 상당 부분 알레고리(諷諭)의 형식을 사용하여 말씀을 전하고자 합니다. 여기에서 나는 구원을 하나님이 무한한 사랑과 긍휼 가운데 세상에 주시고자 결정하신 지극히 값진 보화로 비유하고자 합니다. 그리고 난 연후에 나는 큰 무리가 긴 행렬을 이루어 그러한 보화를 나르는 것을 그려보았습니다. 지금 나의 눈에 이미 영원의 땅에 도달한 강한 선봉부대가 보입니다. 그리고 그 행렬의 한가운데 구원이 있는 것을 봅니다. 그리고 많은 병사들이 구원을 중심으로 그리고 그것을 호위하며 행진하는 것을 봅니다. 나의 눈에 그것은 마치 구원의 보화를 궤에 싣고 전방과 후방과 좌우 측면을 호위하는 병사들의 긴 행렬로 보입니다.

시작하기에 앞서 한 가지 주의를 기울여야 할 것이 있습니다. 그것은 바울 사도가 갖가지 은혜들에 대해 이야기할 때, 그는 그것들을 "구원의 원인이 되는 것들"이 아니라 "구원에 수반하는 것들"로 말하고 있다는 사실입니다. 우리의 믿음은 구원의 원인이 아닙니다. 우리의 소망도 마찬가지이고, 우리의 사랑도 마찬가지이고, 우리의 선행도 마찬가지입니다. 그것들은 마치 영예로운 호위병들

처럼 구원을 따르는 것들입니다. 구원의 원인은 오직 아버지 하나님의 주권적인
의지와 하나님의 아들 예수의 피의 무한한 효력과 성령 하나님의 신적 능력에
놓여 있습니다. 반면 "구원에 수반하는 것들"이 있습니다. 옛 동방의 군주가 자
신의 왕국을 행진하는 것을 상상해 보십시오. 우리는 종종 실제보다는 가공적으
로 꾸며진 형태로 옛 동방의 군주들의 이야기를 읽었습니다. 그들은 수많은 깃
발을 나부끼며 온갖 종류의 보화를 싣고 당당하게 행진했습니다. 오늘 나는 구
원을 세상으로 가져오는 거룩한 보화로 비유하고자 합니다. 그리고 그 보화를
중심으로 많은 병사들이 앞뒤좌우로 호위하며 따르고 있습니다.

먼저 우리는 제일 앞에서 행진하는 병사들로부터 시작할 것입니다. 그리고 구
원 바로 앞에서 행진하는 병사들을 살펴보고, 계속해서 옆에서 따르는 병사들을 살피
고, 마지막으로 뒤에서 따르는 병사들을 살필 것입니다.

### 1. 첫째로, 제일 앞에서 행진하는 병사들을 주목하십시오.

군대가 행진할 때, 제일 앞에서 행진하는 병사들이 있습니다. 그들은 다른
병사들보다 훨씬 앞에서 갑니다. 이와 같이 "구원"의 긴 행렬에 있어서도 제일
앞에서 길잡이 노릇을 하는 병사들이 있습니다. 그들의 이름은 다음과 같습니
다. 첫째는 선택이며, 둘째는 예정이며, 셋째는 구속입니다. 그리고 그들 가운데
대장은 언약입니다. 구원이 세상에 임하기 전에, 선택이 제일 앞에서 행진했습니
다. 선택은 구원이 머물 처소를 예비하는 일을 맡았습니다. 그는 세상을 두루 다
니며 구원이 임할 집들을 표시했으며, 모든 사람들을 두루 바라보며 구원이 계
획된 자들에게 거룩한 인을 찍었습니다. 이어 예정이 행진합니다. 예정은 단순히
집에 표시만 하지 않았습니다. 그는 구원이 그 집에 올 수 있도록 길을 표시하는
지도를 만들었으며, 구원의 큰 군대의 모든 발걸음을 정했습니다. 또 예정은 죄
인이 그리스도께 인도될 때와 그가 구원받는 방식을 정했으며, 성령 하나님이
죄 가운데 죽은 자를 다시 살리시며 예수의 피로 말미암아 평강과 죄 사함이 선
포되는 정확한 때를 표시했습니다. 이와 같이 예정은 구원이 지나가야 할 길을
완전하게 표시했습니다. 구원이 길을 잃고 방황하며 다른 길로 가지 않도록 말
입니다. 주권적인 하나님의 영원한 섭리 가운데, 긍휼의 모든 발걸음 하나하나
가 정해졌습니다. 이 세상에 우연히 일어나는 일은 아무것도 없습니다. 하물며
구원이야 얼마나 더 그렇겠습니까! 구원은 결코 우연 아래 놓이지 않습니다. 따

라서 하나님은 구원이 장막을 칠 장소와, 구원의 발걸음이 그 장막에 도달하는
방식과, 구원이 그곳에 도착하는 때를 정하셨습니다. 그리고 뒤를 이어 구속이
행진합니다. 지금 그들이 행진하고 있는 길은 결코 쉽고 평탄한 길이 아닙니다.
그것은 매우 어렵고 험한 길입니다. 설령 선택이 구원이 임할 집을 표시하고 예
정이 그 길의 지도를 만들었다 하더라도, 그 길은 구원이 행진할 수 없을 정도로
매우 어렵고 험합니다. 그것이 깨끗하게 치워지고 정돈될 때까지 말입니다. 그
래서 구속이 앞으로 나아옵니다. 구속은 오직 하나의 무기만을 가지고 있습니
다. 그 무기는 예수 그리스도의 승리의 십자가입니다. 그들이 행진하는 길 앞에
우리의 죄의 거대한 산들이 가로막고 서 있었습니다. 그것을 보고 구속이 그러
한 산들을 쳤습니다. 그러자 산들은 둘로 갈라지고, 주의 구속받은 자들이 지나
갈 수 있도록 길이 열렸습니다. 또 거기에 하나님의 진노의 거대한 심연이 가로
놓여 있었습니다. 그러자 구속은 십자가로 그 심연 위에 다리를 놓음으로써 주
의 군대가 지나갈 수 있는 영원한 통로를 만들었습니다. 또 구속은 모든 산에다
가 굴을 뚫었습니다. 구속은 모든 바다를 마르게 했으며, 모든 삼림을 베었습니
다. 구속은 모든 언덕을 평탄하게 했으며, 골짜기를 메웠습니다. 그리하여 이제
구원의 길은 평탄하며 쉬운 길이 되었습니다.

　이러한 선봉부대는 영원한 언약의 깃발을 들고 행진합니다. 눈에 보이지 않
을 정도로 제일 앞에서 가고 있는 선택과 예정과 구속은 모두 영원한 언약의 깃
발 아래 집결합니다. 하나님은 창세 전에 그의 아들과 더불어 언약을 세우셨습
니다. 아들은 죽음으로써 속전(贖錢)을 지불할 것이었으며, 아버지는 아들에게
"아무라도 능히 셀 수 없는 큰 무리"를 주실 것이었습니다. 선택은 언약과 함께
행진합니다. 어떤 사람이 선택될 때, 그는 은혜의 언약 안에서 그렇게 됩니다. 또
예정이 행진하며 구원의 길을 표시할 때, 그는 언약을 선포하면서 그렇게 합니
다. "예정은 이스라엘의 지파들을 따라 백성들의 처소에 표시를 합니다." 그리고
구속은 그리스도의 보혈을 가리키면서 피로 값주고 산 자들을 위해 구원을 요구
합니다. 왜냐하면 구원이 그들의 것이라고 언약이 정했기 때문입니다.

　사랑하는 형제들이여, 이러한 선봉부대는 제일 앞에서 행진하기 때문에 여
러분과 내가 결코 볼 수 없습니다. 이들은 매우 신비한 교리들입니다. 그것들은
우리가 볼 수 있는 범위를 초월합니다. 우리는 육체의 눈으로 그것들을 보기를
바라서는 안 됩니다. 왜냐하면 그것들은 너무나 멀리 떨어져 있어서 오직 믿음

의 눈만이 그것들을 볼 수 있기 때문입니다. 우리는 믿음의 거룩한 망원경을 통해 그것들을 보아야만 합니다. 그렇지 않으면 우리는 결코 "보지 못하는 것들의 증거"를 갖지 못할 것입니다. 그러나 걱정하지 마십시오! 만일 우리가 구원을 소유한다면, 우리는 선택을 받은 자인 것입니다. 왜냐하면 믿는 자는 선택된 자이기 때문입니다. 누구든지 범죄한 죄인으로서 스스로를 그리스도 위에 던지는 자는 분명 하나님의 택하신 자녀입니다. 만일 당신이 구주를 믿고 그에게 간다면, 당신은 영원부터 그렇게 하도록 예정된 것입니다. 당신의 믿음은 당신이 하나님의 택하신 자라는 사실을 보여주는 큰 표적이며 증거입니다. 당신은 믿습니까? 그렇다면 선택은 당신의 것입니다. 당신은 믿습니까? 그렇다면 예정은 당신의 것입니다. 그것은 지금 당신이 살아 있는 사실만큼이나 확실한 사실입니다. 당신은 오직 예수만을 믿습니까? 그렇다면 두려워하지 마십시오. 구속은 바로 당신을 위한 것입니다. 그러므로 저 위대한 선봉부대를 생각할 때, 우리는 아무것도 두려워할 필요가 없습니다. 그들은 이미 하늘의 도성에 도달했으며, 선택받은 자들이 하나님의 품 안에서 영원히 안식할 처소를 예비했습니다.

### 2. 둘째로, 구원 바로 앞에서 행진하는 군대를 주목하십시오.

여기의 군대의 제일 앞에서 성령 하나님이 행진하고 계십니다. 우리의 구원 안에 실제로 어떤 일이 행해질 수 있기 전에, 성 삼위일체의 제삼위가 오셔야만 합니다. 그가 없이는 믿음도, 회개도, 겸손도, 사랑도 전적으로 불가능합니다. 심지어 우리 주 예수 그리스도의 피조차도 그것이 성령 하나님으로 말미암아 우리 마음에 적용될 때까지는 결코 우리를 구원할 수 없습니다. 구원 바로 앞에서 행진하고 있는 군대를 바라보기 전에, 먼저 우리는 그러한 군대의 지도자를 잊어서는 안 됩니다. 그는 성령이라 불리는 신성(神性)을 가진 보이지 않는 불멸의 위대한 왕입니다. 영혼을 소생시키는 것은 바로 그 성령입니다. 성령으로 말미암아 소생되지 못할 때, 영혼은 영원히 죽은 상태에 놓여 있습니다. 또 영혼을 부드럽게 만드는 것 역시 성령입니다. 그렇지 않으면 영혼은 아무것도 느끼지 못합니다. 또 전파된 말씀에 효력을 부여하는 것도 성령입니다. 그렇지 않으면, 그 말씀은 사람의 마음에까지 도달하지 못합니다. 또 마음을 깨뜨리는 것은 성령이며, 마음을 온전하게 만드는 것도 성령입니다. 처음부터 끝까지 우리 안에서 구원을 이루는 자는 성령입니다. 마치 예수 그리스도가 우리를 위한 구원의 근원이셨던 것처럼 말입니다. 여러분은 성령으로 말미암아 구원이 여러분의 집에 임했다는 사실을 알 수 있습니다. 여러분은 성령에 참예한 자입니까? 그러면 다음과 같은 질문에 대답해 보십시오. 성령의 바람이 여러분 위에 불었습니까? 성령이 여러분 안에 숨을 불어 넣었습니까? 여러분은 자신이 성령의 초자연적인 힘에 의해 지배를 받는다고 말할 수 있습니까? 그렇지 않다면, 성령으로 거듭난 자 외에는 아무도 하나님의 나라를 볼 수 없다는 사실을 기억하십시오. 육으로 난 것은 육입니다. 오직 영으로 난 것만이 영입니다. 만일 성령이 여러분 안에서 역사하며 여러분으로 하여금 하나님의 기뻐하시는 것을 뜻하며 또 행하도록 만들지 않는다면, 결국 여러분의 최선의 노력조차도 아무 쓸모 없는 것이 될 것입니다. 육이 최고로 힘쓰며 애쓴다고 할지라도, 그것은 결국 육의 범주를 넘어갈 수 없습니다. 여러분은 매우 도덕적이며, 엄격하며, 강직하며, 훌륭할 수 있습니다. 그러나 만일 여러분이 성령에 참예한 자가 아니라면, 여러분에게 구원은 불가능합니다. 불법을 행하는 자와 똑같이 말입니다. 우리는 성령으로 말미암아 거듭나야만 합니다. 그렇지 않으면 모든 것은 헛됩니다. 이와 같이 구원 앞에 항상 하나님의 영이 행진하는 것을 기억하십시오.

성령 바로 뒤에 우레 부대가 따릅니다. 어떤 사람의 영혼 안에 성령께서 들어오시면 바로 뒤이어 내가 우레부대라고 부르는 자들이 뒤따릅니다. 이미 구원을 경험한 사람들은 지금 내가 무엇을 말하고 있는지 충분히 이해할 것입니다. 여기의 우레 부대는 철갑옷을 입고 있습니다. 그들의 투구는 두려움으로 흔들리며, 그들의 언어는 먼 나라에서 온 사람들처럼 거칩니다. 그들의 얼굴은 사자의 얼굴처럼 무서우며, 그들을 바라보는 자들의 마음을 공포에 질리게 만듭니다. 이러한 우레 부대에 속한 일부 병사들은 칼을 차고 있습니다. 그들은 그 칼로 죄인들을 죽일 것입니다. 왜냐하면 그들은 온전해지기 전에 먼저 영적으로 죽임을 당해야만 하기 때문입니다. 그 칼이 그들을 찌르며, 그들의 모든 자기중심적인 자아(自我)를 죽여야만 합니다. 그들이 주 예수께 나아올 수 있게 되기에 앞서 말입니다. 또 다른 병사들은 도끼를 들고 있습니다. 그들은 그 도끼로 우리의 교만의 거대한 나무들과 우리의 의의 멋진 백향목들을 찍습니다. 또 그 부대에 속한 또 다른 병사들은 육체를 신뢰하는 우리의 모든 샘 근원을 돌로 막아 버립니다. 모든 소망을 빼앗긴 채 마침내 우리가 완전히 절망할 때까지 말입니다. 그리고 이어 어린 양의 뿔 나팔을 든 병사들이 행진합니다. 그들은 예전에 여리고를 무너뜨린 사람들처럼 두렵고 날카로운 나팔소리를 냅니다. 그리하여 죄인들은 심지어 지옥의 울부짖음조차도 그것보다 더 두려울 수는 없다고 생각합니다. 이어 창을 든 병사들이 따릅니다. 그들은 그 창으로 죄인들의 영혼을 찌르고 또 찌릅니다. 그리고 제일 마지막에 열 개의 큰 대포(大砲)들이 따릅니다. 그것은 율법의 대포로서 상한 마음 위에 영구히 불을 뿜습니다. 나의 친구여, 이러한 우레 부대가 당신의 집에 온 적이 있습니까? 그들이 당신의 마음 안에 진(陣)을 친 적이 있습니까? 안심하십시오! 왜냐하면 이들은 "구원의 긴 행렬"의 일부이기 때문입니다. 회심한 자들에게 지금까지 내가 말한 것은 결코 깨닫기 어려운 비밀이 아닙니다. 그렇지만 주를 알지 못하는 자들에게는 감추어진 비밀입니다. 지금까지 내가 말한 것을 곰곰이 생각해 보십시오. 그리고 성령 하나님이 어떤 사람의 영혼 안에서 행하는 첫 번째 일이 두려운 일 혹은 두려움을 일으키는 일이라는 사실을 이해하십시오. 사람은 참으로 회심할 수 있게 되기 전에 먼저 영혼의 극심한 고뇌를 겪어야만 하며, 우리의 모든 자기 의는 마치 진흙길처럼 밟혀 평평해져야 합니다. 우리의 육체가 바라는 것들은 산산조각으로 깨어져야 하며, 우리가 의지하는 거짓된 것들은 하나님의 진노의 우박으로 일소(一掃)되어야 합니다. 하나님의 율법은 죄인에게 너무나 두려운 것으로 나타납니다. 그가 처음 죄를 깨달을 때 말입니다. 그는 "아, 나는 너무도 악한 일을 행하였도다!' 혹은 "아, 나는 마땅히 행해야 할 일을 행하지 않았도다!'라고 울부짖을 것입니다. 성령이 그로 하여금 처음으로 죄를 깨닫게 하셨을 때 그의 모습을 보십시오. 여러분은 그가 미쳤다고 생각할 것입니다. 그는 밤낮으로 눈물을 흘립니다. 눈물이 그의 음식이 됩니다. 그는 지옥을 생각하며 거의 잠을 이루지 못합니다. 그는 지옥을 실제처럼 느낍니다. "아, 장차 임할 진노여! 아, 장차 임할 진노여! 아, 장차 임할 진노여!' 그의 마음은 끔찍한 두려움으로 짓눌립니다. 그는 마치 「천로역정」의 순례자 같습니다. 그는 등에 무거운 짐을 지고 있으며, 그것을 어떻게 벗을 수 있는지 알지 못합니다. 그는 자신의 속을 꽉 쥐며 울부짖습니다. "아, 나는 어떻게 해야 한단 말인가? 나는 파멸되었도다! 나는 하나님을 배반했으며, 하나님은 나에게 노하셨도다!' 아, 다시 한 번 말하거니와 이러한 우레 부대는 실제로 얼마나 두렵습니까! 그렇지만 그들이 지나가자마자 우리에게 큰 기쁨이 따르는 것은 얼마나 감사한 일입니까! 어떤 사람의 양심 안에 그들이 있을 때, 나는 그에게 큰 기쁨과 즐거움으로 먹고 마시라고 감히 말합니다. 인간 영혼의 가련한 성읍은 큰 고통과 괴로움으로 짓눌립니다. 우레 부대의 두려운 병사들이 거기에 있을 때 말입니다. 두려운 위협과 음울한 전조(前兆)가 죄인의 심령을 짓누릅니다. 그는 자신의 행동 속에서 작은 희망과 위로를 찾고자 합니다. 그러나 율법의 철퇴가 떨어져 그의 모든 행동들을 산산조각으로 깨뜨립니다. 그는 무관심과 게으름의 침상 위에서 쉴 것을 생각합니다. 그러면 율법이 앞으로 나와 그를 기둥에 묶고 있는 힘을 다해 채찍으로 때리기 시작합니다. 그의 심장이 다시금 피를 흘릴 때까지 말입니다. 그러면 양심이 소금물을 가지고 나와 그의 상처에 붓습니다. 그러면 그는 극도의 고통으로 괴로움을 겪습니다. 마치 그의 침상이 못과 가시로 만들어진 침상이 된 것처럼 말입니다. 이러한 우레 부대가 항상 구원에 선행(先行)합니다. 모든 사람은 회심하기 전에 많든 적든 두려움을 느껴야만 합니다. 어떤 사람은 적게 느끼고, 어떤 사람은 많이 느낍니다. 그렇지만 어쨌든 그의 영혼은 이와 같은 두려운 율법의 역사(役事)를 반드시 겪어야만 합니다.

아, 우레 부대여! 그대들은 지나갔도다! 우리의 귀에 아직도 그들의 나팔소리가 들립니다. 그리고 점점 더 희미해져가는 그 소리는 여전히 우리를 소름끼치게 만듭니다. 형제들이여, 우리는 우레부대가 우리 집에 그리고 우리 마음에 있었던 그 두려운 날들을 기억할 수 있습니다. 그렇지만 그들은 지나갔습니다. 그러면 우리는 그들 뒤에서 무엇을 봅니까? 그들 뒤에 상한 마음이 따릅니다. 그것을 보십시오. 그리고 그것을 멸시하지 마십시오. 하나님은 결코 그것을 멸시하지 않습니다. "하나님이여 상하고 통회하는 마음을 주께서 멸시하지 아니하시리이다"(시 51:17). 나는 그 마음이 어떻게 상하게 되었는지 압니다. 그것은 바로 그 중심이 찢어졌습니다. 그것은 눈물로 목욕을 했습니다. 그것은 고통으로 압도되었습니다. 그것의 처참한 모습을 보십시오. 그것은 지금 자랑하며 뽐내지 않습니다. 지금 그것이 회개하는 것을 보십시오. 지금 그것은 전에 사랑했던 죄들을 이제는 미워합니다. 그것은 지금 자기구원에 대해 말하지 않습니다. 상한 마음이 상한 언어로 말하는 말을 들어 보십시오. "주여, 죄인에게 긍휼을 베푸소서!" 앞으로 나오십시오. 그리고 이러한 상한 마음을 보기를 두려워하지 마십시오. 그것은 지금 너무나 달콤한 향기를 발합니다. 하나님이 인정하시는 희생제물의 거룩한 냄새가 그것으로부터 올라옵니다. 그것이 말하는 것을 다시 들어보십시오. "주여 구원하소서, 그렇지 않으면 내가 망할 것이나이다!" 이러한 가련한 상한 마음이 세상에 있을 때 "아, 안 돼! 아, 제발!" 하면서 안타깝게 부르짖는 소리를 들어 보십시오. 그러다가 마침내 그것은 자기의 모든 마음을 하나님 앞에 쏟아놓으며 이렇게 부르짖습니다.

> "주여! 처음부터 마지막까지
> 나는 부정하며 죄로 가득하나이다.
> 나의 마음은 거짓과 속임으로 가득하나이다."

아, 나의 영혼을 예수의 피로 씻어주소서! 나의 모든 죄를 사하소서! 그러면 내가 영원히 당신의 종이 될 것이나이다!

사랑하는 형제들이여, 이러한 상한 마음이 여러분의 집에 들어온 적이 있습니까? 지금 나는 명백한 하나님의 진리를 말하고 있습니다. 만일 이러한 상한 마음이 여러분의 가슴 안으로 들어오지 않았다면, 여러분은 결코 그리스도에게 참여하는 자가 될 수 없습니다. 여러분의 마음은 먼저 죄를 깨닫고 율법의 철퇴로 얻어맞아야만 합니다. 그렇지 않으면 그것은 결코 위로자의 충만한 신적 은혜를 받을 수 없습니다. 지금 당신은 상한 마음을 가지고 있습니까? 이 시간 당신의 마음은 슬픕니까? 그렇다면, 기뻐하며 즐거워하십시오. 구원이 바로 뒤에 따라오고 있습니다. 상한 마음 바로 뒤에 긍휼이 있습니다. 상한 마음은 치유의 전주곡입니다. 죽은 자는 온전하게 될 것이며, 상처를 입은 자는 싸매어질 것이며, 맞은 자는 치료될 것입니다. 하나님은 사랑으로 여러분을 바라보고 계시며, 여러분에게 긍휼을 베푸실 것입니다.

그러면 상한 마음 뒤에 누가 따르고 있습니까? 그것은 비단 부대인데, 이들은 다른 병사들과 너무나 다릅니다. 그들은 철로 만든 갑옷을 입지 않았으며, 머리에 투구를 쓰지 않았습니다. 그들의 얼굴은 기쁨과 웃음으로 가득합니다. 그들의 손에는 어떤 무기도 들려 있지 않습니다. 그들은 우레 같은 말을 발하지 않습니다. 그들은 온유와 긍휼로 가득한 말을 하며, 사람들에게 축복을 나누어 줍니다. 이러한 비단 부대가 누구인지 말해줄까요? 그들은 사람의 마음을 취하여 먼저 그것을 피로 씻습니다. 그리고 그 위에다가 속죄의 거룩한 피를 뿌립니다. 우리 주 예수 그리스도의 보혈의 첫 방울이 떨어질 때, 상한 마음은 다시 소생됩니다. 이와 같이 상한 마음은 먼저 피로 씻겨진 연후에 또다시 다른 병사에 의해 물로 씻겨집니다. 왜냐하면 구주의 심장으로부터 물과 피가 함께 흘러나오기 때문입니다.

> "주의 찢어진 옆구리로부터
> 흘러나온 물과 피로 말미암아
> 죄가 갑절로 치유될 것이나이다.
> 주여, 나를 죄의 권능으로부터 씻기소서."

아, 이것은 얼마나 놀라운 씻음입니까! 한때 숯처럼 검었던 마음은 이제 레바논의 눈처럼 하얗게 되었습니다. 구주의 피와 물로 목욕하고 난 후 이제 상한 마음은 얼마나 정결하게 되었습니까! 게달의 장막처럼 검었던 것이 이제 솔로몬의 휘장처럼 하얗게 되었습니다. 이어 가련한 상한 마음의 상처 위에 기름과 포도주를 붓는 자들이 따릅니다. 그리하여 전에 어디에서 맞아 상처를 입었든지 간에 이제 그것은 기쁨으로 노래하기 시작합니다. 보배로운 약속의 거룩한 기름과 포도주가 모든 상처 위에 부어집니다. 이어 부드러운 손으로 약속의 거룩한 물약을 바르면서 상한 마음의 상처를 싸매는 자들이 따릅니다. 그렇게 하여 마음 전체가 기쁨으로 노래합니다. 왜냐하면 하나님이 자신의 약속에 따라 그 힘을 회복시키고 그 모든 상처를 싸매셨기 때문입니다. "여호와께서 상심한 자들을 고치시며 그들의 상처를 싸매시는도다"(시 147:3). 이어 왕의 예복을 맡은 자들이 따릅니다. 그들은 머리부터 발끝까지 영혼을 왕의 값진 예복으로 치장합니다. 그들은 영광의 광채로 꾸밀 수 있는 모든 것으로 그 영혼에게 옷을 입힙니다. 마치 하나님의 보좌 앞에 있는 영들처럼 말입니다. 이어 왕의 보석을 맡은 자들이 따릅니다. 그들은 각종 보석과 장신구로 영혼을 치장합니다. 탕자의 아버지가 종들에게 "제일 좋은 옷을 내어다가 입히고 손에 가락지를 끼우고 발에 신을 신기라"(눅 15:22)고 명령한 것처럼 말입니다. 이러한 비단 부대가 여러분의 집에 온 적이 있습니까? 물론 이것은 알레고리입니다. 그렇지만 이것은 이 모든 것을 이해하는 자들에게 너무도 명백합니다. 죄인이여, 그리스도의 피가 당신에게 적용되었습니까?

> "당신은 볼 수 있는가?
> 그의 구속의 피가 흐르는 것을.

거룩한 확증과 함께
그는 당신을 하나님과 화목하게 하셨도다."

이 시간 당신은 당신의 손을 주 예수 그리스도에게 뻗습니까? 당신은 당신의 죄를 고백하고 그가 당신을 대신하여 형벌을 당하셨음을 믿습니까? 정말로 믿습니까? 그렇다면 진실로 구원은 당신의 것입니다. 또 당신의 마음은 물로 씻음을 받았습니까? 당신은 죄를 미워합니까? 당신의 죄책은 모두 도말되었습니까? 당신에게 이제 죄의 권능은 베임을 당했습니까? 그리하여 이제 당신은 죄의 길을 미워하며 악인의 길을 싫어합니까? 그렇다면 당신은 천국의 상속자입니다. 가련한 죄인이여, 당신은 예수의 의의 옷으로 치장되었습니까? 당신은 사랑하는 자 안에서 받아들여질 것을 기쁨으로 바랄 수 있습니까? 그렇다면 당신은 전심으로 이렇게 노래할 수 있습니다.

"예수여, 당신의 피와 당신의 의가
나의 영광의 옷이며 나의 아름다움이나이다.
이러한 옷으로 치장하고
나는 기쁨으로 머리를 들 것이나이다.

마지막 날 나는 담대하게 설 것이라.
누가 감히 나를 참소할 것인가?
죄의 끔찍한 저주와 수치로부터
나는 그로 말미암아 온전히 사함받았도다."

그렇지만 아직까지 우리는 구원의 충분한 확신까지는 이르지 못했습니다. 비단 부대가 지나갔습니다. 그들의 깃발이 여전히 바람에 휘날리고 있으며, 그들의 약속의 나팔들은 여전히 아름다운 소리를 내고 있습니다. 그러면 다음에는 무엇이 옵니까? 이제 구원의 실제적인 수행원들이 옵니다. 그들은 구원 바로 앞에서 열을 지어 행진하고 있습니다. 그들은 네 명으로서, 겸손과 회개와 기도와 온유한 양심이라 불리는 자들입니다. 구원의 충분한 확신 바로 앞에서 겸손이 행진하고 있습니다. 그는 풀이 죽은 표정을 짓고 있습니다. 그는 슬프지 않지만 그러나 들뜬 표정을 짓고 있지는 않습니다. 그는 감히 눈을 들어 하나님의 영광의 보좌를 올려다보지 못합니다. 대부분의 경우 그는 아래쪽을 내려다봅니다. 자신의 예전의 신분과 죄로 얼룩진 과거의 삶을 생각하면서 말입니다. 그는 하나님이 자신을 위해 행하신 것을 자랑하지 않습니다. 그는 자신이 빠져 있었던 진흙구덩이를 바라봅니다. 그는 구주의 피로 씻겨졌음을 압니다. 그렇지만 그는 씻음 받기 전에 자신이 얼마나 더러웠는지를 생각합니다. 지금의 은혜로 기뻐하면서도, 그는 예전의 삶을 되돌아보며 탄식합니다. 그는 자신의 약함을 느낍니다. 그는 감히 스스로 서지 못하고, 사랑하는 주님의 품에 기댑니다. 왜냐하면 주님이 계속해서 붙잡아주지 않으면 자신은 곧 넘어지게 될 것을 알기 때문입니다. 그리고 그와 나란히 그의 형제인 회개가 행진하고 있습니다. 그는 왕 앞에서 먼지가 일어나지 않도록 땅에다가 자신의 눈물을 뿌립니다. 그는 어디를 가든 눈물을 흘립니다. 만일 여러분이 그에게 왜 우느냐고 묻는다면, 그는 지옥에 대한 두려움 때문에 우는 것이 아니라고 대답할 것입니다. 왜냐하면 지옥은 이미 지나갔기 때문입니다. 그는 여러분에게 저 앞에 있는 비단 부대가 자신의 모든 두려움을 없애 주었다고 말합니다. 그가 눈물을 흘리는 것은 그가 그를 그토록 사랑했던 주님을 괴롭혔기 때문입니다. 그는 가슴을 치며 이렇게 부르짖습니다.

> "아, 나의 죄들이, 나의 잔인한 죄들이
> 그를 괴롭게 만들었도다.
> 각각의 죄들이 그의 손과 발에 박힌 못이 되었으며,
> 나의 불신앙이 그의 옆구리를 찌르는 창이 되었도다."

여러분이 그의 구원에 대해 더 많이 말할수록 그는 더 많은 눈물을 흘립니다. 도대체 어떻게 자신이 그와 같은 구주에게 대적할 수 있었는지 생각하면서 말입니다. 그는 자신의 죄가 도말된 것을 확신합니다. 그는 주님이 자신을 용서해 주셨음을 압니다. 그러나 그는 스스로를 결코 용서하지 않을 것입니다. 그리고 회개 바로 옆에서 기도라 불리는 병사가 행진하고 있습니다. 그는 제사장입니다. 그는 향기로 가득한 향로를 흔들면서 행진하고 있습니다. 왕을 위해 길을 예비하기 위해서 말입니다. 그가 행진하는 곳마다 아름다운 향기가 퍼집니다. 기도는 하나님을 부르기 위해 한밤중에 일어납니다. 그는 떠오르는 해에게 인사합

니다. 그의 마음을 여호와께 올려드리기 위해서 말입니다. 그리고 해가 완전히 떴을 때, 기도는 자신의 수레바퀴가 지평선 뒤에 숨겨지도록 내버려 두지 않을 것입니다. 자신의 수레에 간구를 실을 때까지 말입니다. 구원 바로 앞에서 행진하는 네 명의 병사들 가운데 마지막 병사는 온유한 양심입니다. 온유한 양심은 걸음을 새로 내딛기를 두려워합니다. 혹시 잘못된 곳으로 발을 내디딜까 염려하여 말입니다. 어떤 사람들은 온유한 양심을 경멸합니다. 그러나 그는 왕의 마음에 사랑스러운 자입니다. 나의 형제들이여, 나는 여러분과 내가 그에 대해 더 많은 것을 알기를 바랍니다. 나는 종종 양심의 온유함을 느끼곤 했습니다. 그리고 나는 또다시 그것을 느낄 수 있기를 바랍니다. 어떤 행동을 하기에 앞서 우리는 과연 그것이 적법한 행동인지 생각합니다. 그리고 설령 적법한 행동이라 할지라도, 우리는 또다시 그것이 과연 효과적인 것인지 따져 봅니다. 그렇지만 그것이 적법하며 또 효과적이라 할지라도 만일 그것이 우리 하나님께 합당한 것이라고 생각되지 않는다면 우리는 그 일을 행하지 않을 것입니다. 우리는 거짓된 것을 믿지 않기 위해서 모든 교리들을 주의 깊게 공부합니다. 또 우리는 우상 숭배를 행하지 않도록 모든 규례들을 세심하게 살핍니다. 온유한 양심이 우리와 함께 할 때, 우리는 얼마나 행복합니까! 자, 사랑하는 친구들이여! 여러분은 이와 같은 네 명의 병사들에 대해 압니까? 겸손이 여러분에게 왔습니까? 그가 여러분의 교만을 꺾고 여러분으로 하여금 하나님 앞에서 재를 뒤집어쓰도록 가르쳤습니까? 또 회개가 여러분의 마음에 눈물을 뿌렸습니까? 여러분은 여러분의 죄로 인해 은밀하게 눈물을 흘리며 애곡했습니까? 또 기도가 여러분의 영에 들어왔습니까? 기도 없는 영혼은 그리스도 없는 영혼이라는 사실을 기억하십시오! 여러분은 기도하는 법을 배웠습니까? 앵무새처럼 따라 하는 기도가 아니라 마음으로 하는 기도 말입니다. 그리고 마지막으로, 여러분은 온유한 양심을 가지고 있습니까? 만일 여러분의 양심이 온유해지지 않았다면, 여러분은 아직 구원을 만나지 못한 것입니다. 왜냐하면 온유한 양심은 구원 바로 앞에서 행진하는 수행원이기 때문입니다.

### 3. 셋째로, 이제 구원이 그 모든 충만 가운데 옵니다.

지금까지 우리는 구원 앞에서 행진하는 병사들을 살펴보았습니다. 제일 앞에서 행진하는 선택으로부터 방금 이야기한 네 명의 수행원들에 이르기까지 말입니다. 이것은 얼마나 멋진 행렬입니까! 하늘의 천사들도 사람들의 마음에 구원을 선포하는 이러한 긴 행렬을 경탄하며 내려다봅니다. 이제 마침내 화려한 보화로 치장한 궤가 나아옵니다. 그것은 거룩한 솜씨로 만들어진 궤입니다. 그것은 망치와 끌로 만들어지지 않았습니다. 그것은 영원한 빛의 도구로 짜여지고, 영원한 지혜의 틀에 부어져 만들어졌습니다. 어떤 사람의 손도 그것을 더럽히지 않았습니다. 그것은 말할 수 없이 화려한 보화로 치장되었습니다. 그것은 천지를 주고도 살 수 없는 구원입니다. 아, 지금 나의 눈에 항상 그 옆에서 그 궤를 관리하도록 맡은 세 명의 자매들이 보입니다. 여러분은 그들을 압니다. 그들의 이름은 성경 속에 자주 등장하는 믿음과 소망과 사랑입니다. 그들의 마음속에 구원이 있으며, 그들이 구원의 궤를 끌고 있습니다. 믿음은 그리스도를 붙잡으며, 그 안에서 모든 것을 신뢰합니다. 그녀는 그리스도의 피와 그의 희생제사만을 신뢰하며, 그 외에는 어떤 것도 신뢰하지 않습니다. 소망은 빛나는 눈으로 영광 가운데 계신 예수 그리스도를 바라보며, 그가 곧 다시 오실 것을 기다립니다. 또한 그녀는 자신의 방식으로 싸늘한 사망을 내려다봅니다. 그러면서 그녀는 승리와 함께 사망이 지나갈 것을 기대합니다. 그리고 거기에 세 자매 가운데 가장 아름다운 사랑이 있습니다. 그녀의 목소리는 음악과 같으며, 그녀의 눈은 별과 같습니다. 그녀 역시도 그리스도를 바라보며, 그리스도에게 매혹됩니다. 그녀는 그리스도를 사랑하며, 그의 임재를 사모하며, 그의 말씀을 청종하며, 기꺼이 자신의 몸을 화형대에 묶어 죽을 준비가 되어 있습니다. 그녀를 위해 자신의 몸을 십자가에 묶어 죽으신 자를 위해 말입니다. 아름다운 사랑이여! 하나님이 그대를 택하여 그대에게 거룩한 일을 맡기셨도다! 죄인이여, 당신은 믿음 소망 사랑, 이 세 가지를 가지고 있습니까? 당신은 예수가 하나님의 아들임을 믿습니까? 당신은 그의 공로로 말미암아 기쁨으로 창조자의 얼굴을 볼 것을 소망합니까? 당신은 그를 사랑합니까? 자, 한 마디씩 나를 따라 해 보십시오!

> "예수여! 나는 당신의 아름다운 이름을 사랑하나이다.
> 그것은 내 귀에 달콤한 음악이나이다.
> 기쁨으로 내가 그 이름을 크게 부르리이다.
> 하늘과 땅이 모두 들을 수 있도록.

당신은 나의 영혼에 너무나 보배롭나이다.
당신은 나의 황홀한 기쁨이나이다.
당신에게 보석은 장난감에 불과하며
황금은 티끌에 불과하나이다."

당신은 믿음과 소망과 사랑의 세 가지 은혜를 가지고 있습니까? 그렇다면, 당신은 구원을 가진 것입니다. 그러면 당신은 가장 큰 부자요 가장 행복한 자입니다. 왜냐하면 하나님이 언약 안에서 당신의 것이기 때문입니다. 앞을 보십시오. 선택이 당신의 것입니다. 예정과 주권적 섭리가 모두 당신의 것입니다. 율법의 두려운 것들이 모두 지나갔음을 기억하십시오. 상한 마음이 애곡하고 있지만, 그러나 당신은 이미 하늘의 위로를 받았습니다. 영적인 은혜들은 이미 싹이 났습니다. 당신은 영원한 생명의 상속자이며, 당신을 위해 영광스러운 미래가 준비되어 있습니다. 이런 것들이 "구원의 긴 행렬"을 이루고 있습니다.

**4. 마지막으로, 이제 구원의 뒤에서 따르는 병사들을 살펴보도록 합시다.**

구원을 중심으로 앞장서서 가는 선봉부대가 있는 것처럼 또한 뒤에서 따르는 병사들도 있습니다. 자, 구원의 긴 행렬을 보십시오. 구원 바로 앞에서 행진했던 자들이 있었습니다. 여러분은 그들의 이름을 기억합니다. 그들은 겸손과 회개와 기도와 온유한 양심이었습니다. 그와 마찬가지로 또한 구원 뒤에서 따르는 네 명이 있습니다. 첫째는 감사입니다. 그는 항상 이렇게 노래합니다. "내 영혼아 여호와를 송축하라 내 속에 있는 것들아 다 그의 거룩한 이름을 송축하라"(시 103:1). 그리고 나서 감사는 자기 아들의 손을 붙잡습니다. 그 아들의 이름은 순종입니다. 그는 이렇게 말합니다. "나의 주여, 주는 나를 위해 큰 일을 행하셨나이다. 내가 주께 순종할 것이나이다."

"나로 주의 명령 가운데 달려가도록 도우소서.
그 길은 즐거운 길이나이다.
마음으로도, 손으로도, 발로도,
나의 하나님을 거스르지 말게 하소서."

그들과 함께 성별(聖別)이라 불리는 자가 있습니다. 그는 세속적인 마음을 갖지 않은 순전한 영입니다. 머리부터 발끝까지 그는 정금같이 순전합니다. 그가 말하는 것을 들어 보십시오.

> "나의 모든 것과 내가 가진 모든 것은
>  영원히 주의 것이나이다.
>  주께서 바치라고 말씀하실 때,
>  나의 손은 즐겁게 순종하나이다.
>
>  설령 조금 남길 수 있다 하더라도,
>  그리고 주님이 책하지 않으신다 하더라도,
>  나의 사랑하는 주님께
>  나는 모든 것을 드릴 것이나이다."

그리고 마지막으로, 고요한 얼굴을 가진 지식이 있습니다. "그러므로 우리가 여호와를 알자 힘써 여호와를 알자"(호 6:3). 구원받은 사람들은 신비(神秘)를 깨닫습니다. 그들은 그리스도의 사랑을 압니다. 그들은 "그를 아는 것이 영생"인 자를 압니다.

자, 여러분은 이러한 네 가지 은혜를 가지고 있습니까? 이러한 네 명의 병사들은 구원 앞에서 간다기보다 그 뒤에서 따르는 자들입니다. 신자는 "아, 나는 감사와 순종과 성별과 지식을 가지고 있음을 믿습니다!"라고 말할 수 있습니다. 여러분을 지루하게 만들고 싶지는 않지만, 어쨌든 나는 이러한 네 명의 병사들에 뒤이어 또 다른 세 명의 병사들이 따른다는 사실을 말해야만 합니다.

첫째는 열심입니다. 그는 불꽃같은 눈과 화염같은 마음과 불타는 혀를 가지고 있습니다. 그의 손은 결코 지치지 않으며, 그의 사지는 결코 피곤함을 알지 못합니다. 열심은 번개보다 더 빠른 날개로 세상을 날아다닙니다. 그러면서도 자신이 바라는 것을 위해서는 아주 천천히 날갯짓을 합니다. 그는 항상 순종할 준비가 되어 있으며, 스스로를 그리스도께 맡깁니다. 또 이러한 열심 옆에서 교제라고 불리는 자가 행진합니다. 교제는 전체 행렬 가운데 가장 멋진 자입니다. 가장 정결한 천사의 모습과 가장 비슷한 것이 바로 교제입니다. 교제는 은밀하게 자신의 하나님을 부릅니다. 또 그의 하나님은 은밀하게 그를 바라봅니다. 그는 예수의 형상과 같아집니다. 그는 예수의 발자취를 따라 행하며, 자신의 머리를 영원히 예수의 품에 누입니다. 그리고 교제의 필연적인 결과가 기쁨입니다. 성령 안에서의 기쁨 말입니다. 기쁨은 세상의 환락이 가져다주는 어떤 것보다도 더 빛나는 눈을 가지고 있습니다. 기쁨은 슬픔의 험한 골짜기를 가벼운 발걸음으로 노래하면서 즐겁게 걸어갑니다. 기쁨은 나이팅게일처럼 어둠 속에서 노래합니다. 그는 폭풍 속에서도 하나님을 찬미할 수 있으며, 풍랑 속에서도 즐겁게 노래할 수 있습니다. 기쁨은 구원의 뒤를 따르는 것으로서 얼마나 적합하며 합당합니까! 이러한 세 가지를 잊지 마십시오. 열심과 교제와 기쁨 ― 이 모두는 구원 이후에 성령께서 맺으시는 복된 열매들입니다.

　　이제 긴 행렬의 거의 마지막에 다다랐습니다. 기쁨에 뒤이어 인내가 따르며, 그 뒤에 완전한 성화(聖化)가 따릅니다. 완전한 성화로 말미암아 영혼은 모든 죄로부터 정결하게 되며, 하나님 자신처럼 희고 깨끗해집니다. 전체 행렬을 다시 한 번 생각해 보십시오. 제일 앞에 있는 선봉부대가 있었습니다. 그들은 너무나 멀리 떨어져 있음으로 인해 우리가 볼 수 없었습니다. 그와 마찬가지로 제일 뒤에 있는 병사도 너무나 멀리 떨어져 있음으로 인해 우리가 볼 수 없습니다. 그는 오직 믿음의 눈으로만 볼 수 있을 뿐입니다. 지금까지 우리는 제일 앞에 있는 선택으로부터 시작하여 완전한 성화에 이르기까지 긴 행렬을 살펴보았습니다. 들어 보십시오! 은 나팔 소리가 들리지 않습니까? 이 얼마나 멋진 행렬입니까! 제일 뒤에 있는 영원한 성화라는 이름의 병사가 이미 우리의 죄를 제거한 위대한 영웅들의 발자국을 따라 오고 있습니다. 여러분은 저 앞에 사람들이 해골로 묘사하는 자가 있는 것을 보지 못합니까? 그를 보십시오. 그가 누구입니까? 그는 다름 아닌 사망입니다. 아, 사망이여! 나는 그대를 아노라! 불행하게도 많은 사람들이 그대를 잘못 이해했도다. 그대는 더 이상 두려운 존재가 아니로다. 그대의 손에는 창이 들려 있지 않도다. 그대는 더 이상 끔찍한 존재도 아니며, 두려운 존재도 아니로다. 아, 사망이여! 나는 그대를 아노라! 그대는 찬란하게 빛나는 그룹(cherub)이로다. 그대의 손에는 창이 아니라 낙원의 문을 여는 황금열쇠가 들려 있도다. 그대는 보기에 아름답도다. 그대의 날개는 은과 금으로 덮인 비둘기의 날개와 같도다. 사망이라는 이름의 천사와 그의 뒤를 잇는 부활을 보십시오.

　　지금 나는 제일 뒤에 세 명의 빛나는 병사들이 오고 있는 것을 봅니다. 하나는 확신이라 불리는 병사입니다. 그를 보십시오. 그는 사망을 바라보지만, 그러나 그의 눈에는 어떤 두려움도 없으며 그의 얼굴은 조금도 창백해지지 않습니다. 거룩한 확신이 당당한 발걸음으로 행진하는 것을 보십시오. 사망의 싸늘한 냉기는 확신의 피를 얼게 하지 못합니다. 그 뒤에 그의 형제 승리를 보십시오. 그가 외치는 소리를 들어 보십시오. "사망아 너의 쏘는 것이 어디 있느냐? 무덤아 너의 승리가 어디 있느냐?" 마지막 병사인 "승리"는 천사들의 함성에 파묻힙니다. 이들이 마지막 후미(後尾)를 장식하며, 천사들이 구속받은 영들을 구주의 품 안으로 데려갑니다.

"죄와 슬픔의 세상을 떠나
영원히 하나님과 함께 하는 자들은
가장 복되고 또 복된 백성들이라."

그리고 마지막으로 영원한 찬미가 따릅니다. "만왕의 왕이요 만주의 주를 찬미하라. 그가 승리를 얻으셨도다. 할렐루야! 할렐루야! 할렐루야!" 구원의 긴 행렬로 인해 "할렐루야!" 찬미가 영원무궁토록 울려퍼집니다. 아멘.

제
14
장

—

# 먼저는 의의 왕이요
# 그 다음은 살렘 왕

—

"먼저는 의의 왕이요 그 다음은 살렘 왕이니
곧 평강의 왕이요." ─히 7:2

　　오늘 우리는 멜기세덱의 이야기를 장황하게 확대하지 않을 것입니다. 또 그
가 누구였는지에 대해서도 논의하지 않을 것입니다. 다만 그가 원시적인 방식대
로 하나님을 예배했던 자였다고 믿는 것으로 충분할 것입니다. 그는 우스 땅에
살았던 욥과 같은 사람으로서, 지극히 높으신 하나님에 대한 신실한 믿음을 지
켰던 세상의 흐릿한 선조들 가운데 한 사람이었습니다. 그는 왕직과 제사장직을
동시에 가진 사람이었는데, 그것은 고대 시대에 결코 특이한 일이 아니었습니
다. 이 사람에 대해 우리는 아주 조금밖에는 알지 못합니다. 그리고 조금 아는 것
조차도 매우 제한적이며 부분적인 지식밖에는 되지 못합니다. 어쨌든 우리는 그
에 대해 "누가 그의 세대를 말하리요?"라고 말할 수밖에 없습니다(행 8:33). 이와
같이 멜기세덱을 둘러싸고 있는 신비(神秘)는 우리 주님의 인격의 신비를 암시
합니다. "아버지도 없고 어머니도 없고 족보도 없고 시작한 날도 없고 생명의 끝
도 없어 하나님의 아들과 닮아서 항상 제사장으로 있느니라 이 사람이 얼마나
높은가를 생각해 보라 조상 아브라함도 노략물 중 십분의 일을 그에게 주었느니
라"(3, 4절).

멜기세덱은 이중적으로 왕을 나타냅니다. 첫째로는 그의 이름으로서 왕을 나타내며, 둘째로는 그의 직위로서 그러합니다. 먼저 그의 이름인 멜기세덱을 해석하면 "의의 왕"이 됩니다. 즉 그의 개인적인 이름의 뜻이 "의의 왕"입니다. 다음으로 그는 실제로 살렘이라 불리는 도시의 왕이었습니다. 그 도시가 예루살렘이었던 것 같지는 않습니다. 그럴 가능성이 조금 있기는 하지만 말입니다. 어쨌든 그의 공적인 직위인 "살렘 왕"을 해석하면 "평강의 왕"이 됩니다. 나는 성령께서 이러한 이름들을 통해 무엇인가를 가르치고자 의도하셨다고 믿습니다. 나는 성경의 축자적 영감을 믿습니다. 따라서 나는 심지어 사람의 이름이나 혹은 장소의 이름 속에도 특별한 교훈이 담겨 있을 수 있음을 믿습니다. 축자적 영감을 받아들이지 않는 자들은 사실상 바울 사도를 반대하는 셈입니다. 왜냐하면 바울은 하나님의 말씀에 기초하여 교훈을 베푸는 가운데 너무나 자주 세세한 단어들과 심지어 이름들까지도 매우 중시하기 때문입니다. 그런데 우리는 그 모든 일이 하나님의 영의 인도하심 가운데 이루어진 것이며, 따라서 그 모든 일은 정당하며 합당한 일이라는 사실을 기억해야 합니다. 우리는 성경의 어떤 부분도 사소한 것이라 하여 경시해서는 안 됩니다.

이 사람의 이름은 "의의 왕"으로 해석되는 "멜기-세덱"입니다. 이 부분에서 그는 "그 이름과 인격이 오직 해석에 의해서만 우리에게 올 수 있는" 우리 주님과 같습니다. 그가 누구며 어떤 사람인지에 대해, 어느 누구도 말할 수 없습니다. 이와 같이 어느 누구도 예수가 누군지에 대해 충분하게 묘사할 수 없습니다. 그는 왕입니다. 그러나 그의 주권을 설명하기에 "왕"이라는 단어는 너무나 초라한 단어입니다. 그는 통치합니다. 그러나 그의 왕권을 설명하기에 "통치"라는 단어는 너무나 빈약합니다. 그는 의의 왕이라 불립니다. 그러나 그러한 호칭은 그의 특성을 우리의 낮은 이해력에 맞게 조정한 것입니다. 성경은 얼마든지 그를 "거룩의 왕"이라고 부를 수도 있었습니다. 왜냐하면 그는 "거룩 가운데 영광스럽기" 때문입니다. 이와 같이 그의 특성은 "의"라는 하나의 단어로 모두 포괄되지 않습니다. 그것은 단지 하나의 해석일 뿐입니다. 이와 같이 하나님의 아들의 완전한 특성은 인간의 언어로 충분하게 표현될 수 없습니다. 실제로 우리의 지적 능력이 최고의 수준까지 올라간다 하더라도, 그것은 결코 우리 주님의 영원과 그의 나라의 영광에까지는 도달할 수 없습니다. 하나님이면서 동시에 사람으로서의 그의 공의로운 성품과 사랑의 마음은 여전히 우리의 이해의 범위를 훨씬 초월합

니다. 그렇지만 그의 많은 것들이 해석을 통해 우리의 이해의 범위 안으로 들어
옵니다. 그는 왕이며, 의로운 왕입니다. 그렇습니다. 그는 의의 왕이며, 공평의
나라의 통치자이며, 선하며 거룩한 모든 것의 최고의 주권자입니다. 그것이 그
의 이름과 그의 본성 안에 싸여 있습니다. 그는 의(義)이며, 모든 의로운 것들이
그의 나라의 홀(笏) 아래 모입니다.

　계속해서 살렘이라는 단어를 주목해 보십시오. 그것은 "평강"을 의미하는 단
어로서, 사람보다도 장소와 관련됩니다. 여러분이 알다시피, 우리 주님은 본질
적으로 의(義)입니다. 그는 의로운 자이며, 의의 왕입니다. 그러나 동시에 그는
그가 선택한 장소와 그가 자기에게로 이끈 백성들에게 평강을 주시고, 베푸시
고, 두시고, 부으십니다. 그럼으로써 그의 평강의 나라는 그를 그의 구속받은 자
들 즉 그가 하나님의 평강을 준 자들과 연결시킵니다.

　본문 가운데 "먼저는 의의 왕"(First, King of righteousness)이라는 표현을 주
목해 보십시오. 여기에서 "먼저"(first) 혹은 "처음"이 얼마나 일찍을 의미하는지
나는 알지 못합니다. "시작에 말씀이 계시니라"(요 1:1, In the beginning was the
Word, 한글개역개정판에는 "태초에 말씀이 계시니라"로 되어 있음). 그렇지만 여기의 "시
작"(beginning)이 언제를 말하는 것인지 도대체 누가 알 수 있단 말입니까? 실제
로 그는 "시작"이 없는 자가 아닙니까? 아, 하나님의 아들이여! 처음에 그리고 영
원부터 당신은 하나님이시나이다! 그는 "처음에 의의 왕"이었습니다. 그리고 "나
중에" 즉 사람들이 타락함으로써 불화와 다툼이 일어났을 때, 그는 모든 불행을
치유하는 "평강의 왕"이 되기 위해 오셨습니다. 그는 신적 대사(神的 大使)로서,
그리고 우리의 평강과 화평하게 하는 자로서 오십니다. 그는 여기로 오십니다.
그는 그의 살렘의 한가운데로 오십니다. 그는 그의 백성들의 한가운데로 오십니
다. 그리고 그는 지금 우리에게 평강의 환상(vision of peace)을 주시고, 그 자신
안에서 완전한 평강이 확실하게 완성될 것을 신자들 앞에서 나타내십니다.

　오늘 말씀의 제목은 "먼저는 의의 왕이요 그 다음은 살렘 왕"입니다. 여기에
서 둘의 순서를 유념하십시오. 먼저 "의"가 오고, 다음에 그것에 근거하여 "평강"
이 옵니다. 평강은 의에 근거합니다. 왜냐하면 의에 기초하지 않고는 어떤 평강
도 있을 수 없기 때문입니다. 또 의가 있을 때, 그것으로부터 필연적으로 평강이
따릅니다. 의는 평강에 필수불가결합니다. 만일 전자가 없다면, 후자 역시도 있
을 수 없습니다. 만일 의와 무관한 평강이 있을 수 있다면, 그것은 어둡고 음침하

며 두려우며 사망으로 이끄는 평강입니다. 그런 평강은 전쟁이 가져다줄 수 있는 것보다 더 무서운 참화로 귀결되는 거짓 평강입니다. 거짓 평강은 마땅히 깨어져야 합니다. 더 나은 평강이 영원하며 참된 기초 위에 세워질 수 있도록 말입니다.

오늘 나는 여러분에게 두 가지를 간청하고자 합니다. 첫째는 왕을 찬미하라는 것이고, 둘째는 왕을 향유하라는 것입니다. 이 시간 우리 함께 거룩한 즐거움으로 "의의 왕이요 평강의 왕"으로서의 그의 이름과 그의 특성의 충분한 의미 안으로 들어가 봅시다.

### 1. 첫째로, 이러한 왕을 찬미하십시오.

먼저 여기의 멜기세덱은 모형적으로 하나님과 비슷한 왕이었습니다. 그는 신적 원형(divine model)을 따릅니다. 그는 지극히 높은 하나님의 제사장이며, 지극히 높은 하나님과 비슷합니다. 왜냐하면 주 여호와 자신이 "먼저는 의의 왕이요 그 다음은 평강의 왕"이기 때문입니다. 위대한 창조자는 우리의 첫 조상들이 반역을 행하고 하나님의 부르심을 피하기 위해 나무 사이에 숨었던 그 슬픈 시간에 에덴 동산에 들어오셔서 그들의 허물을 추궁하셨습니다. 그들이 자신들의 죄책을 의식하며 하나님 앞에서 두려워 떨며 서 있었을 때, 그들은 하나님을 자신들의 왕과 심판자로서 인식했습니다. 그 때 하나님은 그들에게 평강의 왕이 아니었습니다. 먼저는 그들에게 의의 왕이었습니다. 하나님은 뱀에게 판결을 선언하고, 계속해서 여자에게, 그리고 남자에게 그렇게 하셨습니다. 하나님은 평강의 말씀을 하기에 앞서 먼저 공의를 세우셨습니다. 그렇습니다. 하나님은 먼저 판결을 선언하시고, 그 다음에 여자의 후손이 뱀의 머리를 상하게 할 것이라는 평강의 말씀을 하셨습니다. 그리고 나서 희생제물을 죽이는 일이 벌어졌습니다. 왜냐하면 주 하나님이 그들에게 가죽옷을 만들어 주셨기 때문입니다. 그것은 의심의 여지 없이 희생제물로 죽은 동물의 가죽이었을 것입니다. 이것으로 그들은 그들의 수치를 가렸습니다. 범죄한 인간들을 다루시면서, 하나님은 오늘 본문의 합당한 순서를 지키셨습니다. 하나님은 먼저 의(義)로부터 시작하셨으며, 그 다음에 평강으로 가셨습니다. 에덴 동산에서 긍휼과 평강의 섭리가 시작되었지만, 그러나 "사람이 그 이마에 땀을 흘려야 식물을 먹을 것이며 그는 흙이니 흙으로 돌아갈 것"이라는 판결이 먼저 선언되어야만 했습니다. 죄인에게 먼저 실제적인 의가 분명하게 세워져야 했으며, 그러고 난 연후에 평강이 준비되어야 했습니다. 아담이 타락했을 때, 하나님은 먼저 심판의 보좌를 세우시고 그 다음에 은혜의 보좌를 세우셨습니다. 언제든지 의가 앞에 와야 합니다.

　세월이 흐르면서 사람들은 더욱 노골적으로 죄를 범하기 시작했습니다. 당시에 거인들이 있었으며, 하나님의 백성들은 세상 사람들과 혼합되었습니다. 하나님의 백성들과 사람의 아들들 사이에 구별이 없어지는 것은 타락의 가장 확실한 징조입니다. 죄와 의가 하나가 되었습니다. 그러자 왕이 다시 임하셔서 자신의 얼굴을 나타내며 심판과 회개를 선포하기 시작했습니다. 사람들은 자신들을 향한 하나님의 얼굴을 "먼저는 의의 왕"인 자의 얼굴로 인식했습니다. 노아는 사람들에게 하나님께 돌이킬 것을 말하면서, 만일 그렇게 하지 않으면 하나님이 필경 의(義)로 그들을 다룰 것이라고 경고했습니다. 사람들에게 회개를 위한 충분한 시간이 주어졌지만, 그러나 사람들은 미친 듯이 어리석음 가운데 함몰되었습니다. 하나님은 "먼저는 의의 왕이요 그 다음은 평강의 왕"입니다. 따라서 하나님은 죄로 어두워진 세상을 심판하셨습니다. 아래로부터 큰 깊음의 샘들을 터뜨리시고 위로부터 하늘의 창문들을 여심으로써, 하나님은 사람들을 지면으로부터 쓸어 버리셨습니다(창 7:11). 그리고 나중에 하늘에 무지개를 두시고, 노아가 드린 희생제물의 향기를 기쁘게 맡으셨습니다. 이렇게 하여 하나님과 인류 사이에 다시 한 번 평강이 세워졌습니다. 먼저 의가 통치하면서 인류의 불경건한 발자취를 홍수로 씻었습니다. 그리고 나서 다음에 평강이 새로운 세상 위에 자신의 온유한 통치를 세웠습니다.

　하나님은 역사(歷史) 전체를 망라하여 이러한 원칙을 굳게 지키셨습니다. 하나님은 결코 의를 버리지 않았습니다. 심지어 사랑을 위해서까지도 말입니다. 그는 자신을 위해 한 백성을 택하셨습니다. 그는 자기 아들을 애굽으로부터 부르셨습니다. 그는 자기의 택하신 백성을 홍해를 건너 광야로 인도하셨으며, 거기에서 그들과 교제하셨습니다. 그러나 그들은 새긴 형상들을 따라 다른 길로 갔습니다. 그들은 주변의 이방인들의 악으로 스스로를 더럽혔습니다. 그들은 타락과 부패 가운데 떨어졌습니다. 그러자 하나님은 의의 왕으로서 다시금 그들 가운데 오셨습니다. 하나님은 시내 산 불 위에 임하셨으며, 그것은 심지어 모세까지도 두려워 떨게 만들었습니다. 하나님은 땅으로 하여금 입을 벌려 반역자들을 삼키도록 하셨습니다. 또 그들 가운데 불이 일어나도록 만들기도 하시고, 불뱀을 명하여 악한 백성들을 물도록 하시기도 하셨습니다. 설령 그들에게 평강의 왕이시며 온유하심 가운데 그들과 함께 행하시며 구름 기둥과 불 기둥으로 그들을 인도하시며 장막 가운데 쉐키나로 자신의 영광을 나타내셨다 하더라도, 그럼에도 불구하고 "주 너희 하나님은 질투하는 하나님이시라"는 그 때도 사실이었고 지금도 여전히 사실입니다. 그는 불법을 용납하지 않으셨습니다. 그는 죄를 분개함 없이 바라볼 수 없었습니다. 죄에 대하여 항상 그의 진노가 연기처럼 피어올랐습니다. 왜냐하면 그는 "먼저는 의의 왕이요 그 다음은 평강의 왕"이시고, 또 항상 그래야만 하기 때문입니다. 또 이스라엘 백성들의 광야 여행을 생각해 보십시오. 거기에 긍휼이 가득하지만, 그러나 거기에 또한 공의가 있습니다. 정욕을 따라 행하다가 불에 멸망을 당한 자들을 생각해 보십시오. 이스라엘의 하나님은 항상 은혜로 충만하시면서 동시에 공의로 가득합니다. 하나님과 함께 하는 것은 놀라운 특권이면서 동시에 두려운 특권입니다. 왜냐하면 그의 거룩하심이 소멸하는 불처럼 타면서 악을 용납하지 않을 것이기 때문입니다.

또 하나님이 그들을 약속의 땅으로 데려가시고 그들에게 기업을 나누어 주셨음에도 불구하고 그들이 계속해서 하나님께 죄를 범했던 것을 생각해 보십시오. 그 때 하나님은 어떻게 행하셨습니까? 하나님이 그들을 미디안 사람들과 블레셋 사람들과 다른 민족들의 손에 붙이지 않았습니까? 그래서 그들로 하여금 압제와 고통을 당하게 하지 않았습니까? 그들이 부르짖었을 때 하나님은 그들을 구원하셨지만, 그러나 하나님은 그들의 죄에 대해 보응을 하셨습니다. 하나님은 그들의 죄를 용납하지 않으셨습니다. 하나님은 자신의 사랑하는 백성들이 계속해서 반역을 행하는 것을 결코 좌시하지 않으셨습니다. 하나님은 이렇게 말씀하셨습니다. "내가 땅의 모든 족속 가운데 너희만을 알았나니 그러므로 내가 너희 모든 죄악을 너희에게 보응하리라"(암 3:2). 하나님은 그의 택하신 나라에게 "먼저는 의의 왕이요 그 다음은 평강의 왕"이셨습니다.

이스라엘 백성들은 결국 하나님의 진노를 격발할 때까지 그리고 스스로 혼돈에 빠져 길을 잃을 때까지 범죄하기를 계속했습니다. 그 결과가 무엇이었습니까? 마침내 하나님이 그들을 사방으로 흩으시지 않았습니까? 하나님은 사람이 배설물을 밭에다가 흩뿌리는 것처럼 그들을 흩뿌리셨습니다. 오늘날 그들이 어떻게 되었는지 보십시오. 그들은 온 세상에 흩어지지 않았습니까? 사람들이 여전히 그들을 보며 이렇게 수군거리지 않습니까? "그들이 자기 하나님을 잊어버리므로 하나님이 그들을 그들의 땅으로부터 쫓아내셨도다. 그리고 그들이 영과 진리로 하나님께 돌아올 때까지 쫓겨난 땅에 계속해서 머물 것이로다." 오늘날 조상들의 땅을 떠나 천지사방에 흩어진 모든 유대인들은 하나님이 "먼저는 의의 왕"이라는 사실을 보여주는 분명한 증거들입니다.

이 세상 어디에서든 바로 이것이 하나님이 사람들을 다루는 방식입니다. 하나님이 죄인을 구원하기 위해 자신의 공의를 제쳐 놓을 것이라고 상상하지 마십시오. 하나님이 죄인들로 하여금 그들의 죄에 합당한 형벌을 피할 수 있도록 만들기 위해 자신의 공의를 잠시 유보시킬 것이라고 꿈꾸지 마십시오. 그는 지금까지 단 한 번도 그렇게 한 적이 없으며, 앞으로도 결코 없을 것입니다. 하나님은 거룩하심 가운데 영원히 영광스러우십니다. 하나님의 불타는 보좌는 필연적으로 죄를 태울 것입니다. 죄는 하나님의 불타는 보좌 앞에 설 수 없으며, 이러한 원칙에는 결코 예외가 있을 수 없습니다. 만유(萬有)를 심판하는 자는 의롭게 행하셔야만 합니다. 모든 것은 변해도 하나님의 율법은 변할 수 없습니다. 지극히 높은 자의 의는 거대한 산들처럼 높고, 심연처럼 깊으며, 하나님의 존재처럼 영원합니다. 의로 말미암지 않고는 전능하신 주 하나님의 평강은 결코 임할 수 없습니다. 의와 평강은 결코 나누어질 수 없습니다. 의 없는 평강은 마치 나이아가라 폭포로 떨어지기 직전의 고요한 수면(水面)과 같습니다. 하나님과 사람 사이에 평강이 있고자 한다면, 하나님은 여전히 의로우신 하나님이셔야만 합니다. 그리고 사람의 죄는 어떤 방법으로든 공의에 따라 제거되어야만 합니다. 왜냐하면 하나님은 결코 그러한 죄를 못 본 척할 수 없기 때문입니다. 하나님은 죄가 형벌을 받지 않은 채 유야무야 되는 것을 결코 허락하지 않습니다. 구원을 위해서는 먼저 의의 문제가 만족되어야만 합니다. 그러고 난 연후에야 비로소 평강이 임할 것입니다. 이와 같이 우리 하나님은 "먼저는 의의 왕이요 그 다음은 평강의 왕"입니다. 이런 면에서 멜기세덱은 하나님과 비슷한 왕입니다.

다음으로 멜기세덱은 그리스도와 비슷한 왕이었습니다. 왜냐하면 주 예수 그리스도께서 세상에 오셨을 때, 그는 "먼저는 의의 왕이요 그 다음은 평강의 왕"이라는 영원하며 변할 수 없는 원칙과 함께 오셨기 때문입니다. 어째서 그는 세상에서 유대인들 가운데 나라를 세우지 않았을까요? 많은 사람들이 그를 왕으로 삼고자 했습니다. 만일 그가 스스로 왕을 자임하며 추종자들에게 칼을 들고 나가 싸울 것을 명령했다면, 의심의 여지 없이 많은 열혈당원들이 그 곁에서 사자처럼 싸웠을 것입니다. 그는 "먼저는 의의 왕"으로 오셨지만, 사람들은 이 부분에 아무런 주의도 기울이지 않았습니다. 그는 자기 아버지의 집으로 들어갔습니다. 마치 왕이 자신의 왕궁으로 들어가는 것처럼 말입니다. 그 때 그가 한 일이 무엇이었습니까? 노끈으로 채찍을 만들어 휘두르며 "이것을 여기서 가져가라"(요 2:16)고 외친 것이 아니었습니까? 탐욕과 자아와 맘몬이 그 마당을 더럽히고 있는 동안, 성전은 그를 위한 처소가 아니었습니다. 그는 분개한 마음으로 그곳을 둘러보았습니다. 왜냐하면 그곳에서 어떤 의의 흔적도 보지 못했기 때문이었습니다. 도리어 성전의 모든 부분은 불의(不義)로 가득 차 있었습니다.

그들은 의와 상관없는 나라를 원했지만, 그러나 그는 결코 그것을 용납할 수 없었습니다. 그는 빗자루를 들고 타작마당을 정결하게 했습니다. 그의 율법은 가이사의 법과 같아서는 안 되었습니다. 그의 병사들은 육신적인 무기로 싸워서는 안 되었습니다. 그는 힘과 권력의 나라가 아니라, 사랑과 진리와 의의 나라를 세우기 위해 오셨습니다. 그런 연고로 그의 백성들은 그를 알지 못했고, 그에게 아무런 예도 표하지 않았습니다. 그의 거룩함은 유대인들이 바랐던 나라와 상충되었습니다. 따라서 그들은 그로부터 돌이켜 "그를 십자가에 못 박으라!"고 외쳤습니다. 설령 그들이 그의 왕권을 인정하지 않았다 할지라도, 그는 그들의 왕이었습니다. 그가 죽을 때, 그의 머리 위에 "유대인의 왕 예수"라 쓴 죄패가 붙어 있었습니다. 그는 육신적인 나라를 세우지 않았습니다. 사람들은 힘으로 세워지는 나라를 원했지만, 그런 나라는 그와 아무런 상관도 없었습니다. 그는 "먼저는 의의 왕이요 그 다음은 평강의 왕"이셔야만 합니다. 그는 의와 분리된 평강을 전파하지 않았습니다. 그는 악이나 거짓을 추호도 대수롭지 않게 여기지 않았습니다. 모든 악은 그의 철천지원수였습니다. 그는 "내가 세상에 화평을 주러 온 줄로 생각하지 말라 화평이 아니요 검을 주러 왔노라"라고 말씀하셨습니다(마 10:34). 의가 없는 곳에 반드시 다툼이 있게 마련입니다. 평강은 오직 의가 승리한 곳에만 들어올 수 있습니다. 아, 내가 우리 주님의 "의의 왕" 되심을 여러분에게 좀 더 충분하게 설명할 수 있는 능력이 있다면 얼마나 좋겠습니까! 이 땅에 예수 그리스도의 의와 같은 의는 결코 없었습니다. 우리 주님의 인격과 성품 안에서 우리는 그의 완전한 의를 발견합니다. 그의 의는 다른 모든 의를 훨씬 더 능가합니다. 심지어 그를 미워한 사람들조차 그로부터 아무런 허물도 찾을 수 없었습니다. 심지어 그의 신적 직분을 반박하기 위해 쓰여진 책들조차도 그럼에도 불구하고 그에 대한 역겨운 찬사의 말들로 가득합니다. 여기의 이러한 세련되지 못한 표현을 이해해 주기를 바랍니다. 여기에서 그와 같은 투박한 표현을 사용한 것은 그것보다 더 나은 표현을 발견할 수 없었기 때문입니다. 왜냐하면 나는 우리 주님께 대한 불신자들의 찬사가 "이는 하나님의 아들이라"는 마귀의 찬사보다 결코 더 나을 것이 없다고 생각하기 때문입니다. 또 주님은 사람들에게 평강을 굳게 지키라고 말씀하셨는데, 나는 그가 오늘날 유니테리언(Unitarian: 삼위일체를 부인하는 이단종파)이나 다른 이단종파에 속한 사람들에게도 똑같은 바람을 가지고 계시다고 생각합니다. 모든 종류의 사람들이 예수 그리스도 안에서 의와 선을 발견하고 그에게 예를 표하지 않을 수 없었습니다.

그렇지만 나는 그가 다음과 같이 말할 때 "의의 왕"으로서의 그의 특성이 가장 분명하게 드러난다고 생각합니다. "내 아버지의 율법이 깨어졌도다. 내가 그것을 다시 회복할 것이라. 사람들이 그것을 더럽히고 발로 밟았도다. 내가 그것에 최고의 예를 표하리라." 이러한 강렬한 열망으로 그는 십자가로 갔으며, 그곳에서 자신의 손과 발을 못에, 그리고 옆구리를 창에 내주었습니다. 그리고 머리에 가시 면류관을 씀으로써 그는 실제로 의의 왕이 되셨습니다. 하나님의 아들로서 그는 율법의 모든 의를 이룸으로써 하나님의 율법을 존귀하게 해야 했습니다. 그의 백성들의 모든 죄가 그들의 큰 목자 위에 얹어졌습니다. 우리의 위대한 대속자는 우리를 대신하여 인간의 죄의 결과를 담당하셨으며, 그렇게 하여 그는 죄로 얼룩진 양심에 평강을 가져다줄 수 있게 되셨습니다. 그는 "먼저는 의의 왕"입니다. 그는 자신의 생애 가운데 그리고 십자가를 통해 모든 의를 이룰 때까지는 결코 평강의 왕이 될 수 없음을 잘 아셨습니다. 그러나 그는 모든 의를 이룸으로써 의의 왕이 되셨으며, 그리고 그로 말미암아 그는 여러분과 나에게 평강의 왕이 되셨습니다. 그의 이름은 얼마나 영광스럽습니까! 그의 이름을 영원히 찬미합시다!

우리는 매일 같이 주의 나라가 임할 것을 위해 기도합니다. 그러나 그 나라는 오직 의로 말미암아서만 임할 것이라는 사실을 잊지 마십시오. 나는 교역을 확대한다든지 혹은 여행의 편의를 증진시키는 등의 일을 통해 평화(peace)를 가져오려고 노력하는 사람들에 대해 굳이 반대하고 싶지는 않습니다. 그러나 그런 것을 통해 전쟁의 칼이 부러지지는 않을 것입니다. 먼저 의의 왕이 모든 장소에서 인정될 때까지, 나는 온 세상에 평화가 가득할 것을 기대하지 않습니다. 나무가 없이 어떻게 열매가 있을 수 있으며, 물 근원이 없이 어떻게 물줄기가 있을 수 있겠습니까? 그와 마찬가지로 의로부터 평강이 흘러나올 것입니다. 사자가 소처럼 풀을 먹고, 여우가 어린 양과 함께 뒹굴며, 사람들이 투구를 던져 버리고 더 이상 전쟁을 연습하지 않을 날이 올 것입니다. 그러나 그러한 풍성한 사랑과 기쁨의 시대는 오직 의의 통치로서 시작될 수 있을 뿐입니다. 그러한 시대는 다른 방법으로는 결코 오지 않을 것입니다. 죄의 권세가 허물어지고 악이 쫓겨날 때까지, 우리는 땅 위에서 평강의 거룩한 열매를 보지 못할 것입니다. 예수가 왕이 되는 곳에서, 그는 "먼저는 의의 왕이요 그 다음은 평강의 왕"이 되셔야만 합니다.

이와 같이 멜기세덱은 하나님과 비슷한 왕이며, 예수와 비슷한 왕입니다.

다음으로 그가 "정직한 마음을 가진 사람들"이 바라는 왕이라는 사실을 주목하십시오. "정직한 마음을 가진 사람들"이라는 표현으로, 나는 구원받은 사람들뿐만 아니라 그 안에 이스라엘의 하나님을 향해 어떤 선한 것을 가지고 있는 사람들을 의미합니다. 아직 파종되지 않은 정직하고 선한 땅이 있습니다. 과거 하나님을 찾고 있었을 때 내가 무슨 생각을 하고 있었는지 지금도 나는 잊지 않고 있습니다. 나는 구원받기를 갈망했습니다. 나는 나의 죄로부터 피하기를 바라면서도, 항상 거기에 "하나님은 공의로우셔야만 해!'라는 생각이 함께 있었습니다. 나는 죄의식에 짓눌려 두려워 떨고 있었으면서도, 동시에 의에 대한 깊은 경외심이 있었습니다. 마음 깊은 곳으로 나는 이렇게 말했습니다. "하나님은 심지어 나를 위해서조차 불의하게 행해서는 안 돼! 나는 아무것도 아니지만, 그러나 하나님과 그의 의는 모든 것 가운데 모든 것이 아닌가! 하나님에게 있어 공의롭지 못하게 되는 것은 내가 잃어지는 것보다 훨씬 더 나쁜 일이 될 것이야. 만일 하나님에게 있어 정로(正路)로부터 벗어나는 것이 가능하다면, 그것은 정직한 마음을 가진 모든 사람들에게 얼마나 끔찍한 일이 될 것인가! 설령 내가 죽임을 당할지라도, 그의 이름은 영광을 받고 그의 의는 온전히 세워져야만 해!' 비록 죄인이기는 했지만, 나는 하나님의 완전한 율법에 대해 큰 관심을 가지고 있었습니다. 그리고 나 자신의 개인적인 구원을 위해 율법의 의가 손상되는 것을 나는 결코 받아들일 수 없었습니다. 그 때 나는 "공의로우신 하나님과 믿는 자를 의롭다 하시는 하나님을 어떻게 양립시킬 수 있을까?'라는 의문에 대한 답을 찾고 있었습니다. 그 때까지도 나는 아직 대속의 비밀을 알지 못하고 있었습니다. 그러다가 비로소 그 비밀을 알게 되었을 때, 그것은 나의 마음속에 가장 감미로운 음악처럼 울려퍼졌습니다. 하나님의 아들이 개입하시고 나의 죄를 짊어지심으로 말미암아 하나님이 일점일획에 이르기까지 완전무결하게 공의로우시면서 동시에 나의 모든 죄를 제거하시고 나로 하여금 그의 자녀가 되게 하실 수 있음을 알게 되었을 때, 나는 이렇게 말했습니다. "아, 이것은 얼마나 놀라운 하나님의 진리인가! 이것이야말로 하나님이 확증하는 하늘의 비밀임에 틀림없어! 도대체 누가 하나님의 공의와 긍휼을 이토록 완벽하게 결합시키는 방법을 찾아낼 수 있단 말인가!" 공의와 긍휼을 동시에 바라보며 의의 기초 위에서 죄 사함을 받는 것은 얼마나 놀라운 비밀입니까! 모든 신자들은 바로 이런 기초 위에 섭니다. 정직한 마음을 가진 모든 사람들은 하나님의 의에 대해 깊은 관심을 가집니다. 그들은 구원받기를 바라며, 그것은 너무도 자연스러운 마음입니다. 그러나 그들은 하나님의 의가 손상되는 방법으로 구원받기를 바라지 않습니다. 그들은 오직 하나님의 공의가 굳게 세워지는 기초 위에서 구원받기를 바랍니다. 만일 내가 하나님의 공의가 굳게 세워지는 기초 위에서 구원받을 수 있다면, 그것은 얼마나 좋은 일입니까! 우리가 그와 같은 방법으로 구원받을 수 있는 것으로 인해 하나님을 송축합시다! 공의와 평강이 서로 입 맞춘 비밀이 이제 완전하게 나타났습니다. 하나님의 말씀이 바로 이 비밀을 우리에게 알려 줍니다. 그 비밀이 우리 주 예수 그리스도의 십자가 위에 선명하게 새겨져 있지 않습니까?

　그러므로 정직한 마음을 가진 사람은 그리스도께서 자기에게 오셔서 평강의 왕이 되신 연후에도 여전히 계속해서 죄 가운데 살기를 바라지 않을 것입니다. 형제들이여, 나는 죄 가운데 빠져 있으면서 평강을 누리기를 바라지 않습니다. 나의 간절한 기도는 내가 모든 악의 잔재로부터 벗어날 때까지 결코 쉼을 알지 못하게 해 달라는 것입니다. 나는 죄 가운데 빠져 살고 있으면서도 행복해지기를 원하지 않습니다. 천국의 기업의 약속을 받았으면서도, 내가 여전히 술주정뱅이로 살 것입니까? 나는 술주정뱅이의 천국을 원하지 않습니다. 그런 천국은 음탕하며 난잡하며 와자지껄한 무대 외에 무엇이겠습니까? 나는 거짓 천국을 원하지 않습니다. 그것이 진리 안에 있는 지옥이 아니면 무엇이겠습니까? 나는 자유롭게 죄에 탐닉할 수 있는 천국을 원하지 않습니다. 그렇습니다. 모든 형태의 악이 나의 본성으로부터 쫓겨날 때까지 나에게 어떤 천국도 있을 수 없습니다. 내가 첫 번째로 열망하는 것은 행복이 아닙니다. 내가 첫 번째로 열망하는 것은 성결함입니다. 그리고 행복은 그 다음입니다. 그러므로 나의 왕이 "먼저는 의의 왕이요 그 다음은 평강의 왕"인 것은 나에게 있어 너무도 큰 기쁨입니다. 나의 마음은 "먼저 죄를 죽이고 다음에 평강을 주는 왕" 안에서 즐거워합니다. 그는 먼저 성전으로부터 돈 바꾸는 자들과 물건 파는 자들을 쓸어 버립니다. 그리고 나서 거기에서 모든 백성들에게 자신을 나타내십니다.

이와 같이 멜기세덱은 정직한 마음을 가진 모든 사람들이 열망하는 것과 같은 왕을 나타냅니다.

나아가 여기의 멜기세덱은 예수가 마땅히 어떤 왕이 되어야만 하는지를 보여주는 왕입니다. 나로 하여금 자신들의 악한 길을 회개하지 않는 자들에게 구원을 전파하지 말게 하십시오. 나는 불의함 가운데 잠자는 자들에게 듣기 좋은 목소리로 달콤한 자장가를 불러주기 위해 이곳에 오지 않았습니다. 만일 여러분이 하나님과 화평하고자 한다면, 먼저 여러분은 죄를 회개해야만 합니다. 만일 여러분이 악을 사랑한다면, 여러분은 하나님을 사랑할 수 없습니다. 여러분은 죄와 이혼해야 합니다. 그렇지 않으면 그리스도와 결혼할 수 없습니다. 예수께서 어떤 사람의 영혼에 오실 때, 그는 "먼저는 의의 왕이요 그 다음은 평강의 왕"으로 오십니다. 우리는 실제적인 의를 가져야만 합니다. 우리는 깨끗한 마음과 깨끗한 손을 가져야만 합니다. 그렇지 않으면 우리는 심판자의 오른편에 서지 못할 것입니다. 아무도 스스로를 속여서는 안 됩니다. "스스로 속이지 말라 하나님은 업신여김을 받지 아니하시나니 사람이 무엇으로 심든지 그대로 거두리라"(갈 6:7). 그리스도께 나아와 그를 자신의 구주로 영접하는 사람은 또한 그를 자신의 통치자로 영접해야만 합니다. 그리고 그리스도가 그를 통치할 때, 그는 선하며 거룩한 모든 것을 적극적이며 강력하게 추구하게 될 것입니다. 왜냐하면 "거룩함이 없이는 아무도 주를 볼 수 없기" 때문입니다. 죄 가운데 살아가는 사람은 살았으나 죽었으며, 그의 영혼 속에 하나님의 생명은 없는 것입니다. 먼저 의를 굳게 붙잡으십시오. 그러면 평강이 따를 것입니다.

여기에 구원받기를 열망하는 사람들이 많이 있을 것입니다. 나는 그들에게 "그러면 여러분은 여러분의 죄를 버릴 것입니까?"라고 묻습니다. 그리스도는 자기 백성을 그들의 죄로부터 구원하기 위해 오셨습니다. 만일 여러분이 죄를 짓는 것으로부터 구원받기를 바라지 않는다면, 여러분은 결코 저주와 멸망으로부터 구원받지 못할 것입니다. 여러분은 자신의 들릴라를 껴안습니까? 그러면 여러분은 삼손처럼 눈을 뽑히게 될 것입니다. 여러분은 독사를 품에 끌어안습니까? 그러면 독이 여러분의 핏줄 속에서 끓을 것입니다. 여러분이 계속 죄를 사랑하며 쫓아다니는 동안, 다시 말해서 죄가 여러분에게 통치권을 행사하는 동안, 그리스도는 결코 여러분을 구원할 수 없습니다. 왜냐하면 악의 통치권으로부터 여러분을 건져내는 것이 그의 구원의 본질이기 때문입니다. 나는 여기에 있는 사람들 가운데 많은 사람들이 이렇게 부르짖기를 바랍니다. "아, 나에게 정말로 필요한 것이 바로 이것이나이다! 내가 바로 이것을 갈망하나이다. 주여, 나로 하여금 죄를 버리도록 도우소서!' 아, 가련한 자들이여! 만일 여러분이 의에 주린다면, 여러분은 배부를 것입니다. 하나님은 여러분에게 불 같은 열망을 불어넣어 주실 것이며, 그것이 여러분으로 하여금 악을 이기도록 도울 것입니다. 어떤 사람이 말합니다. "아, 내가 쇠 멍에를 끊고 정욕이라는 이름의 애굽의 굴레로부터 나올 수 있을까요?" 물론입니다! 당신은 할 수 있습니다! 왜냐하면 당신을 자유롭게 하려고 그리스도께서 오셨기 때문입니다. 위대한 해방자인 그를 믿으십시오. 그러나 만일 여러분이 "나는 죄 가운데 거하다가 천국에 갈 거에요"라고 말한다면, 여러분은 결코 그곳에 가지 못할 것입니다. 더럽히는 것은 무엇이든 결코 하늘의 도성에 들어가지 못할 것입니다. 사람들을 천국으로 이끄는 자는 "먼저는 의의 왕이요 그 다음은 평강의 왕"입니다.

첫째 표제와 관련하여 우리가 마지막으로 주목할 것은 하나님은 우리 모두가 이와 같은 종류의 왕이 되기를 바란다는 사실입니다. 우리 모두가 "먼저는 의의 왕이요 그 다음은 평강의 왕"이 되어야 합니다. 하나님은 모든 사람을 각자 자기 나라의 왕으로 삼으셨습니다. 우리는 자신의 나라를 악을 위해서가 아니라 선을 위해서 다스려야 합니다. 사방으로부터 우리는 의와 분리된 평강으로 우리를 초대하는 소리를 듣습니다. 그들은 우리에게 이렇게 말합니다. "우리와 연합하자, 우리와 연합하자!" "그게 도대체 무슨 소리인가? 당신들은 거짓을 전파하고 우리는 하나님의 진리를 전파하노라! 그런데 우리가 피차 형제라고 부르자는 말인가? 우리는 결코 형제가 아니라! 우리는 아무 말도 하지 않음으로써 그러한 거짓에 동조하지 않을 것이라!' 그들은 계속해서 말합니다. "그렇지만 관용적인 정신이 필요하지 않은가?" "관용이라고? 도대체 무엇에 대한 관용이란 말인가? 하나님의 진리에 대한 관용이란 말인가? 하나님의 진리를 거짓의 시궁창에 던지는 것이 관용이란 말인가? 우리의 형제들을 속이며 미혹하는 것이 관용이란 말인가? 우리는 결코 그럴 수 없노라!' 사랑하는 형제들이여, 우리는 하나님의 진리를 사랑하며 굳게 붙잡음과 동시에 모든 거짓의 길을 미워해야 합니다. 왜냐하면 거짓의 길은 사람들의 영혼을 파멸로 이끌기 때문입니다. 만일 어떤 사람이 여러분에게 "오라, 우리가 함께 범죄하자"라고 말한다면, 그에게 이렇게 대답하십시오. "나는 너와 연합할 수 없노라. 왜냐하면 나는 먼저 정결하고 다음에 화평해야만 하기 때문이라. 왜냐하면 내가 섬기는 주님이 '먼저는 의의 왕이요 그 다음은 평강의 왕'이기 때문이라." 세상은 여러분에게 "입술을 닫으라. 거짓과 더불어 싸우지 말라. 도대체 무엇 때문에 네가 거짓에 대해 그렇게 큰 소리로 반대해야 한단 말인가?'라고 말합니다. 그러나 우리는 계속해서 소리를 지르고 또 질러야 합니다. 왜냐하면 많은 영혼들이 위험 가운데 빠져 있기 때문입니다. 우리는 하나님의 진리의 깃발을 높이 올려야 합니다. 그렇지 않으면 우리는 가장 비겁한 겁쟁이가 될 것입니다. 하나님은 우리를 왕으로 삼으셨습니다. 우리는 "먼저는 의의 왕이요 그 다음은 평강의 왕"이 되어야 합니다.

때로 하나님의 백성들은 지나친 평강을 추구하는 시험을 당합니다. 우리 주 예수께서 우리로 하여금 죄 가운데 평온하게 거하도록 만들기 위해 오시지 않았음을 기억하십시오. 그는 죄가 지배하는 가정에서 가족들이 서로 나누이며 형제가 형제를 대적하여 싸우도록 하기 위해 오셨습니다. 하나님의 자녀와 잘못된 행동 사이에 결코 평강은 있을 수 없습니다. 우리는 하나님으로부터 영광을 빼앗고 우리로부터 구원을 빼앗고자 하는 것과 더불어 죽기까지 싸워야 합니다. 우리의 평강은 오직 의의 토대 위에 있을 뿐 다른 곳에는 결코 없습니다. 우리는 감히 "평안이 없는 곳에서 평안하다 평안하다!'라고 외칠 수 없습니다.

### 2. 둘째로, 이러한 왕을 향유하십시오.

우리 주 예수는 "먼저는 의의 왕"입니다. 여러분은 이것이 무엇을 의미하는지 압니다. 내가 여러분에게 이것이 함축하는 바를 말해 볼까요? 그리스도 안에 있는 그리고 그의 나라에서 그와 함께 있는 여러분은 그의 의(義) 안에서 의롭습니다. 그의 나라는 의로운 나라이며, 그 나라에 순종하는 자들은 의를 행한 자들로 발견될 것입니다. 만일 우리가 그리스도의 법칙을 따른다면, 우리는 그것이 우리를 잘못 인도할 것을 두려워할 필요가 없습니다. 우리가 그의 명하신 바를 행할 때, 우리는 필경 의롭습니다. 만일 어떤 사람이 당신에게 트집을 잡으며

"어째서 당신은 이것을 행하는가?"라고 말한다면, 왕의 권세를 사용하십시오. 만일 여러분이 왕의 명하신 바를 행한다면, 두려워하지 마십시오. 그는 의의 왕이며, 그의 의로운 규례를 행할 때 여러분은 의롭습니다. 마호메트에게 순종하는 사람은 도덕적으로 매우 잘못된 행동을 할 수 있습니다. 그러나 예수의 제자들은 결코 그렇지 않습니다. 예수에게 순종하는 것이 곧 거룩입니다.

또 만일 우리가 이러한 의의 왕을 믿는다면, 우리는 그의 공로 안에서 의롭게 됩니다. 주 예수 그리스도를 믿는 사람들은 믿음으로 말미암아 하나님 앞에서 의롭다함을 받습니다. 마치 결코 죄를 범하지 않은 것처럼 말입니다. 그렇다면, 우리는 이제 평강을 누릴 수 있습니다. "그러므로 우리가 믿음으로 의롭다 하심을 받았으니 우리 주 예수 그리스도로 말미암아 하나님과 화평을 누리자"(롬 5:1). 그러나 화평(peace)이 가능하기에 앞서 먼저 의롭다하심을 받아야만 합니다. 그리스도께서 행하신 일은 모두 그의 백성들을 위해 행하신 일입니다. 나는 그리스도께서 행하신 일이 그의 백성들에게 전가되었다고 말하지 않습니다. 설령 실제로 그러함을 내가 믿는다 할지라도 말입니다. 그러나 그가 행하신 일은 그의 백성들에게 속합니다. 왜냐하면 그들은 그의 부분들이며, 그렇기 때문에 그와 함께 참여한 자들이기 때문입니다. 그들은 그들의 머리인 그 안에 있습니다. 그러므로 그리스도께서 행하신 것은 그 자체로 그 안에 있는 모든 자들에게 속합니다. 그러므로 하나님 앞에서 당당하게 서십시오. 설령 여러분에게 세리의 겸비한 태도가 잘 어울린다 할지라도, 그럼에도 불구하고 여러분은 또 다른 측면에서 당당하게 서서 이렇게 말할 수 있습니다. "누가 능히 하나님께서 택하신 자들을 고발하리요 의롭다 하신 이는 하나님이시니 누가 정죄하리요 죽으실 뿐 아니라 다시 살아나신 이는 그리스도 예수시니"(롬 8:33, 34). 예수는 "하나님으로부터 나와서 우리에게 지혜와 의로움이" 되셨습니다(고전 1:30). 또 그의 이름은 "여호와 우리의 공의"라 일컬음을 받을 것입니다(렘 23:6). 왜냐하면 "한 사람이 순종하지 아니함으로 많은 사람이 죄인 된 것 같이 한 사람이 순종하심으로 많은 사람이 의인이 될" 것이기 때문입니다(롬 5:19). "나의 의로운 종이 자기 지식으로 많은 사람을 의롭게 하며 또 그들의 죄악을 친히 담당하리로다"(사 53:11).

자, 그러면 여러분은 예수를 믿습니까? 그렇다면 여러분에게는 아무런 죄도 없습니다. 여러분의 죄는 그리스도 위에 올려졌으며, 그가 그에 대한 모든 형벌을 받으셨습니다. 그러므로 여러분은 그것 때문에 또다시 형벌을 받을 수 없습니다. 하나님의 의는 같은 죄에 대해 이중으로 형벌을 요구할 수 없습니다. 여러분은 예수를 믿습니까? 그렇다면 그가 여러분의 모든 죄를 종식(終熄)시켰습니다. 그는 여러분의 모든 죄를 자신의 무덤 속에 영원히 장사지냈습니다. 만일 여러분이 그리스도 안에 있다면, 여러분은 그의 완전한 의로 허리를 묶으며 사랑받는 자 안에서 받아들여집니다. 아, 이것은 얼마나 영광스러운 일입니까! 예수는 의의 왕이시며, 우리는 그 안에서 의롭게 되었습니다. 우리는 그리스도의 온전하심으로 말미암아 온전하게 되었습니다.

나는 여러분이 주 예수 그리스도의 구원을 향유할 때마다 그것이 의와 무관하게 주어진 것이 결코 아니라는 사실을 잊지 말기를 바랍니다. 만일 나에게 주어진 구원이 의를 따라 주어진 것이라면, 나는 그러한 구원을 정당하게 소유할 수 있습니다. 나의 죄는 사해졌습니다. 그렇습니다. 정당하게 사해졌습니다. 아, 이것은 정말로 경이로운 일이 아닙니까? 의와 평강이 서로 입을 맞추었습니다. 만일 내가 기도를 한다면, 본질적으로 한 사람의 죄인으로서 나의 기도는 하나님께 들으심이 될 수 없습니다. 그러나 그리스도의 이름으로 기도할 때, 나는 들으심이 될 것을 정당하게 기대할 수 있습니다. 마치 내가 하나님의 손으로부터 새롭게 창조된 아담인 것처럼 말입니다. 하나님 앞에 나아와 그의 보호하심을 구할 때, 나는 마치 정당한 권리를 가지고 있는 것처럼 그렇게 구합니다. 마치 그리스도께서 세상에 계실 때 그랬던 것처럼 말입니다. 그것은 그가 자격 없는 신자(信者)인 나에게 그의 모든 왕권을 주셨기 때문입니다. 나아가 그의 모든 의(義)가 나의 것입니다. 따라서 나는 나의 기도 끝에 그의 이름을 사용할 수 있으며, 나의 간구는 그의 권세로써 인침을 받습니다. 또 나는 자유롭게 언약의 축복들을 취할 수 있습니다. 그가 자기 피로 산 축복들을 자유롭게 취하는 것처럼 말입니다. 그것은 그가 자신의 모든 백성들을 위해 그러한 축복들을 사고, 그 모든 언약의 축복들을 자신 안에 있는 모든 자들에게 넘겨 주었기 때문입니다. 형제들이여, '죄 의식' 아래 있는 것은 얼마나 두려운 일입니까! 반대로 '의(義) 의식' 아래 있는 것은 정말로 복된 일입니다. 우리는 그의 의로우심 같이 의롭습니다. 결코 이것을 잊지 마십시오.

계속해서 그는 "그 다음은 평강의 왕"입니다. 나는 여러분이 오늘 밤 이러한 사실을 시험해 보기를 바랍니다. 아니, 나는 여러분이 시험해 보기를 바라지 않

습니다. 나는 성령께서 여러분을 위해 그렇게 하시기를 바랍니다. 나는 여러분
이 살렘의 왕 즉 평강의 왕을 향유하기를 바랍니다. 여러분은 지금 이 순간 자신
이 우리 주 예수 그리스도로 말미암아 하나님과 화평을 이루었다는 사실을 알고
있습니까? 만일 여러분이 신자라면 말입니다. 오늘 밤 여러분과 하나님 사이에
는 아무런 불화도 없습니다. 여러분은 그와 더불어 하나입니다. 여러분의 기쁨
은 그 안에 있는 것입니다. 나의 인생 전체를 통해 하나님이 나를 부당하게 대했
다고 말할 수 있는 것을 나는 단 한 가지도 알지 못합니다. 또 나 자신을 전적으
로 그의 손에 맡길 때, 나는 어떤 두려움이나 반감도 느끼지 않습니다. 행복하든
슬프든, 부유하든 가난하든, 살든 죽든, 나는 스스로를 주님께 전적으로 맡기는
것으로 만족합니다. 우리의 평강은 하나님의 완전하며 영속적인 평강으로부터
말미암습니다. 하나님은 자신의 사랑하는 아들을 통해 여러분을 바라보십니다.
그리고 하나님은 여러분 안에서 아무런 죄와 허물을 보지 못합니다. 그는 이 순
간 완전한 사랑으로 여러분을 사랑합니다. 그는 여러분을 사랑하지 말아야 할
어떤 이유도 알지 못합니다. 어떤 사람이 말합니다. "나는 신자가 된지 채 일주
일도 되지 않은 풋내기입니다!" 설령 여러분이 신자가 된지 채 십분도 되지 않았
다 하더라도, 나는 조금도 개의치 않습니다. 믿는 자는 영원한 생명과 영원한 사
랑을 가집니다. 탕자를 생각해 보십시오. 그가 집에 돌아왔을 때, 그의 아버지가
어떻게 했습니까? 아들을 꾸짖었습니까? 아닙니다. 도리어 아들에게 입을 맞추
었습니다. 아버지가 아들로부터 허물을 찾았습니까? 아닙니다. 그렇게 하지 않
았습니다. 도리어 아버지는 이렇게 말했습니다. "제일 좋은 옷을 내어다가 입히
고 손에 가락지를 끼우고 발에 신을 신기라 그리고 살진 송아지를 끌어다가 잡
으라 우리가 먹고 즐기자"(눅 15:22, 23). 아버지가 이렇게 말할 수 없었을까요?
"오라 나의 사랑하는 아들아, 내가 너와 더불어 해야 할 이야기가 있도다. 모두
다 너의 유익을 위한 것이니 잘 들으라. 너도 알거니와 너는 내게 대하여 심히 잘
못 행하였도다. 나는 너를 꾸짖으며 책망하지 않을 수 없노라." 아닙니다! 결코
그렇지 않습니다! 아버지는 이런 종류의 말을 단 한 마디도 하지 않았습니다. 그
런 종류의 말은 고사하고 그런 종류의 시선(視線)조차도 주지 않았습니다. 아버
지는 아들을 꾸짖지 않고 도리어 후하게 베풉니다. 아버지는 아들을 자기 곁에
편안하게 앉히고는 이렇게 말합니다. "자, 편안한 마음을 가져라. 나와 함께 먹
고 마시고 즐거워하자. 너는 나의 아들이니라. 너는 죽었다가 다시 살아났으며

내가 잃었다가 다시 얻었도다. 그러므로 나의 아들을 영화롭게 하는 이 복된 구원을 우리가 함께 즐거워하고 기뻐하는 것이 마땅하도다."

나는 이 시간 여러분이 이러한 떡과 포도주를 완전한 기쁨으로 받으면서 속으로 이렇게 독백하기를 바랍니다. "아, 너무나 감사한 일이야! 처음부터 끝까지 너무나 복되고 또 복된 일이야! 나는 믿음으로 말미암아 의롭다하심을 받았으며, 하나님과 더불어 화평을 이루었어! 모든 지각에 뛰어난 하나님의 평강이 예수 그리스도로 말미암아 나의 마음과 영혼을 가득 채우고 있어!" 사랑하는 형제들이여, 만일 여러분이 지금까지 이러한 기쁨과 평강을 향유하지 못했다면, 두려워하지 말고 지금 향유하십시오. 만일 여러분이 탐식자로서 마귀의 잔치에 간다면, 여러분의 목에 칼을 두십시오(잠 23:2). 왜냐하면 먹고 마시는 가운데 부지불식간에 먹힘을 당할 것이기 때문입니다. 그러므로 그와 같은 솔로몬의 지혜로운 충고를 유념하십시오. 그렇지만 사랑하는 자들이여, 사랑의 잔치에 갈 때는 마음껏 먹고 마시십시오. 하나님 안에는 말로 다 할 수 없는 풍성한 복이 있습니다. 신자는 풍성한 평강과 고요함과 담대함과 소망을 갖습니다. 여러분은 이러한 하늘의 음료를 마음껏 마실 수 있습니다. 나는 여러분 모두가 이러한 풍성한 은혜에 동참하기를 바랍니다. 또 나는 여러분이 그렇게 할 것을 압니다.

여러분은 오늘 밤 주의 곳간 안으로 들어올 것이며, 주님은 "마음껏 취하라"고 말씀하실 것입니다. 여러분 앞에 무수한 금화들과 은화들이 있을 것입니다. 그런데 여러분은 구리 동전 몇 개를 집으며 말합니다. "이것으로 인해 주님을 송축하나이다!" 이와 같은 감사는 충분히 정당합니다. 무엇으로든 주님을 송축하십시오! 그러나 동시에 어째서 여러분은 더 좋은 것을 취하지 않습니까? 여러분은 "아, 나는 매일 같이 슬픔 가운데 살고 있습니다!"라고 말합니다. 그것은 누구의 잘못입니까? "그렇지만 지금까지 나는 어떤 큰 빛이나 혹은 어떤 큰 기쁨을 얻지 못했습니다." 그것은 누구의 잘못입니까? 여러분 자신의 잘못이 아닙니까? 주님은 오늘 밤 나에게 그리고 특별히 이 자리에 있는 "형들"에게 "기뻐하며 즐거워하라"라고 말씀하시는 것 같습니다(여기의 "형들"은 눅 15장의 탕자의 형과 같은 부류의 사람들을 지칭하는 것임 - 역주). 나는 우리 교회에 불평하는 자들이 많다고는 생각하지 않습니다. 그렇지만 우리 가운데 까다로운 "형들"이 더러 있습니다. 그들은 종종 이렇게 말합니다. "내가 여러 해 주님을 섬겨 명을 어김이 없거늘 내게는 염소 새끼라도 주어 나와 내 벗으로 즐기게 하신 일이 없었도다. 나에게는 아무런 즐거움도 없었도다. 나는 항상 예배에 참석했으며 내가 할 수 있는 모든 일을 행했지만 그러나 그로부터 거룩한 기쁨이나 영적인 즐거움을 한 번도 누려 보지 못했도다. 이들 회심한 강도들과 비류들을 보라. 회심했답시고 그들이 모든 춤과 노래를 독점하고 있지 않은가? 나는 결코 그들과 함께 춤추지 않을 것이다." 그러나 아버지는 그날 밤 너무나 마음이 즐거워서 심지어 큰아들까지도 꾸짖지 않았습니다. 아버지는 이렇게 말했습니다. "아들아, 너는 항상 나와 함께 있었으니 내 것이 다 네 것이로다. 아직까지 염소새끼를 잡아 친구들과 즐긴 적이 없었다면, 왜 진작 그렇게 하지 않았더냐? 내 것이 다 네 것이 아니더냐?"(눅 15:31).

　사랑하는 형이여, 들어오십시오! 동생들이 들어왔던 것처럼 말입니다. 그리고 오늘 밤 예수 그리스도의 이름으로 먹고 마시며 즐깁시다. 십자가 위에서 "의의 왕"이셨던 그는 오늘 밤 그의 영광의 보좌 위에서 "평강의 왕"이십니다. 그는 이 식탁 위에서 여러분에게 그가 어떻게 완전한 의를 이루셨는지를 보여주십니다. 그의 완전한 의는 여러분을 위해 그의 몸을 찢으며 그의 피를 흘리는 것을 통해 이루어졌습니다. 계속해서 그는 지금 여러분에게 이 모든 것이 여러분의 평강을 위해 어떻게 이루어지는지 와서 보라고 말씀하십니다. 지금 여러분을 기쁘게 만드는 떡과 포도주는 바로 그의 살과 피입니다. 주 안에서 기뻐하십시오! 내가 다시 말하노니 기뻐하십시오! 아멘.

제
15
장
—

# 이 사람 예수 그리스도

—

**"이 사람이 얼마나 높은가를 생각해 보라." —히 7:4**

멜기세덱이 "얼마나 위대한지"(how great, 한글개역개정판에는 "얼마나 높은지"로 되어 있음) 생각해 보십시오. 그의 모든 움직임에는 어떤 특별한 위엄이 있습니다. 그는 창세기에서 유일하게 나타나는데, 거기에서 그는 이렇게 언급됩니다. "살렘 왕 멜기세덱이 떡과 포도주를 가지고 나왔으니 그는 지극히 높으신 하나님의 제사장이었더라 그가 아브람에게 축복하여 이르되 천지의 주재이시요 지극히 높으신 하나님이여 아브람에게 복을 주옵소서 너희 대적을 네 손에 붙이신 지극히 높으신 하나님을 찬송할지로다 하매 아브람이 그 얻은 것에서 십분의 일을 멜기세덱에게 주었더라"(창 14:18-20). 우리는 그에 대해 아주 조금밖에는 알지 못하지만, 그러나 그 가운데 중요하지 않은 것은 아무것도 없습니다. 역사적(歷史的)으로는 세상에 왔다가 다시 돌아갔지만, 그럼에도 불구하고 그는 "영원한 제사장"입니다. 그에 관한 모든 것은 신비와 위엄으로 가득합니다.

그의 직분과 연결하여 "이 사람이 얼마나 위대한지 생각해" 보십시오. 그는 정식으로 왕과 제사장으로 세움을 받았습니다. 그는 의의 왕, 평강의 왕이면서 동시에 지극히 높은 하나님의 제사장이었습니다. 그와 관련하여, 우리는 그가 보좌 위에 제사장으로서 앉아 있다고 말할 수 있습니다. 그는 두 개의 직분을 행사하면서 사람들에게 큰 축복을 나누어 주었습니다. 왜냐하면 우리는 그가 아브라함에게 한 행동을 그의 생애 전체를 보여주는 상징으로 취할 수 있기 때문입니다. 그는 지극히 높은 하나님의 이름으로 아브라함을 축복했습니다. "이 사람이 얼마나 위대한지" 생각해 보십시오. 그는 의로 그의 백성들을 다스리며 그들에게 평강을 가져다주었을 뿐만 아니라 또한 하나님 앞에 그들을 대표하고 또 그들 앞에 하나님을 대표했습니다. 그리고 그 모든 것을 통해 그의 백성들에게 신적 축복을 나누어 주었습니다.

또 그의 축복의 능력 안에서 "이 사람이 얼마나 위대한지 생각해" 보십시오. 아브라함은 "약속을 받은 자"라고 일컬어질 정도로 이미 큰 축복을 받았습니다. 그렇지만 하나님으로부터 큰 약속을 받았음에도 불구하고, 아브라함은 멜기세덱으로부터 또다시 축복을 받았습니다. 그러면서 성경은 이렇게 덧붙입니다. "논란의 여지 없이 낮은 자가 높은 자에게서 축복을 받느니라"(7절). 이 위대한 사람은 축복받은 아브라함을 축복했으며, 우리의 믿음의 조상은 그의 손으로부터 축복받는 것을 기뻐했습니다. 그는 작은 자가 아니었으며, 낮은 계급의 제사장도 아니었습니다. 그는 사람의 아들들을 훨씬 능가합니다.

또 그를 둘러싼 모든 사람들을 능가함에 있어 "이 사람이 얼마나 위대한지 생각해" 보십시오. 그는 여러 왕들을 물리치고 정복자로서 돌아오는 아브라함을 만났습니다. 그런데 승리한 아브라함은 그 앞에 절을 하면서 노략물 중 십분의 일을 그에게 주었습니다. 아브라함은 조금의 머뭇거림도 없이 하나님의 제사장을 알아보고 기꺼이 예물을 바쳤습니다. 아브라함이 멜기세덱에게 절을 한 것은 그 안에서 아론의 모든 제사장 계통이 그에게 예를 표한 것을 의미합니다. 이와 관련하여 9절과 10절은 이렇게 말합니다. "또한 십분의 일을 받는 레위도 아브라함으로 말미암아 십분의 일을 바쳤다고 할 수 있나니 이는 멜기세덱이 아브라함을 만날 때에 레위는 이미 자기 조상의 허리에 있었음이라." 그러므로 아브라함 안에서 모든 왕들과 모든 제사장들이 왕이면서 동시에 제사장인 이 사람에게 그의 우월성을 인정하면서 예를 표한 것입니다. "이 사람이 얼마나 위대한지 생각해" 보십시오. 바울은 멜기세덱이 아브라함보다 더 크다는 사실을 증명함으로써 멜기세덱이 다른 모든 사람들을 능가한다는 사실을 명확하게 제시합니다. 최소한 히브리인들에게는 말입니다. 왜냐하면 아브라함의 자손들에게 아브라함보다 더 큰 자는 없기 때문입니다. 또 아브라함이 멜기세덱의 우월성을 인정하면서 십일조를 바친 것을 통해 지극히 높은 하나님의 제사장이 사람들 가운데 가장 큰 자라는 사실이 분명하게 드러납니다.

또 그의 특이성과 관련하여 "이 사람이 얼마나 위대한지 생각해" 보십시오. 그는 아버지도 없고 어머니도 없고 족보도 없습니다(3절). 다시 말해서, 우리는 그의 탄생이나 그의 기원이나 그의 역사(歷史)에 대해 아무것도 알지 못합니다. 3절은 계속해서 그가 "시작한 날도 없고 생명의 끝도 없다"고 말합니다. 멜기세덱은 많은 주석가들이 우리 주 예수 그리스도께서 나타나신 것이 분명하다고 생각할 정도로 정말로 신비로 가득합니다. 그들은 멜기세덱이 대부분의 사람들이 상상하는 것처럼 가나안의 어떤 도시의 왕이 아니라 하나님의 아들이 나타난 것이라고 생각합니다. 예컨대 마므레 수풀에서 천사들이 아브라함에게 나타난 것이라든지, 혹은 여리고 인근에서 신적 존재가 여호수아에게 나타난 것이라든지, 혹은 풀무불 속에 던져졌던 다니엘의 세 친구들 가운데 나타났던 특별한 존재처럼 말입니다. 어쨌든 그의 시작과 끝과 관련한 모든 것이 구름에 가려져 있으며, 우리는 그에 대해 이렇게 말할 수 있습니다.

> "누가 그대의 세대를 말할 수 있으며
> 누가 그대의 연수(年數)를 셀 수 있으랴?"

또 그의 직분의 특별성과 관련하여 "이 사람이 얼마나 위대한지 생각해" 보십시오. 그의 제사장직에는 전임자도 없었고 후임자도 없었습니다. 그는 거룩한 직분을 받았다가 나중에 내려놓은 사람이 아니었습니다. 성경의 역사적 기록과 관련한 한, 우리는 그가 제사장직을 내려놓았다는 기록을 보지 못합니다. 그는 사라지지만, 그러나 우리는 그의 출생에 대해서와 마찬가지로 그의 죽음에 대해서도 아무것도 읽지 못합니다. 그의 제사장직은 영속적이었으며, 아버지에게서 아들로 이어지지 않았습니다. 왜냐하면 그는 "육신에 속한 한 계명의 법을 따르지 아니하고 오직 불멸의 생명의 능력을 따라 된" 자의 모형이었기 때문입니다(16절).

또 그의 존재의 독특성과 관련하여 "이 사람이 얼마나 위대한지 생각해" 보십시오. "멜기세덱의 반차를 따른" 또 다른 제사장이 있습니다. 그는 멜기세덱의 영광스러운 원형(原型)입니다. 멜기세덱은 그 안에 흡수되지만 그러나 그와는 별도로 매우 독특합니다. 믿음의 조상을 축복하기 위해 지극히 높은 자로부터 보냄을 받은 이 특이하며 신비로운 '제사장과 선지자와 왕'(멜기세덱)과 비교할 수 있는 사람이 누구이겠습니까? 그는 누구와도 비교할 수 없으며, 전적으로 유일합니다. 그는 사람들로부터나 혹은 사람들로 말미암아 직분을 받지 않습니다. 그는 전임자로부터 받지 않았기 때문에 후임자에게 넘겨주지 않습니다. 멜기세덱은 홀로 섭니다. 그는 평지 위에 우뚝 솟은 거대한 바위산입니다. 그리고 장엄한 구름이 그 산마루를 가리고 있습니다. "이 사람이 얼마나 위대한지 생각해" 보십시오. 그렇지만 그 위대함을 측량할 생각은 하지 마십시오.

오늘 나는 멜기세덱에 대해 생각하는 것은 여러분에게 남겨둘 것입니다. 왜냐하면 오늘의 나의 일은 멜기세덱과 관련한 것이 아니라 그보다 더 큰 자와 관련한 것이기 때문입니다. 이런 관점에서 나는 오늘의 본문을 좀 더 높은 차원으로 적용하고자 합니다. 사랑하는 친구들이여, 만일 멜기세덱이 그토록 위대하다면, 멜기세덱이 예표하는 자는 얼마나 더 위대하겠습니까! 만일 모형(模型)이 그토록 놀랍다면, 원형(原型)은 얼마나 더 그렇겠습니까! 나는 이 시간 여러분 모두에게 "주께서 맹세하시고 뉘우치지 아니하시리니 네가 멜기세덱의 반차를 따른 영원한 제사장이라 하셨도다"라고 기록된 자가 "얼마나 위대한지" 생각해 보라고 초청합니다(21절). 나는 "이 사람이 얼마나 위대했는지 생각해 보라"고 말하지 않을 것입니다(KJV에는 "Consider how great this Man was"라고 되어 있음). 왜냐하면 여기에는 본래 동사가 없기 때문입니다. 실제로 여기의 "was"는 번역자들에 의해 삽입된 것입니다. 우리는 본문을 "이 사람이 얼마나 위대한지"(how great this Man)라고 읽어야 합니다. 번역자들에 의해 삽입된 "was"는 여러분이 원한다면 "is"나 혹은 "shall be"로도 읽혀질 수 있습니다. 이 사람이 그리고 사람이신 예수 그리스도가 얼마나 위대했는지, 그리고 얼마나 위대한지, 그리고 얼마나 위대할 것인지 생각해 보십시오.

오늘 아침 첫째로, 나는 여러분에게 이 사람이 얼마나 위대한지 생각해 보라고 훈계할 것입니다. 그리고 둘째로, 여러분으로 하여금 이 사람이 얼마나 위대한지 생각하도록 도울 것입니다. 그리고 셋째로, 이 사람이 얼마나 위대한지 실제적으로 좀 더 충분하게 생각해 보도록 합시다.

### 1. 첫째로, 오늘 아침 나는 여러분에게
### 이 사람 주 예수 그리스도가 얼마나 위대한지 생각해 보라고 훈계합니다.

이러한 주제는 여러분의 생각을 요구합니다. 나는 여러분이 여러분의 주님의 위대함에 대해 생각하는 것을 결코 선택의 문제로 생각하지 않습니다. 나는 그것을 여러분의 의무이며 동시에 여러분의 권리라고 생각합니다. 왜냐하면 지금 우리가 "이 사람"이라고 말하는 그는 우리 가운데 매우 잘 알려져 있을 뿐만 아니라 또한 우리에게 매우 중요한 영향을 끼치는 사람이기 때문입니다. 만일 여러분이 참된 신자라면, 그는 여러분에게 가장 사랑스러운 자이며 여러분은 모든 것을 그에게 빚지고 있습니다. 그는 여러분과 더불어 약혼관계에 있는 자이며, 여러분은 그의 배필입니다. 그의 마음이 여러분의 것인 것처럼, 여러분의 마음은 그의 것입니다. 만일 여러분이 그를 생각하지 않는다면, 그러면 누가 그를 생각할 것입니까? 그는 여러분을 사랑하시고 여러분을 위해 자신을 주셨습니다. 외인(外人)들이 이 시간 우리가 가르치는 것을 들을는지 모르지만, 마침내 우리는 다음과 같이 묻게 될 것입니다.

"외인들이여, 이것이 그대들에게 아무것도 아닌가?
예수께서 죽으신 것이 그대들에게 아무것도 아닌가?"

그러나 여러분은 그의 집의 외인도 아니며 손님도 아닙니다. 여러분은 그와 함께 그 집에서 살아가는 자녀들입니다. 그는 여러분의 형제 이상입니다. 왜냐하면 그는 여러분의 뼈 중의 뼈요 살 중의 살이기 때문입니다. 여러분과 관련한 모든 것이 그 안에 싸여 있습니다. 여러분은 그와 더불어 하나입니다. 여러분은 그와의 무한한 연합으로 말미암아 하나입니다. 그러므로 나는 여러분이 자주 여러분의 주님에 대해, 그리고 그의 본성과 인격과 직분과 사역의 위대함에 대해 생각해 볼 것을 요구합니다. 그리고 나는 여러분이 이러한 나의 요구에 즉시 동의할 것을 확신합니다. 그의 위대함은 여러분의 영원한 주제여야 합니다. 이 시간 다른 생각들은 다 내려놓으십시오. 왜냐하면 오늘은 여러분의 주님의 날이기 때문입니다. 그러므로 오늘은 기쁨으로 그의 위대하심만을 생각하는 날이 되도록 합시다. 만일 여러분이 "주의 날 성령에 감동"된다면, 여러분은 마치 밧모 섬의 요한처럼 여러분의 모든 생각을 금 촛대 사이를 거닐고 계시는 인자(人子)에게 집중시킬 것입니다(계 1:10). 나는 지금 여러분에게 전심으로 "이 사람이 얼마나 위대한지 생각해" 볼 것을 요구합니다. 여러분은 이러한 요구에 동의하지 않을 것입니까?

　　나아가 이러한 주제는 우리의 생각을 필요로 합니다. 왜냐하면 만일 우리가 그의 위대하심에 대해 많이 생각하지 않는다면, 우리는 그의 위대하심에 대한 개념을 얻지 못할 것이기 때문입니다. 여기에 생각하지 않고는 그 깊이를 잴 수 없는 큰 깊음이 있습니다. 여러분은 그리스도를 안다고 생각합니다. 그리고 어떤 의미에서 여러분은 실제로 그를 압니다. 그러나 여러분은 그에 대해 천분의 일만큼 압니까? 바울 사도는 오랫동안 그리스도를 알아왔음에도 불구하고 빌립보인들에게 편지를 쓰는 가운데 자신이 그리스도를 알기를 바란다고 말합니다. 그 이유가 무엇이었을까요? 그는 분명 그리스도를 알았지만, 그러나 그를 최고로 충만한 분량까지는 알지 못한다고 느꼈던 것입니다. 그는 그리스도의 사랑을 안다고 말하면서, 그것을 "지식에 넘치는"(passes knowledge) 사랑이라고 덧붙입니다. 우리는 오랫동안 그리스도에 대해 배웠지만, 그러나 계속해서 배워야만 합니다. 나는 수천 년 동안 하늘에 있으면서 그에게 경배한 성도들조차도 여전히 그에 대해 계속해서 배우고 있다고 생각합니다. "육체 가운데 나타나신 하나님"이란 주제는 최고의 지성을 가진 학자조차도 결코 충분하게 깨달을 수 없는 위대한 철학입니다. "이 사람이 얼마나 위대한지 생각해" 보십시오. 이것은 계속해서 연구할 만한 가치가 있는 주제이며, 깊은 생각을 요구하는 주제입니다. 여러분은 하루 종일 이러한 주제를 탐구하며, 달아보며, 살피며, 생각해야 합니다. 여러분은 이러한 주제를 주야로 여러분 가슴에 품어야 합니다. 마치 아름다운 향기가 풍기는 꽃다발을 가슴에 품듯이, 그래서 여러분의 가슴에서 아름다운 향기가 풍겨나듯이 말입니다. 여러분은 계속해서 예수를 바라보고, 또 바라보고, 또 바라보아야 합니다. 언약궤를 덮고 있는 은혜의 보좌를 생각해 보십시오. 그리고 그 위에 서 있는 천사들을 생각해 보십시오. 그들의 시선은 항상 아래를 향하고 있습니다. 마치 언약궤 안을 보기를 열망하는 것처럼 말입니다. 여러분의 자세도 이와 같아야 합니다. 여호와의 종들이여, 예수를 바라봄으로 말미암아 생명을 얻으십시오! 그를 바라봄으로써 여러분은 계속해서 생명을 유지하게 될 것이며, 여러분의 생명은 계속해서 자라며 더 강해지게 될 것입니다. 여러분은 이러한 주제를 항상 생각할 필요가 있습니다. 아, 예수 그리스도의 인격 안에 있는 하나님의 사랑과 지혜와 영광의 깊음이여!

　　오늘의 주제는 여러분의 생각을 요구하며 필요로 할 뿐만 아니라 또한 엄숙하게 명령합니다. "이 사람이 얼마나 위대한지 생각해 보라" — 이것은 단순한 권면이 아님니다. 그것은 성령의 감동으로 말미암아 바울 사도가 오늘 여러분에게 명령하는 것입니다. 바울은 여러분에게 멜기세덱에 대해 생각할 것을 명령하지만, 그보다 훨씬 더 멜기세덱의 원형(原型)에 대해 생각할 것을 명령합니다. 아, 사랑하는 형제들이여! 부디 예수에 대해 생각하며 탐구하며 연구하는 것을 마지못해 해야 하는 일로 여기지 마십시오. 그것을 사랑하십시오. 그렇게 하는 것을 결코 멈추지 마십시오. 예수에 대해 배우는데 사용되지 않는 모든 순간들을 "시간을 허비하는 것"으로 간주하십시오. 십자가에 달린 그리스도에 대한 지식과 비교할 때 다른 모든 지식들은 개가 먹는 찌꺼기로 간주하십시오. 오늘날과 같은 소위 과학의 시대에 바울 사도와 함께 예수 그리스도와 그의 십자가 외에는 아무것도 알지 않기로 결심하십시오. 마음을 다하고 목숨을 다하고 뜻을 다하여 주 너의 하나님을 사랑하라는 것은 여러분에 대한 엄숙한 명령입니다. 여러분이 그가 얼마나 위대한지 생각하는 동안, 하나님은 그리스도 예수 안에서 여러분의 속사람의 모든 기능을 활성화시킬 것입니다.

여러분이 "이 사람이 얼마나 위대한지" 계속해서 생각해야 하는 것은 그렇게 하는 사람에게 지극히 큰 상급이 있기 때문입니다. 나는 나의 삶의 유일한 가능성은 그리스도 안에 그리고 그리스도에 대해 사는 것임을 발견합니다. 사람의 지혜를 따라 살아보십시오. 사람의 지혜의 결과는 물처럼 요동하며 바람처럼 변화무쌍합니다. 철학의 역사는 처음부터 지금까지 어리석은 자들의 역사입니다. 또 오늘날 유행하고 있는 철학처럼 어리석은 것이 어디에 있겠습니까? 나는 오늘날 유행하고 있는 철학이 한 세기 안에 사람들로부터 완전하게 외면을 당하게 될 것이라고 확신합니다. 사람들은 그것을 구시대의 전적으로 불합리하며 이성(理性)과 상식에 배치되는 것으로 여길 것입니다. 오늘날에도 그렇지 않습니까? 지금 세대는 지난 세대의 철학들을 마치 축구공을 차듯이 차버리지 않습니까? 마찬가지로 미래 세대 역시도 똑같이 그렇게 할 것입니다. 그러므로 우리는 하나님의 계시로 돌아와야 합니다. 그리고 우리의 발은 이러한 흔들리지 않는 반석 위에 세워져야 합니다. "하나님께서 그리스도 안에 계시사 세상을 자기와 화목하게 하시며 그들의 죄를 그들에게 돌리지 아니하시고"(고후 5:19). 하나님과 그리스도에 대한 확실한 사실들이 성령으로 말미암아 우리에게 알려졌습니다. 이러한 것들은 결코 틀릴 수 없는 확실한 사실들입니다. 사람들이 어떻게 생각하든, 하나님의 계시는 참됩니다. 계시의 기초 위에 영원히 흔들리지 않는 견고한 발판이 있습니다. 성령으로 말미암아 나타난 그리스도에 대한 개인적인 지식은 확실한 사실입니다. 나는 예수에게 가며, 그에게 말하며, 그에 대해 생각합니다. 그러면 그는 내 앞에서 가장 커지며, 그 앞에서 인간의 모든 지식은 어리석은 것이 됩니다. 그는 "홀로 지혜로우신 하나님"입니다. 아! 그 때, 그가 모든 것이 될 때, 나는 삽니다. 주 예수 그리스도 외에 다른 모든 것을 잊어버릴 때, 나의 마음은 영광 가운데 기뻐하며 즐거워합니다. 그러므로 형제들이여, 여러분이 주님에게 가까이 나아와 그가 얼마나 위대한지 생각하고 또 생각할 때, 여러분은 크고 풍성한 상급을 발견하게 될 것입니다.

그의 위대함을 생각하십시오. 다시 한 번 말하거니와, 오직 그렇게 할 때만 여러분에게 축복이 임할 것입니다. 오늘 아침 내가 여러분에게 주님의 위대함에 대해 말하지만, 그러나 그 일에 충분한 성공을 거두지는 못할 것입니다. 내가 그의 사랑스러운 이름을 최선을 다해 높인다 한들, 그것이 무엇이겠습니까? 그것이 태양 앞에서 촛불을 드는 것 외에 무엇이겠습니까? 여러분은 깊이 생각해야만 합니다. 그렇지 않으면 축복을 놓칠 것입니다. 여러분에게 있어 단순히 듣거나 읽는 것만으로는 충분하지 않을 것입니다. 여러분 자신이 생각해야 합니다. 스스로 여러분의 주님에 대해 생각하십시오. 여러분은 성경을 읽으면서도 아무 유익도 얻지 못할 수 있습니다. 읽는 것과 함께 생각하지 않는다면 말입니다. 포도송이들을 모아놓는다고 포도주가 되지 않습니다. 포도송이들을 포도주틀에다 넣고 밟아야 합니다. 그래서 포도알갱이들이 즙으로 바뀌어야 합니다. 하나님의 진리를 읽는 것이 아니라 그 진리를 생각하는 것이 여러분에게 축복이 될 것입니다. 읽고, 생각하고, 배우고, 속으로 소화시키십시오. "이 사람이 얼마나 위대한지 생각하십시오." 만일 여러분이 그를 알고자 한다면, 스스로를 그 안에 가두십시오. "내 백성아 갈지어다 네 밀실에 들어가서 네 문을 닫고 분노가 지나기까지 잠깐 숨을지어다"(사 26:20). 그리스도 안에 피난처가 있습니다. 또 여러분이 그를 더 많이 생각할수록, 여러분의 평강은 더 커질 것입니다. 와서 여러분의 손가락을 그의 못 자국에 넣어 보십시오. 그리고 여러분의 손을 그의 옆구리에 넣어 보십시오. 항상 살아 계시는 그리스도와 개인적으로 교제하십시오. 그리고 "이 사람이 얼마나 위대한지" 항상 생각하십시오.

지금까지 나는 여러분에게 그리스도가 얼마나 위대한지 생각해 보라고 훈계했습니다. 이제 나는 여러분이 그렇게 할 수 있도록 돕기를 원합니다. 그러나 만일 하나님의 영이 나와 함께 계시지 않는다면, 그것이 여러분에게 무슨 도움이 될 수 있겠습니까? 나의 말에 무슨 능력이 담기겠습니까?

### 2. 둘째로, 이제 나는 여러분으로 하여금 이 사람이 얼마나 위대한지 생각하도록 도울 것입니다.

먼저 "이 사람"이라는 표현으로 인해 그의 신성(神性)에 대한 여러분의 믿음이 흔들리지 않도록 하기 위해, 여러분은 이 사람이 하나님과의 관계에서 얼마나 위대한지 생각할 필요가 있습니다. 그는 모든 측면에서 참으로 그리고 확실히 사람이었습니다. 그는 우리의 뼈 중의 뼈요 살 중의 살이었습니다. 그러면서 동시에 그는 참으로 하나님이셨습니다. 그를 '신적인 사람'(Divine Man)이나 혹은 '인간적인 하나님'(human God)으로 생각하지 마십시오. 그는 하나님과 사람 가운데 "어느 한 쪽이면서 그러나 다른 쪽은 아닌" 그런 존재가 아닙니다. 그는 완전하게 사람이셨으며, 동시에 무한히 하나님이셨습니다. 그의 인성(人性)이 한 인격 안에서 신성(神性)과 연합됨으로 말미암아 얼마나 높고 존귀한 자리로 고양(高揚)되는지 생각해 보십시오. 그는 태어나고 자라고 힘이 강해지고 장성한 자가 되고 죽으셨는데, 이 모든 것 안에서 그는 사람이셨습니다. 그러면서 동시에 그는 어느 한순간도 신적 존재가 아니었던 적이 없었습니다. 우리는 우리 주님의 인성을 그의 신성과 떼어놓고 생각해서는 안 됩니다. 왜냐하면 그는 하나이며 나눌 수 없기 때문입니다. 와츠 박사(Dr. Watts)는 종종 주님을 "피 흘리시고 죽으신 하나님"으로 찬미하곤 했는데, 어떤 사람들은 그와 같은 표현에 대해 매우 못마땅하게 생각하며 이의를 제기하곤 합니다. 나는 그와 같은 이의 제기가 종종 와츠 박사 자신보다도 우리 주님의 신성(神性)의 진리에 초점이 맞추어지곤 하는 것을 우려합니다. 그들은 스스로를 비평가로 자임합니다. 왜냐하면 스스로를 감히 이단자로 드러낼 용기는 가지고 있지 않기 때문입니다. 그러나 우리는 성경에서 그의 인성을 나타내는 말씀뿐 아니라 그의 신성을 나타내는 말씀을 많이 발견합니다. 그의 인성에 대하여서만 참일 수 있는 말씀이 있는가 하면, 그의 신성에 대하여서만 참일 수 있는 말씀도 있습니다. 또 그의 행동들과 관련하여, 그의 인성에 돌려질 수 있는 행동이 있는가 하면 그의 신성에 돌려져야만 하는 행동도 있습니다. 우리는 하나님의 영으로 말미암아 기록된 것 이상으로 지혜로워질 필요가 없습니다. 율법조문에 집착하다가 영(spirit)을 잃어버리는 일은 얼마든지 가능합니다. 무익한 비판이나 일삼는 자들이 지혜를 독점하는 것이 아닙니다. 예수 그리스도가 하나님이라는 사실로 인해 그가 나에게 온전한 사람이 되지 못하는 것은 결코 아닙니다. 아, 나의 마음이 그를 얼마나 사랑하는 지요! 그는 나에게 사람의 아들들 가운데 가장 아름다운 자입니다. 또 예수 그리스도가 사람이라는 사실로 인해 그가 나에게 "영원히 복된 만유의 하나님"이 되지 못하는 것 역시 결코 아닙니다. 나의 영은 그의 위엄 앞에 머리를 숙이고, 나의 영혼은 그를 찬미합니다. 그러므로 여러분에게 간청하노니, 그의 인성의 위대함을 생각하십시오. 그것은 결코 그의 신성으로부터 분리되지 않으며, 우리는 그의 신성과 연결하지 않고는 결코 그의 인성을 온전히 생각할 수 없습니다. "말씀이 육신이 되어 우리 가운데 거하시매 우리가 그의 영광을 보니 아버지의 독생자의 영광이요 은혜와 진리가 충만하더라"(요 1:14). 이와 같이 하나님과 더불어 하나인 사람의 위대함은 얼마나 크고 놀랍습니까!

　다음으로 사람들에 대한 관계와 관련하여 "이 사람이 얼마나 위대한지" 생각해 보십시오. 그리스도 예수는 둘째 사람이며, 하늘로부터 오신 주님입니다. 우리의 첫째 조상 아담은 인류의 머리였으며, 모든 사람들이 그들의 대표인 그 안에 있었습니다. 그 안에서 그들은 에덴 동산에 서 있었으며, 그 안에서 그들은 타락했습니다. 그가 하나님의 말씀에 불순종했을 때 말입니다. 결국 언약에 따라 하나님은 그를 에덴 동산으로부터 내쫓으셨습니다.

> "나의 형제들이여, 그것은 얼마나 슬픈 넘어짐인가!
> 당신과 나와 우리 모두가 넘어졌도다."

　아담의 실패 때문에 우리는 그 성향이 악으로 향하는 본성을 유산으로 받습니다. 아담은 인류와 관련하여 매우 큰 자였습니다. 그는 모든 세대를 하나로 응축한 자이며, 인성의 모든 물이 흘러나오는 근원입니다. 그와 관련하여 에스겔 선지자는 이렇게 말합니다. "네가 옛적에 하나님의 동산 에덴에 있어서 … 네가 지음을 받던 날로부터 네 모든 길에 완전하더니 마침내 네게서 불의가 드러났도다"(겔 28:13, 15). 아담이 하나님으로부터 쫓겨났을 때, 그는 마치 암탉이 병아리들을 품듯이 그렇게 모든 인류를 품고 쫓겨났습니다. 그러나 이제 더 큰 사람으로서 그리고 새로운 대표자로서 주 예수 그리스도가 오십니다. 이 사람 안에서, 하나님은 다시금 사람들로 더불어 즐거워하십니다. 하나님이 악인을 바라보며 그를 지으신 것을 한탄할 때를 생각해 보십시오. 그러나 이제 하나님은 그의 눈을 이 완전한 사람에게 돌립니다. 이제 하나님은 그와 같은 한탄을 하지 않으십니다. 반대로 우리는 "하나님께서 그리스도 안에 계시사 세상을 자기와 화목하게" 하셨다는 말씀을 읽습니다(고후 5:19). 하나님은 그리스도 안에서 세상을 자기와 화목하게 하셨습니다. 하나님은 그 사람 예수 그리스도로 말미암아 헤아릴 수 없이 많은 죄인들을 긍휼과 오래 참으심으로 다루시며 그들을 멸망시키지 않습니다. 만일 오래 참으시는 하나님이 그 아들 예수 그리스도를 바라보며 사람들을 아끼지 않으셨다면, 이미 오래 전에 사람들은 물의 홍수가 아니라 불의 홍수로 쓸어버림을 당했을 것입니다. 그 뿐입니까? 예수 그리스도로 말미암아 하나님은 사람들에게 평안의 복음을 보내시며, 예수의 이름으로 복된 소식들이 모든 사람들에게 전파됩니다. 때로 한 사람의 영웅적인 행동으로 말미암아 어떤 계층의 사람들이나 혹은 한 나라가 영예로운 자리로 고양(高揚)되기도 합니다. 그렇다면 이 사람이 얼마나 위대한지 생각해 보십시오. 분개함 없이 죄를 바라볼 수 없는 하나님은 그럼에도 불구하고 이 영광스러운 사람의 인격과 성품을 보시면서 죄 사함을 선포하시고 사람의 아들들에게 회개하고 자신에게 돌아와 생명을 얻으라고 명하셨습니다. 그러므로 "이 사람이 얼마나 위대한지 생각해" 보십시오.

　계속해서 그의 백성들과 그리스도의 관계를 생각해 보십시오. 이것을 생각할 때, 우리의 마음은 얼마나 큰 기쁨으로 가득 참니까! 지금 우리는 반석과 같은 확실한 기초 위에 서 있습니다. 하늘과 땅이 만들어지기 훨씬 전에, 주님은 예지적인 눈으로 사람의 본성 안에 있는 하나님으로서의 자기 아들의 인격을 보셨습니다. 그리고 주님은 그 안에 있는 자신의 모든 택하신 자들을 보셨습니다. 교회는 그의 몸이며, "만물 안에서 만물을 충만하게 하시는 이의 충만함"입니다(엡 1:23). 하나님 아버지는 신적 섭리 안에서 신비한 그리스도를 보셨으며, 그리스도 예수로 말미암아 자기의 모든 구속받은 자들과 더불어 기뻐하십니다. 주 예수 그리스도와 영원하신 하나님 사이에 세워진 영원한 언약을 생각해 보십시오. 거기에서 예수 그리스도는 자신의 택한 자들을 위해 속죄를 이루고 그들의 모든 죄를 덮는 의를 완성하고 그들을 사랑하는 자 안에서 받아들여지도록 만들기 위해 영원하신 하나님과 더불어 언약 안으로 들어가셨습니다. 이천 년 가까이 지

나오는 동안 실제적인 희생제사가 드려지지 않았지만, 그러나 "이 사람이 얼마
나 위대한지" 보십시오. 왜냐하면 그 오랜 세월 동안 주님은 자신의 약속에 근거
하여 계속해서 사람들을 구원하셨기 때문입니다. 그리스도 안에 있는 여러분과
나와 우리 모두가 오늘날 그로 말미암아 사랑받는 자가 되었으며, 그로 말미암
아 받아들여졌으며, 그로 말미암아 의롭다함을 받은 것을 생각해 보십시오. 하
나님은 지금도 여전히 그로 말미암아 우리를 전능하신 사랑의 품안으로 끌어안
으시며 또 그로 말미암아 우리에게 무한한 보화를 주십니다. 왜냐하면 우리는
약속을 받은 백성들이기 때문입니다. 그는 우리를 위해 때가 차면 자신의 피를
뿌리고 그로 말미암아 우리를 구속할 것을 맹세하셨습니다. "이 사람이 얼마나
위대한지 생각해" 보십시오. 그는 모든 성도들이 그 안에서 축복받을 만큼 위대
합니다. 그는 우리가 이러한 거대한 반석의 틈 안에서 영원히 거하며 그 안에서
우리의 성(城)과 망루를 발견할 만큼 위대합니다. "이는 너희가 죽었고 너희 생
명이 그리스도와 함께 하나님 안에 감추어졌음이라 우리 생명이신 그리스도께
서 나타나실 그 때에 너희도 그와 함께 영광중에 나타나리라"(골 3:3, 4). "이 사
람이 얼마나 위대한지 생각해" 보십시오.

　　사랑하는 친구들이여, 이제 여러분에게 그의 첫 번째 오심의 배경을 일깨워줌
으로써 여러분으로 하여금 그의 위대하심을 올바로 생각하도록 돕고자 합니다.
그가 탄생하기 수천 년 전부터 거룩한 사람들이 그에 대해 예언하지 않았습니
까? 또 선지자들과 선견자들이 모두 오실 자로서 그를 가리키지 않았습니까? 그
렇다면 "이 사람"은 얼마나 위대한 자입니까? 최고의 지혜와 최고의 선을 가진
사람들이 모두 기쁨으로 그의 날을 바라보지 않았습니까? 하나님이 그의 종 모
세로 말미암아 만드신 상징과 모형과 예표의 놀라운 체계를 생각해 보십시오.
이러한 체계 전체는 때가 되면 나타날 메시야를 제시하기 위한 목적으로 의도된
것이었습니다. 피 흘리며 죽어가는 희생제물들과, 달콤한 향으로 가득한 향로들
과, 금 그릇들과, 성막 혹은 성전의 벽과 휘장에 이르기까지 모두가 그를 증언하
며, 그에 대해 말합니다. 뿐만 아니라 모든 제국들의 모든 역사들도 모두 예수 그
리스도의 초점으로 모아집니다. 그 모든 것들은 예수 그리스도를 초점으로 하는
동심원들과 같습니다. 왜냐하면 주 예수가 역사의 중심이기 때문입니다. 주 예
수는 역사의 중심일 뿐만 아니라 또한 하나님이 사람의 아들들 가운데 행하시고
나타나신 모든 것의 총체입니다. "이 사람이 얼마나 위대한지" 생각해 보십시오.

거룩한 사람들이 그가 오기를 간절히 기다렸습니다. 시므온과 안나는 그가 나타날 때까지 떠날 수 없었습니다. 그가 올 때, 천사들은 "지극히 높은 곳에서는 하나님께 영광이요 땅에서는 기뻐하심을 입은 사람들 중에 평화로다"라고 노래했습니다. 겸비한 목자들은 양 떼를 지키면서 그에게 경배할 것을 지시하는 신호를 간절히 기다렸습니다. 그리고 동방으로부터 온 박사들은 먼 여행의 피로도 잊은 채 그의 발 앞에 황금과 유향과 몰약을 예물로 드렸습니다. "이 사람이 얼마나 위대한지" 생각해 보십시오. 그가 태어나 구유에 뉘었을 때, 그의 나타남으로 말미암아 온 세상이 요동했습니다.

그의 오심의 외적인 배경뿐만 아니라 또한 그의 탄생의 은밀한 비밀과 관련하여 "이 사람이 얼마나 위대한지" 생각해 보십시오. 이 사람은 우리처럼 "죄 가운데 나지" 않았습니다. 뿐만 아니라 그는 "죄악 중에서 출생하지도" 않았습니다 (시 51:5). 가브리엘 천사는 처녀 마리아에게 이렇게 말했습니다. "성령이 네게 임하시고 지극히 높으신 이의 능력이 너를 덮으시리니 이러므로 나실 바 거룩한 이는 하나님의 아들이라 일컬어지리라"(눅 1:35). 사도신경의 한 구절을 생각해 보십시오. "성령으로 잉태하사 동정녀 마리아에게 나시고." 그는 참된 사람이었지만, 그러나 타락한 사람은 아니었습니다. 사람이신 그리스도 예수의 순전한 인간 본성이 만들어진 방법은 큰 신비이지만, 그러나 그것은 우리로 하여금 "이 사람이 얼마나 위대한지" 알도록 만드는데 큰 도움이 됩니다. 나는 여기에서 "보라 처녀가 잉태하여 아들을 낳을 것이요 그 이름을 임마누엘이라 하리라"는 약속이 이루어졌음을 말하는 것 이상의 또 다른 말을 할 필요를 느끼지 않습니다. "그가 맏아들을 이끌어 세상에 다시 들어오게 하실 때에 하나님의 모든 천사들은 그에게 경배할지어다 말씀하시며"(히 1:6)라는 옛 말씀을 생각해 보십시오. 그러므로 우리도 경배합시다! 하나님의 심오한 것들에 대해 경솔하게 판단하지 말고 베들레헴에 가서 "이 사람이 얼마나 위대한지" 생각합시다.

이제 그의 생애를 살펴보도록 합시다. 우리 주님의 생애는 어떠했습니까? 그의 원수들조차도 감히 그의 성품에 대해 악하게 말할 수 없었습니다. 만일 기독교가 단지 꾸며낸 허구의 이야기일 뿐이라면, 예수의 생애에 대한 이야기들은 사실보다 훨씬 더 놀랍고 신비스럽게 채색되었을 것입니다. 그러나 완전한 인격의 개념은 완전한 정신을 요구하며, 완전한 정신은 결코 허구를 준비하지 않습니다. 그리고 그러한 허구를 마치 참된 역사인 양 사람들 사이에 끼워넣지 않을 것입니다. 만일 예수의 생애가 지어낸 우화(寓話)라면, 완전한 존재가 우리를 속인 셈이 됩니다. 그러므로 그것은 결코 가능하지 않습니다. 예수 그리스도의 생애는 처음부터 끝까지 위대합니다. 그의 생애는 너무도 부드럽고 온유합니다. 그것은 조금도 시시하거나 초라하지 않습니다. 그의 생애는 조금도 이기적이지 않으며, 따라서 처음부터 끝까지 장엄합니다. 그의 생애는 스스로를 낮추며 비하(卑下)하는 생애이며, 그렇기 때문에 그것은 또한 특별하게 숭고합니다. 또 그것은 진리로 가득하며, 투명하며, 꾸밈이 없으며, 자연스럽습니다. 아무도 예수를 허구로 생각해서는 안 됩니다. 그는 실재 그 자체입니다. 그는 진실로 "거룩한 종 예수"이며, 이 점에서 그는 다른 모든 사람들보다 위대합니다(행 4:30). 어느 누구도 그리스도만큼 널리 알려진 사람은 없습니다. 그러면서도 그만큼 적게 이해된 사람도 없습니다. 여러분은 세상을 떠난 위인들의 전기를 읽으면서 "이 부분에 대해 전기 작가가 더 이상 이야기하지 않은 것은 참으로 잘한 일이야!'라고 느낀 적이 있었을 것입니다. 그러나 여러분은 예수의 성품에 대하여는 아무것도 유보될 필요가 없음을 느낄 것입니다. 설령 그의 제자들이 그의 생애와 관련한 글을 계속해서 기록했다 하더라도 ― 그것을 기록한 책들로 세상이 가득 채워질 때까지 말입니다 ― 틀림없이 그들은 무가치한 행적(行蹟)이나 쓸데없는 말은 단 하나도 기록하지 않았을 것입니다. 그것은 그의 일이 장엄한 것이라거나 ― 왜냐하면 그것이 사람들을 구원하는 일이었으니까 ― 혹은 그의 동기가 거룩한 것이었기 때문만이 아니라 ― 왜냐하면 아버지를 나타내기 위함이었으니까 ― 그토록 위대한 것이 바로 그 자신이기 때문입니다. 알렉산더를 보십시오. 그는 위대한 정복자입니다. 그렇지만 술이 그를 미치게 했을 때, 그는 얼마나 가련한 존재로 나타납니까! 또 유배지에서의 나폴레옹은 얼마나 초라한 모습을 보입니까! 유배당해 있는 동안, 그는 마치 응석받이 아이처럼 계속해서 투정을 부리며 짜증을 냈습니다. 그러나 주 예수를 보십시오. 여러분이 어디에서 그를 바라보든, 그것은 아무런 문제도 되지 않습니다. 광야에서 그는 유혹에 대항하여 멋지게 승리를 거둡니다. 무리 가운데 그는 자신에게 올무를 씌우려는 자들에게 매우 지혜롭게 대답합니다. 겟세마네 동산에서 고뇌하는 그를 보십시오. 세상에 이토록 처절하게 고뇌하는 자가 또 있었습니까? 십자가에 달린 그를 보십시오. 그의 고난은 얼마나 놀랍고 또 놀랍습니까? 예수 그리스도는 가장 작을 때 가장 위대했습니다. 그리고 그가 가장 끔찍한 어둠 가운데 있었을 때, 그의 광채는 가장 찬란하게 빛났습니다. 사망 안에서 그는 사망을 멸망시켰습니다. 무덤 안에서 그는 묘지를 파헤쳤습니다. "이 사람이 얼마나 위대한지 생각해" 보십시오. 그의 생애의 들판은 광대합니다. 부지런히 그것을 조사하고 탐구하십시오.

또 그의 죽음 안에서 "이 사람이 얼마나 위대한지 생각해" 보십시오. 그의 죽음 안에서, 그는 그의 백성들의 죄를 제거하는 위대한 속죄제물로 나타납니다. 하나님은 그에게 우리 모두의 죄를 짊어지도록 하셨습니다. 그가 짊어진 죄의 무게는 얼마나 무겁겠습니까! 그렇지만 그는 그것을 감당했습니다. 죄에 대한 하나님의 진노가 아무런 죄도 범하지 않은 자 위에 떨어졌으며, 그는 그 모든 것을 감당했습니다. 십자가 위에서 우리 주님에게 우리의 모든 죄에 대한 형벌이 요구되었으며, 그는 그 모든 것을 감당했습니다. 그는 우리의 쓴 잔 전체를 마셨습니다. 그는 신적 공의를 만족시키기 위해 필요한 모든 것을 스스로 짊어지셨습니다. 마침내 "다 이루었다!"라고 말씀하실 수 있게 될 때까지 말입니다. "라마 사박다니"는 지금까지 사람의 입술에서 나온 모든 말들 가운데 가장 두려운 말이며, "다 이루었다"는 그 가운데 가장 위대한 말입니다. 그가 이룬 일은 어마어마한 것이었습니다! 나는 그 일이 무한한 일이었다고 말합니다. 따라서 "다 이루었다!"라고 외쳤을 때, 우리 주 예수는 위대함의 극치까지 다다른 것이었습니다. "이 사람이 얼마나 위대한지 생각해" 보십시오.

또 그가 다시 살아난 것과 관련하여 "이 사람이 얼마나 위대한지" 생각해 보십시오. 그는 사망의 줄에 묶여 있을 수 없었으며, 그의 몸은 썩음을 볼 수 없었습니다. 그리스도께서 다시 살아난 것 자체도 위대한 일이었지만, 그러나 내가 특별히 여러분에게 일깨워주고 싶은 것은 우리 모두 그 안에서 다시 살아났다는 사실입니다. "아담 안에서 모든 사람이 죽은 것 같이 그리스도 안에서 모든 사람이 삶을 얻으리라"(고전 15:22). 특별히 그의 언약의 백성들이 그와 더불어 다시 살아났다는 사실을 기억하십시오. 그의 구속받은 백성들은 그의 죽음 안에서 그와 함께 죽었고, 그의 다시 살아나심 안에서 그와 함께 다시 살아났습니다. 우리는 그의 부활에 참여한 자가 되었으며, 그의 죽은 자 가운데 다시 살아나심으로 말미암아 새 생명 가운데 삽니다. 그는 다시 살아날 것을 내다보면서 이렇게 말씀하셨습니다. "내가 살았으니 너희도 살겠음이라"(요 14:19). "이 사람이 얼마나 위대한지 생각해" 보십시오. 그는 자기 안에 있는 모든 사람들에게 자신의 생명을 나누어 주십니다.

　뿐만 아니라 그는 하늘로 높이 올라가셨습니다. 이 사람이 하늘로 올라가심으로 말미암아 하늘로부터 비처럼 쏟아져 내린 은사들을 생각해 보십시오. 우리 가운데 내려오신 성령은 세상 끝날까지 결코 다시 돌아가지 않을 것입니다. 지금 하나님의 교회 안에 머물러 있는 모든 은사들과 위대한 보혜사께서 행하시는 거듭남과 조명(照明)과 성화(聖化) 등의 모든 역사(役事)들은 이 사람이 지성소 안으로 들어간 것의 결과입니다. 거듭난 모든 영혼과 위로함을 받은 모든 마음과 새롭게 소생된 모든 정신과 하늘의 빛으로 조명된 모든 눈과 영적인 축복을 받은 모든 피조물은 이 사람의 영광을 반영합니다. 그렇다면 그는 얼마나 위대합니까!

　뿐만 아니라 이 사람은 지금 아버지의 우편에 앉아 계십니다. 나는 지금 그를 묘사할 필요가 없습니다. 설령 그럴 필요가 있다 하더라도, 그렇게 하는 것은 나에게 불가능한 일입니다. 그를 가장 많이 사랑했고 또 그를 가장 잘 알았던 자가 그에 대해 어떻게 말했습니까? "내가 볼 때에 그의 발 앞에 엎드러져 죽은 자 같이 되매"(계 1:17). "이 사람이 얼마나 위대한지 생각해" 보십시오. 지금 모든 천사가 그에게 예를 표하며, 하늘과 땅과 땅 아래 있는 모든 무릎이 그 앞에 꿇습니다. "하늘에 있는 자들과 땅에 있는 자들과 땅 아래에 있는 자들로 모든 무릎을 예수의 이름에 꿇게 하시고 모든 입으로 예수 그리스도를 주라 시인하여 하나님 아버지께 영광을 돌리게 하셨느니라"(빌 2:10, 11). "이 사람이 얼마나 위대한지 생각해" 보십시오. 또 그가 머지않아 우리를 심판하실 자로서 다시 오실 것이라는 사실을 기억하십시오. 그는 내가 여러분에게 말하고 있는 동안 오실 수도 있습니다. 그 날과 그 시는 아무도 모릅니다. 그러나 그가 불꽃 가운데 자기에게 순종하지 않는 자들에게 보응하실 때, "이 사람이 얼마나 위대한지"가 분명하게 나타날 것입니다. 또 그의 영광의 나타남 안에서 모든 신자들이 영광을 얻을 때, 그는 얼마나 "위대할" 것입니까? 지금 나의 귀에 "할렐루야! 할렐루야!' 하며 외치는 소리가 들리는 것 같습니다. "할렐루야! 만왕의 왕이요 만주의 주께서 영원히 통치하시도다 할렐루야!' 그의 이름을 믿는 자들이여, 큰 소리로 호산나를 외치십시오! 왜냐하면 그가 모든 신자들 가운데 영광을 받으실 날이 가까웠기 때문입니다. 이 사람이 얼마나 위대한지 생각해 보십시오. 나는 오늘의 주제의 극히 일부분만을 건드렸을 뿐입니다. 우리는 단지 그의 옷자락만을 볼 뿐입니다. 그의 실제적인 영광은 말할 수 없으며, 찾을 수 없습니다. 아, 그의 영광의 깊음이여!
아, 그의 영광의 풍성함이여!

### 3. 마지막으로, 이 사람이 얼마나 위대한지
### 실제적으로 좀 더 충분하게 생각해 보도록 합시다.

이 사람이 얼마나 위대한지 생각해 보십시오. 그리고 생각함과 함께 사람들
을 축복하는 그의 무한한 능력을 믿으십시오. 그는 태양이 빛으로 가득한 것처
럼 축복으로 가득하며, 따라서 그의 가련한 피조물들에게 축복의 빛을 비출 수
있습니다. 그리스도는 축복으로 가득하며, 따라서 빈손으로 나아오는 가난하며
궁핍한 죄인들을 축복할 수 있습니다. 가련한 죄인이여, 당신은 "나는 너무나 큰
죄인이라서 결코 구원받을 수 없어요"라고 말합니까? 이 사람이 세상에 계실 때
행한 일을 생각해 보십시오. 그가 여기저기 다니며 병자들에게 손을 얹으면, 그
들은 나음을 입었습니다. 그가 마귀들을 바라보면, 그들은 도망쳤습니다. 그가
열병(熱病)에게 말하면, 열병이 떠나갔습니다. 그는 지금 하늘에 계시며, 이 땅
에 계실 때보다 더 크십니다. 왜냐하면 이 땅에 계실 때는 겸비 가운데 가려져 있
었지만, 지금은 무한한 위엄의 관을 쓰고 계시기 때문입니다. 그는 "자기를 힘입
어 하나님께 나아가는 자들을 온전히 구원할 수" 있습니다. 왜냐하면 "그가 항상
살아 계셔서 그들을 위하여 간구하고" 계시기 때문입니다(히 7:25). 모든 신자들
을 위해 그리스도 안에 저장되어 있는 무한한 축복을 믿으십시오. 지금 나오십
시오. 그리고 여러분의 분깃을 취하십시오. 여러분이 바라며 필요로 하는 모든
것을 값없이 받으십시오. 왜냐하면 그가 지금 은혜 가운데 그것을 값없이 나누
어 주고 계시기 때문입니다. 그는 사람의 아들들을 부요케 하시기를 기뻐하시
며, 그것이 그의 영광의 일부입니다. 이 시간 하나님이 여러분의 마음판 위에 예
수를 믿는 믿음을 기록하시기를 기원합니다!

또 우리가 생각할 수 있는 모든 존귀를 우리 주 예수 그리스도에게 돌립시
다. 이 시간 우리 자신을 다시금 그에게 드립시다. 이 사람이 얼마나 위대한지 생
각해 보십시오. 또 여러분이 그에게 얼마나 큰 빚을 지고 있는지 생각해 보십시
오. 여러분이 그를 위해 얼마나 많은 일을 행해야 마땅한지 생각해 보십시오. 또
그를 위해 마땅히 행해야 할 것과 비교하여 여러분이 실제로 행한 것은 얼마나
작고 보잘것없는지 생각해 보십시오.

"우리를 대신하여 죽음을 당하신 자,
　그에게 위엄의 면류관이 씌워질지로다.
　호흡이 있는 모든 것들아,
　그의 영광을 소리 높여 외칠지어다."

여러분의 마음속에 다음과 같은 질문이 떠오르는 것이 느껴지지 않습니까?

"나의 구주를 찬미하기 위해
　내가 무엇을 할꼬?"

무슨 일이든 하십시오! 그리고 그 일을 마치고 난 후 또 다른 일을 하십시오. 계속해서 그렇게 하십시오. 여러분의 전 존재를 이 사람의 위대함을 나타내는데 드리십시오.

또 그리스도의 위대함을 생각하면서, 이런저런 일들로 인해 두려워하거나 요동하거나 흔들리지 마십시오. 현재 일어나고 있는 일이든, 앞으로 일어날 가능성이 있는 일이든 말입니다. "이 사람이 얼마나 위대한지 생각해" 보십시오. 오늘날의 소위 지혜롭다고 하는 사람들은 옛 믿음을 폐하려고 혈안이 되어 있습니다. 현대 문화는 옛 정통을 짓밟아 없애려고 합니다. 기독교 자체가 점점 더 시대에 뒤떨어진 것이 되어 가고 있으며, 사람들은 그것을 더 나은 어떤 것으로 대체하려고 합니다. "어찌하여 이방 나라들이 분노하며 민족들이 헛된 일을 꾸미는가 세상의 군왕들이 나서며 관원들이 서로 꾀하여 여호와와 그의 기름 부음 받은 자를 대적하며 우리가 그들의 맨 것을 끊고 그의 결박을 벗어 버리자 하는도다 하늘에 계신 이가 웃으심이여 주께서 그들을 비웃으시리로다 그 때에 분을 발하며 진노하사 그들을 놀라게 하여 이르시기를 내가 나의 왕을 내 거룩한 산 시온에 세웠다 하시리로다"(시 2:1-6). 어떤 사람이 얼마 전에 나에게 "사상의 조류는 복음적인 종교의 방향으로 흐르지 않는 것 같습니다"라고 말한 적이 있습니다. 그 때 나는, 만일 사상의 조류가 그와 같은(복음적인) 방향으로 흐른다해도 나는 결코 더 많이 복음적인 종교를 믿지 않을 것이라고 대답했습니다. 우리는 사람의 머리 숫자에 따라 믿지 않습니다. 사람들의 생각의 조류는, 차라리 여러분이 새가 날아가는 것에 대해서나 혹은 영국의 날씨가 변하는 것에 대해 더 잘 말할 수 있을 정도로, 너무나 불확실합니다. 복음이 더욱더 확실한 진리인 것은 역설적으로 그것을 믿는 자들이 소수이기 때문입니다. 우리는 하나님의 계시된 진리가 모든 세대의 지혜로운 자들에 의해 조롱과 멸시를 당할 것이라고 충분히 예상할 수 있습니다. 설령 나 혼자만 남는다 하더라도, 복음에 대한 나의 믿음은 조금도 작아지지 않을 것입니다. 반대로 온 세상이 소리 높여 외친다 하더라도, 복음에 대한 나의 믿음이 더 커지지는 않을 것입니다. 모든 사람은 거짓될지라도 하나님은 참되십니다. 대중들의 합의된 의견 위에 믿음의 기초를 세우는 사람은 모래 위에 집을 짓는 것과 같습니다. 반면 자신의 성경을 읽고 진리가 무엇인지에 대해 하나님의 영의 가르침을 받는 사람은 반석 위에 집을 짓는 것과 같습니다. 이 사람이 얼마나 위대한지에 대해 생각할 때, 나는 그를 위해 어리석은 자가 되는 것이 최고의 지혜이며, 그가 말씀하신 것을 붙잡는 것이 최고의 철학이며, 그를 믿는 것이 모든 그리스도인에게 있어 의무일 뿐만 아니라 또한 필수불가결한 일임을 시인하지 않을 수 없습니다.

사랑하는 친구들이여, 기운을 내십시오! 오늘날의 의심과 회의주의로 인해 낙심하지 마십시오! 싸움의 격렬함으로 인해 요동하지 마십시오! 이미 나의 귀에 주의 오심을 알리는 나팔소리가 들리는 것 같습니다. 그는 멀리 계시지 않습니다. 설령 그의 오심이 아직까지도 수천 년이 남아 있다 하더라도, 우리의 승리는 의심의 여지가 없습니다. 승리를 위해 필요한 모든 것은 다 이루어졌습니다. 그의 피가 흘려졌으며, 그의 생명이 속전(贖錢)으로 지불되었습니다. 모든 것이 결정되었으며, 아무것도 그것을 바꿀 수 없습니다. "그가 자기 영혼의 수고한 것을 보고 만족하게 여길 것이라"(사 53:11). 아멘.

제
16
장
—

# 영원히 살아 계시는 제사장

—

"제사장 된 그들의 수효가 많은 것은 죽음으로 말미암아 항
상 있지 못함이로되 예수는 영원히 계시므로 그 제사장 직
분도 갈리지 아니하느니라 그러므로 자기를 힘입어 하나님
께 나아가는 자들을 온전히 구원하실 수 있으니 이는 그가
항상 살아 계셔서 그들을 위하여 간구하심이라." —히 7:23-
25

바울 사도는 특별히 구약과 연결하여 그의 주님을 설명하는 주제를 다룰 때
마다 매우 능숙하게 그렇게 합니다. 구약의 상징과 모형들을 다루면서, 그는 주
예수 그리스도가 구약의 모든 제사장들보다 훨씬 더 우월함을 명확하게 제시합
니다. 본문의 경우에도 그는 우리 주님의 특별한 존귀를 분명하게 강조합니다.
여기에서 바울은 예수 그리스도가 영원히 살아 계시므로 그의 제사장 직분이 영
원함을 이야기합니다. 일반적인 제사장들은 30세부터 50세까지 섬긴 연후에 모
든 사역을 마쳤습니다. 반면 아론의 집의 제사장으로서 대제사장이 된 사람들은
자신들의 직분을 평생토록 유지했습니다. 때로 어떤 대제사장은 매우 오랜 기간
동안 그 직분을 유지하기도 했지만, 많은 경우에는 일찍 죽음을 맞기도 했습니
다. 어쨌든 구약의 제사장 직분은 계속해서 계승될 수밖에 없었습니다. 다시 말
해서, 백성들을 위해 휘장 안으로 들어가기 위해 아론의 반차를 따라 많은 제사
장들이 대대로 이어졌습니다. 그러나 우리 주님은 다른 계열을 따른 제사장입니

다. 그는 "시작한 날도 없고 생명의 끝도 없는" 멜기세덱의 반차를 따른 제사장입니다(3절). 그는 육체의 계명의 율법을 따라 제사장이 되지 않았습니다. 그는 무한한 생명의 능력을 따라 제사장이 되었습니다. 그는 자신의 영원한 생명과 영속적인 제사장 직분으로 말미암아 하나님의 백성들을 위해 계속해서 중보의 간구를 합니다. 이런 측면에서 참 메시야인 주 예수 그리스도는 이전의 모든 제사장들을 능가합니다. 실제로 그들은 단지 예수님의 모형이며 그림자일 뿐이었습니다.

우리 주 예수 그리스도의 이러한 우월성은 모든 사람들의 흥미를 끌 주제는 아닐 것입니다. 많은 사람들에게 그것은 한가한 이야기이거나 그렇지 않으면 일종의 광신적인 환희의 표현으로 보일 것입니다. 그러나 이 부분에 있어서도 역시 은혜의 택하심을 따라 남은 자들이 있을 것입니다. 그들에게 예수 그리스도의 우월성은 말할 수 없이 달콤한 주제입니다. 이러한 주제에 대해 흥미를 가질 자들은 어떤 사람들일까요? 그들은 본문 속에 나타납니다. 그들은 "예수 그리스도를 힘입어 하나님께 나아가는" 자들입니다(25절). 예수를 하나님께 나아가는 길로 사용하는 습관을 가진 사람들은 그를 모든 가치를 능가하는 최고의 가치로 평가하는 자들입니다. 그런 사람들은 그에게 최고의 찬사가 돌려지는 것을 들을 때 크게 기뻐할 것입니다.

그러므로 나는 다음과 같은 질문과 함께 오늘의 설교를 시작하고자 합니다. "우리는 예수 그리스도를 힘입어 하나님께 나아가고 있습니까?" 자, 여러분 스스로 대답해 보십시오. 우리는 정말로 하나님께 나아가고 있습니까? 우리는 우리 주 하나님을 우리가 가까이 나아가야만 하는 인격적 존재로서 인식합니까? 우리는 지금 그에게 가까이 나아가고 있습니까? 우리는 항상 하나님께 나아가는 자들 가운데 있습니까? 그렇다면 마지막 날 심판장은 우리에게 이렇게 말씀하실 것입니다. "너희는 계속해서 나아오고 또 나아왔도다 오라 내 아버지께 복 받을 자들이여 나아와 창세로부터 너희를 위하여 예비된 나라를 상속받으라"(마 25:34). 그렇지 않으면 우리는 하나님으로부터 떠나거나 혹은 그를 잊거나 혹은 그를 대적함으로써 심판장으로부터 다음과 같은 말씀을 듣게 될 것입니다. "너희는 계속해서 나를 떠나고 또 떠났도다 저주를 받은 자들아 나를 떠나 마귀와 그 사자들을 위하여 예비된 영원한 불에 들어가라"(41절).

우리는 하나님께 나아가고 있습니까? ― 바로 이것이 문제입니다. 우리의 삶의 방향은 하나님을 향하고 있습니까? 우리는 하나님께 나아가든지 아니면 하나님으로부터 멀어지든지 둘 중 하나입니다. 그리고 이로써 우리는 우리의 영원한 운명을 예측할 수 있습니다. 화살이 날아가는 방향은 그것이 꽂히게 될 과녁을 예언합니다. 나무가 기울어진 방향은 그것이 넘어질 장소를 예고합니다. 이와 같은 우리도 오늘 우리 스스로를 판단해 보도록 합시다! 우리는 어느 쪽으로 가고 있습니까? 우리는 우리의 방황에 대한 참된 회개로써 항상 하나님께 나아가고 있습니까? 우리는 믿음으로 그에게 나왔습니까? 우리는 그와 화해되었습니까? 우리는 기도로 그에게 나아갑니까? 우리는 매일 같이 그와 대화하며 또 동행하기를 바라면서 그에게 나아갑니까? 우리는 하나님과 교제함으로 말미암아 그분께 나아갑니까? 우리의 교제는 아버지와 더불어 그리고 그 아들 예수 그리스도와 더불어 이루어지는 교제입니까? 우리는 실제로 하나님께 나아가는 것의 의미를 압니까? 우리가 하나님을 소유하고 있지 않거나 혹은 하나님이 너무나 멀리 떨어져 있는 것처럼 보이는 것은 우리에게 있어 너무나 나쁜 일입니다. 예컨대 하나님이 식별할 수 없는 어떤 유령이나 혹은 가까이 나아가기는 고사하고 충분하게 인식할 수 없는 어떤 개념처럼 보이는 것 말입니다. 주의 이름을 알고 그와 동행하며 그의 얼굴의 빛 안에서 즐거워하는 자들은 얼마나 복됩니까! 그들은 예수를 아버지께 나아가는 보배로운 길로 여깁니다.

계속해서 "자기를 힘입어"라는 표현을 주목해 보십시오(25절). 예수 그리스도는 "자기를 힘입어" 하나님께 나아가는 자들을 온전히 구원할 수 있습니다. 어떤 사람들은 창조주로서 주권자로서 그리고 아버지로서 하나님께 나아가는 것에 대해 이야기하면서, 그러나 그렇게 나아가는 길로서 그의 사랑하는 아들에 대하여는 생각하지 않습니다. 그들은 우리 주 예수의 "아무도 나로 말미암지 않고는 아버지께 올 수 없느니라"는 선언을 잊든지 그렇지 않으면 부인합니다. 그러나 그러한 선언은 진리입니다. 하나님에게 나아감에 있어 예수 그리스도를 통한 길 외에 다른 길은 없습니다. 왜냐하면 그가 바로 하나님과 사람 사이의 유일한 중보자이기 때문입니다. 깊은 심연이 하나님과 우리 사이를 가로막고 있으며, 야곱이 꿈에서 보았던 사다리만이 그러한 심연에 다리를 놓을 수 있습니다. 한 인격 안에 하나님이면서 동시에 사람인 우리 주 예수는 심연의 이쪽 끝으로부터 저쪽 끝까지 닿습니다. 이러한 사다리가 우리 주님의 인간 본성 안에서 우리 앞에 놓여 있으며, 그것은 우리 구속자의 신적 본성으로 말미암아 곧바로 무한한 위엄까지 이릅니다. 한 인격 안에서 하나님이면서 동시에 사람인 자가 사랑의 띠로 하나님과 사람을 연합시킵니다. 우리는 예수 그리스도를 힘입어 하나님께 나아갑니다. 그러므로 그리스도가 잊혀진 기도는 계시의 하나님에 대한 모독입니다. 또 예수가 우리 소망의 기초가 아닌 믿음은 단순한 망상에 불과합니다. 만일 우리가 하나님의 아들을 영접하지 않는다면, 하나님은 우리를 영접할 수 없습니다. 죄인이여, 하나님은 하늘에 오직 하나의 문을 열어 놓으셨습니다. 만일 당신이 그 문으로 말미암아 들어가지 않는다면, 당신은 결코 새 예루살렘의 성벽 안으로 들어오지 못할 것입니다. 하나님은 당신에게 자신의 사랑하는 자로 말미암아 자신에게 나아오라고 명하십니다. 그렇지만 만일 당신이 예수와 함께 기뻐하지 않을 것이라면, 당신은 아버지께 올 수 없습니다. 매일같이 이 길을 통해 하나님께 나아오는 자들에게 말합니다. 오늘 나는 스스로를 나의 주님 뒤에 숨긴 채 오로지 그의 변할 수 없는 제사장 직분과 한없는 생명만을 단순하게 전하고자 합니다. 하나님이여, 이 시간 나로 하여금 우리의 믿는 도리의 큰 대제사장을 크게 높일 수 있도록 도우소서! 그리고 여기에 참여한 모든 사람들로 하여금 성령의 능력 안에서 예수를 찬미하는 일에 함께 연합하도록 도우소서!

본문에서 우리가 생각할 주제는 네 가지입니다. 그것들은 모두 황금사슬로 서로 연결되어 있으며, 여러분을 위한 격려로 가득합니다. 여기에 우리 구주가 한없는 것 네 가지와 연결되어 있는데, 첫째는 한없는 생명이며, 둘째는 한없는 제사장 직분이며, 셋째는 한없는 중보의 간구이며, 넷째는 한없는 구원입니다. "그러므로 자기를 힘입어 하나님께 나아가는 자들을 온전히 구원하실 수 있으니 이는 그가 항상 살아 계셔서 그들을 위하여 간구하심이라"(25절).

### 1. 첫째로, 우리 주 예수 그리스도는 한없는 생명을 가진 제사장입니다.

나는 여러분이 이와 같은 단순한 주제에 대해 진지하게 생각해 보기를 바랍니다. 왜냐하면 우리는 종종 가장 단순한 것 안에서 가장 큰 위로를 발견하곤 하기 때문입니다. 우리 주 예수는 호르 산 꼭대기에서 제사장의 옷을 벗고 죽어야만 했던 아론과 같지 않습니다. 그는 또한 세월 앞에 무력할 수밖에 없는, 그래서 마침내 죽음 앞에 머리를 숙일 수밖에 없는 아론의 아들들과도 같지 않습니다. 그는 한때 죽으셨지만, 그러나 죽음은 더 이상 그를 주관하지 못합니다. 그는 영원히 살아 계십니다.

　　우리는 우리 주 예수가 하나님으로서 한없는 생명을 소유하고 계심을 분명하게 인식합니다. 왜냐하면 하나님은 결코 죽어 소멸될 수 없기 때문입니다. 하나님에게 있어 그 존재가 정지된다든지 혹은 중단되는 것은 결코 가능하지 않습니다. 우리 주님은 "영원히 복되신 만유의 하나님"입니다. 그리고 이런 측면에서 그는 필연적으로 그의 생명과 관련하여 영원합니다.

　　그러나 우리 주님은 또한 그의 인성(人性)의 측면에서도 항상 살아 계십니다. 설령 그가 한때 죄에 대하여 죽으셨다 할지라도, 그는 곧 다시 살아나셨으며 그의 몸은 썩음을 보지 않았습니다. 그는 제사장 직분 안에서 그리고 제사장 직분 때문에 죽으셨지만, 그러나 제사장 직분으로부터는 죽지 않으셨습니다. 부활로 말미암아 그의 인성(人性)은 더 이상 죽지 않는 생명으로 충분하게 회복되었습니다. 그는 한때 죽으셨지만 그러나 영원히 살아 계십니다. 이것은 그리스도 예수 안에 있는 자들에게 너무도 달콤한 하나님의 진리입니다. 주 예수 그리스도는 사람으로서 하나의 생명을 살았습니다. 그런데 어째서 그는 십자가 위에서 죽음으로써 사람으로서의 그러한 생명을 끝내지 않았습니까? 그가 자신의 큰 희생제사가 드려지고 받아들여진 연후에도 계속해서 인간 본성을 유지하셨던 것은 그가 우리의 인성에 깊은 애착심을 가지고 계셨던 것을 보여줍니다. 또 그가 사람들 가운데 사람으로 다시 나타나시고 또 영광스럽게 변화된 몸에 여전히 인간 본성을 가지고 계셨던 사실은 그가 우리의 인성에 깊은 애착심을 가지고 계셨음을 보여주는 명백한 증거입니다. 만일 하늘로부터 어떤 천사나 혹은 천사장이 개미들을 사랑하고 그들의 구원을 위해 그들의 본성을 취하고 그러한 본성 가운데 그들을 위해 죽었다면, 여러분은 그가 모든 수고를 마친 후 개미의 보잘것없는 형상을 벗어버리고 예전의 영광스러운 모습으로 되돌아올 것이라고 자연스럽게 예상할 것입니다. 그러나 우리 주 예수 그리스도가 우리의 본성을 취했을 때, 그의 낮추심은 어떤 천사나 혹은 천사장의 낮춤보다 훨씬 더 컸습니다. 예수 그리스도는 우리의 인간 본성을 취하시고 그 안에서 피 흘려 죽으셨으며, "다 이루었다!"라고 말씀하신 후에도 그리고 죽은 자 가운데 부활하신 후에도 그리고 하나님의 보좌 우편에 앉으신 이후에도 계속해서 우리의 인간 본성을 입고 계셨습니다. 그는 우리와 하나로 연합되었습니다. 그는 진실로 우리와 한 몸이었습니다. 그러므로 그는 본성에 있어 우리로부터 나누어지지 않을 것입니다. 그는 그의 순전한 신성(神性) 안에서가 아니라, 죽임을 당하고 우리와 같은 몸을 입은 자로서 하나님의 보좌에 앉으십니다. 이것은 얼마나 놀라운 사랑입니까! 나의 친족이 살아 계심을 아는 것은 얼마나 큰 기쁨입니까! 진실로 거대한 홍수조차 도 인성에 대한 그의 사랑을 끌 수 없으며, 죽음 자체도 그것을 파괴할 수 없습니다. 하나님의 아들은 여전히 사람의 아들(人子)입니다. 천사들의 경배를 받으시는 그는 우리를 형제라 부르기를 부끄러워하지 않습니다. 왜냐하면 여전히 우리의 본성에 참여하고 계시기 때문입니다. 그는 살아 계시며, 영원히 살아 계실 것입니다.

이와 같이 예수 그리스도는 하나님으로서 그리고 사람으로서 항상 살아 계실 뿐만 아니라 또한 우리에 대한 그의 관계 안에서 항상 살아 계십니다. "그가 항상 살아 계셔서 그들을 위하여 간구하심이라"는 말씀을 주목해 보십시오(25절). 이것이 그가 살아 계시는 한 가지 큰 목적입니다. 자기를 힘입어 하나님께 나오는 자들을 위해 간구하는 것은 그가 살아 계시면서 행하는 일입니다. 이것은 너무도 놀랍지 않습니까? 만일 큰 영향력을 가진 어떤 사람이 "나는 당신의 유익을 증진시키기 위해 삽니다. 어디를 가든 무엇을 행하든 무엇을 추구하든 무엇을 얻든, 나는 당신을 위해 삽니다"라고 말한다면, 그러한 말은 큰 친밀성을 나타내면서 우리 안에서 큰 기대감을 불러일으킬 것입니다. 그렇지 않습니까? 그렇지만 보십시오! 여기에서 주 예수께서 우리를 위해 사신다고 선언하고 있지 않습니까? 우리를 위해 그는 하나님의 임재 앞에 나타납니다. 우리를 위해 그는 아버지께 가셨습니다. 우리를 위해 그는 계속해서 하나님께 간구합니다. 아, 우리는 그에게 얼마나 큰 감사의 빚을 지고 있습니까! 그는 우리를 위해 죽으셨을 뿐만 아니라, 지금 우리를 위해 살아 계십니다.

뿐만 아니라 그것은 어떤 형제가 "나는 나의 전체 생애를 당신을 위해 삽니다"라고 말하는 것을 훨씬 넘어섭니다. 왜냐하면 이것은 우리 주님이 우리에게 주시는 두 번째 생명으로 그렇게 말하는 것이기 때문입니다. 그는 이 땅에서 그의 전체 생애를 우리를 위해 사셨습니다. 그는 우리를 위해 자신의 전체 생명을 내려놓으셨고, 지금 우리를 위해 다시 사십니다. 아, 나는 그의 크신 사랑을 어떻게 표현해야 할지 알지 못합니다! 그는 우리를 위해 한 번 자신의 생명을 주는 것으로 만족할 수 없었습니다. 그는 그것을 다시 취하시고, 우리를 위해 또다시 그것을 내주십니다. 그가 우리를 얼마나 사랑하는지 보십시오. 그는 우리를 위해 사십니다. 그는 죄인들을 위해 사십니다. 그는 죄인들을 위해 간구하기 위해 사십니다. 중보의 간구가 대언자를 필요로 하는 자들을 위한 것이 아니라면 도대체 누구를 위한 것이겠습니까? "만일 누가 죄를 범하여도 아버지 앞에서 우리에게 대언자가 있으니 곧 의로우신 예수 그리스도시라"(요일 2:1). 내가 예수께서 우리를 위해 두 개의 생명을 산다고 말할 수 있을까요?

또 "그가 항상 살아 계셔서 우리를 위해 간구하심이라"는 말씀을 주목해 보십시오. 이와 같이 그의 영화로워진 무한하며 끝없는 존재는 여전히 그의 백성들을 위합니다. 그는 아버지를 영화롭게 하며, 하늘의 천군천사들을 기쁘게 합니다. 그러나 여전히 우리를 위해 사는 것이 그의 마음의 확고한 목적입니다. "그가 나를 사랑하셨고 나를 위하여 자기 자신을 주신"(He loved me and gave Himself for me) 것은 사실입니다(갈 2:20). 그러나 우리는 그것을 현재시제로도 읽을 수 있습니다. 다시 말해서 "그가 나를 사랑하시고 나를 위하여 자기 자신을 주시는"(He loves me and He gives Himself for me) 것 역시 똑같이 사실입니다. 그리스도는 그의 교회를 사랑하셨으며, 교회를 위해 자기 자신을 주셨습니다. 또 지금 그는 그의 교회를 사랑하시며, 교회에게 자기 자신을 주십니다. "우리를 위한 그리스도의 한없는 생명"이라는 주제 안에는 얼마나 풍성한 영감(靈感)이 담겨 있습니까! 우리도 마땅히 우리의 생명 전체로서 그를 위해 살아야 합니다. 왜냐하면 그가 그의 생명 전체로서 우리를 위해 사시기 때문입니다.

우리는 살아 계신 그리스도에 대한 이러한 진리를 항상 기억해야 합니다. 사랑하는 친구들이여, 하늘에 항상 우리의 최고의 유익을 위해 살고 계시는 전능자가 계십니다! 최고의 사랑으로 그에게 경배를 드립시다! 살아 계신 구주가 항상 우리를 위해 간구한다는 사실은 우리가 필요로 하는 것이 얼마나 많은가 하는 사실을 우리에게 일깨워 줍니다. 죽으신 구주만으로는 충분하지 않았습니다. 우리는 우리 삶의 모든 순간에 여전히 살아 계신 구주를 필요로 합니다. 우리의 영을 돌보시며, 모든 길에서 우리를 위해 개입하시며, 모든 악으로부터 우리를 건지시는 구주 말입니다. 예수 그리스도는 항상 우리를 보호하고 계시며, 그의 일 가운데 불필요한 것은 아무것도 없습니다. 바로 여기에 우리의 큰 위로가 있습니다. 우리의 짐이 너무나 무겁게 우리의 등을 누를 때마다, 우리는 이러한 하나님의 진리로 되돌아가야 합니다. 예수는 살아 계십니다! 나의 위대한 구속자는 나를 위해 살아 계십니다! 그는 모든 충만과 능력과 영광 가운데 살아 계시며, 그 모든 생명을 모든 악으로부터 나의 영혼을 보존하는데 사용하십니다. 이러한 사실 위에서 내가 안식할 수 없습니까? 그와 같이 나를 지키는 자가 계시는데, 도대체 무엇 때문에 내가 두려워할 필요가 있단 말입니까? 그가 그토록 부단히 나를 지키며 보호하고 계시는데, 도대체 어떻게 내가 안전하지 않을 수 있단 말입니까? 예수의 한없는 생명의 능력이 항상 향하는 자들은 얼마나 복된 자들입니까!

## 2. 둘째로, 예수 그리스도의 한없는
## 제사장 직분을 살펴보도록 합시다.

우리 주님은 변할 수 없는, 혹은 난외(欄外)처럼 "한 사람으로부터 다른 사람으로 계승되지 않는" 제사장 직분을 받으셨습니다. 그의 직분은 후계자에게 계승될 수 없습니다. 그것은 계승되거나 양도될 수 있는 직분이 아닙니다. 그것은 오직 그에게만 속합니다. 왜냐하면 그가 항상 살아 계셔서 그 자신이 그것을 수행하시기 때문입니다. 우리에게는 오직 한 분의 제사장만이 계실 뿐이며, 그 한 제사장을 우리는 영원히 소유합니다.

이 부분에서 우리는 옛 이스라엘과 같지 않습니다. 왜냐하면 앞에서 살펴본 것처럼, 대제사장들도 결국 죽기 때문입니다. 구약의 많은 유대인 신자들에게 대제사장의 죽음은 큰 고통이었을 것입니다. 나는 어떤 이스라엘 백성이 이렇게 말하는 것을 상상할 수 있습니다. "아, 마침내 그가 죽고 말았어! 그는 선하며 온유한 영을 가진 사역자였으며, 부드럽고 사랑이 많은 목자였어. 나는 그에게 내 마음을 모두 털어놓았어. 그런데 지금 그는 나를 떠나 하늘로 갔어. 나는 젊은 시절에 양심의 큰 괴로움을 안고 그에게 갔었어. 내가 부정했을 때 그는 나를 위해 희생제사를 드려줌으로써 나로 하여금 하나님의 성소에 들어갈 수 있도록 해주었어. 그 이후로 누군가의 인도함을 받을 필요가 있을 때마다 나는 그에게 가곤 했어. 그는 나에게 하나님의 말씀을 가르쳐 주었고, 내가 마땅히 행해야 할 길을 알려 주었어. 그는 우리 가족의 비밀을 알고 있어. 내가 아무에게도 말할 수 없는 슬픔을 그는 알고 있어. 아, 그런 그가 마침내 죽고 말았어! 지금 내 마음은 무너지는 것 같아. 그의 죽음은 나에게 너무나 큰 슬픔이야."

이 사람은 죽은 대제사장의 아들이 아버지를 이어 대제사장이 되었다는 소식을 들었을 것입니다. 그렇지만 나는 그가 계속해서 다음과 같이 말하는 것을 상상할 수 있습니다. "그래, 나도 알고 있어. 그렇지만 아들은 그의 아버지가 나에 대해 알았던 것을 알지 못해. 나는 또다시 나의 마음을 있는 그대로 드러낼 수 없어. 아들은 나의 모든 슬픔에 대해 그의 아버지가 가졌던 것만큼의 온전한 동정심을 결코 가질 수 없어. 물론 그도 의심의 여지 없이 선한 사람이겠지만, 그러나 어쨌든 그의 아버지와 동일한 사람은 아니야. 나는 그의 아버지의 흰 수염까지도 존경했어. 나는 그의 인도 아래 성장했으며, 그는 여러 번 나를 도와주었어. 다시는 그의 얼굴을 볼 수 없다는 사실이 나에게는 너무나 큰 슬픔이야."

그런가 하면 새 대제사장이 이전 대제사장에 비해 하나님께 별로 받으심 직하지 않다든지 혹은 회중들에 대해 따뜻한 마음을 품지 않는다고 불평하는 사람들도 항상 있었을 것입니다. 새 대제사장은 교육은 더 많이 받았어도 따뜻한 마음에 있어서는 이전 대제사장보다 못할 수 있었습니다. 그는 엄격함은 더한 반면 온유함은 덜할 수 있었습니다. 그는 재능은 더 많은 반면 아버지 같은 자애로움은 덜할 수 있었습니다. 어쨌든 새 대제사장에게 처음 나아갈 때, 사람들은 모든 것을 새로 시작해야만 하는 것 같이 느꼈을 것입니다. 그것은 사람에게 있어 위로의 연속선이 단절되는 것과 같았습니다. 그것은 강이 급류에 다다랐을 때 지금까지의 고요한 흐름이 갑자기 끝나게 되는 것과 같았습니다. 어떤 선한 이스라엘 백성이 이렇게 말합니다. "아, 방금 세상을 떠난 대제사장은 나의 친구였습니다! 우리는 하나님의 말씀을 함께 나누며 같이 하나님의 전에 들어가곤 했습니다. 나의 사랑하는 아들이 죽었을 때, 그가 우리 집에 오셨습니다. 나의 사랑하는 아내가 세상을 떠날 때도, 그는 나와 함께 있었습니다. 그는 오랜 세월을 풍성한 경험으로 나를 훈계하고 위로했습니다. 아, 그러나 이제 모든 것은 끝났습니다! 그 하나님의 사람이 세상을 떠나셨기 때문입니다."

사랑하는 자들이여, 여기에 우리의 위로가 있습니다. 우리에게는 오직 한 분의 제사장이 계시며, 그는 영원히 살아 계십니다. 그에게는 전임자도 없었고, 후임자도 없을 것입니다. 왜냐하면 그는 항상 살아 계셔서, 우리를 위해 대제사장의 직분을 수행하기 때문입니다. 나의 영혼은 그가 드린 단 한 번의 희생제사를 믿는 믿음 안에서 안식합니다. 단 한 사람의 제물을 드리는 자가 단 하나의 희생제물을 드렸습니다. 어느 누구도 대신할 수 없습니다. 왜냐하면 그는 완전히 충족하며, 결코 죽지 않기 때문입니다. 예수는 나의 심장이 뛰기 시작한 이래로 나의 마음을 읽고 또 항상 읽어 왔습니다. 그는 나의 슬픔을 아시고, 내가 늙어 기운이 진할 때 나와 나의 슬픔들을 지탱할 것입니다. 내가 죽음 가운데 잠들 때, 그는 죽지 않고 기꺼이 나를 그 자신의 영원한 축복 안으로 영접할 것입니다.

> "죽임을 당했던 어린 양을 보라.
> 그는 여전히 제사장 직분을 가지고 계시도다."

우리는 그리스도의 제사장 직분의 영원한 영속성과 단절되지 않는 연속선으로 인해 기뻐합니다.

또 우리는 지금의 이스라엘과 같지 않습니다. 아, 가련한 이스라엘이여! 지금 그는 어디에 있습니까? 그의 예전의 특권들은 지금 어디에 있습니까? 그에게는 지금 제사장이 없습니다. 그는 지금 사람들 가운데 한 사람에게 제사장의 직분으로 기름 부을 생각을 감히 하지 못합니다. 그에게는 지금 제단도 없고 희생제사도 없습니다. 일 년에 한 번 속죄일에 그에게는 희생제사의 그림자와 같은 것이 있을 뿐입니다. 그렇지만 그것조차도 모세의 율법이나 하나님의 규례를 따른 것이 아니라 그 자신이 고안하여 만든 예배입니다. 그에게는 지금 제사장도, 제단도, 성전도, 희생제사도 없습니다. 그의 자손들의 미래의 삶의 전망도 극도로 어둡고 암울합니다. 도대체 그들에게 무슨 소망이 있습니까 그러나 사랑하는 자들이여, 우리에게는 제사장이 있습니다. 우리의 믿음은, 하늘로 올라가서서 거기에서 영광 가운데 거하시는 그리고 항상 살아 계시면서 우리를 위해 간구하시는 예수를 바라봅니다. 예수는 지금 이 순간에도 살아 계십니다. 그는 살아 있는 인격입니다. 내가 그런 것처럼 말입니다. 나는 사랑하는 자들과 친구들을 바라봅니다. 나는 그들의 이마에 "죽음"(mortal)이라는 단어가 씌어진 것을 봅니다. 그러나 예수는 "죽지 않음"(immotality)을 가진 그래서 나에게 결코 잃어버릴 수 없는 유일한 친구입니다. 그의 희생제사는 영원한 효력이 있으며, 그의 제사장 직분은 영원히 행사됩니다. 그리스도의 제사장 직분이 한없이 유지되는 사실은 예수를 믿는 신자에게 얼마나 큰 기쁨입니까!

또 우리는 로마 교회의 지지자들과도 같지 않습니다. 로마라는 이름의 바벨론의 경계 안에는 많은 제사장(사제)들이 있습니다. 어떤 사람들은 이들 제사장들이 그리스도를 대체할 수 있다고 말합니다. 이러한 말은 홀로 영원하며 유일한 제사장을 대적하는 얼마나 악독한 신성모독입니까! 그런가 하면 "미사의 피 없는 희생제사"를 드리면서 자신들이 그리스도의 일을 계속해서 잇는 그의 사역자들이라고 말하는 사람들도 있습니다. 그렇지만 이 역시 본문의 교훈과 명백하게 배치됩니다. 왜냐하면 본문에서 바울은 "예수는 영원히 계시므로 그 제사장 직분도 갈리지 아니하느니라"라고 분명하게 말하기 때문입니다(24절). 여기에서 바울은 그의 제사장 직분이 "한 사람으로부터 다른 사람으로 계승될 수 없는" 것임을 분명하게 확언하고 있는 것입니다. 여기에서 바울은 우리 주님이 아론 계열의 제사장들과 다르다는 것을 보여줍니다. 아론 계열의 제사장 직분은 다른 사람들에 의해 계승되는 것인 반면, 예수의 제사장 직분에는 멜기세덱의 경우와 마찬가지로 후계자가 없습니다. 그는 자신의 고유한 인격 안에서 한없는 생명의 능력을 따라 자신의 직분을 행사합니다. 지금 이 땅에는 아무런 제사장도 없습니다. 부차적인 의미에서 모든 신자들이 하나님께 왕과 제사장이라는 사실은 제외하고 말입니다. 지금 우리에게 하나님 앞에 특별하게 구별된 계급의 사람들은 존재하지 않습니다. 모세의 율법 시대에 많은 제사장들이 있었습니다. 그들은 죽음으로 인해 계속해서 제사장 직분을 유지할 수 없었습니다. 그러나 신약시대에 우리는 오직 한 분의 제사장만을 갖습니다. 그는 항상 제사장 직분 가운데 계시며, 그의 제사장 직분은 결코 계승되거나 옮겨질 수 없습니다. 바로 이것이 본문 속에서 바울이 주장하는 바입니다. 오늘날 감독들과 장로들이 제사장이라고 주장하는 사람들이 있는데, 그러나 이것은 사실이 아닙니다. 나는 우리에게 다른 제사장들이 있다는 개념을 우리의 큰 대제사장에 의해 완전하게 성취된 유일한 희생제사를 훼손하는 것으로 간주합니다. 그러므로 형제들이여, 영국 교회에서든 로마 교회에서든 스스로 제사장(priest, 혹은 "司祭")이라고 자임하는 사람들을 온 마음으로 경멸하십시오. 만일 어떤 사람이 스스로를 제사장이라고 부른다면 — 모든 하나님의 백성이 제사장이라는 의미는 제외하고 말입니다 — 우리는 그를 고라와 다단과 아비람과 똑같은 사람으로 평가합니다. 모세가 그들에게 무엇이라고 말했습니까? "레위 자손들아 너희가 너무 분수에 지나치느니라"(민 16:7)라고 말하지 않았습니까? 그들은 자신들에게 속하지 않은 제사장 직분을 요구했습니다. 오늘날 스스로 제사장을 자임하는 모든 사람들처럼 말입니다. 우리 주 예수는 멜기세덱 안에 미리 비춰진 최고의 위엄 가운데 행하시면서 홀로 제사장 직분을 성취하시며, 그럼으로써 다른 모든 제사장들을 웃음거리가 되게 만듭니다. 완전한 희생제사가 단번에 영원히 드려졌는데, 도대체 무엇 때문에 우리가 또 다른 희생제사를 드려야 한단 말입니까! 형제들이여, 이러한 보배로운 하나님의 진리를 굳게 붙잡고 그 안에서 즐거워하십시오!

### 3. 셋째로, 한없는 중보의 간구를 살펴보도록 합시다.

"이는 그가 항상 살아 계셔서 그들을 위하여 간구하심이라"(25절). 설령 내가 이 구절을 "이는 그가 항상 살아 계셔서 그들을 위하여 중보(仲保)하심이라"라고 읽는다고 하더라도, 이 역시 틀리지 않은 독법(讀法)일 것입니다. 주 예수 그리스도는 그의 영원한 제사장 직분 안에서 그의 백성들을 위한 대언자와 보호자와 후원자와 중보자와 중재자로서 행하십니다. 그를 힘입어 하나님께 나오는 여러분은 주님께서 여러분에게 베푸시는 이러한 지속적인 도우심에 큰 힘과 위로를 얻을 것입니다. 예수 그리스도는 그의 죽으심으로 여러분의 구원을 위해 필요한 모든 것을 준비하셨으며, 또한 그의 삶으로 그렇게 준비한 것을 적용시킵니다. 그는 자신이 여러분을 대신하여 죽었을 때 십자가 위에서 산 모든 복된 은사들과 특권들을 여러분이 향유하기를 원합니다. 만일 그가 여러분을 위해 살지 않는다면, 여러분을 위한 그의 죽음은 결국 무익한 것으로 귀결될 것입니다. 그가 공사를 시작하고 그것을 완성하기 위해 필요한 모든 재료를 준비했지만, 그러나 그러한 재료들을 사용하여 실제로 작업을 완성시키는 자가 아무도 없는 셈입니다. 우리는 그리스도의 죽음으로 말미암아 죄 사함을 받지만, 그러나 의롭다함을 받는 것은 그의 부활로 말미암습니다. 우리는 그의 죽음으로 말미암아 구원받지만, 그러나 그러한 구원이 우리에게 확실하게 되는 것은 그가 하나님 우편에 앉아 계시면서 우리를 위해 계속해서 간구하시기 때문입니다. 나는 여러분이 그리스도의 죽음에 대해 생각하는 것 못지않게 그의 사심 혹은 살아 계신 그리스도에 대해 많이 생각하기를 바랍니다. 여러분은 골고다 언덕에 앉아 있었으며, 여러분의 눈은 눈물로 가득합니다. 여러분은 우리의 구속을 위해 흘린 피로써 붉은 글씨로 기록한 그의 사랑을 보는 것이 얼마나 기쁜 일인지 종종 말하곤 했습니다. 이제 나는 여러분이 그의 보좌 앞에 앉기를 바랍니다. 그리고 그의 광채를 보기를 바랍니다. 그리고 그가 어떻게 자신의 영광스러운 생애를 여러분을 위한 중보의 간구로 사용하는지 보기를 바랍니다. 그는 십자가에 있을 때와 마찬가지로 보좌 위에 계실 때에도 똑같이 우리의 것입니다. 그는 항상 살아 계시면서 십자가로 말미암아 자신이 산 것을 우리에게 적용시킵니다.

예수께서 항상 살아 계시면서 우리를 위해 간구하는 것이 어째서 그토록 필요한 일일까요? 무엇보다도 그것이 하나님 쪽에서 가장 어울리기 때문입니다. 하나님이 사람들에게 가르치는 큰 원리는 이것입니다. 즉 죄는 너무나 가중한 것이어서 죄인은 오직 중보자를 통해서만 하나님께 나올 수 있다는 것 말입니다. 이러한 하나님의 진리는 설령 어린 양의 피로 씻음받았다 하더라도 그리스도의 중보로 말미암지 않고는 우리가 하나님께 나아갈 수 없다는 사실 속에서 가장 분명하게 나타납니다. 이러한 사실은 죄가 얼마나 악독한 것인가 하는 진리를 가장 명확한 방법으로 가르치지 않습니까? 죄가 하나님과 죄인 사이의 거리를 얼마나 멀게 만드는지 생각해 보십시오. 또 공의의 하나님이 불완전한 사람들과 교제하기 위해서는 반드시 중보가 필요하다는 사실을 생각해 보십시오. 하나님의 아들이 우리를 위해 계속해서 중보하며 간구한다는 사실이 그러한 것들을 분명하게 가르치지 않습니까? 이것은 골고다에서의 대속의 죽음 못지않게 하나님의 의를 분명하게 선언합니다.

또 그리스도의 중보의 간구가 하나님 쪽에서 필요한 것은 우리를 구원하는 일에 있어 성 삼위일체 사이의 연합과 협동과 친교를 나타내기 위함입니다. 하나님의 아들은 하늘에서 중보하며, 성령은 세상에서 중보합니다. 아들은 중보의 간구를 드리시고, 아버지는 들으시고 응답하십니다. 그리고 그 결과로 성령으로 말미암아 우리에게 아들의 죽음으로 산 축복들이 전달됩니다. 이와 같이 아버지와 아들과 성령은 모두 합력하여 우리 안에서 구원을 이룹니다. 단지 사람일 뿐만 아니라 또한 복되신 삼위일체의 한 인격이신 중보자는 계속해서 우리를 위해 간구하시며, 또한 이러한 사실로 인해 우리는 하나님이 우리를 얼마나 사랑하며 기억하시는지 알게 됩니다.

하나님의 보좌 위에 사람이면서 동시에 하나님인 자가 앉아 계시면서 우리를 위해 간구하시는 동안, 우리와 하나님의 교제가 온전히 나타납니다. 사람은 하나님과 관련하여 항상 영광 가운데 서 있습니다. 그리스도의 영속적인 간구는 하나님과 한때 타락했었지만 이제 회복된 사람 사이에 존재하는 교제를 영속적으로 확인하는 것입니다. 우리는 영광 가운데 간구하는 그리스도를, 사람이 하나님과 회복되었으며, 사람이 하나님과 더불어 말하며, 하나님이 사람과 더불어 말하며, 사람에 대한 하나님의 옛 주권이 다시 회복되었음을 보여주는 표적과 증표와 증거로서 바라보아야만 합니다. 왜냐하면 우리 주 예수 그리스도는 한때 죽음의 고통으로 인해 천사들보다 잠깐 동안 못하게 되셨지만, 그러나 이제 영광과 존귀로 관을 쓰셨기 때문입니다.

이와 같이 영속적인 중보의 간구는 하나님 쪽에서도 필요하지만, 그러나 그것은 사람 쪽에서 더욱더 필요합니다. 형제들이여, 설령 십자가의 보혈로 죄 사함을 받았다 할지라도, 여전히 우리는 많은 경우 실족하며 넘어지며 죄를 범합니다. 따라서 우리는 매일같이 새롭게 피 뿌림을 받을 필요가 있습니다. 매일의 흠과 잘못으로 인해 양심이 우리를 참소합니다. 그러므로 "그가 범죄자를 위하여 중보의 간구를 드리느니라"라는 이사야 53장 12절의 말씀은 우리에게 얼마나 큰 위로가 됩니까!(He makes intercession for the transgressors, 한글개역개정판에는 단순하게 "그가 범죄자를 위하여 기도하였느니라"라고 되어 있음). 예수가 우리를 위해 계속해서 중보의 간구를 드리지 않는다면, 도대체 어떻게 우리가 우리 본성의 죄와 악함으로부터 계속적으로 지켜질 것을 바랄 수 있겠습니까? 길은 험하며, 세상은 죄로 가득합니다. 또 우리는 너무나 자주 방황하며, 항상 무엇인가를 필요로 합니다. 그러므로 우리는 영원히 중보의 간구를 필요로 합니다. 우리는 위험 밖에 있지 않으며, 따라서 항상 보호의 기도를 필요로 합니다. 우리는 약함과 어리석음 밖에 있지 않으며, 따라서 우리를 보호하는 자의 계속적인 돌봄을 필요로 합니다. 여러분 가운데 아무것도 필요로 하지 않는 남자가 누구입니까? 여러분 가운데 매일같이 은혜의 보좌로 나올 필요가 없는 여자가 누구입니까? 예수는 항상 거기에 계시면서, 거기에서 우리를 위해 간구하고 계실 뿐만 아니라 또한 항상 우리와 우리의 간구와 우리의 찬미가 하나님께 받으심 직하게 되도록 만듭니다. 형제들이여, 우리는 본성적인 죄의 갈등이나 혹은 육체의 고난이나 혹은 형제들에 대한 동정심으로 매일같이 눌립니다. 그리고 이 모든 것들로 인해 우리는 성소(聖所)로부터의 도움, 즉 오직 은혜의 보좌로부터만 올 수 있는 도움을 필요로 합니다. 우리는 중보자를 필요로 합니다. 우리는 그의 발 앞에 우리의 모든 무거운 짐을 내려놓으며, 그의 귀에 우리의 모든 슬픔을 이야기합니다. 그러므로 예수는 항상 살아 계셔서 우리를 위해 간구하십니다.

우리의 큰 중보자는 또한 우리가 건강하게 성장하기 위해 필요한 귀한 은사들과 은혜들을 우리를 위해 획득하십니다. 그의 손은 우리를 영적 생명의 결실들로 인도하는데, 그러한 결실들은 우리가 세상에서 쓸모 있는 사람이 되는데 필요할 뿐만 아니라 또한 우리를 오는 세상의 삶에 적합하도록 만드는 데에도

필요합니다. 만일 그의 기도가, 모든 선한 일을 행하기에 온전하게 만드는 하나
님의 영에게로 우리를 계속적으로 이끌지 않는다면, 우리는 결코 높은 수준의
덕(德)을 맺을 수 없습니다.

또한 여러분은 항상 악의(惡意)로 가득 찬 원수가 살아 있음을 결코 잊어서
는 안 됩니다. 그는 형제들을 하나님 앞에 밤낮으로 참소하는 참소자입니다. 우
리의 영광스러운 대언자가 없다면, 우리가 어떻게 되겠습니까? 그러한 참소자는
또한 끊임없이 우리를 넘어뜨리기 위해 음흉한 궤계를 꾸미는 유혹자입니다.
"시몬아, 시몬아, 보라 사탄이 너희를 밀 까부르듯 하려고 요구하였으나 그러나
내가 너를 위하여 네 믿음이 떨어지지 않기를 기도하였노니"라는 말씀을 생각해
보십시오(눅 22:31, 32). 이것은 베드로에게 사실이었던 것처럼, 종종 우리에게
도 똑같이 사실입니다. 얼마나 자주 우리는 예수의 기도로 말미암아 악으로부터
감추어집니까! 나의 형제들이여, 우리는 얼마나 많은 독화살들이 우리 주님의
중보의 방패에 꽂히는지 알지 못합니다. 주님의 중보는 항상 축복을 뿌립니다.
마치 일만 개의 손으로 뿌리는 것처럼 말입니다. 욥은 "네가 바다의 샘에 들어갔
었느냐"라고 묻습니다(욥 38:16). 진실로 우리 주님의 중보의 간구는 축복의 바
다의 샘입니다! 만일 우리가 성령의 비춤을 받은 눈을 가지고 있다면, 우리는 하
나님의 백성 주위에 불 말과 불 병거들이 가득 진을 치고 있는 것을 보게 될 것입
니다. 누가 이러한 말들을 인도합니까? 누가 이러한 병거들을 이끕니까? 누가 하
나님의 백성을 두르고 있는 영들의 군대의 대장입니까? 그가 능력의 간구로 우
리를 위해 모든 것을 다스리는 왕 임마누엘이 아니면 도대체 누구겠습니까?

우리 주 예수 그리스도는 그의 끊임없는 간구로 우리를 구하기 위해 모든
어둠의 권세들을 저지하고 모든 빛의 권세들을 움직입니다. 그의 기도는 축복의
분위기를 만들고, 우리로 하여금 그 안에서 살며 움직이게 만듭니다. 우리 중보
자의 끊임없는 돌보심의 은혜의 깊이를 우리가 어떻게 잴 수 있겠습니까? 모든
성도들이 하늘의 행복 가운데 영원히 거하는 것은 모두 그의 한없는 중보의 덕
입니다.

예수께서 쉬지 않고 항상 기도하는 것을 생각해 보십시오. 그는 하늘에서
간구하는 자로서 나타납니다. 그는 우리를 위해 계속해서 간구하심으로써 자신
의 사역을 완성합니다. 그가 우리를 위해 간구하는 것은 곧 그가 우리를 잊지 않
고 기억하고 계심을 의미합니다. 지금 하늘에서 그는 육체로 계실 때와는 달리

눈물과 부르짖음으로 기도하지 않을 것입니다. 또 어쩌면 심지어 말로써도 기도하지 않을는지 모릅니다. 왜냐하면 그의 영은 하나님의 영에게 언어의 도구 없이도 말할 수 있기 때문입니다. 그는 항상 기도하며, 항상 이기며, 그리하여 항상 우리에게 축복을 한량없이 부어 주십니다. 우리가 그것을 아주 조금밖에는 인식하지 못한다 하더라도 말입니다. 그러나 만일 그것이 거두어진다면, 우리는 비참하게 망할 것입니다. 주 예수여, 당신이 죽으시면서 흘린 피는 당신이 살아 계시면서 드리는 간구와 멋진 조화를 이루나이다! 그리하여 우리 마음은 당신의 사랑과 은혜를 나타내는 그와 같은 두 가지 확실한 증거로 인해 기뻐하고 또 기뻐하나이다.

### 4. 넷째로, 예수의 한없는 구원의 능력을 주목하십시오.

"그러므로 자기를 힘입어 하나님께 나아가는 자들을 끝까지(uttermost) 구원하실 수 있으니"(25절, 한글개역개정판에는 "온전히"라고 되어 있음). "끝까지"란 단어 속에는 시간적인 측면이 포함됩니다. 왜냐하면 우리 주 예수는 결코 죽지 않기 때문입니다. 그는 끝없이 구원할 수 있습니다. 어느 때든지 그의 구원의 능력은 항상 남아 있습니다. 그는 40년 전에 여러분 가운데 어떤 사람들을 구원할 수 있었지만, 그러나 여러분은 생명을 얻기 위해 그에게 나오지 않았습니다. 그는 지금 여러분을 구원할 수 있습니다. 설령 여러분이 완고한 마음으로 40년을 그냥 흘려보냈다 하더라도 말입니다. 만일 여러분이 예수를 힘입어 하나님께 나온다면, 예수는 여러분을 구원할 것입니다. 여러분의 죄가 아무리 크고 중하다 하더라도 말입니다. 사랑하는 자들이여, 오래 전 우리 가운데 어떤 사람들은 소년소녀들로서 구속자를 믿었으며, 그는 우리의 죄를 용서해 주셨습니다. 아, 그날은 얼마나 복된 날이었습니까! 지금까지 많은 세월이 흘렀으며, 마치 그림자가 길어지는 것처럼 우리의 힘도 많이 강해졌습니다. 그러나 예수는 항상 동일하며, 여전히 충분하게 구원할 수 있습니다. 그의 구원의 능력은 조금도 감소되지 않았습니다. 어린 시절의 일곱 번의 갈등 가운데 있었던 우리를 도우시고 또 젊은 날의 일흔 개의 무거운 짐을 지고 있던 우리를 도우셨던 그는 또한 필요하면 우리를 일흔 번씩 일곱 번이라도 도우실 것입니다. 우리는 늙는 것이나 죽는 것까지도 두려워할 필요가 없습니다. 왜냐하면 항상 젊음의 신선함을 가지고 계시며 또 항상 우리의 친구인 그가 우리를 위해 그의 생명을 계속해서 주고 계시기 때문입니다.

　그는 또한 악의 끝으로부터 선의 끝까지 풍성하게 우리를 구원할 수 있습니다. 그는 생명의 충만 가운데 살아 계시는 것처럼 또한 구원의 충만까지 구원할 수 있습니다. 그의 이름은 구원자를 의미하는 예수입니다. 그는 구원자인 예수로서 살아 계십니다! 그는 자신의 직분을 포기하지 않았으며, 자신의 삶의 일부가 다른 목적으로 돌려지는 것을 결코 허락하지 않았습니다. 그는 오직 구원을 위해 살아 계십니다.

　또 주 예수 그리스도는 "항상 살아 계시기 때문에" 우리 죄에 관하여 끝까지 구원할 수 있습니다. 어떤 죄인이든지 간에 만일 그가 예수 그리스도를 힘입어 하나님께 간다면, 그는 사함을 받을 것입니다. 하나님은 내가 죄의 목록을 만드는 것을 원하지 않습니다. 그런 목록이 도대체 무슨 소용이 있단 말입니까? 때로 강포한 건달들이 이곳에 옵니다. 지금 이 자리에도 무시무시한 사람들이 섞여 있을는지 모릅니다. 그렇지만 나는 그들이 복음을 듣는 것에 대해 추호의 거리낌도 느끼지 않습니다. 당신이 누구든 본문은 "그러므로 자기를 힘입어 하나님께 나아가는 자들을 온전히 구원하실 수 있으니"라고 말씀하면서 당신 둘레에 희망의 원(圓)을 그립니다. 당신의 죄가 무엇이든 만일 당신이 지금 하나님께 나아와 그 죄를 고백하고 예수의 이름으로 긍휼을 구한다면, 그는 당신을 당신이 필요로 하는 마지막 끝까지 구원할 것입니다. 설령 당신이 죄와 관련하여 갈 수 있는 데까지 최고로 멀리 갔다 하더라도, 그러나 거기에조차 사함이 있다는 사실을 잊지 마십시오. 나의 친구여, 비록 당신의 손이 살인의 피로 붉게 물들었다 할지라도, 예수의 피는 당신을 깨끗하게 씻을 수 있습니다. "사람에 대한 모든 죄와 모독은 사하심을 얻되"(마 12:31). 그렇습니다, 죄 사함을 알리는 은 나팔의 소리가 크게 울려퍼집니다! 죄인 중의 괴수여, 복된 소식을 들으십시오! 구주께서 살아 계시거니와, 그는 당신 같은 사람을 끝까지 구원할 수 있습니다. 그러므로 무거운 죄짐 아래 신음하는 자여, 당신의 살아 계신 주님께 나오십시오. 왜냐하면 그는 그 모든 것을 제거할 수 있기 때문입니다.

　그는 또한 우리의 필요와 고통의 끝까지 구원할 수 있습니다. 예전에 한 설교자가 "설령 우리가 영적인 고통과 궁핍의 넓은 들판을 바라볼 수 있는 큰 산에 올라간다 하더라도 그리고 그 모든 것이 우리의 경험을 나타낸다 하더라도 그럼에도 불구하고 주님은 아득한 지평선 전체에 걸쳐 구원을 펼치며 우리의 모든 필요들을 감쌀 수 있습니다"라고 말한 적이 있습니다. 두려워 떠는 자여, 산으로 올라가십시오! 그리고 이 두려운 광야 너머 저 아득한 곳을 바라보십시오! 당신은 미래의 고통과 궁핍을 내다볼 수 있지만, 그러나 예수의 구원은 그것보다 훨씬 더 멀리까지 도달할 수 있습니다. 당신은 염려의 망원경으로 인생의 갖가지 시련들과 죽음의 고통들을 바라볼 수 있지만, 그러나 예수는 거기까지 당신을 구원할 수 있습니다. 당신은 결코 "끝"(uttermost)에 도달하지 못할 것이지만, 그러나 그것은 이미 오래 전에 그에 의해 미리 준비되었습니다. 당신의 모든 빈자리는 그가 준비하셨기 때문에 충분하게 채워질 수 있습니다. 설령 당신의 마음이 거머리처럼 "달라! 달라!"라고 부르짖는다 하더라도, 예수는 그것의 허기(虛氣)를 능히 채울 수 있습니다. 설령 함대를 모두 삼키고도 채워지지 않는 바다처럼 당신의 영혼이 계속해서 열망하고 또 열망한다 하더라도, 예수는 당신을 만족하게 할 수 있습니다. 당신이 구할 수 있는 모든 것을 그는 반드시 당신에게 주실 것입니다. 왜냐하면 그는 모든 빈 영혼의 충만이 되기 위해 한없는 생명의 능력으로 말미암아 항상 살아 계시기 때문입니다.

또 예수는 여러분을 여러분이 바라는 것의 끝까지 구원할 수 있습니다. 나는 여러분이 의와 참된 거룩 안에서 바라는 모든 것에 대해 생각해 보기를 바랍니다. 분명 예수는 그 모든 것을 행하실 것입니다. 나는 언젠가 새로운 회심자에게 "당신은 지금 완전합니까?"라고 물은 적이 있습니다. 그녀는 "목사님, 결코 그렇지 않습니다!"라고 대답했습니다. 그리하여 나는 또다시 그녀에게 "그러면 그렇게 되기를 바라지 않습니까?"라고 물었습니다. 그러자 그녀는 눈을 반짝이며 "내가 간절히 바라는 것이 바로 그것입니다"라고 말했습니다. 완전하게 되는 것이 바로 천국일 것입니다. 예수는 우리를 완전하게 만들 수 있으며, 그렇게 하기로 결심했습니다. "나는 의로운 중에 주의 얼굴을 뵈오리니 깰 때에 주의 형상으로 만족하리이다"라고 기록된 것처럼 말입니다(시 17:15). 만일 우리가 그를 힘입어 하나님께 간다면, 그는 우리를 그러한 형상으로 깨게 만들 것입니다. 예수는 우리를 최고의 수준으로 구원할 것입니다.

주 예수 그리스도는 또한 우리를 완전하게 구원할 것입니다. 그는 전인(全人) 즉 몸과 혼과 영의 구원을 이루실 것입니다. 그는 항상 살아 계셔서 자기 백성들을 끝까지, 다시 말해서 그의 백성들 전체를 구원할 것입니다. 그가 구속한 백성들에게 있어 타락한 인성(人性)에 속한 것은 아무것도 남지 않을 것입니다.

첫 아담이 파괴한 모든 것을 둘째 아담이 회복시킬 것입니다. 단으로부터 브엘세바에 이르기까지 인성(人性)의 가나안이 우리의 여호수아에 의해 정복될 것입니다. 영은 의로 인하여 산다 할지라도, 몸은 죄로 인하여 죽습니다. 그렇지만 몸역시도 죄가 가져다준 멍에로부터 벗어나게 될 날이 이를 것입니다. 구속받은자의 뼈 하나까지도 원수의 손에 남겨지지 않을 것입니다. 하나님의 구원은 항상 완전합니다. 하나님이 베드로를 감옥으로부터 나오게 하기 위해 천사를 보내셨을 때를 생각해 보십시오. 그 때 천사는 잠에 빠져 있던 베드로에게 "겉옷을입고 따라오라"고 말했습니다(행 12:8). 그 겉옷은 기껏해야 어부의 작업복이었을 것입니다. 그렇지만 그것조차도 헤롯의 손에 남겨져서는 안 되었습니다. 그는 또한 "신을 신으라"고 말했습니다. 주의 천사가 어떤 사람을 구원할 때, 그는심지어 헌 신발 하나조차도 뒤에 남기지 않을 것입니다. 이와 같이 그리스도의구속은 완전합니다. 그것은 "극단의 끝까지"(to the uttermost) 미칩니다. 모세가바로에게 "우리의 가축도 우리와 함께 가고 한 마리도 남길 수 없으니"라고 말한것을 기억하십시오(출 10:26). 마찬가지로 주님은 죄와 사탄과 사망에게 그렇게말씀하십니다. 값을 치르고 구속한 모든 자들을 그는 또한 능력으로 구속하실것입니다. 그리고 그 때까지 그는 끊임없이 하나님 앞에 중보의 간구를 드릴 것입니다.

　우리의 모든 의심과 두려움과 어리석음과 실패로부터 그 모든 것의 끝까지, 예수는 그의 한없는 간구로 우리를 데려가실 것입니다. 타락과 개인적인 죄와실제적인 죽음으로부터 그 모든 것의 끝까지, 예수는 그의 간구로 우리를 구원할 것입니다. "끝까지"라는 표현을 생각해 보십시오! 부활생명까지 그리고 하늘의 최고의 영광에 이르기까지, 그리고 무한한 행복에 이르기까지, 그는 우리를구원할 것입니다. 그러므로 계속해서 인내하며 견디십시오! 대제사장의 간구가택함받은 무리를 구원할 것이며, 그들은 영원한 행복의 깊이와 높이를 계속해서증명할 것입니다. 그가 살아 계시기 때문에, 우리 또한 살 것입니다. 또 그가 항상 간구하고 계시기 때문에, 우리는 영원히 영화로워질 것입니다.

　마지막으로 여러분에게 한 가지 질문을 던지고자 합니다. 여러분은 예수 그리스도를 힘입어 하나님께 나아갑니까? 그렇다면, 본문은 여러분에게 큰 위로가 될것입니다. 본문은 전체 교회뿐만 아니라 또한 각각의 개별적인 신자들에게 말합니다. 예수가 "자기를 힘입어 하나님께 나아가는" 자들 각각을 위해 간구한다는 말입니다. 사랑하는 친구여, 세상은 당신을 알지 못할는지 모르지만 그러나 예수는 당신을 아십니다. 사랑하는 자매여, 당신은 세상에서 가려져 있을는지 모르지만 그러나 거룩한 중보자의 눈으로부터는 가려져 있지 않습니다. 그의 흉패위에는 당신의 이름이 새겨져 있습니다. 아니, 그는 당신의 이름을 자신의 손바닥에 새겼습니다. 그는 자신을 기억하는 자들을 결코 잊지 않을 것입니다. 영원히 살아 계신 구주의 생명의 축복이 오늘 그리고 영원히 여러분에게 있기를 기원합니다! 아멘.

제
17
장
—

# 끝까지 구원하심

—

> "그러므로 자기를 힘입어 하나님께 나아가는 자들을
> 온전히 구원하실 수 있으니 이는 그가 항상 살아 계셔서
> 그들을 위하여 간구하심이라." —히 7:25

　　구원은 계시에 특유한 교리입니다. 계시는 우리에게 그에 대한 완전한 역사를 제공하지만, 그러나 그 외에 다른 어느 곳에서도 우리는 그에 대한 어떤 흔적도 발견하지 못합니다. 하나님은 많은 책들을 쓰셨지만, 그러나 오직 한 책만이 긍휼의 길을 가르칩니다. 하나님은 창조의 거대한 책을 쓰셨으며, 그것을 읽는 것이 우리의 의무이며 즐거움입니다. 그 책의 표지는 보석처럼 빛나는 하늘의 별들과 아름다운 무지개로 꾸며졌으며, 그 안에는 경이로운 것들로 가득 차 있습니다. 자연은 사람들에게 철자법을 가르치는 책입니다. 그 책 안에서 사람들은 창조자의 이름을 배울 수 있습니다. 하나님은 그 책을 자수(刺繡)와 황금과 보석으로 아름답게 꾸몄습니다. 거대한 별들 안에는 진리의 교리들이 있으며, 초록의 땅과 거기로부터 솟아오르는 꽃들 속에는 각종 교훈들이 기록되어 있습니다. 또 우리는 폭풍과 비바람을 볼 때 거기에서 하나님의 책을 읽습니다. 왜냐하면 모든 것이 하나님이 거기에 써놓은 것을 말하고 있기 때문입니다. 만일 우리 귀가 열려 있다면, 우리는 하나님의 음성을 들을 수 있을 것입니다. 시냇물이 졸졸 흐르는 모든 곳에서, 요란하게 천둥이 치는 모든 곳에서, 번개가 번쩍이는 모든 곳에서, 모든 별들이 반짝이는 곳에서, 그리고 모든 꽃봉오리 속에서 말입

니다. 하나님이 창조의 거대한 책을 쓰신 것은 우리에게 자신이 누구인지, 그리고 얼마나 크고 강한 자인지 가르치기 위함입니다. 그렇지만 창조 안에서 나는 구원에 대해 아무것도 읽지 못합니다. 돌들은 나에게 "우리 안에 구원이 없어!"라고 말합니다. 바람이 소리를 지르지만, 그러나 구원에 대해 소리지르지는 않습니다. 물결이 계속해서 해안으로 밀려오지만, 그러나 거기에는 아무런 구원의 흔적도 없습니다. 바다에는 많은 진주들이 있지만, 그러나 은혜의 진주는 없습니다. 별들로 가득한 밤하늘에는 찬란한 불꽃을 휘날리며 지나가는 유성은 있지만, 그러나 거기에 구원의 소리는 없습니다. 나는 아버지께서 은혜로 쓰신 성경 외에는 다른 어디에서도 구원이 기록된 것을 발견하지 못합니다. 오직 성경 안에서 나는 아버지의 복된 사랑이 사람들을 향해 펼쳐지는 것과, 그들이 잃어졌다는 것과, 하나님이 그들을 구원할 수 있다는 것과, 그렇게 하심에 있어 그가 여전히 공의로운 자로 남아 있을 수 있음을 가르치는 것을 발견합니다. 이와 같이 구원은 오직 성경 안에서만 발견됩니다. 다른 곳에서는 우리는 그에 대해 아무것도 읽을 수 없습니다. 이와 같이 구원은 오직 성경 안에서만 발견된다는 사실과 관련하여, 나는 계시에 특유한 교리가 바로 구원이라고 생각합니다. 나는 성경이 나에게 역사(歷史)가 아니라 은혜를, 철학의 체계가 아니라 하나님의 체계를, 세상적인 지혜가 아니라 영적인 지혜를 가르치기 위해 보내졌음을 믿습니다. 그러므로 나는 강단에서 철학이나 과학을 전파하는 것을 전적으로 부적절한 것으로 생각합니다. 나는 이 문제에 있어 사람들의 자유를 억압하고 싶지 않습니다. 왜냐하면 오직 하나님만이 사람의 양심을 판단하시기 때문입니다. 그렇지만 만일 우리가 스스로를 그리스도인이라고 고백한다면, 나는 우리가 마땅히 기독교의 근본적인 가르침을 따를 의무가 있다고 굳게 믿습니다. 만일 우리가 기독교 사역자라고 공언하면서 안식일을 올바로 지키지 않는다면, 우리는 청중들을 우롱하는 것입니다. 만일 우리가 강단에서 구원에 관한 설교를 하지 않고 식물학이나 지질학 강연을 한다면, 우리는 하나님을 모독하는 것입니다. 하나님의 참된 사역자는 언제든지 복음을 전파해야 합니다.

이와 같이 나는 항상 여러분에게 구원을 전파하기를 열망합니다. 오늘 본문에서 우리는 대략 세 가지 정도를 살펴볼 수 있습니다. 첫째는 구원받을 자들은 어떤 사람들인가 하는 것입니다. "예수 그리스도를 힘입어 하나님께 나아가는 자들을." 둘째는 구주의 구원의 능력의 범위입니다. "온전히 구원하실 수 있으니." 그리고 셋째는 그가 구원할 수 있는 이유입니다. "이는 그가 항상 살아 계셔서 그들을 위하여 간구하심이라."

### 1. 첫째로, 구원받을 자들은 어떤 사람들인지 주목해 보십시오.

그들은 "예수 그리스도를 힘입어 하나님께 나아가는 자들"입니다. 여기에는 종파나 교파의 경계가 없습니다. 본문은 예수 그리스도를 힘입어 하나님께 나아가는 침례교회 교인들, 독립교회 교인들, 감독교회 교인들 따위로 말하지 않습니다. 본문은 단순히 "예수 그리스도를 힘입어 하나님께 나아가는 자들"이라고 말할 뿐입니다. 이것은 모든 교리와 계급과 계층을 뛰어넘습니다. 단지 예수 그리스도를 힘입어 하나님께 나오기만 하면 됩니다. 사람들 앞에서의 그들의 외적인 위치가 어떤 것이든 간에 또 그들이 어떤 교파에 속했든지 간에, 그들은 구원받을 것입니다.

(1) 이 사람들이 어디로 나아가는지 주목하십시오. 그들은 "하나님께 나아가는" 자들입니다. 하나님께 나아가는 것을 우리는 단순히 형식적으로 예배에 참례하는 것으로 이해해서는 안 됩니다. 왜냐하면 그것은 도리어 죄의 수단이 될 수도 있기 때문입니다. 영국교회 기도서에 있는 다음과 같은 기도문은 얼마나 화려하며 근사합니까! "우리는 잃은 양처럼 범죄하며 주의 길로부터 벗어났나이다. 우리는 행하지 말아야 할 일을 행했으며, 행해야 할 일을 행하지 않았나이다. 우리 안에 온전한 것이 없나이다." 이것보다 더 멋진 고백이 어디에 있겠습니까? 그렇지만 나의 사랑하는 친구들이여, 얼마나 자주 우리는 그러한 기도문을 입술로 반복하는 것으로 모든 의무를 다한 양 의기양양해하며 하나님을 우롱합니까? 또 얼마나 자주 우리는 예배당에 가서 마음의 중심은 담기지 않은 채 무릎 꿇고 기도하는 모양을 취하며 찬송가를 함께 따라 부릅니까? 나의 친구들이여, 교회나 예배당에 나아가는 것과 하나님께 나아가는 것은 전혀 별개입니다. 유창하게 기도하는 사람들을 생각해 보십시오. 그러나 그런 사람들 가운데 단순히 기도문을 외우든지 혹은 즉흥적으로 말을 만들어 기도함으로써 실제로 하나님께 나아가는 대신 도리어 하나님으로부터 멀어지는 사람들이 많이 있습니다. 여러분에게 간절히 당부하노니, 부디 형식적인 기도로 만족하지 마십시오. 스스로는 안식일을 깨뜨리지 않았다고 생각하지만 그러나 삶 전체를 통해 안식일을 깨뜨린 사람들이 많이 있을 것입니다. 공원에서 안식일을 깨뜨릴 수 있는 것과 똑같이 교회

에서도 안식일을 깨뜨릴 수 있습니다. 여러분의 집에서 안식일을 쉽게 깨뜨릴 수 있는 것과 똑같이 여기의 회중 가운데서도 얼마든지 쉽게 안식일을 깨뜨릴 수 있습니다. 만일 여러분이 실제로 하나님께 나아가지 않았음에도 불구하고 형식적으로 의무를 이행하는 것으로 스스로 만족한다면, 여러분은 사실상 안식일을 깨뜨리는 것입니다. 다시 한 번 말하거니와 단순히 어떤 외적인 규례에 참례하는 것과 하나님께 나아가는 것은 전적으로 별개의 문제입니다.

또 하나님께 나아가는 것은 이따금씩 진지하게 경건의 행동을 행하지만 그러나 삶의 더 큰 부분은 세상으로 향하는 것과 전혀 다릅니다. 여러분은 이따금씩 하늘을 향해 간절히 부르짖으면서 하나님이 자신을 받으셨다고 생각합니다. 여전히 세속적인 삶 가운데 육신적인 것들을 열망하고 있으면서도, 여러분은 이따금씩 행하는 경건의 행동으로 인해 하나님이 무한한 긍휼 가운데 여러분의 죄를 도말하시기를 기뻐하실 것이라고 상상합니다. 죄인들이여, 여러분의 삶의 절반만 하나님께 드리고 나머지는 남겨 놓는 것은 전적으로 불가능합니다. 어떤 사람이 이 자리에 왔다고 상상해 보십시오. 그러면 나는 그가 그의 자아 전체와 함께 이곳에 있다고 생각합니다. 그리고 실제로 그러합니다. 그렇지 않습니까? 이와 같이 만일 어떤 사람이 하나님께 왔다면, 그는 "절반만 오고 나머지 절반은 멀리 남아 있을" 수 없습니다. 우리의 존재 전체가 우리를 만드신 자를 섬기는 일에 드려져야 합니다. 우리는 우리 자신을 온전히 드림과 함께 그에게 나와야 합니다. 우리의 모든 것이 그를 섬기는 일에 온전히 드려져야 합니다. 그렇지 않으면 우리는 하나님께 올바로 나온 것이 아닙니다. 나는 이 세대의 많은 사람들이 하나님과 세상을 겸하여 사랑하려고 시도하는 것을 바라볼 때 놀라지 않을 수 없습니다. 속담처럼, 그들은 "두 마리의 토끼를 잡으려고 애쓰는" 꼴입니다. 때로 진지하게 신앙을 추구할 때, 그들은 참으로 좋은 그리스도인입니다. 그러나 다른 경우 그러한 신앙이 그들에게 아주 작고 하찮은 것일 때, 그들은 곧바로 불량자가 됩니다. 이 시간 여러분 모두에게 경고하고자 합니다. "만일 여호와가 하나님이면 여호와를 섬기고, 바알이 하나님이면 바알을 섬기십시오!" 나는 어떤 쪽으로든 일관성 있는 사람을 좋아합니다. 나에게 죄인인 사람을 주십시오. 그가 자신의 악에 진지하며 자신의 악한 성품을 그대로 인정할 때, 나는 그에게서 희망을 발견합니다. 그렇지만 만일 여러분이 나에게 전적으로 그리스도를 따르는 것도 아니고 전적으로 마귀를 따르는 것도 아닌 어중간한 마음을 가진 사람을 준다면, 나는 그와 같은 사람에게서 절망을 발견합니다. 양다리를 걸치기를 원하는 사람은 가장 희망이 없는 경우입니다. 죄인들이여, 여러분은 두 주인을 섬길 수 있을 것이라고 생각합니까? 그리스도께서 그럴 수 없다고 말씀하셨음에도 불구하고 말입니다. 여러분은 하나님과 함께 걸으면서 동시에 맘몬과 함께 걸을 수 있다고 상상합니까? 여러분은 한 손으로 하나님을 붙잡고 다른 손으로 마귀를 붙잡을 것입니까? 여러분은 주의 잔과 사탄의 잔을 동시에 마실 수 있다고 생각합니까? 이 시간 여러분에게 분명하게 말합니다. 만일 여러분이 하나님께 가고자 한다면, 여러분은 마귀로부터 분명하게 돌아서야만 합니다. 여러분 전체가 하나님께 드려져야만 합니다. 그렇지 않으면 여러분은 전혀 하나님께 가지 않은 것입니다. 전체 사람(whole man)이 하나님을 찾아야만 합니다. 전체 영혼(whole soul)이 하나님 앞에 부어져야만 합니다. 그렇지 않으면 그것은 올바로 하나님께 나아가는 것이 아닙니다. 둘 사이에서 우물쭈물하는 자들이여, 이것을 기억하고 두려워 떠십시오!

지금 내 귀에 어떤 사람이 "그러면 하나님께 나아가는 것이 무엇인지 우리에게 말해 주십시오"라고 외치는 소리가 들리는 것 같습니다. 그러면 나는, 하나님께 나아가는 것은 그 외에 나머지 다른 것들을 떠나는 것을 함축한다고 대답합니다. 만일 어떤 사람이 하나님께 나아간다면, 그는 자신의 죄를 떠나야 합니다. 또 그는 자신의 의를 떠나야 합니다. 그는 자신의 선행과 악행 모두를 떠나 하나님께 나아가야 합니다.

또 하나님께 나아가는 것은 그분께 아무런 미움도 없음을 함축합니다. 왜냐하면 하나님을 미워하는 동안에는 결코 그에게 나아가지 않을 것이기 때문입니다. 하나님을 미워하는 사람은 필경 하나님으로부터 멀찌감치 떨어져 있을 것입니다. 하나님께 나아가는 것은 하나님에 대해 어느 정도 사랑을 가지고 있는 것을 나타냅니다. 또 하나님께 나아가는 것은 하나님을 열망하는 것을 나타냅니다. 그는 하나님과 가까이 있기를 간절히 사모합니다. 그리고 무엇보다도 그것은 하나님을 신뢰하며 그분께 기도하는 것을 의미합니다. 그것이 하나님께 나아가는 것입니다. 그리고 이와 같은 모습으로 하나님께 나아가는 자들은 구원받은 자들 가운데 있습니다. 그들은 하나님께 나아가며, 그들의 영은 간절한 마음으로 하나님께 나아가기를 열망합니다.

(2) 또 그들이 어떤 길을 통해 나아가는지 주목하십시오. 그들은 "예수 그리스

도를 힘입어" 하나님께 나아갑니다. 우리는 스스로를 자연적인 종교인(natural religionists)이라고 부르는 사람들을 많이 알고 있습니다. 그들은 자연의 하나님 (God of Nature)을 예배하면서, 예수 그리스도 없이도 하나님께 나아갈 수 있다고 생각합니다. 또 어떤 사람들은 구주의 중보를 대수롭지 않게 생각합니다. 위기의 때에, 그들은 중보자에 대한 믿음 없이 하나님께 기도를 드립니다. 여러분은 하나님의 아들의 공로 없이 창조주 하나님으로부터 들으심과 구원을 받을 것이라고 생각합니까? 이 시간 하나님의 거룩하신 이름으로 분명히 말합니다. 아담이 타락한 이후로 중보자 예수 그리스도 없이 구원의 응답을 받은 기도는 단한 번도 없었습니다! "내가 곧 길이요 진리요 생명이니 나로 말미암지 않고는 아버지께로 올 자가 없느니라"(요 14:6). 만일 여러분 가운데 어떤 사람이 그리스도의 신성(神性)을 부인한다면, 그리고 여러분 가운데 어떤 영혼이 구주의 공로를 힘입어 하나님께 나아오지 않는다면, 나는 그들을 저주받은 자들이라고 선언할수밖에 없습니다. 여러분이 아무리 좋은 성격을 가진 사람들이라 할지라도 만일 예수 그리스도에 대한 올바른 개념을 가지고 있지 않다면, 여러분은 결코 온전한 신자일 수 없습니다. 설령 많은 기도를 한다 할지라도 만일 여러분이 그리스도를 통해 기도하지 않는다면, 여러분은 저주를 받을 것입니다. 여러분 스스로하나님의 보좌에 기도를 올려드리려고 애쓰는 것은 전적으로 헛된 일입니다. 하나님은 이렇게 말씀하십니다. "죄인이여 내가 도무지 너를 알지 못하노라. 어째서 너는 너의 기도를 중보자의 손 위에 올려놓지 않았더냐? 그렇게 했다면 필경 응답받았을 것이라. 그렇지만 너는 스스로 너의 기도를 가지고 왔도다. 그러므로 나는 그것을 결코 받지 않을 것이라." 하나님은 여러분의 간구를 읽으시고, 그것을 하늘의 네 바람에 던집니다. 그러므로 여러분은 들으심도 받지 못하고 구원도 받지 못합니다. 하나님은 결코 그리스도 없이 어떤 사람을 구원하지 않을 것입니다. 지금 하늘에 예수 그리스도를 힘입어 구원받지 않은 영혼은 단 하나도 없습니다. 하나님께 나온 사람들 가운데 예수 그리스도를 힘입어 나오지 않은 사람은 단 한 사람도 없습니다. 만일 여러분이 하나님과 화목하고자 한다면, 여러분은 길과 진리와 생명이신 그리스도를 힘입어 하나님께 나아와야 합니다.

　(3) 또 그들이 무엇 때문에 하나님께 나아가는지 주목하십시오. 하나님께 나아간다고 생각하지만 그러나 합당한 일을 위해 나아가지 않는 사람들이 적지 않게

있습니다. 많은 학생들이 하나님께 공부하는 일을 도와 달라고 부르짖습니다. 많은 상인들이 사업하는 일을 도와 달라고 기도하기 위해 하나님께 나아갑니다. 이런저런 어려움 속에서 그들은 습관적으로 어떤 종류의 기도를 올립니다. 그러나 만일 그들이 그것이 얼마나 헛된 기도인지 안다면, 그들은 당장 그것을 그칠 것입니다. 왜냐하면 "악인의 제사는 여호와께서 미워하시기" 때문입니다(잠 15:8). 반면 가난한 죄인은 오직 하나의 목적만을 가지고 그리스도께 나아갑니다. 설령 세상 전체가 그에게 주어진다 할지라도, 그는 그것을 예수 그리스도만큼 가치 있는 것으로 생각하지 않습니다. 사형 선고를 받은 가련한 죄수를 생각해 보십시오. 그는 지금 감방에 갇혀 있습니다. 어느덧 종이 울립니다. 그는 곧 교수대에서 사형을 당할 것입니다. 그 때 내가 아름다운 옷을 가지고 그에게 갑니다. "여보게! 왜 웃지 않는 거지? 이 옷 좀 보라고! 은으로 장식해서 빳빳하지 않은가! 보석으로 장식한 것이 보이지 않나! 이 옷은 많은 공임(工賃)이 들어간 매우 값비싼 옷일세!" 그러나 사형수는 깔보는듯한 미소로 그 옷을 바라봅니다. "이 사람아, 여기를 보게, 내가 자네에게 다른 것을 주겠네. 이 저택을 보게. 아름다운 정원과 뜰과 넓은 밭이 딸린 큰 저택일세. 여기 권리증을 받게. 이제 이것은 자네의 것일세. 이 사람아, 도대체 왜 웃지 않는 것인가? 만일 내가 이 저택을 다른 사람에게 준다면, 틀림없이 그는 기뻐서 춤이라고 출 걸세. 그런데 자네는 내가 이토록 큰 선물을 주는 데도 어째서 웃지 않는 것인가? 그렇다면 내가 한 가지 더 선물하지. 자, 여기 가이사의 왕복이 있네. 자, 입어보게. 또 여기에 그의 왕관도 있네. 그것은 오직 자네만 쓸 수 있네. 그것은 거대한 제국을 호령하는 황제의 왕관이네. 내가 자네를 왕으로 삼을 걸세. 자네는 해가 지지 않는 제국을 갖게 될 걸세. 자네는 북극으로부터 남극까지 통치하게 될 걸세. 자, 일어나 스스로를 가이사라 부르게! 자네는 황제일세! 아니, 아직도 웃지 않는가? 도대체 자네가 원하는 것이 무엇인가?" 그러나 왕관을 바라보며 사형수는 이렇게 대답합니다. "이 따위 시시한 물건은 치워 버리십시오. 그리고 권리증도 찢어 버리고 왕의 예복도 치워 버리십시오. 그 따위 것들은 바람에나 날려 버리든지 아니면 살아 있는 왕들에게나 주십시오. 나는 이제 곧 죽을 것인데 그런 것들이 나에게 무슨 소용이 있겠습니까? 나에게 무엇인가를 주시려거든 제발 사면(赦免)을 주십시오. 가이사가 되는 것은 아무 흥미 없습니다. 왕으로 죽는 것보다 거지로 살고 싶습니다." 이것은 하나님께 나오는 죄인의 경우에도 마찬가지입니다. 그는 오직 구원을 위해 나옵니다. 그는 이렇게 말합니다.

> "재물과 명예도 나는 필요치 않나이다.
> 주여, 세상의 위로들은 모두 헛되나이다.
> 나는 이런 것들로 만족하지 못할 것이라.
> 그리스도를 주소서, 그렇지 않으면 죽을 것이나이다."

그가 유일하게 구하는 것은 긍휼입니다! 나의 친구들이여, 만일 여러분이 하나님께 나아와 오직 구원을 부르짖는다면, 여러분은 하나님께 올바로 나아온 것입니다. 여러분이 떡을 달라는데, 내가 돌을 줄 것입니까? 그러면 여러분은 그 돌을 내게 던질 것입니다. 그러면 내가 여러분에게 재물을 줄 것입니까? 그러나 그것은 아주 작은 것입니다. 우리는 그리스도에게 나오는 죄인들에게 그들이 구하는 선물, 즉 주 예수 그리스도로 말미암은 구원의 선물을 전파해야만 합니다.

(4) 그러면 이 사람들이 어떤 방식으로 그리스도께 나오는지 주목하십시오. 구원을 위해 긍휼의 문으로 나오는 몇몇 사람들의 모습을 묘사해 보도록 합시다. 저기 여섯 마리의 말이 끄는 호화로운 마차를 타고 멋지게 차려입은 모습으로 오는 사람이 있군요! 그가 거칠게 마차를 몰며 호기롭게 달려오는 모습을 보십시오. 그는 위풍당당합니다. 그에게는 정장을 차려입은 수행원들이 있으며, 그의 마차를 끄는 말은 화려하게 장식되어 있습니다. 그는 큰 부자입니다. 그는 긍휼의 문을 향해 마차를 몰면서 말합니다. "문지기여, 나를 위해 문을 여시오. 나는 매우 부유하며, 상당히 존경받는 신사라오. 나는 충분한 공로와 선행을 가지고 있다오. 감히 말하건대 이 마차가 나를 죽음의 강을 넘어 건너편 땅에 안전하게 데려다줄 것이오. 그렇지만 여전히 종교적인 모양을 취하는 것은 중요한 일이지. 그래서 이렇게 긍휼의 문으로 나아온 것이오. 문지기여, 문을 열고 나로 하여금 들어가게 하시오. 내가 얼마나 훌륭한 사람인지 보시오." 그러나 여러분은 이 사람을 위해 문이 열리는 것을 결코 보지 못할 것입니다. 그는 올바른 방식으로 나오지 않았습니다.

자, 또 한 사람이 나아오고 있군요! 그는 많은 공로를 가지고 있지는 않지만, 그러나 여전히 어느 정도의 공로는 가지고 있습니다. 그는 느긋하게 걸어와서는 이렇게 소리를 지릅니다. "천사여, 나를 위해 문을 열어 주시오. 내가 그리스도

께 왔소이다. 나는 내가 구원받고 싶어 한다고 생각하오. 그렇지만 구원의 필요
성을 그다지 크게 느끼지는 않소. 나는 항상 정직하며, 반듯하며, 도덕적인 사람
이었소. 나는 내 자신이 큰 죄인인지 여부는 알지 못하오. 나는 내 자신의 예복을
가지고 있소. 그렇지만 그리스도의 예복을 입는 것을 굳이 마다하지는 않소. 그
것이 그렇게 해로울 것은 없을 테니까! 만일 혼인예복이 필요하다면, 그 역시도
나는 내 자신의 것으로 가질 수 있소." 아, 이 사람에게도 긍휼의 문은 열리지 않
습니다!

　이제 여러분에게 올바른 방식으로 나오는 사람을 보여주도록 하겠습니다.
아, 저기에 그가 오는군요! 그는 지금 탄식하며, 신음하며, 눈물을 흘리며, 부르
짖으며 오고 있습니다. 그의 목에는 밧줄이 걸려 있습니다. 왜냐하면 그는 스스
로에 대해 정죄를 받아 마땅하다고 여기고 있기 때문입니다. 그는 누더기를 걸
치고 있습니다. 그는 하늘의 보좌 앞으로 나옵니다. 긍휼의 문에 다다랐을 때, 그
는 그 문을 두드리기를 두려워하며 머뭇거립니다. 그는 눈을 들어 "두드리라 그
러면 열릴 것이라"고 기록된 것을 봅니다. 그렇지만 그는 자신의 부정한 손이 닿
음으로써 그 문이 더럽혀지지 않을까 두려워합니다. 그리하여 그는 한 번 톡 하
고 칩니다. 그러나 긍휼의 문은 열리지 않습니다. 그는 두려움에 거의 사색(死
色)이 됩니다. 그리하여 그는 또다시 톡 하고 칩니다. 그는 또다시 치고 또다시
치고 헤아릴 수 없이 치지만, 그러나 아무런 응답도 없습니다. 여전히 그는 죄인
이며, 그는 자신이 아무 자격도 없다는 사실을 압니다. 그렇지만 그는 계속해서
문을 두드립니다. 그러다가 마침내 선한 천사가 문으로부터 웃으며 이렇게 말합
니다. "이 문은 왕이나 고관들을 위해서가 아니라 걸인들을 위해 세워졌도다. 천
국의 문은 부자들을 위해서가 아니라 영적으로 가난한 자들을 위해 만들어졌도
다. 그리스도는 훌륭하며 뛰어난 사람들을 위해서가 아니라 죄인들을 위해 죽으
셨도다. 그는 악인들을 구원하기 위해 세상에 오셨도다.

　　'예수는 부르러 오셨도다.
　　의인들이 아니라 죄인들을.'

　그러므로 가난한 자여, 들어오라! 그대의 들어옴을 내가 환영하고 또 환영하
노라!"

사랑하는 친구들이여, 여러분은 이와 같은 방식으로 예수 그리스도를 힘입어 하나님께 나왔습니까? 바리새인의 위풍당당한 교만이나 스스로 구원받을 만한 충분한 자격이 있다고 생각하는 사람의 위선적인 말투와 함께가 아니라, 참회자의 진실한 눈물과 생수를 찾는 목마른 영혼의 간절한 열망과 광야에서 시냇물을 찾는 목마른 사슴의 헐떡임과 아침이 오기를 기다리는 파수꾼의 간절한 바람과 함께 말입니다. 만일 여러분이 이와 같은 방식으로 하나님께 나오지 않았다면, 사실상 여러분은 전혀 하나님께 나온 것이 아닙니다. 그러나 만일 여러분이 이와 같은 방식으로 하나님께 나왔다면, "그러므로 자기를 힘입어 하나님께 나아가는 자들을 온전히 구원하실 수 있으니"라는 영광스러운 하나님의 말씀은 바로 여러분을 위한 것입니다.

### 2. 둘째로, 구주의 구원의 능력의 범위를 살펴보도록 합시다.

예수 그리스도의 구원의 능력과 관련한 문제는 생사를 가를 만큼 중요한 문제입니다. 구원은 얼마나 멀리까지 갈 수 있습니까? 그것의 경계와 한계는 어디까지입니까? 그리스도는 구주입니다. 그러면 그는 얼마나 멀리까지 구원할 수 있습니까? 그는 의사(醫師)입니다. 그러면 그의 의술은 어느 정도 범위까지 도달할 것입니까? 이러한 질문들에 본문은 근사한 대답을 제시합니다 ― "끝까지(to the uttermost) 구원하실 수 있으니"(한글개역개정판에는 "온전히"라고 되어 있음). 여기의 "끝"(uttermost)이 얼마나 먼지 아무도 알지 못합니다. 다윗은 새벽 날개를 치고 바다 "끝"까지 갈지라도 거기에서도 하나님이 자신을 붙잡을 것이라고 말합니다(시 139:9). 그렇지만 그 "끝"이 어디인지 도대체 누가 알 수 있겠습니까? 천사의 날개를 빌려 가장 먼 별까지 날아가며 심지어 광활한 에테르(ether)가 하나님의 품처럼 고요하게 펼쳐진 곳까지 이른다 하더라도, 여러분은 여전히 "끝"에 도달하지 못할 것입니다. 아침햇살을 타고 창조세계의 경계를 넘어 공간 자체가 없어지는 곳까지 계속해서 간다 하더라도, 여러분은 여전히 "끝"에 도달하지 못할 것입니다. 그것은 인간의 유한한 지성이 도달하기에는 너무나 먼 곳입니다. 그것은 이성과 사색의 범위를 넘어섭니다. 자, 본문을 보십시오. 본문은 우리에게 예수 그리스도가 "끝까지 구원할 수 있다"고 말합니다.

(1) 여기에서 먼저 죄인들에게 이야기하고, 나중에 하나님의 성도들에게 이야기하고자 합니다. 죄인들이여, 예수 그리스도가 "끝까지 구원할 수" 있다는 사

실을 통해 우리는 죄책의 정도가 결코 구주의 능력을 넘어서지 못한다는 사실을 알 수 있습니다. 사람의 죄의 끝이 어딘지 우리가 말할 수 있습니까? 우리는 종종 아무개가 타락의 끝까지 갔다고 말하곤 합니다. 또 우리는 어떤 치밀하고 잔인한 살인자를 보면서 그보다 더 악한 마음을 가진 자는 결코 없을 것이라고 상상하기도 합니다. 그러나 그보다 더 악한 자가 있을 수 있다는 것은 얼마든지 가능합니다. 뿐만 아니라 그로 하여금 마음대로 행하도록 내버려 두면, 그는 지금의 모습보다 한층 더 악한 자가 될 수도 있을 것입니다. 그가 또다시 살인을 저지르고, 또다시 살인을 저지르고, 또다시 살인을 저질렀다고 상상해 보십시오. 그러면 그는 "끝"까지 간 것입니까? 어떤 사람이 그보다 더 큰 죄를 지을 수 없겠습니까? 살아 있는 한, 그는 이제까지의 자신보다 더 큰 죄책을 가진 자가 될 수 있습니다. 그럼에도 불구하고 여전히 본문은 예수 그리스도가 "끝까지" 구원할 수 있다고 말합니다. 스스로를 가장 혐오스러우며 가장 악독한 자로 여기는 어떤 사람을 상상해 보십시오. 그는 말합니다. "의심의 여지 없이 나는 죄의 끝까지 갔습니다. 악에 있어 나를 능가할 사람은 아무도 없습니다." 가련한 친구여, 당신은 끝까지 갔다고 생각합니까? 그럼에도 불구하고 당신이 신적 긍휼이 미치는 범위를 넘어가지 않았다는 사실을 기억하십시오. 왜냐하면 예수 그리스도는 "끝까지" 구원할 수 있기 때문입니다. 당신이 지금의 상태에서 한 걸음 더 나아가는 것도 얼마든지 가능합니다. 그렇다면 이것은 무엇을 의미하는 것입니까? 그것은 당신이 아직 "끝"까지 가지 않았음을 의미하는 것이 아닙니까? 당신이 아무리 멀리까지 간다 하더라도, 또 당신이 긍휼의 태양이 비스듬히 밖에는 비치지 않는 악의 북극까지 갔다 하더라도, 거기까지도 구원의 빛은 당신에게 도달할 수 있습니다. 어떤 죄인이 비틀거리며 지옥의 입구까지 다다랐다 하더라도, 나는 결코 그를 포기하지 않을 것입니다. 그의 발이 지금 지옥의 경계 안으로 들어가고 있다 하더라도, 나는 결코 그를 위해 기도하기를 그치지 않을 것입니다. 그의 발 하나가 이미 지옥의 경계 안으로 들어갔고 곧 멸망으로 떨어지는 순간이라 하더라도, 나는 그에 대해 절망하지 않을 것입니다. 지옥의 무저갱이 그를 집어삼키고 그 입을 닫아 버릴 때까지 말입니다. 나는 최후의 순간에도 신적 은혜(divine Grace)가 그를 구원할 수 있음을 믿습니다. 자, 지옥의 무저갱 입구에 서 있는 자를 보십시오! 그는 지금 그곳으로 떨어지려고 하고 있습니다. 그 순간 신적 은혜가 소리를 지릅니다. "멈추어라!" 그러자 긍휼(Mercy)이 날개를 펼치고 날아와 그를 잡아챕니다. 그는 구원받습니다. 그는 구속의 사랑의 전리품입니다. 이 자리에 그런 사람들이 있습니까? 여기에 사회로부터 버려진 자들이 있습니까? 여기에 이 세상의 찌꺼기와 같은 자들이 있습니까? 이 자리에 죄인 중에 괴수와 같은 자들이 있습니까? 예수 그리스도는 당신을 "끝까지" 구원할 수 있습니다. 온 세상에 이 소식을 전하십시오! 죄와 악으로 얼룩진 모든 소굴에 이 소식을 전하십시오! 예수 그리스도는 "끝까지" 구원할 수 있습니다.

(2) 또 예수 그리스도는 죄의 끝까지 뿐만 아니라 배척의 끝까지 구원할 수 있습니다. 나는 이에 대해 좀 더 상세히 설명할 필요를 느낍니다. 여기에 있는 사람들 가운데 많은 사람들이 어려서부터 복음을 들었을 것입니다. 또 나의 경우처럼 경건한 부모로부터 태어난 자녀들도 많이 있을 것입니다. 또 여러분 가운데 어린 시절 그 얼굴에 어머니의 순수한 눈물방울이 계속해서 떨어졌던 사람들도 있을 것입니다. 또 여기에 기도로 양육받은 사람들도 많이 있을 것입니다. 당신의 어머니는 당신을 위한 기도를 마치기 전까지는 결코 자신의 침상으로 돌아가지 않았습니다. 당신의 어머니는 하늘로 갔지만, 그러나 그녀가 당신을 위해 기도한 모든 기도가 아직 응답되지 않았습니다. 당신은 당신의 어머니가 당신의 손을 잡고 이렇게 말한 것을 기억합니다. "존, 만일 네가 계속해서 죄의 길로 달려간다면, 내 마음은 깨어져 버리고 말 거야. 내가 너의 구원을 얼마나 간절히 열망하는지 네가 알기만 한다면, 분명 너의 영혼은 한순간에 녹아져 너는 당장 그리스도께 달려가게 될 거야." 당신은 그 때를 기억하지 못합니까? 당신은 어머니의 마음을 깨뜨릴 수 없어 얼굴에 송글송글 땀방울을 맺으며 이렇게 말했습니다. "엄마, 그에 대해 생각해 볼게요." 그리고 당신은 실제로 그에 대해 생각했습니다. 그렇지만 밖에서 친구를 만나면서 그런 생각은 모두 사라졌습니다. 어머니의 훈계는 거센 강풍에 거미줄이 아무런 흔적도 남기지 않고 사라지는 것처럼 그렇게 사라져 버렸습니다. 그 이후에도 종종 당신은 설교를 듣기 위해 예배당에 가곤 했습니다. 언젠가 당신은 매우 강력한 설교를 들었습니다. 설교자는 마치 이제 막 절망의 무덤으로부터 빠져나온 것처럼 열정적으로 말했습니다. 그는 자신의 끔찍한 운명을 이야기하며 당신에게 경고했습니다. 당신은 그가 죄와 의와 다가올 심판에 대해 말하는 동안 당신 얼굴 위에 눈물이 흐른 것을 기억합니다. 그는 당신에게 예수 그리스도와 십자가로 말미암은 구원에 대해 이야기했습니다. 당신은 자리에서 일어나 이렇게 말했습니다. "하나님을 찬양하리로다. 나

는 전심으로 그분께 돌아갈 것이라." 그런데 당신은 여전히 변화되지 않은 채 그대로 있습니다. 어쩌면 전보다 더 나빠졌는지도 모릅니다. 당신은 주일 오후를 허비하며 무익하게 보냈습니다. 당신이 주일 오후를 어디에서 보냈는지 천사가 알고 당신의 어머니의 영이 압니다. 어쩌면 당신의 어머니는 이 시간에도 당신이 하나님의 안식일을 대수롭지 않게 여기며 그의 거룩한 말씀을 짓밟는 것으로 인해 눈물을 흘리고 있는지도 모릅니다. 그렇지만 당신은 오늘 밤 성령의 부드러운 손길을 느낍니까? 당신은 누군가가 "죄인이여, 지금 그리스도께 돌아오라"고 말하는 것을 느낍니까? 당신은 양심이 당신에게 속삭이는 음성을 듣습니까? 당신은 양심이 당신의 지난 죄들에 대해 말하는 것을 듣습니까? "예수께 오라. 예수께 오라. 지금이라도 그가 너를 구원하실 것이라"라고 외치는 천사의 음성이 들립니까? 죄인이여, 당신은 그리스도를 끝까지 배척했을는지 모르지만 그러나 그는 당신을 끝까지 구원할 수 있습니다. 당신이 짓밟은 기도가 천 개 있습니다. 당신이 쓰레기통에 던져 버린 설교가 백 개 있습니다. 당신이 내던져 버린 안식일이 수천 개 있습니다. 당신은 그리스도를 배척했으며 그의 영을 대수롭지 않게 여겼습니다. 그럼에도 불구하고 그는 "돌아오라! 돌아오라!"라고 부르짖기를 그치지 않습니다. 그는 당신을 "끝까지" 구원할 수 있습니다. 당신이 그를 힘입어 하나님께 나오기만 한다면 말입니다.

(3) 또 절망의 끝까지 간 사람의 경우를 생각해 보도록 합시다. 이 세상에는 죄의 결과로 마음이 완고하게 된 가련한 존재들이 있습니다. 하나님의 은혜로 말미암아 그들이 마침내 후회와 양심의 가책으로 깨어 일어날 때, 그러한 것을 덮어 버리려고 시도하는 악한 영이 있습니다. 그는 그들에게 "너희와 같은 사람들이 구원을 찾는 것은 바랄 수 없는 일이야!"라고 말합니다. 실제로 이런 생각으로 강하게 고착되어 있는 사람들이 있습니다. 그들은 자신들이 구원받는 것보다 차라리 마귀들이 구원받는 것이 훨씬 더 쉽다고 생각합니다. 그들은 스스로를 잃은 자로써 포기하며, 자신들의 멸망을 스스로 확증합니다. 이러한 마음 상태 가운데 그들은 자신들의 불행한 삶을 끝내기 위해 스스로 목에 줄을 겁니다. 절망은 많은 사람들을 너무나 일찍 죽음으로 이끕니다. 그것은 많은 칼을 날카롭게 하며, 많은 잔에다가 독을 탑니다. 지금 이 자리에 절망 가운데 빠져 있는 사람이 있습니까? 그런 사람은 금방 눈에 띕니다. 그의 얼굴은 그늘져 있으며, 그의 어깨는 축 처져 있습니다. 그는 차라리 죽기를 바랍니다. 그는 현재와 같이 살

면서 지옥을 기다리느니 차라리 지금 당장 지옥에 떨어지는 것이 덜 고통스러울 것이라고 생각합니다. 이 시간 나는 그에게 위로의 말을 전해주고 싶습니다. 절망에 빠진 영혼이여, 아직도 당신에게 희망이 있습니다. 왜냐하면 그리스도는 "끝까지" 구원할 수 있기 때문입니다. 설령 당신이 절망의 성의 가장 깊은 곳에 떨어졌다 할지라도, 또 아무리 열쇠를 돌려보아도 닫힌 쇠문이 꿈쩍도 하지 않는다 할지라도, 또 토굴의 벽이 너무 높아 빠져 나갈 것을 도무지 바랄 수 없다 할지라도, 그럼에도 불구하고 당신에게 희망이 있습니다. 왜냐하면 그 문 앞에 모든 자물쇠를 부술 수 있는 자가 계시기 때문입니다. 설령 당신이 가장 극악한 상태에 빠져 있다 할지라도, 여전히 당신을 구원하여 자유로운 세상으로 인도할 수 있는 자가 계십니다. 그는 당신을 "끝까지" 구원할 수 있습니다.

(4) 본문은 또한 하나님의 거룩한 백성을 위로합니다. 복음 안에 있는 사랑하는 형제여, 예수 그리스도는 당신을 끝까지 구원할 수 있습니다. 당신은 고통으로 말미암아 의기소침한 가운데 빠져 있습니까? 당신은 집과 가정과 친구와 재산을 잃었습니까? 그럼에도 불구하고 당신이 "끝"에까지 다다른 것은 아니라는 사실을 기억하십시오. 당신이 지금 아무리 나쁜 상태에 있다 하더라도, 예수 그리스도는 당신을 구원할 수 있습니다. 당신이 누더기 한 벌과 빵 한 조각과 물 한 방울조차 남아 있지 않다고 상상해 보십시오. 그래도 여전히 그는 당신을 구원할 수 있습니다. 왜냐하면 그는 "끝까지" 구원할 수 있기 때문입니다. 유혹에 대해서도 마찬가지입니다. 설령 당신이 가장 악독한 유혹 가운데 있다 하더라도, 그는 당신을 구원할 수 있습니다. 설령 당신이 마귀가 발로 당신의 목을 누르면서 "이제 내가 너를 끝장낼 거야"라고 말하는 곤경에 빠져 있다 할지라도, 심지어 이런 끔찍한 상황에서조차 하나님은 당신을 구원할 수 있습니다. 또 약함에 있어서도 동일합니다. 설령 당신이 약함 가운데 오랜 세월 살아오는 가운데 이제 지팡이에 의지하여 흐느적거린다 할지라도, 또 설령 당신이 므두셀라보다 더 오래 산다 할지라도, 그것조차 "끝"을 넘어선 것이 아니며 그 때에조차 주님은 당신을 구원할 수 있습니다. 그렇습니다. 당신의 작은 배가 죽음으로 말미암아 영원이라는 미지의 바다를 향해 출발할 때, 그는 당신과 함께 있을 것입니다. 빽빽한 어둠이 당신 주위로 몰려와 미래와 관련하여 아무것도 볼 수 없게 될 때 그리하여 스스로에 대해 멸망을 생각하지 않을 수 없게 될 때, 그 때에도 여전히 하나님은 당신을 "끝까지" 구원할 수 있습니다.

그러므로 나의 친구들이여, 만일 그리스도가 어떤 사람을 끝까지 구원할 수 있다면, 여러분은 그가 그 사람이 멸망을 당하도록 내버려 둘 것이라고 생각합니까? 어디를 가든, 나는 항상 "성도가 타락하여 멸망을 당할 수 있다"는 가장 저주받은 교리를 반박하느라 골몰합니다. 간혹 "사람이 오늘은 하나님의 자녀였다가 내일은 마귀의 자녀가 될 수 있다"고 가르치는 설교자들이 있습니다. 어떤 사람이 죄 사함을 받았다가 다시 정죄 가운데 떨어지는 것, 그가 은혜로 말미암아 구원받았다가 마침내 멸망으로 떨어지는 것, 그가 그리스도의 손으로부터 빼앗김을 당하도록 내버려 둠을 당하는 것 ― 이런 일은 결코 일어날 수 없습니다. 여러분은 이것을 어떻게 설명할 것입니까? 그것은 분명 능력의 부족으로 말미암은 것이 아닙니다. 그것은 분명 사랑의 부족으로 말미암은 것입니다. 그렇다면 여러분은 그가 사랑이 부족하다고 참소해야만 합니다. 여러분은 감히 그렇게 참소할 수 있습니까? 그는 사랑으로 가득합니다. 뿐만 아니라 그는 풍성한 능력을 가지고 계십니다. 따라서 그는 자기 백성 가운데 어느 하나도 멸망을 당하도록 내버려 두지 않을 것입니다. 그가 그들을 마지막 끝까지 구원할 것임은 사실이며 또 항상 사실일 것입니다.

### 3. 마지막으로, 예수 그리스도가 "끝까지 구원할 수 있는" 이유가 무엇인지 주목하십시오.

그것은 그가 "항상 살아 계셔서 그들을 위하여 간구하시기" 때문입니다. 여기에는 그가 죽으신 것이 내포되는데, 이것이야말로 진실로 그의 구원의 능력의 큰 원천입니다. 그리스도께서 우리를 구원하기 위해 "우리의 믿는 도리의 대제사장"이 되심으로써 행하신 크고 놀라운 일을 되돌아보는 것은 얼마나 달콤한 일입니까! 골고다 언덕을 회상하며 나무 위에서 피 흘려 죽으시는 자를 바라보는 것은 얼마나 즐거운 일입니까! 감람나무 사이에서 사랑의 눈으로 피로 얼룩진 땀방울을 흘린 자를 엿보며 그의 신음소리를 듣는 것은 얼마나 달콤합니까! 죄인이여, 만일 당신이 나에게 그리스도가 어떻게 당신을 구원할 수 있느냐고 묻는다면, 나는 당신에게 그가 스스로를 구원하지 않았기 때문에 당신을 구원할 수 있다고 말할 것입니다. 그는 당신의 죄책을 취하여 형벌을 받으셨기 때문에 당신을 구원할 수 있습니다. 신적 공의를 만족시키는 것으로부터 분리된 구원의 길은 결코 없습니다. 죄인이 죽든지, 아니면 어떤 사람이 그를 대신하여 죽어야 합니다. 만일 당신이 그를 힘입어 하나님께 나오면 그는 당신을 위해 죽으신 것인데, 바로 이런 의미에서 그는 당신을 구원할 수 있습니다. 하나님은 우리로부터 빚을 가지고 계시며, 그는 결코 그 빚을 면제하지 않습니다. 그는 그 빚이 지불되도록 할 것입니다. 그리스도께서 그 빚을 지불하시고 가련한 죄인은 자유를 얻습니다.

그가 우리를 구원할 수 있는 것은 그가 죽었기 때문만이 아니라 또한 그가 살아 계셔서 우리를 위해 간구하시기 때문입니다. 한때 십자가 위에서 죽으셨던 자는 지금 살아 계십니다! 무덤에 장사되었던 예수는 지금 살아 계십니다! 만일 당신이 그가 무엇을 하고 있느냐고 나에게 묻는다면, 나는 당신에게 귀를 열고 들어 보라고 말할 것입니다. 자, 귀가 있거든 들어 보십시오! 참회하는 가련한 죄인이여, 당신은 그의 음성을 듣지 못했습니까? 당신은 수금을 타는 연주자보다 더 달콤한 그의 음성을 듣지 못했습니까? 당신은 매혹적인 음성을 듣지 못했습니까? 들어 보십시오! 그가 무엇이라고 말합니까? "나의 아버지여, 그들을 용서하여 주옵소서!" 아, 그가 당신의 이름을 언급합니다! "나의 아버지여, '아무개'를 용서하여 주옵소서. 그가 자기의 하는 것을 알지 못함이니이다. 그가 빛과 지식과 경고를 거슬러 죄를 범한 것은 사실이나이다. 그는 고의적으로 죄를 범하였나이다. 그러나 아버지여, 그를 용서하여 주옵소서!" 참회자여, 만일 당신이 들을 수 있다면, 당신은 그가 당신을 위해 기도하는 것을 들을 것입니다. 그리고 바로 그것이 그가 당신을 구원할 수 있는 이유입니다.

마지막으로 여러분에게 경고와 질문을 던지고자 합니다. 먼저 여러분에게 경고합니다. 하나님의 긍휼에 한계가 있음을 기억하십시오. 성경으로부터 나는 여러분에게 예수 그리스도는 "끝까지" 구원할 수 있다고 말했습니다. 그러나 그의 구원의 목적에는 한계가 있습니다. 만일 내가 성경을 올바르게 읽었다면, 거기에 결코 용서될 수 없는 한 가지 죄가 있습니다. 그것은 성령을 훼방하는 죄입니다. 가련한 죄인들이여, 그러한 죄를 범하지 않도록 조심하며 두려워하십시오! 만일 내가 성령을 훼방하는 죄가 무엇인지 여러분에게 설명해야만 한다면, 나는 그 죄가 사람들마다 다를 수 있다고 믿는다고 말해야만 합니다. 그러나 많은 사람들에게 성령을 훼방하는 죄는 그들의 깨달음이나 혹은 자각(自覺) 같은 것을 질식시키는 것과 관련됩니다. 나의 설교를 듣는 자들이여, 오늘 밤의 설교가 여러분이 듣는 마지막 설교가 되지 않도록 두려워 떠십시오! 만일 여러분이 원한다면, 돌아가서 설교자를 경멸하십시오. 그렇지만 그의 경고만큼은 소홀히 여기지 마십시오. 어쩌면 여러분이 설교를 비웃거나 혹은 기도를 조롱하거나 혹은 본문을 경멸한 바로 다음 순간, 하나님이 이렇게 말씀하실 수 있습니다. "그를 우상에게 주었으니 그냥 내버려 두라. 나의 영이 더 이상 그를 얻으려고 애쓰지 않을 것이라. 내가 다시 그에게 말하지 않을 것이라." 이것이 경고입니다.

　이제 마지막으로 여러분에게 질문을 던지고자 합니다. 그리스도가 여러분을 위해 그토록 큰 일을 행하셨다면, 그러면 여러분은 그를 위해 무엇을 행했습니까? 가련한 죄인이여, 그리스도가 당신을 위해 죽으셨음을 앎에도 불구하고, 또 회개했음에도 불구하고, 또 언젠가 그의 소유가 될 것임을 앎에도 불구하고, 당신은 지금 그에게 침을 뱉습니까? 당신은 하나님의 날을 조롱합니까? 언젠가 그 날이 당신의 날이 될 것을 앎에도 불구하고 말입니다. 당신은 그리스도를 경멸합니까? 그가 지금 당신을 사랑하시고 장차 그 사랑을 나타낼 것을 앎에도 불구하고 말입니다. 아, 이것은 얼마나 스스로를 혐오하는 행동입니까! 어느 날 그가 당신에게 오셔서 이렇게 말할 것입니다. "가련한 죄인이여, 내가 너를 용서하노라." 그러면 당신은 그의 얼굴을 바라보며 말할 것입니다. "무엇이라고요? 나를 용서한다고요? 나는 종종 주님을 저주하곤 했는데요. 나는 당신의 백성들을 조롱하며, 기독교와 관련된 것은 무엇이든 경멸했는데요. 나를 용서한다고요?" 그리스도께서 말씀하십니다. "그렇다. 나의 손을 잡으라. 네가 나를 미워할 때 나는 너를 사랑하였노라. 이리 오라!" 그 때 당신은 당신을 그렇게 사랑하신 자에 대해 그토록 악하게 대적하며 범죄한 것에 대해 가슴이 미어질 것입니다.

　사랑하는 자들이여, 본문을 다시 읽어 보십시오. "그러므로 자기를 힘입어 하나님께 나아가는 자들을 끝까지 구원하실 수 있으니 이는 그가 항상 살아 계셔서 그들을 위하여 간구하심이라." 나는 웅변가가 아니며, 특별한 언변을 가지고 있지 못합니다. 그렇지만 만일 내가 웅변가이고 특별한 언변을 가지고 있다면, 나는 나의 영혼 전체를 쏟아 여러분에게 다음과 같은 말씀을 전할 것입니다.

　　"그는 할 수 있도다.
　　그는 기꺼이 하실 것이라.
　　너희 목마른 자여, 오라.
　　와서 하나님이 값없이 주시는 것을 마시라.

참된 믿음과 참된 회개와,
우리에게 가져다주시는 모든 은혜들을
예수 그리스도께 나아와
값없이 돈 없이 사라."

왜냐하면 예수 그리스도는 "자기를 힘입어 하나님께 나아가는 자들을 끝까지 구원할 수 있기" 때문입니다. 오, 주여! 죄인들을 오게 하소서! 하나님의 영이시여! 그들을 오게 하소서! 주의 달콤한 이끄심으로 그들을 그리스도께 나오게 하소서! 그리하여 우리가 전한 것이 헛된 것이 되지 않게 하시고, 우리가 수고한 것이 잃어지지 않게 하소서! 아멘.

제
18
장
—

# 사람의 마음에 기록된
# 하나님의 율법

—

"또 주께서 이르시되 그 날 후에 내가 이스라엘 집과
맺을 언약은 이것이니 내 법을 그들의 생각에 두고
그들의 마음에 이것을 기록하리라." —히 8:10

하나님이 이스라엘에게 자신의 율법 — 첫 언약의 율법 — 을 주셨을 때, 그
것은 모든 백성들에 의해 지켜져야만 하는 거룩한 율법이었습니다. 그것은 공정
하고 올바른 율법이었으며, 그와 관련하여 하나님은 이렇게 말씀하셨습니다.
"너희는 내 법도를 따르며 내 규례를 지켜 그대로 행하라 나는 너희의 하나님 여
호와이니라 너희는 내 규례와 법도를 지키라 사람이 이를 행하면 그로 말미암아
살리라 나는 여호와이니라"(레 18:4, 5). 십계명의 율법은 완전하게 공의롭습니
다. 그것은 사람이 최선의 삶을 위해 반드시 가져야만 하는 율법입니다. 그것은
하나님의 관심사와 사람의 관심사가 함께 담겨 있는 완전한 율법입니다. 그것은
편파적이 아니라 공정하며, 완전하며, 삶의 모든 상황을 포괄하는 율법입니다.
여러분은 십계명으로부터 율법의 두 돌판 전체를 망가뜨림이 없이 단 하나의 계
명도 뺄 수 없습니다. 여러분은 불필요한 것을 만드는 죄책을 가짐이 없이 또 다
른 계명을 더할 수 없습니다. 율법은 거룩하며, 공의로우며, 선합니다. 그것은 그
것을 만드신 하나님과 같습니다. 그것은 완전한 율법입니다. 따라서 그것은 반

드시 지켜져야만 합니다. 사람은 공정하지 못한 법을 어겼을 때에도 정죄를 당합니다. 그렇다면 완전한 율법에 불순종한 죄책은 얼마나 크고 중하겠습니까?

나아가 율법이 백성들에 의해 반드시 지켜져야만 했던 것은 그 자체의 본질적인 탁월함 때문만이 아니라 또한 그것이 주어질 때의 놀라운 방식 때문이기도 합니다. 하나님은 불 가운데 시내 산에 강림하셨으며, 그 때 그 산은 연기로 가득했습니다. "시내 산에 연기가 자욱하니 여호와께서 불 가운데서 거기 강림하심이라 그 연기가 옹기 가마 연기 같이 떠오르고 온 산이 크게 진동하며"(출 19:18). 그 때 시내 산에 펼쳐진 광경과 거기에서 들린 소리는 너무도 장엄하고 두려웠습니다. 그리하여 가장 담대하며 침착하며 온유한 모세조차도 "내가 심히 두렵고 떨린다"라고 말했습니다(히 12:21). 이스라엘 자녀들은 율법이 선포되는 것을 들을 때 하나님의 위엄과 능력에 완전하게 압도되어 그의 계명들을 지키겠노라고 약속했습니다. 하나님의 율법은 시내 산에서 언약이 주어질 때 나타난 것보다 더 웅대하고 장엄하게 사람들에게 알려질 수 없었습니다.

사랑하는 친구들이여, 율법을 주신 후에 하나님은 거기에다가 두려운 형벌을 덧붙이지 않았습니까? 사람들로 하여금 그의 계명에 불순종하지 못하도록 하기 위해서 말입니다. "무릇 율법 행위에 속한 자들은 저주 아래에 있나니 기록된 바 누구든지 율법 책에 기록된 대로 모든 일을 항상 행하지 아니하는 자는 저주 아래에 있는 자라 하였음이라"(갈 3:10). "범죄하는 그 영혼은 죽으리라"(겔 18:4). 하나님의 율법에 불순종하는 것에 대해서는 죽음이 선언되었으며, 이것보다 더 무거운 형벌은 있을 수 없었습니다. 이를테면 하나님이 죄에 대하여 칼을 뽑으신 것이었습니다. 만일 사람이 이성적(理性的)인 존재였다면, 그는 하나님을 자신의 적으로 만드는 행동을 하는 것으로부터 즉시 물러서야만 했습니다.

뿐만 아니라 율법을 지키는 것에 첨부된 축복들 역시 사람들에게 그것을 더욱더 잘 지키도록 이끄는 유인(誘因)이 될 것이었습니다. 앞에서 인용한 말씀을 다시 보십시오. "너희는 내 규례와 법도를 지키라 사람이 이를 행하면 그로 말미암아 살리라 나는 여호와이니라"(레 18:5). 이것은 하나님의 율법을 지키는 사람이 단순히 생존(生存)할 것임을 의미하는 것이 아니었습니다. 오늘날의 패역한 세대에 우리의 생명을 단순한 생존으로, 그리고 우리의 죽음을 존재의 멸절로 만들려고 애쓰는 자들이 있습니다. 그러나 여기의 말씀 속에는 그러한 개념이 전혀 존재하지 않습니다. 하나님은 자신의 율법을 지키는 자에게 "그는 그로 말

미암아 살리라"라고 말씀하셨습니다. 여기의 "살리라"는 단어 속에는 충만한 축
복이 함축되어 있습니다. 만일 사람들이 여호와의 언약을 지켰다면, 예를 들어,
만일 아담이 에덴 동산에서 하나님의 언약을 지켰다면, 장미에는 찌르는 가시가
없었을 것이며 인생에는 수고와 슬픔의 쓴 것이 없었을 것입니다.

　　그러나 안타깝게도 이 모든 것에도 불구하고 사람들은 하나님의 언약을 지
키지 않았습니다. "이것을 행하라 그리하면 살리라"라는 약속은 결코 생명의 상
급을 받기에 합당한 행동을 만들어 내지 못했습니다. 또 "이것을 행하면 반드시
죽을 것이라"는 경고는 사망으로 인도하는 그릇된 길로부터 사람을 물러나게 하
지 못했습니다. 사실상 행위언약은 총체적인 실패로 귀결되었습니다. 아무도 행
위언약 안에서 스스로를 끝까지 지키지 못했으며, 아무도 그것을 지킴으로 말미
암아 생명을 얻지 못했습니다. 지금 죄 가운데 타락한 우리는 타락하기 이전의
언약의 머리인 아담보다 더 나을 것을 결코 바랄 수 없습니다. 뿐만 아니라 이미
죄로 인해 잃어지고 정죄를 당한 우리는 우리의 공로로 말미암아 구원받을 수
있을 것이라고 단 한순간도 꿈꿀 수 없습니다. 사랑하는 친구들이여, 여러분도
아는 바와 같이 첫 언약은 "너희가 옳은 일을 행하면 하나님이 그로 인해 상을
주실 것이라. 너희가 생명에 합당하면 하나님이 너희에게 생명을 주실 것이라"
와 같은 형태였습니다. 여러분 모두가 잘 아는 것처럼, 그 언약은 산산조각으로
깨어졌습니다. 그 언약은 우리 육체의 약함과 우리 본성의 부패성으로 인해 설
수 없었습니다. 그리하여 하나님은 그러한 첫 언약을 폐하셨습니다. 하나님은
그것을 낡고 쓸모없는 것으로서 폐하시고, 새 언약 즉 은혜언약을 세우셨습니
다. 오늘 본문은 바로 그와 같은 취지의 말씀입니다. "내 법을 그들의 생각에 두
고 그들의 마음에 이것을 기록하리라." 이것은 무한한 사랑의 입술로부터 떨어
진 가장 영광스러운 약속들 가운데 하나입니다. 하나님은 "내가 시내 산에 임했
던 것처럼 또다시 임하여 그들에게 우레와 같이 말하리라"라고 말씀하지 않았습
니다. 그렇습니다. 하나님은 그렇게 말하는 대신 "내가 은혜와 긍휼 가운데 임하
여 그들의 마음속으로 들어가는 길을 찾을 것이라"라고 말씀하셨습니다. 하나님
은 "내가 또다시 두 개의 큰 돌판을 취하여 그들 앞에서 내 손가락으로 나의 율
법을 기록하리라"라고 말씀하지 않으셨습니다. 그렇게 말씀하는 대신 하나님은
이렇게 말씀하셨습니다. "내가 나의 영으로 그들의 마음과 생각을 은혜롭게 움
직이리라. 내가 그들을 달콤하게 감화하여 그들로 하여금 상급을 위해서나 혹은

노예적인 동기로부터가 아니라 그들이 나를 알고 사랑하며 나의 계명을 따라 행하는 것이 즐거운 일임을 느끼기 때문에 나를 섬기게 하리라." 사랑하는 자들이여, 여러분 모두가 이러한 새 언약의 축복에 동참하게 되기를 바랍니다! 부디 하나님이 이 모든 축복을 여러분에게 베푸시기를 기원합니다! 그럴 때, 우리는 영광의 나라에서 만나 우리와 함께, 우리 안에서, 그리고 우리를 위해 놀라운 일을 행하신 영원한 하나님의 은혜를 함께 노래하게 될 것입니다.

이제 본문으로 직접 들어가도록 합시다. 여기에서 나는 첫째로, 이러한 축복의 의미에 대해 이야기하고, 둘째로, 하나님이 우리에게 이러한 축복을 주는 수단에 대해, 다시 말해서 하나님이 어떤 연필로 사람의 마음에 기록하는지 설명하고자 합니다. 그리고 마지막으로, 이러한 축복의 엄청난 은혜에 대해 다룰 것입니다.

### 1. 첫째로, 이러한 축복 즉 "내 법을 그들의 생각에 두고 그들의 마음에 이것을 기록하리라"라는 축복의 의미를 살펴보도록 합시다.

이것이 의미하는 것은 첫째로 하나님이 자기의 택하신 백성들을 다루고자 임하실 때 하나님은 그들로 하여금 자신의 율법을 알도록 만든다는 것입니다. 율법은 여전히 구약 안에 그대로 서 있으며, 우리 주 예수 그리스도는 그것을 "사랑"이라는 한 단어로 압축하셨습니다. 그리고 그는 율법을 자신의 지상 생애 전체를 통해 확장시키셨습니다. 그것이 어떻게 지켜져야 하는지 우리에게 보여주기 위해서 말입니다. 그리하여 우리는 이렇게 노래합니다.

> "나의 사랑하는 구속자 나의 주여,
>  당신의 말씀 속에 나의 의무가 있으며
>  또 당신의 생애 속에
>  온전한 율법이 나타나나이다."

그러나 설령 우리가 성경 속에서 그러한 율법을 읽을 수 있으며 또 그리스도의 생애 속에서 그것이 이루어지는 것을 볼 수 있다 하더라도, 만일 우리가 그것을 실제적으로 알고자 한다면 여전히 하나님의 영이 임하셔서 그와 관련하여 우리를 비출 필요가 있습니다. 그렇지 않으면, 사람은 매 주일마다 십계명을 들으면서도 계속해서 그것을 깨뜨릴 수 있습니다. 자신이 그것을 깨뜨리고 있다는 사실조차 알지 못한 채 말입니다. 그는 계명들의 문자(letter)는 지키면서 그러나 그 영(spirit)은 깨뜨릴 수 있습니다. 성령이 우리에게 임할 때, 그는 우리에게 율법이 실제로 무엇인지 보여줍니다. 예컨대 "간음하지 말지니라"는 계명을 생각해 봅시다. 어떤 사람이 말합니다. "그래, 나는 그러한 계명을 깨뜨리지 않았어." 그러나 하나님의 영은 이렇게 말씀합니다. "그 계명의 영적 의미를 알 때까지 잠깐 기다리라. 왜냐하면 누구든지 여자를 보고 음욕을 품는 자마다 이미 마음으로 그녀와 더불어 간음을 행한 것이기 때문이니라." 또 "살인하지 말지니라"는 계명을 생각해 보십시오. 어떤 사람이 말합니다. "나는 아무도 죽이지 않았어. 나는 결코 살인하지 않았어!" 그러나 성령은 이렇게 말씀하십니다. "그렇지만 누구든지 자기 형제를 미워하는 자마다 살인하는 자니라." 주님이 이와 같이 우리 마음에 자신의 율법을 기록할 때, 그는 우리로 하여금 계명의 광범위한 능력과 범위를 알도록 만듭니다. 그는 우리로 하여금 계명이 행동과 말뿐만 아니라 생각과 순간적인 상상과 순간적으로 보고 지나가는 것까지 모두 망라한다는 사실을 깨닫게 만듭니다. 하나님의 영은 이러한순간적인 느낌까지도 죄와 연결될 수 있으며, 어리석은 것을 생각하는 것 자체가 죄라는 사실을 우리에게 가르쳐줍니다.

　사랑하는 친구여, 당신의 마음 위에 정말로 하나님의 진리들이 기록되었습니까? 그렇다면, 분명 당신은 스스로를 혐오하면서 이렇게 부르짖었을 것입니다. "누가 이러한 두려운 율법 앞에 설 수 있단 말인가? 누가 이러한 계명들을 지킬 것을 바랄 수 있단 말인가?" 당신은 모세가 시내 산에서 보았던 화염(火焰)을 바라보면서 움츠리며 절망 가운데 두려워 떨었을 것입니다. 그리고 당신은 이러한 두려운 말씀이 더 이상 당신에게 말하여지지 않게 해 달라고 간청했을 것입니다. 그렇지만 당신에게 있어 이와 같이 하나님의 율법을 알게 되는 것은 좋은 일이었습니다. 그것의 문자(letter) 안에서가 아니라, 그것의 베며 으스러뜨리며 죽이는 영(spirit) 안에서 말입니다. 왜냐하면 그것은 자기 의와 모든 육체의 자랑에 대해 죽음으로 역사(役事)하기 때문입니다. 율법이 올 때, 죄는 살아나고 우리는 죽습니다. 율법 자체로 말미암아 올 수 있는 것은 이것이 전부입니다. 그럼에도 불구하고 그와 같은 죽음이 있고 또 죄가 다시 살아나는 것은 반드시 필요합니다. 왜냐하면 그로 말미암아 우리가 율법과 관련한 진리를 알게 되고, 또 그러한 진리의 능력 아래 "모든 믿는 자에게 의를 이루기 위하여 율법의 마침"이 되신 주 예수 그리스도께 인도될 수 있게 되기 때문입니다(롬 10:4). 이와 같이 우리 마음에 율법이 기록되는 것은 첫째로 우리로 하여금 율법이 실제로 무엇인지 알도록 만드는 것입니다.

　　율법을 마음에 기록한 후, 다음으로 하나님은 자기 백성들로 하여금 그 율법을 기억하도록 만듭니다. 여러분은 "마음으로 배운다"(learned by heart)는 표현이 무슨 의미인지 잘 알 것입니다. 아이들이 무엇인가를 배우는 것을 생각해 보십시오. 만일 그들이 단지 기계적으로가 아니라 마음으로 무엇인가를 배웠다면, 그들은 그것을 자신의 것으로 삼은 것입니다. 그리고 그것은 그들 안에 온전히 남아 있습니다. 성령 하나님이 다루는 사람은 율법이 무엇인지 알기 위해 출애굽기 20장으로 갈 필요가 없습니다. 그는 대부분의 일들과 관련하여 "이것은 옳은 일인가요?" 혹은 "이것은 잘못된 일인가요?"라고 물을 필요가 없습니다. 그는 자기 안에 천칭과 저울과 자와 시금석을 가지고 있으며, 그것으로 그러한 것들을 시험해 볼 수 있습니다. 그의 마음속에 하나님의 율법이 기록되어 있으므로, 어떤 것을 보는 순간 그는 그 안에 선한 것이 있는지 혹은 악한 것이 있는지 분별하기 시작합니다. 그의 영혼 속에 일종의 감광지(減光紙)와 같은 것이 있어서, 이것으로 그는 선와 악을 분별합니다. 성령 하나님이 그를 다루고 계실 때, 그의 양심은 진리의 빛으로 비췸받은 참된 양심이 됩니다. 따라서 그는 더 이상 단 것을 쓰다 하고 쓴 것을 달다 하며, 빛을 어둠이라 하고 어둠을 빛이라 하지 않습니다. 그 안에 있는 무엇인가가 그에게 "이것은 옳은 일이야" 혹은 "이것은 잘못된 일이야"라고 말해 줍니다. 항상 이 같은 성령의 역사(役事) 가운데 행하는 것은 얼마나 복된 일입니까!

　　나는 대부분의 사람들 안에 이와 같은 종류의 양심이 어느 정도 있음을 압니다. 그렇지만 이런 부분이 너무나 작고, 또 악한 습관에 의해 거의 꺼질 정도밖에는 남아 있지 않은 사람들도 적지 않게 있습니다. 그들은 심지어 가장 잘못된 일을 행하고 있는 동안에도 스스로 옳은 일을 행하고 있다고 생각하기까지 합니다. 그러나 하나님의 자녀 안에는 죄와 관련한 사실을 드러내는 빛이 있습니다. 그 안에는 침묵될 수 없는 무엇인가가 있는데, 그것은 존 번연이 그의 책 「성전」(Holy War)에서 "맨소울市의 사법판사 양심 씨"라고 부른 어떤 원리 혹은 힘입니다(Mr. Conscience the Recorder of Mansoul). 맨소울市(Mansoul은 "사람의 영혼"이라는 뜻임)가 위대한 왕 샤다이(Shaddai)를 배반하고 디아볼로(Diabolus)

의 지배 아래 들어왔을 때, 그들은 자기 도시의 사법판사인 양심 씨를 어두운 방에 유폐시켰습니다. 그렇게 한 것은 그로 하여금 그 도시에서 행하여진 일을 보지 못하도록 하기 위함이었습니다. 왜냐하면 그가 종종 범죄한 도시의 거주민들을 쓰라리며 괴롭게 만들곤 했기 때문입니다. 그리하여 그들은 그를 가장 어두운 곳에다가 유폐시켜 두었습니다. 그러나 양심 씨가 충분한 자유를 얻고 햇빛을 보게 될 때, 우리는 자신들의 악한 성향을 따르는 불경건한 사람들의 길과는 아주 다른 길로 인도함을 받습니다. 그 때 주님은 이렇게 말씀하십니다. "내 법을 그들의 생각에 두고 그들의 마음에 이것을 기록하리라." 거기에서 율법은 때로 책망하기도 하고, 때로 즐거워하기도 합니다. 또 거기에서 율법은 이렇게 말합니다. "이것이 길이니 계속해서 걸어가라" 혹은 "거기에서 멈추고 더 나가지 말라" 혹은 "뒤로 미끄러지는 자여, 멈추어라, 그리고 주의 긍휼을 찾으라"라고 말입니다.

또 우리 마음에 당신의 율법을 기록하실 때, 하나님은 우리로 하여금 그것에 **찬동(贊同)**하도록 만듭니다. 불경건한 사람은 하나님의 율법을 고치기를 원합니다. 그는 말합니다. "나는 '도둑질하지 말지니라'라는 계명을 좋아하지 않아. 나는 약간의 도둑질은 아무 문제 될 것 없다고 생각해." 또 다른 사람이 말합니다. "나는 저 목사가 지금 말하고 있는 정결한 생활을 좋아하지 않아. 나는 어느 정도 스스로를 만족시키고 싶어. 도대체 어째서 내가 아무런 즐거움도 갖지 말아야 한단 말이야?" 그러나 주의 율법이 그의 마음에 기록될 때, 그는 "그 율법은 옳아!"라고 말합니다. 그는 결코 율법을 고치지 않습니다. 설령 그렇게 할 수 있다 하더라도 말입니다. 그에게 하나님의 율법의 권위를 낮추는 것보다 더 혐오스러운 것은 아무것도 없습니다. 왜냐하면 그는 느슨한 도덕을 원하지 않기 때문입니다. 그는 말합니다. "아, 안 돼! 우리는 가장 높은 형태의 의(義)를 가져야만 해! 하나님이여, 부디 나를 도우셔서 그렇게 살게 하소서!" 바울은 "내 속사람으로는 하나님의 법을 즐거워하되"라고 말합니다(롬 7:22). 이것은 모든 참된 하나님의 자녀들에게 동일합니다. 하나님의 거룩하심을 생각할 때마다 그들은 이렇게 말할 수밖에 없습니다. "거룩하다 거룩하다 거룩하다 주 만군의 하나님이여, 나는 오직 이와 같은 하나님을 경배할 수 있을 뿐이라. 그러나 만일 그가 이에 이르지 못한다면, 나는 그를 공경할 수 없을 것이라." 하나님의 공의에 대해 들을 때, 그들은 그와 같은 엄격한 속성으로 인해 기뻐합니다. 왜냐하면 그들은 불의한 하나님을 원하지 않기 때문입니다. 하나님이 어떤 사람으로 하여금 모든 옳은 것에 찬동하도록 이끄는 것은 참으로 위대한 일입니다. 나는 단순히 그것이 옳음을 인정하는 것만을 의미하지 않습니다. 나아가 그것이 옳음으로 인해 기뻐하며 자신의 영혼 속에서 자신이 그것과 일치되기를 바라는 것을 의미합니다.

나아가 마음에 율법을 기록하는 것은 그 율법을 자신이 전유(專有)하는 것을 의미합니다. 하나님의 율법을 다른 사람들의 행동을 억제하는 용도로만 사용하고 정작 자기 스스로를 위해서는 사용하기를 원하지 않는 사람들이 많이 있습니다. 그런 사람들은 이렇게 말합니다. "아, 물론 모든 사람들이 정직해야만 해! 나의 종들은 횡령을 해서는 안 돼! 그들은 나의 물건을 도둑질해서는 안 돼! 그들은 임금을 받았으니까 나를 위해 열심히 일해야만 해!' 그런데 주제가 "종들의 정직의 의무"로부터 "주인이 지급해야 할 정당한 임금"으로 바뀔 때, 그들은 어느 정도 정직하지 못한 것은 현실적으로 불가피하다고 은근슬쩍 말을 돌립니다. 사실이 아닌 것을 이야기하면서 그것이 악한 행동임을 알지 못하는 어떤 사람을 상상해 보십시오. 그는 아무렇지도 않게 사실이 아닌 것을 이야기합니다. 그렇지만 다른 사람이 그의 성품에 대해 그와 같이 이야기할 때, 그것은 매우 다른 문제입니다. 그것은 절대로 용서할 수 없는 일입니다. 그는 거리를 다니면서 다른 사람들의 성품을 자신이 원하는 대로 흠보며 비방하며 떠벌릴 수 있습니다. 그러나 어떤 사람이 자신에 대해 그렇게 하면, 그것은 세상에서 가장 악독한 행동입니다. 하나님이 어떤 사람의 마음에 율법을 기록할 때, 그는 그 율법을 다른 사람들에게 적용시키기보다 먼저 자기 자신에게 적용시킵니다. 그러면서 그는 "나의 이웃들이 죄를 범하였도다"라고 부르짖지 않고, "내가 죄를 범하였도다"라고 부르짖습니다. 또 그는 형제의 잘못으로 인해 소리를 높이지 않고, 자기 자신의 잘못으로 인해 소리를 높입니다. 그는 더 이상 다른 사람의 눈에 들어 있는 티를 보지 않고 자기 눈에 들어 있다고 스스로 확신하는 들보를 보면서, 그것을 빼달라고 주님께 기도합니다.

그러나 형제들이여, 그가 그 율법에 순종하기를 기뻐할 때까지는 아직 그 율법이 그의 마음에 충분하게 기록된 것이 아닙니다. 그는 말합니다. "나의 하나님이여, 나의 최고의 행복은 주께서 명하신 것을 행하는 것이나이다. 나는 죄에 탐닉하는 것도 원하지 않으며, 죄를 위해 이런저런 핑계를 대는 것도 원하지 않나이다. 나는 무엇보다도 거룩하여지기를 원하나이다. 정결하게 되는 것이 나의 가장 큰 즐거움이나이다. 완전히 거룩하게 될 때, 나의 기쁨과 행복은 완전하게 될 것이나이다. 주께서 주의 율법을 내 마음(heart)에 기록하셨으므로, 나의 심장(heart)이 뛸 때마다 그것이 거룩함을 위해 뛰는 것 같나이다. 나의 새롭게 태어난 본성의 모든 성향들은 의와 주의 진리와 선과 하나님을 향하나이다." 사랑하는 친구들이여, 바로 이것이 주의 율법을 마음에 기록하는 것입니다. 그는 속사람으로 주의 율법을 즐거워하며, 겉사람으로 그것을 행하기를 기뻐합니다. 그는 자신의 삶 전체가 하나님의 의지와 일치되기를 매일같이 추구하며 사모합니다. 형제들이여, 한때 우리가 거룩하지 않은 것이 자연스러운 것이었던 것처럼 이제는 거룩한 것이 자연스러운 것이 된 것은 너무나 놀라운 일이 아닙니까! 또 한때 우리가 하나님을 섬기지 않는 것이 즐거운 일이었던 것처럼 이제는 하나님을 섬기는 것이 즐거운 일이 된 것은 너무나 놀라운 일이 아닙니까! 우리가 아무것도 아닌 존재가 되는 것은 우리에게 즐거운 일이 될 것입니다. 우리가 자신의 모든 것을 포기하고 하나님을 붙잡고 그의 길로 행하는 것은 우리에게 기쁜 일이 될 것입니다. 그리고 그럴 때 본문의 약속이 우리의 경험 속에서 온전히 이루어질 것입니다. "내 법을 그들의 생각에 두고 그들의 마음에 이것을 기록하리라."

　　옛 라틴 속담에 "기록한 것은 남아 있다"라는 말이 있습니다. 나는 여기에서 이러한 속담을 인용하고 싶습니다. 하나님의 율법이 우리 마음에 기록될 때, 그것은 거기에 그대로 남아 있습니다. 법률가들은 항상 이렇게 말합니다. "말하는 것에 항상 신중을 기하십시오. 특별히 법정에서는 아무것도 기록하지 마십시오. 펜과 잉크로부터 물러나십시오. 왜냐하면 기록한 것은 남아 있기 때문입니다." 하나님이 그의 율법을 우리 마음에 기록할 때, 그는 그것이 결코 지워지지 않도록 기록하십니다. 하나님이 펜을 들고 어떤 사람의 마음에다가 "여호와께 성결"이라고 기록할 때, 마귀는 결코 그것을 지울 수 없습니다. 이와 같이 하나님은 언약의 일부로서 그의 택하신 백성들의 본성에다가 "성결"(holiness)이라고 기록할 것입니다. 그러면 그들은 거룩하기를 그치기보다 차라리 존재하기를 먼저 그칠 것입니다. 하나님이 사람들의 마음에 자신의 율법을 기록할 때, 여러분은 결코 그들의 마음과 하나님의 마음이 일치되는 것을 가로막을 수 없습니다. 아, 율법을 마음에 기록하는 것은 얼마나 놀라운 일입니까! 그것이 바로 성화(聖化)입니다. 부디 하나님이 여러분 모두 안에서 그 일을 이루시기를 기원합니다! 그리고 만일 여러분이 주 예수 그리스도를 믿는 신자라면, 하나님은 반드시 그렇게 하실 것입니다. 왜냐하면 만일 여러분이 그리스도를 믿는다면, 여러분은 언약 안에 있는 것이기 때문입니다. 그리고 하나님이 언약 안에 있는 여러분에게 이렇게 약속하셨기 때문입니다. "내 법을 그들의 생각에 두고 그들의 마음에 이것을 기록하리라 나는 그들에게 하나님이 되고 그들은 내게 백성이 되리라."

지금까지 우리는 그와 같은 축복의 의미를 살펴보았습니다.

**2. 둘째로, 이제 이러한 축복이 주어지는 수단들, 다시 말해서 하나님이 사람의 마음에 기록할 때 사용하는 펜들을 살펴보도록 합시다.**

첫 번째로, 하나님은 감사의 펜으로 자기 백성들의 마음에 자신의 율법을 기록합니다. 하나님은 그들에게 예수 그리스도가 그들을 사랑하여 그들을 위해 자신을 주셨다고 말씀합니다. 하나님은 그들에게 피 흘리는 구주의 모습을 보여주시며 그의 죽음으로 말미암아 그들의 죄가 제거된다고 말씀하십니다. 그러면 그에 대한 보답으로 그들은 주님을 마음을 다하고 뜻을 다하고 목숨을 다하고 힘을 다하여 사랑합니다. 사람으로 하여금 하나님의 율법을 지키게 만드는 최선의 방법은 그로 하여금 율법을 주신 자를 사랑하도록 만드는 것입니다. 한때 우리는 하나님을 잔인한 폭군으로 생각했지만, 그러나 지금은 그가 우리를 사랑하는 아버지라는 사실을 배웠습니다, 우리는 그가 자신의 독생자를 우리를 위한 대속물로 죽으시기 위해 주셨다고 생각할 수 없었습니다. 그러나 지금은 그러한 사실을 알게 되었고, 그리하여 우리는 온 마음으로 그를 사랑합니다. 우리 마음에 하나님의 율법을 기록하는 한 가지 방법은 우리에게 새로운 삶의 동기로서 감사를 주는 것입니다. 자연인에게 있어 선을 행하는 유일한 동기는 "만일 내가 선을 행하면 천국에 가게 될 것이고, 만일 내가 악을 행하면 지옥에 가게 될 거야"라는 생각입니다. 이것은 노예의 동기입니다. 그러나 하나님의 자녀는 더 이상 노예가 아닙니다. 그는 예전의 노예의 상태로부터 구원받았습니다. 그는 말합니다. "나는 주권적 은혜로 구원받아 천국백성이 되었어. 나는 분명 천국에 가게 될 거야. 나는 결코 지옥에 가지 않을 거야. 그것은 불가능해. 나는 하나님의 택하신 자며, 어린 양의 피로 씻음을 받은 백성이야.

'이제 그 사랑으로 인해 내가 그의 이름을 가지나이다.
　나에게 유익했던 것을 이제는 해로운 것으로 여기며,
　예전에 자랑했던 것을 이제는 부끄러운 것으로 부르나이다.
　그리고 나의 영광을 그의 십자가에 못 박나이다.'

　내가 택함받은 것은 나의 어떤 선함 때문이 아니라 전적으로 값없이 베푸시는 하나님의 주권적 은혜 때문이야. 아, 은혜의 하나님께 대한 나의 감사를 나타내기 위해 내가 할 수 있는 일이 무엇일까?' 바로 이것이 주의 율법이 그의 백성들의 마음에 새겨지는 한 가지 방법입니다.

　또 율법은 죄를 미워하며 회개함으로 말미암아 마음에 기록됩니다. 여러분이 아는 것처럼, 불에 덴 적이 있는 아이는 불을 두려워합니다. 죄의 권능을 온 영혼으로 느낀 이후로, 나는 죄에 대해 큰 두려움을 가지고 있습니다. 죄책을 느꼈을 때, 그것은 나를 미치게 만들기에 충분했습니다. 만일 내가 죄 가운데 좀 더 길게 빠져 있었다면, 실제로 죄는 나를 미치게 만들었을 것입니다. 오, 죄여! 지나간 것만으로도 충분히 족하도다! 너는 나를 순간적인 즐거움 이상으로는 결코 데려가지 못했도다! 그리고 거기에는 항상 깊고 두려운 쓴 맛이 있었도다! 나는 이제 죄로부터 자유롭게 되었습니다. 그런데 내가 다시 그것으로 되돌아갈 것입니까? 여러분 가운데 어떤 사람들은 아주 어렵게 그리스도께 나아왔고 간신히 구원을 받았습니다. 여러분은 요나와 같았습니다. 여러분은 깊은 물로부터 올라와야만 했습니다. 여러분은 지옥의 뱃속에서 하나님께 부르짖었습니다. 자, 그러한 경험은 여러분에게 죄를 얼마나 쓰게 만들었습니까! 여러분은 다시 그곳으로 돌아가지 않을 것입니다. 주의 율법은 회개의 강철 펜으로 여러분의 마음에 기록되었으며, 하나님은 여러분에게 죄를 생각조차 하기 싫은 악으로 만들었습니다.

　하나님은 또한 사람 안에서 새롭고 더 나은 생명을 창조하는 중생을 통해 자신의 율법을 그의 마음에 기록하십니다. 중생으로 말미암아 우리 안에서 새로운 본성이 태어납니다. 우리의 옛 본성은 모두 죄 외에 아무것도 아닙니다. 이리저리 뜯어보고 살펴보아도, 그것은 죄와 사망의 몸이며 항상 그렇게 남아 있을 것입니다. 그러나 중생으로 태어난 새로운 본성은 하나님으로부터 났기 때문에 죄를 지을 수 없습니다. 그것은 영원히 거하는 살아 있으며 썩지 않는 씨앗입니다. 그리고 그로부터 말미암는 새 마음과 새 영은 그러한 씨앗 위에 새겨진 하나님의 율법을 갖습니다. 옛 본성에게 불순종이 자연스러운 것이었던 것처럼, 새로운 본성에게는 순종이 자연스럽습니다. 옛 본성에게 죄 가운데 사는 것이 본질적인 것이었던 것처럼, 새로운 본성에게는 거룩함 가운데 사는 것이 본질적입니다. 이와 같이 중생으로 말미암아 주의 율법이 그의 백성들의 마음에 기록됩니다.

또 하나님은 그의 백성들이 지식 안에서 자랄 때 그들의 마음에 좀 더 충분하게 그의 율법을 기록하십니다. 우리가 하나님에 대해, 금생에 대해, 내생에 대해, 천국과 지옥에 대해, 그리스도의 인격에 대해, 그리고 성경이 가르치는 속죄와 다른 모든 주제들에 대해 더 많이 알수록, 우리는 죄가 얼마나 악한 것인지 그리고 거룩함이 얼마나 즐거운 것인지에 대해 더 잘 알게 됩니다. 사람은 회심의 첫 순간 죄에 대하여 자신이 알게 된 것으로 인해 죄를 두려워합니다. 죄가 어떻게 그리스도를 죽음으로 이끌었는지, 죄가 어떻게 지옥의 구덩이를 팠는지, 죄가 어떻게 사람들에게 모든 재앙과 저주를 가져다주고 그러한 저주가 아직 태어나지 않은 세대들에게까지 계속해서 이어지는지를 깨닫기 시작하면서, 그는 "내 어찌 하나님께 이 큰 악과 죄를 행할 수 있을꼬?"라고 말합니다. 그리스도의 학교에서 훈련과 교육을 통해 더 많이 알게 될수록, 그는 하나님의 율법과 그의 뜻을 더 많이 즐거워하게 됩니다.

또 하나님은 우리 안에서 새 생명을 자라게 하심으로써 율법을 마음에 기록하십니다. 많은 그리스도인이 아주 작은 영적 생명밖에 가지고 있지 못한 사실은 얼마나 안타까운 일입니까! 나는 어제 뉴 헤브리데스 제도(諸島)에서 복음을 전파하고 있는 하나님의 사람과 함께 말씀을 전했습니다(New Hebrides: 스코틀랜드 북서쪽의 列島지역). 그곳은 얼마 전까지만 해도 식인(食人)의 풍습이 남아 있는 곳이었습니다. 그곳에서 그는 하나님의 은혜로 말미암아 수백 내지 수천 명의 사람들을 그리스도인이 되게 했습니다. 그 형제는 자신의 고난에 대해 언급하는 가운데 이렇게 말했습니다. "아, 그렇지만 영국에 있는 여러분은 식인종들에게 복음을 전파하는 기쁨을 알지 못합니다." 실제로 처음 그곳에 간 대부분의 선교사들이 그들에게 죽임과 먹힘을 당했으며, 그는 간신히 피신했습니다. 나는 그의 특별한 기쁨이 무엇인지 들으려고 그를 다시 바라보았습니다. 그 때 그는 이렇게 말했습니다. "아, 식인종을 그리스도께 회심시키는 것은 보통 사람을 구주께 인도하는 여러분이 결코 알 수 없는 특별한 축복입니다!" 그러면서 그는 이렇게 덧붙였습니다. "내가 아는 그리스도인들 가운데 나로 말미암아 회심한 식인

종들을 능가하는 그리스도인은 아무도 없습니다. 만일 여러분이 정말로 거룩하게 지켜지는 안식일을 보기 원한다면, 여러분은 내가 사역하는 곳으로 와서 과거 식인종이었던 사람들이 어떻게 안식일을 지키는지 보아야만 합니다. 사람을 먹는데 익숙했던 자들이 이제는 기도 없이는 결코 일어서지 않으며, 축복을 구함이 없이는 결코 식탁에 앉지 않습니다. 아침저녁으로 가정기도를 하지 않는 그리스도인 가정은 단 한 곳도 없습니다. 그들은 하나님과 동행하며 그리스도와 함께 생활합니다. 그들을 바라볼 때마다, 나는 내가 식인종들을 그리스도께 인도하는 수단이 된 것으로 인해 큰 기쁨을 느낍니다." 나는 회심한 식인종들의 절반도 되지 못하는 명목적인 그리스도인이 너무나 많은 것으로 인해 슬퍼합니다. 그 이유가 무엇입니까? 그것은 실제로는 아주 조금밖에 부어지지 않았음에도 불구하고 그들이 하나님의 생명이 자신들에게 풍성하게 부어졌다고 생각하기 때문입니다. 어떤 사람에게 하나님의 생명이 풍성하게 부어질 때, 그는 죄에 대해 민감하게 됩니다. 왜냐하면 하나님이 그의 마음에 율법을 기록하심으로써 그의 양심을 "눈동자처럼 빠르게" 만드셨기 때문입니다.

그는 슬픔과 괴로움 없이 다른 사람들에게 악한 말을 하거나 혹은 스스로 악한 생각을 하는 것을 감당할 수 없습니다. 나는 많은 사람들이 스스로 그리스도인이라고 고백하면서 의심스러운 일을 많이 행하는 그리고 그러면서도 자신들이 잘못된 일을 행하고 있다고 느끼지 못하는 경우를 많이 보았습니다. 그러나 하나님과 가까이 동행하며, 적어도 사람이 판단할 때 온전하게 행동하는 참된 그리스도인의 경우를 생각해 보십시오. 집에 도착할 때, 그는 자신이 행하지 않은 어떤 일로 인해 스스로를 책망하기 시작합니다. 여러분이 볼 수 있는 한, 그는 바른 말을 하고 바른 일을 행했습니다. 그렇지만 그는 이렇게 말합니다. "아닙니다, 나는 마땅히 말했어야만 하는 대로 말하지 않았으며, 마땅히 행했어야만 하는 대로 행하지 않았습니다." 나의 경우, 내가 하나님과 가장 가까이 있을 때, 나는 죄에 대해 가장 민감합니다. 또 나는 여러분이 하나님으로부터 멀어지는 것과 정비례하여 스스로 완전하다고 생각하기 시작할 것이라고 믿습니다. 그러나 만일 여러분이 주의 빛 가운데 산다면, 죄가 여러분을 매일같이 괴롭힐 것이며 여러분은 그러한 죄로부터 정결하게 씻어주는 보배로운 피를 매일같이 사모하며 부르짖을 것입니다. 자신의 거룩함에 대해 계속해서 말하는 사람은 영적인 소경입니다. 그러나 계속해서 더 거룩하게 해 달라고 부르짖는 사람은 하나님에 대하여 눈이 열린 사람입니다.

"나의 하나님이여, 주께로 더 가까이 나아갑니다.
주께로 더 가까이!
설령 내가 십자가에 들린다 할지라도,
여전히 나의 모든 노래는 같을 것이라.
나의 하나님이여, 주께로 더 가까이 나아갑니다.
주께로 더 가까이!"

이와 같이 죄에 민감하게 되도록 빛을 비추심으로써, 하나님은 그의 율법을 자기 백성들의 마음에 기록하십니다.

나아가 그리스도와 교제하는 것은 마음에 율법을 기록하는 가장 좋은 방법입니다. 아침부터 저녁까지 그리스도와 함께 거하며 다음과 같이 말할 수 있는 사람은 주의 율법을 자기 마음에 기록한 사람입니다.

"사죄의 피를 새롭게 뿌려 주소서.
나의 하나님의 포옹하심 안에
그리고 나의 구주의 품 안에
내가 안겨 안식하나이다."

그 옷에 그리스도와의 교제의 유향과 몰약과 계피의 냄새가 배어 있는 자가 어떻게 죄를 범할 수 있겠습니까? 어떻게 그가 주님과의 교제의 상아궁으로부터 나와 다른 사람들처럼 살며 하나님께 범죄할 수 있겠습니까?

사랑하는 친구들이여, 지금까지 우리는 어떻게 주님이 자신의 율법을 그의 백성들의 마음에 기록하시는지 살펴보았습니다.

### 3. 마지막으로, 이러한 축복 안에 담긴 큰 은혜를 생각해 보도록 합시다.

나는 하나님의 독생자의 선물보다 더 큰 선물을 알지 못합니다. "내 법을 그들의 생각에 두고 그들의 마음에 이것을 기록하리라." 가련한 죄인들이여, 내가 여러분에게 율법을 지키라고 훈계할 수 있지만 그러나 여러분 안에서 역사하는 성령 없이는 그로부터 아무것도 나오지 않을 것입니다. 그러나 만일 하나님이 그의 율법을 여러분의 마음 안에 두시면, 여러분은 그것을 지키게 될 것입니다. 하나님이 여러분을 그의 사랑하는 아들에게로 이끄시고, 여러분으로 하여금 그 아들의 손에 있는 그의 율법을 보게 하시기를 기원합니다. 그리고 여러분으로 하여금 그의 못 박힌 손으로부터 핏방울이 여러분의 마음 안으로 떨어져 영원히 거하는 것을 느끼게 하시기를 기원합니다.

　　이러한 축복의 큰 은혜는 첫째로 사람이 행하지 않고 또 행할 수 없었던 것을 하나님이 행하신다는 사실에 놓여 있습니다. 사람은 율법을 행하지 않았습니다. 그는 율법에 순종하기를 거부했으며, 그리하여 하나님은 자신의 은혜의 광채 가운데 임하셔서 그의 의지를 변화시키고 그의 마음을 새롭게 만들고 그의 감정을 바꾸셨습니다. 또한 사람은 율법을 지킬 수 없을 정도로 타락했습니다. 악을 행하는데 익숙한 사람이 선을 행하는 것을 배우는 것은 차라리 구스 인이 그 피부를, 그리고 표범이 그 반점을 변하게 하는 것보다 더 어려운 일이었습니다. 그러나 육신의 약함으로 말미암아 사람이 할 수 없는 것을 하나님은 그 안에서 행하시며, 그로 하여금 하나님의 선한 뜻을 바라고 또 행하도록 그 안에서 역사(役事)하십니다. 바로 이것이 오늘 본문과 관련한 축복의 큰 은혜입니다.

　　또 하나님이 어느 정도만큼도 사람을 파괴함이 없이 이 일을 행하는 것 역시 은혜의 놀라운 증거가 아닙니까? 사람은 자유의지를 가진 피조물로서, 자신의 행동에 대해 책임져야 할 존재입니다. 그러므로 하나님은 우리의 마음을 물리적인 과정으로 변화시키지 않고, 다만 영적인 과정으로 우리의 본성을 훼손하지 않으면서 그것을 올바른 방향으로 바꿉니다. 설령 어떤 사람이 하나님의 자녀가 된다고 하더라도, 여전히 그는 의지를 가지고 있습니다. 하나님은 우리 본성의 미세한 기계를 파괴하지 않으시고, 다만 그것을 올바른 기어(gear) 안으로 밀어넣으십니다. 우리는 우리 자신의 충분한 동의와 찬동으로 그리스도인이 됩니다. 우리는 어떤 강요에 의해 하나님의 율법을 지키지 않습니다. 다만 달콤한 사랑의 강요는 제외하고 말입니다. 우리가 하나님의 율법을 지키는 것은 그렇게 하지 않을 수 없기 때문이 아닙니다. 다만 우리가 그것을 지키는 것은 기꺼이 그렇게 하고자 하기 때문입니다. 왜냐하면 그렇게 하는 것이 우리에게 즐거움이기 때문입니다. 나에게 이것은 신적 은혜가 가장 큰 경이(驚異)입니다.

사랑하는 친구들이여, 하나님이 일하시는 방법과 우리가 일하는 방법이 얼마나 다른지 보십시오. 만일 여러분이 죄 가운데 살고 있는 사람을 사슬로 결박한 채 끌고 다닌다면, 여러분은 강제로 그를 무죄하게 만들 수 있습니다. 또 설령 자유롭게 풀어준다 하더라도 그를 실정법으로 강제한다면, 여러분은 그를 술 취하지 않게 만들 수 있습니다. 그로 하여금 술을 마시지 못하도록 법으로 금지함으로써 말입니다. 또 만일 여러분이 그의 입에 재갈을 물린다면, 여러분은 그를 놀랍도록 조용하게 만들 수 있습니다. 그러나 이것은 하나님이 행하시는 방법이 아닙니다. 아담을 에덴 동산에 두신 하나님은 결코 선악을 알게 하는 나무 주위에 울타리를 치지 않으셨습니다. 도리어 아담으로 하여금 자유롭게 다니도록 내버려 두셨습니다. 그렇게 하신 하나님은 그의 은혜를 행하심에 있어서도 동일하게 하십니다. 하나님은 자기 백성들을 그들 안에 있는 어떤 감화력에 그냥 내버려 두십니다. 그럼에도 불구하고 그들은 올바른 길로 갑니다. 왜냐하면 그들은 하나님의 은혜로 말미암아 한때 행하기를 싫어했던 것을 이제는 행하기를 즐거워할 만큼 변화되고 새로워졌기 때문입니다. 나는 이와 같이 행하시는 하나님의 은혜를 찬미합니다! 시계를 수리할 때, 우리는 전체를 분해하고 고장 난 부품을 갈아 끼우고 톱니바퀴를 새 것으로 바꾸는 등의 방법으로 그렇게 합니다. 그러나 하나님은 사람을 회심 이전의 모습으로 그대로 내버려 두시면서 마침내 그를 완전하게 새 사람으로 만드는 방법을 알고 계십니다.

또 자신의 율법을 그의 백성들의 마음에 기록할 때, 하나님은 이것을 그들을 보존하는 방법으로 삼으십니다. 하나님의 율법이 어떤 사람의 마음에 기록될 때, 그 마음은 왕의 소유가 됩니다. 왜냐하면 왕의 이름이 거기에 있기 때문입니다. 왕이 자신의 이름을 기록한 마음은 결코 멸망을 당할 수 없습니다. 몇 해 전 존경하는 형제인 구프 씨(Mr. John B. Gough)가 나에 대한 큰 사랑으로 나에게 매우 값비싼 지팡이를 선물했습니다. 틀림없이 그는 매우 많은 돈을 들여 그 지팡이를 샀을 것입니다. 왜냐하면 그것은 흑단목(黑檀木)으로 만들어진 지팡이였기 때문입니다. 뿐만 아니라 그 지팡이의 머리 부위는 금으로 되어 있고, 그 위로 캘리포니아 산(産) 석영들이 진기하게 박혀 있었습니다. 그것이 실용적인 지팡이라고는 말할 수 없지만, 어쨌든 여전히 나는 그것을 구프 씨의 선물로서 매우 소중히 여기고 있었습니다. 그러던 어느 날 우리 집에 도둑이 들어 그 지팡이를 훔쳐갔습니다. 그는 물론 지팡이를 부러뜨리고 손잡이 부위에 있는 금을 취했습니

다. 그리고 그것을 여기에서 멀지 않은 전당포로 가져갔습니다. 자신이 취한 금
을 열심히 망치로 두드린 채 말입니다. 그렇지만 전당포 주인이 그것을 세심하
게 살폈을 때, 그는 거기에 "S-p-u-r-g-e-o-n"이란 글씨가 새겨져 있는 것을 발견
했습니다. 마침내 나는 나의 금을 되돌려 받았는데, 그것은 나의 이름이 거기에
새겨져 있었기 때문이었습니다. 도둑이 거기에다가 열심히 망치질을 했음에도
불구하고, 거기에 여전히 나의 이름이 남아 있었습니다. 그리하여 그 금은 나에
게 돌아올 수밖에 없었으며, 실제로 그렇게 되었습니다. 하나님이 한 번 여러분
의 마음에 그의 이름을 기록하실 때, 그는 여러분 안에 그의 율법을 기록하십니
다. 그리고 설령 마귀가 여러분에게 망치질을 한다 하더라도, 하나님은 여러분
을 자신의 것으로 주장하시고 마침내 되찾으실 것입니다. 유혹과 죄가 여러분을
공격할는지 모릅니다. 그렇지만 만일 주의 율법이 여러분의 마음에 있으면, 여
러분은 죄 가운데 넘어지지 않을 것입니다. 여러분은 죄를 대적할 것이며, 여러
분은 보존될 것이며, 여러분은 지켜질 것입니다. 왜냐하면 여러분은 주님의 것
이기 때문입니다.

　　바로 이것이 내가 아는 유일한 구원의 길입니다. 첫째로, 여러분은 피로 가
득 찬 샘에서 씻음을 받아야 합니다. 그리고 다음으로, 여러분은 여러분의 마음
에 기록된 하나님의 율법을 가져야만 합니다. 그러면 여러분은 멸망의 두려움을
넘어 안전할 것입니다. "만군의 여호와가 이르노라 나는 내가 정한 날에 그들을
나의 특별한 소유로 삼을 것이요 또 사람이 자기를 섬기는 아들을 아낌 같이 내
가 그들을 아끼리니"(말 3:17). 아, 구원의 복된 계획이여! 여기에 있는 모든 사람
들이 그것을 받아들이기를 바랍니다! 그리고 그것은, 오직 여러분을 주 예수 그
리스도를 믿는 단순한 믿음으로 이끄는 하나님의 영의 역사로 말미암아 이루어
질 수 있습니다. 예수 그리스도가 여러분을 구원하시는 것을 믿으십시오. 그는
하나님의 그리스도이기 때문에 반드시 그렇게 하실 것입니다. 이 시간 하나님이
여러분 모두를 도우사 그를 믿게 하시기를 기원합니다! 아멘.

제
19
장
—

# 주님이 휘장 안으로 들어가심

—

**"염소와 송아지의 피로 하지 아니하고 오직**
**자기의 피로 영원한 속죄를 이루사 단번에**
**성소에 들어가셨느니라." —히 9:12**

옛 언약 아래서 이스라엘 백성들에게 하나님은 휘장 안에 따로 거하시는 자로 제시되었습니다. 두꺼운 휘장이 지성소 앞에 내려져 있었으며, 그것이 하나님의 임재를 상징하는 빛을 가렸습니다. 여호와는 지성소 안에 따로 거하셨으며, 오직 한 사람이 일 년에 한 번 들어가는 것을 제외하고는 아무도 그곳에 들어갈 수 없었습니다. 이것이 가르치는 위대한 교훈은 하나님이 사람들로부터 감추어져 있다는 것, 다시 말해서 죄가 하나님과 사람 사이를 나누었다는 것이었습니다. 그곳으로 들어가는 길은 아직 명확하게 나타나지 않았습니다. 그렇지만 그 때에도 때가 되면 그곳으로 들어가는 길이 명확하게 나타날 것이라는 암시가 주어졌습니다. 하나님과 사람 사이를 나눈 것은 벽돌도 아니었고, 금을 입힌 백향목도 아니었습니다. 그것은 휘장이었으며, 대제사장이 일 년에 한 번 그것을 엄숙하게 들어올리면서 그 안으로 들어갈 수 있었습니다. 이것은 죄인들이 하나님의 그리스도를 통해 지극히 거룩하신 하나님께 나아갈 수 있도록 허락되는 것을 암시했습니다. 거기에는 사람들이 휘장을 들어올릴 수 있을 만큼의 충분한 믿음이 있는지가 내포되어 있었습니다. 364일 동안 그것이 가르치는 것은 "들어갈 수 없음"이었습니다. 오직 하루만 그것은 "들어가는 길이 나타날 것"이라는 사실을 가르쳤습니다.

　사랑하는 친구들이여, 옛 제사장들과 성소와 지성소는 단지 "하늘에 있는 것들의 모형"일 뿐이었습니다. 그것들은 아직 실체가 아니었습니다. 그것들 안에서 우리는 교훈을 위한 상징과 모형을 볼 뿐, 그 이상은 아무것도 없습니다. 본장 11절은 우리에게 얼마나 큰 기쁨을 줍니까! 그것은 "그러나"와 함께 시작됩니다(But Christ being come an high priest of good things to come, 그렇지만 한글개역 개정판에는 "그러나"가 생략되어 있음). 아, 여러분과 나에게 여기의 "그러나"는 얼마나 복된 "그러나"입니까! "그러나" 이전까지, 종교는 먹는 것과 마시는 것과 씻는 것과 육체의 예법과, 고작 염소와 송아지의 피만을 드릴 수 있었던 제사장 등과 같은 외적인 것들만을 다루었습니다. 그러나 메시야가 오심으로써 이 모든 것이 바뀌었습니다. 우리는 그림자로부터 실체로 나아갑니다.

　　　"의식법(儀式法)의
　　　　모든 상징과 그림자들이 끝났도다."

　이제 우리는 신적 은혜를 소유하며, 예수 그리스도로 말미암아 하나님의 진리가 임합니다.

　계속해서 "그리스도께서 … 오사"(Christ being come)라는 표현을 보십시오. "그리스도께서 오사" ― 여기에서 종(鐘)들이 얼마나 즐겁게 울립니까! "그리스도께서 오사" ― 이것은 베들레헴의 음악이었습니다. "그리스도께서 오사" ― 이것은 안나와 시므온의 노래였습니다. "그리스도께서 오사" ― 이것은 세상 전체의 기쁨일 것입니다. 그가 오신 것이 자신의 가장 참된 특권임을 세상이 깨달을 때 말입니다. 좋은 일들은 오랜 세월 동안 계속해서 오고 있었습니다. 그러나 이제 그리스도께서 오셨으며, 우리는 그것들을 소유합니다. 우리 앞에 아론의 아들이 아니라, 참된 기름 부음받은 자이며 사람을 하나님께로 이끌도록 그분으로부터 세움받은 그리스도가 서 계십니다. 영원한 영으로 말미암아 한량없이 기름 부음을 받은 자로서 주 예수 그리스도는 세상 끝에 자신을 희생제물로 드림으로써 죄를 제거하고 그러고 나서 아버지께 들어가심으로써 하나님과 사람 사이를 가로막는 휘장을 찢어 버리는 자로 나타납니다. 만일 오늘 내가, 때가 되면 구주가 태어나서 죄를 위한 희생제물을 드릴 것이라고 말해야만 한다면, 분명 이러한 소식에는 큰 기쁨이 있을 것입니다. 그러나 우리는 훨씬 더 좋은 소식을 가지고 있습니다. 왜냐하면 기름 부음받은 자가 이미 오셔서 그 모든 일을 성취하셨기 때문입니다. 성육신하신 하나님과 임마누엘과 참된 대제사장으로서, 그는 이곳에 사람의 아들들 가운데 계셨었습니다. 다시 한 번 말하거니와, 종(鍾)들로 하여금 기쁨으로 울리게 하십시오 ―"그리스도께서 오사."

또한 그는 "장래 좋은 일의 대제사장으로" 오셨습니다. 그 당시에서 "장차 올" 것들은 지금으로 보면 현재의 것들입니다. 왜냐하면 왕들과 선지자들이 보기를 열망했던 언약의 보배로운 것들을 예수 그리스도께서 분명하게 드러내셨기 때문입니다. 그러나 심지어 지금도 좋은 것들이 미래에 남아 있습니다. "기록된 바 하나님이 자기를 사랑하는 자들을 위하여 예비하신 모든 것은 눈으로 보지 못하고 귀로 듣지 못하고 사람의 마음으로 생각하지도 못하였다 함과 같으니라"라고 기록된 것처럼 말입니다(고전 2:9). 주 예수는 모든 좋은 것들을 자신을 믿는 자들에게 가져다주십니다. 그들로 하여금 말할 수 없는 충만한 영광으로 즐거워하도록 말입니다. 장차 올 좋은 것들은 이 땅에서 중보자로 말미암아 자신의 길을 발견합니다. 하나님 자신이 우리의 본성을 취하여 그의 신성(神性)과 연합시킨 예수의 인격 안에서 사람들 가운데 오십니다. 우리의 임마누엘은 베들레헴에서 탄생하셨으며, 나사렛에서 사셨습니다. 또 그는 골고다에서 죽으셨으며, 지금 하늘 보좌에 앉아 계십니다. 그의 모든 사역이 완성된 것에 대한 상급으로서 말입니다.

여기에서 우리가 주목해야 할 두드러진 사실은 우리 주님이 대제사장과 비교되고 있다는 사실입니다. 특별히 그가 이 땅에 계셨을 때, 다시 말해서 그가 휘장 바깥에 서 있었을 때 말입니다. 나는 여러분이 이것을 잊지 말기를 바랍니다. 바깥은 죄인들의 장소입니다. 거룩하신 예수는 항상 그곳에 서 계셨습니까? 그렇습니다. 그는 실제로 항상 그곳에 서 계셨습니다. 그의 희생제사는 필연적으로 휘장 바깥에서 드려져야만 했는데, 그가 "성문 밖에서" 고난을 당한 것이 그 표적입니다. 우리 주님이 하나님께 버림을 당하며 고난을 당한 것은 명백한 사실입니다. 그의 위대한 희생제사가 받아들여질 때까지, 그와 하나님 사이에 두꺼운 휘장이 내려져 있었습니다. 사람의 입술로부터 나온 부르짖음 가운데 가장 처절한 부르짖음인 "나의 하나님 나의 하나님 어찌하여 나를 버리셨나이까?"라는 말씀 속에 그러한 사실이 분명하게 나타납니다. 이와 같이 우리의 대제사장은 휘장 바깥에 서 있었습니다. 그러나 그의 희생제물이 드려진 후에 그리고 그 희생제물이 불에 살라진 후에, 그는 휘장을 지나 영원한 하나님의 보좌에 오르셨습니다. 그는 성취된 희생제사의 모든 위엄 가운데 제사장으로서 하늘에 들어가셨습니다. "영원한 속죄를 이루사 단번에 성소에 들어가셨느니라"(12절). 오늘 아침 나는 이러한 당당한 들어감에 대해 이야기하고자 합니다. 그러나 나는 그렇게 함에 있어 나의 능력의 부족을 절감합니다. 이토록 심오하고 오묘한 주제와 비교할 때, 나의 지성은 너무나 얕고 나의 입술은 너무나 뻣뻣합니다. 성령이여, 당신의 무한한 긍휼 가운데 우리의 대제사장을 이 시간 당신의 은혜를 기다리는 모든 백성들에게 풍성하게 나타내소서!

### 1. 첫째로, 그가 어떤 희생제물을 통해 들어갔는지 주목하십시오.

"염소와 송아지의 피로 하지 아니하고 오직 자기의 피로 … 들어가셨느니라." 오늘 아침 우리는 레위기 16장을 살필 필요가 있습니다. 나는 여러분 모두 레위기 16장을 주의 깊게 연구하기를 바랍니다. 거기에서 우리는 대제사장이 일 년에 한 번 지성소에 들어가되 "피 없이는 아니했음"을 발견합니다. 한 인격 안에 하나님이며 동시에 사람으로서 죄인의 자리에 서신 우리 구주는 먼저 희생제물을 드릴 때까지는 장막 안으로 들어갈 수 없었습니다. 심지어 그 자신도 피로 말미암아 들어가야만 하며, 그 피는 그 자신의 피여야만 합니다. 여기에서 그의 희생제물에 대해 생각해 보도록 합시다.

그의 희생제물과 관련하여 우리가 첫째로 주목해야 할 사실은 그것이 독특하며 유일한 것이었다는 사실입니다. 그가 드린 것은 "그 자신의 피"였습니다. 그것은 사람의 혈관으로부터 흘러나온 피였습니다. 그러면 어떤 사람입니까? 그가 스스로에 대해 어떻게 말했는지 기억하십시오. "하나님이 제사와 예물을 원하지 아니하시고 오직 나를 위하여 한 몸을 예비하셨도다"(히 10:5). 그리스도의 몸은 이 큰 희생제사를 위해 하나님이 특별하게 예비하신 것입니다. 물론 우리는 우리 주님에 대해 "우리와 같은 몸을 입으셨다"고 말할 수 있습니다. 그렇지만 그럼에도 불구하고 우리는 그의 인성(人性)이 매우 특별한 것이었음을 잊어서는 안 됩니다. 그는 점과 흠이 없었습니다. 그의 특별한 탄생으로 말미암아 그는 아무런 원죄의 흔적도 받지 않았습니다. 천사가 처녀 마리아에게 한 말을 생각해 보십시오. "성령이 네게 임하시고 지극히 높으신 이의 능력이 너를 덮으시리니 이러므로 나실 바 거룩한 이는 하나님의 아들이라 일컬어지리라"(눅 1:35). 이와 같이 우리 주님의 인격은 사람들 가운데 독특했으며, 그것은 주께 드려진 정결한 제물이었습니다. 그는 정결하며 거룩했으며, 따라서 다른 사람들의 죄를 담당할 수 있었습니다. 왜냐하면 그 자신에게는 아무런 죄도 없었기 때문입니다. 하나님은 신성(神性)의 내주하심을 위해 특별히 그의 몸을 예비하셨으며, 그는 한 사람의 개인으로서 우리 앞에 섭니다. 하나님은 정결한 영이지만, 그러나 이 사람은 몸을 가지고 있습니다. 사람은 감히 신성(神性)을 주장할 수 없지만, 그러나 이 영광스러운 사람은 하나님과 동등한 자입니다. 그는 한 인격 안에 하나님이면서 동시에 사람입니다. 그 안에 하나님과 사람이 놀라운 방식으로 하나로 연합되었습니다. 우리는 이것을 완전하게 이해할 수 없지만 그러나 분명히 믿습니다. 우리의 중보자로서 그리고 영원한 영으로 말미암아 그는 흠 없는 자신을 하나님께 드렸습니다. 이러한 유일한 희생제물은 우리의 유일한 믿음을 요구할 충분한 자격을 갖습니다.

또 우리 주님의 희생제물은 최고의 의미에서 대속적인 것이었습니다. 죄의 형벌은 사망입니다. 그리고 예수께서 죽으셨습니다. 옛 율법 전체를 통해 희생제물의 죽음으로 말미암지 않은 속죄는 없었습니다. 진실로 하나님이 처음부터 그리고 심지어 에덴 동산에서조차 말씀하신 것이 바로 이것입니다. 율법의 판결은 이것입니다 ― "범죄하는 영혼은 죽을 것이라." 죄는 필연적으로 죽음을 가져옵니다. 주 예수 그리스도는 그의 거룩한 삶으로 말미암아 화해를 이루시고자 세상에 오지 않았습니다. 그는 그의 진실한 가르침으로 말미암아 화해를 이루시고자 세상에 오지 않았습니다. 그는 오직 그의 죽음으로 말미암아 화해를 이루시고자 세상에 오셨습니다. 오늘 본문은 이렇게 말합니다. "오직 자기의 피로 … 들어가셨느니라." 그는 죄인들을 위해 하늘에 들어갈 수 있게 되기 전에 먼저 그들의 장소에서 죽어야만 합니다. 염소와 송아지가 죽임을 당하고 그들의 피가 하나님 앞에서 흘려져야 했던 것처럼, 예수는 죄인의 장소에서 죽임을 당해야만 합니다. 사랑하는 자들이여, 성경의 주된 가르침인 대속의 희생제물의 위대한 하나님의 진리를 굳게 붙잡읍시다! 이것을 제거해 보십시오. 그러면 성경에 복음이라 불릴 수 있는 것은 아무것도 남지 않게 될 것입니다. 그리스도의 가르침의 핵심은 그의 죽음으로 말미암은 속죄입니다.

"그는 자기 아버지의 의로운 분노를 짊어지셨도다.
그것은 우리가 결코 짊어질 수 없는 것이었도다."

희생제물은 죽임을 당했을 뿐만 아니라 또한 하나님의 제단 위에 있는 거룩한 불에 의해 태워졌습니다. 우리 주님은 '십자가로부터 온 죽음'으로 말미암아 뿐만 아니라 '사람의 죄를 짊어진 전율(戰慄)로부터 온 영혼의 불태워짐'으로 말미암아 스스로를 하나님께 드렸습니다. 죄의 결과의 폭풍이 위대한 대속물의 무죄한 머리 위에서 불어쳤습니다. 그는 자원하여 우리 자리에 스스로를 놓았으며, 우리의 모든 죄를 짊어진 결과를 스스로 담당했습니다. 무한한 사랑으로 예수는 죄를 위한 제물이 되셨습니다. 강요에 의해서가 아니라 그 자신의 거룩한 선택에 의해, 그는 죄인을 위한 속죄제물이 되셨습니다. 죄인이 그 안에서 하나님의 의가 될 수 있도록 말입니다. "친히 나무에 달려 그 몸으로 우리 죄를 담당하셨으니"(벧전 2:24). 우리는 이것을 알며, 이러한 위대한 진리 안에서 흔들리지 않고 굳게 섭니다. 그런 우리가 무슨 다른 소망을 가질 것입니까?

우리 주님이 휘장 안으로 들어가기 전에 드린 희생제물은 또한 개인적인 것이었습니다. 여기에서 "자신의"(own)란 단어가 특별히 강조됩니다. "염소와 송아지의 피로 하지 아니하고 오직 자기 '자신의' 피로 영원한 속죄를 이루사"(Not with the blood of goats and calves, but with His own blood, 한글개역개정판에는 '자신의'가 생략되어 있음). 주 예수는 하나님 앞에 다른 사람의 고난이나 혹은 다른 사람의 공로가 아니라 오직 그 자신의 생명과 그 자신의 죽음을 가져왔습니다. "그가 자기 영혼을 버려 사망에 이르게 하며"(사 53:12). 여기에서 앞에 인용한 베드로전서 2장 24절 말씀을 다시 인용하고자 합니다. "친히 나무에 달려 그 몸으로 우리 죄를 담당하셨으니." 이 말씀은 정말로 수천 번 반복해서 인용할 만한 충분한 가치가 있는 말씀입니다. 또 갈라디아서 2장 20절의 "나를 사랑하사 나를 위하여 자기 자신을 버리신 하나님의 아들"이라는 말씀을 보십시오. 아론은 이 일을 행할 수 없었습니다. 그가 가져온 피는 그 자신의 것이 아니었습니다. 설령 그가 어떤 이상한 상상력으로 말미암아 그 자신의 피를 가져올 생각을 했다 하더라도, 그것은 고작해야 그 자신을 위한 것만이 될 수 있을 뿐이었습니다. 왜냐하면 그의 죽음은 하나님께 그 자신의 개인적인 죄에 대한 형벌로서 합당하기 때문이었습니다. 그러나 우리 주님은 하나님의 공의에 아무런 빚도 없었습니다.

그는 "거룩하고 악이 없고 더러움이 없고 죄인에게서 떠나 계신" 자였습니다(히 7:26). 따라서 그가 우리의 자리를 취했을 때, 그것은 그가 자원하여 그 자신의 개인적인 고난과 개인적인 죽음의 희생제물을 드린 것이었습니다. 그는 우리의 자리에서 우리를 위한 희생제물로서 그의 전 존재를 드렸습니다. 그가 나무에 벌거벗은 몸으로 달렸을 때, 나는 감히 그 모습을 볼 수 없습니다. 다만 눈물로 예배할 뿐입니다. 나는 그가 나를 위해 얼마나 절대적으로 모든 것을 포기했는지 가장 깊은 사랑으로 인정합니다. 그는 그 자신을 위한 누더기 한 벌과 그 자신의 티끌 하나조차 남기지 않으셨습니다. "그가 남은 구원하였으되 자기는 구원할 수 없도다"(막 15:31). 가장 강조적인 의미에서, 그것은 개인적인 희생제물이었습니다. 아무도 그와 함께 희생제물이 될 수 없었으며, 아무도 그와 함께 휘장 안으로 들어갈 수 없었습니다. 레위기 16장 17절을 읽어 보십시오. "그가 지성소에 속죄하러 들어가서 자기와 그의 집안과 이스라엘 온 회중을 위하여 속죄하고 나오기까지는 누구든지 회막에 있지 못할 것이며." 심지어 동정(同情)으로라도 우리는 그의 희생제사의 내적 성소(聖所)에 들어갈 수 없습니다. 아무도 그의 희생제사의 가장 깊은 곳으로 접근할 수 없습니다. 그는 홀로 포도주틀을 밟습니다. 누가 겟세마네 동산에 서서 그의 피로 얼룩진 땀을 보며 그 마음의 애절한 신음 소리를 들을 수 있단 말입니까? 심지어 가장 큰 사랑을 받은 세 사도조차도 슬픔에 압도되어 잠에 떨어져 버리고 말았습니다.

> "적막하고 어두운 겟세마네여,
>   누가 너를 통찰할 수 있단 말인가?"

그러나 골고다에는 한층 더 빽빽한 어둠이 있었습니다. 지금 어떤 일이 벌어지고 있는지를 보여주는 하나의 상징으로서 밤이 낮으로 변했으며, 그 두려운 캄캄함을 우리가 무엇과 비교할 수 있겠습니까? 이 모든 것은 우리가 결코 함께 할 수 없는 그 자신의 개인적인 슬픔이었습니다. 이것이 그의 희생제물이었습니다.

나아가 그의 희생제물은 초월적인 가치를 갖는 것이었습니다. 제물로 드려진 자가 누구인지 생각해 보십시오. 지극히 높은 자의 아들이 자기 자신을 하나님께 드렸습니다. 그와 같은 자는 결코 없었습니다. 왜냐하면 그는 한 인격 안에 하나님이면서 동시에 사람이었기 때문입니다. 휘장 밖에서 희생제물로 드려진 자는 바로 이러한 신적 인격(Divine Person)이었습니다. 나는 그리스도의 희생제물의 가치의 한계를 상상할 수 없습니다. 여러분도 그것을 상상하려고 시도하지 마십시오. 그가 희생제물로서 자신을 드렸을 때, 그것은 하나님의 공의를 만족시킴에 있어 인류 전체가 불살라 드려진 것보다 더 컸습니다. 하나님 자신이 죄인의 자리에 서기 위해 이 땅에 오셨을 때, 그것은 율법의 의를 만족시킴에 있어 죄인 전체가 그 형벌을 담당하는 것보다 더 충분했습니다. 율법을 준 자 자신이 율법을 깨뜨린 것에 대한 형벌을 담당했을 때, 율법은 존귀하게 되고 또 모든 죄에는 반드시 그에 합당한 형벌이 따른다는 사실이 분명하게 드러났습니다. 무죄한 대속자가 그에게 전가된 죄 때문에 죽임을 당할 때, 우리는 죄가 하나님께 극도로 가증한 것이라는 사실을 분명하게 보게 됩니다. 그러므로 우리 주님의 희생제물은 초월적인 가치를 가진 것이었습니다.

또한 이러한 희생제물은 오늘날의 사람들이 무엇이라고 말하든 간에 인간의 죄책과 관련된 것이었습니다. 레위기 16장을 보십시오. 지성소에서 피가 뿌려진 것은 "이스라엘 자손의 부정과 그들이 범한 모든 죄" 때문이었습니다(16절). 우리 주 예수는 그 자신의 희생제물로 말미암아 죄를 제거했습니다. 그의 죽음은 단순한 모범이나 혹은 단순히 신적 사랑이 나타난 것에 불과한 것이 아니었습니다. "보라 세상 죄를 지고 가는 하나님의 양이로다"(요 1:29). 그의 죽음은 우리의 부정함을 다루었습니다. 그것은 모든 죄로부터 우리를 정결하게 합니다. "이제 자기를 단번에 제물로 드려 죄를 없이 하시려고 세상 끝에 나타나셨느니라"(히 9:26).

또 그것은 하나님과 관련되었습니다. 속죄일의 희생제물은 사람들에게 보여지지 않았으며, 그 피는 사람들이 볼 수 있는 곳에서 뿌려지지 않았습니다. 그것은 오직 하나님만을 위한 것이었습니다. 무한한 사랑의 하나님은 그러한 무한한 사랑 때문에 진노 없이는 죄를 볼 수 없습니다. 왜냐하면 죄는 사람의 가장 악독한 원수이기 때문입니다. 사람이 감히 완전한 율법을 깨뜨릴 때, 하나님은 죄인을 처벌해야만 합니다. 그러므로 악에 대한 하나님의 혐오와 그의 공의를 나타내기 위해 희생제물이 필요합니다. 예수는 어떤 사람들이 잘못 생각하는 것처럼 하나님을 긍휼이 많으신 분으로 만들기 위해 죽지 않았습니다. 반대로 하나님이 긍휼이 많으시기 때문에 예수가 죽었습니다. 신적 공의를 훼손함이 없이 신적 긍휼을 이루기 위해 말입니다. 예수는 하나님으로 하여금 죄인들을 사랑하도록 만들기 위해 죽지 않았습니다. 왜냐하면 하나님은 항상 죄인들을 사랑하셨기 때문입니다. 그러나 그의 사랑은 그의 거룩하심과 상충되지 않는 상태로 행사되어야만 했으며, 율법은 옹호되고 죄에 대한 경고는 허언(虛言)이 되지 않아야 했습니다.

지금까지 우리는 우리 주님이 휘장 밖에서 드린 희생제물을 살펴보았습니다. 자, 이제 그에게 나오십시오! 그리고 그 희생제물의 정결하게 하는 효력에 동참하십시오!

### 2. 둘째로, 이제 그가 들어가신 방식을 살펴보도록 합시다.

본문을 보십시오. "단번에(once) 성소에 들어가셨느니라." 여기에서 "단번에"란 단어에 큰 강세가 주어질 필요가 있습니다.

그는 한 번(once) 들어가셨습니다. 한 번 그는 흠 없는 자신을 하나님께 제물로 드렸습니다. 한 번 그는 휘장을 열고 우리를 위해 하나님과의 가장 충만한 교제의 성소 안으로 들어가셨습니다. 보십시오! 그가 들어가는 일이 이루어졌습니다! 기쁨과 즐거움으로 손뼉을 칩시다! 여러분의 수금을 크게 울리십시오! 예수께서 들어가셨습니다. 우리의 머리이며 대표이신 자가 하나님과 함께 계십니다. 그것은 미래에 이루어질 일이 아니라, 이미 이루어진 일입니다. 그의 희생제물은 즉각적인 효력을 가졌습니다. 바로 그 자리에서 그것은 천국의 문을 열었습니다. 십자가로부터 버림을 당한 자는 하나님의 사랑하는 자로서 그의 나라로 들어가셨습니다. 자신의 희생제물의 완전한 효력을 증명하기 위해, 그는 단번에 하나님의 하늘로 들어가셨습니다. "다 이루었다." 예수가 단번에 휘장 안으로 들어가신 사실이 바로 그 증거입니다.

또한 그것은 단 한 번(only once)을 의미합니다. 단 한 번, 예수는 하늘의 처소로 공식적으로 들어가셨습니다. 그리고 그렇게 하심으로 말미암아 그는 그 길을 분명하게 여셨습니다. 그의 희생제물은 단 한 번 드려졌으며, 또 다른 희생제물은 없습니다. "대제사장이 해마다 다른 것의 피로써 성소에 들어가는 것 같이 자주 자기를 드리려고 아니하실지니 그리하면 그가 세상을 창조한 때부터 자주 고난을 받았어야 할 것이로되 이제 자기를 단번에 제물로 드려 죄를 없이 하시려고 세상 끝에 나타나셨느니라"라고 기록된 것처럼 말입니다(히 9:25, 26). 그렇습니다. 하나님께 드리는 예수 그리스도의 희생제물은 또다시 반복되지 않습니다. 그가 우리를 위해 하늘로 들어가는 것 역시 또다시 반복되지 않습니다. 그 일은 "한 번으로 영원히" 이루어졌습니다. 유다는 성도들에게 믿음이 "한 번으로 영원히"(once for all) 주어졌다고 말합니다(1:3, 한글개역개정판에는 "단번에"라고 되어 있음). 그것은 반복될 필요가 없는 최종적으로 완성된 행동입니다. 우리 주님이 한 번으로 영원히 들어가신 것은 또한 그의 백성들이 들어가는 것을 확실하게 했습니다. 그것은 한 번이며, 두 번일 수 없습니다. 왜냐하면 그의 희생제물은 너무도 완전한 효력을 가지기 때문이었습니다. 우리는 예수께서 성소로 들어가실 때 휘장이 찢겨졌다는 복음서 기자들의 기록 속에서 이와 동일한 개념을 발견합니다. 이제 지성소는 더 이상 닫혀 있지 않고 활짝 열렸습니다. 만일 내가 성소(聖所)가 계속해서 확장되어 이제 하나님을 찾는 모든 장소가 거룩하다고 말한다면, 내가 틀린 말을 하는 것일까요? 만일 우리의 대제사장이 단순히 휘장을 들어올린 채 그 안으로 들어가신 것이었다면, 우리는 그 휘장이 다시 내려왔을 것이라고 추측할 수 있을 것입니다. 그러나 성전의 휘장은 위로부터 아래까지 두 폭으로 찢겨졌기 때문에, 그곳으로 들어가는 길이 또다시 열릴 필요는 전혀 없게 된 것입니다. 왜냐하면 가로막는 장벽이 허물어졌기 때문입니다. 이제 하나님과 그의 택하신 백성들 사이에 어떤 휘장도 가로막고 있지 않습니다. 우리는 이제 담대히 은혜의 보좌 앞에 나아갈 수 있습니다. "단번에" 들어가신 우리 주의 이름을 송축합시다!

또한 그는 가장 충분하고 완전한 방식으로 들어가셨다는 의미에서 단번에 성소 안으로 들어가셨습니다. 대제사장이 은혜의 보좌로 나아갈 때, 그가 다가갔던 것은 하나님 자신이 아니라 하나님의 상징이었습니다. 그러나 우리 주 예수 그리스도는 중보자로서 하나님 자신에게로 나아가셨습니다. 그는 자신의 신성(神性) 안에서 항상 아버지와 하나였지만, 그러나 이제 한 인격 안에서 하나님이면서 동시에 사람인 그는 영원히 하나님과 함께 계십니다. 그는 "나와 아버지는 하나이니라"라고 말씀하십니다. 신인(神人, God-man)이신 그리스도 예수가 그의 아버지에게 나아가는 것을 생각할 때, 우리는 경건한 즐거움을 느끼게 됩니다. 왜냐하면 우리는 다음과 같은 사실을 기억하기 때문입니다.

"그의 아들의 인격 안에서

우리는 그에게 가까이 나아가도다."

예수 그리스도는 아버지의 영광 안으로 들어가셨으며, 또한 우리 역시도 그렇게 들어갈 수 있도록 길을 여셨습니다. 이제 길이 열렸으며, 값없이 나아갈 수 있습니다. 하나님은 우리를 만나주시며, 우리로 하여금 자신을 만날 것을 초청하십니다. 그는 마치 사람이 친구와 말하는 것처럼 우리와 더불어 말하고자 기다리십니다.

### 3. 셋째로, 이제 그가 들어가신 목적을 생각해 보도록 합시다.

우리 주 예수 그리스도는 휘장 안으로 들어가심으로 말미암아 무엇을 행하셨습니까? 그로 말미암아 무슨 일이 생겼습니까?

그것은 첫째로 그가 휘장 안에서 구속을 이루셨음을 의미합니다. 그는 하늘의 처소를 정결하게 했습니다. 본장 23절을 보십시오. "그러므로 하늘에 있는 것들의 모형은 이런 것들로써 정결하게 할 필요가 있었으나." 이런 말씀을 읽을 때, 우리는 놀라지 않을 수 없습니다. 하늘의 처소 자체가 더러워졌었단 말입니까? 아닙니다. 결코 그럴 수 없습니다. 그러나 만일 여러분과 내가 피에 의한 속죄 없이 그곳에 간다면, 하늘은 더러워질 것입니다. 하나님과 함께 거하기 위해 매일같이 그곳으로 들어가는 한때 죄인이었던 사람들을 보십시오. 만일 하늘의 처소들이 그들을 위해 예비되지 않았다면, 도대체 어떻게 그들이 그곳에 갈 수 있겠습니까? 매일같이 하늘의 처소로 올라가고 있는 우리의 기도와 찬미들을 보십시오. 그것들은 어느 정도 불결하지 않습니까? 또 그렇기 때문에 그것들을 받는 하늘을 불결하게 만들지 않습니까? 그러나 주님이 그곳에 가셔서 은혜의 보좌 위에 자신의 피를 뿌렸으며, 그럼으로써 우리의 기도와 찬미와 우리 자신들까지 아무런 장애물 없이 들어갈 수 있게 되었습니다. 설령 죄인들이 하나님과 함께 거하도록 받아들여지며 우리의 보잘것없는 기도가 하나님께 받아들여진다 하더라도, 우리와 우리 기도는 결코 성소를 더럽히지 않습니다. 왜냐하면 속죄의 피가 사전에 이미 그곳에 뿌려졌기 때문입니다. 땅의 많은 죄인들을 빨아들이고 난 연후에도, 하늘은 오직 하나님과 천사들만 거할 때와 똑같이 여전히 정결한 채로 남아 있습니다. 과거 죄 가운데 빠져 있던 사람들이 하나님 오른편에 앉도록 허락됨에도 불구하고, 하나님은 여전히 엄격하게 의로운 채로 남아 있습니다. 이것을 확실하게 한 것이 바로 우리의 위대한 희생제물입니다.

　　다음으로 그는 우리를 위하여 나타나기 위해 거기에 들어가십니다. 24절을 읽어 보십시오. "그리스도께서는 참 것의 그림자인 손으로 만든 성소에 들어가지 아니하시고 바로 그 하늘에 들어가사 이제 우리를 위하여 하나님 앞에 나타나시고." 그가 거기에 들어가신 것은 우리를 위해 나타나기 위함입니다. 변호사나 혹은 법정대리인이 어떤 사람을 대신하여 재판정에 나타날 때, 그는 그 재판정 안에 있는 것입니다. 설령 그가 먼 곳에 떨어져 있다 하더라도 말입니다. 이와 같이 오늘날 우리는 우리를 대신하여 나타나신 자를 통해 우리의 영원한 기업(基業)을 소유합니다. 하나님은 하늘에서 그의 성도들의 영광스러운 대표의 인격 안에서 그들을 보십니다. 그 안에서 우리는 함께 세우심을 입으며, 함께 하늘의 처소에 앉습니다. 이것은 얼마나 즐거운 주제입니까! 우리 앞서 그곳으로 들어가신 자가 우리를 위해 자신이 사신(purchased) 기업 안으로 들어가셨습니다.

　　그는 또한 우리를 온전하게 하기 위해 그곳에 계십니다. 10장 14절을 보십시오. "그가 거룩하게 된 자들을 한 번의 제사로 영원히 온전하게 하셨느니라." 그의 단번의 희생제사는 그곳으로 나아오는 자들을 온전하게 만들었습니다. 자신들의 온전함을 나타내기 위해, 그들은 성소 안으로 들어갑니다. 그의 사역이 이루어졌습니다. 그렇지 않았다면 그는 휘장 안에 계시지 않을 것이었습니다. 그가 거기에 계시는 것은, 모든 것이 완성되었으며 그의 백성들이 그 안에서 온전하게 되었음을 나타내는 증거입니다. 떨어져 있던 자들이 받아들여졌습니다. 왜냐하면 그들을 대표하는 자가 받아들여졌기 때문입니다. 아담이 에덴 동산으로 쫓겨날 때 우리 모두가 함께 쫓겨난 것처럼, 이제 둘째 아담이 하나님의 낙원에 있을 때 우리 역시 그 안에서 그곳에 있는 것입니다.

　　그는 또한 그곳에 거하기 위해 단번에 그곳에 들어가셨습니다. 10장 12절과 13절을 보십시오. "오직 그리스도는 죄를 위하여 한 영원한 제사를 드리시고 하나님 우편에 앉으사 그 후에 자기 원수들을 자기 발등상이 되게 하실 때까지 기다리시나니." 예수는 하늘에서 하나님과 함께 계시며, 신적 은혜의 목적이 성취될 때까지 항상 거기 계실 것입니다. 그는 영원한 승리 가운데 아버지의 오른편에 영원히 계실 것입니다. 우리를 대표하는 자가 하늘로부터 쫓겨나지 않는 한, 우리는 결코 그것을 잃을 수 없습니다. 그것은 절대로 불가능합니다! 신자여, 눈을 들어 당신이 지금 어디에 있는지, 그리고 항상 어디에 있을 것인지 보십시오!

당신은 사랑하는 자 안에서 받아들여졌으며, 그리스도의 피로 가까워졌습니다.

뿐만 아니라 그는 우리 역시도 동일하게 그곳으로 나아가도록 하기 위해 그곳에 계십니다. 10장 21절과 22절을 읽어 보십시오. "또 하나님의 집 다스리는 큰 제사장이 계시매 우리가 마음에 뿌림을 받아 악한 양심으로부터 벗어나고 몸은 맑은 물로 씻음을 받았으니 참 마음과 온전한 믿음으로 하나님께 나아가자." 여기를 보십시오. 우리가 기도와 찬미와 예배를 드릴 때, 주 예수께서 우리를 만나십니다. 우리가 언젠가 잠들고 새로운 상태로 깨어날 때, 그가 오셔서 하늘의 거대한 입구에서 우리를 만나 주실 것입니다. 그리고 찢어진 휘장을 통해 우리를 하늘 안으로 받아주실 것입니다. 그의 보좌 위에서 그와 함께 있는 것은 얼마나 놀라운 일이겠습니까! 그의 영광을 보며 영원히 그곳에 거하는 것은 얼마나 엄청난 축복입니까! 우리는 머지않아 그러한 행복에 도달하게 될 것입니다. 우리 가운데 몇몇 사람들은 거의 그곳에 가까워졌습니다. 그곳의 영원한 노래가 거의 들릴 정도로 말입니다. 그러므로 기운을 냅시다. 설령 지금 우리의 인생길이 험하다 하더라도, 그것은 결코 길지 않다는 사실을 기억합시다. 그가 하나님의 영광 안으로 들어가신 사실은 우리 역시도 그곳으로 들어갈 것이라는 사실을 확실하게 보증합니다. 이와 같이 그는 우리 역시도 동일하게 들어가도록 하기 위해 먼저 그곳으로 들어가셨습니다.

이러한 사실을 생각할 때, 여러분은 틀림없이 하늘의 만나로 채워지게 될 것입니다. 그것은 믿음의 양식이며, 우리가 노래할 영원한 주제입니다. 주여, 당신은 우리 앞서 들어가셨나이다. 그러므로 우리가 당신을 사랑하며 당신 안에서 기뻐하나이다.

### 4. 마지막으로, 이러한 들어감의 영광을 되새겨 보도록 합시다.

지금까지 우리는 우리 주님이 어떤 희생제물을 통해 들어가게 되었는지, 그의 희생제물의 성격이 무엇인지, 그리고 그가 성소 안으로 들어가신 목적이 무엇인지 살펴보았습니다. 이제 마지막으로, 그가 성소 안으로 들어가신 것의 영광을 숙고해 보도록 합시다 — "영원한 구속을 얻으사"(having obtained eternal redemption, 한글개역개정판에는 "영원한 속죄를 이루사"로 되어 있음). 흠정역의 "for us"는 번역자들에 의해 보충된 것이므로 여기에서는 다루지 않습니다(흠정역에는 "having obtained eternal redemption for us"로 되어 있음). 우리 주님은 지성소에 들어가심으로써 "영원한 구속을 얻으셨"습니다. 아론이 염소와 송아지의 피를 가지고 들어간 동안, 그는 "영원한 구속"을 얻지 못했습니다. 그는 단지 백성들을 위해 상징적이며 임시적인 씻음만을 얻었을 뿐이며, 그것이 전부였습니다.

우리 주님이 들어가신 것은 첫째로 그의 사역이 모두 완성되었기 때문입니다. 본문은 "영원한 구속을 얻으시기 위해 들어가셨느니라"라고 말씀하지 않고, "영원한 구속을 얻으시고 들어가셨느니라"라고 말씀합니다. 어떤 사람들은 "영원한 구속을 발견하시고"라고 읽는데, 이 역시 가능한 독법(讀法)입니다. 그는 그 자신 안에서 영원한 구속을 발견했습니다. 왜냐하면 자신 외에 다른 어떤 곳에서도 결코 발견할 수 없었기 때문입니다. 하늘이나 땅이나 음부에서도, 인간들의 영혼을 위한 구속은 결코 발견될 수 없었습니다. 그러나 우리 주님은 그 자신의 위대한 희생제물 안에서 속전(贖錢)을 발견하셨습니다. 그리고 그는 "찾았다!" (Eureka)라는 경탄의 외침과 함께 영광 안으로 들어가셨습니다. "그를 건져서 구덩이에 내려가지 않게 하라 내가 속전을 발견했노라"(욥 33:24). 속전을 발견한 위대한 발견자여, 당신은 그것을 잘 발견할 수 있었나이다! 왜냐하면 그것은 당신 자신 안에 감추어져 있었기 때문이나이다! 당신은 영원한 구속을 얻으셨나이다!

그가 얻은 것은 구속이었습니다. 성경 밖에서는 "구속"을 얻는 것이 어디에도 없습니다. 나는 이로 인해 하나님을 송축합니다. 많은 사람들이 이러한 말씀을 감당하지 못하지만, 그러나 성경이 그것을 분명하게 이야기합니다. 또 그것은 값을 치르고 산 구속 ─ 그들의 불경스러운 표현으로 하면 "상업적인 거래" ─ 입니다. "너희는 값으로 사신 것이니"(고전 7:23). 구속은 값을 치르고 건져내는 것입니다. 이 경우 속죄제물이 다른 사람의 자리에 서서 그의 채무를 변제하는 것입니다. 형제들이여, 주 예수 그리스도께서 죽으셨을 때, 그는 우리의 속전을 지불하셨습니다. 그리고 그가 휘장 안으로 들어가셨을 때, 그는 단지 우리에게 구속을 주기를 열망한 자로서 뿐만 아니라 또한 "영원한 구속을 얻은" 자로서 들어가셨습니다. 그는 값으로 말미암아 그리고 권능으로 말미암아 우리를 위해 구속을 얻으셨습니다. 우리는 "구속"이란 단어가 의미하는 것을 충분하게 알지 못합니다. 왜냐하면 우리는 자유롭게 태어났기 때문입니다. 그러나 만일 우리가 수년 전으로 되돌아가 미국의 흑인 노예들 가운데 섞여 있을 수 있다면, 그들이 우리에게 구속이 의미하는 바를 잘 말해 줄 수 있을 것입니다. 만일 그들 가운데

운이 좋은 한 노예가 값을 치르고 자유를 샀다면 말입니다. 그렇지만 죄의 학정(虐政) 아래 신음한 여러분은 구속의 영적 의미를 알 것입니다. 그리고 여러분을 자유롭게 해준 속전을 귀하게 여길 것입니다. 형제들이여, 우리는 오늘날 주 하나님과 관련하여 멀리 떨어진 상태로부터 구속됩니다. 우리는 지금 휘장 밖에 서 있지 않습니다. 이것이 위대한 구속입니다. 우리는 또한 죄책으로부터 구원받습니다. 왜냐하면 그가 "자신의 피로 말미암아 우리를 씻으셨기" 때문입니다. 이것이 위대한 구속입니다. 우리는 죄의 권세로부터 건져냄을 받으며, 더 이상 죄에 종노릇하지 않습니다. 우리는 어린 양의 피로 죄를 이깁니다. 이것이 위대한 구속입니다. 우리는 지금 죄의 저주로부터 구원받습니다. 왜냐하면 그가 "우리를 위해 저주가 되셨기" 때문입니다. "나무에 달린 자마다 저주 아래 있는 자"라고 기록된 것처럼 말입니다. 이것이 진실로 위대한 구속입니다. 우리는 죄로부터 야기되는 모든 예속으로부터 구속받습니다. 우리는 더 이상 사탄의 종도 아니며, 세상의 노예도 아닙니다. 또 우리는 사망의 두려움으로 말미암은 멍에에 예속되지도 않습니다. 사망이라는 이름의 마지막 원수는 멸망을 당할 것이며, 우리는 그러한 사실을 압니다. 아들이 우리를 자유롭게 하셨으므로 우리는 진실로 자유롭습니다. 우리는 이것 즉 그가 자기 백성들을 위하여 구속을 얻으셨다는 사실과 함께 하늘의 처소 안으로 들어갑니다.

자, 이제 그러한 구속의 본질에 대해 생각해 보도록 합시다. 왜냐하면 바로 여기에 주된 요점이 있기 때문입니다. 그는 "영원한" 구속을 얻으셨습니다. 만일 여러분이 본문 주위를 세심하게 살핀다면, 여러분은 "영원한"이란 단어가 세 번 나타나는 것을 발견할 것입니다. "영원한 구속"이 있고(12절), "영원한 성령"(14절)이 있으며, 또한 "영원한 기업"(15절)이 있습니다. 그런데 구속이 어째서 영원하다고 언급되고 있는 것일까요? "영원"은 긴 개념입니다. 오늘날 사람들이 그것을 자꾸 축소시키려고 하는 모든 시도들에도 불구하고 말입니다. 그들이 무슨 일을 하든, 그들은 그것을 제한된 기간으로 축소시킬 수 없습니다. 예수 그리스도는 영원한 구속 — 영원한 계획 안에서 이루어진 구속 — 을 얻으셨습니다. 여기에서 구속이 하나님의 영원한 계획으로부터 말미암았다고 말할 때, 나는 큰 경외심을 가지고 그렇게 말합니다. 세상이 처음 창조된 이래로, 식물이든 동물이든 구속이라는 하나님의 궁극적인 계획과 무관하게 창조된 것은 아무것도 없습니다. 암석 안에 있는 화석 하나조차도 주 예수 그리스도와 그의 영원한 구속과 무관하게 만들어지지 않았습니다. 그리스도는 하나님의 형상이며, 만물은 그러한 형상의 흔적을 담고 있습니다. 하나님의 모든 행동들은 예수와 그의 속죄의 희생제사를 가리킵니다. 구속은 창조세계를 움직이는 추진력이며, 모든 섭리의 중심점입니다. 하나님이 창조하신 모든 소리들의 기초가 되는 소리는 그리스도 예수 안에 있는 하나님입니다. 그 안에서 신성(神性)의 초월적인 광채가 가장 잘 나타납니다. 인성(人性)의 휘장으로 가려진 채, 그는 인간의 죄책을 담당했습니다. 그럼으로써 그러한 죄책을 폐하고, 피로 씻은 교회를 하나님께 데려가기 위해 말입니다. 창조된 것들은 구속된 것들을 위한 발판의 역할을 합니다. 일시적인 창조는 영원한 구속 앞에 길을 내줍니다. 영원한 언약 안에서 주님은 항상 그것을 인치는 것, 즉 그것을 보증하는 피를 바라봅니다. 신적 계획과 섭리 안에서 모든 것이 "그 안에 신성의 모든 충만이 육체로 거하시는 자의 역사(役事)를 따라" 형성되고 빚어집니다. 하나님의 영원한 계획은 항상 영원한 아들의 영원한 의와 영원한 구속을 바라봅니다. 구속은 하나님에게 전혀 새로운 계획이 아닙니다. 그것은 세상을 예기치 못한 사고로부터 얼른 붙잡아내는 임기응변적인 방책이 아니며, 찢어진 목적을 깁는 천 조각도 아닙니다. 구속은 신적 계획의 중심입니다. 그것은 하나님의 나타남의 초점이며, 계시의 산의 정상입니다. 여기에 사랑이 있고, 여기에 하나님이 계십니다.

　우리 주님이 성소 안으로 들어가셨을 때, 그는 또한 자신의 희생제사로 단지 일시적인 중요성을 가진 문제들이 아니라 **영원한** 것들을 다루었습니다. 그는 영원한 성령으로 말미암아 자신을 희생제물로 드렸습니다. 그리고 그러한 희생제물로 말미암아 영원한 기업으로부터 모든 저당권(抵當權)을 해제하고 우리에게 값없이 예정된 소유 안으로 들어가라고 명하셨습니다. 죄와 사망과 지옥 ― 이러한 것들은 일시적인 것들이 아닙니다. 구속은 이러한 것들을 다룹니다. 따라서 그것은 영원한 구속입니다. 지금 이 자리에 죄의 무거운 짐을 진 채 신음하고 있는 사람들이 있습니까? 그리스도의 구속이 과거의 죄 전체를 다룬다는 사실을 생각하며 마음을 새롭게 하십시오. 우리는 악의 기원을 어디까지 추적할 수 있습니까? 우리는 그것을 처음 타락한 천사까지 추적할 수 있을 것입니다. 그러나 우리와 관련한 한, 우리는 그것을 아담까지 추적합니다. 우리의 죄는 에덴 동산의 최초의 불순종까지 올라가며, 그것이 우리의 본성을 오염시켰습니다. 영원한 구속은 우리로부터 타락의 모든 결과들을 제거합니다. 유전적인 오염은 우리

2

의 존재가 그리스도 예수 안에서 새로워짐으로 말미암아 씻겨집니다. 믿음으로 말미암아 이러한 구속 안에 분깃을 갖는 모든 영혼으로부터 인류의 모든 옛 저주가 사라집니다. 여러분은 옛 죄와 옛 저주에 대해 두려워할 아무런 이유도 가지고 있지 않습니다. 거기에 여러분을 정죄할 수 있는 것은 아무것도 없습니다. 그리스도가 여러분을 위해 영원한 구속을 얻으셨는데, 도대체 누가 여러분을 참소할 것입니까?

자, 눈을 들어 영원을 바라보십시오. 끝없이 펼쳐진 영원의 광경을 바라보십시오. 영원한 구속은 이생의 모든 위험을 덮습니다. 그리고 내생의 모든 위험까지도 덮습니다. 만일 그런 것이 있다면 말입니다. 여러분은 마지막 순간까지 자신이 얼마나 많은 유혹과 시험을 당할는지 알지 못합니다. 어쩌면 여러분은 아주 오랫동안 살는지 모릅니다. 그러면 여러분은 지성(知性)이 쇠퇴하고 약함이 증가되는 것을 두려워하지 않을 수 없게 될 것입니다. 그럼에도 불구하고 그가 여러분을 위해 영원한 구속을 얻으셨다는 사실로 인해 기뻐하십시오. 여러분은 분명 그리스도의 구속보다 더 오래 살 수 없으며, 어떤 방법으로든 그가 예비하지 않은 어떤 시험도 여러분을 덮칠 수 없습니다.

자, 종말의 때로 도약해 봅시다. 예언의 미래를 생각해 보십시오. 일곱 나팔이 소리를 내고 일곱 대접이 부어지는 것을 상상해 보십시오. 그렇지만 여러분은 이러한 것들을 두려워할 필요가 없습니다. 왜냐하면 여러분의 주님이 영원한 구속을 얻으셨기 때문입니다. 우리는 그 날 그 시에 엄청난 일들이 일어날 것이란 수많은 정보들을 듣습니다. 나는 이러한 예고들을 노어우드 집시(Norwood Gypsy)의 예언들을 믿는 만큼만 믿지, 그 이상은 아닙니다. 그렇지만 설령 그러한 것들이 모두 사실이라 하더라도, 거기에 신자가 두려워할 것이 도대체 무엇이 있단 말입니까? 우리 주님은 자기 백성들을 위해 영원한 구속을 얻으셨습니다. 그러므로 설령 쑥이라는 이름의 별이 땅에 떨어지고 물이 피로 변하며 모든 천체가 풀어진다 하더라도, 우리는 만족하며 안식할 것입니다.

예언이 모두 성취되고 우리가 두려운 미래로 들어갈 때조차, 우리는 죽음을 두려워하지 않습니다. 왜냐하면 우리 주님이 영원한 구속을 얻으셨기 때문입니다. "영원한 형벌"은 말할 수 없이 두려운 단어입니다. 그러나 그것은 "영원한 구속"에 의해 충분하게 대응되고 덮입니다. 그러므로 주 예수를 자신의 희생제물이면서 동시에 제사장으로 믿는 자들이여, 두려워하지 마십시오! 영원의 신비

가운데 여러분이 두려워할 필요가 있는 것은 아무것도 없습니다. 여러분은 아무 두려움 없이 현재적 존재의 해안을 떠나 미지의 거대한 대양으로 나아갈 수 있습니다. 왜냐하면 여러분은 영원한 구속을 가지고 있기 때문입니다. 영원한 속전(贖錢)을 치르고 산 여러분이 도대체 어떻게 잃어질 것이란 말입니까? 그러므로 예수를 믿는 신자들이여, 기뻐하며 뛰십시오! 왜냐하면 그가 여러분을 위해 영원한 구속을 얻으셨기 때문입니다. 그는 여러분의 구속을 충분하게 이루실 때까지 휘장 안으로 들어가지 않으셨습니다. 그는 기쁨으로 "다 이루었다"라고 외칠 수 있게 될 때까지 이 땅에 머무셨습니다. 마침내 다 이루시고 나서야 비로소 휘장 안으로 들어가셨지, 그 전까지는 아니었습니다. 그는 숨을 거두시고 아버지의 임재 안으로 들어가셨습니다. 당신이 여기에서 가지고 있는 것은 하찮은 것이 아니라 영원한 구속이라는 사실을 생각하며 기뻐하십시오. 그것은 오늘의 것이나 내일의 것이 아니라 영원한 과거와 미래의 것입니다.

　마지막으로 여러분에게 몇 가지 질문을 던지고자 합니다. 여러분은 이러한 영원한 구속을 가지고 있습니까? 여러분은 주 예수를 믿습니까? 그를 믿는 자는 영생을 가지고 있으며, 바로 이것이 영원한 구속의 결과입니다. 여러분은 하나님의 아들을 믿습니까? 그를 믿는 것이 모든 일들 가운데 가장 큰 일입니다. 우리 주님이 "하나님께서 보내신 이를 믿는 것이 하나님의 일이니라"라고 말씀하신 것처럼 말입니다(요 6:29). 만일 우리가 하나님의 지혜와 사랑의 가장 큰 행동을 믿지 않는다면, 다른 모든 일들은 타작마당의 쭉정이와 같습니다. 만일 우리가 하나님의 가장 큰 행동을 배척한다면, 우리는 하나님 자신을 배척하는 것입니다. 하나님은 그리스도의 희생제사 안에서 스스로를 나타내시고, 다른 곳에서는 그렇게 하지 않으셨습니다. 그러므로 만일 우리가 십자가로부터 등을 돌린다면 그리고 사람의 죄를 위해 죽으신 성육신하신 하나님을 믿지 않는다면, 우리는 하나님께 반역을 행하는 것입니다. 그리고 그것은 필연적으로 우리를 멸망시킬 것입니다. 하나님의 긍휼을 배척하는 죄보다 더 큰 죄는 없습니다. 만일 여러분이 죄를 고백하며 나온다면 그리고 여러분을 위해 드려진 위대한 속죄제물을 받아들인다면, 여러분은 하나님께 받아들여지게 될 것입니다. 또한 만일 주님이 그렇게 하셨던 것처럼 여러분이 믿음으로 이 피를 손가락으로 찍어 은혜의 보좌 위에 뿌릴 수 있다면, 여러분 역시 예수와 함께 휘장 안쪽에 서게 될 것입니다. 여러분 모두 지성소 안으로 들어갈 수 있습니다. 아니, 여러분은 예수 안에서 이미 그곳으로 들어갔으며, 영원히 거기에 있습니다. 왜냐하면 그가 영원히 거기에 거하시기 때문입니다. 여러분의 대속자, 여러분의 언약의 머리, 여러분의 대표가 영광 가운데 계시며, 여러분 역시도 머지않아 거기 있게 될 것입니다. 그러므로 만일 여러분이 전심으로 하나님의 아들 예수 그리스도를 믿는다면, 이 모든 사실로 인해 스스로를 위로하십시오. 휘장이 찢어졌으므로 여러분에게 스스로를 드러내시는 하나님으로부터 스스로를 숨기지 마십시오. 장차 여러분은 그가 계신 곳에서 그와 함께 있을 것입니다. 심지어 지금도 여러분이 있는 곳에서 그가 여러분과 함께 계시는 사실로 인해 기뻐하며 즐거워하십시오. 주께서 우리 모두를 축복하시기를 기원합니다. 그리고 우리 모두 휘장 안에서 우리 앞서 가신 자 주위에서 만나게 되기를 기원합니다. 아멘.

제
20
장
—

# 붉은 암송아지

—

> "염소와 황소의 피와 및 암송아지의 재를 부정한 자에게 뿌려 그 육체를 정결하게 하여 거룩하게 하거든 하물며 영원하신 성령으로 말미암아 흠 없는 자기를 하나님께 드린 그리스도의 피가 어찌 너희 양심을 죽은 행실에서 깨끗하게 하고 살아 계신 하나님을 섬기게 하지 못하겠느냐." ―히 9:13-14

그리스도 안에 있는 사랑하는 형제들이여, 여러분은 하나님과 가까이 거하는 자들입니다. 하나님은 여러분을 "자기 가까이 있는 백성들"이라고 부릅니다. 그의 은혜가 여러분을 그의 아들과 딸로 만들었으며, 그는 여러분에게 아버지입니다. 여러분 안에서 다음과 같은 그의 말씀이 성취됩니다. "내가 그들 가운데 거하며 두루 행하여 나는 그들의 하나님이 되고 그들은 나의 백성이 되리라"(고후 6:16). 그렇지만 하나님의 자녀로서의 특별한 신분이 종종 여러분을 특별한 연단 아래 둔다는 사실을 기억하십시오. 왜냐하면 지금 하나님은 여러분을 아들과 딸로 다루고 계시기 때문입니다. 자녀들은 가정의 법 아래 있지 않습니까? 하나님은 자기에게 가까이 나오는 자들 안에서 거룩하여질 것입니다. 특별한 은총은 특별한 규칙을 포함합니다. 하나님은 아말렉 사람들이나 아모리 사람들이나 애굽 사람들에 대해서는 엄격한 규칙을 세우지 않으셨습니다. 왜냐하면 그들은 하나님으로부터 멀리 떨어져 있는 자들이기 때문입니다. 그렇기 때문에 하나님은 그들이 알지 못하고 행하는 잘못된 행동들을 간과(看過)하십니다. 그러나 하나님은 이스라엘을 자기 백성으로 따로 세우셨습니다. 그리고 그들 가운데 오시고, 그들 가운데 거하셨습니다. 그가 자신의 임재를 나타낸 거룩한 장막이 그들 한가운데 세워졌으며, 거기에서 위대한 왕은 불과 구름으로 만들어진 자신의 깃발을 높이 올리셨습니다. 이와 같이 이스라엘을 자기 가까이 이끄신 하나님은 또한 그들을 특별한 규칙들 혹은 특별한 율법들 아래 놓으셨습니다. 그의 통치 영역의 변두리가 아니라 중심에 있는 자들로서 말입니다. 그들은 스스로를 정결하게 지킬 의무가 있었습니다. 왜냐하면 그들은 여호와 앞에서 그의 각종 기구(器具)들을 짊어진 제사장 나라였기 때문입니다. 그들은 영적으로 거룩해야 했습니다. 특별히 그들은 어린 시절에 외적인 정결함과 관련한 율법들로 말미암아 이것을 배워야 했습니다. 레위기에 제시된 율법들을 읽어 보십시오. 그리고 거기에서 그들이 얼마나 세심하게 부정함으로부터 스스로를 지켜야만 했는지 보십시오.

광야의 이스라엘 자녀들이 엄격한 규칙 아래 있었던 것처럼, 오늘날 하나님과 가까이 거하는 자들 역시도 마찬가지입니다. "우리 하나님은 소멸하는 불이심이라"(히 12:29). 지금 우리는 우리의 구원이나 혹은 칭의(稱義)에 대해서가 아니라 주의 다루심에 대해 말하고 있는 것입니다. 이러한 부분에서 우리는 주의 깊게 그와 함께 행하며, 한 걸음 한 걸음 조심스럽게 내디뎌야 합니다. 우리의 간절한 열망은 우리가 항상 그의 임재 앞에 담대하게 나아가며, 죄로 말미암아 우리의 기도가 외면당하지 않도록 행동하는 것입니다. 우리의 마음의 바람과 내적 열망은 우리가 아버지의 웃음을 잃어버리지 않는 것입니다. 만일 우리가 단 한 시간이라도 그와의 교제를 잃어버린다면, 우리는 "내가 어찌하면 하나님을 발견하고 그의 처소에 나아가랴"(욥 23:3)라고 부르짖게 될 것입니다. 왜냐하면 우리는 하나님과의 교제 안에 있을 때 행복하며, 강하며, 하늘에 대한 소망과 열망으로 가득하기 때문입니다. 하늘 아래 하나님과의 교제와 같은 기쁨은 어디에도 없습니다. 그것은 무엇과도 비교할 수 없으며, 어떤 필설로도 표현할 수 없는 기쁨입니다. 그러므로 단 한순간이라도 하나님의 임재를 잃을 때, 우리는 마치 짝을 잃은 비둘기처럼 계속해서 슬퍼하며 애통합니다. 우리의 마음과 육체는 살아 계신 하나님을 찾습니다. "내 영혼이 하나님 곧 살아 계시는 하나님을 갈망하나니 내가 어느 때에 나아가서 하나님의 얼굴을 뵈올까"(시 42:2).

사랑하는 자들이여, 오늘 아침 나는 죄를 의식함으로 인해 하나님과의 교제를 잃어버릴 때마다 어떻게 그것을 새롭게 회복할 수 있는지에 대해 이야기하고자 합니다. 만일 성령께서 은혜 가운데 우리를 조명(照明)하신다면, 우리는 어떻게 양심이 정결하게 지켜질 수 있으며 그럼으로써 마음이 하나님과 함께 거할 수 있는지 깨닫게 될 것입니다. 또 우리는 오늘 말씀을 통해 우리의 부정함이 어떤 방법으로 제거되는지 알게 될 것입니다. 하나님이 우리로 하여금 하나님과의 교제를 가로막는 부정함을 피할 수 있도록 은혜를 베푸시기를 기원합니다. 그리고 부정함을 제거하고 교제를 회복시키는 씻음을 구하도록 은혜를 베푸시기를 기원합니다. 오늘 나는 첫째로 "암송아지의 재를 부정한 자에게 뿌려"라는 표현 속에 나타나는 모형을 묘사하고자 합니다(13절). 그리고 둘째로 "하물며 영원하신 성령으로 말미암아 흠 없는 자기를 하나님께 드린 그리스도의 피가 어찌 너희 양심을 죽은 행실에서 깨끗하게 하고 살아 계신 하나님을 섬기게 하지 못하겠느냐"는 말씀으로 나타나는 원형을 설명하고자 합니다(14절).

### 1. 첫째로, 모형을 묘사해 보도록 합시다.

민수기 19장에서 우리는 붉은 암송아지의 모형과 관련한 자세한 이야기를 보게 됩니다. 민수기 19장을 펴고 한 절 한 절 주의 깊게 읽어 보십시오.

첫 번째로, 모형은 '죄로 말미암아 야기되는 더러움'을 상징하는 의식적(儀式的)인 부정함을 언급합니다. 이스라엘 백성들은 쉽게 스스로를 부정하게 만듦으로써 하나님의 성막에 올라가기에 합당하지 못하게 될 수 있었습니다. 거기에는 태어남과 관련한 부정함이 있었는가 하면, 또한 죽음과 관련한 부정함이 있었습니다. 또 음식과 관련한 부정함이 있었는가 하면, 또한 마시는 것과 관련한 부정함이 있었습니다. 또 의복과 관련한 부정함과, 집과 관련한 부정함이 있었습니다. 자신의 장막 안에 있든 혹은 장막 밖으로 나가든 부정함을 초래함이 없이 움직이기가 매우 힘들 정도로 규정들은 매우 세세하며 또한 모든 곳에 미쳤습니다. 그로 말미암아 그들은 여호와의 전에 들어가기에 부적합하게 되기가 아주 쉬웠습니다. 민수기 19장 16절에서 우리는 죽음과 관련하여 부정하게 되는 규례를 발견합니다. "누구든지 들에서 칼에 죽은 자나 시체나 사람의 뼈나 무덤을 만졌으면 이레 동안 부정하리니"(19:16). 여기를 보십시오. 죽음은 죄의 결과일 뿐만 아니라 또한 죄에 대한 특별한 상징입니다. 죽음과 마찬가지로, 죄는 사람 안에 있는 하나님의 형상을 흉하게 일그러뜨립니다. 죽음이 사람의 몸을 붙잡을 때, 그것은 아름다움과 힘과 위엄을 모두 파괴합니다. 그리고 사람의 형상으로부터 생명의 증표가 되는 신비로운 어떤 것을 빼앗습니다. 시체를 생각해 보십시오. 잠시 동안은 그런대로 위엄 있는 모습을 나타낼 수 있지만, 그러나 그것은 곧 흉하게 일그러집니다. 생명이 떠남으로 말미암아, 빠르면 수 시간 만에 혹은 길어야 수 일 안에 하나님의 형상은 완전히 사라지기 시작합니다. 부패와 벌레가 파괴의 일을 시작하며, 결국 혐오스러운 형상이 남습니다. 아브라함을 생각해 보십시오. 그가 자기 아내 사라를 얼마나 사랑했습니까! 그럼에도 불구하고 사라가 죽었을 때, 그는 곧바로 그녀의 시신을 매장함으로써 보이지 않게 했습니다. 자, 죽음이 "인간의 얼굴"에 무슨 일을 행하는지 생각해 보십시오! 이와 같이 죄는 우리 안에 있는 하나님의 영적 형상에다가 그와 같이 행합니다. 죄는 그것을 완전히 흉하게 일그러뜨립니다. 사람의 완전한 본성은 위대한 왕의 얼굴이 새겨진 하나님의 왕국의 동전입니다. 그러나 죄로 말미암아 그것은 흉하게 찌그러지고 일그러졌으며, 그것은 왕에게 큰 불명예입니다. 따라서 죄는 하나님에게 가장 가증한 것이며, 죽음은 죄를 상징하는 것으로서 가장 혐오스러운 것입니다.

죽음과 관련하여 부정하게 되는 것은 이스라엘 백성들에게 매우 흔한 일이었을 것입니다. 광야에서 뿐만 아니라 가나안에 들어간 이후에도 그들은 부모나 혹은 친구들의 죽음으로 인해 반복적으로 부정하게 되었을 것입니다. 들에서 땅을 파다가 시체를 건드렸다든지 혹은 무덤 위를 쟁기질 한다든지 혹은 우연히 시체를 발견했을 때, 그들은 즉시로 부정해졌습니다. 그러므로 부정하게 되는 것은 그들에게 얼마나 흔한 일이었겠습니까! 그러나 나의 형제들이여, 오늘날 세상에서 우리 양심이 더러워지는 것에 비하면 그들의 경우는 아무것도 아닐 것입니다. 왜냐하면 우리는 무수한 방법으로 범죄하며 그릇 행하기 때문입니다.

> "아, 광야에서 움막을 짓고 산다면,
> 내가 죄를 피할 수 있을까?"

그렇지만 이렇게 탄식하는 것은 무익한 일입니다. 설령 우리가 군중으로부터 피할 수 있다 하더라도, 그러나 죄로부터 피할 수는 없습니다. 이스라엘 백성들은 심지어 자신의 장막 안에서도 부정함과 마주칠 수 있었습니다. 죽음과 관련하여 부정하게 되는 이러한 규례들은 이스라엘 백성들을 둘러싸고 있었던 모든 경우들의 극히 일부였다는 사실을 기억하십시오. 그들을 부정하게 만드는 것은 이것보다 훨씬 더 많았습니다. 사람들은 심지어 잠자는 동안에도 부정해질 수 있었습니다. 부정하게 되는 율법은 그들의 가장 은밀한 장소까지 따라가며, 그들의 가장 무방비한 시간까지 둘러쌌습니다. 이와 같이 죄가 우리를 포위하고 있습니다. 마치 사람의 발꿈치를 무는 개처럼, 죄는 항상 우리와 함께 있습니다. 마치 우리의 그림자처럼, 그것은 우리가 어디로 가든 우리를 따릅니다. 그렇습니다. 해가 지고 그림자는 사라져도, 죄는 여전히 거기에 있습니다. 우리가 그 앞에서 어디로 도망치며, 그 권능으로부터 어디로 숨을 것입니까? 우리가 선을 행할 때에도 거기에 악이 함께 있습니다. 이것을 생각할 때, 우리는 얼마나 겸손해야 마땅합니까!

이스라엘 백성들은 심지어 선한 행동을 통해서조차 부정하게 되었습니다. 왜냐하면 시체를 매장하는 것은 선한 행동이었기 때문입니다. 만일 어떤 사람이 긍휼의 마음으로 가난한 자나 혹은 죽임을 당한 자나 혹은 들판에 노출되어 있는 시체의 뼈를 묻는 일을 도왔다면, 그는 칭찬받을 만한 행동을 했음에도 불구하고 부정하게 되었습니다. 아, 우리의 거룩한 행동 안에도 죄가 있다는 사실은 얼마나 두려운 일입니까! 사람은 결코 흠을 찾을 수 없는 순전한 도덕 속에도 하나님의 눈에는 흠이 보일 수 있습니다. 형제들이여, 죄는 우리의 경건을 더럽히고 우리의 믿음을 오염시킵니다. 심지어 기도할 때조차 우리는 우리의 기도를 용서해 달라고 간청할 필요가 있습니다. 우리의 믿음의 행동 안에도 어느 정도 불신앙이 있습니다. 왜냐하면 그것이 마땅히 그래야 하는 만큼 충분한 믿음이 아니기 때문입니다. 또 우리가 회개하며 흘리는 눈물 속에도 완고함의 모래가 있습니다. 또한 하늘을 향한 우리의 열망 속에도 어느 정도 육신적인 마음이 들어 있습니다. 우리 본성의 악은 우리가 행하는 모든 일에 들러붙습니다. 누가 부정한 것으로부터 정결한 것을 끌어낼 것입니까? 아무도 그렇게 할 수 없습니다. 어떤 방식으로든 부정하게 하는 것이 우리를 따를 것입니다. 우리는 한 번 예수의 피로 씻음을 받았으며, 우리는 하나님의 심판대 앞에서 정결합니다. 그럼에도 불구하고 먼지투성이의 세상에서 행하는 동안 우리는 계속해서 발을 씻을 필요가 있습니다. 이러한 씻음을 필요로 하지 않는 제자는 단 한 사람도 없습니다.

우리 주님은 베드로와 우리 모두에게 이렇게 말씀하십니다. "내가 너를 씻어 주지 아니하면 네가 나와 상관이 없느니라"(요 13:8).

시체를 만진 사람은 자신이 부정하게 될 뿐만 아니라 또한 다른 사람들을 부정하게 만드는 근원이 되었습니다. "부정한 자가 만진 것은 무엇이든지 부정할 것이며 그것을 만지는 자도 저녁까지 부정하리라"(민 19:22). 부정한 동안, 사람은 하나님께 예배하러 올라갈 수 없었으며 회중으로부터 끊어질 위험 가운데 있었습니다. 그 이유에 대하여 율법은 이렇게 말합니다. "사람이 부정하고도 자신을 정결하게 하지 아니하면 여호와의 성소를 더럽힘이니"(20절). 부정하여진 사람은 다른 사람을 부정하게 만들었습니다. 하나님과의 교제 밖에 있는 것은 다른 사람들에게 많은 해악을 퍼뜨리는 것이라는 사실을 우리는 결코 잊어서는 안 됩니다. 인색한 마음은 다른 사람들 안에서 똑같은 마음을 만들어 냅니다. 교만한 시선으로 다른 사람들을 바라볼 때, 우리는 필연적으로 그들 안에서 분개의 마음과 나쁜 감정을 일으키게 됩니다. 우리가 게으름 가운데 빠져 있을 때, 다른 사람이 우리의 모범을 따를 것입니다. 이와 같이 우리는 아무것도 하지 않으면서 다른 사람들에게 큰 해악을 끼칠 수 있습니다. 여러분이 자신의 달란트를 수건에 싸서 땅에 묻을 때, 여러분은 자기도 모르는 사이에 다른 사람들로 하여금 그와 같이 행하도록 은근히 조장하는 셈이 됩니다. 그렇다면 그 결과는 얼마나 두려운 것이 되겠습니까! 지금 내가 죄인들이 아니라 하나님의 성도들에게 말하고 있는 것이란 사실을 잊지 마십시오. 민수기 19장의 규례들이 이스라엘을 위한 것이었던 것처럼, 이러한 것들은 주의 영이 그 안에 거하는 자들을 위한 것입니다. 나의 영혼의 간절한 바람은 우리가 모든 면에서 하나님을 기쁘시게 하는 가운데 그와의 교제가 막히지 않게 되는 것입니다.

이러한 부정함은 사람으로 하여금 하나님께 예배하러 올라가는 것을 가로막았을 뿐만 아니라 또한 그를 하나님의 집에 거하도록 부름받은 거룩한 백성들로부터 분리시켰습니다. 그는 이를테면 파문(破門)을 당한 것이었습니다. 어쨌든 그는 어떤 제물도 가져올 수 없었으며, 회중 가운데 서서 장엄한 예배에 동참할 수도 없었습니다. 그는 부정했으며, 또 스스로를 그렇게 여겨야 했습니다. 아, 하나님의 자녀들이여, 우리는 어떠합니까? 우리의 양심과 관련한 한, 우리 역시도 너무나 자주 부정함 가운데 떨어집니다. 우리는 이교도들처럼 더럽지 않으며, 세상과 함께 정죄를 당하지 않습니다. 그러나 하나님의 자녀들로서 우리는 종종 범죄하며 그릇 행하는 것을 느낍니다. 우리의 양심이 우리를 고소합니다. 죄는 이미 우리로부터 제거되었지만, 여전히 그것은 우리 양심에 임합니다. 마치 아이가 행한 어떤 잘못이 그 아이를 슬프게 만드는 것처럼 말입니다. 이러한 부정함이 깨끗하게 되는 것은 양심으로부터이며, 우리의 모든 설교는 바로 여기에 초점이 모아집니다. 나는 지금 하나님 앞에서 죄를 실제적으로 제거하는 것에 대해 말하고 있는 것이 아닙니다. 다만 양심으로부터 부정함을 제거하고 그럼으로써 하나님과의 교제가 가능하게 되는 것에 대해 말하고 있는 것입니다. 다음과 같은 주의 말씀을 기억하십시오. "오직 너희 죄악이 너희와 너희 하나님 사이를 갈라 놓았고 너희 죄가 그의 얼굴을 가리어서 너희에게서 듣지 않으시게 함이니라"(사 59:2). 죄가 여러분의 양심 위에 있을 때, 여러분에게 하나님과의 교제를 제한하는 어떤 율법도 필요하지 않습니다. 왜냐하면 이미 여러분은 하나님께 나아갈 수 없게 되었기 때문입니다. 여러분은 하나님께 나아가기를 두려워하며 꺼리게 됩니다. 죄 사함의 피가 여러분의 영 안에서 화평을 말할 때까지, 여러분은 하나님께 가까이 나아갈 수 없습니다. 바울 사도는 이렇게 말합니다. "우리가 마음에 뿌림을 받아 악한 양심으로부터 벗어나고 몸은 맑은 물로 씻음을 받았으니 참 마음과 온전한 믿음으로 하나님께 나아가자"(히 10:22). 우리로 하여금 하나님께 나아갈 수 있도록 만들어 주는 것은 씻음입니다. 다시 정결하게 될 때까지, 우리는 움츠리며 두려워 떱니다. 씻음을 받을 때까지, 우리와 하나님 사이의 교제는 불가능합니다.

　　민수기 19장은 부정하게 되는 경우들에 대해서 뿐만 아니라 씻음에 대해서도 이야기합니다.

　　부정하게 되는 것이 아무리 자주 일어나는 일이었다 하더라도, 그러나 거기에는 항상 씻음이 준비되어 있었습니다. 백성들은 온전하여 흠이 없고 아직 멍에 메지 아니한 붉은 암송아지를 가져와야 했습니다(민 19:2). 붉은 암송아지를 가져와 잡는 것은 어느 한 사람이나 혹은 한 지파를 위한 것이 아니라 회중 전체를 위한 것이었습니다. 그것은 그들의 희생제물이 되었으며, 그들 모두를 위해 드려졌습니다. 그러나 그것은 희생제물로서 성소에서 드려지지 않고 진영(陣營) 밖에서 드려졌습니다. 또 그것은 거기에서 제사장이 보는 가운데 죽임을 당했으며, 제단 위에 있는 희생제물로서가 아니라 진 밖에서 소멸되어야 할 부정한 것으로서 불로 완전하게 태워졌습니다. 그것은 정규적인 희생제물이 아니었습니

다. 만일 정규적인 희생제물이었다면, 그것은 틀림없이 레위기에서 언급되었을
것입니다. 그것은 진리의 또 다른 측면을 제시하기 위한 별개의 규례였습니다.

다시 민수기 19장으로 돌아옵시다. 붉은 암송아지는 부정함을 입기 전에 죽
임을 당했습니다. 마치 우리 주 예수 그리스도가 오래 전의 죄를 위해 저주가 되
셨던 것처럼 말입니다. 여러분과 내가 부정한 일을 행하며 살기 전에 우리를 위
해 예비된 희생제물이 있었습니다. 양심의 평안을 위해, 우리는 이러한 희생제
물을 죄를 위한 대속물로서 바라보며 그러한 속죄의 결과를 깊이 생각해야만 합
니다. 양심에 자리 잡은 죄는 그것을 치료하는 치료제로서 구속자의 대속의 결
과를 필요로 합니다.

붉은 암송아지는 죽임을 당했습니다. 그 희생제물은 도살자의 도끼 아래 넘
어졌습니다. 그러고 나서 그것의 모든 것, 즉 가죽과 고기와 피와 똥 등 모든 것
이 취하여졌습니다. 그것의 어떤 흔적도 남겨지지 않아야 했으며, 그것은 모두
백향목과 우슬초와 홍색 실과 함께 불태워졌습니다(6절). 아마도 여기의 홍색
실은 암송아지의 피를 뿌릴 때 사용한 것으로 추측됩니다. 이와 같이 암송아지
전체가 진영 밖에서 완전하게 소멸(燒滅)되었습니다. 이와 같이 우리 주님은 그
안에 아무런 죄가 없음에도 불구하고 우리를 위해 죄가 되시고, 진영 밖에서 고
난을 당하셨습니다. 그는 심지어 하나님으로부터 버림을 당하는 것을 느끼면서
"나의 하나님 나의 하나님 어찌하여 나를 버리셨나이까?"라고 외치기까지 했습
니다. 아, 우리 주님이 우리 자리에 서서 인간들의 죄를 담당하신 대가(代價)는
얼마나 큰 것이었습니까!

그러고 난 연후에 재를 거두어 진영 밖 정한 장소에 두어야 했습니다(9절).
모든 사람들이 재를 둔 곳을 알았으며, 부정함을 입을 때마다 그들은 이곳으로
와서 재를 조금 취했습니다. 재가 거의 떨어지면, 그들은 또 다른 붉은 암송아지
를 가져와 같은 일을 행했습니다. 그리하여 부정함을 입은 자들이 언제든지 정
결하게 될 수 있도록 했습니다.

그러나 백성들은 이러한 붉은 암송아지의 재를 개인적인 용도로 사용하기
위해 스스로 취하지 않았습니다. 어떤 사람이 부정함을 입었다고 가정해 봅시
다. 그러면 그는 정한 사람을 데려다가 자기를 위하여 약간의 재를 취하게 하고,
그것을 흐르는 물과 함께 대접에 담았습니다. 그러고 나서 정한 자로 하여금 이
러한 정결하게 하는 물을 자신과 자신의 장막과 그 안에 있는 모든 기구들에 뿌

리게 했습니다. 이러한 뿌림으로 말미암아 일곱째 날 끝에 부정해진 사람은 정결하게 되었습니다. 그가 부정함으로부터 정결하게 됨에 있어 이것 외에 다른 방법은 없었습니다. 그리고 이것은 우리에게도 마찬가지입니다. 오늘날 성령의 거룩한 생수는 우리 주님의 대속의 결과를 취해야 합니다. 그리고 이것이 우리의 양심에 적용되어야 합니다. 불태워지고 남은 그리스도의 재가 하나님의 성령을 통해 우리 위에 뿌려져야 합니다. 그럴 때 우리 양심이 정결하게 되며, 이것 외에 다른 방법은 없습니다. 모형에서와 마찬가지로, 우리는 이러한 방법을 통해 두 단계로 정결하게 됩니다. 우리 주님은 제삼일에 다시 살아나셨습니다. 주님의 부활로 말미암아 "셋째 날의 의롭다하심"(the third day justification)을 받은 자들은 복이 있습니다. 이렇게 하여 양심으로부터 죄가 제거됩니다. 그러나 우리가 육체 가운데 여기에 있는 동안, 내부의 죄로 인해 평안을 누리지 못한 채 어느 정도 두려워 떠는 것은 항상 있을 것입니다. 하나님을 송축할지니, 씻음을 완전하게 할 "일곱째 날의 정결하게 하심"(seventh-day purification)이 임할 것입니다. 영원한 안식일이 밝아올 때, 마지막 뿌림이 있을 것입니다. 그리고 우리는 완전하게 정결함을 입고, 하나님의 백성들을 위해 남아 있는 안식으로 들어갈 것입니다. 우리는 마침내 하나님 앞에 흠이나 주름 잡힌 것이 없이 나아갈 것이며, 전혀 범죄하지 않은 것처럼 그와 더불어 교제하게 될 것입니다. 그리고 우리는 지극히 큰 기쁨과 함께 그의 임재 앞에 아무런 허물도 없는 자로서 드려지게 될 것입니다. 지금까지 우리는 모형과 관련하여 이야기했습니다.

### 2. 둘째로, 이제 위대한 원형(原形)을 살펴보도록 합시다.

"하물며 영원하신 성령으로 말미암아 흠 없는 자기를 하나님께 드린 그리스도의 피가 어찌 너희 양심을 죽은 행실에서 깨끗하게 하고 살아 계신 하나님을 섬기게 하지 못하겠느냐"(14절). 모형이 정결하게 할 수 있었다면, 하물며 원형은 얼마나 더 그렇겠습니까? 여기에서 사도는 "하물며"로 시작하는 의문문을 사용하여 우리로 하여금 스스로 판단해 보라고 도전합니다. 우리는 그리스도의 피가 얼마나 더 큰 능력을 가지고 있는지 차마 필설로 다 표현할 수 없습니다. 왜냐하면 염소와 황소의 피와 그리스도의 피 사이에는 비교할 수 없는 무한한 차이가 있기 때문입니다. 또 붉은 암송아지의 재와 주 예수의 영원한 공로 사이의 차이 역시 무한합니다. 이제 우리 주님의 무한한 속죄의 능력과 관련하여 몇 가지 중요한 사실들을 살펴보도록 합시다.

첫째로, 모형과 비교하여 우리의 부정함이 훨씬 더 크다는 사실을 주목하십시오. 왜냐하면 본문이 언급하는 우리의 부정함은 양심과 관련한 것이기 때문입니다. 어쩔 수 없이 시체를 만지거나 혹은 우연히 뼈 한 조각을 건드린 어떤 이스라엘 백성을 상상해 보십시오. 나는 그가 양심에 아무런 거리낌도 느끼지 않았을 것이라고 믿습니다. 왜냐하면 그 안에는 죄가 없었기 때문입니다. 그는 단지 의식적(儀式的)으로 부정해졌을 뿐이며, 그것이 전부였습니다. 그는 단지 의식적으로만 결함이 있었을 뿐이었습니다. 반면 그의 양심에는 아무것도 없었습니다. 만일 그의 양심에 특별한 것이 있었다면, 염소와 황소의 피가 그를 도울 수 없었을 것입니다. 사랑하는 자들이여, 여러분과 나는 때로 주님의 명령을 올바로 행하지 않음으로 인해 양심이 더럽혀지고 애통하게 되는 것이 무엇인지 압니다. 경건하지 않은 사람들은 이와 같이 슬퍼하지 않습니다. 그들의 양심이 이따금 그들을 참소하지만, 그러나 그들은 그러한 참소에 귀를 기울이지 않습니다. 그리고 그럼으로써 자신들이 하나님께 가까이 나아가기에 전적으로 무능력한 자라는 사실을 느끼지 못합니다. 때로 무릎을 꿇고 기도와 찬미의 제물을 드리는 모양을 취하기도 하지만, 그러나 그들의 양심은 여전히 죄로 얼룩져 있으며 그들은 하나님께 대하여 여전히 반역과 불화와 단절 가운데 있습니다. 만일 여러분과 내가 정말로 하나님의 백성이라면, 우리는 결코 그렇게 할 수 없습니다. 우리의 양심 위에 있는 죄책은 우리에게 두려운 것입니다. 범죄한 양심을 내리치는 불타는 채찍과 비교할 수 있는 것은 아무것도 없습니다. 어떤 육체의 고통도 이것보다 더 고통스럽지 않습니다. 우리는 지옥과 관련하여 중세 시대 사람들이 묘사한 두려운 모양을 한 형상들을 봅니다. 물론 그것은 단지 형상일 뿐이지만, 그러나 범죄한 양심의 괴로움을 느낀 사람들은 그것이 결코 과장만은 아니라는 사실을 깨달을 것입니다. 스스로에 대해 죄책을 느끼는 것은 두려운 일입니다. 지금 여러분이 잘못된 상태에 있다고 가정해 봅시다. 여러분이 선하면 선할수록, 그러한 상태에서 여러분은 더 큰 괴로움을 느낄 것입니다. 여기에 자신의 죄가 하나님 앞에 이미 사해졌음을 확신하는 참으로 거듭난 사람들에게 묻습니다. 여러분은 아무런 괴로움 없이 잘못된 일을 행할 수 있습니까? 여러분이 잘못된 일을 행하고 그것을 의식할 때마다, 설령 하나님의 사랑을 의심하지 않는다 하더라도 여러분은 모든 뼈가 부러지는 것 같은 고통을 느끼지 않습니까? 여러분이 더 선한 사람일수록, 여러분의 영의 두려움은 더 크고 강렬할 것입니다. 이와 같이 양심으로부터 죄책을 제거하는 것은 단지 의식적(儀式的)인 부정함을 제거하는 것보다 훨씬 더 크고 중요한 일입니다.

형제들이여, 우리의 양심 위에 있는 죄책은 우리로 하여금 하나님께 가까이 나아가는 것을 가로막는 가장 효과적인 장애물입니다. 하나님은 자기 백성들에게 자기에게 가까이 나아오도록 명하십니다. 하나님과 그의 백성들 사이에는 가까이 나아갈 수 있는 열린 길이 있습니다. 그러나 죄를 의식하는 동안 여러분은 그러한 길을 사용할 수 없습니다. 우리는 죄인으로서 사죄의 은총을 구하며 하나님께 나아갈 수 있습니다. 그러나 우리와 하나님 사이에 어떤 불화가 있는 동안, 우리는 사랑하는 자녀로서 그분 앞에 나아갈 수 없습니다. 우리는 정결해야만 합니다. 그렇지 않으면 우리 하나님께 나아갈 수 없습니다. 제사장들이 여호와께 분향하기 전에 어떻게 놋대야에서 자신들의 발을 씻었는지 보십시오. 고백하지 않고 용서받지 않은 어떤 죄가 있음을 의식하는 동안, 우리는 하나님과 더불어 교제할 수 없습니다. "너희는 하나님과 화해하라"는 죄인들뿐만 아니라 성도들을 위한 표어입니다. 그리스도인은 하나님에게 반역을 행할 수 있을 뿐만 아니라 또한 그와 더불어 불화할 수도 있습니다. 우리는 하나님께 대하여 온전한 마음을 가져야만 합니다. 그렇지 않으면 그와의 교제는 불가능합니다. 그러므로 우리의 양심은 깨끗해야만 합니다.

부정한 자 역시도 성막에 올라갈 수 있었습니다. 만일 그것을 금하는 율법이 없었다면 말입니다. 그리고 그는 의식적(儀式的)인 무자격(無資格)에도 불구하고 영으로 하나님께 예배할 수 있었습니다. 의식적인 부정함은 그 자체로 장애물이 아니었습니다. 상징적인 의미를 제외하고 말입니다. 그러나 양심 위에 있는 죄는 하나님과 영혼을 가로막는 자연적인 장벽입니다. 여러분은 양심이 편안하게 될 때까지는 결코 사랑의 교제 안으로 들어갈 수 없습니다. 그러므로 여러분에게 권하노니 평안을 위해 즉시 예수께 달려가십시오.

사랑하는 자들이여, 만일 우리 양심이 좀 더 충분하게 계발된다면, 우리는 우리의 부정함을 좀 더 자주 그리고 좀 더 강렬하게 의식할 것입니다. 구약의 신실한 백성들이 자신들의 의식적(儀式的)인 부정함을 그와 같이 의식했던 것처럼 말입니다. 육체의 완전함에 대해 떠벌리는 것은 율법과 자아에 대한 무지(無知)의 소치입니다. 생각과 말과 행동에 있어 죄로부터 자유롭다고 떠벌리는 사람은 불행하게도 자기기만(自己欺瞞)에 미혹된 희생물입니다. 이러한 자랑은 하나님의 교회로부터 빨리 청소되면 될수록 더 좋습니다. 하나님의 참된 백성들은 자기 안에 "스스로 죄 없다고 말하도록 이끄는 교만과 거짓의 영"이 아니라, "죄를 깨닫게 하는 진리의 영"을 가지고 있습니다. 참된 성도들은 회개와 속죄의 피에 대한 변치 않는 믿음 안에 거합니다. 그리고 그들은 "하나님이여 나는 다른 사람들 곧 토색, 불의, 간음을 하는 자들과 같지 아니하고 이 세리와도 같지 아니함을 감사하나이다"라고 말했던 바리새인처럼 감히 스스로를 높이려고 하지 않습니다(눅 18:11). "선을 행하고 전혀 죄를 범하지 아니하는 의인은 세상에 없기 때문이로다"(전 7:20). 사랑하는 자들이여, 내 자신의 경험에 따를 때, 우리는 이 오염된 세상에서 살며 그 안에서 오르내리는 동안 계속해서 부정해집니다. 걸려넘어지는 위험 없이 거리를 걸을 수 없는 것처럼, 우리는 어디에서든 죄에 떨어질 가능성을 가지고 있습니다. 우리가 몸 안에 있는 동안 그리고 죄로 가득한 세상 안에 있는 동안, 어떤 형태로든 우리가 죄와 더불어 접촉하는 것은 전적으로 불가피해 보입니다. 죄와 접촉하는 바로 그것이 부정함입니다. 우리 주님은 죄인들 가운데 살면서도 부정해지지 않을 수 있었는데, 그것은 그의 마음에 악한 것이 없었기 때문입니다. 그러나 우리의 경우 외부의 죄가 내부의 죄성(罪性)을 깨움으로써 결국 부정하게 만듭니다. 대부분의 경우 의지가 유혹을 산출합니다. 의지가 산출하지 않을 때, 생각이나 감정이 배반자의 역할을 떠맡으며 그렇게 하여 영혼을 배반합니다. 설령 악에 떨어지지 않겠다고 결심하는 것이 따른다 할지라도, 악을 생각하는 것 자체가 죄입니다. 죄는 우리 영혼의 감광판을 그냥 지나치지 않습니다. 그것은 매일의 카메라에 그대로 찍힙니다. 설령 우리 자신은 그것을 보지 못한다 할지라도, 하나님은 그 흔적과 얼룩을 보십니다. 우리의 동료들 역시 우리가 부정하게 되는 두려운 근원입니다. 우리는 민수기 19장에서 시체를 만진 자는 이레 동안 부정하게 된다는 이야기를 읽었습니다(16절). 또 레위기 11장 24절을 읽어 보십시오. 거기에서 여러분은 부정한 동물의 시체를 만진 자는 저녁까지 부정하게 된다는 말씀을 보게 될 것입니다. 이와 같이 죽은 사람은 죽은 동물보다 사람을 일곱 배 더 부정하게 만들었습니다. 바로 이것이 거듭나지 않은 타락한 사람에 대한 하나님의 평가입니다. 그리고 이것은 매우 정당합니다. 왜냐하면 악한 사람은 동물이 결코 할 수 없는 많은 일들을 행하기 때문입니다. 경건하지 않은 모든 사람이 우리를 부정하게 만듭니다. 그리고 이것으로 끝이 아닙니다. 진실은 더 넓고 광대합니다. 여러분이 어떤 사람을 선택하든 나는 개의치 않습니다. 깊이 생각하고 선택해 보십시오. 설령 여러분이 가장 거룩한 사람들과 교제한다 할지라도, 어떤 형태로든 그들이 여러분에게 죄의 근원이 될 것입니다. 그들과 관련하여 그리고 심지어 그들의 거룩함과 관련하여 여러분으로 하여금 그들을 우상화하거나 혹은 그들을 시기하거나 혹은 이런저런 방법으로 여러분을 죄로 이끄는 무엇인가가 있을 것입니다. 여러분이 부정한 입술을 가지고 있든지 혹은 여러분이 부정한 입술을 가진 사람들 가운데 거하든지, 여러분은 부정함으로부터 완전히 자유로울 수 없습니다. 따라서 여러분은 항상 우리 주님이 예비하시고 계시하신 씻음의 방법을 사용할 필요가 있습니다.

모형에서 최소한의 접촉조차도 사람을 부정하게 만들기에 충분했다는 사실을 상기해 보십시오. 이스라엘 백성들은 단지 한 조각의 뼈와 접촉한 것만으로도 부정하게 되었습니다. 또 그들은 무덤 위에서 걷기만 해도 부정하게 되었습니다. 나의 형제들이여, 여러분은 어느 정도 더러운 얼룩이 들러붙을 위험 없이 신문에서 범죄 기사를 읽을 수 없습니다. 또 여러분은 여러분의 존재가 어느 정도 오염될 위험 없이 다른 사람의 죄를 볼 수 없습니다. 죄는 너무나 교활하며 관통하는 성격을 가지고 있어, 우리가 그것을 인식하기 오래 전에 그것이 우리의 빛을 흐리게 하고 우리의 영을 좀먹습니다. 정결하며 거룩하신 하나님만이 더러워지지 않습니다. 그러나 그의 가장 선한 성도들조차도 그의 임재 앞에 얼굴을 가리고 "부정하다, 부정하다!"라고 소리칠 필요가 있습니다.

옛 율법 아래서, 사람들은 율법을 알지 못할 때 쉽게 부정해질 수 있었습니다. 사람은 뼈를 만지고도 그것을 인식하지 못할 수 있었지만, 그러나 율법의 공의는 조금도 흔들리지 않았습니다. 그는 무덤을 밟고 지나가면서 그것을 깨닫지 못할 수 있었지만, 그럼에도 불구하고 그는 부정해졌습니다. 스스로 정결하다고 생각하는 우리의 교만한 의식은 우리 양심의 어리석음으로부터 말미암습니다. 만일 우리 양심이 좀 더 민감하며 부드럽다면, 모든 것이 정결하다고 우리가 스스로 자축하고 있을 때 양심은 죄를 인식할 것입니다. 나의 형제들이여, 이러한 사실을 생각할 때 우리는 스스로를 겸비하게 할 수밖에 없습니다. 그렇지만 겸손하면 겸손할수록, 그것은 우리에게 더 낫고 안전합니다. 그리고 그럴수록 우리는 우리를 하나님께 가까이 나아갈 수 있게 해주는 속죄를 더욱더 귀하게 여길 수 있게 될 것입니다.

이와 같이 양심의 더러움을 제거하는 것은 단순히 의식적(儀式的)인 부정함을 제거하는 것보다 훨씬 더 크고 위대한 일입니다.

둘째로, 모형과 비교하여 우리의 희생제물 역시 훨씬 더 큰 것을 주목하십시오. 나는 이에 대해 지나치게 상세하게 이야기함으로써 여러분을 지루하게 만들고 싶지 않습니다. 그렇지만 붉은 암송아지를 잡을 때, 그 피가 성소를 향해 일곱 번 뿌려진 것을 기억하십시오. 이와 같이 우리가 양심의 평안을 발견한 속죄의 경우에도, 거기에 피가 있습니다. 왜냐하면 "피 흘림이 없은즉 사함이 없기" 때문입니다(히 9:22). 이것은 하나님의 나라의 확고한 원칙입니다. 양심은 피의 신비를 이해할 때까지 결코 평안을 얻지 못할 것입니다. 우리는 단순한 그리스도의 고난을 필요로 하지 않습니다. 우리가 필요로 하는 것은 그리스도의 죽음입니다. 그의 피 흘림으로 나타나는 죽음 말입니다. 대속물은 죽어야만 합니다. 죽음은 우리의 숙명이었으며, 그리스도는 우리의 죽음을 대신하여 자신의 죽음을 영원한 하나님께 드렸습니다. 양심이 죽은 행실로부터 깨끗하게 되는 것은 우리 주님의 대속의 죽음을 의식함으로 말미암습니다.

나아가 붉은 암송아지 자체가 드려졌습니다. 피가 제사장의 손에 의해 성막에 뿌려진 후, 희생제물 자체가 완전하게 불태워졌습니다. 자, 본문을 읽어 보십시오. "영원하신 성령으로 말미암아 흠 없는 자기를 하나님께 드린 그리스도의 피." 우리 주 예수 그리스도는 우리의 대속의 희생제물이 되기 위해 단순히 그의 죽음만을 드린 것이 아니라 그의 인격 전체와 그에 속한 모든 것을 드렸습니다. 그는 우리의 자리에서 자기 자신과 자신의 인격과 자신의 영광과 자신의 거룩함과 자신의 생명과 자신의 자아를 드렸습니다. 형제들이여, 만일 가련한 암송아지가 제물로 드려지고 불태워짐으로써 부정한 사람을 정결하게 만들었다면, 하물며 우리는 예수로 말미암아 얼마나 더 정결하게 되겠습니까? 왜냐하면 그는 "그 안에 신성(神性)의 충만이 육체로 거하는" 자기 자신과 자신의 영광스러운 자아를 드렸기 때문입니다.

나아가 본문은 우리 주님이 흠 없는 자신을 드린 것이 "영원하신 성령으로 말미암은" 것이었다고 덧붙입니다. 암송아지는 영적인 제물이 아니라 육적인 제물이었습니다. 암송아지는 무슨 일이 행해지는지 아무것도 알지 못했습니다. 그것은 자발적인 희생제물이 아니었습니다. 그러나 예수 그리스도는 성령의 감화력 아래 있었습니다. 그에게 성령이 물 붓듯이 부어졌으며, 그는 성령으로 말미암아 행하며 죄를 위해 스스로를 희생제물로 드렸습니다. 이와 같은 자발성으로 말미암아 그의 죽음의 효력이 크게 증가되었습니다. 다시 말해서, 영원한 영이 우리 주 예수 그리스도의 인성(人性)과 연결되었으며, 그는 성령으로 말미암아 자신을 하나님께 드렸습니다. 그는 사람일 뿐만 아니라 또한 하나님이었으며, 그러한 그의 영원한 신성(神性)이 그의 고난에 무한한 가치를 부여했습니다. 그리하여 그는 그의 영원한 능력과 신성의 활력 안에서 전체적인 그리스도로서 스스로를 드렸습니다. 아, 골고다의 희생제물은 얼마나 놀라운 것입니까! 여러분이 구원받은 것은 사람이신 그리스도의 피로 말미암은 것입니다. 또 "하나님이 자기 피로 사신 교회"라고 기록된 말씀을 생각해 보십시오(행 20:28). 하나님이면서 동시에 사람인 자가 스스로를 우리를 위한 희생제물로 드렸습니다. 이와 같이 실체의 희생제물은 모형의 희생제물보다 얼마나 더 크고 위대합니까! 그것이 우리의 양심을 가장 효과적으로 정결하게 하지 않겠습니까?

또 그들은 암송아지를 불태운 후에 그 재를 거두었습니다. 불태워질 수 있는 것은 모두 불태워졌습니다. 우리 주님은 죄를 위한 희생제물이 되셨습니다. 그러면 그로부터 무엇이 남습니까? 그로부터 여전히 남아 있는 것은 약간의 재가 아니라, 그리스도 전체입니다. 그는 더 이상 죽지 않고 영원히 거합니다. 그는 아무런 해도 입지 않고 불을 통과했으며, 이제 그는 항상 살아 계셔서 우리를 위해 간구하십니다. 우리가 깨끗하게 되는 것은 그의 영원한 공로를 적용함으로 말미암습니다. 그의 영원한 공로는 붉은 암송아지의 재보다 상상할 수 없이 더 크고 위대하지 않습니까?

나의 형제들이여, 나는 여러분이 잠시 동안 우리 주님 자신이 흠이 없고 정결하며 완전했다는 사실을 떠올려 보기를 바랍니다. 그럼에도 불구하고 하나님은 그를 우리를 위해 죄로 삼으셨습니다. 죄를 알지도 못한 자임에도 불구하고 말입니다. 자, 다음과 같이 속삭여 보십시오. "그가 우리를 위해 저주가 되셨도다." 그렇습니다. 그것은 저주였습니다. "나무에 달린 자마다 저주 아래 있는 자라"라고 기록된 것처럼 말입니다(갈 3:13). 붉은 암송아지는 흠도 없고 멍에를 멘 적이 없음에도 불구하고 부정한 것으로 간주되었습니다. 그것을 진 밖으로 끌어내십시오. 그것은 결코 살아서는 안 됩니다. 그것을 죽이십시오. 그것은 부정한 것입니다. 즉시 그것을 불태우십시오. 왜냐하면 하나님이 그것을 결코 받아들일 수 없기 때문입니다. 하나님의 복되신 아들이 말할 수 없는 사랑의 상상할 수 없

는 낮추심으로 죄인의 자리를 취하시고 범죄자로 헤아림을 입은 것을 보고 놀라
십시오. 그는 죽어야만 합니다. 그를 십자가에 다십시오. 그는 사람들에게 버림
을 당하고, 심지어 하나님에게도 버림을 당해야만 합니다. "여호와께서 그에게
상함을 받게 하시기를 원하사 질고를 당하게 하셨은즉 그의 영혼을 속건제물로
드리기에 이르면"(사 53:10). "우리는 다 양 같아서 그릇 행하여 각기 제 길로 갔
거늘 여호와께서는 우리 모두의 죄악을 그에게 담당시키셨도다"(6절). 우리 주
님에게 형벌뿐만 아니라 죄 자체까지 온전히 얹혀졌습니다. 우리 세대의 지혜로
운 자들은 죄가 무죄한 사람에게 합법적으로 전가되는 것은 불가능하다고 말합
니다. 바로 이것이 철학자들이 말하는 바입니다. 그러나 하나님은 그 일이 행해
졌다고 선언하십니다. "하나님이 죄를 알지도 못하신 이를 우리를 대신하여 죄
로 삼으신 것은"(고후 5:21). 그러므로 그것은 가능했습니다. 그렇습니다. 그 일
이 행해졌습니다. 다 이루어졌습니다. 그러므로 그 희생제물은 훨씬 더 크며, 우
리는 기쁨으로 이렇게 외칠 수 있습니다. "하물며 영원하신 성령으로 말미암아
흠 없는 자기를 하나님께 드린 그리스도의 피가 어찌 너희 양심을 죽은 행실에
서 깨끗하게 하고 살아 계신 하나님을 섬기게 하지 못하겠느냐?"

셋째로, 모형과 비교하여 우리의 씻음 역시 훨씬 더 크다는 사실을 주목하십시오.
그리스도의 피의 정결하게 하는 능력은 붉은 암송아지의 재를 탄 물의 정결하게
하는 능력보다 훨씬 더 커야만 합니다. 왜냐하면 무엇보다도 그리스도의 피는
죄로부터 양심을 깨끗하게 할 수 있지만, 붉은 암송아지의 재를 탄 물은 그렇게
할 수 없었기 때문입니다. 오늘 아침 나는 교리에 대한 이야기가 아니라 실제적
인 이야기를 하고자 합니다. 여러분은 그리스도의 속죄가 성령으로 말미암아 여
러분의 양심에 적용되는 것을 느껴본 적이 있습니까? 그러면 여러분의 마음은
마치 한밤중의 어둠이 한낮의 광채로 빛나는 것처럼 그렇게 갑작스럽고 영광스
럽게 변화될 것입니다. 나는 그리스도의 속죄의 효과가 처음 나의 영혼 위에 임
한 때를 똑똑히 기억합니다. 그것은 나의 모든 결박을 끊고, 나의 마음을 기쁨으
로 춤추게 만들었습니다. 그렇지만 그 이후에도 나는 종종 잘못된 일을 행하며
그릇된 자리에 떨어지곤 했습니다. 그럴 때마다 나는 그러한 잘못이 어쩔 수 없
는 일이었으며 또 그렇게 하지 않을 수 없는 특별한 사정이 있었음을 변론하려
고 했습니다. 그렇지만 나는 그런 방식으로 나의 양심을 평온하게 만드는 일에
결코 성공하지 못했습니다. 그러나 주님 앞에 나아와 다음과 같이 부르짖을 때,

나는 곧 안식을 얻습니다. "하나님이여, 설령 내가 당신의 사랑하는 자녀라 할지라도, 나는 이러한 죄로 인하여 부정하여졌나이다. 다시 한 번 나의 주님의 속죄의 희생제사의 공로를 적용하여 주소서. '만일 누가 죄를 범하여도 아버지 앞에서 우리에게 대언자가 있으니 곧 의로우신 예수 그리스도시라'라고 말씀하지 않으셨나이까? 아버지여, 아들의 간구를 들으시고 나의 죄를 사하소서." 나의 형제들이여, 이렇게 하여 오는 평안은 너무도 달콤합니다. 여러분은 이러한 평안이 없는 상태로 하나님 앞에 합당하게 기도할 수 없습니다. 또 여러분은 이러한 평안이 없는 상태로 하나님께 진정으로 감사할 수 없습니다. 왜냐하면 죄를 의식하는 상태로 하나님 앞에 계속적으로 나아갈 수 있는 것은 두려운 일이기 때문입니다. 만일 자기 아버지가 진노하고 있음에도 불구하고 행복할 수 있는 아이가 있다면, 그는 나쁜 아이일 것입니다. 참된 자녀는 죄 사함을 받을 때까지는 아무것도 할 수 없습니다.

　부정한 사람에게 붉은 암송아지의 재를 뿌리는 것은 그 효과와 관련하여 쉽게 이해될 수 있는 것이 아니었습니다. 여기에 명확한 인과관계는 존재하지 않습니다. 어떤 일로 인해 부정하여짐으로써 이와 같은 암송아지의 재를 탄 물로 뿌림을 받은 어떤 이스라엘 백성을 상상해 보십시오. 이제 그는 하나님의 전에 올라갈 수 있게 되었습니다. 그렇지만 그가 그러한 변화의 이유를 알았을까요? 그는 이렇게 말했을 것입니다. "나는 암송아지의 재를 탄 물로 뿌림을 받음으로써 정결하여졌어. 그렇지만 나는 하나님이 그렇게 정하셨다는 것 외에 어떻게 그것이 나를 정결하게 만들었는지 알지 못해." 형제들이여, 여러분과 나는 하나님이 어떻게 우리를 정결하게 만드셨는지 압니다. 왜냐하면 우리는 그리스도가 우리를 대신하여 고난을 당하셨음을 알기 때문입니다. 대속(代贖)이 그 비밀을 설명합니다. 그러므로 그것은 설명될 수 없는 외적인 의식(儀式)보다 양심에 훨씬 더 큰 효과를 가져다줍니다. 양심은 도덕적인 문제들 위에서 역사(役事)하는 이해력입니다. 모든 것이 올바르다고 느낄 때, 그것은 즉시로 양심에 평안을 가져다줍니다.

　마지막으로 한 가지만 더 이야기하고자 합니다. 그것은 붉은 암송아지의 재가 진영 전체를 위한 것이었던 것처럼, 그리스도의 공로 역시 그의 모든 백성들을 위한 것이라는 사실입니다. 구약의 이스라엘 백성들이 언제든지 붉은 암송아지의 재를 사용할 수 있었던 것처럼, 여러분 역시도 항상 그리스도의 보배로운 속죄의 정결하게 하는 능력에 참여할 수 있습니다. 단순히 붉은 암송아지의 재를 탄 물을 뿌리는 것만으로 부정한 자들이 정결하게 되었던 것처럼, 설령 여러분의 믿음이 작고 또 여러분이 그리스도 앞에 아주 작은 존재처럼 느껴진다 하더라도 여러분 역시도 그리스도 앞에 나아와 씻음을 받고 정결하게 될 수 있습니다. 형제들이여, 주 하나님은 그의 무한하신 긍휼 가운데 여러분으로 하여금 여러분 안에서 평안으로 역사(役事)하는 위대한 속죄제물의 능력을 알게 하십니다. 그것도 삼일 후나 혹은 칠일 후가 아니라 즉시로 말입니다. 그리고 그러한 평안은 일시적인 평안이 아니라 영원한 평안입니다.

나는 이 시간 여러분에게 수수께끼 하나를 설명해야만 합니다. 유대 전승에 따를 때, 솔로몬은 어째서 붉은 암송아지의 재가 이미 부정한 사람들을 제외하고 모든 사람들을 부정하게 만드는지 깨닫지 못하노라고 선언했다고 합니다. 민수기 19장을 읽으면서 여러분은 붉은 암송아지를 잡은 제사장과 그 재를 거둔 사람과 그 재를 물에 타 사람들에게 뿌린 사람이 모두 부정하게 되었음을 보았습니다. 그럼에도 불구하고 그 재는 부정한 사람들을 정결하게 했습니다! 이것은 놋뱀의 수수께끼와 비슷하지 않습니까? 사람들이 물려 죽게 된 것은 뱀으로 말미암은 것이었습니다. 또 그들이 치유된 것은 놋뱀으로 말미암은 것이었습니다. 그리스도께서 부정한 자로 간주되심으로써, 우리가 정결하게 되었습니다. 그의 희생제물의 효력은 붉은 암송아지의 재의 그것과 같습니다. 왜냐하면 암송아지의 재는 부정함을 드러내면서 동시에 그것을 제거하기 때문입니다. 만일 여러분이 정결하면서 그리스도의 죽음을 생각한다면, 그것이 여러분에게 무슨 죄의식을 가져다줄 것입니까? 여러분은 속죄로 말미암아 죄에 대하여 판단합니다. 만일 여러분이 부정하다면, 그리스도께 가까이 나아가십시오. 그것이 여러분의 죄를 제거할 것입니다.

> "이처럼 그의 죽음이 나의 죄를 나타내도다.
> 나의 모든 거무칙칙한 색깔의 죄들을.
> 이것이 은혜의 비밀이라.
> 그것이 또한 나의 죄 사함을 인치도다."

만일 우리가 부정하다고 생각한다면, 속죄의 피를 바라보십시오. 그것이 또한 우리로 하여금 우리가 얼마나 부정한지 보도록 만듭니다. 또 만일 우리가 스스로에 대해 부정하다고 판단한다면, 그러한 속죄의 피를 적용하십시오. 그것이 우리 양심에 평안을 가져다줄 것입니다.

자, 이 모든 것은 무엇에 대한 것입니까? 여기의 죽임당한 붉은 암송아지는 무엇을 위한 것입니까? 그것의 목적은 훨씬 더 높은 섬김입니다. 그것은 우리가 살아 계신 하나님을 섬기기 위해 죽은 행실로부터 깨끗하게 될 수 있다는 것입니다. 하나님은 여러분을 용서하십니다. 여러분은 정결하며, 그것을 느낍니다. 그러면 무엇입니까? 여러분은 미래를 위해 죽은 행실을 미워하지 않을 것입니까? 죄는 죽음입니다. 그것으로부터 스스로를 지키도록 힘쓰십시오. 만일 여러분이 죄의 멍에로부터 구원받았다면, 가서 하나님을 섬기십시오. 만일 하나님이 살아 계신 하나님이며 죽음을 미워하시며 죽음을 부정한 것으로 여기신다면, 살아 있는 것들을 취하십시오. 하나님께 살아 있는 기도와 살아 있는 눈물을 드리십시오. 살아 있는 사랑으로 그를 사랑하십시오. 살아 있는 믿음으로 그를 믿으십시오. 살아 있는 순종으로 그를 섬기십시오.

그의 생명으로 모든 것을 살아 있는 것으로 만드십시오. 생명을 얻되, 더 풍성하게 얻으십시오. 하나님은 죽음의 부정한 것으로부터 여러분을 정결하게 하셨습니다. 그러므로 이제 신적 생명의 영광과 아름다움과 탁월함 가운데 사십시오. 그리고 하나님과의 충만한 교제 가운데 거할 수 있도록 생명력으로 충만하게 해 달라고 성령께 기도하십시오. 만일 어떤 부정한 사람이 정결하게 되고 난 후 "나는 하나님을 예배하지도 않고 섬기지도 않을 거야"라고 말한다면, 분명 우리는 그를 패역한 자로 여길 것입니다. 또 만일 여기에 있는 어떤 사람이 "나의 죄가 사해지고 또 내가 그것을 알기는 하지만 그러나 나는 하나님을 위해 아무것도 하지 않을 거야"라고 말한다면, 우리는 그를 향해 정당하게 "아, 패역한 자여!"라고 소리칠 수 있을 것입니다. 정말로 그런 사람은 얼마나 악독하며 위선적인 자입니까! 사함을 받은 영혼은 필연적으로 자기 안에 떠오르는 하나님에 대한 사랑을 느낄 것입니다. 많이 사함받은 자는 많이 사랑할 것이며, 사해 준 자를 위해 많은 일을 행할 것입니다.

주 하나님이 예수로 인해 여러분을 축복하시기를 기원합니다. 아멘.

제
21
장
—

# "언약의 피"

—

"모세가 율법대로 모든 계명을 온 백성에게 말한 후에
송아지와 염소의 피 및 물과 붉은 양털과 우슬초를 취하여
그 두루마리와 온 백성에게 뿌리며 이르되 이는 하나님이
너희에게 명하신 언약의 피라 하고" —히 9:19-20

피는 언제든지 두려운 것입니다. 예민한 사람은 피라는 말만 들어도 오싹하며 진저리를 칩니다. 또 대부분의 사람들은 피 흘리는 것을 볼 때 공포의 전율을 느낍니다. 성인(成人)들은 피와 관련하여 오랫동안 보고 듣고 했기 때문에 익숙해졌지만, 어린아이들이 피에 대하여 본능적으로 취하는 태도는 우리에게 피와 관련한 자연적인 태도가 어떤 것인지 잘 보여줍니다. 아이들은 자기 손가락에서 피가 흘러나오면 두려움을 느낍니다. 실제로 특별한 고통은 없다 하더라도 말입니다. 나는 참새가 피를 흘리는 모습이라든지 혹은 어린 양이 고통스러워하는 모습을 보면서도 동정심이 일어나지 않는 성인들을 부러워하지 않습니다. 특별히 잔혹한 성인들의 악독한 행동을 생각할 때, 나는 오싹하며 진저리를 칩니다. 우리의 첫 조상들이 처음으로 희생제물을 드려야만 했을 때, 그것이 그들의 마음에 얼마나 강렬한 고통을 가져다주었겠습니까? 어쩌면 하나님의 제단에 첫 번째 희생제물을 가져올 때까지, 그들은 죽음을 보지 못했을는지 모릅니다. 아, 무죄한 희생제물로부터 뜨거운 피가 용솟음쳐 오르는 것을 볼 때, 틀림없이 그들은 몸서리를 쳤을 것입니다! 그 피는 틀림없이 그들에게 매우 두려운 것이었을

것입니다. 나는 하나님이 그들로 하여금 그와 같은 충격을 느끼도록 의도하셨다고 믿습니다. 하나님은 그들이 희생제물의 고통을 마음에 새기면서 죄가 얼마나 파괴적이며 두려운 것인지 배우기를 의도하셨습니다. 하나님은 "그것을 먹는 날에는 정녕 죽으리라"는 경고가 어떻게 실제화 되는지 그들에게 보여주기를 의도하셨습니다. 희생제물이 피를 쏟으며 고통으로 버둥거릴 때, 그들에게 그 모습은 얼마나 참혹하게 보였겠습니까? 또 그들이 형에 의해 죽임을 당한 둘째 아들의 시신을 끌어안았을 때, 그것은 얼마나 끔찍한 광경이었겠습니까? 가인이 아우를 쳐 죽인 도구 위에는 피가 엉겨 있었을 것입니다. 땅에 쏟아진 피가 하나님께 호소하는 것을 볼 때, 그들은 얼마나 애통하며 탄식했겠습니까?

　그렇습니다. 피는 항상 두렵고 소름끼치는 것입니다. 나는 그 이유가 우리가 거기에서 생명이 파괴되는 것을 인식하기 때문이라고 생각합니다. 또 그것은 우리가 거기에서 죄의 결과를 인식하지 않을 수 없기 때문이기도 할 것입니다. 율법 전체를 통해 피는 항상 이스라엘 백성들에게 죄에는 필연적으로 죄책(罪責)이 따른다는 사실과 그것을 제거하기 위해 속죄가 필요하다는 사실을 가르치기 위해 사용되었습니다. 나는 유대 성전의 바깥마당이 웬만한 도살장보다 더 참혹한 모습이었을 것이라고 추측합니다. 하루에 그곳에서 죽임을 당한 많은 수의 동물들을 생각할 때, 우리는 피투성이가 된 채 서 있는 제사장들의 모습을 상상할 수 있습니다. 수많은 동물들의 피로 얼룩진 옷을 입고, 그들은 아침부터 저녁까지 그곳에서 희생제물을 드렸을 것입니다. 성막이나 혹은 성전에 올라온 모든 사람은 잠시 동안 서서 지켜보고 있다가 이렇게 말했을 것입니다. "이곳이 하나님께 예배드리기 위한 장소란 말인가? 모든 곳에 도살의 흔적이 널렸도다." 나는 이 모든 것이 하나님이 의도하신 바라고 믿습니다. 하나님은 이스라엘 백성들이 죄는 이토록 혐오스럽고 역겨운 것이며 그것은 오직 희생제물에 의해서만 제거될 수 있는 것이라는 사실을 배우기를 원하셨습니다. 그리고 무죄한 희생제물은 궁극적으로 장차 오실 자로서 하나님의 아들을 예표했는데, 그는 사람이 되셔서 하나님의 제단 위에 자신의 흠 없는 생명을 드릴 것이었습니다. 죄책을 속(贖)하고, 인간의 죄의 가중하며 더러운 것을 제거하기 위해서 말입니다.

　여러분 가운데 어떤 사람들에게 내가 지금까지 이야기한 주제는 매우 귀에 거슬리며 역겹게 느껴질 것입니다. 나는 그들이 누구인지 압니다. 그들은 죄의 역겨움을 한 번도 느껴보지 못한 사람들입니다. 아, 나는 여러분의 죄가 여러분을 역겹게 만들기를 바랍니다! 나는 여러분이 지극히 높은 자에게 반역하는 것과 의의 율법을 변개(變改)시키는 것과 의의 원칙을 뒤집는 것과 죄와 불법의 길로 달려가는 것이 얼마나 두려운 것인지에 대해 어느 정도의 지각(知覺)을 갖기를 바랍니다! 만일 피가 여러분에게 역겨운 것이라면, 죄는 하나님에게 무한히 더 역겨운 것입니다. 또 만일 피로 씻음을 받는 것이 여러분에게 두려운 일처럼 보인다면, 그리스도의 피로 채워진 거대한 욕조(浴槽) 즉 사람들이 그 안에서 씻음을 받고 정결하게 되는 거대한 욕조는 하나님에게 무엇과도 비교할 수 없는 가장 엄숙한 실재입니다.

나는 어떤 사람이 자신의 죄와 자신의 더러움과 자신의 황폐한 상태에 대해 충분하게 지각(知覺)하게 되기 전까지는 그리스도의 피의 보배로움에 대해 알 수 있다고 생각하지 않습니다. 자신의 죄에 대해 아무것도 알지 못하는 사람이 진정으로 그리스도의 십자가로 나오는 것이 가능한 일일까요? 먼저 작은 빛이 어두운 지하실 안으로 비쳐야 합니다. 먼저 작은 빛이 영혼 안으로 비쳐야 합니다. 먼저 작은 빛이 여러분의 인성(人性)의 어두운 굴 안으로 비쳐야 합니다. 그러면 여러분은 곧바로 죄가 무엇인지 분별하게 될 것입니다. 그러면 여러분은 그것으로부터 씻음을 받음에 있어 하나님이 예비하신 큰 희생제물 외에는 아무런 소망도 없다는 사실을 발견하게 될 것입니다. 그러면 여러분의 눈앞에 그리스도의 속죄가 아름답게 빛나는 모습으로 펼쳐질 것이며, 여러분은 그리스도로 하여금 우리를 위한 속전(贖錢)으로서 스스로를 드리도록 이끈 무한한 사랑 안에서 말할 수 없는 기쁨으로 기뻐하게 될 것입니다. "그리스도께서도 단번에 죄를 위하여 죽으사 의인으로서 불의한 자를 대신하셨으니 이는 우리를 하나님 앞으로 인도하려 하심이라"(벧전 3:18). 하나님이여, 죄가 무엇을 의미하는지 우리에게 가르치소서! 필요하다면, 우리에게 뇌성벽력과 같은 소리로라도 가르치소서! 그 교훈이 우리 영혼 안에서 불태워짐으로써 우리가 그것을 영원히 잊지 않게 하소서! 나는 여러분 모두 지칠 때까지 무거운 짐을 지기를 바랍니다. 나는 여러분 모두 힘이 떨어질 때까지 영생을 좇아 수고하기를 바랍니다. 그러면 여러분은 그 일을 완성하신 자 안에서, 그리고 여러분이 전심으로 그를 믿을 때 여러분의 모든 것이 될 것을 약속하신 자 안에서 기뻐할 수 있을 것입니다.

이제 본문을 살펴보도록 합시다. 본문을 세심하게 살필 때, 우리는 거기에서 그리스도의 피에 주어진 이름과 그것이 어떤 일에 사용되었나 하는 것과 그것이 야기한 효과를 주목할 수 있습니다.

## 1. 첫째로, 본문에서 그리스도의 피에 주어진 이름을 주목해 보십시오.

그것은 본문에서 "유언의 피"로 일컬어집니다(the blood of the testament, 한글개역개정판에는 "언약의 피"라고 되어 있음). 여기에서 "유언"(testament)으로 번역된 단어는 좀 더 일반적으로는 "언약"(covenant)으로 번역됩니다. 설령 그것이 "유언"을 의미하지 않는다고는 말할 수 없다 하더라도, 그리고 그것이 "유언"과 "언약" 모두를 의미하는 것으로 우리가 충분히 받아들일 수 있다 하더라도, 그럼에도 불구하고 그것의 일차적이며 일반적인 의미는 "언약"(covenant)입니다.

그러므로 우리는 여기에서 그와 같이 취하고자 합니다. 한 마디로 예수의 피는 언약의 피입니다. 세상이 창조되기 오래 전에, 하나님은 사람을 지으실 것과 또한 사람이 죄로 인해 타락할 것을 내다보셨습니다. 사람의 그러한 타락으로부터, 하나님은 당신의 무한한 은혜와 주권으로 많은 무리의 백성을 선택하셨습니다. 그들이 하나님께 범죄한 것을 감안할 때, 그들이 구원받기 위해서는 거대한 계획이 고안될 필요가 있었습니다. 하나님의 공의가 충분하게 만족되면서 동시에 그의 긍휼이 완전하게 나타나도록 말입니다. 그리하여 삼위일체의 각각의 인격 사이에 언약이 세워졌습니다. 영원한 아버지는 아들에게 많은 무리의 사람들을 그의 배필로서, 그의 신비한 몸의 지체로서, 그리고 그의 양(羊)과 보석으로서 주실 것을 맹세로써 엄숙하게 약속하셨습니다. 한편 아들은 이들을 자기 소유로 받아들이면서, 그들을 위해 하나님의 율법을 지키며, 그들이 그러한 율법을 깨뜨린 것에 대해 그들을 대신하여 합당한 형벌을 받으며, 그의 나타나는 날까지 그들 모두를 지키고 보존할 것을 떠맡으셨습니다. 이와 같이 언약이 세워졌으며, 이러한 언약 위에 모든 구원받은 자들의 구원이 달려 있습니다. 구원이 여러분 자신에게 달려 있다고 생각하지 마십시오. 성경이 무엇이라고 말합니까? "그런즉 원하는 자로 말미암음도 아니요 달음박질하는 자로 말미암음도 아니요 오직 긍휼히 여기시는 하나님으로 말미암음이니라"(롬 9:16)라고 말하지 않습니까? 또 하나님이 모세에게 무엇이라고 말씀하셨습니까? "내가 긍휼히 여길 자를 긍휼히 여기고 불쌍히 여길 자를 불쌍히 여기리라"(15절)라고 말씀하시지 않았습니까? 구원이 사람의 공로로 말미암는 것이 아님을 보여주기 위해, 하나님은 그것을 언약의 기초 위에 던지기를 기뻐하셨습니다. 아버지와 아들 사이에 세워진 언약 안에는 우리의 행위라든지 혹은 공로와 관련한 언급은 전혀 들어 있지 않았습니다. 우리는 그리스도 안에 서 있다는 것 외에는 아무것도 아닌 존재로 간주되었습니다. 우리는 단지 그리스도 안에 있는 존재로서 그 언약에 참여할 뿐이었습니다. 우리는 주 예수 그리스도의 씨로서, 그가 돌보는 자녀로서, 그리고 그 자신의 몸의 지체들로서 간주될 뿐이었습니다. "곧 창세 전에 그리스도 안에서 우리를 택하사"(엡 1:4). 아버지와 아들 사이의 거룩한 협정으로 말미암아 여러분과 나의 이름이 영원한 두루마리 안에 기록된 것은 얼마나 놀라운 은혜입니까!

사랑하는 자들이여, 이러한 언약 안에서 우리에게 약속들이 주어집니다. 그리고 그러한 약속들을 생각할 때, 우리의 기쁨은 얼마나 높이 솟아오릅니까! 여러분은 그것이 무슨 약속인지 압니다. 아버지는 자신의 영광을 걸고 약속하셨습니다. 아니, 그 이상입니다! 하나님은 "자기보다 더 큰 이가 없으므로 자기를 가리켜"(히 6:13) 맹세하셨습니다. 하나님은 자신의 말씀과 신성(神性)의 거룩한 존귀를 걸고 자신의 아들에 대해 그가 그의 씨를 보며 지식으로 말미암아 "많은 사람을 의롭게" 할 것을 맹세하셨습니다. 그렇지만 그 언약은 인침으로 확증될 필요가 있었습니다. 그러면 그것이 무엇이었습니까? 바로 그것이 피였습니다. 예수 그리스도는 때가 되어 자신의 피를 흘림으로써 단번에 그 언약을 인치고 그것을 영원히 유효하게 했습니다. 사랑하는 자들이여, 두 사람 사이에 어떤 합의가 이루어진 경우를 상상해 보십시오. 예컨대 한 사람은 집을 팔고, 다른 사람은 그에 대해 값을 지불하기로 합의가 이루어졌다고 칩시다. 그렇지만 그와 같은 합의가 이루어졌다고 하더라도, 지불(payment)이 있을 때까지 그 언약은 아직 효력을 갖지 않습니다. 자, 보십시오! 예수 그리스도의 피가 바로 그 언약에 대한 지불(payment)이었습니다. 그가 피를 흘렸을 때, 그 언약은 영원한 산처럼 견고하게 서게 되었습니다. 하나님 자신의 보좌조차 은혜의 언약보다 더 확실하지 않습니다. 그 언약은 대체적인 개요에 있어서만 확실한 것이 아니라 그 세부적인 내용들에 있어서도 확실하다는 사실을 주목하십시오. 자신의 이름이 그러한 언약 안에 있는 모든 영혼은 반드시 구원받을 것입니다. 하나님은 자신의 이름을 걸고 그리스도께서 위하여 죽으신 모든 영혼을 자기 소유로 삼으실 것입니다. 예수 그리스도는 자신이 위하여 대속물과 보증이 된 모든 영혼을 자신의 것으로 요구하고 또 소유할 것입니다. 왜냐하면 언약이 견고하게 섰기 때문입니다. 더욱이 그러한 언약 안에 있는 모든 축복 곧 택하신 씨에게 보증된 모든 축복은 보배로운 피로 말미암아 그 씨에게 영원히 확실하게 되었습니다. 이러한 언약의 확실함에 대해 이야기하는 것은 얼마나 즐거운 일입니까! 다윗의 다음과 같은 말을 되새겨 보십시오. "내 집이 하나님 앞에 이같지 아니하냐 하나님이 나와 더불어 영원한 언약을 세우사 만사에 구비하고 견고하게 하셨으니"(삼하 23:5). 이러한 확실성이 피에 있다는 사실을 기억하십시오. 모든 것을 확실하게 만드는 것은 그리스도의 피입니다. 왜냐하면 하나님의 모든 약속들이 그리스도 예수 안에서 "예"와 "아멘"이 되고, 그럼으로써 하나님께 영광이 되기 때문입니다.

여러분은 "이러한 교리의 목적이 무엇입니까?"라고 물을 것입니다. 그것의 목적은 이것입니다. 즉 예수를 믿은 여러분에게 언약의 은혜가 확실한 것은 여러분 자신의 어떤 것 때문이 아니라 예수의 보혈 때문이라는 것입니다. 여러분은 어제는 행복했지만 그러나 오늘은 낙망하는지 모릅니다. 그렇습니다. 그러나 언약은 변하지 않았습니다. 여러분은 오늘은 산꼭대기에서 노래를 부르지만 그러나 내일은 가장 깊은 절망 속에 빠질는지 모릅니다. 그러나 언약은 변하지 않을 것입니다. 그러한 장엄한 언약은 여러분으로 말미암아 세워지지 않았으며, 또한 여러분으로 말미암아 폐지될 수 없습니다. 그것은 사람을 위해 머무르지 않으며, 사람의 아들들을 위해 기다리지 않습니다. 그것은 영원한 인침으로 말미암아 거기에 확고하게 섭니다. 여러분의 안전은 여러분 자신 안에 있는 것이 아니라 그리스도 안에 있습니다. 만일 그리스도가 여러분을 샀다면, 만일 아버지가 여러분을 그에게 주셨다면, 만일 그리스도가 여러분을 위해 보증이 되셨다면 — 그렇다면 우리는 이렇게 외칠 수 있습니다.

> "사망과 음부조차도 옮기지 못할 것이라.
> 그의 사랑하는 자들을 그의 품으로부터.
> 그들은 영원히 안식할 것이라.
> 그의 사랑의 품 안에서."

한편 흠정역(KJV)은 그 피를 "유언의 피"(the blood of the testament)라고 번

역합니다. 표현은 조금 다르다고 하더라도, 이것 역시 비슷한 하나님의 진리를 가르칩니다. 구원은 우리에게 유언의 문제로서 옵니다. 예수 그리스도는 유산처럼 그의 백성들에게 영원한 생명을 남기셨습니다. 다음의 말씀을 주목해 보십시오. "아버지여 내게 주신 자도 나 있는 곳에 나와 함께 있어 아버지께서 창세 전부터 나를 사랑하시므로 내게 주신 나의 영광을 그들로 보게 하시기를 원하옵나이다"(요 17:24). 바울이 말하는 대로, 유언은 유언한 사람이 죽지 않는 한 아무런 능력도 갖지 못합니다. "유언은 유언한 자가 죽어야 되나니 유언은 그 사람이 죽은 후에야 유효한즉 유언한 자가 살아 있는 동안에는 효력이 없느니라"(히 9:16, 17).

이와 같이 예수 그리스도의 죽음의 증표인 그의 피는 그가 한 모든 약속들에 효력을 부여합니다. 로마 병사에 의해 창에 찔린 것은 우리에게 우리 주님이 실제로 죽으셨음을 확증하는 보배로운 증거였습니다. 사랑하는 자들이여, 여러분은 성경에 있는 보배로운 약속을 읽을 때마다, "이것은 구속자의 유언 안에 있는 구절이야"라고 말할 수 있습니다. 또 여러분이 특별한 말씀에 이를 때, 여러분은 "이것은 유언에 부가된 또 하나의 추가 조항이야"라고 말할 수 있습니다. 이것들이 여러분의 것임을 기억하십시오. 그것은 여러분이 이러저러하기 때문이 아니라, 그의 피가 그것들을 여러분의 것으로 만들기 때문입니다. 만일 사탄이 여러분에게 "너는 마땅히 믿어야 하는 만큼 충분하게 믿지 않으니까 그 약속은 너에게 확실하지 않아"라고 말한다면, 그 약속의 확실성이 여러분의 어떠함이 아니라 그 피에 놓여 있다고 그에게 분명하게 말하십시오. 그것은 하늘의 공증기관에서 공증(公證)을 받은 유언입니다. 그것의 효력은 하늘의 공증기관의 서명 위에 근거합니다. 유산을 상속받을 사람이 매우 가난할 수 있지만, 그러나 그것이 유언을 바꾸지는 못합니다. 그는 이런저런 방법으로 스스로를 불명예스럽게 만들 수 있지만, 그러나 그것이 유언을 무효화시키지는 못합니다. 유언을 유효하게 만드는 것은 유언장을 만들고 거기에 서명한 사람이지, 유산을 상속받을 사람이 아닙니다. 이와 같이 언약이 확실하게 서는 것처럼, 그리스도의 유언 역시 확실하게 섭니다. 가련한 죄인이여, 당신이 올라가고 내려가며 또 성공하고 실패하는 모든 것은 아무것도 아닙니다. 다만 그리스도 앞에 나와, 그를 당신의 모든 것으로 취하십시오. 그리고 그를 믿으십시오. 그러면 언약 안에 있는 모든 약속들이 당신에게 확실한 것이 될 것이며, 그것을 확증하는 것이 언약의 피입니다.

이것은 얼마나 달콤한 주제입니까! 그렇지만 우리에게는 이것을 더 이상 살필 시간이 없습니다. 다만 이러한 주제를 개인적으로 좀 더 깊이 묵상해 볼 것을 진심으로 권합니다. 그러면 여러분은 그 안에서 큰 위로를 발견하게 될 것입니다.

**2. 둘째로, 모세가 "언약의 피" 혹은 "유언의 피"라고 부른 피가**
**성막의 사역에 있어 극도로 중요했던 것은**
**그것이 그에 의해 모든 장소에 뿌려졌기 때문입니다.**

먼저 모세는 그 피를 두루마리에다가 뿌렸습니다(19절). 이 성경 위에 그리스도의 피가 뿌려진 것을 생각해 보십시오. 그렇게 볼 때, 이 책은 우리에게 얼마나 즐거운 것입니까! 만일 여기에 골고다의 피가 뿌려지지 않았다면, 이 책의 모든 페이지는 시내 산의 번개로 번쩍이며 호렙 산의 우레로 울렸을 것입니다. 그러나 이제 여러분은 이 책의 매 페이지 위에서 여러분의 구주의 보배로운 피를 봅니다. 그는 여러분을 사랑하시고, 여러분을 위해 자신을 주셨습니다. 그 피로 뿌림을 받고 믿음으로 말미암아 그 안에 안식하는 여러분은 이 책 안에서 여러분의 영혼을 위한 푸른 초장과 쉴 만한 물가를 발견할 수 있습니다.

나아가 그 피는 은혜의 보좌 위에 뿌려졌습니다. 온전히 기도할 수 없을 때마다, 예수 그리스도의 피가 여러분 앞서 가서서 하나님의 영원한 보좌 앞에서 여러분을 위해 간구하고 계심을 기억하십시오. 형제가 기도할 수 없을 때, "형제여, 그 피에 호소하십시오!"라고 외치는 선한 감리교인처럼 말입니다. 그렇습니다. 감히 눈을 들어 하늘을 우러러 바라볼 자격이 없다고 느낄 때, 또 이런저런 죄와 허물로 인해 당신의 눈가에 큰 눈물방울이 맺힐 때, 나의 자매여, 그 피에 호소하십시오! 당신은 항상 그 피가 있는 곳으로 나아올 수 있습니다. 거기에서 당신은 당신의 그러한 죄가 이미 속죄되었음을 봅니다. 당신이 그러한 죄를 범하기 전에, 이미 예수께서 그것을 짊어지셨습니다. 그 죄가 당신의 마음 위에 떨어지기 오래 전에, 먼저 그것이 구속자의 마음 위에 떨어졌습니다. 그리고 그는 그 엄청난 날 곧 그가 자기 백성들의 모든 죄의 짐을 취하여 그것을 영원히 무덤에 던져 장사지낸 날 그것을 제거하셨습니다.

그리고 나서 그 피는 성소의 모든 그릇들 위에 뿌려졌습니다. 이것을 생각할 때,

우리는 얼마나 기쁩니까! 나는 기쁨으로 하나님의 전에 올라가 이렇게 말합니다. "오늘 나는 보혈의 능력 안에서 그리고 보혈의 공로를 통해 하나님을 예배할 것이나이다. 나의 찬미는 미약하며 보잘것없을 것이나, 달콤한 향이 금향로로부터 올라갈 것이며 나의 찬미는 예수 그리스도로 말미암아 열납될 것이나이다. 나의 설교도 각종 허물과 죄로 가득할 것이나, 피가 그 위에 있으므로 그로 말미암아 하나님이 나의 죄를 보지 않으시고 그 아들의 달콤한 피로 말미암아 그것을 열납하실 것이나이다."

나아가 그 피는 온 백성에게 뿌려졌습니다(19절). 그 핏방울은 그들 모두 위에 떨어졌습니다. 모세가 그 피를 취하여 모든 무리 위에 뿌렸을 때, 그 피는 성막 문 앞에 모인 모든 사람들 위에 떨어졌습니다. 나의 형제여, 당신은 보혈의 뿌림을 가지고 있습니까? 만일 당신이 그러한 피 뿌림을 가지고 있다면, 당신은 영원히 살 것입니다! 그러나 그것을 가지고 있지 못하다면, 하나님의 진노가 당신 위에 머물 것입니다! 당신은 그리스도의 피가 당신 위에 뿌려지게 해달라고 간청합니까? 그것은 문자적으로는 불가능하지만, 그러나 믿음으로 말미암아 그렇게 될 수 있습니다. 믿음은 피를 찍어 뿌리는 우슬초 묶음입니다. 그것은 사람의 양심 위에다가 피를 뿌리며, 그렇게 하여 그는 악한 행실로부터 깨끗하게 됩니다. 당신은 세례를 받았노라, 견진(堅振)을 받았노라, 세례명을 받았노라 따위로 말하지만, 그러나 이러한 것들은 단 하나의 영혼도 구원하지 못할 것입니다. 또 그것들은 단 하나의 죄도 제거하기에 충분하지 못합니다. 또 당신은 항상 기도에 대해 말하면서, 매일 같이 가정기도를 드린다고 말합니다. 나는 그것이 거짓말이 아님을 잘 압니다. 그렇지만 그 모든 것 역시 아무것도 바꾸지 못합니다. 당신은 "그러므로 율법의 행위로 그의 앞에 의롭다 하심을 얻을 육체가 없나니 율법으로는 죄를 깨달음이니라"(롬 3:20)라고 기록된 말씀을 알지 못합니까? 아무리 수고하며 애를 쓸지라도, 당신은 결코 하나님 앞에 당신의 벗은 몸을 가릴 수 있는 의의 옷을 짓지 못할 것입니다. 죄인을 위한 유일한 소망은 예수 그리스도께서 그를 위해 행하신 것 위에 스스로를 던지는 것입니다. 우리를 대신하여 고난을 당하신 구주의 탄식과 고통과 죽음을 의지할 때, 우리는 하나님의 진노로부터 피할 수 있습니다.

"주 예수를 믿으라 그리하여 생명을 얻을 것이라" – 나는 이것 외에 다른 복음을 알지 못하며 또 무덤에 들어갈 때까지 그럴 것입니다. 죄인들의 유일한 소망은 골고다에서 드려진 피의 희생제사입니다. 눈을 들어 그것을 바라보십시오. 그러면 여러분은 평강의 별이 영원한 날까지 여러분을 인도하는 것을 발견하게 될 것입니다. 그러나 그리스도로부터 등을 돌려 보십시오. 그러면 여러분은 천국으로부터 등을 돌린 것입니다. 그러면 여러분은 스스로 멸망을 자취(自取)하고, 스스로의 파멸을 인친 것입니다. 이와 같이 우리가 구원받는 것은 피 뿌림으로 말미암습니다. 이유 여하를 불문하고 우리 위에 그리스도의 피 뿌림이 있어야만 합니다. 만일 그것이 없다면, 우리는 결국 멸망을 피하지 못할 것입니다. 유대인들은 빌라도에게 "그 피를 우리와 우리 자손에게 돌릴지어다"(마 27:25)라고 소리쳤으며, 예루살렘의 함락이 그에 대한 응답이었습니다. 그러나 그들에게 있어 예루살렘 함락보다 더 나쁜 것은 예수의 피와 은혜의 영을 경멸한 것으로 말미암은 영원한 죽음일 것입니다. 그러나 다른 모든 신뢰할 만한 것들을 버리고 언약의 피 앞에 나아와 그것을 온전히 붙잡는 자들은 얼마나 복됩니까! 그 피는 결코 그들을 속이지 않을 것입니다.

### 3. 마지막으로, 그리스도의 피의 효력은 우리의 성실한 주의(注意)를 요구합니다.

　어떤 사람에게 예수 그리스도의 피가 임할 때마다 즉각적으로 기적적인 효력이 따릅니다. 그리스도의 피가 적용되기 전에 그의 심령은 큰 고통 가운데 빠져 있었습니다. 그의 죄책과 그로 말미암은 형벌이 그의 심령을 무겁게 짓눌렀습니다. 그는 이렇게 탄식합니다. "아, 나는 곧 죽어 지옥에 떨어질 거야!" 아, 나는 이렇게 무거운 짐을 지고 비참한 상태에 빠져 있던 때를 결코 잊지 못합니다! 나는 차라리 태어나지 않았더라면 얼마나 좋았을까 라고 생각했습니다. 나는 심지어 개구리나 두꺼비 같이 가장 징그러운 동물들을 부러워하면서, 차라리 그것들이 나보다 훨씬 더 낫다고 생각했습니다. 왜냐하면 그것들은 나와는 달리 하나님의 율법을 깨뜨리지 않았기 때문입니다. 잠자리에 들 때마다, 나는 다음 날 아침 지옥에서 깨어날 것을 두려워하며 떨었습니다. 낮에도 동일한 두려움이 나를 괴롭혔습니다. 나는 하나님으로부터 버림을 당하고 멸망에 떨어질 것을 두려워했습니다. 그러다가 그리스도를 바라본 순간, 다시 말해서 그리스도를 믿은 바로 그 순간, 나는 절망의 깊은 곳으로부터 기쁨의 높은 곳으로 올라갔습니다. 그것은 논리적인 과정이 아니었습니다. 그것은 몇 시간 혹은 며칠이 걸리는 일이 아니었습니다. 그것은 한순간에 모두 이루어졌습니다. 나는 하나님이 나를 대신하여 그리스도에게 형벌을 내리셨다는 사실과 그렇기 때문에 나는 더 이상 형벌을 당할 수 없다는 사실을 깨닫게 되었습니다. 만일 그리스도가 나를 위해 죽으셨다면, 이제 나는 결코 죽을 수 없었습니다. 나는 그를 믿기만 하면 이 모든 일이 나에게 이루어진다는 사실을 확실하게 알게 되었습니다. 그리하여 나는 그를 믿었습니다. 나는 나의 몸 전체를 그의 품에 던졌습니다. 그러면서 나는 그가 예전에 이토록 무거운 짐을 져 본 적이 없을 것이라고 생각했습니다. 그러나 나는 그가 그에게 나아오는 자들을 끝까지 구원할 수 있음을 발견했습니다. 그 때 내가 느꼈던 기쁨과 평강을 도대체 어떻게 표현할 수 있겠습니까! 나는 내가 잃은 자가 되지 않은 것으로 인해 하나님께 감사했습니다. 때로 나의 마음이 낙망할 때도 있었습니다. 때로 하나님의 얼굴빛이 가려진 것처럼 느껴질 때도 있었습니다.

그러나 내가 분명하게 아는 한 가지는 그리스도 예수께서 죄인들을 구원하시려고 세상에 오셨다는 사실입니다. 내가 바로 그 죄인이며, 나의 영혼은 오직 그 위에서 안식합니다. "믿고 세례를 받는 자는 구원을 받을 것이라"는 그의 약속이 있는데, 도대체 어떻게 내가 쫓겨날 수 있단 말입니까? 나는 그의 은혜로 말미암아 믿었으며, 나의 믿음을 공적으로 고백하고 세례를 받았습니다. 만일 그가 나를 구원하지 않는다면, 그는 진실하지 않은 것입니다. 그러나 그는 진실하시며, 그렇지 않을 수 없습니다. 그는 자신의 말을 깨뜨릴 수 없습니다. 사랑하는 형제들이여, 지금 이 자리에 나와 똑같은 경험을 지나온 수백 명의 사람들이 앉아 있습니다. 그들 모두가 여러분에게 예수의 피가 한순간에 여러분의 영혼에 평안을 말씀함을 증언할 수 있습니다.

예수의 보혈로 말미암은 평안은 때로 흐려질 수 있습니다. 그럴 때마다 여러분이 해야 할 일은 오직 그 보혈로 또다시 달려가는 것입니다. 그러면 그것은 또다시 여러분에게 평안을 회복시켜 줄 것입니다.

이런저런 일로 평안이 흐려진 가운데 슬퍼하는 자들이여, 처음 그리스도께 나왔던 대로 또다시 그에게 나오십시오. 여러분이 경험한 것에 괘념치 마십시오. 여러분이 경험한 것들을 쌓아올리지 마십시오. 만일 여러분이 높은 산의 정상에 올라간다면, 여러분은 그곳이 충분히 견고하다는 사실을 발견할 것입니다. 그러나 정상보다 조금 더 높이 올라가고 싶어 하는 사람들이 있습니다. 그리하여 어떤 사람들이 나무 따위로 특별한 시설물을 설치하고는 관광객들에게 약간의 돈을 받고 그곳에 올라가게 합니다. 자, 얼마의 돈을 내고 그곳에 올라가 보십시오! 그러면 어떻습니까? 그곳은 견고하지 않습니다. 그곳은 흔들리며, 무너질 것 같으며, 그리하여 여러분은 두려워합니다. 자, 보십시오! 도대체 그곳에 올라갈 필요가 어디에 있습니까? 산의 정상은 견고하며 결코 흔들리지 않습니다. 이와 같이 때로 우리는 가련한 죄인으로서 그리스도 위에 안식하며 그를 의지하는 것으로 만족하지 않습니다. 우리는 우리 자신의 경험이나 혹은 성화(聖化)나 혹은 감정 따위의 위험한 시설물을 설치하곤 합니다. 그러면 어떻습니까? 그와 같은 것들은 우리 발 밑에서 흔들리지 않습니까? 그것보다 오직 그리스도를 의지하는 것이 훨씬 더 낫지 않습니까? 욥은 산중에서 소나기를 만난 사람이 피난처가 없어 바위를 안고 있다고 말합니다. "산중에서 만난 소나기에 젖으며 가릴 것이 없어 바위를 안고 있느니라"(24:8). 그렇지만 만세반석 같은 피난처가 어디에 있겠습니까?

> "오직 예수 외에는 어느 누구도
> 가련한 죄인들에게 선을 베풀 수 없도다."

언약의 피는 무궁무진한 능력을 갖고 있습니다. 그 피는 죄 사함받은 죄인으로 하여금 담대히 하나님 앞에 나아갈 수 있도록 해줍니다. 그 피는 죄책을 도말함으로써 성화(聖化)의 방식으로 역사(役事)하며, 죄의 권능을 제거합니다. 그리하여 죄 사함받은 사람은 죄 사함받기 전에 살았던 것처럼 살지 않습니다. 그는 자신을 사해 주신 하나님을 사랑하며, 그 사랑이 그로 하여금 "내가 나를 위해 그토록 큰 일을 행하신 하나님을 위해 무엇을 할꼬?"라고 묻게 만듭니다. 그러고 나서 그는 옛 습관으로부터 스스로를 정결하게 하기 시작합니다. 그는 한때 자신을 달콤하게 해주었던 즐거움들이 이제 더 이상 달콤하지 않음을 발견합니다. 그는 옛 친구들에게 "나를 떠나라. 나는 너희들과 함께 지옥으로 갈 수 없노라"라고 말합니다. 새로운 마음과 새로운 사랑과 새로운 열망을 가지고, 그는 하나님의 백성들과 함께 섞이기 시작합니다. 그는 하나님의 말씀을 찾습니다. 그는 하나님의 계명들을 지키기를 서두릅니다. 그는 하늘에 속한 거룩한 것들을 열망하며, 모든 죄를 벗어 버리고 그리스도와 같아질 때를 사모합니다. 그는 그리스도께서 계시는 곳에 영원히 거하기 위해 이 땅의 장막을 벗을 날을 소망으로 바라봅니다. 죄를 죽이는 예수 그리스도의 피는 얼마나 복됩니까! 사람들은 성 패트릭(St. Patrick)이 아일랜드로부터 모든 뱀을 쫓아냈다고 말합니다. 이와 같이 예수 그리스도께서 어떤 사람의 마음속에 들어갈 때, 그는 그곳으로부터 모든 뱀을 쫓아냅니다. 그가 우리 마음 위에 그의 피를 뿌릴 때, 우리는 새 사람이 됩니다. 모든 도덕 법칙들이 결코 만들 수 없었던 그런 새 사람 말입니다. 그런 새 사람들은 흰 옷을 입고 밤낮으로 여호와의 보좌 앞에서 그를 찬미하는 노래를 부릅니다.

죄인이여, 당신은 오늘 밤 구원받고자 합니까? 그렇다면 예수를 믿으십시오. 그러면 그렇게 될 것입니다. 죄인이여, 당신은 임종하는 침상에서 구원받고자 합니까? 그러면 지금 예수를 믿으십시오. 그러면 그렇게 될 것입니다. 죄인이여, 당신은 하늘이 불타고 별들이 마른 무화과나무 잎처럼 궁창으로부터 떨어질 때 구원받고자 합니까? 지금 예수를 바라보십시오. 그러면 그 때 구원받게 될 것입니다. 아, 나는 여러분 모두 이 시간 예수 그리스도를 바라보기를 바랍니다! 육체의 눈으로가 아니라 마음의 눈으로 말입니다. 그리스도가 누구인지 생각해 보십시오. 그는 하나님이면서 동시에 사람입니다. 그와 같은 존재가 여러분을 대신하여 고난당하신 것을 생각해 보십시오. 그러한 고난의 공로는 얼마나 크겠습니까? 그리고 그와 같은 존재가 여러분을 대신하여 고난을 받은 것은 하나님의 공의를 얼마나 높이 드러내는 것이겠습니까? 그러므로 예수 그리스도를 의지하십시오. 그러면 여러분의 모든 죄가 사해질 것입니다. 또 실제로 여러분의 모든 죄가 사해짐을 믿으십시오. 그러면 여러분은 자신의 마음속에서 그를 향한 큰 사랑이 솟아오르는 것을 느낄 것입니다. 그리고 그 사랑이 여러분의 새로운 삶의 주된 동기가 될 것이며, 여러분은 오늘 밤 태어난 사람처럼 새롭게 출발할 것입니다. 여러분은 참으로 거듭나게 될 것입니다. 왜냐하면 이것이 중생(重生)이기 때문입니다. 여러분의 얼굴을 물로 씻지 말고, 여러분 자신을 새 사람으로 만드십시오. 다시 태어나십시오. 자연적인 태어남으로가 아니라, 영원한 아버지에 의한 태어남으로 그리고 예수 그리스도의 부활로 말미암은 산 소망을 향한 태어남으로 말입니다. 바로 이것이 참되며 유일한 영적 태어남입니다.

그러면 이제 여러분은 그리스도 예수 안에서 새로운 피조물로서 이러한 생명을 통해 영원한 생명으로 나아갈 것입니다. 하나님이 여러분을 축복하사 여러

분을 지키시고, 여러분에게 영원한 면류관을 씌워 주시기를 기원합니다. 하나님
이 그리스도로 인해 여러분 모두를 축복하시기를 기원합니다. 아멘. 아멘.

# 변할 수 없는 법칙

―

**"피흘림이 없은즉 사함이 없느니라."**― 히 9:22

옛 상징시대에서는 어디에서나 피가 사람의 눈에 가장 잘 띄는 것이었습니다. 유대 종교에서도 피 없이 지켜지는 의식(儀式)이 거의 없을 정도로 피는 매우 두드러진 것이었습니다. 만일 여러분이 성막 안에 들어간다면, 여러분은 어디서든지 피흘림의 흔적을 보게 될 것입니다. 제단 밑에는 피가 담긴 대야가 있을 것이며, 성막 마당은 마치 도살장처럼 보일 것입니다. 그래서 그곳을 방문하는 것은 그렇게 유쾌하고 즐거운 경험이 되지는 못할 것입니다. 그것의 영적 의미를 올바로 이해하지 못하는 한 말입니다. 짐승을 죽이는 것은 일종의 예배 양식이었습니다. 피를 뿌리는 것은 하나님이 정하신 의식(儀式)이었으며, 성막의 마루와 휘장과 제사장의 옷에 묻은 피의 흔적은 무엇인가를 보여주는 것이었습니다. 본문 바로 앞에서 바울이 "율법을 따라 거의 모든 물건이 피로써 정결케" 되었다고 말하는 것을 주목하십시오. 이러한 말 속에는 은연중 거기에서 제외되는 것이 몇 가지 있음이 암시됩니다. 예컨대 율법은 옷 같은 경우는 물로써 깨끗하게 할 것을 가르칩니다. 특별히 육체적으로 부정해진 사람들은 그 옷을 물로 정결케 하도록 명령받았습니다. 이와 같이 사람들이 입는 옷은 일반적으로 물로 씻어 정결케 되었습니다. 또 우리는 민수기에서 이스라엘 백성들이 미디안 사람들을 쳐부순 이야기를 읽게 되는데, 그 때 이스라엘이 탈취한 부정한 전리품들은 먼저 정결케 되어야만 했습니다. 하나님이 모세에게 명하신 율법의 규례에 따를 때, 의복이라든지 가죽이나 염소털로 만든 물건들은 물로 정결케 되었습니다. 반면 불을 견딜 수 있는 금속으로 만든 물건들은 불로써 정결함을 받았습니다. 이와 같이 바울이 율법을 따라 거의 모든 물건이 피로써 정결케 되었다고 말할 때, 그는 문자적으로 정확하게 말하고 있었던 것입니다. 왜냐하면 옷이라든지 금속으로 만든 물건 같은 몇 가지를 제외하고는 거의 대부분 피로써 정결케 되었기 때문입니다. 계속해서 바울은 피흘림이 없이는 사함이 없다는 옛 율법 시대의 보편적인 진리를 언급합니다. 이것의 유일한 예외가 민수기 5장 11절에 나타납니다. "만일 그의 손이 산비둘기 두 마리나 집비둘기 두 마리에도 미치지 못하면 그의 범죄로 말미암아 고운 가루 십분의 일 에바를 예물로 가져다가 속죄제물로 드리되." 그러나 역설적으로 이것 역시도 피흘림이 없이는 사함이 없다는 원칙의 보편성을 증명해 줍니다. 왜냐하면 그러한 예외는 극도의 궁핍으로 어쩔 수 없는 경우에만 해당되는 것이었기 때문입니다. 사람이 가난하여 양이나 소나 염소 등을 제물로 바칠 수 없을 때, 그는 산비둘기 두 마리나 집비둘기 두 마리를 대신 바칠 수 있었습니다. 그런데 그것조차도 바칠 수 없을 때에는 속죄 제물로 고운 가루 십분의 일 에바를 드릴 수 있었습니다. 이것이 유일한 예외였습니다. 어떤 때든 어떤 장소에서든 어떤 상황에서든 죄가 제거되기 위해서는 반드시 피가 흘려져야 했습니다. 다시 말해서, 죄가 제거되기 위해서는 반드시 생명이 드려져야 했습니다. 앞에서 이야기한 유일한 예외 역시 "피흘림이 없이는 사함이 없다"는 원칙을 역설적으로 확증합니다. 이것은 복음 아래에서도 마찬가지입니다. 복음 아래서도 피흘림이 없이는 사함이 없습니다. 율법 아래서는 한 가지 예외가 있었지만, 복음 아래서는 그 한 가지 예외조차 없습니다. 극단적으로 가난한 사람의 경우에도 마찬가지입니다. 우리는 또다시 속죄제물을 드리지 않습니다. 우리 모두는 우리를 대신하여 드려진 예수 그리스도의 희생제물을 취하고 그것을 우리의 죄를 위한 속죄제물로서 받아들여야 합니다. 여기에는 어떤 경우를 막론하고 예외가 없습니다. 피흘림이 없이는 사함이 없습니다. 이제 본문으로부터 몇 가지 중요한 사실들을 살펴보도록 합시다.

### 1. 첫째로, 사함 즉 죄 사함의 사실을 주목하십시오.

"피흘림이 없은즉 사함이 없느니라." 피가 흘려짐으로 사함과 관련한 소망이 있게 됩니다. 율법의 엄격한 요구에도 불구하고, 사함은 완전한 절망 가운데 던져지지 않습니다. 사함이라는 단어는 빚을 탕감하는 것을 의미합니다. 죄가 하나님에 대한 빚으로 간주될 수 있는 것처럼, 그 빚은 소멸되고, 지워지고, 탕감될 수 있습니다. 죄인 곧 하나님께 빚진 자는 그 빚을 면제받음으로써 그 빚으로부터 벗어나 자유롭게 될 수 있습니다. 그러한 일은 충분히 가능합니다. 하나님께 영광을 돌립시다. 왜냐하면 우리는 회개를 통해 모든 죄를 사함받을 수 있기 때문입니다. 사람이 무슨 죄를 지었든지 간에, 회개하기만 하면 그는 사함을 받을 수 있습니다. 그러나 회개하지 않은 죄는 사함받을 수 없습니다. 만일 어떤 사람이 자신의 죄를 고백하고 버린다면, 그는 긍휼을 얻게 될 것입니다. 하나님이 그렇게 선언하셨으며, 그는 자신의 말에 신실하실 것입니다. 어떤 사람이 묻습니다. "그렇지만 죽음에 이르는 죄가 있지 않습니까?" 그렇습니다. 실제적으로 죄는 회개하지 않는 한 사함받을 수 없다는 것은 분명한 사실입니다. 죄를 범하는 사람은 좀 더 깊고 영속적인 의미에서 죄 가운데 죽게 됩니다. 그는 완고함 가운데 버려지고 양심이 마비됨으로써 마침내 긍휼을 얻지 못하게 됩니다. 그러나 그에게 있어 모든 형태의 죄와 불경(不敬)은 사함받을 수 있습니다. 정욕과 도둑질과 음행과 살인조차도 사함받을 수 있습니다. 왜냐하면 여호와는 긍휼과 은혜가 풍성하신 하나님이기 때문입니다.

첫 번째로, 이러한 사함은 완전합니다. 다시 말해서, 하나님이 어떤 사람의 죄를 사하실 때, 하나님은 그 죄를 완전하게 사하십니다. 하나님은 뒷 계산(back reckoning) 없이 빚을 탕감해 주십니다. 일부는 탕감해 없애버리고, 나머지는 스스로 책임지도록 남겨두지 않으십니다. 다시 말해서 그의 죄는 사함받는 순간 마치 그것이 저질러지지 않았던 것처럼 간주됩니다. 그리하여 그는 아버지의 집으로 받아들여지고, 아버지의 사랑으로 품어지게 됩니다. 애당초 아무 잘못도 범하지 않았던 것처럼 말입니다. 그는 처음부터 범죄하지 않았던 것과 똑같은 상태로 하나님 앞에 서게 됩니다. 신자(信者)여, 하나님의 책에 당신의 죄는 없습니다. 만일 당신이 믿는 자라면, 당신은 사함을 받습니다. 그리고 그러한 사함은 부분적이 아니라 전체적입니다. 당신의 죄를 적은 목록은 지워졌으며, 그리스도의 십자가에 못 박혔습니다. 그러므로 그 죄는 더 이상 영원히 여러분을 참소할 수 없습니다. 죄 사함은 완전합니다.

두 번째로, 그것은 현재적인 사함입니다. 죽을 때까지는 죄 사함을 받지 못한다든지 혹은 죽기 직전에야 비로소 신비로운 방법으로 사함을 받을 수 있을 것이라는 생각은 복음을 올바로 알지 못하는 일부 사람들의 상상일 뿐입니다. 우리는 예수 그리스도의 이름으로 여러분에게 죄인이 예수를 믿는 순간 그의 모든 죄가 현재적이며 즉각적으로 사하여진다고 선포합니다. 그것은 어떤 질병이 수개월 혹은 수년에 걸쳐 점진적으로 치료되는 것과는 전혀 다릅니다. 실제로 우리의 본성의 부패는 질병과 같으며, 우리 안에 거하는 죄는 매일 그리고 매시간 억제되고 정화되어야 합니다. 그럼에도 불구하고 하나님 앞에서 우리의 죄의 빚을 탕감받는 것은 오랜 시간에 걸쳐 점진적으로 일어나는 일이 아닙니다. 죄 사함은 즉시 주어집니다. 어떤 사람은 지금 바로 이 자리에서 그것을 받을 것입니다. 그가 그것을 받아들이기만 한다면 말입니다. 그렇습니다. 그것은 여러분에게 그것을 결코 잃어버리지 않을 방식으로 주어집니다. 한 번 사함을 받으면, 여러분은 영원히 사함을 받는 것입니다. 그러면 어떤 죄도 여러분을 더 이상 참소하지 못합니다. 여러분은 무조건적으로 그리고 영원히 사함을 받습니다. 그럼으로써 하늘이 불타고 마지막 큰 심판이 행해질 때, 여러분은 어떤 참소도 두려워함이 없이 담대하게 심판대 앞에 설 수 있습니다. 왜냐하면 하나님 자신이 이미 여러분에게 완전한 사함을 주셨기 때문입니다. 그는 그것을 결코 취소하지 않을 것입니다.

세 번째로, 사함을 소유한 자는 자신이 그것을 소유하고 있음을 알 수 있습니다. 단지 그것을 소유하기를 소망하는 것일 뿐이라면, 그러한 소망은 두려움의 문제로부터 자유롭지 못할 것입니다. 그러나 자신이 그것을 소유하고 있음을 아는 것은 마음의 평안을 위한 확실한 기초가 됩니다. 하나님께 영광을 돌립시다. 은혜언약의 특권은 단순한 소망과 추측의 차원이 아니라 믿음과 확신의 차원입니다. 하나님의 말씀은 단순히 우리를 추측하게 하는 차원에 머무르지 않습니다. 하나님은 분명하게 "누구든지 예수 그리스도를 믿으면 결코 정죄를 당하지 않을 것"이라고 확증하십니다. 그러므로 만일 내가 예수 그리스도를 믿는다면, 나는 결코 정죄를 당하지 않습니다. 나에게 그렇게 생각할 권리가 있습니까? 하나님이 내가 정죄를 당하지 않는다고 분명하게 말씀하심에도 불구하고 내가 스스로 정죄를 당한다고 생각한다면, 나에게 있어 그것은 추측이 될 것입니다. 그러나 하나님이 말씀하시는 것을 그대로 받아들이는 것은 결코 추측이 될 수 없습니다. 어떤 사람이 말합니다. "아, 내가 그와 같은 경우라면 얼마나 좋을까요?" 그렇습니다. 당신은 지금 옳은 말을 했습니다. 왜냐하면 죄와 허물을 용서받은 자는 복이 있기 때문입니다. 하나님이 죄를 묻지 않는 자는 복이 있습니다. 또 어떤 사람이 말합니다. "그렇지만 나는 그와 같은 엄청난 일이 나와 같은 사람에게 가능할 수 있다고는 거의 생각할 수 없습니다." 당신은 사람의 예를 따라 추론하고 있을 뿐입니다. 하늘이 땅보다 높은 것처럼. 하나님의 길이 당신의 길보다 높으며, 하나님의 생각이 당신의 생각보다 높다는 사실을 기억하십시오. 당신은 사람처럼 잘못을 행하지만, 그러나 하나님은 사람처럼 용서하시지 않습니다. 그는 하나님처럼 용서하십니다. 그러므로 우리는 깜짝 놀라면서 "주와 같은 신이 어디 있으리이까 주께서는 죄악과 그 기업에 남은 자의 허물을 사유하시며 인애를 기뻐하시므로 진노를 오래 품지 아니하시나이다"라고 노래합니다(미 7:18). 어떤 것을 만들 때, 당신은 당신의 능력에 부합되는 정도의 것을 만듭니다. 그러나 우리 하나님은 하늘과 땅을 만드셨습니다. 무엇인가를 용서할 때, 당신은 당신의 본성과 형편에 부합되는 정도로 용서합니다. 그러나 하나님이 용서하실 때, 그는 자신의 은혜의 부요함을 따라 당신이 상상할 수 있는 그 이상의 거대한 규모로 용서하십니다. 그는 가장 어두운 색깔의 일만 가지 죄를 한순간에 제거하십니다. 왜냐하면 그는 긍휼을 기뻐하시기 때문입니다. 또 하나님은 심판하는 것을 즐거워하지 않습니다. "죽을 자가 죽는 것도 내가 기뻐하지 아니하노니 너희는 스스로 돌이키고 살지니라"(겔 18:32). 본문을 다시 보십시오. 피흘림이 없이는 사함이 없다고 말하지 않습니까? 그러나 사함이 있습니다. 왜냐하면 피가 흘려졌기 때문입니다.

### 2. 둘째로, 사함은 결코 피 없이 되는 것이 아니라는 사실을 주목하십시오.

이 세상에는 회개로 말미암아 죄 사함을 얻게 된다고 믿는 사람들이 많이 있습니다. 물론 자신의 죄를 회개하는 것은 여러분의 의무입니다. 그것은 의문의 여지도 없습니다. 만일 여러분이 하나님께 불순종했다면, 여러분은 그에 대해 후회하며 슬퍼하는 마음을 가져야만 합니다. 그러나 여러분은 이 세상의 모든 회개를 다 합친다 하더라도 그것으로 단 하나의 가장 작은 죄조차도 제거할 수 없다는 사실을 기억해야 합니다. 여러분이 어떤 죄악된 마음을 품었다가 일평생 그로 인해 슬퍼했다고 생각해 봅시다. 그렇지만 그러한 슬픔과 번민에도 불구하고 그 죄의 얼룩은 티끌만큼도 지워지지 않습니다. 성령의 역사로 회개가 행해질 때, 그것은 매우 값진 선물이며 은혜의 표적입니다. 그럼에도 불구하고 회개 속에는 어떤 속죄의 능력도 없습니다. 회개의 눈물로 가득한 바다 속에 죄의 더러움을 씻을 수 있는 능력은 존재하지 않습니다. 피흘림이 없이는 사함이 없습니다. 어떤 사람들은 "그렇지만 어쨌든 회개로부터 실제적인 갱신과 변화가 이루어지지 않습니까?"라고 묻습니다. 술 취하는 버릇을 버리고 스스로 절제하는 사람이 되지 않습니까? 방종을 버리고 단정한 사람이 되지 않습니까? 거짓된 언행을 버리고 정직하게 행동하는 사람이 되지 않습니까? 물론 이것은 매우 좋은 일입니다. 그러한 갱신과 변화는 모든 곳에서 일어납니다. 그러나 그 모든 것에도 불구하고, 이미 진 빚은 또 다른 빚을 지지 않았다는 이유로 청산되지 않습니다. 다시 말해서, 과거의 악행은 미래의 선행에 의해 상쇄되지 않습니다. 이와 같이 죄는 갱신과 변화에 의해 사해지지 않습니다. 설령 여러분이 갑자기 천사처럼 정결케 되었다 하더라도(물론 이런 일은 여러분에게 가능하지 않습니다. 왜냐하면 구스인이 그 피부를, 표범이 그 반점을 바꿀 수 없기 때문입니다), 여러분의 갱신과 변화는 여러분이 하나님에게 행한 과거의 죄들에 대해 아무런 속죄의 능력도 가질 수 없습니다.

그는 묻습니다. "그러면 내가 어떻게 해야 합니까?" 이런 질문에 어떤 사람들은, 영혼을 겸비케 하고 기도하면 아마도 어떤 효과가 있지 않겠느냐고 생각합니다. 물론 기도는 영적 생명의 증표일 수 있습니다. 그러나 사랑하는 형제들이여, 아무리 진지한 기도라 할지라도 그 안에 죄를 제거하는 효능은 조금도 없습니다. 나는 이러한 사실을 강력하게 역설합니다. 하늘과 땅에 있는 모든 성도들의 기도를 전부 합친다 하더라도 그 안에는 단 하나의 가장 작은 죄조차도 제거하는 효능이 들어 있지 않습니다. 그렇습니다. 기도 속에는 죄를 씻는 효능이 조금도 들어 있지 않습니다. 하나님은 기도를 죄를 정결케 하는 도구로 주지 않으셨습니다. 기도는 그 나름의 매우 가치 있는 용도를 가지고 있습니다. 올바로 기도할 때, 그 기도는 하나님께 상달되고 열납됩니다. 그것은 기도가 가진 특권들 가운데 하나입니다. 그러나 기도 자체는 단 하나의 죄도 제거할 수 없습니다. 아무리 열심히 기도한다 하더라도, 피흘림이 없이는 사함이 없습니다.

그런가 하면 자기부인과 특별한 종류의 금욕이 죄를 제거할 수 있다고 생각하는 사람들이 있습니다. 그들은 스스로를 죄로부터 깨끗하게 하기 위해 자신들의 몸을 채찍질하며, 오랫동안 금식하며, 맨몸에 베옷과 털옷을 입습니다. 심지어 자기 몸을 씻지 않고 더럽게 만드는 것이 자신의 영혼을 정결하게 하는 최고의 방법이라고 생각하는 사람들도 있습니다. 이것은 얼마나 이상한 열정입니까! 심지어 오늘날에도 인도에는 이런 종류의 수행자들이 많이 있습니다. 그들은 도대체 무엇 때문에 그렇게 하는 것입니까? 내 귀에 주님이 이렇게 말씀하시는 것이 들리는 것 같습니다. "너희가 고개를 숙이고 베옷을 입으며 재를 섞은 떡을 먹고 쑥을 탄 잔을 마시는 것이 도대체 나와 무슨 상관이란 말이냐? 너희는 나의 율법을 깨뜨렸으며, 이러한 것들이 그것을 회복시킬 수 없노라. 너희는 죄로써 나의 존귀를 손상시켰도다. 나의 이름을 존귀케 하는 의가 어디에 있느냐?" 예전에 어떤 선지자는 이렇게 부르짖었습니다. "내 허물을 위하여 내 맏아들을, 내 영혼의 죄로 말미암아 내 몸의 열매를 드릴까?"(미 6:7). 그러나 그것은 모두 헛된 것이었습니다. 영원히 서는 것은 "피흘림이 없은즉 사함이 없느니라"는 진리입니다. 죄에 합당한 형벌로서 하나님이 요구하시는 것은 생명입니다. 그러므로 피흘림으로 나타나는 생명 외에 그 어떤 것도 하나님을 만족시키지 못할 것입니다.

또 여기에서 어떻게 본문이 의식(儀式)에 대한 모든 신뢰를 한순간에 파괴시켜 버리는지 주목하십시오. 심지어 하나님 자신이 규례로 정하신 의식들조차도 예외가 아닙니다. 죄가 세례로 말미암아 씻어질 수 있다고 생각하는 사람들이 있습니다. 아, 이것은 얼마나 터무니없는 생각입니까! 성경에 그와 비슷한 표현이 한 군데 나오기는 하지만 그러나 실상 그것은 그러한 의미를 전혀 함축하지 않습니다. 왜냐하면 그렇게 말한 바울 사도 자신이 자기가 많은 사람들에게 세례를 베풀지 않은 것을 자랑하고 있기 때문입니다. 혹시라도 그들이 세례 의식 자체에 어떤 효능이 있다고 상상하지 않게 하도록 하기 위해서 말입니다. 세례는 그리스도의 죽음 안에서 신자가 그와의 교제를 붙잡는 훌륭한 규례입니다. 그것은 하나의 상징이며, 그 이상은 아닙니다. 수없이 많은 사람들이 세례를 받고 그들의 죄 가운데 죽었습니다. 또 "미사"의 피 없는 제사도 마찬가지입니다. 거기에 도대체 무슨 유익이 있단 말입니까? 그것을 "피 없는 제사"(unbloody sacrifice)라고 말하면서 동시에 죄를 속량하기 위해 그것을 드립니까? 우리는 그들의 얼굴 앞에 "피흘림이 없은즉 사함이 없느니라"는 본문 말씀을 던집니다. 그들은 그리스도의 몸 안에 피가 있다고 대답할 것입니다. 그러면 우리는 설령 그렇다 하더라도 그것은 여기의 경우에 부합되지 않는다고 대답할 것입니다. 왜냐하면 그것은 피흘림이 없는 몸이기 때문입니다. 다시 말해서 몸과는 구별되는 것으로서의 피를 흘리는 것이 없기 때문입니다. 피흘림이 없으면 사함이 없습니다.

나아가 예수 그리스도 자신도 그의 피를 떠나서는 우리를 구원할 수 없습니다. 이것은 어리석은 가정(假定)이지만 그러나 우리는 그러한 어리석은 가정에 분명하게 대답해야 합니다. 왜냐하면 어떤 사람들은 그리스도의 모범이 사람의 죄를 제거할 수 있다고 상상하기 때문입니다. 다시 말해서 예수 그리스도의 거룩한 삶 위에서 하나님이 인류의 죄와 허물을 용서할 수 있는 훌륭한 발판이 세워졌다는 것입니다. 결코 그렇지 않습니다. 예수 그리스도의 거룩이 아닙니다. 예수 그리스도의 죽음이 아닙니다. 오직 예수 그리스도의 피입니다. 왜냐하면 피흘림이 없이는 사함이 없기 때문입니다.

그런가 하면 그리스도의 재림에 지나치게 착념하면서 자신들의 모든 믿음을 영광 가운데 계신 그리스도에 고정시키는 것처럼 보이는 사람들도 있습니다. 나는 이것을 어빙주의(Irvingism)의 오류라고 생각합니다. 그것은 죄인의 눈앞에 지나칠 정도로 보좌 위에 계신 그리스도를 제시합니다. 물론 "보좌 위에 계신 그리스도"의 개념은 매우 중요한 개념입니다. 그럼에도 불구하고 우리는 "십자가 위에 계신 그리스도"를 바라보아야만 합니다. 그렇지 않으면 우리는 결코 구원받을 수 없습니다. 여러분의 믿음은 "영광을 받으신 그리스도"가 아니라 "십자가에 달리신 그리스도" 위에 세워져야 합니다. "그러나 내게는 우리 주 예수 그리스도의 십자가 외에 결코 자랑할 것이 없으니"(갈 6:14). "우리는 십자가에 못 박힌 그리스도를 전하니 유대인에게는 거리끼는 것이요 이방인에게는 미련한 것이로되"(고전 1:23).

나는 오랫동안 어빙주의 교회에 속해 있었다가 우리 교회로 옮긴 어떤 여인을 알고 있습니다. 그녀는 내게, 오랫동안 그곳에 있었지만 하나님과의 화평을 누리지 못하고 성령의 열매도 맺지 못했다고 고백했습니다. 그녀는 이렇게 말했습니다. "그들은 내게 영광을 받으신 그리스도 위에 거할 것을 가르쳤으며, 나는 그들의 가르침에 따라 나의 모든 믿음을 그렇게 고정시켰습니다. 그러자 나는 죄의식도 갖지 못했을 뿐만 아니라 십자가에 못 박힌 그리스도로부터의 죄 사함의 의식(意識)도 갖지 못했습니다. 그리스도께서 피를 흘리심으로 화목제물이 되신 것을 알게 될 때까지 나는 안식에 들어가지 못했습니다." 그렇습니다. 본문을 다시 한 번 보십시오. "피흘림이 없은즉 사함이 없느니라." 우리의 죄를 제거하는 수단은 그가 우리를 위해 흘리신 그의 피입니다. 이것 외에 그 어느 것도 우리의 죄를 제거할 수 없습니다.

### 3. 셋째로, 죄 사함은 오직 십자가 밑에서 발견된다는 사실을 주목하십시오.

죄 사함은 오직 예수 그리스도의 피흘림을 통해 이루어집니다. 오늘 예배 초두에 우리가 부른 찬송가는 그러한 진리를 우리에게 분명하게 제시합니다. 우리는 죄로 말미암아 하나님께 형벌의 빚을 졌습니다. 그러면 그러한 빚은 합당한 것입니까, 합당하지 못한 것입니까? 만일 율법이 옳다면, 형벌은 요구되어야만 합니다. 그러나 형벌이 지나치게 가혹하고 율법이 틀렸다면, 하나님은 오류를 범하신 것입니다. 그러나 이런 생각은 얼마나 큰 불경(不敬)입니까? 그것은 하나님의 율법이며, 의로운 율법입니다. 또 형벌은 정당합니다. 그런데 하나님이 부당한 일을 행하실 것입니까? 하나님에게 있어 도리어 형벌을 실행하지 않는 것이 부당한 일일 것입니다. 여러분은 부당한 하나님을 섬길 것입니까? 그는 범죄한 영혼은 죽을 것이라고 선언하셨습니다. 그러면 여러분은 하나님이 거짓말을 하셨다고 생각합니까? 하나님이 자기 피조물들을 구원하기 위해 식언(食言)을 하셨단 말입니까? "사람은 다 거짓되되 오직 하나님은 참되시도다"(롬 3:4). 율법의 선언은 그대로 실행되어야만 합니다. 만일 그가 거룩하신 하나님이라면, 그는 사람들이 범하는 죄를 징벌하셔야만 합니다. 그러면 그는 어떻게 우리를 구원할 수 있습니까? 그의 계획을 보십시오. 그의 사랑하는 아들, 영광의 구주가 사람의 본성을 취하시고, 아버지께서 주신 자들의 자리로 들어오시고, 그들의 자리에 서셨습니다. 그리고 공의의 판결이 선포되고 보응의 칼이 뽑아졌을 때, 그는 이렇게 소리쳤습니다. "칼이여, 나를 치고 내 백성을 가게 하라." 예수님의 영혼 속으로 율법의 칼이 관통했으며, 그의 피가 흘려졌습니다. 그것은 단순히 한 사람의 피가 아니었습니다. 그것은 자신을 흠 없이 하나님께 드릴 수 있는 자의 피였습니다. 그는 영원한 영으로 자신을 흠 없이 하나님께 드렸습니다. 그의 본성은 사람의 본성을 무한히 초월하는 것이었습니다. 그는 이를테면 자신 안에 사람의 모든 본성을 포함시킴으로써 하나님께 상상할 수 없을 정도로 무한한 효능을 가진 속죄를 드릴 수 있었습니다.

우리 주님의 고난은 정말로 말할 수 없는 고난이었습니다. 나는 그것을 확신합니다. 나는 그의 육체적 고난을 대수롭지 않게 여기거나 평가절하하지 않습니다. 그는 자신의 몸으로 극심한 고통을 겪었습니다. 동시에 나는 그의 영혼의 고난 역시 똑같이 말할 수 없는 것이었다고 확신합니다. 그것은 모든 상상을 초월하는 고난이었습니다. 그는 완전무결하게 순결하며 거룩하셨습니다. 따라서 범죄자 중 하나로 헤아림을 입고 아버지로부터 맞으며 이방인의 손에 의해 죽임을 당하는 것은 가장 쓴 잔이었으며 고뇌의 극치였습니다. "여호와께서 그에게 상함을 받게 하시기를 원하사 질고를 당하게 하셨은즉"(사 53:10). 그의 질고는 그리스 정교회의 기도문이 잘 표현하는 것처럼 "알 수 없는 고통의 큰 질고"였습니다. 그러므로 그러한 질고의 효능 역시 무한하며 끝이 없습니다. 이렇게 하여 하나님은 죄를 용서하실 수 있게 되셨습니다. 그는 그리스도 안에서 죄를 징벌하셨습니다. 이와 같이 그 값이 치러짐으로써 하나님은 빚을 제거하셨습니다. 그것은 긍휼에 부합할 뿐만 아니라 또한 공의에도 부합하는 것이었습니다. 만일 하나님이 우리 구주께서 담당하셨음에도 불구하고 어떤 죄에 대해 우리에게 형벌을 요구하신다면, 그것은 전능자에게 부당한 것입니다. 나는 지금 이 말을 매우 조심스럽게, 그러나 거룩한 담대함으로 말합니다. 만일 나의 구주가 나의 죄를 담당했다면, 그는 나를 자유롭게 풀어준 것입니다. 그리고 나는 깨끗하게 되었습니다. 내가 나의 구주의 인격 안에서 정죄를 받았을 때, 누가 또다시 나를 심판할 것입니까? 나의 구주 예수 그리스도께서 나를 위해 지옥의 고통을 당하셨을 때, 누가 또다시 나를 지옥 불에 던질 것입니까? 그리스도께서 나의 모든 죄를 짊어지고 죽으시고 다시 살아나셨을 때, 누가 또다시 나를 참소할 것입니까? 이것은 너무도 분명하며 간단한 진리입니다. 그렇지만 우리 모두가 그것을 받아들입니까? 우리 모두가 그것을 받아들였습니까?

사랑하는 형제들이여, 본문은 여러분에게 분명하게 경고합니다. 여러분은 훌륭한 성품과 기질을 가지고 있을 수 있습니다. 그러나 여러분은 그리스도를 영접하기를 머뭇거립니다. 여러분은 이러한 걸림돌에 걸려 넘어집니다. 여러분은 이러한 반석 위에서 쪼개집니다. 어떻게 내가 여러분의 불행한 경우에 부응할 수 있습니까? 나는 여러분과 함께 토론하지 않을 것입니다. 나는 어떤 논쟁 속으로도 들어가기를 거부합니다. 여러분에게 한 가지 질문을 던집니다. 여러분은 성경이 하나님의 영감된 말씀이라는 것을 믿습니까? 그렇다면 본문을 다시

한 번 보십시오. "피흘림이 없은즉 사함이 없느니라." 본문이 여러분에게 무엇이라고 말씀합니까? 너무나 분명하지 않습니까? 너무나 절대적이지 않습니까? 너무나 단호하지 않습니까? 우리는 본문으로부터 명확한 사실을 추론할 수 있습니다. 만일 여러분이 피흘림과 연결되어 있지 않다면, 여러분에게 무슨 사함이 있단 말입니까? 거기에 무슨 사함이 있을 수 있습니까? 여러분 자신의 죄가 여러분의 머리 위에 있습니다. 큰 심판주가 오실 때, 그는 여러분의 손으로부터 죗값을 요구할 것입니다. 여러분은 애쓰며 수고하는지 모릅니다. 여러분에게 확고한 신념과 평온한 양심이 있을는지 모릅니다. 여러분에게 높은 도덕관념이 있을는지 모릅니다. 그러나 여러분에게 피흘림이 없다면, 여러분에게 사함이 없습니다. 여러분은 피흘림을 거절합니까? 그러면 여러분 자신의 머리 위에 심판이 떨어질 것입니다. 하나님이 그렇게 말씀하셨습니다. 하나님은 여러분에게 피할 길을 계시하셨습니다. 그러므로 설령 여러분이 멸망으로 떨어졌다 하더라도 하나님이 그렇게 계획하셨다고 말할 수 없습니다.

하나님은 여러분에게 당신이 만들어 놓으신 길을 취하라고 명령하십니다. 그러나 만일 여러분이 그 길을 거절한다면, 여러분은 필경 죽을 것입니다. 여러분의 죽음은 자살입니다. 설령 그것이 판단착오나 별 생각 없이 이루어진 것이라 하더라도 말입니다. 여러분의 피가 여러분 자신의 머리 위에 있습니다. 여러분은 이미 경고를 받았습니다.

반면 본문은 또 우리에게 얼마나 큰 위로를 줍니까! "피흘림이 없은즉 사함이 없느니라." 그러나 피흘림이 있는 곳에 사함이 있습니다. 만일 여러분이 그리스도께 나왔다면, 여러분은 구원을 받습니다. 만일 여러분이 중심으로 "주여, 내가 회개하면서 주 앞에 나의 죄를 고백하나이다"라고 말할 수 있다면, 여러분의 죄는 사라집니다. 근심스러운 마음으로 "우리가 지금 사함을 받을 수 있습니까?"라고 묻는 자들이여! 십자가에 달린 구주를 보십시오. 그러면 여러분은 사함을 받습니다. 여러분이 하나님의 속죄를 받아들였다면, 여러분은 자기의 길을 갈 수 있습니다. 딸들이여, 기뻐하십시오. 여러분의 죄가 사함을 받았습니다. 아들들이여, 즐거워하십시오. 여러분의 허물이 제하여졌습니다.

이제 마지막으로 한 마디만 더 하고자 합니다. 다른 사람들을 가르치는 선생 된 자들이여, 여기의 진리를 굳게 붙잡으십시오. 이것이 여러분이 증언하는 모든 증언의 핵심과 골수가 되게 하십시오. 나에게 있어 예수 그리스도의 대속의 희생제사를 설교했을 때보다 더 만족스러운 안식일은 결코 없습니다. 그럴 때 나는, "설령 죄인들이 잃어졌다 하더라도 나는 그들의 피에 대해 책임질 필요가 없어"라고 느낍니다. 바로 이것이 영혼을 구원하는 진리입니다. 이 진리를 굳게 붙잡으십시오. 그러면 여러분은 영원한 생명을 움켜쥐게 될 것입니다. 마르틴 루터는 모든 설교 속에 반드시 "믿음으로 의롭다함을 받는 교리"가 들어 있어야만 한다고 말하곤 했습니다. 그것은 사실입니다. 그러나 동시에 모든 설교 속에는 속죄의 교리가 들어 있어야만 합니다. 그는 말 머리(馬頭) 속으로는 믿음으로 의롭다함을 받는 교리를 집어넣을 수 없었다고 탄식하면서, 할 수만 있다면 그들의 머릿속에 그러한 교리를 강제로라도 쑤셔 넣고 싶은 충동을 느꼈노라고 말했습니다. 마찬가지로 나 역시도 "피가 곧 생명"이라는 이 하나의 못을 계속해서 여러분 머릿속에 박아 넣고 싶습니다. "내가 그 피를 볼 때에 너희를 넘어가리라."

예수 그리스도는 피를 흘림으로써 그의 생명을 주셨습니다. 그리고 바로 그 피가 우리의 죄를 바로 지금, 그리고 완전하게 그리고 영원히 사합니다. 다른 모든 신뢰하는 것들로부터 돌이켜 성육신하신 하나님의 고난과 죽음을 의지하십시오. 그는 하늘로 올라가서서 지금 아버지의 보좌 앞에서 골고다에서 죄인들을 위해 흘린 피의 공로를 탄원하고 계십니다. 십자가에 달린 자가 만유의 왕과 주님으로 오실 때, 우리는 다시 만나게 될 것입니다. 간절히 부탁하노니 그 때 그분 앞에서 내가 여러분에게 구원의 길을 최선을 다해 전했노라고 증언해 주십시오. 설령 그렇게까지 증언해 주지는 못한다 하더라도 최소한 내가 여러분에게 여호와의 이름으로 이러한 복음을 분명하게 제시했노라고 말해 주십시오. 그러나 무엇보다도 나는 하나님의 은혜로 말미암아 우리 모두가 그곳에서 하나의 속죄로 덮이고, 하나의 의의 옷을 입고, 한 주님 안에서 열납된 자들로 만나기를 소원합니다. 그러면 우리는 함께 이렇게 노래하게 될 것입니다. "죽임을 당하신 어린 양은 능력과 부와 지혜와 힘과 존귀와 영광과 찬송을 받으시기에 합당하도다" (계 5:12). 아멘.

# 죄를 제거하심

—

"이제 자기를 단번에 제물로 드려 죄를 없이 하시려고
세상 끝에 나타나셨느니라." — 히 9:26

옛 시대가 저물어가고 어둠의 끝이 이르렀을 때, 예수 그리스도께서 아버지께로부터 오셨고 그와 함께 새벽이 왔습니다. 아론 계열의 제사장들이 죄를 제거할 수 없었을 때, 그의 단번의 나타나심으로 그 일이 완성되었습니다. 연회장에게 "당신은 지금까지 가장 좋은 포도주를 남겨두었도다"라는 말이 돌려질 수 있었던 것처럼, 은혜의 하나님께도 똑같은 말이 돌려질 수 있습니다. 그는 자신의 사랑의 연회를 풍성케 하기 위해 최고의 선물을 마지막에 — 그러나 지나치게 늦은 것은 결코 아니었습니다 — 보내셨습니다. 때가 차매 메시야가 오셨지만 그러나 그의 희생제사는 결코 늦은 것이 아니었습니다. 그는 사람의 죄를 위한 속죄를 이루기 위해 지정된 장소에 나타나셨습니다.

오늘 아침 나는 여러분이 수도 없이 반복적으로 들었던 하나님의 옛 진리를 또다시 선포할 것입니다. 그러나 그것은 그 양심이 죄로 번민하는 모든 사람들을 가장 기쁘게 하는 진리입니다. 만일 여기에 과거에 지은 죄의 무거운 짐에 눌려 하나님의 임박한 진노의 천둥소리를 듣고 있는 사람들이 있다면, 그들에게 있어 죄를 제거할 수 있는 자에 대해 듣는 것은 가장 큰 기쁨이 될 것입니다. 위대한 구속자가 세상 끝에 사람들 가운데 오신 것은 바로 그와 같은 사람들을 위한 것입니다. 그는 자신의 노력으로 죄를 제거할 수 있다고 생각하는 사람들의 죄를 제거하기 위해 오지 않았습니다. 그가 온 것은 여러분처럼 희망 없는 죄인들을 위한 것입니다. 여러분의 집에 불이 났다고 상상해 보십시오. 그런데 지금 소방차들이 달려오고 있다는 소식을 듣습니다. 그러면 그 소식은 여러분에게 얼마나 큰 기쁨이겠습니까? 여러분은 소방차들이 오는 것이 바로 여러분을 위한 것이라고 확실하게 느낄 것입니다. 왜냐하면 여러분의 집이 지금 불길 가운데 있기 때문입니다. 오늘날 재정적인 곤경 가운데 빠진 상인들을 돕기 위해 임명된 어떤 관리가 있다고 상상해 보십시오. 그런데 만일 여러분이 그와 같은 상태에 있다면, 여러분은 즉시로 희망을 품을 것입니다. 왜냐하면 그 관리가 곤경에 빠진 여러분을 도울 것이기 때문입니다. 예수 그리스도께서 죄를 제거하기 위해 세상에 오셨다는 소식은 희년을 알리는 나팔소리처럼 울려 퍼집니다. 자신이 죄로 가득 차 있음을 알면서 그것을 제거하기를 바라는 자들에게 말입니다. 그리고 스스로 죄를 제거할 수 없음을 인식하면서 죄가 어떤 방법으로든 소멸되지 않을 때 다가오게 될 끔찍한 운명을 생각하며 두려워 떠는 자들에게 말입니다. 근심하는 자들이여, 들으십시오. 오늘의 주제는 여러분에게 너무도 절실하며 필요한 주제입니다. 그러므로 귀를 열고 마음을 집중하십시오. 성령 하나님의 도우심 가운데, 옥에 갇힌 자들에게 오늘이 옥문이 열리는 날이 되기를 기원합니다.

　　본문을 주의 깊게 읽어 보십시오. "이제 그가 자기를 단번에 제물로 드려 죄를 제거하시려고 세상 끝에 나타나셨느니라"(한글개역개정판에는 "죄를 없이 하시려고"라고 되어 있음). 여기에서 먼저 세상 끝에 나타난 그리스도가 인간의 죄의 실재를 부인하고 죄를 그다지 해롭지 않은 것으로 혹은 그것을 지옥에 합당한 악이 아니라 단순한 실수나 불행한 일로 규정하는 철학을 전파하기 위해 오지 않았다는 사실을 주목하십시오. 나는 제대로 된 양심을 가진 사람들이라면 그와 같은 가르침을 좋아하지 않을 것이라고 확신합니다. 그것은 죄로 인해 번민하는 영혼에게 아무런 위로도 가져다주지 못합니다. 예수 그리스도는 여러분으로 하여금 자기 죄를 잊어버리도록 돕기 위해 세상에 오지 않았습니다. 그는 여러분에게 죄를 가리는 담요를 가져다주기 위해 오지 않았습니다. 그는 여러분으로 하여금 담대하게 자신의 죄에 대해 코웃음치며 그 결과를 대수롭지 않게 여기도록 가르치기 위해 나타나지 않았습니다. 인자가 온 것은 그런 이유 때문이 아니었습니다. 그는 여러분을 거짓 평안으로 안심시키기 위해 오지 않았습니다. 그는 여러분의 귀에 결국 망상으로 귀결될 거짓 위로를 속삭이기 위해 오지 않았습니다. 그가 온 것은 죄를 제거함으로써 여러분에게 죄로부터의 실제적인 구원을 주기 위함이었습니다. 그리고 그렇게 함으로써 여러분이 안전하게 누릴 수 있는 참된 평안을 가져다주기 위해 오셨습니다. 죄가 제거되면, 합법적인 평안이 따르게 됩니다. 그럴 때, 영의 안식은 우리가 누릴 수 있을 뿐만 아니라 또한 누려야만 하는, 또 장차 더 잘 누리게 될 축복이 됩니다. 죄인들이여, 오늘 아침 내가 전하는 소식은 여러분을 잠깐 동안 현혹시키는 단순한 희망의 반짝이는 불빛도 아니고, 여러분이 느끼는 고통을 위한 일시적인 위안도 아닙니다. 그것은 여러분의 모든 죄악을 실제적으로 치유하는 것이며, 여러분을 모든 위험으로부터 확실하게 구원하는 것입니다.

### 1. 첫째로, 죄를 제거하는 것은 매우 어려운 일이라는 사실을 기억하십시오.

이러한 하나님의 진리를 잠깐 동안 묵상해 보십시오. 그러면 여러분은 죄를 제거하신 그리스도의 능력과 지혜와 은혜를 찬미하지 않을 수 없게 될 것입니다. 죄를 제거하는 것은 유대의 모든 희생제사조차도 그렇게 할 수 없었을 정도로 매우 어려운 일입니다. 그것은 매우 비용이 많이 드는 일이었습니다. 때로 수천 마리의 수소가 드려지기도 했습니다. 또 그것은 하나님 자신이 세우신 규례였습니다. 성막에서 모든 일은 거룩한 산에서 모세에게 보여진 식양(式樣)에 따라 행해졌습니다. 성전에서도 마찬가지였습니다. 그곳에서의 모든 희생제사는 하나님의 명하신 바에 따라 드려졌습니다. 또 아론의 모든 예법(禮法)은 매우 인상적이었습니다. 거룩한 옷을 입은 제사장들, 희고 깨끗한 세마포 옷, 금 제단, 촛대, 떡상, 거룩한 불, 연기, 향 등. 모든 것은 사람들의 마음에 강한 인상을 주기에 충분한 것이었습니다. 이와 같이 첫 언약은 그 무엇과도 비교될 수 없을 정도로 장엄했습니다. 그러나 이 모든 것에도 불구하고 그것은 죄를 제거할 수 없었습니다. 매우 비용이 많이 들고, 하나님 자신이 친히 제정하셨고, 매우 인상적인 것이었음에도 불구하고 말입니다. 매년 속죄일이 될 때마다 새로운 속죄제물을 드려야만 했던 것이 그러한 사실을 보여주는 증거입니다. 만일 죄가 제거되었다면, 속죄제물은 종결되었을 것입니다. 빚이 변제되면, 모든 것은 끝나는 것입니다. 형이 다 치러지면, 처벌은 끝나는 것입니다. 하나님이 만족되신다면, 속죄는 끝나는 것입니다. 옷이 완전히 깨끗하게 되었는데, 그것을 또다시 빨 필요가 있습니까? 금이 이미 완전하게 정련(精鍊)되었는데, 계속해서 불을 땔 필요가 있습니까? 죄가 이미 효과적으로 제거되었는데, 죄를 위한 희생제물이 또다시 드려질 필요가 도대체 어디에 있단 말입니까? 나의 형제들이여, 죄는 여전히 거기에 있었습니다. 모든 속죄제물에도 불구하고 죄는 씻어지지 않았습니다. 다윗 같은 사람도 다음과 같이 부르짖을 때 그러한 사실을 느끼고 있었습니다. "주께서는 제사를 기뻐하지 아니하시나니 그렇지 아니하면 내가 드렸을 것이라 주는 번제를 기뻐하지 아니하시나이다"(시 51:16). 하나님의 명령에 따라 오랜 세월 동안 수소와 염소의 피가 흘려졌음에도 불구하고 죄는 여전히 남아 있었습니다. 왜냐하면 죄를 제거하는 것은 수소와 염소의 피가 감당할 수 없는 훨씬 더 어려운 일이었기 때문입니다. 뿐만 아니라 의식(儀式)들에 의해서도 죄는 제거될 수 없었습니다. 우리 주님의 시대에 하나님이 명하신 것으로 만족하지 못하고 자신들의 새로운 의식들과 예법들을 만들어 냈던 사람들이 있었습니다. 이 사람들은 모든 종류의 씻음을 실천했습니다. 그들은 금식하며 무릎을 꿇었습니다. 그들은 자신들의 옷깃을 넓게 했습니다. 그들은 경문(經文)을 찼습니다. 그들은 박하와 회향과 근채의 십일조를 드렸습니다. 이러한 세세한 규례들과 조상들의 유전(遺傳)을 충실하게 준수함으로써, 그들은 자신들의 죄를 덮는 의를 세우고자 했습니다. 그러나 우리 주님은 이것이 완전한 실패였다고 우리에게 분명하게 말씀하십니다. 왜냐하면 설령 그들이 잔과 주발의 겉은 깨끗하게 하는데 성공했을는지 모르지만 그러나 그 안은 여전히 매우 더러운 상태에 있었기 때문입니다. 그들은 마치 새로 회칠한 무덤처럼 겉은 깨끗했을지라도 그 속은 썩은 것으로 가득 차 있었습니다. 그들이 행했던 그 모든 것에도 불구하고 그들은 깨끗하게 되지 못했던 것입니다. 사랑하는 형제들이여, 이것은 오늘날에도 마찬가지입니다. 어떤 외적인 형식들도 여러분을 깨끗하게 만들지 못합니다. 죄의 문둥병은 훨씬 더 깊은 곳에 놓여 있습니다. 심지어 하나님이 주신 의식(儀式)들조차도 단 하나의 죄도 제거하는 효능을 갖고 있지 못합니다.

　　나아가 회개 자체도 사람을 죄로부터 깨끗하게 할 수 없습니다. 만일 어떤 것이 죄로부터 사람을 깨끗하게 할 수 있다면, 다름 아닌 회개가 바로 그것일 것입니다. 나의 말을 오해하지 말기를 바랍니다. 하나님이 어떤 사람에게 죄에 대한 회개를 주실 때, 그의 죄는 사함을 받습니다. 왜냐하면 회개와 사함은 함께 가기 때문입니다. 그러나 어떤 사람도 회개의 공로 때문에 사함을 받지 않습니다. 회개는 은혜 가운데 우리에게 주어진 선물이며, 그와 함께 죄 사함이 옵니다. 그렇지만 회개가 죄 사함의 원인은 아닙니다. 회개는 죄 사함과 함께 오는 것이며, 그것 (죄 사함)의 외적 증거들 가운데 하나입니다. 그렇지만 회개가 죄 사함의 원인은 결코 아닙니다. 자, 다윗의 경우를 통해 이의 증거를 살펴보도록 합시다. 다윗은 철저히 회개했습니다. 그의 참회 시는 상한 마음을 표현하는 가장 뛰어난 시로 서 영원히 남습니다. 그럼에도 불구하고 다윗은 어디에서도 자신의 회개로 인해 죄 사함을 요구하지 않습니다. 예컨대 시편 51편을 보십시오. 어디에서도 다윗은 자신의 회개로 인해 죄 사함을 받는다고, 다시 말해서 자신의 눈물이 자신을 깨끗하게 씻을 수 있다고 결론내리지 않습니다. 그는 우슬초로 뿌려졌던 속죄의 피를 언급하면서 이렇게 간구합니다. "우슬초로 나를 정결하게 하소서 내가 정하리이다 나의 죄를 씻어 주소서 내가 눈보다 희리이다"(시 51:7). 그는 "밤마다 눈물로 내 침상을 띄우므로 내가 눈보다 더 회어지며, 밤마다 눈물로 내 요를 적시므로 내가 정결케 되나이다"라고 말하지 않습니다. 그는 처절하게 회개하지만 그러나 그 위에서 안식하지 않습니다. 그는 우슬초를 바라봅니다. 그는 스스로를 속죄의 피의 거룩한 샘으로 돌이켜 거기에서 깨끗함을 받기를 소망합니다. 사랑하는 형제들이여, 여러분 역시도 그렇게 해야 합니다.

> "당신의 눈물이 영원히 흐른다 할지라도,
> 당신의 슬픔이 한없이 계속된다 할지라도,
> 그 모든 것이 죄를 속할 수 없다네.
> 오직 그리스도만이 홀로 구원하신다네."

뿐만 아니라 이 세상의 어떤 형태의 고통도 죄를 제거할 수 없습니다. 특별히 영국의 빈민들 가운데 부자와 나사로의 비유를 잘못 해석함으로써 이와 같은 관념을 가지고 있는 사람들이 적지 않게 있습니다. 이 땅에서 가난하게 살며 고통을 많이 겪은 사람들이 일종의 그에 대한 보상으로 다음 세상에서 천국에 들어가게 될 것이라는 것입니다. 반대로 부자는 단순히 그가 부자였다는 이유 때문에 지옥에 떨어지게 될 것이라는 것입니다. 예수 그리스도께서 부자와 나사로의 비유를 통해 가르치고자 하신 것은 결코 이런 것이 아니었습니다. 그러한 관념과 그리스도의 가르침 사이에는 남극과 북극 사이의 거리만큼이나 차이가 있습니다. 사랑하는 성도들이여, 결코 그렇지 않습니다. 여러분은 나사로처럼 가난할 수 있습니다. 그리고 나사로처럼 여러분도 쓰레기더미 위에 누울 수 있으며 개가 여러분의 상처를 핥을 수도 있습니다. 그럼에도 불구하고 이것이 여러분을 천국에 들어가도록 만들어주지는 못할 것입니다. 이 땅에서의 여러분의 고통은 결코 죄를 위한 속죄를 이루지 못합니다. 여러분은 성경에서 육체적으로 그리고 물질적으로 많은 고난을 겪었던 사람의 이야기를 읽었을 것입니다. 나는 지금 욥에 대해 이야기하고 있습니다. 여러분은 그의 모든 자녀들이 한순간에 죽음을 당한 것을 기억할 것입니다. 그의 모든 재산도 한순간에 모두 날아가 버리고 말았습니다. 뿐만 아니라 그는 발바닥에서 정수리까지 심한 종기가 났습니다. 그것은 집에 앉아 있을 수조차 없을 정도로 끔찍한 병이었습니다. 그리하여 그는 재 가운데 앉아서 질그릇 조각으로 자기 몸을 긁었습니다. 그러면 그 모든 고난을 통과하고 난 후의 그의 상태는 어떠했습니까? 하나님이 회리바람 가운데 그에게 나타나셔서 말씀하셨습니다. 그 때 욥이 그동안 받은 고난으로 인해 하나님 앞에 서서 "나는 이 모든 고난을 겪음으로 이제 모든 죄가 깨끗하게 되었나이다"라고 말했습니까? 아닙니다. 그렇지 않습니다. 그는 스스로를 겸비케 하면서 "그러므로 내가 스스로 거두어들이고 티끌과 재 가운데에서 회개하나이다"라고 부르짖었습니다(42:6). 그의 고난이 그에게 공로가 되지 못했습니다. 그는 전능자 앞에 아무런 요구도 하지 않았습니다. 다만 지극히 높은 자 앞에서 스스로를 거두어들이며 티끌과 재 가운데 회개하는 것이 전부였습니다. 그는 자기 자신을 신뢰하지 않고 오직 자신의 구주를 신뢰했습니다. "내가 알기에는 나의 대속자가 살아 계시니 마침내 그가 땅 위에 서실 것이라"(19:25). 그가 소망하며 바라본 것은 구주였지, 자신이 겪은 고난들이 아니었습니다. 그러므로 형제들이여, 나의 말을 믿으십시오. 여러분은 가난하게 살 수도 있고, 큰 질병 가운데 고통을 겪을 수도 있으며, 모든 종류의 고난을 당할 수도 있습니다. 심지어 여러분은 어떤 천주교도나 우상 숭배자들처럼 스스로를 괴롭게 할 수도 있습니다. 그러나 그 모든 것은 죄 사함의 문제에 있어 여러분에게 아무런 도움도 되지 못할 것입니다. 죄는 이런 종류의 것으로는 결코 제거되지 않습니다.

　뿐만 아니라 어떤 형태의 자기부인도 죄를 제거할 수 없습니다. 어떤 사람들은 죄를 회개하고 버린 후 자기 몸을 부인하며 많은 육체적 고통을 견딤으로써 속죄를 이룰 수 있다고 상상했습니다. 그러나 그렇지 않습니다. 여러분은 사람이 무엇을 드려 하나님께 받아들여질 수 있느냐고 물었던 선지자를 기억할 것입니다. "내가 무엇을 가지고 여호와 앞에 나아가며 높으신 하나님께 경배할까 내가 번제물로 일 년 된 송아지를 가지고 그 앞에 나아갈까 여호와께서 천천의 숫양이나 만만의 강물 같은 기름을 기뻐하실까 내 허물을 위하여 내 맏아들을, 내 영혼의 죄로 말미암아 내 몸의 열매를 드릴까"(미 6:7). 특별히 마지막 질문은 자기희생의 영역으로 깊숙이 들어갑니다. "내 허물을 위하여 내 맏아들을, 내 영혼의 죄로 말미암아 내 몸의 열매를 드릴까?" 그러나 이것조차도 아무 소용없습니다. 이교(異敎)에서는 부모가 자기 자녀들을 우상에게 제물로 바치기도 합니다. 우리는 몰렉의 이야기를 들을 때 충격을 받지 않을 수 없습니다. 그것은 속이 비어 있는 거대한 놋 형상인데, 그 안에 불이 타고 있습니다. 그래서 몰렉의 형상은 벌겋게 달구어져 있습니다. 그런데 몰렉을 섬기는 부모는 자신의 맏아들을 그 팔위에 올려놓습니다. 아이가 타서 재가 될 때까지 말입니다. 이 말을 들을 때 여러분은 그들이 잔인한 짐승들임에 틀림없다고 생각할 것입니다. 아, 그러나 그렇지 않습니다. 그들 역시도 여러분과 똑같이 자녀를 사랑하는 아버지들과 어머니들입니다. 그러나 그들은 강렬한 죄 의식을 느끼면서 이렇게 함으로써 자신들의 신을 기쁘게 하고 죄를 제거할 수 있다고 믿었던 것입니다. 이와 같이 그들은 자신의 영혼의 죄를 위해 자기 몸의 열매를 드렸습니다. 그러나 이와 같이 가장 사랑하는 자식을 버리는 소름끼치는 자기부인조차도 죄를 제거할 수 없습니다. 자신의 맏아들의 피로 씻었음에도 불구하고 그들의 죄의 얼룩은 지워지지 않은 채 그대로 남아 있었습니다. 그렇습니다. 이와 같이 죄는 쉽게 제거되지 않습니다.

나아가 거룩한 삶조차도 이전의 죄를 제거하지 못합니다. 설령 오늘부터 우리가 율법의 계명들을 따라 흠 없이 살며 온전한 믿음으로 하나님과 동행하며 사람들 앞에서 정직하게 살아간다 하더라도, 그것이 우리의 이전의 죄를 제거하지는 않습니다. 우리는 이 땅에서 최고로 선한 삶을 살았던 사람들로부터, 그럼에도 불구하고 스스로 양심의 자유함을 경험하지 못했다는 고백을 종종 듣곤 하는데, 그러한 사실이 여기의 명제를 증명해 줍니다.

뿐만 아니라 **죽음조차도 죄를 제거하지 못합니다.** 죽음은 매우 많은 것을 제거합니다. 만일 어떤 사람이 재산이 없이 죽으면, 그의 빚도 그와 함께 죽습니다. 또 우리가 어떤 사람에 대해 안 좋은 생각을 가지고 있다고 합시다. 그런데 만일 그가 죽는다면, 우리는 그에 대한 우리의 안 좋은 생각까지도 그의 무덤 속에 함께 묻습니다. 그러나 죽음은 단 하나의 죄도 죽이지 못합니다. 죄는 불멸입니다. 불멸의 그리스도가 그것을 처리하기 위해 오실 때까지 말입니다. 죄는 영원한 산처럼 굳게 서 있습니다. 그리고 결코 그 자리로부터 옮겨지지 않을 것입니다. 하늘과 땅을 창조한 자가 그 산을 자신의 속죄의 바다 속으로 던져버릴 때까지 말입니다. 그렇습니다. 부자는 죽어 장사되었지만, 그러나 그의 죄는 그와 함께 장사되지 않았습니다. 왜냐하면 지옥에서 그가 눈을 들어 보니 거기에서 죄가 자신을 정죄하고 있었기 때문입니다.

또 지옥 자체도 죄를 제거하지 못합니다. 거기에 마귀와 그의 사자들이 있습니다. 그것이 만들어지고 처음 불이 붙은 것은 바로 그들을 위한 것이었습니다. 그러나 그들은 처음 하늘로부터 떨어졌을 때와 마찬가지로 6천 년이 지난 지금까지 큰 죄인입니다. 마찬가지로 노아의 때 이후로 그곳에 있는 영들은 지금까지도 여전히 죄인입니다. 오랜 시간 지옥의 고통을 받았다 하더라도 그들의 죄는 처음과 비교해서 조금도 줄어들지 않습니다. 아, 이 얼마나 두려운 일입니까! 여러분과 내가 지옥에 떨어졌다고 가정해 봅시다. 수많은 세월 동안 하나님의 진노가 우리 위에 쏟아집니다. 그러나 그 모든 것에도 불구하고 단 하나의 죄도 제거되지 않을 것입니다. 죄는 그 형벌이 완료될 때까지 제거될 수 없습니다. 그러나 죄의 형벌이 완료되는 것은 유한한 인간에 의해서는 결코 이루어질 수 없습니다. 하나님의 독생자가 이 땅에서 이룬 일은 얼마나 놀라운 일입니까! 헤라클레스가 한 일을 생각해 보십시오. 그러나 그것은 임마누엘이 한 일과 비교할 때 아무것도 아닙니다. 그리스도께서 행하신 기적들을 생각해 보십시오. 바다 위를 걸어가고, 바다를 잔잔케 하며, 병자를 고치고, 죽은 자를 일으켰습니다. 이것들은 모두 밝은 별들입니다. 그러나 그것들의 빛은 기적 중의 기적, 즉 죄를 제거하는 기적과 비교할 때 아무것도 아닙니다. 그리스도의 의의 태양이 그 날개 아래 치료의 광선을 비추며 떠오를 때 비로소 죄의 빽빽한 구름은 사라집니다. 이와 같이 죄를 제거하는 것이 얼마나 어려운 일인지 다시 한 번 생각해 보십시오. 그러면 여러분은 그 일을 이루신 그리스도를 찬미하지 않을 수 없게 될 것입니다.

다시 한 번 강조하거니와 여러분은 자신의 죄를 제거하는 것이 얼마나 어려운 일인지 깊이 인식할 필요가 있습니다. 나의 경우도 그렇고, 여러분의 경우도 마찬가지입니다. 우리의 죄는 오랜 세월에 걸쳐 끈질기게 우리를 뒤쫓아 옵니다. 그것은 점점 더 쌓여지며 점점 더 심화됩니다. 우리는 빛에 반하여, 앎에 반하여, 양심에 반하여, 맹세와 결심에 반하여 죄를 범합니다. 우리는 그 쓴 맛을 보고 난 이후에도 또다시 반복하여 죄를 범합니다. 그것은 얼마나 더러운 죄입니까? 그것은 얼굴을 붉히게 만드는 죄입니다. 그것은 우리가 그것을 생각할 때마다 침대에서 벌떡 일어나게 만드는 죄입니다. 그럼에도 불구하고, 개가 그 토한 것을 다시 먹는 것처럼 우리는 또다시 죄를 반복합니다. 아, 우리의 짐승 같은 죄들이여! 우리의 두려운 죄들이여! 우리의 저주받은 죄들이여! 이러한 죄들을 제거하는 것은 정말로 너무나 어려운 일입니다. 마음속으로 이러한 사실을 깊이 느끼기 바랍니다. 그러면 여러분은 다음 주제를 더 큰 감사로 받아들일 준비를 갖추게 될 것입니다.

## 2. 둘째로, 그리스도께서 자신의 모든 백성들의 죄를 제거하셨음을 기억하십시오.

본문에 "죄"라는 단어가 단수형으로 나타나는 것을 주목하십시오(KJV: but now once in the end of the world hath he appeared to put away sin by the sacrifice of himself). 뿐만 아니라 그것은 또한 여기에서 어떤 한정어도 없이 홀로 나타납니다. 이러한 사실은 이것이 매우 포괄적인 의미로 사용되었음을 보여줍니다. 죄는 하나의 큰 악으로 간주되며, 그리스도는 그것을 제거하셨습니다. 주 예수 그리스도께서 세상 끝에 나타나셨을 때, 그는 하나의 거대한 덩어리로서 자기 백성들의 모든 죄와 직면하셨습니다. 예수 그리스도는 기꺼이 그 모든 죄를 자신에게 전가하셨습니다. "여호와께서는 우리 모두의 죄악을 그에게 담당시키셨도다"(사 53:6). 마치 그 모든 것이 하나의 죄인 것처럼 말입니다. 이렇게 하여 그가 그 모든 죄를 범한 것처럼 간주되었습니다. 겟세마네에서 그리고 십자가 위에서, 그는 자기 백성들의 모든 죄에 합당한 형벌을 받으셨습니다. 그리고 하나님은 그가 짊어진 모든 죄에 합당한 형벌로서 그에게 죽음을 요구하셨습니다. 예수 그리스도는 그 모든 형벌을 받으셨으며, 그러한 형벌로 말미암아 죄를 제거하셨습니다. 그가 대속자로서 대신한 사람들의 모든 죄 전체를 말입니다. 그들을 위해 그는 기꺼이 형벌을 받으셨습니다. 죄는 완전하게 그리고 영원히 제거되었습니다. 예수 그리스도께서 죽으시고, 부활하시고, 그의 영광에 들어가심으로써 말입니다.

여기에서 우리의 번역자들이 사용한 표현을 주목해 보십시오. 헬라어 표현은 좀 더 강력한데, 그에 대해서는 뒤에 다시 살펴보도록 합시다. 그는 죄를 "제거"하셨습니다(put away. 한글개역개정판에는 죄를 "없이 하시려고"라고 되어 있음). 흠정역(KJV)의 이런 표현은 신실하지 않은 아내가 "쫓겨날"(put away) 때 사용됩니다. 그녀의 남편이 그녀에게 이혼증서를 줄 때, 그녀는 더 이상 그의 아내가 아닙니다. 이러한 이혼의 행동이 이루어질 때까지, 그녀는 그의 합법적인 아내이며 뼈 중의 뼈요 살 중의 살이었습니다. 그리고 율법 아래서 그들은 하나로 간주되었습니다. 그들은 재산에 있어서나 기업(基業)에 있어서나 하나였습니다. 그러나 합법적인 이혼이 이루어지면, 그녀는 더 이상 남편과 아무런 관계도 없습니다. 둘은 완전히 남남이며, 따라서 아내는 남편에게 아무것도 요구할 수 없었습니다. 둘은 완전하게 나누어진 것입니다. 죄와 우리의 관계도 이와 비슷합니다. 그리스도께서 오시기 전에, 죄는 이를테면 우리와 결혼한 상태였습니다. 더러운 것이 우리를 오염시켰으며, 그 더러움에 대해 우리가 책임져야 했습니다. 우리가 그것을 행한 것입니다. 죄는 우리와 연결되었습니다. 이를테면 우리의 뼈 중의 뼈요 살 중의 살이 된 것입니다. 그러나 이 얼마나 축복된 사실입니까! 그리스도께서 우리 영혼과 우리 죄 사이에 이혼을 선포하셨습니다. 그는 우리의 죄를 "쫓아내"셨습니다(put away). 그럼으로써 우리는 더 이상 죄와 연합되지 않으며, 그에 대해 책임을 질 필요가 없게 되었습니다. 그가 우리를 대신하여 우리 죄의 책임을 짊어지심으로써 우리의 개인적인 책임은 종결됩니다. 우리의 죄가 무엇이었든지 간에, 그것은 더 이상 우리에게 지워지지 않습니다. "여호와께서 죄를 전가하지(책임을 지우지) 않는 자는 복이 있도다"(시 32:2, 한글개역개정판에는 "여호와께 정죄를 당하지 아니하는 자는 복이 있도다"라고 되어 있음). 물론 우리에게 죄가 있습니다. 그러나 그 죄는 더 이상 우리에게 전가되지 않습니다. 이제 우리의 죄는 더 이상 우리의 것이 아닙니다. 마치 합법적으로 이혼했을 때 우리의 아내가 더 이상 우리의 아내가 아닌 것처럼 말입니다. 신자와 그의 모든 옛 죄들은 서로 완전하게 분리됩니다. 그것은 합법적인 분리이며, 정당한 분리이며, 완전한 분리입니다.

"제거하는" 것은 또 다른 의미로도 사용됩니다. 야곱은 자기 아들들에게 그들 가운데 있는 거짓 신들을 "제하라고"(put away) 명령했습니다. 또 우리는 요시야가 이스라엘로부터 바알과 모든 거짓 신들을 "제하는" 것을 발견합니다. 이와 같이 거짓 신들을 "제하는" 것을 생각해 보십시오. 거기에는 섬김의 대상이 되어 왔던 드라빔을 비롯한 모든 형상들과 상징들을 찾아내기 위해 집 전체를 샅샅이 뒤지는 것이 있었습니다. 야곱이 장막 안에서 드라빔을 발견했다고 상상해 보십시오. 아마도 그는 분개하는 마음으로 그것을 장막 밖으로 내던져 버렸을 것입니다. 그리고 나서도 혹시 자신의 어떤 아들이나 종이 그것을 다시 취하여 섬기지 않을까 우려하여 발로 짓밟아 버리거나 혹은 망치로 쳐서 가루를 내어 날려 버렸을 것입니다. 모세가 금송아지를 빻아 가루를 내어 물에 뿌렸던 것처럼 말입니다. 또 젊은 요시야가 우상의 제단들을 허물고 그 형상들을 깨뜨리는 것으로 만족하지 않고 그것들을 완전하게 파괴했던 것처럼 말입니다. 바로 이러한 방식으로 그리스도는 자기 백성들의 죄를 "제거하셨"습니다(put away). 그는 그것을 완전히 부수셨으며, 깨끗하게 치우셨으며, 멀리 집어던지셨으며, 깨뜨리셨으며, 파괴하셨으며, 그리하여 제거하셨습니다.

"제거하는" 것은 또 다른 방식으로 예증(例證)될 수 있습니다. 유월절 절기 때에 이스라엘 백성들은 자신의 집으로부터 모든 누룩을 "제하도록"(put away) 명령을 받았습니다. 오늘날에도 그들은 유월절에 이러한 명령을 매우 주의 깊게 지킵니다. 그들은 혹시라도 누룩이 들어간 떡 부스러기라도 남아 있을까 하여 집 전체를 철저하게 청소합니다. 그들은 작은 솔로 찬장과 서랍까지 깨끗하게 소제합니다. 그리고 어느 구석에서라도 누룩이 남아 있을까 하여 집 전체를 세밀하게 살핍니다. 모든 누룩이 제하여져야만 합니다. 그래야 비로소 그들은 무교절을 지킬 수 있습니다. 바로 이러한 방식으로 예수 그리스도는 죄를 제거하셨습니다. 나의 마음이나 영혼이나 양심이나 혹은 기억 속에 은밀하게 남아 있는 어떤 죄가 있을는지 모릅니다. 나의 본성의 은밀한 구석에 감추어진 어떤 작은 죄가 나를 파괴시킬는지 모릅니다. 그러나 예수 그리스도는 그 모두를 제거하셨습니다. 두려운 누룩의 모든 부스러기를 그리스도는 깨끗하게 청소하셨습니다. 그는 한 번 나타나심으로써 죄를 완전하게 제거하셨습니다. 사랑하는 형제들이여, 만일 여러분이 그리스도를 믿는 신자라면, 여러분의 모든 죄들은 완전하게 제거된 것입니다. 큰 죄와 작은 죄, 이런 모양의 죄와 저런 모양의 죄, 이런 형태의 죄와 저런 형태의 죄, 이런 색깔의 죄와 저런 색깔의 죄, 이런 정도의 죄와 저런 정도의 죄, 이런 방식의 죄와 저런 방식의 죄 — 이 모든 죄들이 완전하게 제거된 것입니다. 주홍색의 죄와 검은 색의 죄와 소리치는 죄와 어린 시절

부터 지금까지 그리고 장차 사랑하는 자의 안식에 들어갈 때까지의 모든 종류의
죄가 모두 그리스도 위에 올려졌습니다. 그리고 그가 자기 몸으로 속죄제물을
드렸을 때, 그는 그 모두를 완전하게 종결시키셨습니다. 그는 자기의 택하신 자
들을 위해 죄를 하나의 전체로서(as a whole) 제거하셨습니다. 이 얼마나 영광스
러운 사실입니까! 우리의 죄가 제거된 것을 인식할 때, 우리는 하늘의 기쁨 가운
데 다음과 같이 새 노래를 부르게 될 것입니다. "그의 아버지 하나님을 위하여
우리를 나라와 제사장으로 삼으신 그에게 영광과 능력이 세세토록 있기를 원하
노라"(계 1:6).

    한편 헬라어 표현은 영어 표현보다 한층 더 강렬합니다. 나는 여기의 표현
이 신약의 다른 곳에서 오직 한 번만 사용되었다고 믿습니다. 그리고 현존하는
헬라어 문서들과 관련한 한, 여기의 표현은 다른 곳에서 결코 사용되지 않은 매
우 특이한 표현입니다. 그것은 사도가 자신의 주제를 강력하게 부각시키기 위해
창안한 표현입니다. 물론 헬라어는 매우 어휘가 풍부한 언어입니다. 그럼에도
불구하고 그에게 있어 그가 의도하는 의미를 온전히 표현함에 있어 그것은 충분
하지 못했습니다. 여기의 표현이 사용된 다른 곳은 히브리서 7장 18절입니다.
"전에 있던 계명은 연약하고 무익하므로 폐하고"(7:18). 여기에서 "폐하고"
(disannulling)라고 번역된 단어는 완전한 취소하고, 폐지하여, 무효화시키는 것
을 의미합니다. 이와 같이 예수 그리스도는 죄를 완전히 취소하고, 폐지하여, 무
효화시키기 위해 세상 끝에 나타나셨습니다. 어떤 것을 취소하고 폐지시키는 것
은 무엇을 의미하는 것입니까? 예컨대 대중교통과 관련한 어떤 법이 있다고 합
시다. 그 법은 작년 말까지 유효했습니다. 그러나 새 법이 제정되어 올해 첫 날부
터 시행되게 되었습니다. 이제 우리는 새 법 아래 있게 된 것입니다. 어떤 운전사
가 새 법에 동의하고 면허를 받습니다. 그리고 새로운 운임규정에 따라 승객에
게 운임을 요구합니다. 그런데 어떤 승객이 어째서 옛 법에 따라 요금을 부과하
지 않느냐면서 그 운전사를 법정에 소환합니다. 그러면 판사는 그에게 이렇게
말할 것입니다. "그에 대한 당신의 소환 요구는 아무 근거가 없소. 당신은 그를
이곳으로 소환할 수 없소. 그는 옛 법을 깨뜨리지 않았소. 왜냐하면 그는 옛 법아
래 있지 않기 때문이오. 그는 새 법에 동의하고 면허를 받았으며, 그것은 그가 더
이상 옛 법 아래 있지 않음을 의미하는 것이오. 옛 법은 더 이상 그를 통제할 힘
을 가지고 있지 않소." 이와 같이 그리스도 예수를 믿는 자는 자신의 양심에 의

해 소환될는지 모르지만, 그러나 그에 대해 "너는 율법 아래 있지 않고 은혜 안에 있느니라"는 평안의 대답을 듣게 될 것입니다. "그리스도는 모든 믿는 자에게 의를 이루기 위하여 율법의 마침이 되시니라"(롬 10:4). "또 모세의 율법으로 너희가 의롭다 하심을 얻지 못하던 모든 일에도 이 사람을 힘입어 믿는 자마다 의롭다 하심을 얻는 이것이라"(행 13:39). 이와 같이 그리스도는 자기 백성들의 죄를 폐하셨습니다.

또 이와 같이 죄를 폐하는 것을 어떤 비유로 설명할 수 있을까요? 지금부터 내가 이야기하는 것은 완전한 비유는 아니지만 그러나 여러분에게 어느 정도 도움이 될 것입니다. 폼페이우스가 죽었을 때, 율리우스 카이사르는 그의 편지함을 손에 넣게 되었습니다. 거기에는 틀림없이 자신의 일부 추종자들이 폼페이우스와 은밀하게 교섭한 내용을 담은 편지들이 있을 것이었습니다. 만일 카이사르가 그것을 읽는다면, 아마도 그는 그들에 대해 크게 화를 내면서 자신을 농락한 대가로 그들을 처형할 것이었습니다. 그것을 우려하면서 카이사르는 그 편지함에 있는 편지를 단 하나도 읽지 않고 모두 불태워 버렸습니다. 그는 매우 훌륭한 방법으로 자신에 대한 모든 배신적인 행위들을 일거에 폐기시켜 버린 것입니다. 그는 심지어 그들이 누구인지조차 몰랐습니다. 그는 화를 낼 수 없었습니다. 왜냐하면 그들이 자신을 배신했음을 몰랐기 때문입니다. 그는 그들의 모든 배신행위를 불에 태웠으며, 그들의 죄를 소멸시켜 버렸습니다. 그럼으로써 그는 그들 모두를 마치 아무런 배신행위도 하지 않은 것처럼 대할 수 있었습니다.

주 예수 그리스도 역시도 이와 비슷하게 여러분과 나의 죄를 종결시켰습니다. 주님은 우리의 죄를 아십니까? 어떤 의미에서, 그렇습니다. 그러나 주님은 "그들의 죄와 허물을 내가 더 이상 기억하지 아니하리라"라고 선언하십니다. 어떤 의미에서, 하나님은 잊으실 수 없습니다. 그러나 다른 의미에서, 하나님 자신이 그의 백성들의 죄를 기억하지 않고 자기 등 뒤로 던져 버렸노라고 선언하십니다. 하나님은 말씀하십니다. "그 날 그 때에는 이스라엘의 죄악을 찾을지라도 없겠고 유다의 죄를 찾을지라도 찾아내지 못하리니 이는 내가 남긴 자를 용서할 것임이라"(렘 50:20).

어떤 참소자가 카이사르에게 이렇게 말할 수 있었습니다. "당신은 카이우스와 플로루스가 폼페이우스와 깊숙이 연결되어 있음을 모르십니까?" 카이사르가 대답합니다. "아니, 나는 그들에 대해 아무것도 알지 못해." "그러나 편지함에 그 증거가 있습니다." 이에 카이사르는 다시 대답합니다. "이제 편지함 따위는 더 이상 없어. 내가 완전히 불태워 버렸거든." 물론 이 비유는 완전하지 않습니다. 왜냐하면 예수 그리스도의 경우 죄에 대한 형벌을 대신 받음으로써 죄를 종결시킨 것과는 달리, 그의 경우는 완전히 합법적인 방법을 제시하지 못하기 때문입니다. 만일 여러분과 내가 신자라면, 우리의 모든 죄에 대해 공의가 만족되고 형벌이 이루어졌습니다. 모든 문제가 완전하게 해결되었습니다. 율법을 슬그머니 빠져나가는 방법으로가 아니라, 그것을 모두 이룸으로써 말입니다. 공의가 완전하게 이루어지고 보응이 만족됨으로써 죄가 제거되었습니다.

　또 하나의 예화를 들어볼까요? 빚은 갚을 때 소멸됩니다. 이와 같이 예수 그리스도께서 자기 백성들이 진 빚을 모두 갚음으로써, 우리가 공의에 대해 진 빚이 취소되고 폐지되고 무효화되었습니다. 하나님의 자녀들이여, 나는 여러분이 이 진리를 계속해서 마음에 새기기를 바랍니다. 예수 그리스도께서 여러분의 모든 죄를 제거하셨습니다. 하나님 앞에서 여러분은 무죄한 것처럼 받아들여집니다. 아니, 그 이상입니다. 여러분은 무죄한 자 이상으로, 다시 말해서 적극적인 의를 소유한 자로서 간주됩니다. 여러분의 죄가 그와 같이 제거됨으로 이제 여러분은 아무것도 박탈당하지 않습니다. 죄가 한때 여러분을 가로막았지만, 이제 여러분은 담대하게 하나님 앞에 나아갈 수 있습니다. 여러분은 마치 타락한 적이 없는 것처럼 하나님의 호의와 그 앞에 가까이 나아감과 그와의 관계를 향유할 수 있습니다. 죄가 제거될 때, 죄의 모든 결과 역시도 실질적으로 제거됩니다. 이것을 생각하며 기뻐하십시오. 더욱이 여러분의 죄는 영원히 제거됩니다. 죄가 제거된 것이 다시 무효화될 수 있다는 생각 속으로 떨어지지 마십시오. "하나님의 은사와 부르심에는 후회하심이 없느니라"(롬 11:29). 영원하신 하나님은 자신이 말한 것을 다시 거두어들이지 않습니다. 만일 여러분이 사함을 받았다면, 여러분은 아무도 여러분을 정죄할 수 없도록 그렇게 사함받은 것입니다. 이 땅에서든 영원에서든 말입니다. "동이 서에서 먼 것 같이 우리의 죄과를 우리에게서 멀리 옮기셨으며"(시 103:12). 이것은 얼마나 큰 기쁨입니까! 이러한 진리는 얼마나 달콤합니까! 만일 이것이 사실이라면, 우리는 얼마나 큰 평안을 누려야 마땅합니까!

　여러분은 지금 시험 가운데 고난을 당하고 있습니까? 루터가 "주여, 나를 치소서. 나는 이제 사함을 받았나이다"라고 말한 것을 기억하십시오. 자신의 죄가 제거된 것을 알았을 때, 이제 고난 따위는 그에게 더 이상 아무것도 아닌 것처럼 느껴졌던 것입니다. 사함받은 죄인이여, 당신의 노래를 멈추게 할 수 있는 것은 아무것도 없습니다. 당신은 결코 지옥으로 떨어질 수 없습니다. 하나님은 당신을 완전히 버릴 정도로 그렇게 당신에게 진노하실 수 없습니다. 당신은 구원을 받았습니다. 당신은 하늘의 기업을 소유합니다. 그곳에 당신을 위해 준비된 면류관이 있습니다. 그리고 당신이 하늘의 기쁨으로 연주할 비파가 있습니다. 아! 바벨론에 유폐된 자들이여, 그러나 여기에서도 계속해서 시온의 노래를 부르십시오. 장차 하늘에서 더 이상 탄식하지 않고 완전한 즐거움으로 부르게 될 그날을 바라보면서 말입니다.

### 3. 셋째로, 이제 죄가 어떻게 제거되었는지 간략하게 살펴보도록 합시다.

본문은 우리 주님이 제물로써 죄를 제거했다고 말합니다. 하나님의 계시의 핵심과 골수는 다름 아닌 대속(代贖)입니다. 주 예수 그리스도는 죄인의 자리에 서서서 죄를 위한 희생제물이 되셨습니다. 속죄의 어린 양이 생명의 피를 흘렸던 것처럼, 그리스도는 우리의 생명을 구속하기 위해 자신의 생명을 주셨습니다. 사랑하는 형제들이여, 오늘날 평안을 찾고 있는 자들이여, 그리스도께서 죄를 위한 희생제물이 되신 장소가 바로 여러분이 빛을 발견할 장소라는 사실을 기억하십시오. 여러분의 위로는 그의 가장 순전하며 흠모할 만한 삶을 연구하는 것으로부터 오지 않습니다. 오직 그것은 그의 고통스러운 대속의 죽음을 묵상하는 것으로부터 올 것입니다. 그는 죄를 알지 못하셨으나, 여러분으로 하여금 그 안에서 하나님의 의가 되도록 하기 위해 죄가 되셨습니다. 그는 고통스럽고 수치스러우며 번민에 찬 죽음을 죽으셨습니다. 여러분으로 하여금 자신의 죄로 인한 보응의 칼을 느끼지 않도록 하기 위해서 말입니다.

계속해서 본문은 제물이 바로 그 자신이었다고 말합니다. 죄는 그가 행한 일들이라든지, 하늘로 올려지는 그의 기도의 향(香)이라든지, 그의 뿌려지는 눈물이라든지, 심지어 하나님 앞에 드려지는 그의 고통과 신음으로 말미암아 제거되지 않습니다. 그것은 오직 그 자신의 희생제물에 의해서만 제거됩니다. 주 예수 그리스도는 여러분을 위해 자신의 몸과 영과 혼을 포기했습니다. 이와 같이 이모든 것으로 구성되는 "그 자신"이 값없이 죽음에 던져졌습니다. 우리의 죄에 합당한 형벌을 받으시기 위해서 말입니다. 자신을 희생제물로 드린 바로 이 사실을 깊이 묵상하십시오. 이것은 여러분으로 하여금 그가 누구였는지를 기억하도록 이끌어줄 것입니다. 그는 무엇보다도 영원히 복되신 하나님이셨습니다. 그는 모든 세상을 만드신 자셨지만, 그러나 자신을 주셨습니다. 그의 희생제사의 장엄함을 보십시오. 바로 여기에 무한한 공로가 있었습니다. 만일 그가 단순한 사람이었다면, 무죄한 한 사람의 죽음은 혹 다른 한 사람을 위한 속죄가 될 수 있을는지 모릅니다. 그러나 그의 무한한 본성으로 인해 그의 고난 속에는 무한한 공로가 있었습니다. 이와 같이 그 안에서 이루어진 속죄는 무한한 공로를 가진 것이었습니다. 그것은 단순히 눈물과 피와 행위로 말미암아 이루어진 속죄가 아니라 주께서 자신을 주심으로써 이루어진 속죄였기 때문입니다. 그가 죄를 제거할 수 있었던 것은 바로 "그 자신" 때문이었습니다.

나의 형제들이여, 나는 나의 죄를 제거하는 무한하신 구주를 신뢰할 수 있습니다. 만일 내가 어떤 제사장으로부터 죄를 제거하기 위해 이런저런 일을 행하라는 말을 들었다면, 나는 두려워하지 않을 수 없었을 것입니다. 왜냐하면 그러한 노력들이 정말로 내가 원하는 목적에 충분히 부응할 수 있을는지 확신할 수 없기 때문입니다. 그러나 만일 나의 죄가, 정말로 사람들 가운데 사셨으며 나를 대신하여 사람의 몸으로 고난을 당하신 하나님 자신 때문에 제거되는 것이라면, 나는 믿을 수 있으며, 또 믿고 평안히 안식할 것입니다.

> "이러한 진리 위에서, 나의 영혼은
> 살 수도 있으며 죽을 수도 있도다."

이러한 견고한 기초 위에서, 죄의 무거운 짐을 지고 헐떡이는 죄인은 비로소 영원을 위한 즐거운 소망을 가질 수 있습니다.

성경 어디에서도 또 다른 제사가 드려져야 한다는 말이 나타나지 않는 사실을 주목하십시오. 로마가톨릭교회는 "미사"의 피 없는 제사 속에서 계속해서 그리스도의 희생제사를 드린다고 말합니다. 그러나 이것은 단순히 사제들이 창안해 낸 것일 뿐입니다. 우리 주님은 한 번 나타나심으로써 죄를 제거하셨으며, 그렇게 하여 모든 희생제사를 영원히 완성하셨습니다. 그러면 무엇입니까? 그가 완성한 것에 대해 무엇인가를 덧붙일 것입니까? 우리의 큰 대제사장이 단 한 번으로 영원히 죄를 제거하셨는데, 당신은 또다시 죄를 제거할 것입니까? 적그리스도의 아들들이여, 우리를 떠나십시오.

또 여기에 죄가 다시 되돌아오는 것과 관련하여 아무런 언급도 나타나지 않는 사실을 주목하십시오. 그는 죄를 제거하셨습니다. 그것이 전부입니다. 여기에 또다시 죄를 제거할 필요성에 대한 언급은 전혀 나타나지 않습니다. 예수 그리스도는 세상 끝에 나타나셔서 죄를 최종적으로, 총체적으로, 영원히 제거하셨습니다. 그러면 그의 백성들의 죄는 어디에 있습니까? 그것은 더 이상 찾는 것이 불가능할 정도로 완전하게 제거되었습니다. 설령 열심히 찾는다 할지라도, 그것이 되돌아오는 것은 불가능합니다.

뿐만 아니라 우리가 죄를 제거하는 일에 주 예수와 협력해야 한다는 개념 역시 전혀 나타나지 않습니다. 그가 죄를 제거하기 위해 왔지만 그러나 다른 사람들이 그 일에 협력해야 한다는 언급은 덧붙여지지 않습니다. 예컨대 죄인이 눈물을 흘려야 한다든지, 혹은 깊이 뉘우쳐야 한다든지, 혹은 올바로 행동해야 한다든지, 혹은 순종적인 사람이 되어야 한다든지 등의 말이 덧붙여지지 않는 것입니다. 결코 그렇지 않습니다. 본문이 확실하게 선언하는 것은 그가 죄를 제거하셨다는 것입니다. 그것이 전부입니다. 이 시간 나의 설교를 듣는 분들이여, 십자가 위에서 그리스도가 여러분의 모든 죄를 제거했든지 혹은 그렇지 않았든지 둘 중의 하나입니다. 만일 그가 여러분의 죄를 제거하지 않았다면, 여러분은 불신앙 가운데 살다가 죽을 것입니다. 반대로 만일 그가 여러분의 죄를 제거했다면, 그러한 속죄를 완전한 것으로 만들기 위해 여러분에게 필요한 것은 아무것도 없습니다. 여러분이 해야 하는 모든 것은 단지 그 큰 구속(救贖) 속에 여러분 자신을 믿음으로 던지는 것뿐입니다. 어떤 사람이 말합니다. "그러면 어떻게 내가 그 안에 나의 분깃이 있음을 확신할 수 있습니까?" 여러분은 이 한 가지로서 알 수 있습니다. 여러분은 예수를 믿습니까? 여러분은 그를 신뢰합니까? 바로 이것이 여러분의 죄가 제거된 증거입니다. 여러분이 잉태되기 전에, 그리스도께서 여러분의 죄를 영원히 제거하셨습니다. 정말로 그렇다면, 여러분은 오늘날 자신의 죄 때문에 마치 그것이 지금 여러분을 정죄하는 것처럼 고개를 숙이고 애통하며 괴로워할 필요가 없습니다. 만일 여러분이 예수 그리스도를 믿는다면, 하나님이 세상의 기초를 놓으시기 전부터 여러분을 사랑하셨음을 확신하십시오. 하나님은 여러분을 그리스도 예수 안에서 율법 앞에 정결한 자로 보십니다. 독생자의 인격 안에서 여러분은 사랑하는 자녀로 받아들여집니다. 하나님은 창세 전에 그리스도 안에서 여러분을 보셨습니다. 여러분이 그를 알지도 못했고 알 수도 없었을 때 말입니다. 그리고 여러분의 구속자로 하여금 여러분의 죄에 대한 모든 형벌을 담당하게 하셨습니다.

지금 내 귀에 "어떻게 내가 죄를 제거하는 이러한 복된 일에 참여할 수 있습니까?"라고 묻는 소리가 들리는 것 같습니다. 형제들이여, 그에 대한 나의 대답은 이것입니다. 그것은 오직 그 일에 우리가 참여할 것은 아무것도 없다는 것입니다. 만일 여러분이 여러분 자신의 감정이나 행동으로 말미암아 이러한 은혜의 일 속에 참여할 수 있다고 생각한다면, 여러분은 그리스도의 완전한 역사(役事)를 모독하는 것입니다. 그리고 그럴 때 여러분과 그리스도 사이에 거대한 틈이 만들어지게 됩니다. 그리스도가 여러분의 죄를 제거했는지 여부를 알려주는 유일한 시험은 이것입니다. 여러분은 스스로 자기 죄를 제거한다는 모든 개념을 포기했습니까? 여러분은 기꺼이 그리스도로 하여금 홀로 죄를 제거하는 모든 영광을 갖도록 허락합니까? 여러분은 지금 전심으로 그가 여러분의 죄를 제거하는 것을 믿습니까? 그러면 되었습니다. 그리스도 외에 다른 모든 것에 대한 신뢰를 버리십시오. 오직 예수 그리스도만을 완전하게 그리고 마음을 다해 의뢰하십시오. 그가 여러분을 사랑하시고 여러분을 위해 자신을 주셨음을 확신하십시오. 어떤 사람이 말합니다. "아, 나는 오래 전에 그렇게 했습니다." 그렇습니까? 그러면 기뻐하고 즐거워하십시오. 그리고 그에 대한 사랑으로 거룩의 일을 실천함으로써 여러분을 구원하신 그를 존귀케 하십시오. 여러분의 모든 날들을 기뻐하십시오. 그리고 여러분을 깨끗하게 씻은 자의 이름을 찬미하십시오.

사랑을 받은 자들이여, 매 주일마다 무릎을 꿇고 스스로 "비참한 죄인"이라고 울부짖지 마십시오. 여러분은 비참한 죄인이 아닙니다. 이제 여러분은 사함을 받았고, 의롭다함을 받았으며, 자녀로 받아들여지고, 그리스도와 하나가 되었습니다. 여러분은 죄인입니다. 그러나 "비참한" 죄인은 아닙니다. 스스로를 "비참한 죄인"이라고 부르는 신자들에게 주님은 이렇게 말씀하실 것입니다. "그렇다면 너는 나를 믿지 않는단 말이냐? 내가 너를 용서하고 이제 너에게 더 이상 정죄함이 없다고 선언하지 않았느냐? 너의 감사가 고작 이것이냐? 어째서 기쁨으로 감사하지 못하느냐? 어째서 스스로를 비참한 죄인이라고 부르느냐?" 이런 모습은 예수를 믿는 신자들에게 어울리지 않습니다. 세례중생론(baptismal regeneration)을 믿는 자들에게는 잘 어울릴는지 모르지만 말입니다. 우리는 즐거운 입술로 이렇게 노래합니다.

> "우리 구주의 보배로운 피가 흐르도다.
> 그것을 바라보는 것은 얼마나 즐거운 일인가!
> 나는 분명히 아노라.
> 그가 나를 하나님과 화목하게 하셨다는 것을."

죄는 영원히 사라졌습니다. 신자여, 기뻐하고 또 기뻐하십시오.

내 귀에 또 다른 사람이 이렇게 말하는 소리가 들리는 것 같습니다. "아, 나의 죄가 제거되었음을 내가 확실하게 알 수 있다면 얼마나 좋을까요? 그러면 나는 기쁘게 구주를 믿을 것입니다. 그러나 문제는 내가 그를 신뢰할 수 있는가 하는 것입니다." 나의 친구여, 그것은 문제가 되지 않습니다. 그는 당신에게 자신을 믿으라고 명령합니다. "주 예수 그리스도를 믿으라 그리하면 네가 구원을 얻을 것이라"(행 16:31). "믿고 세례를 받는 사람은 구원을 얻을 것이요 믿지 않는 사람은 정죄를 받으리라"(막 16:16). 만일 믿지 않는다면, 당신은 정죄를 당할 것이라는 경고를 받습니다. 그러므로 형제여, 용기를 내어 지금 그리스도를 믿으십시오. "무엇이라고요? 지금까지 죄악된 삶을 살아왔음에도 불구하고 정말로 믿기만 하면 그 모든 죄가 제거될 것이란 말입니까? 최소한 집에 가서 성경을 읽기 시작하면서 한 달 정도는 준비기간을 가져야 하지 않겠습니까?" 미루지 마십시오. 오늘, 그의 음성을 듣거든 마음을 완고하게 하지 마십시오. 지금 그를 믿으십시오. 다소의 사울은 죄 가운데 있다가 한순간 비췸을 받고 구원을 얻었습니다. 십자가 위에서 죽어가고 있던 강도는 오랫동안 기다릴 필요가 없었습니다. 그는 "주여 나를 기억하소서"라고 기도했으며, 그러한 기도에 대해 "오늘 네가 나와 함께 낙원에 있으리라"는 응답을 받았습니다. 죄 사함은 즉각적입니다. 그것은 몇 분 혹은 몇 초 따위의 시간의 문제가 아닙니다.

> "십자가에 달린 자를 바라보는 곳에 생명이 있도다."

당신의 영혼의 눈으로 십자가에 달린 구주를 바라보십시오. 그리고 그를 단순하게 의지하십시오. 그러면 당신은 구원을 받습니다. 부디 주께서 성령의 도우심에 의해 이 시간 당신에게 그와 같은 은혜를 베풀어 주시기를 기원합니다. 그러면 당신은 이 시간 우리 주님의 가장 사랑하는 자들 가운데 한 사람이 된 상태로 집에 돌아가게 될 것입니다. 그러면 당신 역시도 주님을 정말로 사랑하게 될 것이며, 오늘부터 영원까지 그를 존귀케 하는 것이 당신의 즐거움이 될 것입니다. 지금 나의 귀에 당신이 이렇게 말하는 것이 들리는 것 같습니다. "복음을 듣는 동안 나의 구주께서 죄인 중의 괴수인 나를 만나주셨습니다. 내가 거의 기대하지 않았을 때 말입니다. 나는 믿음의 단순한 행동을 통해 한순간 죄 사함을 받았습니다. 지금 나는 주님의 종이 되었으며, 이제부터 그를 위해 살고 또 그를 위해 죽을 것입니다. 그가 그렇게 할 수 있도록 은혜를 베푸신다면 말입니다." 주께서 그의 이름을 인해 당신에게 그와 같은 은혜를 베푸시기를 기원합니다. 아멘.

제
24
장
—

# 첫째 것과 둘째 것

—

**"그 첫째 것을 폐하심은**
**둘째 것을 세우려 하심이라."— 히 10:9**

　　사람들과 관련한 하나님의 길은 좋은 것(good)으로부터 더 좋은 것(better)으로, 그리고 더 좋은 것으로부터 가장 좋은 것(best)으로 나아가는 것입니다. 천지창조 때에, 저녁이 되며 아침이 되니 이는 첫째 날이었습니다. 또 저녁이 되며 아침이 되니 이는 둘째 날이었습니다. 이렇게 하여 여섯째 날까지 이어집니다. 하나님은 우리에게 빛을 주시기 전에 때로 어둠을 주십니다. 그런가 하면 정오의 충만한 영광을 주시기 전에 먼저 미명(微明)의 희미한 빛을 주시기도 합니다. 물론 여기에 하나님 편에서의 어떤 법칙이 있는 것은 아닙니다. 하나님은 당신이 원하실 때 먼저 최선의 것을 주실 수도 있습니다. 다만 내가 생각하건대 그와 같은 순서가 필요한 것은 우리의 연약함 때문입니다. 미약한 눈에 정오의 충만한 태양 빛이 쏟아 부어져서는 안 됩니다. 오랫동안 굶어 거의 죽게 된 사람을 생각해 보십시오. 만일 그에게 갑자기 질긴 고기가 주어진다면, 그는 즉시 죽게 될 것입니다. 그것을 감당할 수 있을 때까지 먼저 부드러운 음식으로 충분히 보양되어야 합니다. 이와 같이 자기 피조물들의 — 특별히 죄에 물든 피조물들의 — 연약함을 아시는 하나님은 큰 지혜와 신중함으로 긍휼을 베풀기를 기뻐하셨습니다. 그는 조금씩 점진적으로 긍휼을 베푸십니다. 처음에는 아주 조금, 그 다음에는 조금 더, 그리고 그 다음에는 좀 더 많이 긍휼을 베푸십니다. 그리고 마침내 자신의 은혜의 부요함을 따라 우리에게 완전한 긍휼을 베푸십니다.

이와 같이 비교적 작은 축복은 더 큰 은총 앞에 오는 일종의 예비학교 같은 것입니다. 모세의 율법은 사람들로 하여금 예수 그리스도의 복음을 받아들이도록 준비시키는 몽학선생의 역할을 수행했습니다. 성막 예배와 성전 예배의 모형과 그림자들은 사람들로 하여금 장차, 다시 말해서 참 빛이 사람의 아들들 가운데 비취기 시작할 때 그 실체를 깨닫도록 도왔습니다. 우리는 우리 앞에 놓여 있는 것들을 위해 계속해서 배우고 훈련할 필요가 있습니다. 이 땅에서 하늘에 속한 것들에 대해 배우기 전까지는, 우리는 그곳에 들어갈 준비를 갖추지 못한 것입니다. 둘째 것이 있기 위해 첫째 것이 있습니다. 그리고 첫째 것은 그 목적이 다하면 폐하여져야 합니다. 그러고 난 연후에야 비로소 우리는 둘째 것에 들어갈 수 있게 될 것입니다. 좀 더 높은 것 앞에 좀 더 낮은 것이 선행(先行)됩니다. 그리고 좀 더 낮은 것은 좀 더 높은 것으로 인도하는 자신의 사명을 마쳤을 때 폐하여집니다. 그리고 더 큰 축복이 그 자리를 채웁니다. 본문에 "그 첫째 것을 폐하심은 둘째 것을 세우려 하심이라"라고 기록된 것처럼 말입니다. 이제 본문 말씀을 좀 더 상세히 살펴보도록 합시다.

### 1. 첫째로, "첫째 것," 즉 희생제사와 제물과 의식법(儀式法)이 폐하여진 것을 주목하십시오.

본문을 문맥 전체와 연결하여 잘 살펴보십시오. 하나님이 첫째 것 즉 황소와 염소의 피를 폐하신 것은 둘째 것 즉 죄를 위해 유일하게 효과적인 화목제물이며 하나님이 받으시는 번제물인 그리스도 그 자신을 세우기 위함이었습니다.

"첫째 것"을 폐하는 것 속에는 교훈과 위안을 주는 규례들이 폐지되는 것이 포함됩니다. "첫째 것"이 최고로 지혜로운 목적을 위해 주어졌으며, 또 그 자체가 가장 유용한 것이었다는 사실을 간과하지 마십시오. 우리는 "첫째 것"에 대해 흠을 잡으려는 태도를 가져서는 안 됩니다. 왜냐하면 그것은 그 아래 살았던 하나님의 백성들에게 큰 위로와 교훈을 가져다주는 방편이었기 때문입니다. 비록 그것이 희미한 거울 같은 것이었다 하더라도, 구약의 신자들은 그것을 통해 많은 것을 보았습니다. 그들 가운데 밝은 눈을 가지고 있던 사람들은 그것을 통해 오늘날 우리가 믿음으로 보는 것과 동일한 그리스도를 보았습니다. 이와 같이 그러한 거울은 그들에게 매우 귀중한 것이었습니다. 왜냐하면 그것을 통해 미래의 영광을 볼 수 있었기 때문입니다. 다윗은 그의 시대에 성소(聖所)의 의식(儀式)들을 얼마나 즐거워했습니까? 뿐만 아니라 그곳으로부터 멀리 떨어져 있을 수밖에 없게 되었을 때, 그는 다시 한 번 하나님의 성막에 서서 예배할 수 있게 되기를 얼마나 뜨겁게 갈망했습니까? 주의 전 근처에 둥지를 지을 수 있는 참새와 제비를 부러워하면서까지 말입니다. 나는 그가 얼마나 뜨거운 마음으로 제사장들이 하나님 앞에 거룩한 제물을 바치는 것을 다시 보고 싶어했는지 충분히 이해할 수 있습니다. 만일 이 모든 규례들이 장차 폐하여질 것이라는 말을 듣는다면, 나는 그가 크게 걱정하며 근심했을 것이라고 생각합니다. 그러나 만일 그것이 두 번째의 더 좋은 것이 세워지기 위함이라는 것을 이해한다면, 그는 모든 걱정과 근심을 내려놓고 크게 기뻐했을 것입니다.

형제들이여, 오늘날 우리는 첫 시대의 유대인들보다 얼마나 더 복됩니까? 우리를 대신하여 자신을 희생제물로 드린 하나님의 독생자와 비교할 때 그들이 바친 천천의 수양과 만만의 강수 같은 기름이 다 무엇이란 말입니까? 수많은 제물들로부터 흘려진 강 같은 피와 제단 위에 부어진 바다 같은 기름이 도대체 무엇이란 말입니까? 골고다에서 죽으시고 장사되시고 부활하시고 승천하시고 그곳에서 우리를 위해 간구하시는 자로부터 흘러나오는 위로와 비교할 때, 그것들이 유대인 신자들에게 주는 위로는 얼마나 보잘것없습니까? 그렇습니다. 사랑하는 자들이여, "첫째 것"은 가게 하십시오. 우리는 첫째 것이 폐하여지는 것을 보면서 눈물을 흘릴 필요가 없습니다. 왜냐하면 그것보다 무한히 뛰어난 "둘째 것"이 그 자리를 대신하기 때문입니다.

초대교회 당시 많은 유대인 신자들은 할 수만 있으면 옛 시대의 몇몇 유산들을 지키고자 노력했습니다. 처음에 그들은 기독교로 회심한 자들이 최소한 할례는 받아야 한다고 주장했습니다. 그러다가 그들은 그리스도의 오심과 함께, 아니 그것보다는 그의 죽음을 통해 옛 시대가 완전히 지나갔다는 사실을 점차적으로 깨닫게 되었습니다. 옛 시대의 모든 파편은 사라집니다. 그러므로 우리는 이렇게 말할 것입니다. "옛 시대는 가게 하라. 도대체 무엇 때문에 우리가 그것을 붙잡고 있어야 한단 말인가? 도대체 무엇 때문에 우리가 죽은 것을 지켜야만 한단 말인가? 영원히 살아 계신 자가 오셨으며 우리 가운데 살고 계시지 않는가? 그러므로 '첫째 것'은 가게 하고 '둘째 것'을 굳게 세우자."

사랑하는 형제들이여, 나는 이러한 사실을 여러분에게 매우 강조하여 역설하고 싶습니다. "첫째 것"으로 되돌아가기를 추구하지 마십시오. 물론 나는 여러 분이 문자적으로 유대인들을 흉내 내면서 의식법에 규정된 대로 희생제사를 드 리지는 않을 것이라고 생각입니다. 그러나 일각에서 옛 시대의 어떤 부분으로 되돌아가려는 시도가 항상 있어 왔습니다. 그들은 오래 전에 죽은 시체의 뼛조 각을 붙잡고 있는 꼴입니다. 예컨대 성경에 없는 유아세례 의식(儀式)이 구원에 필수적인 것이라고 고집한다든지, 혹은 사람이 만든 어떤 의식이 반드시 시행되 어야만 하며 그렇게 하지 않으면 은혜가 임하지 않는다고 고집할 때, 우리는 스 스로를 모세의 율법이 가졌던 권위조차 갖고 있지 못한 의식법(儀式法)의 멍에 아래 놓는 것입니다. 예수 그리스도께서 우리에게 남겨 주신 세례와 성만찬의 두 가지 규례 역시도 살아 있는 자들에게 교훈과 위로를 주기 위한 축복된 수단 들일 뿐이지 구원을 위한 규례는 결코 아닙니다. 그러므로 그것을 어느 정도 분 량으로든지 구원을 위한 규례로 만들고자 애쓰는 사람은 바로 그와 같은 분량만 큼 하나님이 영원히 폐하신 "첫째 것"으로 되돌아가고자 애쓰면서 "둘째 것"을 허물어뜨리고 있는 것입니다. 할 수만 있다면 그는 "둘째 것"을 허물어뜨리려고 합니다. 그러나 예수 그리스도는 우리를 구원하는 영광을 의식이나 예법과 더불 어 나누지 않을 것입니다. 우리는 믿음을 통해 은혜로 말미암아 구원을 받든지 혹은 율법과 의식을 행하는 것을 통해 구원을 받든지 둘 중의 하나입니다. 둘은 함께 갈 수 없습니다. 왜냐하면 둘은 서로 정반대의 위치에 있기 때문입니다. "둘째 것"이 세워지기 위해서는 반드시 "첫째 것"이 폐하여져야만 합니다.

다음으로, 본문에서 "둘째 것"이 이미 실제로 세워진 것으로서, 다시 말해서 죄를 위한 하나의 큰 희생제물이 드려짐으로써 그로 인해 영단번에(once for all) 죄가 제거된 것으로서 간주되고 있는 것을 주목하십시오. 이것은 실제적이며 완 전하며 영원한 속죄가 이루어진 것을 의미하는 것입니다. 그리스도인들이여, 여 러분은 이것을 확실한 사실로서 믿습니까? 여러분은 그 안에 담긴 모든 축복들 을 실제적으로 전유(專有)합니까? 여러분은 그의 이름으로 인하여 여러분의 죄 가 사해졌음을 압니까? 여러분에게 속죄가 효과적으로 이루어짐으로써 모든 죄 로부터 정결하게 되고 그럼으로써 또 다른 속죄가 필요치 않게 되었습니까? 여 러분은 실제로 스스로를 또다시 죄를 위한 희생제물을 드릴 필요가 없는 자로서 간주합니까? 여러분의 양심이 이미 완전하게 깨끗하여지고 여러분이 모든 부분 에서 정결하여졌기 때문에 말입니다. 어떤 사람들은 다음과 같은 켄트(Kent)의 말을 좋아하지 않지만, 그러나 나는 그것을 매우 좋아합니다. 왜냐하면 나는 그의 말에 완전히 동의하기 때문입니다.

> "여기에 과거의 죄를 위한 충분한 사함이 있도다.
> 그것이 어떤 죄든지 아무 상관 없도다.
> 오 나의 영혼이여, 놀라고 또 놀라라.
> 여기에 또한 미래의 죄들을 위한 사함도 있도다."

골고다 십자가 위에서 죽으신 그리스도는 우리의 새로운 죄들을 위해 또다시 죽을 필요가 없습니다. 또 그는 우리가 범할지 모를 어떤 허물들을 위해 새로운 속죄를 드릴 필요가 없습니다. 그는 단번으로 영원히 그의 백성들의 모든 죄를 한 덩어리로 모아 자기 어깨에 짊어지고 그 모든 것을 자신이 한때 누웠던 무덤 속에 던져 버렸습니다. 그리고 그것은 거기에 영원히 장사되었으며, 구속받은 자들을 참소하기 위해 결코 다시 그리고 영원히 살아날 수 없습니다. 그러므로 그리스도의 희생제사를 "한번 드려짐으로써 완전하게 세워지고 다시 반복될 수 없는" 것으로서 분명하게 간주하십시오. 이와 같이 단번의 속죄제물로서 피로 사신 모든 백성들의 구속이 완전하게 이루어지고 끝난 것입니다. 거기에 더하여져야만 하는 것은 아무것도 없습니다.

**2. 둘째로, 둘째 것을 세우기 위해 첫째 것을 폐하는 원리에 대한 몇 가지 역사적인 실례(實例)들을 살펴보도록 합시다.**

첫 번째로, 하나님은 이 땅의 낙원을 폐하시고 우리에게 그리스도와 천국을 주셨습니다. 하나님은 본래 사람에게 완전한 행복을 주셨습니다. 에덴 동산에는 모든 형태의 기쁨이 있었습니다. 그리고 우리의 첫 조상과 세운 언약 아래서 그 모든 것은 우리의 것이 될 것이었습니다. 만일 그가 그 언약을 순종함으로 지켰다면 말입니다. 그러나 아담은 죄를 범했으며, 그리하여 행위언약(Covenant of Works)은 깨어졌습니다. 그는 ─ 그리고 우리는 그 안에서 ─ 타락했으며, 그리하여 낙원은 그와 우리로부터 폐하여졌습니다. 이제 우리에게 에덴으로 되돌아갈 소망은 없습니다. 왜냐하면 거기에서 그룹들이 화염검을 들고 모든 길을 막고 있기 때문입니다. 하나님이여, 어찌하여 낙원을 폐하셨나이까? 여기에서 사도는 이러한 질문에 대한 답을 줍니다. "그 첫째 것을 폐하심은 둘째 것을 세우려 하심이라." 이제 예수 그리스도를 믿는 자는 두 번째의 그리고 더 나은 낙원으로 인도됩니다. 그들은 주 안에서 영원한 구원으로 구원받습니다. 그리고 그들을 위해 기쁨과 즐거움의 장소가 예비되어 있는데, 그곳의 즐거움은 에덴의 즐거움과는 비교조차 되지 않습니다.

두 번째로, 타락한 첫 사람과 하늘로부터 오신 둘째 사람을 비교해 보십시오. 그러면서 본문의 의미를 다시 살펴보십시오. "그 첫째 것을 폐하심은 둘째 것을 세우려 하심이라." 첫째 낙원에 한 사람이 있었습니다. 그는 첫 사람 아담이었습니다. 여러분과 나는 그가 우리를 대표한다는 의미에서 그 안에 있었습니다. 왜냐하면 그는 언약의 차원에서 인류의 머리였기 때문입니다. 그러나 그는 타락했으며 폐하여졌습니다. 우리는 이러한 사실로 인해 절망하며 애곡합니까? 마치 그것이 되돌이킬 수 없는 재앙인 것처럼 말입니다. 결코 그렇지 않습니다. 왜냐하면 하나님이 첫 사람 아담을 폐하신 것은 둘째 사람 주 예수 그리스도를 세우기 위함이었기 때문입니다. 이러한 두 사람과 관련하여 바울 사도는 고린도전서에서 이렇게 말합니다. "첫 사람은 땅에서 났으니 흙에 속한 자이거니와 둘째 사람은 하늘에서 나셨느니라(15:47)." 첫 사람은 우리를 멸망으로 이끌었습니다. 그러나 지금 우리에게는 둘째 사람이 있습니다. 그는 그의 백성들의 언약의 머리와 대표자가 되셨으며, 그들은 그 안에서 온전히 구원을 받습니다.

세 번째로, 본문의 원리는 아담과 노아의 경우에서 또다시 예증됩니다. 아담은 인류의 언약의 머리였을 뿐만 아니라 또한 인류의 첫 조상이었습니다. 그러나 하나님은 우리의 첫 조상을 폐하셨음에도 불구하고 인류에게 둘째 조상인 노아를 주셨습니다. 우리 모두는 아담의 허리에서 난 것과 마찬가지로 또한 노아의 허리로부터 말미암습니다. 아담의 안전은 피조물인 인간의 순종에 달려 있었습니다. 그러나 노아의 안전은 상징적인 죽음과 장사와 부활 위에 놓입니다. 그는 방주 안으로 들어갔으며, 지금까지 살았던 옛 세상에 대하여 죽었습니다. 관(棺)과 같은 방주 안에서 그는 홍수 아래 장사되었습니다. 그리고 그는 자신의 죽음과 장사와 부활을 통해 살게 될 인류의 조상이 되기 위해 새로운 세상 안으로 다시 떠올랐습니다. 베드로가 다음과 같이 말한 것처럼 말입니다. "물은 예수 그리스도께서 부활하심으로 말미암아 이제 너희를 구원하는 표니 곧 세례라"(벧전 3:21). 그리고 베드로는 계속해서 "이는 육체의 더러운 것을 제하여 버림이 아니요 하나님을 향한 선한 양심의 간구니라 그는 하늘에 오르사 하나님 우편에 계시니"라고 말함으로써 우리를 구원하는 것이 세례가 아니라 예수 그리스도 자신임을 역설합니다. "그 첫째 것을 폐하심은 둘째 것을 세우려 하심이라." 첫 조상 아담이 폐하여졌지만 그러나 인류의 새로운 머리로서 둘째 조상 노아가 세워졌습니다. 그리고 그와 관련하여 하나님은 이렇게 말씀하셨습니다. "내가 나와 너희와 및 너희와 함께 하는 모든 생물 사이에 대대로 영원히 세우는 언약의 증거는 이것이니라 내가 내 무지개를 구름 속에 두었나니 이것이 나와 세상 사이의 언약의 증거니라"(창 9:12, 13). 하나님이 노아와 세운 둘째 언약은 아담에 의해 깨어진 첫 언약보다 무한히 더 안전합니다.

네 번째로, 본문의 원리에 대한 또 하나의 큰 역사적 실례는 육체적 이스라엘과 더불어 세운 언약과 영적 이스라엘과 더불어 세운 언약의 경우입니다. 이스라엘 백성들이 애굽으로부터 나온 직후 세워진 첫 언약이 있었습니다. 그것은 행위언약이었습니다. 모세가 백성들에게 그 언약의 조건들을 이야기했을 때, 백성들은 "여호와께서 명령하신 대로 우리가 다 행하리이다"라고 일제히 응답했습니다(출 19:8). 그러나 그들은 즉시로 자신들의 엄숙한 약속을 잊어버리고 말았습니다. 여러분은 십계명이 두 개의 증거판 위에 하나님이 친히 쓰신 것이었음을 기억할 것입니다(출 31:18). 그러나 백성들이 돌이켜 아론이 만든 금송아지에게 절했을 때, 우리는 모세가 "진에 가까이 이르러 그 송아지와 그 춤 추는 것들을 보고 크게 노하여 손에서 그 판들을 산 아래로 던져 깨뜨리니라"는 말씀을 읽게 됩니다(출 32:19). 그러나 하나님의 오래 참으심 가운데 십계명은 두 번째로 주어졌습니다. 비록 하나님이 아니라 모세가 두 번째 돌판 위에 기록하고 그것을 안전을 위해 언약궤 안에 놓았다 하더라도 말입니다. 이것은 본문의 "첫째 것을 폐하심은 둘째 것을 세우려 하심"이라는 원리를 보여주는 또 하나의 상징적인 실례였습니다. 모세의 손에 들려 있는 율법은 우리로 하여금 그리스도의 율법을 갖도록 하기 위해 깨어집니다. "이것을 행하면 살리라"고 말하는 첫 언약은 "주 예수 그리스도를 믿으면 구원을 얻으리라"고 말하는 둘째 언약이 세워지기 위해 폐하여집니다. 첫 언약은 지나갔으며, 이제 하나님은 둘째 언약 곧 은혜언약을 세우셨습니다. "그들은 내 백성이 되겠고 나는 그들의 하나님이 될 것이며 내가 그들에게 한 마음과 한 길을 주어 자기들과 자기 후손의 복을 위하여 항상 나를 경외하게 하고 내가 그들에게 복을 주기 위하여 그들을 떠나지 아니하리라 하는 영원한 언약을 그들에게 세우고 나를 경외함을 그들의 마음에 두어 나를 떠나지 않게 할 것이라"(렘 32:38-40).

이와 같이 우리는 첫째 것이 있다가 둘째 것으로 대체되는 역사적 실례들을 살펴보았습니다. 또 이것은 예루살렘 성전의 경우도 마찬가지입니다. 솔로몬이 첫 성전을 세웠지만, 그러나 하나님은 둘째 성전을 세우기 위해 첫 성전이 폐하여지는 것을 허락하셨습니다. 그리고 하나님은 나중 성전의 영광을 이전 성전의 영광보다 훨씬 더 크게 하셨습니다. 역사 전체는 우리에게 "처음에는 희미한 여명으로 주어지고 나중에 정오의 찬란한 빛의 영광이 따르는 것이 하나님의 통상적인 방법"이라고 말하는 것 같습니다. 그러므로 우리는 그것이 우리 시대에도 마찬가지일 것이라고 예상해야 합니다.

### 3. 셋째로, 본문의 원리가 여러분의 개인적인 역사(歷史) 속에서 그리고 여러분 자신의 경험 속에서 어떻게 나타나는지 주목하십시오.

첫 번째로, 이것은 우리 자신의 의와 그리스도의 의에 있어 사실입니다. 나는 먼저 나 자신에 대해 말하고자 합니다. 왜냐하면 그렇게 하고 난 연후에야 비로소 다른 많은 사람들에 대해서도 말할 수 있을 것이기 때문입니다. 한때 나는 내가 매우 훌륭한 의를 가지고 있다고 생각했습니다. 우리 주님께 나아왔던 청년처럼, 나는 십계명과 관련하여 "이 모든 것을 내가 지키었사온대 아직도 무엇이 부족하니이까"(마 19:20)라고 말할 수 있었습니다. 그러나 나는 성령께서 나로부터 자기 의를 끌어내기 시작한 때를 분명히 기억합니다. 아, 나는 그것을 지키려고 얼마나 격렬하게 싸웠는지 모릅니다. 나의 교만과 나의 양심 사이에는 처절한 줄다리기가 있었습니다. 왜냐하면 나의 양심이 성령과 하나님의 말씀과 연합하여 설령 내가 외적으로 의롭다 할지라도 그러나 내적으로는 여전히 악함을 증언하고 있었기 때문입니다. 나는 경건한 부모로부터 태어났으며, 어린 시절부터 어머니의 기도 없이 잠든 적이 한 번도 없었으며, 정기적으로 예배에 참석했으며, 성경책을 열심히 읽었으며, 신학서적을 탐독하고자 노력했습니다. 그런 나는 오랫동안 나의 의가 단지 누더기에 불과하다는 사실을 이해할 수 없었고, 믿을 수도 없었으며, 받아들일 수도 없었습니다. 나는 그런 꺼림칙한 진리를 좋아하지 않았으며, 그에 대항하여 격렬하게 싸웠습니다. 그러나 감사하게도 하나님은 그러한 "첫째" 의(義)를 폐하셨습니다. "둘째" 의를 세우시기 위해서 말입니다.

그러한 "둘째 의" 즉 믿음으로 말미암은 의 혹은 예수 그리스도를 믿는 모든 자에게 전가되는 의는 "첫째 의"보다 무한히 뛰어납니다. 바울 사도와 함께 진실로 다음과 같이 말할 수 있을 정도로 말입니다. "그러나 무엇이든지 내게 유익하던 것을 내가 그리스도를 위하여 다 해로 여길 뿐더러 또한 모든 것을 해로 여김은 내 주 그리스도 예수를 아는 지식이 가장 고상하기 때문이라 내가 그를 위하여 모든 것을 잃어버리고 배설물로 여김은 그리스도를 얻고 그 안에서 발견되려 함이니 내가 가진 의는 율법에서 난 것이 아니요 오직 그리스도를 믿음으로 말미암은 것이니 곧 믿음으로 하나님께로부터 난 의라"(빌 3:7-9).

여기에 나와 같이 그 의가 양심과 더불어 처절하게 줄다리기 하는 그런 사람이 있습니까? 겉으로는 근사하게 보이지만 그러나 취약하기 짝이 없는 여러분 자신의 의의 집이 지금 여러분의 귀에 허물어지기 시작하는 소리가 들립니까? 지금 큰 벽돌조각이 내려앉고 있습니까? 지붕의 슬레이트들이 떨어지고 있습니까? 굴뚝이 허물어집니까? 그로 인해 하나님께 감사하십시오. 만일 여러분이 스스로 짠 근사한 의의 옷을 입고 있다면, 여러분은 하늘에서 짠 흠 없는 옷을 결코 입지 못할 것입니다. 먼저 여러분 자신의 누더기를 벗어 버려야만 합니다. 그러고 난 연후에야 비로소 여러분은 하늘에서 짠 참된 의의 옷을 입게 될 것입니다. 그리스도께서 오신 것은 우리의 더럽고 불결한 누더기 옷 위에다가 그의 영광스러운 옷을 입히기 위한 것이 결코 아닙니다. 절대로 그렇지 않습니다. 먼저 누더기 옷을 벗어야 합니다. 그러고 난 연후에야 비로소 그는 우리에게 새 옷을 입히실 것입니다. 이와 같이 그가 "첫째 것"을 폐하심은 "둘째 것"을 세우기 위함이었습니다. 가련한 죄인이여, 그 앞에 이렇게 부르짖으십시오. "주여, 나의 누더기 옷을 벗겨 주옵소서. 만일 주께서 나의 누더기 옷을 벗기기 위해 오셨다면, 나는 단 한순간도 그것을 입고 있기를 원하지 않나이다." 스스로 선하며 훌륭하며 의롭다고 생각하는 자들이여, 여러분이 그토록 자랑하는 아름다운 옷은 실상 다 해어진 누더기에 불과합니다. 여러분이 어떻게 생각하든지 상관없이 말입니다. 그것을 벗으십시오. 만일 여러분이 구원받고자 한다면, 여러분은 그것을 벗어 버려야만 합니다. 그러므로 지금 하나님께 그것을 벗기고 그리스도께서 그를 믿는 모든 자들을 위해 예비하신 아름다운 예복을 입혀 달라고 간구하십시오.

두 번째로, 하나님이 폐하시는 또 하나의 "첫째 것"은 우리의 거짓 평안입니다. 여러분 가운데 구원받지 못했으면서도 그런대로 행복한 사람들이 많이 있습니다. 여러분은 평안으로 가득하며, 마음의 요동과 괴로움 가운데 있지 않습니다. 여러분은 스스로에게 이렇게 말합니다. "만일 나에게 나쁜 일이 일어난다면, 나의 이웃들에게는 더 나쁜 일이 일어날 거야. 만일 내가 의롭지 않다면, 도대체 의로운 사람이 얼마나 되겠어?" 또 여러분은 스스로에게 "평안하다 평안하다"라고 말합니다. 평안이 없음에도 불구하고 말입니다. 여러분의 목사가 때로 여러분의 양심을 찌르는 설교를 할 때, 여러분은 스스로에게 이렇게 말합니다. "나는 저런 종류의 설교를 좋아하지 않아. 저런 사람의 설교를 들을 필요가 도대체 무엇이람? 사람의 마음을 이토록 불편하게 만드는 것은 어쨌든 좋은 일이 아니야." 만일 성령께서 그의 거짓된 피난처를 허물어뜨리지 않는다면, 그는 결코 구원받지 못할 것입니다.

세 번째로, 사람들이 잃어버리기를 싫어하는 또 하나의 "첫째 것"은 그들의 가공의 힘(their fancied strength)입니다. 사랑하는 친구여, 당신은 자신이 원할 때는 언제든지 회개하고 그리스도를 믿을 수 있다고 생각합니다. 그러면서 스스로에게 이렇게 말합니다. "그리스도인이 되고자 그렇게 급하게 결정할 필요는 없어. 나는 언제든지 은혜의 수단들을 사용할 수 있어. 그러다가 아무 때든지 내가 원할 때에 내 자신의 마음을 깨뜨리고 내 자신의 의지를 새롭게 하고 스스로를 그리스도 예수 안에서 새 피조물로 만들 거야." 바로 이것이 당신의 생각이었습니다. 설령 이렇게까지 솔직하게 표현하지는 않았다 하더라도 말입니다. 아, 나는 영적인 일들에 대한 나 자신의 무능력을 처음으로 발견하기 시작했던 때를 분명히 기억합니다. 그것은 정말로 무서운 발견이었습니다. 나는 선을 행하기를 원했지만 그러나 악이 나와 함께 있는 것을 발견했습니다. 나는 회개하기를 열망했지만 그러나 나의 마음은 돌처럼 딱딱했습니다. 나는 진지하게 기도하기를 바랐지만 그러나 믿음의 기도를 할 수 없었습니다. 나는 정말로 그리스도를 믿기를 바랐지만 그러나 그렇게 할 수 없었습니다. 지금 생각하면 그것은 너무도 당연한 일이지만 그러나 당시에는 정말로 놀라 소스라칠 만한 일이었습니다. 자신의 모든 힘을 빼앗기는 것은 얼마나 두려운 일입니까! 그러나 동시에 그러한 "첫째 힘"을 잃는 것은 너무도 복된 일입니다. 왜냐하면 영적인 것들에 대해 완전하게 약해지고 무능력해질 때 비로소 그리스도께서 우리에게 "나를 떠나서는 너희가 아무것도 할 수 없느니라"라고 말씀하시기 때문입니다. 그리고 그것은 우리에게 "둘째의 그리고 더 나은" 힘을 세우기 위함입니다. 그럼으로써 우리는

"주 안에서 내가 의와 힘을 갖노라"라고 말할 수 있게 됩니다.

주 예수 그리스도가 우리에게 힘과 능력이 되는 것은 우리 자신의 힘과 능력을 잃어버렸을 때입니다. 그러나 우리 자신의 힘을 붙잡고 있는 동안에는 우리는 그의 힘을 얻지 못할 것입니다. 왜냐하면 그의 전능하심은 우리의 보잘것없는 능력과 함께 가지 않을 것이기 때문입니다. 마치 한 멍에를 멘 두 마리의 소처럼 말입니다. 그것은 절대로 불가능합니다. 그는 첫째 것을 폐하십니다. 그는 여러분을 미약한 상태로 데려가십니다. 그는 여러분을 스스로 아무것도 할 수 없는 상태로 데려가십니다. 그는 여러분을 죽음의 문으로 데려가십니다. 그는 여러분을 여러분 자신의 개인적인 신뢰와 힘의 무덤으로 데려가십니다. 그러고 난 연후에야 비로소 그는 들어오셔서 자기 안에 있는 생명을 주시고, 위로부터 임하는 능력으로 옷 입힙니다. "그 첫째 것을 폐하심은 둘째 것을 세우려 하심이라."

둘째 것을 세우기 위해 첫째 것을 폐하는 원리는 그리스도인의 삶 속에서도 자주 일어납니다. 회심한 이후 사람들은 많은 경우 자신들의 목사라든지 혹은 어떤 그리스도인 친구에 대해 과도한 신뢰를 갖습니다. 그들이 붙잡을 수 있는 그와 같은 작은 보행기 같은 것이 있는 것은 이제 막 첫 걸음을 떼는 어린아이에게 있어 큰 도움이 될 수 있습니다. 왜냐하면 그런 것이 없다면 금방 넘어질 것이기 때문입니다. 그러나 어느 정도 시간이 흐른 후 하나님이 그들에게 무엇인가를 가르치고 또 그들로 하여금 스스로의 판단력을 행사하도록 가르치고자 하실 때, 하나님은 그들의 목사라든지 신뢰할 만한 친구를 폐하실 수 있습니다. 나는 이런 경우를 적지 않게 보아왔습니다. 많은 사람들로부터 큰 신뢰를 받았던 사람을 하나님이 어느 정도 기간 동안 그대로 내버려 두심으로써 그 가련한 모습이 그대로 드러나고, 그럼으로써 사람들이 더 이상 그를 신뢰하지 않게 되는 경우 말입니다. 하나님은 어째서 이제 막 태어난 어린아이들이 크게 신뢰하며 편안하게 쉴 수 있는 안식처를 폐하는 것일까요? 그것은 그들로 하여금 더 편안하고 더 달콤하며 더 나은 안식처를 발견하도록 하기 위함입니다. 그렇게 함으로써 그들은 사람에 대한 모든 신뢰를 벗어버리고 하나님에 대한 완전하고도 충분한 신뢰에 이르게 될 것입니다. 어떤 경우 이것은 매우 어려운 학습이 되기도 합니다. 그러나 우리 모두는 반드시 이것을 배워야만 합니다. 바울 사도가 다음과 같이 말한 것처럼 말입니다. "그러므로 우리가 이제부터는 어떤 사람도 육신을 따라 알지 아니하노라 비록 우리가 그리스도도 육신을 따라 알았으나 이제부터는 그같이 알지 아니하노라"(고후 5:16). 그리스도를 오직 다른 사람의 가르침에 의해서 밖에는 알지 못하는 사람들이 있습니다. 그러나 스스로 가까이 하며 개인적인 만남을 통해 아는 것이 훨씬 더 낫습니다. 그리고 비싼 값을 치르지 않을 때 하나님의 풍성한 축복이 이루어지지 않는 경우는 결코 드문 일이 아닙니다. 이러한 측면에서도 역시 본문은 사실입니다. "그 첫째 것을 폐하심은 둘째 것을 세우려 하심이라."

그런가 하면 어린 그리스도인들에게 임하는 처음의 기쁨이 있습니다. 그들에게 얼마나 큰 기쁨이 임합니까! 그것은 불처럼 거세게 타오르는 기쁨입니다. 불이 처음 붙었을 때를 생각해 보십시오. 풀이라든지 나뭇가지 따위가 타오르는 동안 불은 얼마나 거세게 일어납니까? 불꽃이 강렬하게 일어남과 함께 나무들이 탁! 탁! 소리를 내며 탈 것입니다. 이제 막 그리스도인이 된 사람들도 이와 같습니다. 그들에게 기쁨의 불꽃이 강렬하게 일어납니다. 그들은 얼마나 행복합니까! 그들은 말할 수 없이 행복합니다. 그러나 그러한 강렬한 기쁨은 얼마 후 사라집니다. 그리고 그 대신에 그것보다 훨씬 더 견고하고 깊은 주 안에서의 고요한 기쁨이 옵니다. 이러한 기쁨은 처음의 기쁨처럼 강렬하지는 않지만 그러나 실제로 그것보다 더 견고하며, 강하며, 깊습니다. "그 첫째 것을 폐하심은 둘째 것을 세우려 하심이라."

어떤 사람들은 이와 같은 첫 기쁨이 사라지는 것을 경험하면서 크게 놀랍니다. 그들은 첫 기쁨이 사라지는 것을 경험하면서 자신들이 잃어지고 있다고 생각합니다. 그러나 두려워할 필요 없습니다. 여러분은 어린아이가 유치(乳齒)를 잃는 것을 압니다. 그러나 그것은 좋은 일입니다. 왜냐하면 더 좋은 치아가 나오고 있기 때문입니다. 그리스도인의 경우에도 이와 비슷합니다. 영적 삶의 유치(乳齒)는 폐하여져야 합니다. 때로 그것을 뽑아내는 고통이 따르더라도 말입니다. 그래야 더 좋고 영구적인 이가 나올 수 있게 될 것입니다. "그 첫째 것을 폐하심은 둘째 것을 세우려 하심이라."

얼마나 많은 것들을 우리는 잃음으로써 얻습니까? 얼마나 많이 우리는 잃음으로써 부요해집니까? 얼마나 자주 우리는 뒤로 물러남으로써 앞으로 나아갑니까? 얼마나 자주 우리는 가라앉음으로써 떠오릅니까? 얼마나 자주 우리는 내려감으로써 올라갑니까? 이 모든 것은 너무나 역설적인 것처럼 보이지만 그러나 사실입니다. 본문의 원리처럼 말입니다. "그 첫째 것을 폐하심은 둘째 것을 세우려 하심이라." 여기에는 새 신자들뿐만 아니라 오랜 그리스도인들까지도 위한 유익한 교훈이 있습니다. 오늘의 교훈은 여러분으로 하여금 지금은 어두운 것처럼 보이는 것일지라도 그것을 새로운 눈으로 바라보도록 도울 것입니다.

### 4. 마지막으로, 본문의 원리를 우리의 여러 가지 상황들 속에 적용해 보도록 합시다.

그리스도의 가족에 속한 모든 사람들은 하나님이 조만간 우리로부터 우리가 이 땅에서 가지고 있는 모든 것을 취하실 것이라는 사실을 기억해야 합니다. 또 하나님은 그러한 것들로부터 우리를 취하실 것입니다. 결국 우리로부터 그러한 것들을 취하는 것이나 그러한 것들로부터 우리를 취하는 것이나 같은 것입니다. 그러나 그러한 큰 변화를 생각할 때 슬픈 마음을 갖지 마십시오. 여러분이 지금 소유하고 있는 것들과 나누어지는 것을 아쉬워하지 마십시오. 그리고 그것 때문에 단 한 방울의 눈물도 흘리지 마십시오. 여러분의 옛 집에 대해 아쉬워하지 마십시오. 그것이 아무리 행복한 기억들게 연결되어 있다 하더라도 만입니다. 여러분의 사랑하는 나라를 떠나야만 하는 것으로 인해 아쉬워하지 마십시오. 여러분은 자신이 태어난 땅과 행복한 집을 떠나야만 할 것입니다. 그러나 여러분은 "그가 첫째 것을 폐하심은 둘째 것을 세우려 하심이라"는 본문의 확증으로부터 큰 위로를 받을 수 있습니다. 왜냐하면 하늘에 속한 더 나은 나라가 있기 때문입니다. 예수를 믿는 우리는 새 예루살렘의 시민입니다. 이 땅의 모든 도성들과 그것의 멋진 광경들이 우리의 눈으로부터 사라질 때, 우리는 더 멋진 땅과 더 영광스러운 도성을 바라보게 될 것입니다. 그곳은 얼마나 아름다운 곳이겠습니까!

> "젖과 꿀로 흘러넘치는
> 바위와 산과 시내와 골짜기들이여.
> 영원한 낮으로 빛나는
> 넓고 광대한 평원들이여,
> 거기에서 하나님이 해처럼 영원히 다스리시니
> 밤은 사라지도다.
> 차가운 바람도 유독한 공기도

그곳에는 없도다.
또 그곳에는 아픈 것이나 슬픈 것이나
고통하는 것이나 죽는 것도 더 이상 없도다."

하나님은 우리로부터 이 땅의 집을 취하실 것입니다. 그러나 하늘에 있는 아버지의 집에는 우리가 거할 곳이 많이 있습니다. 그러므로 여러분은 그 집으로 즐겁게 갈 수 있습니다. 우리가 사랑하고 기뻐했던 모든 것은 사라질 것입니다.

"위에 있는 나의 아버지의 집,
나의 영혼의 집은 얼마나 가까운가!
때로 믿음으로 바라보는 나의 눈 앞에
그 집의 황금 문이 나타나도다."

만일 모세가 비스가 산꼭대기에서 지상의 가나안을 바라보며 기쁘게 죽었다면, 하물며 우리는 곧 들어가게 될 하늘의 가나안을 바라보면서 얼마나 기쁘게 죽을 수 있겠습니까? "그 첫째 것을 폐하심은 둘째 것을 세우려 하심이라."

그런가 하면 사랑하는 이들을 잃고 슬퍼하는 사람들도 있습니다. 품에 안고 있던 아이가 갑자기 갑니다. 아버지가 가고 어머니가 갑니다. 남편이 가고 아내가 갑니다. 형제가 가고 자매가 갑니다. 사랑하는 자들이 하늘의 집으로 돌아갑니다. 모든 가족이 거의 다 떠나고 당신만 홀로 남았습니다. 당신은 남아 있는 친구가 몇 명이나 되나 하고 손가락으로 헤아려 봅니다. 하나님이 "첫째 것"을 취하여 가셨습니다. 그러나 그가 축복 가운데 "둘째 것"을 세우고 계심을 잊지 마십시오. 당신이 천국에 들어갈 때, 당신은 결코 그 도성에서 외인(外人)이 아닐 것입니다. 거기에는 당신이 이 땅에서 알았고 또 사랑했던 그리고 하늘에서 알게 되고 또 사랑하게 될 많은 사람들이 있을 것입니다. 당신은 성문에서 그들을 만날 것이며, 그들과 함께 아버지의 보좌 앞에서 기뻐하며 즐거워할 것입니다.

어떤 사람이 말합니다. "아! 나는 모든 가족을 잃었습니다. 나는 홀로 남았으며 너무나 외롭습니다." 그러나 만일 당신이 하나님의 자녀라면, 다음과 같은 바울의 말을 기억하십시오. "이러므로 내가 하늘과 땅에 있는 각 족속에게 이름을 주신 아버지 앞에 무릎을 꿇고 비노니"(엡 3:14, 15). 설령 하나님이 첫 가족을 취하셨다 하더라도, 그는 두 번째의 그리고 훨씬 더 많은 그리고 훨씬 더 영광스러운 가족을 세우셨습니다. "하나님이 고독한 자들은 가족과 함께 살게 하시며"(시 68:6). 바로 이것이 하나님이 당신을 위해 하신 일입니다. 그가 당신의 첫째 가족을 취하신 것은 두 번째의 더 높은 가족을 세우시기 위함입니다. 그가 혈연의 띠를 푸신 것은 당신으로 하여금 더 나은 영적 가족들을 발견하도록 하기 위함입니다. 예수 그리스도께서 다음과 같이 말씀하셨던 것처럼 말입니다. "누구든지 하늘에 계신 내 아버지의 뜻대로 하는 자가 내 형제요 자매요 어머니이니라"(마 12:50). 이와 같이 우리는 세상에 있는 성도들과, 하늘에서 하나님의 보좌 앞에 있는 성도들을 "이들은 나의 형제요 자매요 아버지요 어머니라"라고 말합니다. "그 첫째 것을 폐하심은 둘째 것을 세우려 하심이라."

또 우리의 보잘것없는 몸을 생각해 보십시오. 이 땅에 있는 동안 종종 아픔과 고통을 겪지 않습니까? 이러한 몸 역시 더 영광스러운 몸에게 그 자리를 내주기 위해 취하여질 것입니다. 여기의 몸은 계속해서 후패하여 갑니다. 어떤 부분은 이미 그 기능을 상실하기도 했습니다. 그것은 마치 오래가지 못할 판잣집과 같습니다. 그것은 이제 곧 허물어질 것입니다. 우리 모두에게 장차 옛 집은 허물어져 산산조각이 나고 말 것입니다. 그러면 우리가 이에 대해 서글퍼할 것입니까? 우리 영혼이 몸에 대하여 "오호라 나의 형제여, 오호라 나의 자매여" 하고 부르짖을 것입니까? 그럴 수 없습니다. "그 첫째 것을 폐하심은 둘째 것을 세우려 하심이라." 우리는 이 땅의 보잘것없는 몸 안에 땅의 형상을 담고 있는 것처럼 장차 하늘의 영광스러운 몸 안에 하늘의 형상을 담을 것입니다. 그것은 욕된 것으로 심고 영광스러운 것으로 다시 살 것입니다. 그것은 약한 것으로 심고 강한 것으로 다시 살 것입니다. 그것은 육체의 몸으로 심고 영의 몸으로 다시 살 것입니다. "그 첫째 것을 폐하심은 둘째 것을 세우려 하심이라." 아, 장차 올 둘째 몸은 얼마나 영광스러운 몸입니까! 우리의 부활의 몸은 고통과 피곤함과 약함과 병과 죄와 타락과 죽음을 알지 못할 것입니다. 그러므로 우리는 이렇게 노래할 수 있습니다.

"오, 영광스러운 때여! 오, 복된 처소여!"

여기의 보잘것없는 몸이 우리 주 예수 그리스도의 영광스러운 몸처럼 변화될 때, "그가 첫째 것을 폐하심은 둘째 것을 세우려 하심이라"는 말씀이 이루어질 것입니다. 첫째 것은 가라고 하십시오. 탄식할 것이 무엇이며 불평할 것이 무엇이겠습니까?

마지막으로 한 가지만 더 이야기하겠습니다. 이 땅 역시도 새 땅에게 그 자리를 내주기 위해 폐하여질 것입니다. 때가 되면 천사장의 나팔소리가 울려 퍼질 것입니다. 나는 언제 그리고 어떻게 마지막 때의 일들이 일어나게 될지 알지 못합니다. 나는 그러한 일들을 시간순서대로 배열할 수 없습니다. 그러나 분명하게 아는 것이 있습니다. 그것은 때가 되면 하나님의 명령에 따라 이 땅이 갑자기 불길에 휩싸이게 될 것이라는 사실입니다. 누가 뭐래도 그것은 아름다운 세상입니다.

> "모든 것이 얼마나 아름다운가!
> 오직 인간만이 추할 뿐이로다."

사람의 손이 닿을 때, 거기에 추한 것이 생깁니다. 그러나 하나님의 숲과 하나님의 언덕과 하나님의 바다에서 모든 것은 아름답고 장대하며 영광으로 가득합니다. 마치 하나님 자신이 오셔서 거기 거하고 계시는 것처럼 말입니다. 하나님은 자신이 만든 세상을 부끄러워하지 않습니다. 왜냐하면 그것은 여전히 선하기 때문입니다. 그러나 한순간 그것은 불길에 휩싸이게 될 것이며, 완전하게 소멸(燒滅)될 것입니다. 지금의 창조세계 가운데 그 어느 것도 지금의 상태대로 남아 있지 않을 것입니다. 베드로는 이렇게 말합니다. "그러나 주의 날이 도둑 같이 오리니 그 날에는 하늘이 큰 소리로 떠나가고 물질이 뜨거운 불에 풀어지고 땅과 그 중에 있는 모든 일이 드러나리로다"(벧후 3:10). 그러나 사랑하는 자들이여, 이로 인해 애곡하지도 말며 탄식하지도 마십시오. 왜냐하면 그렇게 말한 베드로가 바로 뒤에서 "그러나 우리는 그의 약속대로 의가 있는 곳인 새 하늘과 새 땅을 바라보도다"라고 말하고 있기 때문입니다(13절). "그 첫째 것을 폐하심은 둘째 것을 세우려 하심이라." 지금까지 한 번도 본 적이 없는 찬란한 아침에, 여러분은 눈을 뜨고 일어나 새 하늘과 새 땅을 보게 될 것입니다. 그리고 거기에서 여러분은 완전하게 된 의인의 영들과 함께 세상이 처음 창조될 때 샛별들이 불렀던 노래보다 더 아름다운 노래를 부르게 될 것입니다. 거기에 둘째 창조, 둘째 세상이 있을 것입니다. "그 첫째 것을 폐하심은 둘째 것을 세우려 하심이라." 파괴의 일이 있을 것이지만 그러나 재창조의 일 역시 있을 것입니다. 사람들 가운데 구속받은 자들과 거룩한 천사들에게 있어 새 예루살렘이 남편을 위해 단장한 신부처럼 하늘로부터 내려오는 것은 얼마나 기쁘고 즐거운 일일 것입니까? 또 그들에게 있어 하나님의 장막이 사람들과 함께 있으며 하나님이 그들 가운데 거하시는 것은 얼마나 영광스러운 일일 것입니까? "그 첫째 것을 폐하심은 둘째 것을 세우려 하심이라."

그러므로 첫째 것이 폐하여지는 것으로 인해 슬퍼하지 마십시오. 구원은 "첫째 것"에 놓여 있지 않습니다. 그것은 모두 허물어지고 파괴될 것입니다. 그 모든 것 위에 뱀의 형적(形迹)이 있습니다. 만일 여러분이 태어날 때 가졌던 본성을 그대로 가지고 있다면, 여러분은 천국에 들어가지 못할 것입니다. 여러분은 두 번째로 태어나야 합니다. 만일 두 번째 태어남이 없다면, 여러분은 둘째 죽음을 감수해야만 할 것입니다. 하나님이 여러분에게 은혜를 베푸사 여러분으로 하여금 예수 그리스도를 믿고 그 안에서 두 번째 생명을 발견하게 하시기를 기원합니다. 그럴 때 여러분은 두 번째의 완전한 세상에 들어가게 될 것이며, 거기에서 영원히 그에게 찬송을 드리게 될 것입니다. 아멘.

제
25
장
—

# 유일하게 죄를 속하는 제사장

—

"제사장마다 매일 서서 섬기며 자주 같은 제사를 드리되 이 제사는 언제나 죄를 없게 하지 못하거니와 오직 그리스도는 죄를 위하여 한 영원한 제사를 드리시고 하나님 우편에 앉으사 그 후에 자기 원수들을 자기 발등상이 되게 하실 때까지 기다리시나니 그가 거룩하게 된 자들을 한 번의 제사로 영원히 온전하게 하셨느니라." — 히 10:11-14

　　오늘 아침 나는 본 강단에서 그동안 수백 번도 더 반복한 하나님의 진리를 또다시 반복할 것입니다. 그러나 그렇게 하는 것에 대해 나는 조금도 부끄럽게 생각하지 않습니다. 왜냐하면 그것은 아무리 반복해도 결코 지나치지 않은 진리이기 때문입니다. 밤에 눈을 들어 하늘을 보십시오. 그러면 여러분은 거기에 놀랍도록 다양한 천체가 펼쳐져 있는 것을 보게 될 것입니다. 천문학자는 망원경을 이리저리 돌리면서 관찰하는 가운데 마침내 자신의 눈을 사로잡는 어떤 특별한 것을 발견하게 될 것입니다. 복음의 교리들도 마찬가지입니다. 그것들은 다양함과 아름다움과 영광으로 가득 차 있습니다. 밤하늘을 수놓는 아름다운 별자리들을 생각해 보십시오. 얼마나 다양한 별자리들이 있습니까? 그러나 그 가운데 특별히 어느 한두 개의 별자리가 우리의 눈을 강하게 잡아끕니다. 선원(船員)은 큰곰자리와 지극성들(pointers, 큰곰자리의 알파별과 베타별)과 북극성을 찾습니다. 혹시 그가 적도를 넘었다면, 그는 남십자성을 찾을 것입니다. 이러한 별들은 아무리 바라보아도 결코 지나치지 않습니다. 아무리 경험이 많은 선원이라 하더라도 말입니다. 밤마다 수많은 사람들이 그러한 별들을 응시합니다. 왜냐하면 그러한 별들이 모든 선원들에게 방향을 알려주기 때문입니다. 미국 남부연맹에서 노예제도가 유지되고 있었을 때, 한 아들을 둔 어떤 흑인이 있었습니다. 그는 자기 아들이 자유를 얻기를 간절히 바랐습니다. 그는 자유의 별을 가리키며 아들에게 이렇게 말합니다. "아들아, 저 별을 잘 보아라. 저것이 바로 자유의 별이란다. 저 빛을 따라가거라. 육지가 나올 때까지 말이다. 거기에는 사람의 수족을 결박하는 족쇄가 더 이상 없을 것이니라." 내가 볼 때 이와 같이 방향을 잡아주는 별들과 같은 교리들이 있습니다. 특별히 속죄의 교리와 믿음으로 의롭다함을 받는 교리가 그러합니다. 우리는 자주 그러한 교리들을 가리키며 우리 자녀들이 그것을 알고 있는지 확인해야 합니다. 그러면 우리로부터 듣는 모든 사람들은 사람을 자유와 영원한 안식의 항구로 인도하는 그러한 교리들을 분명히 알게 될 것입니다. 설령 내가 매 주일마다 우리 주 예수 그리스도의 속죄 외에는 아무것도 전파하지 않는다 할지라도, 나는 나의 사역이 결코 헛되지 않을 것이라고 굳게 믿습니다. 도리어 더 풍성한 결실을 얻게 될 것이라고 확신합니다. 그러므로 나는 지난 주일 저녁 시간에 다루었던 하나님의 진리를 다시 다루고자 합니다. 식탁에 놓는 음식들을 생각해 보십시오. 대부분의 음식들은 이따금씩 식탁에 오릅니다. 그러나 빵과 소금은 어떻습니까? 그것들은 매 식탁마다 항상 오르지 않습니까? 이와 같이 우리는 속죄에 대해서는 매 설교마다 계속해서 반복적으로 다룰 것입니다. 왜냐하면 그것은 복음 만찬의 빵과 소금이기 때문입니다.

오늘 아침 우리는 본문을 다음과 같이 다루고자 합니다. 첫째로, 우리는 그것을 세밀히 살필 것입니다. 그리고 둘째로, 그렇게 하여 발견한 진리들을 내적으로 소화시킬 것입니다.

### 1. 첫째로, 본문을 세밀히 살피도록 합시다.

여러분은 본문 안에 세 가지가 매우 분명하게 언급되는 것을 주목할 수 있을 것입니다. 첫째로 우리의 큰 대제사장이신 예수 그리스도의 속죄의 희생제사가 대조의 방식으로 제시되고, 둘째로 그 성격이 묘사되며, 셋째로 그 결과가 언급됩니다. 각각을 간략하게 살펴보도록 합시다.

첫째로, 예수 그리스도의 속죄의 희생제사가 대조의 방식으로 제시됩니다.

다시 말해서 그것이 옛 시대의 희생제사와 대조되고 있습니다. 옛 시대의 희생
제사는 신적 기원을 가진 것이었으며, 이스라엘에게 많은 축복을 가져다주었으
며, 하나님 자신이 지정한 것이었습니다. 본문이 언급하는 옛 시대의 첫 번째 요
점은 많은 제사장들이 있었다는 것입니다. "제사장마다 매일 서서 섬기며"라는
표현을 주목해 보십시오(11절). 이러한 표현은 여러 제사장들이 있었음을 함축
합니다. 거기에 동시에 많은 제사장들이 있었습니다. 성전의 희생제사는 그 수
가 너무도 많아서 한 사람의 제사장에 의해 행해질 수 없었습니다. 아론의 모든
후손들이 이 일을 위해 따로 세워졌습니다. 그리고 그런 가운데서도 어떤 저급
한 일들은 레위인들의 도움을 받았습니다. 동시에 많은 제사장들이 있었을 뿐만
아니라 또한 그러한 제사장직은 그의 아들들에 의해 계승되었습니다. 한 제사장
이 죽으면, 그의 아들들이 그의 제사장직을 계승했습니다. 그들은 연약함으로
인해 자신들의 직무를 평생 계속할 수 없었습니다. 일정한 나이가 되면 그들의
직무를 젊은 사람들에게 물려 주어야만 했습니다. 또 죽을 수밖에 없는 인생들
이었기 때문에 제사장직은 계속해서 바뀌었습니다. 한 대제사장이 죽으면 그 직
분은 다른 사람에 의해 계승되었습니다. 또 많은 제사장들이 있었던 이유는 어
떤 제사장도 속죄의 일을 이루지 못했기 때문입니다. 만일 어떤 제사장이 속죄
의 일을 완성시켰다면 또 다른 제사가 필요 없을 것이고 또 다른 제사장도 필요
없었을 것입니다. 그러나 여전히 또 다른 제사가 드려져야만 했으며 그러므로
또 다른 제사장이 있어야만 했습니다. 왜냐하면 속죄의 일이 완성되지 않았기
때문입니다. 한 세대가 가면 다른 세대가 그 관(冠)을 계승했습니다. 그러나 보
십시오. 그리스도의 영광이 여기에 있습니다. 그것은 그가 한 분의 유일한 제사
장이라는 사실입니다. 사도는 바로 이곳으로 우리의 관심을 집중시킵니다. 옛
시대에는 많은 제사장들과 많은 희생제사들이 있었으며, 그러한 사실은 그것이
불완전했음을 증명합니다. 그러나 한 사람의 영원한 제사장이 있으니, 그는 자
신의 일을 마치고 하나님 우편에 앉으셨습니다.

　또 다른 대조로서 우리가 주목할 수 있는 것은 거기에 많은 제사장들이 있
었던 것과 마찬가지로 또한 죄를 위한 많은 제사들이 있었다는 사실입니다. 제
사가 드려집니다. 그러나 죄는 제거되지 않았으며, 따라서 또다시 드려져야만
했습니다. 매년 속죄일이 될 때마다 죄가 또다시 새롭게 생각나게 됩니다. 작년
에 속죄일이 있었습니다. 그러나 백성들은 여전히 사함받지 못한 상태입니다.

따라서 올해에도 속죄일이 있어야만 합니다. 속죄일이 지나 제사장이 거룩하고 아름다운 옷을 입고 흉패를 반짝이며 나올 때, 이스라엘은 잠시 동안 기뻐할 수 있습니다. 그러나 그들을 슬프게 만들 생각이 하나 있습니다. 그것은 내년에도 속죄일이 있어야만 한다는 사실입니다. 왜냐하면 죄가 여전히 이스라엘 위에 남아 있기 때문입니다. 아론의 집이 모든 제사를 통해 할 수 있는 모든 일에도 불구하고 말입니다. 이와 같이 그들은 매일같이 죄를 기억할 수밖에 없었습니다. 아침을 위한 어린 양이 있었습니다. 무죄한 제물이 죽임을 당하고 불태워집니다. 그러나 아침 제사는 그 날의 죄를 제거하지 못했습니다. 왜냐하면 해가 석양으로 기울기 시작할 무렵 또 다른 제물이 드려져야만 하기 때문입니다. 이와 같이 매일 아침 그리고 매일 저녁 제물이 드려져야 했습니다. 매일같이 제물이 드려지고, 매일같이 제사가 드려집니다. 왜냐하면 속죄가 항상 불완전했기 때문입니다. 그러나 "세상 죄를 지고 가는 하나님의 어린 양"이신 우리 주님은 한 번 제물로 드려졌습니다. 그리고 그 한 번의 제사로 그의 속죄사역이 완성되었습니다. 그의 제사는 옛 시대의 모든 제사들을 다 합친 것보다 더 풍성하며 복된 것이었습니다.

사도가, 율법에 따라 반복적으로 드린 제사가 죄를 없이하지 못했다고 단언하는 것을 주목하십시오. 만일 어떤 사람이 제사를 통해 죄가 제거될 수 있다고 생각한다면, 그는 분명 소경에 틀림없을 것입니다. 어떻게 황소와 염소의 피가 죄를 제거할 수 있단 말입니까? 짐승이 당하는 죽음의 고통과 하나님 앞에서의 사람의 죄 사이에 도대체 무슨 관계가 있단 말입니까? 단지 상징적인 의미를 제외하고 말입니다. 율법의 제사들에 의해 대속의 원리가 분명하게 나타납니다. 그러나 그것이 전부였습니다. 율법의 제물들은 실제적인 대속을 이루지도 못했고 이룰 수도 없었습니다. 그것들은 대속의 원리를 분명하게 나타냈지만 그러나 실제적인 속죄제물이 되지 못했습니다. 사실 그것들이 어떻게 실제적인 속죄제물이 될 수 있었겠습니까? 예수 그리스도 외에 또 다른 속죄제물이 어디에 있겠습니까?

사랑하는 형제들이여, "언제나 죄를 없게 하지 못하거니와"라는 말씀을 주목해 보십시오(11절). 이것은 "죄를 벗겨낼 수 없다"는 것을 의미합니다. 우리의 죄는 마치 더러운 옷과 같습니다. 그러나 그것은 제사장들의 매일의 사역에 의해 우리로부터 벗겨질 수 없습니다. 그들이 드리는 제사 속에는 더러운 것을 제

거하는 능력이 없습니다. 그러나 제사장들은 매우 열심히 자신들의 직무를 수행
했습니다 ─ "제사장마다 서서 섬기며." 또 그들은 계속해서 그 일을 수행했습니
다 ─ "제사장마다 매일 섬기며." 뿐만 아니라 그들은 자신들이 만든 제사가 아니
라 "같은 제사" 즉 하나님이 정하신 대로 제사를 드렸습니다 ─ "자주 같은 제사
를 드리되." 이와 같이 제사장들은 열심히 직무를 수행하며, 계속해서 그 일을
행하며, 하나님의 정하신 바대로 제사를 드렸습니다. 이와 같이 그들의 제사에
는 진리의 요소 즉 대속의 교리가 있었습니다. 그럼에도 불구하고 죄는 제사장
들의 양심 위에 그대로 남아 있었습니다. 그들의 양심은 온전해지지 못했던 것
입니다.

　　이로부터 한 가지 추론을 도출해 봅시다. 하나님 자신의 명령에 따라 드려
진 제사들이 그리고 하나님이 합법적으로 세운 제사장들에 의해 드려진 제물들
이 죄를 제거하는데 아무런 효과가 없었다면, 오늘날 소위 제사장(혹은 사제,
priests)이라 불리는 사람들에 의해 드려지는 제물들이 아무런 효능도 가질 수 없
는 것은 너무도 분명하지 않습니까? 분명히 하나님에 의해 세워진 제사장직이
있었습니다. 그리고 하나님이 지시하신 규례대로 제물이 드려졌습니다. 그럼에
도 불구하고 그들의 제사는 죄를 제거하지 못했습니다. 그렇다면 그 제사장직
(혹은 사제직)이 의심스러운 사람들에 의해 드려지고 하나님의 말씀에 의해 확
증되지 않게 드려진 제물이 도대체 무슨 효능을 가질 수 있겠습니까? 그들의 혈
통(血統)은 증명될 수 없으며, 그들이 스스로 자임하는 직분은 다른 교파에 의해
인정되지 않습니다. 그러므로 그들이 드리는 제사는 결코 죄를 제거하지 못합니
다. 오직 우리의 믿는 도리의 사도시며 대제사장이신 예수 그리스도의 희생제사
속에만 죄를 제거하는 능력이 있을 뿐입니다.

　　만일 예루살렘의 모든 양 떼 속에도 합당한 희생제물이 없다면, 로마를 바
라보는 것이 도대체 무슨 소용이 있겠습니까? 만일 아론의 씨가 죄를 제거할 수
없다면, 도대체 우리가 무슨 목적으로 적그리스도의 종들을 바라볼 것입니까?

　　둘째로, 우리 주님의 제사의 성격을 살펴보도록 합시다. 본문 속에서 우리는
그의 제사장직이 전적으로 그 자신 안에 있는 것임을 발견할 수 있습니다. 죄를
속하는 오직 한 명의 참된 제사장이 있을 뿐입니다. 12절의 "이 사람"(this man)
이라는 표현을 주목해 보십시오(But this man, after he had offered one sacrifice
for sins for ever, sat down on the right hand of God, 한글개역개정판에는 "오직 그리

스도는"이라고 되어 있음). 원어(原語)에는 "man"이란 단어가 없습니다. 원어에는 단지 "이"(this)라고만 나와 있습니다. 그러므로 여러분은 "이 사람"(this man)이라고 읽을 수도 있고, "이 제사장"(this priest)이라고 읽을 수도 있습니다. 이러한 모호함으로 미루어 우리는 아마도 사도가 무엇이라고 써야 할지 잘 모른 채 망설이고 있었다고 추측할 수 있습니다. 지금 여러분이 달과 별들의 밝은 빛을 보고 있다고 상상해 보십시오. 그러나 갑자기 거대한 빛 안에서 그것들은 모두 빛을 잃습니다. 그러면 도대체 무엇이 그 모든 빛들을 사라지게 만든 것입니까? 그것은 강력한 힘으로 떠오르는 아침의 태양입니다. 이와 같이 우리가 아론의 제사장직의 빛을 바라보고 있는 동안 갑자기 그 빛이 꺼집니다. 그것을 무한히 능가하는 거대한 영광 때문에 말입니다. 마치 하늘의 만나(manna)처럼 그에 대해 우리가 무엇이라고 이름 붙여야 할지 잘 모르는 그런 자의 나타남 때문에 말입니다("만나"는 "이것이 무엇이냐?"라는 뜻으로서 그것을 보고 무엇이라고 불러야 할지 모르는 상태에서 만들어진 이름임 – 역주). 우리가 그를 "사람"이라고 부를 것입니까? 그렇습니다. 그의 이름을 송축합시다. 그는 우리의 친족이며 "사람의 아들"입니다. 우리가 그를 "제사장"이라고 부를 것입니까? 그렇습니다. 그의 이름을 송축합시다. 그는 참된 멜기세덱입니다. 우리가 그를 "하나님"이라고 부를 것입니까? 그렇습니다. 우리는 그를 그렇게 부를 수 있습니다. 그는 자신이 그렇게 불리는 것을 하나님과 동등됨을 찬탈하는 것으로 여기지 않습니다. 어쨌든 그는 신비로운 신적 인격입니다. 그는 아론 계열의 수많은 제사장들이 이룰 수 없었던 것을 이루신 홀로 유일하신 대제사장입니다. 그들은 약했지만, 그러나 그는 완전히 충족합니다. 그는 영원한 구속을 이루셨으며 죄를 종식시켰습니다.

그와 함께 나란히 제단에 설 자가 아무도 없다는 사실을 주목하십시오. 그를 돕도록 세워진 또 다른 제사장은 없습니다. 그의 직분을 공유할 자가 그 앞에도 없었고 그 뒤에도 없습니다. 그는 아비도 없고 어미도 없습니다. 그의 선임자도 없으며, 그의 후임자도 없습니다. 그는 홀로 그리고 스스로 섭니다. 그가 눈을 들어 바라보았을 때, 거기에 아무도 없었습니다. 따라서 그는 오직 그 자신의 손으로 구원을 이루었습니다. 그는 홀로 포도주 틀을 밟았습니다. 사람들 가운데 그와 함께 한 자는 아무도 없었습니다. 우리의 믿는 도리의 유일한 제사장이신 예수가 레위 계통의 오랜 제사장직이 이루지 못한 채 남겨 놓은 것을 단번에 완성시켰습니다.

계속해서 본문은 한 명의 제사장이 있는 것처럼 또한 오직 하나의 제사만이 있을 뿐이라고 말합니다. 그는 "죄를 위하여 한 영원한 제사를" 드리셨습니다(12절). 그 자신이 제사였으며, 그의 몸이 제단이었으며, 그 자신이 제사장이었으며, 그 자신이 또한 희생제물이었습니다. 골고다 십자가 위에서 그는 자신을 인간의 죄를 위한 대속제물로 드렸습니다. 그리고 그 위에서 그는 자신의 모든 백성을 대신하여 자기 몸으로 여호와의 모든 진노를 짊어지셨습니다. 그들의 모든 죄가 그 위에 놓였으며, 그는 범죄자 중 하나로 헤아림을 받았습니다. 그리고 거기에서 그는 그들을 대신하여 하나님의 의에 합당한 형벌을 받았으며, 그렇게 하여 자기 백성들의 속죄를 이루셨습니다. 이것은 많은 제사들이 아니라 오직 하나의 제사에 의해 이루어졌습니다. 예수는 다른 제사를 드리지 않았습니다. 그는 이전에도 다른 제사를 드리지 않았으며, 미래에도 또 다른 제사를 드리지 않을 것입니다. 그의 속죄제사는 하나입니다.

또 본문은 하나의 제사가 있는 것처럼 또한 그 제사가 한 번으로 영원히 드려졌다고 덧붙입니다. "오직 그리스도는 죄를 위하여 한 영원한 제사를 드리시고." 그리스도는 많은 사람들의 죄를 위해 한 번 드려졌습니다. 성경에 그리스도가 계속적으로 자신을 제물로 드린다는 개념은 존재하지 않습니다. 그것은 미신적인 유치한 개념일 뿐입니다. 성경은 그가 스스로를 "한 번" 드렸다고 확언합니다. 율법 아래서 어린 양은 수없이 많이 드려졌으며, 같은 제사들이 반복되었습니다. 그러나 우리 주님은 "다 이루었다"라고 선언하셨습니다. 그는 제사장의 모든 일을 완성하셨습니다. "오직 그리스도는 죄를 위하여 한 영원한 제사를 드리시고." 나는 여러분의 성경책에서 쉼표(comma)가 어디에 찍혀 있는지 알지 못합니다. 지금 내가 들고 있는 성경책에는 이렇게 되어 있습니다. "오직 그리스도는 죄를 위하여 한 영원한 제사를 드리시고, 하나님 우편에 앉으사"(After He had offered one Sacrifice for sins forever, sat down). 그러나 내가 집에서 사용하는 성경책에는 쉼표가 다르게 찍혀 있습니다. "오직 그리스도는 죄를 위하여 한 제사를 드리시고, 영원히 하나님 우편에 앉으사"(After He had offered one Sacrifice for sins, forever sat down). 우리는 쉼표가 정확하게 어디에 찍혀야 하는지 잘 모릅니다. 어떤 학자는 전자처럼 forever 뒤에 놓여야 한다고 주장하는 반면 또 어떤 학자는 후자처럼 forever 앞에 놓여야 한다고 주장합니다. 이것은 교리적인 문제와는 무관합니다. 여러분은 자신이 원하는 대로 읽을 수 있으며,

그렇게 하더라도 문제될 것은 없습니다. 그렇지만 나는 전자처럼 쉼표가 forever 다음에 오는 것으로서, 따라서 "오직 그리스도는 죄를 위하여 한 영원한 제사를 드리시고, 영원히 하나님 우편에 앉으사"라고 읽는 것을 선호합니다(한글개역개 정판도 이와 같은 의미로 되어 있음). 어쨌든 이와 같이 읽을 때, 우리는 하나님의 위대한 진리가 잘 표현되는 것을 발견할 수 있습니다. 자, 여기의 교훈을 다시 한 번 되새겨 보십시오. 창세 이후로 죽임을 당한 어린 양 외에 죄를 위한 다른 희생제물은 없습니다(계 13:8). 마지막 날 사람들은 심판대 앞에 서게 될 것입니다. 그 때에도 여러분은 그리스도 외에 죄를 속하는 또 다른 것은 없다는 사실을 발견하게 될 것입니다. 그는 밤하늘에 홀로 반짝이는 외톨이별처럼 혹은 풍랑이 몰아치는 바다 위에 홀로 서 있는 외로운 암초처럼 홀로 서 있습니다. 하나님이 주신 화목제물은 오직 하나이며, 언제까지나 하나일 것이며, 영원히 하나여야만 합니다. 주 예수 그리스도는 자신을 한 번, 오직 한 번, 영원히 오직 한 번 주셨습니다. 속죄하는 또 다른 제사장도 없으며, 또 다른 제사도 없습니다. 그 하나의 제사는 결코 반복되지 않습니다.

셋째로, 그리스도의 유일한 제사의 결과를 살펴보도록 합시다. 본문은 그것을 세 가지로 묘사합니다. 그 자신에 대한 결과, 그의 원수들에 대한 결과, 그리고 그의 백성들에 대한 결과.

1. 그 자신에 대한 결과 : 죄를 위하여 한 영원한 제사를 드리신 후, 그는 하나님 우편에 앉으셨습니다. 모든 제사장들은 옛 언약 하에서 서 있었습니다. 그러나 예수 그리스도는 앉으셨는데, 이러한 자세는 우리에게 많은 교훈을 줍니다. 모든 제사장들이 서 있었던 것은 해야 할 일이 있었기 때문입니다. 그들은 계속해서 자신들의 제사를 드려야만 합니다. 그러나 우리 주님이 앉으신 것은 더 이상 드려야 할 제사가 없기 때문입니다. 속죄는 완성되었습니다. 그는 자신의 일을 마치셨습니다. 성막에는 의자가 없었습니다. 레위기를 잘 읽어 보십시오. 그러면 여러분은 성소에 제사장들이 앉아서 쉴 장소가 없었다는 사실을 발견하게 될 것입니다. 아무도 앉도록 허락되지 않았을 뿐만 아니라 앉을 장소도 없었습니다. 랍비들에 따르면, 왕은 성소에서 앉을 수 있었습니다. 아마도 다윗은 거기에서 앉았던 것 같습니다. 그렇다면, 그는 왕으로서 앉으신 그리스도를 나타내는 분명한 모형이었습니다. 제사장들은 성막에서 앉지 않았습니다. 그들은 아직 안식이 주어지지 않은 시대에 속해 있었습니다. 행위언약은 사람의 영혼에 안식

을 주지 못합니다. 그러나 예수 그리스도는 지성소에 앉으셨으며, 이를 통해 우리는 그의 일이 완성되었음을 알게 됩니다.

그가 앉으셨다는 말씀이 주는 또 다른 교훈은 그가 성소(聖所)를 취하셨다는 사실입니다. 율법 아래에서 제사장은 자신의 일을 마친 후 어떻게 했을까요? 그는 집에 갔습니다. 성전도 성막도 그의 집이 아니었습니다. 만일 여러분이 어떤 제사장에게 "당신은 어디에서 살고 있습니까?"라고 묻는다면, 그는 "나는 저쪽에 있는 레위 지파 가운데 거처하고 있습니다"라고 대답할 것입니다. 그러나 예수 그리스도는 자신의 일을 마치신 후 성소에 앉았습니다. 그는 단순한 종이 아니라 아들로서 바로 그곳이 그의 집이었던 것입니다. 그렇습니다. 뿐만 아니라 그는 그 집 전체의 주인이었습니다. 그리하여 그는 자신의 권리로서 자신의 자리를 취했습니다. 그가 우리를 대표하는 자로서 이와 같이 행한 것은 정말로 즐거운 진리입니다. 율법은 이스라엘 자손에게 영구한 소유를 누리는 특권을 줄 수 없었습니다. 그러나 복음은 우리에게 하나님의 전에 영원히 거하는 특권을 줍니다.

사도는 우리에게 그리스도가 앉은 자리가 어디인지 말해 줍니다. 그는 "하나님 우편에 앉으사." 이것은 최고의 영광을 가리킵니다. 어떤 시인은 그것을 "하늘이 줄 수 있는 가장 높은 장소"라고 부릅니다. 그것보다 더 높고 고귀한 장소는 없습니다. 만일 있다면, 예수 그리스도께서 그곳에 앉으셨을 것입니다. 본 서신 첫 장에 나오는 "어느 때에 천사 중 누구에게 너는 내 우편에 앉아 있으라 하셨느냐"라는 말씀을 주목해 보십시오(히 1:13). 천사들은 하나님 우편에 앉지 않습니다. 그들은 항상 섬기는 자리에 있습니다. 따라서 그들은 주인의 부름에 달려갈 준비를 갖춘 채 서 있습니다. 그러나 예수는 자신의 집을 다스리는 주인으로서 존귀와 위엄으로 옷 입은 채 가장 높은 자리에 앉습니다. 그는 "자기를 힘입어 하나님께 나아가는 자들을 온전히 구원할 수 있는" 영원한 능력으로 옷 입은 자로서 거기에 앉습니다(히 7:25). "이스라엘에게 회개함과 죄 사함을 주시려고 그를 오른손으로 높이사 임금과 구주로 삼으셨느니라"(행 5:31). 그는 더 이상 "멸시를 받고 버림을 당하며 간고를 많이 겪으며 질고를 아는" 자가 아닙니다(사 53:3). 그는 더 이상 약함과 수욕 가운데 있지 않습니다. 그는 여호와 자신과 동등한 왕으로서 자기 보좌 위에 앉습니다. 만왕의 왕으로서 예수 그리스도는 아버지의 우편에 앉습니다. 바로 이것이 그 자신에 대한 결과입니다.

2. 그의 원수들에 대한 결과 : "그 후에 자기 원수들을 자기 발등상이 되게 하실 때까지 기다리시나니"(13절). 그들은 이미 짓밟혀 뭉개졌습니다. 사망의 쏘는 것인 죄는 제거되었으며, 죄의 권능인 율법은 만족되었습니다. 그는 자신의 죽음으로 죄를 제거함으로써 자신의 모든 원수들의 어금니를 깨뜨렸습니다. 예수 그리스도가 자신을 하나님께 드렸을 때, 그는 "여자의 후손이 뱀의 머리를 상하게 할 것"이라는 옛 약속을 성취했습니다. 예수 그리스도는 그의 발을 옛 용의 머리 위에 올려놓고 그의 권세를 짓뭉갰습니다. 그러나 여전히 미약한 싸움이 계속되고 있습니다. 여기에서 내가 "미약한"이라고 말하는 것은 그것이 그리스도에게 그러하기 때문입니다. 설령 우리에게는 강력한 싸움처럼 보인다 하더라도 말입니다. 우리 안에 있는 죄와 사탄과 사망을 포함하여 우리 밖에 있는 그리스도의 모든 원수들은 하나님의 그리스도에 대항하여 헛되이 분노합니다. 왜냐하면 그들은 매일같이 그의 발 아래 놓이기 때문입니다. 매일같이 승리는 보좌에 앉으신 그리스도께 돌려집니다. 우리 안에서 죄는 그리스도의 발 아래 놓입니다. 수많은 다른 사람들 안에서도 그러합니다. 보좌에 앉으신 예수는 그의 모든 원수들이 완전하고도 수치스럽게 깨어지는 것을 기다립니다. "오랫동안 대망했던 날이 시작되었도다!' 아버지여, 당신의 아들의 기대를 이루소서. 당신의 성도들이 그 안에서 그것을 기다리나이다. 모든 원수들이 그의 발 아래 있게 될 때가 속히 임하게 하소서!

3. 그의 백성들에 대한 결과 : "그가 거룩하게 된 자들을 한 번의 제사로 영원히 온전하게 하셨느니라"(14절). 여기에서 우리는 그가 그들을 온전하게 하셨다는 말씀을 듣습니다. 이 얼마나 영광스러운 말씀입니까! 그리스도께서 위하여 죽으신 자들은 그의 죽음으로 말미암아 온전하게 되었습니다. 이것은 그가 그들의 성품을 온전하게 만듦으로써 더 이상 죄인이 아니게 되었음을 의미하는 것이 아니라, 그가 그들을 죄책으로부터 완전히 자유롭게 하셨음을 의미하는 것입니다. 그리스도께서 그들의 죄를 취하여 자기 위에 놓았을 때, 죄는 더 이상 그들 위에 남아 있지 않았습니다. 왜냐하면 그것은 동시에 두 장소에 있을 수 없기 때문입니다. 만일 죄가 그리스도 위에 있었다면, 그것은 그들 위에 있지 않았습니다. 그리스도께서 그들을 대신하여 "범죄자 중 하나로 헤아림을 받았을" 때, 그들은 하나님의 심판대에서 면제되었습니다. 예수께서 그의 백성들의 죄에 합당한 형벌을 마지막 일점일획까지 받았을 때, 그들의 죄는 사라지고 언약은 성취되었습니

다. "또 그들의 죄와 그들의 불법을 내가 다시 기억하지 아니하리라"(17절). 죄가
깨끗하게 씻어졌습니다. "허물이 그치며 죄가 끝날 것"이라는 말씀이 그의 모든
백성들에게 이루어졌습니다(단 9:24). 그들은 또 다른 씻음을 필요로 하지 않습
니다. 죄 사함과 하나님의 받으심에 관한 한, 그들은 또 다른 정결케 하심을 필요
로 하지 않습니다. 왜냐하면 그들은 모두 그의 희생제사로 말미암아 온전하게
되었기 때문입니다.

　　본문에서 그의 백성들이 "거룩하게 된 자들"로 묘사되는 것을 주목하십시오
(14절). 이러한 표현은 물론 그들의 성품이 온전히 거룩하게 되었음을 의미하지
않습니다. 그러한 표현은 신적 은혜의 내적 역사(役事)를 함축하지만, 그러나 훨
씬 더 많은 것을 의미합니다. 우리는 14절을 이렇게 읽어야 합니다. "그가 거룩
하게 되고 있는 자들을 영원히 온전하게 하셨느니라"(He has perfected forever
them that are being sanctified, 본래 KJV에는 "he hath perfected forever them that
are sanctified"라고 되어 있음). 왜냐하면 헬라어에서 그것의 시제가 현재형으로
되어 있기 때문입니다. 본문은 완전하게 거룩하게 되는 것을 완성된 것으로 말
하지 않습니다. 이것은 상식적이며 자명한 사실입니다. 다만 본문이 말하는 것
은 큰 대제사장이 거룩하게 되고 있는 자들을 영원히 온전하게 하셨다는 것입니
다. 거룩은 일차적으로 사람을 하나님께 구별하여 따로 놓는 것을 의미합니다.
선택은 사실상 거룩입니다. 하나님의 모든 백성들은 땅이 있기 전 영원한 목적
안에서 거룩하여졌습니다. 다시 말해서 주께 구별되어 따로 떼어졌습니다. 예수
그리스도는 자신의 죽음으로 말미암아 선택으로 거룩하여진 혹은 따로 떼어진
모든 자들을 온전하게 하셨습니다. 따로 떼어진 자들이 은혜에 의해 부름을 받
을 때, 이러한 거룩의 목적은 이루어집니다. 효과적인 은혜가 회심과 중생으로
사람들을 세상으로부터 분리할 때, 그들은 또 다른 의미에서 거룩하여진 자가
됩니다. 그들은 따로 놓이고, 하나님을 섬기는데 드려지며, 죄인들로부터 분리
됩니다. 또 중생으로부터 시작된 일이 그들 안에서 계속적으로 진행되는 것처
럼, 그들은 또 다른 측면에서 거룩하여집니다. 그들은 자신 안에 있는 거룩, 곧
창세 전부터 그들의 것이었던 거룩을 깨달아갑니다. 본문은 완전하게 거룩하여
진 하늘에 있는 자들에 대하여 뿐만 아니라 은혜의 목적 안에서 따로 떼어진 모
든 자들에 대하여 관련됩니다. 그들의 죄 사함 및 의롭다함과 관련한 한, 예수 그
리스도는 그들을 영원히 온전하게 하셨습니다. 그가 흠 없이 자신을 하나님께

드렸을 때 말입니다.

## 2. 둘째로, 이제 이러한 진리들을 내적으로 소화시키도록 합시다.

그렇게 함으로써 참된 양분이 우리 마음에 임하게 될 것입니다. 영생을 갈 망하는 자들은 이 시간 나에게 귀를 빌려 주기 바랍니다. 오늘의 주제는 특별히 죄인들과 관련됩니다. 본문은 죄를 위해 희생제사를 드린 유대인 제사장들에 대해 이야기하고, 이어 죄를 제거하신 예수 그리스도에 대해 이야기합니다. 죄인 이여, 복음은 당신을 위한 것입니다. 여기에 흠 없고 순전하며 무죄한 자가 있다면, 나는 그들을 위한 위로의 말을 가지고 있지 않습니다. 그러나 죄인들이여, 복음은 여러분을 위한 것입니다. 제사장직도 여러분을 위한 것이고, 예수의 대속도 여러분을 위한 것입니다. 땅에서의 그의 죽음도 여러분을 위한 것이며, 하늘에서의 그의 통치와 권능도 여러분을 위한 것입니다. 이러한 사실은 그 양심이 두려움으로 떠는 사람들에게 얼마나 큰 위로가 됩니까! 여러분 가운데 "아, 나는 결코 구원받지 못할 거예요. 나는 너무나 죄가 많아요"라고 말하는 사람이 있습니까? 사탄의 그러한 거짓말을 믿지 마십시오. "인자가 온 것은 잃어버린 자를 찾아 구원하려 함이니라"(눅 19:10). 복음의 목적은 죄를 제거하는 것입니다. 그러므로 복음은 바로 여러분을 위한 것입니다.

계속해서 내 말에 귀를 기울이십시오. 본문에서 여러분이 마땅히 피해야만 하는 자리가 어디인지 생각해 보십시오. 그것은 매일같이 죄를 제거할 수 없는 제사를 드리는 자들의 자리가 아닙니까? 여러분은 긍휼을 찾고 있습니다. 그러나 나는 여러분이 무엇을 하고 있는지 압니다. 여러분은 자기 의(義)를 세우려고 하고 있습니다. 여러분은 "나는 시간을 정해 놓고 기도할 거야"라고 생각했습니다. 여러분은 몇 개월 동안 그렇게 했습니다. 그러나 기도는 결코 죄를 제거할 수 없습니다. 기도 그 자체 안에 무엇이 있습니까? 그 안에 죄를 속하는 공로가 있습니까? 여러분은 매일같이 성경을 읽었습니다. 그것은 참으로 복된 일입니다. 여러분은 항상 그렇게 해야 합니다. 그러나 매일같이 성경을 읽는다고 해서 그것이 도대체 무슨 방법으로 죄를 제거할 수 있단 말입니까? "아, 그러나 나는 규칙적으로 예배에 참석됩니다." 여러분이 그렇게 한 것은 정말로 좋은 일입니다. 왜냐하면 "믿음은 들음에서 나기" 때문입니다. 그러나 나는 여러분이 예배의 자리에 앉아 있는 것과 죄를 제거하는 것 사이에 도대체 무슨 관계가 있는지 알지 못합니다. 그렇게 하는 것으로 여러분의 양심이 편안해지지 않았을 것입니다. 도리어 죄 의식이 더 커졌을 것입니다. 아마도 여러분 가운데 어떤 사람들은 오랫동안 스스로를 구원하려고 노력했음에도 불구하고 아무것도 얻지 못했을 것입니다. 그렇게 할수록 여러분은 더 멀리 떨어져 있는 것처럼 느껴졌을 것입니다. "너희가 어찌하여 양식이 아닌 것을 위하여 은을 달아 주며 배부르게 하지 못할 것을 위하여 수고하느냐"(사 55:2). 여러분은 어찌하여 매일같이 제단 앞에 서서 죄를 제거할 수 없는 제사를 드립니까? 죄를 제거할 수 있는 제사로 속히 달려가는 것이 훨씬 더 지혜로운 일이 아니겠습니까?

　　본문이 주는 실제적인 교훈은 죄 사함을 위한 믿음의 유일한 대상이 바로 사람이며 제사장인 예수 그리스도라는 것입니다. 사도는 "이 사람은 죄를 위하여 한 영원한 제사를 드리시고"라고 말합니다(This Man offered one Sacrifice for sins forever, 한글개역개정판에는 "오직 그리스도는 죄를 위하여 한 영원한 제사를 드리시고"라고 되어 있음). 만일 여러분이 마음의 평안을 갖고자 한다면, 여러분은 그것을 바로 이 사람, 즉 하나님의 그리스도로부터 얻어야 합니다. 분명히 말하거니와 여러분의 기도와 눈물과 회개와 예배생활조차도 불경과 간음 못지않게 여러분을 실족하게 하는 것이 될 것입니다. 만일 여러분이 그것들을 신뢰한다면 말입니다. 만일 여러분이 자신의 선행을 구주와 우상으로 만든다면, 그것은 도리어 여러분을 실족케 하는 것이 될 것입니다. 설령 여러분의 우상이 정금으로 만든 것이라 하더라도, 그것은 쓰레기로 만든 것과 마찬가지로 살아 계신 하나님 앞에 가증스러운 것이 될 것입니다. 어떤 형태로든 그리고 어떤 정도로든 예수 외에 다른 것을 바라보아서는 결코 안 됩니다. 절반은 예수를 바라보고 절반은 자신을 바라보는 자는 그를 전혀 바라보지 않는 것입니다. 한 발은 땅을 디디고 있고, 다른 한 발은 바다를 디디고 있는 어떤 사람을 생각해 보십시오. 땅을 디디고 있는 발이 그를 도울 수 있겠습니까? 그는 필경 넘어지고 말 것입니다. 왜냐하면 다른 발이 디디고 있는 기초가 너무도 미약하기 때문입니다. 또 하나의 고리만 제외하고 나머지 전체 고리들이 강한 쇠로 되어 있는 쇠사슬을 생각해 보십시오. 그렇다면 그 쇠사슬은 강한 무게를 견딜 수 있을까요? 우리 모두는 그 쇠사슬의 강도가 강한 쇠로 되어 있는 고리들에 의해 매겨지는 것이 아니라 약한 고리에 의해 매겨지는 것이라는 사실을 압니다. 만일 여러분이 여러분의 소망 가운데 한 개의 약한 고리를 가지고 있다면, 다시 말해서 만일 여러분이 여러분 자신으로부터 말미암은 어떤 것을 의지하며 신뢰한다면, 바로 그 한 개의 약한 고리가 여러분을 영원한 파멸로 이끌 것입니다.

> "소망 없는 죄인들에게 선을 행할 수 있는 자는
> 오직 예수, 오직 예수뿐이도다."

위로부터 아래까지 그리고 기초로부터 꼭대기까지, 우리의 소망은 예수의 사역 안에 있어야만 합니다. 우리는 오직 그만을 믿고 신뢰해야 합니다. 그렇게 하지 않으면 우리는 헛되이 건축하는 것이 될 것입니다. "이 닦아 둔 것 외에 능히 다른 터를 닦아 둘 자가 없으니 이 터는 곧 예수 그리스도라"(고전 3:11). 하늘 아래 다른 소망은 없습니다. 형제들이여, 그리스도 외에 다른 것을 바라보는 것이 얼마나 쓸데없는 일인지 배우십시오. 여러분이 오직 그만을 바라볼 때 그가 여러분의 죄를 제거하실 것이라는 이 한 가지 사실을 명심하십시오. 그는 자신을 제물로 드림으로써 죄를 제거하셨습니다.

여기에 우리가 기억해야 할 또 하나의 사실이 있는데, 그것은 죄를 위한 그리스도의 구속의 효과가 과거와 마찬가지로 오늘날에도 똑같이 나타난다는 사실입니다. 그는 "죄를 위하여 한 영원한 제사를" 드렸습니다. 어떤 제사라고요? 천년을 위한 제사입니까? 아닙니다. 본문은 "영원한" 제사를 드렸다고 말합니다.

> "십자가의 강도는 그 시대에
> 그 샘을 바라보며 기뻐하였도다.
> 나 역시도 그 샘에서
> 나의 모든 죄를 씻는도다.
>
> 사랑하는 어린 양이여, 당신의 보혈은
> 그 능력을 잃지 않을 것이나이다.
> 속량받은 하나님의 교회 전체가
> 더 이상 씻음을 받을 필요가 없을 때까지."

"죄를 위하여 한 영원한 제사를 드리시고." 마귀는 당신이 그리스도를 믿어 보았자 아무 소용 없다고 말합니다. 은혜의 날에 범죄했기 때문에 그의 제사가 당신에게는 효능이 없다는 것입니다. 마귀에게 "너는 거짓말쟁이야!"라고 말하십시오. 그리스도는 죄를 위하여 한 영원한 제사를 드렸습니다. 복음이 울려 퍼지는 은혜의 시대에 살고 있는 한, 그의 속죄에는 영원한 효능이 있습니다. 그리스도의 속죄제사의 공로는 한계가 없습니다. 어떤 사람이 구원받았다고 해서 그 능력이 티끌만큼도 줄어들지 않습니다. 수백만 명의 사람들이 햇빛을 바라본다고 해서 그 빛이 줄어들지 않는 것처럼, 그리스도의 구속의 능력 역시 마찬가지입니다. 설령 햇빛은 세월이 흐름에 따라 약해질지라도, 영원한 긍휼의 샘과 의의 태양은 결코 떨어지지 않을 것입니다. 그는 죄 사함의 은혜의 햇빛으로 자기 백성들을 계속해서 풍성하게 쏟아 부을 것입니다. 그는 죄를 위하여 한 영원한 제사를 드렸습니다. 그렇다면 나는 기꺼이 그에게로 갈 것입니다. 그는 나를 구원할 수 있습니다. 설령 내가 70년 동안 죄인이었다 하더라도, 그는 나를 구원할 수 있습니다. 나는 그에게로 갈 것입니다. 나는 오직 그 안에서만 안식할 것입니다. 내 말을 믿으십시오. 여러분도 나처럼 하십시오. 그러면 여러분 역시도 영원한 생명을 갖게 될 것입니다.

나아가 여러분은 예수 그리스도께서 이미 행하신 것 외에 또 다른 어떤 것을 행하기를 기대해서는 안 됩니다. 많은 사람들이 또 다른 무엇인가를 기다리고 있습니다. 그것이 무엇인지도 잘 알지 못하면서 말입니다. 지금 그리스도는 그의 죽음과 부활과 승천을 통해 그의 모든 사역을 영원히 완성하셨습니다. 만일 당신이 오늘 그가 행한 것을 믿지 않는다면, 내일이 된다고 해서 달라지는 것은 아무것도 없을 것입니다. 내일이 된다고 해서 믿음을 위한 더 확실한 토대가 세워지지는 않을 것입니다. 만일 나에게 있어 오늘 믿는 것이 어려운 일이라면, 내가 20년을 더 산다고 해서 믿음을 위한 더 확실한 증거가 생기지는 않을 것입니다. 하나님은 범죄한 죄인인 당신을 위해 그리스도를 주셨습니다. 이것이 당신에게 부족하다면, 당신은 도대체 얼마나 더 큰 것을 가져야만 합니까? 그리스도께서 자신을 주셨습니다. 그는 우리를 대신하여 죽으시고 고난을 받으셨습니다. 그는 다시 살아나시고 자기 영광으로 들어가셨습니다. 만일 당신이 그를 의지할 수 없다면, 도대체 그가 당신을 위해 어떤 더 큰 일을 행해야만 한단 말입니까? 그가 와서 또다시 죽어야 합니까? 당신은 한 번 그를 배척했습니다. 설령 그가 두 번 죽는다 하더라도, 당신은 그를 또다시 배척할 것입니다. 그러나 그런 일은 결코 일어날 수 없습니다. 그의 희생제사 속에는 긍휼의 모든 목적에 응답할 수 있는 충분한 효능이 있습니다. 만일 당신이 고의적으로 범죄하며 그를 배척한다면, "다시 속죄하는 제사가 없고 오직 무서운 마음으로 심판을 기다리는 것과 대적하는 자를 태울 맹렬한 불만 있을" 것입니다(26, 27절). 이것이 요점입니다. 나를 구원할 수 있는 모든 구속이 지금 여기에 있습니다. 내가 의지할 수 있는 모든 것이 이미 여기에 있습니다. 그리스도 안에 계속해서 발전되어가는 것은 없을 것입니다. 그는 자신의 사역을 완성했습니다. 가련한 영혼이여, 지금 그 안에서 안식하십시오. 표적과 기사를 찾으면서 그것이 없이는 믿지 않겠다고 말하는 당신은 얼마나 어리석은 자입니까! 성령께서 당신에게 예수 그리스도가 지금 당신을 구원할 수 있으며 또 기꺼이 구원하기를 원하신다는 사실을 보여주시기를 기원합니다. 당신이 해야만 하는 모든 것은 그가 행한 일을 받아들이고 그를 단순하게 의지하는 것뿐입니다. 그러면 이 시간 당신은 그의 희생제사를 통해 완전하게 구원받을 것입니다. 우리 구속주가 아직 하지 못한 채 남겨 놓은 것은 아무것도 없습니다. 그는 앉아 계십니다. 그는 또 다른 제사를 드리기 위해 다시 일어나지 않을 것입니다. 그는 자신의 속죄를 마쳤으며, 자신이 구원하고자 계획한 모든 자들을 온전하게 하셨습니다. 설령 당신이 그를 믿지 않는다 하더라도, 죄를 위한 또 다른 속죄제사는 결코 남아 있지 않습니다.

또 본문으로부터 그리스도를 믿는 모든 신자들의 참된 자세가 어떤 것인지 생각해 보십시오. 예수 그리스도는 죄를 위하여 한 영원한 제사를 드리고 난 후 앉으셨습니다. 만일 내가 신자라면, 바로 그것이 내가 취해야 할 참된 자세입니다. 만일 당신이 신자라면, 바로 그것이 당신이 취해야 할 참된 자세입니다. 율법 아래서는 앉는 것이 없었습니다. 심지어 유월절에도 이스라엘 백성들은 허리에 띠를 띠고 지팡이를 잡고 서 있었습니다. 거기에 앉는 것은 없었습니다. 우리의 참된 자세가 앉거나 혹은 기대는 것이 된 것은 오직 복음의 만찬 때였습니다. 왜냐하면 우리의 싸움이 끝났기 때문입니다. 이미 믿은 자들은 안식 속으로 들어갑니다. 예수께서 우리에게 안식을 주셨습니다. 우리는 광야를 지나가고 있지 않습니다. 우리는 시온 산에 도달했습니다. 우리는 그 이름이 하늘에 기록된 장자의 영광스러운 총회에 도달했습니다. 우리를 의롭게 하시는 모든 일은 그리스도에 의해 끝났습니다. 그리스도인들이여, 앉으십시오. 주 안에서 앉아 안식하십시오. 죄와 더불어 싸워야 할 일들과 세상에서 그리스도를 위해 해야 할 일들이 많이 있습니다. 그러나 죄 사함과 칭의와 관련한 한, 우리의 합당한 장소는 안식입니다. 그리스도 예수 안에서의 평안 ― 이것은 우리의 합법적인 분깃입니다.

또 13절의 "그 후에 자기 원수들을 자기 발등상이 되게 하실 때까지 기다리시나니"라는 말씀을 주목해 보십시오. 모든 일을 마치고 앉으셨을 때, 그리스도는 그의 원수들이 그의 발등상이 될 것을 바라봅니다. 신자여, 당신이 모든 죄로부터 자유롭게 될 때를 바라보십시오. 당신의 타고 난 부패성에 대항하여 남자답게 싸우십시오. 세상의 죄와 더불어 싸우십시오. 그리고 매일같이 거룩한 믿음으로 당신이 승리를 얻을 것을 바라보십시오. 그리스도께서 거기 앉아 기다리고 있는 것처럼, 그는 또한 우리를 함께 일으켜 하늘에서 그와 함께 앉게 하실 것입니다. 그리고 우리는 거기에 앉아 이 세상을 내려다보며 모든 악이 우리 발 아래 놓이게 될 때를 기다리게 될 것입니다.

다시 한 번 말하거니와, 그동안 우리는 그리스도 예수 안에서 온전하게 된 자들에 합당한 자세를 취합니다. 나는 우리 모두가 이것을 깨닫고 그 능력 가운데 살기를 간절히 바랍니다. 만일 내가 참된 신자라면, 나의 죄책을 제거하기 위해 내가 해야 할 일은 아무것도 없습니다. 물론 믿음으로 내 안에 있는 죄의 능력을 극복하기 위해 해야 할 일은 많이 있습니다. 그러나 죄책과 관련한 한, 예수 그리스도의 단 번의 제사가 그의 모든 백성들을 온전하게 했습니다. 그들에게 남아 있는 죄는 단 하나도 없습니다. 죄의 흔적조차도 없습니다. 그들은 "티나 주름 잡힌 것이나 이런 것들이" 없습니다(엡 5:27). 하나님 앞에 그들은 완전히 사랑스럽습니다. 그들은 물론 어떤 부분에서는 아름답지 않습니다. 그러나 그들은 그리스도 안에서 완전히 사랑스럽습니다. 그들은 "사랑하시는 자 안에서" 부분적으로가 아니라 전체적으로 받아들여집니다. 이 부분을 이야기할 때마다 나는 도대체 어떤 표현을 사용해야 나의 감정을 충분히 표현할 수 있을지 알지 못해 쩔쩔맵니다. 다윗이 여호와의 언약궤 앞에서 춤을 춘 것도 바로 이러한 하나님의 진리를 알았기 때문이었을 것입니다. 우리 자신의 온전하지 못함에도 불구하고 우리가 그리스도 안에서 온전한 자로 간주되는 것은 얼마나 놀라운 축복입니까? 또 우리가 게달의 장막처럼 더럽혀졌음에도 불구하고 솔로몬의 휘장처럼 영광스럽게 받아들여지는 것은 얼마나 큰 은혜입니까? 본문은 우리가 영원히 온전하게 되었다고 말합니다(14절). 오늘 온전하게 되었다가 내일 은혜에서 떨어지는 것도 아니고, 20년 후에 온전하게 될 것이라는 것도 아닙니다. 그는 구별된 자들을 "영원히"온전하게 하셨습니다. 그 일은 그 일을 행하신 자 자신처럼 영원합니다. 그리스도께서 보좌에 앉아 계신 동안 그의 백성들은 죽을 수 없습니다. 그의 일이 영원히 온전하게 남아 있는 동안 그의 백성들 역시 그 안에서 영원히 온전합니다.

또한 우리가 이러한 은혜의 일의 증거를 다른 사람들에게 좀 더 분명하게 나타내야 한다는 사실을 잊지 마십시다. 본문은 그가 거룩하게 된 자들 혹은 하나님께 거룩하게 구별된 자들을 영원히 온전하게 하셨다고 말합니다. 우리는 매일같이 좀 더 구별되어야 합니다. 우리는 힘써 거룩을 좇아야 합니다. 우리는 이것을 우리의 목표로 삼아야 하는데, 그것은 우리가 구원받기 위함이 아닙니다. 왜냐하면 우리는 이미 구원을 받았기 때문입니다. 우리가 그렇게 해야 하는 것은 다른 사람들로 하여금 우리가 구원받은 자라는 사실을 좀 더 분명하게 볼 수 있도록 하기 위함입니다. 그들이 우리의 선행을 봄으로써 하늘에 계신 아버지께 영광이 돌려지게 될 것입니다. 나의 거룩함이 큰 분량으로 드러날 때, 많은 사람들이 내가 그리스도께 속한 자라는 사실을 알게 될 것입니다. 나의 영혼이 여전히 죄를 사랑하며 그 가운데 살고 있음에도 불구하고 "나는 그리스도 안에서 온전한 자"라고 자임하는 것은 얼마나 어리석은 생각입니까? 부디 주께서 그의 성령으로 말미암아 우리를 거룩의 길로 인도하시며, 그가 빛 가운데 행하시는 것 같이 우리도 빛 가운데 행하게 하시기를 기원합니다. 그러면 우리는 서로 교제하게 될 것이며, 그의 아들 예수의 피가 우리를 모든 죄로부터 깨끗하게 할 것입니다.

이 땅에 있는 우리 모든 사람들에게 그리스도는 둘 중 하나입니다. 우리는 하나님 오른편에 계신 그를 보며 그가 높이 승귀(昇貴)되신 것으로 인해 기뻐하게 될 것이든지, 아니면 거기에 계신 그를 두려움으로 바라보며 그의 발 앞에서 몸부림치며 괴로워하게 될 것입니다. 영원히 온전하게 된 그의 백성들에게 있어 그리스도가 높이 승귀되신 것은 가장 큰 기쁨일 것입니다. 우리는 할 수 있는 대로 그를 가장 존귀하게 하기를 바라지 않습니까? 이 세상에 우리가 그 앞에 드리지 못할 것이 무엇이겠습니까? 우리가 그를 높일 수만 있다면 어떤 고난인들 마다하겠습니까? 나는 모든 하나님의 자녀들이 자신들의 삶의 최고의 목표가 그를 존귀하게 하는 것이라고 당당하게 말할 수 있기를 바랍니다. 예수 그리스도에게 가장 높은 보좌를 드리고 예수 그리스도에게 가장 빛나는 면류관을 드려야 마땅하지 않습니까?

> "사망에 머리를 숙이신 자에게
> 위엄의 면류관을 씌울지어다.
> 호흡이 있는 모든 것들은
> 그의 존귀를 높이 소리칠지어다."

그는 하늘에서도 가장 높은 장소를 취하셔야 합니다.

그러나 만일 우리가 그의 신성(神性)을 믿지 않을 것이라면, 만일 우리가 그를 우리의 중보자로 믿지 않을 것이라면, 만일 우리가 그의 희생제사에 아무런 분깃도 갖지 못한다면, 만일 우리가 그의 복음을 반대한다면, 만일 우리가 그의 주장에 동조하기를 거부한다면 ― 우리는 전혀 다른 장소를 얻게 될 것입니다. 그리고 그것은 그의 발 아래일 것입니다. 그의 발은 매우 무거울 것입니다. 그의 발은 한때 못에 찔렸습니다. 그러나 만일 그 발이 여러분 위에 임한다면, 그 발은 여러분을 밟아 가루로 만들 것입니다. 사랑이 분노로 바뀐 것보다 더 두려운 것은 없습니다. 기름은 부드럽지만 그러나 얼마나 격렬하게 타오릅니까? 사랑에 질투의 불을 붙여 보십시오. 그것은 마치 무덤처럼 잔혹하게 타오를 것입니다. 구주를 배척하는 자여, 조심하십시오. 그가 오실 때, 그는 당신을 철퇴로 치실 것입니다. 그리고 지금은 온유함으로 가득 찬 그의 얼굴이 그 때에는 분노로 가득 찰 것입니다. 그 때 당신은 "산들아 우리를 가리라 바위들아 우리 위에 떨어져 보좌에 앉으신 이의 얼굴에서와 그 어린 양의 진노에서 우리를 가리라"라고 부르짖을 것입니다(계 6:16). 여기에서 "그 어린 양의 진노"라는 표현을 주목해 보십시오. 그것은 얼마나 두려운 표현입니까? 그것은 성경에서 가장 두려운 표현들 가운데 하나입니다. 주께서 우리에게 그것의 두려운 의미를 느끼지 못하도록 허락하시기를 기원합니다. 주여, 당신의 피로 우리를 씻으소서. 아멘.

제
26
장
—

# 당신이 필요로 하는 구주

—

"또한 성령이 우리에게 증언하시되 주께서 이르시되 그 날
후로는 그들과 맺을 언약이 이것이라 하시고 내 법을 그들
의 마음에 두고 그들의 생각에 기록하리라 하신 후에 또 그
들의 죄와 그들의 불법을 내가 다시 기억하지 아니하리라
하셨으니 이것들을 사하셨은즉 다시 죄를 위하여 제사 드릴
것이 없느니라."— 히 10:15-18

사람들은 완벽한 이상향인 유토피아를 상상합니다. 마찬가지로 영적 유토
피아를 상상하는 사람은 이렇게 말할 것입니다. "만일 사람이 이생에서 완전하
게 구원받을 수 있다면 그것은 얼마나 즐거운 일인가! 또 만일 사람이 절대적인
권위에 의해 과거와 관련한 그리고 미래와 관련한 그의 모든 죄가 사함받는 것
을 알 수 있다면 그것은 얼마나 큰 선물인가! 선을 행하는 쪽으로 기우는 새로운
본성의 무한한 축복을 소유한 자는 얼마나 복된가! 사람으로 하여금 모든 거룩
한 일과 가장 고상한 목표를 향해 달려가도록 이끄는 새로운 본성을 소유한 자
는 얼마나 복된가! 죽음조차도 유익한 것으로 여기며 삶에서 경험하는 모든 고
난을 잃는 것으로 생각하지 않는 사람은 얼마나 복된가! 어떤 환난에 부닥치더
라도 영원한 영광에 들어갈 것을 절대적으로 확신하면서 그것에 기꺼이 직면할
준비가 되어 있는 사람은 얼마나 복된가!'

많은 사람들이 이러한 상상을 마음에 품지만 그러나 대부분은 다음과 같이

말하면서 그것을 허공에 날려 버리고 맙니다. "그것은 불가능해. 그렇지만 정말로 그런 것을 얻을 수 있다면, 그것은 정말로 큰 축복이기는 할 거야!"

오늘 아침 나는 여러분에게 이러한 무한한 축복이 결코 불가능한 것이 아니라는 사실을 말하고자 합니다. 그것을 얻는 것은 충분히 가능합니다. 아니, 그 이상입니다. 수많은 사람들이 그것을 얻었으며, 지금도 이 땅에 살고 있는 수많은 사람들이 그것을 향유하고 있습니다. 사랑하는 형제들이여, 만일 여러분이 사람의 아들들에게 완전한 구원을 가져다주기 위해 세상에 오신 구주를 믿는다면, 여러분 역시도 그것을 향유하게 될 것입니다. 예수 그리스도를 믿는 자는 완전하게 죄 사함을 받습니다. 이것은 분명한 사실입니다. 하나님의 책에 그를 참소하는 죄는 없습니다. 왜냐하면 하나님이 그의 모든 죄를 도말하셨기 때문입니다. 그가 아직 범하지 않은 죄들에 대해서까지도 예수 그리스도는 이미 속죄의 피를 흘리셨습니다. 예수 그리스도는 그러한 죄들까지도 이미 짊어지셨던 것입니다. 신자는 그 본성(本性)이 새로워진 사람입니다. 설령 그의 옛 본성이 여전히 악한 쪽으로 기우는 경향이 있다 하더라도, 그럼에도 불구하고 그는 자기 안에 불멸의 원리 즉 영원히 살아 있는 썩지 않는 씨를 소유합니다. 그에게 있어 사는 것도 큰 문제가 아니며, 죽는 것도 큰 문제가 아닙니다. 만일 그가 육체 가운데 산다면, 그는 하나님을 섬깁니다. 만일 그가 죽는다면, 그것은 예수 그리스도의 형상으로 깨어 일어나 하늘에서 더 완전하게 섬기기 위해 잠시 자는 것일 뿐입니다. 이와 같이 사람들이 유토피아적인 것으로 상상하는 것을 모든 그리스도인들은 실제로 소유하며 향유합니다.

### 1. 첫째로, 본문으로부터 은혜의 새 언약의 영광과 우월성 즉 그것이 그 아래 있는 모든 사람들에게 완전한 구원을 주는 사실을 주목하십시오.

옛 언약 아래 있던 사람들은 완전하지도 못했고 완전할 수도 없었습니다. 하나님께 예배하는 자들은 산비둘기나 집비둘기 혹은 황소나 어린 양을 가져와 제물로 드렸습니다. 그는 의식법(儀式法)을 지켰으므로 어느 정도 만족을 느끼면서 집으로 돌아옵니다. 그러나 얼마 후 다시 죄를 범할 때 그는 스스로에게 이렇게 말합니다. "나는 다시 희생제물을 드려야만 해. 나는 다시 성전에 올라가서 새로 지은 죄를 씻어야만 해." 그리고 그렇게 한 후에도 얼마 후에는 또다시 반복됩니다. 그는 평생 동안 다음과 같이 말할 수 있는 지점에는 결코 이르지 못합니다. "다 이루었다. 충분한 제사가 드려졌으며 속죄가 완성되었도다. 이제부터 또 다른 제물을 드릴 필요는 없도다." 옛 유대 율법 아래서 사람들은 이런 마음을 결코 품을 수 없었습니다. 항상 새롭게 제사를 드리는 것이 필요했습니다. 왜냐하면 제사는 항상 불완전했기 때문입니다. 제사는 결코 끝나지 않았습니다. 항상 새로운 제사가 드려져야만 했습니다. 물론 옛 시대에도 참된 성도들은 분명히 평안과 안식을 얻었을 것입니다. 그것은 의심의 여지 없는 사실입니다. 그러나 그것은 그들이 보이는 제단 위에 불타고 있는 번제물을 통해 하나님의 영원한 목적의 보이지 않는 제단 위에 있는 위대한 속죄제물을 보았기 때문입니다. 그들은 사실상 새 언약 속으로 들어갔던 것입니다. 예컨대 다윗은 시편 51장에서 외적 규례들의 휘장을 통과하여 하나님의 은밀한 곳에 있는 참된 은혜의 보좌 앞에 섭니다. 그는 말합니다. "주께서는 제사를 기뻐하지 아니하시나니 그렇지 아니하면 내가 드렸을 것이라 주는 번제를 기뻐하지 아니하시나이다"(16절). 그는 의식(儀式)으로부터 벗어나 복음으로 나아갑니다. 그리고 훗날 주어지게 되는 영원한 희생제사의 참된 능력 안에 안식합니다. 대부분의 유대인들은 외적인 것에 만족하며 그 위에 안식했습니다. 그들은 견고한 평안을 발견하지 못했습니다. 왜냐하면 그들의 예배 속에는 매년 죄를 생각나게 하는 것이 있었기 때문입니다.

복음 아래서는 그렇지 않음을 기뻐합시다. 완전한 속죄가 이루어지는 단번의 희생제사가 드려졌습니다. 죄가 사해졌으며, 그러한 완성된 희생제사를 믿음의 기초로서 취한 죄인은 자신에게 있어 해야 할 일이 아무것도 남아 있지 않음을 느낍니다. 그를 위해 모든 일이 다 이루어졌습니다. 그는 완성된 건물에다가 돌 하나도 더 얹을 필요가 없습니다. 왜냐하면 그리스도께서 마지막 숨을 몰아쉬며 "다 이루었다"라고 외치셨기 때문입니다.

본문은 두 가지 측면에서 옛 언약이 새 언약에 훨씬 못 미친다고 말합니다. 첫째로, 거룩하게 하는 일에 있어 옛 언약은 새 언약이 이룬 것을 이루지 못했습니다. 왜냐하면 새 언약은 하나님의 법을 우리 마음에 기록한 반면 옛 언약은 단지 돌판에 기록했기 때문입니다. 그리고 둘째로, 옛 언약은 죄책을 제거할 수 없었습니다. 새 언약과 관련하여 "그들의 죄와 그들의 불법을 내가 다시 기억하지 아니하리라"라고 기록된 것과 달리 말입니다.

1. 옛 언약 하에서의 외적이며 보이는 의식(儀式)과 예법(禮法)들은 사람을 거룩하게 하지 못했습니다. 제단 앞에 서서 피가 부어지는 것을 보는 동안에는 그는 설 수 있었습니다. 그러나 집으로 돌아오면, 그는 또다시 옛 모습으로 돌아옵니다. 율법의 모든 의식들에 대해 정통하면서도 그것으로부터 거룩에로의 충동으로 이끌리지 못한 사람들이 의심의 여지 없이 헤아릴 수 없이 많이 있었을 것입니다. 그들은 자신들이 보는 것으로부터 죄를 멀리 하며 선을 행하고자 하는 마음의 충동을 얻지 못했습니다. 왜냐하면 그들은 단지 외적인 것만을 보면서 그 안에 담겨 있는 내적 의미는 깨닫지 못했기 때문입니다. 그랬기 때문에 그들은 참된 영적 능력을 느낄 수 없었습니다. 그리하여 그들은 자신들이 본 것을 통해 자신들의 삶을 거룩하게 하는 것과 관련하여 아무런 유익도 얻지 못했습니다. 나는 수없이 많은 사람들이 모세의 율법을 들으면서도 그것을 지키도록 이끌려지 않았다고 믿어 의심치 않습니다. 시내 산에서 율법이 선포될 때 백성들은 어떠했습니까? 강력한 두려움에 사로잡히지 않았습니까? 그래서 여호와가 직접 그들에게 말하지 않기를 바라지 않았습니까? 그것을 듣기를 감당할 수 없었기 때문에 말입니다. 그러나 불과 며칠 후 그들은 자신들의 귀로부터 귀고리를 취하여 그것으로 금송아지를 만들었습니다. 그리고 그 앞에 엎드려 절하며 이렇게 말했습니다. "이스라엘아 이는 너희를 애굽 땅에서 인도하여 낸 너희의 신이로다"(출 32:4). 땅이 진동한 모든 것도, 산이 연기를 내며 요동한 모든 것도, 나팔 소리와 같은 모든 천둥소리도 이스라엘로 하여금 순종하도록 만들 수 없었습니다. 그들은 율법을 알았지만 그러나 순종하고자 하지 않았습니다. 그들의 삶에 끼치는 영향력에 관한 한, 율법과 그 안에 담겨 있는 모든 의식들은 실패였습니다. 그것은 그들을 거룩하게 만들지 못했습니다. 아니, 그렇게 할 수 없었습니다.

그러나 복음은 실패하지 않습니다. 새 언약의 영향력 아래로 나아오는 자들이 실제로 거룩하게 되는 것을 주목하십시오. 새 언약은 나에게 율법을 주지 않고 다만 "천지가 없어지기 전에는 율법의 일점일획도 결코 없어지지 아니하고 다 이루리라"라고 말하는 것으로 만족합니다(마 5:18). 그러면 새 언약은 어떻게 합니까? 그것은 나를 율법으로 데려가는 대신 이렇게 말합니다. "나는 네게 율법 대신 사랑을 주리라. 너는 더 이상 율법의 원리 아래 있지 않게 될 것이라. 이제 너는 은혜의 원리에 의해 다스림을 받게 될 것이라. '이것을 행하라 혹은 저것을 행하지 말라'라고 말하는 대신 이제 나는 너로 하여금 네 하나님을 사랑하도록 만들 것이라. 하나님을 사랑할 때, 너는 '이제 하나님의 뜻이 곧 나의 뜻이 될 것이요 하나님이 미워하시는 것을 나도 미워할 것이라'라고 말하게 될 것이라." 율법은 완전한 존재들에게 있어서는 강력한 원리입니다. 그러나 그것은 우리 같이 패역한 마음을 가진 사람들이 충분히 지킬 수 있을 만큼 강력하지 않습니다. 도리어 그것은 적개심과 반역의 마음을 불러일으킵니다. 그러나 사랑이 들어올 때, 이와 같은 강력한 원리는 우리를 부드럽고 달콤하게 속박합니다. 옛 언약과 새 언약 사이의 차이와 관련하여 한 가지 예화를 들어보도록 합시다. 두 명의 교사(敎師)가 있습니다. 한 교사는 학생들이 무엇을 해야 하고 또 무엇을 하지 말아야 할지에 대해 여러 가지 규칙들을 정합니다. 그리고 그러한 규칙들을 지키지 않을 때 가혹한 회초리의 형벌이 있을 것이라고 위협합니다. 나는 학생들이 어떻게 행동할 것인지 충분히 예상할 수 있습니다. 그들은 외식하는 자처럼 겉으로만 잘 지키는 척 꾸밀 것입니다. 그들은 선생님이 있을 때는 규칙을 잘 지키는 척하다가 선생님이 보이지 않게 되는 순간 갑자기 요란한 무질서로 돌변할 것입니다. 그러나 또 한 사람의 교사는 온유한 설득과 사랑의 가르침으로 학생들의 마음을 얻습니다. 그러므로 그는 세세한 규칙들을 정할 필요가 없습니다. 왜냐하면 학생 자신들이 스스로의 양심으로 선생님에 대하여 무엇이 옳고 무엇이 그른지 알고 선생님을 슬프게 하지 않으려고 애쓰기 때문입니다. 의무로 행할 때보다 사랑으로 행할 때, 사람들은 훨씬 더 많은 것을 행할 것입니다. 나폴레옹의 병사들은 그 마음이 지도자의 마음과 뜨거운 사랑으로 연합되어 있었을 때 빈번히 공을 세웠습니다. 어떤 규칙도 요구할 수 없는 행동을 그들은 오직 사랑의 동기로 기꺼이 수행했던 것입니다. 차가운 표정으로 "이것을 행하라 저것을 행하라"라고 말하는 위압적인 폭군을 생각해 보십시오. 병사들은 그러한 폭군에 대해 결국 폭동을 일으키게 될 것입니다. 그러나 그들과 한 마음으로 연합된 한 장교가 깃발을 들고 "나를 따르라"라고 외칠 때, 그들은 심지어 적의 포화 속까지도 돌진할 것입니다. 용감한 지도자에 대한 그들의 뜨거운 사랑 때문에 말입니다. 바로 이것이 율법과 복음의 차이입니다. 율법은 "이것을 행하라 그렇지 않으면 형벌을 받을 것이라"라고 말합니다. 그러나 복음은 "내가 너를 영원한 사랑으로 사랑하였노라. 내가 너의 모든 죄를 사하였노라. 이제 나의 사랑이 너를 나의 길로 인도할 것이니라. 나의 법은 이제 돌판이 아니라 너의 마음판에 새겨질 것이니라"라고 말합니다. 옛 언약은 단지 명령과 훈계만을 줄 뿐입니다. 그러나 복음은 그러한 명령과 훈계를 지킬 수 있는 힘을 줍니다. 율법은 우리의 타락한 본성의 자기중심성(selfishness)에 호소했습니다. 그러나 복음은 새롭게 태어난 생명의 한층 더 고상한 본능에 호소합니다. 율법은 우리를 몰지만, 복음은 우리를 끌어당깁니다. 율법은 개를 데리고 막대기를 들고 우리 뒤에 옵니다. 마치 가축을 몰고 시장으로 오는 가축 상인처럼 말입니다. 그러나 복음은 우리 앞에 옵니다. 마치 목자가 그의 양 앞에서 가는 것처럼 말입니다. 그리하여 우리는 복음이 이끄는 곳으로 즐겁게 따라갑니다. 이것이 우리를 거룩하게 만들 수 없는 옛 율법과 우리를 정결케 하는 놀라운 능력을 가진 복음 사이의 차이입니다.

    사랑하는 형제들이여, 여러분은 그리스도의 사랑이 여러분을 강제하는 것을 압니다. 회심하기 전에 여러분은 도덕적인 강연을 들으면서 그것이 말하는 탁월한 덕에 대해 동의하며 고개를 끄덕였습니다. 그러나 시험이 닥칠 때, 단순한 도덕적 강연이 여러분에게 무슨 도움이 될 수 있겠습니까? 여러분이 동의를 표한 그와 같은 탁월한 덕 속에서 여러분은 죄를 대적하는 힘을 발견했습니까? 여러분은 악의 강한 힘 앞에 스스로를 내주고 말지 않았습니까? 마치 눈이 강렬한 햇빛 속에서 녹아 버리고 마는 것처럼 말입니다. 그러나 이제 여러분은 회심했습니다. 이제 여러분은 두려움 때문이 아니라 사랑 때문에 죄를 멀리합니다. 여러분이 거룩한 삶을 살고자 애쓰는 것은 지옥에 대한 두려움 때문이 아니라 영원한 사랑 가운데 장차 임할 진노로부터 구원받았기 때문입니다. 여러분은 자신의 마음으로부터 솟아오르는 사랑과 거룩한 충동을 배반하고 다시금 저급한 옛 모습으로 되돌아갈 수 없습니다. 율법이 그의 쇠 멍에로 할 수 없었던 것을 복음은 그의 부드러운 띠로 이루었습니다. 만일 하나님이 여러분을 천둥소리로 대했다면, 여러분은 바로처럼 "여호와가 누구관대 내가 그의 말을 들어야만 한단 말이냐?"라고 말하며 더욱 목을 곧게 했을 것입니다. 그러나 주 예수께서 여러분에게 부드럽게 말씀하셨을 때, 여러분은 그 앞에 절하며 "나의 주시며 나의 하나님이시나이다"라고 말했습니다. 율법의 강한 바람은 여러분으로 하여금 자신의 죄의 옷을 더욱 강하게 붙잡도록 만들었습니다. 그러나 복음의 태양의 따뜻한 햇볕은 여러분으로 하여금 죄의 옷을 벗어 버리고 구주께 달려가도록 이끌었습니다. 얼음처럼 차가웠던 가슴이 사랑의 햇볕에 의해 녹음으로써 그것이 거룩한 사랑의 강으로 흐릅니다. 차가운 겨울바람은 그것을 싸늘한 얼음으로 응결시켰지만 말입니다. 율법의 원리 속에는 거룩하게 하는 능력이 없었지만 그러나 복음의 원리 속에는 그것이 있습니다.

2. 또 율법은 죄를 제거할 수 없었습니다. 율법 아래서는 항상 새로운 제물이 드려질 필요가 있었습니다. 왜냐하면 여전히 더러운 것이 남아 있었기 때문입니다. 그러나 복음은 그렇지 않습니다. 형제들이여, 여러분과 내가 오늘날 옛 언약 아래서의 유대인들처럼 살고 있다고 상상해 보십시오. 그러면 우리는 속죄제를 드린다 하더라도 우리가 사함받는 것을 확신할 수 없습니다. 우리는 그에 대해 심각한 의문을 품게 될 것입니다. 왜냐하면 우리의 이성(理性)이 이렇게 묻기 때문입니다. "황소나 어린 양이 죽임을 당하는 것과 나의 죄가 용서받는 것 사이에 도대체 무슨 상관이 있단 말인가?" 그러면서 우리는 황소나 어린 양의 피가 죄를 제거할 수 없다는 사실을 인정하지 않을 수 없게 될 것입니다. 그러므로 우리는 우리의 죄가 사해졌는지 여부에 대해 확신할 수 없게 됩니다. 더욱이 우리는 마음의 평안을 느낄 수 없습니다. 왜냐하면 설령 내가 어제 속죄제를 드리고 마음의 평안을 얻었다 하더라도 그 이후에 또다시 죄를 범했기 때문입니다. 그러므로 나는 한 사람의 유대인으로서 평안과 안전을 느낄 수 없습니다. 나는 어떤 소망을 느낄 수는 있을 것입니다. 그러나 그것이 전부입니다. 내 안에 항상 "어쩌면 나는 충분히 순종하지 못했을지 몰라"라는 어두운 생각이 떠나지 않을 것입니다. 만일 내가 어느 한 부분에서 넘어지면, 나의 귀에 다음과 같은 저주의 소리가 울릴 것입니다. "누구든지 율법 책에 기록된 대로 모든 일을 항상 행하지 아니하는 자는 저주 아래에 있는 자라"(갈 3:10). 그러나 사랑하는 자들이여, 복음은 우리를 견고한 안식처로 인도합니다. 왜냐하면 복음 아래서 우리는 죄를 위한 상징적인 제사가 아니라 실제적인 제사를 드렸기 때문입니다. 이것은 우리가 오랫동안 계속해서 들어온 이야기입니다. 그러나 그것은 아무리 자주 들어도 결코 지나치지 않습니다. 세상 끝에 하나님 자신이 우리의 연약한 육체를 입으시고 하늘로부터 내려오셨습니다. 이 땅 바로 여기에서 하나님의 영원한 아들이 우리 중 한 사람처럼 사셨고 또 거하셨습니다. 그리고 때가 차매 그는 자신의 모든 백성들의 죄를 짊어지고 관원들의 손에 넘겨졌습니다. 그리고 나무에 달려 의로운 자로서 불의한 자를 위해 죽으셨습니다. 우리를 하나님께 데려가기 위해서 말입니다. 그리스도는 그의 백성들의 자리에 서셨습니다. 그리고 하나님의 진노가 죄 위에 떨어질 때, 그것은 그분 위에 떨어졌습니다. 이제 하나님의 마음 속에 그리스도께서 위하여 죽으신 자들에 대한 진노는 하나도 남지 않았습니다.

왜냐하면 그리스도께서 모든 진노를 다 받으셨기 때문입니다. 우리의 죄에 합당한 형벌이 하나도 면제되지 않고 하나님 자신에 의해 그의 사랑하는 아들의 인격 안에서 완전하게 지불되었습니다. 골고다에서의 예수 그리스도의 죽음은 인간의 필설로 다 표현할 수 없는 숭고한 것이었습니다. 왜냐하면 사람으로서 거기에서 죄를 위한 속죄제물로 드려진 자는 다름 아닌 하나님 그 자신이었기 때문입니다. "하나님이 자기 피로 사신 교회"라고 기록된 것처럼 말입니다(행 20:28). 나무 위에 달린 자는 단순한 사람이 아니라 "바로 그 하나님"(very God of very God)이셨습니다. 그러므로 그가 받은 고난 속에는 무한한 효능이 있으며, 인간의 죄는 그의 죽음으로 말미암아 하나님 앞에서 제거됩니다.

　　나의 형제들이여, 여러분과 내가 믿음으로 십자가 앞에 설 때, 우리는 이러한 제사와 죄 사함 사이에 무슨 관계가 있느냐고 묻지 않습니다. 반대로 우리는 예수 그리스도의 희생제사와 죄 사함 사이에 가장 명확하며 논리적인 관계가 있음을 분명하게 볼 수 있습니다. 왜냐하면 만일 그리스도가 나를 위해 죽었다면, 나의 죄는 사해져야만 하기 때문입니다. 그리스도께서 나를 대신하여 고통을 당하셨는데 내가 또 고통을 당해야만 합니까? 도대체 어떻게 이것이 가능할 수 있단 말입니까? 이것이 공의에 합당한 일입니까? 대속자와 그가 대신한 자들을 함께 처벌하는 것이 어떻게 공의에 합당할 수 있습니까? 어떤 사람은 자기를 대신하여 군 복무할 사람을 고용합니다. 그를 대신하여 다른 사람이 군 복무를 하는데, 그가 또 군 복무를 하도록 부름을 받는단 말입니까? 어떤 사람은 자기의 빚을 대신 갚아 줄 사람을 찾습니다. 그를 대신하여 다른 사람이 빚을 갚아 주었는데 그가 또다시 빚을 갚아야만 한단 말입니까? 결코 그럴 수 없습니다. 왜냐하면 그 일은 완전히 끝났기 때문입니다. 분명하게 말하거니와, 하나님의 백성의 죄는 더 이상 존재하지 않습니다. 왜냐하면 그리스도 예수께서 그것을 자신의 무덤에 장사함으로써 완전하게 파괴시켜 버렸기 때문입니다. 이사야 선지자는 "여호와께서 우리 모두의 죄악을 그에게 담당시키셨도다"라고 말했습니다(사 53:6). 예수께서 그 죄를 짊어지고 처벌을 받으셨기 때문에 이제 하나님의 백성이 처벌받아야 할 죄는 하나도 남아 있지 않습니다. 하나님은 그들의 죄를 이미 처벌하셨습니다. 죄가 두 번 속죄되는 것은, 다시 말해서 대속자가 처벌을 받았음에도 불구하고 그가 대신한 자들이 또다시 처벌을 받는 것은 공의와도 합하지 않을 뿐만 아니라 긍휼과도 합하지 않습니다. 분명 하나님은 구주의 공로와 그의 사랑의 수고를 잊을 정도로 그렇게 불의(不義)하지 않으십니다. 이와 같이 황소의 피와 죄를 제거하는 것 사이에는 아무런 관계가 없지만 그러나 그리스도의 피와 죄를 제거하는 것 사이에는 큰 관계가 있습니다. 왜냐하면 그의 피는 우리의 피를 대신하여 흘려진 것이었기 때문입니다. 그는 그를 믿는 모든 자들을 대신하여 죽으셨습니다. 그는 그들의 대속물이며, 그들의 완전한 구원이었습니다.

여러분은 이러한 교리를 수백 번도 더 들었기 때문에 잘 알 것입니다. 그러면 묻겠습니다. 여러분은 그것을 믿습니까? 여러분은 그 위에 안식하고 있습니까? 바로 이것이 요점입니다. 그 위에 안식하는 것은 반석 위에 집을 짓는 것입니다. 그러면 그 집은 땅이 흔들리고 별들이 무화과나무 잎처럼 떨어질 때에도 결코 무너지지 않을 것입니다.

이와 같이 참된 제사가 드려졌을 뿐만 아니라 그로 말미암아 죄가 실제적으로 속죄되었습니다. 모든 신자들 그리고 모든 불신자들 역시도 이러한 하나님의 진리와 직면해야 합니다. 내가 지은 죄가 무엇입니까? 내가 그리스도를 믿습니까? 만일 내가 거짓 없이 그를 믿는다면, 나의 죄에 합당한 형벌은 이미 치러진 것입니다. 내가 신성모독의 죄를 범했습니까? 그러한 나의 신성모독의 죄는 내가 태어나기 전에 그리스도 위에 얹어졌습니다. 나는 하나님의 심판대 앞에서 그러한 신성모독으로 인해 처벌받을 수 없습니다. 왜냐하면 그리스도께서 그것에 대해 이미 처벌받으셨기 때문입니다. 내가 도둑질을 했습니까? 내가 거짓말쟁이였습니까? 내가 술주정뱅이였습니까? 혹은 나에게 어떤 마음의 죄가 있었습니까? 나는 믿지 않는 자였습니까? 나는 마음이 완고한 자였습니까? 나는 냉랭하며 무관심한 자였습니까? 나의 죄가 무엇이었든, 나의 구속자가 그 모든 죄를 짊어지셨습니다. 그가 나의 죄를 위한 속죄제물이 되셨을 때 말입니다. 그는 영원한 공의의 손으로부터 나의 빚이 완전히 변제되었다는 영수증과 그로 말미암아 나의 죄가 영원히 제거되었다는 보증서를 받으셨습니다. 성경이 무엇이라고 말합니까? 그가 "허물을 그치게 하며 죄를 끝냈다"(단 9:24)고 말하지 않습니까? "죄를 끝냈다"(made an end of sin)는 말씀은 얼마나 놀라운 말씀입니까! 그리고 또다시 성경은 "그가 죄를 없이 하시려고 세상 끝에 나타나셨느니라"(히 9:26)라고 말합니다. 여러분은 이것이 무엇을 의미하는지 압니다. 그가 죄를 제거하여 더 이상 찾을 수 없도록 만들기 위해 오셨다는 것입니다. 그리스도는 죄에 합당한 형벌을 받음으로써 그의 백성들의 죄를 번쩍 들어 내동댕이침으로써 영원히 파괴시켜 버렸습니다. 그는 마치 사람들이 불을 짓밟아 끄는 것처럼 그렇게 죄를 짓밟았으며, 마치 사람들이 다시는 보고 싶지 않은 것을 집어던지는 것처럼 그렇게 죄를 깊은 바다 속에 집어던졌습니다. 만일 우리가 지금 그 위에 안식한다면, 그는 우리에게 영원한 위로와 평안을 줄 것입니다.

　　본문으로부터 우리는 또한 참된 제사가 드려지고 죄가 실제적으로 속죄되었기 때문에 언약 안에 있는 자들의 모든 죄가 사라졌다는 사실을 배울 수 있습니다. 나의 말이 너무 지나치다고 생각하지 마십시오. 본문이 무엇이라고 말합니까? "그들의 죄와 그들의 불법을 내가 다시 기억하지 아니하리라"(17절)라고 말하지 않습니까? 그러므로 그들의 모든 죄는 사라졌습니다. 그리스도 안에 있는 모든 신자는 마치 죄를 전혀 짓지 않은 것처럼 하나님 앞에서 깨끗합니다. 물론 그들은 죄를 범했습니다. 그러나 죄를 범했음에도 불구하고, 그들은 예수의 피로 씻음을 받았으며 그리스도의 의로 옷 입었습니다. 이것은 그들이 창조주 자신의 의를 입은 것을 의미합니다. 만일 내가 완전하게 무죄한 피조물이라면, 나는 나의 도덕적 공로를 발판으로 하늘에 올라갈 수 있을 것입니다. 그러나 죄인으로서 나는 오직 그리스도 안에 안식하며, 그의 불멸의 공로를 발판으로 하늘에 들어갈 것입니다. 만일 내가 죄를 범하지 않았다면, 나는 흰 옷을 입고 거기에 갈 수 있었을 것입니다. 그러나 나는 그보다 더 흰 옷, 즉 눈처럼 새하얀 옷을 입고 다음과 같이 노래를 부르며 거기에 갈 것입니다. "나는 어린 양의 피로 내 옷을 씻어 희게 만들었도다." 그리스도인들이여, 여러분의 과거의 죄로 인해 낙망하지 마십시오. 그것을 미워하십시오. 그것을 회개하십시오. 그러나 그것으로 인해 여러분의 영혼이 낙망으로 떨어지지 않게 하십시오. 그것으로 인해 여러분의 기쁨이 사라지지 않게 하십시오. 왜냐하면 여러분의 죄는 사해졌기 때문입니다. "내가 네 허물을 빽빽한 구름 같이, 네 죄를 안개 같이 없이하였도다"(사 44:22). 하나님은 여러분의 죄를 깊은 바다 속에 던지셨습니다. "너희의 죄가 주홍 같을지라도 눈과 같이 희어질 것이요 진홍 같이 붉을지라도 양털 같이 희게 되리라"(사 1:18).

　　뿐만 아니라 여기에서 그것이 최고의 권세자이신 하나님 자신에 의해 직접 선언되는 것을 주목하십시오. 본문이 무엇이라고 말합니까? "그들의 죄와 그들의 불법을 내가 다시 기억하지 아니하리라"라고 말하지 않습니까? 어떤 유대인이 제사장의 입술로부터 죄 사함의 선언을 받았다고 상상해 보십시오. 그렇다고 하더

라도 그는 그 제사장이 그렇게 할 수 있는 권리가 있는지에 대해 확신할 수 없을
는지도 모릅니다. 만일 내가 이 땅에 있는 어떤 사제(priest, 제사장)로부터 죄 사
함의 선언을 받았다면, 나는 분명 그것을 동전 한 푼의 가치도 없는 것으로 느낄
것입니다. 도대체 그가 무슨 권리로 나의 죄를 사해 준단 말입니까? 나는 그에게
죄를 지은 적이 없습니다. 만일 내가 그에게 죄를 지었다면, 그는 자신과 관련한
부분에서 나의 죄를 사해 줄 수 있습니다. 내가 어떤 사람에 대해 죄를 지었다고
할 때, 바로 그 자신 외에 누구도 그 죄를 사해 줄 수 없습니다. 만일 어떤 사람이
나에게 욕을 했다고 생각해 보십시오. 그런데 여러분 가운데 한 사람이 그가 나
에게 욕한 것을 용서해 줍니다. 이것은 얼마나 앞뒤가 안 맞는 일입니까? 욕을
당한 당사자 외에 누가 죄를 사해 줄 수 있단 말입니까? 이와 같이 죄 사함은 하
나님 자신으로부터 오는 것 외에는 아무 의미가 없는 것입니다. 본문은 "그들의
죄와 그들의 불법을 내가 다시 기억하지 아니하리라"라고 말합니다. 여기에서
하나님 자신이 어떤 제사장의 중보도 통하지 않고 직접 "내가 그들을 용서하노
라 내가 그들을 사하노라 내가 그들을 깨끗하게 하노라 그들의 죄와 그들의 불
법을 내가 다시 기억하지 아니하리라"라고 말씀하십니다.

또 여기에서 이러한 죄 사함이 영원한 것임을 주목하십시오. 하나님은 "그들의
죄와 그들의 불법을 내가 지금은 기억하지 아니하리라"라고 말씀하지 않고 "내가
다시 기억하지 아니하리라"라고 말씀하셨습니다. 어떤 사람에게 있어 한번 사해
진 죄는 그에게 다시 돌려질 수 없습니다. 하나님은 우리와 더불어 장난하지 않
습니다. 하나님은 오늘 "내가 너의 죄를 사하노라"라고 말씀하시고 내일 정죄하
지 않습니다. 바울은 "누가 능히 하나님께서 택하신 자들을 고발하리요"라고 말
하면서 이것을 하나의 논증으로 사용합니다(롬 8:33). 그리고 자신의 질문에 스
스로 이렇게 대답합니다. "의롭다 하신 이는 하나님이시라." 그는 아무도 고발할
수 없는 이유를 제시합니다. 그것은 한 번 사해진 죄는 다시 우리에게 되돌아오
지 않는다는 사실입니다. 혹시 여러분 가운데 이런 것으로 두려워하는 사람이
있습니까? 두려워하지 마십시오. 여러분의 옛 죄들은 이미 장사되었으며 다시
부활할 수 없습니다.

나아가 본문은 우리의 죄들이 가장 완전한 의미에서 사라졌음을 말합니다. 하나
님은 우리의 죄와 불법을 다시 기억하지 않겠다고 말씀하십니다. 그런데 하나님
에게 있어 잊는 것이 가능합니까? 무한한 지혜(Infinite Wisdom)가 무엇인가를

기억하기를 중단할 수 있습니까? 영원한 마음(Eternal Mind)이 어떤 것을 자기 밖으로 완전히 던져 버릴 수 있습니까? 형제들이여, 하나님은 지금 사람의 예대로 말하고 있는 것입니다. 어떤 사람이 어떤 것을 영원히 기억하지 않겠다고 말할 때, 여러분은 그것이 무슨 의미인지 압니다. 나는 어떤 사람이 "나는 그것을 용서할 수는 있지만 그러나 잊지는 않을 거야"라고 말하는 것을 들었습니다. 사실 이 말은 "나는 그것을 결코 용서하지 않을 거야"라는 의미입니다. 하나님은 그렇게 하지 않으십니다. 하나님이 용서하실 때, 그는 동시에 그것을 잊어버리십니다. 하나님은 자기 자녀들을 마치 그들이 항상 순종하는 자녀였던 것처럼 그리고 한 번도 잘못을 범한 적이 없었던 것처럼 그렇게 대하실 것입니다. 탕자가 사함을 받고 받아들여졌을 때, 그는 식탁의 말석에 앉거나 혹은 종들과 함께 주방으로 보내지지 않았습니다. 마치 잘못이 용서되기는 했지만 그러나 잊혀지는 않았다는 듯이 말입니다. 그렇게 하는 대신 그는 그 집의 가장 좋은 자리에 앉아 만찬을 즐겼습니다. 살진 송아지가 잡혀지고, 그의 손가락에 가락지가 끼워졌으며, 그를 위해 사람들이 노래를 부르고 춤을 추었습니다. 아버지를 버리고 떠나지 않았던 그의 형으로 인해 즐거워한 것보다 더 큰 기쁨과 즐거움이 거기에 있었습니다. 형제들이여, 하나님은 바로 이런 의미에서 자기 백성들의 죄를 잊어버립니다. 그런데 어째서 여러분과 나는 때로 과거의 죄로 인해 영혼의 낙망 가운데 떨어지곤 합니까? 우리에게 있어 죄를 미워하며 죄로 인해 슬퍼하는 것은 옳은 일입니다. 그러나 죄로 인해 형벌을 받을 것을 두려워하며 떠는 것은 옳은 일이 아닙니다. 왜 우리는 그렇게 합니까? 그것은 우리가 십자가를 잊었기 때문입니다. 십자가를 바라보지 않는 회개는 율법주의적인 회개입니다. 그리고 그것은 고통을 낳을 것입니다. 참된 회개는 십자가에 달려 피 흘리는 예수를 바라봅니다. 그는 울면서 이렇게 말합니다. "주여, 내가 지금 우는 것은 나의 죄로 인해 형벌을 받을 것을 두려워하기 때문이 아나이다. 나는 결코 형벌을 받지 않을 것을 아나이다. 왜냐하면 나의 죄는 나의 구주의 인격 안에서 처벌을 받았기 때문이나이다. 나의 등에 떨어져야 할 채찍이 예수의 등에 떨어지는 소리를 내가 듣나이다. 나의 영혼에 생겨야 할 상처가 나의 주님의 인격 안에 생긴 것을 내가 보나이다. 나의 영혼으로부터 나와야 할 '나의 하나님 나의 하나님 어찌하여 나를 버리셨나이까?'라는 비통한 고뇌의 부르짖음이 그로부터 나오는 것을 내가 듣나이다. 나는 나의 죄로 인하여 애통하며 우나이다. 왜냐하면 그것이 나의 구주를 피 흘리게 만들었기 때문이나이다. 또 나를 죄로부터 구원하기 위해 그가 고난을 당해야만 했던 것을 생각할 때, 나는 울지 않을 수 없나이다."

형제자매들이여, 거짓 회개를 경계하십시오. 그러한 회개는 하나님이 받지 않습니다. 십자가 아래서 회개하십시오. 만일 여러분에게 죄를 바라보는 눈이 있다면, 또한 속죄를 바라보는 눈도 가지십시오. 여러분의 눈을 눈물로 가득 차게 하십시오. 그러나 동시에 그러한 눈물들로 하여금 여러분의 눈에 확대경처럼 작용하게 하십시오. 그럼으로써 십자가가 더 크고 더 장엄하며 더 사랑스럽게 보이게 하십시오. 여러분의 죄 때문에 그리스도에 대한 여러분의 믿음이 흔들리지 않게 하십시오. 만일 여러분이 큰 죄인이라면, 그가 큰 구주임을 믿고 그에게 영광을 돌리십시오. 여러분의 죄를 지나치게 크게 보는 나머지 보혈의 가치를 약화시키지 마십시오. 죄는 가능한 나쁘게 생각하십시오. 그렇지만 그렇다고 해서 십자가의 능력까지 간과하지는 마십시오. 아무리 크고 악한 죄라 할지라도 예수의 피가 제거할 수 없는 죄는 결코 존재하지 않습니다. 여러분 안에 아무리 마귀적인 죄가 있다 할지라도, "그 아들 예수의 피가 우리를 모든 죄에서 깨끗하게 하실 것이요"라는 말씀을 잊지 마십시오(요일 1:7). 이것을 생각할 때, 우리가 어떻게 기뻐하며 즐거워하지 않을 수 있겠습니까?

이것이 은혜언약의 우월성입니다. 그것은 실제로 사람을 거룩하게 하며, 그에게 거룩한 삶을 위한 동기를 부여합니다. 그것은 실제로 사람을 의롭게 하며 죄를 용서합니다. 그것은 실제로 그의 죄를 제거합니다. "그들의 죄와 그들의 불법을 내가 다시 기억하지 아니하리라" 하신 말씀처럼 말입니다. 이제 두 번째 주제로 나아가도록 합시다.

### 2. 둘째로, 18절의 "죄를 위하여 다시 제사드릴 것이 없다"는 말씀을 주목하십시오.

죄를 위하여 또다시 제사드릴 필요가 없는 이유는 그리스도께서 필요한 모든 것을 충분히 공급해 주시기 때문입니다. 이러한 진리는 영국을 비롯한 모든 나라들로부터 가톨릭의 사제주의를 일소(一掃)하기에 충분합니다. 무엇보다도 "산 자와 죽은 자를 위한 미사의 피 없는 제사"라 불리는 것을 생각해 보십시오. 그것은 얼마나 터무니없는 개념입니까? 사도는 "이것들을 사하셨은즉 다시 죄를 위하여 제사 드릴 것이 없느니라"라고 말합니다. 그렇다면 "미사"는 도대체 어디로부터 온 것입니까? 그리고 그것의 유익은 무엇입니까? 주의 만찬은 우리로 하여금 주님의 고난을 기억하도록 하기 위한 것입니다. 그런데 로마교회는 그것을 주 예수 그리스도의 몸을 계속해서 제물로 드리는 것으로 바꾸었습니다. 다시 말해서, 그들은 '단 번의 제사'를 버리고 '영속적인 제사'를 취한 것입니다. 로마교회의 교리에 따르면, 골고다에서 드려진 제물은 충분하지 않습니다. 죄를 위한 속죄는 완성되지 않았습니다. 그것은 많은 교회들 안에서 그리고 특별하게 임직된 사람들에 의해 매일같이 또 하루에도 여러 번 행해져야 합니다. 그러나 사도가 이 문제에 대해 얼마나 강하게 이야기하고 있는지 주목하십시오. 그는 그리스도께서 죄를 위하여 한 번 제사를 드렸다고 말합니다. 그는 다른 제사장들이 제단에 서서 섬기는 동안 이 사람 예수 그리스도가 한 번 제사를 드렸으며 바로 그 한 번의 제사를 통해 그의 택하신 자들을 영원히 온전하게 하셨다고 선언합니다. 사랑하는 형제자매들이여, 미사는 가증한 것입니다. 그것은 지옥이 만든 작품이며, 영광의 주님을 모독하는 것입니다. 그것은 참으로 혐오스러운 것입니다. 죄를 위하여 또 다른 제사가 드려져야 한다는 생각은 우리 구주의 완성된 사역에 대한 얼마나 큰 모독입니까?

　　보속(補贖, penance)은 또 무엇입니까? 그것의 본질은 죄를 위한 제물이 아닙니까? 누가 보속을 명했는지 또 구체적으로 어떤 것을 명했는지 나는 상관하지 않습니다. 길바닥을 혀로 핥는 것이든, 낙타 털옷을 입는 것이든, 채찍으로 맞는 것이든 말입니다. 육체를 괴롭게 함으로써 죄를 제거할 수 있다고 생각하는 자들에게 본문은 단호하게 말합니다. "이것들을 사하셨은즉 다시 죄를 위하여 제사 드릴 것이 없느니라." 어리석은 자여, 당신의 낙타 털옷을 벗으십시오. 길바닥은 걸레로 닦으십시오. 무엇 때문에 당신의 혓바닥을 더럽힌단 말입니까? 이것들은 모두 어리석은 행동들일 뿐입니다. 그리스도께서 속죄를 완성하셨습니다. 그러므로 당신은 이와 같은 고통을 당할 필요가 없습니다. 당신은 루터처럼 무릎으로 빌라도의 계단을 오르내릴 필요가 없습니다. 당신의 무릎이 아플수록 하나님께 더 많은 호의를 얻을 것이라고 생각하지 마십시오. 그리스도께서 고난을 당하셨습니다. 하나님은 더 이상 다른 것을 요구하지 않으십니다. 그의 금에다가 당신의 찌끼를 더하지 마십시오. 그의 비할 데 없이 아름다운 예복에다가 당신의 보잘것없는 보속(補贖)의 누더기를 덧붙이지 마십시오. "이것들을 사하셨은즉 다시 죄를 위하여 제사 드릴 것이 없느니라."

연옥(煉獄)은 또 무엇입니까? 신자로서 죽었지만 그러나 죄로부터 완전히 정결하게 되지 못함으로써 연옥의 불에 의해 어느 정도 기간 동안 정화를 거친 후 온전하게 된다고 주장하는 사람들이 있습니다. 그러나 본문은 "이것들을 사하셨은즉 다시 죄를 위하여 제사 드릴 것이 없느니라"라고 말합니다. 사랑하는 자들이여, 십자가에 달려 죽어가던 강도를 생각해 보십시오. 그는 이제 막 믿었으며, 단 하나의 선한 일도 행하지 못했습니다. 그렇지만 그는 어디로 갔습니까? 만일 어떤 사람이 연옥에 가야만 한다면, 바로 그 강도가 아니겠습니까? 그러나 우리 주님은 "네가 오늘 나와 함께 낙원에 있으리라"라고 말씀하셨습니다. 왜 그렇습니까? 왜냐하면 그가 낙원에 들어갈 근거가 완전했기 때문입니다. 그가 낙원에 들어갈 근거는 그리스도의 공로였습니다. 또 바로 그것이 여러분과 내가 천국에 들어갈 이유이기도 합니다. 왜냐하면 그리스도의 공로가 완성되었기 때문입니다. 강도는 "연옥"에 내려가지 않았습니다. 여러분과 나도 그러할 것입니다. 주 예수의 완성된 공로를 믿는다면 말입니다.

여러분은 "연옥의 교리는 로마교회 신자들이 붙잡고 있는 것이 아닙니까?"라고 말할 것입니다. 그렇습니다. 그렇지만 여러분도 그와 비슷한 것을 붙잡고 있을 수 있습니다. 같은 교리를 다른 모양으로 가지고 있을 수 있다는 말입니다. 여기에 있는 사람들 가운데 어떤 사람들은 자신들이 충분한 양심의 고통을 겪지 않았기 때문에 구원을 받을 수 없다고 생각합니다. 그들은 말합니다. "아, 내가 무서운 꿈을 꿀 수만 있다면, 내가 스스로를 죽일 수 있는 것처럼 느낄 수 있다면, 내가 사탄이 나를 사로잡을 것을 두려워하기만 한다면, 그러면 나는 그리스도께 갈 수 있을 텐데." 아, 어리석은 자여! 당신은 이것이 죄를 위한 속죄제물이 될 수 있다고 생각합니까? 당신은 당신의 두려움이나 꿈이나 공포나 불신앙이나 마음의 괴로움이 당신 자신을 그리스도께 합당하게 만드는데 도움이 될 수 있다고 상상합니까? 가련한 영혼이여, 그런 것 없이 그냥 오십시오. 당신의 있는 그대로 오십시오. 그리스도만으로 충분합니다. 아무것도 필요 없습니다. 그냥 오십시오. 당신이 동전 한 푼 가져올 수 없다 하더라도, 그냥 오십시오. 당신이 빈손이라 하더라도, 그리스도는 빈손의 죄인들을 위해 죽으셨습니다. 그는 자기 것을 아무것도 갖지 못한 가련한 거지들을 만나기를 기뻐하십니다. 그리고 그는 진실로 이렇게 말하십니다. "내가 그들을 온전히 구원하였으며 그로 인해 내가 모든 영광을 취할 것이라."

또 어떤 사람들은 그리스도를 믿을 수 있기 전에 먼저 자기 마음을 부드럽게 해야만 한다고 생각합니다. 우리가 복음을 전파할 때, 그들은 말합니다. "내가 마땅히 느껴야만 하는 그와 같은 부드러운 마음이 느껴지지 않아요." 아, 어리석은 자여! 결코 그렇지 않습니다. 당신이 그렇게 말하고 있는 동안 당신은 결코 그런 마음을 느낄 수 없을 것입니다. 왜냐하면 진정으로 부드러운 마음은 당신의 눈이 십자가에서 떨어질 때 결코 얻어지지 않기 때문입니다. 만일 당신이 그리스도를 믿지 않을 것이라면, 당신의 마음은 부드럽게 되기보다 오히려 더 완고하게 될 것입니다. 또 만일 당신이 그리스도의 고난의 자리에 대신 당신 자신의 부드러운 마음을 놓는다면, 당신의 마음은 불신앙 가운데 계속해서 완고해져 갈 것입니다.

또 다른 사람이 말합니다. "그렇지만 나는 내가 원하는 대로 기도할 수 없어요." 그렇군요. 그러나 당신은 자신의 기도가 그리스도의 공로를 대체할 것이라고 생각합니까? 분명히 말하거니와 당신의 기도와 상한 마음은 무엇과도 비교할 수 없이 가장 값지고 귀한 것입니다. 그러나 당신의 기도와 상한 마음은 아무 짝에도 쓸모없는 것입니다. 만일 당신이 그것을 그리스도의 자리에 놓는다면 말입니다. 당신은 당신의 기도나 당신의 상한 마음에 의해 구원받지 않습니다. 오직 십자가 위에서 그리스도께서 행하신 일에 의해 구원받습니다. 당신은 오직 그곳에서 안식해야 합니다. 죄인이여, 그렇게 하겠습니까? 오직 그리스도의 십자가 위에서 안식하겠습니까? 아니면 계속해서 십자가의 위로를 내팽개치고 "아니에요. 나 자신의 기도를 믿을 수 있을 때까지 그리스도를 믿지 않을 거예요"라고 말할 것입니까? 그와 같이 말하는 동안에는, 당신은 결코 구원받지 못할 것입니다. 부디 성령께서 당신의 불신앙을 치료해 주시기를 기원합니다.

또 다른 사람이 말합니다. "아, 그렇지만 나는 이것을 깨달을 수가 없어요." 알겠습니다. 그러니까 당신에게 있어 가장 중요한 것은 당신의 깨달음이라는 말이로군요. 그리스도의 고난이 아니라 말입니다. 당신은 주님이 당신의 도움이 없이는 일할 수 없다고 생각합니까? 아, 가련한 죄인이여! 당신은 겸손한 것처럼 이야기하지만 그러나 그것이 세상에서 가장 큰 교만입니다. 스스로를 구원하기 위해 무엇인가를 하기를 원하는 것 말입니다. 당신의 있는 모습 그대로 나오십시오. 부디 성령께서 도우사 당신이 이 시간 있는 모습 그대로 나올 수 있기를 바랍니다. 이러한 몽상들, 이러한 생각들, 이러한 교만한 상상들을 버리십시오. 그리고 당신의 있는 모습 그대로 나오십시오. 그리고 이렇게 말하십시오. "만일 하나님 자신이 죄를 위해 죽으시기 위해 사람이 되셨다면, 그의 죽음 안에 나의 죄를 제거하는 충분한 공로가 있음에 틀림없어. 만일 내가 그리스도를 믿는다면 나의 죄와 나의 불법을 더 이상 기억하지 않겠다고 하나님 자신이 말씀하시지 않았던가? 그렇다면 나는 그리스도를 믿을 거야. 나는 스스로를 그 위에 던져야만 해." 사랑하는 친구여, 틀림없이 당신은 어지러울 정도로 계속해서 뱅글뱅글 돌는지 모릅니다. 그러나 당신이 아무리 빠르게 돌지라도, 하나님이 모든 것을 제자리로 돌릴 것입니다. 당신은 "나는 천국으로 가는 훌륭한 길 위에 있어"라고 생각할 것입니다. 그러나 당신이 그렇게 말하고 있을 때, 당신은 지옥으로 달려가는 훌륭한 길 위에 있는 것입니다. 스스로 죄인임을 인정하지 않는 한, 당신은 천국으로 가는 길 위에 있지 않은 것입니다. 당신이 스스로에 대해 유죄판결을 내릴 때, 하나님은 당신의 죄를 면제해 주십니다. 그러나 당신이 "주여 내가 다른 사람들과 같지 않은 것으로 인해 감사하나이다"라고 말할 때, 당신은 가련한 바리새인이며 불꽃 가운데 고통하는 것이 당신의 분깃일 것입니다. 당신이 아무 자격 없는 자로서 그리고 완전히 잃어지고 파멸된 자로서 그리고 아무 소망도 없고 도움을 받을 수도 없는 자로서 나아올 때, 당신이 스스로를 불순종한 자녀로서 그리고 길을 잃고 방황하는 어린 양이요 그의 진노를 받기에 합당한 죄인임을 인정할 때, 그 때 비로소 그는 당신을 만나 주실 것입니다. 당신이 감히 가까이 나아가지 못하고 멀찍이 떨어져 있을 때, 그는 당신을 만나 주실 것이요 당신의 목을 끌어안고 입을 맞추며 "그의 누더기 옷을 벗기고 새 옷을 입히라"라고 말씀하실 것입니다. 나의 구주는 죄인을 사랑하십니다. 나의 하늘 아버지는 자기의 탕자를 사랑하십니다. 그러나 그는 자기의 의와 자기의 공로를 가지고 나오는 자들을 사랑하지 않습니다. 그런 것들을 버리십시오. 그런 것들은 하나님의 콧구멍을 자극하는 악취일 뿐입니다. 당신의 기도와 눈물과 회개와 겸손은, 만일 당신이 그것들을 그리스도의 십자가의 자리에 놓는다면, 단지 지옥의 불에 던져진 짐승의 먹이에 불과합니다. 당신이 당신의 선행을 가지고 나아올 때, 그는 당신을 받지 않을 것입니다. 당신이 당신의 죄를 가지고 나아올 때 비로소 그는 당신을 받을 것입니다. 당신이 당신의 부요함을 가지고 나아올 때, 그는 당신을 받지 않을 것입니다. 당신이 당신의 가난함을 가지고 나아올 때 비로소 그는 당신을 받을 것입니다. 당신이 당신의 충만함(fullness)을 가지고 나아올 때, 그

는 당신을 받지 않을 것입니다. 당신이 아무것도 없는 채 나아올 때 비로소 그는
당신을 받을 것입니다. 당신이 당신 모습 그대로 나아올 때 비로소 그는 당신을
받을 것입니다. 오직 그를 믿으십시오. 그를 믿으십시오. 그러면 당신은 옛 언약
이 할 수 없었던 것을 새 언약이 당신을 위해 이루는 것을 발견하게 될 것입니다.
그것은 당신을 거룩하게 하고 또 의롭게 할 것입니다.

### 3. 마지막으로, 그러면 평안을 찾지 못한 마음들이
### 그토록 많은 것은 무엇 때문입니까?

어떤 사람들은 항상 배우면서도 그러나 하나님의 진리에 도달하지 못합니
다. 그들은 여러 가지 의미에서 선한 사람들입니다. 그리고 우리는 그들 안에 하
나님의 은혜의 역사(役事)가 있을 것을 기대할 수 있습니다. 그러나 그들은 행복
하지 못합니다. 그들은 항상 불만족스럽습니다. 그들은 스스로 불행할 뿐만 아
니라 다른 사람들을 불행하게 만듭니다. 자신들의 불행으로 다른 사람들의 영혼
을 불행하게 만드는 것입니다. 자, 여러분은 그 이유가 무엇이라고 생각합니까?
나는 그 이유가 바로 이것이라고 확신합니다. 즉 그들은 그리스도가 그들에게 모든
것이 되신다는 사실에 동의하지 않는다는 것입니다. 나는 이 문제에 있어 추호의 의
심도 갖지 않습니다. 만일 여러분에게 그리스도가 모든 것이 되신다면, 여러분
은 평안과 기쁨을 가질 수 있습니다. 아니, 갖게 될 것입니다. 그러나 여러분에게
는 은밀하게 붙잡고 있는 무엇인가가 있습니다. 여러분은 그리스도와 더불어 영
광을 나누기를 원합니다. 여러분의 마음은 그리스도가 전적으로 여러분의 구주
가 되셔야만 한다는 데까지 나아가지 않습니다. 다음과 같은 사실을 잊지 마십
시오.

> "영혼을 자유롭게 하는 것은
> 오직 완전한 빈손뿐이라.
> 동전 한 닢이라도 내 것이라고 주장할 때
> 우리에게 참된 자유는 없도다."

우리가 완전한 빈손이 되어 의지할 것이 그리스도 외에 아무것도 없을 때,
이런 영혼이 구원받지 못하는 것은 절대로 불가능합니다. 그것은 하나님의 계획

과 본성이 정반대로 바뀔 때에야 비로소 가능해집니다. 그는 빈손으로 나오는 죄인을 결코 쫓아내지 않습니다. 그는 "내게 오는 자는 내가 결코 내쫓지 아니하리라"라고 말씀하셨습니다(요 6:37). 그러나 인간의 완고한 의지는 그리스도께 나오지 않을 것입니다. 우리는 분명하게 말할 수 있습니다. 여러분은 좋은 책을 읽을 수 있습니다. 성경에 대해서도 잘 알 수 있습니다. 그러나 여러분은 주님에게 나와 그를 믿지 않을 것입니다. 그것은 너무도 단순하며 쉬운 일입니다. 그러나 여러분의 교만한 마음은 그를 발로 찰 것입니다. 아, 여러분은 겸손한 믿음의 자리로 내려와야 합니다. 그렇지 않으면 결코 평안을 얻지 못할 것입니다. 여러분의 상태는 노력하고 애씀에도 불구하고 점점 더 나빠질 것입니다. 여러분은 그리스도를 믿을 때까지 결코 평안을 얻지 못할 것입니다. 이것은 물에 빠진 사람의 경우와 같습니다. 물에 빠진 어떤 사람을 상상해 보십시오. 만일 그가 손과 발을 버둥거리며 계속해서 허우적대면, 그는 필경 익사하고 말 것입니다. 그러나 물에 몸을 맡기고 가만히 있으면, 그는 결코 가라앉을 수 없습니다. 여러분도 마찬가지입니다. 손과 발을 버둥거리며 허우적대는 것을 멈추십시오. 그리고 단순한 믿음으로 선하신 하나님의 긍휼에 스스로를 맡기십시오. 그러면 여러분은 결코 멸망을 당하지 않을 것입니다.

자, 그리스도인들이여, 여러분도 때로 이러한 마음 상태로 가라앉곤 했던 이유를 이제 알겠습니까? 여러분 역시도 다른 사람들과 조금도 다르지 않습니다. 만일 여러분이 십자가에 가까이 붙어 있지 않는다면, 여러분은 곧 불행하게 될 것입니다. 그러므로 십자가를 가까이 하며 이렇게 노래하십시오.

"내가 믿음으로 당신을 바라보나이다.
골고다의 어린 양이여,
나의 거룩한 구주여."

뒤로 물러나는 자들이여, 만일 여러분이 어린 양의 피가 계속해서 흐르는 곳에서 산다면, 여러분은 결코 뒤로 물러나지 않을 것입니다. 왜냐하면 그 피는 우리를 용서하며 거룩하게 하기 때문입니다. 여러분과 내가 우리가 그런대로 괜찮은 성도들이라고 생각하면서 우리가 단지 불결한 죄인에 불과함을 잊어버리기 시작할 때, 우리는 뒤로 물러나기 시작합니다. 매일을 여러분이 회심한 첫 날처럼 사십시오. 그것보다 더 좋은 것은 결코 없습니다. 바울이 "너희가 그리스도 예수를 주로 받았으니 그 안에서 행하라"(골 2:6)고 말하지 않습니까? 다시 말해서, 매일을 처음 산 것처럼 살라는 것입니다. 자신은 아무것도 아니며 오직 그리스도가 모든 것이 되신다는 마음으로 말입니다. 자기를 부인하십시오. 그리고 그리스도로 하여금 모든 영광을 받으시게 하십시오. 우리가 의지할 것은 그리스도 외에 아무것도 없습니다. 혹시 의지하고자 하는 것이 있다면, 그런 것의 그림자까지도 버리십시오. 우리는 우리를 사랑하시고 우리를 위해 자신을 주신 하나님의 아들 한 분만을 의지해야 합니다.

　　오늘 아침 나는 다시금 십자가 앞에 나아와 그리스도 위에서 안식하는 것처럼 느껴집니다. 나는 지금 나의 손가락을 그의 못 자국에 넣고 나의 손을 그의 옆구리에 넣으며 "나의 주 나의 하나님이여"라고 말할 수 있는 것처럼 느껴집니다. 여러분은 그렇게 느낄 수 없습니까? 여러분은 한 번도 그렇게 느껴 본 적이 없습니까? 하나님이 여러분에게 그렇게 느낄 수 있도록 은혜를 베풀어 주시기를 기원합니다. 여러분이 참으로 예수를 의지하며 그렇게 느끼게 된다면, 그것은 얼마나 복된 일입니까! 하늘이 즐거워하고 땅도 기뻐할 일입니다. 왜냐하면 그것은 여러분이 구원받았음을 보여주는 분명한 표적이기 때문입니다. "그들의 죄와 그들의 불법을 내가 다시 기억하지 아니하리라"라는 말씀을 다시 한 번 마음에 새기기를 바랍니다.

제
27
장

—

# 우리가 믿는 도리를
# 굳게 불잡으라

—

**"또 약속하신 이는 미쁘시니 우리가 믿는 도리의 소망을
움직이지 말며 굳게 잡고"** — 히 10:23

사도는 자신이 강조하여 말하고 있는 은혜언약으로부터 몇 가지 추론을 도출합니다. 그는 하나님이 자기 백성들과 함께 언약을 세우신 것을 언급하는데, 바로 그 언약에 의해 그들은 효과적으로 보존됩니다. "그 날 후로는 그들과 맺을 언약이 이것이라 하시고 내 법을 그들의 마음에 두고 그들의 생각에 기록하리라 하신 후에 또 그들의 죄와 그들의 불법을 내가 다시 기억하지 아니하리라 하셨으니"(16, 17절). 그는 이러한 언약으로 말미암아 우리의 죄책이 영원히 제거되고 우리의 옛 죄가 다시 돌아올 수 없음을 역설합니다. 따라서 그는 우리에게 담대하게 하나님께 나아가라고 명합니다. 다시 말해서, 사함을 받은 자들로서 그리스도 안에서 우리를 받으신 하나님께 가까이 나아가는 자유를 행사하라는 것입니다. 계속해서 그는 우리가 그와 같은 복된 위치에 세워졌기 때문에 우리가 받은 것을 마땅히 굳게 붙잡아야 한다고 말합니다. 영광의 복음이 우리에게 너무도 엄청난 것을 이루어 주었기 때문에, 우리는 그것을 결코 놓쳐서는 안 됩니다. 복음은 우리를 천사도 부러워할 만한 상태로 이끌었습니다. 그러므로 우리는 결코 그것을 놓쳐서는 안 됩니다. 우리를 그와 같은 축복으로 이끈 신적 원리

를 도대체 어떻게 떠날 수 있단 말입니까? "우리가 믿는 도리의 소망을 움직이지 말며 굳게 잡고."

　　부디 성령 하나님이 오늘의 주제를 축복해 주시기를 기원합니다. 오늘 저녁 의 말씀이 우리의 믿음을 더욱 굳게 세우는데 큰 도움이 되기를 바랍니다. 만일 우리가 믿음의 도리를 굳게 붙잡는다면, 그러한 믿음의 도리 역시 우리를 굳게 붙잡아 줄 것입니다. 마치 닻이 배를 굳게 붙잡아 주는 것처럼 말입니다. 이러한 주제가 오늘날보다 더 필요한 때는 일찍이 없었습니다. 오늘날 모든 그리스도인 들은 자신의 성경책 위에 "굳게 붙잡으라"라는 경구(警句)를 적어둘 필요가 있습 니다. 우리는 오늘날 모든 것이 너무도 빨리 변하는 세대에 살고 있습니다. 그러 므로 우리 모두는 하나님의 진리 안에 뿌리를 박으며, 그 위에 더욱 굳게 고정되 며, 그 토대 위에 든든하게 세워질 필요가 있습니다.

　　나는 여기에서 첫째로 우리가 가지고 있는 것에 대해 살펴볼 것입니다. 우리 는 믿음을 가지고 있습니다. 한편 개정역(Revised Version)에 따를 때, 우리는 소 망을 가지고 있습니다. 그리고 둘째로, 우리가 한 것을 살펴볼 것입니다. 우리는 믿음을 고백했습니다. 한편 개정역을 따를 때, 우리는 소망을 고백했습니다. 그 러고 나서 셋째로, 지금 우리가 해야 할 것 즉 믿음과 소망의 고백을 굳게 붙잡아 야 할 것에 대해 살펴볼 것입니다. 그리고 마지막으로, 우리가 그렇게 해야 할 이유를 살펴볼 것입니다. 그것은 약속하신 이가 신실하시기 때문입니다. 만일 하나님이 신실하시다면, 우리 역시도 신실해야 합니다. 지금까지 하나님은 가장 진실하셨 습니다. 그러므로 우리도 진실하도록 기도합시다.

## 1. 첫째로, 하나님의 은혜로 우리가 이미 가지고 있는 것을 생각해 보도록 합시다.

　　만일 본문을 흠정역(KJV)대로 읽는다면, 우리는 믿음을 가지고 있는 것이 됩 니다(Let us hold fast the profession of our faith without wavering. 흠정역을 직역하 면 "우리의 믿음의 고백을 흔들림 없이 굳게 붙잡자"가 될 것이다, 한편 한글개역개정판에는 "우 리가 믿는 도리의 소망을 움직이지 말며 굳게 잡고"라고 되어 있음). 우리는 공적으로 믿음 을 고백했습니다. 우리는 가슴에 손을 얹고 "여호와여 당신은 모든 것을 아시나 이다. 당신이 아시거니와 우리는 당신의 아들 예수 그리스도를 믿나이다"라고 말할 수 있습니다. 그렇습니다. 우리는 베드로가 "보배로운 믿음"이라고 부르는 것을 얻었습니다(벧후 1:1). 그것은 값진 보석이며, 그것을 소유한 자는 부자입니다.

만일 우리가 이러한 믿음을 소유하고 있지 않다면, 여기에서 멈추고 그것을 구합시다. 그리고 하나님께 불신앙의 큰 죄를 고백합시다. 거짓말할 수 없는 하나님의 아들을 믿지 않은 큰 죄 말입니다. 그의 생애는 너무도 참되고 진실해서 그를 의심하며 믿지 않는 것은 그 자체가 죄이며 악한 행동입니다. 그리고 그것은 그의 신실하심과 위엄에 대한 큰 모독입니다. 우리에게 다른 믿음의 대상은 없습니다. 우리가 어디에서 다른 믿음의 대상을 발견할 수 있단 말입니까? 그는 우리 구원의 반석입니다. 우리는 절대로 다른 믿음의 대상을 만들 수 없습니다. 만일 예수께서 "너희도 가려느냐?"라고 물으신다면, 우리는 "주여 영생의 말씀이 주께 있사오니 우리가 누구에게로 가오리이까"라고 대답할 수밖에 없습니다(요 6:68). 만일 그 질문이 우리가 완전한 거룩을 소유하고 있느냐는 것이라면, 우리는 큰 슬픔과 함께 부정적으로 대답할 수밖에 없습니다. 만일 그 질문이 우리가 하나님의 은혜 안에서 많이 자랐느냐는 것이라면, 우리는 쉽게 대답하지 못한 채 머뭇거리게 될 것입니다. 왜냐하면 곧바로 그렇다고 대답하는 것은 지나치게 무례하며 교만한 태도일 것이기 때문입니다. 그러나 만일 그 질문이 "너희가 주 예수 그리스도를 믿느냐?"라는 것이라면, 우리는 주저 없이 "주여 우리가 믿나이다"라고 대답합니다. 비록 연약한 믿음이라 하더라도, 우리의 믿음은 참된 믿음입니다. 비록 그것이 항상 우리 안에서 우리가 바라는 열매를 맺지는 못한다 하더라도, 그것은 우리의 삶 속에서 매우 복된 방식으로 역사(役事)합니다. 우리는 예수가 그리스도이며, 영생을 위한 우리의 믿음은 오직 그 안에 있음을 믿습니다.

사랑하는 형제들이여, 여러분에게 있어 예수가 하나님의 아들이라는 것은 더 이상 의문의 여지가 없는 사실입니다. 그가 나무 위에서 자기 몸으로 여러분의 모든 죄를 짊어졌다는 것 역시 여러분에게 있어 더 이상 의문의 대상이 아닙니다. 여러분은 그의 놀라운 죽음과 부활에 대해서도 더 이상 의심하지 않습니다. 여러분은 그가 단번의 희생제사를 드린 것을 믿습니다. 그리고 그 단번의 희생제사로 자기 백성들의 죄를 끝낸 것을 믿습니다. 그리고 자기 영광에 들어가셔서 지금 하나님 우편에 앉아 그의 원수들이 그의 발등상이 될 때를 기다리고 계심을 믿습니다. 여러분은 이 모든 사실을 지금 여러분이 여기에 존재하고 있다는 사실만큼 확실하게 믿습니다. 또 여러분은 그가 우리의 심판주로서 곧 오실 것이며, 열방을 자기 앞에 모을 것이며, 만왕의 왕이요 만주의 주로서 다스릴 것이라는 사실을 믿습니다. 이와 같이 주 예수 그리스도에 대한 여러분의 믿음은 불확실하며 가정적(假定的)인 것이 아닙니다. 여러분에게 그것은 확실한 사실이며, 여러분은 그 위에 자신의 구원을 겁니다. 만일 내가 전파하는 것이 사실이 아니라면, 나는 저주를 받아도 좋습니다. 나는 그리스도 안에서 가진 모든 것을 투자했습니다. 만일 이 배가 침몰한다면, 나는 물에 빠져 죽습니다. 왜냐하면 나는 수영할 줄도 모르며, 구명보트도 알지 못하기 때문입니다. 그리스도는 나에게 모든 것(All in All)입니다. 그가 없이는, 나는 아무것도 할 수 없으며 아무것도 없으며 아무것도 아닙니다. 구원의 문제에 있어 예수는 나에게 처음부터 끝까지 모든 것입니다. 나는 여러분 역시도 나처럼 말할 수 있음을 압니다.

여러분은 믿음을 가지고 있습니다. 여러분의 믿음은 그리스도의 인격과 사역, 그리고 그에 대한 여러분 자신의 단순한 신뢰에 한정되지 않습니다. 여러분은 예수와 관련하여 계시된 모든 것을 믿습니다. 남십자성을 구성하는 별들을 생각해 보십시오. 그 별들은 모두가 한결같이 반짝입니다. 그와 같이 여러분은 성경에 계시된 모든 진리들을 믿음으로 굳게 붙잡습니다. 여러분에게 있어 어떤 사실이 성경에 기록되었으면 그것으로 충분합니다. 여러분은 그것을 믿습니다. 때로 여러분은 성경에 기록된 어떤 거대한 사실로 인해 놀랍니다. 그러나 그것이 여러분의 믿음을 비틀거리게 하지는 못합니다. 왜냐하면 여러분의 믿음의 울타리 속에는 장엄한 신비까지도 포함되어 있기 때문입니다. 그렇습니다. 우리는 삼위일체 하나님 즉 성부와 성자와 성령을 믿는다고 공적으로 고백합니다. 또 우리는 은혜의 택하심을 믿습니다. 우리는 하나님의 영원한 목적과 그러한 목적이 하나님의 은혜의 영광을 찬미하도록 역사(役事)하는 것을 믿습니다. 만일 하나님이 우리에게 무엇인가를 말씀하시면, 우리는 그것을 틀림이 없으며 의심의 여지가 없는 확실한 진리로 받아들입니다. 만일 하나님이 무엇인가를 휘장으로 가린다면, 우리는 그것을 가려진 채로 그냥 내버려 둡니다. 왜냐하면 계시의 한계는 곧 우리의 믿음의 한계이기 때문입니다. 우리는 이런저런 상상을 할 수 있지만 그러나 허상을 생각하지는 않습니다. 우리의 믿음은 뛰어난 학자들이 생각하는 것이 아니라 하나님이 말씀하시는 것을 다룹니다. 성령께서 영감된 책 속에 기록한 것은 우리에게 하나님의 진리입니다. 우리는 어떤 인간의 가르침도 그것과 나란히 놓는 것을 허용하지 않습니다. 이와 같이 우리는 믿음을 가지고 있습니다. 그 믿음은 믿는 믿음이며, 배우는 믿음이며, 의지하는 믿음이며, 하나님의 사랑을 전적으로 신뢰하는 믿음이며, "아버지의 손에 나의 영혼을 맡기나이다"라고 말할 수 있는 믿음입니다. 우리는 그러한 믿음을 가지고 있습니다. 그리고 우리는 우리가 그것을 가지고 있음을 압니다. 만일 여러분 가운데 어떤 사람이 그것을 알지 못한다면, 그것을 알 때까지 쉬지 마십시오. 불신앙은 결국 하나님을 거짓말쟁이로 만드는 것입니다. 하나님을 격동시키는 그러한 두려운 죄속에서 단 한순간도 머물지 마십시오. 그리스도를 믿지 않는 것은 곧 하나님의 진노 아래 머무는 것입니다. "아들을 믿는 자에게는 영생이 있고 아들에게 순종하지 아니하는 자는 영생을 보지 못하고 도리어 하나님의 진노가 그 위에 머물러 있느니라"(요 3:36). 우리는 결코 이러한 상태에 머물러 있어서는 안 됩니다. 우리는 하나님의 진리를 아는 것과 믿는 것에 하나가 되어야 합니다. 바로 이것이 하나님의 택하신 자들의 믿음입니다.

한편 우리는 본문을 또 다른 방법으로도 읽을 수 있습니다. 그것은 개정역(Revised Version)이 취한 독법(讀法)인데, 이 역시 매우 훌륭한 독법입니다. 그것은 본문을 "우리 소망의 고백"(the confession of our hope)으로 읽는 것입니다. 그렇습니다. 사랑하는 자들이여, 만일 우리가 믿음을 가지고 있다면, 우리는 또한 소망도 가지고 있는 것입니다. 우리는 두 가지 독법을 모두 취할 것입니다. 왜냐하면 두 가지 모두 실제적으로 옳기 때문입니다. 이와 같이 우리는 복된 믿음과 함께 복된 소망을 가지고 있습니다. 그것은 우리가 그것을 가지고 휘장 안으로 들어가는 튼튼하고 견고한 소망입니다(히 6:19, "우리가 이 소망을 가지고 있는 것은 영혼의 닻 같아서 튼튼하고 견고하여 휘장 안에 들어가나니"). 만일 내가 우리의 소망을 묘사하기 시작한다면, 나는 우리의 최고의 소망인 우리 주 예수 그리스도의 재림의 소망으로부터 시작해야 합니다. 왜냐하면 그가 나타날 때 우리 역시도 영광 가운데 그와 함께 나타날 것을 믿기 때문입니다. 우리는 그가 하늘에 올라가셨음을 압니다. 그의 사도들이 그가 감람산으로부터 승천하는 것을 보았습니다. 그리고 우리는 천사들이 그가 승천한 직후에 우리에게 그의 다시 오심을 일깨워 준 말씀을 믿습니다. "너희 가운데서 하늘로 올려지신 이 예수는 하늘로 가심을 본 그대로 오시리라"(행 1:11). 우리는 그가 다시 오실 것을 기대하면서 그날에 그를 볼 것을 소망합니다. 우리는 그가 훗날 땅에 서실 것을 기대하면서 우리 구주 우리 하나님을 볼 것을 소망합니다. 이것이 교회의 영광스러운 소망입니다. 교회는 이러한 소망으로써 세상을 이깁니다. 주님이 오셔서 교회에 완전한 승리를 주실 것입니다. 그의 첫 번째 오심으로 그의 왕국의 기초가 놓였던 것처럼, 그의 두 번째 오심으로 그곳에 모퉁잇돌이 세워질 것입니다.

이러한 최고의 소망의 터 위에서 우리는 우리 자신의 개인적인 소망들을 갖습니다. 그리고 그러한 개인적인 소망들 가운데 으뜸 되는 것은, 장차 우리가 몸을 떠날 때 우리의 영이 그리스도와 함께 있게 될 소망입니다. 우리는 여기에서 항상 그와 함께 했습니다. 그리고 거기에서도 그와 함께 할 것을 믿습니다. 물론 어떤 의미에서 몸 안에 있는 동안 우리는 그리스도와 떨어져 있습니다. 그럼에도 불구하고 또 다른 의미에서 그는 지금 이 순간에도 우리와 함께 계십니다. 우리는 머지않아 지금의 몸을 떠나게 될 것입니다. 그리고 그 때 우리는 좀 더 충분한 의미에서 주와 함께 있을 것입니다. 그것이 우리의 즐거운 소망이며 기대입니다. 영광, 천년왕국, 천국, 영원 — 모든 것은 우리 소망의 범주 안에 있습니다. 우리의 소망은 더 큰 소망이 아니라, 가장 큰 소망입니다.

또 우리는 잠시 후 나팔이 울리고 우리의 몸이 티끌과 흙으로부터 다시 일어날 것을 소망합니다. 그렇게 하여 우리의 영과 혼과 몸이 온전하게 될 것입니다. 우리 주님이 나타나는 날은 몸이 그것과 뒤엉켜 있는 티끌로부터 구속되는 날일 것입니다. 그 때 우리는 그리스도 예수 안에서 온전하게 될 것이며, 많은 형제들 가운데 맏형인 그의 형상으로 변화될 것이며, 영원한 축복 가운데 영원히 살 것을 소망합니다. 영원한 즐거움이 있는 하나님 오른편에서 그의 생명을 향유하면서 말입니다. 우리는 우리를 정결하게 하며, 위로하며, 강하게 하며, 지탱해 주는 즐겁고 영광스러우며 복된 소망을 가지고 있습니다. 그리고 이러한 소망이 지금 우리 안에 있습니다.

본 교회의 목사로서 나는 여러분이 은혜로 말미암아 좋은 소망을 가지고 있다고 즐겁게 말할 수 있습니다. 이러한 소망은 현재의 어둠에 빛을 비춥니다. 그것은 여러분의 고난의 밤을 밝혀 주는 촛불입니다. 여러분은 언제까지나 아프고, 가난하고, 고통을 당하지 않습니다. 이러한 소망은 미래에 대해 빛을 비추어 줍니다. 그리고 인간의 상상력이 창안해 내는 어떤 것보다 더 밝은 영광을 나타냅니다. 때로 이러한 소망을 깨달을 때, 여러분은 모든 괴로움이 한순간에 사라지면서 여러분의 머리에 생명의 면류관이 씌워지는 것을 느낍니다. 이러한 소망의 능력 가운데 여러분은 하나님의 빛의 신을 신고, 불멸의 옷을 입으며, 천상의 무리 가운데 자리를 취합니다. 또 종종 여러분은 믿음으로 맑은 유리 같은 황금 길을 따라 걷습니다. 그리고 빛나는 길을 걸으면서 여러분은 새 예루살렘에 거하는 빛의 성도들과 더불어 대화합니다. 소망의 귀는 구속받은 자들의 노래를 들으며, 소망의 눈은 지극히 높은 보좌에 앉으신 주님을 봅니다. 소망은 우리를 사랑하는 주님에게로 얼마나 가까이 데려갑니까! 비록 지금은 우리가 그를 보지 못한다 하더라도, 그러나 믿음으로 우리는 말할 수 없는 기쁨과 충만한 영광으로 즐거워합니다.

이와 같이 우리는 믿음과 소망을 가지고 있습니다. 그리고 우리는 믿음과 소망을 가지고 있음을 압니다. 우리는 하나님의 은혜와 함께 부요하지 않습니까? 믿음과 소망이 있는 곳이라면 사랑 역시도 그곳으로부터 멀 수 없습니다. 왜냐하면 세 가지는 거의 나누어지지 않기 때문입니다. 우리에게 믿음과 소망을 주신 주님을 사랑합시다.

## 2. 둘째로, 나아가 우리는 우리의 믿음을 고백하고 또 우리의 소망을 고백했습니다.

사랑하는 형제자매들이여, 여러분은 자신의 믿음을 처음 고백한 때를 기억할 것입니다. 우리에게 있어 처음 믿음을 고백한 때로 되돌아가는 것은 참으로 유익한 일입니다. 그 때로부터 많은 시간이 지났지만 그러나 우리는 늙음을 느끼기를 원하지 않습니다. 최소한 우리는 젊음의 신선함과 기쁨을 계속해서 유지하기를 원합니다. 그리스도인에게 가장 합당한 모습은 활기찬 즐거움입니다. 우리 안에는 부모로부터 받은 자연적인 생명 외에 나중에 태어난 생명이 있습니다. 따라서 우리는 우리의 나이를 첫 번째 탄생보다도 두 번째 탄생으로부터 계산할 것입니다. 젊은이처럼 활기찬 모습으로 그리스도를 증언하는 노인을 보는 것은 얼마나 큰 즐거움입니까? 주께서 자신에게 베푸신 모든 은혜에 대해 말할 때, 그는 세월의 원숙함과 젊음의 에너지를 함께 나타내고 있는 것입니다. 아마도 여러분 가운데 어떤 사람들은 예수께서 여러분을 만나 주신 장소를 기억할 것입니다. 그렇게까지는 아니라 하더라도, 최소한 여러분은 처음으로 "이제 나는 주님을 알아요"라고 속삭였던 때를 기억할 것입니다. 여러분은 스스로 자기가 속삭인 말을 들으면서 깜짝 놀랐을 것입니다. 여러분은 스스로 터무니없는 말을 한 것이 아닌가 두려워했을 것입니다. 그 때 여러분의 양심에는 큰 따뜻함과 평안함이 있었습니다. 여러분은 스스로에게 말했습니다. "내가 거의 신자가다 된 것처럼 말했네. 그렇지만 감히 또다시 그렇게 말하지는 못할 것 같아." 그렇지만 불과 얼마 후 그 말은 또다시 여러분의 입술로부터 흘러나옵니다. 다른 사람들과 함께 있으면서 구주를 변론해야 할 필요를 느낄 때 말입니다. 사람들이 베드로를 향해 "너도 진실로 그 도당이라 네 말소리가 너를 표명한다"라고 말했었는데(마 26:73), 그 말은 여러분에게도 똑같이 사실입니다. 축복된 의미에서말입니다. 마침내 여러분은 공개적으로 믿음을 고백하는 것이 낫겠다고 생각합니다. 참된 순례자는 오로지 정당한 권리를 가지고 '아름다운 집'(the House Beautiful)에 들어가기를 바랍니다. 그는 무단침입자가 되기를 원하지 않습니다. 그리하여 그는 성문의 문지기가 자신이 들어가도록 허락해 주기만을 바랍니다. 우리가 처음 믿음을 고백한 날은 크게 떨었던 날이면서 동시에 큰 기쁨의 날이었습니다. 우리는 우리의 말에다가 눈물로 소금을 쳤습니다. 그러면서 우리는 하나님의 백성 가운데 하나로 헤아림을 받게 된 것을 큰 영광으로 느꼈습니다. 설령 마루 한 귀퉁이에 자리를 얻는다든지 혹은 제일 후미진 곳에서 복음을 듣도록 허락받는다 하더라도, 우리는 충분히 만족할 것이었습니다. 우리는 이렇게 노래했습니다.

> "주의 전의 가장 후미진 장소라도
> 은혜의 하나님이여, 나는 가장 기뻐하나이다.
> 안일한 장막이나 권능의 보좌도
> 나를 주의 전으로부터 떠나게 할 수 없나이다."

　우리는 지금 푹신한 의자를 필요로 합니다. 우리는 지금 설교를 듣기 위해설 수도 없으며, 먼 거리를 여행할 수도 없습니다. 하물며 안개가 짙게 긴 날이야더 말해 무엇하겠습니까? 이렇게 변화된 것은 매우 이상한 일이지만, 그러나 그렇게 되었습니다. 처음 주님을 알았을 때는 아무리 먼 길이라도 우리는 기꺼이달려갈 수 있었습니다. 그 거리가 점점 더 길게 느껴질수록 우리의 사랑은 점점더 작아졌습니다. 그 때는 정말로 축복된 때였습니다. 그 때는 정말로 신선한 아침과 같은 때였습니다. 그 때는 또한 사랑의 때였습니다. 새싹이 돋고, 꽃이 피며, 새들이 노래하는 때였습니다. 그리고 생명과 소망이 흘러넘치는 때였습니다.

여러분에게 간절히 당부합니다. 여러분의 믿음의 고백을 굳게 붙잡으십시오. 처음 믿음을 고백하던 때를 회상하며 끝까지 그 안에 굳게 서십시오. 만일 그 때 여러분이 고백한 것이 거짓이 아니었다면, 흔들리지 말고 여러분의 소망의 고백을 굳게 붙잡으십시오. 왜냐하면 "약속하신 이는 미쁘시기" 때문입니다. 나에게 있어 세례 시 공적으로 나의 믿음을 고백했던 것은 참으로 감동적이며 장엄한 기억입니다. 나는 지금도 그 때의 장면을 생생하게 기억합니다. 그 때는 3월 1일이었습니다. 찬바람이 불었으며, 날씨가 꽤 쌀쌀했습니다. 나는 넓은 강과 강둑에 줄지어 서 있는 많은 사람들과 배에 타고 있는 사람들을 봅니다. 주의 말씀이 지금은 하늘로 돌아간 하나님의 사람에 의해 전파됩니다. 설교를 마친 후 그가 물속으로 들어가자 우리도 그를 따라 들어가 세례를 받았습니다. 내가 그리스도의 죽음과 장사와 부활에 대한 믿음을 고백한 것은 세례 시 그리스도와 함께 장사된 것에 의해서였습니다. 세상에 대해 죽음으로써, 나는 그 날부터 예수와 함께 예수를 위해 그리고 예수처럼 살고자 하는 열망을 고백했습니다. 아, 내가 그러한 고백에 좀 더 충실할 수만 있다면! 그렇지만 어쨌든 나에게 그러한 열망이 있었으며, 나는 그것을 부끄럽게 여기지 않으며, 그것을 되돌리기를 바라지 않습니다. 나는 내 몸 안에 물의 흔적(watermark)을 지니고 있습니다. 그것은 "우리가 마음에 뿌림을 받아 악한 양심으로부터 벗어나고 몸은 맑은 물로 씻음을 받았으니"라는 말씀이 성취된 것이었습니다(히 10:22).

> "하늘이 엄숙한 고백을 듣는도다.
> 매일같이 새로운 고백을 듣는도다.
> 그리고 그러한 고백을 축복하는도다.
> 우리 인생 다하는 그날까지."

또한 우리가 그러한 믿음의 고백과 소망의 고백을 반복한 것을 기억하십시오. 우리는 우리가 내뱉은 고백을 다시 되돌려 집어넣지 않고, 계속해서 그것을 반복적으로 고백했습니다. 우리는 그리스도의 이름을 계속해서 나타냈습니다. 만일 여러분이 언제 우리가 그렇게 했느냐고 묻는다면, 나는 이렇게 대답할 것입니다. "여러분은 교제의 식탁에서 여러 번 그렇게 했습니다. 여러분은 주와 함께 거기에 앉아 음식을 먹었으며 거기에 있는 것을 부끄러워하지 않았습니다. 불과 얼마 전에 식탁에서 떨어지는 부스러기라도 얻기를 간절히 구했던 여러분이 자녀들과 함께 떡을 먹는 것은 여러분에게 있어 믿어지지 않을 정도로 감격적인 사실이었습니다. 여러분은 떡과 포도주의 연회에 참여함으로써 그리스도의 죽으심을 그의 오실 때까지 증거했습니다. 이와 같이 여러분은 자주 사랑의 잔치에 참여함으로써 여러분의 즐거운 소망을 고백했습니다."

뿐만 아니라 여러분은 많은 기도모임에 참여함으로써 하나님을 섬기는 것이 결코 헛된 일이 아니라는 여러분의 믿음을 나타냈습니다. 또 여러분이 기도에 동참한 것 역시 훌륭한 믿음의 고백이었습니다. 또 여러분은 그리스도가 전파되는 자리에 함께 있었습니다. 그러한 참여로써 여러분은 그에 동의했을 뿐만 아니라 그것을 도왔습니다. 여러분은 때로 뜨거운 마음으로 "아멘!"과 "할렐루야!"를 외침으로써 여러분 자신과 다른 사람들을 놀라게 했습니다. 그리고 그것은 여러분 자신의 믿음의 고백을 새롭게 하는 것이었습니다.

또 여러분은 가게에서, 시장에서, 사업장에서, 친구들 가운데, 가정에서, 그리고 배우자에게 여러분의 믿음을 반복적으로 나타냈습니다. 여러분 주위에 있는 사람들은 여러분이 하나님의 자녀이며 천국의 상속자임을 압니다. 이것은 참으로 좋은 일입니다. 빛의 자녀들은 스스로 감추어서는 안 됩니다. 그들은 빛 가운데 드러나야 합니다.

특별히 사람들 앞에 일어나 하나님의 말씀을 전파하는 사람들을 생각해 보십시오. 그들은 얼마나 자주 자신들의 믿음을 공적으로 고백했습니까? 나는 우리의 말씀 전파가 "직업적으로" 되지 않기를 바랍니다. 만일 우리의 믿음과 소망을 고백하는 것이 없다면, 분명 우리는 복음을 올바로 전파하지도 못할 것이며 청중들을 올바른 믿음으로 이끌지도 못할 것입니다.

이렇게 우리 주님의 예복을 입고 믿음을 고백하며 말씀을 전파한 후에 우리가 그를 버릴 것입니까? 이렇게 이마에 그의 표지를 가진 우리가 배교자가 되는 것을 생각할 수 있습니까? 우리는 가장 엄숙한 방식으로 계속해서 그리스도를 고백했습니다. 그런 우리가 스스로의 고백을 부인할 것입니까? 우리가 주를 배반할 것입니까? 결코 그럴 수 없습니다. 나는 성령께서 여러분으로 하여금 "또 약속하신 이는 미쁘시니 믿는 도리의 소망을 움직이지 말며 굳게 잡으라"는 명령을 지킬 수 있도록 도우실 것을 믿습니다.

지금까지 우리는 처음 믿음을 고백하고 또 그것을 계속해서 반복한 것을 살펴보았습니다. 이제 잠시 그러한 고백의 대가(cost)에 대해 생각해 보도록 합시다. 신앙은 그 따르는 자에게 매우 비싼 대가를 요구합니다. 그러나 그것이 가진 가치와 비교할 때 그 대가는 아무것도 아닙니다. 처음 믿음을 고백할 때, 당신은 부끄러움의 대가를 치렀습니다. 그 때 여러분 안에서 얼마나 큰 투쟁이 있었습니까! 목사 앞에 나아와 자신의 믿음을 고백하기까지 아마도 여러분에게는 많은 머뭇거림이 있었을 것입니다. 여러분의 믿음을 여러분의 아내나 혹은 남편에게 말하는 데에도 몇 주가 걸렸을 것입니다. 그 일에도 여러분은 얼마나 망설이며 머뭇거렸습니까? 내가 아는 어떤 부모는 자신들의 회심을 자녀들에게 알리기를 무척 두려워했습니다. 여러분은 이러한 어려움을 극복했습니다. 그렇지 않습니까? 여러분은 그에 관해 하나님께 부르짖었으며 용기를 얻었습니다. 지금 여러분은 어떻게 그토록 소심할 수 있었는지 의아하게 생각합니다. 앞으로는 그와 같은 두려움 속으로 떨어지지 마십시오.

또 여러분 가운데 어떤 사람들은 예수 그리스도를 따르는 제자가 됨으로써 많은 친구들을 잃었을 것입니다. 상류층 사교계에서 활동하다가 우리 교회의 한 지체가 된 어떤 여자가 있습니다. 그녀는 나에게 "그들 모두가 나를 떠났습니다"라고 말했습니다. 그 말을 듣고 나는 이렇게 대답했습니다. "그거 참 감사한 일이군요. 그럼으로써 당신이 그들을 떠나야 하는 짐이 덜어지지 않았습니까? 그들은 당신에게 아무 도움도 되지 못할 것입니다. 차라리 그들이 스스로 당신을 버리고 떠난 것이 훨씬 더 잘된 일입니다." 그리스도인에게 있어 세속적인 친구들이 떠나는 것은 참으로 좋은 일입니다. 많은 사람들에게 "그들로부터 나오라"는 명령은 참으로 가혹한 명령입니다. 그러나 세상이 우리를 악하다 하며 우리로부터 돌이킬 때, 모든 어려움은 떠나갑니다. 여전히 많은 사람들에게 자기 십자가를 지고 그리스도를 따르는 것은 많은 눈물과 탄식의 대가를 요구합니다. 사람들은 우리를 "위선자"라든지 혹은 "못난이" 따위의 이름으로 부르기도 합니다. 세상이 우리를 미워하는 것은 매우 자연스러운 일입니다. 세상이 볼 때 우리는 악한 자들입니다. 왜냐하면 그리스도를 따르기 위해 자기의 길을 버렸기 때문입니다. 그러므로 세상은 우리를 미워하며, 우리 조상들에 대해서도 그런 감정으로 대했습니다. 예전에 그들은 피의 바다를 헤엄치지 않았습니까? 그들은 에베소에서 야수들과 싸우지 않았습니까? 또 화형을 통해 천국에 들어가지 않았습니까? 우리가 당하는 고난은 우리의 조상들이 당했던 고난과 비교할 때 아무 것도 아닙니다. 그럼에도 불구하고 연약한 마음을 가진 어떤 사람들에게 있어 믿음을 고백하는 것은 여전히 많은 대가를 요구하는 값비싼 것입니다. 나는 그런 사람들에게 말합니다. 여러분은 이러한 일들을 헛되이 겪었습니까? 여러분은 이제 다시 되돌아갈 것입니까? 여러분은 또다시 세상의 알량한 것들로 되돌아갈 것입니까? 결코 그럴 수 없습니다. 하나님의 은혜 가운데 "믿는 도리의 소망을 움직이지 말고 굳게" 붙잡으십시오.

어떤 사람이 말합니다. "그러면 우리의 고백에 어떤 유익이 있습니까?" 나는 왜 이런 질문을 하는지 그리고 이런 질문에 대답할 필요가 있는지 알지 못합니다. 만일 하나님이 우리에게 어떤 명령을 하셨다면, 거기에 유익이 있든 없든 무조건 순종하는 것이 우리의 몫입니다. 성경이 계속해서 "사람이 마음으로 믿어 의에 이르고 입으로 시인하여 구원에 이르느니라"(롬 10:10)라든지 혹은 "믿고 세례를 받는 사람은 구원을 얻을 것이요"(막 16:16)라고 말하지 않습니까? 하나님의 진리에 대한 믿음과 그 믿음을 공적으로 고백하는 것은 성경에서 항상 나란히 놓여집니다. 내적으로 그리스도를 믿는 것과 마찬가지로 외적으로 그리스도를 고백해야 합니다. 주 예수 자신이 "누구든지 나를 따라오려거든 자기를 부인하고 자기 십자가를 지고 나를 따를 것이니라"(마 16:24)라고 말씀하지 않았습니까? 우리가 자기만의 은밀한 길을 따라 천국에 이르는 것은 주님의 뜻이 아닙니다. 우리는 이 악한 세대에서 스스로 그리스도인으로 시인하며 그를 따라야 합니다. 그렇지 않으면 그가 아버지의 영광 가운데 오실 때 우리를 부끄러워할 것입니다. 그러나 만일 그 질문이 "공개적으로 고백하는 것에 어떤 유익이 있습니까?"라는 것이라면, 나의 대답은 "모든 방면에서 매우 큰 유익이 있습니다"라는 것입니다. 사람이 "나는 그리스도인입니다"라고 담대하게 말하는 것은 그 자체가 참으로 대단한 일입니다. 십자가의 병사에게 있어 자신이 그리스도인임을 공개적으로 알리는 것은 마치 칼을 뽑으면서 칼집을 던져 버리는 것과 같습니다. 그것은 그에게 있어 참으로 좋은 일입니다. 왜냐하면 그럴 때 비로소 세상은 그를 이런저런 시험들로 몰아치는 것을 그치기 때문입니다. 원수들은 여러분이 어디에 있는지 압니다. 그리고 여러분이 다시 옛 자리로 되돌아가지 않을 것이라는 사실도 압니다. 여러분의 고백은 더 나은 삶을 향한 여러분의 목적을 확증하는 것이 됩니다. 여러분은 말합니다. "내가 주님께 항복했는데 어떻게 다시 되돌아갈 수 있단 말인가? 내 어찌 이 큰 악을 행하여 하나님께 득죄할 수 있단 말인가? 나는 주님을 고백하며 맹세하지 않았던가?" 이 모든 것은 시험의 때에 여러분을 보호해 줄 것입니다. 여러분이 누구인지를 드러내는 것은 대단한 일처럼 보이지 않을 수 있지만 그러나 많은 사람들에게 그것은 절반의 전쟁입니다.

뿐만 아니라 공적인 믿음의 고백은 다른 사람들에게도 좋은 영향을 끼칩니다. 만일 모든 그리스도인이 자신의 믿음을 자기 마음속에만 감추어 두고 있었다면, 어떻게 기독교회가 있을 수 있었겠습니까? 조직체로서의 기독교회가 없었다면, 죄인들을 교화(敎化)시키는 모든 선한 일이 어떻게 가능할 수 있었겠습니까? 우리의 공적 복음전파는 어디에 있습니까? 우리의 선교는 어디에 있으며, 우리의 선교사들은 어디에 있습니까? 만일 여러분이 주님을 사랑하고 믿고 소망한다면, 당당하게 나아와 그를 시인하기를 지체하지 마십시오. 담대하게 "그의 백성들이 어디에 있습니까?"라고 말하십시오. 나는 그들과 연합할 것입니다. 그들이 그리스도를 따르는 것으로 인해 고난을 만납니까? 나는 그 고난에 함께 할 것입니다. 그들에게 그리스도를 위해 해야 할 어떤 일이 있습니까? 나는 그 일에 함께 할 것입니다. "다윗의 자손이여, 나와 나의 모든 것은 당신의 것이나이다. 나는 스스로를 당신께 영원히 드리나이다."

평강의 왕의 제복을 입고 성도들과 대열을 이루어 행진하며 하나님의 진리를 위해 싸우며 하나님의 나라를 확장시키는 것보다 더 큰 영광과 더 큰 기쁨이 무엇이겠습니까? 지금까지 우리는 우리의 믿음과 소망을 고백하는 것에 대하여 함께 살펴보았습니다.

### 3. 셋째로, 그러면 이제 우리는 무엇을 해야 합니까?

이에 대한 대답은 여러분의 믿음의 고백을 굳게 붙잡으라는 것입니다. 물론 여기에는 여러분의 믿음을 굳게 붙잡는 것이 포함됩니다. 여러분이 믿은 것들을 계속해서 믿으십시오. 정치의 영역에서는 그릇된 출발점으로부터 완전한 정의를 향한 진보가 있습니다. 진보를 통해 우리는 완전한 정의에 조금씩 더 가까워집니다. 바로 이것이 봉건주의로부터 근대국가로의 오랜 외침이 아니었습니까? 그러나 참된 종교 속에는 진보가 있을 수 없습니다. 처음에 참된 것이었다면, 계속해서 참될 것이고 영원히 참될 것입니다. "예수 그리스도는 어제나 오늘이나 영원토록 동일하시니라"는 말씀을 생각할 때, 우리는 기독교의 근본적인 진리들 속에 진보는 있을 수 없다고 느낍니다(히 13:8). 계시는 하나님의 마음으로부터 나옵니다. 마치 아테나 여신이 제우스의 머리로부터 나오는 것처럼 말입니다. 하나님의 계시로부터 아무것도 더해져서도 안 되고 감해져서도 안 됩니다. 나는 사도적 신앙으로 완전히 만족합니다. 만일 어떤 사람이 사도들을 넘어가려고 한다면, 그냥 내버려 두십시오. 나는 그렇게 하지 않을 것입니다. 나는 바울이 믿은 것을 믿는 것으로 만족합니다. 나는 그의 신발 끈을 풀 자격도 없습니다. 물론 바울이 나의 주님인 것은 아닙니다. 그러나 성령은 그의 서신들을 통해 말씀하시기를 기뻐하셨습니다. 예수 그리스도의 계시는 그 자신의 직접적인 가르침과 사도들의 가르침을 통해 나타났는데, 나는 그것으로 완전히 만족합니다. 그러므로 나에게 있어 그것을 넘어서고자 하는 시도 속에는 계시가 불완전하다는 개념이 함축되어 있는 것으로밖에는 보이지 않습니다. 그러나 그것은 결코 불완전하지 않습니다. 그것은 단순한 계시이며, 명확한 계시이며, 완성된 계시입니다. 그것에 무엇인가를 더하는 자는 이 책에 기록된 모든 재앙이 더해질 것이며, 그것으로부터 무엇인가를 제하는 자는 그 이름이 생명책과 거룩한 성으로부터 제하여질 것입니다. 그러므로 하나님의 옛 진리를 굳게 붙잡으십시오. 저 너머 항구에 있는 배들은 지금 물결에 흔들리며 요동하고 있습니다. 하나님의 뜻이라면 그들이 다시금 처음 자리로 되돌아오기를 바랍니다. 그들도 전에는 그렇지 않았습니다. 그러는 가운데 우리의 비국교도 교회들이 소치니파(Socinian, 그리스도교의 중요한 교의인 속죄와 삼위일체설을 부정한 일파)에 의해 큰 영향을 받으면서 교회들마다 텅텅 비며 능력을 잃어버린 날이 왔습니다. 그러자 이러한 사태를 심각하게 생각한 일부 사람들이 일어나 다시금 옛 복음을 전파했습니다. 그러자 큰 부흥이 일어났습니다. 그러나 오늘날 사람들은 또다시 예전의 모습으로 되돌아가 버리고 말았습니다. 모든 사람이 예전의 실수를 또다시 되풀이하고 있습니다. 오직 자신의 믿음을 굳게 붙잡고 있는 신실한 무리만을 제외하고 말입니다. 이들은 살아서 또다시 큰 부흥을 보게 될 것입니다. 그러나 그렇지 않다 하더라도, 그것은 그들에게 있어 큰 문제가 아닙니다. 왜냐하면 그들의 하나님께 신실한 것이 그들의 처음이자 마지막이기 때문입니다.

　　다음으로 여러분의 소망을 굳게 붙잡으십시오. 그리스도에 대한 소망과 그의 다시 오심에 대한 소망과 하나님의 진리가 승리할 것에 대한 소망 말입니다. 폭풍이 몰아치면, 바로 그 뒤에 맑은 날이 다가오고 있음을 믿으십시오. 밤이 칠흑 같이 어둡다면, 찬란한 아침이 다가오고 있음을 믿으십시오. 이 땅에서 사셨고 죽으셨다가 영원히 다시 사신 자를 믿으십시오. 여러분의 소망으로 하여금 전능 하신 주 하나님의 다스림을 선포하는 할렐루야 합창을 듣게 하십시오. 왜냐하면 승리는 마침내 하나님과 그의 진리에 돌아갈 것이기 때문입니다. 여러분의 믿음 을 굳게 붙잡으십시오. 여러분의 소망을 굳게 붙잡으십시오.

그러나 본문이 정확하게 말하는 것은 그것이 아닙니다. 본문이 정확하게 말 하는 것은 너희의 믿음의 고백과 너희의 소망의 고백을 굳게 붙잡으라는 것입니다. 다 시 말해서 여러분이 공개적으로 고백한 것을 굳게 지키라는 것입니다. 여러분의 고백을 계속해서 지키십시오. 여러분은 처음 고백했습니다. 그것을 다시 고백하 십시오. 그리고 계속해서 고백하십시오.

> "주님을 시인하기를 부끄러워하지 말라.
> 그의 진리를 옹호하기를 부끄러워하지 말라.
> 그의 말씀의 존귀와 십자가의 영광을
> 계속해서 옹호하라."

여러분은 일시적인 그리스도인이 아니라 영원한 그리스도인입니다. 여러분 의 새 탄생은 사망으로 향하지 않고 영원한 생명으로 향합니다. 여러분은 영원 한 생명의 썩지 않는 씨로 거듭납니다. 그러므로 강하고 굳게 서십시오. "그러므 로 내 사랑하는 형제들아 견실하며 흔들리지 말고 항상 주의 일에 더욱 힘쓰는 자들이 되라"(고전 15:58). 여러분의 고백을 계속해서 지키십시오. 그리고 그것 을 감추지 마십시오. 여러분의 깃발을 보자기 속에 싸맨 후 그것을 지하실에 숨 겨둘 때가 있습니다. 그 때는 마귀가 여러분을 농락하는 때입니다. 보자기를 찢 어 버리십시오. 그리고 모든 사람이 볼 수 있도록 깃발을 높이 올리십시오. 그리 스도가 부끄럽게 느껴지기 시작하면, 이것저것 생각하지 말고 이렇게 말하십시 오. "이것은 잘못된 거야. 내가 결코 받아들일 수 없는 어떤 일이 내게 다가오고 있어. 내가 올바른 마음상태에 있다면, 나는 결코 이런 따위의 느낌을 가질 수 없 어." 소심하며 비겁한 자가 되지 마십시오. 그리스도를 부끄럽게 느끼는 소심함 을 경멸하십시오. 그것을 멀리 던져 버리십시오. 여러분의 믿음을 공적으로 고백하기를 두려워하는 마음이 생긴다면, 이렇게 말하십시오. "나는 그렇게 해야만 해. 참된 그리스도인이라면 마땅히 그래야만 해. 나는 내 안에 있는 믿음을 분명하게 드러낼 거야. 비겁한 자와 버려진 자로 증명되지 않기 위해서 말이야." 어쩌면 여러분은 자신이 그리스도인이라는 사실이 알려지기를 원치 않는 어떤 무리 가운데 들어가야만 할는지도 모릅니다. 그러나 여러분은 그러한 올무를 돌파해야만 합니다. 만일 내가 여러분이라면, 나는 그들 가운데 내가 그리스도인 임을 분명하게 알릴 것입니다. 그리스도인이라는 사실이 알려지기를 원치 않는 것은 여러분에게 있어 매우 위험한 일입니다. 그것이 어떤 측면에서 위험할 것 인지에 대해 정확하게 말할 수는 없지만 어쨌든 그것은 분명 그러합니다. 그러 므로 그것을 감추고자 하는 마음이 들 때마다 그러한 마음을 떨치고 예수를 위해 담대하게 나서십시오. 오직 철두철미 예수의 편이 될 때, 여러분은 올바른 상태에 있는 것입니다. 이에 미치지 못하는 것은 악한 것입니다. 사탄은 여러분에게 자신의 믿음을 감추라고 유혹합니다. 그것이 여러분을 위한 것이겠습니까? 그것은 전적으로 여러분을 해롭게 하기 위한 것입니다. 그러므로 더욱더 마음을 담대하게 하고 당당하게 나오십시오.

　　사랑하는 친구들이여, 부디 하나님이 우리로 하여금 우리의 믿음의 고백에 어긋나지 않게 행동하도록 도우시기를 기원합니다. 자신의 믿음의 고백에 상반되게 행동하는 경우를 우리는 얼마나 자주 봅니까? 예컨대 스스로 그리스도인이 라 부르면서 채권자에게 성실하게 채무를 이행하지 않는 사람이 있습니다. 채권 자의 돈을 강탈하면서 스스로 그리스도인이라 부른다면, 그는 스스로의 멸망을 재촉하고 있는 것입니다. 여기에 자신의 믿음을 고백하는 사람이 있습니다. 그는 스스로를 매우 훌륭한 그리스도인이라고 평가합니다. 그러나 그는 또한 포도주를 너무나 좋아하는 나머지 그 병 속으로 너무나 쉽게 빠져들어 갑니다. 그가 마신 것은 영생의 소망입니까? 또 저기에 있는 신앙고백자를 보십시오. 그는 지금 선술집으로 가고 있습니다. 그리고 카운터 옆에서 불경스러운 말을 떠드는 사람들과 함께 술을 마시고 있습니다. 이것이 그가 자신의 믿음을 고백하는 방식입니다. 그러나 그것은 내가 나의 믿음을 고백하는 방식이 아닙니다. 그런가 하면 하인들에게 신경질적으로 화를 내며 거친 말을 하는 그리스도인 여인들도 있습니다. 이것이 여러분의 믿음을 나타내는 방식입니까? 그렇습니까? 나는 지금 빈정거리고 싶지 않습니다. 부디 나로 하여금 그렇게 하도록 하지 마십시오.

만일 여러분이 주님을 사랑한다면, 주님을 사랑하는 것처럼 그렇게 사십시오. 우리 모두 그렇게 하도록 노력합시다. 그리고 입술로 말한 것을 손으로 되돌리지 않도록 조심합시다. 나는 랭커셔(Lancashire)에 있는 어떤 사람들에 대한 이야기를 들었습니다. 그들은 자신들의 발로 복음을 전파한다고 합니다. 세상에 복음을 전파함에 있어 이것은 얼마나 좋은 방법입니까? 여러분은 웅변으로 복음을 전파하는 것의 갑절을 행실과 대화로써 전파합니다. 여러분의 혀는 무딘 마음에 영향을 끼치기에는 너무도 유약합니다. 그러므로 여러분은 여러분의 삶으로써 영향을 끼쳐야 합니다.

또 우리는 죽음의 자리에서 우리의 발을 침상에 모은 채 주 우리 하나님께 더욱 장엄한 또 하나의 증언을 할 것입니다. 우리는 요단 강가에 또 하나의 에벤에셀을 세우고, 우리를 사랑하사 그의 피로 우리의 모든 죄를 씻으신 자를 위해 또 하나의 증언을 할 것입니다. 나는 횟필드(Whitefield)의 일화 하나를 기억합니다. 어떤 사람이 말했습니다. "친애하는 횟필드씨, 당신이 죽을 때 나는 당신 곁에 있기를 원합니다. 당신은 이별의 순간에 무슨 증언을 할 것입니까?" 이러한 말에 위대한 하나님의 종은 이렇게 대답했습니다. "아닙니다. 나는 죽음의 자리에서 별다른 증언을 하리라고 생각하지 않습니다. 왜냐하면 나는 일생 동안 너무도 많은 증언을 했기 때문입니다. 그러므로 나의 주님은 내가 죽을 때 나로부터 또 다른 증언을 원하지 않으실 것입니다." 정말로 그의 말대로 되었습니다. 그는 죽기 전날 밤 계단 꼭대기에 서서 마지막 설교를 했습니다. 그리고 돌이켜 천국으로 갔습니다. 우리 가운데 어떤 사람들도 이와 비슷한 방식으로 인생을 마감할 것입니다. 어쨌든 할 수 있는 동안 열심히 증언합시다. 할 수 있는 동안 우리 주님을 위해 열심히 말합시다. 그리고 장차 우리는 그를 볼 것입니다. 우리 영혼이 그토록 사랑하고 기뻐했던 바로 그분을 말입니다.

### 4. 마지막으로, 우리가 그렇게 해야 할 이유를 살펴보도록 합시다.

우리가 흔들림 없이 우리 믿음의 고백을 굳게 붙잡아야 하는 이유는 약속하신 이가 신실하시기 때문입니다. 여러분은 그가 신실하신 분이라는 사실을 발견했습니까? 여러분에게 주님은 거짓말쟁이였습니까? 여러분에게 그의 약속은 참되지 않았습니까? 만일 주님이 신실하지 않았다면, 그렇다면 여러분의 고백을 굳게 붙잡지 마십시오. 어쨌든 그것이 미망(迷妄)이요 오류였다면, 그렇다면 여러분의 고백을 버리십시오. 그러나 약속하신 이가 신실하셨다면, 그가 자신의 말을 지켰다면, 여러분이 고난당할 때 도우시고, 여러분의 마음을 굳게 붙잡아 주시고, 시험의 때에 여러분을 위로해 주셨다면, 지금까지 여러분이 기도의 능력과 신적 섭리의 지혜와 거룩한 말씀의 진리를 체험했다면 ― 그렇다면 그가 여러분을 대한 것처럼 그렇게 그를 대하십시오. 십자가에 달린 자에게 신실하십시오. 그에게 유다가 되지 마십시오. 그는 여러분에게 자신의 심장(heart)을 주셨습니다. 그리고 그곳으로부터 피와 물이 쏟아져 나왔습니다. 여러분도 그에게 여러분의 마음(heart)을 주십시오. 그리고 그의 발 앞에 나아가 이렇게 말하십시오. "주여, 당신을 섬기게 된 것에 대해 조금도 후회하지 않나이다. 도리어 다시 태어난다 해도 똑같이 당신을 섬길 것이나이다." 만일 우리가 인생을 다시 살게 된다면, 우리는 좀 더 일찍 그리스도인이 되기를 바랍니다. 주님을 섬긴 우리는 더 나은 주인도 바라지 않고 더 나은 임무도 바라지 않습니다. 다만 우리는 그를 발견하기를 원하며, 우리 각자가 더 나은 종이 되기를 원합니다. 주여, 우리는 당신으로 인해 행복했나이다. 우리가 불행했을 때, 그것은 당신의 잘못 때문이 아니라 우리의 잘못 때문이었나이다. 우리는 당신께 돌이켜 이렇게 말하나이다. "우리로 영원히 당신을 섬기도록 허락하소서. 우리는 영원히 당신의 종이 될 것이나이다."

나는 결혼식을 다시 하기를 바랐던 어떤 부부에 대해 들은 적이 있습니다. 그들이 그렇게 바랐던 것은 그들이 결혼과 사랑의 멍에를 짊어지는 것을 얼마나 만족스럽게 생각하는지를 나타내기 위해서였습니다. 우리도 마찬가지입니다. 우리 역시도 우리 주님과 새롭게 연합되었습니다. 그의 멍에를 새롭게 짊어집시다. 우리 어깨에 다시금 십자가를 짊어지고 첫 사랑의 달콤함으로 주 예수를 새롭게 섬기기 시작합시다. 주님께서 우리를 마지막까지 축복하시기를 기원합니다. 그리고 우리를 통해, 주님을 사랑하지 않았던 다른 사람들이 이렇게 말하게 될 것을 소망하십시오. "이제부터 우리는 당신들과 함께하여 새로운 삶을 시작할 것입니다." 이것은 얼마나 복된 일입니까! 하나님이 예수 그리스도로 인해 여러분 모두에게 은혜 베푸시기를 기원합니다. 아멘.

제
28
장
—

# 하나님을 기쁘시게 하는 믿음

—

"믿음이 없이는 하나님을 기쁘시게 하지 못하나니 하나님께
나아가는 자는 반드시 그가 계신 것과 또한 그가 자기를 찾
는 자들에게 상 주시는 이심을 믿어야 할지니라."— 히 11:6

하나님을 기쁘시게 했던 사람들이 있었습니다. 그들 가운데 한 사람이 에녹이었지만, 그러나 그가 유일한 사람이었던 것은 아닙니다. 모든 세대에 그런 사람들이 있었으며, 그들이 걸었던 삶의 행로는 하나님에게 기쁨이었습니다. 하나님을 기쁘시게 하는 것은 우리 모두의 목표가 되어야 합니다. 우리의 모든 불완전함과 연약함에도 불구하고 그것은 가능합니다. 그러므로 성령의 능력 가운데 그것을 목표로 삼읍시다. 한 사람 안에서 일어난 일은 다른 사람 안에서도 일어날 수 있습니다. 우리 역시도 하나님을 참으로 기쁘시게 할 수 있습니다. 그러므로 소망을 가지고 그것을 추구합시다. 우리가 하나님을 기쁘시게 하는 삶을 살 때, 그것은 단지 우리가 마땅히 행해야 하는 것을 행하는 것일 뿐입니다. 왜냐하면 우리는 우리를 창조하시고 지탱하시는 자를 기쁘시게 해야만 하기 때문입니다. 그는 우리 하나님이며 우리 주님입니다. 그리고 그에게 순종하는 것은 우리의 최고의 율법입니다. 더욱이 영광의 여호와는 완전히 선하시고 최고로 거룩하십니다. 따라서 그를 기쁘시게 하는 행동은 최고로 선하며 최고로 거룩한 행동이 됩니다. 그러므로 마땅히 우리는 그것을 추구해야 합니다. 우리가 마땅히 하나님이 기뻐하실 만한 성품을 열망해야 하지 않겠습니까? 동료 인간들의 찬동과

인정 역시 중요한 것이기는 하지만 그러나 그러한 것들은 항상 불완전하고 종종 오류를 범합니다. 그러므로 우리는 그들을 기쁘게 하면서 동시에 참된 의(義)로부터 멀어질 수 있습니다. 실제로 참된 의로부터 멀어지는 것임에도 불구하고 사람들로부터 찬동과 인정을 받는 것은 큰 재앙일 수 있습니다. 왜냐하면 그것이 우리가 정말로 찬동받을 만한 모습이 되는 것을 가로막을 수 있기 때문입니다. 그러나 하나님은 실수하지 않습니다. 무한히 거룩하신 자는 불완전함을 알지 못합니다. 그러므로 만일 우리가 그를 기쁘시게 하는 것이 가능하다면, 그러한 상태에 도달하는 것이 우리의 유일한 목표가 되어야 합니다. 만일 어두운 시대에 에녹이 하나님을 기쁘시게 했다면, 어째서 복음의 날에 살고 있는 우리가 그렇게 할 수 없겠습니까? 하나님이여, 우리에게 당신의 은혜를 발견하도록 도우소서!

만일 우리가 하나님을 기쁘시게 한다면, 우리는 우리 존재의 목적을 실현한 것이 될 것입니다. 왜냐하면 성경은 계속해서 "만물이 주의 기쁘심을 위해 지으심을 받았다"(계 4:11)고 말하고 있기 때문입니다. 만일 우리가 하나님을 기쁘시게 하지 않는다면, 우리는 창조의 목적을 놓치는 것입니다. 우리를 지으신 하나님의 목적을 이룰 때, 우리는 최고의 기쁨을 얻게 됩니다. 또 만일 우리가 하나님을 기쁘시게 하고 있다면, 심지어 시련 가운데서조차 우리는 큰 평안과 특별한 행복을 발견할 것입니다. 하나님을 기쁘시게 하고 있는 사람은 결코 불행하지 않습니다. 하나님이 그를 행복하게 하실 것이며, 실제로 그는 행복할 것입니다. 또 하나님을 기쁘시게 함으로써 우리는 다른 사람들에게 선(善)의 도구가 될 것입니다. 우리의 실례(實例)는 그들에게 견책하며 고무하는 것이 될 것이며, 우리의 평안은 그들에게 납득시키며 초청하는 것이 될 것입니다. 또 경건한 사람은 하나님을 기쁘시게 함으로써 범죄자들에게 하나님의 길을 가르칠 것이며 죄인들을 하나님께 돌이키도록 이끌 것입니다. 그러므로 나는 추호의 주저함도 없이 하나님을 기쁘시게 하는 것을 우리 모두가 간절히 열망해야 할 것으로서 여러분 앞에 제시합니다.

여기에서 사도는 우리에게 꼭 필요한 교훈을 줍니다. 그는 만일 우리가 하나님을 기쁘시게 하고자 한다면 믿음이 절대적으로 필요함을 역설합니다("믿음이 없이는 하나님을 기쁘시게 하지 못하나니"). 그리고 나서 계속해서 믿음의 두 가지 본질적인 요소를 언급합니다. "하나님께 나아가는 자는 반드시 그가 계신 것과 또한

그가 자기를 찾는 자들에게 상 주시는 이심을 믿어야 할지니라." 오늘의 주제를
통해 하나님이 여러분에게 많은 교훈을 베푸시기를 기원합니다.

### 1. 첫째로, 사도는 하나님을 기쁘시게 함에 있어 믿음이 절대적으로 필요함을 역설합니다.

여기의 핵심 단어는 "impossible"이라는 강한 단어입니다(KJV본문에는 "But
without faith it is impossible to please him"이라고 되어 있음). 사도는 믿음이 없
이는 하나님을 기쁘시게 하는 것이 불가능하다고 단언합니다. 그는 "믿음이 없
이는 하나님을 기쁘시게 하는 것이 매우 어렵다"든지 혹은 "믿음이 없이는 하나
님을 기쁘시게 할 수 있는 가능성이 매우 희박하다"고 말하지 않습니다. 그는 그
것이 "불가능하다"고 선언합니다. 성령께서 어떤 것이 불가능하다고 말하면, 그
것은 매우 절대적인 의미에서 그런 것입니다. 불가능한 것을 시도하는 어리석은
자가 되지 마십시오. 어려운 일에 도전하는 것은 칭찬할 만한 일이 될 수 있습니
다. 그러나 불가능한 일에 달려드는 것은 미친 짓입니다. 그러므로 우리는 우리
자신이 고안한 어떤 방법으로나 혹은 우리 자신의 어떤 수고로 하나님을 기쁘
시게 할 것을 바라서는 안 됩니다. 왜냐하면 결코 오류가 없는 성경이 "믿음이 없
이는 하나님을 기쁘시게 하는 것이 불가능"하다고 선언하기 때문입니다.

우리는 이러한 선언을 믿어야만 합니다. 왜냐하면 이것은 신적 권위에 의해
선포된 하나님의 말씀이기 때문입니다. 그러나 여러분을 돕기 위해 나는 여러분
에게 믿음이 없이는 하나님을 기쁘시게 하는 것이 불가능함을 보여주는 몇 가지
근거들을 제시하고자 합니다.

첫 번째로, 믿음이 없이는 하나님과 교제할 수 있는 가능성이 전혀 없습니다. 하나
님과 관련한 것들은 영적이며 보이지 않습니다. 그러므로 믿음이 없이는 우리는
그러한 것들을 인식할 수 없습니다. 믿음은 바로 그러한 것들을 보는 눈입니다.
그러나 그런 눈이 없이는 우리는 소경이며, 하나님과 더불어 어떤 교제도 가질
수 없습니다. 또 믿음은 영혼의 손입니다. 그러므로 그것이 없이는 영원한 것들
을 붙잡을 수 없습니다. 만일 내가 믿음을 나타내는 모든 상징들을 제시한다면,
그러한 상징들은 여러분으로 하여금 하나님을 알고 그와 더불어 교제를 나누기
위해서는 믿음이 절대적으로 필요하다는 사실을 깨닫도록 해주는데 도움이 될
것입니다. 우리가 하나님을 인식하며, 그에게 나아가며, 그에게 말하며, 그의 말

쓸을 들으며, 그의 임재를 느끼며, 그의 완전하심으로 기뻐하게 되는 것은 오직 믿음으로 말미암습니다. 믿음을 갖지 못한 자는 하나님에 대하여 죽은 자입니다. 여호와는 죽은 자의 하나님이 아니라 산 자의 하나님입니다. 그러므로 죽은 자는 살아 계신 하나님과 교제할 수 없습니다. 하나님과의 교제는 영적 생명 곧 하나님 자신의 생명과 동류(同類)의 생명을 소유한 자들의 몫입니다. 또 믿음이 없는 곳에 성령의 소생케 하는 능력도 없습니다. 왜냐하면 믿음이야말로 영적 생명의 본질이기 때문입니다. 이와 같이 믿음을 갖지 않은 사람은 살아 계신 하나님과 더 이상 교제할 수도 없으며, 하나님을 기쁘시게 할 수도 없습니다. 그것은 막대기나 돌이나 말이나 소가 인간과 더불어 교제를 나눌 수 없는 것과 마찬가지입니다.

　　두 번째로, 믿음이 없이는 그 사람 자신이 하나님의 기뻐하시는 바가 되지 못합니다. 흠정역(KJV) 본문은 "믿음이 없이는 하나님을 기쁘시게 하는 것이 불가능"하다고 말합니다(Without faith it is impossible to please God). 그러나 개정역(Revised Version) 본문은 그 의미를 좀 더 분명하게 드러냅니다. 그것은 "믿음이 없이는 하나님께 기뻐하시는 바가 되는 것이 불가능"하다고 말합니다(Without faith it is impossible to be well-pleasing unto God). 성경에 나타나는 하나님의 받으시는 방법은 첫째로 사람이 받아들여지고, 다음에 그 사람이 행한 것이 받아들여지는 것입니다. 성경은 "그가 레위 자손을 깨끗하게 할 것이요 그들이 공의로운 제물을 여호와께 바칠 것이라"라고 말합니다(말 3:3). 먼저 하나님은 사람으로 인해 기뻐하시고, 그러고 나서 그의 예물이나 수고로 인해 기뻐하십니다. 받아들여지지 못한 사람(unaccepted person)은 필연적으로 받아들여질 수 없는 제물(unacceptable sacrifice)을 드립니다. 만일 어떤 사람이 여러분의 원수라면, 여러분은 그가 보낸 선물을 귀하게 여기지 않을 것입니다. 만일 여러분이 그가 여러분을 신뢰하지 않고 거짓말쟁이로 여기고 있음을 안다면, 여러분은 그가 여러분을 칭송하는 말을 곧이곧대로 받아들이지 않을 것입니다. 그러한 칭송의 말은 공허하며 속이는 것으로서 여러분을 기쁘게 할 수 없습니다. 사랑하는 친구들이여, 여러분의 자연적 상태는 하나님이 기쁨으로 바라볼 수 없을 정도로 죄로 물들어 있습니다. 성경은 하나님이 인간들과 관련하여 "땅 위에 사람 지으셨음을 한탄하사 마음에 근심하셨다"고 말합니다(창 6:6). 또 많은 사람들과 관련하여 하나님은 "내 마음에 그들을 싫어하였고 그들의 마음에도 나를 미워하였음이라"라고 말씀하셨습니다(슥 11:8). 이것은 우리들에게도 사실입니다. 그러므로 여러분은 거듭나야 합니다. 그렇지 않으면 여러분은 하나님을 기쁘시게 할 수 없습니다. 여러분은 예수를 믿어야 합니다. 왜냐하면 그를 영접하는 자에게 하나님은 당신의 자녀가 되는 권세를 주시기 때문입니다. 우리가 주 예수를 믿을 때, 주 하나님은 그의 사랑하는 자로 인하여 우리를 받으십니다. 그러면 우리는 왕 같은 제사장이 되고, 그를 기쁘시게 할 수 있는 제물을 드리게 됩니다. 그 사람의 어떠함 같이 그가 행하는 것 역시 그러합니다. 샘과 거기로부터 흘러나온 강물은 같은 본성(本性)을 갖습니다. 반역적이며 법을 조롱하는 불법자는 어떤 일로도 그의 왕을 기쁘게 할 수 없습니다. 그는 먼저 스스로를 법에 순복시켜야만 합니다. 반역자의 모든 행동은 반역적인 행동들입니다. 우리는 먼저 하나님과 화해해야 합니다. 그렇지 않은 상태로 그 앞에 제물을 드리는 것은 그를 조롱하는 것입니다. 하나님과의 화해는 오직 주 예수의 죽음을 통해 이루어집니다. 그러므로 만일 우리가 그와 같은 화해의 길을 믿지 않는다면, 우리는 하나님을 기쁘시게 할 수 없습니다. 그리스도를 믿을 때, 하나님 앞에서의 우리의 신분은 완전하게 변화됩니다. 우리도 전에는 하나님과 원수였지만, 이제는 화목되어 그의 자녀가 되었습니다. 그리고 이로부터 우리가 행하는 모든 행동들의 성격이 근본적으로 변화됩니다. 물론 여전히 불완전하기는 하지만 그럼에도 불구하고 그것들은 충성된 마음으로부터 흘러나옵니다. 그리고 그럴 때, 그러한 행동들은 하나님을 기쁘시게 하는 것이 됩니다.

세 번째로, 인간관계에 있어서도 믿음이 없을 때 서로 간에 기뻐하는 자가 되지 못하는 것을 기억하십시오. 만일 어떤 사람이 여러분을 믿지 않는다면, 여러분은 그를 기뻐하는 마음을 가질 수 없을 것입니다. 여러분에게 아들이 하나 있는데 그 아들이 여러분을 믿지 않는다고 상상해 보십시오. 아버지의 사랑도 믿지 않고, 아버지의 말도 믿지 않습니다. 그러면 여러분은 얼마나 고통스럽겠습니까? 그리고 그런 아들을 기뻐한다는 것은 정말로 불가능할 것입니다. 또 여러분에게 한 하인이 있다고 상상해 보십시오. 그는 여러분을 믿지 않고 여러분의 모든 행동에 대해 항상 의심합니다. 그는 여러분이 무슨 말을 하든 무슨 행동을 하든 믿지 않습니다. 그는 여러분에 대해 항상 의심의 눈초리로 바라보며 엉뚱한 억측을 합니다. 이럴 때 여러분의 집은 얼마나 엉망이 되겠습니까? 여러분은 그런 하인을 당장 쫓아내지 않겠습니까? 겉으로는 나를 섬기는 척 꾸미지만 그러나 나를 사기꾼으로 생각하면서 믿지 않는 사람을 내가 어떻게 기뻐할 수 있겠습니까? 그런 사람은 나에게 눈을 찌르는 가시와 같을 것입니다. 이와 같이 믿음의 결핍은 어떤 사람이 다른 사람에 대하여 가질 수 있는 기쁨을 파괴합니다. 피조물이 감히 자신을 만든 창조주를 의심할 때, 어떻게 창조주가 그를 기뻐할 수 있겠습니까?

　　네 번째로, 믿음의 결핍 곧 불신앙은 또한 하나님과 사람이 서로 만날 수 있는 공동의 터전을 허물어뜨립니다. 서로 기뻐하는 두 사람은 어떤 공동의 관점과 목표를 가지고 있을 것입니다. 하나님의 위대한 목표는 그의 아들을 영화롭게 하는 것입니다. 그런데 만일 우리가 그 아들의 이름을 더럽힌다면, 어떻게 우리가 하나님을 기쁘시게 할 수 있겠습니까? 하나님 아버지는 그 아들 예수를 기뻐하시며, 그가 생각하는 모든 것은 하나님에게 기쁨입니다. 하나님은 스스로 독백을 하듯이 "이는 내 사랑하는 아들이요 내 기뻐하는 자라"(마 3:17)라고 말씀하셨습니다. 그리고 나중에는 이것을 모든 사람들 앞에서 선포하셨습니다. "이는 내 사랑하는 아들이니 너희는 그의 말을 들으라"(막 9:7). 하나님은 자기 아들이 행한 일을 기뻐하십니다. 하나님은 그의 영광스러운 희생제사 안에서 안식의 달콤한 향취를 맡으십니다. 만일 여러분과 내가 예수 그리스도를 통한 하나님의 구원계획을 믿는다면, 우리는 하나님과 같은 마음을 가질 수 있는 공동의 터전을 갖습니다. 그러나 그렇지 못하다면, 하나님과 우리 사이에 공동의 터전은 없는 것입니다. 둘이 의합하지 않고야 어떻게 함께 동행할 수 있겠습니까? 만일 우리가 예수 그리스도에 대하여 아버지께서 가지고 계신 생각과 같은 생각을 가지고 있다면, 우리는 함께 살며 함께 일할 수 있습니다. 그러나 만일 우리가 어떤 측면에서든 그를 대적한다면, 우리는 하나님에게 결코 기뻐하시는 바가 될 수 없습니다. 만일 우리가 예수를 대수롭지 않게 여기며 배척하며 불신한다면, 우리는 결코 하나님을 기쁘시게 할 수 없습니다. 진부한 우화에 따르면, 하는 일이 완전히 달랐던 두 사람 즉 세탁부와 숯쟁이는 결국 함께 잘 살 수 없었습니다. 왜냐하면 세탁부가 옷을 깨끗하게 빨아놓았다 하더라도 곧바로 숯쟁이가 그의 손가락으로 그것을 시커멓게 만들어 버렸기 때문입니다. 이와 같이 상이한 일들이 서로를 나누게 만든다면, 하물며 상이한 감정들은 얼마나 더 그렇겠습니까? 여호와가 존귀하게 하기를 기뻐하는 자는 예수입니다. 그러므로 만일 여러분이 예수를 믿지 않는다면, 여러분은 하나님의 마음을 슬프게 하며 또 하나님은 여러분 안에서 어떤 기쁨도 찾을 수 없습니다.

다섯 번째로, 또한 믿음의 결핍은 모든 형태의 사랑을 파괴합니다. 눈에 잘 띄지 않을는지 모르지만 어쨌든 모든 사랑의 밑바탕에는 그 사랑받는 대상에 대한 믿음이 놓여 있습니다. 만일 내가 어떤 사람을 믿지 않는다면, 나는 그를 사랑할 수 없습니다. 만일 내가 하나님을 믿을 수 없다면, 나는 그를 사랑할 수 없습니다. 만일 내가 그가 나를 사랑하는 것을 믿지 않는다면, 나는 그에 대해 거의 사랑을 느끼지 못할 것입니다. 만일 내가 그의 사랑하는 아들의 선물을 대수롭지 않게 여긴다면, 나는 그를 사랑할 수 없습니다. 우리가 그를 사랑하는 것은 그가 먼저 우리를 사랑하셨기 때문입니다. 그러나 만일 우리가 그의 사랑을 믿지 않는다면, 동력(動力)은 사라집니다. 만일 우리가 "하나님이 세상을 이처럼 사랑하사 독생자를 주셨으니 이는 누구든지 그를 믿는 자마다 멸망하지 않고 영생을 얻게 하려 하심이라"라는 말씀을 배척한다면, 우리는 우리의 마음으로부터 사랑의 큰 동기(動機)를 배척해 버리는 것입니다. 우리 쪽에서의 사랑이 하나님을 기쁘시게 하는데 필수적입니다. 사랑이 없는 마음으로 어떻게 하나님을 기쁘시게 할 수 있겠습니까? 마음을 다하고 목숨을 다하고 뜻을 다하고 힘을 다하여 하나님을 사랑하라는 것이 사람들에 대한 하나님의 첫 번째 요구가 아닙니까? 믿음이 없이 사랑은 불가능합니다. 그리고 그럴 때, 하나님이 우리를 기뻐하시는 것 역시 불가능합니다.

여섯 번째로, 또한 믿음의 결핍은 다양한 측면에서 실질적인 불화를 일으킬 것입니다. 생각해 보십시오. 만일 내가 하나님을 믿고 신뢰한다면, 나는 스스로를 그의 뜻에 순복시킬 것입니다. 또 그렇게 하는 것이 매우 고통스러울 때조차도, 나는 "이는 여호와이시니 선하신 대로 하실 것이니라"(삼상 3:18)라고 말할 것입니다. 그러나 만일 내가 그가 나에게 선을 행하기를 원하시는 하나님임을 믿지 않는다면, 나는 그의 징계에 대해 분개하며 그의 뜻을 발로 차버릴 것입니다. 나는 불평을 하며 반항을 할 것이며, 나를 창조하신 자를 공의롭지 못하고 사랑도 없다며 교만하게 참소할 것입니다. 나는 그에 대하여 반항적인 상태에 있을 것이며, 따라서 그는 내 안에서 기뻐하실 수 없을 것입니다. "여호와는 자기를 경외하는 자들과 그의 인자하심을 바라는 자들을 기뻐하시는도다"(시 147:11). 그러나 만일 우리가 그에게 순복하기를 거부하며 그를 거슬러 행할 때, 그 역시도 우리를 거슬러 행할 것입니다.

더욱이 믿음이 없이는 나는 구원의 방법에 있어 하나님과 불화하게 됩니다. 구원을 받고자 할 때, 나는 내 자신의 방법으로 구원을 찾을 것이며 마침내 자기 의를 세우는 길로 나아갈 것입니다. 그것이 무엇이든, 다시 말해서 의식(儀式)으로 말미암은 것이든 선행으로 말미암은 것이든 혹은 감정으로 말미암은 것이든, 나는 하나님이 그리스도 예수를 통해 정하신 방법이 아닌 다른 구원의 방법을 찾을 것입니다. 그러나 하나님은 오직 그리스도만을 사랑하셔서 그 외에 다른 구원의 길을 용납하지 않을 것입니다. 다른 구원의 길은 적그리스도이며, 이것은 하나님의 질투심을 불러일으킵니다. 만일 여러분이 하나님이 정하신 방법 외에 다른 방법으로 구원받고자 노력한다면, 여러분은 타협의 여지가 없는 문제에 있어 하나님과 불화한 상태에 있는 것입니다. 왜냐하면 하나님은 당신의 아들을 통한 구원의 길이 유일한 구원의 길이라고 분명하게 선언하시기 때문입니다. 그리스도를 배척하는 자들은 하나님에게 원수들입니다. 설령 여러분이 하나님의 종처럼 꾸민다 하더라도 만일 여러분이 그의 아들을 믿음으로써 그를 존귀하게 하지 않는다면, 여러분은 결국 거짓말하는 자로 나타나게 될 것입니다. 만일 여러분이 하나님이 보내신 그리스도를 믿는다면, 여러분은 하나님의 일을 행하는 것입니다. 그러나 그것 외에 다른 하나님의 일은 없습니다. 자기 의는 그리스도를 모독하는 것이며, 하나님에 대한 명백한 반항입니다. 믿음이 없는 자는 주 예수의 권위를 손상시키는 방식으로 구원을 추구합니다. 그런 사람에게 있어 하나님을 기쁘시게 하는 것은 불가능합니다.

또 믿음이 없을 때, 우리는 하나님과 불화하게 됩니다. "하나님을 믿지 아니하는 자는 하나님을 거짓말하는 자로 만드나니 이는 하나님께서 그 아들에 대하여 증언하신 증거를 믿지 아니하였음이라"(요일 5:10). 이와 같이 믿지 않는 자는 하나님을 거짓말하는 자로 만드는 죄를 범하는 것입니다. 여러분은 여러분을 거짓말쟁이로 만드는 사람을 기쁘게 받아들일 수 있습니까? 그에 대해 큰 인내심을 발휘할 수는 있겠지만, 그러나 그를 기뻐할 수는 없을 것입니다. 이것은 의문의 여지가 없는 사실입니다. 어떤 사람이 매일같이 여러분이 거짓말쟁이라고 떠들고 다닌다고 상상해 보십시오. 그가 여러분에게 어떤 기쁨을 줄 수 있겠습니까? 그가 여러분을 거짓말쟁이라고 부르는 한, 그가 행하는 모든 행동들 가운데 어느 것도 여러분을 기쁘게 할 수 없을 것입니다. 하나님을 거짓말쟁이로 만드는 자는 하나님을 하나님이 아닌 존재로 만들어 버리는 것입니다. 그는 최선을 다해 하나님으로부터 신성(神性)을 깎아 내립니다. 그는 만유의 주님의 면류관을 벗기며, 심지어 영원한 자의 마음을 칼로 찌르기까지 합니다. 그런 사람이 하나님을 기쁘시게 한다는 것은 정말로 얼토당토않은 말입니다.

여러분에게 엄숙하게 묻고 싶습니다. 믿음을 떠나서 도대체 어떤 방법으로 우리가 하나님을 기쁘시게 할 것을 바랄 수 있겠습니까? 그의 모든 계명들을 지키는 것으로 그렇게 할 수 있을까요? 아! 여러분은 그렇게 하지 못했습니다. 여러분은 이미 하나님의 계명들을 깨뜨렸습니다. 더욱이 여러분은 지금도 계속해서 깨뜨리고 있으며, 만성적인 불순종의 상태에 있습니다. 만일 여러분이 하나님을 믿지 않는다면, 여러분은 그에게 순종할 수 없습니다. 왜냐하면 참된 순종을 위해서는 올바른 이해와 깨달음이 요구되기 때문입니다. 우리의 마음이 믿음으로 채워져 있을 때 비로소 우리는 순종을 향해 나아가게 됩니다. 우리가 믿을 때까지, 우리 존재의 영적 부분은 하나님과 반목하는 상태에 있습니다. 그러한 반목상태에 있는 우리가 어떻게 하나님을 기쁘시게 할 수 있단 말입니까?

또 여러분이 무엇을 드려 하나님을 기쁘시게 할 것입니까? 돈으로 하나님을 매수할 것입니까? 분명 여러분은 그렇게 어리석지 않습니다. 교회당이나 대성당이나 빈민구호소 같은 것을 많이 짓는 것으로 하나님의 호감을 살 것입니까? 대부분의 사람들은 돈이 없기 때문에 그렇게 하고 싶어도 할 수 없습니다. 그러나 만일 여러분이 금을 물 쓰듯 할 정도로 부유하다면, 그것이 하나님을 기쁘시게 할 것입니까? 금과 은과 들판의 가축들이 모두 그의 것입니다. 설령 하나님이 배가 고프다 한들 그것을 여러분에게 말하겠습니까? 여러분은 그에게 무엇을 드릴 수 있겠습니까? 모든 것이 그에게 속했는데 말입니다. 물론 여러분은 예배를 화려하게 꾸민다든지, 웅장한 교회당을 건축한다든지, 창문을 화려하게 채색하는 등의 일에 협력할 수 있습니다. 그러나 여러분은 그와 같은 하찮은 것들이 무한하신 자의 마음을 기쁘게 할 수 있다고 믿을 정도로 어리석습니까? 솔로몬은 하나님을 위해 전을 건축했지만, 그러나 "지극히 높으신 이는 손으로 지은 곳에 계시지"(행 7:48) 않습니다. 인간의 재능으로 세운 가장 영광스러운 건축물들을 무엇과 비교할 수 있을까요? 우리는 그것을 열대지방에서 볼 수 있는 개미탑과 비교할 수 있을 것입니다. 그것은 수많은 개미들에 의해 세워진 놀라운 구조물입니다. 마치 우리의 대성당들이 인간의 솜씨로써 세워진 놀라운 구조물인 것처럼 말입니다. 그러나 개미탑이든 대성당이든, 무한하신 자와 비교할 때 그것이 도

대체 무엇이란 말입니까? 우리가 행한 모든 것이 하나님 앞에 도대체 무엇이란
말입니까? 건축물의 아름다움이란 것이 여호와의 영광에 얼마나 미치지 못합니
까? 그것은 마치 아이들이 만든 모래집이 솔로몬 성전의 영광에 훨씬 못 미치는
것과 마찬가지입니다. 사람은 이런 것들로 기쁨을 취할는지 모르지만 그러나 하
나님은 사람이 아닙니다. "여호와께서 천천의 숫양이나 만만의 강물 같은 기름
을 기뻐하실까 내 허물을 위하여 내 맏아들을, 내 영혼의 죄로 말미암아 내 몸의
열매를 드릴까"(미 6:7). 하나님이 여러분에게 구하는 것은 이런 것이 아닙니다.
하나님이 여러분에게 구하는 것은 겸손히 그와 함께 행하며, 감히 그의 진리를
의심하지 않으며, 그의 신실하심을 불신하지 않는 것입니다. 하나님을 기쁘시게
한답시고 엉뚱한 일을 하지 마십시오. 오로지 하나님을 믿고 그 위에 굳게 서십
시오. 믿음이 없이는 하나님을 기쁘시게 하는 것이 불가능하다는 사실을 기억하
십시오. 여러분의 배를 가지고 무모하게 암초를 향해 돌진하지 마십시오.

### 2. 둘째로, 계속해서 사도는 믿음의
### 두 가지 본질적인 요소를 언급합니다.

　그는 먼저 "하나님께 나아가는 자는 반드시 그가 계신 것을 믿어야 할지니
라"라고 말합니다. 여기에서 "반드시"라는 핵심 단어를 주목하십시오. 그것은 움
직일 수 없는 것이며, 필연적인 것이며, 그것이 없이는 결코 만족될 수 없는 것입
니다. 하나님과 함께 걷기 위해서는 먼저 하나님께 와야만 합니다. 자연적으로
우리는 하나님으로부터 멀리 떨어져 있습니다. 그러므로 우리는 그에게 감으로
써 그러한 거리를 없애 버려야 합니다. 그렇지 않으면 우리는 그와 함께 걸을 수
도 없으며, 그를 기쁘시게 할 수도 없습니다. 또 하나님께 가기 위해서는, 우리는
먼저 하나님이 계심을 믿어야만 합니다. 우리는 하나님이 계시다는 사실을 믿을
뿐만 아니라 또한 여호와가 하나님 곧 유일하신 하나님이라는 사실을 믿어야 합
니다. 이것이 에녹의 믿음이었습니다. 그는 여호와가 살아 계시며 참되신 하나
님임을 믿었습니다. 여러분 역시도 하나님을 기쁘시게 하기 위해서는 그가 유일
하신 하나님이며, 그 외에 다른 신은 없다는 사실을 믿어야 합니다. 또 여러분은
여호와를 그가 스스로 계시하는 대로 받아들여야만 합니다. 여러분은 여러분 자
신이 만들거나 생각해 낸 하나님을 가져서는 안 됩니다. 오직 그 자신이 스스로
계시하기를 기뻐하신 대로의 하나님을 가져야 합니다. 여호와를 유일하신 참 하

나님으로 믿으십시오.

마귀들도 하나님을 믿고 떨지만 그러나 하나님을 기쁘시게 하지 못하는 사실을 기억하십시오. 그들에게 무엇이 부족합니까? 하나님이 계시되, 여러분 자신들과 관련하여 계심을 믿으십시오. 하나님이 여러분의 삶과 인생길에 관련됨을 믿으십시오. 많은 사람들이 스스로 신(神)이라고 부르는 흐릿하며 가공적인 힘을 믿습니다. 그들은 신(神)을 인격적 존재로 생각하지 않습니다. 그리고 신이 자신들에 대해 생각한다든지 혹은 그의 존재가 어떤 방식으로든 자신들의 인생길에 영향을 끼친다고 생각하지 않습니다. 하나님이 여러분과 같음을 믿으십시오. 그리고 하나님으로 하여금 여러분에게 실제적인 존재가 되게 하십시오. 여러분과 관련한 모든 것들 속에서 그를 생각하며 묵상하십시오. 여러분이 그에게 가까이 나아갈 수 있음을 믿으십시오. 여러분이 그를 기쁘시게 할 수도 있고, 불쾌하게 할 수도 있음을 믿으십시오. 여러분이 여러분의 아내나 자녀를 믿는 것처럼 그렇게 그를 믿으십시오. 여러분이 여러분의 아내나 자녀를 기쁘게 하려고 애쓰는 것처럼 그렇게 그를 기쁘시게 하고자 애쓰십시오. 모든 것을 초월하시는 하나님을 믿으십시오. 하나님은 다른 것들이 존재하는 것보다 더 확실한 의미에서 존재하십니다. 그는 여러분에 의해 깨달아질 수도 있으며, 가까이 나아갈 수도 있는 분이라는 사실을 믿으십시오. 또 그는 여러분의 삶에 실제적인 큰 요소라는 사실을 믿으십시오.

또 하나님이 여러분의 삶에 가장 큰 영향을 끼치는 존재라는 사실을 영원한 진리로 붙잡으십시오. 그리고 나서 그에게 나아가는 것이 여러분의 임무임을 믿으십시오. 그러나 그에게 나아가는 길은 오직 하나밖에 없습니다. 그리고 그러한 길을 사용하기 위해서는 믿음을 가져야만 합니다. 죽으셨다가 영원히 사신 자가 "내가 곧 길이니 나로 말미암지 않고는 아버지께 올 자가 없느니라"(요 14:6)라고 말씀하셨습니다. 하나님께 나아오는 자는 계시된 대로의 하나님을 믿으며, 계시된 길로 그분께 나아와야 합니다. 이것은 믿음이 수행하는 역할입니다. 이런 측면에서 믿음은 본질적입니다. 여러분은 여러분이 믿지 않는 자에게 나아올 수 없습니다. 말씀을 들은 자들 가운데 많은 사람들이 여전히 불신자의 상태로 남아 있지 않습니까? 지금 이 자리에 나와 말씀을 듣는 자들 가운데에도 여전히 불신자의 상태로 남아 있는 자들이 있을 것입니다. 만일 여러분이 월요일 아침부터 토요일 밤까지 마치 하나님이 없는 것처럼 살고 있다면, 여러분은 실제적 무신론자(practical atheists)입니다. 행동이 말보다 더 크게 소리지르는 법입니다. 그러므로 입으로는 하나님을 부인하지만 그러나 은밀히 그를 두려워하는 교리적 불신자(doctrinal Unbelievers)보다 실제적 무신론자인 여러분이 더 큰 무신론자입니다. 하나님 없는 삶은 하나님 없는 교리만큼이나 나쁩니다. 여러분은 하나님께 나올 수 없습니다. 그가 모든 것이며, 그 외에 다른 신이 없다는 사실을 믿지 않는다면 말입니다.

　그러나 이 모든 것은 믿음의 두 번째 요소가 없이는 아무것도 아닙니다. 우리는 "그가 자기를 부지런히 찾는 자들에게 상 주시는 이심을" 믿어야 합니다 (KJV에는 "부지런히"가 있음; and that he is a rewarder of them that diligently seek him). 그러면 우리는 그를 어떻게 찾습니까? 먼저 우리는 기도를 통해, 그리고 구원을 위해 예수 그리스도를 의지하며 그의 거룩한 이름을 부름으로써 그를 찾습니다. "누구든지 주의 이름을 부르는 자는 구원을 받으리라"(롬 10:13). 이것은 큰 약속이며, 우리가 어떻게 하나님께 나아가는지 가르쳐 줍니다. 그것은 그의 이름을 부르는 것입니다. 나아가 우리는 하나님의 영광을 목표로 함으로써, 다시 말해서 그를 우리가 사는 큰 목적으로 삼음으로써 하나님을 찾습니다. 어떤 사람은 돈을 찾습니다. 또 어떤 사람은 명성을 찾습니다. 또 어떤 사람은 쾌락을 찾습니다. 그러나 하나님을 기쁘시게 하는 자는 자신의 삶의 목적으로서 하나님을 찾습니다. "너희는 먼저 그의 나라와 그의 의를 구하라 그리하면 이 모든 것을 너희에게 더하시리라"(마 6:33). 하나님이 기뻐하시는 자는 하나님으로 기뻐합니다. 그는 항상 하나님을 자기 앞에 놓으며 그를 위해 살기를 찾습니다. 만일 하나님이 그에 대해 상 주실 것을 믿지 않는다면, 그는 그렇게 하지 못했을 것입니다. 이것을 확실한 사실로 굳게 붙잡으십시오. 우리는 "하나님이 자기를 부지런히 찾는 자들에게 상 주시는 이"심을 믿어야 합니다. 그렇지 않으면 그를 찾지 않을 것입니다. 우리는 하나님을 존귀하게 하며 그를 믿는 것이 우리에게 최고의 이득이라는 사실을 굳게 확신합니다. 우리가 하나님의 손으로부터 받을 것이 진노 외에 무엇이겠습니까? 그럼에도 불구하고 그의 아들을 통해 그를 찾을 때 우리가 상을 받을 만큼 그의 기뻐하시는 바가 된다는 사실을 우리는 복음을 통해 깨닫게 됩니다. 이것이 신적 은혜이며, 값없는 은혜이며, 주권적 은혜가 아니면 무엇이겠습니까? 그리고 그 상은 무엇입니까? 은혜로 주어지는 값없는 사죄의 은총이 아닙니까? 은혜로 역사하는 마음의 변화 아닙니까? 은혜로 말미암은 오래 참으심 아닙니까? 은혜로 부어지는 위로가 아닙니까? 은혜로 보상되는 특권이 아닙니까? 이 세상에서조차 경건의 상은 측량할 수 없이 큽니다. 그리고 오는 세상에서 그것은 무한합니다. 우리는 그러한 상을 바랄 수 있습니다. 아니, 실제로 그것을 바라면서 담대하게 하나님을 찾아야 합니다.

이와 같이 하나님은 "자기를 부지런히 찾는 자들에게 상 주시는" 분이십니다. 그러나 이것은 정확한 번역이 아닙니다. 헬라어는 단순히 "찾는"(seek)이 아니라 "찾아내는"(seek out)을 의미합니다. 다시 말해서 그를 발견할 때까지 찾는 것이며, 다른 모든 것들보다 그를 더 찾는 것입니다. 그것은 매우 강한 단어입니다. 그 의미를 영어로 올바로 옮기는 것은 매우 어려운 일입니다. 사실 원어에는 "부지런히"(diligently)라는 단어가 없지만 그러나 본문 속에는 그러한 개념이 포함됩니다. 우리는 찾고, 또 찾아내야 합니다. 다시 말해서 실제로 발견할 때까지 찾아야 합니다. 마음으로 하나님을 따르는 자들은 그가 상 주시는 분이심을 믿을 때 결코 실패자가 되지 않을 것입니다. 하나님의 영광을 찾고자 한다면 반드시 하나님을 믿어야만 합니다. 심지어 이 땅에서 상을 받지 못한다 하더라도, 여러분은 이렇게 말해야 합니다. "비록 이 땅에서는 상을 받지 못했다 하더라도, 나는 결국 상을 받게 될 거야. 설령 내가 하나님을 따른 대가로 돈이나 명성이나 친구들을 잃었다 하더라도, 그러나 하나님은 상 주시는 자이시기 때문에 나는 만 배로 갚음을 받을 거야." 이와 같이 하나님을 기쁘시게 하기 위해서는 먼저 그가 계심을 믿어야만 합니다. 그리고 스스로를 하나님께 바치는 것이 올바르고 지혜로우며 합당한 일임을 확신해야 합니다. 하나님을 섬기는 것 자체가 이득(gain)이라는 사실을 확신하십시오. 거룩하게 되며 하나님을 기쁘시게 하는 것은 그 자체가 우리에게 이득이며 복된 일입니다. 우리에게 있어 하나님에 대하여 살며, 그를 알며, 그를 경외하며, 그와 더불어 교통하며, 그와 같이 되는 것은 생명입니다. 또 우리에게 있어 그를 사람의 아들들 가운데 영화롭게 만드는 것은 영광입니다. 우리에게 있어 사는 것은 그리스도입니다. 우리에게 있어 최고로 추구해야 할 것이 바로 이것입니다. 실제로 우리의 마음을 만족시킬 수 있는 분은 오직 한 분입니다. 하나님은 우리의 방패시며, 우리의 지극히 큰 상급입니다. 우리에게 일어나는 모든 일 가운데 우리는 하나님을 섬기는 것이 곧 이득이라는 사실을 굳게 붙잡습니다. 만일 하나님이 우리로 하여금 그를 신뢰하며 그에 대하여 살며 그 앞에서 기뻐하시는 자가 되고자 추구하도록 도우신다면, 우리는 그를 기쁘시게 하는데 성공할 것입니다. 어떤 사람이 죄와 더불어 싸우며 악과 더불어 투쟁하며 하늘의 소망 가운데 인내하며 매일같이 하나님께 더 가까이 나아가고자 애쓸 때, 어떻게 하나님이 그를 기뻐하지 않을 수 있겠습니까? 어떤 사람이 믿음으로 하나님을 기쁘시게 하기 위해 살며 하나님의 손으로부터 주어지는 상을 받는 것으로 만족할 때, 어떻게 하나님이 그를 기뻐하지 않을 수 있겠습니까? 하나님은 분명 자신의 은혜의 역사(役事)를 기뻐하실 것입니다. 하나님께 가고자 하는 열망, 하나님께 나아가는 길, 하나님께 나아가는 능력, 실제로 하나님께 나아가는 것 ― 이 모든 것은 주권적 은혜의 선물들입니다. 하나님을 찾으며 그분께 나아가는 것은 분명 하나님 보시기에 기뻐하실 만한 것입니다. 왜냐하면 그것은 창세 전에 그리스도 예수 안에서 우리에게 주신 은혜와 그 자신의 목적의 결과이기 때문입니다. 그러나 이 모든 것은 믿음 위에 달려 있습니다. 믿음이 없이는 계신 하나님께 나아가는 것도 없고, 상 주시는 하나님을 찾는 것도 없습니다. 그러므로 믿음이 없이는 하나님을 기쁘시게 하는 것이 불가능합니다.

### 3. 셋째로, 본문으로부터 몇 가지 교훈을 도출해 보도록 합시다.

첫 번째로, 여기에서 사도는 우리에게 하나님은 믿음을 가진 자들을 기뻐하신다는 사실을 암묵적으로 가르칩니다. 부정(negative)은 종종 긍정(positive)을 제시하는 가장 확실한 방법이 됩니다. 만일 믿음이 없이는 하나님을 기쁘시게 하는 것이 불가능하다면, 그로부터 우리는 믿음으로 하나님을 기쁘시게 하는 것이 가능하다는 사실을 추론할 수 있습니다. 여러분은 하나님이 계시다는 사실과 그가 자기를 부지런히 찾는 자들에게 상 주시는 이시라는 사실을 믿습니까? 여러분은 하나님이 여러분에게 가르치는 모든 것을 기꺼이 믿습니까? 여러분은 하나님 자신과 그분이 계시하신 모든 것을 믿습니까? 그렇다면, 여러분은 그를 기쁘시게 하고 있는 것입니다. 하나님을 믿는 자는 그분이 말씀하신 모든 것을 믿습니다. 그리고 그는 하나님이 행하신 모든 것에 스스로를 순복시킵니다. 이런 사람이 어떻게 하나님을 기쁘시게 하지 않겠습니까? 우리는 한 분 하나님을 믿으며, 또한 하나님과 사람 사이에 한 분의 중보자 곧 사람이신 그리스도 예수를 믿습니다. 이렇게 하여 우리는 하나님을 기쁘시게 하는 길에 있게 됩니다. 믿음으로 우리 자신이 하나님께 기뻐하시는 자가 되었으며, 그의 영광을 바라보는 가운데 행해진 모든 행동들은 그를 기쁘시게 합니다. 이것은 얼마나 즐거운 일입니까? 중생하지 못했을 때는 매일같이 성령을 근심하게 하며 탄식하게 했던 내가 이제 그의 기뻐하는 자가 된 것은 얼마나 놀라운 일입니까? 그 마음의 중심이 하나님의 율법과 그리스도의 복음을 거스름으로써 하나님의 진노의 자녀였던 내가 이제 믿음으로 하나님의 기뻐하시는 대상이 된 것은 얼마나 큰 은혜입니까? 만일 성령이 여러분으로 하여금 이러한 진리의 달콤함을 충분히 느끼도록 이끄신다면, 여러분은 말할 수 없는 기쁨으로 기뻐할 것입니다. 나는 지금 설교하고 있다기보다 노래하고 있는 것처럼 느낍니다. 아, 죄인이여, 당신은 지금 당신의 하나님을 믿지 않으렵니까? 이것이 그에게 돌아오는 방법입니다. 탕자가 "내 아버지의 집에는 먹을 것이 많거늘"이라고 말했을 때, 그는 자신의 모든 필요를 채우는 아버지의 능력을 믿었습니다. 마음속으로 아버지가 자기를 받아줄 것이라고 생각했을 때, 그는 "내가 일어나 아버지께 가서 아버지 내가 하늘과 아버지께 죄를 지었나이다 하리라"(눅 15:18)라고 말했습니다. 이와 같이 당신도 당신의 아버지의 마음과 같은 마음을 가지신 하나님을 믿어야 합니다. 그렇지 않으면 당신은 그분께 돌이키지 않을 것입니다. 그러나 당신이 당신의 하나님을 믿기 시작할 때, 당신의 얼굴은 이미 하늘의 집으로 향했으며 머지않아 당신의 머리는 당신의 아버지의 품 안에 있게 될 것입니다. 믿음은 가장 악한 죄인조차도 하나님의 기뻐하시는 자가 되게 만듭니다. 그렇다면 당신은 그를 믿지 않겠습니까? 당신이 그를 믿는다면, 당신 역시도 하나님의 기뻐하시는 자가 됩니다. 오늘 아침 우리 모두가 여호와의 선하신 기쁨의 찬란한 햇빛 가운데 나타나며, 예수 그리스도를 통해 자신이 하나님의 기뻐하시는 자가 된 것을 깨닫게 되기를 바랍니다.

두 번째로, 믿음을 가진 자는 하나님을 기쁘시게 하는 것을 자신의 삶의 큰 목적으로 삼는 것을 주목하십시오. 내가 지금 사실을 말하고 있습니까? 여러분 각자에게 이것이 사실인지 스스로에게 물어 보십시오. 한 사람의 신자로서 나는 하나님을 기쁘시게 하기 위해 삽니까? 이 문제에 있어 우리는 자기 마음을 살필 필요가 있습니다. 보이지 않는 하나님을 믿는 사람은 그분 앞에서 행하는 것처럼 행하는 것을 기뻐하며 은밀히 그를 섬기는 것을 즐거워합니다. 나는 다른 사람들이 알지 못하도록 은밀하게 하나님을 섬기는 것 속에서 최고의 기쁨을 발견합니다. 그럼으로써 그것이 다른 사람을 위한 일이 아니라 나의 주님을 위한 일이 되도록 말입니다. 사람들의 눈을 의식함이 없이 단지 하나님을 기쁘시게 하기 위해 무엇을 주거나 행하는 것은 참으로 즐거운 일입니다. 다른 사람들이 볼 수밖에 없는 일을 행할 때조차도, 우리는 그 일을 사람들의 칭찬을 얻기 위해서가 아니라 오직 하나님을 기쁘시게 하기 위해 행해야 합니다. 여러분에게 오직 한 분의 주인이 계시며 그를 기쁘시게 하는 것이 여러분의 삶의 목적이라고 느끼는 것은 얼마나 위대한 일입니까? 사람들을 기쁘게 하는 것은 초라한 일입니다. 사람의 변덕스러운 마음을 따라 사는 것은 노예처럼 사는 것입니다. 만일 여러분이 어떤 사람으로 하여금 당신의 귀를 그의 방향으로 잡아당기도록 허락한다면, 또 다른 사람이 또다시 여러분의 귀를 반대쪽 방향으로 잡아당길 것입니다. 그러면 여러분은 머지않아 매우 긴 귀를 갖게 될 것입니다. 오직 하나님을 기쁘시게 하는 가운데 사람들을 기쁘게 하는 것을 넘어선 자는 얼마나 복됩니까? 이렇게 말할 수 있는 사람은 얼마나 위대합니까? "이것은 하나님이 나에게 행하라고 시키신 일이므로 나는 그 일을 행할 거야. 경우에 따라 혼자 행할 수도 있고 다른 사람들과 함께 행할 수도 있지만, 어쨌든 나는 그 일을 행해야만 해." 이것은 사람에게 확고한 마음의 중심을 부여함과 동시에 사람들의 찬사를 탐하는 이기심을 제거할 것입니다. 아래로부터의 칭찬을 구하지 않고 위로부터의 칭찬을 구하는 것은 참으로 위대한 일입니다. 진실로 하나님을 믿는 사람은 사람을 크게 생각하지 않습니다. 사람들의 모든 칭찬을 다 합해 보십시오. 그래봐야 그것은 헛된 것에 지나지 않습니다. 그것을 모두 쌓아 보십시오. 그래봐야 깃털보다 더 가벼울 것입니다. 나라들이라야 메뚜기 외에 무엇이겠습니까? 그들이 사는 땅들은 하나님 앞에 무엇입니까? "보라 그에게는 열방이 통의 한 방울 물과 같고 저울의 작은 티끌 같으며 섬들은 떠오르는 먼지 같으리니"(사 40:15). 아무리 작은 것이라도 하나님을 기쁘시게 한 것이 모든 사람의 갈채를 다 합한 것보다 무한히 더 큽니다. 참된 신자는 하나님이 계시며 그 외에 아무것도 없음을 느낍니다. 오늘날의 신학은 인간을 신격화하지만, 참된 진리는 하나님을 높입니다. 우리는 옛 길 위에 설 것입니다. 그리고 거기에서 우리는 여호와 우리 하나님 한 분에게만 경배하라고 명령하는 음성을 듣습니다. 그는 모든 것 가운데 모든 것(All in All)이 되실 것입니다. 하나님이 사람들을 사랑하신다는 사실을 알 때 비로소 우리는 사람들을 위해 살 수 있게 됩니다. 우리는 하나님 안에서 그리고 하나님의 영광을 위해 그들의 선을 찾습니다. 그리고 그들을 주의 영광을 반사하는 거울로서 존중합니다.

세 번째로, 또 사도는 우리에게 하나님을 믿는 자들은 항상 하나님께 나아간다고 가르칩니다. 왜냐하면 그는 신자를 "하나님께 나아가는 자"로 표현하고 있기 때문입니다. 만일 여러분이 일단 하나님을 믿고 그를 기쁘시게 하기를 배운다면, 여러분은 매일같이 그에게 나아가는 것입니다. 여러분은 하나님께 나아갔다가 다시 돌아오는 것이 아니라, 계속해서 그분께 나아가고 있습니다. 여러분의 삶은 하나님을 향한 행진입니다. 신자의 길은 하나님을 향합니다. 믿음으로써 신자는 영원한 보좌에 계속해서 가까워져 갑니다. 그의 상이 무엇입니까? 보좌 위에 앉으신 자가 이렇게 말씀하십니다. "내 아버지께 복 받을 자들이여 나아와 창세로부터 너희를 위하여 예비된 나라를 상속받으라"(마 25:34). 나아가십시오. 계속해서 나아가십시오. 여러분은 계속해서 나아가고 있습니다. 여러분은 영원히 나아가고 있습니다. 신자의 마음과 생각은 계속해서 그리고 영구적으로 하나님께 가까이 나아갑니다. 나는 에녹이 수백 년 동안 하나님과 동행한 후 홀연히 옮겨졌음을 추호도 의심하지 않습니다. 왜냐하면 이 땅에서 하나님과 가까이 교제하는 것과 하늘에서 그와 완전한 교제를 나누는 것 사이에는 불과 종이 한 장의 차이밖에 없기 때문입니다. 하나님과 우리 사이에는 한 번 혹 불기만 해도 날아갈 정도의 칸막이밖에는 없습니다. 연약한 육체의 그릇이 깨어진다든지 잠깐 동안 숨을 멈추는 것만으로도 하나님을 가진 자는 곧바로 그와 함께 있게 될 것입니다. 때로 신자는 자신이 몸 안에 있는지 혹은 몸 밖에 있는지조차 알지 못합니다. "내가 지금 몸 안에 있나 아니면 몸 밖에 있나?"라는 간단한 질문에조차 그는 대답하지 못하고 하나님께 남겨둘 수밖에 없습니다. 그러나 그는 곧 그러한 질문에 스스로 대답할 수 있게 될 것입니다. 그리고 몸을 떠나 주와 함께 있는 것을 알게 될 것입니다. 오! 사랑하는 자여, 하나님을 기쁘시게 하십시오. 하나님을 기쁘시게 하십시오. 여러분의 단순하며 어린아이 같은 믿음으로 그를 기쁘시게 하십시오.

네 번째로, 하나님은 누가 믿음으로 상을 받게 될지를 아실 것입니다. 여기에서 내가 "하나님이 아실" 것이라고 말하는 것은 본문이 "그는 자기를 부지런히 찾는 자들에게 상 주시는 이"라고 말하기 때문입니다. 주님은 믿음의 상을 결정하는 것을 어떤 특정한 천사에게 맡기지 않으실 것입니다. 그 자신이 친히 결정하실 것입니다. 이 땅에서 우리가 받는 보상을 생각해 보십시오. 어떤 사람에게 은택을 베풀었을 때, 우리는 여기에서 아주 적은 보상밖에는 받지 못합니다. 요셉은 보디발의 충성된 종이었습니다. 그러나 보디발은 근거 없는 참소로 요셉을 감옥에 던져 넣었습니다. 또 요셉은 술 맡은 관원장을 돕고 그의 꿈을 해석해 주었지만 그러나 그는 요셉을 기억하지 않고 잊어버렸습니다. 다른 사람들로부터 합당한 보상을 받을 것이라고 기대하지 마십시오. 그렇지 않으면 여러분은 실망하게 될 것입니다. 다윗처럼 여러분은 나발의 양 떼를 보호해 주고는 털 깎을 때 그가 여러분을 기억해 줄 것이라고 바랄는지 모릅니다. 그러나 그는 무뚝뚝한 대답으로 여러분을 모독할 것입니다. 사람들로부터는 작은 보상만을 기대하고, 큰 보상은 하나님에게 기대하십시오. 왜냐하면 본성적으로 하나님은 "상 주시는 이"시기 때문입니다. 만일 여러분이 하나님을 위해 어떤 일을 행했다면, 그 일은 반드시 상을 받게 될 것입니다. 하나님은 자신을 위해 일한 것에 대해 반드시 갚을 주십니다. 하나님이 아브라함에게 말씀하셨던 것을 생각해 보십시오. "아브람아 두려워하지 말라 나는 네 방패요 너의 지극히 큰 상급이니라"(창 15:1). 이와 같은 하나님이 우리의 하나님인 것은 얼마나 큰 복입니까! 그가 우리에게 포도원이나 감람원이나 혹은 양 떼나 소 떼를 주지 않으신다 한들 그것이 무슨 상관이겠습니까? 그 자신이 우리의 것이 아닙니까? 세상 전부를 주는 것보다 이것이 더 큰 상이 아닙니까? 신자에게 있어 하나님 자신으로 충분하지 않습니까? 참된 신자라면 마땅히 이렇게 외칠 것입니다. "하늘에서는 주 외에 누가 내게 있으리요 땅에서는 주 밖에 내가 사모할 이 없나이다"(시 73:25).

　마지막으로, 우리는 믿음을 갖지 않은 자는 두려운 입장에 처해 있음을 발견합니다. 나는 이교도들이 아니라 복음을 배척하는 불신자들에게 말하고 있는 것입니다. "믿음이 없이는 하나님을 기쁘시게 하지 못하나니." 당신은 항상 의심의 그물을 만들고는 스스로 그 그물에 걸립니다. 당신은 스스로의 발을 옭아매는 올무를 만듭니다. 당신은 암초를 찾는 선원이며, 화를 자초하는 병사입니다. 그것은 얼마나 무익한 일입니까? 실제적으로나 도덕적으로나 정신적으로나 영적으로나, 의심하는 것은 손해 보는 거래입니다. 당신은 스스로를 묶는 사슬을 만들고 있는 대장장이와 같습니다. 의심은 아무 열매도 맺지 못합니다. 그것은 물 없는 사막과 같습니다. 의심은 결코 해결할 수 없는 난제들을 끊임없이 만들어 냅니다. 그것은 머뭇거림과 낙망과 절망을 낳을 뿐입니다. 의심이 자라면 위로와 평안은 죽습니다. 그러므로 의심 따위는 관 속에다가 못 박아 버리십시오. 만일 당신이 예수 그리스도가 십자가 위에서 죄책을 짊어지셨으며 그의 죽음으로 구속이 이루어졌음을 믿을 수 있다면 그리고 스스로를 그의 발 앞에 던질 수 있다면, 당신은 하나님을 기쁘시게 할 것입니다. 간절히 호소하노니, 눈을 들어 사랑하는 구주의 못과 창에 찔린 손과 발과 옆구리를 보십시오. 그리고 그곳에 나타난 영원한 긍휼을 보십시오. 그리고 그곳에 죄 사함의 은총이 있음을 깨달으십시오. 그러고 나서 평안히 당신의 길을 가십시오. 왜냐하면 당신은 하나님께 기뻐하시는 자가 되었기 때문입니다. 자기 아들과 관련한 하나님의 증언을 믿는 죄인은 이미 하나님을 기쁘시게 하기 시작했으며, 또한 그 자신이 하나님께 기뻐하시는 자가 되었습니다. 아, 당신이 지금 경건하지 않은 자를 의롭다 하시고 죄인들의 죄를 간과하시는 하나님을 믿기만 한다면! 그러면 하나님은 은혜 가운데 당신을 받으시고, 당신을 값없이 사랑하실 것입니다. 하나님께 나아가십시오. 왜냐하면 하나님은 자기를 부지런히 찾는 자들에게 상 주시는 분이시기 때문입니다. 하나님이 이 시간 여러분을 도우시기를 기원합니다. 그러나 믿음이 없이는 여러분은 그를 기쁘시게 할 수 없습니다. 불 속에서 아무리 수고해 보십시오. 그런다고 해서 영원한 절망 외에 무엇이 있겠습니까? 부디 주께서 여러분 모두에게 영원한 생명을 주시기를 기원합니다. 아멘.

제
29
장
—

# 나그네가 사모하는 것

—

"그들이 나온 바 본향을 생각하였더라면 돌아갈 기회가 있
었으려니와 그들이 이제는 더 나은 본향을 사모하니 곧 하
늘에 있는 것이라 이러므로 하나님이 그들의 하나님이라 일
컬음 받으심을 부끄러워하지 아니하시고 그들을 위하여 한
성을 예비하셨느니라." — 히 11:15-16

아브라함은 하나님의 명령에 따라 자신의 본토를 떠났습니다. 그리고 다시
그곳으로 돌아가지 않았습니다. 믿음의 증거는 끝까지 견디는 것에 있습니다.
처음에는 잘 달리다가 곧 뒤뚱거리며 하나님의 진리를 순종하지 않는 믿음이 있
습니다. 그러한 믿음에는 약속이 주어지지 않습니다. 하나님이 택하신 자들의
믿음은 지속적이며 영속적입니다. 왜냐하면 썩지 않는 생명의 씨와 연결되어 있
기 때문입니다. 아브라함도 돌아가지 않았고, 이삭도 돌아가지 않았으며, 야곱
도 돌아가지 않았습니다. 하나님의 약속은 "외국인과 나그네"인 그들에게 주어
졌으며(13절), 그리하여 그들은 계속해서 그와 같은 길을 걸어갔습니다. 그러나
사도는 우리에게 그들이 어쩔 수 없어서 그렇게 한 것이 아니라고 말해줍니다.
그들이 그와 같은 자리에 계속해서 남아 있었던 것은 돌아갈 수 없었기 때문이
아니었습니다. 만일 돌아갈 마음을 품었다면, 그들은 그렇게 할 수 있는 기회를
찾을 수 있었을 것입니다. 그들에게 종종 그렇게 할 수 있는 기회가 있었습니다.
그들과 밧단아람에 있는 그들의 옛 가족들 사이의 관계는 단절되지 않았습니다.

그들은 때때로 옛 고향의 소식을 들었습니다. 뿐만 아니라 메시지들이 서로 교환되기도 했습니다. 때로 종들이 보냄을 받기도 했는가 하면, 새로운 가족관계가 형성되기도 했습니다. 여러분이 잘 아는 것처럼, 리브가가 그곳으로부터 오지 않았습니까? 또 족장 가운데 한 사람인 야곱은 그 땅으로 피신했습니다. 그러나 그는 그곳에 머물 수 없었습니다. 마침내 그곳으로부터 도망치듯 나올 때까지 그래서 다시 그가 선택한 그리고 하나님이 명령하신 삶인 약속의 땅에서 외국인과 나그네로서 살아가는 삶으로 돌아올 때까지, 그는 결코 쉴 수 없었습니다. 이와 같이 그들에게는 많은 기회가 있었습니다. 그들은 옛 땅으로 돌아가 안락하게 정착하여 그들의 옛 조상들처럼 그 땅을 경작할 수 있었습니다. 그러나 그들은 계속해서 장막에 거하며 유리방황하는 나그네의 삶을 따랐습니다. 그들은 하나님이 약속으로 주신 땅에서 외국인과 나그네였습니다. 그들은 그 땅을 단 한 뼘도 소유하지 못했습니다.

오늘날 우리의 신분 역시 그들과 매우 유사합니다. 그리스도를 믿은 우리는 세상으로부터 불러냄을 받았습니다. 교회에 해당하는 헬라어 에클레시아는 "불러냄을 받았다"를 의미하는 단어입니다. 우리는 분리되었습니다. 그리스도의 수욕을 짊어지고 진(陣) 밖으로 나가는 것이 무엇인지 우리는 압니다. 지금부터 이 세상에서 우리의 영을 위한 참된 본향은 없습니다. 우리의 본향은 강 건너에 있습니다. 우리는 그것을 보이지 않는 것들 가운데 찾습니다. 우리는 우리의 모든 조상들처럼 외국인과 나그네입니다. 우리는 영원한 기업의 땅인 가나안에 도달하기 위해 이 세상의 광야를 지나가는 자들입니다.

### 1. 첫째로, 우리에게 항상 옛 본향으로 돌아갈 기회들이 있다는 사실을 주목하십시오.

15절을 보십시오. "그들이 나온 바 본향을 생각하였더라면 돌아갈 기회가 있었으려니와." 여기의 "기회"라는 단어는 우리가 종종 부딪히는 옛 본향으로 돌아가고자 하는 강렬한 충동과 유혹과 자극을 표현하기에는 비교적 약한 것 같습니다. 우리가 세상의 쾌락과 우상의 관습으로 돌아가지 않은 것은 정말로 놀랄 만한 일이 아닐 수 없습니다. 신적 은혜의 능력을 생각할 때, 우리는 성도들이 계속해서 믿음과 거룩의 삶을 유지하는 것에 대해 놀라지 않게 됩니다. 그러나 그들의 연약한 본성을 생각할 때, 한 명의 그리스도인이 한 시간 동안 확고부동함을 유지하는 것만도 기적 중의 기적처럼 보입니다. 하나님의 은혜의 손은 성도들의 발을 지키며 그들을 옛 상태로 돌아가지 않도록 붙잡는데 결코 짧지 않습니다. 우리에게는 돌아갈 기회들이 있습니다. 나의 형제자매들이여, 우리는 매일의 삶 속에서 그런 기회들을 가지고 있습니다. 여러분은 하나님 없이 사는 자들과 다양한 관계를 맺으며 살고 있습니다. 그리고 그러한 관계들은 여러분으로 하여금 죄와 방탕함에 떨어지게 한다든지, 하나님을 잊어버리게 한다든지, 혹은 심지어 그들의 신성모독적인 대화에 참여하도록 만드는 기회를 줍니다. 여러분에게 종종 그와 같은 기회들이 있지 않았습니까? 하나님의 은혜가 아니었다면 여러분 역시도 그들처럼 되었을 그런 기회들 말입니다. 여러분이 혼자 있을 때도 마찬가지였을 것입니다. 은밀히 여러분 안으로 틈타고 들어와 여러분의 생각을 더럽게 만들고 욕망에 불을 붙이며 괴상한 상상 속으로 탐닉하도록 만드는 자가 있지 않았습니까? 그는 유혹자이며 파괴자입니다. 만일 우리가 그의 올무로부터 벗어나지 못했다면, 그는 우리를 파괴시켜 버렸을 것입니다. 혼자 있을 때 역시도 다른 사람들과 함께 있을 때 못지않게 얼마나 자주 유혹들이 다가옵니까? 다른 사람들과 함께 있을 때도 위험이 있지만, 마찬가지로 혼자 있을 때도 역시 위험이 있습니다. 우리에게는 돌아갈 기회가 많이 있었습니다. 응접실에서 사람들과 함께 즐겁게 대화할 때, 주방에서 음식을 만들 때, 밭에서 땀 흘리며 일할 때, 시장에서 물건을 사고팔 때, 땅에서 분주히 다니며 바다를 항해할 때 — 마치 바람 앞에 등불처럼 위험한 때가 있습니다. 어느 곳에서든지 우리를 쫓아다니며 위협하는 이러한 기회들로부터 우리가 어디로 피할 수 있을까요? 바람의 날개 위에 올라타면 광야로부터 오두막을 발견할 수 있을까요? 그러면 옛 죄로 돌아가는 모든 기회들로부터 안전할 수 있을까요? 그렇지 않습니다. 사람마다 자신이 다른 사람들보다 더 많은 유혹에 노출되어 있다고 생각하지만, 실제는 그렇지 않습니다. 나는 우리의 유혹들은 대체로 거의 비슷하다고 생각합니다. 우리 모두가 옛 본향으로 돌아갈 많은 기회들을 가지고 있는 것입니다.

그러나 사랑하는 형제들이여, 그것은 단지 우리의 일과 직업에만 있는 것이 아닙니다. 그것은 우리의 뼈와 살 안에도 있습니다. 돌아갈 기회! 자신을 제대로 아는 사람이라면 도대체 누가 자기 안에 있는 "돌아가고자 하는 강한 이끌림"을 발견하지 못하겠습니까? 우리는 상상 속에서 얼마나 자주 죄를 강렬한 색으로 채색합니까? 물론 우리는 죄를 싫어합니다. 그리고 그런 생각을 하는 우리 자신을 싫어합니다. 그럼에도 불구하고 우리는 얼마나 자주 이렇게 말합니까? "하나님의 은혜가 아니었다면 어떻게 되었을지 생각만 해도 소름이 끼쳐. 나의 발걸음은 거의 미끄러져 실족할 뻔 했어." 대부분의 보통 사람들에게 있어 악은 얼마나 강합니까! 육체의 부패와 더불어 싸우는 싸움은 얼마나 강렬합니까! 여러분은 열심히 기도합니다. 여러분이 기도하는 동안 마귀는 잠자고 있는 것처럼 보입니다. 그러나 여러분이 가장 뜨겁게 기도할 때, 마귀 또한 가장 광포하게 날뛸 것입니다. 여러분이 하나님께 더 가까이 나아갈 때, 사탄은 여러분에게 더 가까이 다가올 것입니다. 몸 안에 있는 한, 여러분에게 돌아갈 기회는 항상 있을 것입니다. 요단 강가에 도착할 때까지 여러분은 유혹들을 만날 것입니다. 여러분이 요단 강변에 앉아 부르심을 기다릴 때조차도 강렬한 유혹이 있을 것입니다. 아! 부패한 이 사망의 몸이여! "화로다 나여 망하게 되었도다 이 사망의 몸에서 누가 나를 건져주랴." 몸 안에 있는 한, 우리에게는 돌아갈 기회들이 있을 것입니다.

나아가 이러한 돌아갈 기회들은 우리의 삶의 상황과 조건과 변화에 맞추어집니다. 예를 들어, 우리는 형통할 때 얼마나 자주 돌아갈 기회들을 발견하곤 합니까? 궁핍할 때는 매우 열심이었던 자들이 물질적으로 부요해지고 나면 미지근하게 되는 것은 얼마나 흔한 일입니까? 가난할 때는 모든 모임에 하나님의 백성들과 함께 하며 그것을 자랑스럽게 생각하던 자들이 조금 여유가 생기고 사회적으로 이름이 알려지게 되면 더 이상 그렇게 할 수 없는 경우 역시 이 땅에서 얼마나 자주 일어납니까? 그들은 세상적으로 화려하며 그럴듯한 교회를 찾습니다. 그리고 세상이 주는 모든 특권과 체면을 구합니다. 그리고 그러는 가운데 믿음으로부터 벗어나고 맙니다. 높은 자리를 경계하십시오. 그런 자리는 매우 미끄럽습니다. 여러분은 뒤로 조용히 물러나 고요하게 거하는 곳에는 즐거운 것이 별로 없다고 생각할는지 모릅니다. 그러나 그렇지 않습니다. 도리어 화려하고 풍성한 것이 여러분의 마음을 허탄한 것으로 부풀어 오르게 만듭니다. 만일 여러분이 이 세상에서 형통하다면, 경계하십시오. 왜냐하면 지금 여러분은 "나온 바 본향"으로 돌아갈 긴박한 위험 가운데 있기 때문입니다.

그러나 역경 가운데라 해서 그러한 위험이 없는 것은 아닙니다. 스스로 가난하다고 생각하면서 좀 더 나은 형편에 있는 형제들과 교제할 수 없다고 생각하는 그리스도인들이 있는데, 나는 그들을 생각할 때 슬픈 마음을 갖지 않을 수 없습니다. 내가 볼 때 그들은 자신들이 경멸을 당하고 있다는 그릇된 환상에 빠

져 있는 것 같습니다. 어려운 형편 가운데 처해 있는 형제를 경멸하는 그리스도
인을 나는 부끄럽게 생각합니다. 그러나 특별히 다른 형제들로부터 경멸을 당하
지 않았음에도 불구하고 스스로의 생각으로 수치스럽게 느끼며 하나님의 회중
으로부터 멀어지는 사람들이 있습니다. 그것은 예전의 상태로 돌아가는 길을 평
탄하게 하는 것입니다. 나는 그런 사람들의 마음이 곧 냉랭해지는 것을 많이 보
아 왔습니다. 아마도 그들은 전에는 편안하게 거했을 것입니다. 그러나 지금은
모든 기독교적 교제로부터 동떨어져 세상의 모든 요란한 소리들이 울려 퍼지는
곳을 찾습니다. 이러한 것들로부터 여러분을 지켜줄 수 있는 것은 오직 하나님
의 은혜뿐입니다. 가난하든 부요하든, 여러분에게는 항상 돌아갈 기회들이 있을
것입니다. 만일 여러분이 죄와 음행과 세상을 사랑하는 것과 여러분의 옛 상태
로 돌아가고자 한다면, 그렇게 할 기회가 없어서 그렇게 못하는 일은 결코 없을
것입니다. 여러분으로 하여금 그렇게 못하도록 막는 것은 다른 것일 것입니다.
왜냐하면 그러한 기회들은 항상 차고 넘치기 때문입니다.

　　돌아갈 기회를 만드는 또 한 가지 경우는 다른 사람들의 그릇된 본입니다.
왜냐하면 우리 가운데 많은 사람들이 다른 사람들의 그릇된 본으로 인해 상처를
받고 예전의 상태로 돌아가기 때문입니다.

　　　"어떤 사람이 시온의 길로부터 돌이키도다.
　　　아, 그런 사람들이 얼마나 많은가!
　　　우리 주님이 말씀하시는 음성이 들리도다.
　　　너희가 나까지도 버리려느냐?'

　　우리가 존경했던 어떤 사람이 믿음과 전혀 동떨어진 행동을 할 때, 그것은
우리에게 매우 큰 시험거리가 됩니다. 최소한 우리가 어릴 때는 말입니다. 우리
의 본보기였던 자가 위선자로 드러날 때, 그러한 신앙이 참된 것일 수 있는지 우
리는 심각하게 고민하게 됩니다. 그리고 그로 말미암아 비틀거리게 됩니다. 그
리고 확신할 수 없게 됩니다. 지금 여러분은 돌아갈 기회 아래 놓이게 된 것입니
다. 아! 이럴 때 특별히 하나님의 은혜가 여러분에게 필요합니다. 그럴 때 어떤
사람이 여러분에게 유다의 역할을 한다 하더라도, 그것은 여러분을 같은 사람이
되도록 이끄는 대신 여러분으로 하여금 더욱 깨어 경계하며 주님을 더욱 굳게

붙잡도록 만들어 줄 것입니다.

아! 사랑하는 형제자매들이여, 우리에게는 언제든지 돌아갈 기회가 있습니다. 그러면 우리의 옛 친구들은 열렬하게 우리를 환영할 것입니다. 그들 가운데 아무도 우리를 배척하지 않을 것입니다. 특별히 우리 가운데 세상의 환락으로 돌아가면 세상이 뜨겁게 포옹하며 반갑게 맞아줄 사람이 있습니다. 그는 과거에 환락의 한가운데 있던 사람이었습니다. 그는 좌중을 박장대소하며 웃고 떠들게 만들던 사람이었습니다. 그런 그가 돌아오면, 그들은 얼마나 기뻐하며 열렬하게 맞아 주겠습니까? 그들은 얼마나 기쁘게 소리치며 그와 더불어 즐거운 교제를 나누겠습니까? 주 예수의 이름을 고백하며 그리스도로 옷 입은 자들이여! 여러분에게 세상으로부터 열렬한 환영을 받을 날이 결코 오지 않기를 바랍니다. 도리어 여러분의 옛 집과 옛 친구들을 영원히 잊어버리기를 바랍니다. 그리고 오직 주 예수 그리스도만을 열망하며 오직 그에게만 예배하기를 바랍니다. 세상과 분리될 때 여러분은 구주께 사랑받는 존재가 될 것이며, 또 그의 임재를 의식하며 향유하게 될 것입니다. 그러나 항상 여러분에게 돌아갈 기회가 있다는 사실을 한순간도 잊지 마십시오.

어쩌면 여러분은 이렇게 말할는지 모릅니다. "어째서 주님은 돌아갈 기회들을 그렇게 많이 만드셨나요? 그가 우리를 유혹으로부터 지켜주실 수 없으셨나요?" 물론 주님은 그렇게 할 수 있으셨습니다. 그러나 주님의 뜻은 우리가 온실의 화초가 되는 것이 아닙니다. 그는 우리에게 "우리를 유혹으로 이끌지 마옵소서"라고 기도하라고 가르쳤습니다(Lead us not into temptation, 한글개역개정판에는 "우리를 시험에 들게 하지 마옵시고"라고 되어 있음). 그러나 동시에 그는 우리를 유혹으로 이끄시며 또 그렇게 뜻하십니다. 우리의 믿음이 참된 믿음인지 그렇지 않은지 시험하기 위해서 말입니다. 시험해 보지 않은 믿음은 참된 믿음이 아닙니다. 하나님은 조만간 믿음을 시험하실 것입니다. 하나님은 필요하지 않은 것은 창조하지 않습니다. 그는 자신이 준 믿음으로 하여금 시험을 통과하게 함으로써 자신의 이름을 영화롭게 하기를 뜻하십니다. 여기의 돌아갈 기회들 역시도 여러분의 믿음을 시험하기 위해 의도된 것입니다. 여러분에게 그러한 기회들이 주어지는 것은 여러분이 자원하여 따르는 병사들임을 증명하기 위한 것입니다. 만일 하나님의 은혜가 여러분을 묶는 일종의 족쇄라면, 다시 말해서 그러한 족쇄로 인해 여러분이 주님을 떠날 수 없는 것이라면, 그래서 구주를 버리는 것이 물리적으로 불가능한 일이라면, 그것이 도대체 무슨 자랑할 만한 것이 되겠습니까? 다리가 부러져서 도망칠 수 없었던 병사는 스스로를 영웅으로 증명할 수 없습니다. 그러나 도망칠 수 있었음에도 불구하고 그렇게 하지 않은 병사, 다시 말해서 주님을 버릴 수 있었음에도 불구하고 버리지 않은 자는 그 안에 어떤 족쇄보다 더 강한 은혜의 원리를 가지고 있습니다. 그는 사람을 구주와 묶는 최고의 그리고 가장 강한 줄을 가지고 있습니다. 이것으로써 여러분은 자신이 그리스도의 것인지 그렇지 않은지 알 것입니다. 여러분에게 돌아갈 기회들이 있었음에도 불구하고 돌아가지 않을 때, 여러분은 자신이 그의 것임을 증명하게 될 것입니다. 두 사람이 길을 따라 걷고 있습니다. 그리고 개 한 마리가 그들의 뒤를 따라가고 있습니다. 나는 그 개가 누구에게 속했는지 알지 못합니다. 그러나 나는 그 개가 누구에게 속했는지 곧 여러분에게 말해줄 수 있습니다. 그들 앞에 교차로가 나타납니다. 한 사람은 오른쪽으로 가고, 또 한 사람은 왼쪽으로 갑니다. 자, 개는 누구를 따를까요? 그가 바로 개의 주인입니다. 이와 같이 그리스도와 세상이 함께 걸어가고 있습니다. 나는 여러분이 누구를 따르고 있는지 알 수 없습니다. 그러나 마침내 둘이 나누어집니다. 그리스도는 오른쪽으로 가고, 여러분의 관심과 좋아하는 일들은 왼쪽으로 갑니다. 만일 여러분이 세상과 나누어져 그리스도와 함께 할 수 있다면, 여러분은 그의 것입니다. 이러한 방식으로 돌아갈 기회들은 나름대로의 역할을 훌륭하게 수행합니다. 그것들은 우리의 믿음과 정체성을 시험합니다. 그리고 그럼으로써 우리가 실제로 주의 것인지 그렇지 않은지 알도록 도와줍니다. 이제 두 번째 요점으로 나아가도록 합시다.

### 2. 둘째로, 우리가 그러한 돌아갈 기회들을 결코 붙잡아서는 안 된다는 사실을 주목하십시오.

왜냐하면 우리는 나온 바 옛 본향으로 돌아감으로써 얻을 수 있는 것보다 더 나은 것을 사모하기 때문입니다. 하나님의 은혜로 말미암아 우리 안에 결코 만족될 수 없는 열망이 심겨졌으며, 그것이 우리를 계속해서 재촉하며 몰고 갑니다.

"이미 지나온 길은 잊어버리고
계속해서 앞을 향해 나아가라."

16절을 보십시오. "그들이 이제는 더 나은 본향을 사모하니 곧 하늘에 있는 것이라." 형제자매들이여, 여러분은 이 세상보다 더 나은 것을 사모합니다. 그렇지 않습니까? 세상이 여러분을 충분히 만족시켜 주었습니까? 아마도 여러분이 죄로 죽었을 때는 그랬을 것입니다. 죽은 세상은 죽은 자들을 만족시킬 수 있습니다. 그러나 더 낫고 더 밝은 것을 알고 난 이후에, 여러분은 땅에 속한 헛된 것들로 결코 만족될 수 없었습니다. 아마도 여러분은 세상이 줄 수 있는 가장 그럴듯한 것들로 여러분의 영혼을 채우려고 노력했을 것입니다. 즉 하나님이 여러분을 형통하게 했으며, 여러분에게 모든 것은 그런 대로 좋았습니다. 여러분 곁에는 여러분의 자녀들이 있었습니다. 여러분 가정에는 많은 즐거움이 있었으며 여러분은 "나는 여기에 영원히 머물 거야"라고 말했습니다. 그러나 여러분은 곧 육체에 가시가 있음을 발견하지 않았습니까? 여러분은 이 세상에서 가시 없는 장미를 수확한 적이 있습니까? 여러분은 세상이 줄 수 있는 모든 것을 가져본 후에 "헛되고 헛되며 헛되고 헛되니 모든 것이 헛되도다"라고 말할 수밖에 없지 않았습니까? 그리스도 안에서 함께 형제 된 여러분과 마찬가지로 나도 역시 그랬습니다. 하나님의 모든 성도들은, 만일 주께서 "너에게 세상 전체를 주노라 그것이 너의 분깃이 될 것이라"라고 말씀하시면, 상한 마음이 되어 이렇게 대답할 것입니다. "나의 주여, 아니나이다. 이런 하찮은 것들로 나를 실망시키지 마옵소서. 나에게 이런 찌끼들을 주지 마옵소서. 설령 내게 광대한 산과 들을 준다 하더라도, 주님 자신이 그것보다 훨씬 더 뛰어나며 영광스럽나이다. 설령 내게 땅의 값진 것들과 거기에 충만한 것들을 준다 하더라도, 나는 그 모든 것보다 주님의 호의를 더 좋아하나이다. 나에게 주님 자신을 주옵소서. 그리고 이 모든 것은 거두소서. 나의 주여, 내가 어찌 애굽으로 만족하며 광야에 정착하리이까? 지금 나는 약속의 땅으로 여행하고 있나이다." 이와 같이 우리는 더 나은 것을 사모합니다.

또 그리스도인은 더 나은 것을 향유하지 못할 때조차도 그것을 사모합니다. 우리가 사모하는 것 가운데 얼마나 많은 것들이 드러납니까? "그들이 이제는 더 나은 것을 사모하니"(Now they desire a better)라는 말씀을 읽을 때, 내 마음은 큰 위로와 격려로 부풀어 오릅니다. 여기에서 흠정역 역본은 "더 나은"이라는 단어 뒤에 "나라"(country)라는 단어를 끼어 넣습니다(But now they desire a better country, 한글개역개정판에는 "그들이 이제는 더 나은 **본향**을 사모하니"라고 되어 있음). 그러나 그것은 도리어 본문의 의미를 약화시킵니다. 원문대로 "그들이 더 나은 것을

사모하니"라고 읽는 것이 훨씬 더 낫습니다. 왜냐하면 그러한 표현 속에 흐릿하
지만 그러나 광대한 열망이 표현되어 있기 때문입니다 ― 나는 나의 눈이 볼 수
있고 나의 입술이 표현할 수 있는 것보다 훨씬 더 나은 것, 무한히 더 나은 것을
사모하노라. 나는 더 나은 그것을 항상 향유하지는 못합니다. 때때로 나의 길은
어둡습니다. 나의 주님이 보이지 않습니다. 그의 임재를 향유할 수 없습니다. 때
로 그가 나를 버리고 떠난 것처럼 느껴집니다. 그러나 나는 그의 축복을 사모하
며, 그의 임재를 사모합니다. 사모하는 것은 어쩌면 작은 일일는지 모릅니다. 그
러나 나는 선한 사모함이야말로 자연적으로 자라는 것보다 훨씬 더 나은 것이라
고 말하고 싶습니다. 왜냐하면 신적 은혜가 그것을 주었기 때문입니다. 사모하
는 것은 위대한 일입니다. "그들이 이제는 더 나은 것을 사모하니." 이와 같이 더
나은 것을 사모하기 때문에 우리는 돌아갈 수 없으며 또한 예전에 우리를 만족
시켜 주었던 것들로 만족할 수 없습니다,

　　그러므로 잠시 동안 세상에 얽힐 때, 그로 인해 하나님의 자녀는 불편함과
괴로움을 느낄 수밖에 없습니다. 아브라함은 한두 번 미끄러진 적이 있었습니
다. 그것은 그가 그 땅을 떠나 블레셋 사람들 가운데 내려갔을 때 일어났습니다.
그러나 그는 거기에서 편안하지 않았습니다. 그는 다시 돌아와야만 했습니다.
야곱 역시도 마찬가지였습니다. 그는 라반의 땅에서 두 아내를 얻었습니다. 그
러나 그는 거기에서 편안하게 살 수 없었습니다. 그렇습니다. 어떤 하나님의 자
녀도 결코 그럴 수 없습니다. 우리는 결코 이 땅에서 천국을 발견하지 못할 것입
니다. 우리는 세상을 두루 유람하며 다니는 가운데 "여기는 마치 작은 낙원 같
군!"이라고 말할는지 모릅니다. 그러나 어쨌든 하늘 이쪽에는 하나님의 자녀를
위한 어떤 낙원도 없습니다. 농장 축사에 돼지들을 위한 충분한 공간은 있을지
모르지만 그러나 자녀들을 위한 충분한 공간은 없습니다. 세상은 죄인들에게는
충분할는지 모르지만 그러나 성도들에게는 충분하지 않습니다. 그들에게는 더
강하고, 더 예리하며, 더 열렬한 사모함이 있습니다. 왜냐하면 그들 안에 더 높은
생명이 있고 그럼으로써 그들이 더 나은 나라를 사모하기 때문입니다. 그러므로
잠시 동안 이 땅에 얽혀 어느 정도 이 땅의 시민들과 동일시될 때, 그들은 불편함
을 느끼게 됩니다. 왜냐하면 그들의 시민권은 하늘에 있기 때문에 거기 외에는
어느 곳에서도 쉴 수 없기 때문입니다. 이 시간 우리는 우리의 최고의 소망이 보
이지 않는 것에 있음을 고백합니다. 보이지 않는 것을 바라는 것이 우리의 가장

큰 소유입니다. 장차 우리의 것이 될 것을 우리는 오늘 믿음으로 우리의 소유로 삼습니다. 아직 그것을 향유하지는 못한다 하더라도 말입니다. 그러나 모든 것이 완전하게 드러날 때, 그 때 우리는 우리의 기업과 소유와 집과 영광과 우리 주 예수 그리스도의 임재 안으로 들어가게 될 것입니다.

바로 이것이 그리스도인들이 돌아갈 수 없는 이유입니다. 설령 그들에게 돌아갈 기회들이 많이 있다 하더라도, 그들은 그러한 기회를 붙잡지 않습니다. 그들은 그 모든 기회들로부터 움츠립니다. 왜냐하면 그들 안에 있는 신적 은혜가 그들의 마음속에 더 나은 것을 사모하는 마음을 불어넣었기 때문입니다.

심지어 그들이 세상의 위로나 야심보다 더 나은 무한한 선을 아직 인식하지 못하거나 혹은 실제적으로 향유하지 못할 때에도, 그들의 사모하는 마음 자체가 그들을 예전의 상태로 돌아가는 것으로부터 지켜주는 강력한 방파제가 됩니다. 사랑하는 형제자매들이여, 이러한 사모하는 마음을 더 많이 구합시다. 만일 그와 같은 사모하는 마음이 우리에게 거룩하며 유익한 영향력을 끼치며 우리를 세상으로부터 지켜주는 효과적인 방파제가 된다면, 우리가 마땅히 그러한 마음을 더 많이 구해야 하지 않겠습니까? 여러분은 하늘을 충분히 묵상합니까? 수전노를 보십시오. 그는 항상 자신의 금을 생각합니다. 잠잘 때조차 그것의 꿈을 꿉니다. 그는 문을 잠그고 침대로 갑니다. 그러나 그는 아래층에서 발걸음 소리가 나는 것 같은 느낌이 들어 내려가 봅니다. 그는 쇠 금고를 열어 봅니다. 그리고 그곳에 자신의 금이 안전하게 있는 것을 확인하고 안심합니다. 그는 자신의 사랑하는 금을 결코 잊을 수 없습니다. 우리 역시도 그리스도의 천국에 대해 그리고 언약의 축복에 대해 그래야 하지 않겠습니까? 사모하는 마음이 항상 살아 움직이도록 그것을 굳게 지킵시다. 사모하는 마음이 우리를 하늘로 더 많이 이끌면 이끌수록 그것은 또한 우리를 세상으로부터 더 많이 물러나게 할 것입니다.

### 3. 셋째로, 만일 우리가 돌아갈 기회들에 격렬하게 저항하지 않는다면, 그것은 매우 이치에 맞지 않는 일일 것입니다.

사도가 본문에서 언급하는 믿음의 사람들을 주목해 보십시오. 그들은 스스로를 외국인과 나그네로 고백한 자들이었습니다(13절). 그들은 큰 무리였습니다. 그들은 한 가정으로부터 능히 셀 수 없는 큰 무리로 번성하였습니다. 죽은 자와 같은 한 사람으로 말미암아 하늘의 허다한 별과 또 해변의 무수한 모래와 같

이 많은 후손이 태어났습니다. 자! 형제들이여, 여기에 우리가 돌아가서는 안 되
는 강력한 이유가 있습니다. 그것은 여러분이 족장들의 영적 자손이기 때문입니
다. 이것은 우리의 견고함을 위한 매우 강력한 동기(動機)입니다. 여러분은 그들
의 영적 자손으로서 철저하게 그들의 모범을 사모하며 그들의 정신을 본받고자
하지 않습니까? 역사의 두루마리나 인간의 삶의 기록을 살필 때, 무엇이 여러분
의 눈을 사로잡습니까? 그것은 바로의 화려함이 아니라 요셉의 정결함이 아닙니
까? 또 여러분의 마음을 사로잡는 것은 모세의 선택이 아닙니까? 비록 그 선택
속에 이스라엘 백성들과 함께 하기 위해 애굽 궁중을 떠나는 것이 포함되어 있
다 하더라도 말입니다. 또 여러분은 제국의 보좌 위에 앉은 다리오와 함께 하기
보다 사자 굴에 있는 다니엘과 함께 할 것이지 않습니까? 여러분은 그들의 선한
모범을 기꺼이 따르고자 사모하지 않습니까? 뿐만 아니라 감리교도들이 조롱을
당할 때, 여러분은 "나도 그들 가운데 한 사람이오"라고 말했습니다. 여러분은
그렇게 해야 할 필요가 있을 때 세상 앞에서 당당하게 고백했습니다. 여러분은
그렇게 해야 할 의무가 있을 때 교회 앞에서 당당하게 고백했습니다. 여러분은
천사들과 사람들 앞에서 정직이 요구하는 것들을 기꺼이 받아들였습니다. 그러
므로 여러분은 마음속으로 돌아갈 수 없음을 느낍니다. 하나님의 약속들이 여러
분 위에 있습니다. 그것은 얼마나 좋은 것입니까! 그러한 약속들을 계속해서 되
새기십시오. 그러한 약속들을 자주 상기하십시오. 시험과 유혹의 때마다 그러한
약속들을 새롭게 되새기십시오. 그러나 결코 그러한 약속들을 후회하며 유감으
로 생각하지 마십시오. 그렇지 않으면 여러분에게 화가 있을 것입니다. 고백 속
에는 은밀한 힘이 있습니다. 그것이 열정적이며 확고하게 유지된다면 말입니다.
그것은 악하고 오염된 환경으로부터 여러분을 지켜 주는 불가사의한 힘을 가진
일종의 부적(符籍)과 같습니다.

　　또 여러분은 옛 형제단에 가입했습니다. 엄격한 규칙과 흥미로운 전설뿐 아
니라 아름다운 노래가 있는 그러한 형제단 말입니다. 다윗은 "내가 나그네 된 집
에서 주의 율례들이 나의 노래가 되었나이다"(시 119:54)라고 말했습니다. 형제
자매들이여, 여러분에게 임하는 고난 가운데 믿음의 선조들이 즐거운 마음으로
받아들였던 고난 외에 또 다른 고난은 없습니다. 사랑하는 자들이여, 설령 율례
는 잊을 수 있다 하더라도 그러나 노래는 잊을 수 없지 않습니까? 교회의 부흥에
있어 노래가 얼마나 중요한 가치를 갖는지 증언하지 않는 부흥은 결코 없었습니

다. 우리의 시와 노래로 말미암아 하나님은 찬양을 받으십니다. 얼마나 자주 그러한 노래들은 우리 마음속에 하나님에 대한 가락(melody)을 만들었습니까! 우리의 목소리가 합쳐질 때, 우리의 영혼은 더욱더 풍성하게 연합되지 않습니까? 그러한 노래들은 실제로 나그네에게 얼마나 큰 위로가 됩니까?

여기에 나의 주의를 끄는 것이 또 한 가지 있습니다. 여러분 역시도 그것을 간과하지 않기를 바랍니다. 히브리서 11장에는 믿음이 다양하게 작동되는 이야기들이 담겨 있습니다. 그러나 외국인과 나그네의 독특한 특성은 그들 모두가 믿음으로 죽었다는 사실입니다. 이와 같이 여러분은 돌아갈 수 없습니다. 왜냐하면 죽을 때까지 앞으로 나아갈 때에야 비로소 목적지에 도달할 수 있기 때문입니다. 여러분은 목적지에 도달하는 것을 삶의 푯대로 삼은 무리들 가운데 들어왔습니다. "네 하나님 만나기를 예비하라"가 출발할 때의 여러분의 표어였습니다. 여러분에게 돌아갈 생각은 거의 떠오르지 않습니다. 왜냐하면 뒤돌아보는 것 자체만으로도 여러분에게 상당한 위험이 따르는 것으로 느껴지기 때문입니다. 이 땅에서의 우리의 삶은 속히 지나갑니다. 이 땅에서 우리가 우거하는 시간은 점점 더 짧아집니다. 이와 같이 우리 구원이 처음 믿을 때보다 가까워졌기 때문에, 더 나은 나라에 도착하고 하늘의 도성에 들어가기를 바라는 열망은 점점 더 열렬해집니다. 매일같이 광야를 여행하는 가운데 본향에 점점 더 가까워질 때 말입니다. 사랑하는 형제자매들이여, 여러분은 자신의 믿음을 나타낼 만한 것이 별로 없다고 느낍니다. 여러분의 믿음은 노아처럼 방주를 만들지도 않았으며, 아브라함처럼 독자를 희생제물로 드리지도 않았습니다. 또 여호수아처럼 이방 나라들을 정복한 것도 아니며, 사드락과 메삭과 아벳느고처럼 격렬한 불을 끈 것도 아닙니다. 그러나 마지막까지 견디는 자는 구원을 받을 것입니다. 그리고 믿음 안에서 죽는 모든 자는 구름같이 허다한 증인들과 함께 모일 것입니다. 이러한 사실은 교회의 모든 지체들을 격려하며 북돋우기에 충분하지 않습니까?

### 4. 넷째로, 하나님이, 돌아갈 기회들에도 불구하고 더 나은 것을 사모하는 우리의 믿음을 인정하시는 사실을 주목하십시오.

16절 하반절을 보십시오. "이러므로 하나님이 그들의 하나님이라 일컬음 받으심을 부끄러워하지 아니하시고 그들을 위하여 한 성을 예비하셨느니라." 외국인과 나그네임에도 불구하고 옛 본향으로 돌아가지 않을 것이기 때문에, "그러

므로 하나님은 그들의 하나님이라 일컬음 받으심을 부끄러워하지" 아니하십니
다. 하나님은 충분히 그들을 부끄러워하실 수 있었습니다. 하나님의 백성들은
얼마나 보잘것없는 백성들입니까! 영적인 측면을 포함하여 모든 면에서 말입니
다. 만일 우리에게 하나님의 가족과 같은 가족이 있다면, 우리는 그들에 대해 하
나님이 참으신 것만큼 참을 수 있을까요? 나는 그렇지 못할 것이라고 생각합니
다. 만일 우리가 스스로를 올바로 판단한다면, 우리는 스스로에 대해 환멸을 느
낄 것입니다. 하나님은 자기 백성들처럼 연약하며, 어리석으며, 완고하며, 잊기
를 잘하는 세대에 대해 얼마나 참으셨습니까! 하나님은 그들의 하나님이라 일컬
음 받으심을 충분히 부끄러워하실 수 있으셨습니다. 만일 그들을 그들 모습 그
대로 보시고 평가하셨다면 말입니다. 그들을 하나님의 백성이라고 부를 것입니
까? 도대체 어떻게 그가 그런 자들의 하나님이 되실 수 있단 말입니까? 그 자신
이 때로 "내가 어떻게 그들을 나의 자녀 가운데 둘 수 있겠는가?"라고 말씀하셨
던 것처럼 말입니다. 그러나 하나님은 자신의 은혜의 목적을 이룰 방법을 찾으
십니다. 하나님이 오합지졸의 유랑민에 불과한 그들을 부끄러워하지 않으신 것
은 얼마나 불가사의한 일입니까! 하나님은 스스로를 그들의 하나님이라 일컬으
심으로써 그들을 부끄러워하지 않으심을 증명하십니다. 하나님은 "나는 너희의
하나님이 될 것이라"고 말씀하십니다. 또 하나님은 털끝만큼의 머뭇거림이나 주
저함이나 부끄러움이 없이 "나는 아브라함의 하나님이요 이삭의 하나님이요 야
곱의 하나님이라"고 말씀하십니다. 스스로를 그들의 하나님이라고 부르면서 동
시에 하나님은 그들이 자신을 그들의 하나님으로 부르는 것을 금하지 않으십니
다. 세상의 큰 자들 앞에서 그리고 어디에서든 그들은 그를 그들의 하나님이라
고 부를 수 있습니다. 그리고 하나님은 자신이 그렇게 일컬음 받는 것을 부끄러
워하지 않으십니다. 이것은 하나님이 얼마나 스스로를 낮추시는 것입니까! 갑자
기 부자가 된 어떤 사람을 생각해 보십시오. 그에게는 가난한 형제가 있었습니
다. 거리에서 우연히 그를 마주칩니다. 그는 아는 척을 하기는 하지만 그러나 얼
마나 마지못해 그렇게 합니까? 특별히 그 옆에 거만한 친구가 함께 있기라도 한
다면 얼마나 더 그렇습니까? 아마도 거만한 친구는 이렇게 말할 것입니다. "자네
에게 지금 말하고 있는 저 거렁뱅이 같은 친구는 누구지?" 그는 "아, 그는 내 형
제야"라고 대답하고 싶지 않을 것입니다. 그러나 우리 주 예수 그리스도는 그렇
지 않습니다. 자기 백성들이 아무리 낮고 비천하다 하더라도, 그는 그들을 형제

라 부르기를 결코 부끄러워하지 않습니다. 그들은 낮고 비천한 자리에서조차도 그를 바라보며 형제라 부를 수 있습니다. 그는 실제로 형제입니다. 그리고 그들을 형제라 부르기를 부끄러워하지 않으십니다. 이에 대한 한 가지 이유는 그가 그들을 현재의 모습을 따라 판단하지 않고 그것보다 훨씬 더 장래의 모습을 따라 판단하기 때문입니다. 그는 자신이 그들을 위해 예비한 것을 생각합니다. 16절을 다시 한 번 주목해 보십시오. 그것을 문자적으로 해석하면 이렇게 됩니다. "그러므로 하나님은 그들의 하나님이라 일컬음 받으심을 부끄러워하지 아니하시느니라. 왜냐하면 그들을 위하여 한 성을 예비하셨기 때문이니라." 그들은 지금 가난하며 초라합니다. 그러나 장차 올 것들을 지금 있는 것처럼 부르시는 하나님은 희고 아름다운 세마포 옷을 입고 있는 그들을 보십니다. 성도의 의를 나타내는 흰 세마포 옷 말입니다. 여러분이 초라한 하나님의 자녀들 속에서 볼 수 있는 모든 것은 험한 일을 하며, 고생하며, 조롱과 경멸을 당하는 모습입니다. 그러나 하나님은 그들 안에서 무엇을 보십니까? 하나님은 그들 안에서 당신으로부터 말미암은 존귀와 영광을 보십니다. 하나님은 그들의 발 아래 만물을 놓으시고, 그리스도의 인격 안에서 영광과 존귀로 관을 씌우시며, 천사들로 하여금 그들을 섬기도록 하셨습니다. 여러분은 그들의 외모를 보지만 그러나 하나님은 중심을 보십니다. 여러분은 흙으로 만든 장막을 보지만 그러나 하나님은 새로 태어난 불멸의 거룩한 영을 보십니다. 혹 설령 여러분이 영적인 것을 분별할 수 있는 능력을 갖고 있다 하더라도, 여러분은 단지 그것을 세상에 의해 가려진 흐릿한 모습으로만 볼 수 있을 뿐입니다. 그러나 하나님은 그것을 장차 나타날 모습으로 보십니다. 하나님은 가장 보잘것없는 제자조차도 그리스도 안에 있는 사람으로 보십니다. 그를 보실 때, 하나님은 그 안에서 그가 장차 그리스도를 보게 될 날 될 모습, 즉 그리스도의 충만의 분량으로 나오는 온전한 사람을 보십니다. 본문에서 하나님이 그들을 위해 예비한 것을 바라보시는 것도 마찬가지입니다. 하나님은 그들을 위해 한 성을 예비하셨습니다. 하나님이 그들을 위해 예비한 것을 통해, 우리는 하나님이 그들을 어떻게 생각하시고 또 어떻게 사랑하시는지 판단할 수 있습니다. 하나님은 그들을 지금 나타나는 모습으로가 아니라 자신이 장차 그렇게 만들기로 뜻하는 모습으로 평가하십니다. 여기에서 잠깐 하나님의 예비하심을 주목해 보십시오. "그들을 위하여 한 성을 예비하셨느니라." 물론 나는 값없는 복음을 전파하며, 그 복음을 하늘 아래 모든 피조물에게 아무 제한 없이 전파하기를 좋아합니다. 그럼에도 불구하고 우리는 그것의 특수성을 잊어서는 안 됩니다. "그들을 위하여 한 성을 예비하셨느니라." 다시 말해서 하나님은 외국인과 나그네와 같은 자들, 또다시 말해서 믿음을 가진 자들 그럼으로써 세상을 떠나 그리스도를 따르는 자들을 위해 한 성을 예비하셨습니다. "그들을 위하여 한 성을 예비하셨느니라." 다시 말해서 하나님은 "모두를 위하여"가 아니라 오직 돌아갈 기회가 있었음에도 불구하고 계속해서 앞으로 전진한 자들을 위해 한 성을 예비하셨습니다.

　　하나님이 그들을 위해 무엇을 예비하셨는지 주목해 보십시오. 그것은 한 성(city, 혹은 도시)입니다. 이것은 영구적인 거처를 가리킵니다. 아브라함과 이삭과 야곱은 장막에 거하였습니다. 그러나 하나님은 그들을 위해 한 성을 예비하셨습니다. 이 땅에서 우리는 장막에 거합니다. 그리고 그 장막은 곧 철거될 것입니다. "만일 땅에 있는 우리의 장막 집이 무너지면 하나님께서 지으신 집 곧 손으로 지은 것이 아니요 하늘에 있는 영원한 집이 우리에게 있는 줄 아느니라"(고후 5:1). "그들을 위하여 한 성을 예비하셨느니라." 도시(city)는 많은 사람들이 서로 연합하여 안전하게 살 수 있는 장소입니다. 외딴 부락에는 아주 적은 무리만이 살고 있을 뿐입니다. 도시에서, 특별히 모든 주민들이 하나의 영광스러운 형제관계로 연합될 때, 자유와 평등과 형제관계의 진정한 공산주의(communism)가 최고로 순수한 의미에서 실현될 것입니다. 이러한 도시에서 주민들의 모든 상호관계는 서로간의 기쁨을 증진시킬 것입니다. "그들을 위하여 한 성을 예비하셨느니라." 그 도시는 또한 그 거민들을 영예롭게 만들어 줄 것입니다. 런던 시의 시민이 될 때, 사람들은 그것을 큰 영예로 생각합니다. 그래서 때로 대공(大公)들에 의해 그것이 수여되기도 합니다. 그러나 하나님이 예비하신 도시의 시민이 될 때, 우리는 런던의 시민이 되는 것과는 비교할 수 없는 최고의 영예를 얻게 될 것입니다.

　　이러한 주제는 매우 신나는 것이기는 하지만 그러나 지나치게 장황하게 이야기할 필요는 없다고 생각합니다. 다만 오늘의 이야기를 마치기 전에 여러분에게 직접적으로 몇 마디 덧붙이고자 합니다. 하나님의 자녀들이여, 설령 이 땅에서 많은 고난과 슬픔을 겪는다 할지라도, 그것을 이상하게 생각하지 마십시오. 여러분은 이 땅에서 어떤 사람들입니까? 외국인과 나그네가 아닙니까? 여러분은 이 세상에 속한 자들이 여러분을 자기들 무리 가운데 한 사람으로 대우할 것으로 기대해서는 안 됩니다. 만일 그들이 그렇게 하면, 도리어 두려워하십시오. 개는 아는 사람이 지나갈 때는 짖지 않습니다. 개는 오직 외인들에 대해 짖을 뿐입니다. 사람들이 여러분을 핍박하며 비방할 때, 놀라지 마십시오. 만일 여러분이 외인이라면, 그들은 자연적으로 여러분에 대하여 짖어댈 것입니다. 이 세상에서 여러분의 육체가 갈망하는 위로를 찾을 것을 기대하지 마십시오. 여기는 우리의 집이 아니라 단지 여관일 뿐입니다. 우리는 단지 하룻밤 머물 뿐입니다. 아침이 되면 우리는 떠납니다. 저녁과 밤 동안 여러 가지 힘들고 고단한 일들이 있을는지 모릅니다. 그러나 곧 아침이 밝을 것입니다. 나그네로 있는 동안 여러분의 최고의 기쁨이 여러분의 하나님이라는 사실을 잊지 마십시오. 본문이 "이러므로 하나님이 그들의 하나님이라 일컬음 받으심을 부끄러워하지 아니하시고"라고 말씀하지 않습니까? 여러분에게 하나님보다 더 큰 위로의 샘이 필요합니까? 하나님은 결코 줄어들지도 않고 마르지도 않는 샘입니다. 세상의 샘들이 마를 때, 영원히 마르지 않는 샘으로 가십시오. 그리고 그곳으로부터 용솟음쳐 오르는 위로의 물을 마시십시오. 여러분의 기쁨은 다름 아닌 여러분의 하나님입니다. 여러분의 하나님을 여러분의 기쁨으로 만드십시오.

외국인과 나그네가 아닌 사람들에게는 무슨 말을 할 것입니까? 그들에게 말합니다. 여러분이 거하는 땅에서 여러분은 평안과 안식을 발견할 것입니다. 그러나 나는 여러분에게 무거운 소식을 전해야만 합니다. 여러분이 거주하고 있는 이 땅과 거기에 있는 모든 것들은 마침내 불타고 말 것입니다. 그리스도께 회심하지 않은 여러분이 그 시민으로 있는 도시는 장망성(將亡城 City of Destruction, "장차 망할 도시")입니다. 그리고 그 이름처럼, 그 도시는 마침내 그렇게 될 것입니다. 만왕의 왕은 죄악으로 가득 찬 그 도시에 대항하여 자신의 군대를 보낼 것이며, 마침내 그 도시를 멸망시킬 것입니다. 그리고 만일 여러분이 그 도시의 시민이라면, 여러분은 여러분이 가진 모든 것과 여러분의 영혼과 여러분 자신을 잃게 될 것입니다. 어떤 사람이 말합니다. "그러면 나는 어디로 가야 합니까? 나는 어디에서 위로와 안전을 찾을 수 있습니까?" 여러분은 천사들이 롯을 재촉하면서 "산으로 도망하여 멸망함을 면하라"고 말했을 때 롯이 했던 것처럼 해야 합니다(창 19:17). 여러분은 "그러면 어느 산으로 가야 합니까?"라고 묻습니다. 안전의 산은 골고다입니다. 예수께서 죽으신 곳에서 여러분은 살 것입니다. 그곳 외에 모든 곳에는 죽음이 있습니다. 그의 죽음으로부터 생명이 일어납니다. 그에게로 도망치십시오. 어떤 사람이 "어떻게 그렇게 할 수 있습니까?"라고 묻습니다. 그를 믿으십시오. 하나님이 자기 아들을 주셔서 인간의 모든 죄의 짐을 지게 하셨습니다. 그리고 그 아들은 죄인들을 위한 대속자(代贖者)로서 죽으셨습니다. 그는 그를 믿는 모든 사람을 위한 실제적인 대속자이며 효과적인 대속자입니다. 만일 여러분이 자기 영혼을 예수께 맡긴다면, 여러분은 구원받습니다. 여러분의 모든 죄가 그 위에 얹어지고 그 모든 죄가 사해집니다. 그가 여러분을 참소하는 모든 율법의 조문(條文)을 자신의 십자가에 못 박았을 때, 여러분의 죄는 도말되었습니다. 지금 그를 믿으십시오. 그러면 여러분은 구원받습니다. 지금부터 여러분은 외국인과 나그네가 될 것입니다. 더 나은 땅에서 여러분은 이 땅에서는 결코 찾을 수 없는 그리고 찾기를 바랄 필요도 없는 참된 안식을 찾게 될 것입니다. 장망성을 떠나십시오. 저주가 떨어졌습니다. 결코 저주가 없는 나라, 영원히 축복받은 도시로 도망치십시오. 예수께서 거하시는 곳으로 가십시오. 거기에서 여러분은 영원한 처소를 발견하게 될 것입니다. 하나님이 예수 그리스도로 인해 오늘의 설교를 축복하시고 또 여러분의 영혼에 복을 주시기를 기원합니다. 아멘.

제
30
장
—

# 모세의 결단

—

"믿음으로 모세는 장성하여 바로의 공주의 아들이라 칭함
받기를 거절하고 도리어 하나님의 백성과 함께 고난 받기를
잠시 죄악의 낙을 누리는 것보다 더 좋아하고 그리스도를
위하여 받는 수모를 애굽의 모든 보화보다 더 큰 재물로 여
겼으니 이는 상 주심을 바라봄이라." — 히 11:24-26

　　지난 주일 우리는 라합의 믿음에 대해 살펴보았습니다. 그 때 나는 여러분
에게 그녀의 예전 인격이 그다지 고상하지 않은 것이었음을 이야기했습니다. 그
럼에도 불구하고 그녀의 믿음은 그녀를 구원했을 뿐만 아니라 나아가 그녀로 하
여금 선한 행동을 하도록 이끌었습니다. 이와 관련하여 어떤 사람들은 이렇게
말할는지 모릅니다. "의심의 여지 없이 믿음은 라합 같은 부류의 사람들에게 가
장 적합한 거야. 빛을 결여한 사람들이 복음을 따를 때, 그것은 그들에게 매우 직
합하고 유용한 것이 될 수 있어. 그렇지만 더 나은 부류의 사람들에게는 그렇지
않아." 나는 어떤 사람들이 냉소적인 미소를 지으며 하나님에 대한 모든 믿음을
나름대로 교육도 많이 받고 기품이 있는 부류의 사람들에게는 쓸모없는 것으로
서 배척할 수 있다고 생각합니다. 그렇다면 라합과는 정반대의 자리에 서 있는
모세의 경우를 살펴보도록 합시다. 이것은 분명 그와 같은 사람들로부터 냉소적
인 미소를 멈추게 하는데 어느 정도 도움이 될 것입니다. 물론 나는 아주 큰 결과
를 얻을 것이라고 기대하지는 않습니다. 왜냐하면 어떤 사람이 냉소적인 미소를

짓고 있을 때, 그와 논쟁을 벌이면서 시간을 소모하는 것은 거의 가치가 없기 때문입니다. 냉소적인 사람은 일반적으로 분별력이 부족한 사람입니다. 따라서 그의 냉소는 크게 신경 쓸 필요가 없습니다. 냉소적인 사람은 아무에게도 유익을 주지 못합니다. 그러니 그런 사람은 그냥 내버려 두십시오.

그런가 하면 또 어떤 사람들은 진지한 얼굴로 이렇게 말할 수 있습니다. "하나님의 섭리와 나를 둘러싸고 있는 환경들을 통해 나는 외적인 죄로부터 지켜졌습니다. 나는 하류계급의 일원이 아니며, 라합과 같은 부류의 사람들에 속하지 않습니다. 실제로 나는 하나님의 섭리로 말미암아 상류계급의 일원이며, 자만심 없이 비교적 고상한 성품을 지녔노라고 자임할 수 있습니다." 이런 부류의 사람들은 자신들의 고상함으로 말미암아 도리어 손해를 보는 것처럼 느낄 수 있습니다. 그들의 마음 속으로 다음과 같은 생각이 지나갑니다. '복음은 죄인들을 위한 것이야. 복음은 명백히 죄인 중의 괴수와 같은 자들에게 임하고 또 그들을 축복해. 물론 우리는 우리가 죄인이라는 사실을 충분히 받아들일 수 있어. 그렇지만 우리는 공공연하게 죄를 짓지 않았기 때문에 강렬한 죄 의식을 가지고 있지 않아. 그렇기 때문에 우리 마음은 가장 악독한 죄인들에게 임하는 하나님의 풍성한 은혜를 받도록 잘 준비되지 않을 수 있어.' 나는 자신들이 차라리 탕자와 같기를 바라는 사람들을 알고 있습니다. 그러면 탕자처럼 자신들이 더 잘 받아들여질 수 있을 것이라고 생각하는 것입니다. 이러한 생각은 전적으로 잘못된 오해이지만, 그러나 우리는 그러한 생각을 드물지 않게 봅니다. 만일 그렇게 생각하는 사람들이 오늘 제시되는 믿음의 영웅을 깊이 생각한다면, 아마도 그들은 그러한 잘못된 오해를 바로잡을 수 있게 될 것입니다. 모세는 상류계급에 속하며, 최고의 교육을 받았으며, 순전한 성품을 가진 사람이었습니다. 그는 가장 훌륭한 부류에 속하는 사람이었지만 그러나 라합을 구원한 믿음과 동일한 믿음으로 말미암아 구원받았습니다. 이러한 믿음이 그를 움직여 그로 하여금 하나님께 대한 충성된 섬김의 삶과, 누구와도 비교할 수 없는 위대한 자기부인의 삶을 살도록 이끌었습니다. 나의 간절한 기도는 도덕적이며 교양이 있으며 고상한 성품을 가진 여러분이 모세의 행동 안에서 여러분 자신의 모범을 발견할 수 있게 해달라는 것입니다. 더 이상 하나님을 믿는 믿음의 삶을 경멸하지 마십시오! 여러분에게 부족한 한 가지가 바로 이것입니다. 여러분은 상류계급에 속한 사람들입니까? 모세가 그러했습니다. 여러분은 흠이 없는 성품을 가진 사람들입니까? 모세가 또한 그러했습니다. 여러분은 지금 자신의 양심을 따를 때 비싼 대가를 지불할 수밖에 없는 그런 위치에 서 있습니까? 모세는 보이지 않는 자를 보는 것 같이 하여 참았으며, 잠시 패자처럼 보였으나 그로 말미암아 영원한 승자가 되었습니다. 부디 성령께서 여러분으로 하여금 모세가 걸었던 믿음의 길을 계속해서 따르도록 이끄시기를 기원합니다.

오늘 설교를 통해 우리는 다음과 같은 몇 가지를 살펴보고자 합니다. 첫째로, 우리는 모세의 결단의 행동을 살펴보고, 둘째로, 그러한 결단의 원천을 살펴볼 것입니다. 그것은 "믿음으로" 말미암은 것이었습니다. 그리고 셋째로, 우리는 그의 믿음이 어떻게 행동으로 이어졌는지를 살펴보고, 마지막으로, 오늘의 주제가 제시하는 몇 가지 실제적인 교훈들을 살펴보고자 합니다.

### 1. 첫째로, 모세의 결단의 행동을 주목해 보도록 합시다.

"믿음으로 모세는 장성하여 바로의 공주의 아들이라 칭함 받기를 거절하고"(24절). 나는 여러분에게 모세의 어린 시절과 관련하여 요세푸스를 비롯한 고대의 작가들이 기록한 흥미로운 이야기들을 상세히 설명할 필요를 느끼지 않습니다. 예컨대 그가 바로의 왕관을 취하여 그것을 발로 밟았다는 따위의 일화 말입니다. 이러한 이야기들은 사실일 수도 있고 순전한 허구일 수도 있습니다. 하나님의 영은 분명 그러한 이야기들을 성경 안에 기록해 넣을 필요를 느끼지 않으셨습니다. 성령께서 기록해 넣을 필요를 느끼지 않는 것에 대해 우리는 굳이 깊이 생각하며 묵상할 필요가 없습니다. 또 왜 모세가 바로의 궁중에서 40년 동안 "바로의 공주의 아들"로 불리며 남아 있었는지, 그리고 그가 설령 죄악의 낙을 누리지는 않았다 하더라도 어쨌든 애굽의 보화 가운데 분깃을 가지고 있지 않았느냐는 따위의 질문에 대해 나는 단순한 추측 이상의 대답은 하지 않을 것입니다. 그가 40세가 될 때까지 회심하지 못한 사람이었을 것이라는 추측은 충분히 가능합니다. 아마도 이 기간 동안 그는 모든 면에서 애굽인이었을 것입니다. 스데반이 사도행전에서 이야기하는 것처럼, 이 기간 동안 그는 애굽의 모든 지혜를 배워 말과 행동에 있어 능한 사람이었습니다. "모세가 애굽 사람의 모든 지혜를 배워 그의 말과 하는 일들이 능하더라"(7:22). 이러한 기간 동안 그는 철학자나 전사(戰士) 등과 같은 사람들과 가깝게 교류했을 것이며, 그러는 가운데 아마도 자신이 어느 나라에 속한 사람인지 잊고 있었을 것입니다. 그가 40세가 되었을 때, 비로소 우리는 바로의 궁중에서 하나님의 손을 발견합니다. 물론 거기에서 우리는 그의 죄라든지 혹은 그의 우유부단함을 보게 되지만, 그러나 또한 거기에서 우리는 하나님의 손이 그 모든 것으로부터 선한 결과를 이루시는 것을 발견합니다. 왜냐하면 그는 그 모든 경험으로 말미암아 훗날 이스라엘 나라를 더 잘 통치할 수 있게 되었을 뿐만 아니라 또한 그 나라를 합당한 모양으로 빚으시는 하나님의 손 안에서 더 적합한 도구가 되었기 때문입니다. 어쩌면 처음 40년 동안 그는 오늘날 수많은 사람들이 목표로 하는 일들을 행하고자 힘썼을는지 모릅니다. 어쩌면 그는 계속해서 바로의 공주의 아들로 남아 있으면서 하나님을 섬길 수는 없는지 저울질하고 있었는지도 모릅니다. 어쩌면 그의 마음은 오늘날 의식주의(儀式主義)를 추구하는 교회에 저항하면서도 여전히 거기에 남아 있는 사람들의 마음과 같은 것이었는지도 모릅니다. 어쩌면 그는 애굽의 보화를 누리면서 이스라엘과 함께 할 수도 있을 것이라고 생각했을는지 모릅니다. 어쩌면 그는 이시스와 오시리스의 제사장들의 친구이면서 동시에 정직하게 여호와를 증언하는 자가 되고자 했을는지 모릅니다. 설령 그가 이러한 불가능한 일을 시도하지 않았다 하더라도, 실제로 모든 세대의 무수한 사람들이 그렇게 시도했습니다. 어쩌면 그는 그 시대의 불온한 이스라엘 사람들과 함께 함으로써 자신에게 주어진 좋은 기회를 스스로 내팽개쳐 버리는 것은 어리석은 일이라고 말하며 스스로의 양심을 달랬는지도 모릅니다. 그의 은밀한 마음을 공개적으로 드러내는 것은 그를 상류사회와의 교류로부터 그리고 특별히 왕궁으로부터 단절시킬 것이었습니다. 선한 사람들을 계속해서 잘못된 장소에 묶어 놓는 이러한 생각이 40세 이전의 모세의 마음속에서 계속해서 작동하고 있었을 것이라는 추측은 충분히 가능합니다. 그러나 40세의 장성한 사람이 되고 또 믿음의 강력한 능력 안에 있게 되었을 때, 그는 자신을 올가미로 묶는 그와 같은 유혹으로부터 빠져나왔습니다. 나는 나의 사랑하는 형제들도 머지않아 그렇게 할 수 있을 것을 믿습니다. 분명 그들은 언제까지나 로마와 연합한 상태로 남아 있지 않을 것입니다. 그들 역시도 자유를 누릴 만큼 충분히 장성한 자들이 될 것입니다. 만일 모세가 어린아이였을 때 말하는 것이 어린아이와 같고 생각하는 것이 어린아이와 같았다면, 장성한 자가 되었을 때 그는 현실과 적당히 타협하는 어린아이와 같은 생각을 버렸을 것입니다. 만일 그가 젊은이였을 때 하나님의 진리를 숨기고 자신의 지위를 유지할 수 있을 것으로 생각했다면, 하나님의 진리를 충분하게 알 만큼 장성한 나이가 되었을 때 그는 모든 타협을 거절하고 살아 계신 하나님의 종으로서 담대하게 나왔습니다.

하나님의 영은 우리의 눈을 모세가 40세 되었을 때로 이끕니다. 그 때 그는 아무런 머뭇거림도 없이 바로의 공주의 아들로 불리는 것을 거절하고 경멸받는 하나님의 백성들과 함께 하기로 결단했습니다.

첫째로, 나는 여러분이 그렇게 행동한 자가 누구였는지 생각해 보기를 바랍니다. 그는 교육을 많이 받은 사람이었습니다. "모세가 애굽 사람의 모든 지혜를 배워 그의 말과 하는 일들이 능하더라"(행 7:22). 애굽인들의 지혜라고 해봐야 별로 대단한 것이 아니었다고 생각하는 사람들이 있습니다. 그렇지 않습니다. 만일 그렇다면, 오늘날 영국인들의 지혜 역시 별로 대단한 것이 아닐 것입니다. 오늘날 우리가 애굽인들의 지혜를 대수롭지 않게 여기며 비웃는 것처럼, 미래 세대는 오늘의 영국인들의 지혜를 보고 비웃을 것입니다. 한 세대의 지혜는 다음 세대에게는 어리석음입니다. 소위 말하는 철학이라는 것이 무엇입니까? 그것이 무지(無知)를 여러 가지 어려운 용어들로 감추는 것이 아닙니까? 또 단순한 추측들을 그럴듯한 이론으로 포장하는 것이 아닙니까? 하나님의 말씀의 영원한 빛과 비교할 때, 인간의 모든 지식은 "빛이 아니라 어둠"일 뿐입니다. 일반적으로 교육을 많이 받은 사람들은 살아 계신 하나님을 인정할 준비가 되어 있지 않습니다. 철학은 하나님의 정확무오(正確無誤)한 계시를 경멸하면서 빛으로 나아오지 않습니다. 어느 세대든 사람이 스스로를 지혜롭게 여길 때, 거의 대부분의 경우 그는 무한한 지혜를 대수롭지 않게 여깁니다. 그러나 만일 그가 참으로 지혜롭다면, 그는 만유의 여호와 앞에 겸손히 머리를 숙일 것입니다. 그러나 단지 명목상으로만 지혜로울 뿐일 때, 그는 "여호와가 누구냐?"라고 물을 것입니다. 하나님이 택하시는 자는 육체를 따라 큰 자나 능한 자가 아닙니다. 우리 주님 자신도 그렇게 말씀하지 않으셨습니까? "천지의 주재이신 아버지여 이것을 지혜롭고 슬기 있는 자들에게는 숨기시고 어린 아이들에게는 나타내심을 감사하나이다"(마 11:25). 그러나 때때로 모세와 같이 교육을 많이 받은 사람들도 하늘의 축복으로 말미암아 진리의 편을 취하도록 인도되며, 그로 인해 하나님께서 영광을 받으십니다.

또한 모세는 교육을 많이 받은 사람이었을 뿐만 아니라 높은 계급에 속한 사람이었습니다. 그는 바로의 딸 테르무티스(Thermuthis)에 의해 양자(養子)로

입적되었습니다. 비록 확정적으로 말할 수는 없다 하더라도, 어쩌면 그는 애굽의 다음 왕위를 이을 수도 있었습니다. 우리는 애굽 왕에게 다른 자녀가 없었으며, 그의 공주에게 아들이 없었다는 이야기를 듣습니다. 그러므로 모세가 다음 왕위를 이을 수도 있었습니다. 그러나 이토록 높은 계급의 사람이었음에도 불구하고, 모세는 억압받는 하나님의 백성들과 함께 했습니다. 하나님이여, 부디 우리로 하여금 모세처럼 신분이 높은 사람들이 세상의 헛된 종교를 버리고 하나님과 하나님의 진리를 위해 용감하게 많이 일어서는 것을 보게 하소서! 그러나 만일 그들이 그렇게 한다면, 그것은 실로 은혜의 기적일 것입니다. 왜냐하면 세상의 높은 사람들 가운데 실제로 그렇게 하는 사람들은 아주 소수이기 때문입니다. 부자가 천국에 들어가는 것은 얼마나 드문 일일 것입니까? 그러나 그런 사람들이 있는 것으로 인해 하나님께 감사드립시다.

　나아가 모세가 상당한 능력을 가진 사람이었다는 사실을 기억하십시오. 우리는 그가 광야에서 이스라엘 백성들을 이끄는 것을 통해 그에게 상당한 행정능력이 있음을 발견합니다. 물론 그는 하나님의 영감(靈感)을 받은 사람이었지만, 그러나 하나님은 그의 자연적인 능력을 빼앗지 않으시고 그대로 사용하셨습니다. 또 그는 시인(詩人)이었습니다. "이 때에 모세와 이스라엘 자손이 이 노래로 여호와께 노래하니 일렀으되 내가 여호와를 찬송하리니 그는 높고 영화로우심이요 말과 그 탄 자를 바다에 던지셨음이로다"(출 15:1). 홍해에서의 이러한 기념비적인 시는 매우 웅대하면서도 뛰어난 합창곡이었으며, 그것은 작가의 비할 데 없는 능력을 증명합니다. 시편 90편 역시 그의 시적 능력의 범위를 보여줍니다. 또한 그는 선지자 겸 제사장이면서 동시에 백성들의 왕이었습니다. 사람 이상의 사람 즉 예수 그리스도 외에 그를 능가할 자는 아무도 없습니다. 그 인격의 영광에 있어 모세만큼 그리스도께 가까이 접근한 사람은 아무도 없습니다. 하늘의 찬송에서 두 사람의 이름이 함께 연결되어 나타나는 것도 바로 이러한 이유 때문입니다. "하나님의 종 모세의 노래, 어린 양의 노래를 불러 이르되 주 하나님 곧 전능하신 이시여 하시는 일이 크고 놀라우시도다"(계 15:3). 이와 같이 여러분은 그가 상당한 능력을 가진 사람이었음에도 불구하고 하나님의 백성들과 분깃을 함께 한 것을 보게 됩니다. 사실 이런 경우는 그리 많지 않습니다. 왜냐하면 하나님은 통상적으로 약한 자를 택하셔서 강한 자를 부끄럽게 하시고, 그럼으로써 아무 육체도 그 앞에서 자랑하지 못하도록 하시기 때문입니다. 그러나 여기에서 자신이 긍휼을 베풀고자 하는 자에게 긍휼을 베푸시는 자는, 교육을 많이 받고 또 높은 신분 가운데 있었던 자를 택하시고 그에게 은혜를 베푸셔서 그로 하여금 하나님을 섬기는 일에 결단하도록 이끄셨습니다. 나는 이 시간 하나님께서 여러분 가운데 모세와 같은 사람을 부르셔서 그로 하여금 모세가 행한 일과 같은 일을 행할 수 있도록 이끄시기를 간절히 바랍니다.

둘째로, 모세가 어떤 종류의 환경을 떠나야만 하겠다고 느꼈는지 생각해 보십시오. 바로의 궁중으로부터 나옴에 있어 모세는 궁중에 거하는 모든 사람들과 높은 신분의 사람들로부터 분리되어야만 했습니다. 분명 그들 가운데 어떤 사람들은 매우 존경할 만한 사람들이었을 것입니다. 귀인(貴人)들이 모이는 사교계에는 항상 매력적인 요소가 있는 법입니다. 그러나 모세는 결연한 마음으로 모든 유대(紐帶)를 단절했습니다. 애굽의 모든 지혜를 배운 모세와 같은 사람은 의심의 여지 없이 다양한 학술모임에서 항상 환영을 받았을 것입니다. 그러나 그는 그리스도의 수모를 담당하기 위해 학문적인 엘리트로서의 자신의 모든 영예를 포기했으며, 그런 그를 어느 누구도 붙잡을 수 없었습니다. 뿐만 아니라 그는 모든 친구들로부터 스스로를 떼어내야만 했습니다. 40년 동안 살아오는 가운데 그는 절친한 친구들을 많이 사귀었을 것입니다. 그러나 그런 친구들의 만류에도 불구하고, 그는 왕이 짓밟아 뭉개 버리고자 했던 노예민족과 함께할 것을 선택했습니다. 그러므로 어떤 친구도 그를 인정해 줄 수 없었습니다. 그는 40년 동안 한적한 광야에서 살았으며, 그가 다시 돌아온 것은 단지 여러 가지 재앙으로 애굽 땅을 치기 위함이었습니다. 이렇게 하여 그의 옛 친구들과의 분리는 완전하게 되었습니다. 사랑하는 그리스도인들이여, 여러분은 모든 친밀한 관계를 깨뜨리고 여러분이 사랑하는 모든 사람들로부터 여러분 스스로를 단절시켜야만 합니다! 만일 하나님이 그렇게 요구하신다면 말입니다. 희생제물은 즉각적으로 드려져야만 합니다! 만일 여러분의 믿음이 여러분에게 지금의 상태를 계속해서 유지하는 것이 곧 죄와 계속해서 연합하는 것을 의미하는 것임을 보인다면, 하나님의 도우심으로 말미암아 더 이상 우물쭈물하지 말고 즉시로 그것을 깨뜨리십시오. 사냥꾼의 올무가 여러분을 붙잡지 못하게 하십시오. 하나님이 여러분에게 자유를 주실 때, 아무 멍에도 메지 말고 자유로 인해 하나님을 찬미하십시오. 예수 그리스도는 여러분을 위해 하늘의 천사들을 떠나셨습니다. 여러분은 그를 위해 사랑하는 자들을 떠날 수 없습니까?

셋째로, 이제부터 그가 함께 해야만 했던 사람들이 어떤 사람들이었는지 생각해 보십시오. 사실 그들을 생각할 때, 나는 가장 크게 놀랍니다. 왜냐하면 그 당시 참된 하나님을 따르는 자들은 전혀 사랑스러운 백성들이 아니었기 때문입니다. 모세는 기꺼이 그리스도를 위한 수모를 짊어지고 하나님의 백성들의 고난을 감당하고자 했습니다. 그들은 비참할 정도로 가난했으며, 온 땅에 흩어져 벽돌을 굽는 단조로운 일을 하는 자들이었습니다. 그들의 정신을 쇠퇴시키기 위한 목적으로 부과된 그와 같은 일은 그 목적을 충실하게 이루었습니다. 그들은 힘과 정신을 거의 완전하게 상실했습니다. 그들에게는 지도자가 없었습니다. 설령 지도자가 일어난다 하더라도, 그들은 지도자를 따를 준비가 되어 있지 않았습니다. 모세가 그들에게 하나님이 자신을 보냈음을 알렸을 때, 그들은 처음에는 그를 받아들였습니다. 그러나 그의 첫 번째 행동으로 말미암아 자신들의 노역이 갑절로 증가되었을 때, 그들은 즉시로 그를 비난했습니다. 이것은 40년 전에도 마찬가지였습니다. 그가 그들의 다툼 가운데 개입했을 때, 그들 가운데 한 사람이 이렇게 말했습니다. "누가 너를 우리를 다스리는 자와 재판관으로 삼았느냐 네가 애굽 사람을 죽인 것처럼 나도 죽이려느냐"(출 2:14). 그들은 문자 그대로 오합지졸의 노예들에 불과했습니다. 그들은 짓뭉겨 으깨진 노예들이었습니다. 노예들에게 있어 가장 나쁜 것 가운데 하나는 그들이 남자로서의 모든 패기와 정신을 잃어버린다는 것입니다. 설령 그들에게 자유가 주어진다 하더라도, 우리는 그들이 자유인으로 태어난 자들처럼 행동할 것을 기대할 수 없습니다. 왜냐하면 그들의 영혼과 정신 속에 노예의 깊은 족쇄가 채워져 있기 때문입니다. 이와 같이 이스라엘 백성들은 모세와 같이 교육을 많이 받은 상류계급의 사람이 함께 하기에는 도무지 어울리지 않는 백성들이었습니다. 그는 왕족이었음에도 불구하고 가난한 자들과 함께 해야만 합니다. 그는 자유로운 사람이었음에도 불구하고 노예들과 연합해야만 합니다. 그는 교육을 많이 받은 사람이었음에도 불구하고 무식한 백성들과 섞여야만 합니다. 그는 강한 정신을 가진 사람이었음에도 불구하고 미약한 정신을 가진 노예들과 함께 해야만 합니다. 많은 사람들은 이렇게 말할 것입니다. "나는 결코 그렇게 할 수 없어. 만일 내가 성경의 가르침을 충실하게 따르며 모든 일 가운데 주님의 뜻에 순종한다면, 나는 내가 어떤 교회에 연합해야만 하는지 알아. 그들은 너무나 가난하고 무식한 자들이며, 그들의 예배 처소는 건축학적인 아름다움과는 너무나 거리가 멀어. 그들은 세련되지 못한 자들이며, 그들의 설교자 역시 그저 그런 평범한 사람일 뿐이야. 교인들의 숫자도 몇 명 되지 않으며, 교회의 힘도 아주 미약하기 짝이 없어. 만일 내가 그들과 연합한다면, 나는 지금 교제하는 사람들로부터 단절되어야만 해." 우리는 이와 같은 종류의 이야기를 귀가 아프도록 듣지 않았습니까? 진리가 초라한 옷을 걸치고 있을 때, 그럼에도 불구하고 진리를 사랑하는 사람들이 남아 있지 않습니까? 겉으로 나타나는 화려함보다 복음을 더 사랑하는 사람들이 남아 있지 않습니까? 만일 하나님이 모세를 일으켜 세우셨다면, 그의 형제들이 아무리 비천한 자인들 그것이 그에게 무슨 상관이란 말입니까? 그는 말합니다. "그들은 하나님의 백성들이야. 만일 그들이 비참할 정도로 가난하다면, 나는 더욱 힘써 그들을 도와야만 해. 만일 그들이 억압과 압제를 당하고 있다면, 바로 그것이 내가 그들을 도와야만 하는 이유야. 만일 그들이 하나님과 그의 진리를 사랑한다면, 나는 그들과 함께 그들 편에 서서 싸울 거야." 나는 모세가 정말로 이렇게 생각했을 것이라고 생각합니다. 그랬기 때문에 그는 굳게 결심하고, 곧바로 자신의 자리로 달려갔을 것입니다.

이 모든 것들 외에도 모세를 고통스럽게 만든 것은 또 있었습니다. 모세는 하나님의 백성들 가운데 하나님께 영광을 돌리지 않는 등 그들의 기본적인 삶의 원리를 따라 살지 않는 일부 사람들이 있음을 발견했습니다. 그러나 그는 몇몇 허물에 의해서가 아니라 그들의 표준과 원리에 의해 백성 전체를 판단했습니다. 그는 이스라엘 백성이 그들의 모든 허물에도 불구하고 하나님의 백성이라는 사실을 알았습니다. 그러나 애굽 사람들은 그들의 모든 자랑거리에도 불구하고 하나님의 백성이 아니었습니다. 우리는 하나님의 말씀으로 영들을 시험하고, 담대하게 그 결과를 따라 가야 합니다. 어디에서 그리스도가 교회의 머리로 인정됩니까? 어디에서 성경이 실제로 믿음의 표준으로 받아들여집니까? 어디에서 은혜의 교리들이 분명하게 고백됩니까? 어디에서 성례들이 그리스도께서 제정하신 대로 시행됩니까? 나는 그런 백성들과 함께 갈 것입니다. 그들의 고백이 나의 고백이 될 것이며, 그들의 하나님이 나의 하나님이 될 것입니다. 우리는 이 땅에서 완전한 교회를 찾지 않습니다. 그러나 우리는 교황주의와 성례주의와 잘못된 교리로부터 자유로운 교회를 찾습니다. 만일 그런 교회를 찾을 수 없다면, 우리는 찾을 수 있을 때까지 기다릴 것입니다. 어떤 경우에도 우리는 어리석은 사제주의와 결코 연합하지 않을 것입니다. 만일 형제들에게 어떤 허물이 있으면, 우리는 오래 참음으로 인내하며 그들이 그 모든 허물을 극복할 수 있도록 위하여 기도할 것입니다. 그러나 우리는 교황주의자(Papists)들이나 이성주의자들(Rationalists)과는 결코 연합하지 않을 것입니다. 만일 우리가 그들과 연합한다면, 하나님은 그들의 모든 죄를 우리 손에서 찾으실 것입니다.

자, 모세가 이스라엘과 함께 하는 것으로 인해 무엇을 버렸는지 생각해 보십시오. 그는 명예를 버렸습니다. "믿음으로 모세는 장성하여 바로의 공주의 아들이라 칭함 받기를 거절하고"(24절). 그는 죄악의 낙을 누리는 것을 버렸습니다. "잠시 죄악의 낙을 누리는 것보다 더 좋아하고"(25절). 그는 재물을 버렸습니다. 그는 그리스도를 위한 수모를 취하고자 "애굽의 모든 보화"를 포기했습니다(26절). 설령 내가 하나님을 따르기 위해 나의 사회적인 지위를 잃고 천민이 되어야만 한다 하더라도, 그것은 너무나 좋은 일입니다. 설령 내가 수만 가지 즐거움을 포기하고 모든 재산을 빼앗겨야만 한다 하더라도, 그것은 너무나 좋은 일입니다. 옛 순교자들을 생각해 보십시오. 그들은 기꺼이 자신들의 목숨을 버렸습니다. 기꺼이 자신의 목숨을 내줄 수 있는 사람이 아무도 남아 있지 않습니까? 만일 어떤 사람의 마음속에 참된 믿음이 있다면, 그는 거지가 될 것인가 아니면 거짓과 타협할 것인가 두 가지를 놓고 어느 것을 선택할지 고민하지 않을 것입니다. 그는 그리스도를 위한 수모를 애굽의 모든 보화보다 더 큰 재물로 여길 것입니다.

또 그가 애굽 궁중을 떠남으로써 무엇을 얻었는지 생각해 보십시오. 그는 풍성한 고난을 얻었습니다. "도리어 하나님의 백성과 함께 고난 받기를 잠시 죄악의 낙을 누리는 것보다 더 좋아하고." 그는 가난을 얻었습니다. "그리스도를 위하여 받는 수모를 애굽의 모든 보화보다 더 큰 재물로 여겼으니." 아, 모세여! 설령 당신이 이스라엘과 연합했다 하더라도, 당신을 위한 현재의 상급은 아무것도 없었습니다. 당신은 아무것도 얻지 못했으며, 모든 것을 잃었습니다. 당신은 그 일을 참된 원리로부터, 하나님에 대한 사랑으로부터, 진리에 대한 믿음으로부터 행해야만 합니다. 왜냐하면 이스라엘 백성들은 당신에게 줄 아무런 명예와 재물을 가지고 있지 않기 때문입니다. 당신은 고난을 당하게 될 것이며, 그것이 전부입니다. 당신은 어리석은 자로 불릴 것이며, 사람들은 그렇게 부르는 것을 지극히 합당하게 생각할 것입니다. 이것은 오늘날에도 정확하게 동일합니다. 만일 어떤 사람이 오늘날 여호와를 찾으러 진영(鎭營) 밖으로 나아가고자 한다면 또 만일 그가 성문 밖에 있는 그리스도에게로 나아가고자 한다면, 그는 그 일을 오직 하나님과 그리스도에 대한 사랑으로부터 행해야 합니다. 그 외에 다른 동기(動機)로부터 행해서는 안 됩니다. 하나님의 백성들은 당신에게 줄 아무것도 가지고 있지 않습니다. 그러므로 주님은 우리에게 비용을 셈하라고 말씀하십니다. 열렬한 회심자가 우리 주님에게 "주여 어디로 가시든 나는 주를 따를 것이나이다"라고 말했을 때, 그는 다음과 같은 대답을 받았습니다. "여우도 굴이 있고 공중의 새도 거처가 있으되 인자는 머리 둘 곳이 없도다"(마 8:20). 오늘날에도 진리라는 이름의 신부는 자기를 맞아들이는 신랑에게 자기 자신만을 줄 뿐 아무런 지참금도 가져오지 않습니다. 능욕과 경멸과 굶주림과 조롱과 비방 — 이것이 애굽 궁중을 떠나는 것에 대한 보답입니다. 만일 어떤 사람이 진리를 위해 하나님의 진리를 사랑하며, 하나님을 위해 하나님을 사랑하며, 그리스도를 위해 그리스도를 사랑한다면, 그로 하여금 같은 마음을 가진 사람들과 함께 주의 군대에 들어오게 하십시오. 그러나 만일 그가 그 이상의 다른 어떤 것을 찾는다면, 다시 말해서 만일 그가 유명해지거나 권력을 얻거나 충분한 보수를 받는 것을 바란다면, 차라리 그는 지금 있는 자리에 그냥 남아 있는 것이 더 낫습니다. 하나님의 교회는 사람을 뇌물로 유혹하지 않으며, 주의 병사가 되고자 나오는 자들에게 용병의 급료를 제안하지 않습니다. 만일 주를 섬기는 것 자체가 큰 상급이 아니라면, 그 이상의 것을 찾는 자들은 차라리 자신의 이기적인 길로 그냥 계속해서 나아가는 것이 훨씬 더 낫습니다. 만일 천국으로 충분하지 않다면, 그 외에 다른 것을 찾는 자들은 차라리 다른 곳에 가서 자신이 원하는 것을 찾는 것이 훨씬 더 낫습니다. 모세는 하나님의 백성들과 함께 할 것을 선택하는 가운데 아무것도 바라지 않고 그렇게 했습니다. 하나님의 진리를 위해 그리고 주를 위해, 그는 모든 것을 포기했습니다. 그는 하나님의 은혜로 말미암아 하나님의 짓밟힌 백성들과 함께 하며 그들 가운데 하나로 계수(計數)되는 것으로 만족했습니다.

**2. 둘째로, 모세의 그러한 결단의 원천은 무엇이었습니까?**

그것이 믿음이었다고 말하는 성경과는 달리, 어떤 사람들은 그것이 혈육의 힘이었다고 주장합니다. 그들은 "모세는 혈통적으로 이스라엘 백성이었으므로 결국 자연적인 본능이 이긴 것"이라고 말합니다. 그러나 본문은 전혀 다른 이유를 제시합니다. 우리는 경건한 부모로부터 태어난 자녀들이 바로 그 이유 때문에 참된 하나님을 경배하는 삶으로 이끌려지는 것은 아니라는 사실을 잘 압니다. 은혜는 피를 따라 흐르지 않습니다. 죄는 그럴는지 모르지만, 의는 그렇지 않습니다. 복음을 뜨겁게 사랑하던 부모로부터 태어난 자녀들이 의식주의(儀式主義)의 열렬한 신봉자가 되는 경우를 우리는 많이 보지 않습니까? 모세를 하나님의 진리의 길로 이끈 것은 피가 아니라 믿음이었습니다. 또 모세를 압제받는 편에 서도록 이끈 것은 그의 특이한 기질도 아니었습니다. 우리는 때로 훌륭한 혈통과 높은 사회적 신분을 가지고 있음에도 불구하고 하류계급의 사람들과 어울리기를 좋아하는 사람들을 발견합니다. 그들이 그렇게 하는 것은 단순히 자신들이 원하는 대로 살고자 하는 그들 자신의 특이한 기질 때문입니다. 그들은 자신들의 특이한 방식대로 살아야만 합니다. 그러나 모세의 경우는 그렇지 않았습니다. 모세의 생애 전체를 통해 여러분은 그 안에서 그와 같은 특이한 기질의 흔적을 발견할 수 없습니다. 그는 준법적이며, 건실하며, 안정된 사람이었습니다. 또 그는 중심이 확고한 사람이었습니다. 그는 항상 확고한 중심을 기준으로 움직였으며, 신중하고 분별 있게 행동했습니다. 그러므로 그의 결단은 결코 그 자신의 특이한 기질 탓으로 돌려질 수 없습니다. 또 그를 그렇게 움직인 것은 그의 영혼 속에서 불타고 있었던 열렬한 애국주의적 불꽃으로 말미암은 갑작스러운 충동도 아니었습니다. 이와 같이 생각하는 사람들은 바로 이것 때문에 그가 때로 신중하게 행동하기보다 성급하게 행동하곤 했다고 이야기합니다. 그러나 결코 그렇지 않습니다. 물론 그가 애굽사람을 죽일 때 어느 정도 성급함이 있었을 수 있습니다. 그러나 그에게는 그 일을 되돌아볼 수 있는 40년 동안의 시간이 있었지만, 그러나 그는 결코 자신의 선택을 후회하지 않았습니다. 그는 계속해서 압제받는 하나님의 백성들과 함께 했으며, 여전히 스스로를 바로의 공주의 아들로 생각하기를 거부했습니다. 모세로 하여금 그와 같이 결단하게 하고 또 그러한 결단을 계속해서 유지하도록 이끈 것은 오직 믿음이었습니다.

그러면 그의 믿음은 어떤 믿음이었습니까? 첫째로, 그는 여호와를 믿는 믿음을 가졌습니다. 분명 모세는 애굽의 여러 신들을 보았을 것입니다. 마치 오늘날 우리가 애굽의 신전이나 피라미드에 그려진 그들의 신들을 보는 것처럼 말입니다. 우리는 거기에서 신으로 숭배된 신성한 새와 신성한 동물과 신성한 악어와 모든 종류의 피조물들을 발견합니다. 뿐만 아니라 애굽에는 일부는 사람이고 일부는 동물인 이상한 우상들이 무수하게 있었습니다. 그러한 우상들은 오늘날 우리의 박물관들에 전시되어 있지만, 그러나 한때 애굽사람들의 숭배의 대상이었습니다. 모세는 이 모든 형상들에 대해 싫증이 났습니다. 그는 오직 한 분의 하나님이 계시다는 사실을 마음으로 알았습니다. 그는 아문(Amun)이나 프타흐(Pthah)나 마우트(Maut)와는 아무 상관도 없었습니다. 진실로 나의 영혼은 오늘날 맑은 정신을 가진 사람들이 십자가나 십자고상(crucifix, 십자가에 못 박힌 예수像)의 이름으로 숭배되는 금이나 은이나 상아로 만든 신들에게 싫증을 느끼기를 하나님께 간절히 부르짖습니다. 또 밀가루와 물로 신을 만든 후 그 앞에 절하고 나서 그것을 삼키는 그래서 신을 자기 뱃속으로 집어넣는 저급한 우상 숭배에 대해 가증히 여기는 마음을 갖게 되기를 간절한 마음으로 기도합니다. 어떤 풍자시인은 애굽 사람들에 대해 이렇게 풍자했습니다. "오 복된 백성들이여, 그대들의 신들이 그대들의 정원에서 자라고 있도다." 우리는 그 풍자시인처럼 똑같은 어투로 이렇게 말할 수 있습니다. "오 복된 백성들이여, 그대들의 신들이 그대들의 아궁이에서 구워지고 있도다." 이것은 인간의 지성을 모독하는 가장 저급한 형태의 미신이 아닙니까? 참된 마음을 가진 사람들은 그러한 우상 숭배로부터 돌이키면서 이렇게 말할 것입니다. "아니야, 나는 결코 그렇게 할 수 없어. 하늘과 땅을 만드신 한 하나님이 계실 뿐이야. 자신의 힘의 권능으로 만물을 붙잡고 계시는 한 하나님이 계실 뿐이야. 나는 오직 그분만을 경배할 거야. 또 나는 그 자신의 율법에 따라 아무런 형상이나 상징이 없이 그분을 경배할 거야. 왜냐하면 그분이 그러한 것들을 금하셨기 때문이야." 그분이 이렇게 말씀하지 않으셨습니까? "너를 위하여 새긴 우상을 만들지 말고 또 위로 하늘에 있는 것이나 아래로 땅에 있는 것이나 땅 아래 물 속에 있는 것의 어떤 형상도 만들지 말며 그것들에게 절하지 말며 그것들을 섬기지 말라 나 네 하나님 여호와는 질투하는 하나님인즉"(출 20:4, 5). 바로 그 하나님이 사람들에게 믿음을 주시고, 그들로 하여금 오직 한 하나님이 계시며 그 하나님은 사람이 만든 의식(儀式)과 규례에 따라 예배되어서는 안 된다는 사실을 알게 하십니다. 왜냐하면 그는 영이시므로 그를 예배하는 자들은 마땅히 영과 진리로 예배해야 하기 때문입니다. "하나님은 영이시니 예배하는 자가 영과 진리로 예배할지니라"(요 4:24). 만일 이러한 하나님의 진리가 하늘로부터 능력으로 사람들의 마음속으로 임한다면, 성 베드로 대성당과 성 바울 대성당은 그 꼭대기의 십자가로부터 제일 아래 있는 지하실까지 흔들릴 것입니다. 이러한 두 교회당이 오늘날 우리에게 가르치는 것이 순전

한 우상 숭배 외에 도대체 무엇이란 말입니까? 오늘날 담대하게 떡과 포도주에
게 절하는 사람들이 영국교회 안에서 그들의 재주를 실행할 수 있는 면허증을
가지고 있습니다. 하나님을 사랑하는 모든 사람들은 이러한 가증한 것들로부터
떠날 것입니다. 하나님이여, 부디 우리로 하여금 그와 같이 행하는 많은 모세들
을 보게 하여 주소서!

　둘째로, 그의 믿음은 또한 그리스도 안에 놓여 있었습니다. 어떤 사람들은
"그리스도는 아직 오지 않았는데요?"라고 반문합니다. 물론 그렇습니다. 그러나
그는 오실 것이었으며, 모세는 오실 자를 바라보았습니다. 모세는 미래를 응시
하였으며, 임종을 앞둔 야곱이 예언한 실로를 바라보았습니다. 그는 조상들에게
주어진 옛 약속 즉 "아브라함의 씨로 말미암아 천하만민이 복을 얻을" 것이라는
약속을 알고 있었습니다. 그리하여 그는 그러한 복에 동참하기 위해 기꺼이 그
리스도를 위한 수모를 짊어지고자 했습니다. 사랑하는 친구들이여, 만일 우리가
예수 그리스도에 대한 믿음을 가지고 있지 않다면, 우리는 결코 하나님에 대한
온전한 믿음을 가지지 못할 것입니다. 사람들은 아들과 무관하게 하나님을 예배
하고자 오랫동안 노력해 왔습니다. 그러나 "나로 말미암지 않고는 아버지께로
올 자가 없느니라"는 말씀은 항상 사실이었고 앞으로도 영원히 사실일 것입니다
(요 14:6). 만일 여러분이 하나님의 아들의 속죄와 중보로 말미암아 나오지 않는
다면, 여러분은 결코 아버지께 참으로 예배할 수 없습니다. 물론 모세는 그리스
도와 관련하여 오늘날 우리에게 계시된 모든 것을 알지는 못했을 것입니다. 그
럼에도 불구하고 그는 오실 메시야를 믿었으며, 그러한 믿음이 그의 마음을 강
하게 했습니다. 주 예수 그리스도를 영접한 사람들은 모두 이와 같습니다. 만일
어떤 사람이 나에게, 무엇이 우리의 청교도 조상들과 종교개혁자들과 순교자들
을 원수들 앞에서 그토록 용감하며 두려움을 모르는 사람들이 되게 했느냐고 묻
는다면, 나는 그것이 보이지 않는 하나님을 믿는 믿음과 함께 성육신하신 하나
님의 아들을 믿는 믿음이었다고 대답할 것입니다. 그러한 믿음 안에서 그들은
그리스도에 대한 사랑으로 말미암아 수만 번도 더 기쁘게 죽을 수 있다는 뜨거
운 마음을 느꼈던 것입니다.

　셋째로, 나아가 모세는 하나님의 백성들과 관련한 믿음을 가지고 있었습니
다. 이에 대하여는 이미 앞에서 다룬 바 있습니다. 그는 이스라엘 백성들이 하나
님의 택하신 자들임을 알고 있었습니다. 하나님이 그들과 더불어 언약을 세우셨

으며, 그들의 모든 허물에도 불구하고 하나님은 그 언약을 깨뜨리지 않으셨습니다. 그러므로 모세는 그들과 관련한 일이 곧 하나님의 일이며 또 하나님의 일이기 때문에 그것은 의로운 일이라는 사실을 알았습니다. 어떤 사람이 다음과 같이 말하는 믿음을 갖는 것은 얼마나 위대한 일입니까! "다른 사람들이 어떻게 생각하고, 어떻게 행동하며, 어떻게 믿는지는 나에게 중요한 일이 아니야. 나는 하나님이 나로 하여금 행동하도록 이끄시는 대로 행동할 거야. 다른 사람들이 나에게 어떻게 명령하든 그것은 나에게 중요한 일이 아니야. 또 신앙과 관련하여 세상풍조가 어떻게 말하든 혹은 나의 부모가 어떻게 말하든 그것은 나에게 중요한 일이 아니야. 진리는 하나님의 별이야. 나는 그 별이 인도하는 대로 따라갈 거야. 설령 그로 인해 내가 혼자가 된다 하더라도 또 설령 그로 인해 내가 아무도 믿지 않는 것을 홀로 붙잡아야만 한다 하더라도 또 설령 그로 인해 내가 모든 관계로부터 단절되어야만 한다 하더라도, 그 모든 것은 나에게 저울 위에 달린 먼지 한 알갱이처럼 하찮은 것이야. 만일 어떤 것이 진리라면, 나는 그것을 믿을 것이며 또 그것을 선포할 것이며 또 그로 인해 기꺼이 고난을 감수할 거야. 그러나 만일 어떤 것이 거짓이라면, 나는 단 한순간도 그것과 함께 하지 않을 거야. 나는 단 한순간도 거짓의 친구가 되지 않을 것이며, 거짓과 더불어 교제하지 않을 거야. 만일 어떤 길이 진리의 길이며 또 옳은 길이라면, 설령 홍수와 화염이 가로막는다 할지라도 나는 예수의 인도하심 가운데 기꺼이 그 길을 걸어갈 거야." 이와 같은 정신은 얼마나 위대합니까? 그렇지만 여러분은 오늘날 어디에서 그런 정신을 발견합니까? 현대 정신은 "우리 모두가 다 옳아"라고 투덜거리며 말합니다. "예"(yes)라고 말하는 사람도 옳고, "아니야"(no)라고 말하는 사람도 옳습니다. 여러분은 어떤 사람이 감상주의에 젖어 — 그는 스스로 그것을 기독교적 관용이라고 부릅니다 — 다음과 같이 말하는 것을 듣습니다. "나는 어떤 사람이 이슬람교도든 가톨릭교도든 모르몬교도든 비국교도든 진지한 믿음을 가지고 있기만 하다면 모두 다 옳다고 생각해." 그는 아직까지는 마귀숭배자들이나 흉악범들이나 식인주의자(食人主義者)들은 포함시키지 않습니다. 그러나 조금만 더 지나면 그는 결국 그들 모두까지도 다 받아들일 것입니다. 바로 이것이 오늘날의 풍조입니다. 그러나 그러한 풍조 안에는 진리가 없습니다. 나는 여러분 모두가 그러한 풍조에 대항할 것을 촉구합니다. 그리고 모세처럼 그러한 풍조와 결코 함께 할 수 없음을 선포하기를 바랍니다. 어딘가에 진리가 있을 것입니다. 그것을 찾아봅시다. 거짓은 결코 진리로부터 나오지 않습니다. 그것을 미워합시다. 한 하나님이 계십니다. 그를 따릅시다. 거짓 신들은 결코 하나님일 수 없습니다. 분명 진리는 사람의 아들들에게 가치가 있습니다. 붙잡을 만한 가치가 있는 것이 있습니다. 위하여 싸울 만한 가치가 있는 것이 있습니다. 위하여 죽을 만한 가치가 있는 것이 있습니다. 그러나 오늘날 사람들은 그렇게 생각하는 것 같지 않습니다. 나는 여러분이 사도적 교리를 굳게 지키는 하나님의 참된 교회를 진심으로 귀하게 여기기를 바랍니다. 그런 교회를 찾읍시다. 그런 교회의 지체가 됩시다. 그리고 그런 교회의 편에 서서 하나님과 그의 진리를 위해 싸웁시다.

　마지막으로, 모세는 "상급의 보상"에 대한 믿음을 가지고 있었습니다. 그는 속으로 이렇게 말했을 것입니다. '나는 많은 것을 포기해야만 해. 나는 왕족으로서의 사회적 계급과 지위와 재물을 잃을 것을 계산해야만 해. 그러나 나는 그럼에도 불구하고 더 큰 것을 얻을 것을 기대해. 왜냐하면 하나님이 사람의 아들들을 심판하시는 날, 나는 부끄러움을 당하지 않을 것을 기대하기 때문이야. 또 나는 하나님을 신실하게 섬긴 자들이 그날 지혜롭고 의로운 자들로 드러날 것을 기대해. 반면 세상의 안락(安樂)을 얻기 위해 굽실거린 자들은 그날 자신들이 세상의 일시적인 것을 위해 영원을 잃었으며 하찮은 부스러기를 위해 천국을 바꾸었다는 사실을 발견하게 될 거야.' 이런 마음을 가진 모세를 도대체 누가 적당히 타협하고 현재의 위치에 그냥 머물러 있으라고 설득할 수 있겠습니까? 여러분은 그에게 다른 선한 사람들을 함부로 판단해서는 안 된다고, 제발 넓은 마음을 가지고 양어머니인 바로의 공주를 생각하라고, 그녀가 얼마나 따뜻하게 보살펴 주었는지 생각하라고, 지금의 자리에서도 얼마든지 좋은 일을 할 수 있는 기회가 있지 않느냐고 설득할 수 없을 것입니다. 여러분은 그에게 도대체 어떻게 비참한 노예들의 친구가 될 수 있겠느냐고, 어떻게 바로에게 영향력을 끼칠 수 있겠느냐고, 애굽의 귀족들과 백성들을 올바른 길로 이끄는 지도자가 될 수도 있지 않겠느냐고, 하나님이 그런 목적으로 지금 이 자리에 세워 주신 것일 수도 있지 않느냐고 설득할 수 없을 것입니다. 사람들은 계속해서 그와 같이 말할 수 있을 것입니다. 여러분은 "바벨론식 어법"(Babylonian talk)에 대해 압니다. 왜냐하면 오늘날 여러분 모두가 불의의 속임수를 그럴듯하게 포장하는 수많은 논증들을 읽거나 들었기 때문입니다. 오늘날 사람들은 악(惡)을 행하는 것을 통해 선(善)이 올 수 있다고 가르칩니다. 그러나 모세는 그 모든 논증들에 대해 조금도 개의치 않았습니다. 그는 자신의 의무를 알았고, 그에 따라 행동했습니다. 그 결과가 어떠할 것인지는 전혀 개의치 않고 말입니다. 모든 그리스도인들의 의무는 하나님의 진리를 믿고, 그 진리를 따르며, 그 결과는 하나님께 맡기는 것입니다. 누가 그렇게 할 것입니까? 다시 한 번 묻습니다. 오늘날 누가 그렇게 할 것입니까?

### 3. 셋째로, 하나님을 따르기로 결단함에 있어 모세를 지탱해 주었던 논증들을 살펴보도록 합시다.

첫 번째 논증은 그가 자신이 만난 하나님이 참 하나님이며, 따라서 그의 말씀을 지켜야만 하며 그리하여 그의 백성들을 애굽으로부터 건져내 약속의 땅으로 데려가야만 한다는 것을 분명히 알았다는 것입니다. 그는 스스로에게 이렇게 말했습니다. "나는 진리의 편에 서기를 원해. 하나님은 전능하시며, 신실하시며, 공의로우신 분이야. 나는 하나님의 편에 설 거야. 그리고 다른 편을 떠나 하나님의 편이 됨으로써 나의 신실함을 증명할 거야."

두 번째 논증은 25절에 나타난 것처럼 그가 죄악의 낙을 "잠시" 누리는 것에 불과한 것으로 인식했다는 것입니다. 그는 스스로에게 이렇게 말했습니다. "나에게 주어진 인생은 아주 짧은 인생일 뿐이야. 설령 내가 노년까지 장수한다 하더라도, 그것은 여전히 짧은 인생일 뿐이야. 만일 내가 계속해서 죄의 낙을 누리며 애굽의 보화 때문에 이스라엘을 배반한 자로서 하나님 앞에 서야만 한다면, 나의 운명은 너무나 비참한 것이 되고 말거야. 또 인생의 마지막 순간 나의 모든 인생행로를 회상할 때, 나의 마음은 너무나 비통할 거야." 우리는 모든 것을 영원의 저울 위에서 재야만 합니다. 우리 모두는 조만간 하나님의 심판대 앞에 있게 될 것입니다. 그 때 우리가 어떤 마음을 갖게 될 것인지 생각해 보십시오. 어떤 사람은 "나는 신앙에 대해서는 한 번도 생각해 본 적이 없습니다"라고 말할 것입니다. 또 어떤 사람은 "신앙에 대해 생각해 보기는 했지만 그러나 어떤 결단에 도달할 만큼 충분하게 생각하지는 않았습니다. 나는 물결이 흐르는 대로 따라 갔습니다"라고 말할 것입니다. 또 어떤 사람은 "나는 진리를 잘 알고 있었지만 그러나 그로 인해 수치를 짊어질 수는 없었습니다. 만일 내가 진리를 따라 행했다면, 사람들이 나를 광신자로 생각했을 것입니다"라고 말할 것입니다. 또 어떤 사람은 "나는 둘 사이에서 머뭇거렸습니다. 나는 하나님의 진리를 따르기 위해 현재의 위치를 희생시키는 것이 과연 합당한 일인지 확신할 수 없었습니다"

라고 말할 것입니다. 유다처럼 구주를 판 사람들은 얼마나 땅을 치며 후회할 것입니까! 자신의 양심과 자신의 하나님에게 진실하지 못했던 자들의 임종의 자리는 얼마나 비참할 것입니까! 그러나 신자(信者)는 얼마나 평온한 마음으로 다음 세상을 바라볼 것입니까! 그는 말할 것입니다. "나는 은혜로 말미암아 구원받았어. 감사하게도 나는 사람들로부터 조롱을 당하는 것을 감당할 수 있었어. 감사하게도 나는 사람들로부터 비웃음을 당하는 것이나 지위를 잃는 것도 감당할 수 있었어. 감사하게도 나는 일터로부터 쫓겨나거나 어리석은 자로 불리는 것도 감당할 수 있었어. 그 모든 것들이 결국 나를 해하지 못했어. 나는 그리스도의 공동체 안에서 위로를 발견했어. 나는 그 모든 것 가운데 그에게 갔고, 그리스도를 위해 수모를 당하는 것이 애굽의 모든 보화를 소유하는 것보다 더 달콤하다는 사실을 발견했어. 그의 이름을 송축할지니, 나는 세상의 즐거움들을 놓쳤지만 그러나 그것은 나에게 아무런 손실도 아니었어. 나는 그런 것들을 놓친 것이 오히려 기뻐. 왜냐하면 주의 백성들 가운데 더 달콤한 즐거움을 발견했을 뿐만 아니라 장차 영원히 끝나지 않을 즐거움이 임할 것을 알고 있기 때문이야." 사랑하는 형제들이여, 설령 그리스도와 함께 하는 것이 모든 것을 잃는 것을 포함한다 하더라도, 그것은 결국 여러분에게 큰 유익이 될 것입니다. 그리스도로 인해 여러분은 세상에서 많은 수모를 감당해야만 하게 될 수 있습니다. 그러나 그것은 곧 끝날 것이며, 그 때 영원한 상급이 따를 것입니다.

　세 번째 논증은 모세가 잠시 누리는 즐거움조차 그것이 지속되는 동안 그리스도를 위해 수모를 당하는 즐거움과 같지 못한 것으로 생각했다는 것입니다. 그리스도의 최악(最惡)이 세상의 최선(最善)보다 낫다는 생각은 우리의 마음을 얼마나 담대하게 만들어 줍니까! 만일 우리가 진실한 신자라면, 심지어 이 땅에서조차 우리는 악인들이 죄로부터 끌어내는 즐거움보다 더 큰 즐거움을 가질 것입니다.

### 4. 마지막으로, 오늘의 교훈을 몇 가지 살펴보도록 합시다.

　첫째로, 우리 모두는 그리스도를 위해 모든 것으로부터 분리될 준비가 되어 있어야 합니다. 만일 우리에게 그럴 준비가 되어 있지 않다면, 우리는 그의 제자가 아닙니다. 어떤 사람이 "그 말은 지나치게 가혹합니다"라고 말합니다. 그러나 나는 열 번이고 반복해서 말할 수 있습니다. 왜냐하면 우리 주님이 그렇게 말씀하셨기 때문입니다. "아버지나 어머니를 나보다 더 사랑하는 자는 내게 합당하지 아니하고 아들이나 딸을 나보다 더 사랑하는 자도 내게 합당하지 아니하며"(마 10:37). "이와 같이 너희 중의 누구든지 자기의 모든 소유를 버리지 아니하면 능히 내 제자가 되지 못하리라"(눅 14:33). 예수 그리스도는 실제로 여러분에게 어떤 것을 버리라고 요구하지 않을 수도 있습니다. 그러나 여러분은 만일 그가 요구하신다면 모든 것을 버릴 준비가 되어 있어야 합니다.

둘째로, 우리는 적당히 타협함으로 말미암아 이 세상에서 영광을 얻고자 하는 생각을 미워해야만 합니다. 설령 예수를 위한 증인이 되지 않음으로써 큰 존경을 받을 수 있는 기회가 있다 하더라도, 그와 같은 영광스럽지 못한 영광을 얻고자 시도하지 마십시오. 설령 여러분의 믿음을 포기할 준비가 되어 있는 것으로 인해 사람들로부터 칭찬을 받을 소망이 있다 하더라도, 결코 그렇게 하지 마십시오. 사람들을 기쁘게 하기 위해 자신의 믿음을 부인한 자에게 주어질 영광이 고작해야 저주받은 영광 외에 무엇이겠습니까? 하나님이여, 부디 이러한 것들로부터 우리를 구원하소서!

셋째로, 우리는 하나님과 성경을 진실하게 따르는 자들과 ─ 설령 그들이 우리가 좋아하는 부류의 사람들이 아니라 하더라도 말입니다 ─ 함께 해야 합니다. 이스라엘 백성은 이스라엘 백성들과 함께 해야 합니다. 그리스도인은 그리스도인들과 함께 해야 합니다. 그리스도와 성경을 철저하게 따르는 제자는 역시 그와 같은 사람들과 함께 해야 합니다. 설령 그들이 세상에서 가장 비천하며, 가장 가난하며, 가장 무식하며, 가장 못 배운 자들이라 하더라도 말입니다. 만일 그들의 하나님이 그들을 사랑하시고 그들이 하나님을 사랑한다면, 그 모든 것이 도대체 무엇이란 말입니까? 하나님의 진리의 저울로 잴 때, 그들 가운데 가장 작은 자가 일만 명의 불경건한 자들보다 더 무겁습니다.

마지막으로, 우리는 믿음이 모든 것의 기초라는 사실을 기억해야 합니다. 중요한 것은 믿음입니다. 진지한 믿음이 없이 온전한 성품은 결코 만들어지지 않습니다. 사랑하는 자들이여, 여기에서부터 시작하십시오! 만일 여러분이 그리스도를 믿지 않는다면, 또 만일 여러분이 한 하나님을 믿지 않는다면, 부디 주님이 지금 여러분을 회심시키시고 여러분에게 믿음의 보배로운 선물을 주시기를 기원합니다. 믿음의 기초 없이 온전한 성품을 세우고자 시도하는 것은 마치 모래 위에다가 나무와 풀과 짚을 쌓는 것과 같습니다. 나무와 풀과 짚은 매우 좋은 것이지만, 그러나 그것들은 결코 불을 견디지 못할 것입니다. 모든 그리스도인은 불을 견뎌야만 할 것입니다. 그러므로 우리는 반석 위에다가 불의 시험을 견딜 수 있는 은혜와 열매들로 쌓아야만 합니다. 여러분은 스스로를 시험해 보아야만 합니다. 만일 여러분이 겁쟁이처럼 살금살금 기어다니며 모든 조롱과 반대를 피해 왔다면, 자신이 실제로는 바알세불의 제자가 아닌지 스스로에게 물어 보십시오. 자신이 정말로 "누구든지 자기 십자가를 지고 나를 따르지 않는 자는 능히 내 제자가 되지 못하리라"(눅 14:27)라고 말씀하신 자의 제자인지 스스로에게 물어 보십시오. 부드러운 자리를 의심하십시오! 화평을 두려워하십시오! 예수 그리스도는 화평을 깨뜨리기 위해 왔다고 말씀하셨습니다. "내가 세상에 화평을 주러 온 줄로 생각하지 말라 화평이 아니요 검을 주러 왔노라"(마 10:34). 또 그는 땅에 불을 던지기 위해 왔다고 말씀하시면서, 그 불이 이미 붙었다고 덧붙이셨습니다. "내가 불을 땅에 던지러 왔노니 이 불이 이미 붙었으면 내가 무엇을 원하리요"(눅 12:49).

> "내가 편안함과 안일로 가득한
> 꽃으로 수놓은 침상에 있어야만 하는가?
> 다른 사람들은 상을 얻기 위해 싸우며
> 피로 얼룩진 바다를 항해하고 있는데.
>
> 나는 마땅히 싸워야 할 것이라.
> 주여, 나에게 용기를 더하소서!
> 주의 말씀의 버팀목으로 말미암아
> 기꺼이 수고와 고통을 견딜 것이나이다." 아멘.

제
31
장
—

# 라합

—

"믿음으로 기생 라합은 정탐꾼을 평안히
영접하였으므로 순종하지 아니한 자와 함께
멸망하지 아니하였도다." — 히 11:31

"또 이와 같이 기생 라합이 사자들을 접대하여
다른 길로 나가게 할 때에 행함으로
의롭다 하심을 받은 것이 아니냐." — 약 2:25

본문은 라합의 생애를 요약한 신약의 두 구절인데, 두 구절 모두 그녀에 대해 매우 영예롭게 기록합니다. 바울은 그녀를 믿음으로 놀라운 일을 행한 위대한 인물들 가운데 한 사람으로 제시합니다. 히브리서 11장은 믿음의 병사들의 이름이 새겨진 개선문과 같습니다. 그리고 거기에 새겨진 빛나는 이름들 가운데 여기의 여리고의 기생의 이름이 있습니다. 그렇지만 그로 인해 우리는 그다지 놀라지 않습니다. 왜냐하면 그녀는 분명 위대한 믿음의 한 실례(實例)였기 때문입니다. 그렇지만 그녀의 이름이 야고보서에 기록된 것을 어느 정도 우리를 놀라게 하기에 충분합니다. 왜냐하면 야고보는 행함을 중시하는 사람으로서 믿음보다는 선행에 대해 쓰고 있었기 때문입니다. 그의 목적은 영혼을 의롭게 하는 믿음은 선행을 산출하는 믿음이라는 사실을 보이는 것이었습니다. 그리하여 그는 그에 걸맞는 실례들을 찾고 있었습니다. 우리는 야고보가 라합을 선택할 것이라고는 거의 생각할 수 없었지만, 그러나 그는 그렇게 했습니다. 더욱 놀라운 것은 그녀와 함께 선택된 또 한 사람이 믿음의 조상이요, 하나님의 벗이요, 온전하며 정직한 사람인 아브라함이었다는 사실입니다. 야고보는 남성을 대표하여 아브라함을 선택하고, 여성을 대표하여 기생 라합을 선택합니다. 나는 야고보가 자신이 지금 무엇을 하고 있는지 분명히 알았으며 또한 그를 인도한 영감(靈感)이 결코 오류가 없음을 확신합니다. 아마도 라합은 유대인을 대표하는 아브라함과 함께 이방인을 대표하여 선택되었을 것입니다. 아브라함이 행함으로 나타나는 믿음을 소유했던 것처럼, 이방인의 딸 라합 역시도 마찬가지였습니다. 그러나 나는 야고보가 그녀를 언급한 데에는 또 하나의 이유가 있다고 생각합니다. 그것은 아브라함이 하나님의 부르심을 받고 우르로부터 나올 때 그의 모든 친척들을 버렸던 것처럼, 라합 역시도 하나님의 백성 이스라엘과 함께 약속된 기업에 참여하기 위해 여리고에 있는 그녀의 모든 친척들과 자신의 나라를 버렸기 때문입니다. 라합에게 있어 자신의 이름이 믿음의 영웅들 가운데 기록되었을 뿐만 아니라 야고보 사도에 의해 행함으로 열매 맺는 믿음의 위대한 두 실례 가운데 하나로서 선택된 것은 너무도 놀라운 축복이었습니다.

이제 라합의 믿음과 그녀의 특성을 좀 더 세심하게 살펴보도록 합시다. 바울과 야고보의 찬사와 더불어 성령의 증언을 감안할 때, 우리가 이 여인을 좀 더 세심하게 살펴보는 것은 너무도 당연한 일이 아닐 수 없습니다. 부디 하나님의 영이 우리의 살핌을 유익되게 이끄시기를 기원합니다.

### 1. 첫째로, 라합의 믿음은 특별한 믿음이었습니다.

그녀가 부모로부터 아무런 가르침도 받지 못했다는 사실을 생각할 때, 이것은 너무도 분명합니다. 그녀는 믿음의 가정에서 태어나지 않았습니다. 그녀의 부모는 저주받은 가나안 백성이었습니다. 그들 자신이 하나님을 믿지 않았으며, 따라서 딸에게 믿음을 가르칠 수 없었습니다. 그녀는 가정이 하나님을 경외하는 가정이었기 때문에 하나님을 경외하는 자가 된 것이 아니었습니다. 그녀의 가족들 가운데 하나님을 경외하는 자는 없었습니다. 그녀는 여리고에서 은혜로 부름 받은 첫 번째 그리고 유일한 사람이었습니다. 경건한 부모로부터 태어난 자녀들이 부모로부터의 경건한 가르침과 모범에 의해 그리스도를 믿는 자가 되는 것 역시 똑같이 하나님께 영광이 되는 일이지만, 어쨌든 그녀의 경우는 정말로 놀랄 만한 일입니다. 여기에서 우리는 사막에 홀로 서 있는 종려나무를 봅니다. 그녀는 수많은 무덤들 가운데 홀로 살아 있는 생명체였습니다. 여러분이 아는 것처럼, 한 가정에서 홀로 하나님을 증언하는 위치에 있는 것은 참으로 어려운 일입니다. 믿지 않는 가정에서 홀로 경건의 삶을 살아가는 사람들에 대해 나는 큰 동정심을 느낍니다. 왜냐하면 그들이 짊어져야 할 무거운 십자가를 알기 때문입니다. 그런 신자들은 온실 속에 있는 식물이 아닙니다. 그들은 겨울의 찬바람 앞에 노출된 꽃들입니다. 그러나 우리는 종종 이런 사람들 가운데 가장 강하고 굳건한 그리스도인들을 보게 됩니다. 라합이 바로 그런 사람이었습니다. 그녀의 믿음은 가시덤불 가운데 홀로 핀 백합 같았지만, 그러나 그것은 가장 강하고 굳건하며 흔들리지 않는 믿음이었습니다.

라합의 믿음이 특별했던 것은 또한 그녀가 믿음의 나라에 속하지 않은 사람이었기 때문입니다. 그녀와 같은 믿음을 가진 사람은 그녀의 집 문 안에 없었을 뿐만 아니라 여리고 성 전체에 없었습니다. 우리가 아는 한, 그녀는 여호와를 믿는 유일한 신자였습니다. 만일 여리고에 다른 신자들이 있었다면, 그 성은 열 명의 의인으로 인해 구원을 받았을 것입니다. 그러나 그녀가 그곳에서 유일한 신자였습니다. 그녀는 그곳에서 참 하나님에 대한 믿음을 소유한 유일한 사람이었습니다. 하나님은 우리가 상상하지 못한 곳에 자기 백성을 갖고 계시며, 우리가 감히 바랄 수 없는 백성들 가운데 택하신 자들을 갖고 계십니다. 그 이름에 "기생"이란 단어가 붙어 있는, 다시 말해서 그 죄가 모든 사람들에게 알려진 그런 사람의 마음속에 하나님의 은혜가 자랄 수 있다고 도대체 누가 생각할 수 있단 말입니까? 그러나 하나님의 은혜는 바로 그곳에서 자랐습니다. 마치 쓰레기더미 위에 핀 아름다운 꽃처럼 그리고 어슴푸레한 초저녁에 홀로 밝게 빛나는 별처럼 말입니다. 그런 곳에서 그녀의 믿음이 자랐으며, 그것은 하나님께 영광이 되었습니다. 여리고 주민들이 어떤 신을 섬겼는지 나는 알지 못합니다. 어쨌든 성 전체가 우상 숭배로 가득했으며, 오직 라합 한 사람만이 살아 계신 하나님을 바라보았습니다. 여리고 전체는 불결한 것들로 가득했습니다. 여리고는 소돔 옆에 있었습니다. 지리적으로 그랬고, 도덕적으로도 그랬습니다. 여리고를 더럽힌 가증한 죄악들은 입에 담는 것만으로도 부끄러운 일입니다. 주권적 은혜로 회심했을 때, 라합은 자신이 여리고에서 혼자라는 사실을 발견했을 것입니다. 마치 롯이 소돔에서 혼자였던 것처럼 말입니다. 그녀는 우상 숭배로 가득한 패역한 세대

가운데 유일한 신자였습니다. 사랑하는 친구들이여, 우리는 런던의 가장 추악한 빈민굴에서도 또 다른 라합들이 있을 것을 바랄 수 있지 않습니까? 여리고에 라합이 있었던 것처럼 헤이마켓에도 라합이 있을 것입니다(Haymarket: 런던의 Westend의 극장가). 감옥에 있는 자들 가운데에도 이스라엘의 하나님을 믿는 자가 일어날 수 있지 않습니까? 복음전도자들이 아직 들어가지 않은 도시들에 복음의 소식이 풍문으로 흘러들어가 여기저기에서 알려지지 않은 라합들이 주님을 찾을 것을 우리가 바랄 수 있지 않습니까? 신적 은혜가 세상 속에서 은밀하게 하나님이 택하신 자들을 불러내고 있음을 우리가 바랄 수 있지 않습니까? 이스라엘은 여리고 성벽 안에 자기편이 있다는 사실을 꿈도 꾸지 못했습니다. 그러나 하나님은 그렇게 하셨고, 실제로 그렇게 되었습니다.

라합의 믿음이 특별했던 것은 또한 그녀가 하나님에 대해 알게 된 방법이 너무도 보잘것없는 것이었기 때문입니다. 그녀의 믿음의 양식은 너무도 빈약한 것이었습니다. 그녀에게는 하나님의 영감된 책이 없었습니다. 그녀는 어떤 선지자로부터도 가르침을 받지 못했습니다. 엘리야는 그녀에게 하나님의 이름으로 말하지 않았으며, 요나는 여리고 성의 거리를 다니며 회개하라고 전파하지 않았습니다. 그녀가 얻은 정보는 단지 풍문으로 모은 것일 뿐이었습니다. 그녀는 시장에서 대화하는 이야기와 우물가에서 수군거리는 소리와 성문 밖에서 흘러 다니는 풍문을 모았습니다. 그것은 한 나라가 애굽으로부터 나왔으며, 그들과 그들의 하나님 여호와로 말미암아 애굽 왕이 홍해에서 엎드러졌으며, 아모리 왕 시혼과 바산 왕 옥이 그들과의 싸움으로 멸망을 당했으며, 그들이 지금 가나안 땅 전체를 취하기 위해 오고 있다는 것이었습니다. 이러한 일반적인 풍문으로부터 그녀는 믿음을 위한 충분한 증거들을 모았습니다. 통상적으로 풍문은 허황되고 과장이 많이 섞이게 마련입니다. 그러나 이 경우는 달랐습니다. 왜냐하면 가나안 사람들 대부분이 가지고 있었던 공포와 두려움이 그녀로 하여금 그러한 풍문이 사실임을 확신시켜 주었기 때문입니다. 이스라엘 백성들이 다가오고 있다는 풍문은 어디에서도 퍼져 있었으며, 그러한 사실은 그녀로 하여금 거대한 재앙이 다가오고 있음을 분명히 깨닫게 만들어 주었습니다. 마치 빽빽한 먹구름이 도시 전체를 덮고 있는 것처럼 말입니다. 그 거대한 구름은 여리고 왕궁과 군대와 백성들을 마비시켰습니다. 그녀는 그러한 두려움의 근거가 무엇인지 알게 되었습니다. 그것은 살아 계신 하나님이 그들과 함께 계시다는 사실이었습니다. 따라서 그녀는 스스로에게 이렇게 속삭였습니다. "진실로 오직 한 분의 하나님이 계실 뿐이야." 그녀는 참으로 그러하다고 느꼈으며, 그녀의 영혼 속에 빛이 비춰었습니다. 그녀는 이스라엘의 하나님 여호와를 믿었으며 그를 경배하기 시작했습니다. 그의 계획이 반드시 이루어지며 그의 원수들이 필경 멸망을 당하게 될 것을 내다보면서 말입니다. 그녀가 하나님을 알게 된 방법은 너무나 보잘것없는 것이었습니다. 오늘날 우리가 가지고 있는 것과 비교할 때, 그녀가 가진 것은 너무도 저급한 것이었습니다. 그렇지만 그것은 그 자체로 충분하게 강한 것이었습니다. 오늘날 많은 사람들은 하나님의 책 전체를 가지고 있으면서도 믿지 않습니다. 그들은 수많은 성도들의 증언을 가지고 있으면서도 믿지 않습니다. 살아 있는 증인들이 계속해서 그들에게 증언하고 있음에도 불구하고 그들은 믿지 않습니다. 그러나 여기의 가련한 여인은 극히 적은 것을 가지고도 여호와를 믿는 신자가 되었습니다. 심판 날 그녀가 일어나 여러분을 정죄하게 되지 않도록 조심하십시오. 그녀는 극히 적은 증언을 가지고도 믿었습니다. 그렇다면 여러분은 여러분의 완고한 불신앙을 어떻게 변명할 수 있겠습니까? 여러분에게 간곡히 당부하노니, 이것을 생각하십시오.

아마도 그녀의 믿음과 관련하여 가장 놀라운 사실은 그녀가 어떤 종류의 여인이었는가 하는 사실일 것입니다. 그녀는 명백히 여호와를 믿는 신자가 되기에 가장 부적합한 여인이었습니다. 그녀는 창기(harlot)로서 큰 죄인이었습니다(한글개역개정판에는 "기생"이라고 되어 있음). 그리고 모든 사람이 그녀가 그러함을 알고 있었습니다. 많은 해석자들이 여기의 "창기"라고 번역된 단어로부터 다른 의미를 찾고자 필사적으로 노력했지만 모두 허사였습니다. 바울과 야고보 모두 그녀와 관련하여 우리가 일반적으로 부르는 그대로 그녀를 부릅니다. 그녀가 여인숙의 여주인이거나 혹은 관리인이었을 것이라는 개념은 터무니없는 개념입니다. 왜냐하면 우리 모두가 아는 것처럼 당시에는 여인숙 관리인과 같은 것이 알려져 있지 않기 때문입니다. 히브리 원문으로부터 억지로 이와 같은 의미를 끌어내는 것은 올바른 해석이 아닙니다. 의심의 여지 없이 그녀는 큰 죄인이었습니다. 우리는 명백한 사실을 억지로 흐리려고 해서는 안 됩니다. 하나님께 영광을 돌립시다. 어째서 우리가 그러한 여인을 그토록 끔찍한 죄로부터 구원하신 하나님의 영광을 빼앗고자 애써야만 한단 말입니까? 그러나 여호와를 믿는 신자가 된 후 그녀는 자신의 죄를 버리고 다른 사람이 되었습니다. 비록 예전의 호칭으로 계속해서 알려져 있었다 하더라도 말입니다. 우리는 그녀가 정탐꾼들을 삼대(삼의 줄기) 사이에 숨겼다는 이야기를 읽습니다. 만일 그녀가 부지런히 일하는 여자가 되기 시작하지 않았다면, 어째서 그녀의 지붕 위에 삼대가 있었겠습니까? 사소한 것들이 종종 큰 사실을 알려주곤 합니다. 갈대는 바람이 어느 쪽에서 부는지 알려줍니다. 나에게 있어 그녀의 지붕 위에 삼대가 있었던 것은 그녀가 자신의 더러운 삶을 버렸다는 사실을 보여주는 매우 그럴듯한 증거로 보입니다. 당시 여리고와 다른 가나안의 도시들에서 나그네를 환대하는 것은 거의 잊혀져 있었습니다. 그러나 그녀는 여호와를 따르는 자가 되었으며, 나그네를 대접하는 것이 그의 기뻐하시는 바라는 사실을 알게 되었습니다. 그리하여 그녀는 혹시 자신이 환대해야 할 나그네들을 만날까 하여 때때로 성문에 나갔습니다. 마치 롯이 나그네들을 보기 위해 그렇게 했던 것처럼 말입니다. 그녀는 그렇게 한다고 하여 특별한 의심을 받지는 않을 것이었습니다. 왜냐하면 다른 사람들이라면 혹시 적과 내통하려고 하는 것은 아닌가 하는 의심을 받을까 하여 감히 하지 못할 일을 그녀의 옛 호칭이 그녀로 하여금 할 수 있도록 면허증을 주었기 때문입니다. 나는 그녀가 성심껏 나그네들을 영접하며 환대했을 것을 믿어 의심치 않습니다. 여기의 경우 정탐꾼들이 그녀의 집에 오게 된 것 역시 이러한 연유 때문이었을 것입니다. 이와 같이 참된 신앙은 그녀에게 나그네를 영접하는 따뜻한 마음을 주었으며, 그로 인해 그녀는 그 땅을 탐지하러 온 이스라엘 정탐꾼들과 만나게 되었습니다. 그리고 그들은 하나님의 섭리 안에서 여리고가 멸망을 당할 때 그녀의 안전을 위한 도구가 되었습니다. 이와 같이 실제로 이들 정탐꾼들이 오기 전에 이미 하나님의 은혜는 그녀를 그녀의 옛 삶으로부터 끌어냈습니다. 계속해서 옛 호칭이 그녀를 따라다니고 있었다 하더라도, 나는 그녀가 옛 삶을 버리고 믿음의 능력으로 말미암아 새 피조물이 되었다고 믿을 만한 충분한 근거가 있다고 생각합니다. 그렇지만 어쨌든 그녀는 한때 창기였습니다. 그랬던 그녀가 여호와를 믿는 신자가 된 것은 얼마나 놀라운 일입니까? 하나님은 예수 그리스도로 말미암아 가장 비천하며 가장 악한 자조차도 자신에게로 부르시기를 기뻐하십니다. 이러한 하나님의 기뻐하심은 얼마나 놀라운 일입니까? 하나님은 지금도 똑같은 방식으로 일하십니다. 예수 그리스도는 지금도 죄인들을 영접하십니다. 세리와 창기들이 자기 의에 도취된 바리새인들보다 먼저 천국에 들어갈 것입니다. 그리스도의 족보를 보십시오. 거기에 흠이 많은 여자들의 이름이 여럿 기록되어 있지 않습니까? 거기에 근친상간의 죄를 범한 다말이 있지 않습니까? 거기에 창기 라합이 있지 않습니까? 거기에 우상 숭배를 하며 살던 룻이 있지 않습니까? 거기에 간음죄를 범한 밧세바가 있지 않습니까? 이와 같이 죄인들의 구주로 오신 예수 그리스도는 죄인들의 허리로부터 나셨으며 그리하여 죄인들의 친족이 되셨습니다. 아, 하나님의 은혜의 깊고 오묘함이여! 우리 구주의 낮아지심을 도대체 무엇과 비교할 수 있단 말입니까?

나아가 라합의 믿음이 특별했던 것은 그 내용이 매우 어려운 것이었기 때문입니다. 그녀가 믿어야만 했던 것은 무엇이었습니까? 그것은 이스라엘이 여리고를 멸망시킬 것이란 것이 아니었습니까? 그러나 보십시오. 여리고와 이스라엘 백성들 사이에는 요단 강이 흐르고 있었으며, 그들은 그 강을 건널 아무런 수단도 가지고 있지 않았습니다. 오직 기적만이 요단 강의 흐르는 물줄기를 나눌 수 있을 것이었습니다. 라합의 믿음은 기적을 기대했습니까? 그렇다면 그것은 큰 믿음이었습니다. 뿐만 아니라 거대한 성벽이 여리고를 둘러싸고 있었습니다. 여리고 성벽을 오르거나 무너뜨리는 일은 거의 생각하기 어려운 일이었습니다. 라합은 그러한 성벽이 무너져 평평하게 될 것이라고 생각했습니까? 그렇다면 그녀는 결코 작은 믿음을 소유한 여인이 아니었습니다. 나는 강을 나눌 수도 없고 성벽을 허물 수도 없는 많은 지적인 그리스도인들을 알고 있습니다. 그러나 이 가련한 여인의 믿음은 강을 나눌 수도 있었고 성벽을 허물 수도 있었습니다. 그녀는 홍해의 하나님은 또한 요단의 하나님이실 것임을 확신했습니다. 그녀는 바산 왕 옥을 치신 하나님은 또한 여리고 왕 역시도 치실 수 있음을 확신했습니다. 그녀의 믿음은 큰 믿음이었으며, 이런 측면에서 그녀의 믿음은 매우 특별한 것이었습니다.

우리 역시도 이 여인의 특별한 믿음을 생각하면서 이렇게 말합시다. "어째서 내가 살아 계신 하나님에 대해 그녀와 동일한 믿음을 가질 수 없단 말인가? 하나님은 나에게도 그러한 믿음을 주실 수 있지 않은가? 나의 과거의 삶이 죄로 얼룩졌다 하더라도, 어째서 내가 나의 구주를 신뢰하며 의지해서는 안 된단 말인가? 은혜는 죄인과 가장 잘 어울리는 단어가 아닌가? 하나님이 예수 그리스도를 세상에 보내신 것은 사람들을 죄로부터 구원하고자 하심이 아닌가? 그가 이미 수많은 사람들을 자신의 영의 능력과 자신의 보혈의 적용으로 구속하지 않으셨던가? 나는 예수 그리스도를 믿을 것이라." 사랑하는 성도들이여, 이 시간 성령께서 여러분에게 믿음을 주시기를 기원합니다. 과거 라합처럼 죄로 얼룩진 삶을 살았던 자들도 이 시간 하나님의 사랑 가운데 무한하신 긍휼로 나오기를 바랍니다. 넘어진 자여, 오십시오. 예수 그리스도는 당신을 일으키실 수 있습니다. 죄로 더럽혀진 자여, 오십시오. 예수 그리스도는 당신을 깨끗하게 하실 수 있습니다. 예수 그리스도를 믿으십시오. 그리고 영원한 생명을 당신의 것으로 삼으십시오.

### 2. 둘째로, 라합의 믿음은 적극적인 믿음이었습니다.

그것은 잠자는 믿음도 아니었으며, 죽은 믿음도 아니었습니다. 그것은 움직이는 믿음이었습니다.

그것은 먼저 생각의 측면에서 적극적인 믿음이었습니다. 그녀가 믿었을 때, 그녀는 생각하기 시작했습니다. 어떤 사람들은 부흥회 같은 뜨거운 장소에서 회심을 경험하고는, 내가 볼 때 마치 뇌가 없는 것처럼 혹은 머리에는 결코 은혜가 들어갈 수 없는 것처럼 행동합니다. 여러분은 항상 뜨거움을 유지해야 합니다. 그렇지 않으면 그것을 잃어버릴 것입니다. 앞에서 언급한 부류의 사람들은 잘 다듬어진 원리들을 가지고 있지 않습니다. 만일 여러분이 그들에게 믿음과 관련하여 묻는다면, 그들은 자신들이 무엇을 믿는지 그리고 왜 믿는지에 대해 제대로 대답을 하지 못할 것입니다. 그들은 다른 사람들이 믿으니까 그냥 믿습니다. 그들은 단지 목사가 열심히 설득하며 권면하니까 그냥 믿습니다. 그들은 합리적인 이유를 가지고 있지 않습니다. 마지막까지 인내하며 견디는 최고의 신자들은 원리를 가진 사람들이며, 생각하며 판단할 줄 아는 사람들입니다. 물론 이들에게도 많은 문제들이 있습니다. 어떤 경우에는 생각을 많이 한다는 사실 때문에 더 많은 문제를 갖기도 합니다. 그럼에도 불구하고 다른 한편 그들은 정신적인 활동을 통해 힘과 강함을 모읍니다. 그리하여 교리의 모든 바람에도 그들은 흔들리지 않습니다. 그리고 시험의 때에 굳게 섭니다. 우리 가운데 생각이 깊은 신자들이 많았으면 좋겠습니다. 그러면 의식주의(儀式主義)와 이성주의(理性主義)의 해악은 훨씬 더 약화될 것입니다. 라합은 생각할 줄 아는 여인이었으며, 그녀 자신의 신학체계를 가지고 있었습니다. 그녀는 과거를 알았습니다. 그녀는 홍해의 이야기를 알았으며, 시혼 왕 옥의 이야기를 알았습니다. 그녀는 하나님이 이스라엘 백성들에게 가나안 땅을 주실 것을 약속한 사실을 알고 있었으며,

그로부터 현재를 추론했습니다. 현재와 관련한 그녀의 교리를 주목해 보십시오. "너희의 하나님 여호와는 위로는 하늘에서도 아래로는 땅에서도 하나님이시니라"(수 2:11). 그녀는 그토록 큰 일을 행하신 주 여호와가 위로는 하늘에서도 하나님이시며 아래로는 땅에서도 하나님이시라는 것을 확실한 사실로서 제시합니다. 그리고 이러한 사실로부터 그녀는 미래와 관련한 자신의 추론을 도출합니다. 그녀는 하나님이 가나안 땅을 이스라엘에게 주셨음을 믿었으며, 그랬기 때문에 정탐꾼들에게 하나님이 실제로 그렇게 하실 때 자신을 선대해 달라고 간청했습니다. 이와 같이 라합은 과거와 현재와 미래에 대한 교리를 가지고 있었으며, 그 모든 것을 자신의 마음속에 잘 정리하고 있었습니다. 그녀는 생각으로만 적극적이었던 것이 아닙니다. 만일 그녀가 생각으로만 적극적이었다면, 그녀는 교리주의자가 되었을 것입니다. 그러나 그녀는, 어떤 주석가가 그녀를 '절반의 여선지자'(semi-prophetess)라고 부른 것처럼, 하나님을 위한 결단에 있어서도 적극적이었습니다. 그녀는 스스로에게 이렇게 속삭였습니다. "나는 이 도시에 속해 있으며 여리고 시민으로서의 모든 특권을 가지고 있어. 그러나 나는 그 모든 것을 포기할 거야. 하나님은 여리고를 대적하고 계시며, 따라서 이 도시는 멸망을 당하게 될 거야. 만일 내가 하나님과 맞선다면, 나 역시도 여리고와 함께 멸망을 당하게 될 거야. 그러나 그는 참 하나님이야. 그러므로 나는 그의 편이 되며 그의 백성들과 함께 할 거야. 만일 그가 나를 받아 주신다면, 나는 스스로를 그의 날개 그늘 아래 놓으며 그의 옷으로 나를 덮어 달라고 간청할 거야. 이 시간 이후로 나는 여리고의 시민이 아니야. 나는 더 이상 여리고 왕에게 속하지 않아." 정탐꾼들이 왔을 때, 그녀는 자신이 어떻게 해야 할지를 알았습니다. 그녀는 스스로를 여리고를 지켜야 할 의무가 있는 여리고의 시민으로 간주하지 않았습니다. 그녀는 스스로를 이스라엘 백성으로 간주했으며, 그렇게 행동했습니다. 아, 오늘날 신앙을 고백하는 많은 사람들이 절반만이라도 라합을 닮는다면 얼마나 좋겠습니까? 그들은 하나님의 진리를 알고 있지만 그러나 그것을 위해 일어서지 않습니다. 그들은 하나님의 진리가 조롱과 비방을 당하는 것을 들으면서도 하나님의 원수들에 대하여 분개로 피가 끓지 않습니다. 그들은 계속해서 평온을 유지합니다. 아마도 그에 대한 한 가지 이유는, 그들이 말할 것을 아무것도 가지고 있지 않기 때문일 것입니다. 그들은 그리스도를 배우지 못했습니다. 그들은 자신들 안에 소망의 이유를 가지고 있지 않으며 따라서 그것을 온유와 두려움으로 제시할 수 없습니다. 이와 같이 그들의 신앙은 마치 '죽은 문자'(dead letter)와 같습니다. 하나님이여, 우리를 이와 같은 믿음으로부터 구원해 주소서. 우리의 인성(人性) 전체를 전율하게 하며, 우리의 판단을 움직이며, 우리의 생각을 밝히는 믿음을 주옵소서. 그리고 우리가 어디에 있든 우리로 하여금 하나님의 의와 진리를 위해 결단하게 하소서.

그녀의 믿음은 또한 그녀 자신의 영역에서 적극적이었습니다. 앞에서 나는 그녀가 기꺼이 나그네들을 영접하며 환대하고자 했을 것이라고 추측했습니다. 그러는 가운데 두 명의 정탐꾼의 모습으로 하나님의 종들이 나타났을 때, 그녀는 즉시로 자신이 어떻게 행동해야 할지를 알았습니다. 그녀는 그들을 자신의 집으로 맞아들였습니다. 그리고 최선을 다해 그들을 숨겨 주었습니다. 그녀는 마치 자신이 영웅이나 되는 양 우쭐거리며 "이제 나는 여호와를 따르는 자가 되었으니 뭔가 특별한 일을 해야만 해"라고 말하지 않았습니다. 그녀는 뭔가 여호와를 위해 좀 더 빛나는 일을 찾기 위해 먼 길을 떠나지 않았습니다. 그녀는 자신이 있던 그 자리에 머물러 있으면서 거기에서 하나님을 섬겼습니다. 그녀는 자신의 집에 있으면서 나그네를 영접하며 대접했습니다. 나는 가사 일에 힘쓰는 것이 최고 형태의 믿음의 행동들 가운데 하나라고 굳게 믿습니다. 우리의 임무는 우리가 상상하는 일을 하는 것이 아니라 여호와께서 우리에게 맡기신 일을 하는 것입니다. 천사들이 "사라가 어디에 있느냐?"라고 물었을 때 아브라함이 "장막 안에 있나이다"라고 대답했는데, 그리스도인 여인과 관련하여 이것보다 더 합당한 것이 무엇이겠습니까? 그리스도인에게 있어 스스로 일을 선택하지 않고 하나님이 자신을 위해 선택하신 일을 취하고자 생각하는 것은 참으로 좋은 일입니다. 그런 사람은 하나님이 자신을 위해 표시해 주신 특별한 길을 즐겁게 따라갈 것입니다. 라합은 야엘처럼 장막 말뚝으로 여리고 왕의 머리를 뚫으려고 하지 않았으며, 드보라처럼 바락을 불러 전쟁에 나갈 것을 독려하려고 하지 않았습니다. 그녀는 집에서 자신이 할 일을 찾았으며, 바로 그 일을 힘을 다해 했습니다. 우리 모두는 각자 자신의 영역 속에서 열심히 일하는 믿음을 가져야 합니다. 우리 모두는 일반적인 것들을 소중히 여기는 믿음을 가져야 합니다. 방랑기사를 믿지 마십시오. 영적인 돈키호테가 되지 마십시오. 하나님은 지금의 여러분을 만드셨습니다. 어머니로 혹은 딸로 혹은 남편으로 혹은 종으로 혹은 주인으로 그렇게 하나님을 섬기십시오. 지금 있는 바로 그 자리에서 하나님을 위해 일하십시오. 어떤 사람들에게 특별한 부르심이 임할 수 있습니다. 나는 여기에 있는 사람들 가운데 많은 사람들에게 그러한 부르심이 임하기를 바랍니다. 그러나 그 러한 부르심은 현재의 모든 기회들을 올바로 사용할 수 없는 사람들에게는 잘 임하지 않을 것입니다. 우리는 특별한 일로 부름받을 수 있습니다. 그리고 그 일을 위해 특별한 은혜가 주어질 수 있습니다. 그러나 그러한 부르심을 느낄 때까지 하나님이 두신 자리에서 자신의 일에 힘쓰는 것이 최선입니다. 모세는 이스라엘을 구원하라는 명령을 받을 때까지 양 떼를 지켰습니다. 기드온은 천사가 나타날 때 타작마당에서 타작을 하고 있었습니다. 그리스도의 제자들도 마찬가지입니다. 그리스도께서 부르실 때, 그들은 고기를 잡고 있었습니다. 그들은 각자의 부르심을 부지런히 감당했습니다. 그러다가 더 높은 부르심을 받을 때, 그들은 기꺼이 새로운 부르심을 받아들였습니다. 라합도 마찬가지였습니다. 정탐꾼들이 그녀에게 왔습니다. 그녀는 그들을 평안히 영접했습니다. 그녀는 그들을 숨겨 주었습니다. 그녀는 그들에게 자신이 할 수 있는 최선의 조언을 해 주었으며, 그렇게 하여 그들의 목숨을 지키는 도구가 되었습니다. 이렇게 하여 그녀는 이스라엘 역사(歷史)에서 매우 중요한 한 부분을 맡았습니다. 그녀의 믿음은 진실로 적극적인 것이었으며 또한 칭찬할 만한 것이었습니다.

라합은 이 모든 일을 그녀가 할 수 있는 최선을 다해 행했습니다. 그녀는 정탐꾼들을 옥상으로 데려 갔습니다. 그녀는 그들을 삼대로 덮었습니다. 그녀는 그들을 어두울 때까지 기다리도록 했습니다. 그녀는 그들에게 산으로 가라고 조언했습니다. 그녀는 그들에게 수색하는 자들이 수색을 멈출 때까지 삼일을 기다리라고 조언했습니다. 그녀는 매우 신중하며 분별 있게 행동했습니다. 그녀는 자신이 할 수 있는 모든 일을 했습니다. 그리고 그녀는 그 모든 일을 뛰어난 지혜와 민첩함으로 행했습니다. 나는 어째서 참된 종교가 종종 어리석음과 연결되곤 하는지 이해할 수 없습니다. 믿음을 가졌다는 것이 곧 이성(理性)이 없는 것처럼 행동하는 것을 의미하는 것은 아닙니다. 믿음은 상식과 배치되지 않습니다. 도리어 나는 믿음을 영적인 상식으로 생각합니다. 성경은 우리에게 우리의 일상적인 일들 가운데 상식을 버릴 것을 명령하지 않습니다. 우리는 비둘기처럼 순결하면서 동시에 뱀처럼 지혜로워야 합니다. 바울 사도 역시도 "너희가 지혜에는 장성한 사람이 되라"(고전 14:20)고 말하지 않습니까? 아, 사람들이 돈을 벌 때 지혜를 발휘하는 것처럼 그렇게 하나님을 섬길 때에도 지혜를 발휘한다면 얼마나 좋겠습니까? 그러면 우리는 교회와 세상에 얼마나 더 많은 일을 할 수 있겠습니까? 교회와 기독교 단체들에서는 일반 직장에서라면 한순간도 허용될 수 없는 일들이 얼마나 자주 벌어집니까? 또 각종 기독교 단체들에서 정말로 자격 없는 사람들이 가장 중요한 위치에 버젓이 앉아 있는 일이 얼마나 흔합니까? 우리는 일상적인 삶에 있어서와 마찬가지로 하나님을 섬기는 데에도 생각이 깊으며, 신중하며, 빈틈이 없으며, 신속하며, 진취적이어야 합니다. 이런 면에서 라합의 믿음은 얼마나 칭찬할 만합니까? 그녀는 하나님의 교회를 섬김에 있어 매우 적극적으로, 그리고 자신이 할 수 있는 최선을 다해, 그리고 자신의 모든 지혜와 상식을 다 동원하여 그렇게 했습니다.

　　그녀는 위험을 감수하는 데에도 매우 적극적이었습니다. 라합의 믿음은 그녀로 하여금 죽음에 처하는 위험까지도 기꺼이 감수하도록 만들었습니다. 만일 정탐꾼들이 발각된다면, 그녀의 목에 칼이 떨어지는 것은 불문가지의 사실이었습니다. 여리고 왕의 칼이 감히 적의 첩자들을 도운 여자의 목에 떨어지지 않으면 어디에 떨어지겠습니까? 그녀는 하나님의 진리에다가 모든 것을 기쁘게 걸었습니다. 그리고 하나님의 종들을 구원하기 위해 모든 위험을 기꺼이 감수했습니다. 이 부분에서 라합은 예수 그리스도를 위해 자신의 직장과 지위와 좋은 평판을 걸려고 하지 않는 오늘날의 수많은 사람들보다 얼마나 더 뛰어납니까?

　　이와 같이 라합은 적극적인 믿음을 소유하고 있었습니다. 그러므로 우리는 "이와 같이 기생 라합이 사자들을 접대하여 다른 길로 나가게 할 때에 행함으로 의롭다 하심을 받은 것이 아니냐"(약 2:25)라는 야고보의 말에 온전히 동의할 수 있습니다. 그녀의 행함은 그녀의 믿음과 함께 가지 않았습니까? 그녀를 의롭다 한 믿음은 행함을 산출하는 믿음이 아니었습니까? 그럼으로써 그녀의 믿음은 참된 믿음으로 증명되지 않았습니까?

### 3. 셋째로, 그러나 라합의 믿음은 그녀의 약함으로 인해 어느 정도 훼손됩니다.

　　그녀는 정탐꾼들을 잡으러 온 여리고의 병사들에게 거짓말을 했습니다. 그녀는 두 명의 외인들이 자신의 집에 왔었지만 그러나 자신은 그들이 어디로부터 온 사람들인지 알지 못했다고 말했습니다. 그것은 거짓말이었습니다. 또 그녀는 그들이 얼마 전에 떠났으니 지체하지 말고 뒤쫓는 것이 좋겠다고 말했습니다.

이 역시 변명의 여지 없는 또 하나의 거짓말이었습니다. 그러나 여기에서 그녀가 거짓말하는 것이 나쁜 것임을 알지 못했다는 사실을 기억하십시오. 물론 그녀의 마음속에 거짓말은 악한 것이라는 개념이 어렴풋이 깜빡거리고 있었을 것입니다. 그럼에도 불구하고 그녀를 둘러싸고 있는 환경은 그녀로 하여금 거짓말이 악한 것이라는 것과 관련하여 오늘날 우리가 알고 있는 것처럼 그렇게 분명하게 아는 것을 가로막고 있었습니다. 오늘날에도 많은 동방사람들은 거짓말하는 것을 대수롭지 않게 여깁니다. 실제로 순수 혈통을 가진 동방사람들은 실수가 아니고는 거의 진실을 말하지 않습니다. 인도 사람들을 생각해 보십시오. 여러분은 그들이 법정에서 맹세하는 말조차도 쉽게 믿어서는 안 됩니다. 우리는 크게 거짓말하는 사람을 경멸하지만, 그러나 동방사람들은 그를 천재로 여깁니다. 슬픈 일이기는 하지만, 대부분의 경우 그렇습니다. 우리는 성경에서 아브라함과 이삭이 특별한 경우 사실이 아닌 것을 말하는 것을 보게 되는데, 그러한 것 역시 이와 같은 차원에서 설명될 수 있습니다. 여러분은 사람들을 평가할 때 그가 서 있는 자리로부터 평가해야 합니다. 그리고 그를 둘러싸고 있는 환경을 고려해야 합니다. 그렇지 않으면 여러분은 그를 올바로 평가하지 못할 수 있습니다. 나는 라합의 거짓말을 변명하려고 하지 않습니다. 라합의 거짓말이든 아브라함의 거짓말이든 그것은 다른 사람들의 거짓말과 마찬가지로 나쁜 것입니다. 그렇지만 여기의 경우 우리는 라합이 거짓말하는 것이 악한 죄라는 사실을 배우지 못했다는 점을 고려해야만 합니다. 아무도 그녀에게 "속이는 것은 하나님의 율법에 어긋나는 것이란다. 왜냐하면 하나님이 우리에게 서로 거짓말하지 말라고 가르치셨기 때문이야"라고 말해주지 않았습니다.

뿐만 아니라 여기에는 우리가 고려하지 않을 수 없는 또 한 가지 사실이 있습니다. 나는 종종 라합의 입장에 서서 생각해 봅니다. 내가 박해 시대에 두 명의 하나님의 종들을 숨겨 주었다고 상상해 보십시오. 예컨대 내가 알렉산더 페덴과 리처드 카메론(17세기 스코틀랜드 맹약자)을 골방에 숨겨 주었다고 생각해 봅시다. 그런데 병사들이 말을 타고 달려와 우리 집 문을 두드리며 묻습니다. "두 명의 목사가 여기에 있지 않소?" 이럴 때 나는 어떻게 대답할지 생각해 보지만 아직까지도 마음을 결정할 수가 없습니다. 나는 라합보다도 훨씬 더 많은 빛을 가지고 있습니다. 또 나에게는 상황을 고려할 만한 좀 더 많은 여유가 있습니다. 그럼에도 불구하고 나는 어떻게 해야 할지 알지 못합니다. 그러므로 나는 그녀가 거짓

말한 것에 대해 놀라지 않습니다. 나는 내가 대답할 수 있는 말을 여러 가지로 생각해 보았지만 그러나 적당한 말을 찾을 수 없었습니다. "예, 그들이 안에 있습니다"라고 대답할까요? 이것은 하나님의 종들을 배반하는 것입니다. 그러므로 나는 그렇게 대답하지 않을 것입니다. 나는 이렇게 저렇게 그럴듯한 대답을 만들어 보았지만, 그러나 그 모든 것이 결국 거짓을 감추거나 정당화하기 위한 또 다른 거짓이었음을 고백하지 않을 수 없습니다. 그러므로 나는 그러한 것들을 버릴 수밖에 없습니다. 나는 라합의 거짓말이 똑똑한 사람들이 흔히 사용하는 두루뭉술한 말보다 더 나쁜 것인지 확신할 수 없습니다. 일반적으로 분명하지 않은 것이 더 의심스러운 법입니다. 러시아 사람을 벗겨 보십시오. 그러면 여러분은 타타르인을 발견할 것입니다. 마찬가지로 만일 여러분이 그들의 두루뭉술한 말을 벗긴다면, 거기에서 여러분은 거짓말이 나타나는 것을 보게 될 것입니다. 나는 거짓말을 위해 변명하고자 하지 않습니다. 사실은 정반대입니다. 거짓말은 나쁜 것입니다. 그것은 분명히 나쁜 것이며, 전적으로 나쁜 것입니다. 그렇지만 라합을 정죄하기 전에 한 번 더 생각해 보십시오. 그리고 여러분 같으면 이런 상황에서 어떻게 대답할 것인지 스스로에게 물어 보십시오. 진실을 말하는 것은 항상 옳은 일입니다. 우리는 결과가 어떻게 될 것인지에 대해서보다 진리의 하나님이 무엇을 요구하시는지를 더 많이 생각해야만 합니다. 때로 단순히 진실을 말하는 것이 매우 놀라운 결과를 나타내기도 합니다. 의심의 여지 없이 진실을 말하는 것이 모든 상황에서 최선의 정책입니다. 나는 제임스 2세에 대해 반역을 꾀한 혐의로 제프리 대법관 앞에 소환되어 나온 스토리 씨(Mr. Story)에 대한 이야기를 들은 적이 있습니다. 엄격하기로 유명한 제프리 대법관 앞에 소환된 이상 그가 빠져나갈 희망은 거의 없었습니다. 스토리는 정직한 것으로 상당한 평판을 얻은 사람이었습니다. 제프리 대법관은 그를 왕 앞으로 데려가 스스로를 위해 말하도록 했습니다. 내가 기억하는 한, 이야기는 이렇게 진행됩니다. 왕이 말합니다. "스토리, 자네는 몬머스 일파에 속해 있었지? 그렇지 않은가?"(Monmouth: 영국 왕 찰스 2세의 서자로서 제임스 2세의 왕위를 노렸다가 처형당함). "그렇습니다. 폐하." "그리고 자네는 거기에서 아주 중요한 위치에 있었어. 그렇지 않은가?" "그렇습니다. 폐하." "자네는 군중들에게 여러 번 연설을 했지?" "그렇습니다. 폐하." 왕이 말합니다. "자네가 연설한 내용을 잊지는 않았겠지? 자네가 연설한 내용의 골자는 무엇이었나?" "폐하, 저는 그들에게 런던 시에 불을 지른 것은 다름 아닌 폐하라고 말했습니다." 왕이 말합니다. "또 다른 내용은 없었나?" "저는 폐하가 폐하의 형제를 독살했으며 우리 모두를 가톨릭교도와 노예로 만들 것이라고 말했습니다." 그러자 왕은 만일 자신이 그의 목숨을 살려주면 어떻게 할 것이냐고 물었습니다. 이에 스토리는, 만일 왕이 자신의 목숨을 살려 준다면 자신은 이제부터 왕의 충성된 신하가 되겠다고 대답했습니다. 그렇게 하여 그는 반역죄를 범한 중죄인이었음에도 불구하고 왕으로부터 사면을 받았습니다.

스토리의 경우, 단순하게 사실을 말하는 것이 엄청난 효과를 가져왔습니다. 거짓말로 할 수 없는 일을 진실을 말하는 것으로 한 것입니다. 물론 모든 경우가 다 이런 것은 아니라 하더라도 어쨌든 우리의 의무는 명백합니다. 우리는 사실을 말하고 그 결과를 받아들일 준비를 해야 합니다. 나는 만일 라합이 큰 믿음을 소유했다면 스스로에게 이렇게 말했을 것이라고 추측합니다. "하나님을 섬기며 그의 율법을 깨뜨리지 않는 것이 나의 의무야. 거짓말하는 것은 하나님의 율법을 깨뜨리는 일이 될 것이므로 나는 거짓말을 하지 않을 거야. 나는 가능한 한 하나님의 종들을 보호할 거야. 그렇지만 그들을 돌보며 보호하는 것은 그의 일이야. 어쨌든 나는 선을 위해 악을 행해서는 안 돼." 그렇지만 아직까지 라합은 그렇게 생각할 만큼 충분한 가르침을 받지 못했습니다. 그녀의 허물은 우리가 돌을 던져도 좋을 만한 것이 결코 아니었습니다. 주의 깊게 거짓을 피하십시오. 그러나 독선적으로 그것을 정죄하지는 마십시오.

### 4. 넷째로, 라합의 믿음은 외적인 표적과 증표를 필요로 하지 않는 믿음이 아니었습니다.

세상에는 외적인 규례들을 무조건 경멸하는 사람들이 있습니다. 그들은 선한 사람들일는지는 모르지만 그러나 지혜로운 사람들은 아닙니다. 라합은 먼저 정탐꾼들로부터 자신의 목숨을 보호해 주겠다는 맹세를 요구했고 다음으로 그 증표를 요구했습니다. 그 증표는 창문 밑에 매달 붉은 줄이었습니다. 이것은 이스라엘의 핏빛 깃발이었습니다. 그것은 보응의 천사가 그냥 지나가도록 유월절 밤에 내걸렸던 깃발이 아닙니까? 자신의 창문 아래 그러한 증표를 내걸 때, 그녀는 큰 위로를 느꼈습니다. 그녀는 미신적인 사람이 아니었습니다. 그녀는 붉은 줄 안에 어떤 신비한 힘이 있다고 믿지 않았습니다. 다만 그녀가 그것을 창문 밑에 내건 것은 정탐꾼들이 그렇게 하라고 말했기 때문이었습니다. 그리스도에 대한 최고의 믿음은 합당한 기독교적 규례들을 사용하는 것과 완전하게 조화됩니다. 우리는 성례를 의지하지 않고 오직 그리스도의 보혈을 의지합니다. 하나님은 우리가 우리의 소망을 세례나 성만찬 위에 두는 것을 금하십니다. 그것들이 그 자체로서 도대체 무엇이란 말입니까? 그것들은 헛된 것이 불과합니다. 만일 우리가 그것들을 신뢰한다면 말입니다. 그러나 동시에 주님은 자신의 죽음과 장사와 부활을 상징하는 것으로서 우리에게 세례를 주셨습니다. 만일 우리가 그를 믿는다면, 우리는 그와 함께 장사되고 그와 함께 다시 일어납니다. 우리의 창문 위에 이러한 붉은 줄을 매답시다. 또한 주님은 자신의 죽음을 상징하는 것으로서 우리에게 성만찬의 규례를 주셨습니다. 그를 기념하여 떡을 떼고 포도주를 마십시다. 우리는 최소한 만큼이라도 이러한 상징들을 신뢰하지 않습니다. 우리는 그러한 개념을 미워합니다. 그럼에도 불구하고 우리는 우리의 창문 위에 붉은 줄을 매달고 그럼으로써 모든 사람들로 하여금 우리가 예수를 믿는다는 사실을 알게 합니다. 우리는 그가 오실 때까지 그의 죽으심을 나타내는 것을 부끄러워하지 않습니다. 그렇습니다. 우리는 교회에 들어가 거기 거하며 하나님의 백성들 가운데 헤아림을 받는 것을 기뻐합니다. 우리는 주 예수 그리스도의 지체들로 알려지는 것을 부끄러워하지 않습니다. 하나님이 주신 규례들을 내팽개쳐 버리는 믿음을 추구하지 마십시오. 사람이 만든 모든 것은 제쳐 두십시오. 그러나 하나님이 정하신 것은 여러분의 유익을 위한 것입니다. 그러므로 그것이 비록 붉은 줄 같이 사소한 것이라 하더라도 그것을 굳게 붙잡으십시오.

### 5. 다섯째로, 라합의 믿음은 구원받는 믿음이었습니다.

　　그녀의 믿음은 그녀 자신의 약함으로 인해 어느 정도 훼손되지만 그럼에도 불구하고 그것은 효과적인 믿음이었습니다. 그녀는 여리고가 멸망을 당할 때 구원받았습니다. 그녀의 집은 성벽 위에 있었지만 그러나 허물어지지 않고 그대로 서 있었습니다. 참으로 이상한 일이 아닙니까? 성벽은 흔들리며 진동하기 시작하다가 마침내 큰 소리를 내며 무너졌습니다. 그리고 빽빽한 먼지구름이 하늘로 솟아올랐습니다. 그러나 라합의 집이 있었던 성벽 부분은 그대로 서 있었습니다. 폭풍이 몰아치는 바다에 홀로 떠 있는 섬처럼 말입니다. 이스라엘 백성들은 무너진 성벽을 넘어 저주받은 여리고 백성들을 진멸했습니다. 왜냐하면 하나님이 그들을 가나안 백성들에 대한 심판의 대행자로 세우셨기 때문입니다. 한 사람도 피하지 못했습니다. 그러나 어떤 칼도 라합과 그녀의 가족들의 생명을 빼앗지 못했습니다. 그녀는 구원을 받았습니다. 그녀는 여리고로부터 취하여져, 가족들과 함께 이스라엘 진 바깥에 놓였습니다. 그리고 나중에 그 안으로 받아들여졌습니다. 그녀는 유다의 왕자(prince) 살몬과 결혼하고, 훗날 우리 주 예수 그리스도의 조상들 가운데 하나가 되는 존귀를 얻었습니다. 이와 같이 사랑하는 형제자매들이여, 참된 믿음은 그 연약함에도 불구하고 우리를 구원할 것입니다. 그것은 우리를 세상으로부터 분리하여 하나님의 이스라엘과 연합시킵니다. 또 그것은 우리를 유다의 참 왕자와 결혼하게 하고, 우리를 주 예수 그리스도의 친족이 되게 만듭니다. 이것보다 더 큰 존귀가 무엇이겠습니까?

### 6. 마지막으로, 라합의 믿음은 하나님께 받으심 직한 믿음이 되었으며 따라서 그녀는 다른 사람들의 구원의 도구가 되었습니다.

그녀는 단지 자신의 안전만을 구하지 않았습니다. 그녀의 죄는 그녀의 마음을 완고하게 만들지 않았습니다. 그녀는 자신의 아버지와 어머니와 형제들과 자매들을 생각했습니다. 참된 하나님의 자녀라면 마땅히 자신의 가족들을 걱정할 것입니다. 만일 여러분이 여러분의 자녀가 구원받기를 바라지 않는다면, 여러분은 구원받은 하나님의 자녀가 아닙니다. 나는 자신들만 천국에 들어가는 것으로 충분하다고 생각하는 사람들을 많이 보았습니다. 나는 주일 날 "진리의 말씀"을 듣기 위해 30km를 걸어오는 사람을 알고 있습니다. 그러나 가족들은 어디에 있느냐는 질문을 받았을 때, 그는 그것은 자신의 알 바가 아니며 하나님은 자신의 택하신 자들을 구원하실 것이라고 대답했습니다. 그런 사람들은 하나님의 자녀가 아닙니다. 왜냐하면 하나님의 자녀라면 최소한 이방인과 세리보다는 나아야 하기 때문입니다. 그들조차도 자기 가족들을 위해 염려하지 않습니까? 라합은 좋은 딸이었습니다. 그녀는 자신의 아버지와 어머니를 사랑했습니다. 또 그녀는 좋은 자매였습니다. 그녀는 자신의 형제들과 자매들이 구원받기를 열망했습니다. 사랑하는 그리스도인들이여, 집에 있는 여러분의 가족들의 유익을 구하십시오. 여러분은 먼저 좋은 남편과 좋은 아내가 되어야만 합니다. 만일 여러분의 기독교가 여러분을 나쁜 자녀로 만든다면, 그런 기독교는 단호히 버리십시오. 포악하며 퉁명스러운 아버지, 반항하는 자녀, 수다쟁이 아내, 게으른 종, 폭군 같은 주인 — 이들은 사탄에게 속할 수는 있을지언정 하나님에게 속할 수는 없습니다. 하나님은 그들을 자신의 소유로 인정하지 않으실 것입니다. 라합은 모든 허물에도 불구하고 가족들에 대한 뜨거운 사랑을 가지고 있었습니다.

　　그러나 아무리 가족들을 사랑했다 하더라도 그들을 붉은 깃발 아래 모으지 않는 한, 그녀는 그들을 구원할 수 없었습니다. 그녀의 가족 가운데 어떤 사람이 이스라엘 백성들이 여리고 백성들을 진멸할 때 거리에 머물러 있었다고 상상해 보십시오. 그가 말합니다. "나는 라합의 가족이에요." 그러면 이런 대답이 돌아올 것입니다. "그것은 우리의 알 바가 아니니라. 우리는 단지 창문에 붉은 줄이 매달린 집 안에 있는 사람들을 진멸하지 말라는 명령을 받았을 뿐이니라. 만일 네가 그곳에 있지 않다면, 너는 구원받을 수 없느니라." 당신이 죽고 나서 "보응의 천사여, 내 목숨을 살려 주소서. 나의 어머니가 나를 위해 기도했으며, 나의 자매가 나의 구원을 위해 애를 많이 썼었나이다"라고 말해봐야 아무 소용없습니다. 당신 자신이 개인적으로 그리스도께 나아와 그를 실제로 믿어야만 합니다. 그렇지 않으면 다른 사람들의 어떤 기도도 당신에게 아무 소용없습니다. 그렇지만 하나님은 라합에게 긍휼을 베푸사 그녀의 가족 모두가 그녀의 집 안에 들어오도록 도우셨습니다. 그녀의 아버지는 "아니다, 내 딸아, 나는 그것을 믿지 않는단다"라고 말하지 않았습니다. 보통 아버지들이라면 그렇게 말했을 수도 있지 않습니까? 그런 아버지들을 위해 기도하십시오. 또 그녀의 어머니는 "내 딸아, 네가 미쳤구나. 나는 항상 네 머리가 좀 이상하다고 생각해왔어. 네 어미를 가르치려고 하지 말거라"라고 말하지 않았습니다. 그녀의 어머니 역시도 딸의 말을 듣고 기꺼이 딸의 집 안으로 들어왔습니다.

　　이스라엘 백성들이 6일 동안 성벽을 돌 때, 여리고 사람들은 저 따위 방법으로 어떻게 성벽이 무너지겠느냐고 비웃으며 조롱했습니다. 그러나 그러한 때에도 라합은 여전히 하나님을 신뢰했습니다. 나는 아마도 그녀가 그녀의 형제들과 자매들을 설득하는데 어느 정도 어려움을 겪었을 것이라고 추측합니다. 어쩌면 그들은 "라합, 네 말이 정말 사실이야? 지금 장난하고 있는 것은 아니지?"라고 물었을는지 모릅니다. 그렇지만 어쨌든 그들 모두가 라합의 집 안에 남아 있으면서 마침내 구원받게 된 것은 하나님이 그녀에게 주신 영향력이었으면서 동시에 그녀의 믿음의 능력이었습니다. 나는 라합의 집이 가능한 많은 사람들로 가득 찼으며 그녀는 그것을 바라보며 기뻐했을 것이라고 생각합니다. 하나님이 허락하사 우리 가족 모두가 이와 같이 구원받기를 기원합니다. 나는 여러분 모두가 다음과 같이 기도하기를 바랍니다. "라합의 하나님, 나에게 나의 아버지와 어머니와 형제들과 자매들과 모든 친척들을 주소서." 하나님이 예수 그리스도로 인해 여러분의 기도를 들으시고 여러분을 축복하시기를 기원합니다. 아멘.

제
32
장
—

# 강하게 하는 최고의 약

—

### "연약한 가운데서 강하게 되기도 하며" — 히 11:34

히브리서 11장의 믿음의 영웅들의 목록 가운데 "연약한 가운데서 강하게" 된 자들이 언급되는데, 그들은 믿음의 영웅들 가운데 가장 작은 자들이 결코 아니었습니다. 믿는 자들은 "불의 세력을 멸하기도 하며 칼날을 피하기도 하며 연약한 가운데서 강하게 되기도" 했습니다. 도대체 누가 이러한 세 가지 위대한 믿음의 행동들 가운데 어느 것이 가장 큰 것이라고 확실하게 말할 수 있겠습니까? 우리 가운데 대부분의 사람들은 화형을 당한다든지 혹은 바울처럼 참수를 당하지는 않을 것입니다. 그렇지만 만일 우리가 하나님의 은혜로 연약한 가운데서 강하게 된다면, 우리의 이름은 믿음의 영웅들의 이름을 기록한 두루마리 밖에 있지 않을 것이며, 우리로 인해 하나님의 이름이 영광을 받지 못하게 되지는 않을 것입니다.

형제자매들이여, 주 예수를 믿는 신자로서 우리는 두 가지로 부름을 받습니다. 그것은 그의 이름을 위해 행하는(to do) 것과 견디는(to suffer) 것입니다. 어떤 성도들은 적진 속으로 행군해 들어가도록 부름을 받는가 하면, 다른 사람들은 성벽 위에서 파수하며 지키도록 부름을 받습니다. 전쟁터에서 싸우는 전사들이 있는가 하면, 망루에서 지키는 파수꾼들이 있습니다.

이와 같이 행하는 일과 견디는 일에 있어 만일 우리가 진지하게 그 일을 감당한다면, 우리는 즉시로 우리 자신의 연약함을 발견하게 될 것입니다. "연약함"은 우리가 소유한 모든 것입니다. 우리는 모든 곳에서 "연약함"과 마주칩니다. 만일 우리가 주를 위해 행하는 일로 부름을 받는다면, 우리는 곧바로 다음과 같이 부르짖지 않을 수 없게 될 것입니다. "도대체 누가 이러한 일을 위해 충분하단 말인가?" 한편 만일 우리가 주를 위해 견디는 일로 부름을 받는다면, 대부분의 경우 우리의 연약함은 더 클 것입니다. 많은 사람들이 행하는 것은 그런 대로 잘 하면서도 견디는 것은 잘 못합니다. 행함과 견딤의 두 손을 똑같이 능숙하게 사용할 수 있는 사람은 아주 소수입니다. 견딤 즉 인내는 열정적인 행함보다 더 드물고 더 어렵게 임하는 은혜입니다. 그것은 성령의 최고의 열매들 가운데 하나로서, 심은 지 얼마 안 되는 나무에서는 거의 발견되지 않는 열매입니다. 이와 같이 우리들 대부분에게 있어 "연약함"은 매우 보편적인 것입니다.

우리는 주를 위해 행함과 견딤을 잘 하기를 열망하며 소망합니다. 그리고 그렇게 하기 위해 우리는 위로부터 임하는 강함을 가져야만 하며, 그러한 강함은 오직 믿음을 통해 임할 수 있습니다. 우리는 믿음의 영웅들을 묘사하는 히브리서 11장을 읽었습니다. 그들은 자신들 안에 본래적으로 있었던 힘으로 말미암아 위대한 일을 이룬 것이 아니었습니다. 행함에 있어서든 견딤에 있어서든, 그들은 본래적으로 강하지 않았습니다. 만일 그들이 본래적으로 강했다면, 그들은 하나님을 믿는 믿음을 필요로 하지 않았을 것입니다. 그러나 그들은 우리와 성정이 같은 사람들이었기 때문에 하나님을 믿고 의지하는 것이 필요했으며 실제로 그렇게 했습니다. 우리가 연약한 것처럼 그들 역시도 연약한 자들이었습니다. 그러나 그들은 믿음으로 하늘의 강함을 붙잡았으며 그럼으로써 그들이 이룰 수 없었던 것은 아무것도 없었습니다. 그들은 하나님을 믿는 믿음으로 자신들이 행해야만 하는 모든 일을 이루었으며, 가장 혹독한 고난까지도 영광스럽게 견뎠습니다. 이 순간 여러분과 나는 매우 연약할는지 모릅니다. 그러나 우리는 그러한 연약함으로부터 강하게 될 수 있습니다. 우리는 우리 자신의 어떤 강함을 갖기를 바랄 필요가 없습니다. 왜냐하면 믿음으로 주의 능력에 도달할 수 있기 때문입니다. 만일 우리가 하나님을 믿는다면, 우리는 상상할 수 있는 모든 강함을 가질 수 있습니다. 오늘 나는 여러분과 함께 이러한 단순하지만 그러나 가장 실제적인 주제를 다루고자 합니다. 우리 모두는 강하게 되기를 바랍니다. 오늘날 강함을 증진시켜 준다고 수많은 종류의 약들과 음식들과 각종 발명품들이 광고되고 있습니다. 우리는 너무도 연약하기 때문에 강하게 된다는 개념은 우리의 마음을 강렬하게 사로잡습니다. 그러면 실제로 어떻게 많은 사람들이 "연약한 가운데서 강하게" 되었는지 살펴보도록 합시다.

　　여기에서 우리는 먼저, 믿음이 사람들을 행함에 있어 강하게 만들어 주는 사실을 살펴볼 것입니다. 그리고 계속해서, 믿음이 사람들을 견딤에 있어 강하게 만들어 주는 사실을 살펴볼 것입니다.

### 1. 첫째로, 믿음은 사람들을 행함에 있어 강하게 만들어 줍니다.

　　그리스도인의 첫 번째 의무는 하나님께 순종하는 것입니다. 순종은 교만한 혈과 육에게 어려운 일입니다. 진실로 혈과 육은 스스로의 노력을 통해서는 결코 순종하지 않을 것입니다. 본성적으로 우리는 우리 자신의 의지와 방법을 사랑합니다. "네 마음을 다하고 목숨을 다하고 뜻을 다하여 주 너의 하나님을 사랑하라"(마 22:37)는 율법의 요구에 온전히 순복하는 것은 우리의 본성과 부합하지 않습니다. 우리 가운데 누가 그렇게 행했습니까? 우리 가운데 누가 그렇게 행할 수 있습니까? 외부로부터 임하는 어떤 힘이 돕지 않는다면 말입니다. 오직 믿음만이 신적 강함을 붙잡으며, 오직 그러한 강함으로만 우리는 순종할 수 있습니다. 그러므로 믿음은 거룩의 본질적인 요소입니다. 사랑하는 친구여, 만일 당신이 하나님의 은혜로 주님이 해도(海圖) 위에 표시해 준 항로를 따라 가겠다는 결심으로 인생 항해를 출발했다면, 당신은 오직 주님의 손만이 당신을 참되게 지켜줄 수 있는 항로를 선택한 것입니다. 해류(海流)는 그러한 방향으로 흐르지 않을 것입니다. 그리고 머지않아 당신은 역풍에 부딪히는 가운데 항로를 계속해서 지켜나가는 것이 매우 어렵다는 사실을 발견하게 될 것입니다. 만일 당신이 믿음을 가지고 있지 않다면, 그 때 당신은 어떻게 할 것입니까? 당신이 마땅히 행해야 할 의무와 당신의 본성이 서로 충돌할 때, 당신은 믿음 없이 무엇을 할 것입니까? 그 안에 돈과 안일과 명예를 잃는 것이 포함될 때, 만일 당신이 믿음을 가지고 있지 않다면 당신은 어떻게 할 것입니까? 만일 당신이 하나님은 자기를 찾는 자들에게 상 주시는 이심을 믿는다면, 당신은 계속해서 항로를 지켜나갈 것입니다. 그러나 그렇지 않으면, 당신은 다른 항로로 바꿀 것입니다. 또 당신의 항로 속에 광신자라고 비방을 당하는 것과 위선자라고 조롱을 당하는 것과 어리석은 자라고 경멸을 당하는 것이 포함되어 있다고 상상해 보십시오. 믿음이 없이 당신은 무엇을 할 수 있겠습니까? 만일 당신이 살아 계신 하나님을 믿는다면, 당신은 그 모든 비방과 조롱을 감내하며 올바른 항로를 계속해서 지켜나갈 수 있을 것입니다. 그러나 만일 당신이 믿음을 잃어버린다면, 당신은 조롱을 당하는 것에 대한 두려움과 별난 자로 취급당하고 싶지 않은 마음으로 인해 올바른 항로로부터 이탈하여 다른 항로를 선택하게 될 것입니다. 당신은 범사에 하나님께 순종하는 것이 특별한 일이 아니라고 생각할는지 모릅니다. 그러나 머지않아 당신은 계속해서 올바른 항로를 지켜나가기 위해서는 굳은 마음과 흔들리지 않는 용기가 필요하다는 사실을 발견하게 될 것입니다. 그리고 그렇게 할 수 있는 유일한 길은 하나님을 믿는 믿음입니다. 마음속으로 "하나님이 명하시니 그러므로 내가 행할 것이라"라고 말하십시오. 그러면 당신은 강해질 것입니다. 또 "하나님이 명하시니 그러므로 그가 나를 지탱해 주실 것이라"라고 느끼십시오. 그러면 당신은 강해질 것입니다. 또 마음속으로 "하나님이 명하시니 그러므로 그가 나에게 상을 주실 것이라"라고 말하십시오. 그러면 당신은 강해질 것입니다. 우리는 순종으로 구원받지 않습니다. 왜냐하면 순종은 구원의 결과이기 때문입니다. 우리는 믿음으로 구원받습니다. 왜냐하면 믿음이 우리를 순종으로 이끌기 때문입니다. 믿음은 '강함을 붙잡음으로써 강하게 되는' 연약함입니다. 하나님을 믿는 믿음은 성전 미문에 앉아 있던 앉은뱅이로 하여금 일어나 걷고 뛰면서 하나님을 찬미하도록 만들었습니다. 이와 같이 믿음은 우리의 죄로 앉은뱅이 된 인성(人性)으로 하여금 기쁨으로 하나님의 뜻에 순종하도록 만듭니다.

또 믿음은 우리를 다른 사람들의 축복이 되도록 강하게 만듭니다. 우리는 혼자가 아닙니다. 우리는 다른 사람들과 떨어져 살 수도 없고 죽을 수도 없습니다. 왜냐하면 하나님이 우리를 서로 연결시켰기 때문입니다. 우리는 우리를 둘러싸고 있는 사람들에게 저주가 되기도 하고 축복이 되기도 합니다. 만일 우리가 하나님을 믿는 믿음을 가지고 있다면, 우리는 우리 자녀들에게 축복이 될 것입니다. 이삭과 야곱이 자녀들을 축복한 것처럼 말입니다. 믿음은 그 상속자들에게 축복의 유산을 남깁니다. 만일 여러분이 하나님을 믿는다면, 여러분은 살아 있는 동안 여러분의 형제들의 축복이 될 것입니다. 요셉이 그의 형제들에게 그랬던 것처럼 말입니다. 믿음은 그것이 없었다면 멸망으로 달려갔을 많은 가정을 축복으로 이끌었습니다. 만일 여러분이 하나님을 믿는다면, 여러분은 모세처럼 많은 사람들을 죄의 멍에로부터 끌어내어 광야와 같은 세상을 걸어가는데 도움을 줄 수 있을 것입니다. 그러나 하나님을 믿는 믿음이 없이는 여러분은 자신을 위해서나 다른 사람들을 위해서나 아무 일도 할 수 없을 것입니다. 지금 이 자리에 불신자 남편을 가진 아내가 있습니까? 남편과 관련하여 하나님을 믿으십시오. 믿음 외에 다른 방법으로 남편을 대하지 마십시오. 만일 당신이 하늘의 능력과 상관없이 남편을 회심시키려고 한다면, 차라리 낚시로 레비아탄(leviathan: 욥기에 나오는 거대한 바다 괴물)을 잡으려고 시도하는 것이 훨씬 더 낫습니다. 사랑하는 아버지여, 당신에게 반항적이며 제멋대로 구는 자녀들이 있습니까? 당신의 아들들이 아버지의 훈계를 받으려고 하지 않습니까? 당신의 딸들이 경박스러우며 행실이 단정하지 않습니까? 기도로 하나님께 가십시오. 그리고 하나님을 믿으십시오. 가정의 걱정거리를 아시는 자는 또한 부모들이 얼마나 쉽게 자녀들에게 심각한 해악을 끼칠 수 있는지 잘 아십니다. 자녀의 유익을 위한답시고 말입니다. 어떤 부모는 지나치게 엄격하고 또 어떤 부모는 지나치게 관대합니다. 간절히 당부하노니 당신의 자녀들을 하나님께 데려가십시오. 여러분의 강함은 바로 여기에 놓여 있습니다. 가장(家長)으로서 올바로 행하는 능력은 신적 은사로부터 옵니다. 그리고 그러한 은사는 오직 믿음으로 펼친 손 위에 놓일 것입니다. 만일 우리가 하나님을 믿는다면, 우리와 우리 가정에 대한 하나님의 약속이 이루어질 것입니다. 여러분 모두가 각자 자신의 가정의 축복이 되기를 기원합니다.

　또 여기에 믿지 않는 집에서 살고 있는 하나님을 경외하는 젊은 종들이 있습니까? 여러분은 어떻게 행동해야 할지 당황스럽습니까? 여러분에게 양심의 가책을 느끼게 만드는 명령들이 내려집니까? 여러분을 고용한 사람이 요구하는 것을 양심에 거리낌 없이 행할 수 있을지 의문입니까? 하나님을 믿는 믿음을 가지십시오. 하나님이 여러분을 인도하실 것입니다. 또 하나님이 인도하시는 대로 따를 수 있도록 믿음을 구하십시오. 젊은이가 인생의 초창기에 믿음의 가정을 떠나 하나님을 경외함이 없는 장소에 있게 되는 것은 참으로 안타깝고도 위험한 일입니다. 만일 그가 굳은 믿음으로 자신의 위치를 지키며 하나님을 위해 견고하게 선다면, 그는 강건한 남자가 될 것이며 더욱 유용하고 빛나는 사람이 될 것입니다. 그러나 만일 그가 조금씩 자신의 길을 양보하며 바람 부는 대로 돛의 방향을 바꾼다면, 그는 결코 거룩한 성품을 얻지 못할 것입니다. 우리는 성경에서 에브라임 자손들이 무장을 하고 활을 들고 나갔다가 싸움의 날에 그냥 돌아온 이야기를 읽습니다. 그래서 어떻게 되었습니까? 결국 그들은 전쟁의 날에 다른 지파들로부터 신뢰를 받지 못하지 않았습니까? 처음 시작할 때 단호하지 못하면 계속해서 양보하며 점차적으로 그릇된 길로 가게 되기 마련입니다. 타협과 머뭇거림과 우물쭈물함으로 시작하는 것은 결국 배교로 귀결될 것입니다. 그런 신앙은 자기 자신과 다른 사람들에게 아무런 영향도 끼치지 못합니다. 아버지든 어머니든, 남편이든 아내든, 자매든 형제든, 종이든 주인이든 무엇이든 간에 만일 여러분이 의무를 이행함에 있어 연약함을 느낀다면, 그에 대해 하나님에 대한 믿음을 연습하십시오. 그러면 여러분은 연약한 가운데서 강하게 될 것입니다.

모든 그리스도인들에게 축복되면서도 숭고한 의무가 있는데, 그것은 기도하는 것입니다. 나의 형제여, 당신은 기도할 수 있습니까? 만일 당신이 기도하는 법을 안다면, 당신은 하늘과 땅을 움직일 수 있습니다. 나의 형제여, 당신은 기도할 수 있습니까? 그러면 당신은 전능자의 힘을 작동시킬 수 있습니다. 당신은 궁핍과 부족함을 겪을 수 없습니다. 왜냐하면 영원한 공급이 기도의 손을 기다리고 있기 때문입니다. "구하라 그러면 주실 것이요." 당신은 길을 잃을 수 없습니다. 왜냐하면 당신은 당신의 기도를 들으시는 자의 인도를 받을 것이기 때문입니다. 당신은 뒤에서 "여기가 길이니 그리로 걸어가라"라고 말하는 음성을 들을 것입니다. 당신은 "그렇지만 나는 효과적으로 기도할 수 없습니다"라고 말합니다. 그렇군요. 당신은 씨름을 잘 하는 야곱과 같지 않군요. 당신은 천사를 붙잡고 씨름하여 이길 수 없습니다. 당신은 기도할 때 힘줄이 오그라들며 무릎이 풀리는 것처럼 느낍니까? 그렇다면 본문을 보십시오. 기도에 있어서의 이러한 연약함으로부터 당신은 오직 **믿음**으로 강하게 될 수 있습니다. 하나님을 믿으십시오. 그러면 당신은 하나님과 함께 이길 것입니다. 그의 약속을 믿고 그 약속에 호소하십시오. 그의 영을 믿고 그의 도움으로 기도하십시오. 중보자 예수 그리스도를 믿으십시오. 왜냐하면 당신은 오직 그를 통해서만 은혜의 보좌 앞에 담대하게 나아갈 수 있기 때문입니다. 오직 믿음만이 연약한 무릎을 고칠 수 있습니다. "네 믿음대로 될지어다." 믿음 없이 기도하는 것은 단지 외적인 형식에 불과합니다. 그것은 헛것입니다. 기도에 있어 연약한 것은 다른 많은 결함들을 가져다주는 질병입니다. 기도의 거장이 되기 위해 믿음을 구하십시오. 나는 신학박사가 되기보다 차라리 기도박사가 되기를 원합니다. 기도하는 법을 아는 사람은 그 손에 우주를 움직이는 지렛대를 가지고 있는 셈입니다. 그러나 믿음 없이는 기도도 없습니다. 만일 당신이 믿지 않는다면, 당신은 들으심을 얻지 못할 것입니다. 왜냐하면 하나님은 믿음 없는 기도를 거절하시기 때문입니다. 그러나 당신이 믿는다면, 하나님은 당신의 기도를 들으실 것입니다. 만일 하나님이 자신의 약속을 지키지 않는다면, 그것은 자신의 말을 스스로 부인하는 것이며 그의 성품을 변화시키는 것입니다. 그러나 그것은 절대로 불가능합니다. 당신은 "자기 아들을 아끼지 아니하시고 우리 모든 사람을 위하여 내주신 이가 어찌 그 아들과 함께 모든 것을 우리에게 주시지 아니하겠느냐"(롬 8:32)라는 말씀을 굳게 믿습니까? 예수께서는 또한 "너희가 악할지라도 좋은 것을 자식에게 줄 줄 알거든 하물며 너희 하늘 아버지께서 구하는 자에게 성령을 주시지 않겠느냐"(눅 11:13)라고 말씀하셨습니다. 기도를 믿으십시오. 그러면 당신은 믿음으로 기도할 수 있게 될 것입니다. 어떤 사람들은 기도의 능력을 믿지 않습니다. 그들은 얼마나 가련한 영혼들입니까! 주께서 그들에게 긍휼을 베푸시기를 기원합니다. 나의 형제자매들이여, 기도를 철저히 믿으십시오. 그러면 여러분은 기도야말로 세상에서 가장 수지맞는 장사라는 사실을 발견하게 될 것입니다. 하나님과 더불어 기도로 거래하는 사람은 금이나 은보다 더 좋은 상품을 가지고 장사하고 있는 셈입니다. 기도는 우리를 "하나님께 부요한 자"로 만듭니다. 이것보다 더 큰 부요가 무엇이겠습니까? 그러나 그것은 반드시 믿음의 기도여야 합니다. "오직 믿음으로 구하고 조금도 의심하지 말라 의심하는 자는 마치 바람에 밀려 요동하는 바다 물결 같으니"(약 1:6). 여러분은 미약한 심령을 가지고 있습니까? 그러한 연약함으로부터 여러분은 오직 믿음으로 강하게 될 수 있음을 확신하십시오.

　어쩌면 여러분 가운데 어떤 사람들은 오늘의 주제를 도무지 감당할 수 없다고 느끼는지 모릅니다. 왜냐하면 아직까지도 죄 문제에서 허우적거리고 있기 때문에 말입니다. 그 주된 일이 죄를 극복하는 일인 사람들에게 필요한 강력한 힘역시 믿음입니다. 우리 가운데 많은 사람들은 여전히 악의 홍수 아래 허우적거립니다. 악한 기질과 혈기가 파도처럼 그들을 엄몰합니다. 우리는 그 위로 올라와야만 합니다. 또 많은 사람들이 여전히 악한 습관의 거대한 심연 속에 빠져 있습니다. 그것이 술 취함입니까? 그것이 도박입니까? 그것이 무엇입니까? 그것은 밑으로 내려가야 합니다. 우리는 그 위로 올라오도록 부름을 받았습니다. 오랫동안 죄 가운데 빠져 있도록 허락된 사람들도 있습니다. 하나님이 그들을 만지기 시작할 때, 그들은 보통 정도의 도덕성에 도달하기 위해서도 무진 애를 씁니다. 그렇다면 영성과 거룩함을 얻기 위해서는 얼마나 치열한 싸움이 있어야만 하겠습니까? 깊음 가운데 던져진 자들에게 있어 수면으로 올라오는 것은 어려운 일입니다. 만일 어떤 사람이 더러움으로 가득한 천 길 바닷속에 가라앉거나 혹은 아무런 빛도 들어오지 않는 캄캄한 동굴 속에 오랫동안 갇혀 있었다면, 그를 그곳으로부터 끌어낸 힘은 얼마나 놀라운 힘이겠습니까! 또 그를 캄캄한 어둠으로부터 끌어낸 것은 얼마나 놀라운 일입니까! 나는 많은 영혼들이 위로 올라오고자 애쓰는 것을 보았습니다. 조금씩 조금씩 빛을 받으면서 말입니다. 그러면서도 죄의 더러운 바다로부터 깨끗하게 되는 것은 아직도 요원합니다. 죄를 벗어버리고자 발버둥치는 자여, 당신은 예수 그리스도를 믿는 믿음이 아니고는 결코 죄를 극복하지 못할 것입니다. 그를 믿으십시오. 그리고 죄를 죽이는 그의 보혈을 믿으십시오. 정욕으로 물든 당신의 손을 못 박기 위해 그의 못 박힌 손을 믿으십시오. 강한 욕망으로 물든 당신의 심장을 찌르기 위해 그의 창에 찔린 옆구리를 믿으십시오. 당신의 소망은 예수께서 죽으시고, 예수께서 다시 살아나시고, 예수께서 영광으로 들어가신 바로 그곳에 있습니다. 당신은 죄를 이기고자 결심할 수 있습니다. 그리고 어떤 죄를 어떤 기간 동안 정복할 수도 있습니다. 그러나 하나의 힘으로서의 죄 자체는 결코 이길 수 없습니다. 어린 양의 피를 제외하고는 말입니다. 그리스도의 속죄의 희생제사의 도끼를 제외하고는 당신은 죄의 거대한 나무를 결코 베어 넘어뜨릴 수 없을 것입니다. 그 도끼를 취하여 죄의 나무를 찍으십시오. 그 외에 다른 연장은 아무 쓸모 없을 것입니다. 하나님이 당신을 강하게 하실 때, 당신은 연약한 가운데서 강하게 되어 죄를 이기게 될 것입니다. 비록 죄가 세상과 육체와 마귀에 의해 뒷받침되고 있다 하더라도 말입니다. 설령 죄가 당신의 본성의 비호를 받고 있다 하더라도, 당신은 이러한 가나안 사람들을 쫓아내고 그들의 압제로부터 당신의 마음을 자유롭게 해방시키게 될 것입니다.

나는 또한 신적 은혜에 의해 각성되어 자신들의 악한 습관을 깨닫고 어찌할 바를 알지 못하고 있다가 아주 쉽게 그러한 습관으로부터 벗어난 사람들을 알고 있습니다. 나는 입이 매우 거칠고 습관적으로 맹세를 하는 어떤 사람을 기억합니다. 지난 몇 년 동안 나는 그의 입으로부터 험한 말이 나오지 않는 것을 거의 본 적이 없습니다. 그러나 주께로 돌이킨 이후 그는 맹세를 남발한다든지 거친 말을 결코 쓰지 않았습니다. 뿐만 아니라 그는 그렇게 하고자 하는 유혹조차 거의 느끼지 않았다고 합니다. 회심한 그리스도인들에게 있어 통상적으로 가장 먼저 사라지는 죄의 종류는 신성모독적인 언어습관과 관련한 죄입니다. 다른 죄들은 쉽게 사라지지 않지만 그러나 이 죄는 참된 회개와 믿음으로 말미암아 그 머리에 관통상을 입습니다. 어떤 죄들은 마치 헤라클레스의 속옷처럼 몸에 달라붙어 떨어지지 않습니다. 오랫동안 들러붙어 있던 악한 습관은 마음이 그에게 이혼장을 주었음에도 여전히 문 앞에서 계속해서 배회합니다. 마치 집에서 쫓겨난 개가 옛 주인에게 다시 돌아와 문 앞에서 배회하는 것처럼 악한 정욕은 심지어 그것을 미워하는 영혼에까지 다시 돌아와 그 앞에서 배회합니다. 이 부분에 있어 우리는 얼마나 연약합니까? 오른손을 잘라내고 오른눈을 뽑아내는데 우리는 얼마나 느립니까? 그럼에도 불구하고 그 일은 행해져야만 하며, 오직 믿음만이 전능자의 도우심으로 그 일을 행할 수 있습니다. 악한 습관을 이기기 위해 그리스도를 믿으십시오. 그는 자신의 죽음으로 죄를 제거하신 자가 아닙니까? 그는 우리를 돕는 자가 아닙니까? 믿음으로 우리는 연약한 가운데서 강하게 됩니다.

　　그리스도인이 감당해야 할 가장 중요한 것 가운데 하나는 복음을 전파하는 것입니다. 어떤 사람이 말합니다. "그렇습니다. 나는 주께서 나를 위해 행하신 일을 다른 사람들에게 알게 하는 것이 우리의 긴박한 책무라는 사실을 인정합니다. 그렇지만 나는 그 일을 충분히 이행함으로써 나의 양심을 편안하게 할 수 없습니다. 얼마 전에도 그렇게 하려고 노력했지만 결국 실패하고 말았습니다. 나는 말을 더듬으며 처음에 하고자 했던 말을 거의 하지 못했습니다. 며칠 전에도 평상시 알고 지내던 사람을 만나 나를 변화시킨 복음에 대해 말해 주려고 결심했었습니다. 그러나 그의 집에 도착했을 때, 나는 아무 말도 하지 못한 채 그가 이끄는 대로 떠밀려 다니고 말았습니다. 나는 그에게 전하고자 했던 복음을 한마디도 말하지 못했습니다." 솔직하게 까놓고 말한다면, 아마도 많은 사람들이 이와 비슷한 고백을 하게 될 것입니다. 참된 하나님의 자녀들 가운데 많은 사람들이 처음에 벙어리 귀신에 들립니다. 그리고 그 귀신을 쫓아내기 위해서는 예수 그리스도가 필요합니다. 그렇지만 여러분은 우리가 너무나 자주 우리 자신의 힘으로 복음을 전파하려고 한다고 생각하지 않습니까? 만일 우리가 믿음으로 시작한다면, 그리고 무슨 말을 할 것인지에 대해 겸손하게 주님에게 의탁하며 신적 강함을 붙잡는다면, 우리는 실제로 행하는 것보다 훨씬 더 많은 일을 행할 수 있게 될 것입니다. 얼마 전에 나는 큰 죄인이었다가 그리스도께로 인도된 어떤 사람의 이야기를 들었습니다. 그는 너무도 뻣뻣한 목을 가지고 있어서 어느 누구도 그의 회심을 위해 그에게 접근할 수 없었습니다. 그는 종교에 대해 말하는 것을 극도로 싫어했습니다. 그는 믿음을 권면하는 말에 극도로 무뚝뚝하게 대답하곤 했습니다. 그러는 가운데 그의 이웃 가운데 한 사람이 아침 일찍 그를 찾아가야만 되겠다는 강한 충동을 느꼈습니다. 그는 목이 뻣뻣한 사람에게 이렇게 말했습니다. "이렇게 일찍 방문한 것을 양해해 주시기 바랍니다. 그렇지만 나는 지난 밤 당신을 생각하느라 한 잠도 자지 못했습니다. 나는 당신에게 뭔가를 말하기 전까지는 결코 쉴 수 없습니다." 그러자 목이 뻣뻣한 사람이 이렇게 대답했습니다. "도대체 나에 대해 무슨 생각을 했다는 거요? 나는 당신의 생각 따위는 필요하지 않소." 그가 말합니다. "당신이 아무 소망 없이 죽는 것을 생각할 때, 나는 너무도 안타까워 견딜 수가 없었습니다. 그래서 나는 여기에 오지 않을 수 없었습니다." 그러자 목이 뻣뻣한 사람이 이렇게 중얼거렸습니다. "당신의 일이나 신경 쓰시오." 그러자 그가 말했습니다. "그렇지만 이것이 바로 나의 일입니다. 만일 내가 당신이 구원받는 것을 보지 못한다면, 나의 심장은 터져 버리고 말 것입니다." 그 말을 듣고 목이 뻣뻣한 사람은 이렇게 대답했습니다. "그 따위 헛소리나 지껄이려거든 당장 나가시오. 그리고 다시는 오지 마시오." 그 형제는 눈물을 흘리면서 집으로 돌아왔습니다. 그러나 그가 이런 마음을 느낀 유일한 사람은 아니었습니다. 한편 목이 뻣뻣한 사람은 직장에 출근했다가 집으로 돌아와 아내에게 이렇게 말했습니다. "나는 종교적인 놈들에게는 얼마든지 대응할 수 있소. 나는 당신의 교구목사도 조금도 개의치 않소. 그런데 오늘 아침 일찍 찾아와 만일 내가 구원받지 못한다면 자기 심장이 터져 버릴 것이라고 말했던 사람의 말은 계속해서 내 마음을 때리는군." 그의 마음은 크게 흔들렸습니다. 마침내 그는 하나님의 말씀을 듣기 위해 교회로 갔고 결국 예수 그리스도께로 인도되었습니다.

어떤 사람이 말합니다. "그렇지만 이웃에게 복음의 말씀을 전하려고 하기만 하면 나는 그만 무너져 버리고 맙니다." 친구여, 나는 그런 일로 염려하지 않습니다. 당신도 그럴 필요 없습니다. 만일 당신이 참된 열정을 가지고 있다면, 당신은 바로 그 "무너짐"으로 인해 더 많은 일을 행할 수 있을 것입니다. 두려움을 깨뜨려 버리고 그냥 시작하십시오. 그러면 당신은 본문의 교훈이 당신의 경우에도 참되다는 사실을 발견하게 될 것입니다. 그리고 당신 역시도 연약한 가운데서 강하게 될 것입니다. 하나님은 당신의 강함을 필요로 하지 않습니다. 그는 충분한 능력 그 이상을 가지고 계십니다. 그는 당신의 연약함을 구하십니다. 그 자신에게는 연약함이 없습니다. 그러므로 그는 당신의 연약함을 취하고, 그것을 자신의 강함을 나타내는 도구로 사용하기를 원하십니다. 당신의 연약함을 그분께 드리고 그분의 강함을 받지 않겠습니까?

하나님을 향한 뜨거운 열정을 품고 있는 형제들에게 묻습니다. 친구여, 당신은 하나님을 위해 큰 일을 하기를 원합니까? 당신은 우리의 초창기 선교사들이 가졌던 "하나님을 위해 큰 일을 시도하라"는 표어를 들은 적이 있습니까? 당신의 마음속에서 그런 생각이 불타고 있습니까? 당신은 귀하게 쓰임받기를 열망합니까? 어떤 사람이 말합니다. "그렇습니다. 나는 하나님을 위해 큰 일을 시도하고 싶습니다. 그렇지만 나는 너무도 연약합니다." 하나님을 믿는 믿음으로 시도하십시오. 본문이 "연약한 가운데서 강하게" 되었다고 말하지 않습니까? 만일 당신이 능력이 없다고 느낀다면, 무한한 능력을 가진 하나님께 당신 자신을 던지십시오. 당신이 하나님께 쓰임받기를 원하는 한, 그리고 하나님이 당신에게 다른 사람들의 영혼을 위한 뜨거운 마음을 주신 한, 당신은 두려워할 필요가 없습니다. 도리어 당신은 믿음으로 당신의 모든 연약함 가운데 앞으로 나아갈 수 있습니다. 왜냐하면 하나님의 강함이 당신에게 채워질 것이기 때문입니다. 하나님이 "내 은혜가 네게 족하도다 이는 내 능력이 약한 데서 온전하여짐이라"(고전 12:9)라고 말씀하지 않았습니까? 그러한 하나님의 말씀은 참되지 않습니까?

또 우리는 하나님의 진리를 증언할 때 "연약한 가운데서 강하게 되기도 하며"란 본문의 교훈을 경험하게 될 것입니다. 당신이 의심하며, 불신하며, 심지어 조롱하는 자들 앞에서 하나님의 진리를 시험해 보도록 부름받았다고 상상해 보십시오. 지금 당신은 뜨뜻미지근한 사람들을 바라보고 있습니다. 그들은 당신의 관심사를 공유하지 않습니다. 그들은 당신이 아무것도 아닌 일로 법석을 떨고 있으며 당신이 지나치게 편협하며 외골수적이라고 당신에게 말합니다. 나는 이런 비방을 반복할 필요를 느끼지 않습니다. 왜냐하면 나 자신이 이런 식의 비방의 말을 너무나 자주 들어왔기 때문입니다. 그들은 말합니다. "그는 너무 늦게 태어났어. 그는 시대에 뒤떨어진 사람이야. 그는 낡은 교리를 위해 싸우고 있어. 그는 진보하는 세상에 적합하지 않은 사람이야." 그래서 어떻다는 것입니까? 이런 말이 당신을 화나게 만듭니까? 만일 당신이 강한 믿음을 가지고 있지 않다면, 그럴 것입니다. 그렇지만 만일 당신이 강한 믿음을 가지고 있다면, 그들이 쏘는 총알과 던지는 돌은 부드러운 솜뭉치로 바뀔 것입니다. 그들이 그와 같은 방식으로 말할 때, 털을 꼿꼿이 곤두세운 채 나는 결코 그렇게 어리석은 자가 아니라는 사실을 증명하려고 시도하지 마십시오. 그렇게 하는 대신 그냥 묵묵히 받아들이십시오. 그리고 스스로에게 이렇게 말하십시오. "연약한 가운데서 강하게 되기도 하며." 믿음으로 하나님의 말씀을 붙잡으십시오. 그러면 당신은 강하게 될 것입니다. 하나님 자신이 스스로의 정당성을 입증할 것입니다. 그렇지만 때로 하나님은 잠깐 동안 거짓이 이기는 것처럼 보이도록 그냥 내버려 두실 수 있습니다. 그러므로 인내하며 때를 기다리십시오. 바로가 이스라엘 백성들을 추격할 때 우리가 그곳에 있었다고 상상해 보십시오. 그리고 우리가 강력한 권능으로 옷 입었다고 가정해 보십시오. 그러면 우리는 어떻게 하겠습니까? 틀림없이 우리는 바로의 병거들과 말들을 그들이 애굽을 떠나기 전에 막았을 것입니다. 그렇게 하여 우리는 바로의 계획을 초기에 저지했을 것입니다. 우리는 단번에 병거의 바퀴들을 빼버림으로써 그들이 이스라엘 자손을 추격하지 못하게 했을 것입니다. 이것이 우리가 하는 방식입니다. 그러나 여호와는 더 나은 방식으로 행하셨습니다. 그는 애굽 사람들이 이스라엘 자손을 추격하고, 따라잡고, 위협하도록 그냥 내버려 두셨습니다. 그리고 그들이 기세등등하게 이스라엘 자손을 따라 홍해바다 속으로 들어가도록 그냥 내버려 두셨습니다. 그러고 나서 비로소 여호와는 그들을 던지셨습니다. 이스라엘이 "그는 높고 영화로우심이요 말과 그 탄 자를 바다에 던지셨음이로다"(출 15:1)라고 노래한 것처럼 말입니다. 이스라엘 백성들에게 있어 이 사건은 큰 의미를 가지는 것이었습니다. 겁이 많고 심약한 이스라엘 백성들은 바로가 뒤쫓아와 자신들을 다시 잡아가지 않을까 항상 두려워할 것이었습니다. 그러나 애굽의 모든 군대가 홍해바다 속에 빠졌을 때, 그들의 모든 두려움 역시 그들과 함께 영원히 사라졌습니다. 그것은 완전한 승리였습니다. 뿐만 아니라 이 사건은 가나안에 있는 그들의 미래의 적들까지도 두려워 떨게 만들었습니다. 악과의 싸움에서 우리는 너무 빨리 이기려고 합니다. 그러나 하나님은 때로 거짓이 잠시 동안 승승장구하며 이기는 것처럼 보이도록 그냥 내버려 두실 수 있습니다. 그러다가 가장 효과적으로 무너지게 하시고, 그럼으로써 다시는 교회를 괴롭히지 못하도록 만드십니다. 우리에게 있어 연약함 가운데 하나님이 인도하시는 대로 앞으로 나아가는 것은 참으로 좋은 일입니다. 그러면 여인들이 소고치며 춤추면서 "너희는 여호와를 찬송하라 그는 높고 영화로우심이요 말과 그 탄 자를 바다에 던지셨음이로다"(출 15:21)라고 노래할 날이

반드시 올 것입니다. 그러므로 흔들리지 말고 굳게 서십시오. 원수들의 숫자와
계교와 책략을 두려워하지 마십시오. 하나님의 때가 최선의 때입니다. 승리의
일격이 가해질 때에 대해 우리보다 하나님이 훨씬 더 잘 아십니다. 만일 우리가
"단번에 성도들을 구원하신" 자를 믿는다면, 우리는 연약한 가운데서 강하게 될
것입니다. 오늘의 본문을 여러분의 모든 믿음의 역사와 사랑의 수고 속에 잘 적
용하기를 바랍니다.

### 2. 둘째로, 믿음은 사람들을 견딤에 있어 강하게 만들어 줍니다.

소망 가운데 견디며 인내하는 것은 그리스도인의 삶의 매우 중요한 한 부분
이며, 그 핵심은 믿음입니다.

많은 사람들이 매일의 삶 속에서 인내하도록 부름을 받습니다. 아, 세상은 얼
마나 많은 고통으로 가득 차 있습니까? 우리가 살고 있는 런던이라는 거대한 도
시도 그렇지 않습니까? 심지어 경건한 사람들 가운데에도 만연한 가난과 고통은
여러분과 같이 따뜻한 마음을 가진 사람들에게 항상 가슴 아픈 주제가 아니었습
니까? 우리는 불 가운데 있는 형제들을 잊어서는 안 됩니다. "그의 발은 풀무불
에 단련한 빛난 주석 같고"(계 1:15). 슬픔 없는 사람은 거의 없습니다. 그런가 하
면 나그네와 같은 인생길에서 다른 사람들보다 갑절의 고난을 당하는 성도들도
있습니다. 함께 여기에 앉아 있는 형제자매들을 보십시오. 겉으로 볼 때는 아무
일도 없는 것처럼 보일지 모릅니다. 그러나 단지 먹고 사는 일을 위해 하루 종
일 수고해야만 하는 사람들이 얼마나 많습니까? 여러분은 "보이지 않는 자를 보
는 것처럼" 하면서 견디며 인내해야 합니다. 여러분은 하나님 안에서 기뻐해야
합니다. 그렇지 않으면 전혀 기뻐하지 못할 것입니다. 이 땅의 위로들은 여러분
의 것이 아닙니다. 그러나 만일 여러분이 영적이며 영원한 것을 붙잡는다면, 여
러분은 불평하지 않을 것입니다. 만일 여러분의 바라는 것이 단지 이생일 뿐이
라면, 여러분은 모든 사람들 가운데 가장 불쌍한 사람들일 것입니다. 그러나 하
늘의 소망을 가지고 있기 때문에 여러분은 모든 사람들 가운데 가장 행복한 사
람들입니다. 심지어 광야조차도 여러분을 위해 즐거워하며 장미꽃처럼 피어납
니다. 매일의 십자가를 즐겁게 짊어질 수 있도록 굳센 믿음을 구하십시오. 믿는
자는 그로부터 나오는 영원한 생명과 기쁨을 가집니다. 여러분의 하나님과 여러
분에 대한 그의 사랑과 여러분에 대한 그의 돌보심을 믿으십시오. 그러면 여러

분은 수고도 아니하고 길쌈도 아니하여도 솔로몬보다 더 아름답게 입는 들의 백합화와 같을 것이며, 심지도 않고 거두지도 않고 창고에 모아들이지 않아도 풍성하게 먹고 마시는 공중의 새와 같을 것입니다. 그리고 여러분은 추위와 배고픔과 벗음과 부끄러움과 모든 것을 대수롭지 않게 여기게 될 것입니다. 여러분의 믿음은 여러분을 연약한 가운데서 강하게 만들 것입니다.

또 어떤 성도들은 큰 육체적 고통을 견디도록 부름받습니다. 나는 실제적인 경험으로부터 그들에게 믿음으로 하나님을 굳게 붙잡으라고 권면하고 싶습니다. 그것이야말로 큰 육체적 고통 앞에서 우리를 굳게 지켜 주는 강한 힘입니다. 의사의 수술 칼은 얼마나 무자비하게 보입니까? 나는 얼마 전에 외과의사로부터 수술을 받은 한 여자를 알고 있습니다. 수술을 받는 도중 그녀는 수술도구함을 장미꽃으로 가득 채웠습니다. 오직 하나님만이 여러분으로 하여금 고통과 위험의 끔찍한 기억을 장미꽃으로 가득 채우도록 도우실 수 있습니다. 하나님이 여러분에게 어떤 질병을 보내실 때, 그것을 축복의 도구로 받아들이는 것은 얼마나 아름다운 일입니까? 힘들고 어려울 때 위로를 구하기 위해 포도주를 찾지 마십시오. 어떤 형태든 여러분을 취하게 하는 것을 두려워하십시오. 심지어 여러분은 위로를 구하기 위해 친구에게 호소할 필요도 없습니다. 그들이 여러분의 내적 슬픔에 대해 무엇을 알겠습니까? 고통을 당하는 자 홀로 항해해야 하는 고통의 바다가 있습니다. 다른 배는 보이지 않습니다. 수평선을 바라보아도 보이는 것은 일렁이는 파도뿐입니다. 지금은 폭풍이 몰아치는 바다까지도 자신의 손으로 붙잡고 계시는 자를 믿고 의지해야 할 때입니다. 그는 여러분의 연약한 몸을 아십니다. 그는 여러분의 몸이 연약하도록 그리고 여러분의 마음이 두려워 떨도록 허락하십니다. 그토록 연약한 여러분을 강하게 만듦으로써 그분께 영광이 돌려지도록 하시기 위해서 말입니다. 그의 이름은 "여호와라파" 즉 "너를 치료하는 여호와"입니다. 여러분 자신을 그에게 드리십시오. 그러면 여러분은 그의 사랑과 긍휼을 노래하게 될 것입니다.

그런가 하면 또 어떤 사람들은 박해를 견디도록 부름받기도 합니다. 오늘날 어떤 폭군도 그리스도로 인해 신자들을 화형에 처하거나 감옥에 가두지 않습니다. 그러나 뱀의 후손이 여자의 후손에 대한 적의(敵意)를 나타내는 방법은 아직도 많이 있습니다. "조롱의 시험"은 여전히 흔합니다. 마귀의 채찍이 하나님의 자녀의 등에 떨어지는 방법은 아직도 많습니다. 박해는 지금도 계속해서 일어납니다. 사람의 원수가 자기 가족인 경우는 지금도 흔합니다. 믿지 않는 남편으로부터 조롱을 당하는 아내의 이야기나 비웃음과 냉소를 감수해야 하는 젊은이들의 이야기는 특별히 새로울 것이 없습니다. 오늘날에도 많은 집이 순교의 장소입니다. 고난을 당하는 자들이여, 주께서 여러분을 조롱과 비웃음과 냉소로부터 지켜 주시기를 기원합니다. 오직 믿음으로만 여러분은 박해를 견딜 수 있으며 그것을 유익으로 바꿀 수 있습니다. 참된 것을 포기함으로써 박해를 피하려고 하지 마십시오. 도리어 박해가운데 굳게 설 수 있도록 주님께 은혜를 구하십시오. 오늘날의 순교자들도 예전의 순교자들과 같은 용기를 가져야만 합니다. 오늘날의 순교자들은 황제가 위풍당당하게 앉아 있고 오만한 로마시민들이 잔인한 눈으로 내려다보고 있는 거대한 원형경기장에 모여 있지 않습니다. 지금 우리는 철문이 열리고 굶주린 사자들이 먹이를 향해 포효하며 달려 나오는 모습을 보지 못합니다. 지금 우리는 아무런 무기도 들지 않은 채 달려오는 사자들을 바라보며 두려워 떠는 그리스도인들을 보지 못합니다. 지금 우리는 그리스도인들이 사자들에게 물어뜯기는 것을 보면서 미친 듯이 고함치는 군중들을 보지 못합니다. 이것들은 모두 지나갔습니다. 그리스도께서 그의 고난당하는 지체들 안에서 가이사와 로마제국을 이기셨습니다. 왜냐하면 신자들은 연약한 가운데서 강하게 되었기 때문입니다. 그러나 지금도 하나님에 대한 적대감은 예전과 다를 바가 없습니다. 다만 그 나타나는 방법이 예전과 다를 뿐입니다. 오늘날 고난당하는 자는 홀로 고난을 당합니다. 때로 그들은 차라리 에베소에서 사자들과 싸우는 것이 믿지 않는 가족들로부터 비방과 조롱을 당하는 것보다 더 낫겠다고 느끼기도 합니다. 나의 형제자매들이여, 여러분의 은밀한 박해 속에서 하나님을 믿으십시오. 영혼의 은밀한 곳에서 하나님께 부르짖으십시오. 그러면 그 모든 무거운 짐을 능히 감당하게 될 것입니다. 그렇습니다. 여러분은 그것을 고요하게 감당할 것입니다. 그리고 여러분은 여러분을 미워하는 자들을 이기게 될 것입니다. 여러분이 은밀한 순교를 당할 때, 천사들이 바라보고 있으며 그리스도께서 여러분 안에서 함께 고난당하고 계시다는 사실을 잊지 마십시오. 그러므로 두려워하지 마십시오. 믿음으로 여러분은 연약한 가운데서 강하게 될 것입니다.

그런가 하면 우리 가운데 박해를 당하지는 않지만 그러나 불신앙의 공격에 맞서야만 하는 사람들도 있습니다. 예전에 하나님의 진리로 받아들였던 것이 오늘날 많은 장소에서 그렇게 받아들여지지 않습니다. 한 사람이 헉슬리(Huxley)

나 틴들(John Tyndall: 1820-1893. 영국 물리학자)로부터 취한 회의주의 철학을 가지고 옵니다. 또 한 사람이 불신앙을 전파하는 마귀의 도구인 현대 신학자들로부터 취한 비평주의를 가지고 옵니다. 세 번째 사람이 기독교를 공격하는 사람들로부터 취한 사악한 신성모독의 말과 함께 우리에게 나타납니다. 그들은 자신들의 궤변과 반론에 대해 즉각적인 대답을 요구합니다. 그들이 정말로 자신들이 제기한 모든 반론들에 대해 우리가 즉각적으로 대답하기를 기대할까요? 명백한 진리와 관련하여 한 사람의 뇌가 생각해 낸 모든 반론들에 대해 또 다른 한 사람의 뇌가 즉각적으로 대답할 수 있다고 나는 결코 생각하지 않습니다. 궤변가들에게 일일이 대답하려고 노력하지 마십시오. 여러분의 무기는 오직 믿음이라는 사실을 잊지 마십시오. 만일 여러분이 여러분 자신의 이성(理性)의 목검(木劍)을 취한다면, 여러분은 아주 쉽게 패배를 당하게 될 것입니다. 여러분 자신을 위해 믿음을 가지십시오. 그리고 주께서 인도하시는 대로 말하십시오. 스스로에게 이렇게 되뇌십시오. "이것은 하나님의 책이며 그의 정확무오한 계시야. 나는 모든 궤변과 반론에도 불구하고 그것을 믿어. 사람은 거짓되더라도 하나님은 참되셔." 이것은 여러분을 지켜주는 든든한 방어막이 될 것입니다. 그러나 만일 여러분이 그러한 방어막을 걷어 버린다면, 여러분은 곧바로 비틀거리며 넘어지게 될 것입니다. 공격무기로서 "성령의 검 곧 하나님의 말씀"을 취하십시오. 이것 외에 다른 무기는 없습니다. 지극히 높은 자의 계시에 대한 철저하고도 완전하며 어린아이 같은 믿음을 가지십시오. 그러면 정신적인 갈등의 측면에서 여러분은 연약한 가운데서 강하게 될 것입니다.

그런가 하면 정신적인 낙망 가운데 있는 사람들도 있습니다. 우리 가운데 어떤 사람들은 기질적으로 그와 같은 상태로 기울어지는 경향이 있기도 합니다. 종종 나는 기쁨으로 들뜨지도 않고 그렇기 때문에 거의 낙망하지도 않는 부류의 사람들을 부러워하곤 합니다. 그들의 인생행로는 심한 굴곡으로 점철되지 않고 비교적 평탄합니다. 그들은 얼마나 복된 자들입니까! 때로 우리는 마치 독수리 날개 위에 올라탄 것처럼 기쁨과 환희로 하늘 꼭대기까지 올라갑니다. 그러나 만일 당신이 하늘 꼭대기까지 올라간다면 가장 낮은 곳으로 떨어지기가 아주 쉽다는 사실을 기억하십시오. 하늘로 날아오를 수 있는 자는 낙망 가운데 떨어질 수도 있습니다. 엘리야를 생각해 보십시오. 바알의 선지자들을 죽인 후 그는 이세벨의 낯을 피하여 광야로 도망치지 않았습니까? 만일 당신이 오르락내리락하는 기질을 가졌다면, 그리고 쉽게 흥분하고 쉽게 낙망하는 부류의 사람이라면, 여러분은 오직 믿음으로 강하게 될 수 있습니다. 설령 여러분이 다발로 활짝 피는 꽃이 아니라 보일 듯 말 듯 은밀하게 피는 꽃이라 하더라도, 그것으로 걱정하지 마십시오. 만일 여러분이 유쾌하며 명랑하지 않다면, 그러한 기질을 고치는 유일한 치료제는 믿음입니다. 여러분이 하늘로 올라가든 땅으로 떨어지든, 주 예수 그리스도는 동일하다는 사실을 잊지 마십시오. 여러분이 노래를 부르든 탄식하든, 하나님은 신실하시며 그의 약속은 참되다는 사실을 기억하십시오. 여러분이 다볼 산 꼭대기에 서든 은밀한 골짜기에 숨든, 하나님의 언약은 영원히 굳게 선다는 사실을 마음에 새기십시오. 주 예수 그리스도를 믿는 자는 결코 정죄함이 없다는 사실을 확신하십시오. 설령 어떤 기쁨의 섬광조차 찾을 수 없다 하더라도, 그를 믿으십시오. 우리가 안전한 것은 우리 자신의 어떠함 때문이 아니라 우리가 도피성 안에 있기 때문입니다. 만일 여러분이 그리스도 안에 견고하게 선다면, 여러분은 연약한 가운데서 강하게 될 것입니다.

또 어떤 사람은 자신의 잘못 때문이 아니라 다른 사람들 때문에 고통을 견디도록 부름받기도 합니다. 몇 해 전 "나의 하나님 나의 하나님 어찌하여 나를 버리셨나이까"라는 제목으로 여러분에게 설교한 적이 있습니다. 그런데 그 때 나는 그것을 나 자신의 부르짖음으로 통렬하게 느꼈습니다. 나의 영은 극심한 고뇌 가운데 떨어졌습니다. 하나님으로부터 버림받았다고 하는 두려운 의식이 나를 사로잡았습니다. 나는 어째서 내가 이런 캄캄한 어둠 가운데 둘러싸이게 되었는지 이해할 수 없었습니다. 어떤 죄가 남아 있다면, 나는 그 죄를 씻어 버리고 싶었습니다. 그러나 나는 특별한 죄를 발견할 수 없었습니다. 그러다가 예배를 마치고 목양실에 돌아왔을 때 비로소 나는 그러한 고통의 비밀을 알게 되었습니다. 목양실에는 거대한 어둠의 공포 가운데 눌려 있던 어떤 사람이 서 있었습니다. 그는 나에게 이렇게 말했습니다. "지금까지 나는 나의 사정을 이토록 정확하게 아는 사람을 한 번도 만나본 적이 없습니다." 나는 그에게 자리에 앉으라고 말하고 계속해서 그와 더불어 대화를 나누었습니다. 그는 거의 정신이상 직전까지 간 사람이었습니다. 나는 그가 나의 주님을 믿음으로써 그러한 어둠으로부터 벗어나 빛의 나라로 옮겨졌기를 바랍니다. 만일 내가 그토록 캄캄한 어둠 가운데 빠져 있지 않았다면, 아마도 나는 그의 상태를 거의 이해하지 못했을 것입니다. 그제서야 비로소 나는 어째서 내가 버림받은 것처럼 느껴야만 했는지 그 이유를 이해하게 되었습니다. 하나님은 나로 하여금 극심한 어둠 가운데 빠져 있는 사람을 체휼하고 도울 수 있도록 가르치며 인도하고 계셨던 것입니다. 그 때 이후로 나는 스스로를 주께 드리며 이렇게 기도하곤 합니다. "나로 하여금 연약한 인생들에게 도움이 되는 사람이 되게 하소서. 만일 내가 당신의 가련한 자녀들에게 도움이 될 수 있다면, 위로와 평안과 기쁨을 걷어 가셔도 좋나이다. 당신의 고통당하는 자녀들의 마음을 헤아림으로써 당신의 목적에 부응하는 종이 되게 하소서. 나는 그들을 천국으로 데려가고 그럼으로써 당신의 은혜의 영광을 찬미하는 자들이 되게 하기를 원하나이다. 그들의 상황에 가장 부합하도록 나를 기쁘게도 하시고 괴롭게도 하소서." 이를 위해 우리는 믿음을 가져야만 합니다. 그리고 다른 사람들을 위해 고통을 겪을 때 하나님이 큰 상급을 주실 것을 확신해야 합니다. 만일 여러분이 이스라엘의 지도자와 돕는 자와 어머니로 택함을 받았다면, 때로 고통을 겪는다 하더라도 그것으로 만족하십시오. 하나님이 여러분에게 상을 주실 것이라는 사실뿐만 아니라 여러분의 고통을 통해 다른 누군가가 축복을 받게 될 것이라는 사실을 굳게 믿으면서 말입니다.

이제 설교를 마칠 때가 되었습니다. 이 시간 주께서 여러분에게 그를 믿을 수 있도록 은혜를 베푸시기를 바랍니다. 만일 이 땅에서 나에게 주님을 위해 말할 기회가 더 이상 주어지지 않는다면, 내가 전할 마지막 메시지는, 오직 믿음만이 19세기를 구원하고 또 영국을 구원할 수 있다는 것입니다. 오직 믿음만이 오늘날의 의심 많은 교회를 구원할 수 있습니다. 오직 영원히 살아 계시며 변함이 없으신 하나님과 위대한 은혜의 옛 교리들을 굳게 믿을 때 비로소 교회는 다시금 창성해질 것이며 열방을 그리스도께 인도할 수 있게 될 것입니다. 오직 주 예수 그리스도를 믿는 믿음만이 여러분과 나를 구원할 수 있습니다. 나의 형제자매들이여, 주께서 여러분에게 온전한 믿음을 주시기를 기원합니다. 아멘.

제
33
장
—

# 인간의 연약함에 대한
# 하나님의 치유

—

### "연약한 가운데서 강하게 되기도 하며" ― 히 11:34

어떤 종류의 연약함들은 하나님이 주신 것으로서 사람들에게 필연적으로 발생하는 것입니다. 그것은 죄가 아닙니다. 그러므로 우리는 그런 종류의 연약함들에 대해 죄의식을 가질 필요가 없습니다. 바울은 그러한 연약함을 제거해 달라고 세 번이나 간절히 구했지만 그러나 그것은 그의 유익을 위해 그대로 남아 있어야만 했습니다. 그런 경우 우리 하나님은 그러한 연약함을 제거해 주는 대신 우리에게 이렇게 대답하십니다. "내 은혜가 네게 족하도다"(고후 12:9). 이것은 연약한 가운데서 강하게 되는 한 가지 실례(實例)이며, 많은 성도들이 매일같이 이러한 은혜를 경험합니다. 그들은 연약하며, 계속해서 연약한 상태에 있습니다. 그들에게 한때 제거되기를 바랐던 연약함이 있었지만 그러나 지금은 있는 그대로 만족합니다. 왜냐하면 그들은 지금 바울과 동일한 마음을 가지고 있기 때문입니다. 그들은 자신들의 연약함을 자랑합니다. 왜냐하면 약할 때 곧 강하기 때문입니다. 그러나 사랑하는 친구들이여, 죄의 범주에 속하는 또 다른 종류의 연약함들이 있습니다. 그것은 본성으로부터 나오는 연약함이 아니라 부패한 본성으로부터 나오는 연약함입니다. 그것은 하나님으로부터 오는 것이 아니라 우리의 죄성(罪性)으로부터 오는 것입니다. 우리는 이러한 종류의 연약함들로부터 벗어나기를 바라야만 합니다. 우리는 죄의 범주에 속하는 연약함 가운데 강하기를 구해서는 안 됩니다. 도리어 그러한 연약함으로부터 벗어나 강하게 되기 위한 힘을 구해야 합니다. 바로 이것이 본문이 말하는 "믿음으로 연약한 가운데서 강하게 되는" 특별한 축복입니다. 많은 그리스도인들에게 있어 그 연약함이 단지 자연적인 결함들 가운데 하나일 때, "연약함 가운데"(in weakness) 강하게 되는 것은 측량할 수 없는 특권입니다. 동시에 그 연약함이 죄의 범주에 포함되는 것일 때, 그러한 "연약함으로부터"(out of weakness) 강하게 되는 것 역시 똑같이 값진 은혜입니다. 편견 없는 눈으로 바라볼 때, 오늘날의 교회의 모습은 용맹한 병사들로 가득 찬 군대라기보다 차라리 허약한 병자들로 가득 찬 거대한 병원에 더 가까워 보입니다.

사역자와 평신도를 막론하고 오늘날 대체로 너무나 연약합니다. 그들은 살아 있지만 그러나 병들어 있습니다. 그들은 하나님을 위해 일하지만 그러나 매우 미약하게 그리고 매우 비효율적으로 일합니다. 도리어 교회를 대적하는 적진(敵陣)은 활기로 넘쳐납니다. 내가 보기에 거짓과 오류가 오늘날보다 더 왕성한 때는 결코 없었던 것 같습니다. 우리는 정신을 차리고 깨어 일어나야 합니다. 오늘날의 주 예수 그리스도의 진(陣) 속에서 나는 힘도 없고 열정도 없는 뜨뜻미지근한 모습을 봅니다. 어쨌든 지금 교회는 전반적으로 큰 연약함 가운데 빠져 있습니다. 오늘 아침 나는 연약해서는 안 됨에도 불구하고 연약함 가운데 빠져 있는 자들에게, 그리고 그러한 연약함 가운데 아무 생각 없이 그대로 앉아 있는 자들에게 깨어 일어날 것을 당부하고 싶습니다. 나는 연약함을 그리스도인의 정상적인 상태로 여기기 시작하는, 다시 말해서 무기력하며 두려워하며 소심하며 열의가 없는 것을 대수롭지 않은 일로 여기기 시작하는 자들을 각성시키고 싶습니다. 우리는 죄의 범주에 속하는 연약함의 상태가 결코 정상적인 상태가 아니라는 사실을 인식할 필요가 있습니다. 나는 우리를 그러한 상태로부터 벗어나게 해주는 것이 바로 믿음의 역사(役事)라는 사실을 보여주고자 합니다. 우리는 그러한 죄의 범주에 속하는 연약함 안에 빠져 있어서는 안 됩니다. 그러한 상태로부터 벗어나 강한 자가 되어야 합니다. 오늘 본문은 믿음이 영적 연약함을 고치는 위대한 치료약임을 가르쳐 줍니다. 그러므로 여기에서 나는 첫째로, 그러한 치료의 몇 가지 사례들을 제시하고, 둘째로, 그 치료약을 분석할 것입니다. 그리고 셋째로, 여러분에게 그 약을 복용할 것을 역설하고, 마지막으로, 그 약을 처방해 준 의

사에게 찬미를 돌릴 것입니다.

### 1. 첫째로, 믿음이 영적 연약함을 치료하는  몇 가지 사례들을 살펴보도록 합시다.

　사도 시대에 많은 병자들이 사도들의 안수(按手) 등과 같은 만짐에 의해 고침을 받은 것은 믿음으로 말미암은 것이었습니다. 그렇지만 이러한 치유의 능력은 교회 안에서 소멸되었거나 혹은 정지되었습니다. 그럼에도 불구하고 믿음이 그와 같은 능력을 가지고 있음을 보여주는 사례들이 여전히 많이 있습니다. 존 위클리프가 침상에서 일어나 자신을 둘러싸고 있는 수도사들 곧 그의 죽음을 예상하면서 그의 주장을 철회할 것을 요구하던 수도사들에게 "나는 죽지 않고 살아서 수도자들의 악한 행위를 증언할 것"이라고 말했을 때, 나는 그의 믿음이 그의 치유를 일으켰다고밖에는 달리 생각할 수 없습니다. 만일 그가 소심하며 두려워 떠는 심약한 사람이었다면, 그의 침상은 곧 그의 무덤이 되었을 것입니다. 그러나 그의 믿음의 능력으로 말미암아 그 안에서 생명의 에너지가 활동함으로써, 그는 위기를 무사히 넘겼습니다. 이와 같이 믿음은 여전히 우리의 육체에 매우 큰 영향력을 미칩니다. 왜냐하면 영혼과 육체 사이에는 분명 매우 밀접한 관계가 있기 때문입니다. 취리히의 도로테아 트루델(Dorothea Trudel of Zurich)의 사례 역시 믿음이 육체를 치유하는데 매우 큰 영향력을 끼치는 사실을 잘 보여줍니다. 얼마 전 세상을 떠난 그녀는 기도와 믿음으로 치료하는 병원을 설립했습니다. 그녀는 면허 없이 의료행위를 했다는 죄목으로 취리히 법정에 여러 차례 고발되기도 했습니다. 그녀가 사용한 치료약은 복음을 전파하며 사람들의 마음을 그리스도께로 향하게 함으로써 마음에 큰 평안과 함께 육체를 치료하는 것이었음에도 불구하고 말입니다. 이러한 사례들은 살아 계신 하나님에 대한 믿음이 우리의 육체에 큰 영향을 끼침으로써 우리가 연약함으로부터 강하게 될 수 있다는 사실을 잘 보여줍니다.

　믿음이 그리스도인들을 강하게 하는 사실은 하나님의 교회의 역사 속에서 종종 증명되어 왔습니다. 교회의 연약함은 주로 그리고 대부분의 경우 하나님과 그의 계시에 대한 믿음의 결핍으로부터 옵니다. 강한 믿음을 가지고 있을 때, 사람들은 강하게 행동합니다. 그들이 믿는 원리들이 그들의 영혼을 사로잡음으로써 그들에게 생명처럼 소중한 것이 될 때, 그들에게 어떤 고난도 지나치게 가혹하지 않으며, 어떤 수고도 지나치게 힘들지 않으며, 어떤 투쟁도 지나치게 영웅적이지 않습니다. 설령 불가능한 것처럼 보이는 일이라 하더라도, 그들은 그것에 직면하며, 그것을 대수롭지 않게 여기며, 마침내 그것을 극복할 것입니다. 마르틴 루터가 그의 시대에 그토록 위대한 일을 행할 수 있었던 것도 바로 이것 때문이었습니다. 그는 교회를 믿음의 자리로 되돌렸으며, 그럼으로써 교회는 그 힘을 회복하게 되었습니다. 그는 단지 하나님의 진리의 아주 작은 부분만을 알았을 뿐입니다. 그는 믿음으로 의롭다 함을 받는 진리에 대해서는 대낮처럼 분명하게 알았지만 그러나 다른 부분에 있어서는 로마교회와 크게 다르지 않았습니다. 그러나 그는 교회로 하여금 이 하나의 위대한 진리를 깨우치도록 이끌었습니다. 그는 큰 용기와 결단으로 교회로 하여금 하나님과 그의 진리를 믿도록 이끌었습니다.

비록 하나님의 병기고에 있는 모든 무기들을 다 알지는 못했다 하더라도, 그는 자신이 알았던 하나의 무기를 큰 믿음과 용기를 가지고 휘둘렀습니다. 그가 보름스(Worms)로 들어갈 때를 생각해 보십시오. 비록 마귀들이 지붕의 기왓장만큼이나 많았다 하더라도 그는 조금도 개의치 않았습니다. 또 그가 보름스 의회 앞에서 자신의 주장을 결코 철회할 수 없음을 당당히 밝혔을 때를 생각해 보십시오. 뿐만 아니라 일찍이 그가 95개 조문을 비텐베르크 교회 문 앞에 붙인 것을 생각해 보십시오. 또 교황의 칙서를 찢어 불 속에 던진 것을 생각해 보십시오. 마치 적진을 향해 진군하는 군대가 다리를 끊어버림으로써 스스로 퇴로를 차단하는 것처럼, 그로 하여금 그토록 위대한 업적을 이루도록 도운 것은 하나님을 믿는 그의 믿음이었습니다. 그럼으로써 교회는 그로부터 "하나님은 만유를 다스리시며 만유는 그의 일에 수종든다"는 사실을 배우게 되었습니다. 이와 같이 굳은 믿음을 회복했을 때, 교회는 마치 새 포도주를 마시고 새 힘을 얻은 거인처럼 정신을 차리고 자신의 경주를 새롭게 달려가게 되었습니다.

횟필드와 웨슬리의 부흥운동도 마찬가지였습니다. 교회가 새로운 힘과 능력을 회복한 원천은 다름 아닌 믿음의 회복이었습니다. 그들은 교리적으로는 다소 차이가 있었지만 그러나 교회 안에 성령의 내주하시는 능력과 임재를 믿었다는 점에서는 일치했습니다. 사람들은 서로 논쟁을 벌이며 자기 이론의 정당성을 증명하고자 애를 씁니다. 또 하나님이 존재하는가 존재하지 않는가 하는 주제로 많은 설교가 행해지기도 합니다. 그러나 여러분은 횟필드나 웨슬리가 그런 논제를 가지고 시간을 허비하는 것을 결코 발견하지 못할 것입니다. 그들은 너무도 하나님의 영에 충만했습니다. 그들에게 있어 하나님이 일하시는 것은 너무도 자명한 일이었으며, 따라서 그들은 그것을 증명할 필요가 없었습니다. 다른 사람들이 성경의 영감 여부를 가지고 논쟁을 벌이는 동안, 그들은 복음을 전파하며 불신앙을 쫓아내고 있었습니다. 영적 생명을 결핍한 세대는 일반적으로 별로 증명할 만한 가치가 없는 것을 증명하느라 분주하며, 내적인 것은 소홀히 여긴 채 외적인 것에 에너지를 허비합니다. 반면 영적으로 살아 있는 세대는 주의 일에 집중하면서 모든 의심을 어리석은 것으로 여깁니다. 휫필드와 웨슬리를 따르는 자들은 증명하며 변론하는 것에는 별로 관심을 기울이지 않습니다. 그들은 단지 "주께서 이같이 말씀하시니라"라고 선포할 뿐입니다. 그들이 마치 왕이 보좌에 오르는 것처럼 그렇게 강단에 오릅니다. 그들은 하나님의 진리를 선포하며, 사람들은 그 권능을 인정합니다. 땅 이 끝에서 저 끝까지 마른 뼈들이 일어나 지극히 큰 군대를 이룰 때까지 말입니다. 형제들이여, 오늘날의 교회들은 옛 신앙과 그에 대한 굳센 믿음으로 되돌아와야 합니다. 만일 여러분이 기본적인 신조(信條)들을 믿지 않는다면, 그 따위 신조들은 내팽개쳐 버리십시오. 그리고 가짜 신자가 되지 마십시오. 그러나 만일 여러분이 고백하는 교리가 정말로 참되다면, 그것을 굳게 붙잡으십시오. 그리고 그것을 여러분의 마음과 영혼에 새기십시오. 하나님과 그의 진리를 믿으십시오. 그러면 그 믿음 안에 있는 생명의 능력이 즉시로 여러분의 영적 인성(人性)의 모든 부분들 속으로 스며들게 될 것입니다.

부패한 인간 본성의 연약함은 항상 믿음의 에너지 앞에 길을 내주게 될 것입니다. 죄인은 연약함 가운데 이렇게 탄식합니다.

> "나는 원하지만 노래할 수 없도다.
> 나는 원하지만 기도할 수 없도다."

나는 원하지만 죄의 멍에를 깨뜨릴 수 없습니다. 나는 원하지만 애통과 참회로써 나의 마음을 녹일 수 없습니다. 죄인이 십자가를 바라보며 스스로를 그리스도께 의탁할 때, 그리고 피 흘림과 그 안에서 역사(役事)하는 의를 바라볼 때, 비로소 그는 기도할 수 있게 되며, 노래할 수 있게 되며, 애통과 참회로써 마음을 녹일 수 있게 됩니다. 인간 본성에 의해 할 수 없었던 것이 믿음의 에너지에 의해 할 수 있게 됩니다. 여러분이 강하게 되는 것은 믿음으로 말미암습니다. 만일 여러분이 계속해서 스스로의 공로나 혹은 감정에 의해 살아간다면, 여러분은 계속해서 연약할 것입니다. 그러나 자기로부터 눈을 돌려 그리스도를 바라보며 그를 믿을 때, 비로소 여러분은 연약한 가운데서 강하게 될 것입니다.

이것은 이후의 영적 연약함에도 마찬가지입니다. 새 생명을 얻고 어느 정도의 신적 강함을 부여받은 그리스도인이라 하더라도 때로 영적 쇠퇴를 겪게 됩니다. 튼튼하고 건강한 사람도 때로 창백해지고, 핼쑥해지며, 식욕을 잃고, 병들 수 있지 않습니까? 그리스도인도 마찬가지입니다. 그들은 생명을 잃지는 않지만 그러나 활력을 잃고 무기력하게 됩니다. 마치 우리가 더위 때문에 활력을 잃고 축 처지는 것처럼 말입니다. 그들은 심지어 걷기조차 힘이 듭니다. 하물며 뛰거나 독수리처럼 날아오르는 것이야 말해 무엇하겠습니까? 이런 사람들이 강함을 되찾는 유일한 길은 다름 아닌 믿음입니다. 그들은 복음의 근본적인 원리들로 돌아와야 합니다. 그리고 자신들의 영혼을 그리스도께 새롭게 의탁해야 합니다. 그리고 새로운 마음으로 복음의 옛 교리들을 다시금 믿어야 합니다. 그들은 믿음의 기도로 참 하나님께 나아가야 합니다. 그러면 계속해서 연약함 가운데 남아 있지 않을 것입니다. 믿음은 반드시 우리를 연약한 가운데서 강하게 만듭니다. 마치 오랫동안 병상에 누워 있던 사람이 건강을 회복하고 다시 일터로 돌아오는 것처럼 말입니다.

지금까지는 본문의 원리를 대략적으로 살폈는데, 이제부터는 좀 더 구체적으로 살펴보고자 합니다. 몇 가지 형태의 연약함들을 생각해 보도록 합시다. 다른 부분에서는 활기찬 많은 신자들이 유독 그리스도를 증언하는 데에는 주저하며 머뭇거립니다. 그들은 예수 그리스도를 위해 말하기를 매우 힘들어합니다. 복음의 말씀을 전하려고 하기만 하면 그들은 긴장이 되며 몸이 굳습니다. 그들은 모세처럼 "나는 입이 뻣뻣하고 혀가 둔한 자니이다"(출 4:10)라고 말합니다. 그들은 머뭇머뭇하다가 이내 잠잠해집니다. 그리스도를 증언함에 있어서의 이와 같은 머뭇거림 역시도 믿음 외에 다른 치료약이 없습니다. 모세를 보십시오. 그는 얼마나 주저하며 머뭇거렸습니까? 그래서 하나님이 그의 대언자로서 아론을 주시지 않았습니까? 그러나 이후의 역사(歷史)를 보면, 우리는 모세가 아론보다 더 말을 잘 하게 되었다는 사실을 발견하게 됩니다. 아론은 황금의 입을 가진 사람이었습니다. 그러나 점차로 모세는 믿음으로 말미암아 아론을 능가하는 사람이 되었습니다. 모세가 백성들 가운데 일어나 마지막 설교를 할 때 그리고 많은 무리 앞에서 하나님을 찬미할 때, 도대체 어디에서 그의 뻣뻣한 입의 흔적을 찾을 수 있단 말입니까? 그는 믿음으로 자신의 연약함을 극복했습니다. 거룩한 믿음이 그에게 거룩한 용기를 주었던 것입니다. 한때 뻣뻣했던 입은 부드러운 입으로 바뀌었습니다. 나는 여러분에게도 그렇게 시도해 보라고 권면합니다. 아침저녁으로 믿음의 알약을 한 개씩 복용해 보십시오. 그러면 여러분은 주위에 있는 사람들에게 여러분이 발견한 구주를 잘 설명해 줄 수 있게 될 것입니다.

그리스도인들 사이에 또 하나의 보편적인 연약함은 **겁약함**(timidity)입니다. 겸손은 아름다운 것이지만 그러나 자칫 겁약함으로 변질될 수 있습니다. 겸손한 것은 좋은 것이지만, 그러나 겁약한 것은 결코 좋은 것이 아닙니다. 어떤 사람들은 항상 두려워합니다. 그들은 이것도 시도하지 못하고 저것도 시도하지 못합니다. 교회에서 중요한 직분이 주어질 때, 그들은 결코 좋은 일꾼이 되지 못합니다. 왜냐하면 실패에 대한 두려움 때문에 계속해서 움츠리며 뒤로 물러나기 때문입니다. 이러한 겁약함에 대한 확실한 치료약이 무엇입니까? 그것은 두말할 필요도 없이 믿음입니다. 하나님에 대한 믿음, 하나님의 진리에 대한 믿음, 보이지 않는 능력에 대한 믿음, 우리가 볼 수도 없고 생각지도 못한 도우심에 대한 믿음 말입니다. 이러한 믿음이 겁약함을 쫓아냅니다. 바락을 생각해 보십시오. 바락은 이스라엘의 어머니 드보라가 그와 함께 올라가겠다고 말할 때까지 하나님의 원수들과 싸우러 올라가기를 주저했습니다. 때로 여자가 남자보다 더 큰 용기를 발휘하기도 합니다. 바락을 보십시오. 일단 하나님의 능력을 믿은 후, 그는 적진을 향해 나아가 승리를 거두었습니다. 그리하여 그의 이름은 다음과 같은 영혼을 일깨우는 노래 속에서 영원히 기념되게 되었습니다. "깰지어다 깰지어다 드보라여 깰지어다 깰지어다 너는 노래할지어다 일어날지어다 바락이여 아비노암의 아들이여 네가 사로잡은 자를 끌고 갈지어다"(삿 5:12). 일어나 싸우기를 두려워했던 자가 위대한 승리자가 되었습니다. 믿음이 그에게 용기를 줌으로써 그로 하여금 승리하게 만들었습니다. 믿음의 알약을 항상 지니고 다니십시오. 그리고 필요할 때마다 한 알씩 복용하십시오. 여러분이 그 약을 복용할 때, 여러분을 누르고 있던 겁약함의 질병은 떠나갈 것입니다. 그것은 진정한 강심제이며, 참된 연금약액(elixir)이며, 하늘의 화주(火酒)입니다.

또 하나의 일반적인 연약함은 **우울함**입니다. 내가 볼 때 이것은 영국인에게 있어 거의 민족적인 질환이라고 할 정도로 보편적입니다. 우리는 스페인 사람들처럼 밝고 명랑하지 않으며, 미국인들처럼 진취적이지 않습니다. 나는 우울함이 우리 영국인들의 민족성이 아닌가 우려합니다. 나는 나 자신 안에서도 그런 기질을 종종 느끼며, 내 주위 사람들에게서도 역시 마찬가지입니다. 그러나 형제들이여, 우울함은 결코 미덕이 아닙니다. 나는 그것이 악이라고 믿습니다. 나는 나 자신이 그런 상태로 떨어지는 것을 진심으로 부끄럽게 생각합니다. 그리고 나는 그것을 치료함에 있어 하나님을 믿는 믿음 외에 다른 약이 없다고 확신합니다. 아삽이 바로 이런 기질을 가진 사람이었습니다. 그는 스스로에게 이렇게 말합니다. "내 영혼아 네가 어찌하여 낙심하며 어찌하여 내 속에서 불안해 하는가"(시 42:5). 그러나 그가 취한 약은 무엇이었습니까? 이어지는 말씀을 보십시오. "너는 하나님께 소망을 두라 그가 나타나 도우심으로 말미암아 내가 여전히 찬송하리로다." 바로 이것이 그가 스스로의 우울함을 위해 처방한 약이었습니다. 다윗 역시도 다음과 같이 말할 때 같은 약을 처방합니다. "백성들아 시시로 그를 의지하고 그의 앞에 마음을 토하라"(시 62:8). 우울함은 사람을 무력하게 만듭니다. 그것은 경주장에서 잘 훈련된 경주자로서 경쟁자들과 더불어 우승을 다투어야 할 때 그를 연약하게 만듭니다. 그리스도인들이여, 믿음을 더해 달라고 주님께 간구하십시오. 그에 대한 믿음 그리고 그의 약속과 신실하심에 대한 믿음을 더해 달라고 말입니다. 더 큰 믿음을 가질 때, 여러분은 연약함을 떨치고 일어나게 될 것입니다. 그리고 여러분은 연약한 가운데서 강하게 될 것입니다.

그리스도인들에게 있어 참을성 없이 불평하는 것 역시 또 다른 종류의 연약함입니다. 내가 볼 때 욥은 본래 참을성이 없는 사람이었던 것 같습니다. 그는 친구들에게 종종 매우 날카롭고 퉁명스럽게 말합니다. 그는 자신의 순전함을 굳게 붙잡습니다. 이렇게 볼 때 그는 처음에는 바리새인과 어느 정도 유사한 면이 있었던 것으로 보입니다. 그러나 하나님의 은혜로 "그가 나를 죽이실지라도 나는 그를 의지할 것이라"라고 말할 수 있게 되었을 때, 그는 연약한 가운데서 얼마나 강하게 되었습니까?(욥 13:15, though He slay me, yet will I trust in Him — 한글 개역개정판에는 "그가 나를 죽이시리니 내가 희망이 없노라"라고 되어 있음). 그의 연약함을 치료하는 약은 하나님을 믿는 믿음이었습니다. 믿음으로 충만한 가운데 쓰레기 더미 위에 앉아 있는 욥의 모습은 보좌에 앉아 있는 무굴제국의 황제의 모습보다 훨씬 더 멋지고 영광스럽습니다. 쓰레기더미 위에 앉아 종기로 가득 찬 몸을 기와조각으로 긁으며 "내가 하나님께 복을 받았은즉 화도 받지 아니하겠느냐" (욥 2:10)라고 말하는 욥의 모습보다 더 장엄한 모습을 우리가 도대체 어디에서 볼 수 있겠습니까? 왕과 방백과 유력자들이여, 그대들의 능력은 결코 이 사람에게 미치지 못하도다! 솔로몬의 모든 영광으로도 입은 것이 이 가련한 욥의 입은 것보다 훨씬 덜 영광스럽지 않습니까? 사랑하는 형제자매들이여, 만일 우리가, 자기를 사랑하는 자에게 모든 것을 합력하여 선을 이루시는 하나님을 더 굳게 믿는다면, 우리는 그토록 참을성 없게 되지는 않을 것입니다. 우리는 더 큰 평정의 마음으로 고통과 십자가와 손실을 견딜 것입니다. "아버지께서 보내셨으니 그가 합력하여 선을 이루실 것이라"라고 믿으면서 말입니다.

　　마지막으로, 우리에게 있어 또 한 가지 종류의 연약함은 우리를 따라다니는 죄를 극복함에 있어서의 연약함입니다. 우리는 결코 죄를 가볍게 여겨서는 안 됩니다. 참된 그리스도인은 죄를 두려워합니다. 그는 "이것은 아주 작은 죄가 아닌가?"라고 말하지 않을 것입니다. 왜냐하면 그는 작은 죄라 할지라도 그것이 그 안에 맹독(猛毒)이 들어 있는 작은 알약과 같다는 사실을 알기 때문입니다. 그는 그것이 우리의 평안과 위로를 파괴하기에 충분하다는 사실을 압니다. 실제로 우리가 거의 통제할 수 없는 것처럼 보이는 어떤 죄들이 있습니다. 한 가지 예로서 혈기로 가득 찬 급한 성질을 들 수 있습니다. 급한 기질을 가진 사람은 "나는 그렇게 태어났으니 어쩔 수 없어. 나는 그렇게 살아야만 해"라고 생각할 수 있습니다. 만일 여러분이 그렇게 생각한다면, 여러분은 그럴 것입니다. 그러나 하나님은 나쁜 기질을 극복할 수 있는 능력을 가지고 계십니다. 여러분의 나쁜 기질이 극복될 수 있다고 믿으십시오. 바로 여기에 여러분의 소망이 있습니다. 나는 한때 매우 급한 기질을 가지고 있다가 이제는 온유하게 된 사람들을 개인적으로 많이 알고 있습니다. 그들은 한때 불똥이 튀기만 하면 불붙을 준비가 되어 있는 부싯깃 같은 사람들이었습니다. 그러나 지금 그들은 불을 올바로 관리할 수 있는 사람들이 되었습니다. 만일 내가 지금 인내심이 많은 사람들을 뽑아야만 한다면, 나는 한때 혈기로 유명했던 그들을 뽑을 것입니다. 사랑하는 친구여, 당신은 "그렇지만 목사님, 나는 그렇게 할 수 없습니다"라고 말할 것입니다. 그렇습니다. 나는 당신이 그렇게 할 수 없음을 압니다. 그러나 그렇게 할 수 있는 분이 계십니다. 당신의 돕는 자이신 영원하신 하나님은 필경 당신으로 하여금 이성적인 존재가 되고 또 이런 "미친" 기질로부터 벗어나도록 당신을 도우실 수 있습니다. 내가 "미친"이라는 표현을 사용했는데, 그것은 분노가 일시적인 광기(狂氣)이기 때문입니다. 분명 하나님은 당신을 도덕적으로 제 정신을 가진 사람으로 만드실 수 있습니다. 그리고 당신의 마음을 다시금 평온한 상태로 돌릴 수 있습니다. 오직 그의 능력을 믿으십시오. 그리고 그의 은혜로 당신의 영과 혼과 몸이 온전히 거룩하게 되는 것을 추구하십시오. 그러면 당신은 그가 예전에 군대 마귀를 쫓아냈던 것처럼 지금도 당신으로부터 그 마귀를 쫓아낼 수 있다는 사실을 알게 될 것입니다. 그럼으로써 당신은 더 이상 그 마귀로부터 괴롭힘을 당하지 않게 될 것입니다. 당신은 집 주인이 도둑을 경계하는 것처럼 여전히 그 마귀를 경계해야만 할는지 모릅니다. 그러나 당신은 그 마귀와 어느 정도 거리를 유지할 수 있게 될 것입니다. 때로 그와 같은 나쁜 기질이 다시금 머리를 쳐들 수 있다 하더라도, 하나님의 은혜로 우리는 그것을 통제할 수 있을 것입니다. 어쨌든 우리를 따라다니는 죄가 무엇이든지 간에, 우리의 그러한 연약함들은 믿음으로 말미암아 치료될 수 있습니다. "저희가 믿음으로 연약한 가운데서 강하게 되기도 하며."

### 2. 둘째로, 그 약을 분석해 보도록 합시다.

본 주제는 너무도 방대하므로 여기에서는 그것을 한 가지 측면으로만 한정하여, 거대한 악의 체계와 더불어 싸우고 있는 자를 위해 그 약이 어떻게 합성되고 조제되는지에 대해서만 이야기하고자 합니다.

믿음의 약의 첫 번째 성분은 옳음의 의식(sense of right)입니다. 옳음이 자신의 편에 있음을 확신하는 어떤 사람을 생각해 보십시오. 그는 그 믿음 안에서 강력한 힘을 발견하게 될 것입니다. 두 사람이 함께 법정에 들어가고 있습니다. 한 사람은 자신의 옳음을 분명하게 알고 있는 반면, 다른 한 사람은 확신하지 못한 채 단지 요행만을 바라고 있습니다. 그러면 전자가 후자보다 훨씬 더 당당한 마음으로 법정 문을 열고 들어가지 않겠습니까? "선한 양심이 최고의 갑옷이다"(a good conscience is the best armor)라는 옛 속담에는 진실의 요소가 있습니다. 그것은 실제 싸움에서는 큰 소용이 없을 것입니다. 왜냐하면 총알은 선인(善人)과 악인(惡人)을 가리지 않기 때문입니다. 그러나 선한 양심은 원리의 싸움(the battle of principle)에서는 엄청난 가치를 갖습니다. 변론을 잘 할 줄 모른다 하더라도 자신의 옳음을 분명하게 아는 사람은 자신의 입장을 분명하게 견지할 것입니다. 그는 "상대가 나보다 더 지혜가 많고 논리적이지만 그러나 나는 내가 옳음을 압니다"라고 말합니다. 이와 같이 우리가 옳음을 알 때, 그것은 필연적으로 우리에게 강한 힘을 가져다줍니다. 신앙은 하나님이 계시하신 것이 옳음을 믿고 그 진리를 신뢰하는 것입니다. 그러므로 믿음을 가진 자가 강하게 되는 것은 너무도 당연하지 않습니까?

믿음의 약의 두 번째 성분은 **하늘의 권위**(heavenly authority)입니다. 본래 연약했던 어떤 사람이 자신을 뒷받침해 주는 어떤 권위를 갖게 될 때 종종 매우 용감하게 행동하는 것을 우리 모두가 알고 있지 않습니까? 그리스도인 전사(戰士)는 자신이 신적 권위로 무장하고 있음을 깨달을 필요가 있습니다. 그러면 그는 난쟁이로부터 거인으로 바뀔 것입니다. 그는 말합니다. "이것은 나의 싸움이 아니야. 나는 이것이 하나님의 전쟁임을 믿어. 내가 붙잡고 있는 진리는 내 자신이 만들어 낸 것이 아니라 하나님으로부터 나온 것이야. 하나님은 나를 그 진리를 위해 싸우도록 보내셨어. 하나님은 내 입에 말씀을 집어넣으셨어." 자신이 하늘로부터 사명을 받았음을 인식하는 사람은 두려울 수 없습니다. 그는 강할 수밖에 없습니다. 여기에 더하여 어떤 사람이 하나님이 어떤 목적을 위해 자신을 세우셨음을 느낄 때, 그리고 자신이 반드시 승리할 것임을 하나님이 확약(確約)하셨다고 느낄 때, 그리고 진리는 그 속성상 절대로 패배할 수 없음을 확신할 때 — 그는 풍랑의 한가운데서도 바위처럼 굳건하게 서서 조금도 요동하지 않을 것입니다. 그는 모든 두려움을 바람에 날려 버릴 것입니다.

믿음의 약의 세 번째 성분은 **하늘의 교제**(heavenly companionship)를 의식하는 것입니다. 하늘의 교제를 의식할 때, 신자는 용맹하게 됩니다. 전쟁터에 혼자 갈 때는 두려워 떨던 사람이 많은 무리와 함께 갈 때는 즐겁게 갑니다. 그리스도인은 자신이 하나님과 구주와 교제하고 있음을 느낍니다. 예수의 이름은 임마누엘 곧 "하나님이 우리와 함께 계시다"입니다. 모든 것 가운데 가장 좋은 것은 하나님이 우리와 함께 계시는 것입니다. 만일 우리가 고난을 당한다면, 그것은 예수께서 그의 지체들 가운데 한 사람 안에서 고난을 당하는 것입니다. 만일 우리가 예수로 인해 비방과 수욕을 당한다면, 그것은 지금 우리가 그리스도의 십자가를 지고 있는 것이며 또 예수께서 그것을 우리와 함께 지고 계시는 것입니다. 우리의 귀에 "두려워 말라 내가 너와 함께 함이니라"는 세미한 음성이 들립니다. 그러므로 함께 즐거이 노래하며 앞으로 나아갑시다.

"당신의 아름다운 이름 때문에
　내 얼굴에 수치와 수욕이 있다 하더라도,
　나는 그것을 기뻐하며 환영할 것이라.
　당신이 나를 기억해 주시기만 한다면."

　믿음의 약의 네 번째 성분은 초자연적인 도움을 기대하는 것입니다. 믿음은
자신을 위해 역사(役事)하는 섭리의 수레바퀴 소리를 듣습니다. 마호메트는 비
록 광신적인 것이었음에도 불구하고 확신에 찬 말과 행동으로 그의 추종자들에
게 엄청난 용기를 불어넣었습니다. 그는 한줌의 흙을 허공에 날리면서 이렇게
하여 적들의 눈이 멀고 자신의 병사들이 쉽게 이기게 되었다고 믿었습니다. 그
런가 하면 자신의 병사들이 싸우러 나갈 때 천사들의 말발굽소리를 들었노라고
확언(確言)하기도 했습니다. 그가 이렇게 말할 때, 모든 사람들의 사기는 하늘을
찌를 듯이 높아졌습니다. 그러나 그리스도인들은 망상(妄想)으로서가 아니라 영
적 사실로서 신적 진리를 수호하기 위해 달려오는 천사들의 말발굽소리를 들을
수 있습니다. 지금 이 자리에서 나는 사람의 손을 보고 있습니다. 그러나 동시에
나는 그 안에서 천사의 날개를 봅니다. 하나님은 자기 백성들을 위해 일하십니
다. 그는 악을 저지하며 제한하십니다. 그는 선을 촉진하며 증진하십니다. 이와
같이 초자연적인 도우심을 믿을 때, 신자는 연약한 가운데서 강하게 됩니다.
　믿음의 약의 다섯 번째 성분은 궁극적인 상급을 바라보는 것입니다. 믿음은
전쟁의 날에 독화살들이 우박처럼 쏟아질 때 그 머리를 숙입니다. 믿음은 스스
로에게 "나는 넘어질지라도 다시 일어날 거야"라고 속삭입니다. 믿음은 영원한
하나님으로 말미암아 반드시 주의 깃발을 들고 다시 일어날 것을 맹세합니다.
믿음은 자신이 궁극적으로 패배할 수 없으며 마침내 승리할 것이라는 사실을 압
니다. 어떤 사람이 패배할 것을 두려워할 때, 바로 그 두려움이 종종 패배를 불러
옵니다. 두려움이 패배를 만드는 것입니다. 반면 어떤 사람이 패배하는 법을 알
지 못할 때, 그는 작은 실패들에도 불구하고 궁극적으로 승리를 거둡니다. 그러
므로 하나님과 그의 진리를 위해 싸우고 있는 그리스도인들이여, 오늘날의 세대
의 우울한 전망으로 인해 낙망하지 마십시오. 오늘날 불신앙과 거짓 신앙이 하
나님의 교회의 심장을 파먹고 있는 것처럼 보일는지 모릅니다. 그러나 형제들이
여, 용기를 내십시오. 용기를 내십시오. 이들 원수들은 결국 자신들끼리 물고 먹

을 것입니다. 그리고 그들 가운데 그들의 멸망이 될 자가 일어날 것입니다. 우리는 오늘날의 복음이 퇴조하는 움직임 가운데서도 하나님께 감사할 수 있습니다. 왜냐하면 그 모든 것에도 불구하고 하나님은 궁극적으로 승리하실 것이기 때문입니다. 믿음은 승리를 확신하기 때문에 강합니다. 믿음은 항상 자신이 승리자의 분깃에 참여하게 될 것을 확신합니다. 사람들이 면류관을 얻기 위해 어떻게 합니까? 고작 월계수 나무로 만든 면류관을 얻기 위해서조차 그리스의 운동선수들은 죽을 힘을 다해 싸웠습니다. 썩을 면류관을 위해 그렇게 했다면 하물며 썩지 않을 면류관을 위해서라면 얼마나 더 그렇게 해야 하겠습니까? 믿음은 신자의 눈앞에서 영원한 생명의 면류관을 반짝거리게 만듭니다. 믿음은 그 앞에서 종려나무 가지를 흔듭니다. 감각은 무덤과 손실과 고난과 패배와 죽음과 망각을 지각합니다. 반면 믿음은 부활과 인자의 나타남과 성도의 부르심과, 어린 양의 피로 씻음을 받은 자들이 영원한 기쁨으로 하나님의 임재 앞에 나아가는 것을 가리킵니다. 이와 같이 믿음은 우리를 연약한 가운데서 강하게 만듭니다.

믿음의 약의 여섯 번째 성분은 멀리 있는 보이지 않는 것을 바라보는 것입니다. 믿음은 사랑과 지혜로 자신의 뜻과 계획과 약속을 이루는 능력의 하나님을 믿으며, 그의 아들을 영화롭게 합니다. 믿음은 예수의 피를 믿으며, 십자가 위에서의 효과적인 구속을 믿습니다. 믿음은 돌을 부드럽게 만들며 죽은 뼈 안에 생명을 불어넣는 성령의 능력을 믿습니다. 믿음은 성경이 사실임을 믿습니다. 믿음은 성경을 돌무더기로 보지 않고, 그 안에서 그리스도가 다스리는 성전(聖殿)으로 봅니다. 믿음은 복음을 시대에 뒤떨어진 낡아빠진 두루마리로 보지 않습니다. 믿음은 복음을 늙은 것으로 보지 않고 젊은 것으로 봅니다. 믿음은 복음 안에서 강한 전사(戰士)와 거대한 축복과 승리를 봅니다. 믿음을 싸움을 회피하지 않고 도리어 열망합니다. 왜냐하면 승리를 내다보기 때문입니다. 믿음은 전쟁에 나갈 것인지 말 것인지를 판단하기 위해 참모들의 의견을 듣고자 참모회의를 소집한 어떤 왕과 같습니다. 이 전쟁은 매우 힘든 전쟁이 될 것이며 적의 도시들은 너무도 함락하기 어렵고 적의 숫자와 적의 영토는 너무도 많고 광대하여 도저히 정복하기가 불가능하다는 참모들의 조언에 왕은 이렇게 대답합니다. "그렇다면 우리는 이 전쟁을 시작할 것이다. 이것이 아주 쉬운 전쟁이라면 왕과 그의 군대의 영광을 어디에서 찾겠는가? 그대들의 말대로 이것이 정말로 힘든 전쟁이라면, 바로 여기에 우리의 영광이 있는 것이다." 페르시아 병사들이 쏜 화살이 하늘을 덮고 햇빛을 가려 한낮이 어스름하게 되었을 때 "우리는 어스름한 속에서 찬란하게 싸울 것이라"라고 말했던 알렉산더의 병사들은 이런 왕에 합당한 병사들이 아니었습니까? 진실로 그는 페르시아 병사들이 바닷가의 모래처럼 많다는 말을 듣고 "한 명의 도살자는 양 떼를 두려워하지 않는다"고 대답한 알렉산더와 같은 사람입니다. 우리도 그렇게 합시다. 우리는 두려워할 필요가 없습니다. 믿음의 사전 속에는 "겁쟁이"라는 단어가 없습니다. 패배에 대한 두려움이나 사람에 대한 두려움 따위는 주인이 던져주는 찌꺼기로 만족하는 겁쟁이 개에게나 주십시오. 우리는 보이는 것들에 대해서는 염려하지 않습니다. 우리는 하늘로부터 내려오는 떡을 먹고 천사들의 양식으로 사는 법을 배웠습니다. 우리의 표어는 "용기를 내라"입니다. 그리고 우리는 다음과 같은 날이 올 것을 믿습니다.

> "강함과 옳음이,
> 그리고 옳음과 강함이
> 영원히 함께 할 날.
> 무엇이 그 길을
> 가로막는다 할지라도
> 마침내 세상이 그 날을 볼 것이라."

### 3. 셋째로, 나는 여러분에게 그 약을 복용하라고 권합니다.

그 약을 조제한 자, 즉 살아 계신 하나님의 영에게로 가서 "주여 내가 믿나이다 나의 믿음 없는 것을 도와주소서" 혹은 "주여 우리 믿음을 더하여 주소서"라고 기도하십시오. 여러분 가운데 어떤 사람들은 지금 개인적인 난관 가운데 부딪혀 있습니다. 여러분은 지금 경제적으로 궁핍하다든지 혹은 아이가 아프다든지 혹은 아내가 죽어가고 있다든지 하는 등의 문제로 어찌할 바를 모르고 있습니다. 여러분은 "아, 나는 견딜 수가 없어요"라고 말합니다. 여러분이 죄의 범주에 속하는 연약함 가운데 있을 때, 나는 결코 여러분이 그 안에서 평안을 누리도록 기도하지 않을 것입니다. 그러나 여러분이 여러분을 강하게 만들기 위해 휘두르는 하나님의 채찍 아래 있을 때, 나는 여러분을 위해 기도할 것이며 또한 여러분에게 믿음을 가지라고 당부합니다. 그것은 어떤 특별한 영적 목적 때문에 오는 것입니다. 그런데 여러분은 그것으로부터 움츠리며 그것을 피하려고 합니다. 왜냐하면 그것이 너무 힘들고 고통스럽기 때문입니다. 여러분은 연단을 통과하기를 좋아하지 않습니다. 여러분은 두려워하며, 소심하며, 심약합니다. 나는 하나님께 여러분이 이러한 연약함 가운데 그대로 주저앉아 있기를 간구하지 않을 것입니다. 여러분은 주님의 뜻을 알지만 그러나 그것을 행하지는 않습니다. 지금 여러분을 괴롭게 하는 채찍은 여러분에게 축복이 될 수 있습니다. 나는 여러분이 하나님이 여러분을 연약한 가운데서 강하게 만들기 위해 그러한 채찍을 보내셨다는 사실을 믿음으로써 그러한 연약함으로부터 일어나도록 간구할 것입니다. 여러분 가운데 어떤 사람들은 자신이 살고 있는 자리에서 하나님과 그의 진리를 위해 싸우도록 부름받습니다. 여러분에게는 많은 적이 있으며, 여러분의 연약함은 여러분으로 하여금 하나님의 진리를 증언하는 것으로부터 움츠리도록 만듭니다. 여러분은 상당 부분 타협합니다. 여러분은 하나님의 모든 진리를 제시하는 대신 자선(慈善)이라고 불리는 현대의 아데미 여신 곧 빛의 천사의 형상을 띤 마귀를 숭배합니다. 나는 여러분이 그러한 연약함 가운데 눌러앉아 있기를 간구하지 않을 것입니다. 왜냐하면 여러분은 지금 그리스도와 그의 십자가를 부끄럽게 여김으로써 그로부터 부끄럽게 여김을 당할 수 있는 상태에 있기 때문입니다. 그러나 나는 여러분이 하나님의 진리를 위해 싸우는 것이 얼마나 값진 것인지를 깨달음으로써 자신의 연약함으로부터 벗어나 살든지 죽든지 하나님의 진리를 담대히 전파할 수 있도록 강하게 되기를 간구할 것입니다. 여러분 가운데 어떤 사람들은 하나님의 사랑과 그리스도의 신실하심과 그에 대한 여러분의 관계를 항상 의심합니다. 나는 여러분이 그러한 상태에 그대로 남아 있는 것을 원하지 않습니다. 나는 하나님께 여러분이 그러한 연약함 가운데 그대로 눌러앉아 있기를 간구하지 않을 것입니다. 간절히 당부하노니 그러한 연약함으로부터 벗어나기를 간절히 기도하십시오. 여러분의 하나님을 의심하지 마십시오. 여러분이 의심할 만한 충분한 이유를 갖게 될 때까지 말입니다. 사랑하는 형제자매들이여, 만일 여러분이 주 예수께서 여러분에게 자신을 불신할 만한 충분한 이유를 주실 때까지, 그리고 그의 성품 가운데 여러분의 의심을 불러일으킬 만한 어떤 것이 생길 때까지 그를 불신하지 않는다면, 여러분은 결코 그리고 영원히 그를 불신하지 않게 될 것입니다. 더 큰 믿음을 구하십시오. 그러면 여러분은 모든 두려움을 떨쳐 버릴 것입니다. 사망을 두려워하는 자들이여, 내가 여러분이 그러한 연약함 가운데 강할 것을 간구하겠습니까? 절대로 그렇지 않습니다. 나는 결코 간구하지 않을 것입니다. 예수 그리스도는 여러분이 사망의 두려움 가운데 눌러앉아 있도록 하기 위해 오시지 않았습니다. 그가 오신 것은 사망의 두려움 가운데 일생 종노릇하는 모든 자들을 구원하기 위함이었습니다. 그러므로 나는 여러분이 하나님을 믿고 강 건너 가나안 땅을 기쁨으로 바라보기를 간구할 것입니다. 본문은 많은 사람들이 믿음으로 연약한 가운데서 강하게 되었다고 말합니다. 형제자매들이여, 이 시간 영적으로 병든 자들이 오늘의 설교를 통해 침상에서 일어나 자기 침상을 들고 걸어가기를 바랍니다. 아이가 장성하면 어릴 때의 작은 옷들이 버려지듯이, 이 시간 여러분의 모든 연약한 것들이 버려지기를 바랍니다.

### 4. 마지막으로, 나는 이 약을 처방해준 의사에게 찬미를 돌리고자 합니다.

그는 누구입니까? 우리에게 믿음을 가르쳐 준 분은 누구입니까? 우리에게 자신을 믿을 것을 가르치시고 명하신 분은 하늘에 계신 우리 아버지입니다. 우리 함께 이렇게 찬미합시다. "우리에게 보배로운 믿음을 주신 하늘 아버지를 송축하나이다. 주는 모든 선의 근원이시며 모든 믿음의 기초시나이다. 우리가 우리에게 믿음의 달콤한 도리를 가르쳐 주신 주를 앙모하나이다." 또 똑같은 감사로 주 예수를 찬미합시다. 왜냐하면 만일 우리에게 중보자가 없었다면, 우리는 결코 보이지 않는 하나님을 믿을 수 없었을 것이기 때문입니다. 그의 상처와 아픔과 고뇌를 송축합시다. 아버지의 사랑에 대한 믿음의 문인 그의 죽음을 송축합시다. 또 신비한 인격이신 성령께 찬미를 돌립시다. 왜냐하면 믿음은 그의 선물이기 때문입니다. 만일 우리에게 믿음이 주어졌다면, 그것은 성령께서 우리에게 믿음을 주셨기 때문입니다. 만일 우리에게 믿음이 더해졌다면, 그것은 성령께서 우리에게 믿음을 더하셨기 때문입니다. "복된 영이시여, 보배로운 믿음을 우리에게 주신 것으로 인해 영원히 찬미하나이다. 또한 사탄이 오랫동안 빼앗으려 했음에도 불구하고 우리 안에 계속해서 믿음이 남아 있도록 지켜 주신 성령의 능력을 찬미하나이다. 뿐만 아니라 우리가 하늘에 올라갈 때까지 우리의 믿음을 지켜 주실 성령의 힘(energy)을 찬미하나이다."

형제자매들이여, 오늘 아침 들은 말씀을 가슴에 새기기를 바랍니다. 나는 오늘의 주제가 여러분에게 매우 큰 실제적인 가치를 가지고 있다고 확신합니다.

여러분은 강해야 합니다. 오늘날은 연약한 기독교로 감당할 수 있는 세대가 아닙니다. 오늘날 우리가 필요로 하는 것은 강한 기독교입니다. 강한 믿음이 아니고는 여러분은 결코 강한 기독교를 얻을 수 없을 것입니다. 강한 믿음을 구하십시오. 만일 여러분이 강한 믿음을 갖는다면, 세상은 여러분의 능력을 느낄 것입니다. 그러면 여러분을 통해 하나님이 영광을 받으실 것이며 그리스도의 이름이 존귀히 여김을 받게 될 것입니다.

이 자리에 아직 믿음을 갖고 있지 못한 사람들이 있을 것입니다. 그런 사람들도 오늘 말씀을 통해 교훈을 얻기를 바랍니다. 인간 본성의 무력함이 극복되고 영혼이 그리스도를 영접하여 구원에 이르게 되는 것은 오직 믿음으로 말미암습니다. 부디 성령께서 예수 그리스도로 인해 여러분을 영원한 구원으로 이끄시기를 기원합니다. 아멘.

제
34
장
—

# 시험을 당한 자들

—

**"또 어떤 이들은 시험을 당했으며"** — 히 11:36-37

지난 주일 나는 신자(信者)의 참된 모습이 어떤 것인지에 대해 이야기했습니다. 그것은 하나님과 동행하며 끝까지 하나님의 길을 지키는 것이었습니다. 오늘 아침 우리는 그런 사람들이 어떤 상황 속에서 생겨났는지를 살펴볼 것입니다. 우리는 그들이 따뜻한 무릎 위에서 아무 어려움 없이 길러진 것이 아니라, 폭풍 속에서 태어나고 길러지며 온전하게 되었음을 발견하게 될 것입니다. 우리는 또다시 "가시수풀 가운데 백합화"를 보게 될 것입니다. 우리가 성경 속에서 보게 되는 위대한 인물들은 안락하며 편안한 환경에서 생겨나지 않았습니다. 그들은 외적인 환경이나 그들 세대에 빚지지 않았습니다. 그들의 성품은 내부로부터 형성되었습니다. 그들의 믿음은 온화한 섭리에 의해 만들어지지 않았습니다. 그들은 추운 겨울을 견딜 수 없는 온실 속의 아름다운 꽃이 아니었습니다. 그들은 겨울의 찬바람을 맞으면서 강해졌습니다. 그들은 불굴의 전사들이었으며, 철저하게 무장한 채 거인들과 용들과 더불어 싸우면서 여행한 순례자들이었습니다. 그들은 참되며 진실한 삶을 살았습니다. 그들의 인생길은 안락한 산책길이 아니었습니다. 모질고 험악한 위험들이 항상 그들을 따라 다녔습니다. "또 어떤 이들은 조롱과 채찍질뿐 아니라 결박과 옥에 갇히는 시련도 받았으며 돌로 치는 것과 톱으로 켜는 것과 시험과 칼로 죽임을 당하고 양과 염소의 가죽을 입고 유리하여 궁핍과 환난과 학대를 받았으니." 이들이 부딪혔던 여러 가지 고난들 가운데 하나가 오늘 우리가 다루는 주제입니다 ― "또 어떤 이들은 시험을 당했으며."

경건한 사람의 주된 원리는 믿음이라는 사실을 잊지 마십시오. 또 히브리서 11장에 따를 때 놀라운 일을 행하고 고난 가운데 인내하며 견디게 하는 힘 역시 믿음이라는 사실을 잊지 마십시오. 세상은 믿음의 사람을 대적합니다. 육체의 아들 이스마엘은 약속을 따라 믿음의 능력으로 태어난 이삭을 희롱합니다. 그러나 믿음은 그 모든 시험을 능히 감당하면서 도리어 그 가운데서 번성할 수 있습니다. 애굽에 있던 이스라엘 백성들이 압제가 심해질수록 더 번성했던 것처럼 말입니다. 바울은 신자들에게 임하는 고난이 매우 다양하다고 말합니다. 그리고 오늘의 본문 "또 어떤 이들은 시험을 당했으며"는 그러한 고난들 가운데 하나입니다. 돌로 치며 톱으로 켜며 칼로 찌르는 것은 죽이고자 하는 적대감을 만족시켜주는 반면, 시험(temptation) 즉 유혹은 교묘한 증오심을 만족시켜 줍니다. 시험 속에는 영혼을 멸망시키고자 하는 치명적인 독소가 있습니다. 성도들이 이러한 위험을 이기고 살아 남은 것은 얼마나 복된 일입니까? 그들을 향해 거센 급류가 쏟아져 내려왔지만 그러나 그들은 굳센 믿음으로 그러한 급류를 헤치고 거슬러 올라갔습니다. 그들은 급류에 떠내려가지도 않았고, 그 물에 빠져 죽지도 않았습니다.

오늘의 주제인 "시험을 당하는" 것은 "돌로 치는" 것이나 "톱으로 켜는" 것보다 훨씬 더 실제적인 주제가 될 것입니다. 왜냐하면 돌로 치는 것이나 톱으로 켜는 것은 매우 특별한 상황에서 이루어지는 일인 반면 시험을 당하는 것은 우리 안에서 통상적으로 반복되는 일이기 때문입니다. 특별히 오늘날과 같은 시대에는 더욱 그렇습니다. 여러분은 계속해서 시험을 당하고 있습니다. 부디 오늘의 설교가 성령으로 말미암아 여러분에게 큰 위로와 도움이 되기를 바랍니다.

### 1. 첫째로, 시험을 당하는 것이
### 매우 보편적인 일이라는 사실을 주목하십시오.

모든 성도가 채찍에 맞거나 감옥에 갇히는 것은 사실이 아닙니다. 또 모든 성도가 돌에 맞아 죽거나 칼에 찔려 죽는 것도 사실이 아닙니다. 그러나 모든 성도가 시험을 당하는 것은 분명한 사실입니다. 여기에서 "시험을 당한다"(tempted)는 단어는 두 가지 의미를 가지고 있습니다. 첫째는 시련과 괴로움을 당하는 것이며, 둘째는 죄를 짓도록 부추김과 회유를 당하는 것입니다.

첫 번째 의미로 하나님은 아브라함을 시험하셨습니다. 다시 말해서 하나님은 아브라함에게 시련을 주셨으며, 하나님은 자신의 모든 백성들에게 그렇게 하십니다. 하나님에게는 죄 없는 아들이 한 분 계십니다. 그러나 시련 없는 아들은 하나도 없습니다. "어찌 아버지가 징계하지 않는 아들이 있으리요"(히 12:7). 또 잠언은 이렇게 말합니다. "대저 여호와께서 그 사랑하시는 자를 징계하시기를 마치 아비가 그 기뻐하는 아들을 징계함 같이 하시느니라"(3:12). 하나님의 택하신 자들은 연단의 불을 통과해야만 합니다. "보라 내가 너를 연단하였으나 은처럼 하지 아니하고 너를 고난의 풀무 불에서 택하였노라"(사 48:10). 그리스도의 모든 양들은 그의 흔적을 짊어져야 합니다. 그리고 그리스도는 고난의 십자가를 그들 모두에게 지웁니다. "무릇 그리스도 예수 안에서 경건하게 살고자 하는 자는 박해를 받으리라"(딤후 3:12). "세상에서는 너희가 환난을 당하나"(요 16:33). 세상 어디에서도 여러분은 고난을 알지 못하는 사람을 결코 찾을 수 없을 것입니다. "사람은 고생을 위하여 났으니 불꽃이 위로 날아가는 것 같으니라"(욥 5:7). 또 하나님의 택하신 자들 가운데서도 여러분은 주께서 사랑으로 징계하지 않는 사람을 결코 찾을 수 없을 것입니다. 그러므로 사랑하는 형제들이여, 여러분에게 십자가가 있는 것을 조금도 이상하게 여기지 마십시오. 주께서 여러분에게 고난의 가시를 주실 때, 마치 그것이 이상한 것인 양 가시를 발로 차지 마십시오. 여러분보다 더 무거운 짐을 진 사람들이 세상에는 얼마든지 많이 있습니다. 그러므로 아무도 부러워하지 말고, 다른 신실한 자들도 여러분처럼 무거운 짐을 지고 있다는 사실을 인식하십시오. 왜냐하면 그들 역시도 여러분과 마찬가지로 시험을 당하기 때문입니다.

"시험"과 관련한 두 번째 의미로서도, 그것의 보편성은 똑같이 사실입니다. 하나님의 모든 백성들은 죄에 대하여 시험(temptation)을 당합니다. 마음이 새로워진 하나님의 자녀를 인지할 때, 할 수만 있으면 사탄은 즉시로 성령의 역사(役事)를 망쳐 놓고자 애를 씁니다. 그를 죄로 이끎으로써 그의 행복을 파괴하고 그를 쓸모없는 자가 되게 만들고자 합니다. 공중권세 잡은 자는 편재(遍在)할 수 없습니다. 따라서 그는 자신의 졸개들과 함께 우리 모두를 돌아가면서 시험합니다. 주 예수와 친밀한 교제를 나누지 못하는 가운데 마귀들에 둘러싸여 있는 자는 얼마나 불행합니까? 신자가 주님으로부터 멀리 떨어진 가운데 아볼루온과 맞닥뜨릴 때, 그것은 얼마나 두려운 일입니까? 마귀는 우리보다 훨씬 더 강하며 교활합니다. 그러므로 만일 주님이 싸움의 날에 우리의 머리를 가려주지 않는다면, 마귀의 불화살은 우리에게 얼마나 치명적인 것이 되겠습니까? 그러나 하나님이 함께 하시는 신자는 마귀의 모든 공격으로부터 안전하며 아무런 해도 입지 않습니다 — "또 어떤 이들은 시험을 당했으며."

성도들을 시험하는 것은 비단 사탄뿐만이 아닙니다. 세상이 또한 하나님의 백성들을 시험하며, 이러한 위험으로부터 자유로운 곳은 어디에도 없습니다. 열병에 걸린 사람은 다른 침상에 누우면 나아질 것이라고 꿈꿉니다. 그러나 그것은 단지 꿈일 뿐입니다. 그는 베개 위에서 이리저리 몸을 돌려보지만, 그러나 와츠(Watts)가 잘 표현한 것처럼

"도대체 나아진 것이 무엇이란 말인가?
단지 위치만 바뀐 것일 뿐 고통은 그대로 있도다."

이 땅의 필멸(必滅)의 삶 가운데 우리는 위치를 바꾸어 보지만 그러나 결코 시험으로부터 벗어나지 못할 것입니다. 시험은 보좌 위에 앉은 왕에게도 있으며, 쟁기를 든 농부에게도 있습니다. 시험은 많이 오기도 하고 적게 오기도 합니다. 시험은 성공하기도 하고 실패하기도 합니다. 우리는 인생길이 평탄하든 험하든 보이지 않는 손이 붙잡아 주지 않는다면 너무도 쉽게 실족하며 넘어집니다. 이것은 우리 앞서 걸어갔던 모든 사람들에게 사실이었습니다 — "또 어떤 이들은 시험을 당했으며."

때로 섭리는 권세자들로 하여금 시험의 권능을 행사하도록 허락합니다. 과거의 성도들에게도 그랬습니다. 많은 권세자들이 성도들을 도살할 어린 양처럼 대했습니다. 많은 왕들과 방백들과 통치자들이 하나님과 그의 교회를 대적하며, 그리스도의 왕권을 허물어뜨리며, 그의 백성들을 진멸하려고 했습니다. 황제들과 유력자들이 기꺼이 사탄의 종이 되어 믿음의 백성들을 위협하며 회유했습니다. 국가로부터의 공적인 박해에 관한 한, 다행스럽게도 오늘날 우리는 그 아래 있지 않습니다. 그러나 순교 시대에 십자가의 깃발을 높이 들었던 자들에 대하여는 "또 어떤 이들은 시험을 당했으며"라는 오늘 본문의 말씀은 특별하게 해당됩니다.

그러나 형제들이여, 설령 마귀도 없고 악한 세상도 없다 하더라도 성도들이

시험을 당하는 것은 여전히 사실일 것입니다. 왜냐하면 모든 사람이 시험을 받는 것은 "자기 욕심에 끌려 미혹되기" 때문입니다(약 1:14). 가장 선한 사람 안에도 가장 악한 사람이 될 수 있는 요소가 내재해 있습니다. 하나님의 은혜가 붙잡아 주지 않는다면 말입니다. 하나님의 자녀들이여, 여러분은 한쪽 측면에서 천사처럼 희며, 하나님의 은혜로 반짝이며, 변화산 위에서의 주님처럼 빛납니다. 반면 다른 쪽 측면에서 여러분은 마귀처럼 검으며, 은 30에 주님을 판 유다처럼 그리스도의 이름과 그의 십자가를 더럽힙니다. 하나님의 은혜가 여러분으로부터 거두어진다면 말입니다. 모든 선한 사람 안에는 서로 싸우는 두 사람이 있습니다. 옛 사람은 자신의 부패와 정욕을 따라 매일같이 하나님으로부터 난 새 사람을 대적합니다. 이와 같이 자기 안에 내적 갈등과 영적 싸움을 가지고 있는 것은 여러분과 나에게도 사실이며, 모든 하나님의 백성들에게도 사실이었습니다.

성도들은 시험을 당했습니다. 그들은 사탄으로부터, 세상으로부터, 자신의 옛 본성으로부터 죄를 짓도록 유혹과 회유를 당했습니다. 어린 양의 피로 구속받은 모든 백성들이 시험을 당했습니다.

그러면 이러한 사실이 우리를 자포자기로 이끕니까? 여러분은 지금 내가 말하는 것의 의미를 올바로 이해합니까? 내가 의미하는 것은 이것입니다. 어떤 사람이 이렇게 말합니다. "그래, 나는 어쩔 수가 없어. 나는 어차피 시험을 당할 수밖에 없어. 그러므로 설령 넘어질지라도 나는 얼마든지 변명의 여지가 있어." 결코 그렇지 않습니다. "또 어떤 이들은 시험을 당했으며." 그들은 시험을 당했습니다. 그러나 그들은 넘어지지 않았습니다. 그들은 넘어지지 않고 자신들의 순전함을 굳게 지켰습니다. 오늘날 승리의 종려나무를 흔드는 자들은 여러분처럼 시험을 당한 자들이었습니다. 그러나 그들은 시험을 이기고 승리했습니다. 그러므로 그들이 정반대의 사실을 말해 주고 있음에도 불구하고 여러분이 어쩔 수 없다고 말하는 것은 터무니없는 말입니다. 여러분은 그들과 동일한 무기를 가지고 있으며, 같은 영에 의해 도움을 받고 있습니다. 여러분이 당하는 시험은 그들이 당했던 시험과 본질적으로 같은 것입니다. 그들의 시험이 극복될 수 있었다면, 여러분의 시험 역시 극복될 수 있지 않겠습니까? 일어나 남자답게 싸우십시오. 이길 수 없다고 생각하며 스스로 변명하지 마십시오. 한 사람에 의해 행해질 수 있었던 일은 다른 사람에 의해서도 역시 행해질 수 있습니다.

그러므로 우리는 시험에 굴복한 것에 대해 어떤 변명도 할 수 없습니다. 종종 우리는 만일 우리가 시험당한 것을 증명할 수만 있다면 크게 비난받을 일은 없을 것이라고 생각하곤 합니다. 그러나 그렇지 않습니다. 물론 다른 사람을 유혹하여 죄로 이끈 자에게 일차적인 책임이 돌려지는 것은 분명한 사실입니다. 그러나 시험에 넘어진 자의 죄 역시 그를 영원히 파멸시키기에 충분할 만큼 큽니다. 그 죄를 회개하지 않음으로써 말입니다. 다른 사람들도 그가 시험을 당한 것과 마찬가지로 똑같이 시험을 당했지만, 그러나 그들은 시험을 이기고 계속해서 하나님께 순종하는 가운데 남아 있었습니다. 그러므로 만일 여러분이 시험에 굴복했다면, 여러분에게는 어떤 변명의 여지도 없는 것입니다. 지금 하나님의 보좌 앞에 있는 모든 거룩한 백성들은 여러분의 변명이 근거 없는 것임을 증언합니다. 왜냐하면 그들은 하나님의 은혜가 그 안에 있을 때 어떤 일이 이루어질 수 있는지를 잘 보여주기 때문입니다.

　　모든 성도들이 시험을 당했다는 사실은 바로 그 사실 때문에 투덜거리며 변명하는 모든 입술을 막습니다. 어떤 사람은 이렇게 변명할 것입니다. "나의 시험은 너무나 가혹한 것이었어. 너무나 큰 불이익을 감수하지 않는 한 나는 그리스도를 따를 수 없었어. 나의 원수가 바로 나의 가족들이었거든." 그렇습니다. 당신의 시험은 가혹한 것일 수 있습니다. 그렇지만 천국의 진주문(珍珠門) 안에 들어가 있는 거룩한 백성들을 보십시오. 그러면 당신은 그들 가운데 당신과 같은 시험을 당하지 않은 자는 단 한 사람도 없다는 사실을 발견하게 될 것입니다. 당신은 감히 그들보다 더 나은 분깃을 요구합니까? 당신의 주님도 시험을 당했습니다. 제자가 주님보다 낫기를 바랄 것입니까? 종이 주인보다 낫기를 바랄 것입니까? 당신을 위해 특별하게 준비된 '천국에 이르는 쉽고 편안한 샛길'이 있어야만 한단 말입니까?

> "다른 형제들은 상을 얻기 위해
> 　치열하게 싸우며 분투하고 있는 동안,
> 　그대는 꽃으로 치장한 편안한 침대 위에서
> 　하늘로 올라가야만 하는가?"

　　당신은 그것을 기대해서는 안 됩니다. 천국에 들어가고자 하면, 당신은 싸워야만 합니다. 만일 당신이 다른 사람들처럼 면류관을 쓰기를 원한다면, 당신은 그들처럼 십자가를 져야만 합니다. 이와 같이 모든 성도들이 시험을 당한 사실은 우리의 시험이 지나치게 가혹하다며 불평하는 우리의 모든 투덜거림을 영원히 막습니다.

여기에서 우리는 한 가지 중요한 사실을 추론할 수 있습니다. 최고의 성도들조차 시험을 당했다는 사실은 우리에게 시험을 당하는 것 자체는 죄가 아니라는 사실을 일깨워 줍니다. 어떤 그리스도인은 슬픔 가운데 이렇게 부르짖습니다. "만일 내가 죄로 얼룩지지 않았다면 그토록 사악하며 끔찍한 생각을 하지는 않았을 텐데. 만일 나의 마음이 악으로 가득 차지 않았다면 나의 머릿속에 그토록 신성모독적인 생각이 떠오르지는 않았을 텐데." 사랑하는 자여, 그렇지 않습니다. 만일 당신의 마음이 전적으로 마귀의 것이라면, 당신은 죄로 인해 괴로워하는 대신 죄를 사랑했을 것입니다. 마귀가 당신을 시험하는 것은 당신이 그의 것이 아니기 때문입니다. 당신이 필사적으로 거룩한 삶을 위해 몸부림치고 있기 때문에 마귀가 당신을 시험하는 것입니다. 시험을 당하는 것은 죄가 아닙니다. 죄는 시험에 굴복하는 것입니다. 당신의 주님도 시험을 받으셨습니다. 그 안에 아무런 죄도 없었음에도 불구하고 말입니다. 사탄은 세 번이나 우리 주님을 공격했습니다. 그는 그럴듯한 말로 주님을 세 번 시험했지만, 그러나 그를 결코 넘어뜨릴 수 없었습니다. 그 안에는 불똥이 떨어져 불이 붙을 부싯깃이 없었습니다. 그러므로 자신의 마음속에서 악이 급류처럼 흐르는 것을 보는 자여, 안심하십시오. 시험이 계속해서 밀려옴에도 불구하고, 당신은 이러한 시험들과 싸우고자 애씁니다. 그러므로 그러한 시험들을 미워하는 한 그것들로 인해 스스로를 정죄하지 마십시오. 당신이 시험을 당한다고 하여 버림받은 자는 아닙니다. 왜냐하면 모든 성도들 역시도 시험을 당했기 때문입니다.

사랑하는 친구들이여, 설령 우리 가운데 어떤 사람이 큰 시련이나 혹은 세상으로 돌아가고자 하는 강한 유혹에 부딪힌다 하더라도, 만일 하나님이 우리에게 새 예루살렘으로 계속해서 나아가도록 은혜를 베푸신다면, 우리는 심지어 이런 시험들까지도 자랑할 수 있습니다. 우리는 "우리를 시험에 들게 하지 마옵시고"라고 기도해야 합니다. 왜냐하면 시험은 여전히 나쁜 것으로서 우리가 일부러 추구할 필요는 없는 것이기 때문입니다. 그러나 그것이 박해의 모양을 띨 때, 그리고 우리 주님이 우리로 하여금 그것을 견딜 수 있도록 도우실 때, 그러한 시험 가운데서도 우리는 기쁨과 즐거움으로 뛸 수 있습니다. 만일 그리스도로 인해 당신의 이름이 비방을 당하고 당신에게 이런저런 손실이 닥칠 때, 당신은 오히려 크게 기뻐할 수 있습니다. 왜냐하면 지금 당신은 그리스도와 함께 그리고 그의 고난당한 성도들과 함께 있는 것이기 때문입니다. 당신은 가장 용감한 사람들의 무리 속으로 들어가고 있습니다. 당신은 갑옷을 입은 기사단이 아니라 성령으로 정결하게 된 영들의 기사단에 속하게 될 것입니다. 시험을 당할 때 그것을 견디는 자는 얼마나 복됩니까? 그들은 영원히 쇠하지 않는 생명의 면류관을 얻을 것입니다. 이와 같이 모든 성도들이 시험을 당했으며 또 당한다는 사실을 잊지 마십시오.

### 2. 둘째로, 시험의 종류가 매우 다양하다는 사실을 주목하십시오.

본문은 그들이 어떻게 시험을 당했는지에 대해서는 언급하지 않습니다. 만일 어떤 한 가지 형태의 시험이 언급되었다면, 우리는 그들이 오직 그러한 방식으로만 시험을 당한 것으로 상상할 것입니다. 그러나 본문이 그냥 시험을 당했다고만 언급할 때, 우리는 그들이 어떤 특정한 시험만 당했다고 결론내리는 오류에 빠지지 않을 것입니다. 시험이 어떤 형태를 취하든 간에, 우리는 그러한 시험을 견뎌야만 합니다. 우리는 그리스도 자신에 대해 "모든 일에 우리와 똑같이 시험을 받으셨다"(히 4:15)고 말할 수 있는 것처럼, 그의 신비한 몸에 대하여서도 그와 똑같이 말할 수 있습니다.

형제들이여, 하늘에 있는 성도들은 모든 방법으로 시험을 당했습니다. 그들은 위협으로 시험을 당하기도 했으며, 반대로 약속으로 시험을 당하기도 했습니다. 그들은 옥에 갇히기도 하고, 추방되기도 했으며, 재산과 명예를 빼앗기기도 했습니다. 그러나 그런 가운데서도 그들은 견고하게 서 있었으며 그리스도를 버리지 않았습니다. 그런가 하면 그들은 회유를 당하기도 했습니다. 만일 그들이 그리스도를 버리고 하나님의 진리로부터 돌이킨다면, 그들은 재산과 명예를 되찾을 수도 있고 가족에게로 돌아갈 수도 있으며 황제가 주는 모든 특권을 가질 수도 있을 것이었습니다. 그러나 그들은 모든 회유의 소리에도 귀를 막았습니다. 어떤 회유도 그들을 넘어뜨릴 수 없었습니다. 그물을 아무리 넓게 펼치더라도 그들은 거기에 걸릴 수 없었습니다. 화형대에 묶여 나무들이 불타기 시작하자, 회유하는 수사(修士)들은 십자가상을 들고 "여기에 입 맞추라 그러면 그대는 다시 살 것이며 명예를 회복할 것이라"고 말했습니다. 그러나 그럴 때조차도 그들은 우상을 물리치며 물체(物體)를 숭배함으로써 하나님을 욕되게 하지 않았습니다. 어떤 순교자는 죽음의 순간에 그의 아내와 자녀들과 맞닥뜨려야만 했습니다. 그의 아내와 자녀들은 무릎을 꿇고 아버지를 설득했습니다. 제발 자신들을 과부와 아비 없는 자식으로 만들지 말아 달라고 애원하면서 말입니다. 비록 그 마음속에서는 육신적인 사랑의 갈등이 극심했음에도 불구하고, 그러나 그들은 그러한 시험에 굴복하지 않았습니다. 왜냐하면 그들은 사랑하는 가족보다 그리스도를 더 사랑했기 때문입니다.

또 그들은 매우 미묘한 방식으로 시험을 당하기도 했습니다. 이성(理性)과 화려한 수사(修辭)와 위협과 경멸과 회유와 설득이 모두 사용되었지만 그러나 모두 허사였습니다. 그들에 대하여 원수들은 '낮에 쏘지만 그러나 그 폐해는 밤에 나타나는 화살'을 날립니다. 그러나 주님은 그들의 영혼을 지켜 주셨으며, 그들은 그의 이름을 영화롭게 했습니다. 그들은 매우 가혹하게 시험을 당했습니다. 그들은 그들 자신의 특유한 시련과 우리 모두에게 공통적인 시련으로 시험을 당했습니다. 우리는 종종 오늘날의 세대는 은혜로부터 멀리 떨어진 세대라고 말합니다. 나는 그 말에는 진리의 요소가 있다고 생각합니다. 우리는 난쟁이들입니다. 오늘날의 환경 속에서 그리스도 예수 안에서 장성한 자로 자라는 것은 매우 어려운 일로 보입니다. 우리는 복음의 원리들이 아무렇게나 취급되는 악한 세대에 살고 있습니다. 그러나 성도들이 살았던 옛 시대에도 그 시대 특유의 시험들이 있었으며, 그들 역시도 시험을 당했습니다. 세상이 시작된 이래 모든 세대는 그 세대 특유의 위험을 가지고 있었습니다. 시대마다 전쟁 무기가 바뀌는 것처럼 시험의 모양도 바뀌지만, 그러나 옛 적의(敵意)는 그대로 남아 있습니다. 검객이 항상 상대방의 목만을 노리는 것은 아닙니다. 그는 때로 상대방의 가슴을 찌르기도 하며, 어떤 때는 발을 공격하기도 합니다. 항상 똑같은 자리를 노리지는 않지만 그러나 목표는 같습니다. 상대방에게 위해(危害)를 가하는 것입니다. 어두운 시대에는 무지(無知)가 가슴을 싸늘하게 만듭니다. 반면 철학적인 시대에는 거짓 지혜가 복음을 가립니다. 바람이 부는 지점은 다를 수 있지만 그러나 그것은 항상 하나님의 종들을 대적하여 붑니다. 그러므로 하나님의 자녀여, 예전에 살았던 사람들은 당신처럼 시험을 당하지 않았을 것이라고 생각하지 마십시오. 왜냐하면 그들 역시도 당신과 마찬가지로 시험을 당했기 때문입니다.

또 그들이 당했던 시험도 당신이 당하고 있는 것과 똑같이 그들에게 가혹하고 쓰라린 것이었습니다.

또 그들 역시도 자기 자신의 개인적인 기질로부터 일어나는 특별한 시험들을 가지고 있었습니다. 우리 모두는 어떤 연약한 부분을 가지고 있습니다. 어떤 사람은 쉽게 화를 내지 않지만 그러나 너무나 냉정합니다. 또 어떤 사람은 감수성이 풍부하지만 그러나 갑자기 분노를 폭발시킵니다. 또 어떤 사람은 사랑이 많지만 그러나 결단력이 부족합니다. 그런가 하면 또 어떤 사람은 결단력은 있지만 그러나 부드러움이 부족합니다. 이와 같이 우리는 좋은 측면과 좋지 않은 측면을 동시에 가지고 있습니다. 지금 천국에 있는 모든 성도들에 대하여, 우리는 그들이 기질적인 측면에서도 시험을 당했노라고 말할 수 있습니다. 사랑하는 자들이여, 만일 여러분이 그들과 동일한 시험을 견뎌야만 한다면, 여러분은 지금 많은 사람이 앞서 걸어감으로써 잘 다져진 길을 걸어가고 있다는 사실을 잊지 마십시오.

그들은 그들 특유의 시험들을 가지고 있었을 뿐만 아니라 또한 일상적인 삶 속에서 공통적으로 일어나는 시험들을 가지고 있었습니다. 아브라함을 보십시오. 그는 이삭을 희생제물로 바치는 특별한 시험을 당했을 뿐만 아니라 우리 모두가 겪는 공통적인 시련을 겪었습니다. 그는 친척으로부터 시험을 당했습니다. 그의 조카 롯은 감사할 줄 모르고 그를 버리고 떠났습니다. 그는 종에 의해 시험을 당했습니다. 그의 가정은 하갈로 인해 큰 풍파를 겪었습니다. 그는 아내에 의해 시험을 당했습니다. 그의 아내 사라가 그에게 격렬한 불평을 토했습니다. 그는 자녀들에 의해 시험을 당했습니다. 왜냐하면 이스마엘이 이삭을 희롱했기 때문입니다. 그의 장막생활은 그에게 많은 어려움과 괴로움을 가져다주었습니다. 양 떼와 소 떼는 많은 돌봄을 필요로 합니다. 야곱과 다윗 역시도 여러분과 내가 경험하는 어려움들을 똑같이 경험했습니다. 사람은 모두 비슷한 법입니다. 오래 전에 살았던 위대한 인물들에 대하여 마치 그들이 우리가 도저히 가까이 갈 수도 없고 흉내 낼 수도 없는 특별한 종류의 사람들이라고 생각하는 것보다 더 어리석은 생각은 없습니다. 여기의 영웅들은 우리의 형제들입니다. 그들의 싸움은 우리의 싸움이며, 그들이 승리한 것처럼 우리도 승리할 것입니다. 우리 주님도 광야에서 마귀에게 시험을 당할 때 우리가 일반적으로 당하는 것과 동일한 시험들로 공격을 받으셨습니다. 우리 역시도 우리의 절박한 필요를 채우기 위해 잘못된 수단을 사용하도록 시험을 당하며, 하나님의 섭리를 임의로 기대하도록 시험을 당하며, 자신의 야심을 만족시키기 위해 우상 숭배를 행하도록 시험을 당합니다. 이러한 시험들은 수많은 십자가 군병들이 수없이 겪었던 시험들입니다. 우리 구원의 대장이신 주 예수 그리스도는 싸움의 선봉에 서셨으며, 시험의 문제에 있어서도 그는 우리와 같이 시험을 당하셨습니다. "우리에게 있는 대제사장은 우리의 연약함을 동정하지 못하실 이가 아니요 모든 일에 우리와 똑같이 시험을 받으신 이로되 죄는 없으시니라"(히 4:15). 이와 같이 영원한 승리를 거둔 모든 자들은 시험을 당함에 있어서도 결코 예외가 아니었습니다.

### 3. 셋째로, 시험의 특별한 표적을 주목하십시오.

히브리서 11장에 따를 때, 이 모든 시험들은 성도들의 믿음에 겨누어집니다. 바울은 믿음의 승리와 고난에 대해 쓰고 있었습니다. 그러므로 우리는 이 모든 것이 그들의 믿음을 시험하는 것이었음을 알 수 있습니다. 하나님은 이러한 믿음의 승리들이 사람들에게서 잊혀지지 않도록 섭리하셨습니다. 선지자들의 예언이 그치고 그리스도께서 오시기까지, 이스라엘 교회가 적그리스도들과 더불어 싸워야만 했던 시기가 있었습니다. 외경(外經)에서 여러분은 하나님과 그의 진리를 굳게 붙잡았던 몇몇 순교자들의 이야기를 볼 수 있습니다. 그들의 이야기는 정경(正經)에 포함되지 않습니다. 그들은 구약에도 속하지 않고 신약에도 속하지 않습니다. 그러나 여기에서 바울은 그들을 영원히 기억되도록 만듭니다. 왜냐하면 하나님 자신이 그들을 영원히 기억하실 것이기 때문입니다. 진리를 위해 돌로 침을 당하고 톱으로 켬을 당한 자들은 영원히 잊혀지지 않을 것입니다. 그들의 이야기는 대략적으로나마 거룩한 책에 기록되어야 했습니다. 그때 이후로 하나님의 백성들은 가장 끔찍하고 참혹한 고난을 통과해야만 했습니다. 인간들은 마치 마귀의 손에 붙잡힌 수종자들인 것처럼 하나님의 종들에게 차마 말로 다 할 수 없는 참혹한 만행을 가했습니다. 이 모든 것은 믿음을 파괴시키는데 겨누어졌습니다. 유대인들은 우상을 섬기는 시험을 당했습니다. 그들은 거짓 신에게 분향(焚香)해야 했습니다. 그러나 그들은 그렇게 하지 않았습니다. 훗날 그리스도인들은 황제의 형상에 예를 표해야 했습니다. 그러나 그들은 그렇게 하지 않았습니다. 그들은 거짓 신에게 절하느니 차라리 백 번이라도 죽을 것이었습니다. 미래에 그들은 그리스도의 신성(神性)을 부인하도록 요구받을 것이었습니다. 그러나 그들은 그 사실을 부인하느니 차라리 천 번을 죽을 것이었습니다. 또 훗날 그들은 미신을 받아들이도록 회유될 것이었습니다. 그들은 떡과 포도주가 그리스도의 살과 피로 실제적으로 변화되는 것을 믿는다고 고백해야만 했습니다. 그러나 그들은 그렇게 고백함으로써 하나님을 욕되게 할 수 없었습니다. 그들은 스스로를 사람들의 죄를 사해 줄 수 있는 제사장이라고 부르는 사람들에게 굴종해야만 했습니다. 그러나 그들이 볼 때 그것은 그들의 큰 대제사장을 버리는 행위였습니다. 그리하여 그들은 자신들의 믿음을 부인하느니 차라리 기꺼이 죽을 것이었습니다. 이러한 믿음의 영웅들의 이야기가 존 폭스 (John Foxe)의 「순교자들의 책」(*Book of Martyrs*)에 기록되어 있습니다. 여러분도 읽고, 자녀들도 읽게 하십시오. 여러분도 그들처럼 충성된 신자들이 될 때까지 말입니다.

원수들의 주된 표적은 항상 그들의 믿음이었습니다. 그러므로 항상 깨어 경계하십시오. 우리는 믿음에 강한 자가 되어야 합니다. 왜냐하면 그것이 참된 강함이기 때문입니다. 여러분의 믿음을 잘 보양(保養)하십시오. 하나님의 진리를 알되 철저하게 아십시오. 성경을 읽고 그것을 잘 깨달으십시오. 영원한 하나님의 진리를 확신하십시오. 미래의 축복의 약속을 굳게 붙잡으십시오. 영원히 쇠하지 않는 면류관을 바라볼 때, 여러분은 이 땅의 시들어가는 꽃은 대수롭지 않게 여기게 될 것입니다. 영원한 영광의 무거운 것을 바라볼 때, 세상의 고난과 슬픔은 가벼워질 것입니다. 만일 여러분이 "잘하였도다 착하고 충성된 종이여"라는 주님의 음성을 듣는다면, 여러분은 사람들의 칭찬이나 비난 따위는 대단치 않은 것으로 생각하게 될 것입니다.

### 4. 넷째로, 시험의 격렬함을 주목하십시오.

"돌로 치는 것과 톱으로 켜는 것과 시험과 칼로 죽임을 당하고." 많은 주석가들에게 본문 가운데 있는 "시험과"라는 표현은 다소 이상하게 보였습니다. "톱으로 켜는 것"과 "칼로 죽임을 당하는 것" 사이에 끼여 있는 것에 주목하면서 그들은 본문에 어떤 오류가 있음에 틀림없다고 생각했습니다. 언뜻 볼 때 거기에 분명 어색한 부분이 있어 보이지만 그러나 실제로는 그렇지 않습니다. 어떤 학자들은 헬라어에 약간의 변이(變異)가 있었다고 추측합니다. 그들에 따르면, 그러한 변이를 바로잡으면 본문은 이렇게 될 것이었습니다. "돌로 치는 것과 톱으로 켜는 것과 불로 태우는 것과 칼로 죽임을 당하고." 나는 본문에 이러한 변이가 생겼다고 볼 만한 어떤 근거도 없다고 생각합니다. 나는 지금의 본문 그대로가 맞다고 생각합니다. 만일 우리가 좀 더 깊이 생각해 본다면, 우리는 "시험을 당하는 것"이 톱으로 켜는 것이나 칼로 죽임을 당하는 것과 나란히 놓일 만한 충분한 자격이 있다는 사실을 알게 될 것입니다. 왜냐하면 매일같이 여러 가지 시험으로 괴로움을 당하는 많은 사람들은 시험을 당하는 것이 어떤 형태의 죽임을 감수하는 것 못지않게 고통스럽다는 사실을 여러분에게 말해 줄 것이기 때문입니다. 여러분이 새벽부터 밤늦게까지 하나님을 모독하는 소리로 가득한 장소에 살고 있다고 상상해 보십시오. 그러면 여러분은 즉시로 이렇게 말하게 될 것입니다. "이런 곳에서 사느니 차라리 감옥에서 사는 것이 훨씬 더 나아. 예수 그리스도의 이름이 조롱당하는 소리를 들으며 모든 거룩한 것들이 짓밟혀지는 것을 보는 것보다 차라리 채찍에 맞고 칼로 죽임을 당하는 것이 덜 고통스러워." 심지어 오늘날에도 경건하지 않은 자들이 잔인하게 박해함으로써 여러분의 영혼을 괴롭히며 근심하게 할 수 있습니다. 그들은 여러분이 먹는 모든 양식을 쓰게 만들 수 있으며, 여러분의 집을 고문실로 만들 수 있으며, 여러분의 작업실을 심문실로 만들 수 있습니다. 그들은 여러분의 뒤를 따르면서 계속해서 비방과 조롱과 희롱과 악한 말을 하며, 여러분으로 하여금 벌과 함께 살면서 마침내 벌에 쏘여 죽은 아레투사처럼 살게 만들 것입니다(Arethusa: 그리스 신화에 나오는 숲의 요정). 내 말을 믿으십시오. 어떤 하나님의 백성들은 이런 의미에서 시험을 당하는 것이 돌로 침을 당하는 것이나 칼로 죽임을 당하는 것 못지않게 견딜 수 없는 것임을 발견했습니다. 실제로 그들은 이렇게 말합니다. "차라리 나의 목이 칼로 단번에 베임을 당한다면 얼마나 좋을까? 그러면 이 모든 괴로움으로부터 영원히 벗어날 수 있을 텐데." 아, 이런 시험을 견뎌야만 했던 위대한 하나님의 사람들이여!

　바울이 37절 중간에 "시험"을 넣은 것은 그것의 고통스러움 때문만이 아니라 그것의 위험함 때문이었습니다. 어떤 그리스도인들에게 있어 고문이나 죽음에 대한 위협으로 믿음을 저버리게 만드는 것보다 좀 더 교활한 종류의 시험이나 간교한 회유로써 그렇게 하는 것이 훨씬 더 쉬울 수 있습니다. 메리 여왕 치하에서 이단으로 정죄를 당한 채 감옥에 갇혀 있으면서도 담대하게 신앙을 고백했던 자들이 정작 그녀가 죽음으로써 감옥에서 풀려나오고 난 후에는 그와 같은 견고한 믿음을 잃어버린 것은 너무도 슬픈 일입니다. 메리 여왕이 죽고 엘리자베스 여왕이 보좌에 오르자 그들은 자유를 얻었습니다. 그러자 그들 가운데 어떤 사람들은 집으로 돌아와 편안한 삶을 누리는 가운데 완전히 세속적인 사람이 되고 믿음을 버렸습니다. 한때 그것을 지키기 위해 죽음까지도 불사했던 바로 그 믿음을 말입니다. 나는 이와 비슷한 경우를 많이 알고 있습니다. 그리스도를 따르는 것으로 인해 믿지 않는 가족들로부터 박해를 받으면서도 남자답게 굳센 믿음을 지켰던 자들이 있습니다. 나는 그들의 변치 않는 믿음과 용기를 보고 큰 감동을 받았습니다. 그런데 그런 멍에로부터 벗어나 자신이 원하는 대로 살 수 있는 자유를 얻게 되자, 안타깝게도 불과 얼마 지나지 않아 그들은 냉랭하게 되고 마침내 하나님의 길을 버리고 말았습니다. 인간은 얼마나 이상한 피조물입니까! 주여, 우리의 마음은 얼마나 거짓됩니까? 우리의 마음을 살피시고 지키소서. 그래서 우리로 하여금 폭풍 속에서는 주를 따르다가 정작 따뜻한 남풍이 불 때는 주를 떠나고 마는 자가 되지 말게 하소서. 나는 바울이 "시험"을 37절 한중간에 배치한 것은 세상의 화려한 것들로 유혹하는 것이 참혹한 육체적 고통을 가하는 것보다 하나님의 교회에 더 치명적이기 때문이라고 생각합니다. 하나님의 교회에 해악(害惡)을 가함에 있어, 나는 세상의 채찍과 몽둥이와 고문도구와 교수대와 화형대보다 세상의 현란함과 웃음과 비호와 후원이 훨씬 더 크고 강력하다고 생각합니다. 그러나 옛 성도들은 그러한 시험을 견뎠습니다.

어떤 사람이 말합니다. "당신은 여기의 그리스도인들이 너무도 가혹한 시대를 산 것으로 묘사합니다. 그들이 너무도 극심한 시험을 당했기에 말입니다." 그렇습니다. 그것은 사실입니다. 그러나 우리는 그들 가운데 어느 누구도 동정하지 않습니다. 만일 여러분이 빅토리아 십자훈장을 찬 용사들을 보면서 그들이 겪은 고난과 위험에 대해 듣는다면, 여러분은 그들을 동정하지 않을 것입니다. 만일 그들이 극심한 고난과 위험을 용감하게 견디지 않았다면, 그들은 결코 여왕이 주는 십자훈장을 받을 수 없었을 것입니다. 우리는 고난을 통해 위대한 업적을 이룬 자들을 동정하지 않으며, 마찬가지로 극도의 고난을 겪었지만 지금은 그 모든 수고를 내려놓고 쉬면서 천국의 영광 가운데 앉아 있는 하나님의 종들을 동정하지 않습니다. 문제는 여러분도 그들의 자리에 동참하기를 바라는가 하는 것입니다. 참된 그리스도인이 되는 것은 결코 작은 일이 아닙니다. 그러므로 예수를 따르는 자가 되기 전에 먼저 그 비용을 계산하십시오. 여러분은 고난 가운데 굴복하지 않고 끝까지 견딜 것입니까? 여러분은 세상의 유혹을 경멸하며 세상의 위협에 도전할 수 있습니까? 여러분은 그리스도를 위해 여러분의 얼굴을 대리석처럼 굳게 할 것입니까? 은혜가 여러분을 사자(獅子)처럼 용감한 사람으로 만들었습니까? 여러분은 성령으로 말미암아 자기 안에 역사하는 굳은 결의를 가지고 있습니까? 만일 그렇지 않다면, 여러분은 잠시 동안은 잘 뛸 수 있지만 그러나 결국에는 돌이켜 배교자가 될 것입니다. 하나님이 여러분을 굳센 믿음으로 인도하시기를 기원합니다. 그리고 여러분 안에 오직 성령께서만 주실 수 있는 고귀한 본성이 임하기를 기원합니다. 그럼으로써 설령 시험을 당할지라도 마지막 순간까지 하나님의 은혜로 굳게 서는 자가 되기를 바랍니다.

이제 자연스럽게 제기될 수 있는 "그러면 어째서 하나님은 자기 백성들로 하여금 그토록 많은 시험을 당하도록 허용하십니까?"라는 질문에 대해 대답하고자 합니다. 어째서 천국으로 가는 길은 그토록 많은 원수들에 의해 둘러싸여 있는 것일까요? 이에 대해 몇 가지로 생각해보도록 합시다.

첫째로, 박해와 시험은 하나님의 교회를 키질하는 일종의 키이기 때문입니다. 우리 가운데 많은 위선자들이 있습니다. 만일 천국으로 가는 길이 떡과 물고기로 가득 차 있다면, 아마도 마귀 자신도 그 길에 동참할 것입니다. 이러한 위선자들을 골라내기 위해 불 같은 박해가 있어야만 합니다. 나는 여러분에게 로마의 카타콤에는 위선자들이 거의 없었을 것이라고 확언합니다. 그리스도인이 되는 것이 거의 확실한 죽음을 의미하던 시대 말입니다. 그들은 죽음을 무릅쓰고 한밤중에 몰래 모여 예수의 이름으로 하나님께 찬미를 올렸습니다. 이런 무리 가운데 위선자가 몇 명이나 있겠습니까? 세상의 조롱과 비방과 박해는 쭉정이는 날려 버리고 알곡은 남아 있도록 하기 위한 키질입니다. 설령 우리가 키질을 멈추게 할 수 있다 하더라도, 우리는 별로 그렇게 하기를 원하지 않습니다. 설령 내가 여러분에게 천국으로 직행하는 통행권을 줌으로써 여러분이 그리스도를 위해 아무런 고난도 받을 필요가 없게 된다 하더라도, 나는 그렇게 하지 않을 것입니다. 병사가 군대에 입적(入籍)할 때를 생각해 보십시오. 그가 하사관에게 "하사관님, 저에게 결코 싸움에 나가지 않을 것이란 보증을 주시겠습니까?"라고 말했다고 상상해 보십시오. 그 하사관은 이렇게 대답할 것입니다. "너는 군대에 입대하지 않는 것이 더 나을 뻔하였다." 우리는 여러분이 시험을 당하지 않을 것이라고 보증할 수 없습니다. 그럼에도 불구하고 만일 여러분이 그와 같은 보증을

필요로 한다면, 여러분은 우리가 원하는 부류의 사람이 아니며 영원히 쇠하지
않는 면류관을 얻을 만한 부류의 사람도 아닙니다.

둘째로, 시련과 시험이 회심의 실제성을 드러내 주기 때문입니다. 여기를
보십시오. 여기에 신앙과, 술을 마시지 않는 것으로 인해 조롱을 당하는 사람이
있습니다. 그는 예전에는 술독에 빠져 있었지만 그러나 이제는 단 한 방울의 술
도 입에 대지 않습니다. 그리고 그로 인해 그의 동료들은 그를 조롱하며 비웃습
니다. 그가 일하는 동안 온갖 종류의 험담이 그에게 던져집니다. 그는 주일에는
예배당에 가며, 또 그로 인해 극도의 조소를 감내해야 합니다. 이것을 그토록 참
고 견디는 이 사람은 누구입니까? 그는 얼마 전까지 그들처럼 술을 마시며 다른
사람들을 조롱하던 자가 아니었습니까? 그는 얼마 전까지 하나님의 집에 들어가
지도 않았던 사람이었습니다. 그가 시험을 견딜 수 있다는 사실은 그가 거듭났
으며 그리스도 예수 안에서 새 피조물이 되었음을 보여주는 최고의 증거들 가운
데 하나입니다. 그러한 변화를 아는 사람들은 그것이 하나님의 손가락임을 고백
합니다. 그것 외에 도대체 무엇이 그를 그토록 완전하게 변화시킬 수 있었겠습
니까? 우리는 시험으로 인해 하나님께 감사할 수 있습니다. 왜냐하면 그것이 우
리의 회심의 실제성을 증명해 주기 때문입니다.

셋째로, 시험으로 인해 사람들이 하나님의 빛을 거부한 것에 대해 핑계할
수 없게 되기 때문입니다. 때로 나는 어째서 경건하지 않은 사람들이 그리스도
인들을 홀로 내버려 둘 수 없는지 의아하게 생각합니다. 우리는 여러분의 일에
끼어들지 않습니다. 우리에게 자신이 좋아하는 일을 할 수 있는 권리가 없습니
까? 여러분에게 여러분이 좋아하는 일을 할 수 있는 권리가 없습니까? 그런데 이
상하게도 어떤 그리스도인이 나타나는 순간, 그들은 마치 토끼를 괴롭히는 개들
처럼 그를 둘러쌉니다. 이것은 그들이 하나님의 진리를 알면서도 그것을 미워하
는 것을 보여주는 것이 아닙니까? 그들은 빛을 알지만 그러나 그 빛을 끄려고 합
니다. 그리하여 그들은 하나님이 그들에게 보낸 촛불을 조롱하며 박해합니다.
그들은 하나님의 축복을 마치 저주처럼 대합니다. 여러분은 성경에서 하나님이
인간들에 대해 사실 이상으로 더 좋게 생각하는 것에 대해 읽은 적이 있습니까?
여러분은 "어떻게 그럴 수가 있습니까?"라고 말할 것입니다. 그렇지만 실제로 그
런 실례(實例)가 있습니다. 비록 비유의 말씀 가운데서이긴 하지만 말입니다. 거
기에서 주님은 사람들을 너무 성급하게 평가한 것으로 표현됩니다. "후에 자기

아들을 보내며 이르되 그들이 내 아들은 존대하리라 하였더니"(마 21:37). 그러나 그들은 그 아들을 존대하지 않았습니다. 그들은 상속자를 잡아 포도원 밖에 내쫓아 죽였습니다(39절). 천부적으로 매우 다정다감하며 선한 성품을 가지고 있음으로 해서 모든 사람들이 사랑하며 귀히 여길 것이라고 생각했던 사람이 단지 그리스도인이라는 이유 때문에 박해를 받아야만 하는 그런 하나님의 백성들도 있습니다. 그런 형제는 빈정거림을 피할 수 없으며, 그런 자매는 전에는 많은 사랑을 받았지만 이제는 조롱과 조소를 견뎌야만 합니다. 이것은 경건하지 않은 사람들로 하여금 핑계하지 못하도록 만들며, 그렇게 하는 것이 하나님의 목적입니다.

마지막으로, 시험이 성도들을 유익하게 하기 때문입니다. 물론 시험은 고통스러운 것이지만 그러나 그들로 하여금 기도하도록 이끕니다. 좀 더 편안하고 안일한 삶 속에서는 기도하지 않을 사람이 그렇지 않은 상황 속에서 기도하며 하나님을 가까이 하는 것은 결코 드문 일이 아닙니다. 이렇게 기도하는 것을 통해 그는 강하게 됩니다. 시험 가운데 지켜 주시기를 기도함으로써, 그는 믿음과 은혜 가운데 자라며 더 나은 그리스도인이 됩니다.

나는 박해 역시도 성령의 역사(役事)를 나타내기 위해 하나님이 주관하신다고 믿습니다. 사람들은 그리스도인들의 인내와 용기와 열정과 불굴의 정신 안에서 성령이 어떤 일을 할 수 있는지를 봅니다. 성령은 인간 본성의 보잘것없는 재료를 가지고 놀라운 작품을 만드시는 것입니다. 하나님은 자기 백성들의 성공적인 싸움을 통해 영광을 받으십니다.

교회의 생명(life)은 곧 그리스도의 생명이 그의 백성들에게로 확장된 것입니다. 그는 "거룩하고 악이 없고 더러움이 없고 죄인에게서 떠나" 계셨지만 그러나 "죄인들이 자기에게 거역하는 것을" 참으셨습니다(히 7:26; 12:3). 그러므로 만일 우리가 그리스도를 가까이 따르고자 한다면, 우리는 그의 분깃에 참여할 것을 예상해야 합니다. 우리의 삶(life)은 그리스도의 삶의 연장이어야 합니다. 하나님이여, 우리를 도우사 주님 오실 때까지 우리의 길을 굳게 지키게 하소서.

나는 이 땅의 모든 시련과 시험이 우리를 오는 세상에서의 삶에 적합하도록 만든다고 믿습니다. 여러분은 피아노를 만드는 공장에 가본 적이 있습니까? 만일 조율실에 들어가 본다면, 여러분은 이렇게 말하게 될 것입니다. "맙소사, 이곳은 얼마나 끔찍한 장소인가! 도무지 견딜 수가 없군. 도대체 당신들은 어떻게 이런 곳에서 음악을 만들 수가 있지?' 그러면 그들은 이렇게 대답할 것입니다. "아니요, 우리는 여기에서 음악을 만들지 않습니다. 우리는 단지 악기를 만들고 그것을 조율하고 있을 뿐입니다. 이런 과정을 통해 틀린 음이 바로잡혀지지요." 이 땅에서의 하나님의 교회도 마찬가지입니다. 주님은 이 땅에서 악기들을 만들고, 그것들을 조율하면서, 틀린 음들을 바로잡습니다. 그리고 그런 과정을 통해 우리는 하늘의 영원한 합창에 참여할 준비를 갖추게 됩니다. 여러분은 인간이 얼마나 놀라운 피조물인지 생각해 본 적이 있습니까? 천국에서 살기에 적합하게 된 완전한 인간 말입니다. 그는 신적 지혜의 최종 산물이며, 하나님의 최고의 작품입니다. 거기에는 천사들이 있습니다. 그들은 완전히 거룩하며, 죄가 무엇인지 알지 못합니다. 그들이 무죄한 상태에 계속해서 있는 것은 조금도 놀라운 일이 아닙니다. 왜냐하면 그것이 그들의 본성이기 때문입니다. 더욱이 그들은 죄의 입구인 정욕과 욕망과 식욕으로 가득 찬 육체에 의해 방해를 받지 않습니다. 그러나 우리는 영혼과 함께 육체를 가지고 있습니다. 그러나 그 육체는 더 이상 그릇된 길로 갈 염려가 없이 영원히 올바른 일만 행하도록 변화됩니다. 이 일이 어떻게 이루어질까요? 어떤 사람이 말합니다. "육체로부터 자유의지를 빼앗으면 되지 않겠습니까?" 그렇지 않습니다. 그렇게 하면 도리어 일을 망치게 될 것입니다. 자유의지가 없다면 그것은 더 이상 인간이 아닙니다. 인간이라는 존재는 자신이 원하는 일을 행하는데 완전히 그리고 영원까지 자유롭습니다. 그럼에도 불구하고 그는 다시는 잘못된 일을 행하기를 원하지 않을 것입니다. 하나님에게 있어 이러한 피조물을 만드는 것은 너무도 놀라운 작업입니다. 그는 그 작업을 중생(重生)으로부터 시작합니다. 그리고 성화(聖化)를 통해 그 작업을 계속합니다. 그리고 모든 시련과 시험이 합력하여 영원한 복락과 하늘에서의 거룩한 섬김에 합당한 성품을 만듭니다.

　　여기에 있는 모든 그리스도인들에게 말합니다. 어느 날 나는 하나님 곁에 서게 될 것입니다. 그리고 하나님과 나 사이에는 나의 구주시며 중보자이신 주 예수 그리스도 한 분만이 계실 것입니다. 그리스도 안에서 나는 영광과 존귀로 관을 쓰고, 하나님이 만드신 모든 것을 다스리게 될 것입니다. 천사들은 나의 종이 될 것이며, 천국은 나의 기업이 될 것입니다. 지금 내가 너무 교만한 것입니까? 내가 지금 스스로를 높이며 우쭐거리고 있습니까? 아닙니다. 우리 안에 그와 같은 거룩한 성품이 마치 하늘의 청동(靑銅)에 새겨지는 것처럼 그렇게 새겨질 것이며, 그러면서 동시에 우리는 자유로울 것입니다. 하나님이 우리로 하여금 이 땅에서 지나가도록 허용하시는 모든 시험과 환난들은 우리를 영원한 복락을 위해 적합하도록 빚어가는 것입니다. 그것은 마치 창고에 들어가기 위해 자라가고 있는 곡식과 같으며, 바구니에 담기기 위해 익어가고 있는 과일과 같습니다. 이 땅의 모든 시험과 환난과 고난은 우리를 아름답게 깎아나가는 조각도구(彫刻道具)와 같습니다. 그것들에 의해 아름답게 깎여지고 난 후 우리는 장차 주의 궁정에서 영원히 빛나게 될 것입니다. 그리고 우리에 대하여서 역시도 "또 어떤 이들은 시험을 당했으며"라는 글이 기록될 것입니다.

제
35
장
—

# 경주의 규칙

—

"이러므로 우리에게 구름 같이 둘러싼 허다한 증인들이 있으니 모든 무거운 것과 얽매이기 쉬운 죄를 벗어 버리고 인내로써 우리 앞에 당한 경주를 하며 믿음의 주요 또 온전하게 하시는 이인 예수를 바라보자 그는 그 앞에 있는 기쁨을 위하여 십자가를 참으사 부끄러움을 개의치 아니하시더니 하나님 보좌 우편에 앉으셨느니라." — 히 12:1-2

바울 사도는 "달리자"고 말합니다(let us run, 한글개역개정판에는 "경주를 하며"라고 되어 있음). 지금 그는 마음의 눈으로 그리스의 각 도시들이 서로의 용맹을 겨루기 위해 모이는 올림픽 경기를 바라보고 있습니다. 그들이 겨루던 경주 가운데 달리기 경주가 있었습니다. 바울은 지금 그러한 달리기 경주를 그리스도인의 삶을 상징하는 것으로 사용합니다. 만일 우리가 위로부터의 부르심의 상을 얻고자 한다면, 우리는 각자 자신에게 지정된 길을 따라 달려야 합니다.

바울은 우리와 함께 출발선에 서 있습니다. 그리고 우리에게 "달려라"라고 명령하지 않고 "달리자"라고 권면합니다. 사도 자신도 경주자로서 우리와 함께 서 있는 것입니다. 그와 같은 동료가 있다는 사실은 우리에게 얼마나 큰 힘이 됩니까? 우리는 선한 무리와 함께 선한 일을 위해 달립니다. 그는 "인내로써 우리 앞에 당한 경주를 달리자"라고 말합니다. 그토록 위대한 사도가 우리와 함께 달리는데 도대체 누가 그 경주에서 물러날 것입니까? 사랑하는 자들이여, 그와 함께 힘써 달립시다. "달리자"라는 바울의 말이 우리의 발에 날개를 달아주지 않습니까?

출발하기에 앞서, 바울은 우리에게 우리를 지켜보고 있는 군중들을 가리킵니다. 경주에는 항상 군중들이 있었습니다. 각 도시에서는 응원단을 파견했고, 그들은 우승을 위해 달리는 경주자들을 뜨겁게 응원했습니다. 하늘로부터 우리를 내려다보는 자들이 "구름같이 둘러싼 허다한 증인들"로 묘사됩니다. 이들이 우리를 둘러싸고 있습니다. 우리 앞서 이러한 경주를 달렸던 수많은 자들이 하늘로부터 우리를 내려다보고 있습니다. 이러한 경주는 정말로 달릴 만한 가치가 있습니다. 왜냐하면 "구원받은 만국"(계 21:24)의 눈이 우리를 지켜보고 있기 때문입니다. 그것은 결코 하찮은 경주가 아닙니다. 그것은 큰 상을 위한 경주입니다. 천사들과 권세자들과 능력들과 어린 양의 피로 구속받은 무리들이, 거룩을 위해 분투하며 주 예수를 닮기 위해 전력을 다하는 자들의 영광스러운 광경을 지켜보기 위해 모였습니다. 사랑하는 형제들이여, 그것을 위해 달리십시오. 여러분 안에 영적 생명과 은혜의 능력이 있다면, 그것으로 힘껏 달리십시오. 왜냐하면 족장들과 선지자들과 성도들과 순교자들과 사도들이 하늘로부터 여러분을 내려다보고 있기 때문입니다.

계속해서 바울은 우리의 달리는 것을 방해하는 무거운 짐과 장애물들을 가리키면서 "모든 무거운 것을 벗어 버리고"라고 말합니다. 그가 스스로를 우리와 함께 경주에 참여하는 자로서 말하는 사실을 감안할 때, 우리는 이러한 경고가 우리를 꾸짖는 말이 아님을 알 수 있습니다. 만일 우리가 무거운 짐을 지고 있다면, 우리는 결코 승리를 거둘 수 없습니다. 무거운 짐은 우리의 모든 힘을 빼앗을 것이며, 무거운 것들에 매여 있는 한 우리는 패배할 수밖에 없습니다. 모든 근심과 염려와 성급함과 욕심과 분노와 탐욕과 이기적인 욕망을 내려놓으십시오. 이런 것들은 우리가 지고 있을 만한 가치가 전혀 없는 것들입니다. 그런 것들을 모두 내려놓고 가벼운 몸으로 달리십시오. 그리스의 달리기 경주자들을 생각해 보십시오. 그들은 벌거벗은 몸으로 달렸습니다. 모든 무거운 짐을 내려놓을 뿐만 아니라 우리는 우리 자신의 체중까지도 줄여야 합니다. 더 빨리 달리기 위해서라면 말입니다. 이기기를 원하는 자여, "모든 무거운 것을 벗어 버리고"라는 말씀을 명심하십시오. 큰 것이든 작은 것이든 여러분은 모든 무거운 것을 벗어 버려야 합니다. 그리고 푯대를 향해 힘껏 달리십시오. 여러분은 달리는 것 외에 다른 아무것도 할 필요가 없습니다.

계속해서 바울은 우리를 얽매는 옷을 주목합니다. "얽매이기 쉬운 죄를 벗어 버리고." 설령 무거운 것들을 벗어 버렸다 하더라도 만일 우리가 긴 옷을 입었다면 우리는 결국 그 옷깃에 발이 걸려 넘어지게 될 것입니다. 근심과 염려뿐만 아니라 죄까지도 벗어 버려야 합니다. 죄는 우리를 더 쉽게 둘러쌀 수 있습니다. 그러므로 우리는 근심과 염려보다도 죄를 벗어 버리는 일에 더 많은 관심을 기울여야만 합니다. 우리의 원죄, 우리의 본래적인 성향, 우리의 체질적인 결함 — 이러한 것들은 하늘의 경주를 달리는 자에게 적합하지 않은 옷으로서 우리는 그러한 옷들을 벗어 버려야만 합니다. 우리는 죄의 옷을 입고 있는 상태로 천국을 얻을 수 없습니다. 천국은 거룩한 자들을 위한 것입니다. "무엇이든지 속된 것이나 가증한 일 또는 거짓말하는 자는 결코 그리로 들어가지 못하되 오직 어린 양의 생명책에 기록된 자들만 들어가리라"(계 21:27). 우리는 가장 많이 애착을 느끼며 소중히 여기는 죄들을 먼저 벗어 버려야 합니다. 왜냐하면 이런 것들이 가장 심하게 방해하기 때문입니다. 우리는 모든 종류의 죄를 경계하며, 대적하여 싸우며, 정복해야 합니다. "죄가 너희를 주장하지 못하리니"(롬 6:14). 우리는 우리의 모든 악한 성향들이 죽임을 당해 완전하게 장사되는 것을 보기를 소망합니다. 바로 이것이 우리의 천국일 것입니다.

여러분은 낙망과 탄식으로 "하나님이여, 우리를 도우소서"라고 말합니다. 그것은 그 모든 것을 벗어 버릴 것을 요구하는 격렬한 경주입니다. 만일 모든 무거운 것과 얽매이기 쉬운 죄를 벗어 버려야만 한다면, 도대체 누가 이러한 경주를 달리기에 충분하단 말입니까? 보잘것없는 우리가 어떻게 이러한 경주를 달릴 수 있단 말입니까? 심지어 출발하는 것조차 우리의 능력의 범위를 넘어섭니다. 그렇다면, 하물며 계속해서 인내하며 달려가는 것이야 얼마나 더 그렇겠습니까? 나의 형제들이여, 여기에서 값없는 은혜와 성령의 능력이 어떻게 나타나는지 보십시오. 우리 앞에 놓인 경주는 하나님의 은혜가 아니고는 우리에게 아무런 소망도 없다는 사실을 잘 보여줍니다. 거룩과 인내의 경주는 우리의 연약함을 그대로 드러냅니다. 그러므로 우리는 경주를 시작하기에 앞서 무릎을 꿇고 강한 자에게 힘을 달라고 부르짖어야 합니다. 우리는 경주로부터 물러날 수 없습니다. 그러나 너무도 부적합한 상태에서 도대체 우리가 어떻게 경주를 시작할 수 있습니까? 누가 우리를 도와줄 것입니까? 이에 대해 본문은 "믿음의 주요 또 온전하게 하시는 이인 예수를 바라보자"라고 말합니다.

그러나 바울 사도는 먼저 "인내로써 우리 앞에 당한 경주를 달리자"라고 말함으로써 우리에게 경주의 규칙을 상기시킵니다. 여러분은 아무렇게나 달려서도 안 되고, 아무데서나 달려서도 안 됩니다. 여러분은 지정된 길을 따라 달려야 합니다. 하나님이 명하신 길, 순종의 길, 겸손한 믿음의 길, 영적인 길, 생명의 길 — 여러분은 오직 이 길로만 달려야 합니다. 다른 길로 달려서는 안 됩니다. 왜냐하면 바로 이 길이 여러분 앞에 당한 경주이기 때문입니다. 움츠리지 마십시오. 그 길이 너무도 육체와 상반되고 영적이므로 도저히 시도할 수 없는 것처럼 보입니까? 그렇기 때문에 "예수를 바라보라"는 훈계가 계속해서 더해집니다. 그 길 자체와 경주의 규칙은 여러분의 본성과 상반됩니다. 그러므로 여러분은 더욱 힘써 여러분의 구원의 대장을 바라보아야만 합니다.

경주에서 중요한 점은 자기가 달려갈 길을 계속해서 바라보아야만 한다는 사실입니다. 여기저기를 바라보는 사람은 똑바로 달릴 수 없습니다. 똑바로 달리는 것이 최선입니다. 그러나 그 눈을 이곳저곳에 두는 사람은 똑바로 달리지 못할 것이며, 자신의 힘을 허비할 것입니다. 푯대를 바라보고 똑바로 달리십시오. 나는 젊은 농부들이 쟁기질 경주를 벌이는 이야기를 들은 적이 있습니다. 대부분의 농부들은 비뚤비뚤하게 쟁기질을 했습니다. 경주가 끝난 후 심판이 한 젊은이에게 물었습니다. "젊은이, 당신은 쟁기질을 하는 동안 어디를 보았소?" 그러자 그가 대답합니다. "나는 계속해서 쟁기의 손잡이를 바라보았습니다." 그러자 심판이 말했습니다. "그렇군요. 그랬기 때문에 당신의 쟁기는 이리저리 왔다 갔다 했고 당신이 간 고랑은 비뚤비뚤하게 되었소." 계속해서 심판은 두 번째 농부에게 물었습니다. "당신은 어디를 바라보았소?" 그가 대답합니다. "예, 나는 계속해서 나의 고랑을 바라보면서 나의 고랑을 직선으로 만들고자 애썼습니다." 그러자 심판이 대답합니다. "그러나 당신은 그렇게 하지 못했소. 당신의 고랑 역시 비뚤비뚤하게 되었소." 심판은 세 번째 사람에게 물었습니다. "당신은 무엇을 바라보았소?" 그가 대답합니다. "예, 나는 두 마리의 소 사이로 내가 가야 할 목적지를 계속해서 바라보았습니다." 그 농부는 직선으로 쟁기질을 했습니다. 왜냐하면 그에게는 자신을 인도하는 고정된 푯대가 있었기 때문입니다. 이 예화(例話)는 우리로 하여금 "예수를 바라보라"는 본문의 교훈을 잘 깨닫도록 도와줍니다. 달리십시오. 힘써 달리십시오. 그리고 똑바로 달리십시오. 여러분은 영원히 동일하신 자를 계속해서 바라보지 않는 한 결코 똑바로 달릴 수 없을 것입니다. "믿음의 주요 또 온전하게 하시는 이인 예수를 바라보자." 그렇습니다. 계속해서 예수를 바라보는 것은 여러분에게 있어 비뚤비뚤하게 달리는 것을 막아주는 확실한 예방약이 될 것입니다. 영적 농부들은 뒤를 돌아보지 않도록 조심하면서 보좌 위에 앉아 계신 예수를 향해 똑바로 쟁기질을 해야 합니다. 영적 경주자들은 자신의 눈과 더불어 오로지 위대한 푯대만을 바라보겠다는 언약을 세워야 합니다. 예수를 바라보는 것은 생명과 빛과 인도와 격려와 기쁨을 의미합니다. 계속해서 여러분을 바라보고 있는 자를 바라보는 것을 멈추지 마십시오.

여기에서 바울은 우리가 바라보아야 할 푯대를 네 가지로 묘사합니다. 그는 "예수를 바라보라"고 말하면서 우리 앞에 네 가지 빛을 제시합니다. 첫째로 믿음의 주(the Author of faith). 둘째로, 믿음을 온전하게 하는 자(the Finisher of faith). 셋째로, 믿음의 모범(the Pattern of faith). 그리고 마지막으로, 믿음의 상(the Prize of faith) 혹은 믿음의 목적(the End of faith). 우리는 이러한 네 가지 측면으로 예수 그리스도를 바라보아야 합니다. 부디 성령께서 오늘의 설교를 축복해 주시기를 기원합니다.

### 1. 첫째로, 우리는 믿음의 주(the Author of faith)이신 예수를 바라보아야만 합니다.

바울 사도는 주 예수를 '경주를 시작하게 하는 자'로서 바라보도록 합니다 (한글개역개정판에서 "믿음의 주"로 번역된 단어는 "the Author of faith"로서, 여기에서 Author는 "창시자" 혹은 "시작하는 자"를 의미하는 단어임 – 역주). 달리기 경주가 시작될 때, 경주자들은 출발선 앞에 웅크린 자세로 출발신호를 기다려야만 합니다. 그리고 그들은 '시작하게 하는 자'(the Starter)를 바라보아야만 합니다. 올바르게 출발하지 않은 경주자는 실격 처리됩니다. 왜냐하면 그는 경주의 규칙을 따라 달리지 않았기 때문입니다. 올바르게 수고하지 않은 자는 결코 면류관을 얻지 못합니다. '시작하게 하는 자'는 그의 위치에 있으며, 경주자들은 출발신호를 기다리면서 그를 바라봅니다. 마침내 그는 자신의 장갑이나 손수건을 떨어뜨립니다. 그리고 그와 동시에 경주자들은 달리기 시작합니다. 그리스도인의 삶이 시작될 때, 우리의 표어는 "예수를 바라보라"입니다. 우리는 자신의 눈을 "우리의 믿음을 시작하게 하는 자"에게 고정시켜야 합니다. 왜냐하면 만일 우리가 그를 바라보는 것으로 시작하지 않는다면, 아무리 빨리 달린다 하더라도 우리는 결국 헛되이 달리며 헛되이 수고하는 꼴이 될 것이기 때문입니다. 만일 심판이 올바르게 출발하지 않은 것으로 판단한다면, 아무리 열심히 달린들 그것이 무슨 소용이 있겠습니까?

믿음의 시작은 "예수를 바라보는" 것입니다. 이것을 좀 더 상세히 생각해 보도록 합시다. 우리는 예수를 바라보되, 첫째로 그가 우리를 위해 행하신 일을 믿음으로써 그렇게 해야 합니다. "그는 그 앞에 있는 기쁨을 위하여 십자가를 참으사 부끄러움을 개의치 아니하시더니"라는 말씀 속에 그것이 묘사되어 있습니다. 예수 그리스도는 우리가 마땅히 받아야 할 고통과 부끄러움을 참으셨습니다. 당신은 당신을 대신하여 "십자가를 참으신" 자를 바라보지 않는 한 결코 천국을 향한 여정을 출발할 수 없습니다. 당신의 죄가 당신으로 하여금 영원히 하나님의 진노를 당하도록 이끌 것입니다. 만일 당신이 십자가 위에서 자기 몸으로 당신의 죄를 담당하신 자를 바라보지 않는다면 말입니다. 당신은 세상 죄를 지고 가신 하나님의 어린 양을 믿음으로 바라보아야만 합니다. 그렇지 않으면 당신은 천국을 향한 경주를 출발조차 할 수 없을 것입니다. 당신은 당신 자신의 의를 만족스러운 마음으로 바라봅니까? 이것은 당신에게 있어 올바르지 못한 출발입니다. "무릇 율법 행위에 속한 자들은 저주 아래에 있나니"(갈 3:10). 당신은 당신 자신의 기분이나 감정을 바라봅니까? 그렇게 한다면, 당신은 올바르지 못한 출발을 한 것이 될 것입니다. 왜냐하면 그러한 것들은 당신을 안개 속으로 데려갈 것이며, 당신은 마침내 길을 잃고 말 것이기 때문입니다. 예수를 바라보십시오. 고난의 구주를 바라보십시오. 그는 십자가를 참으심으로써 당신의 모든 무거운 것을 제거하셨으며, 자신의 죽음으로 당신의 얽매이기 쉬운 죄를 파괴하셨습니다. 그는 자신의 부활의 능력으로 당신의 본성을 새롭게 만들고 당신을 죄의 통치로부터 구원하실 수 있습니다. 만일 당신이 그를 바라본다면, 당신은 올바르게 출발한 것입니다.

"바라보다"에 해당하는 헬라어 단어는 오늘날 우리가 영어에서 발견할 수 있는 것보다 훨씬 더 풍성한 의미를 갖고 있습니다. 그 단어 안에 다른 모든 것으로부터 시선을 돌리는 것을 함축하는 전치사가 포함되어 있습니다. 여러분은 다른 모든 것들로부터 돌이켜 예수를 바라보아야 합니다. 여러분의 시선을 구름같이 둘러싼 허다한 증인들에게 고정시키지 마십시오. 만일 그들이 여러분의 시선을 예수로부터 돌이키게 만든다면, 그들은 여러분을 방해하고 있는 것입니다. 모든 무거운 것이나 얽매이기 쉬운 죄를 바라보지 마십시오. 이런 것들은 내려 놓으십시오. 그것들을 바라보지 마십시오. 심지어 여러분이 달려갈 길조차도 바라보지 마십시오. 또 경쟁자들까지도 바라보지 마십시오. 오직 예수를 바라보고 그렇게 경주를 출발하십시오. 여러분은 그의 피와 그의 의(義) 외에 무엇을 믿을 것입니까? 그와 함께 또 다른 것을 믿음의 대상으로 삼지 않도록 주의하십시오. 여러분이 과거에 신뢰하며 의지했던 모든 것을 내려놓고 오직 예수 그리스도만을 믿으십시오. 여러분은 오직 하나의 눈과 하나의 소망만을 가져야만 합니다. 예수 그리스도가 모든 것입니다. 또 그는 여러분에게 모든 것이 되셔야만 합니다. 그렇지 않으면 여러분은 자신의 길을 이탈하여 다른 길로 달리게 될 것입니다.

　　헬라어 원어에는 "eis"가 들어 있는데, 그것이 흠정역에서 "unto"로 번역되었습니다("looking unto Jesus"). 그러나 거기에는 "into"의 의미가 더해져야만 합니다. 만일 우리가 "예수에게로 바라본다면"(look unto Jesus), 그것은 좋은 일입니다. 그러나 만일 우리가 "예수 안으로 바라본다면"(look into Jesus), 그것은 더 좋은 일입니다. 나는 여러분이 예수를 바라보되, 관통하는 시선으로 바라보기를 바랍니다. 다시 말해서 여러분의 바라봄이 "unto"로부터 "into"로 승화되기를 바랍니다. 그의 생명의 책의 겉면만 읽지 마십시오. 나아가 인봉을 열고 그의 마음을 읽으십시오. 그가 여러분을 위해 행한 일의 의미 속으로 뛰어드십시오. 그가 십자가를 참으신 것을 바라보십시오. 그것이 무엇을 의미하는지 아십시오. 그리고 그의 고난에 동참하십시오. 죄를 짊어지는 것과 저주를 짊어지는 것과 버림을 당한 것과 죽기까지 탄식하는 것의 의미를 배우십시오. 예수 그리스도가 어떻게 여러분을 위해 부끄러움을 참으셨는지 생각하십시오. 위대한 희생제물의 다양한 면에 익숙해질 때까지 그를 바라보십시오. 율법 아래서 가난한 사람은 비둘기 두 마리를 가져와 둘로 쪼개어 제물로 드렸습니다. 반면 부자는 어린 양이나 황소를 가져왔습니다. 이러한 제물은 주의 깊게 나누어졌으며, 각 부분들이 제단에 올려졌습니다. 그리고 기름과 내장과 관련한 규례도 있었습니다. 이와 같이 어떤 신자들은 희생제사에 대해 세부적으로 압니다. 사랑하는 친구들이여, 나는 여러분이 그와 같이 잘 알기를 바랍니다. 나는 여러분이 주의 몸을 잘 분별하기를 바랍니다. 뿐만 아니라 여러분이 그의 영혼의 은밀한 속으로 관통해 들어가기를 바랍니다. 이와 같이 여러분의 기독교적 삶을 지식적으로도 모자람이 없는 믿음으로 시작하십시오. 이것이 여러분으로 하여금 남은 경주를 더 잘 달리도록 지켜줄 것입니다. 계속해서 여러분은 오직 예수만을 바라보아야 합니다. 많이 알든 적게 알든 말입니다. 여러분의 믿음의 근거는 여러분의 지식이 아니라 예수 그리스도 그 자신입니다. 여러분에게 예수는 알파와 오메가가 되어야 합니다. 여러분에게 그의 이름은 책의 표제가 되면서 동시에 그 책을 종결짓는 아멘이 되어야 합니다. 이와 같이 여러분은 예수를 바라보면서 달리기 시작합니다.

그러나 사랑하는 친구들이여, 우리는 또한 그가 우리 안에서 행한 일 때문에 그를 바라보기 시작합니다. 여러분은 예수를 바라보면서 시작하지 않았습니까? 그리스도 예수를 주로 영접한 것처럼 또한 계속해서 그 안에 거하십시오. 주 예수는 처음에 우리를 어둠으로부터 그의 놀라운 빛으로 부르셨습니다. 그는 길이십니다. 그리고 우리로 하여금 그 길을 따라 천국을 향해 달려가는 경주자가 되게 하셨습니다. 예전에 죽은 자를 살리셨던 것처럼, 그는 지금도 우리를 살리시고 우리로 하여금 힘써 달리도록 만드십니다. 아버지께서 자신이 기뻐하시는 자를 살리시는 것처럼 아들도 또한 그러합니다. 심지어 오늘날에도 나는 "나사로야 나오라"고 외치는 그의 음성을 듣습니다. 예수를 바라봄으로써 여러분의 영혼 안에 진지한 묵상과 뜨거운 열망과 깊은 회개와 하늘의 소망과 간절한 믿음이 들어오게 하십시오. 우리가 경주를 출발할 때, 그가 우리에게 죄 사함을 주지 않았습니까? 죄의 무거운 짐이 우리의 양심으로부터 떨어지는 것은 그를 바라봄으로 말미암습니다. 죄 사함을 받음으로써, 우리는 죄를 미워하게 되었습니다. 거룩한 보혈로 씻음을 받음으로써, 우리는 함부로 죄를 반복할 수 없게 되었습니다. 우리의 최초의 회개와 그 열매 역시 예수를 바라보는 것으로부터 왔습니다. 다른 것들을 바라봄으로써 돌처럼 딱딱해졌던 우리의 마음은 가시면류관을 쓴 그의 머리를 바라봄으로써 솜처럼 부드러워졌습니다. 그를 바라봄으로써 우리의 마음은 빛으로 비췸을 받고, 활력을 얻고, 죄를 미워하게 됩니다.

우리가 처음으로 하나님을 영접한 것 역시 믿음으로 예수를 바라봄으로 말미암은 것이었습니다. 우리는 사랑하는 아들 안에서 우리 자신이 받아들여진 것을 발견했습니다. 사랑하는 친구들이여, 여러분은 여러분의 더러운 옷이 벗겨지고 의의 옷이 머리부터 발끝까지 덮여졌던 그 기쁨의 순간을 기억합니까? 여러분은 그 순간을 결코 잊을 수 없습니다. 그 순간 여러분은 하나님의 사랑이 여러분의 영 안에서 마치 소멸하는 불처럼 여러분의 죄를 태우는 것을 느꼈습니다. 여러분은 또한 주 하나님에 대한 사랑의 마음으로 가득 찼습니다. 여러분이 그를 사랑함은 그가 먼저 여러분을 사랑했기 때문이라는 사실을 여러분은 깨달았습니다. 그 때 여러분의 영혼은 모든 악을 미워하게 되었습니다. 그 때 여러분은 거룩한 섬김을 위해 준비되었습니다. 그 때 자기를 부인하는 것은 여러분에게 즐거운 일이 되었습니다. 그 때 여러분은 악한 자들을 버리고 성도들과 더불어 교제하기를 추구했습니다. 예수에 대한 사랑이 여러분으로 하여금 그것이 아니었다면 결코 선택하지 않았을 경주를 출발하도록 만들었습니다. 여러분은 회심되었으며, 변화되었으며, 새로워졌습니다. 그 때부터 여러분은 자신이 더 이상 자신의 것이 아니며 자신을 향해 달려갈 수 없음을 인정했습니다. 그 때부터 여러분은 자신이 값으로 산 것이 되었으며 그러므로 여러분의 구속자를 향해 달려가야만 함을 인정했습니다. 십자가에 달린 자를 바라봄으로써 이 모든 것이 이루어졌습니다.

사랑하는 형제들이여, 이와 같이 예수는 그가 우리를 위해 행한 일로서 그리고 그가 우리 안에서 행한 일로서 우리의 믿음의 경주를 시작하게 하는 자입니다. 이 자리에 오늘 아침 천국을 향한 경주를 출발하려고 하고 있는 자가 있습니까? 지금 여러분은 올바르게 출발하고 있는 것입니다. 간절히 당부하노니, 다른 미망(迷妄)에 떨어지지 마십시오. 예수를 바라보는 것으로 시작하지 않는다면, 여러분은 결코 아무것도 얻지 못할 것입니다. 존 번연은 「천로역정」(*Pilgrim's Progress*)에서 성벽을 넘어 들어오려고 한다든지 혹은 다른 길로 들어오려고 하는 자들에 대해 종종 언급합니다. 그러나 그들은 아무도 목적지에 도달하지 못했습니다. 그들은 그리스도 없이 들어왔다가 그렇기 때문에 소망 없이 나갔습니다. 문으로 들어오지 않은 자는 지옥으로 가는 뒷길이 있다는 사실을 알게 되었습니다. 여러분은 예수를 바라보는 것으로 시작해야 합니다. 그렇지 않으면 여러분은 심판을 바라보는 것으로 끝마치게 될 것입니다. 예수께서 "나는 처음이요"라고 말씀하지 않았습니까? 여러분은 그 외에 다른 처음을 찾을 것입니까? 여러분은 그 외에 다른 시작하게 하는 자를 찾을 것입니까? 그는 여러분의 소망의 첫 글자가 되어야 합니다. 그렇지 않으면 여러분은 구원의 알파벳을 알지 못할 것입니다.

## 2. 둘째로, 우리는 믿음을 온전하게 하는 자(the Finisher of faith)이신 예수를 바라보아야 합니다.

예수는 믿음을 시작하게 하는 자였던 것과 마찬가지로 또한 믿음을 끝마치는 자입니다(한글개역개정판에서 "온전하게 하는 자"는 "Finisher"로서, 여기에서 Finisher는 "끝마치는 자"를 의미하는 단어임 – 역주). 그는 끝까지 견디는 자들에게 상을 주시는 자입니다. 경주에서 이기기를 다투는 자들은 마지막 푯대에 도달할 때까지 계속해서 그를 바라보아야 합니다.

예수는 여러분을 위해 행한 일로 말미암아 여러분의 믿음을 끝마치는 자(Finisher)가 됩니다. 2절 하반절을 보십시오. "그는 그 앞에 있는 기쁨을 위하여 십자가를 참으사 부끄러움을 개의치 아니하시더니 하나님 보좌 우편에 앉으셨느니라"라고 말씀하지 않습니까? 그가 천국을 소유하고 계시기 때문에 여러분 역시도 그것을 소유하게 될 것입니다. 그가 하나님의 보좌에 앉아 계시기 때문에 여러분 역시도 그곳에 앉게 될 것입니다. 십자가 위에서의 그의 수난을 바라보는 것으로 시작하십시오. 그리고 끝까지 믿음을 붙잡을 수 있도록 보좌에 앉아 계신 그를 바라보십시오. 여러분의 죄를 사하기 위해 죽으시고 여러분의 영혼을 의롭다 하기 위해 다시 사신 예수를 바라보십시오.

본문은 예수께서 "앉으셨다"고 말합니다. 그는 자신의 일을 완성하시고 앉아 안식을 취하십니다. 이 땅에서는 부끄러움으로 가득 찼지만 그러나 하늘에서는 영광과 존귀로 가득합니다. 왜냐하면 그는 "하나님 보좌 우편에" 앉으셨기 때문입니다. 여기에서는 결박을 당하고 채찍에 맞으셨지만, 그러나 거기에서는 만왕의 왕이요 만주의 주십니다. 왜냐하면 그는 하나님 보좌 우편에 앉아 계시기 때문입니다. 여기에서 우리는 그의 인성(人性)을 봅니다. 그는 구유에서 나셨고, 궁핍 가운데 사셨으며, 십자가의 수치스러운 죽음을 죽으셨습니다. 그러나 거기에서 우리는 그의 신적 영광을 찬미하며 경배합니다. 왜냐하면 그는 "하나님 보좌 우편에" 계시기 때문입니다. 여러분의 구주는 모든 능력과 권세로 옷 입은 하나님이라는 사실을 기억하십시오. 이러한 사실은 여러분으로 하여금 얼마나 힘차게 달려가도록 만들어 주겠습니까? 여러분은 고난의 주를 바라보는 것으로 시작했으며, 승리의 주를 바라보면서 계속해서 달려갑니다. 그는 "담대하라 내가 세상을 이기었노라"라고 말씀하셨습니다. 이러한 사실에서 그는 여러분에게 승리의 확신을 줍니다. 여자의 후손이 뱀의 머리를 상하게 했습니다. 그러므로 주님은 속히 여러분의 발 아래 사탄을 밟을 것입니다. 그리스도의 죽음은 곧 죄에 대한 우리의 죽음입니다. 그리스도의 사심은 곧 우리의 거룩에로의 사심입니다. 그리스도의 부끄러움은 우리의 부끄러움이었으며, 그리스도의 승리는 우리의 승리입니다. 그러므로 예수를 바라보며 계속해서 달려갑시다.

　또한 예수는 우리를 위해 행한 일에 의해서 뿐만 아니라 또한 우리 안에서 행하고 계시는 일에 의해 우리의 믿음을 끝마치는 자가 됩니다. 사랑하는 자들이여, 경주의 중간에 있는 여러분은 예수가 여러분을 지탱하고 계시다는 사실을 기억해야만 합니다. 경주를 위한 여러분의 모든 힘은 그분으로부터 옵니다. 그러므로 그를 바라보십시오. 자신의 힘으로 달리지 마십시오. 그의 생명과 은혜로부터 떠나 어떤 덕이나 자람이나 진보를 구하지 마십시오. 그는 "네가 나로 말미암아 열매를 얻으리라"라고 말씀하십니다(호 14:8). 그가 우리 안에서 우리의 모든 일을 행하십니다. 그가 우리 안에서 자신의 기쁘신 뜻대로 행하시기 때문에, 그러므로 우리는 두려움과 떨림으로 우리의 구원을 이루어갑니다.

　예수를 바라봄으로써 우리는 지탱될 뿐만 아니라 또한 새 힘을 얻습니다. 그의 눈이 우리를 바라보고 계심을 느낄 때, 우리의 연약한 무릎은 강해집니다. 보좌 위에 앉아 계신 그를 바라볼 때, 우리는 다시금 심호흡을 하고 새롭게 앞을 향해 돌진하게 됩니다. 우리에게 그의 사랑스러운 눈은 마치 선원에게 샛별과 같습니다. 그는 우리에게 "오라 내가 이긴 것처럼 너희도 이길 것이라"라고 말씀하십니다. 승귀(昇貴)하신 주님의 눈길은 각 신자들의 열정에 불을 붙이며, 그들로 하여금 마치 젊은 수사슴처럼 달려가게 만듭니다.

　또 예수를 바라봄으로써 여러분은 **정확한 방향**을 알게 될 것입니다. 왜냐하면 그가 결승선에 앉아 있으므로 그가 있는 곳이 곧 여러분이 달려가야 할 방향이기 때문입니다. 만일 우리의 눈이 마치 종이 그 주인을 바라봄 같이 예수를 바라본다면, 우리는 잘 달리게 될 것입니다. "너희는 무지한 말이나 노새 같이 되지 말지어다 그것들은 재갈과 굴레로 단속하지 아니하면 너희에게 가까이 가지 아니하리로다"(시 32:9). 그러나 우리는 무지한 말이나 노새 같이 되지 않을 것입니다. 도리어 우리는 다윗처럼 "주의 눈으로 나를 인도하소서"라고 중심으로 사모하며 간구할 것입니다. 예수의 눈이 성도를 바라볼 때, 성도는 그것으로 충분합니다. 만일 여러분이 정말로 예수를 바라본다면, 여러분은 비뚤비뚤하게 달리지 않고 거룩과 영원한 영광을 향한 가장 **빠른** 길로 달리게 될 것입니다. 자신에 대한 죄인들의 모든 적대행위를 참으신 자를 생각하십시오. 그러면 여러분은 곤비함 가운데 빠지지도 않을 것이며, 자신의 길을 잃지도 않을 것입니다.

예수를 바라보십시오. 왜냐하면 그러한 바라봄으로 그가 여러분을 끌어당기기 때문입니다. 하늘의 거대한 자석이 우리를 끌어당기고 있습니다. 그리고 그리스도의 사랑의 줄이 또한 그것을 촉진합니다. 성령의 능력 가운데 십자가의 주님과 보좌에 앉아 계신 주님을 더 많이 묵상하면 묵상할수록, 여러분은 그에게로 더 많이, 그리고 더 빨리 끌려가게 될 것입니다. "나를 끌어당기소서 우리가 당신을 따라 달려가리이다" ─ 이것은 구약 교회의 외침이면서 동시에 우리의 외침입니다(아 1:4). 주여, 우리가 주를 바라보나이다. 우리를 끌어당기소서.

또 달려가는 동안 우리는 믿음을 끝마치는 자로서 면류관을 들고 우리를 기다리고 계시는 주님을 바라봅니다.

> "위로부터 우리를 부르는 것은
> 그의 생기 넘치는 음성이며,
> 우리에게 상을 베푸는 것은
> 그 자신의 따뜻한 손이로다."

면류관을 바라볼 때, 우리의 십자가로부터 모든 무거운 것이 제거됩니다. 보좌에 앉아 계신 예수를 바라볼 때, 우리의 경주는 더 이상 힘들고 피곤한 것이 되지 않습니다. 오늘도 나는 결승선에서 월계관을 들고 "나중까지 견디는 자는 구원을 얻을 것이라"(마 10:22)고 말씀하시는 자를 바라봅니다. 그를 바라보십시오. 그리고 "영원히 변하지 않는 영광의 면류관"이야말로 우리가 생명을 걸고 달려갈 만한 충분한 가치가 있는 것이란 사실을 확신하십시오. 이와 같은 예수는 상을 들고 계심으로써 믿음을 끝마치는 자가 되실 것입니다.

또 경주가 끝날 때, 예수는 자신의 오른손으로 여러분에게 면류관을 씌워 주시기 위해 나아오심으로써 믿음을 끝마치는 자로 나타나실 것입니다. 그렇습니다. 그는 자신의 손으로 상을 주실 것입니다. 그리고 "잘 하였도다 착하고 충성된 종이여"라고 말할 것입니다. 예수 자신이 충성된 자들을 자신이 예비한 처소로 데려갈 것입니다. 그러므로 힘을 내어 계속해서 달리십시오. 경주가 끝나면, 그가 우리를 자신과 함께 보좌에 앉히실 것입니다. 그러므로 계속해서 달리십시오.

"바라보라"는 단어의 이러한 의미들을 염두에 두면서, 모든 종류의 자기부인과 난관과 수고와 고난과 유혹과 핍박으로부터 눈을 돌리십시오. 그리고 모든 종류의 즐거움과 이익과 세속적인 성공으로부터도 눈을 돌리십시오. 그리고 그 자신 승리하셨으며, 오늘날 여러분의 경주를 돕고 계시며, 결승선에서 면류관을 들고 계시는 예수를 바라보십시오. 그리고 그 안에서 그의 내적 영광과 그의 구속받은 자들에게 흘러넘치는 영광을 볼 때까지 계속해서 그를 바라보십시오. 그리고 스스로에게 이렇게 말하십시오. "만물이 그 안에 있도다. 하나님은 모든 영적 축복들을 그의 영광의 부요함에 따라 그리스도 예수로 말미암아 나에게 주시는도다. 만일 아버지께서 나의 구주 안에서 나를 축복하신다면, 나의 발은 천성을 향해 나아가는 길에서 결코 피곤하지 않을 것이라. 만일 예수께서 면류관을 들고 나를 기다리고 계신다면, 나는 더욱 발길을 재촉할 것이라. 만일 성령께서 나의 연약함을 도우신다면, 나는 그의 능력 가운데 더욱 속히 달려갈 것이라." 지금까지 우리는 "믿음을 시작하는 자"(the Author of faith)와 "믿음을 끝마치는 자"(the Finisher of faith)로서의 예수를 살펴보았습니다.

### 3. 셋째로, 이제 우리 믿음의 모범으로서의 예수를 살펴보도록 합시다.

예수께서 달린 것처럼 여러분도 달리십시오. 그리고 달려가면서 그를 바라보십시오. 그러면 여러분은 그가 달렸던 것처럼 달릴 수 있을 것입니다. 그러면 우리 주님은 어떻게 자신의 길을 달렸습니까?

그의 동기(動機)를 주목할 때, 여러분은 그에 대해 알게 될 것입니다 ─ "그는 그 앞에 있는 기쁨을 위하여." 그의 모든 행동에는 분명한 동기가 있었습니다. 만일 어떤 사람이 분명한 목적이 없이 단지 기분에 따라 행동한다면, 그는 분명 큰 일을 행하지 못할 것입니다. 분명 목적 없는 인생은 큰 성과를 내지 못하는 쓸모없는 인생입니다. 예수는 자기의 택하신 자들을 구원함에 있어 자기 앞에 아버지를 영화롭게 하는 큰 기쁨을 갖고 계셨습니다. 그는 그것을 위해 살고, 그것을 위해 죽으셨습니다. 이러한 목적을 이루는 것이 그에게 있어 기쁨이었습니다. 사랑하는 자들이여, 만일 여러분이 여러분의 경주를 올바로 달려가기를 원한다면, 여러분의 경주는 하나님의 영광을 위한 것이 되어야 하며 또한 다른 사람들의 구원을 바라는 가운데 이루어져야 합니다. 이러한 두 가지가 하나로 합쳐진 것이 여러분의 기쁨이 되어야 합니다. 하나님이여, 이러한 동기가 우리의 전 존재에 가득하게 하소서. 사람의 주된 목적은 하나님을 영화롭게 하는 것입니다. 하나님이여, 그것이 나의 주님의 주된 목적이었던 것처럼 또한 오늘날 나의 주된 목적이 되게 하소서. 나를 창조하시고 보존하시고 구속하신 하나님이여, 나로 하여금 당신을 영화롭게 하는 자가 되게 하소서. 이러한 목적을 위해 내가 태어났으며, 이러한 목적을 위해 내가 매일의 삶을 살기를 원하나이다. 형제들이여, 만일 우리가 이것을 느끼지 못한다면, 우리는 우리 앞에 당한 경주를 올바로 달려갈 수 없습니다. 또한 우리는 주님처럼 다른 형제들을 구원함으로써 하나님을 영화롭게 하기를 추구해야 합니다. 이것을 위해 사십시오. 방황하는 인생들을 찾기 위해 사십시오. 그럼으로써 큰 목자 아래서 작은 목자가 되십시오. 그로부터 어린 양들을 당신의 가슴에 안는 법을 배우십시오. 만일 하나님의 일을 하는 것이 우리에게 기쁨이 되지 않는다면, 그것이 어떻게 천국을 향해 달리는 것이 될 수 있겠습니까? 하나님을 영화롭게 하면서 살 때, 우리는 올바르게 달리고 있는 것입니다. 많은 열매를 맺으십시오. 그럼으로써 여러분의 기쁨이 영원까지 펼쳐지게 하십시오. 부디 아무 열매도 맺지 못한 인생이 되지 마십시오. 도리어 여러분 모두 하나님이 여러분에게 주신 일을 마침으로써 하나님을 영화롭게 하는 기쁨을 누리는 자들이 되십시오.

그러면 우리는 어떤 점에서 예수를 본받아야 합니까? 첫째로, 우리는 그의 오래 참으심을 본받아야 합니다. 그는 "십자가를 참으셨습니다." 그의 무거운 십자가와 비교할 때, 우리의 십자가는 얼마나 가볍고 대수롭지 않은 것입니까? 그러나 그는 그것을 참으셨습니다. 그는 기꺼이 그것을 짊어지셨습니다. 그는 결코 그것을 포기하지 않으셨습니다. 그는 십자가가 그를 짊어질 때까지 그리고 그 위에서 죽음을 짊어질 때까지 그것을 짊어지셨습니다. 그는 "다 이루었다"고 말할 수 있으셨습니다. 형제들이여, 우리도 그렇게 합시다. 여러분은 박해를 받고 있습니까? 여러분은 가난합니까? 여러분은 병으로 고통을 받고 있습니까? 주어진 십자가를 짊어지십시오. 예수 그리스도는 자기 어깨에 십자가를 짊어지고 달리셨습니다. 그러므로 우리도 그렇게 달려야 합니다. 고난을 피하려고 애쓰지 마십시오. 십자가를 지신 자를 따르는 자들은 십자가에 익숙해야 합니다. 그것을 하나님의 능력 가운데 인내하며 즐겁게 참으십시오. 예수를 바라보십시오. 자기 십자가 밑에서 곤비해지기 시작할 때, 그의 십자가를 바라보십시오. 그의 피로 얼룩진 땀을 생각하십시오. 그가 채찍에 맞으신 것을 생각하십시오. 사람들의 참람한 말들을 생각하십시오. 그가 하나님에 의해 버림을 당한 것을 생각하십시오. 그의 고난보다 더 큰 고난이 무엇이겠습니까? 그의 참으심보다 더 큰 참음이 무엇이겠습니까? 여러분의 작은 십자가를 짊어지고 십자가에 달린 자를 향해 달리십시오.

둘째로, 우리는 부끄러움조차도 개의치 않은 그의 넓은 마음을 본받아야 합니다. 그는 십자가를 참으사 "부끄러움을 개의치" 않으셨습니다. 많은 사람들에게 부끄러움은 정말로 참을 수 없는 것입니다. 그러나 우리 주님은 그것을 어떻게 다루어야 하는지 우리에게 보여주십니다. 그는 자신의 어깨 위에 십자가를 짊어지고, 자신의 발 아래 부끄러움을 밟았습니다. 그는 십자가는 참으면서 부끄러움은 개의치 않았습니다. 그렇다면 어떻게 그의 제자들이 그가 개의치 않은 것을 도저히 참을 수 없는 것으로 여긴단 말입니까? 당신이 조금의 부끄러움도 받아들일 수 없을 정도로 그렇게 대단한 사람이란 말입니까? 어떤 사람이 "나는 비웃음당하는 것을 결코 참을 수 없어"라고 말하는 것을 들을 때, 나는 의아하게 생각하지 않을 수 없습니다. 비웃음이 뼈를 부러뜨립니까? 어떤 사람이 "그렇지만 조롱의 칼날은 너무도 예리하고 날카로워요!'라고 소리칩니다. 그렇습니까? 그 칼에 찔린 상처에서 피가 납니까? 어떤 사람이 외칩니다. "그래요, 빈정거리는 말을 들을 때 얼마나 괴로운지 몰라요." 그렇습니까? 당신에게 그러한 상처를 치료할 약이 없습니까? 우리 가운데 어떤 사람들의 마음은 마치 수많은 벌들에 의해 쏘여 죽은 아레투사의 모습과 같습니다(Arethusa: 그리스 신화에 나오는 숲의 요정). 그러나 우리는 이러한 측면에서 두꺼운 피부를 가질 수 있습니다. 수많은 벌들이 쏘아도 끄떡없는 강력한 피부 말입니다. 언젠가 나는 어떤 사람이 이렇게 기도하는 것을 들은 적이 있습니다. "주여, 만일 우리의 마음이 딱딱하다면, 그것을 부드럽게 만들어 주소서. 그러나 우리 마음이 지나치게 부드럽다면, 그것을 딱딱하게 만들어 주소서." 처음에는 이러한 기도가 그다지 마음에 들지 않았지만 그러나 나중에는 여기에 매우 중요한 의미가 있다는 사실을 알게 되었습니다. 나는 이제 그것이 의미하는 바를 압니다. 그리고 나는 기꺼이 그와 같이 기도할 수 있습니다. 특별히 마음이 지나치게 부드러워 조그만 비웃음조차도 감당할 수 없는 많은 형제들을 위해서 말입니다. 주여, 그들이 부끄러움을 개의치 않을 때까지 그들의 마음을 딱딱하게 만들어 주소서. 조롱당하는 것을 부끄러워하지 마십시오. 도리어 조롱하는 자들을 불쌍히 여기십시오. 어리석은 자들의 비웃음을 비웃으십시오. 그들의 경멸을 경멸하십시오. 경건하지 않은 자들의 조롱과 경멸 속에서 조금도 동요하지 않았던 예수 그리스도의 위대한 정신을 가지고 말입니다. 조롱하는 무리들을 통과하여 달리십시오. 귀를 막고, 부끄러움을 개의치 말고, 계속해서 달리십시오.

셋째로, 우리는 그의 인내를 본받아야 합니다. 자기 앞에 있는 기쁨을 위하여 그는 십자가를 참으사 부끄러움을 개의치 아니하시더니 하나님 보좌 우편에 "앉으셨습니다". 그는 하나님 보좌 우편에 앉을 때까지 달려가는 것을 결코 멈추지 않았습니다. 여러분이 앉아야 할 곳 역시 바로 그곳입니다. 나의 형제여, 사탄은 당신 앞에 편안한 안락의자를 놓으면서 이렇게 말합니다. "편하게 앉게." 안 됩니다. 절대로 안 됩니다. 하나님 보좌 우편에 앉을 때까지 계속해서 달리십시오. 여러분이 달려가는 길 중간에는 그럴듯한 휴게소들이 많이 있습니다. 편안한 안락의자와 식탁과 시원한 그늘이 있는 그런 휴게소들 말입니다. 만일 여러분이 그러한 휴게소에 들어간다면, 여러분은 곧 잠에 떨어지고 말 것입니다. 그러므로 그러한 휴게소들을 그냥 지나치십시오. 경주자들은 앉아서는 안 됩니다. 그것은 경주를 포기하는 것입니다. 구원의 경주는 끝까지 달려야 하는 경주입니다. 출발선으로부터 결승선에 이르기까지 결코 멈추어서는 안 됩니다. 우리는 매일같이 순종과 거룩과 섬김을 실천해야 합니다. 켜졌다 꺼졌다 하는 신앙(off-and-on religion)은 거짓 신앙입니다. 우리는 하나님이 안식을 주실 때까지 계속해서 달려야 합니다. 우리 주님은 승리를 얻으셨습니다. 그가 하나님 보좌 우편에 앉으신 것은 사람이신 그리스도 예수가 모든 고난과 부끄러움을 참으시고 마지막까지 달린 것에 대한 합당한 상이었습니다. 우리 역시도 승리할 때까지 그를 따르는 것을 결코 멈추어서는 안 됩니다. 우리의 경주를 다 달렸을 때, 그 때 우리는 우리의 면류관을 받을 것입니다. 그러나 그 때까지 우리는 쉬지 않고 달림으로써 구원의 주님을 본받아야 합니다.

주님의 몸에 생긴 다섯 곳의 상처는 우리로 하여금 주님으로부터 본받아야 할 다섯 가지 덕을 기억하도록 만들어 줍니다. 오른손의 못에 찔린 상처는 우리로 하여금 그의 믿음을 기억하도록 만듭니다. 예수 그리스도는 깊은 고뇌와 괴로움 가운데 하나님을 믿었으며, 그가 자신을 구원하실 것을 신뢰했습니다. 주여, 우리에게 더 큰 믿음을 주옵소서. 또 왼손의 상처는 우리로 하여금 그의 인내를

기억하게 합니다. 그는 "보이지 않는 자를 보는 것처럼 하여" 참았습니다(히
11:27). 그는 욕하는 자들에 대하여 욕으로 갚지 않았습니다. 그는 "내 뜻대로 마
옵시고 아버지의 뜻대로 되기를 원하나이다"라고 기도했습니다. 또 한쪽 발의
상처는 우리로 하여금 그의 겸손, 다시 말해서 그가 어떻게 죽기까지 순종하셨는
지를 기억하게 합니다. 그리고 또 한쪽 발의 상처는 그의 오래 참으심을 나타냅니
다. 그의 발은 십자가 나무와 연합되었으며, 그의 영혼은 그의 사역과 연합되었
습니다. 마지막으로, 그의 옆구리의 상처에서 나는 그의 사랑을 봅니다. 창은 그
의 심장으로 가는 통로를 열었습니다. 예수께서 사랑하신 것처럼, 그렇게 사랑
하십시오. 그렇게 하나님을 사랑하고, 그렇게 사람들을 사랑하십시오. 그러면
여러분은 그가 승리하신 것처럼 승리할 것이며, 그가 면류관을 쓴 것처럼 면류
관을 쓰게 될 것입니다. 그와 같이 계속해서 달려가도록 하나님이 여러분을 도
우시길 기원합니다.

### 4. 마지막으로, 본문은 우리 앞에 믿음의 목적
### 혹은 믿음의 상으로서의 예수를 제시합니다.

우리는 우리가 목표로 하는 목적으로서의 "예수를 바라보며" 달려야 합니
다. 우리의 매 발걸음은 우리 주님을 향해야 합니다. 참된 믿음은 그리스도 예수
로부터 벗어나지도 않을 뿐만 아니라 그에게로 이르는 우회로를 취하지도 않습
니다. 참된 믿음은 예수를 넘어서기를 꿈꾸지도 않습니다. 오늘날 우리 주위에
는 복음을 넘어 먼 길을 가려고 하는 지혜로운 사람들이 많이 있습니다. 사도들
에게 영감을 주었던 옛 믿음은 수많은 순교자들로 하여금 그것을 위해 기꺼이
자신들의 목숨을 내놓도록 만들었습니다. 이것보다 더 위대한 것이 무엇이란 말
입니까? 오늘날의 지혜로운 철학자들은 이것으로 만족할 수 없단 말입니까? 오
늘날의 교만한 19세기는 새로운 하나님, 새로운 그리스도, 새로운 천국, 새로운
지옥, 새로운 복음을 요구합니다. 유독 "새로운 마음"(new heart) 하나만은 빼놓
고 말입니다. 그러나 우리는 그쪽 방향으로 달리지 않습니다. 우리는 그리스도
를 향해 달립니다. 그 길이야말로 "거룩한 선지자들이 달려갔던" 선한 옛 길입니
다. 우리는 금생에서든 내생에서든 우리 주 예수 그리스도의 가르침을 넘어서기
를 기대하지 않습니다. 우리는 언제까지나 "예수 그리스도는 어제나 오늘이나
영원토록 동일하시니라"라고 고백합니다(히 13:8).

지금 우리는 예수를 바라보며 계속해서 그를 향해 달려갑니다. 예수를 바라보는 것은 올바른 것을 바라보는 것이며, 그에게로 달려가는 것은 올바른 방향으로 달려가는 것입니다. 우리의 시선(視線)은 우리의 발보다 앞서야 합니다. 왜냐하면 그럴 때 발이 더 빨라지게 되기 때문입니다.

예수에 대해 더 많이 알 수 있도록 계속해서 그를 바라보십시오. 그에 대해 가장 많이 아는 사람들 가운데 하나가 되도록 말입니다. 그러나 예수에 대해 가장 많이 알았다 하더라도, 그것은 그의 충만의 거대한 대양(大洋)에서 물 한 동이 취한 것에 불과합니다. 안개로 자욱한 영국 땅에서 살아가고 있는 우리들은 때때로 해가 구름 사이로 언뜻언뜻 모습을 나타내는 것으로 우리가 해를 보고 있다고 생각할지 모릅니다. 그러나 구름 한 점 없는 청명한 하늘 아래 살고 있는 이탈리아 사람들에게 물어보십시오. 그러면 그들은 여러분에게 영국인들은 해를 보지 못한다고 대답할 것입니다. 내가 볼 때 그러한 지역에서 해는 나의 본성과 마음을 밝게 만드는 것 같습니다. 낮의 주관자는 나의 마음으로 하여금 기쁨으로 춤추도록 만듭니다. 많은 신자들이 의심과 두려움의 안개로 자욱한 세상에서 살고 있습니다. 그들은 이따금씩 주님을 보지만 그러나 그것은 극히 일부분에 불과합니다. 아, 우리 모두가 충만한 확신의 청명한 하늘 아래 살 수만 있다면 얼마나 좋겠습니까? 그리고 우리 모두가 예수를 좀 더 가까이 볼 수 있다면 얼마나 좋겠습니까? 계속해서 달리십시오. 그럼으로써 예수께 더 가까이 다가가십시오. 그러면 여러분은 그를 더 분명하게 볼 수 있을 것입니다.

또 예수와 좀 더 같아질 수 있도록, 그를 향해 달리십시오. 예수를 바라보는 자는 그의 형상으로 변화됩니다. 그는 믿음의 감광판 위에 자신의 형상을 찍습니다. 세상의 어느 거울이 그것을 바라보는 자들의 눈을 아름답게 변화시킵니까? 그러나 예수의 거울은 여러분이 그것을 바라볼 때 여러분의 눈을 빛나게 하며 여러분의 성품을 아름답게 변화시킵니다. 그리스도를 바라볼 때, 여러분은 그리스도인이 됩니다. 사랑하는 자들이여, 만일 우리의 눈이 사랑의 주님의 초월적인 아름다움을 더 많이 바라본다면, 우리의 삶은 그토록 흠과 티와 주름으로 얼룩진 것이 되지는 않을 것입니다. 만일 우리가 예수의 영광을 더 많이 바라본다면, 우리의 삶은 정말로 영광스러운 것이 될 것입니다.

또 예수께 더 가까워지도록, 계속해서 달리십시오. 그와 더 가까워지기를 추구하십시오. 그와 더 깊은 교제를 나누기를 추구하십시오. 그는 우리로부터 멀리 떨어져 계시지 않습니다. 그는 육체로는 우리와 함께 계시지 않지만 그러나 영으로는 우리와 함께 계십니다. 우리에게서 합당한 모습을 발견할 때, 그는 우리에게 가까이 오십니다. 우리는 헐몬(Hermons)과 미살 산(hill Mizar)으로부터 그를 기억합니다. 우리는 그가 우리에게 스스로를 나타낸 위대한순간과 거룩한 장소를 결코 잊을 수 없습니다. 우리의 머리가 그리스도의 품 안에 있는 때가 있습니다. 우리가 그의 발 밑에 앉아 그의 말씀을 듣는 가운데 그의 아름다움을 보며 큰 기쁨에 사로잡힐 때가 있습니다. 그와 더 가까이 교제하게 될 때까지 계속해서 달리십시오. 이것은 정말로 달릴 만한 가치가 있는 것입니다. 그러나 달리지 않는다면, 여러분은 결코 그것을 갖지 못할 것입니다. 아가서의 여주인공을 생각해 보십시오. 그녀는 애통하며 거리로 나갈 때까지 자신의 주인(lord)을 결코 발견할 수 없었습니다.

또 예수와 함께 있게 될 때까지, 계속해서 그를 바라보며 달리십시오. 나는 지금 예수 그리스도와 함께 있게 되는 것이 얼마나 빨리 현실화될 수 있는 일인지에 대해 말하고자 합니다. 내가 이곳에서 사역하는 동안 예배를 마친 후 형제들이 집으로 돌아가는 동안 세상을 떠나는 경우가 몇 번 있었습니다. 이곳으로부터 하늘의 총회로 옮겨지는 것은 얼마나 쉬운 일입니까? 이 땅의 보잘것없는 설교자의 음성으로부터 하늘에 계신 주님의 음성으로의 변화는 얼마나 갑작스럽게 일어납니까? 우리가 보좌 위에 앉아 계신 예수 그리스도와 얼마나 가까운지 우리는 알지 못합니다. 우리가 타고 있는 배 주위에 물안개가 가득 차 있습니다. 지금 우리 앞에 있는 흰색 해안이 보입니까? 우리 본향의 흰색 해안이 바로 우리 앞에 손에 잡힐 듯이 있습니다. 우리가 아직 먼 바다에 있다고 생각하지 마십시오. 다음 주일이 되기 전에 아마도 우리 가운데 몇 사람은 만왕의 왕을 보게 될 것입니다. 어쩌면 우리는 다음 주일을 천국에서 맞이할는지도 모릅니다. 이런 사실이 두렵고 움츠려집니까? 결코 그렇지 않습니다. 하늘의 모든 상속자들은 "아멘, 그렇게 되소서"라고 말합니다. 그 때 경주의 땀(sweat)은 모두 닦여지고 승리의 달콤함(sweet)이 시작될 것입니다. 그 때 수고와 고통은 끝나고 안식과 영광이 시작될 것입니다. 우리의 결승선이 우리가 생각하는 것보다 훨씬 더 가까이 있다는 사실은 얼마나 즐거운 일입니까? 얼마나 빨리 여러분은 어린 양의 피로 씻음을 받은 무리 가운데 앉게 되겠습니까? 특별히 나이가 많은 형제들은 자연적인 순서대로 곧 거기에 있게 될 것입니다. 그로 인하여 기뻐하십시오. 이제 늙었으니 소망이 없다고 말하지 마십시오. 그만큼 더 천국에 가까워진 것으로 기뻐하십시오. 예전에 거대한 배들이 인도로 출발할 때, 승객들은 잠시 동안 뒤에 남은 친구들을 위해 건배를 했습니다. 그러나 인도양에 왔을 때, 그들은 앞에 있는 친구들을 위해 건배하기 시작했습니다. 나에게는 지금 하늘에 있는 많은 친구들이 있습니다. 나는 영화로워진 그들에게 인사합니다. 그들 가운데 이 땅에 있는 동안 너무도 훌륭했던 사람들도 많이 있습니다. 그들은 한때 이 땅의 교회에 속했었지만 그러나 지금은 천국 항구에 안전하게 상륙했습니다. 그들은 우리를 바라보고 있습니다. 그들은 우리를 기다리고 있습니다. 그리고 우리는 지금 그들에게 가고 있습니다. 형제들이여, 우리는 곧 그들과 함께 있게 될 것입니다. 무엇보다도 우리 주님이 거기에 계십니다. 한때 가시면류관을 쓰셨던 그의 머리는 지금 하늘과 땅의 모든 권세를 나타내는 왕관으로 빛나고 있습니다. 그는 그곳으로부터 우리를 맞이하기 위해 오실 것입니다. 시간이여, 속히 흐를지어다! 여섯 날개를 가진 스랍처럼 될지어다. 그리고 사랑하는 주님의 얼굴을 보게 될 그 황금의 항구로 우리를 속히 데려갈지어다.

> "죄와 슬픔으로 가득 찬 이 세상을 떠나
> 영원히 하나님의 품 안에 안기도다."

아멘, 아멘, 아멘!

제
36
장
—

# 예수를 생각하라

—

"너희가 피곤하여 낙심하지 않기 위하여
죄인들이 이같이 자기에게 거역한 일을 참으신 이를
생각하라." — 히 12:3

히브리 그리스도인들이 극심한 박해를 겪고 있었을 때, 바울이 그들의 믿음을 지탱하기 위해 해 줄 수 있었던 최고의 조언은 "그를 생각하라"였습니다. 그는 그들에게 예수를 바라보라고 말하면서, 그들의 상황을 주님의 상황과 비교합니다. 이와 같이 예수를 생각하는 것은 고난 가운데 있는 그들의 마음을 치유해 줄 최고의 향유(香油)가 될 것이었습니다. 주님을 생각하는 것은 또한 박해 가운데 있는 그들을 붙잡아 줄 최고의 버팀목이었습니다. 이러한 주제를 좀 더 상세히 살펴보도록 합시다.

박해 아래 있는 신자는 자신이 결코 이상한 일을 겪고 있는 것이 아니라는 사실을 기억할 필요가 있습니다. 그것은 또한 그에 앞서 그의 주님이 겪으셨던 일이었습니다. 제자가 그 선생보다 더 나은 것을 기대한단 말입니까? "제자가 그 선생보다, 또는 종이 그 상전보다 높지 못하나니 제자가 그 선생 같고 종이 그 상전 같으면 족하도다 집 주인을 바알세불이라 하였거든 하물며 그 집 사람들이랴"(마 10:24, 25). 만일 그들이 그리스도를 영접했다면, 그들은 우리를 영접할 것입니다. 그러나 그들은 그리스도와 그의 말씀을 배척했습니다. 그러므로 그리스도의 제자들은 자신들과 자신들이 전파하는 진리가 배척을 당할 것을 예상해야 합니다.

예수 그리스도는 우리의 주인일 뿐만 아니라 또한 하나님이시라는 사실을 기억하십시오. 인간들이 하나님을 대적하는 것은 얼마나 부당하고 불의한 일입니까? 최고의 경의로써 공경하며 경배하는 것이 합당하고 당연하지 않습니까? 그러나 그는 죄인들이 자기에게 거역한 일을 최고의 인내로써 참으셨습니다. 그의 권능의 말 한 마디는 그들 모두를 충분히 징벌할 수 있었습니다. 그러나 털 깎는 자 앞에 있는 어린 양처럼 그는 잠잠하셨습니다. 그의 불꽃 같은 눈은 그들의 영혼을 충분히 사를 수 있었습니다. 그러나 그렇게 하는 대신 그의 눈으로부터 눈물방울들이 떨어졌습니다. 여러분은 단지 사람에 불과합니다. 그렇다면 사람들이 여러분을 조롱한들 그것이 도대체 무엇이란 말입니까? 사랑하는 아들 안에서 하나님 자신이 죄인들의 거역한 일을 참으셨다면, 하물며 여러분이 예수를 위해 조롱을 당한다고 하여 그것을 이상하게 여기며 심지어 불평까지 하는 것이 도대체 어떻게 합당하단 말입니까? 도대체 여러분이 무엇이기에 말입니까?

더욱이 우리 주님이 완전히 무죄하셨던 사실을 기억하십시오. 어느 누구에게도 아무런 해를 끼치지 않은 자가 대적을 당한 것은 참으로 부당한 일이었습니다. "내가 아버지로 말미암아 여러 가지 선한 일로 너희에게 보였거늘 그 중에 어떤 일로 나를 돌로 치려 하느냐"(요 10:32). 그는 애절한 목소리로 마치 이렇게 말씀하시는 것 같습니다. "나는 너희의 병을 고쳐 주었으며, 너희의 주린 배를 채워 주었으며, 너희의 죽은 자를 살려 주었도다. 그런데 너희가 나를 이렇게 보답한단 말이냐? 너희의 감사의 표시가 고작 돌을 던지는 것이란 말이냐?" 그들은 그를 술을 즐기는 자라고 불렀지만, 그러나 우리가 아는 대로 그는 결코 술을 즐기는 자가 아니었습니다. 그들은 그가 마귀에 들렸다고 말했지만, 그러나 그는 만군의 주 즉 모든 천사들의 주인이셨습니다. 그들은 그를 반역죄로 고소했지만, 그러나 그는 만왕의 왕이요 만주의 주이셨습니다. 형제들이여, 우리 안에는 얼마나 악한 것들이 많습니까? 그러므로 사람들이 우리를 악하게 말할 때, 우리는 스스로에게 이렇게 말할 수 있습니다. "만일 그들이 나를 좀 더 잘 알았더라면, 내 안에 있는 또 다른 측면의 악을 발견할 수 있었을 텐데." 여러분은 무죄하지 않습니다. 종종 여러분은 사람들의 비난을 받기에 합당한 잘못을 저지르곤 합니다. 그렇다면 생각해 보십시오. 만일 무죄한 자가 모든 것을 참으셨다면, 무죄하지 않은 여러분이 참는 것이야 얼마나 마땅한 일이겠습니까? 무죄한 자가 참으셨는데, 무죄하지 않은 여러분이 참지 못한단 말입니까? 여러분은 그를 위해 기꺼이 박해를 받아야만 하지 않겠습니까?

또 우리 주님의 사명을 생각해 보십시오. 그는 사람들을 구원하기 위한 목적으로 세상에 오셨습니다. 그에게는 악한 동기(動機)가 전혀 없었습니다. 뿐만 아니라 그에게는 두 번째 목적조차도 없었습니다. 잃은 영혼을 구원함으로써 하나님의 영광을 나타내는 것이 그의 목적의 전부였습니다. 그러나 그 모든 것에도 불구하고 죄인들은 그에 대해 격노하며 전력으로 그를 대적했습니다. 여러분이 그들에게 줄 수 있는 것을 생각해 보십시오. 주께서 그들에게 주신 풍성한 것들과 비교할 때, 여러분이 그들에게 줄 수 있는 것은 얼마나 빈약합니까? 여러분이 그들에게 구주에 대해 말하는 것은 사실이지만, 그러나 여러분은 그들을 구원할 수 없습니다. 여러분은 그들에게 복된 소식을 가져다줄 수 있을 뿐입니다. 여러분은 단지 좋은 소식을 전하는 자일 뿐입니다. 만일 그들이 그들의 구원을 위해 자신의 피를 주신 그를 박해했다면, 단지 그가 행한 일을 말해 줄 수 있을 뿐인 여러분이 그가 당한 박해의 일부를 받는 것이 도대체 무슨 대단한 일이 되겠습니까? 사랑하는 친구들이여, 우리는 그가 받은 증오와 핍박이 얼마나 가혹하고 쓰라린 것이었는지 기억합니다. 그들은 그를 비방하는 것으로 만족하지 않았습니다. 그들은 그를 끝까지 쫓아가 죽여야만 했습니다. 그의 마음은 수욕(羞辱)으로 깨어졌으며, 슬픔과 고뇌로 짓눌렸습니다. 이와 같이 그들은 그의 영혼을 괴롭혔으며, 그의 잔은 정신적인 괴로움과 육체적인 괴로움의 쓸개즙으로 혼합되었습니다. 그들은 그를 십자가에 못 박았으며, 죽어가는 그를 희롱하며 경멸했습니다. 여러분은 아직 죄와 더불어 피 흘리기까지 싸우지 않았습니다. 그가 참은 것과 비교할 때, 여러분이 참은 것은 얼마나 보잘것없습니까? 어떤 시인이 무너진 로마제국의 폐허 위에 서서 제국의 영광을 회상하며 "제국의 슬픔과 비교할 때 나의 슬픔은 얼마나 대수롭지 않은 것인가?"라고 말했던 것처럼, 우리 역시도 "영원한 하나님의 아들의 무한한 고통과 비교할 때 우리의 고통은 얼마나 작고 사소한 것인가?"라고 말할 수 있지 않습니까? 그의 고난이야말로 진정한 고난이었습니다. "너희가 피곤하여 낙심하지 않기 위하여 죄인들이 이같이 자기에게 거역한 일을 참으신 이를 생각하라."

사랑하는 자들이여, 이 모든 고난에도 불구하고 우리 주님은 조금도 흔들리지 않았던 사실을 기억하십시오. 그는 외식과 거짓에 대해서는 강하게 질책하셨습니다. 그는 서기관과 바리새인들에 대해서는 준엄하게 꾸짖으셨습니다. 그러나 자신에 대한 모든 비방과 대적에 대해서는 개인적인 분노를 조금도 나타내지 않았습니다. 그는 자신을 공격하는 자들에 대해 분개하며 비난하지 않았습니다. 그렇게 할 만한 충분한 이유가 있었음에도 불구하고 말입니다. 우리 주님의 영혼의 평온함은 개인적인 적의(敵意)와 분개로 깨어지지 않았습니다. 뿐만 아니라 그는 자신의 원수들에게 아주 작은 분량만큼이라도 복수하기 위해 움직이지 않았습니다. 심지어 자신의 손과 발에 못을 박는 사람들에 대하여조차도 그는 복수하려고 하지 않고 도리어 위하여 기도하셨습니다. "아버지 저들을 사하여 주옵소서 자기들이 하는 것을 알지 못함이니이다"(눅 23:34). 그들에 대해 아무런 복수심도 갖지 않았기 때문에, 그들의 모든 악행은 그에게 아무런 영향도 끼칠 수 없었습니다. 그는 자신에게 주어진 길을 계속해서 갔습니다. 사람들에 의해 훼방을 당하든 당하지 않든 마찬가지였습니다. 하늘의 태양을 보십시오. 자신을 가리는 구름이 있든 구름 한 점 없는 청명한 하늘이든, 태양은 계속해서 자신의 길을 갑니다. 그와 같이 예수 그리스도는 하늘을 향한 자신의 길을 계속해서 갔습니다. 자신의 길을 마칠 때까지 조금도 멈추지 않고 말입니다. 이것을 생각할 때, 우리는 얼마나 굳건해집니까? 이와 같이 예수를 생각합시다. 그의 고난과 그의 인내와 그의 용서와 그의 오래 참으심을 생각합시다. 그가 악을 이기고 승리한 것을 생각합시다. 그것은 죄에 대한 의의 완전한 승리가 아닙니까? 만일 그가 요동하며 흔들렸다면, 그는 패배했을 것입니다. 만일 그가 분노를 폭발시켰다면, 그는 무너졌을 것입니다. 만일 그가 자신의 나아가는 길을 멈추었다면, 그는 승리하지 못했을 것입니다. 그러나 그는 견디고, 견디고, 또 견뎠습니다. 그는 참고, 참고, 또 참았습니다. 마치 계속되는 망치질에도 끝까지 견디는 모루처럼 말입니다. 그는 인내로써 그 모든 망치질을 받으셨습니다. 형제들이여, 이것을 생각하십시오. 그리고 여러분도 주님처럼 인내로써 견디십시오. 예수를 생각하십시오. 그리고 주님처럼 여러분에게 주어진 거룩한 길을 계속해서 달려가십시오. 그를 생각하십시오. 그리고 악을 이기고 승리할 것을 기대하며 바라보십시오. 그리스도께서 여러분 안에서 또다시 죄를 이기고 승리하실 것이며, 또다시 여러분 안에서 면류관을 쓰실 것입니다. 그의 십자가는 승리의 상징이 될 것입니다.

여기에서 나는 본문을 있는 그대로의 관점으로가 아니라 그것으로부터 쏟아져 나오는 빛의 관점으로 취하고 있음을 고백합니다. 지금 나는 여러분에게 본문에 근거하여 말하여질 수 있는 것을 제시하고 있습니다. 지금 내가 여러분에게 말하고자 하는 것은 이것입니다. 만일 그리스도를 생각하는 것이 박해 가운데 있는 자들로 하여금 피곤과 낙심에 떨어지지 않도록 만들어 주는 가장 효과적인 약이라면, 그것은 또한 여러 가지 종류의 영적 고통 속에 빠져 있는 모든 자들에게도 똑같은 효과를 가진 약이 될 것이란 사실입니다. 나는 그리스도를 생각하는 것이 모든 경우에 동일한 효력을 갖는다는 사실을 발견했습니다. 오늘 아침 나는 우리의 돌봄을 가장 많이 필요로 하는 영혼들, 다시 말해서 예수를 찾고 구원을 갈망하기는 하지만 그러나 여러 가지 의심과 낙망 가운데 빠져 있는 사람들에게 말하고자 합니다. 나는 그들에게 "**그를 생각하라**"고 말할 것입니다. 사랑하는 자들이여, 만일 내가 하나님의 영으로 가련한 영혼들로 하여금 예수를 생각하도록 이끌 수 있다면, 나는 또한 그러한 영혼들에게 자유를 주게 될 것입니다. 나는 오늘의 주제가 그들이 갇혀 있는 감옥의 옥문을 여는 것이 될 것이라고 믿습니다. 나는 오늘 아침 하나님이 여러분 앞에 아무도 닫을 수 없는 열린 문을 놓으셨음을 느낍니다. 하나님이 오늘의 설교를 사용하셔서 이 시간 여러분을 그 열린 문으로 인도하시기를 기원합니다. 그럼으로써 이 시간 많은 사람들이 그리스도를 발견하고 영원한 구원을 받기를 기원합니다. 나는 그 약 즉 "예수를 생각하는" 것 안에 큰 능력이 담겨 있음을 압니다. 성령 하나님이 역사하시기만 한다면 말입니다.

나는 이 시간 구원을 찾는 죄인들에게 간절한 마음으로 말할 것입니다. 구원을 찾는 죄인들이여, 살아 계신 하나님의 이름으로 간절히 당부하니 하나님의 아들이시요 인류의 유일한 구주이신 그리스도 예수를 생각하십시오.

무엇보다도 여러분 자신의 죄를 생각하기 위해서 예수를 생각하십시오. 여러분은 하나님의 은혜로 자신이 하나님에 대하여 죄를 지었음을 알게 되었습니다. 불과 얼마 전까지만 해도 여러분에게 죄는 대수롭지 않은 것으로 보였습니다. 그러나 지금 여러분은 죄가 두렵고 치명적인 것임을 압니다. 지금 여러분의 영은 여러분의 죄가 하나님의 진노를 받기에 합당하다는 생각으로 짓눌려 있습니다. 죄는 형벌을 받아야만 합니다. 만일 하나님이 여러분의 죄를 그냥 사해 주신다면, 하나님은 공의의 주권자가 되지 못하실 것입니다. 하나님은 여러분의 죄와 허물에 대해 보응하셔야만 합니다. 나는 여러분이 자신의 죄를 생각하고 또한 그러한 죄의 가중함을 인식하게 된 것에 대해 기쁘게 생각합니다. 그러나 가련한 영혼들이여, 다시 한 번 여러분의 손을 잡고 간절히 당부하노니 그를 생각하십시오. 우리의 구주이신 그리스도 예수를 생각하십시오. 왜냐하면 그를 생각할 때, 여러분은 하나님이 의로우사 자기 백성들의 모든 죄를 주 예수 그리스도 위에 놓으셨음을 깨닫게 될 것이기 때문입니다. 하나님이 아무 근거 없이 죄를 씻어 버리는 것은 불가능합니다. 그러나 하나님은 자신의 독생자의 인격 안에서 대속물을 취하시기를 기뻐하셨습니다. 하나님의 독생자는 적법하게 대속물이 될 수 있었습니다. 왜냐하면 그는 자기 백성들의 머리로서, 그들의 죄와 타락을 짊어질 수 있었기 때문입니다. 사랑하는 죄인들이여, 이제 하나님은 여러분은 형벌할 필요가 없게 되었습니다. 왜냐하면 모든 믿는 자들을 대신하여 예수 그리스도를 형벌하셨기 때문입니다. 하나님은 여러분을 채찍으로 때릴 필요가 없게 되었습니다. 왜냐하면 여러분에게 합당한 채찍이 그리스도의 등 위에 떨어졌기 때문입니다. 만일 여러분이 예수를 믿는다면, 여러분의 모든 죄는 하나로 합쳐져 죄를 위한 위대한 속죄양이신 예수 그리스도의 어깨 위에 올려집니다. 이러한 사실은 여러분의 마음으로부터 모든 고통과 괴로움을 제거하지 않습니까? 만일 여러분이 여러분의 죄를 생각한다면, 또한 예수 그리스도의 다섯 곳의 상처와 그의 피로 얼룩진 땀을 생각하십시오. 그리고 하나님이시며 동시에 사람이신 흠 없는 그리스도를 생각하십시오. 만일 예수께서 여러분을 대신하여 죽으셨다면, 훼손되었던 하나님의 공의와 존귀는 충분하게 보상된 것이며, 그럼으로써 그는 경건하지 않은 자들을 의롭다 하실 수 있게 되었습니다.

그렇지만 여러분은 마음속으로 이렇게 생각할는지 모릅니다. '죄로 인해 나는 비참한 자리에 떨어졌어. 왜냐하면 나는 하나님의 진노를 받기에 합당한 가증한 죄인이기 때문이야. 정결하신 하나님이 도대체 어떻게 나로 하여금 그의 임재 안에 거하도록 허락하실 수 있겠어? 죄로 더러워진 내가 도대체 어떻게 하나님 앞에 받아들여질 것을 바랄 수 있겠어?' 가련한 영혼이여, 내 말에 귀를 기울이십시오. 당신은 죄인입니다. 그러나 "그를 생각하십시오." 예수 그리스도가 누구인지 스스로에게 물어보십시오. 그는 결코 죄인과는 떨어질 수 없는 자입니다. 그의 이름이 "자기 백성을 저희 죄에서 구원할 자"인 "예수"가 아닙니까? 만일 죄인이 없다면, 그의 이름이 도대체 무슨 의미가 있겠습니까? 그것은 아무 의미 없는 공허한 소리에 불과한 것이 될 것입니다. 만일 구원받아야 할 잃은 자들이 없다면, 그가 누구를 또 어떻게 구원할 수 있단 말입니까? 그렇다면, 구주라는 그의 칭호는 공허한 허명(虛名)에 불과한 것이 될 것입니다. 만일 예수가 죄인들과 아무 관계도 없다면 그가 하늘로부터 온 것이 도대체 무슨 의미가 있는 것인지 생각해 보십시오. "미쁘다 모든 사람이 받을 만한 이 말이여 그리스도 예수께서 죄인을 구원하시려고 세상에 임하셨다 하였도다"(딤전 1:15). 만일 그가 죄인들을 찾아 구원하지 않는다면, 그는 쓸데없이 온 것이 됩니다. 만일 당신이 예수를 바라볼 권리를 갖지 못한다면, 도대체 그가 세상에 온 목적이 무엇이란 말입니까? 만일 당신이 스스로 죄 없다 하면, 예수는 당신과 아무 상관도 없을 것이며 당신은 구주 없이 망할 것입니다. 그러나 만일 당신이 죄인이라면, 당신은 예수께서 구원하기 위해 오신 자들 가운데 한 사람이 될 것입니다. 그리고 자신이 죄인임을 아는 사실이 당신에게 위로를 줄 것입니다.

또 그리스도가 어떤 분인지 생각해 보십시오. 그는 제사장이 아닙니까? 제사장의 역할이 무엇입니까? 백성들의 죄를 위해 속죄제물을 드리는 것이 아닙니까? 우리 주님은 '죄를 위한 희생제물'로 묘사되지 않습니까? 그러나 만일 제거해야 할 죄가 없다면, 도대체 무슨 목적으로 희생제물이 있어야만 한단 말입니까? 예수는 우리의 대언자입니다. 사도 요한이 무엇이라고 말합니까? "만일 누가 죄를 범하여도 아버지 앞에서 우리에게 대언자가 있으니 곧 의로우신 예수 그리스도시라"(요일 2:1). 범죄한 자에게 대언자가 필요하지 않다면 도대체 누구에게 필요하단 말입니까? 예수는 또한 중보자입니다. 만일 어떤 사람이 죄가 없다면, 무엇 때문에 그를 위해 중보할 자가 필요하단 말입니까? 그는 자기 백성들의 죄를 위해 중보하십니다. 구제의연금을 내는 자가 있기 전에 먼저 가난한 자가 있어야 하지 않습니까? 위로자가 있기 전에 먼저 슬퍼하는 자가 있어야 하지 않습니까? 마찬가지로 구주가 있기 전에 먼저 죄인이 있어야만 합니다. 당신 안에서 그의 거룩한 직무를 수행하기 위해서, 그는 당신의 죄인됨(sinship)을 필요로 합니다. 건강한 사람들 가운데 있는 의사를 생각해 보십시오. 그들 가운데 그가 도대체 무슨 일을 할 수 있단 말입니까? 의사에게 여기에 병든 사람이 하나도 없다고 말해 보십시오. 그는 다음 기차로 그 도시를 떠날 것입니다. 죄인이 없다면 속죄제물이 무슨 필요가 있겠습니까? 그러므로 예수를 생각할 때, 설령 죄의식은 사라지지 않는다 하더라도 죄로 인한 절망감은 사라질 것입니다.

어떤 사람이 말합니다. "그렇지만 나의 죄를 생각할 때 나는 참담한 마음을 떨칠 수가 없습니다. 목사님, 나의 죄는 너무도 크고 중합니다. 나는 차마 부끄러워 말할 수 없는 주홍 같은 죄를 지었습니다. 나는 그러한 죄로 스스로를 더럽혔으며, 그것을 나의 기억으로부터 지울 수가 없습니다." 그렇습니까? 그렇다면 내가 한 가지 처방을 내리겠습니다. "그를 생각하십시오." 예수 그리스도는 어떤 종류의 구주입니까? 그는 작은 구주입니까, 아니면 큰 구주입니까? 그는 하나님의 아들이 아닙니까? 그리고 하나님 자신이 아닙니까? 제한된 죄를 위한 속죄제물을 위해서라면 굳이 신적 존재가 오실 필요가 무엇이겠습니까? 무한한 죄를 위한 속죄제물이 필요했기 때문에 성육신하신 신적 존재가 오셔야만 했습니다. 만일 당신이 "나의 죄는 아주 작은 것일 뿐이에요"라고 말한다면, 그리스도는 당신과 상관이 없을 것입니다. 그가 의사로서 하늘로부터 오신 것은 고작 바늘에 찔린 상처를 치료하기 위함이 아니었습니다. 그것은 그냥 내버려 두어도 시간이 지나면 저절로 낫는 사소한 상처가 아닙니까? 그는 살이 썩어 들어가는 불치병을 치유하기를 기뻐하는 의사입니다. 큰 죄인이여, 당신이야말로 그리스도가 치유하기를 기뻐하는 부류의 사람입니다. 왜냐하면 그는 당신 안에서 자신의 능력과 긍휼과 은혜와 주권을 나타낸 것이기 때문입니다. 당신 같은 사람 안에서 그의 무한한 긍휼이 나타날 여지가 있습니다. 그러므로 그를 찾는 가운데 낙망하거나 절망하지 마십시오. 그렇게 하는 대신 당신을 능히 구원할 수 있는 자에게 담대히 나아오십시오.

다른 사람이 말합니다. "그렇지만 나의 죄는 매우 특이합니다. 나의 경우는 다른 사람들의 경우와 다릅니다. 나는 다른 사람도 내가 범한 것과 같은 죄를 범할 수 있다고는 결코 생각할 수 없습니다." 그렇군요. 당신은 정말로 특이한 죄인입니다. 그렇지만 "그를 생각하십시오." 왜냐하면 그는 특이한 구주이기 때문입니다. 예수와 같은 자가 세상에 또 있었습니까? 당신은 극악한 죄인입니다. 그러나 그의 이름은 "기묘자"입니다. 당신이 너무도 극악한 죄인이어서 당신이 구원받을 때 다음과 같은 상황이 펼쳐진다고 상상해 보십시오. 당신이 천국에 들어갈 때 천사들이 당신을 보기 위해 운집(雲集)하여 당신을 가리키며 "세상에, 저 괴물 같은 죄인이 구원받아 천국에 들어오다니"라고 말하는 그런 상황 말입니다. 그러면 어떻게 됩니까? 그렇다면, 당신은 그리스도께 더 많은 영광을 돌리게 될 것입니다. 당신 같은 극악한 죄인을 구원하신 그리스도의 긍휼과 사랑은 얼마나 큰 것입니까? 당신의 죄가 아무리 크다 하더라도, 그리스도는 당신을 구원할 수 있습니다. 왜냐하면 당신의 죄보다 그리스도의 긍휼이 더 크기 때문입니다. 설령 마귀의 성품을 가장 많이 닮고 지옥문에 최대한 가까이 다가간 자들이라 하더라도, 예수 그리스도는 자기를 힘입어 하나님께 나아오는 자들을 완전히 구원할 수 있습니다. 그는 구주입니다. 그는 큰 구주입니다. 당신은 자신이 특이한 죄인이라고 생각합니다. 당신은 자신의 경우가 다른 사람들의 경우와 다르다고 생각합니다. 그렇다면 나는 예수에 대해서도 똑같이 말할 것입니다. 세상에 그와 같은 자는 아무도 없습니다. 그는 특이한 자이며, 홀로 서며, 스스로 섭니다. 어떻습니까? '당신과 같은 죄인'과 '예수와 같은 구주'가 서로 잘 어울리지 않습니까? 당신의 모든 두려움을 날려 버리십시오. 그리고 오직 그를 신뢰하십시오.

이와 같이 구주를 찾는 영혼에게 "그를 생각하라"는 조언은 참으로 유용한 교훈입니다. 나는 많은 사람들이 "하나님의 크심"의 의식(意識)에 처참하게 짓눌려 있음을 잘 압니다. 여러분은 지금까지 여러분을 창조하시고 필요한 것들을 공급해 주신 하나님에 대해 무관심한 채 살았습니다. 그러나 지금 여러분은 하나님이 계시다는 사실과 여러분이 그분을 대수롭지 않게 여기며 올바로 대하지 않았다는 사실을 깨달았습니다. 그리고 여러분은 그러한 사실을 깨달으면서 큰 충격을 받았습니다. 왜냐하면 지금 여러분에게 "하나님의 크심"의 의식이 생겼기 때문입니다. 여러분은 하나님이 여러분을 형벌하실 것을 두려워합니다. 여러분은 하나님의 공의를 압니다. 여러분은 자신이 그의 거룩한 율법을 침해한 것에 대해 하나님이 응징하셔야만 한다는 사실을 알게 되었습니다. 그러므로 여러분의 귀에 다음과 같은 두려운 음성이 매일같이 맴돕니다. "내가 그의 임재로부터 어디로 가며, 내가 어떻게 그의 보응을 피할 것인가?" 여러분은 하나님에 의해 둘러싸여 있습니다. 여러분은 그 안에서 살며, 움직이며, 자신의 존재를 갖습니다. 그런데 이렇게 모든 곳에 계시는 하나님이 바로 여러분의 적입니다. 왜냐하면 여러분이 그분을 적으로 만들었기 때문입니다. 여러분 자신의 불신앙적이며 반역적인 행동으로 말입니다.

이 모든 것을 치료하는 약으로서 나는 여러분에게 "그를 생각하라"는 처방을 내립니다. 예수 그리스도를 생각하십시오. 여러분은 하나님이 죄를 미워하시기 때문에 그를 두려워합니다. 여러분의 두려움은 사실 위에 근거합니다. 하나님은 죄를 무한히 미워하십니다. 만일 우주 전체에 단지 한 알갱이의 죄만이 있을 뿐이라 하더라도, 하나님은 그것을 불태워 재로 만들 것입니다. 왜냐하면 그의 보시기에 죄는 그토록 가증한 것이기 때문입니다. 그러나 이제 그리스도 예수를 생각하십시오. 죄가 그 위에 놓여졌습니다. 만일 여러분이 지금 예수 앞에 나와 그를 믿는다면, 여러분은 자신의 죄와 그에 대한 하나님의 진노가 그리스도 위에 놓여졌다는 사실을 확신하게 될 것입니다. 여호와의 진노의 잔이 목자의 머리 위에 부어졌습니다. 하나님은 죄를 미워하십니다. 그러나 그는 여러분을 미워하지 않을 것입니다. 왜냐하면 만일 여러분이 예수를 믿는다면 여러분에게는 아무런 죄도 없기 때문입니다. 여러분의 모든 죄가 그리스도에게 전가되었기 때문에 말입니다. 여러분은 정결하게 되었습니다.

어떤 사람이 말합니다. "아, 그는 너무도 거룩하신 하나님인데, 어떻게 내가 그분께 다가갈 수 있단 말입니까?" 내가 당신에게 하늘로부터 내려온 가장 복된 비밀을 알려 주겠습니다. 그것은 이것입니다. 당신은 믿음으로 주 예수 그리스도의 완전한 의를 옷 입을 수 있습니다. 그리고 당신이 그렇게 했을 때, 당신은 하나님 보시기에 그리스도께서 거룩하신 것처럼 그렇게 거룩할 것입니다. 예수 그리스도는 율법을 지키지 않았습니까? 그가 그렇게 해야 할 필요가 어디에 있었습니까? 그는 자기 아버지에게 종이 될 필요가 없었습니다. 그는 충분한 의를 가지고 계시며, 그것을 우리에게 주십니다. 우리에게 "지혜와 의로움과 거룩함과 구원함"이 되시기 위해서 말입니다(고전 1:30). 어떤 사람이 믿음으로 그리스도의 의를 옷 입을 때, 심지어 모든 것을 보시는 하나님조차도 그 의 안에서 흠을 보실 수 없습니다. 아담은 에덴 동산에서 완전한 의를 가지고 있었습니다. 그러나 그 때 그것은 단지 인간의 의에 불과했습니다. 그러나 여러분과 내가 예수를 믿을 때, 우리는 신적인 완전한 의 곧 영원하신 하나님의 아들 자신의 의를 갖습니다. 그리고 우리는 마치 우리가 완전하게 무죄한 것처럼 하나님께 나아갈 수 있으며, 그분과 친밀한 교제를 나눌 수 있습니다.

또 어떤 사람이 말합니다. "아, 당신의 말은 정말로 나에게 큰 위로가 됩니다. 그러나 여전히 나에게는 두려움이 남아 있습니다. 왜냐하면 하나님은 무한히 크시니까요." 그것은 사실입니다. 그것은 틀림없는 사실입니다. 그렇기 때문에 나는 당신에게 "그를 바라보"고 간곡히 당부합니다. 지금 당신이 대해야 하는 하나님은 시내 산의 빽빽한 구름 가운데 나타난 하나님이 아니라는 사실을 기억하십시오. 당신은 그리스도 예수 안에서 하나님을 대해야 합니다. 그러므로

"그를 생각하십시오." 자, 잠시 생각해 보십시오. 예수는 강한 하나님입니다. 그것은 사실입니다. 당신은 그가 바다 위를 걷고 있는 것을 보지 못합니까? 그런데 어째서 그는 파도 위를 걷는 놀라운 걸음을 멈춥니까? 그것은 손을 내밀어 "주여 나를 구원하소서 내가 죽게 되었나이다"라고 부르짖는 베드로를 구원하기 위함입니다. 하나님의 능력은 당신에 대해서도 똑같이 행해질 것입니다. 당신이 멸망을 당해 죽게 될 때, 전능하신 하나님은 자신의 손을 내밀어 당신을 불의 바다로부터 건져내 당신의 영혼을 영원한 멸망으로부터 구원할 것입니다.

　잠시 동안 강한 하나님으로서 예수 그리스도가 자신의 능력을 어떻게 사용하는지 생각해 보십시오. 그는 병들어 죽어가는 무리를 보면서 그들의 마지막 생명의 불꽃을 밟아 끕니까? 그렇지 않습니다. 그는 꺼져가는 생명의 불꽃을 되살리며, 소경의 눈을 뜨게 하며, 귀머거리의 귀를 열어 줍니다. 그는 죽은 자에게 자신의 손을 얹으며, 그들은 일어납니다. 그렇습니다. 그는 당신에 대하여도 그렇게 할 것입니다. 강한 하나님으로 인해 감사하십시오. 왜냐하면 전능하신 하나님은 오직 그리스도 예수 안에서 당신의 고통을 치료하기 위해 오실 것이기 때문입니다. 그가 떡과 물고기를 취하여 떼는 것을 보십시오. 그것들이 떼어질 때, 그것들은 엄청난 양으로 증가되었습니다. 수천 명이 배불리 먹고 남을 정도로 말입니다. 그는 당신의 영혼을 하늘의 떡으로 배부르게 먹일 것입니다. 그는 당신을 크게(greatly) 축복하시고 또 당신의 큰(great) 필요들을 채움으로써 자신의 크심(greatness)을 나타낼 것입니다. 만일 당신이 예수를 생각한다면, 당신은 그것을 보게 될 것입니다.

> "사람의 육체로 오신 하나님을 볼 때까지
> 나는 아무런 위로도 발견하지 못했도다.
> 거룩함과 공의로움과 신성함은
> 나에게 있어 두려움이었도다.
> 그러나 임마누엘의 얼굴이 나타날 때
> 나의 소망과 기쁨은 시작되도다.
> 그의 이름은 나의 어리석은 두려움을 제거하고
> 그의 은혜는 나의 죄를 용서하도다."

지금까지 나는 여러분에게 "예수를 생각하라"는 처방을 내렸습니다. 그러나 조금 성가시더라도 나는 이 이야기를 좀 더 해야만 합니다. 본래 의사는 항상 성가신 법입니다. 그가 치료해야 할 환자들이 많을 때 말입니다.

여러분 가운데 어떤 사람들은 이렇게 말할는지 모릅니다. "당신은 아직까지 나의 문제를 건드리지 못했습니다. 물론 나에게는 죄에 대한 문제와 하나님에 대한 문제가 있습니다. 그렇지만 나의 가장 큰 문제는 이것입니다. 만일 내가 믿으면 나의 죄가 사해질 것이라는 것을 나는 압니다. 그러나 나는 불신앙과 마음의 완고함으로 어찌할 바를 모르고 있습니다. 그것이 나의 회개를 가로막고 있습니다." 아, 가련한 영혼이여! 간절한 마음으로 당신에게 말합니다. "그를 생각하십시오."

당신은 말합니다. "나는 아주 작은 믿음만을 갖고 있을 뿐이거나 아니면 전혀 믿음을 갖고 있지 않습니다." 그렇다면 "그를 생각하십시오." 예수께서 어떤 영혼을 치료하기 전에 먼저 큰 믿음을 조건으로 내세운 적이 있습니까? 그는 육체로 계실 때 연약한 가운데 두려워 떠는 작은 믿음을 받으셨습니다. 가련한 나병환자는 "주여 원하시면 저를 깨끗하게 하실 수 있나이다"라고 말합니다(마 8:2). 그렇다면 여러분도 고침을 받을 수 있습니다. 그렇지 않습니까? 그에 대한 예수 그리스도의 대답이 무엇이었습니까? "내가 원하노니 깨끗함을 받으라"(3절)가 아니었습니까? 또 혈루증으로 고통 받던 여인을 생각해 보십시오. 그녀는 주님 앞에 나타나기를 두려워하여 뒤에서 살그머니 그의 겉옷 가를 만졌습니다. "열두 해 동안이나 혈루증으로 앓는 여자가 예수의 뒤로 와서 그 겉옷 가를 만지니 이는 제 마음에 그 겉옷만 만져도 구원을 받겠다 함이라"(마 9:20, 21). 그에 대해 예수께서 어떻게 하셨습니까? 그녀를 꾸짖었습니까? 그렇게 하지 않지 않았습니까? 도리어 "딸아 안심하라 네 믿음이 너를 구원하였다"(22절)라고 말씀하시지 않았습니까? 이와 같이 예수 그리스도는 작은 믿음을 기뻐하십니다. 그러므로 두려움 가운데 낙망하는 자여, "예수를 생각하십시오." 두려워 떠는 자를 따뜻한 마음으로 바라보는 그의 긍휼과 사랑을 생각하십시오. 그러면 당신의 모든 두려움은 사라질 것입니다.

그러나 당신은 말합니다. "아, 내가 전혀 믿음을 가지고 있지 않은 자일까봐 두렵습니다." 그렇다면 사랑하는 자여, "그를 생각하십시오." 당신의 믿음의 대상이 됨에 있어, 그가 얼마나 충분한 자격을 가지고 있는지 생각해 보십시오. 도대체 그가 당신이 의심할 만한 무슨 일을 행했단 말입니까? 그런 것이 있다면 내게 말해 주십시오. 그는 만일 당신이 그를 믿는다면 그가 당신을 구원할 것이라고 말합니다. 그의 약속 가운데 지켜지지 않은 약속이 단 하나라도 있습니까? 그런 것이 있다면 내게 말해 주십시오. 당신과 세상 전체에게 도전합니다. 그의 입술로부터 나온 말들 가운데 실제로 이루어지지 않은 것이 단 하나라도 있으면 말해 보십시오. 우리 구주는 진리 그 자체입니다. 우리는 그를 믿을 수 있습니다. 만일 우리가 그를 믿지 않는다면, 그것은 우리가 그를 생각하지 않았기 때문입니다. 그를 바라볼 때, 나는 그의 품 안에 안식함을 느낍니다. "땅의 거대한 기둥들을 지탱하는" 자를 믿을 수 없다고요? 나는 그를 믿을 수밖에 없습니다. 하나님의 아들이면서 동시에 사람의 아들이여, 나는 당신의 힘과 부드러움을 동시에 보나이다. 그리고 나는 당신을 의지할 수밖에 없나이다. 예수 그리스도를 믿을 수 없다고 느끼는 자에게 간곡한 마음으로 당부합니다. 그를 생각하십시오. 겟세마네 동산의 그를 생각하십시오. 십자가 위의 그를 생각하십시오. 그의 죽음으로 족하지 않습니까? 죽은 자 가운데 다시 살아나 우리를 위해 대언하고 계시는 자를 생각하십시오.

> "전심으로 그에게 나아갈지어다.
> 그 외에 다른 것은 의지하지 말지어다.
> 오직 우리의 구주만이
> 소망 없는 죄인들에게 선을 베푸시도다."

당신은 계속해서 말합니다. "그렇지만 여전히 나는 불신앙의 문제로 괴로움을 당하고 있습니다." 그렇다면 그가 믿음과 회개의 선물을 주기 위해 높이 승귀(昇貴)되신 사실을 기억하십시오. 심지어 그가 이 땅에 계실 때조차도 제자들은 그에게 이렇게 간구했습니다. "주여, 우리의 믿음을 더하여 주소서." 그러므로 당신 역시도 그에게 믿음을 달라고 기도할 수 있습니다. 완고한 마음 때문에 애통하는 자여, 당신은 주님께 이렇게 기도할 수 있습니다. "주여, 당신은 이스라엘에게 회개를 주기 위해 높이 승귀되셨나이다. 나에게도 회개를 주소서." 예수 그리스도는 당신의 마음을 만질 수 있습니다. 그리고 그것을 단번에 부드럽게 만들 수 있습니다. 그의 못 박힌 손으로 하여금 당신의 돌처럼 딱딱한 마음 위에 놓여지게 하십시오. 그러면 당신의 마음은 따뜻해지고 하늘의 생명으로 가득 차게 될 것입니다. 만일 당신이 회개를 찾기 위해 스스로를 바라본다면, 당신은 그릇된 것을 바라보는 것입니다. 그러나 만일 당신이 그를 바라본다면, 당신은 스가랴 선지자의 예언처럼 될 것입니다. "그들이 그 찌른 바 그를 바라보고 그를 위하여 애통하기를 독자를 위하여 애통하듯 하며 그를 위하여 통곡하기를 장자를 위하여 통곡하듯 하리로다"(슥 12:10). 그리스도를 바라보는 것은 회개를 낳습니다. 예수는 베드로를 바라보셨습니다. 그 때까지 베드로의 눈은 말라 있었지만 그러나 자신을 바라보는 시선을 보았을 때 그의 마음은 녹아 버리고 말았습니다. 그 시선은 마치 강력한 광선이 꿰뚫고 지나가는 것처럼 그의 마음을 꿰뚫고 지나갔습니다. 그 순간 그의 마음의 빙산은 깨어졌으며 그의 영혼은 녹아 버렸습니다. 예수를 바라보십시오. 그러면 당신의 돌 같은 마음조차도 녹아 버리고 말 것입니다. "그를 생각하십시오." 그러면 당신의 문제가 해결될 것입니다. 당신은 믿을 수도 없고 회개할 수도 없습니다. 그러나 그는 당신에게 둘 모두를 줄 수 있습니다. 만일 당신이 스스로 믿으려고 하고 스스로 회개하려고 한다면, 당신은 종종 오류를 일으키기도 하고 예전보다 더 불신앙적이며 더 회개할 수 없게 되기도 할 것입니다. 그러나 만일 당신이 그 모든 은혜를 위하여 예수께 간다면, 그는 당신에게 모든 것을 주실 것입니다. 그는 당신에게 그것들을 값없이 주실 것입니다. 만일 당신이 그를 처음부터 끝까지 그리고 머리부터 발끝까지 구주로 받아들인다면, 그리고 소망 없는 죄인으로 스스로를 그에게 온전히 의탁한다면, 당신은 그가 당신을 온전하게 하는 것을 발견하게 될 것입니다. 이와 같이 당신은 그를 생각할 때 그 모든 괴로움들로부터 벗어나게 될 것입니다. 부디 성령께서 당신을 그와 같이 이끄시기를 기원합니다.

어쩌면 당신 자신의 무관심하며 냉담한 마음이 당신으로 하여금 의심하도록 만드는 것인지도 모릅니다. 당신은 불평하면서 이렇게 말합니다. "나는 그리스도가 나를 구원한다고 생각할 수 없어. 나는 아무것도 아니야. 나는 초라하며 보잘 것없는 존재야." 사랑하는 친구여, 예수를 생각하십시오. 그가 크고 높은 자들의 발에 입을 맞춘 적이 있습니까? 그가 왕궁에서 말씀을 전파했습니까? 그가 왕과 비빈들의 귀에 듣기 좋은 말을 전파했습니까? 당신은 그가 그렇게 하지 않았다는 것을 잘 압니다. 그는 보통사람의 의복을 걸쳤으며, 어부들을 제자로 불렀습니다. "형제들아 너희를 부르심을 보라 육체를 따라 지혜로운 자가 많지 아니하

며 능한 자가 많지 아니하며 문벌 좋은 자가 많지 아니하도다"(고전 1:26). 그는
세상의 약한 자들을 택하사 강한 자들을 부끄럽게 만드셨습니다.

어떤 사람이 말합니다. "아, 나는 가진 것도 없고 지식도 없답니다." 그렇다
면 "그를 생각하십시오." 그리고 그를 바라보십시오. 그가 하늘을 향해 손을 들고
이렇게 기도하는 것이 보이지 않습니까? "천지의 주재이신 아버지여 이것을 지
혜롭고 슬기 있는 자들에게는 숨기시고 어린 아이들에게는 나타내심을 감사하
나이다"(마 11:25). 이것이 당신의 문제를 단번에 영원히 해결하지 않습니까? 나
는 분명히 그럴 것이라고 확신합니다.

또 어떤 사람이 말합니다. "아, 그렇지만 나는 너무나 자격이 없어요." 그렇
습니다. 당신은 자격이 없습니다. 그렇지만 나에게 그리스도가 스스로를 자격
있는 자들에게 나타낸 예를 말해 주겠습니까? 그는 소경 바디매오의 눈을 뜨게
해 주었습니다. 바디매오는 어떤 사람이었습니까? 구걸하여 먹고사는, 가진 것
이라고는 가난과 궁핍 외에 아무것도 없는 사람이 아니었습니까? 그리스도가 축
복한 사람들은 어떤 사람들이었습니까? 스스로의 의를 주장할 수 없는 사람들이
아니었습니까? 은혜가 공로를 요구한 적이 있습니까? 도리어 은혜가 찾는 것은
아무 소망 없는 비참한 죄인들이 아닙니까? 만일 이 시간 은혜의 천사가 이 자리
를 배회하고 있다면, 그는 여러분 가운데 선하며 죄 없는 사람에게 임하지 않을
것입니다. 만일 여기에 깨어진 마음을 가지고 슬퍼하는 죄인이 있다면, 은혜의
천사는 바로 그에게 임할 것입니다. 나는 아무것도 아니며 그러므로 잊혀진 자
라고 말하지 마십시오. 그리스도 예수는 아무것도 아닌 자들을 사랑하십니다.
그는 세상에서 버려진 자들을 줍기를 기뻐하십니다. 그는 쓰레기와 폐물을 선택
하기를 기뻐하십니다. 솔로몬은 백향목으로 자신의 성전을 건축했지만, 그러나
우리 주님은 숲에 있는 가장 비천한 나무들로 자신의 성전을 건축합니다. 보석
세공자는 금으로 값진 물건들을 만들 수 있습니다. 그러나 예수 그리스도는 찌
끼로 다이아몬드를 만들고 흙으로 면류관을 만드십니다.

또 어떤 사람이 말합니다. "그렇지만 나는 선한 일을 행함에 있어 너무나 무
력함을 느낍니다. 내가 정말로 구원을 받았다면, 결코 그렇지는 않을 텐데요."
아! 어리석은 자여, 우리가 주로 하여금 우리를 구원하도록 도울 수 있다는 생각
은 얼마나 어리석은 생각입니까! 하나님이 천지를 창조하실 때, 당신이 그 일을
도울 수 있었습니까? 만일 하나님이 세상을 창조하실 때 당신이 그 자리에 있었

다면, 당신은 하나님을 도왔겠습니까? 하나님이 "빛이 있으라"고 말씀하셨을 때, 당신이 라이터를 들고 그 앞에 나아가 "부디 나로 하여금 작은 빛을 더하게 허락하소서"라고 말했겠습니까? 이런 생각 자체가 얼마나 하나님을 모독하는 생각입니까? 그러나 구원은 창조보다 더 큰 일입니다. 무례한 피와 살이여, 뒤로 물러나십시오. 당신은 단지 그 큰 일을 방해할 수 있을 뿐입니다. 하나님은 당신의 도움을 필요로 하지 않습니다. 스스로를 낮추십시오. 그러면 그가 당신의 구원 안에서 스스로를 영화롭게 하실 것입니다.

또 어떤 사람이 말합니다. "여전히 나는 내가 하고자 하는 모든 일에 있어 연약함을 느낍니다. 기도하려고 애를 쓰지만 그러나 할 수 없습니다." 당신은 지금 기도할 수 없어 안타깝다고 말합니다. 당신에게 좋은 소식 하나를 전해줄까요? 당신은 당신이 생각한 것보다 훨씬 더 잘 기도한 것입니다. 왜냐하면 기도할 수 없는 것으로 인해 신음하는 자는 세상에서 최고의 기도를 한 것이기 때문입니다. 성전에 올라갔던 세리를 생각해 보십시오. 가련한 세리는 많은 말을 할 수 없었습니다. 그는 다만 자신의 가슴을 쳤을 따름입니다. 설령 그가 그럴듯한 말을 많이 하지 않았다 하더라도, 그는 훌륭한 기도를 한 것입니다. 자기 가슴을 친 것은 그 영혼의 참된 기도를 의미했습니다. "하나님이여, 긍휼히 여기소서. 나는 죄인이로소이다."

또 다른 사람이 말합니다. "나는 죄를 극복하려고 애를 썼지만 그러나 실패하고 말았습니다." 당신은 어린 양의 피로 말미암아 극복할 것입니다. 그러나 자신의 힘으로 싸울 때, 당신은 필경 패배할 것입니다. 여호와와 기드온의 칼을 뽑아 드십시오. 그러면 미디안 사람들은 곧 도망칠 것입니다. 그러나 여호와의 칼을 뽑아 들지 않는다면, 당신의 원수들은 도망치지 않을 것입니다. "그를 생각하십시오." 그리고 소망을 가지십시오. "그렇지만 설령 나에게 그리스도에 대한 사랑이 있다 하더라도 그것은 너무나 적습니다. 또 나에게 믿음이 있다 하더라도 그것은 거의 불신앙에 가깝습니다. 또 나에게 생명이 있다 하더라도 그것은 당장이라도 꺼질 듯한 미미한 생명일 뿐입니다. 내가 어떻게 구원받을 수 있을까요?" 가련한 영혼이여, 당신의 구원은 그리스도 안에 있는 것이지 당신 자신 안에 있는 것이 아닙니다. "나는 아주 적은 능력밖에는 가지고 있지 않아요"라고 말하지 마십시오. 당신은 아무것도 가지고 있지 않음을 고백하십시오. 그러면 당신은 진리에 더 가까워질 것입니다. "나는 아주 작은 생명밖에는 가지고 있지 않아요"라고 말하지 마십시오. 당신은 본질적으로 죽은 자임을 고백하십시오. 그러면 당신은 진리를 깨닫게 될 것입니다. "나는 아주 작은 덕(德)밖에는 가지고 있지 않아요"라고 말하지 마십시오. 도리어 "나는 부정하고 불결하며 죄 외에 아무것도 아니랍니다"라고 말하십시오. 만일 당신이 바닥에 있다면, 당신은 더 낮은 곳으로 떨어질 수 없습니다. 그리고 바로 그곳이 당신이 있어야 할 장소입니다. 예수 그리스도는 당신이 그곳에 도달할 때까지 결코 당신을 만나주지 않을 것입니다. 당신의 끝이 그의 시작입니다. 당신이 완전히 파산된 연후에야 비로소 그리스도의 모든 부요가 당신의 것이 될 것입니다. 그러나 만일 당신에게 구주를 돕기 위해 덧붙일 어떤 것이 있다면, 그래서 당신에게 약간의 영광이라도 돌려질 가능성이 있다면, 그는 당신에 대해 아무 상관도 하지 않을 것입니다. 그는 당신 자신을 원할 뿐, 당신의 것은 아무것도 필요로 하지 않습니다. 그는 당신의 빈손을 원할 뿐, 그의 충만에 더할 당신의 어떤 것도 전혀 필요로 하지 않습니다.

또 어떤 사람이 말합니다. "나의 경우는 당신이 다룬 상황과 또 다릅니다. 왜냐하면 나는 사탄의 격렬한 유혹에 종 노릇 하고 있기 때문입니다. 나는 종종 너무도 마귀적이며 참람한 생각에 사로잡히곤 합니다. 어느 누구도 이렇지는 않을 것입니다." 그렇다면 "그를 생각하십시오." 그 역시도 우리와 똑같이 모든 일에 유혹(temptation)을 당하셨습니다. 죄가 없으셨음에도 불구하고 말입니다. "우리에게 있는 대제사장은 우리의 연약함을 동정하지 못하실 이가 아니요 모든 일에 우리와 똑같이 시험을 받으신 이로되 죄는 없으시니라"(히 4:15). 이 말씀을 기억하십시오. 그리고 "그를 생각하십시오." 아무런 유혹도 받지 않은 어떤 설교자가 있다고 상상해 보십시오. 만일 그런 설교자가 있다면, 어느 누구도 자신의 양심의 문제를 가지고 그에게 오지 않을 것입니다. 반면 큰 역경과 영혼의 괴로움을 통과한 어떤 하나님의 사람이 있다고 상상해 보십시오. 고통과 괴로움을 안고 있는 모든 사람들이 그에게 달려올 것입니다. 왜냐하면 그는 그들을 동정할 수 있기 때문입니다. 이와 같이 우리의 구속주는 마귀에게 유혹을 당하는 당신을 동정할 수 있습니다. 왜냐하면 그 역시도 광야에서 사탄에게 40일 동안 유혹을 당하셨기 때문입니다. 그에게 가십시오. "그렇지만 나는 미래에 닥칠 유혹들에 대해서도 큰 두려움을 갖고 있습니다." 그렇습니까? 그렇다면 "그를 생각하십시오." 왜냐하면 그는 "자기를 힘입어 하나님께 나아가는 자들을 온전히 구원하실

수 있기" 때문입니다. "항상 살아 계셔서 그들을 위하여 간구하시기"(히 7:25) 때
문에 말입니다. 그가 베드로에게 하신 말씀을 생각해 보십시오. "사탄이 너희를
밀 까부르듯 하려고 요구하였으나 그러나 내가 너를 위하여 네 믿음이 떨어지지
않기를 기도하였노니"(눅 22:31, 32). 이러한 말씀은 우리에게 얼마나 큰 위로가
됩니까! 가련한 영혼이여, 예수를 생각하십시오. 지옥의 모든 마귀들이 당신을
유혹하며 물어뜯으려고 한다 하더라도 만일 예수께서 당신과 함께 계신다면, 당
신은 더 이상 두려워할 필요가 없습니다. 예수는 자신의 중보의 능력으로 마귀
의 이빨을 부러뜨리셨습니다. 사탄은 우리를 향해 짖어댈 능력은 가지고 있지만
그러나 우리를 물 수는 없습니다. 사탄은 우리를 물어뜯으려고 안달을 하지만,
그러나 우리 주님은 못 박힌 손의 가공할 위력으로 그의 정강이뼈를 치시고 그
의 이빨을 부러뜨리셨습니다.

　나의 귀에 아직도 이렇게 부르짖는 소리가 들립니다. "나에게는 차마 입으
로 말할 수 없는 것이 있습니다. 그것은 나의 내적 부패의 문제입니다. 세상 전체
를 통해 가장 불결한 마음이 있다면, 그것은 바로 나의 마음일 것입니다. 나의 마
음은 마치 썩은 악취가 진동하는 더러운 웅덩이와 같습니다. 나의 내적 본성은
온갖 종류의 더러운 것들로 가득 차 있습니다. 마치 악취 나는 더러운 용암이 계
속해서 흘러내리는 화산 분화구처럼 말입니다. 아, 목사님! 나의 마음은 너무도
혐오스럽습니다. 더러운 새들이 모여 있는 불결한 새장은 나의 마음과 비교할
때 아무것도 아닙니다. 나의 마음은 마귀들의 소굴입니다." 그래요. 좋습니다.
"그를 생각하십시오." 예수께서 성전에 들어가셨을 때를 생각해 보십시오. 거기
에 소와 양과 비둘기를 파는 장사꾼들이 있지 않았습니까? 나는 종종 그가 그들
을 그토록 쉽게 쫓아낸 것에 대해 놀라곤 합니다. 그는 심지어 굵은 밧줄(rope)
조차도 가지고 있지 않았습니다. 단지 작은 노끈(cords)만을 가지고 있었을 뿐입
니다. 그가 노끈을 휘두르자, 그들은 모두 도망쳤습니다. 또 돈 바꾸는 자들을 생
각해 보십시오. 그들은 동전 한 푼에도 벌벌 떠는 사람들이었습니다. 그럼에도
불구하고 자신들의 금화와 은화가 땅에 쏟아졌을 때, 소와 양들이 도망치는 것
과 마찬가지로 그들 역시도 즉시로 거룩한 장소로부터 도망쳤습니다. 그리스도
로 하여금 여러분의 마음속으로 들어오게 하십시오. 그러면 그는 즉시로 장사꾼
들과 옛 용을 당신의 마음으로부터 쫓아내실 것입니다. 또한 예수가 창조주라는
사실을 기억하십시오. 그는 하늘과 땅을 창조하셨습니다. 그런 그가 당신을 새

롭게 창조할 수 없겠습니까? "보좌에 앉으신 이가 이르시되 보라 내가 만물을 새롭게 하노라"(계 21:5)라고 기록된 말씀을 읽어보지 못했습니까? 그의 전능하신 능력을 생각하십시오. 당신에게 새 마음을 주신 그가 당신을 완전히 거룩하게 만들 수 없겠습니까? 당신의 죄와 부패성과 타락한 본성을 지나치게 많이 생각하지 마십시오. 도리어 우리를 능히 구원하실 수 있는 그리스도에 대해 생각하십시오. 그리고 당신 자신을 그에게 던지십시오. 구원을 받든 버림을 당하든, 이 시간 그에게 나아와 그의 십자가를 붙잡으십시오. 그러면 나는 당신이 결코 버림을 당하지 않을 것이며 영원한 생명이 당신의 분깃이 될 것임을 보증합니다.

여전히 어떤 사람이 말합니다. "나에게는 또 다른 문제들이 있습니다. 나는 **죽음과 심판과 지옥을 두려워합니다.**" 죽음을 두려워한다고요? 좋습니다. 그러나 만일 당신이 죄인들을 위해 죽으신 하나님의 아들을 믿기만 한다면, 당신은 **죽음**을 두려워할 필요가 전혀 없게 됩니다. 당신의 어린 딸을 생각해 보십시오. 하루 종일 뛰놀다가 지친 딸이 엄마 품 안에서 잠들기를 두려워할까요? 하나님의 자녀여, 당신이 세상의 여러 가지 일로 지칠 때, 당신은 예수 그리스도의 품 안에서 잠들게 될 것입니다. 그것은 당신의 어린 딸이 엄마 품 안에서 잠드는 것만큼이나 당신에게 편안하고 달콤한 것이 될 것입니다. 또 심판이 두렵다고요? 그러나 당신의 심판은 이미 지나갔습니다. 당신의 죄는 그리스도 안에서 심판을 받았으며, 그리스도 안에서 처벌되었습니다. 만일 당신이 그를 믿는다면 말입니다. 모든 신자들의 죄는 그리스도 안에서 하나님의 심판대 앞에 소환되었으며, 정죄되었으며, 처벌을 받았습니다. 다음과 같이 외치는 바울의 말을 들어 보십시오. "누가 능히 하나님께서 택하신 자들을 고발하리요"(롬 8:33). 아무도 고발할 수 없는데, 무엇 때문에 심판을 두려워한단 말입니까? 계속해서 바울은 "의롭다 하신 이는 하나님이시니 누가 정죄하리요?"라고 되묻습니다. 아무도 정죄할 수 없습니다. 심판주 한 분을 제외하고는 말입니다. 그런데 그는 누구입니까? 그는 우리를 위해 죽으신 그리스도입니다. 그러면 우리를 위해 죽으신 그가 우리를 정죄한단 말입니까? 불가능합니다. 그는 거짓말하실 수 없습니다. 그러므로 당신은 심판을 두려워할 필요가 전혀 없습니다. 또 지옥이 두렵다고 했지요? 지옥은 정말로 두려워할 만한 충분한 이유가 있는 곳입니다. "몸은 죽여도 영혼은 능히 죽이지 못하는 자들을 두려워하지 말고 오직 몸과 영혼을 능히 지옥에 멸하실 수 있는 이를 두려워하라"(마 10:28). 그러나 만일 당신이 예수를 믿는다면, 당신은 지옥을 두려워할 필요가 없습니다. 왜냐하면 그리스도께서 당신의 죄에 대한 모든 형벌을 받으셨기 때문입니다. 그러므로 당신과 관련한 한, 지옥은 없습니다. 당신을 위한 진노의 불꽃은 없습니다. 그 모든 불꽃은 구주 위에서 모두 타버리고 말았습니다. 유대인들이 제단 위에 속죄제물을 드리고 불이 그것을 태웠을 때, 그들은 "저 제물이 나를 대신하도다"라고 말했습니다. 그리고 그것이 모두 태워졌을 때, 그들은 "나의 죄가 모두 불탔도다"라고 말했습니다. 그리고 그 재가 치워졌을 때, 그들은 "우리의 죄가 모두 제거되었도다"라고 말했습니다. 이와 같이 우리가 십자가 위에 달린 주 예수 그리스도를 생각할 때, 우리는 그 안에서 완전한 희생제물을 봅니다. 우리는 하나님의 불이 그를 태우는 것을 봅니다. 그리고 그가 희생제물로서 완전하게 소멸될 때까지 그 불이 그를 소멸시키는 것을 봅니다. 그리고 우리는 그 안에서 우리의 죄가 소멸되고 제거되는 것을 봅니다. 신자들에게 있어 그들의 죄는 끝난 것입니다. 왜냐하면 다니엘의 글에 이렇게 기록되어 있기 때문입니다. "허물이 그치며 죄가 끝나며 죄악이 용서되며 영원한 의가 드러나며 환상과 예언이 응하며 또 지극히 거룩한 이가 기름 부음을 받으리라"(단 9:24).

이제 설교를 마칠 때가 되었습니다. 마지막으로 이 자리에 앉아 있는 진리를 찾는 모든 죄인들이 이 시간 예수 그리스도를 믿을 수 있기를 간절히 바랍니다. 지친 자여, 어째서 당신은 예수 그리스도 위에 안식하지 않는 것입니까? 방황하는 자여, 당신은 예수 그리스도께 올 때까지 결코 안식을 찾지 못할 것입니다. 진리를 찾는 자여, 만일 당신이 주님을 얻지 못한다면, 당신의 모든 수고는 헛될 것입니다. 두려워 떠는 자여, 만일 당신이 십자가로 나아가지 않는다면, 당신은 계속해서 두려워 떨게 될 것입니다. 돈 없이 값없이 얻을 수 있는 구주가 계십니다. 그는 지금 여러분에게 전파되고 있는 예수 그리스도입니다. 그를 믿으십시오. 그를 신뢰하십시오. 그리고 영원한 생명을 얻으십시오. 주께서 이 시간 여러분 모두를 축복하시기를 기원합니다. 아멘.

제
37
장
—

# 거룩함이 없이는 아무도
# 주를 보지 못하리라

—

**"모든 사람과 더불어 화평함과 거룩함을 따르라**
**이것이 없이는 아무도 주를 보지 못하리라."—히 12:14**

　　희년의 나팔소리는 얼마나 복됩니까? 그것은 마음이 상한 자에게 평화가 선포되며, 포로된 자에게 자유가 선포되며, 갇힌 자에게 옥문이 열리는 소리가 아닙니까? 그러나 하나님의 파수꾼에게는 때로 불어야 할 또 하나의 나팔이 있습니다. "시온에서 나팔을 불며 나의 거룩한 산에서 경고의 소리를 지르라"(욜 2:1). 우리에게는 경고의 소리를 질러야 할 때가 있습니다. 사람들은 깜짝 놀라 잠에서 깨어야 합니다. 그들은 깨어 일어나 "우리가 누구지? 우리가 어디에 있는 거지? 우리가 어디로 가고 있는 중이지?"라고 물어야 합니다. 지혜로운 처녀들은 자신의 등에 기름이 있는지 살펴야 합니다. 건강한 그리스도인들은 때로 자신들의 소망의 기초를 점검하면서 자신들이 하나님 앞에 올바른 상태에 있는지 스스로 살펴야 합니다. 이러한 사실을 생각하면서 오늘 나는 "거룩함을 따르라 이것이 없이는 아무도 주를 보지 못하리라"는 주제로 말씀을 전파하고자 합니다.

　　도덕률 폐기론자들은 성령께서 여기에서 요구하는 명백한 의무로부터 벗어나고자 필사적으로 애를 씁니다. 그들은 여기의 거룩함이 그리스도로부터 전가된 거룩함이라고 말합니다. 그들은 자신들이 본문을 곡해(曲解)하고 있다는 사실을 정녕 알지 못한단 말입니까? 도대체 어떻게 문맥으로부터 그와 같은 해석을 취할 수 있단 말입니까? "모든 사람과 더불어 화평함과 거룩함을 따르라." 여기에서 거룩함은 화평함과 마찬가지로 우리가 따를 수 있으며 또 따라야만 하는 것입니다. 그것은 명백히 우리가 따라야만 하는 의무입니다. 우리는 화평함을 따라야 합니다. 그것은 실천적인 화평입니다. 그것은 우리를 위해 만들어진 화평이 아니라, "화평하게 하는 자들이 화평을 위해 뿌린 의의 열매"입니다. 마찬가지로 우리는 거룩함을 따라야 합니다. 그것은 분명 부정함과 반대되는 의미의 실천적인 거룩함입니다. "하나님이 우리를 부르심은 부정하게 하심이 아니요 거룩하게 하심이니"(살전 4:7)라고 기록된 것처럼 말입니다. 그리스도의 거룩함은 우리가 따라야 하는 것이 아닙니다. 그것은 우리에게 전가되는 것입니다. 그것은 우리가 믿는 순간 우리에게 주어지는 것입니다. 그리스도의 의 역시 우리가 따라야 하는 것이 아닙니다. 그것은 어떤 사람이 그리스도 예수를 붙잡는 순간 그에게 주어지는 것입니다.

그러나 오늘의 본문은 또 다른 종류의 거룩함에 대해 말합니다. 여기의 훈계가 의미하는 것은 우리가 반드시 따라야 하는 실천적인 거룩함입니다. 그것은 하나님의 뜻에 순복하는 것이며, 주의 명령에 순종하는 것입니다. 요컨대 그것은 성령께서 어떤 사람의 영혼 속에서 일하심으로써 그로 하여금 하나님을 닮도록 그리고 세상의 정욕을 따른 부패에서 벗어나 신적 본성에 참여하는 자가 되도록 만드는 것입니다. 본문이 의미하는 바는 너무도 명백합니다. 우리는 결코 그것을 곡해해서는 안 됩니다. 우리가 좋아하든 좋아하지 않든, 본문의 의미는 그 자체로 굳게 섭니다. 본문의 명백한 의미를 좋아하지 않는 사람들이 있습니다. 그러나 본문은 그 자체가 명백하게 의미하는 것 외에 다른 의미를 가질 수 없습니다. "거룩함이 없이는" ─ 다시 말해서 실천적이며 개인적이며 행함과 관련한 거룩함이 없이는 ─ "아무도 주를 보지 못하리라." 본문의 엄중한 경고는 스스로를 그리스도인으로 부르는 사람들 가운데 많은 사람들을 이 땅에서 하나님과의 교제와 하늘에서 그리스도와의 친교로부터 배제시킵니다. 오늘 설교를 통해 나는 첫째로, 자신이 이러한 거룩함을 가지고 있는지 여부를 알 수 있는 몇 가지 표적과 징조들에 대해 말하고, 둘째로, "거룩함이 없이는 아무도 주를 보지 못하리라"는 엄중한 사실에 대한 이유들을 제시하고자 합니다. 그리고 셋째로, 사람들에게 기회가 지나가기 전에 이것을 생각하라고 간절히 촉구할 것입니다.

## 1. 첫째로, 우리는 자신이 이러한 거룩함을 가지고 있는지 여부를 알 수 있을까요?

형제들이여, 여러분은 자신이 이러한 거룩함을 가지고 있는지 가지고 있지 않는지 알고 싶을 것입니다. 만일 오늘의 본문이 "완전한 거룩함이 없이는 아무도 주를 보지 못하리라"라고 말했다면, 우리 모두는 주를 보는 것으로부터 완전히 배제될 것입니다. 도대체 어느 누가 자신의 마음이 하나님의 뜻과 완전하게 일치된다고 자부할 수 있겠습니까? 본문은 "완전한 거룩함"이라고 말하지 않고 그냥 "거룩함"이라고 말합니다. 이러한 거룩함은 자라는 것입니다. 그것은 사람의 영혼 속에서 겨자씨처럼 작을 수 있습니다. 그것은 사람의 마음 속에서 충분하게 실현된 어떤 것이라기보다 하나의 바람이나 열망 같은 것일 수 있습니다. 그것은 하나의 탄식일 수 있으며, 헐떡거림일 수 있으며, 사모함일 수 있으며, 간절함일 수 있습니다. 성령이 그것에 물을 줄 때, 그것은 자랄 것입니다. 마치 겨자씨가 나무로 자라는 것처럼 말입니다. 거듭난 사람 안에 있는 거룩함은 어린 아이와 같습니다. 그것은 아직 자라지 않았습니다. 그것의 각 부분들은 완전하지만 그러나 자람에 있어서는 완전하지 않습니다. 그러므로 우리가 자신 안에서 많은 결함들과 불완전한 것들을 발견할 때, 그것으로 인해 우리가 하나님의 은혜와 아무 상관 없다고 결론내려서는 안 됩니다. 이것은 본문이 의미하는 바와 완전히 배치됩니다. 오늘 설교의 목표는 여기의 거룩함이 무엇을 의미하는지 그리고 무엇을 의미하지 않는지 분명하게 밝히면서, 여러분으로 하여금 하나님의 한량없는 은혜를 좀 더 잘 깨닫도록 이끄는 것입니다.

이제 거룩함이 없이 그럭저럭 지내려고 하는 네 부류의 사람들을 살펴보도록 합시다.

첫 번째로, 바리새인이 있습니다. 바리새인은 외적인 의식(儀式)들을 붙잡습니다. 그는 자기가 소유한 모든 것의 십일조를 드립니다. 심지어 화단에 나는 박하와 근채와 회향의 십일조에 이르기까지 말입니다. 그는 가난한 자들에게 구제를 합니다. 그는 경문 띠를 넓게 하며, 옷술을 길게 합니다. 실제로 그는 의식(儀式)이 요구하는 모든 것을 철저하게 준수합니다. 그러나 그러는 동안 그는 과부의 가산을 삼키며 은밀하게 죄를 행하는 가운데, 각종 의식들을 철저하게 준수하는 것을 통해 하나님을 기쁘게 할 수 있을 것이라고 생각합니다. 바리새적인 죄인이여, 당신의 소망을 허물어뜨리는 본문의 조종(弔鐘) 소리를 들어보십시오. "거룩함이 없이는 아무도 주를 보지 못하리라." 당신의 의식들은 헛되며 무가치한 것입니다. 설령 하나님이 정하신 것이라 하더라도 만일 당신이 그러한 의식들을 신뢰한다면, 그것들은 당신을 완전히 속이고 넘어뜨릴 것입니다. 왜냐하면 의식들은 거룩함을 이루는 것이 아니기 때문입니다. 당신은 하나님을 볼 수 없습니다. 당신의 마음이 변화되기 전까지, 당신의 본성이 새로워지기 전까지, 당신의 행동의 방향이 하나님이 뜻하시는 방향과 일치되기 전까지는 말입니다. 단순한 의식주의자들은 거룩함이 없이도 설 수 있다고 생각합니다. 그러나 그것은 치명적인 망상(妄想)입니다. 혹시 이 자리에 어떤 의식주의자가 앉아 있습니까? 혹시 율법의 공로가 아니라 그리스도의 의가 전파되는 이 자리에 어떤 로마주의자(Romanist)가 앉아 있습니까? 사제들의 거짓 가르침과 각종 의식들을 준수하는 것 위에 세워진 여러분의 모든 소망은 마침내 산산이 허물어질 것입니다. 그 때 여러분의 영혼은 벌거벗은 채 두려워 떨며 서 있게 될 것입니다. 이러한 사람들은 참된 거룩함을 알지 못합니다.

두 번째로, 도덕주의자가 있습니다. 그는 자신의 삶 가운데 잘못된 일을 한 적이 없습니다. 물론 그는 의식(儀式)들을 세세하게 준수하지 않습니다. 그것은 사실입니다. 때로 그는 의식을 경멸하기도 합니다. 그는 이웃에 대하여 성실하게 대합니다. 그는 자신이 아는 한 자신의 인생기록부에 부정직한 행동은 하나도 없다고 믿습니다. 하나님의 율법과 관련해서도 그는 흠이 없습니다. 아무도 그의 정결함을 의심하지 않습니다. 어린 시절부터 그의 몸가짐은 모범적이었으며, 그의 성격은 모든 사람이 바랄 만한 것이었습니다. 그는 정말로 도덕과 교양에 있어 표본이 될 만한 사람입니다. 아, 그러나 이것은 하나님 앞에 거룩함이 아닙니다. 거룩한 것은 부도덕한 것을 배제합니다. 그러나 도덕적인 것이 곧 거룩한 것이 되는 것은 아닙니다. 왜냐하면 도덕은 잔과 대접의 겉면을 깨끗하게 하는 것에 불과하기 때문입니다. 그러는 동안 그 안은 악한 것으로 가득 차 있을 수 있습니다. 거룩함은 사람의 생각과 의도와 목적과 목표와 계획과 동기를 다룹니다. 도덕은 겉면을 닦을 뿐이지만, 거룩함은 깊은 속까지 들어갑니다. 거룩함은 그 마음이 하나님 위에 놓여질 것과 하나님에 대한 사랑으로 고동칠 것을 요구합니다. 도덕적인 사람은 그러한 것이 없이도 자신의 도덕성으로 완전해질 수 있습니다. 우리는 그것을 다음과 같은 비유로 설명할 수 있을 것입니다. 도덕은 예쁘고 사랑스러운 시체입니다. 그것은 깨끗하게 씻겨지고, 아름다운 옷으로 입혀졌으며, 심지어 향료로 방부처리 되기까지 했습니다. 그러나 거룩함은 살아 있는 사람입니다. 단순히 예쁘고 사랑스러울 뿐만 아니라 그것은 생명을 가지고 있습니다. 도덕은 땅 위에 누워 있으며, 곧 썩어 벌레들에 의해 먹힘을 당할 것입니다. 반면 거룩함은 영원과 불멸의 옷을 입는 하늘의 소망을 기다리며 열망합니다. 둘은 본질적으로 다릅니다. 도덕은 이 세상에 속한 것인 반면 거룩함은 다른 세상에 속한 것입니다. 하늘에서 "도덕적이다 도덕적이다 도덕적이다 주 하나님 곧 전능하신 이여"라는 음성은 울려 퍼지지 않습니다. 거기에서 울려 퍼지는 음성은 "거룩하다 거룩하다 거룩하다 주 하나님 곧 전능하신 이여"입니다(계 4:8). 여러분은 두 단어 사이의 차이를 금방 알아챌 것입니다. 전자는 차갑고 싸늘하며, 후자는 활기차게 약동합니다. 도덕은 차갑고 싸늘하며, 거룩함은 활기차게 약동합니다. 도덕주의자여, 당신의 최고의 도덕조차도 당신을 구원하지 못할 것이라는 사실을 기억하십시오. 당신에게는 그 이상의 다른 어떤 것이 필요합니다. 왜냐하면 거룩함이 없이는 아무도 하나님을 보지 못할 것이며, 그것은 당신으로부터 말미암은 것이 아니기 때문입니다.

세 번째로, 경험주의자가 있습니다. 스스로 그리스도의 제자라고 고백하면서 그 모든 종교적 생명이 내적인 것일 뿐인 사람들이 있습니다. 그러나 사실을 말하면 거기에는 전혀 생명이 없습니다. 내가 잘 아는 사람들 가운데 그런 사람이 한두 명 있습니다. 그들은 매우 말을 잘 하는 달변가들이지만 그러나 자신과 조금이라도 다른 사람들에 대해서는 가혹하게 비판합니다. 그들은 자신들만의 규정된 잣대를 가지고 있습니다. 그리고 그 잣대로 재어 그것보다 큰 사람은 다리를 잘라내고, 그것보다 작은 사람은 억지로 잡아 늘입니다. 나는 이런 사람들을 몇 명 알고 있습니다. 만일 목사가 설교 가운데 "의무"에 대해 말하면, 그들은 그의 설교를 다시는 듣지 않겠다는 듯한 태도로 그를 바라봅니다. 그들은 그를 죽은 율법주의자요 "율법조문의 사람"(letter man)으로 낙인찍습니다. 또 그들에게 거룩함에 대해 설교해 보십시오. 그들은 분명 자신들이 이미 그리스도 예수 안에서 완전하여졌으므로 어째서 또다시 성령의 내적 역사로 말미암은 완전의 개념을 가져야만 하느냐고 되물을 것입니다. 그들은 수군수군하며, 불평하며, 분쟁을 일으키며, 낙인을 찍습니다. 그들은 모든 사람들과 더불어 화평을 좇는 대신 모든 사람들에 대하여 다툼을 일으킵니다. 이것이 그들이 자신들의 신앙을 실천하는 방법입니다. 그들은 산꼭대기에 올라가 있습니다. 그리고 그곳으로부터 아래쪽에 있는 모든 벌레들, 곧 자신의 세대에 하나님을 섬기며 선을 행하기 위해 애쓰는 벌레들을 노골적으로 경멸하면서 내려다봅니다. 여러분에게 간절히 당부하노니 이런 사람들을 본받지 마십시오. 성경에는 이런 사람들의 모든 이론과 행태를 책망하는 구절들이 너무도 많이 있습니다. 나는 오늘의 본문 역시도 그러한 구절들 가운데 하나라고 생각합니다. 여러분은 자신이 하고자 하는 것이나, 자신이 꿈꾸는 것이나, 자신이 느낀 것을 말할 수 있습니다. 여러분은 자신이 경험한 것이나 상상한 것에 대해 자유롭게 글을 쓸 수 있습니다. 그러나 만일 여러분의 외적인 삶이 공의롭지 못하며 거룩하지 못하며 사랑과 인애가 결핍되어 있다면, 우리는 여러분이 그리스도 안에 있다는 증거를 아무데서도 찾지 못할 것입니다. "거룩함이 없이는 아무도 주를 보지 못하리라." 만일 여러분이 토요일 밤에 술에 취하고 다음 날 그럭저럭 예배에 참석하는 어떤 사람을 안다면 또 하나님의 자녀가 어떠해야 한다고 장황하게 말하면서 정작 그 자신은 그렇지 않은 모습으로 나타나는 어떤 사람을 안다면, 그와의 모든 교제를 즉시 중단하고 그로 하여금 자기의 길을 가게 하십시오. 가롯 유다도 여러분에게 그렇게 말할 수 있습니다. 밀랍으로 붙인 날개를 달고 하늘 꼭대기까지 날아오르는 자들을 조심하십시오. 모든 마음을 살피는 자가 책을 열고 "내가 주릴 때에 너희가 먹을 것을 주지 아니하였고 목마를 때에 마시게 하지 아니하였고 … 이 지극히 작은 자 하나에게 하지 아니한 것이 곧 내게 하지 아니한 것이니라"(마 25:42)라고 말씀하실 때, 그들의 떨어짐이 얼마나 클 것입니까?

네 번째로, 자기주장을 고집하는 자가 있습니다. 내 주변에도 이런 사람들이 몇 명 있습니다. 그들 가운데 건전한 교리를 배운 사람들도 있고, 건전하지 않은 교리를 배운 사람들도 있습니다. 그들 가운데 칼빈주의자들로 있고, 아르미니우스주의자들도 있습니다. 그들은 자신들이 진리를 가지고 있다고 생각합니다. 그들은 신학을 매우 정확하게 이해합니다. 그들은 그들의 선생들보다 더 지혜롭습니다. 그들은 의심의 여지 없이 신학의 대가(大家)들입니다. 만일 공로에 따라 학위를 수여한다면, 그들은 오래 전에 신학박사 학위를 받았을 것입니다. 왜냐하면 그들은 모든 것을 알고 있고 또 자신들이 행하는 일에 대해 큰 자부심을 가지고 있기 때문입니다. 그럼에도 불구하고 그들의 삶은 심지어 불신자들의 코에까지도 악취를 풍기는 그런 삶입니다. 나는 이 자리에도 그런 사람들이 일부 있을 것이라고 생각합니다. 나는 그런 사람들이 여기에 오지 않기를 바랍니다. 만일 우리가 그들에게 선을 베풀 수 있다면, 우리는 기꺼이 그들이 여기에 오는 것을 환영할 것입니다. 그러나 그들은 우리로부터 아무런 유익도 얻지 못하고 도리어 많은 사람들에게 큰 해악을 끼칩니다. 그러므로 그들이 여기에 오지 않는 것이 우리에게 훨씬 더 낫습니다. 이 자리에 그런 사람이 있습니까? 이 시간 그에게 말합니다. 당신은 설교를 듣고, 때로 겸손의 모양을 취하면서 설교자에 대해 좋게 말하기도 합니다. 그러나 예배를 마치고 집으로 돌아가는 길에 마침 오후 1시에 문을 여는 술집이 있으면 당신은 그곳에 들어가 즐깁니다. 설령 주일이라 하더라도 특별히 문제될 것이 없습니다. 어차피 하나님이 사랑하는 아들이니까요. 그는 자신의 생각과 판단대로 움직입니다. 그리고 일주일 동안 그는 다른 사람들이 사는 것처럼 살고 다른 사람들이 행동하는 것처럼 행동합니다. 그러면서도 하나님의 진리를 알고 복음의 도리를 깨달은 것으로 스스로 축하하며 즐거워합니다. 어리석은 자여, 그곳으로부터 나오십시오. 당신의 소망을 내려놓으십시오. "거룩함이 없이는 아무도 주를 보지 못할" 것입니다.

> "달변가의 어떤 유창한 언변도
> 　어떤 교리도 결코 충분하지 않을 것이라.
> 그리스도의 눈에 사랑스러운 것은
> 　깨어진 심령으로 겸손히 행하는 것이라."

　주께서 원하시는 것은 겸손한 심령으로 행하는 것입니다. 당신은 그릇된 교리들과 함께 망할 수 있는 것처럼 또한 올바른 교리들과 함께 망할 수 있습니다. 만일 당신이 올바른 교리를 방종한 삶으로 악용한다면 말입니다. 당신은 죄로 얼룩진 삶으로 인해 지옥에 갈 수 있는 것처럼 또한 십자가로 인해서도 지옥에 갈 수 있습니다. 당신은 예수의 이름을 입에 올리면서도 멸망을 당할 수 있으며, 건전한 교리를 가지고 있으면서도 멸망을 당할 수 있습니다. 왜냐하면 "거듭나지 않고는 하나님의 나라를 볼 수 없기" 때문입니다. "스스로 속이지 말라 하나님은 업신여김을 받지 아니하시나니 사람이 무엇으로 심든지 그대로 거두리라"(갈 6:7). 여기를 보십시오. 만일 당신이 여기의 네 부류 가운데 어느 하나에 속한다면, 당신은 자신의 어리석음과 다가올 두려운 운명으로 인해 마땅히 울며 통곡해야 하지 않습니까?

형제들이여, 참된 거룩함을 결여하고 있으면서도 자신의 과거의 죄를 별다른 애통함 없이 되돌아볼 수 있는 사람이 있습니다. 우리의 지나온 삶을 되돌아봅시다. 우리 가운데 열다섯 살에 주님을 안 사람들이 있습니다. 그러나 거듭나지 못한 상태로 살았던 15년 동안의 삶을 우리는 결코 잊어서는 안 됩니다. 어떤 사람들은 "우리는 50세 혹은 60세 될 때까지 주님을 알지 못했어요"라고 말할 수 있을 것입니다. 그들은 그에 대해 크게 애통하며 슬퍼해야 합니다. 그렇지만 비교적 일찍 주님을 안 사람들 역시도 똑같이 그렇게 해야 합니다. 나는 기쁨으로 하나님의 긍휼을 되돌아볼 수 있습니다. 그렇지만 죄까지도 그렇게 되돌아볼 수 있게 되는 것을 나는 결코 바라지 않습니다. 과거의 허물과 결함을 되돌아볼 때마다, 우리는 눈물로써 그렇게 해야 합니다. 어떤 사람들은 자신의 과거의 죄를 이야기하면서 마치 알렉산더 대왕의 무용담을 이야기하는 것처럼 신이 나서 이야기하기도 합니다. 그러나 실제로 그들은 계속해서 죄 가운데 살고 있는 것입니다. 그들은 지금도 계속해서 죄의 기억 속에서 주연(酒宴)을 벌이고 있습니다. 그들은 죄의 기억을 계속해서 떠올리며 삽니다. 그들은 음란하며 파렴치한 행동들을 회상합니다. 그들은 자신들의 신앙고백이 망쳐질 것을 두려워하여 그러한 죄들을 감히 반복하지 못하면서도 그러나 자주 회상하는 것을 통해 그러한 죄들을 은연중 즐깁니다. 만일 그렇다면, 당신은 참된 거룩함의 친구가 아닙니다. 도리어 당신은 참된 거룩함에 대해 완전한 외인(外人)입니다. 과거의 죄가 당신으로 하여금 깊은 슬픔 가운데 무릎을 꿇고 하나님께 그 죄를 도말해 달라고 간구하도록 이끌지 않는다면 말입니다.

또 만일 당신이 육체의 정욕에 탐닉하는 것을 어느 정도 즐거운 기대감으로 바라볼 수 있다면, 나는 당신이 참된 거룩함에 대해 아무것도 알지 못하는 사람이라고 확신합니다. 이 자리에 스스로 그리스도인이라 고백하면서도 그 마음속에 은밀하게 육체에 탐닉할 계획을 품고 있는 사람이 있습니까? 아, 가련한 자여! 만일 당신이 별다른 두려움 없이 그렇게 생각할 수 있다면, 나는 당신이 참된 그리스도인인지 의심하지 않을 수 없습니다. 당신 스스로도 그것을 의심해 보아야만 합니다. 예수를 알지 못하던 어떤 사람이 새롭게 그를 알게 되었다고 상상해 보십시오. 그에게 어떤 변화가 일어나겠습니까? 아마도 그는 매일 아침 일어날 때마다 오늘도 주님을 부인하지 않게 해 달라고 기도하면서 일어날 것입니다. 때때로 나를 엄습하는 한 가지 두려움이 있습니다. 나는 그것을 고백해야만 합니다. 만일 나에게 하나님을 믿는 믿음이 없다면, 나는 결코 그 두려움을 이길 수 없을 것입니다. 나는 다윗의 생애에 대해 읽을 때마다 항상 어떤 고통스러운 감정을 느끼게 됩니다. 젊은 시절에 그의 생애는 하나님 앞에 순전했습니다. 그의 생애는 생명의 빛 가운데 영광스러운 광채로 빛났습니다. 그러나 어느 정도 나이가 들었을 때, 그는 하나님의 마음을 거슬러 죄를 범했습니다. 그런 다윗의 모습을 볼 때마다 종종 나는 너무 오래 살지 않게 해 달라고 기도합니다. 혹시라도 나이가 든 후 다가오는 유혹에 넘어지지 않도록 말입니다. 당신도 같은 마음을 느끼지 않습니까? 당신은 미래를 별다른 두려움 없이 내다볼 수 있습니까? "선 줄로 생각하는 자는 넘어질까 조심하라"는 말씀이 당신 마음속에 메아리치지 않습니까? 그렇게 될 가능성은 당신을 하나님의 은혜의 보좌로 이끌지 않습니까? 그리고 그 앞에서 "하나님이여 나를 붙잡아 주소서 그리하면 내가 안연하리이다"라고 부르짖도록 만들지 않습니까? 성경에 나오는 영광송 가운데 내가 가장 좋아하는 것은 유다서 마지막 구절입니다. "능히 너희를 보호하사 거침이 없게 하시고 너희로 그 영광 앞에 흠이 없이 기쁨으로 서게 하실 이 곧 우리 구주 홀로 하나이신 하나님께 우리 주 예수 그리스도로 말미암아 영광과 위엄과 권력과 권세가 영원 전부터 이제와 영원토록 있을지어다 아멘"(유 1:24, 25). 다시 한 번 말하거니와 만일 당신이 미래의 넘어짐을 별다른 두려움과 각성 없이 내다볼 수 있다면, 당신은 필경 참된 거룩함에 대해 외인일 것입니다.

또 만일 당신의 거룩함이 한결같지 않다면, 당신은 그것의 존재를 의심해 볼 필요가 있습니다. 내 말이 의미하는 것은 이것입니다. 만일 당신의 삶이 밖에서는 천사 같고 집에서는 마귀 같다면, 당신의 실제 모습은 밖에서의 모습보다 집에서의 모습일 가능성이 훨씬 높다는 것입니다. 어떤 사람이 그의 아내나 가족들에 의해 보여지는 모습보다 훨씬 더 선하게 보인다면, 나는 그의 선함을 의심하지 않을 수 없습니다. 왜냐하면 어쨌든 그를 가장 잘 아는 사람은 바로 그들이기 때문입니다. 교회에서나 혹은 학교에서나 혹은 직장에서 매우 친절하며 사랑이 많으며 하나님의 성품을 많이 닮은 사람으로 알려진 어떤 사람을 상상해 보십시오. 그런데 그의 자녀들은 아버지를 매우 가혹하며 사랑이 메마른 사람으로 느낍니다. 또 그의 아내는 남편의 독단과 횡포 아래 신음합니다. 그렇다면 우리는 그의 심령상태에 뭔가 문제가 있다고 충분히 의심해 볼 만하지 않습니까? 사랑하는 자들이여, 참된 거룩함은 밤이나 낮이나, 집에서나 밖에서나, 땅에서나 바다에서나 한결같아야 합니다. 밝을 때 행하는 것과 어두울 때 행하는 것이 같지 않은 사람은 하나님과 올바른 관계 가운데 있지 않은 것입니다. 하나님과 올바른 관계 가운데 있는 사람이라면 마땅히 다음과 같은 마음을 느끼지 않겠습니까? "많은 사람들이 보고 있을 때의 나의 행동과 아무도 보지 않을 때의 나의 행동 사이에는 어떤 차이도 없어야 해. 나로 하여금 올바른 상태 가운데 있도록 지켜 주는 힘은 사람들의 판단이나 의견이 아니라 모든 곳에 계시는 하나님의 눈이며 나를 사랑하시는 주님의 마음이야." 당신의 순종은 한결같습니까? 자신들의 신앙고백에 충실하게 살아가는 어떤 농부들을 상상해 보십시오. 그들은 주일마다 예배당에 갑니다. 그들은 매우 선한 사람들처럼 보입니다. 그런데 일 년에 한 번 농부들의 축제가 열립니다. 단지 일 년에 한 번 말입니다. 그 때 그들은 거의 정신을 잃을 정도로 술에 취합니다. 자기 발로 집에 돌아갈 수 없을 정도로 말입니다. 사람들은 말합니다. "고작 일 년에 한 번뿐인데요." 그러나 거룩함은 "일 년에 한 번이라도" 방탕을 허락하지 않습니다. 또 다른 예를 들어볼까요? 우리 가운데 어떤 사람들은 간혹 영국을 떠나 대륙을 여행할 기회가 생길 때 "여행하는 동안에는 지나치게 엄격할 필요가 없어"라고 말합니다. 그리하여 그들은 안식일도 무시하고 일상에서 지켜야 할 거룩한 일들도 소홀히 합니다. 그리고 여행하는 동안 분별없이 유흥에 탐닉합니다. 사랑하는 자들이여, 만일 여러분의 신앙이 모든 장소에서 동일하지 않다면, 그것은 아무 짝에도 쓸모없는 신앙입니다. 아일랜드 해협을 횡단하는 배에서 일하는 한 선원으로부터 매우 흥미로운 이야기를 들은 적이 있습니다. 한 승객이 그를 시험하기 위해 "당신은 유흥업소 같은 장소에 가고 싶지 않습니까?"라고 물었습니다. 그러자 그 선원은 "예, 나는 내가 좋아하는 곳은 언제든지 갑니다. 왜냐하면 나의 종교는 나로 하여금 내가 합당하다고 생각하는 곳엔 언제든지 가도록 허락하니까요"라고 대답했습니다. "그러면 유흥업소에 자주 가겠네요"라는 승객의 말에 대한 선원의 대답은 "아니요, 전혀 가지 않습니다. 왜냐하면 그런 곳에 가는 것을 좋아하지 않으니까요. 나는 어떤 율법 때문에 어떤 장소에 가지 않는다든지 하지 않습니다. 내가 가지 않는 것은 그런 장소에 가는 것이 내게 너무도 불편하고 또 조금도 즐겁지 않기 때문입니다"라는 것이었습니다. 어떤 물고기가 하늘을 날고 싶지 않느냐는 질문을 받았다고 상상해 보십시오. 그 물고기는 이렇게 대답할 것입니다. "나는 하늘을 날도록 허락되지 않은 것으로 인해 슬퍼하지 않아요. 그것은 나의 영역이 아니에요." 마찬가지로 그리스도인은 이렇게 말할 수 있습니다. "나는 어떤 세속적인 장소에서 밤을 보내지 않는 것으로 인해 슬퍼하지 않아요. 내가 그런 환락의 자리에 동참하지 않는 것은 그것이 나의 영역이 아니기 때문이에요. 나는 그것을 즐길 수 없어요. 만일 당신이 나를 강제로 그런 장소로 끌고 간다면, 그것은 나를 괴롭히는 일일 뿐이에요. 나에게 있어 그런 장소에서 시간을 보내는 것은 너무도 고통스럽고 괴로운 일이에요." 만일 당신의 마음속에 죄에 대한 혐오감과 거부감이 없다면, 당신은 거룩함에 대해 외인입니다.

　또 다른 사람들의 죄를 어느 정도 즐거운 마음으로 바라볼 수 있는 사람은 거룩함을 소유하지 못한 사람입니다. 스스로는 과도한 희롱의 말을 하지 않지만 그러나 다른 사람들이 그렇게 할 때 폭소를 터뜨리면서 손뼉을 치며 즐거워하는 사람들을 생각해 보십시오. 또 다른 사람이 부르는 저질적이며 음란한 노래를 들으면서 은밀하게 즐기는 사람들을 생각해 보십시오. 그들은 목사가 그곳에 없는 것으로 기뻐합니다. 그들은 그 순간 집사를 우연히 만나지 않은 것으로 기뻐합니다. 그들은, 만일 그런 것들을 매우 장려할 만한 것으로 허용해 주는 율법을 만들 수만 있다면, 기꺼이 그런 율법을 만들 것입니다. 우리는 이런 올무 속으로 떨어지는 사람들을 압니다. 스스로를 그리스도인으로 고백하는 사람들 가운데 "한때 당신이 갈 수 없었던, 그러나 그들이 가는 것을 보고 당신도 가게 된" 그런 곳에 가는 사람들이 있습니다. 당신은 그곳에서 죄에 참여하고 있는 또 다른 사람들을 봅니다. 요컨대 당신은 자신도 모르는 사이에 죄를 옹호하는 꼴이 되었고 그리하여 그러한 죄는 특별히 문제될 것이 없는 것이 되고 말았습니다. 이 세상에는 본질적으로 매우 혐오스러운 일이지만 그러나 많은 그리스도인들이 참여함으로써 경건하지 않은 사람들이 "그래, 이 일이 옳은 일은 아닐는지 모르지만 그렇다고 해서 크게 나쁠 것도 없어. 과도하게 한계를 넘어서지 않는 한 죄라고까지 할 것은 없어"라고 말하게 되는 일들이 많이 있습니다. 조심하십시오. 조심하십시오. 스스로를 그리스도인이라 부르는 자여, 조심하십시오. 만일 당신의 마음이 다른 사람의 죄의 달콤한 것들을 빨아들이기 시작한다면, 그것은 하나님 보시기에 합당하지 못한 것입니다. 만일 당신이 다른 사람의 정욕을 눈감아 줄 수 있다면, 필경 당신은 머지않아 당신 자신의 정욕에 대해서도 그렇게 하게 될 것입니다. 왜냐하면 우리 모두는 다른 사람들에 대해서보다 자기 자신에 대해 훨씬 더 관대한 경향이 있기 때문입니다. 만일 우리가 어떤 모양으로든 다른 사람들의 죄에 참여할 수 있다면, 그것은 우리 안에 참된 경건이 없다는 사실을 보여주는 것입니다. 우리는 그 안에 참된 거룩함의 증거가 없는 사람들 가운데 속해 있지 않은지 스스로를 면밀하게 살펴야 합니다. 그것이 없이는 하나님을 볼수 없는 그런 거룩함 말입니다.

그러나 사랑하는 자들이여, 만일 여러분과 내가 할 수만 있으면 예수와 같이 거룩하여지기를 갈망한다면, 그리고 죄 가운데 떨어짐으로써 하나님을 슬프게 하기보다 차라리 고난당하는 것을 더 좋아한다면, 우리는 우리가 애통하는 모든 불완전한 것들에도 불구하고 거룩함을 가지고 있는 것이며 그로 인해 기뻐할 수 있습니다. 그리고 우리는 하나님께 이렇게 기도할 수 있습니다.

"당신의 새로운 창조를 마치소서.
그리고 우리를 순전하며 흠이 없게 하소서."

## 2. 둘째로, "거룩함이 없이는 아무도 주를 보지 못하리라"는 엄중한 사실에 대한 이유들을 살펴보도록 합시다.

다시 말해서 거룩함이 없이는 아무도 금생과 내생에서 하나님과의 교제를 향유할 수 없다는 것입니다. "두 사람이 뜻이 같지 않은데 어찌 동행하겠으며" (암 3:3). 만일 당신이 벨리알과 동행한다면, 어떻게 그리스도가 당신과 함께 할 것을 바랄 수 있습니까? 그리스도가 당신의 술친구가 될 것입니까? 죄 가운데 빠져 있으면서 사랑과 긍휼의 주님이 함께 하실 것을 기대한단 말입니까? 거룩하시며 의로우신 자가 당신과 공범이 될 것을 바란단 말입니까? 어리석은 자여, 도대체 당신은 무엇을 생각하고 있단 말입니까? 당신은 예수 그리스도를 당신의 죄에 참여하는 자로 만들 것입니까? 그러나 만일 그가 죄 가운데 빠져 있는 당신과 교제를 나눈다면, 그는 그렇게 하는 셈이 될 것입니다. 결코 그럴 수 없습니다. 만일 당신이 거룩하지 않으며 불의한 길을 계속해서 나아간다면, 당신은 그와의 교제를 전혀 갖지 못했든지 혹 약간의 교제가 있었다 하더라도 그것은 곧 단절되고 말 것입니다. 당신이 우리로부터 떠난 것은 당신이 우리 가운데 속하지 않았기 때문입니다. 왜냐하면 만일 당신이 우리 가운데 속했었다면, 틀림없이 당신은 계속해서 우리와 함께 있었을 것이기 때문입니다. 또 천국에 대해 이야기해 봅시다. 당신은 거룩함이 없이 그곳에 들어갈 것을 바란단 말입니까? 천사가 하늘로부터 떨어진 것은 무엇 때문이었습니까? 죄 때문이 아니었습니까? 그런데 하나님이 죄 가운데 살아가고 있는 자를 자기 오른편에 두실 것이란 말입니까? 하나님은 하늘이 죄로 얼룩지는 것을 보느니 차라리 하늘을 없애버리고 말 것입니다. 하나님으로서는 당신의 죄를 이 땅에서 참는 것만으로도 충분히 족합니다. 그가 하늘에서까지 당신의 죄를 계속해서 보시겠습니까? 당신을 자기 오른편에 계속해서 두시면서 말입니다. 무엇이라고요? 거룩하지 않은 자가 하늘의 황금길에서도 계속해서 음탕한 말을 떠벌리고 다닐 것이라고요? 에덴 동산보다 더 낫고 고귀한 천국에 죄가 있을 것이라고요? 결코 그럴 수 없습니다. 절대로 그럴 수 없습니다. 하나님은 자신의 거룩함으로 맹세하셨습니다. 하나님은 거짓말하지 않으실 것이며, 할 수도 없습니다. 거룩하지 않은 자, 하나님의 성령에 의해 새로워지지 않은 자, 성령의 거듭나게 하는 능력에 의해 선을 사랑하고 악을 미워하게 되지 않은 자는 결코 의인의 회중에 들지 못할 것입니다. 죄인이여, "거룩함이 없이는 아무도 하나님을 보지 못할" 것이라는 것은 하나님에게 있어 움직일 수 없는 사실입니다.

### 3. 마지막으로, 기회가 지나가기 전에 이러한 사실을 생각하고 마음에 새기십시오.

의심의 여지 없이 이 자리에 구원을 받고 천국에 들어가기를 열망하는 사람들이 있을 것입니다. 나는 지금 여러분을 돌아봅니다. 나는 이 가운데 밤에 잠들수 없는 한 사람을 기억합니다. 밤마다 그는 기도하며 하나님과 씨름합니다. 왜냐하면 술이 그의 길을 가로막고 있기 때문입니다. 수요일이나 목요일쯤 되면 그는 주일에 들었던 설교를 잊기 시작합니다. 때로 그는 금주(禁酒)를 맹세하고 세 달 동안 지킵니다. 그러나 술에 대한 욕망이 너무나 강렬하여 결국 모든 결심과 맹세를 포기하고 다시금 술 속으로 빠져들고 맙니다. 그리고 예전보다 더 나쁜 상태가 됩니다. 나는 이 자리에 또 다른 죄 가운데 괴로워하고 있는 사람들도 많이 알고 있습니다. 여기저기에 그런 사람들이 앉아 있군요! 당신은 오전 예배에는 나오지 않았습니다. 겨우 저녁 예배에만 참여했을 뿐입니다. 어째서 오전 예배에는 나오지 않았습니까? 그것은 당신이 가게 문을 열고 장사를 했기 때문입니다. 당신의 가게가 당신과 구원의 소망 사이를 가로막고 있는 것처럼 보입니다. 여러분 가운데 이렇게 말하는 사람이 있을 것입니다. "만일 내가 저 목사의 설교를 듣기 위해 간다면, 나는 나의 양심을 괴롭히는 악을 버려야만 해. 그렇지만 아직은 그렇게 할 수 없어. 아직은 그렇게 할 수 없어." 당신은 하찮은 것 때문에 기꺼이 저주를 자초할 것입니까? 당신은 수입(profit) 때문에 죄를 포기할 수 없다고 말합니다. 수입이라고요? 수입이라고요? 수입이라고요? 수입 따위는 잊으십시오. "사람이 만일 온 천하를 얻고도 제 목숨을 잃으면 무엇이 유익(profit)하리요"(마 16:26). 당신은 오늘날 얼마나 수입을 얻었습니까? 이제껏 밑 빠진 독에 물을 붓지 않았습니까? 한 쪽으로 번 것을 다른 쪽으로 쓰지 않았습니까? 설령 이 세상이 전부라 하더라도, 당신은 더 나은 길을 선택했어야 했습니다. 그러나 그것이 전부입니까? 당신의 불멸의 영혼을 생각해 보십시오. 그것이 당신의 불멸의 영혼에 얼마나 유익한 것이었습니까? 가련한 자여, 찌끼를 얻기 위해 금을 버리지 마십시오. 그림자를 얻기 위해 실체를 버리지 마십시오. 약간의 일시적인 수입을 얻기 위해 당신의 불멸의 영혼을 버리지 마십시오.

그런가 하면 수입 때문이 아니라 쾌락이나 육체의 정욕의 문제 때문에 괴로워하고 있는 사람들도 있습니다. 당신은 그것만 빼고는 모든 것을 버릴 수 있다고 생각합니다. 젊은이여, 그것이 우리가 입으로 말할 수 없는 은밀한 죄입니까? 그것이 오직 당신 자신만이 아는 개인적인 죄입니까? 가련한 영혼이여, 이 땅의 쾌락이라는 것이 도대체 무엇입니까? 그것을 달아 보십시오. 그것을 달아 보십시오. 그것의 무게가 얼마나 됩니까? 그것의 무게가 그로 인해 당신이 치러야 하는 고통의 무게와 같습니까? 그것의 무게가 그로 인해 당신이 치러야 하는 양심의 가책과 괴로움의 무게와 같습니까?

아무렇게나 살았던 한 미국인 의사가 있었습니다. 그는 거의 죽었다가 다시 깨어 일어나 이렇게 소리쳤습니다. "저 글씨 좀 봐! 저 글씨 좀 봐!" 사람들이 묻습니다. "무슨 글씨를 말하는 거야?" 그가 대답합니다. "저 두려운 글씨 좀 봐! 저 글씨가 보이지 않아? '양심의 가책'(remorse)이라는 저 두려운 글씨 말이야." 그는 계속해서 소리쳤습니다. "양심의 가책! 양심의 가책!" 그리고 그는 있는 힘을 다해 "양심의 가책"이라고 소리를 지르면서 "빨리 적어! 빨리 적어!"라고 말했습니다. 사람들은 급히 그 단어를 종이에 적었습니다. 그러자 그는 이렇게 말했습니다. "더 크게 적어 내게 보여줘. 그 밑에 줄을 치고. 지금 당장. 너희는 그 단어의 의미를 알지 못해. 결코 알 수 없어. 그 안에는 너무도 두려운 의미가 들어 있어. 지금 나는 그것을 느끼고 있어. 양심의 가책! 양심의 가책! 양심의 가책!"

여러분에게 묻습니다. 죄의 즐거움이란 것이 그것이 이 땅에서 가져오는 결과와 비교할 때 도대체 무엇이란 말입니까? 경건의 즐거움과 비교할 때 그것이 도대체 얼마나 됩니까? 나는 나의 영혼이 한 시간 동안 그리스도와 충만한 교제를 누리는 것을 세상이 백 년 동안 줄 수 있는 모든 즐거움과 결코 바꾸지 않을 것입니다. 물론 그리스도를 믿는 우리에게도 이런저런 슬픔들이 있습니다. 그러나 하나님이 주신 즐거움은 이 세상의 그 무엇과도 바꿀 수 없는 특별한 종류의 즐거움이 아닙니까?

가련한 죄인이여, 생각해 보십시오. 죄의 즐거움이 매우 크다고 칩시다. 그렇다 하더라도 그것을 당신의 영혼을 잃는 것과 비교한다면, 그것이 도대체 무엇이란 말입니까? 한 신사가 있습니다. 그는 세상의 높은 지위와 많은 재산과 좋은 땅을 가지고 있습니다. 예배 후 그는 나의 손을 붙잡으며 이렇게 말합니다. "목사님, 내가 그런 어리석은 자가 아닐까 하여 몹시 두렵습니다." 내가 묻습니다. "무엇 때문에요?" 그가 대답합니다. "나는 멋진 파티와 화려한 옷과 세상의 명예 같은 것을 위해 나의 영혼을 낭비하고 있습니다. 나는 하나님의 진리를 알지만 그러나 그것을 따르지 않습니다. 진리의 말씀에 의해 나의 마음이 큰 충격을 받지만 그러나 다시금 예전의 삶으로 돌아갑니다. 아! 나는 얼마나 어리석은 자입니까! 조그만 즐거움 때문에 영원히 잃어지는 자가 되다니요." 나는 전력을 다해 그를 설득했지만 그러나 헛수고였습니다. 세상의 환락에는 쉽게 떨쳐 버릴 수 없는 강한 중독성이 있습니다. 만일 내가 제정신을 가진 온전한 사람들에게 설교한다면, 설교하는 일은 매우 쉬울 것입니다. 그러나 죄는 미친 개입니다. 그것에 물리면, 사람은 어떤 것으로도 설득되지 않습니다. 설령 죽었다가 다시 살아난 자가 설득한다 하더라도 말입니다. "거룩함이 없이는 아무도 주를 보지 못하리라."

어떤 사람이 말합니다. "그렇지만 그것은 불가능해요. 나는 여러 번 시도해 보았지만 번번이 실패했어요. 그것은 아무 소용 없어요. 그것은 결코 이루어질 수 없어요." 사랑하는 친구여, 당신이 옳습니다. 그러나 동시에 당신은 틀렸습니다. 당신 스스로 행할 때 아무 소용 없다는 측면에서, 당신은 옳습니다. 만일 당신이 당신 자신의 힘으로 나아간다면, 당신은 결코 거룩함을 얻을 수 없습니다. 그것은 당신을 초월합니다. 깊음이 말합니다. "그것은 내 안에 없어." 높음이 말합니다. "그것은 내 안에 없어." 당신이 스스로를 거룩하게 만드는 것은 당신이 세상을 창조하는 것보다 더 어려운 일입니다. 그러나 그렇기 때문에 절망한다면, 당신은 틀린 것입니다. 왜냐하면 그리스도께서 당신을 거룩하게 만들 수 있기 때문입니다. 그는 당신을 위해 그렇게 할 수 있으며, 지금 그렇게 할 수 있습니다. 그를 믿으십시오. 그 믿음이 그가 당신 안에서 일하고 계시는 증거가 될 것입니다. 그를 신뢰하십시오. 그러면 당신의 죄를 위해 고난을 당하신 유다 지파의 사자(獅子)가 당신 안에 들어와 무저갱의 사자를 쫓아낼 것입니다. 그는 당신의 발 아래에서 사탄의 머리를 속히 상하게 할 것입니다. 너무나 강해서 그가 결코 이길 수 없는 그런 악은 없습니다. 너무나 질겨서 그가 결코 끊을 수 없는 그런 습관은 없습니다. 그는 사자를 어린 양으로, 까마귀를 비둘기로 바꿀 수 있습니다. 그로 하여금 당신을 구원하도록 맡기십시오. 그러면 그가 당신을 구원할 것입니다. 당신이 누구든지 간에, 그리고 당신의 과거의 삶이 어떤 것이었든지 간에 말입니다. "믿고 세례를 받는 사람은 구원을 얻을 것"입니다(막 16:16). 다시 말해서, 그는 그의 죄로부터, 그리고 그의 악한 습관으로부터 구원을 얻을 것입니다. 그는 성령의 능력으로 말미암아 그리스도 예수 안에서 새 사람이 될 것입니다. 그리고 믿음으로 말미암아 하나님께 받아들여지게 될 것입니다. 가련한 영혼이여, 그리스도가 당신을 구원할 수 있음을 믿으십시오. 그러면 그가 그렇게 하실 것입니다. 그는 당신의 믿음을 배반하지 않을 것이며, 자신의 말을 배반하지 않을 것입니다. 이 시간 그가 나의 설교와 그것을 듣는 모든 사람들을 축복하시기를 기원합니다. 아멘.

제
38
장

—

# 시온 산의 거대한 모임

—

"그러나 너희가 이른 곳은 시온 산과 살아 계신 하나님의 도
성인 하늘의 예루살렘과 천만 천사와 하늘에 기록된 장자들
의 모임과 교회와 만민의 심판자이신 하나님과 및 온전하게
된 의인의 영들과 새 언약의 중보자이신 예수와 및 아벨의
피보다 더 나은 것을 말하는 뿌린 피니라." — 히 12:22-24

　　물론 우리는 본문 전체를 살필 것이지만, 그러나 특별히 우리가 주목하는
부분은 23절의 "하늘에 기록된 장자들의 모임과 교회"라는 부분일 것입니다.
　　바울은 지금 옛 언약에 대한 새 언약의 우월성을 이야기하고 있습니다. 그
는 육체를 따라 낳은 이스라엘은 율법을 따라 나온 반면, 성령을 따라 낳은 장자
들은 복음을 따라 나왔다고 말합니다. 그는 시온 산 주위에 모인 택함받은 백성
들의 거대한 모임을 묘사합니다. 시온 산 주위에 모인 모든 신자들의 모임이야
말로 그 어떤 것과도 비교할 수 없는 무한히 크고 무한히 복된 모임입니다. 지금
그가 편지를 쓰고 있는 히브리 신자들뿐만 아니라 모든 하나님의 백성들이 하나
의 거대한 모임을 이루고 있으며, 그 한가운데 복되신 하나님이 계십니다. 오늘
아침 우리는 본문의 깊은 의미를 상세하게 살피면서 우리에게 주어진 특권을 새
롭게 바라보고자 합니다. 본문 속에는 헤아릴 수 없을 정도로 부요한 의미가 내
포되어 있습니다. 본문은 그리스도 예수 안에 있는 하나님의 영광의 부요함을
따라 기록되었습니다. 그것은 마치 보석으로 치장된 황금접시 위에 다이아몬드

펜으로 기록된 것과 같습니다. 부디 하나님이 우리를 그 안으로 충만히 인도하시기를 기원합니다. 우리는 단순히 미래의 특권에 대해 말하지 않을 것입니다. 21절의 "너희가 이른 곳은"이란 표현을 주목해 보십시오. 바울은 우리가 이미 그곳에 이르렀다고 말합니다. 다시 말해서 우리는 이미 그곳에 들어간 것입니다. 우리가 더 이상 율법의 두려움 아래 있지 않은 것처럼, 우리는 이미 복음의 축복 안으로 들어온 것입니다. 18절과 19절을 읽어 보십시오. "너희는 만질 수 있고 불이 붙는 산과 침침함과 흑암과 폭풍과 나팔 소리와 말하는 소리가 있는 곳에 이른 것이 아니라." 그리고 22절에서 이렇게 이어집니다. "그러나 너희가 이른 곳은." 우리는 단순히 멀찍이서 시온 산을 바라보지 않습니다. 우리는 그곳에 이르렀습니다. 우리는 단순히 율법의 문자만을 알지 않습니다. 우리는 그것의 내적이며 영적인 의미에 이르렀고, 그것을 향유합니다. "우리는 이르렀습니다." 이것은 마치 하나님의 진리가 선포될 때 뒤에서 은은하게 반주(伴奏)가 울려 퍼지는 것처럼 그렇게 울려 퍼집니다. 오늘 설교 전체를 통해 우리의 마음은 "우리는 이르렀도다"라고 즐겁게 외칩니다. "우리는 이르렀도다." 믿음으로 우리는 우리 앞에 놓인 모든 것을 얻었습니다.

### 1. 첫째로, 문맥 전체를 통해 제시된 율법 시대와 은혜 시대 사이의 대조를 주목하십시오.

모든 좋은 것은 그 반대편에 있는 것과의 대조를 통해 그 가치가 좀 더 선명하게 부각되는 법입니다. 빛은 어둠 속에서 울고 있는 눈에 더 밝게 빛납니다. 음식은 그것이 없어 굶주린 사람에게 더 맛있게 느껴집니다. 시온 산은 시내 산으로 인해 더 아름다워집니다. 은혜와 율법 사이의 대조는 은혜로 하여금 계명의 엄격함을 아는 사람들에게 더 보배로운 것으로 나타나도록 만듭니다.

여기에 제시된 대조는 칠중적(七重的)입니다. 칠중적 대조의 개념을 처음 제시한 사람은 비평학의 대가인 벵겔(Bengel)이었습니다. 그러나 여기에서 나는 그의 개념을 다소 변형시키고자 합니다. 그리하여 그러한 일곱 가지 대조를 좀 더 분명하게 제시하고, 그럼으로써 여러분으로 하여금 각각의 요점을 명확하게 이해하도록 돕고자 합니다.

첫째로, 장소와 관련한 대조입니다. 18절을 보십시오. "너희는 만질 수 있는 산에 이른 것이 아니라." 그리고 22절을 보십시오. "그러나 너희가 이른 곳은 시온 산과 살아 계신 하나님의 도성인 하늘의 예루살렘이니라.” 시내 산을 생각해 보십시오. 그것은 사람의 발이 거의 밟은 적이 없는 울퉁불퉁한 바위산입니다. 아마도 여호와께서 영광 가운데 임하시기 전까지 그곳은 사람의 발이 한 번도 닿은 적이 없는 처녀봉이었을 것입니다. 거기에는 사람을 위한 주거지뿐만 아니라 짐승을 위한 목초지도 없었습니다. 그 산은 하늘의 별들과는 교제를 이룰 수 있었지만 그러나 인간과의 교제는 거부했습니다. 그것은 웅장했지만 그러나 폭풍이 몰아치는 험준한 산이었습니다. 하나님은 자신의 율법과 함께 시내 산에 임하셨습니다. 그리하여 그 두려운 산은 율법이 우리에게 어떤 것인지를 보여주는 상징이 되었습니다. 그것은 우리에게 거룩함의 개념은 보여주었지만, 그러나 그곳으로 가는 길은 제시하지 않았습니다. 뿐만 아니라 그것은 지친 마음에게 안식처를 제공해 주지도 않았고, 주린 영혼에게 영적 양식을 공급해 주지도 않았습니다. 그곳은 그곳에 모인 무리들이 자신들을 위한 도성과 살아 계신 하나님을 위한 성전을 세울 수 있는 장소가 결코 아니었습니다. 그곳은 교제의 성소(聖所)가 아닙니다. 다만 공의와 권세의 보좌일 뿐입니다. 유대인들은 율법 아래서 그 울퉁불퉁한 산을 자신들의 중심지로 삼았습니다. 그들은 창백한 표정과 두려워 떠는 무릎으로 그곳에 모였습니다. 반면 우리는 전혀 다른 중심지 곧 영광의 면류관을 쓴 시온 산에 모입니다. 예전에 다윗이 그곳에 거주했으며, 그곳에서 그의 하나님이 스스로를 나타내셨습니다. 시온 산은 예루살렘 도성 위에 솟아 있으며, 둘은 함께 여호와께서 자신이 택하신 나라 가운데 영광스럽게 거하시고자 계획하신 은혜의 처소를 구성합니다. “여호와께서 시온을 택하시고 자기 거처를 삼고자 하여 이르시기를”(시 132:13). 거기에서 성전 예배가 행해지고, 유다의 모든 왕궁들과 택함받은 백성들의 모든 거처가 그곳에 모여 있습니다. 그곳은 “환상의 도성”(City of Vision)이요 “평강의 도성”(City of Peace)으로 불렸습니다. 하나님이 그 가운데 거하셨으므로 그곳은 결코 요동하지 않았습니다. “터가 높고 아름다워 온 세계가 즐거워함이여 큰 왕의 성 곧 북방에 있는 시온 산이 그러하도다”(시 48:2). “하나님이 그 여러 궁중에서 자기를 요새로 알리셨도다”(시 48:3). “하나님이 그 성 중에 계시매 성이 흔들리지 아니할 것이라 새벽에 하나님이 도우시리로다”(시 46:5). 이것은 여호와가 평강의 환상(vision) 가운데 사람에게 오시며 또 사죄의 은총 가운데 스스로를 나타내시는 시대를 상징하는 것입니다. 여호와는 사람이신 그리스도 예수의 인격 안에서 사람들과 함께 거하십니다. 그리고 우리는 그에게 오며 그 안에서 우리의 거처를 발견합니다. 그곳에서 참새도 제 집을 찾고 제비도 새끼 둘 보금자리를 얻는 것처럼, 우리도 주의 제단에서 우리의 거처를 발견합니다. 이와 같이 시내 산과 시온 산의 대조는 우리에게 많은 것을 가르쳐 줍니다.

둘째로, 시내 산은 계속해서 "불이 붙는" 산으로 묘사됩니다(18절). 하나님의 임재는 그 산을 녹아 흘러내리도록 만들었습니다. "여호와께서 하늘에서 우렛소리를 내시고 지존하신 이가 음성을 내시며 우박과 숯불을 내리시도다"(시 18:13). 시내 산은 연기로 가득했습니다. 그리고 그 꼭대기는 수많은 번개들로 번쩍였으며, 여호와는 타오르는 불 가운데 자신을 나타내셨습니다. 반면 신자들은 "불이 붙은" 산 대신 어떤 곳으로 왔습니까? 그것은 또 다른 형태의 불인 "천만 천사" 즉 헤아릴 수 없을 정도로 많은 무리의 천사들입니다. "그는 그의 천사들을 바람으로, 그의 사역자들을 불꽃으로 삼으시느니라"(히 1:7). 이들 빛나는 존재들 가운데 어떤 것들은 스랍 혹은 "불타는 자들"(burning ones)이라고 불립니다. 그것은 그들이 마치 불꽃처럼 오기도 하고 가기도 하기 때문입니다. 불꽃으로 타오르는 시내 산을 바라보는 것은 얼마나 두려운 일이었겠습니까? 그러나 우리는 '그 힘에 있어 그것을 훨씬 능가하는 그리고 그 힘을 여호와와 그의 백성들을 섬기는 일에 사용하는' 천사들을 즐거운 마음으로 바라봅니다. 우리를 둘러싸고 있는 불의 성벽이 있습니다. "모든 천사들은 섬기는 영으로서 구원 받을 상속자들을 위하여 섬기라고 보내심이 아니냐"(히 1:14). 하나님이 그들에게 우리의 모든 인생길을 지키도록 사명을 부여하지 않았습니까? 모든 신자들에게 주어진 지위를 생각해 보십시오. 그것은 얼마나 놀랍고 영광스러운 것입니까? 왜냐하면 우리는 천만 천사들이 있는 곳에 이르렀기 때문입니다. 다윗은 말합니다. "하나님의 천사는 천천이요 병거는 만만이라"(시 68:17, 한글개역개정판에는 "하나님의 병거는 천천이요 만만이라"라고 되어 있음). 또 다니엘은 이렇게 말합니다. "그를 섬기는 자는 천천이요 그 앞에서 모셔 선 자는 만만이며"(단 7:10). 다니엘은 마치 한 군단(軍團)인 것처럼 천사들을 천 명씩 묶습니다. 여호와의 군단을 생각해 보십시오. 예수 그리스도는 아버지께서 열두 군단의 천사들을 보내실 것을 말씀하시기도 했습니다. 주 여호와는 로마제국 전체가 소집할 수 있는 것보다 더 많은 군단을 한 장소에 보낼 수 있습니다. 그리고 이러한 군단의 한 명의 전사(戰士)는 하룻밤에 상대방 군대 전체를 멸망시킬 수 있습니다. 한 천사가 산헤립의 군대를

칠 때 그랬던 것처럼 말입니다. 그들은 얼마나 강하며, 정결하며, 영광스러우며, 불꽃 같은 영들입니까? 우리는 그들과 교제를 갖습니다. 우리는 헤아릴 수 없을 정도로 많은 천사들에게 이르렀습니다. 우리가 항상 그것을 의식하지는 못하지만 그러나 그들은 항상 우리를 두르고 있습니다. 마치 야곱의 꿈속에서 그랬던 것처럼 말입니다. 만일 우리의 눈이 열려 있다면, 우리는 주의 종들을 둘러싸고 있는 불 말과 불 병거들을 보게 될 것입니다. 우리가 잠잘 때든지 깨어 있을 때든지, 수많은 영적 존재들이 이 땅을 걸어다니고 있습니다. 하나님은 그들을 통해 우리에게 오십니다. "그룹을 타고 다니심이여 바람 날개를 타고 높이 솟아오르셨도다"(시 18:10). 천사들은 악령들과 싸우며 우리를 지킵니다. 우리가 삼키는 불꽃이 아니라 헤아릴 수 없을 정도로 많은 아버지의 사자(使者)들에게 이르렀다는 사실을 생각해 보십시오. 바로 이것이 우리의 위치입니다.

셋째로, 시내 산은 "침침함"(blackness)이 있는 산으로 묘사됩니다. 그 산 위에서 번쩍였던 번개들은 의심의 여지 없이 그 산의 침침함을 더욱 강렬하게 만들었을 것입니다. 바울은 말합니다. "너희는 침침함에 이른 것이 아니라." 이것과 대조되는 것은 무엇입니까? "그러나 너희기 이른 곳은 하늘에 기록된 장자들의 모임과 교회이니라." 어쩌면 여러분은 여기에 나타난 대조를 빨리 알아채지 못하는지 모릅니다. 이제 내가 그것을 여러분에게 보여주겠습니다. 침침함(blackness, 혹은 "검음")은 슬픔의 상징입니다. 그것은 상가(喪家)에서 애곡할 때 입는 옷의 색깔입니다. 어느 곳에서든 우리는 검은 색을 슬픔과 연결시킵니다. 그와 관련하여 바울은 여기에서 최고의 기쁨의 표현을 우리 앞에 제시합니다. 여기의 "모임"(general assembly)이란 단어의 원어는 거대한 축제 혹은 제전(祭典)을 암시합니다. "너희는 거대한 축제에 이르렀느니라." 그것은 올림포스 산 밑에서 4년 내지 5년마다 한 번씩 열렸던 그리스의 거대한 제전과 비견할 만한 것이었습니다. 그 때 그리스의 각 도시국가들은 함께 모여 거대한 제전을 행하며 선의의 경쟁을 벌였습니다. 죽음을 상징하는 색깔 대신, 우리는 모든 족속들이 즐겁게 모이는 것을 봅니다. 그것은 사방에 흩어진 하나님의 모든 자녀들의 즐거운 연합입니다. 오늘날 우리는 교회와의 사랑의 교제 가운데 하나님의 거대한 모임, 각 나라의 거룩한 모임, 하나님의 모든 지파들의 중심지에 이르렀습니다. 그것은 거룩한 목적을 위한 모임입니다. 왜냐하면 그것은 "교회"이기 때문입니다. 더욱이 그것은 즐거운 목적을 위한 모임입니다. 왜냐하면 그것은 모든 지파들이 모여 이루어지는 축제이기 때문입니다. 하나님의 하나의 거대한 교회가 숨쉬는 곳에 장엄한 기쁨과 거룩한 즐거움이 퍼집니다. 여러분은 "당신은 지금 하늘의 교회를 의미하고 있습니까?"라고 묻습니다. 그렇습니다. 나는 지금 하늘의 교회를 의미하고 있습니다. 그렇지만 땅 위에 있는 교회 역시 마찬가지입니다. 왜 교회가 나누어져야 합니까? 오직 하나의 교회가 있을 뿐입니다. 이 땅에서는 다소간의 나누임이 있는 것처럼 보이지만, 그러나 하나님의 눈에는 어떤 나누임도 없습니다. 하나님은 자신의 모든 백성들로 이루어지는 하나의 거대한 모임을 보십니다. 모든 나라와 민족과 백성과 방언에서 말입니다. 여러분은 여기의 장면을 보면서 교회의 영광을 깨닫지 못합니까? 여러분의 마음은 이 거대한 모임에 이를 수 없습니까? 여러분은 자신이 하나님의 택함받은 모든 무리 가운데 서 있음을 느낄 수 없습니까? 모든 세대와 민족과 장소를 망라하여 말입니다. 여러분은 지극히 높은 자 앞에서 그들과 함께 하늘의 축제에 참여하고 있음을 느낄 수 없습니까? 그들과 함께 계속해서 하나님을 찬미하며 즐거움으로 그에게 예배를 드리면서 말입니다. 나는 홀로 있지 않고 "하늘에 기록된 거룩한 장자들의 모임과 교회"에 속한 한 사람인 것으로 인해 기뻐합니다. 그리고 언제든지 그러한 기쁨으로 인해 소리칠 준비가 되어 있습니다. 율법으로 말미암은 "검음"(blackness)과 신자들의 즐거운 "흰옷"은 얼마나 멋진 대조를 이룹니까?

넷째로, 또 18절은 "너희가 흑암에 이르지 않았다"고 말합니다. 시내 산의 구름은 한낮을 어둡게 만들 정도로 빽빽했습니다. 여기저기에서 번개가 번쩍일 때를 빼고는 말입니다. 그러면 우리는 그러한 흑암과 대조하여 어디에 이르렀습니까? 그것은 "만민의 심판자이신 하나님"입니다. "그러나 너희가 이른 곳은 만민의 심판자이신 하나님이니라." 아마도 여러분은 이러한 표현이 그다지 즐겁게 들리지 않을 것입니다. 그러나 이것은 본문 가운데 가장 즐거운 구절입니다. "하나님은 빛이시라 그에게는 어둠이 조금도 없으시니라"(요일 1:5). 율법의 흑암은 화해의 하나님과 얼마나 훌륭한 대조를 이룹니까! 여러분은 말합니다. "그렇지만 만민의 심판자는 우리를 두려워 떨게 만들지 않습니까?" 어째서 그렇습니까? 어째서 그렇습니까? 나는 "만민의 심판자이신 하나님"께 이른 것을 생각할 때 두려워 떠는 것을 그치게 됩니다. 왜냐하면 그리스도께서 나를 그분께 데려다주었기 때문입니다. 그러므로 나는 더 이상 그를 두려워할 아무것도 가지고 있지 않습니다. 그리스도가 대속한 사람에 대하여 심판자가 무죄를 선언하는 것 외에

무슨 판결을 내리겠습니까? 심판자가 우리에게 무슨 해를 끼칠 것입니까? 아무
것도 없습니다. 도리어 우리에게 큰 유익을 끼칩니다. 왜냐하면 그는 우리로부
터 모든 비방과 중상을 날려 버림으로써 우리로 하여금 그의 나라에서 해처럼
비추게 만들 것이기 때문입니다. 오늘날 우리는 자기 백성들을 기쁨으로 바라보
시며 그들에게 상으로 주시려고 면류관을 들고 계시는 하나님 앞에 서 있습니
다. 이러한 장자들의 거대한 모임 안에서 그들은 죄와 더불어 씨름하며, 인내의
경주를 달리며, 하나님의 영광을 선포하며 찬미의 노래를 부릅니다. 바로 이것
즉 하나님께 모이는 것이 모든 성도들에게 최고의 기쁨입니다.

　　다섯째로, 18절은 계속해서 "너희는 **폭풍**에 이른 것이 아니라"라고 말합니
다. 시내 산 꼭대기에는 강하고 두려운 폭풍이 몰아쳤습니다. 왜냐하면 그곳에
여호와가 계셨기 때문입니다. 하나님이 시내 산 위에 영광 가운데 강림하실 때,
하늘 전체가 진동하는 것 같았습니다. 그러나 여러분과 나는 무엇을 봅니까? 그
것은 폭풍과 정반대로 평온하게 안식하고 있는 "온전하게 된 의인의 영들"입니
다. 그들이 해야 할 일이 더 있습니까? 그들은 온전합니다. 그들은 자신들의 선
한 싸움을 싸웠습니다. 그들은 경주를 달렸으며, 면류관을 썼으며, 하늘의 행복
으로 충만합니다. 하나님의 빛이 그들의 머리 위에 있으며, 하나님의 영광이 그
들의 얼굴로부터 반사됩니다. 폭풍과 같은 모든 것은 그들로부터 멀리 사라졌습
니다. 그들은 아름다운 항구에 도달했으며 더 이상 폭풍으로 요동치지 않습니
다. 오늘날 여러분과 나는 하나님이 주신 영광 가운데 평온하게 안식하고 있는
자들과 교제할 수 있는 장소에 이르렀습니다. 이것은 은혜언약의 찬란한 영광의
일부이며, 우리는 거기에 이르렀습니다.

> "심지어 지금, 믿음으로 말미암아 우리는
> 　우리 앞서 걸어갔던 자들의 손을 붙잡으며,
> 　피 뿌림을 받은 무리와
> 　영원한 항구에서 인사하도다."

　　믿음은 우리를 이 땅과 하늘에 있는 모든 성도들과 하나의 교제를 이루는
곳으로 데려다 주었습니다.

　　여섯째로, 19절은 계속해서 "너희는 나팔소리에 이른 것이 아니라"라고 말합

니다. 나팔소리는 시내 산 꼭대기로부터 울려 퍼졌습니다. 나팔의 음정은 가장 날카롭고 예리하게 거룩하신 하나님의 명령을 선포했습니다. 여러분은 거기에 이르지 않았습니다. 전쟁과 왕의 소환명령을 나타내는 나팔소리 대신, 여러분은 "새 언약의 중보"이시며 "수고하고 무거운 짐 진 자들아 다 내게로 오라 내가 너희를 쉬게 하리라"라고 말씀하시는 예수께 이르렀습니다. 여기에는 우리의 고막을 찢어지게 만드는 것이 아무것도 없습니다. 왜냐하면 그는 "다투지도 아니하며 들레지도 아니함으로써 아무도 길에서 그 소리를 듣지 못하게 할 것이며 상한 갈대를 꺾지 아니하며 꺼져가는 심지를 끄지 아니할"(마 12:19) 것이기 때문입니다. 우레와 같은 두려운 소리는 더 이상 없습니다. "가까이 나아오지 말라"는 두려운 음성 대신, "가까이 나아오라 내가 너희를 기쁘게 맞아들이노라"는 따뜻한 음성이 있습니다. 하나님은 중보자이신 그리스도 예수의 인격 안에서 여러분에게 오셨습니다. 예수의 인격 안에서 우리는 두려운 소리가 아니라 격려하는 소리를 듣습니다. 새 언약의 중보는 우리에게 명령하기보다 우리 안에서 일하십니다. 그리고 우리로 하여금 뜻을 품고 일하게 만드십니다. 이와 같이 오늘날 우리가 이른 자리는 최고의 축복들 가운데 하나가 아닙니까? 두려운 나팔소리 대신 자신의 구원 안에서 안식하라고 말씀하시는 예수의 달콤한 음성을 듣는 것은 얼마나 복된 일입니까?

마지막 일곱 번째 대조는 "말하는 소리"입니다. 나팔소리와 함께 사람들의 "말하는 소리"가 울려 퍼졌습니다. 그것은 너무도 두려워서 더 이상 듣지 않게 해 달라고 간청하는 소리였습니다. 그들은 두려운 음성을 듣고 마치 두려움 가운데 부들부들 떠는 가련한 아이처럼 웅크렸습니다. 그들은 계속해서 음성을 듣는 것을 견딜 수 없었습니다. 그들은 그 음성이 더 이상 들리지 않게 해 달라고 간청했습니다. 그러나 우리는 다른 음성 즉 "아벨의 피보다 더 나은 것을 말하는 뿌린 피"의 음성에 이르렀습니다. 시온 산으로부터의 음성이 있습니다. 천만 천사로부터 나오는 음성이 있습니다. 하늘에 기록된 장자들의 모임과 교회에 대한 위로와 위엄으로 가득 찬 하나님의 음성이 있습니다. 복된 말씀은 생명과 용서와 화해와 받아들임과 기쁨과 영원한 행복에 대해 말합니다. 이러한 하늘의 음성을 들은 백성들은 얼마나 복됩니까! "여호와여 그들이 주의 얼굴 빛 안에서 다니리이다"(시 89:15). 이러한 음성은 많으면 많을수록 좋습니다. 그것은 귀를 아프게 하지도 않고 마음을 상하게 하지도 않습니다.

"피에는 하늘에 호소하는 소리가 있도다.
아벨의 피는 '복수'를 부르짖도다.
그러나 죽임당한 예수의 피는
큰 소리로 화평을 외치도다."

우리는 예수의 피에 이르렀습니다. 왜냐하면 우리는 그 피로 씻음을 받았기 때문입니다. 그리고 그 피의 소리는 지금 아름다운 음악으로 우리 마음을 채우고 있습니다.

사랑하는 친구들이여, 지금까지 우리는 일곱 가지 대조를 살펴보았습니다. 나는 여러분이 성령의 도우심으로 그러한 대조들을 곰곰이 되새겨 보기를 바랍니다. 시내 산의 이스라엘 백성들은 가까이 나아올 수도 없었고, 그렇게 하기를 원하지도 않았습니다. 그들은 멀리 떨어져 있었습니다. 왜냐하면 몹시 두려웠기 때문입니다. 그러나 시온 산에 나타난 모든 사람들은 가까이 나아올 수 있습니다. 아니, 우리는 이미 가까이 나아왔습니다. 바울의 표현대로, 우리는 "이르렀습니다." 지금 우리는 그 안으로 들어가며, 그 안에서 즐거워합니다. 그것은 우리의 생명과 우리의 기쁨이 되었습니다. 이스라엘 백성들이 시내 산에서 보았던 모든 것은 그들을 두려움과 비탄에 빠지게 했습니다. 그러나 우리가 시온 산에서 보는 모든 것은 우리를 말할 수 없이 기쁘게 만듭니다. 하나님의 놀라운 영광과 사랑을 생각할 때, 우리는 감격에 겨워 어찌할 바를 알지 못합니다. 우리는 두려움과 멍에 안으로 이끌리지 않습니다. 우리는 경고의 두려운 나팔소리를 듣지 않습니다. 반대로 우리는 하나님의 산에 이르렀습니다. 그리고 거기에서 축제를 벌입니다. 하나님이 행하신 모든 것으로 인해 기뻐하면서 말입니다. 휘장은 위로부터 아래까지 두 폭으로 찢어졌으며, 우리는 우리 주 예수 그리스도를 통해 하나님께 담대히 나아갑니다.

**2. 둘째로, 이제 본문 중간에 있는 "하늘에 기록된 장자들의 모임과 교회"라는 표현을 다른 것과 비교해 보도록 합시다.**
지금 우리가 있는 자리가 어디입니까? 그것은 "하늘에 기록된 장자들의 모임과 교회"입니다. "너희가 이른 곳은 하늘에 기록된 장자들의 모임과 교회이니라." 여기에서 우리는 이것을 옛 언약에 속한 어떤 것과 비교하지 않고, 이방의 축제와 비교할 것입니다. 나는 아마도 이것이 바울 사도가 생각하고 있었던 것과 좀 더 가까울 것이라고 생각합니다. 먼저 개략적인 그림을 그려보도록 합시다.

고대 그리스에서는 민족적인 통일성을 고취하기 위해 각각의 도시국가들이 올림포스 산 밑에서 큰 모임을 가졌는데, 그리스에 속한 각 도시국가들의 시민이 아닌 사람은 결코 그 모임에 참여할 수 없었습니다. 그 모임의 목적은 모든 그리스 민족이 하나임을 기념하면서 그들 민족의 각 특성들을 나타내며 함양하는 것이었습니다. 시인들은 자신이 지은 시를 읊으며 경연(競演)을 벌였으며, 웅변가들은 면류관을 놓고 누가 더 말을 잘 하는지 경쟁했습니다. 지적인 성취를 이룬 모든 종류의 사람들이 거기에서 각자의 기량을 겨루었습니다. 뿐만 아니라 거기에서는 육체를 발전시키기 위한 모든 종류의 운동경기들이 진행되었습니다. 이러한 행사가 열린 장소는 신성한 장소로 간주되었습니다. 각 도시국가들은 때로 자기들끼리 전쟁을 하기도 했지만 그러나 이 특별한 장소에서는 결코 싸우지 않았습니다. 그곳은 고요하며, 평화로우며, 중립적인 장소였습니다. 그리고 최소한 열 달 이상 준비하지 않은 사람은 어떤 경연에도 참가하는 것이 허락되지 않았습니다. 한편 승리자에게 주어지는 상은 금이 아니었습니다. 단지 감람 잎으로 엮은 면류관이 전부였습니다. 그러나 그것은 피가 마르며 뼈가 으스러지기까지 자기를 부인하며 준비한 것에 대한 가장 충분한 상으로 여겨졌습니다. 승리자들은 말을 타고 위풍당당하게 자신들의 도시로 돌아왔습니다. 심지어 우리는 그들이 성문을 통해 들어오지 않았다는 이야기까지 듣습니다. 그들을 위해 성벽 일부를 허물어뜨리고 그곳을 통해 들어왔다는 것입니다. 그토록 그들의 위용은 하늘을 찌를 듯했습니다. 그리스인들은 그 축제를 매우 소중하고 영광스럽게 여겼으며, 그 모임은 그들 나름의 종교의식으로 더욱 화려하게 치장되었습니다. 나는 바울 사도가 지금 그것을 생각하고 있었다고 확신합니다. 어쨌든 지금 그가 사용하고 있는 단어들은 자연스럽게 그것을 암시합니다.

여기에서 잠깐 생각해 보십시오. 우리 앞에 장자들의 모임의 중심지인 한 도시가 서 있습니다. 그것은 예루살렘입니다. 예루살렘이 우리 앞에 서 있으며, 그것의 아크로폴리스인 시온 산이 그것을 내려다보고 있습니다. 살아 계신 하나님의 도성(city, 도시)에, 생명을 얻은 하나님의 자녀들이 이르렀습니다. 하나님의 임재가 어떻게 누구라도 능히 헤아릴 수 없는 큰 무리를 한 자리에 모았는지

생각해 보십시오. 여러분의 상상력을 최대한 발휘해 보십시오. 그 장소는 지극
히 높은 자의 궁정을 구성하는 빛의 자녀들로 가득 차 있습니다. 그 거룩한 도시
의 자유시민들을 주목해 보십시오. 그들은 하나님으로부터 "거룩한 경주에 참여
하는 경주자들"로 등록되었습니다. 저기에 있는 달리는 자들과 씨름하는 자들을
보십시오. 아마도 여러분은 그리스의 거대한 축제 안에 그토록 많은 경주들이
있었다는 사실을 알지 못했을 것입니다. 그러나 그들은 힘겨운 경주들에 대하여
여러분과 다른 생각을 가지고 있었습니다. 그들에게 있어 그러한 경주들은 큰
즐거움이었습니다. 우리가 이 땅의 모든 고난과 괴로움과 어려움들을 이런 시각
으로 바라볼 수 있다면 얼마나 좋겠습니까?

　　보십시오. 저기에 면류관을 들고 서 계시는 우리의 위대한 심판관이 있습니
다. 그리고 저기에 앉아 지켜보고 있는 자들은 누구입니까? 그들은 자기 시대에
이러한 위대한 경주에 참가하여 면류관을 얻은 자들이 아닙니까? 그들이 저기에
"온전하게 된 의인의 영들"로서, 그리고 "구름같이 둘러싼 허다한 증인들"로서
앉아 있습니다. 나의 형제들이여, 오늘날 여러분은 하나님의 모든 백성들의 거
대한 모임에 참여하고 있습니다. 여러분은 여기에 있는 것이 기쁘지 않습니까?
얼마 전 병든 형제를 방문했을 때, 나는 그로부터 매우 의미심장한 말을 들었습
니다. 그는 우리 교회에 참석하면서 천국에 대해 많은 것을 배웠노라고 말했습
니다. 그것이 무엇이냐고 묻자, 그는 이렇게 대답했습니다. "왜냐하면 매우 많은
수의 경건한 사람들과 함께 예배를 드리게 되었기 때문이지요. 나는 이 땅에 있
는 동안 매우 많은 무리의 사람들과 더불어 찬송을 부르고 예배를 드렸습니다.
그러므로 아무라도 능히 셀 수 없는 무리 가운데 있을 때, 나는 편안한 마음을 느
낄 것입니다." 그렇습니다. 성일(聖日)을 지키는 무리와 함께 하늘에 올라가는
것은 얼마나 복된 일입니까! 많은 사람들이 모여 예배를 드릴 때, 그 예배에는 풍
성함과 아름다움과 감동과 흥분이 더해질 것입니다. 이런 측면에서 우리가 시온
산에 모인 구속받은 거대한 무리에 이른 것은 얼마나 복된 일입니까!

　　형제들이여, 여러분은 불붙은 산 주위에 모여 있지 않습니다. 또 여러분은
두려워 떠는 무리 가운데 있지 않습니다. 마치 무서운 주인 앞에서 벌벌 떠는 노
예들처럼 말입니다. 오늘날 여러분은 하늘과 땅이 연합된 큰 모임에 이르렀습니
다. 그 모임은 하나이며, 보이지 않습니다. 바울은 지극히 높은 자의 보좌 주위에
둘러선 모든 성도들을 하나의 영광스러운 축제를 열기 위해 모인 자들로서 묘사

합니다. 여러분은 묻습니다. "그 축제는 시작되었습니까?" 그렇습니다. 그것은 지금도 계속해서 진행되고 있으며, 여러분은 거기에 이르렀습니다. 만일 여러분이 믿음으로 말미암아 살고 있다면, 여러분은 지금 그 축제에 참여하고 있는 것입니다. 여러분은 "그렇지만 나는 지금 씨름하고 있습니다"라고 말합니다. 그것은 그 축제의 일부입니다. 한 사람이 외칩니다. "나는 한 번도 그런 생각을 해본 적이 없습니다." 그렇다 하더라도 그것은 사실입니다. 올림포스에서 열렸던 거대한 축제를 생각해 보십시오. 거기에서 열렸던 모든 종류의 경주들은 괴롭고 힘든 것이 아니라 기쁘고 즐거운 것으로 간주되지 않았습니까? "무엇이라고요? 당신은 내가 지금 겪고 있는 고난과 씨름을 축제의 일부로 보라고 말하고 있는 것입니까?" 그렇습니다. 나는 여러분이 그러한 것들을 우리 앞서 걸어갔던 믿음의 영웅들이 가졌던 시각과 동일한 시각으로 바라보기를 바랍니다. 지금도 경주가 진행되고 있습니다. 거룩한 웅변가들은 지금 자신의 달려갈 길을 달려가고 있습니다. 여러분은 조금 전에 노래하는 자들이 최선을 다해 노래하는 것을 들었습니다. 나는 내가 지금 부끄러움을 개의치 아니하시고 십자가를 참으신 주님의 영광을 이야기하는 것을 큰 영예로 생각합니다. 많은 사람들이 나처럼 말씀을 전파하고 있습니다. 그리고 각처에서 선택받은 거룩한 웅변가들이 하나님의 놀라운 사랑과 지혜에 대해 말하고 있습니다. 이러한 모임 가운데 많은 사람들이 노래를 부르며, 글을 쓰며, 자신이 맡은 분야에서 최선을 다하고 있습니다. 그리고 그렇게 함으로써 그들은 그 모임을 더욱 위대하고 주목할 만한 것이 되도록 만듭니다. 저쪽에 있는 또 다른 사람들을 보십시오. 그들이 얼마나 열심히 유혹과 싸우고 있는지 보십시오. 그들이 얼마나 격렬하게 거짓과 싸우고 있는지 보십시오. 그들이 얼마나 열심히 자신의 경주를 달리고 있는지 보십시오. 그들이 얼마나 힘을 다해 무거운 짐을 지탱하고 있는지 보십시오. 그렇습니다. 그것들은 모두 주께서 모든 지적인 존재들 앞에서 만들고 있는 것을 나타내고 있습니다. 사랑의 능력과 믿음의 힘과 은혜의 광채와 선의 승리가 우리로 말미암아 분명하게 드러나며, 그것이 하나님의 영광을 나타냅니다.

여러분은 "아, 나는 나의 고난과 괴로움을 그런 시각으로 바라볼 수 없어요"라고 말합니다. 물론 지금 씨름하고 있거나 경주하고 있는 사람들은 당장은 그것이 즐겁지 않게 느껴질 것입니다. 그럼에도 불구하고 그리스인들은 그것을 피하지 않았습니다. 왜냐하면 그들은 승리자에게 주어지는 영광의 면류관을 바라

보았기 때문입니다. 그들은 비록 가장 힘든 경주라 하더라도 그 경주에 참여하
도록 허락되는 것을 큰 영예로 여겼습니다. 그리스인들만 그렇게 할 수 있는 것
이 아닙니다. 여러분 역시도 하나님의 교회 가운데 한 자리를 차지했습니다. 이
것은 큰 영예입니다. 왜냐하면 그 이름이 하늘에 기록된 거듭난 자들만이 그 가
운데 받아들여질 수 있기 때문입니다. 그들은 모든 시련과 고통을 영예로운 것
으로 여길 수 있습니다. 여러분은 말합니다. "아 그렇지만 나는 지금까지 오랜
시간을 달렸습니다. 무려 50년 동안이나요." 그렇다면 그것은 얼마나 멋진 경주
입니까! 심지어 올림포스에서조차 사람들은 어떤 사람이 50년 동안 계속해서 달
리는 것을 보지 못했을 것입니다. 계속해서 달리십시오. 그 날의 영광을 생각하
십시오. 모두의 아버지는 이러한 모임을 기뻐하십니다. 그리스도는 자신의 경주
자들을 내려다보시는 것을 기뻐하십니다. 그는 그들의 믿음을 지탱해 주시며 그
들의 믿음을 받으십니다. 그는 마귀들에게 말씀하십니다. "의를 사랑하는 자들
이 어떻게 하는지 잘 보라!" 그는 천사들에게 말씀하십니다. "너희 천만 천사들
아, 은혜가 연약하며 가련한 인생들의 마음속에서 어떤 일을 행할 수 있는지 보
라. 그들을 강하게 하여 그들로 하여금 위대한 일을 행하도록 만들지 않는가!" 나
의 형제들이여, 옛 성도들이 어떤 위대한 일들을 이루었는지 보십시오. 히브리
서 11장을 읽어 보십시오. 주의 택함받은 자들이 화형장에서 불에 타 죽는 순간
까지 믿음을 버리지 않고 꿋꿋하게 서 있었던 것을 생각해 보십시오. 그들은 모
진 고문을 당하면서도 자신들의 주를 부인하지 않았습니다. 그들은 말의 뒤꿈치
에 묶여 끌려 다니기도 했으며, 불에 서서히 태워지기도 했으며, 죽을 때까지 벌
에 쏘임을 당하기도 했습니다. 그들의 인내는 그리스의 모든 영웅들보다 훨씬
더 뛰어났습니다. 은혜로 말미암아 사람들은 얼마나 놀라운 일들을 행합니까!
하나님은 그들을 통해 자신의 이름을 영화롭게 하셨습니다. 우리 주님은 우리
역시도 그러한 경주에 참여하도록 이끄십니다.

　　그러면 우리는 무엇을 할 수 있습니까? 하나님이여, 우리로 하여금 최선을
다해 달려갈 수 있도록 도우소서! 은혜로 말미암아 우리로 하여금 고난을 더 잘
견디도록 하시고, 더 후한 자가 되게 하시고, 더 열심히 일하는 자가 되게 하시
고, 더 굳세게 유혹에 저항하는 자가 되게 하시고, 더 순전하게 말하는 자가 되게
하소서! 경주자들이여, 영광의 날이 다가오고 있지 않습니까? 여러분의 축제는
그 마지막 날이 거의 다가오지 않았습니까? 여러분의 용기와 믿음과 인내가 꺾

이지 않게 하십시오. 더욱 힘써 자신의 경주를 달리십시오. 그리고 여러분을 위해 준비된 상을 간절히 바라십시오.

이제 "장자들의 모임과 교회"라는 표현을 주목해 보십시오. 어떤 주석가들은 이것을 동어반복(tautology)이라고 말합니다. 그러나 그렇지 않습니다. 바울은 그 축제가 다름 아닌 "교회"라는 사실을 우리에게 일깨워 주고 싶었던 것입니다. 여러분과 나는 하나님의 모든 성도들이 모인 하나의 거대한 교회 공동체에 이르렀습니다. 무엇이 교회 즉 에클레시아를 만듭니까? 그들은 첫째로 **택함받은** 백성들이며, 둘째로 **부름받은** 자들입니다. 그리고 셋째로 **성별된** 백성들이며, 넷째로 모인 백성들입니다. 이렇게 하여 그들은 살아 계신 하나님의 교회가 됩니다. 그들은 하나님의 택하심의 사랑에 의해 성별되었습니다. 그들은 하나님의 효과적인 부르심에 의해 세상으로부터 불러냄을 받았습니다. 그리고 그들은 그리스도 안에서 하나로 모였으며, 하나님을 섬기는 일로 영원히 성별되었습니다. 이것이 여러분과 내가 이른 곳입니다. 우리가 이러한 모임 가운데 받아들여진 것은 얼마나 놀라운 은혜입니까!

형제들이여, 바울이 지금 히브리인들에게 편지를 쓰고 있다는 사실을 기억하십시오. 그들은 모든 지파들이 예루살렘에 모이는 큰 절기들을 얼마나 즐거워했습니까! 바울은 그 모든 절기들과 그것들이 의미하는 것에 대해 잘 알고 있었습니다. 그러나 여기의 모임은 유대의 절기들과는 도무지 비교할 수 없는 것입니다. 히브리인들이 여기에 이르렀지만, 그러나 이 모임은 결코 그들만의 것이 아니었습니다. "사람들이 동서남북으로부터 와서 하나님의 나라 잔치에 참여하리니"(눅 13:29). 올림포스의 축제를 생각해 보십시오. 그 때 스파르타인들과 테베인들과 아테네인들과 고린도인들이 모두 모여 하나의 그리스인으로 융합되었습니다. 그와 마찬가지로 유대인들과 이방인들과, 이 교회에 속한 사람들과 저 교회에 속한 사람들이 모두 모여 하나의 총회(general assembly)로 융합될 것입니다. 그것은 히브리인들만의 특유한 모임이 아니라 모든 장자들의 총회입니다.

사랑하는 친구들이여, 이러한 모임을 구성하는 모든 개인들은 **장자들**로서 위로부터 난 자들입니다. 특별한 의미로 장자는 예수 그리스도 한 분뿐입니다. 그러나 우리는 새로운 탄생으로 그와 하나로 연합됨으로써 하나님의 장자들이 되었습니다. 그리스도와 연합됨으로써 그리고 은혜의 복된 과정을 통해 우리는 하나님의 장자가 되고 또 그렇게 알려집니다. 장자는 그 가정에서 특별한 지위와 우선권을 가집니다. 그와 같이 우리는 특별한 권리를 갖습니다. "온유한 자는 복이 있나니 땅을 기업으로 받을 것임이요"라는 말씀처럼 말입니다. 이와 같이 의(義)가 전면에 서게 될 날이 올 것입니다. 또 장자는 특별한 권리를 가지고 있습니다. "르우벤아 너는 내 장자요 내 능력이요 내 기력의 시작이라 위풍이 월등하고 권능이 탁월하도다"(창 49:3). 성도들은 땅의 탁월한 자들입니다. 장자가 하나님께 성별된 자들이었던 것처럼 우리 역시도 하나님께 구별되어 드려진 자들입니다. "너희는 너희의 것이 아니요 값으로 산 것이 되었으니"(고전 6:19). 장자는 값을 치르고 구속된 자들이었습니다. 그와 마찬가지로 우리는 그리스도의 보혈로 산 바 되었습니다. 장자는 기업과 보좌와 제사장직을 갖습니다. 하나님의 장자의 기업은 얼마나 광대합니까? 만물이 그들의 것이며, 그들은 그리스도와 함께 한 하나님의 공동상속자입니다. 그리고 그들에게는 영광이 있습니다. "이런 영광은 그의 모든 성도에게 있도다"(시 149:9). 모든 가정에는 상대적으로 적은 기업을 상속받는 동생들이 있습니다. 그러나 하나님의 가정에는 동생들이 없습니다. 그들은 모두 장자들입니다. 우리 모두에게 주어지는 기업은 무한히 광대합니다. 내가 모든 것을 가졌다 할지라도, 여러분 역시도 모든 것을 가질 수 있습니다. 헤아릴 수 없이 많은 모든 장자들이 하나님의 모든 것을 영원히 자신의 분깃으로 가질 수 있습니다.

　또 여기에서 "하늘에 기록된"이라는 표현을 주목해 보십시오. 그들은 "기록된" 혹은 "등록된" 자들이었습니다. 앞에서 이야기한 것처럼, 그리스의 축제에서는 경주자들이 미리 등록되어야만 했습니다. 그래서 경주자들은 자신의 이름이 사전에 등록되는 것에 큰 관심을 기울였습니다. 이와 같이 하나님은 자기 백성들의 이름을 등록 혹은 기록하셨습니다. 그들은 어디에 기록되었습니까? 땅에 기록되었습니까? 아닙니다. 악한 자들은 땅에 기록되었습니다. 그러나 주의 백성들의 이름은 하늘에 기록되었습니다. 모든 경건한 자들의 이름이 영원히 변치 않는 하나님의 마음에, 영원히 지워지지 않는 하나님의 기억에, 영원히 잊히지 않는 하나님의 생각에 기록되었습니다.

　이것을 여러분에게 어떻게 설명해야 할지 모르겠습니다. 다만 나는 여러분이 오늘 아침 이 거대한 모임 가운데 서 있음을 느끼기를 바랍니다. 지금 여러분 주위에서 영적인 운동경기들이 펼쳐지고 있습니다. 죄에 대항하여 싸우며, 거짓을 이기려고 투쟁하며, 고통을 견디며, 계속해서 거룩한 일을 수행하는 등의 운동경기 말입니다. 심판관이 그 손에 면류관을 들고 바라보고 있습니다. 그것을 승리자의 머리 위에 씌워 줄 준비를 갖추고 말입니다. 하늘은 달콤한 향기로 가득하며, 아름다운 음악이 울려 퍼지고 있으며, 모두는 기쁨으로 충만합니다. 고난을 당하고 있는 어떤 사람이 그것을 징벌로 생각하고 있다면, 그는 채찍에 맞기 위해 묶여 있는 범죄자처럼 느끼고 있는 것입니다. 그러나 만일 그가 그것을 승리의 여정 가운데 거쳐야 하는 필연적인 일부로서 생각한다면, 그는 그것을 불평 없이 받아들일 것입니다. 그리고 우리가 승리를 확신한다면, 이 땅에서 겪는 우리의 모든 수고와 고통의 의미는 완전히 달라질 것입니다. 천사들은 내려오고 우리는 올려집니다. 우리는 인내 가운데 승리함으로써 주님을 기쁘시게 합니다. 그리고 그렇게 함으로써 하나님이 우리를 위해 예비하신 복된 도성을 영예롭게 만듭니다. 이 땅에서 우리는 단순한 관중이 아니라, 넘치는 기쁨을 함께 나누는 무리 가운데 있습니다. 지금 우리가 누리는 행복은 얼마나 크고 놀랍습니까! 천국은 이 땅에서 시작됩니다. 그리고 이 땅에서 겪는 고난들은 자기 백성들 가운데 나타난 주의 영광의 일부에 불과합니다.

### 3. 마지막으로, 우리가 이 모든 것을 향유하는데 이르렀다는 사실을 주목하십시오.

하늘에 기록된 장자들의 모임과 교회에 "우리가 이르렀다"는 것이 여기의 핵심입니다. 그러면 우리는 어떻게 이르렀습니까? 우리는 처음부터 난관에 부닥칩니다. 그 거대한 모임에 대해 한 번도 생각해 본 적이 없는 여러분은 결코 거기에 들어갈 수 없습니다. 문지기가 서서 여러분을 막습니다. 여러분은 "제발 들어가게 해 주세요"라고 부르짖습니다. 그러나 여러분은 들어갈 수 없습니다. 이 모임은 오직 장자들만을 위한 것이며, 여러분은 본질적으로 장자가 아닙니다. 여러분은 먼저 거듭나야 합니다. 그럼으로써 장자 가운데 한 사람이 되어야만 합니다. 하나님의 영이 여러분을 그리스도 예수 안에서 새 피조물로 만들어야 합니다. 그제서야 비로소 문지기가 문을 열고 "들어오시오. 환영합니다"라고 말할 것입니다. 그러면 여러분은 이 거대한 모임에서 어떤 부분을 맡을 것입니까? 여러분은 죄에 대항하여 싸울 것입니까? 여러분은 거짓과 더불어 씨름할 것입니까? 여러분은 면류관을 위해 달릴 것입니까? 여러분은 노래할 것입니까? 여러분은 말할 것입니까? 여러분은 모든 성도들로 이루어진 이 거대한 모임에서 어떤 일을 할 것입니까? 그러나 이러한 질문들은 먼저 여러분이 위로부터 난 이후에야 비로소 제기될 것입니다.

다음으로 여러분은 기록되어야 합니다. 여러분의 이름은 이 땅의 교회 명부가 아니라 하늘의 교회 명부에 기록되어야 합니다. 나는 여러분이 "아, 내 이름이 하늘 명부에 기록되었어요"라고 감격하며 말할 수 있기를 바랍니다. 모든 신자들의 이름이 그리스도의 마음과 손과 어깨에 기록되어 있습니다. 만일 여러분이 예수를 믿는다면, 다시 말해서 그가 그리스도임을 믿는다면, 여러분의 이름은 하늘 명부에 기록된 자들 가운데 있습니다.

만일 여러분이 그가 죽은 자 가운데 일어나 여러분의 믿음을 '시작하게 하는 자'(Arthor)와 '종결하게 하는 자'(Finisher)가 되었음을 믿는다면, 여러분은 그 이름이 하늘에 기록된 사람들 가운데 한 사람입니다. 만일 여러분이 거기 없다면, 하늘의 전체 모임은 아직 완성되지 못한 것입니다. 만일 여러분이 그곳에 들어가지 않았다면, 천국은 완성될 수 없습니다. 왜냐하면 모든 성도들이 거기에 있어야만 하기 때문입니다. 그렇지 않으면 그것은 완전한 모임이 될 수 없습니다. 마땅히 하늘에 있어야 할 어떤 사람이 있지 못한 경우가 있을까요? 만일 어느 한 자녀가 바깥 어둠 가운데 남겨져 있다면, 하늘의 노래는 멈출 것입니다. 먼저 예수를 믿으십시오. 그러고 난 후에 택함받은 모임 가운데 받아들여질 것입니다.

그러나 당신은 또다시 이렇게 말합니다. "내가 어떻게 그 모임에 들어갈 수 있을까요? 나는 거듭나기를 바랍니다. 그리고 내 이름이 주의 구속받은 백성들 가운데 기록되기를 바랍니다. 그러나 아직까지도 나는 내가 그와 같은 축제 모임 가운데 있는 것처럼 느껴지지 않습니다. 그보다도 나는 삶을 위해 다투는 격투기장에 있는 것처럼 느껴집니다." 그와 같이 많은 사람들이 올림포스에서 다투었습니다. 그들은 싸우고 씨름했습니다. 그리고 그렇게 하는 동안 그들은 큰 고난과 괴로움을 견뎠습니다. 그렇지만 그들의 용맹한 다툼은 멋진 광경의 일부였습니다. 그들은 어떤 이유로도 자신들의 경주를 회피하지 않았습니다. 그러므로 사랑하는 친구들이여, 우리가 해야만 하는 것은 이것입니다. 첫째로, 하나님의 도우심 가운데 하나의 교회의 기쁨에 참여합시다. 어째서 우리가 하늘에 있는 천사들만큼 행복해서는 안 된단 말입니까? 그들은 우리보다 더 행복해야 할 어떤 이유도 갖고 있지 않습니다. 예수께서 그들의 본질을 취하지도 않으셨을 뿐만 아니라 그들을 위해 죽지도 않으셨지 않습니까? 그는 우리의 본질을 취하셨고 또 우리를 위해 죽으시지 않으셨습니까?

> "구속의 은혜와 십자가의 사랑을
> 하늘의 천사들은 결코 맛보지 못했도다."

의인의 영들이여, 어째서 내가 당신들의 모든 기쁨에 참여할 수 없단 말입니까? 당신들에게 속한 축복들 가운데 나에게 속하지 않은 것이 도대체 무엇이란 말입니까? 절대적인 온전함 하나만 빼고 말입니다. 내가 구원받지 않았습니까? 내가 씻음을 받지 않았습니까? 내가 그리스도의 의의 옷을 입지 않았습니까? 내가 하나님의 자녀가 아닙니까? 이 모든 것들에 있어 당신들이 그러하듯 나도 그러하지 않습니까? 아직까지는 당신들에게만 속한 절대적인 온전함 역시도 때가 되면 나에게도 주어지지 않을 것입니까? 나의 모든 경주가 끝날 때 말입니다. 오늘 하나님 안에서 기뻐합시다. 이것이야말로 최고의 기쁨이 아닙니까? 심지어 하늘에 있는 자들조차도 이것보다 더 큰 기쁨을 알지 못합니다. 우리 주 예수 그리스도로 말미암아 하나님 안에서 기뻐하는 것이야말로 최고의 행복이 아닙니까?

만일 우리가 주의 무리 가운데 있음을 느끼기를 바란다면, 우리는 그들의 일에 참여해야만 합니다. 여러분과 내가 해야 할 일이 있습니다. 이러한 축제를 즐기기 위해, 우리 모두는 각자 자신의 몫에 참여해야 합니다. 형제여, 오십시오. 서두르십시오. 당신은 아직까지 거룩한 삶에 있어 충분한 진보(進步)를 이루지 못했습니다. 서두르십시오. 모든 무거운 것들을 던져 버리십시오. 여러분의 발을 걸리게 만드는 치렁치렁한 옷은 벗어 버리십시오. 힘을 내어 씨름하십시오. 당신이 무엇을 할 수 있는지 보십시오. 주의 이름으로 당신을 대적하고 있는 악을 단단히 붙잡으십시오. 당신의 악한 습관을 뒤로 내동댕이쳐 버리십시오. 그리고 승리를 얻으십시오. 이와 같이 하여 우리 각자는 하늘의 완전한 승리에 기여하고 또한 그러한 승리에 참여하게 될 것입니다.

그와 함께 우리가 기업을 소유하고 있음을 깨달으십시오. 그것은 "장자의 모임"입니다. 아무도 자신의 장자권을 잃어버리지 않도록 하십시오. 바울 사도가 16절에서 "한 그릇 음식을 위하여 장자의 명분을 판 에서와 같이 망령된 자가 없도록 살피라"고 훈계하는 것을 주목하십시오. 그는 또한 우리가 이 땅에서 겪는 고난을 아들이기 때문에 마땅히 받는 징계로서 받아들일 것을 가르칩니다. 그러므로 나아오십시오. 아들처럼 행동하십시오. 그리고 아버지의 모든 부요하심 안에서 즐거워하십시오. 그것은 모두 여러분의 것입니다. 불신앙 가운데 굶주리지 말고, 믿음으로 부요함을 누리십시오.

우리를 둘러싸고 있는 모든 것들을 전혀 다른 시각으로 바라봅시다. 두려워 벌벌 떨며 숨조차 제대로 쉬지 못하는 노예처럼 행동하지 마십시오. 두려워할 것이 아무것도 없는 자유인처럼 행동하십시오. 하나님의 임재 앞에 서 있는 자처럼 큰 기쁨을 가지십시오. 피로 값주고 산 바된 모든 자들과 함께 말할 수 없는 기쁨과 충만한 영광으로 즐거워하십시오. 스스로 이렇게 물으십시오. "주여, 내가 무엇을 하기를 원하시나이까?" 그리고 이렇게 부르짖으십시오. "내가 여기 있나이다. 나를 보내소서." 나의 주여, 나를 사용하소서! 내 안에서 스스로를 영광스럽게 하소서! 천만 천사들이 내려다보고 있는 동안, 나로 하여금 용감하게 씨름하여 승리하게 도우소서. 그리고 나로 하여금 영원히 쇠하지 않는 생명의 면류관을 받게 하소서. 이것은 마땅히 되돌려 받을 빚이 아니라 값없이 주시는 은혜의 선물입니다. 올림포스 축제의 은유는 "공로에 대한 삯의 개념"을 완전히 배제합니다. 경주에 승리하기 위해 노력하는 그리스 경주자들의 마음속에 수고에 대한 삯의 개념은 전혀 존재하지 않았습니다. 승리자에게 주어진 것은 감람나무 잎으로 엮은 면류관 외에 아무것도 없었습니다. 단 한 푼의 보상금도 주어지지 않았습니다. 만일 그랬다면, 민족적인 축제의 격(格)은 일반적인 운동회 수준의 것으로 격하되었을 것입니다. 이와 같이 여러분은 여러분 자신의 공로로 상을 얻기 위해 다투도록 초청받지 않습니다. 성도들은 영적 기사도 정신에 의해 움직이며, 예수를 위해 그리고 그에 대한 사랑으로부터 행동합니다. 그를 섬기며 그를 위해 일하는 것 자체가 그들의 상급입니다. 그를 위해 죽는 것이 생명이며, 그를 위해 사는 것이 천국입니다. 누가 자신의 혈통과 시민권을 자랑한단 말입니까? 우리는 하늘의 혈통과 하늘의 시민권을 가지고 있지 않습니까? 우리는 주의 구속받은 자들의 모임에 이르렀으며, 즐거운 노래와 영원한 기쁨을 가지고 시온에 이르렀습니다.

제
39
장
—

# 뿌린 피 (1)

—

"새 언약의 중보자이신 예수와 및 아벨의 피보다 더 나은 것
을 말하는 뿌린 피니라 너희는 삼가 말씀하신 이를 거역하
지 말라 땅에서 경고하신 이를 거역한 그들이 피하지 못하
였거든 하물며 하늘로부터 경고하신 이를 배반하는 우리일
까보냐"— 히 12:24-25

바울 사도는 바로 앞에서 우리가 이른 곳은 시내 산과 그곳의 두려운 것들
이 아니라는 사실을 우리에게 일깨워 주었습니다. 출애굽 후 이스라엘은 시내
산에 도착했으며, 그곳에서 하나님은 자신과 자신의 율법을 좀 더 충분하게 나
타내기를 기뻐하셨습니다. 그들은 광야에서 울퉁불퉁한 바위산을 그들의 중심
지로 삼았습니다. 그리고 그 산의 꼭대기로부터 하나님은 불과 침침함과 흑암과
폭풍과 나팔소리와 함께 그들에게 말씀하셨습니다. "땅이 진동하며 하늘이 하나
님 앞에서 떨어지며 저 시내 산도 하나님 곧 이스라엘의 하나님 앞에서 진동하
였나이다"(시 68:8). 우리는 무섭고 두려운 옛 언약에 이르지 않았습니다. 바울은
다른 곳에서 이렇게 말합니다. "이것은 비유니 이 여자들은 두 언약이라 하나는
시내 산으로부터 종을 낳은 자니 곧 하갈이라"(갈 4:24). 시내 산으로부터 낳은
것은 곧 종이었습니다. 신자들의 영에 이스라엘 지파들을 뒤흔들었던 노예적인
두려움과 절망적인 공포와 놀라게 하는 경보(警報)는 깃들지 않습니다. 왜냐하
면 신자들에게 임하는 하나님의 나타남은 소망과 즐거움으로 가득 차 있기 때문

입니다. 우리 위에 빽빽한 구름은 없습니다. 우리는 절망의 흑암 가운데 덮이지 않으며, 두려운 폭풍으로 진동하지 않습니다. 이것은 얼마나 감사한 일입니까! 이스라엘은 여호와의 오른손으로부터 불붙은 율법을 받는 특권을 가졌지만, 그러나 우리는 훨씬 더 큰 은혜를 받았습니다. 왜냐하면 우리는 "복된 하나님의 영광의 복음"을 받았기 때문입니다.

계속해서 바울은 우리가 이른 곳에 대해 이야기합니다. 나는 그가 우리 주님의 십자가와 부활, 그리고 성령 강림 이후의 모든 성도들에 대해 이야기하고 있다고 생각합니다. 그는 지금 성령이 내주하는 전체 교회에 대해 언급합니다. 우리는 불붙은 시내 산보다 훨씬 더 즐겁고 아름다운 곳에 이르렀습니다. 옛 언약의 히브리인들은 계속해서 율법의 어두운 그림자 아래 살았습니다. 그들은 종종 율법을 깨뜨린 것에 대한 심판의 두려운 나팔소리로 인해 소스라치게 놀랐습니다. 이와 같이 그들은 항상 멍에 아래 살았습니다. 율법이 그들에게 줄 수 있는 것이 이것 외에 무엇이겠습니까? 죄인을 정죄하는 것이 율법의 최고의 권능입니다. 반면 주 예수 그리스도를 믿는 신자들은 전혀 다른 환경에서 삽니다. 그들은 울퉁불퉁한 바위산에 이르지 않았습니다. 그들이 이른 곳은 사람이 거주할 수 있는 도시, 하늘의 예루살렘, 하나님의 도성입니다. 그들은 젖과 꿀이 흐르는 땅을 위해 그리고 하늘의 영적 예루살렘을 위해 광야를 떠났습니다. 그들은 천만 천사들과의 교제 안으로 들어왔습니다. 화염검을 들고 생명나무의 길을 막고 있는 그룹이 아니라 구원받은 자들을 섬기라고 보낸 섬기는 영들 말입니다. 그들은 두려움이 아니라 자유함과 즐거움으로 절기를 지키기 위해 모인 모든 성도들의 모임에 이르렀습니다. 그들은 온 세상에 있는 하나님을 사랑하는 모든 사람들을 생각하며, 자신이 그들 가운데 하나임을 느낍니다. 왜냐하면 그들은 "하늘에 기록된 장자들의 모임과 교회"에 이르렀기 때문입니다. 뿐만 아니라 그들은 그의 모든 택하신 자들의 심판주이며 상 주시는 자인 "만민의 심판자이신 하나님"에게 이르렀습니다. 그들에게 하나님은 멀찍이 떨어져서 말씀하시는 두려운 존재가 아닙니다. 하나님은 그들의 아버지이며 그들의 친구입니다. 그들은 그 안에서 즐거워하며, 그의 임재 안에는 그들을 위한 충만한 기쁨이 있습니다. 형제들이여, 우리는 우리의 아버지이신 하나님과 더불어 교제합니다. 우리는 우리 주 예수 그리스도로 말미암아 그에게 이르렀습니다. 더욱이 성령의 능력으로 우리는 하늘과 땅에 있는 전체 교회의 하나됨을 인식합니다. 그리고 온전하게 된 의인의 영들이 우리와 더불어 연합됩니다. 싸우는 자와 승리하는 자가 따로 있지 않습니다. 우리는 살아 계신 하나님의 한 군대입니다. 우리는 때로 '거룩한 죽은 자'(holy dead)에 대해 말하지만, 그러나 여기에 그런 자는 아무도 없습니다. 그들은 하나님에 대하여 살아 있습니다. 그들의 영은 지금 온전하게 되었습니다. 그리고 그들은 자신들의 몸이 무덤에서 일어나 불멸의 영혼과 함께 다시 살게 될 때를 기다리고 있습니다. 우리는 더 이상 죽음으로 인해 두려워 떨지 않고 도리어 부활로 인해 즐거이 노래합니다. 우리는 하나님과 더불어 교제하며, 천만 천사들과 더불어 교제하며, 온전하게 된 의인의 영들과 더불어 교제합니다.

또한 우리는 우리의 구주시며 모든 것 가운데 모든 것 되시는 예수께 이르렀습니다. 우리는 그 안에서 살며, 그와 한 영으로 연합됩니다. 그는 우리 영혼의 신랑이며, 우리 마음의 기쁨입니다. 우리는 새 언약의 중보자인 그에게 이르렀습니다. 그가 중보자인 언약을 아는 것은 얼마나 복된 일입니까! 오늘날 많은 사람들이 그러한 언약을 대수롭지 않게 여기지만 그러나 성도들은 그것을 기뻐합니다. 그들에게 영원한 언약은 그들의 모든 구원이며 그들의 모든 소망입니다. 우리는 주 예수로 말미암아 언약백성이 되었습니다. 하나님은 우리를 축복하시기로 맹세하셨습니다. 두 가지 변할 수 없는 사실로 인해 하나님이 거짓말하는 것은 불가능합니다. 하나님은 은혜로 말미암아 주 예수께 피하는 우리 모두에게 큰 위로와 선한 소망을 주셨습니다. 우리는 은혜 언약 아래 사는 것이 너무나 행복합니다. 그것은 약속의 언약이며, 우리 모두의 어머니인 하늘의 예루살렘으로 상징되는 언약입니다.

그러나 우리는 아직 마지막 것에 이르지 않았습니다. 본문은 우리가 이른 마지막 것에 대해 말하는데, 그것은 "뿌린 피"입니다(24절). 시내 산에서 처음에는 뿌린 피가 주어지지 않았습니다. 그러나 나중에 이스라엘 지파들이 시내 산에서 여호와와 더불어 맺은 민족적인 언약을 확증하기 위해 "뿌린 피"가 주어졌습니다. 그 언약과 관련하여 하나님은 이렇게 말씀하셨습니다. "내가 그들의 남편이 되었어도 그들이 내 언약을 깨뜨렸음이라"(렘 31:32). 하나님은 결코 자신의 언약을 깨뜨리지 않았습니다. 그러나 그들은 그 언약을 깨뜨렸습니다. 왜냐하면 그들은 계속해서 순종의 상태에 있지 않았기 때문입니다. 행함 위에 세워진 그 언약은 계속적인 순종이 없이는 결코 설 수 없었습니다. 반면 우리는 영원히 깨어질 수 없는 새 언약의 뿌린 피에 이르렀습니다. 그것이 영원히 깨어질 수 없는 언약인 것은 여호와께서 그것을 영원히 견고하게 하셨기 때문입니다. 이 언약은 성령으로 말미암아 "더 좋은 약속으로 세워진 더 좋은 언약"으로 불립니다(히 8:6). 우리는 은혜 언약에 이르렀습니다. 우리는 그 언약의 중보자인 예수께 이르렀으며, 그 언약의 보증인 그의 피에 이르렀습니다. 오늘 우리의 주제는 우리가 이른 마지막 것 즉 "아벨의 피보다 더 나은 것을 말하는 뿌린 피"에 초점이 맞추어질 것입니다. 이제 우리는 첫째로 "뿌린 피"가 무엇인지를 살피고, 둘째로 우리가 그 피에 이른 것에 해해 이야기하고, 그리고 마지막으로 그러므로 삼가 말씀하신 일을 거역하지 말아야 함을 되새기고자 합니다.

### 1. 첫째로, 여기의 "뿌린 피"는 무엇입니까?

한 마디로 "뿌린 피"는 주 예수 그리스도가 죄인들을 대신하여 받은 고통과 고난과 비하(卑下)와 죽음을 의미합니다. 그 피에 대하여, 나는 여러분이 그것을 오로지 예수의 상처로부터 흘러나온 문자적인 피만을 지칭하는 것으로 이해하지 않기를 바랍니다. 우리는 그가 흘린 피의 문자적인 실재를 믿습니다. 그러나 우리가 그의 십자가와 피를 말할 때, 우리는 주 예수 그리스도의 고난과 죽음을 의미합니다. 그것은 이사야가 "그가 자기 영혼을 속건제물로 만들" 것이라고 말했을 때 의미했던 것과 같은 의미입니다(사 53:10). 우리는 예수가 우리를 대신하여 겟세마네와 가바다와 골고다에서 받았던 모든 슬픔들을 의미합니다. "그가 징계를 받으므로 우리는 평화를 누리고 그가 채찍에 맞으므로 우리는 나음을 받았도다"(사 53:5). "피흘림이 없은즉 사함이 없느니라"(히 9:22). 여기에서 피흘림이 의미하는 것은 하나님의 아들 예수의 죽음입니다.

그의 고난과 죽음이 명백한 것이었을 뿐만 아니라 또한 참되며 실제적인 것이었음을 기억하십시오. 또한 그 안에 측량할 수 없는 고통과 고뇌가 담겨 있음을 기억하십시오. 우리의 영혼을 구속하기 위해, 우리 주님은 "죽기까지" 측량할 수 없는 슬픔의 대가를 치르셨습니다. 그 일을 위해 예수 그리스도는 피로 얼룩진 땀을 흘리며, 사람들로부터 수욕을 당하며, 특별히 아버지로부터 버림을 당하는 고뇌의 대가를 치르셔야만 했습니다. "나의 하나님 나의 하나님 어찌하여 나를 버리셨나이까?"라고 부르짖을 정도로 말입니다. 우리의 중보자는 최악의 상황 아래서 죽음을 맛보셨습니다. 심지어 그에게는 하나님의 선하심과 신실하심의 지지(支持)조차도 주어지지 않았습니다. 다른 모든 경건한 사람들의 경우와는 달리 말입니다. 그의 죽음은 단순히 자연적인 죽음에 불과한 것이 아니었습니다. 그의 죽음은 그와 같은 최악의 상황으로 인해 무한히 더 슬프고 고통스러운 것이 되었습니다. 바로 이것이 그리스도의 피와 그의 고난과 그의 죽음으로부터 우리가 의미하는 것입니다.

예수 그리스도는 우리에 대한 순전한 사랑으로부터, 그리고 그럼으로써 우리로 하여금 당연히 받아야 할 형벌로부터 구원받도록 하기 위해 그 모든 것을 자발적으로 받아들이셨습니다. 그가 고난을 당하고 피 흘리고 죽은 것은 그 자신으로부터 말미암은 어떤 이유 때문이 아니었습니다. 그는 불멸의 속성을 가진 자였습니다. "오직 그에게만 죽지 아니함이 있고"(딤전 6:16). 다만 그것은 우리에 대한 지고(至高)의 사랑 때문이었습니다. 사람이 하나님의 공의를 침해함이 없이 사함을 받을 수 있도록 하기 위해, 하나님의 아들은 사람의 육신을 취하시고 완전한 의미의 사람이 되셨습니다. 이와 같이 하여 그는 사람에게 하나님의 놀라운 사랑을 나타냈습니다. 나아가 그의 비할 데 없는 신성(神性)의 위엄은 그의 고난을 무한한 효능을 가진 것으로 만들었습니다. 죽으신 자는 사람이었습니다. 그러나 그는 동시에 하나님이셨습니다. 율법의 공의를 만족시키는 효능에 있어, 성육신하신 하나님의 죽음이 정죄 아래 있는 무수한 인생들의 죽음보다 무한히 더 큽니다. 하나님이 완전한 의를 얼마나 간절히 바라시는지 보십시오. 하나님은 자신의 공의가 훼손되는 것을 결코 참으실 수 없습니다. 심지어 자신의 긍휼이 만족되기 위해서라 하더라도 말입니다. 예수 그리스도가 모든 고난을 기꺼이 취한 것은 율법의 완전한 의를 이루기 위함이었습니다. 그는 마지막 순간까지 모든 고난을 하나도 빠짐없이 다 받으셨습니다. "사람의 모양으로 나타나사 자기를 낮추시고 죽기까지 복종하셨으니 곧 십자가에 죽으심이라"(빌 2:8). 그렇게 하여 그는 죄를 끝내시고 영원한 의를 가져오셨습니다. 하나님은 의로우신 재판장이면서 동시에 무한히 사랑이 많으신 아버지입니다. 예수께서 고난을 당하신 것을 통해 말입니다.

형제들이여, 앞에서 나는 하나님의 아들이 피 흘리며 죽은 것은 그 자신의 어떤 이유 때문이 아니라고 말했습니다. 그것은 우리 때문이었습니다. 우리 주님은 영원한 언약 안에서 그 안에 있는 모든 사람들의 머리이며 대표였습니다. 그러다가 때가 되었을 때, 그는 그들의 모든 죄를 담당하고 그들의 형벌을 받으셨습니다. 첫 아담이 대표였듯이, 그는 대표였습니다. 첫째 아담 안에서 죄가 행해진 것처럼, 둘째 아담 안에서 속죄가 이루어졌습니다. "아담 안에서 모든 사람이 죽은 것 같이 그리스도 안에서 모든 사람이 삶을 얻으리라"(고전 15:22). 구속의 일을 떠맡기에 합당한 자는 이러한 둘째 아담 외에 아무도 없습니다. 그는 하늘로부터 오신 주님이 아닙니까? 그는 기꺼이 그리고 자발적으로 오셔서 죄인들을 대신하여 자신의 보혈을 흘리셨습니다. 그 죄책(罪責)을 하나님께 가져가기 위해 말입니다.

그러나 본문은 단순히 "흘린" 피라고 말하지 않고 "뿌린" 피라고 말합니다. 이것은 신적 목적에 적용된, 그리고 특별히 믿음으로 말미암아 우리 자신의 마음과 양심에 적용된 속죄입니다. 여기의 "뿌림"을 이해하기 위해, 우리는 구약의 상징들을 살펴볼 필요가 있습니다. 구약에서 뿌린 피는 많은 것을 의미했습니다. 우리가 여기에서 그 모든 것을 다 살펴볼 수는 없지만, 그러나 중요한 것 몇 가지는 반드시 짚고 넘어가야만 합니다. 우리는 출애굽기에서 하나님이 애굽의 모든 장자들을 치실 때 그것 즉 뿌린 피를 만나게 됩니다. 그 때 뿌린 피는 보존(preservation)을 의미합니다. 그들은 피를 대야에 받았습니다. 그리고 우슬초로 그 피를 찍어 그것을 문 인방과 좌우 설주에 뿌렸습니다. 하나님이 이스라엘 백성들의 집에 뿌려진 피를 보실 때, 그는 멸하는 천사로 하여금 그 집을 그냥 지나가도록 그리고 그 집의 장자를 멸하지 말도록 명하셨습니다. 이와 같이 뿌린 피는 보존을 의미했습니다.

또 뿌린 피는 종종 언약의 확증을 의미했습니다. 우리는 그것을 출애굽기 24장에서 발견할 수 있습니다. 그 때 피가 언약서 위에와 백성들 위에 뿌려졌는데, 그것은 그 언약이 "여호와께서 말씀하신 모든 것을 우리가 준행하리이다"라고 약속한 백성들에 의해 확증되었음을 나타내는 것이었습니다(출 24:3). 여기에서 황소와 염소의 피는 주 예수 그리스도의 속죄의 피를 상징하는 것에 불과했습니다. 우리가 출애굽기 24장으로부터 배울 수 있는 교훈은 뿌린 피가 언약의 확증 혹은 비준을 의미하는 것이라는 사실입니다. 예수의 죽으심으로 약속들은 모든 신자들에게 '예'와 '아멘'이 되며, 반드시 성취되어야만 합니다. 은혜 언약에는 오직 하나의 조건만이 있을 뿐인데, 바로 그 조건을 예수께서 자신의 죽음으로 이루셨습니다. 그럼으로써 그 언약은 이제 모든 신자들에게 순전한 그리고 무조건적인 약속의 언약이 되었습니다.

또 많은 경우 피 뿌림은 정화(淨化)를 의미했습니다. 만일 어떤 사람이 부정해졌다면, 그는 피 뿌림이 없이는 하나님의 성소에 들어올 수 없었습니다. 부정해진 사람에게 붉은 암소의 재와 피와 물이 섞인 것을 뿌림으로써 그의 의식(儀式)적인 부정함이 제거되었습니다. 집 안에서나 집 밖에서나 사람이 부정하게 되는 일들이 있었습니다. 그리고 이러한 부정함은 피 뿌림에 의해 제거되었습니다. 또 나병과 같은 특별한 질병이 회복된 경우에도 이러한 뿌림이 행해졌습니다. 나병에 걸린 사람이 공동체 안으로 들어오기 전에 그들은 피로 뿌림을 받았으며, 그렇게 하여 그들은 의식(儀式)적으로 정결하게 되었습니다. 영적인 의미에서 이것은 그리스도의 피의 역사(役事)입니다. 그것은 우리를 보존하며, 언약을 확증하며, 우리를 정결하게 합니다. "그 아들 예수의 피가 우리를 모든 죄에서 깨끗하게 하실 것이요"라는 말씀처럼 말입니다(요일 1:7). 우리의 마음은 모든 악한 양심으로부터 뿌림을 받았습니다. 왜냐하면 우리는 순종과 예수 그리스도의 피 뿌림에 이르렀기 때문입니다.

피 뿌림은 또한 **성별**을 의미했습니다. 어떤 사람이 제사장직에 들어가기 전에 먼저 그의 오른쪽 귀와 오른쪽 엄지발가락과 오른쪽 엄지손가락에 피가 뿌려져야 했는데, 이것은 그의 모든 권세가 하나님께 성별되었음을 나타내는 것이었습니다. 제사장의 임직식에는 제단 위에서 피를 뿌리는 의식이 포함되어 있었습니다. 이와 같이 주 예수는 자신의 죽음으로 우리를 구속하셨으며, 그의 피 뿌림은 우리를 영원한 왕과 제사장으로 만들었습니다.

희생제물의 피의 또 하나의 의미는 받아들여짐과 나아감입니다. 대제사장이 일 년에 한 번 지성소에 들어갈 때, 그것은 피 없이 이루어지는 일이 아니었습니다. 그는 언약궤와 그 위에 있는 은혜의 보좌 위에 피를 뿌렸습니다. 피로 말미암지 않고는 하나님께 나아갈 수 없습니다. 피 뿌림이 없이 하나님께 가까이 나아갈 소망은 결코 없습니다. 심지어 상징으로라도 말입니다. 이것은 오늘날에도 마찬가지입니다. 하나님께 나아가는 유일한 길은 예수 그리스도의 보혈을 통하는 것입니다. 우리의 기도와 찬미와 우리가 행한 거룩한 일들이 받아들여질 유일한 소망은 우리 주 예수 그리스도의 속죄제물의 영원한 공로를 통하는 것입니다. 성령은 우리에게 예수의 피를 통해 지성소에 들어가라고 명령합니다. 다른 길은 없습니다.

피 뿌림에는 이 외에도 다른 많은 의미들이 있지만 그러나 이 정도 의미를 제시하는 것으로 충분하리라 생각합니다. 다시 말해서 피 뿌림에는 보존과 확증과 정화와 성별과 하나님께 나아감 등의 의미가 포함되어 있습니다. 이것은 모두 황소와 염소의 피에 상징되어 있지만 그러나 그것이 실제적으로 성취되는 것은 예수 그리스도의 위대한 희생제물 안에서입니다.

그러나 우리는 여기에서 멈추지 말고 본문을 좀 더 세심한 관심을 가지고 살펴볼 필요가 있습니다. 왜냐하면 내가 볼 때 본문은 매우 특별한 교훈들로 가득 차 있기 때문입니다. 부디 성령께서 우리를 여기에 담긴 마치 밭에 감추인 보화와 같은 풍성한 하나님의 진리 속으로 이끌기를 기원합니다.

첫째로, 뿌린 피는 복음 아래서 신적 계시의 핵심입니다. 문맥 전체를 통해 가장 마지막에 제시된 것, 다시 말해서 가장 깊은 곳에 있는 것이 무엇인지 보십시오. 여러분은 하나님의 은혜로 말미암아 시온 산에 이르고, 그 가파른 산비탈을 오르며, 그 꼭대기에 서며, 살아 계신 하나님의 도성인 하늘의 예루살렘에 들어가는 특권을 받았습니다. 그곳에서 여러분은 헤아릴 수 없이 많은 천만 천사들을 봅니다. 그 환상(vision)은 얼마나 영광스럽습니까? 그러나 여러분은 여기에서 머물지 않습니다. 왜냐하면 하늘에 기록된 장자들의 거룩한 모임이 열려 있기 때문입니다. 그들 모두는 즐거운 모습으로 하나님 주위에 모여 있습니다. 계속해서 하나님의 보좌를 보십시오. 거기에 만민의 심판자가 앉아 계시지 않습니까? 그리고 온전하게 된 의인의 영들이 흰 옷을 입고 하나님의 보좌 앞에 앉아 있습니다.

여러분은 오랜 길을 경주하여 여기에 이르지 않았습니까? 그러면 여기가 계시의 마지막 가장 깊은 핵심입니까? 그러나 아직은 아닙니다. 한 걸음 더 나아가면 여러분은 새 언약의 중보자이신 여러분의 구주께 이르게 됩니다. 이제 여러분의 기쁨은 완전하여집니다. 그러나 여러분에게는 아직 한 가지 더 보아야 할 것이 남아 있습니다. 가장 깊은 성소(聖所)에 무엇이 있습니까? 지성소에 감추어져 있는 것이 무엇입니까? 모든 것 가운데 가장 보배롭고 값지며 궁극적이며 최종적인 것이 무엇입니까? 하나님의 최고의 계시는 무엇입니까? 그것은 흠 없고 점 없는 어린 양 같은 그리스도의 보배로운 피가 아닙니까? 그것은 뿌린 피가 아닙니까? 바로 이것이 마지막에 있는 것입니다. 이것이 우리가 살고 있는 은혜시대의 가장 깊은 곳에 있는 진리입니다. 형제들이여, 우리는 하늘에 오르며, 진주문을 통과하며, 천만 천사들을 통과하여 지나가며, 심지어 하나님의 보좌에까지 이릅니다. 그리고 그곳에서 온전하게 된 의인의 영들과 그들의 찬미하는 소리를 듣습니다. 그럼에도 불구하고 아직 우리에게 보아야 할 마지막 것이 남아 있습니다. 우리는 그곳에서 최종적으로 뿌린 피를 봅니다. 여러분은 말합니다. "무엇이라고요? 하늘에 예수의 피가 있다고요?" 그렇습니다. 이 땅에 있는 성소(聖所)는 황소와 염소의 피로 정결하게 되었지만 그러나 하늘의 것들은 더 좋은 제물로 그렇게 되어야 합니다. "그러므로 하늘에 있는 것들의 모형은 이런 것들로써 정결하게 할 필요가 있었으나 하늘에 있는 그것들은 이런 것들보다 더 좋은 제물로 할지니라"(히 9:23). 예수께서 단번에 성소에 들어가셨을 때, 그는 히브리서 9장에 기록된 것처럼 그 자신의 피로 그렇게 하셨습니다. 예수의 보혈을 가볍게 생각하는 사람은 그 생각을 바꾸어야 합니다. 왜냐하면 그것은 하나님을 모독하는 것이기 때문입니다. 그러면 어째서 예수의 보혈을 가볍게 생각하는 것이 하나님을 모독하는 것이 될까요? 그것은 하나님의 계시의 가장 깊은 곳에 예수의 보배로운 피가 있기 때문입니다. 이것이 모든 것의 심장이며 핵입니다. 복음 아래서의 예수의 나타남은 중보자로서의 나타남뿐만 아니라 특별히 그의 희생제물로서의 나타남입니다. 만민의 심판자인 하나님의 나타남과 천만 천사들과 온전하게 된 의인의 영들의 환상은 단지 우리를 그 희생제물로 이끄는 것에 불과합니다. 바로 그 희생제물이 하나님과 그의 백성 사이의 모든 참된 교제의 근원이며 초점입니다. 예수는 가장 깊은 장소에서 이러한 "뿌린 피"의 모습으로 스스로를 가장 분명하게 나타냅니다. 그는 죽임당한 어린 양의 모습으로 나타납니다. 그의 환상 가운데 죄를 위한 위대한 희생제물의 모습보다 더 충분하고 더 영광스러우며 더 완전한 모습은 결코 없습니다. 예수의 속죄는 하나님의 영광의 핵입니다. 바로 여기에서 다른 모든 계시들은 완전해지며 풍성해집니다. 만일 여러분이 뿌린 피와 메시야의 고난에 이르지 못했다면, 여러분은 아직 은혜의 핵심에 도달하지 못한 것입니다. 만일 여러분이 죄를 제거하는 피를 즐거워하는 법을 배우지 못했다면, 여러분은 아직 복음의 요지를 붙잡지 못한 것입니다. 그리스도의 피는 복음의 생명입니다. 만일 여러분이 속죄를 알지 못한다면, 여러분은 복음의 껍데기는 알는지 모르지만 그러나 그 핵은 여전히 알지 못하고 있는 것입니다.

둘째로, 본문에서 이러한 피 뿌림이 예수 그 자신과 절대적으로 동일시되고 있는 사실을 주목하십시오. 본문을 다시 한 번 읽어 보십시오. "새 언약의 중보자이신 예수와 및 아벨의 피보다 더 나은 것을 말하는 뿌린 피니라 너희는 삼가 말씀하신 이를 거역하지 말라." 바울은 피가 말한다고 말하면서, 계속해서 "너희는 삼가 말씀하신 이를 거역하지 말라"고 덧붙입니다. 이것은 매우 갑작스럽고 예기치 못한 전환으로서, 우리는 지금 바울의 생각 속에서 피와 예수가 동일시되고 있다고밖에 달리 생각할 수 없습니다. 지금 하나님의 영은 매우 특이한 문법적 용례를 사용하여 희생제물과 구주를 동일시하는 놀라운 진리를 우리 앞에 제시하고 있습니다. "새 언약의 중보자이신 예수와 및 아벨의 피보다 더 나은 것을 말하는 뿌린 피니라 너희는 삼가 말씀하신 이를 거역하지 말라." 사랑하는 친구들이여, 뿌린 피가 없다면, 예수도 없는 것입니다. 희생제물이 없다면, 구주도 없는 것입니다. 내가 지금 이것을 강력하게 역설하는 이유는 오늘날 십자가와 속죄로부터 분리된 예수를 제시하고자 하는 풍조가 생겨나고 있기 때문입니다. 그는 위대한 도덕 교사로 제시됩니다. 그가 놀라운 자기희생의 정신으로 세상에 도덕적 영향력의 나라를 세움으로써 위대한 도덕개혁의 길을 열었다는 것입니다. 그들은 이러한 나라가 그의 십자가에 의해 오랜 세월 가려짐으로써 아직까지 큰 빛을 보지 못했다고 말하기까지 합니다. 그러나 희생제물 없는 예수가 도대체 어디에 있단 말입니까? 만일 희생제물의 피인 뿌린 피가 없다면, 거기에 예수도 없는 것입니다. 속죄가 없이는 어느 누구도 그리스도인이 될 수 없으며, 그리스도는 예수가 아닙니다. 만일 여러분이 희생제물의 피를 제거한다면, 여러분은 예수 그리스도의 복음의 심장을 도려내는 것입니다. 그리고 그것으로부터 생명을 강탈하는 것입니다. 만일 여러분이 피를 문 인방과 좌우 설주에 뿌리는 대신 그것을 대수롭지 않은 것으로 여기며 짓밟는다면, 여러분은 두려운 죄를 범하고 있는 것입니다. 우리는 예수 그리스도의 십자가 외에는 아무것도 자랑해서는 안 됩니다. 왜냐하면 우리에게 있어 십자가는 예수 자신과 동일시되기 때문입니다. 나는 의로운 자로서 불의한 자를 대신하여 죽은 예수 외에 다른 예수를 알지 못합니다. 여러분은 예수와 피를 물질적으로는 나눌 수 있을 것입니다. 그가 창과 못에 찔렸을 때, 그의 몸으로부터 피가 흘러나오지 않았습니까? 그러나 영적으로 이러한 "뿌린 피"와 예수는 결코 분리될 수 없습니다. 실제로 양자는 하나이며, 동일한 것이며, 나눌 수 없습니다. 만일 여러분이 예수를 죄를 위해 죽임을 당한 자로 알지 못한다면, 여러분은 실제로 그를 알지 못하는 것입니다. 그리고 만일 여러분이 예수를 죄를 위해 죽임을 당한 자로 전파하지 않는다면, 여러분은 그를 올바로 전파하지 않는 것입니다. 만일 여러분이 예수를 그의 십자가의 피로 말미암아 화평을 이룬 자로서 믿지 않는다면, 여러분은 실제로 그를 믿지 않는 것입니다. 만일 여러분이 뿌린 피와 연결되어 있다면, 여러분은 예수 자신과 연결되어 있는 것입니다. 그는 우리의 희생제물로서의 중보자적 영광과 결코 분리되지 않습니다. 만일 우리가 그의 이러한 특성을 무시한다면, 우리는 결코 그에게 이를 수 없습니다. 본문 속에서 예수와 뿌린 피가 동일시되는 것이 너무도 분명하지 않습니까? 하나님이 하나 되게 하신 것을 사람이 나누어서야 되겠습니까? 이것을 잘 생각하기를 바랍니다.

셋째로, 이러한 "뿌린 피"가 "새 언약"과 밀접하게 연결되는 것을 주목하십시오. 나는 속죄를 대수롭지 않게 바라보는 자들이 언약과 관련하여 무관심한 것에 대해 조금도 놀라지 않습니다. 언약의 교리는 신학의 정수(精髓)입니다. 그럼에도 불구하고 그들이 그것에 무관심한 것은 너무나 자연스러운 일입니다. 왜냐하면 그들은 속죄를 대수롭지 않게 여기기 때문입니다. 피가 없는 곳에 무슨 언약이 있겠습니까? 언약을 생각해 보십시오. 만일 그것이 확증되지 않는다면, 다시 말해서 그것을 확증하는 희생제물이 없다면, 그것은 하나님 편에서나 사람 편에서나 아무런 언약도 아닙니다. 그러나 사랑하는 자들이여, 하나님을 아는 여러분에게 약속의 언약은 기쁨의 유산이며 그의 속죄는 그 언약을 확증하는 것으로서 가장 값진 것입니다. 우리에게 예수 그리스도의 희생의 죽음은 '하나의 교리'(a Doctrine)가 아니라 '바로 그 교리'(the Doctrine)입니다. 그것은 그리스도의 교훈의 부산물이 아니라 그것의 핵심이며 골수입니다. 우리에게 예수는 그의 속죄 안에서 알파이며 오메가입니다. 그 안에서 언약은 시작되며 종결됩니다. 여러분은 그것이 피에 의해 확증된 것을 압니다. 사람의 언약이라도 확증된 언약이라면 굳게 섭니다. 그러나 이것은 하나님의 언약입니다. 그리고 그것은 약속과 맹세와 피로써 확증되었습니다. 그러므로 그것은 영원무궁히 굳게 섭니다. 모든 신자들은 믿음의 조상 아브라함과 똑같이 그 언약에 연결됩니다. 왜냐하면 그 언약은 아브라함과 그의 영적 자손들과 더불어 세워졌기 때문입니다. 그리스도 안에서 그리고 그의 보혈로 말미암아 그 언약을 확증되었습니다. 이것이 본문에 명확하게 나타나지 않습니까?

넷째로, 그 피가 새 시대의 소리란 사실을 주목하십시오. 시내 산에서는 "나팔소리와 말하는 소리"가 있었습니다(19절). 여기에서 "말하는 소리"라 함은 하늘로부터 울려 퍼지는 소리를 듣고 이스라엘 백성들이 그 소리를 더 이상 듣지 않게 해 달라고 탄원하던 소리였습니다. 그러나 여러분은 새 시대 아래서 새로운 소리를 듣습니다. 여러분은 본문 목록의 마지막에 이르러서야 비로소 그 소리를 보게 되는데, 그것은 "말하는 뿌린 피"입니다. 여기에 복음의 소리가 있습니다. 그것은 나팔소리도 아니고, 두려움 가운데 더 이상 들리지 않게 해 달라고 부르짖는 "말하는 소리"도 아닙니다. 그것은 피가 말하는 소리입니다. 이것보다 더 강력하며, 유력하며, 폐부를 찌르는 소리가 어디 있겠습니까? 하나님은 아벨의 피가 부르짖는 소리를 들으시고, 동생을 죽인 가인에게 찾아오셨습니다. 그렇다면 하나님의 아들 예수 그리스도의 피는 하나님의 귀를 얼마나 아프도록 부르짖겠습니까? 잠시도 쉬지 않고 말입니다. 하나님이 그 아들의 희생제물의 부르짖는 소리를 듣지 못할 정도로 귀머거리란 말입니까? 보십시오. 오랜 세월 동안 그 피는 이렇게 부르짖어 왔습니다. "아버지여, 그들을 사하여 주옵소서! 그들을 사하여 주옵소서! 그들을 받아 주옵소서! 그들을 무저갱에 떨어지는 것으로부터 구원하여 주옵소서! 내가 속전(贖錢)을 치르지 아니하였나이까?"

"뿌린 피" 속에는 하나님에 대한 중보의 소리가 있었던 것과 마찬가지로 또한 우리를 교훈하는 소리도 담겨 있습니다. 그 피는 우리에게 이렇게 부르짖습니다. "죄가 얼마나 악한 것인지 보라! 하나님이 의를 얼마나 사랑하시는지 보라! 하나님이 사람들을 얼마나 사랑하시는지 보라! 너희에게 있어 죄의 형벌을 피하는 것이 얼마나 불가능한 일인지 보라! 여호와가 자기 아들을 아끼지 아니하시고 너희 모두의 죄를 위해 값없이 내주신 것을 보라!"

속죄 안에 무슨 소리가 있습니까? 거기에는 거룩과 사랑, 공의와 은혜, 진리와 긍휼을 탄원하는 소리가 있지 않습니까? "너희는 삼가 말씀하신 이를 거역하지 말라."

여러분은 그 소리를 듣지 못합니까? 만일 어떤 사람들이 복음으로부터 뿌린 피를 제거한다면, 그들은 그 소리를 잠잠하게 한 것입니다. 만일 뿌린 피가 사라진다면, 거기에는 아무 소리도 없을 것입니다. 그들은 "우리가 복음의 능력을 모두 소멸시켰도다"라고 의기양양하게 말할 것입니다. 그들이 그것을 벙어리 복음으로 만든 것은 얼마나 놀랄 만한 일입니까! 핵심과 골수가 제거된 곳에 무슨 능력이 남아 있을 수 있겠습니까! 만일 어떤 설교자가 항상 이러한 피를 전파하지 않는다면, 그리고 믿음의 교리로 그 피를 뿌리지 않는다면, 그의 교훈 속에는 무감각한 자를 깨우는 어떤 소리도 없는 것입니다. 만일 우리의 모든 강단이 현대

사상으로 가득 차고 대속의 희생제물의 옛 교리가 완전히 사라지는 악한 시대가 온다면, 거기에 죄인을 위한 위로의 말씀과 절망한 자를 위한 소망의 말씀은 하나도 남아 있지 않게 될 것입니다. 그러면 살아 있는 자들을 위로하며 죽어가는 자들에게 소망을 주는 아름다운 소리는 영원히 잠잠해지게 될 것입니다. 벙어리 귀신이 이러한 끔찍한 세상을 지배할 것이며, 절망의 침묵을 깨는 소망의 소리는 결코 들리지 않을 것입니다. 복음은 죄를 위한 속죄제물을 통해 말합니다. 그러나 이것이 부인되면, 복음은 더 이상 말하지 않습니다. 속죄를 전파하지 않는 자들은 마네킹 복음을 전파하는 것입니다. 그것은 입은 있지만 그러나 말하지 못합니다. 우상을 만드는 자들은 자신이 만든 우상과 같아질 것입니다.

본문으로부터 이 소리가 주 예수의 소리와 동일시되는 것을 주목하십시오. "더 나은 것을 말하는 뿌린 피니라 너희는 삼가 말씀하신 이를 거역하지 말라." 예수의 희생제물이 무엇이라고 말하든, 바로 그것이 예수 자신의 주된 가르침입니다. 시내 산으로부터 말한 소리가 또한 그리스도의 소리였던 사실을 기억하십시오. 율법을 가져다준 자는 예수였습니다. 그리고 그는 그 형벌을 그 자신이 담당하셨습니다. 폭풍 속에서 율법을 선포한 자는 예수였습니다. 26절의 "그 때에는 그의 소리가 땅을 진동하였거니와"라는 표현을 주목하십시오(Whose voice then shook the earth, 한글개역개정판에는 "그 소리가"로 되어 있음). 여러분이 복음을 들을 때, 보혈의 소리는 곧 예수 자신의 소리입니다. 시내 산에서 땅을 진동한 그의 소리 말입니다. 그 소리는 장차 땅뿐만 아니라 하늘까지도 진동시킬 것입니다. 뿌린 피의 소리는 얼마나 놀라운 소리입니까? 그것은 창조하기도 하고 파괴하기도 하는 영원한 하나님의 아들의 소리입니다. 여러분은 나로 하여금 뿌린 피의 교훈을 말하지 못하도록 만들 것입니까? 여러분은 나에게 그토록 두려운 일을 행할 것입니까? 우리가 계속해서 예수의 피의 메시지를 전파한다고 해서 누가 우리를 비난할 것입니까? 어떤 사람들이 "피"라는 단어에 대해 거부감을 느낀다고 해서 우리가 그 단어를 말하지 않을 것입니까? 어떤 사람들이 희생제물의 교리가 낡아빠진 구식의 교리라고 생각한다고 해서 우리가 그것에 대해 잠잠할 것입니까? 결코 그럴 수 없습니다. 예수 그리스도의 보혈에 대해 말하기를 그치느니 차라리 우리는 우리의 혀를 잘라 버릴 것입니다. 나에게 있어 하나님이 죄인을 구원하기 위해 자기 아들을 주셨다는 이 위대한 진리보다 더 귀한 것은 아무것도 없습니다. 이것은 단지 피의 소리가 아니라 우리 주 예수 그리스도 그 자신의 소리입니다. 본문의 이러한 명백한 교훈을 도대체 누가 반박할 수 있단 말입니까?

　형제들이여, 본문으로부터 우리는 이 피가 계속해서 말하고 있다는 또 하나의 진리를 발견할 수 있습니다. 본문은 "더 나은 것을 말한(spoke) 뿌린 피"라고 말하지 않고 "더 나은 것을 말하는(speaks) 뿌린 피"라고 말합니다. 그 피는 계속해서 말하고 있습니다. 그것은 계속해서 하나님께 부르짖으며, 계속해서 사람들에게 증언합니다. 그것은 어떤 방식으로든 결코 침묵하지 않을 것입니다. 부활하시고 승천하신 구주 안에서, 그 희생제물은 지극히 높은 자에게 계속해서 말합니다. 또 성령의 가르침으로 말미암아, 그 속죄제물은 계속해서 신자들에게 말합니다. 본문에 따를 때, 그 피는 계속해서 말합니다. 그것은 새 언약 시대가 우리에게 맡긴 유일한 말입니다. 그것은 지금도 계속해서 말하여지고 있습니까? 그것은 영원히 말하여질 것입니까? 우리는 마음을 기울여 그 말을 들을 것입니까? 우리는 그 말을 반향(反響)할 것을 거부할 것입니까? 하나님이 그렇게 하는 것을 금하십니다. 주야로 위대한 희생제물은 사람의 아들들에게 계속해서 부르짖습니다. "죄로부터 돌이키라. 구주께서 그 모든 죗값을 치르셨느니라. 알지 못하던 때에는 하나님이 묵인하셨으나 그러나 지금은 모든 사람들에게 회개하라 명하셨느니라. 이제 하나님은 자신의 공의가 훼손되지 않고도 너희를 용서할 수 있게 되었느니라. 하나님 자신이 희생제물을 예비하셨느니라. 그러므로 이제 나아와 그 피로 뿌림을 받으라. 그리고 영원히 그와 화해하라." 이러한 피의 소리는 계속해서 말합니다. 죄로 얼룩진 양심이 있는 곳에서, 사모하며 탄식하는 마음이 있는 곳에서, 구원을 찾는 죄인이 있는 곳에서, 믿음을 구하는 마음이 있는 곳에서 말입니다. 그것은 달콤하며 친밀하며 부드러우며 매혹적인 소리로 말합니다. 죄인의 귀에 그와 같은 음악은 결코 없습니다. 그 소리는 그의 두려움을 사라지게 만듭니다. 죄인이 있는 한 그 소리는 결코 말하기를 그치지 않을 것입니다. 그렇습니다. 이 땅에 그 피의 씻는 능력을 필요로 하는 사람이 단 한 사람이라도 남아 있는 한, 그 소리는 결코 말하기를 그치지 않을 것입니다. 그 소리를 들으십시오. 귀를 기울여 그 복된 소리를 받으십시오. 그것은 말합니다. "오라 우리가 서로 변론하자 너희의 죄가 주홍 같을지라도 눈과 같이 희어질 것이요 진홍 같이 붉을지라도 양털 같이 희게 되리라"(사 1:18).

　계속해서 이 피가 아벨의 피보다 더 나은 것을 말하는 사실을 주목하십시오. 아벨의 피는 복수를 부르짖는 반면 그리스도의 피는 죄 사함을 부르짖습니다. 와 츠 박사(Dr. Watts)는 그것을 이렇게 표현합니다.

> "피에는 하늘을 찌르는 소리가 있도다.
> 아벨의 피는 '복수!'를 부르짖도다.
> 그러나 죽임당한 예수의 피는
> 큰 소리로 화평을 부르짖도다."

이것은 분명한 사실입니다. 그러나 나는 이것이 본문이 의미하는 것의 전부라고는 결코 생각하지 않습니다. 뿐만 아니라 나는 이것이 본문의 주된 의미라고도 생각하지 않습니다. 복수는 그다지 좋은 것이 아닙니다. 그러나 아벨의 피는 좋은 것을 말했습니다(한글개역개정판에는 "나은 것"이라고 되어 있음). 본문이 무엇을 말합니까? 아벨의 피는 좋은 것을 말하는데, 그러나 예수의 뿌린 피는 더 좋은 것을 말한다는 것이 아닙니까? 그러면 아벨의 피는 무엇을 말합니까? 아벨의 피는 하나님께 대한 완전한 믿음과 순종을 말합니다. 그것은 우리에게 하나님을 믿은 한 사람을 보여줍니다. 형의 증오심에도 불구하고, 그는 하나님께 믿음으로 제물을 드렸습니다. 그는 지극히 높은 자에게 거룩한 순종으로 합당한 제물을 드렸습니다. 바로 이것이 아벨의 피가 우리에게 말하는 것입니다. 그리고 예수의 피는 이와 똑같은 것을 가장 선명하며 명확하게 말합니다. 예수 그리스도의 죽음은 완전한 삶의 면류관이며 종결이었으며, 거룩한 노정(路程)의 완성이었습니다. 아버지에 대한 순종으로 예수 그리스도는 심지어 자신의 목숨까지 내려놓으셨습니다. 그러나 만일 이것이 예수의 피가 말하는 것의 전부라면, 그것은 아벨의 피가 말하는 것보다 그다지 나을 것이 없습니다. 왜냐하면 동일한 사실을 단지 더 큰 소리로 말하는 것에 불과하기 때문입니다. 모든 성도의 순교 속에는 예수의 죽음 속에 있는 것과 같은 종류의 소리, 즉 하나님께 대한 순종의 소리가 담겨 있습니다. 그러나 우리 구주의 죽음은 그것들보다 훨씬 더, 아니 무한히 더 많은 것을 말합니다. 그것은 완전한 순종에 대해 증언할 뿐만 아니라 또한 불순종한 자들이 사함을 받고 순종과 거룩함으로 돌이킬 수 있는 길을 제시합니다. 십자가 속에는 타락한 인생들을 위한 더 크고 더 깊으며 더 즐거운 복음이 담겨 있습니다. 그들이 결코 따를 수 없는 완전한 순종의 모범 외에도 말입니다.

아벨의 피 역시도 그가 자신의 믿음을 부끄럽게 여기지 않고 죽기까지 하나님에 대한 믿음을 굳게 지켰음을 말합니다. 그는 자신의 목숨을 들고 하나님의 제단 앞에 서는 것을 부끄러워하지 않았습니다. 그리고 합당한 제물을 드림으로써 자신의 믿음을 고백하기를 부끄러워하지 않았습니다. 예수의 피 역시도 그가 기꺼이 자신의 피로써 자신의 증언을 인친 충성되고 진실한 증인임을 나타냅니다. 그는 피를 흘림으로써 자신이 진리와 의로부터 이탈할 수 없음을 증명했습니다. 설령 죽음이 그의 길을 가로막는다 하더라도 말입니다. 그러나 만일 그것이 뿌린 피가 말하는 것의 전부일 뿐이라면, 그것은 아벨의 피보다 특별히 더 좋을 것이 없습니다. 아벨의 피 역시 예수의 피와 마찬가지로 "죽기까지 충성하라"고 말합니다. 예수의 뿌린 피는 이것 이상의 어떤 것을 말해야만 합니다.

아벨의 피는 좋은 것을 말했습니다. 이것은 예수의 피가 그의 피보다 더 좋은 것을 말했다는 말씀 속에 함축되어 있습니다. 의심의 여지 없이 아벨의 피는 자기희생이 얼마나 귀한 것인지를 잘 보여줍니다. 여기에 한 사람이 있었습니다. 그는 양을 치는 자였습니다. 그는 자신에게 맡겨진 선한 일을 위해 자신의 목숨을 내려놓았습니다. 그리고 마침내 하나님께 순종하다가 그는 형의 손에 죽었습니다. 그것은 자기희생의 최초의 밑그림이었습니다. 우리 주 예수 그리스도 역시 완전한 자기희생을 행하셨습니다. 생애 전체를 통해 그는 자신을 사람들에게 주셨습니다. 그는 결코 자신을 위해 살지 않았습니다. 하나님의 영광과 사람들의 선(善)이 그의 영혼 전체를 채운 열정 속에서 하나로 연합되었습니다. 그는 "주의 전을 사모하는 열심이 나를 삼켰나이다"(요 2:17)라고 말할 수 있었습니다. 그의 죽음은 그의 완전한 자기희생의 완성이었습니다. 그렇지만 만일 이것이 전부라면, 예수의 피가 말하는 것은 아벨의 피가 말하는 것보다 특별히 더 좋을 것이 없습니다. 비록 훨씬 더 선명하고 분명하게 말한다 하더라도 말입니다.

그러나 본문은 우리 주님의 피가 "아벨의 피보다 더 좋은 것을" 말한다고 분명하게 선언합니다. 그러면 그것은 무엇입니까? 예수의 피가 말하는 것은 무엇입니까? 그것은 그의 피에 구속이 있으며, 그의 은혜의 부요함을 따라 죄 사함이 있다는 사실입니다. 예수의 피는 계속해서 자기 안에 구속과 죄 사함이 있다고 말합니다. "그가 친히 나무에 달려 그 몸으로 우리 죄를 담당하셨으니 이는 우리로 죄에 대하여 죽고 의에 대하여 살게 하려 하심이라 그가 채찍에 맞으므로 너희는 나음을 얻었나니"(벧전 2:24). "하나님이 죄를 알지도 못하신 이를 우리를

대신하여 죄로 삼으신 것은 우리로 하여금 그 안에서 하나님의 의가 되게 하려
하심이라"(고후 5:21). 그 피의 소리는 이것입니다. "내가 그들의 불의를 긍휼히
여기고 그들의 죄를 다시 기억하지 아니하리라"(히 8:12). "그 아들 예수의 피가
우리를 모든 죄에서 깨끗하게 하실 것이요"(요일 1:7). 사랑하는 형제들이여, 바
로 이것이 아벨의 피가 말하는 것보다 더 좋은 것입니다. 바로 이것이 예수의 피
가 그것이 뿌려진 모든 사람에게 말하는 것입니다. 그 피는 믿음으로 말미암아
우리 각자에게 뿌려져야 합니다. 그렇지 않으면 그것은 우리에게 아무것도 말하
지 않습니다. 그러나 그 피가 신자 위에 뿌려질 때, 그것은 그에게 그의 양심을
만족시키며 그의 영혼을 기쁘게 하는 말을 합니다.

　　바울은 "너희가 이른 곳은 뿌린 피니라", 다시 말해서 "너희는 뿌린 피에 이
르렀느니라"라고 말합니다(22, 24절). 정말로 그러합니까? 그 뿌린 피가 여러분
에게 적용되었습니까? 여러분은 그것을 느낍니까? 여러분은 보존되었습니까?
여러분은 정결하게 되었습니까? 여러분은 하나님께 받아들여졌습니까? 여러분
은 속죄의 희생제물로 말미암아 하나님의 일에 성별되었습니까? 그렇다면 흔들
리지 않는 굳은 믿음으로 나가십시오. 그리고 그 피를 자랑하십시오. 여러분이
만나는 모든 죄인들에게 그 피를 말하십시오. 그들도 그 피로 씻음을 받아 눈보
다 더 희게 되게 하십시오. 하나님의 어린 양의 속죄의 희생제물을 전파하십시
오. 그리고 그것을 찬미하십시오. 요한계시록 5장의 놀라운 찬미를 기억하십시
오. 하나님의 보좌 옆에 있는 장로들과 네 생물이 새 노래로 이렇게 찬미합니다.
"일찍이 죽임을 당하사 각 족속과 방언과 백성과 나라 가운데에서 사람들을 피
로 사서 하나님께 드리시고"(9절). 그러자 그 수가 만만이요 천천인 천사들이
"죽임을 당하신 어린 양은 능력과 부와 지혜와 힘과 존귀와 영광과 찬송을 받으
시기에 합당하도다"라고 노래합니다(12절). 그러나 그것이 끝이 아니었습니다.
왜냐하면 계속해서 다음과 같은 찬미가 울려 퍼졌기 때문입니다. "하늘 위에와
땅 위에와 땅 아래와 바다 위에와 또 그 가운데 모든 피조물이 이르되 보좌에 앉
으신 이와 어린 양에게 찬송과 존귀와 영광과 권능을 세세토록 돌릴지어다"(13
절). 여기에서 그들 모두가 죽임당한 어린 양으로서의 예수 그리스도, 다시 말해
서 그의 희생제물로서의 특성을 찬미하고 있지 않습니까? 나는 이러한 위대한
하나님의 진리를 대수롭지 않게 여긴다든지 혹은 심지어 냉소적인 눈으로 바라
보는 자들에 대해 도저히 참을 수가 없습니다. 형제들이여, 만일 여러분이 구원

을 받았다면, 여러분 위에 예수의 피가 뿌려진 것입니다. 그리스도 예수를 믿지 않는 자, 다시 말해서 속죄의 희생제물을 믿지 않는 자는 필경 멸망을 당할 것입니다. 영원하신 하나님은 예수의 희생제물을 배척하는 자를 무한한 증오심과 함께 배척하실 것입니다. 이 놀라운 희생제물을 받아들이지 않는 자에게 죄를 위한 또 다른 희생제물은 결코 없을 것입니다. 그리고 그에게는 시내 산을 가득 채웠던 영원한 흑암과 침침함과 천둥만이 있을 것입니다. 하나님이 계획하시고 예비하시고 이루신 속죄를 배척하는 자들은 스스로 멸망을 자초하는 것입니다. 그리고 그들이 멸망을 당할 때, 아무도 놀라지 않을 것입니다. 여러분 모두 십자가에 달리신 예수 그리스도를 자랑하는 성도들이 되기를 바랍니다. 아멘.

제
40
장
—

# 뿌린 피 (2)

—

"그러나 너희가 이른 곳은 … 새 언약의 중보자이신 예수와
및 아벨의 피보다 더 나은 것을 말하는 뿌린 피니라 너희는
삼가 말씀하신 이를 거역하지 말라." — 히 12:24-25

우리는 앞 설교에서 "뿌린 피"가 무엇을 의미하는지를 집중적으로 살펴보았습니다. 그러면서 나는 여러분에게 뿌린 피 즉 예수 그리스도의 보혈이 복음 시대에 가장 핵심적인 위치를 차지하는 사실도 설명했습니다. 그러는 가운데 나는 본문이 제기하는 두 가지 실제적인 문제를 남겨둘 수밖에 없었습니다. 이제 여기의 두 번째 설교에서 그것을 다루고자 합니다.

앞 설교는 비교적 교리적인 부분을 다루었는데, 그것은 우리 마음에 큰 감동을 가져다주었습니다. 부디 성령께서 오늘의 설교에도 그와 동일한 감동과 은혜를 베풀어 주시기를 기원합니다. 어떤 주제도 그 가치에 있어 예수의 보혈의 주제를 능가할 수 없습니다. 만일 성령께서 우리 마음을 준비시키지 않는다면, 심지어 보혈의 주제를 통해서조차 우리는 아무 유익도 얻지 못하게 될 것입니다. 그러나 만일 성령께서 그러한 진리를 우리에게 나타내신다면, 우리는 위로를 받고 새 힘을 얻으며 한층 더 거룩하여질 것입니다.

여기에 있는 사람들 가운데 앞 설교를 듣지 못한 사람들도 있을 것입니다. 나는 그들에게 한가한 시간에 앞 설교문을 읽어보기를 권합니다. 그리고 그것을 오늘 듣게 될 말씀과 연결시킬 때, 여러분은 전체적인 주제를 이해하게 될 것입

니다. 앞 설교의 주제는 너무도 방대한 것이었습니다. 마치 우리 앞에 펼쳐진 거대한 대양(大洋)처럼 말입니다. 유한한 언어는 무한한 실재를 전달하지 못합니다. 만일 어떤 본문이 무한한 의미를 담고 있다고 말하여질 수 있다면, 지금 우리 앞에 있는 본문이 바로 그것입니다.

우리는 앞 설교에서 본문의 거대한 주제의 극히 일부만을 다루었을 뿐입니다. 오늘 우리가 다룰 두 번째 주제는 "뿌린 피와 관련하여 우리는 어디에 있는가?" 하는 것입니다. 본문은 "너희가 이르렀느니라"라고 말합니다. 우리는 시내 산에 이르지 않았습니다. 우리는 시온 산에 이르렀으며, 천만 천사들에게 이르렀으며, 만민의 심판자이신 하나님께 이르렀으며, 온전하게 된 의인의 영들에게 이르렀으며, 새 언약의 중보자에게 이르렀으며, 마침내 뿌린 피에 이르렀습니다. 그러면 무엇입니까? 만일 우리가 이러한 뿌린 피에 이르렀다면, 그러면 무엇입니까? 그 대답은 "너희는 삼가 말씀하신 이를 거역하지 말라"는 것입니다. 우리는 예수의 희생제물에 의해 계시된 놀라운 진리에 최대의 관심을 가지고 마음을 열고 귀를 기울여야 합니다. 우리의 영혼이 그것을 듣고 생명을 얻도록 말입니다. 이 시간 성령께서 우리로 하여금 하늘의 음성을 들을 수 있도록 인도하시기를 기원합니다. 믿음은 들음에서 납니다. 이 시간 뿌린 피의 소리를 듣고 믿음으로 나오기를 기원합니다.

### 2. 둘째로, 뿌린 피와 관련하여 "우리는 어디에 있는가?" 라는 질문에 대답해 보도록 합시다.

여기에서 22절의 "그러나 너희가 이른 곳은"이란 구절을 주목하십시오. 그리고 그것을 24절과 연결하여 읽어보십시오. "너희가 이른 곳은 뿌린 피니라." 이와 같이 22절과 24절을 연결하여 읽을 때, 우리는 마침내 "너희는 뿌린 피에 이르렀느니라"라는 말씀을 얻게 됩니다.

첫째로, 여러분은 속죄의 희생제물의 복음을 듣는 데 이르렀습니다. 이스라엘 백성들은 애굽을 떠났으며, 홍해를 지났으며, 광야에 들어왔으며, 마침내 하나님의 산에 이르렀습니다. 그것은 흑암과 침침함과 나팔소리가 있는 두려운 시내 산이었습니다. 그들은 그 하나님의 보좌 주위에 모였습니다. 시내 산 주위에 모인 큰 무리의 모습은 얼마나 장엄한 광경이었겠습니까! 아마도 이백 만 명 이상의 사람들이 시내 산 앞에 장막을 쳤을 것입니다. "여호와께서 시내 산에서 오시

고 세일 산에서 일어나시고 바란 산에서 비추시고 일만 성도 가운데에 강림하셨
고 그의 오른손에는 그들을 위해 번쩍이는 불이 있도다"(신 33:2). 이스라엘은 장
엄한 광경에 의해 그리고 빽빽한 어둠으로부터 울려 퍼지는 나팔소리에 의해 완
전하게 압도당했습니다. 여호와께서 그들과 더불어 말씀하셨지만 그러나 할례
받지 못한 그들의 귀는 그의 영광스러운 음성을 감당할 수 없었습니다. 그리하
여 그들은 모세에게 중보자로서 하나님을 대신하여 말해 달라고 간청했습니다.

그러나 여러분과 나는 오늘날 그러한 두려운 장소에 이르지 않았습니다. 지
금 여러분 앞에 진동하는 산도 없으며, 빽빽한 구름도 없으며, 번개의 번쩍임과
천둥의 두려운 소리도 없습니다.

> "우리는 두려운 것들에 이르지 않았도다.
> 우리는 폭풍과 불과 연기에 이르지 않았도다.
> 하나님이 시내 산에서 말씀하셨던
> 천둥소리에도 우리는 이르지 않았도다.
>
> 대신에 우리는 시온 산에 이르렀도다.
> 우리는 우리 하나님의 도성에 이르렀도다.
> 거기에서는 온유하며 부드러운 말씀이 선포되고
> 그의 사랑이 모든 곳에 가득하도다."

복음 아래서 가장 위대하며 핵심적인 것은 "뿌린 피"입니다. 여러분은 하나
님이 정하신 화해의 길에 대해 듣는 특권을 가졌는데, 그것은 얼마나 복된 일입
니까! 여러분은 여러분의 죄와 그 결과에 대해 듣는 데 이르지 않았습니다. 여러
분은 마지막 심판과 하나님의 원수들의 신속한 멸망에 대해 듣는 데 이르지 않
았습니다. 여러분은 죄인에 대한 사랑과 악인에 대한 긍휼과 길 잃은 자를 위한
자비에 대해 듣는 데 이르렀습니다. 여러분은 죄를 정죄하면서 동시에 죄인을
살리시는, 그리고 율법의 의를 훼손하지 않으면서 동시에 죄와 허물을 간과하시
는 하나님의 놀라운 지혜에 대해 듣는 데 이르렀습니다. 여러분은 여러분 자신
의 피를 흘리는 것에 대해 듣는 데 이르지 않았습니다. 여러분은 죄인을 대신하
여 고난을 당하시고 죽으신 예수 그리스도의 피를 흘리는 것에 대해 듣는 데 이

르렀습니다. 완전한 희생제물에 대해 듣는 여러분의 귀는 얼마나 복됩니까! 값
없는 은혜와 무한한 사랑으로 속죄를 받은 여러분의 영혼은 얼마나 복됩니까!
세상 죄를 지고 가는 하나님의 어린 양이신 주 예수의 이름을 믿는 모든 자에게
값없이 주어지는 죄 사함에 대해 듣고 생명을 얻은 여러분은 얼마나 복됩니까!
여러분은 이 시간 율법을 듣지 않고 복음을 듣습니다. 여러분은 지금 심판에 대
해 듣지 않고 은혜에 대해 듣습니다. "너희는 삼가 말씀하신 이를 거역하지 말
라." 하나님의 나라가 여러분에게 이렇게 가까이 이른 것은 얼마나 복된 일입니
까! 여러분은 얼마나 놀라운 특권을 받았습니까! 여러분은 지금 이방의 어둠 가
운데 앉아 있지 않습니다. 여러분은 지금 교황주의의 암흑 가운데 앉아 있지 않
습니다. 여러분은 지금 유대교의 흐릿한 안개 가운데 앉아 있지 않습니다. 여러
분은 지금 찬란한 광채 가운데 있습니다. 하나님의 빛을 거역하지 마십시오.

　한 걸음 더 나아가 우리는 하나님이 이제 그리스도의 속죄의 희생제물 위에 근거
한 방식으로 우리를 다루심으로써 그것에 이르렀습니다. 만일 하나님이 시내 산에
서 제시된 조건 위에서 우리를 다루신다면, 그에게는 우리가 그의 율법을 깨뜨
렸음을 입증하기 위한 두세 명의 증인조차 필요하지 않을 것입니다. 우리의 죄
책은 자명합니다. 아무런 증인도 필요하지 않습니다. 그러나 하나님은 우리의
죄를 따라 우리를 다루시지 않으셨습니다. 우리는 하나님의 율법으로부터 아무
런 위로도 발견할 수 없을 정도로 허물과 결함으로 가득 차 있습니다. 우리는 오
직 긍휼에 호소할 뿐입니다. 왜냐하면 다른 방법으로는 아무런 소망도 없기 때
문입니다. "이것을 행하라 그리하면 살리라" ― 이러한 언약은 우리에게 아무런
위로의 빛도 가져다주지 않습니다. 왜냐하면 그것이 우리에게 던지는 말은 "범
죄하는 영혼은 죽을 것이라"는 천둥소리 같은 두려운 말뿐이기 때문입니다.

　율법의 행함으로는 아무도 의롭다함을 얻을 수 없습니다. 왜냐하면 율법에
의해 우리 모두는 정죄를 당하기 때문입니다. 십계명을 하나씩 하나씩 읽어 보
십시오. 그리고 생각으로든 말로든 행위로든 그것을 깨뜨렸음을 고백하십시오.
우리는 흘끗 봄으로써도 간음을 행할 수 있습니다. 우리는 생각으로도 살인의
죄를 범할 수 있습니다. 우리는 욕심을 품음으로도 도둑질을 할 수 있습니다. 완
전한 거룩함과 일치되지 못할 때, 바로 그것이 죄입니다. 그렇게 볼 때, 우리 가
운데 무죄한 자가 누구입니까? 그러나 주님은 복음 아래서 우리를 율법에 따라
다루지 않습니다. 그는 지금 심판의 보좌에 앉아 계시지 않습니다. 도리어 그는

은혜의 보좌로부터 우리를 내려다보고 계십니다. 그는 우리 앞에 심판의 쇠몽둥이가 아니라 은혜의 금홀(金笏)을 내밉니다. 이 세대는 하나님의 오래 참으심과 중보자 예수의 은혜에 의해 지배됩니다. 범죄한 자를 지면에서 멸하는 대신 하나님은 스스로를 낮추사 우리에게 가까이 오시며 이렇게 변론하십니다. "너희가 범죄하였지만 그러나 내 아들이 죽었도다. 그 안에서 나는 너희를 순전한 긍휼과 은혜로 다룰 것이로다."

가련한 죄인들이여, 지금 여러분이 살아 있는 사실 자체가 하나님이 여러분을 엄격한 공의가 아니라 오래 참으심에 따라 다루고 계심을 증명하지 않습니까? 여러분이 살아 있는 매 순간이 전능자의 오래 참으심의 실례(實例)들입니다. 공의의 도끼를 붙잡고 있는 것은 그리스도의 희생제물입니다. 그렇지 않으면 그 도끼는 벌써 여러분의 목을 향해 날아왔을 것입니다. 열매 맺지 못하는 나무가 아직 찍힘을 당하지 않는 것은 골고다 위에서 피 흘리신 위대한 포도원지기 때문입니다. 그는 이렇게 중보하며 말합니다. "주인이여 금년에도 그대로 두소서"(눅 13:8). 나의 형제들이여, 여러분이 이 시간 하나님과 교제할 수 있는 것은 주 예수의 피 흘림으로 말미암은 것입니다. 속죄의 피를 떠나서, 여러분에게는 아무 소망도 없으며 오직 영원한 형벌만 있을 뿐입니다. 그러나 하늘 아버지가 어떻게 여러분을 참으시는지 보십시오. 그는 자기 아들의 희생제물을 통해 여러분의 기도를 들으며 또한 여러분이 죄를 고백하는 것을 받으십니다. 그리고 그렇게 하심으로써 여러분의 믿음을 존귀하게 하시고 여러분을 죄로부터 구원하십니다. 우리 주 예수를 통해 주권적 은혜와 무한한 사랑은 아무 자격 없는 인생들에게 다가올 수 있는 값없는 길(free way)을 발견합니다. 그 희생제물을 통해 하나님은 이렇게 말씀하십니다. "오라 우리가 서로 변론하자 너희의 죄가 주홍 같을지라도 눈과 같이 희어질 것이요 진홍 같이 붉을지라도 양털 같이 희게 되리라"(사 1:18). "주 예수를 믿으라 그리하면 네가 구원을 얻을 것이라"(행 16:31). 이렇게 하여 반역자는 아들처럼 취급되고, 범죄자는 사랑받는 자처럼 취급됩니다. 골고다의 죽음 때문에 하나님은 범죄한 자들을 자기에게로 초대할 수 있게 되었을 뿐만 아니라 또한 그들을 자신의 사랑의 품으로 받아들일 수 있게 되었습니다. 나의 사랑하는 형제들이여, 이것을 기억하십시오. 나는 여러분을 꾸짖기 위해 보냄받지 않았습니다. 다만 여러분을 사랑으로 설득하도록 보냄받았습니다. 나는 여러분에게 천둥소리를 내도록 보냄받지 않았습니다. 다만 예수의 심장으로부터 흘러나오는 뜨거운 핏방울을 여러분 위에 떨어뜨리도록 보냄받았습니다. 그러므로 간절히 당부하노니 나의 말에 귀를 막지 마십시오. 그렇게 하는 대신 귀를 기울여 주의 깊게 들으십시오. 왜냐하면 나의 메시지는 기쁨으로 가득 차 있기 때문입니다. 여러분은 지금 기도의 집에 있습니다. 그리고 주의 대사(大使)들 가운데 한 사람으로부터 설교를 듣고 있습니다. 지금 여러분이 듣고 있는 소식은 하나님이 예비하신 화해와 평안의 소식입니다. 우리는 여러분에게 "보응을 준비하라"고 외치지 않습니다. 우리는 여러분에게 "용서하시는 하나님"을 외칩니다. 우리는 하나님이 여러분에게 더 이상 긍휼을 베풀지 않을 것이라고 위협하지 않습니다. 우리는 하나님이 여러분에게 은혜를 베풀기 위해 기다리고 계신다고 말합니다. 만일 내가 "여러분이 하나님의 진노를 격발하였으므로 이제 하나님이 여러분을 진멸하실" 것이라고 말해야만 한다면, 나는 얼마나 불행한 사람입니까? 내가 어떻게 나의 형제들에게 그런 끔찍한 소식을 전할 수 있단 말입니까! 어떻게 나의 어머니가 그토록 가혹한 운명을 가진 아들을 낳았단 말입니까! 그러나 그렇지 않은 것으로 인해 하나님께 감사합니다. 뿌린 피의 공로로, 우리 패역한 인류는 무한한 사랑의 언어를 듣게 되었습니다. 그리고 우리는 하나님과 더불어 화평을 이루게 되었습니다.

나의 형제들이여, 은혜의 시대는 아직 끝나지 않았으며, 여러분은 시내 산에 이르지 않았습니다. 여러분은 정죄를 당하지 않습니다. 왜냐하면 여러분은 중보자 예수 안에 있기 때문입니다. 거기에는 죄 사함이 있습니다. 죄를 씻는 은혜의 샘은 아직 열려 있습니다. 설령 여러분이 다윗처럼 죄를 범했다 하더라도 예수의 뿌린 피를 받아들이기만 한다면, 나는 여러분에게 나단 선지자가 다윗에게 했던 것과 똑같은 말을 할 수 있습니다. "여호와께서 당신의 죄를 사하셨나니 당신이 죽지 아니할 것이라"(삼하 12:13). 어쨌든 하나님은 지금 복음의 조건 위에서 여러분을 다루고 계십니다. 그는 시내 산이 아니라 시온 산에 앉아 계십니다. 은혜로 여러분을 초청하신 그가 여러분에게 준엄한 공의의 판결을 내리겠습니까?

나아가 뿌린 피에 이르는 더욱 효과적인 길이 있는데, 그것은 **믿음으로** 그 피를 우리 영혼에 뿌리는 것입니다. 이것은 절대적으로 필요합니다. 흘린 피는 우리 각자에게 뿌린 피가 되어야만 합니다. 어떤 사람이 묻습니다. "그리스도의 피가 내 위에 있는지 내가 어떻게 알 수 있습니까?' 당신은 스스로를 그리스도께 맡깁니까? 당신은 그가 십자가 위에서 속죄를 이루었음을 믿습니까? 그리고 당신은 자신의 영원한 운명을 그 사실 위에 기꺼이 내맡길 수 있습니까? 오직 예수께서 행하신 것에 의지하여 말입니다. 만일 당신이 그렇게 한다면, 당신의 믿음은 결코 헛되지 않을 것입니다. 당신은 당신의 마음을 예수의 보혈에 적용시킵니까? 그러면 그 보혈이 당신의 마음에 적용될 것입니다. 만일 당신의 마음이 죄로 인해 피를 흘린다면, 그것을 예수의 피 흘리는 마음에 가지고 가십시오. 그러면 당신의 마음은 치료를 받을 것입니다. 앞 설교에서 나는 문 인방과 좌우 설주에 뿌려진 피가 유월절 밤에 이스라엘 백성들을 보존했음을 이야기했습니다. 그 피는 또한 당신을 보존할 것입니다. 부정한 자들에게 뿌려진 피는 그들을 의식(儀式)적으로 정결하게 만들었습니다. 그 피는 또한 당신은 정결하게 만들 것입니다. "그 아들 예수의 피가 우리를 모든 죄에서 깨끗하게 하실 것이요"라는 말씀처럼 말입니다(요일 1:7). 또 아론의 아들들에게 뿌려진 피는 그들을 하나님께 성별시켰습니다. 이와 같이 그 피가 당신에게 적용될 때, 그것은 당신을 하나님께 성별시킬 것입니다. 그리고 당신은 지극히 높은 자가 받으신 종(servant)이 될 것입니다. 참되며 겸비한 믿음으로 우리가 뿌린 피에 이르렀음을 확실하게 아는 것은 얼마나 복된 일입니까! 당신은 구원을 위해 오직 예수만 의지한다고 분명하게 말할 수 있습니까? 당신은 천지를 증인으로 소환하여 당신이 그 외에 다른 아무것도 의지하지 않음을 증언하게 할 수 있습니까? 그렇다면 다음과 같은 주님의 말씀을 기억하십시오. "아들을 믿는 자에게는 영생이 있고"(요 3:36). "그를 믿는 자는 심판을 받지 아니하는 것이요"(요 3:18). "그러므로 우리가 믿음으로 의롭다 하심을 받았으니 우리 주 예수 그리스도로 말미암아 하나님과 화평을 누리자"(롬 5:1). 이런 말씀들은 강한 확신으로 가득 차 있지 않습니까? 진실로 우리는 두렵고 떨리는 시내 산에 이르지 않았습니다. 우리가 이른 곳은 그 터가 아름다우며, 땅의 기쁨이며, 평안의 도성이며, 무한한 축복의 고향인 시온 산입니다. 당신의 양심에 더 이상 죄로 인한 천둥소리는 들리지 않습니다. 왜냐하면 당신의 모든 죄가 사라졌기 때문입니다. 예수의 속죄제물이 그 모든 죄를 덮었습니다. 뿌린 피가 그 모든 죄를 제거했습니다. 당신의 모든 죄는 깊은 바다 속에 던져졌습니다. 하나님이 그 모든 죄를 당신의 등 뒤로 던지셨습니다. 예수 그리스도는 당신을 참소하는 모든 율법의 조문(條文)을 취하시고 그것을 자신의 십자가 위에 못 박았습니다. 그럼으로써 그 조문(條文)에는 더 이상 정죄하는 효력이 없게 되었습니다. 모든 빚은 변제되었습니다. 그러므로 누가 하나님의 택하신 자를 송사할 수 있단 말입니까? 사랑하는 자들이여, 우리가 뿌린 피에 이른 것은 얼마나 복된 일입니까!

> "하나님과 율법의 모든 두려운 것들은
> 이제 나와 아무 상관 없도다.
> 구주의 보배로운 피와 순종이
> 나의 모든 죄를 보이지 않게 감추었도다."

　　주 예수를 중보자와 희생제물로 받아들일 때, 우리는 뿌린 피에 효과적으로 그리고 참으로 이르게 됩니다. 우리가 뿌린 피에 이르렀다는 사실을 잊지 마십시오. 그는 세상 죄를 지고 가는 하나님의 어린 양입니다. 그리고 그에게 이른 자들은 충분한 구원으로 인도될 것입니다. 당신은 이와 같이 이르렀습니까? 만일 그렇지 않다면, 어째서 당신은 지체합니까? 그는 "내게 오는 자는 내가 결코 내쫓지 아니하리라"(요 6:37)라고 말씀하십니다. 그에게 나오십시오. 왜냐하면 그가 당신을 부르시고 계시기 때문입니다. 당신이 지금 어디에 있든, 그에게 나오십시오. 그러면 그가 당신을 영접하실 것입니다.

　　나아가 뿌린 피에 이르는 것은 뿌린 피를 통해 우리에게 임하는 모든 것을 감사하며 향유하는 것을 의미합니다. 형제들이여, 이것을 잊지 마십시오. 만일 여러분이 뿌린 피에 이르렀다면, 하나님이 여러분에게 주시는 충분한 죄 사함을 믿으십시오. 그리고 하나님과 더불어 화평을 이루십시오. 사도신경 가운데 있는 "죄를 사하여 주시는 것을 믿사오며"라는 항목은 얼마나 복된 항목입니까? 여러분은 죄를 사하여 주시는 것을 믿습니까? 어떤 하나님의 자녀들은 예수를 믿으면서도 그에 약속된 충만한 축복을 깨닫지 못합니다. 예컨대 마치 죄 사함을 받지 못한 것처럼 항상 죄 문제로 괴로움을 겪습니다. 여왕으로부터 사면(赦免)을 받고 감옥에서 풀려난 어떤 사람을 생각해 보십시오. 그는 그러한 사면을 실제적 사실로서 받아들이면서 두려움 없이 대로를 활보하게 될 것입니다. 여러분은 하나님의 용서를 하나의 실제적 사실로서 받아들이고 그에 따라 행동해야 합니다. 만일 하나님이 예수 그리스도로 말미암아 여러분을 용서하셨다면, 여러분은 용서를 받은 것입니다. 그런데 어째서 유죄판결을 기다리는 죄인처럼 두려워 떱니까? 만일 여러분이 죄 사함을 받았다면, 여러분에게 은혜의 행동이 이루어진 것입니다. 그리고 그러한 행동은 결코 취소되지 않을 것입니다. 왜냐하면 하나님의 은사와 부르심에는 후회하심이 없기 때문입니다. 하나님의 죄 사함은 여러분의 모든 빚을 탕감하는 것이며, 여러분을 감옥으로부터 방면(放免)하는 것입니다.

> "우리 구주의 속죄의 피가 흐르는 것을 보라.
> 그 얼마나 달콤하고 아름다운가!
> 우리는 신적 확신으로 분명히 아노라.
> 그가 우리를 하나님과 화목하게 했다는 것을."

나는 모든 하나님의 자녀들이 의롭다 하심을 받았다는 충만한 확신을 가지고 뿌린 피에 나오기를 바랍니다. 그리고 계속해서 은혜의 보좌 앞에 담대히 나아가 하나님과 교제하기를 바랍니다. 우리는 지금 거룩한 담대함으로 기도를 통해 하나님과 더불어 말할 수 있습니다. 왜냐하면 은혜의 보좌에 피가 뿌려졌기 때문입니다. 죄 사함받은 자여, 하나님과의 교제를 향유하는데 뒷걸음질치지 마십시오. 당신은 피로써 깨끗하여졌으며, 그러므로 하늘 아버지와의 가장 친밀한 교제 속으로 들어갈 수 있습니다. 당신은 피로써 거룩하여졌으며, 그러므로 넉넉히 하나님의 일을 감당할 수 있습니다. 당신의 죄가 용서된 것을 깨달으십시오. 그리고 아들이 아버지를 대하는 것처럼 그렇게 하나님을 대하십시오. 그리고 예전의 죄로 인해 괴로워하며 하나님의 임재를 두려워하지 마십시오. 하나님이 주시는 선한 것들을 취하십시오. 피가 당신에게 가져다준 평안을 즐기십시오. 속전(贖錢)이 치러짐으로 인해 얻은 자유 속으로 들어가십시오. 감정이나 두려움이나 꿈 등에 의존하지 말고 뿌린 피로 나아가십시오. 그리고 거기에서 안식하십시오. 그리고 믿음으로 기쁨과 평안을 충만히 누리십시오. 당신을 위해 치러진 속전을 기억하십시오. 그리고 무저갱으로 떨어질 것을 두려워하지 말고 기쁨으로 하나님의 산에 오르십시오.

뿌린 피에 이르는 것은 또한 우리가 삶 속에서 그것의 **충분한 효과**를 느끼는 것을 의미합니다. 예수께서 자신을 위해 피를 흘리셨으며 그 피가 자신의 양심에 뿌려졌음을 아는 사람은 죄를 미워하게 됩니다. 그리고 그는 자신을 깨끗하게 한 자에 대해 거룩하게 구별됩니다. "그리스도의 사랑이 우리를 강권하시는도다 우리가 생각하건대 한 사람이 모든 사람을 대신하여 죽었은즉 모든 사람이 죽은 것이라 그가 모든 사람을 대신하여 죽으심은 살아 있는 자들로 하여금 다시는 그들 자신을 위하여 살지 않고 오직 그들을 대신하여 죽었다가 다시 살아나신 이를 위하여 살게 하려 함이라"(고후 5:14, 15). 나는 열매를 맺게 하는 힘에 있어 예수의 보혈을 믿는 믿음보다 더 강력한 것은 아무것도 없다고 믿습니다. 나는 여러분이 나의 이러한 믿음을 증명해 주는 삶을 살기를 바랍니다. 구주께 대하여 빚진 자라는 의식을 가진 사람은 필경 가장 거룩한 사람이 될 것입니다. "뿌린 피"가 아닌 다른 길로 천국에 들어갈 것이라고 생각하는 자들은 거룩한 삶을 위한 확실한 기초를 갖고 있지 못한 것입니다. 당신은 부분적으로 예수께서 행하신 일을 신뢰하면서 동시에 부분적으로 당신 자신의 공로를 신뢰합니다. 당신은 그에게 많은 빚을 졌다고 생각하지 않으며 따라서 그를 많이 사랑하지 않습니다. 그러므로 당신은 거룩한 삶을 살아야만 한다고 그다지 절실하게 느끼지 않습니다. 그러나 예수의 피로 말미암아 자신의 많은 죄가 씻어졌으며 그럼으로써 구원을 받았음을 아는 사람은 온 마음을 다해 주님을 섬기게 될 것입니다. 완성된 의와 완전한 구원을 받은 자는 한량없는 감사를 느끼게 될 것입니다. 그리고 그러한 마음은 그를 거룩한 삶으로 이끌 것입니다. 그와 같은 감사의 능력이 그에게 거룩한 영향력을 행사할 것이며, 그럼으로써 그는 기꺼이 순종하는 삶을 살 뿐만 아니라 구주의 일을 열정적으로 감당하는 사람이 될 것입니다. 이와 같이 우리는 매일의 삶을 통해 우리가 받은 은혜를 증명하게 됩니다. 형제들이여, 나는 여러분의 삶을 거룩하게 하는 보혈의 영향력에 대해 좀 더 이야기하기를 원합니다. 속죄의 피의 교리를 붙잡고 있으면서도 다른 사람들과 별로 다를 것 없는 그리스도인들이 있지 않습니까? 슬프게도 그렇습니다. 그러나 당신이 어떤 교리를 붙잡고 있는 것과 그 교리가 당신의 마음을 붙잡고 당신의 삶에 영향을 끼치는 것은 별개의 문제입니다. 만일 우리가 실제적이며 실천적인 믿음을 가지고 있다면, 우리는 모든 부분에 있어 정말로 거룩한 사람이 될 것입니다. 형제들이여, 내 말을 들어 보십시오. 그리고 나의 질문에 대답해 보십시오. 하나님 앞에서 대답하는 것처럼 말입니다. 피로 산 바 된 자여, 당신은 자신을 위해 살 수 있습니까? 피로 씻음을 받은 자여, 당신은 자신의 옷을 더럽힐 수 있습니까? 만왕의 왕의 표적을 가진 자여, 당신은 그 외에 다른 통치자에게 스스로를 내줄 수 있습니까? 하나님이여, 뿌린 피로 인해 우리의 본성이 정결하게 되게 하소서! 그리고 우리를 위해 피 흘린 자를 위한 불 같은 열정으로 우리의 마음을 채워 주소서!

스스로에게 이렇게 물어 보십시오. "내가 이러한 뿌린 피에 이르지 않았는가? 만일 그렇지 않다면, 어째서 나는 즉시로 그 피로 다가가지 않는 것인가?" 얼마 전에 재미있는 소설 하나를 읽었는데, 거기에 이런 이야기가 나옵니다. 지금부터 내가 하는 이야기를 하나의 비유로 받아들이십시오. 이스라엘 가정의 한 어린 딸이 유월절 밤과 관련한 명령을 들었습니다. 그녀는 아픈 몸으로 침대에 누워 이렇게 소리쳤습니다. "아빠, 문 인방과 좌우 설주에 피를 뿌렸어요?" 아버지는 "아가야, 아직 뿌리지 않았단다. 그렇지만 곧 뿌릴 거야"라고 대답했습니다. 딸은 너무도 무섭고 두려웠습니다. 얼마 동안 기다린 후 그녀는 또다시 소리쳤습니다. "아빠, 아빠, 문 인방과 좌우 설주에 피를 뿌렸어요?" 그러자 아버지는 태평한 어투로 대답했습니다. "아까 시므온에게 피를 뿌리라고 말했단다. 아마도 시므온이 피를 뿌렸을 거야." 딸은 소리쳤습니다. "그렇지만 아빠, 벌써 한밤중이 되었어요. 이제 멸하는 천사가 곧 활동을 시작할 거예요. 아빠는 피가 뿌려진 것을 확인했어요? 우리 하나님 여호와가 문 인방과 좌우 설주에 피를 뿌려야 한다고 말씀하셨어요. 그렇지 않으면 멸하는 천사가 우리 집을 그냥 지나가지 않을 거예요. 아빠, 아빠는 피가 뿌려진 것을 확인했어요?" 아버지는 딸의 질문을 그냥 지나쳤습니다. 그는 친구들과 함께 어린 양의 고기를 먹으면서 그것으로 충분하다고 생각했습니다. 그는 피에 대해서는 별반 주의를 기울이지 않았습니다. 그는 자기 생각에 빠져 궁휼의 하나님이 사소한 것을 빠뜨렸다고 하여 자기 집을 치지는 않을 것이라고 믿었습니다.

그러나 딸은 가만히 있을 수가 없었습니다. 그녀는 이스라엘의 하나님으로부터 힘을 얻어 침대에서 벌떡 일어났습니다. 그녀는 자신이 직접 밖으로 나가 자기 집에 구원의 표적이 뿌려졌는지를 확인하지 않고는 결코 만족할 수 없었습니다. 거의 자정이 다 되었지만 그러나 그녀는 달빛에 의지하여 자기 집에 피가 뿌려지지 않았음을 확인했습니다. 그녀는 소스라치게 놀라 외쳤습니다. "아빠, 빨리 대야를 가지고 오세요." 대야는 피로 가득 차 있었습니다. 왜냐하면 어린 양이 죽임을 당했기 때문입니다. 아버지는 딸의 간청으로 우슬초를 피에 적셔 그것으로 문 인방과 좌우 설주를 쳤습니다. 그리고 바로 그 순간 자정이 되었습니다. 그들은 마치 "불 가운데서 구원을 받은 것처럼" 그렇게 구원을 받았습니다

(고전 3:15). 딸의 믿음과 거룩한 염려가 멸하는 천사의 칼을 막은 것입니다. 오늘날에도 그와 같은 거룩한 염려가 많은 가정들에 동일한 축복을 가져다줍니다. 사랑하는 자녀들이여, 여러분의 아버지에게 이렇게 물으십시오. "아빠, 아빠는 뿌린 피에 이르렀나요? 아빠의 인방과 좌우 설주에 어린 양의 피가 뿌려졌나요?" 사랑하는 자여, 당신 자신에 대해 이와 같이 염려하십시오. 우슬초로 깨끗하게 될 때까지 결코 쉬지 마십시오. 믿음으로 말미암아 어린 양의 피 뿌림을 받을 때까지 결코 쉬지 마십시오.

### 3. 우리의 마지막 주제는 "그러면 어떻게 할 것인가"입니다.

본문에 따를 때, 예수의 피는 새 언약 시대의 소리입니다. 그것은 말하는 피입니다. 그것은 아벨의 피보다 더 나은 것을 말합니다. 그러면 우리는 어떻게 해야 합니까? 바울 사도는 우리의 의무를 어떻게 표현합니까? "너희는 삼가 말씀하신 이를 거역하지 말라."

지금부터 약 15분 정도 나는 여러분과 더불어 고요한 대화를 나누고 싶습니다. 흥분을 하거나 쓸데없는 논쟁을 벌이지 않고 말입니다. 지금부터 나의 말에 귀를 기울여 주십시오. 나는 여러분의 영혼을 위한 간절한 사랑으로 말할 것입니다. 사랑하는 친구들이여, 여러분은 이러한 속죄의 위대한 진리를 대충 들어서도 안 되며 또한 망각의 무덤 속으로 던져 버려서도 안 됩니다.

싸늘한 무관심으로 예수의 소리를 거역하지 마십시오. 때가 되매 하나님이 육신을 입으시고 사람들 가운데 사셨습니다. 그는 우리의 죄를 담당하시고 십자가 위에서 자기 몸으로 죄로 인한 모든 고통을 받으셨습니다. 자신의 희생제물로 죄를 제거하기 위해 말입니다. 우리 주님은 십자가 위에서 죽으심으로 인간의 죄를 위한 속죄를 이루셨습니다. 그리고 그를 믿는 자들은 악과 그 결과들로부터 구원을 받습니다. 주된 핵심은 예수께서 우리를 위해, 다시 말해서 의로운 자가 불의한 자들을 위해 죽으셨다는 것입니다. 그의 속죄의 피는 이렇게 소리칩니다. "너희는 삼가 말씀하신 이를 거역하지 말라." 본문은 그 피를 보라고, 그 피를 주목하라고 말합니다. 그 피를 주의 깊게 살펴보십시오. 무관심함으로 인해 구주의 구원을 놓치지 마십시오. 치료약에 대해 무관심한 사람은 마치 자기 칼로 자기를 찌르는 사람처럼 확실하게 멸망당할 것입니다. 마음을 기울여 구주를 영접하십시오. 간절히 당부하노니 그렇게 하십시오. 많은 사람들이 말씀하신 이에 대해 혹은 그의 희생제물에 대해 전혀 생각하지 않음으로써 그를 거역합니다. 우리 모두는 이것을 우리의 첫 번째 관심사로 삼아야만 합니다. 우리의 첫 번째 관심사는 우리 자신을 하나님과 올바른 관계 속에 놓는 것이어야 합니다. 다른 문제들은 그 다음 자리로 내려가야 합니다. 만일 구원이 그리스도의 피로 말미암아 오는 것이라면, 우리는 그것을 깊이 생각하며 완전하게 이해해야 합니다. 그것이 그냥 우리를 스쳐 지나가도록 내버려 두어서는 안 됩니다. 그것에 대해 깊이 생각하십시오. 나는 하나님의 아들이 인간을 대신하여 죽음으로써 하나님의 공의를 굳게 세우고 죄를 제거했다는 이 놀라운 가르침에 대해 깊이 묵상하며 많이 생각합니다.

어린 시절 나는 올바른 원리 위에서 삶을 시작하고자 하는 간절한 열망을 가지고 있었습니다. 나는 죄로부터 구원받기를 간절히 열망했습니다. 나는 종종 성경을 비롯하여 번연의 「넘치는 은혜」(Grace Abounding)라든지 백스터의 「불신자를 향한 부르심」(Call to the Unconverted)이라든지, 알레인의 「경보」(Alarm)라든지, 혹은 도드리지의 「영혼 안에서 신앙의 발흥과 진보」(Rise and Progress of Religion) 등과 같은 책을 읽으며 밤을 새우곤 했습니다. 이러한 책들 속에서 나는 구원의 길을 발견하고자 애썼습니다. 그러나 내가 알기를 열망했던 주된 주제는 "사람이 어떻게 하나님께 대하여 의로워질 수 있나? 하나님이 어떻게 사람들에 대해 공의로우면서 동시에 그의 죄를 제거할 수 있나?"였습니다. 여러분은 이러한 질문들이 매우 중요한 것이라고 생각하지 않습니까? 이러한 질문들에 대해 무관심하지 마십시오. 이러한 질문들에 대해 곰곰이 생각해 보십시오. 나는 오늘날 수많은 일들이 여러분의 관심을 잡아끌고 있는 것을 압니다. 그러나 여러분은 다른 어떤 것들보다도 이러한 질문들에 대해 마음과 귀를 기울여야만 합니다. 그리스도 예수 안에서 성육신하시고 인간의 죄를 위해 피 흘리고 죽으신 하나님! 이것은 얼마나 놀라운 사랑의 주제입니까? 이것은 무관심하게 그냥 지나쳐도 좋을 만큼 그렇게 하찮은 주제가 결코 아닙니다. 그러므로 여러분에게 간절히 당부하노니, "삼가 말씀하신 이를 거역하지" 마십시오. 제발 "나는 밭을 샀으매, 나는 소 다섯 겨리를 샀으매, 나는 장가들었으니 청컨대 나를 양해하도록 하라"(눅 14:18-20)라고 말하지 마십시오. 나는 여러분이 무신론자가 될 것이라고는 결코 생각하지 않습니다. 나는 여러분이 이 위대한 진리를 모독하는 사람이 될 것이라고는 결코 생각하지 않습니다. 나는 여러분이 속죄의 사실을 부인할 것이라고는 결코 생각하지 않습니다. 다만 내가 걱정하며 두려워하는 것은 여러분이 그것에 대해 무관심한 것입니다. 만일 하나님이 죄인들을 구원하시고자 피 흘리고 죽으시기 위해 세상에 오신 것이 정말로 사실이라면, 이것보다 더 크고 더 기쁜 소식이 도대체 무엇이겠습니까? 그것이 정말로 사실이라면, 모든 인류가 큰 관심을 기울이며 그 소식을 받아야 하지 않겠습니까?

또 속죄의 교리를 연구할 때, 오해와 편견으로 접근하지 마십시오. 그리스도의 복음을 싫어하는 자들은 속죄의 교리를 회화화(戱畵化)하느라 몹시 분주합니다. 그들은 우리가 '그 아들의 피로 달램을 받아야만 하는 본질적으로 자비롭지 않은' 하나님을 전파한다고 비난합니다. 그러나 우리가 실제로 전파하는 것은 그와 정반대입니다. 우리가 말하는 것은 이것입니다. 즉 하나님은 무한히 사랑이 많으시지만 그러나 그 사랑이 하나님을 불의하게 만들지는 않는다는 것입니다. 만일 사랑이 하나님을 불의하게 만든다면, 긴 안목으로 보면 그것은 결국 사랑이 아닙니다. 하나님은 온 땅의 심판주입니다. 그러므로 그는 공의롭게 행하셔야만 합니다. 만일 위대한 도덕적 통치자이신 하나님이 율법을 세우시고 그것을 깨뜨렸을 때의 형벌을 정하셨다면, 그는 그 형벌을 실행하셔야만 합니다. 그렇지 않으면 그의 율법은 그 권위를 잃을 것입니다. 만일 형벌이 실행되지 않는다면, 그러한 형벌의 위협은 결국 거짓이었음이 암묵적으로 인정되는 셈입니다. 여러분은 거짓말할 수 있는 하나님을 믿을 수 있습니까? 하나님은 완전하며, 의로우며, 선한 율법을 만드셨습니다. 여러분은 차라리 율법이 없기를 바랍니까? 이성(理性)적인 사람이 무질서를 바란단 말입니까? 하나님은 형벌의 위협으로 율법을 뒷받침하셨습니다. 율법을 깨뜨렸음에도 불구하고 아무런 형벌도 따르지 않는다면, 도대체 그런 율법이 무슨 소용이 있단 말입니까? 범법자에게 형벌을 가하지 않는 정부는 실제로 정부가 아닙니다. 그러므로 도덕적 통치자이신 하나님은 공의로우셔야만 하며, 모든 종류의 거짓과 악에 대한 자신의 분개를 나타내셔야만 합니다. 사람의 양심 위에 죄에는 형벌이 따른다는 사실이 기록되어 있습니다. 여러분은 죄에도 불구하고 형벌이 따르지 않기를 바랍니까? 만일 여러분이 공의로운 사람이라면, 여러분은 그렇게 바라지 않을 것입니다. 이와 같이 주 예수 그리스도는 스스로 사망의 형벌을 짊어지심으로써 하나님의 율법을 굳게 세우셨습니다. 그는 만민에게 하나님은 결코 죄를 묵인하지 않는다는 사실을 보여 주셨습니다. 심지어 하나님의 무한하신 긍휼조차도 그의 공의의 길을 가로막을 수 없습니다. 이것이 속죄의 교리입니다. 그것을 비틀고 왜곡시키는 자들의 말을 듣지 마십시오. 우리를 위해 속죄를 이루신 것은 하나님의 사랑으로 말미암은 것이었습니다. 그렇게 하여 율법은 굳게 옹호되었으며, 도덕적 통치의 기초는 견고하게 섰습니다. 이러한 주제를 깊이 생각하십시오. 그리고 그것을 정직한 마음으로 공정하게 판단하십시오. 하나님의 말씀으로부터 우리는 만일 여러분이 주 예수의 속죄와 분리되어 있다면 여러분은 결코 죄책과 악의 권능으로부터 구원받을 수 없음을 분명하게 확증합니다. 이러한 속죄의 희생제물을 믿음으로 말미암지 않는 한 여러분의 양심에 평안은 결코 임하지 않을 것입니다. 여러분은 여러분을 죄의 멍에로부터 건져내기에 충분할 정도의 강력한 동기(動機)를 결코 만나지 못할 것입니다. 그러므로 "삼가 말씀하신 이를 거역하지" 마십시오. 들으십시오. 그러면 여러분의 영혼이 살 것입니다. 빈정거리며 트집을 잡으십시오. 그러면 여러분은 여러분의 죄 가운데 죽을 것입니다.

또 속죄의 원리를 배척함으로써 주 예수의 소리를 거역하지 마십시오. 만일 하나님이 이러한 원리를 만족해하신다면, 우리는 그에 대해 반론을 펴서는 안 됩니다. 하나님은 모든 것을 올바른 기초 위에 세우는데 우리보다 훨씬 더 많은 관심을 가지고 계십니다. 만일 하나님이 모든 구원의 기초로서 예수의 희생제물을 만족스럽게 받으신다면, 도대체 어째서 우리가 그것에 대해 불만족해야만 한단 말입니까? 만일 그 안에 어떤 결함이 있다면, 하나님의 거룩하신 눈이 그것을 볼 것입니다. 하나님은 자기 아들이 죽도록 그냥 내버려 두지 않으셨을 것입니다. 만일 그 아들의 죽음에도 불구하고 그것에 의해 계획된 모든 섭리가 완전하게 성취되지 못할 것이라면 말입니다. 하나님은 그토록 값비싼 실수를 결코 범하지 않으셨을 것입니다. 자꾸만 의문을 제기하는 당신은 도대체 누구입니까? 만일 하나님이 만족하신다면, 당신도 마땅히 그래야 하지 않습니까? 우리가 너무나 지혜로워서 속죄를 배척한다면, 그것보다 더 큰 어리석음이 무엇이겠습니까? 무엇이라고요? 당신은 인간을 구속하는 하나님의 방법에 대해 자꾸만 의문을 제기하는 오늘날의 풍조 때문에 "말씀하신 이를 거역할" 것이라고요? 간절히 당부하노니 그러지 마십시오.

한 가지만 더 이야기하겠습니다. 여러분 자신의 구원의 길을 더 좋아함으로 말미암아 이러한 긍휼의 소리를 거역하지 마십시오. 의심의 여지 없이 여러분은 자기 마음속에 구원의 길을 가지고 있습니다. 왜냐하면 모든 소망을 포기한 사람은 거의 없기 때문입니다. 아마도 여러분이 특별하게 붙잡는 소망은 여러분이 최고의 선을 행함으로써 구원받을 것이라는 소망일 것입니다. 그러나 안타깝게도 최고의 선을 행하는 사람은 아무도 없습니다. 반역자를 생각해 보십시오. 그가 최고의 선을 행했다고 해서 그것이 왕에게 받아들여지겠습니까? 그가 반역자인 한, 그의 행동은 반역자의 행동일 뿐입니다. 그리고 그의 행동은 왕에게 존귀한 것으로 여겨지지 않습니다. 어쩌면 여러분의 소망은 기도를 많이 한다든지, 교회에 간다든지, 혹은 예배에 참석하는 등의 기초 위에 세워져 있는지 모릅니다. 어쩌면 여러분은 목사나 신부를 신뢰할 정도로 어리석을는지도 모릅니다. 간절히 당부하노니, 성경에 기록된 하나님의 증언을 들어 보십시오. 그리고 주 예수 그리스도 외에 다른 기초는 결코 없다는 사실을 배우십시오. 오직 하나의 구원만이 있을 뿐입니다. 다른 구원은 결코 없습니다. 다른 모든 소망들은 헛된 거짓말이며, 예수를 모독하는 것입니다. 하나님은 죄를 위한 속죄제물로 그리스도를 보내셨습니다. 다른 속죄제물은 없습니다. 우리가 받아들여짐에 있어, 다른 길은 없습니다. 만일 여러분이 이 길을 배척한다면, 여러분은 여러분의 죄 가운데 죽을 것입니다.

설령 여러분이 이러한 교훈을 싫어한다 하더라도, 나로서는 어쩔 수 없습니다. 나는 오직 하나님의 진리를 전파하며, 그것을 여러분의 마음속에 남겨 두어야만 합니다. 제발 그것을 고의적으로 배척하지 마십시오. 마지막 날 얼굴과 얼굴로 여러분을 만나게 될 때 만일 내가 여러분에게 그리스도의 보혈과 관련한 하나님의 진리를 확실하게 이야기하지 않았다면, 나는 여러분의 피에 대해 깨끗하지 않을 것입니다. 여러분을 위해 죽으신 예수를 믿음으로써, 여러분은 구원을 받을 것입니다. 그러나 다른 길로는, 여러분은 결코 천국에 들어가지 못할 것입니다. 기도의 길이든, 금식의 길이든, 구제의 길이든, 그 어떤 길이든 말입니다. 영광에 이르는 길은 십자가의 길을 통과합니다. "피흘림이 없은즉 사함이 없느니라"(히 9:22). 그를 바라보십시오. 다른 것은 바라보지 마십시오. 왜냐하면 다른 어떤 것도 필요하지 않기 때문입니다. 예수 그리스도는 생명과 화평의 언약을 가져다주는 유일한 전달자입니다. "너희는 삼가 말씀하신 이를 거역하지 말라."

"너희는 삼가 거역하지(refuse) 말라." 여기에는 선택의 여지가 있습니다. 만일 여러분이 복음을 듣지 못했다면, 여러분은 그것을 배척할(refuse) 수 없습니다.

그러나 여러분은 그 메시지를 들었습니다. 그러므로 그것을 받아들일지 배척할지를 결정하는 권세는 여러분에게 있습니다. 그러나 그것은 얼마나 위험한 권세입니까? 여러분은 나의 피 흘리신 사랑의 구주를 배척할 것입니까? 여러분은 그를 배척할 수 있습니까? 여러분은 감히 그를 배척합니까? 지금 나는 그를 봅니다. 그의 머리에 가시면류관이 씌워져 있습니다. 그는 지금 십자가에 달려 말할 수 없는 고통 가운데 죽어가고 있습니다. 여러분은 그를 배척할 수 있습니까? 그의 눈은 눈물로 붉게 물들어 있습니다. 여러분에게 그러한 슬픔의 눈물이 없습니까? 그의 얼굴은 잔인한 병사의 침으로 더러워져 있습니다. 여러분은 그를 위해 사랑을 나타내며 신하의 예를 표하지 않겠습니까? 그의 두 손은 십자가 위에 고정되어 있습니다. 그의 두 발도 마찬가지입니다. 그는 지금 죄인을 대신하여 십자가에 달려 고통을 당하고 있습니다. 여러분은 스스로를 그에게 맡기지 않을 것입니까? 나는 기꺼이 십자가 아래 무릎을 꿇을 수 있습니다. 그리고 피로 얼룩진 그의 발에 입을 맞출 수 있습니다. 그는 얼마나 아름다운 분입니까? 그런데 여러분은 그를 배척할 것입니까?

그는 단순한 사람이 아닙니다. 십자가에 달린 자는 하나님 자신입니다. 그의 몸은 사람의 몸입니다. 그러나 그 몸은 신성(神性)과 결합되었습니다. 골고다에서 죽은 자는 만유의 하나님입니다. 그리고 바로 이러한 사실이 그의 죽음을 그토록 효과적인 것으로 만듭니다. 그는 여러분의 죄를 정당하게 그리고 합법적으로 용서할 수 있기 위해 십자가에 달려 죽으셨습니다. 그런데 여러분은 그에게 등을 돌리겠습니까? 사랑하는 형제들이여, 앞으로 나오십시오. 그리고 피로 얼룩진 그의 발에 입을 맞추십시오. 그리고 그를 바라보며 이렇게 말하십시오. "나의 주여, 나는 당신과 화해되었나이다. 내가 어떻게 다른 길로 갈 수 있겠나이까? 나의 적의(敵意)는 사라졌나이다. 어떻게 내가 나를 위해 죽으신 자와 원수가 될 수 있겠나이까? 주께서 수치와 경멸과 비방 가운데 죽으심으로 내가 살게 되었나이다. 주 예수여, 당신은 내 안에서 화해뿐 아니라 참된 순복과 진실한 사랑을 만드셨나이다. 나는 나 자신을 당신께 드리며, 나는 영원히 당신의 것이나이다." 여러분이 주님을 배척하지 않는지 살펴보십시오. 부디 비둘기 같은 성령께서 이 시간 나의 메시지를 듣는 모든 자들에게 임하시기를 바랍니다. 부디 성령께서 그리스도의 뿌린 피를 여러분에게 적용시키기를 기원합니다. 그래서 여러분으로 하여금 말씀하신 자를 거역하는 대신 그의 이름을 기뻐하도록 이끄시기를 기원합니다.

　　"너희는 삼가 그를 거역하지 말라"는 본문의 훈계는 결국 "너희는 삼가 그를 영접하라"는 암묵적인 명령이기도 합니다. 형제들이여, 나는 여러분이 나의 주님을 마음으로 영접할 것을 믿습니다. 배척하는 것이든 영접하는 것이든, 거기에는 의지의 작용이 내포되어 있습니다. 여러분은 예수 그리스도를 의지적으로 영접해야 합니다. 그리스도는 어떤 사람에게 자신을 억지로 영접하도록 강요하지 않을 것입니다. 누구든지 예수를 영접하는 자는 예수로부터 영접을 받을 것입니다. 예수를 영접하는 자를 예수는 결코 부인하지 않을 것입니다. 절대로 그럴 수 없습니다. 그러나 여러분은 의지적으로 그렇게 해야 합니다. 그리고 여러분 안에서 그 일을 행하는 것은 하나님의 은혜입니다. 여러분 안에서 반드시 이 일이 행해져야 합니다. 여러분의 마음이 예수를 기쁘게 영접할 때까지, 아무 일도 이루어지지 않습니다. 의지적으로 예수에 대해 듣고 의지적으로 그의 위대한 대속을 받아들이는데 미치지 못하는 것은 영원한 생명에 미치지 못하는 것입니다. 여러분은 이러한 구주를 영접할 것입니까? 아니면 그의 사랑을 거절할 것입니까? 여러분은 그를 차갑게 냉대할 것입니까? 제발 그렇게 하지 마십시오. 그렇게 하는 대신 여러분의 마음의 문을 활짝 열어젖히십시오. 그리고 주님께 어서 들어오시라고 탄원하십시오.

　　나는 이스라엘 백성들이 시내 산 꼭대기로부터의 천둥소리를 더 이상 듣지 않게 해 달라고 간청한 것에 대해 조금도 놀라지 않습니다. 왜냐하면 그것은 인간의 귀에 너무도 두려운 소리였기 때문입니다. 그러나 만일 여러분이 "말씀하는 자"를 배척한다면, 여러분에게는 어떤 변명의 여지도 없게 됩니다. 왜냐하면 예수께서는 음악보다도 더 부드럽게 그리고 엄마의 자장가보다도 더 달콤하게 말씀하기 때문입니다. 예수 그리스도의 다음과 같은 부드러운 말씀을 들어 보십시오. "수고하고 무거운 짐 진 자들아 다 내게로 오라 내가 너희를 쉬게 하리라 나는 마음이 온유하고 겸손하니 나의 멍에를 메고 내게 배우라 그리하면 너희 마음이 쉼을 얻으리니"(마 11:28, 29). 그는 모든 종류의 죄가 사함을 받을 것이라고 선언하셨습니다. 명절 끝날 그는 서서 이렇게 외치셨습니다. "누구든지 목마르거든 내게로 와서 마시라"(요 7:37). 나는 지금 여러분에게 꾸며낸 이야기를 말하고 있지 않습니다. 나는 지금 그리스도에 관한 실제적인 이야기를 하고 있습니다. 그는 베들레헴에서 태어나시고 골고다에서 죽으셨습니다. 그는 많은 사람들을 위해 흘린 자신의 피로 여러분에게 누구든지 자신에게 나아와 자신을 믿는 자는 죄 사함을 받을 것임을 확증합니다.

"너희는 삼가 말씀하신 이를 거역하지 말라." 지금 여러분은 나의 보잘것없는 소리를 듣고 있지만, 그러나 성령 하나님이 말씀하고 계시며 또 예수 그리스도 자신이 말씀하고 계십니다. 나는 얼마든지 배척해도 좋습니다. 그러나 나의 주님은 배척하지 마십시오. 예수의 피는 이렇게 말씀합니다. "나는 죄인들을 위해 부어졌도다. 나는 하나님의 사랑을 나타내기 위해 흘려졌도다. 나는 죄로부터 정결하게 하기 위해 뿌려지도다." 어떤 사람의 마음속에 그의 피가 뿌려질 때, 그 마음속에 평안이 창조됩니다. 그 피가 떨어지는 곳에 서십시오. 그 피가 여러분에게 뿌려지게 하십시오.

이와 같이 그 피는 말하고 있습니다. 여러분은 이렇게 대답하지 않겠습니까? "주여, 우리가 주께 이른 것은 주께서 우리를 이끄셨기 때문이나이다. 당신의 상처는 우리의 마음에 상처를 입혔나이다. 당신의 죽음으로 인해 우리의 적의(敵意)가 죽었나이다. 우리에게 당신의 피를 뿌려 주소서. 우리를 당신의 피로 적셔 주소서. 우리로 하여금 사랑하는 자 안에서 받아들여지게 하소서." 아멘. 하나님이여, 우리의 기도를 들으소서.

제
41
장
—

# 받으심 직하게 섬김

—

"그러므로 우리가 흔들리지 않는 나라를 받았은즉 은혜를
받자 이로 말미암아 경건함과 두려움으로 하나님을 기쁘시
게 섬길지니 우리 하나님은 소멸하는 불이심이라."
— 히 12:28-29

    최근에 여러분은 고아들에게 집을 마련해 주는 사역을 성심껏 감당했는데,
그것은 하나님 섬김의 한 훌륭한 표본이 될 것입니다. 나는 이 일과 관련하여 많
은 사람들이 보여준 풍성한 협력에 크게 놀랄 뿐만 아니라 또한 크게 기뻐합니
다. 나는 "나와 내 백성이 무엇이기에 이처럼 즐거운 마음으로 드릴 힘이 있었나
이까 모든 것이 주께로 말미암았사오니 우리가 주의 손에서 받은 것으로 주께
드렸을 뿐이니이다"(대상 29:14)라고 말했던 다윗과 같은 마음을 느낍니다. 나는
여러분을 마음껏 칭찬하고 싶습니다. 왜냐하면 그 일은 우리 모두가 함께 기뻐
할 만큼 충분히 선하며 또 마음을 다해 행해진 일이었기 때문입니다. 그렇지만
우리가 꼭 기억해야 할 것이 있습니다. 그것은 여러분과 내가 서로 받는 것은 작
은 일이라는 사실입니다. 정말로 큰 일은 우리가 하나님으로부터 받아들여지느
냐 하는 것입니다. 주인의 집의 문지기인 나는 동료 종들의 선한 행동에 대해 인
정할 뿐만 아니라 크게 칭찬합니다. 그러나 문지기에 불과한 나의 인정과 칭찬
이 도대체 무엇이란 말입니까? 정말로 중요한 일은 주인 자신이 "잘하였도다 착
하고 충성된 종이여"라고 말하는 것이 아니겠습니까? 우리는 단지 겉으로 드러

난 것들만을 볼 뿐입니다. 그러나 영들의 아버지는 마음을 살피시며 사람의 아들들의 속생각을 시험하십니다. 그는 우리보다 훨씬 더 높은 잣대로 판단하십니다. 그러므로 나는 거룩한 두려움을 가지고 오늘 본문을 살피고자 합니다. 성령께서 사랑의 수고를 감당한 선한 형제들로 하여금 이 시간 스스로를 살피도록 이끄시기를 기원합니다. 그래서 혹시 그 일 가운데 지극히 높은 자에게 향기로운 냄새가 되는 것을 방해하는 어떤 것이 있다면, 그것을 스스로 바로잡는 기회가 되기를 바랍니다. 만일 우리가 드린 제물에 대해 주께서 무관심한 채 외면해 버리신다면 어떻게 하겠습니까? 그렇다면 그것은 가인의 슬픈 이야기가 반복되는 것이 아니겠습니까? "여호와께서 가인과 그의 제물은 받지 아니하신지라"(창 4:5). 그래서 만에 하나 우리의 안색이 변하는 일이 생기면 어떻게 하겠습니까? 설령 안색이 변한다 하더라도, 나는 우리에게 있어 그것은 반항의 증표가 아니라 회개의 증표일 것이라고 믿습니다. 만일 우리의 제물이 열납되지 않는다면, 우리는 쓰라린 마음으로 애통하며 부디 그것이 합당한 제물이 되게 해 달라고 간청할 것입니다. 어쨌든 중요한 문제는 우리의 수고가 하나님께 받아들여져야 한다는 사실입니다. 나는 오늘 아침 성령의 인도하심 가운데 이러한 주제를 다루고자 합니다.

어떤 섬김이 하나님께 받으심 직한 것이 되고자 할 때 꼭 필요한 것이 몇 가지 있습니다. 본문이 그러한 것들을 일일이 다 언급하고 있지는 않지만, 그러나 그러한 것들은 너무도 중요합니다. 그러므로 나는 그러한 것들을 먼저 이야기하면서 오늘의 설교를 시작하고자 합니다.

첫째로, 하나님을 섬기는 사람 자신이 먼저 받으심 직해야 합니다. 제물을 드리는 자 자신이 먼저 받아들여져야 합니다. 그렇지 않으면 그가 드리는 제물은 필연적으로 받아들여질 수 없는 것이 됩니다. 왜냐하면 그로 말미암아 그의 제물이 합당치 못한 것이 되기 때문입니다. 그의 부정함이 그의 제물을 부정하게 만듭니다. 회개하지 않는 마음과 새로워지지 않은 의지와 불순종적인 생각과 거룩하지 않은 삶을 가진 사람을 생각해 보십시오. 설령 그가 어떤 외적인 예배나 헌신의 행동을 한다 하더라도, 하나님은 이렇게 말씀하실 것입니다. "이것을 누가 너희에게 요구하였느냐 내 마당만 밟을 뿐이니라 헛된 제물을 다시 가져오지 말라"(사 1:12, 13). 마음 그 자체가 하나님께 드려져야 합니다. 왜냐하면 마음 없이 드려지는 제물은 단순한 외식(外飾)이나 겉치레에 불과하기 때문입니다.

형제들이여, 하나님이 "내 아들아 네 마음을 내게 주며"(잠 23:26)라고 말씀하시는 것을 새겨들으십시오. 하나님께 무엇을 드리든, 먼저 여러분의 마음을 드리십시오. 이것이 가장 핵심적인 것입니다. 실제로는 반역의 마음을 품고 있으면서 겉으로 왕에게 예물을 바치는 어떤 신하를 생각해 보십시오. 그것은 왕을 조롱하는 것 외에 아무것도 아닙니다. 그는 먼저 스스로를 왕 앞에 순복시켜야 합니다. 그리고 나서야 비로소 그는 충성의 증표를 가지고 왕 앞에 나올 수 있게 될 것입니다.

어떤 섬김이 받으심 직한 것이 되기 위해 꼭 필요한 두 번째 요소는 그것이 하나님께 대한 것으로서 특별하게 행해져야 한다는 사실입니다. 본문은 하나님을 섬기는 것에 대해 말합니다. 외적으로는 칭찬할 만한 것처럼 보이지만 그러나 실제로는 하나님께 받으심 직하지 않은 일들이 얼마나 많습니까? 특별히 그것이 하나님의 영광을 바라보는 가운데 그분께 돌려지지 않기 때문에 말입니다. 어떤 사람은 마치 옛 바리새인들처럼 자기를 과시하기 위해 구제를 합니다. 그들은 사람들로부터 칭찬을 받기 위해 그들 앞에서 나팔을 붑니다. 분명히 말하거니와 그들은 자신들의 상을 이미 받았습니다. 그러나 그 상은 얼마나 보잘것없는 상입니까! 어떤 사람은 경쟁심으로 거룩한 일에 열심을 품습니다. 다른 사람들과 경쟁하여 이김으로써 자신의 우월한 능력을 나타내기 위해 말입니다. 마치 예후처럼, 그들은 이렇게 외칩니다. "오라, 만군의 여호와를 위한 나의 열심을 보라!' 그들은 하나님의 영광이 아니라 자신의 영광을 찾습니다. 바로 이것 때문에, 그들은 하나님으로부터 받아들여질 수 없습니다. 나누어진 마음으로 거액의 돈을 드리는 것보다 오직 하나님 한 분만 바라보는 가운데 동전 두 닢을 드리는 것이 훨씬 더 낫습니다. 하나님을 섬기고자 할 때, 우리는 자아(self)를 잊어야 합니다. 오직 하나님께 순종하며 영광을 돌리고자 하는 특별한 열망이 있어야만 합니다. 그리고 우리는 사람을 기쁘게 하는 자처럼 행한다든지 혹은 자기를 높이기 위해 수고해서는 안 됩니다. 그렇지 않으면 주님은 우리의 제물을 가증한 것으로 여기실 것입니다.

셋째로, 우리는 그 모든 것을 예수 그리스도를 믿는 믿음으로 행해야 합니다. 왜냐하면 믿음이 없이는 하나님을 기쁘시게 할 수 없기 때문입니다(히 11:6). 바울은 "내가 내게 있는 모든 것으로 구제하고 또 내 몸을 불사르게 내줄지라도 사랑이 없으면 내게 아무 유익이 없느니라"(고전 13:3)라고 분명하게 말합니다.

우리는 이것을 믿음에 대하여서도 똑같이 말할 수 있습니다. 하나님을 믿지 않으면서도 믿음이 있는 것처럼 꾸미는 자는 분명 '속이는 자'든지 '스스로 속은 자'든지 둘 중 하나입니다. 믿지 않는 자는 이미 정죄를 받은 것입니다. 그러므로 그의 섬김은 단지 정죄받은 자의 섬김일 뿐입니다. 그렇다면 그것이 어떻게 하나님을 기쁘시게 할 수 있겠습니까? 우리는 우리의 제물을 우리의 큰 대제사장이신 예수께 가져와야만 하며, 그가 그것을 우리를 위해 드려야만 합니다. 왜냐하면 제물은 오직 예수 그리스도를 통해서만 하나님께 받아들여질 수 있기 때문입니다. 이러한 사실들을 분명히 한 연후에, 이제 비로소 우리는 본문 속으로 들어갈 수 있게 되었습니다.

### 1. 첫째로, 바울은 받으심 직한 섬김이 되고자 하면 그것은 하나님께 대한 우리의 무한한 의무 의식의 터 위에서 행해져야만 한다고 말합니다.

28절을 다시 한 번 읽어 보십시오. "그러므로 우리가 흔들리지 않는 나라를 받았은즉 은혜를 받자 이로 말미암아 경건함과 두려움으로 하나님을 받으심 직하게 섬길지니"(serve God acceptably, 한글개역개정판에는 "기쁘시게 섬길지니"라고 되어 있음). 형제들이여, 보십시오. 하나님께 드려지는 어떤 섬김이든, 우리는 그것을 "받은 자"의 의식(意識)으로부터 시작해야만 합니다. 그분께 무엇인가를 드린다고 생각하기에 앞서, 우리는 먼저 그분으로부터 모든 것을 받았다는 사실을 기억해야 합니다. 우리는 받습니다. 이것이 우리의 첫 번째 단계입니다. 또한 나는 그것이 우리의 마지막 단계라고 생각합니다. 왜냐하면 설령 우리가 주님 앞에 무엇을 드릴 수 있다 하더라도, 우리는 이렇게 고백해야만 하기 때문입니다. "모든 것이 주께로 말미암았사오니 우리가 주의 손에서 받은 것으로 주께 드렸을 뿐이니이다"(대상 29:14). 만일 우리에게 주님의 보좌 앞에 우리의 면류관을 던지는 특권이 주어진다면, 그 면류관은 그가 주권적인 은혜로 우리에게 주신 면류관일 것입니다. 온전하게 된 성도들로부터 나오는 모든 찬미는 전능자의 사랑의 메아리에 불과합니다. 그들이 그를 사랑하는 것은 그가 먼저 그들을 사랑하셨기 때문입니다. 그들은 먼저 받습니다. 그리고 샘 근원으로부터 채워진 것을 그들은 다시 쏟아냅니다. 먼저 우리는 은혜를 받습니다. 그리고 나서 우리는 섬김을 드립니다. 그러므로 거룩한 섬김은 처음부터 마지막까지 선물입니다.

이와 같이 우리는 하나님께 나아감에 있어 먼저 받았다는 사실을 기억합니다. 본문 가운데 "우리가 흔들리지 않는 나라를 받았은즉"이라는 표현을 주목해 보십시오. 우리는 얼마나 놀라운 선물을 받았습니까! 우리는 거지에게 던지는 동전 몇 푼 같은 보잘것없는 것이 아니라 "흔들리지 않는 나라"를 받았습니다. 옛 언약 시대 혹은 옛 나라는 지나갔습니다. 옛 언약 시대의 의식법(儀式法)은 폐지되었으며, 그 영은 더 높은 영에 의해 대체되었습니다. 우리는 그 통치원리가 율법이 아니라 사랑인 새로운 나라에 들어왔습니다. 우리는 모세의 멍에 아래 있지 않습니다. 우리는 만왕의 왕이신 예수 그리스도의 백성입니다. 그의 멍에는 쉽고 그의 짐은 가볍습니다. 예수의 나라는 영원히 끝나지 않을 것입니다. 왜냐하면 그는 영원불멸의 왕이시기 때문입니다. 그의 율법은 변하지 않을 것이며, 그의 백성들은 죽지 않을 것입니다. 그는 그 나라를 아버지께 바칠 때까지 계속해서 다스릴 것입니다. 심지어 지상에서의 중보적 통치가 완성될 때조차도 하나님의 나라는 계속될 것이며, 우리는 여전히 그 나라의 지체이며 시민일 것입니다. 우리는 영원한 나라를 받았습니다. 그것으로 인해 우리는 영원히 감사해야 마땅하지 않습니까? 그림자는 사라졌지만, 실체는 영원합니다. 우리는 은혜와 진리로 말미암아 유대교의 상징으로부터 벗어나 그의 나라 안으로 들어왔습니다. 이러한 복음의 나라는 영원합니다. 모든 것은 사라져도 복음의 나라는 영원하며, 지옥의 문이 결코 그 나라를 이기지 못할 것입니다. 예수 그리스도의 나라가 바로 우리의 나라입니다. 그리고 그 나라의 율법은 복음입니다. 신자들이 그 나라의 백성이며, 은혜와 영광이 그들의 분깃입니다. 그 나라는 계속해서 빛 가운데 자라갈 것이며, 그 나라의 영광은 그리스도께서 모든 원수들을 그 발 아래 두게 될, 그리고 그의 백성들이 그와 함께 영원히 다스릴 영원한 세상에서 완성될 것입니다.

어떤 사람은 말합니다. "그렇지만 우리는 아직 그러한 나라를 받지 못했습니다." 나는 대답합니다. 우리는 어떤 의미에서 그러한 나라를 이미 받았노라고 말입니다. 첫째로, 우리가 그 나라를 받은 것은 약속 안에서입니다. 우리 주님은 이렇게 말씀하셨습니다. "내 아버지께서 나라를 내게 맡기신 것 같이 나도 너희에게 맡겨"(눅 22:29). "적은 무리여 무서워 말라 너희 아버지께서 그 나라를 너희에게 주시기를 기뻐하시느니라"(눅 12:32). 신용이 있는 어떤 사람을 상상해 보십시오. 우리는 그가 발행한 약속어음을 현금과 동일한 것으로 간주할 것입니다. 그러면 우리는 하나님의 말씀에 대해 그렇게 생각하지 않을 것입니까? 하나님의 약속은 너무도 진실하며 견고하며 확실합니다. 만일 하나님이 그 아들의 나타남을 사모하며 기다리는 모든 자들에게 나라를 약속하셨다면, 그 나라는 분명 우리의 것입니다. 그리고 믿음으로 우리는 이 시간 그 나라를 붙잡습니다. 하나님을 찬미할지니, 우리는 나라를 받았습니다. 그 놀라운 선물로 인해 우리가 감사와 기쁨으로 그를 찬미해야 마땅하지 않겠습니까?

둘째로, 우리가 그 나라를 받은 것은 그것의 원리들 안에서입니다. "하나님의 나라는 너희 안에 있느니라"라는 말씀을 생각해 보십시오. 아름다운 꽃이 작은 씨 안에 감추어져 있지 않습니까? 그리고 그 모든 아름다움이 펼쳐지기 위해서는 단지 시간과 햇빛만이 필요하지 않습니까? 그와 같이 온전함과 영광과 불멸과 말할 수 없는 행복은 하나님이 그의 모든 백성들에게 주신 은혜 안에 감추어져 있습니다. "하나님이 세상을 이처럼 사랑하사 독생자를 주셨으니 이는 그를 믿는 자마다 멸망하지 않고 영생을 얻게 하려 하심이라"(요 3:16). 하늘의 생명은 신자들 안에서 시작되었습니다. 그리고 그것은 싹이 나고 계속해서 자랍니다. 그리고 마침내 하나님이 정하신 때에 그 절대적인 완전함에 이르게 될 것입니다. 우리 안에 그 나라가 있습니다. 그것은 먹는 것과 마시는 것이 아니라 성령 안에서 의와 평강과 희락입니다. 사람 안에 있는 하나님의 영은 천국의 보증금 (earnest)입니다. 보증금은 그것이 보증하는 것과 동일 본질(same nature)입니다. 하나님으로부터 난 자는 내주하시는 성령을 소유함으로써 하나님의 나라의 첫 열매를 가집니다. 그리고 그 첫 열매 안에서 우리는 완전한 추수를 봅니다. 나의 형제들이여, 이것을 생각하십시오. 그리고 빚진 자의 의식을 가지고 나아가십시오. 그리고 기쁨과 감사함으로 하나님을 섬기십시오. 바로 이것이 그 나라를 선물로 받은 신자들이 가져야 할 마땅한 정신입니다.

셋째로, 우리가 그 나라를 받은 것은 그것의 권능 안에서입니다. 본문은 우리가 작은 영지(領地)나 보잘것없는 기업(基業)이나 빈약한 분깃을 받았다고 말하지 않습니다. 본문은 우리가 나라를 받았다고 말합니다. 이것보다 작은 선물은 우리 하늘 아버지의 큰 마음을 결코 만족시킬 수 없습니다. 그는 자신의 긍휼의 행진을 결코 멈추지 않습니다. 그는 우리를 첫째로 그의 백성으로 삼으시고, 둘째로 그의 자녀로 삼으시며, 셋째로 그의 상속자로 삼으시며, 마침내 여기에서와 같이 왕으로 삼으십니다. 왜냐하면 하나님의 모든 상속자들은 마침내 그의 보좌를 상속받기 때문입니다. "그들로 우리 하나님 앞에서 왕들과 제사장들을 삼으셨으니 그들이 땅에서 왕 노릇 하리로다"(계 5:10, 한글개역개정판에는 "나라와 제사장들을 삼으셨으니"라고 되어 있음). 형제들이여, 하나님이 여러분에게 주신 은혜 안에서 여러분은 어느 정도 분량의 왕권을 받았습니다. 예수를 믿은 여러분은 스스로를 다스리는 권능을 가집니다. 예수를 믿은 여러분은 자신의 감정을 다스리는 권능을 가집니다. 예수를 믿은 여러분은 악의 권세들을 다스리는 권능을 가집니다. 예수를 믿은 여러분은 주변 사람들의 선(善)을 위해 그들을 다스리는 권능을 가집니다. 어느 정도 분량만큼 말입니다. 또한 여러분은 기도의 권능을 가집니다. 여러분이 원하는 것을 구할 때, 그것이 여러분에게 이루어질 것이란 사실을 생각해 보십시오. 그렇다면 그것은 얼마나 실제적인 권능입니까! 하나님 은 내주하시는 성령을 주심으로써 여러분에게 위로부터 임하는 권능을 부어 주셨습니다. 이와 같이 여러분은 약속 안에서, 원리 안에서, 권능 안에서 나라를 받았습니다.

뿐만 아니라 여러분은 그 나라의 풍성한 공급과 보호를 받았습니다. 하나님의 자녀인 여러분은 원수의 권세 안에 내버려 둠을 당하지 않습니다. 도리어 주님이 여러분에게 불의 성벽이 되어 주십니다. 천사들이 여러분 주위에 진치고 있으며, 여러분은 무한한 지혜에 의해 인도함을 받습니다. 또 여러분의 곳간은 하나님의 풍족함으로 채워져 있습니다. "여호와 하나님은 정직하게 행하는 자에게 좋은 것을 아끼지 아니하실 것임이니이다"(시 84:11). 하나님은 이와 같이 풍족하신 하나님입니다. "만물이 다 너희 것임이라 바울이나 아볼로나 게바나 세계나 생명이나 사망이나 지금 것이나 장래 것이나 다 너희의 것이요 너희는 그리스도의 것이요 그리스도는 하나님의 것이니라"(고전 3:21-23).

이와 같은 하나님의 풍족한 공급이 여러분을 위해 준비되어 있습니다. "우리가 알거니와 하나님을 사랑하는 자 곧 그의 뜻대로 부르심을 입은 자들에게는 모든 것이 합력하여 선을 이루느니라"(롬 8:28). 모든 것이 우리의 유익을 위해 준비되어 있습니다. 두 형제가 있었습니다. 형은 세상적인 일에 열심인 가운데 참된 신앙에 대하여는 무관심했습니다. 그는 많은 재물을 모으는데 성공했습니다. 반면 동생은 주님을 섬기는데 열심이었으며, 자신의 이득을 추구하는 것보다 가난한 사람들에게 나누어 주기를 더 힘썼습니다. 마침내 그가 병들어 죽게 되었을 때, 그는 매우 궁핍한 형편 가운데 있었습니다. 형은 그런 동생을 몹시 못

마땅하게 여겼습니다. 그리고 동생이 믿는 종교만 아니었다면, 동생이 결코 그런 형편에 처하게 되지는 않았을 것이라고 투덜거렸습니다. 그러나 동생은 하늘의 평강 가운데 이렇게 대답했습니다. "형, 그만 투덜거려요! 나에게는 아직 시작되지 않은 나라와 아직 보지 못한 기업이 있어요." 이와 같이 여호와를 경외하는 자들에게는 무한한 선(善)이 예비되어 있습니다. 그리고 그들로부터 그것을 빼앗아갈 자는 아무도 없습니다. 모든 하나님의 자녀들은 사무엘에 의해 기름 부음을 받은 다윗과 같습니다. 왜냐하면 그들에게는 소금언약에 의해 확증된 나라가 예비되어 있기 때문입니다.

우리가 받은 이러한 나라는 오직 은혜로 말미암은 것입니다. 그 나라를 우리는 스스로 획득한다든지 혹은 우리 자신의 힘으로 얻는다든지 혹은 어떤 공로의 대가로 받을 수 없습니다. 하나님은 그리스도 예수 안에서 그 나라를 우리에게 주셨습니다. 하나님은 쓰레기더미로부터 거지를 취하시고 그를 왕자들 가운데 두셨습니다. 하나님은 타락의 멸망으로부터 우리를 건지시고, 불신의 날들로부터 우리를 구속하셨습니다. 그리고 그는 그리스도 예수 안에서 모든 영적 축복들로 우리를 부요케 하셨습니다. 이러한 한량없는 은혜로 인해 우리가 마땅히 감사함으로 그를 섬겨야 하지 않겠습니까? 어떤 채찍의 위협도 우리로 하여금 그를 섬기는 것을 막을 수 없습니다. 왜냐하면 우리는 또다시 두려워하는 종의 영을 받지 않았기 때문입니다. 어떤 지옥의 두려움도 우리로 하여금 하나님을 기쁘시게 하는 것을 막을 수 없습니다. 결코 그럴 수 없습니다. 대신에 우리는 이렇게 노래합니다.

> "하나님으로부터 큰 사랑을 받았으므로
> 나는 큰 사랑으로 불타도다.
> 창세 전에 그로부터 택하심을 받았으므로
> 나는 그를 나의 하나님으로 택하도다."

받으심 직한 섬김의 유일한 원천은 감사입니다. 감사가 없다면, 그로부터 흘러나오는 물은 하나님의 동산을 흐르기에 부적합한 탁한 물이 될 것입니다.

우리가 받은 나라의 영광은 그것이 "흔들리지 않는 나라"라는 사실 속에 있습니다. 세상의 모든 나라들은 단지 시간의 문제일 뿐 조만간 흔들리며 나누어집니다. 우리는 많은 나라들이 바람에 의해 날아가는 것도 보았고, 용사 한 명이 휘두른 칼날에 허무하게 쓰러지는 것도 보았습니다. 로마제국의 거대한 힘에 맞선 나라들은 마치 추풍낙엽처럼 떨어졌습니다. 수많은 왕조들이 마치 모래로 쌓은 성처럼 허물어지고 다시 일어나지 못했습니다. 일전에 어떤 풍자만화가 조각배를 타고 바다를 항해하는 왕들의 모습을 그린 적이 있습니다. 그런데 그들이 타고 있는 조각배는 혁명의 거센 파도로 인해 요동치고 있었습니다. 그와 같이 그들의 왕권은 얼마나 미약하며 쉽게 허물어집니까! 나는 여러분에게 확실하게 말할 수 있습니다. 만일 내가 나의 직위를 선택할 수 있다면, 내가 선택할 마지막 직위가 왕이나 황제의 직위일 것입니다. 왕이나 심지어 대통령이 되는 것보다 차라리 평범한 청소부가 되는 것이 얼마나 더 낫습니까! 러시아의 황제를 보십시오. 도대체 누가 그를 부러워하겠습니까? 흉악한 범죄에 대해 가장 가혹한 형벌을 내릴 자격이 있는 사람이 전제군주가 된다고 상상해 보십시오. 그것은 너무도 끔찍하고 두려운 재앙이 될 것입니다. 사람들은 그로 인해 한순간도 편안한 마음을 가질 수 없을 것입니다. 하나님께 영광을 돌릴지니, 우리의 나라는 흔들릴 수 없습니다. 심지어 다이너마이트조차 우리의 통치권을 건드릴 수 없습니다. 세상의 어떤 권세도 또 지옥의 어떤 권세도 주께서 그의 성도들에게 주신 나라를 흔들 수 없습니다. 우리의 왕이신 예수와 함께, 우리는 혁명이나 무정부주의를 두려워하지 않습니다. 왜냐하면 주님이 이 나라를 반석 위에 세우셨고 그럼으로써 그 나라는 흔들리거나 허물어질 수 없기 때문입니다. 일월성신은 가을의 마른 나뭇잎처럼 떨어질지라도, 우리가 받은 나라는 영원할 것입니다. "주의 나라는 영원한 나라이니 주의 통치는 대대에 이르리이다"(시 145:13)라고 기록된 것처럼 말입니다. 이러한 나라를 받았다면, 우리는 어떻게 해야 합니까? 나는 황금사슬로 여러분을 주님께 단단히 붙잡아 매고 싶습니다. 그리고 힘을 다해 한 번 더 여러분을 꽉 조이고 싶습니다. 여러분은 나라를 받았습니다. 여러분은 여러분이 받은 것에 대해 백만 분의 일도 갚을 수 없습니다. 이 시간 그리스도의 사랑이 여러분을 강권하게 하십시오. 만일 그가 여러분을 왕으로 삼으셨다면, 여러분은 마땅히 전심으로 그를 여러분의 왕으로 삼아야 하지 않겠습니까? 만일 그가 여러분에게 흔들리지 않는 나라를 주셨다면, 여러분은 "견실하며 흔들리지 말고 항상 주의 일에 더욱 힘쓰는 자들이 되어야"(고전 15:58) 마땅하지 않겠습니까?

우리가 하나님을 위해 어떤 일을 행할 때 — 비록 그것이 기도의 제물을 드리거나 혹은 고아를 돌보는 것 같은 사소한 일이라 하더라도 말입니다 — 그것을 왕 같은 제사장의 모든 거룩한 위엄으로 행할 수 있는 것은 얼마나 놀랍고 또 영광스러운 일입니까? 어떤 사람들은 제사장직을 오직 자신들에게만 적용되는 것으로서 배타적으로 취하면서 모든 신자들의 제사장직을 부인합니다. 이 부분에 있어 그들은 고라와 다단과 아비람처럼 행동합니다. 그들은 자신들에게 속하지 않은 직분을 스스로 취하는 가운데, 살아 계신 하나님의 참된 제사장들을 밀어냅니다. 하나님이 자신의 모든 백성들에게 "너희는 왕 같은 제사장들이라"(벧전 2:9)라고 말씀하지 않으셨습니까? 주교의 안수(按手)로 제사장직(사제직)을 받는다고 주장하는 사람들을 생각해 보십시오. 우리는 그들에 대해 아무것도 알지 못합니다. 다만 그들이 틀렸다는 사실 하나만 빼고 말입니다. 그들은 모든 신자들에게 주어진 참된 존귀를 알지 못합니다. 그들은 모든 신자들의 제사장직을 탈취하고 오직 자신들만 제사장직을 소유하고 있다고 속입니다. 그들은 오늘날 예수를 믿는 모든 자들이 제사장이라는 사실을 받아들이지 않습니다. 이와 같이 우리는 보통사람으로 하나님을 섬기는 것이 아니라, 거룩한 위엄과 존귀로 하나님을 섬겨야 합니다. 만일 우리가 정말로 그리스도 안에 있다면, 우리는 왕과 제사장으로서 하나님을 섬깁니다. 그리스도 안에서 우리는 왕들(kings)이며, 그는 왕들의 왕(the King of the kings)입니다. 오늘날 왕들의 왕은 왕들에 의해 섬김을 받습니다. 우리 각자는 거룩한 섬김의 바로 그 사실로 말미암아 왕들이 되었습니다. 그러므로 하나님을 섬기되, 노예처럼 섬기지 말고 왕처럼 섬깁시다. 아! 때로 나는 왕처럼 주님을 섬기지 못한 것을 고백할 수밖에 없습니다. 종종 나는 불신앙의 누더기를 입곤 했습니다. 왕복을 입고 기쁨과 즐거움으로 이 자리에 서야 함에도 불구하고, 때로 나는 비탄과 슬픔에 젖어 이 자리에 오르곤 했습니다. 어떤 성도들은 종종 자신들이 누구며 어디에 있는지 잊곤 합니다. 그리고 하나님을 섬기는 것이 마치 수고롭고 곤비한 일인 것처럼 그렇게 하나님을 섬깁니다. 마치 로마 전함(戰艦)의 노를 젓는 노예들처럼 말입니다. 형제들이여, 여러분에게 주어진 높은 위엄과 존귀를 생각해 보십시오. 그것이 여러분을 얼마나 기쁘게 만듭니까! 주께서 여러분을 위해 행하신 일을 생각할 때, 여러분은 마땅히 큰 기쁨으로 그를 섬겨야 하지 않겠습니까? "그러므로 우리가 흔들리지 않는 나라를 받았은즉 은혜를 받자 이로 말미암아 경건함과 두려움으로 하나님을 받으심 직하게 섬길지니."

### 2. 둘째로, 본문은 하나님께 받으심 직한 섬김은 신적 은혜의 힘으로 드려져야 한다고 말합니다.

바울 사도가 무엇이라고 말합니까? "은혜를 받자 이로 말미암아 하나님을 받으심 직하게 섬길지니."

본성의 힘으로 드려질 때, 그것은 결코 하나님께 받으심 직한 섬김이 될 수 없습니다. 선한 본성이라든지 혹은 박애(博愛)라고 불리는 최고의 본성의 힘으로 드려진다 하더라도 마찬가지입니다. 하나님을 섬김에 있어 모든 것은 은혜의 열매여야 합니다. 여러분은 여러분 자신의 지혜나 경험이나 재능의 힘으로 하나님을 섬겨서는 안 됩니다. 오직 하나님이 여러분에게 주신 새 생명의 힘으로 그리고 순간순간 여러분에게 지속적으로 주어지는 은혜의 힘으로 그렇게 해야 합니다. 바울은 "은혜를 갖자"라고 말합니다(Let us have Grace, 한글개역개정판에는 "은혜를 받자"라고 되어 있음). 나는 여러분이 때때로 "나는 정말로 보잘것없는 인생이야. 내가 어떻게 하나님을 섬길 수 있지? 나에게는 이런저런 은사가 없어"라고 말하는 것을 압니다. 실제로 그렇습니다. 은사의 힘으로 하나님을 섬기려고 시도하지 마십시오. 은혜를 구하십시오. 그리고 은혜의 힘으로 하나님을 섬기십시오. 은혜가 보잘것없는 은사를 사용하여 그것으로 풍성한 열매를 맺는 것은 얼마나 놀라운 일입니까! 큰 은혜가 하나님을 크게 존귀하게 합니다. 그리고 큰 은혜는 항상 우리 가운데 가장 작은 자에게 주어집니다. 여러분은 웅변가가 될 수 없을는지 모르지만 그러나 큰 은혜를 가질 수 있습니다. 여러분은 동료 그리스도인들 가운데 지도자가 될 수 없을는지 모르지만 그러나 큰 은혜를 가질 수 있습니다. 여러분은 가난한 자들에게 많은 것을 나누어 주는 큰 부자가 될 수 없을는지 모르지만 그러나 큰 은혜를 가질 수 있습니다. 그러므로 하나님을 받으심 직하게 섬길 수 있도록 "은혜를 가집시다."

"은혜를 갖자" ― 나는 본문으로부터 이 구절을 떼어내어 그것을 우리 교회의 표어로 삼고 싶습니다. 이것이 우리의 기도가 되게 합시다! 주여, 다른 것은 갖지 못한다 하더라도 우리로 하여금 은혜를 갖게 하옵소서! 우리가 이런저런 능력과 재능은 갖지 못한다 하더라도, 은혜만은 꼭 가집시다. 우리의 마음 가운데 은혜를 가집시다. 우리의 언어 가운데 은혜를 가집시다. 우리의 삶 가운데 은혜를 가집시다. 숨 쉬는 모든 순간마다 은혜를 가집시다. 참된 그리스도인은 그 머리뿐만 아니라 옷깃에 이르기까지 거룩한 기름을 가진 아론과 같아야 합니다. 일상의 사소한 일들 가운데도 우리 위에 거룩한 기름이 있어야 합니다. 주방에서 음식을 만들 때나 응접실에서 손님을 접대할 때에도 우리 위에 거룩한 기름이 있어야 합니다. 우리는 풍성한 은혜를 필요로 합니다. 사랑하는 친구들이여, 여러분은 은혜의 힘으로 하나님을 섬기고자 노력했습니까, 아니면 본성의 힘으로 그렇게 하고자 노력했습니까? 본문을 잘 보십시오. 오직 은혜만이 하나님으로 하여금 받으시게 할 수 있습니다. 여러분의 수고는 하나님께 받으심 직한 것입니까?

흠정역(KJV)의 난외(欄外)에서 우리는 본문과 관련하여 "은혜를 굳게 붙잡자"라는 표현을 읽습니다. "은혜를 굳게 붙잡자" ─ 나는 이 구절 역시 우리 교회의 또 하나의 표어로 삼고 싶습니다. 은혜를 찾는 것은 하나의 행동입니다. 은혜를 갖는 것은 하나의 상태입니다. 은혜를 굳게 붙잡는 것은 은혜를 찾는 행동을 지속적인 것으로 만들며, 은혜를 갖는 상태를 계속적인 것으로 만듭니다. "은혜를 굳게 붙잡자." 하나님을 섬기는 가운데 자칫 은혜를 잃어버리는 일이 있을 수 있습니다. 마르다를 생각해 보십시오. 그녀는 섬기는 일에 분주한 나머지 자기를 돕지 않는 마리아에 대해 화를 냈습니다. 여러분도 마르다처럼 되지 않도록 조심하십시오. 예수를 위해 분주하게 수고하는 가운데 정작 예수 자신을 잃어버리는 일은 결코 드문 일이 아닙니다. 이런저런 일로 바쁜 가운데 은혜를 굳게 붙잡지 않음으로써 섬김의 핵심을 잃는 것은 흔히 있는 일입니다. 여러분의 발을 거룩한 기름에 담그십시오. 그럼으로써 모든 발걸음 가운데 기름 부음이 있게 하십시오. 그리고 모든 행동 가운데 은혜를 굳게 붙잡으십시오.

이제 개정역을 볼까요? 개정역의 난외(欄外)에서 여러분은 "감사를 갖자"는 새로운 독법(讀法)을 발견할 것입니다. 이 역시 가능한 독법입니다. 은혜를 의미하는 그리스어 카리스는 "감사"로도 번역될 수 있습니다. 요컨대 그것이 의미하는 바는 우리가 감사의 마음으로 하나님을 섬겨야 한다는 것입니다. 여러분은 흔들리지 않는 나라를 받았으므로 감사의 마음으로 하나님을 섬깁니다. 무한한 분량의 사랑이 여러분에게 부어졌으므로 그 사랑을 마음으로 깊이 느끼면서 모든 일을 행하십시오. 아무도 마리아로 하여금 그녀의 향유 옥합을 깨뜨려 예수의 머리에 붓도록 강요하지 않았습니다. 그것은 그녀 자신이 자발적으로 생각하고 행동한 것이었습니다. 심지어 아무도 그녀로 하여금 그렇게 하도록 권하지도 않았습니다. 도리어 몇몇 사람들은 그녀가 값비싼 향유를 쏟아 붓는 것에 대해 매우 못마땅한 눈으로 바라보기까지 했습니다. 그러나 그녀는 그 모든 일을 예수를 위해 행했습니다. 그녀는 많은 죄를 사함받았기 때문에 많이 사랑했습니다. 바로 이것이 섬김의 참된 정신입니다. 하나님이여, 우리 안에 항상 그와 같은 마음이 가득 차게 하소서! 은혜를 가집시다. 은혜를 굳게 붙잡읍시다. 그럴 때 비로소 우리는 "경건함과 두려움으로 그리고 받으심 직하게" 하나님을 섬길 수 있게 될 것입니다.

### 3. 셋째로, 하나님께 받으심 직한 섬김은 경건함으로 행해진 섬김이어야 합니다.

여기의 두 단어 즉 '받으심 직함'과 '경건함'은 성경의 많은 곳에서 함께 뒤엉켜 사용되며, 두 단어 사이의 의미를 정밀하게 나누는 것은 거의 불가능합니다. 비록 각각의 단어에 대해 적절한 의미를 부여하기는 어렵다 하더라도, 그럼에도 불구하고 나는 우리가 전체적인 의미를 충분하게 이해할 수 있다고 생각합니다. 하나님께 대한 받으심 직한 섬김 혹은 예배는 "경건함"(reverence)으로 행해져야 합니다. 홉킨스 주교(Bishop Hopkins)에 따를 때, 경건함이란 단어는 '거룩한 부끄러움'(holy shamefacedness)을 의미합니다. 천사들은 지극히 높은 자를 예배할 때 자신의 날개로 그 얼굴을 가립니다. 이와 같이 우리는 겸비함으로 우리의 얼굴을 가려야 합니다. 천사들은 지고(至高)의 존재 앞에 설 때 자신의 작음을 느낍니다. 여러분과 나는 천사보다 얼마나 작습니까? 또 우리는 시시때때로 죄를 범하지 않습니까? 그런 우리가 하나님 앞에 나아갈 때 부끄러움으로 붉어진 얼굴을 가지고 나아가는 것이 얼마나 마땅합니까? 아무 자격 없음에도 불구하고 큰 특권을 받은 것에 대해 우리 마음은 얼마나 놀람으로 가득 차야 마땅합니까? 우리 모두는 이렇게 느껴야 마땅하지 않습니까? "주께서 나를 왕이 되게 하셨도다. 나에게 이런 일이 일어난 것은 얼마나 이상한 일인가! 아, 내가 이토록 놀라운 신분으로 부름받다니!' 만일 우유를 짜며 허드렛일이나 하던 가난한 소녀가 갑자기 황태자비로 부름을 받았다면, 그녀의 얼굴은 얼마나 부끄러움으로 붉어지겠습니까? 그녀는 "도대체 이 일이 어떻게 가능할 수 있지?'라고 스스로에게 물을 것입니다. 왕궁에서 결혼식이 열릴 때, 그녀의 얼굴은 수줍음과 부끄러움으로 가득 찰 것입니다. 하나님을 섬기기 위해 그분 앞에 설 때, 우리에게 바로 이와 같은 거룩한 부끄러움이 있어야만 합니다. 여러분은 부끄러워하며, 당황하여 어쩔 줄 몰라 입을 열지 못합니까? 하나님에 대한 노예적인 두려움 때문이 아니라 그의 말할 수 없는 사랑 때문에 말입니다.

이러한 경건함, 다시 말해서 이러한 거룩한 부끄러움은 우리가 누구인지 기억할 때 우리에게 임합니다. 사랑하는 친구들이여, 여러분은 허탄한 말을 지절대며 세속적인 노래를 부르던 때를 기억할 것입니다. 그랬던 여러분이 지금 성도들 가운데 받아들여지는 존귀를 얻었습니다. 그러나 예전에는 전혀 다른 무리 가운데 있었습니다. 그 때를 생각할 때, 여러분의 얼굴은 부끄러움으로 붉어지지 않습니까? 예전의 모습뿐만 아니라 지금의 모습을 생각할 때도 그렇지 않습니까? 하나님을 섬기는 특권을 받았음에도 불구하고 여전히 여러분 안에 악한 본성이 남아 있음을 알지 않습니까? 최고의 성자(聖者) 안에조차 지옥에 속한 부패한 옛 사람의 소욕이 남아 있습니다. 하나님의 은혜가 그것을 막아 주지 않는다면, 그는 조만간 죄인 중의 괴수 가운데 발견될 것입니다.

나아가 우리의 섬김 자체를 볼 때도 우리는 부끄러움을 느끼지 않을 수 없습니다. 어쩌면 여러분의 동료들은 여러분을 바라보면서 "참으로 훌륭해"라고 말할는지 모릅니다. 그러나 여러분은 집에 와 스스로에게 이렇게 한탄할 것입니다. "아, 그들은 나의 허물을 알지 못해. 심지어 하나님을 영화롭게 하려고 노력할 때조차도 비열한 동기(動機)가 작동하는 것을 그들은 거의 알지 못해." 어떤 사람이 존 번연에게 "정말로 멋진 설교였습니다"라고 말했습니다. 그러자 번연은 이렇게 대답했습니다. "당신은 마귀보다 늦게 그 말을 하는군요. 내가 강단을 떠나기 전에 벌써 마귀가 내게 그렇게 말했답니다." 사탄은 하나님의 종들에게 듣기 좋은 말로 속삭입니다. 그들로 하여금 오직 하나님께만 속한 영광을 스스로에게 돌리도록 유혹하기 위해 말입니다. 아, 나는 얼마나 야비한 존재입니까! 심지어 가장 낮은 자리에 앉으려 할 때조차도 종종 나는 겸손으로 인해 만족하고 있는 나 자신의 모습을 발견하곤 합니다. 얼마나 자주 우리는 참된 겸손을 추구하기보다 그럴듯한 겸손을 흉내 내곤 합니까? 뿐만 아니라 우리가 부름받은 존귀한 사역을 생각할 때, 우리는 부끄러움으로 얼굴을 붉히지 않을 수 없습니다. 우리가 누구관대 또 우리 아비의 집이 무엇이관대 주께 우리에게 그토록 존귀한 사역을 맡기셨단 말입니까? 하나님의 종들이여! 하나님의 기사(騎士)들이여! 왕 같은 제사장들이여! 지극히 높은 자의 종의 거룩한 위엄과 비교할 때, 세상의 모든 영광이 도대체 무엇이란 말입니까? 거룩하신 하나님을 섬길 때, 우리는 항상 이와 같은 감사의 마음으로 그렇게 해야 합니다.

### 4. 넷째로, 하나님께 받으심 직한 섬김은 또한 "경건한 두려움"으로 행해진 섬김이어야 합니다.

본문은 계속해서 "경건한 두려움으로 하나님을 받으심 직하게 섬길지니"라고 말씀합니다(godly fear, 한글개역개정판에는 그냥 "두려움"으로 되어 있음). 이것은 우리가 거룩한 즐거움의 정신으로 하나님을 섬겨야 함을 암시합니다. 여기의 경건한 두려움은 어떤 종류의 두려움입니까? 요한일서 4장 18절을 주목해 보십시오. "온전한 사랑이 두려움을 내쫓나니 두려움에는 형벌이 있음이라." 이러한 두려움은 온전한 사랑에 의해 쫓겨나는 두려움으로서 형벌을 가진 두려움입니다. 이러한 두려움은 본문이 말하는 거룩한 두려움과 전혀 다릅니다. 본문의 거룩한 두려움은 흔들리지 않는 나라를 받은 기쁨과 완전하게 조화되는 전혀 다른 종류의 두려움입니다. 우리에게 있어 이러한 경건의 두려움은 더 많이 가지면 가질수록 더 좋습니다. 하나님을 섬길 때조차 우리는 혹시 그를 거스르지 않을까, 혹시 우리가 드린 제물이 흠이 있으므로 합당치 못한 제물이 되지 않을까, 혹시 우리의 마음과 생각 속에 하나님을 슬프게 하는 것이 있지 않을까 두려워해야 합니다. 그는 질투하는 하나님입니다. 그러므로 우리는 그를 거룩한 두려움으로 섬겨야 합니다. 하나님이여, 우리로 하여금 그러한 두려움을 더 많이 갖게 하소서! 우리 가운데 자신이 완전하다고 느끼는 사람들이 있습니다. 그러나 나는 선을 행하고자 할 때조차도 악이 나와 함께 하는 것을 고백하지 않을 수 없습니다. 나는 스랍처럼 이기적인 욕망이나 흐트러진 생각 없이 온전히 하나님을 섬기고 싶습니다. 그러나 그럼에도 불구하고 나는 결코 그러한 상태에 도달할 수 없습니다. 나는 푯대를 향해 달려가며 거기에 도달하기를 간절히 희망합니다. 그러나 푯대는 여전히 너무나 멀리 있습니다. 사랑하는 형제들이여, 부디 거룩한 두려움을 많이 느끼십시오. 왜냐하면 우리는 심지어 하나님을 기쁘시게 하려고 생각할 때조차 너무나 쉽게 그를 거스르기 때문입니다. 하나님 앞에서 주제넘은 담대함을 조심하십시오. 말에 있어 경솔함을 조심하십시오. 무례하며 상스러운 말이야 더 말해 무엇하겠습니까? 나의 기호(嗜好)에 맞지 않는 예배 형태라 할지라도, 나는 그것이 하나님께 받아들여질 수 있음을 압니다. 왜냐하면 하나님은 껍데기를 넘어 그 안에 들어있는 알맹이를 보시기 때문입니다. 그럼에도 불구하고 무분별하며 스스로를 자랑하며 요란한 예배를 대할 때, 나는 두려운 마음을 느낍니다. 왜냐하면 그것이 십중팔구 하나님을 거스를 것이라고 생각되기 때문입니다. 그러한 예배는 온유하며 겸손한 하나님의 아들에 의해 드려진 예배와 얼마나 다릅니까? 만일 그리스도가 모든 것의 모범이라면, 어떤 것들은 푯대로부터 너무나 멀리 떨어져 있습니다. 어쨌든 지나치게 요란하며 시끌벅적한 태도는 지양(止揚)합시다. 왜냐하면 설령 우리가 그의 자녀로서 그와 매우 가깝다 하더라도, 그럼에도 불구하고 그는 하늘에 계시며 우리는 땅에 있기 때문입니다. 그는 지극히 거룩하신 하나님이며, 우리는 죄인입니다. 그래서 시편 기자는 이렇게 노래합니다. "여호와를 두려움으로 섬기고 떨며 즐거워할지어다"(시 2:11).

참된 그리스도인에게 때때로 다가오는 또 다른 종류의 거룩한 두려움이 있는데, 그것은 자신이 하나님을 전혀 섬기고 있지 않은 것이 아닌가 하는 두려움입니다. 내가 많은 사람들에게 말씀을 전파하는 것이 단지 그것이 나의 직업이기 때문에 그렇게 하는 것이라면 어떻게 합니까? 여러분이 주일학교에서 봉사하는 것이 단지 신앙인이라면 응당 해야 할 일이기 때문에 그렇게 하는 것이라면 어떻게 합니까? 사랑하는 형제들이여, 나는 여러분을 의심하고 싶지 않습니다. 나는 나 자신을 의심하는 것의 절반만큼만 여러분을 의심할 뿐입니다. 그러나 우리는 스스로에 대해 의심해 볼 필요가 있습니다. 우리가 정말로 하나님의 종인지 아니면 단지 우리 자신을 위해 살고 있는 것일 뿐인지 말입니다.

이와 같이 우리는 하나님을 섬기되 오직 그가 정하신 방법대로 그렇게 해야 합니다. 그리고 오직 그렇게 할 때 비로소 우리는 우리가 하나님의 규례를 행하고 있는 것인지 아니면 인간의 유전(遺傳)을 따르고 있는 것일 뿐인지와 관련하여 거룩한 두려움을 가질 수 있습니다. 하나님은 자신이 요구하지 않은 예배에 대해서는 관심을 갖지 않습니다. 어떤 사람이 새로운 의식(儀式)을 만듭니다. 그리고 그것이 매우 유용하며 교훈적이라고 생각합니다. 그러나 만일 하나님이 정하신 것이 아니라면, 그에게는 그 의식을 행할 아무런 권리도 없습니다. 만일 여러분 가운데 어떤 사람이 하나님의 말씀과 상관없는 의식을 행한다면, 나는 그에게 당장 그만 두라고 명령합니다. 왜냐하면 그로 하여금 그러한 의식을 행하도록 이끄는 영은 다름 아닌 로마와 적그리스도의 영이기 때문입니다. 하나님은 당신이 명하지 않은 것은 결코 받을 수 없습니다. 우리는 첫째 계명의 가르침대로 오직 참 하나님만을 섬겨야 할 뿐만 아니라, 둘째 계명의 가르침대로 하나님을 섬기되 하나님 자신의 방법대로 그렇게 해야 합니다. 새긴 우상을 만들지 말라고 명령하는 둘째 계명의 정신은 하나님이 정하지 않은 다른 방법으로 그를 예배하는 것을 금하는 것입니다. 그러므로 하나님 앞에 설 때, 스스로에게 이렇게 물어 보십시오. "하나님이 나에게 이러한 섬김을 요구하셨나? 이것은 하나님을 예배하는 합당한 방식인가?" 만일 그렇지 않다면, 그것은 우상 숭배보다 나을 것이 없습니다. 그리고 당신은 살아 계신 하나님에 의해 열납될 수 없습니다. 이와 같이 하나님을 섬기며 그에게 예배하고자 하는 자들은 거룩한 두려움과 떨림, 거룩한 경외함, 거룩한 조심으로 그렇게 해야 합니다.

### 5. 마지막으로, 받으심 직한 섬김에 있어 기억해야 할 또 한 가지는 우리가 죄에 대한 그의 진노의 의식을 계발해야 한다는 사실입니다.

29절의 "우리 하나님은 소멸하는 불이심이라"는 구절을 주목해 보십시오. 이러한 말씀으로부터 우리는 구약의 하나님은 곧 신약의 하나님이라는 사실을 알 수 있습니다. 신명기 4장 24절을 읽어 보십시오. 거기에서 여러분은 "네 하나님 여호와는 소멸하는 불이시요 질투하시는 하나님이시니라"는 말씀을 발견하게 될 것입니다. 구약의 하나님을 묘사하기 위해 사용된 표현이 신약의 하나님을 묘사하는데 똑같이 사용됩니다. 어떤 사람들은 구약의 계시와 신약의 계시가 근본적으로 다르다고 생각합니다. 결코 그렇지 않습니다. 신약의 계시가 더 발전된 것은 사실이지만 그러나 계시는 근본적으로 동일합니다. 모세의 시대나 다윗의 시대나 선지자들의 시대나 오늘날이나 하나님은 동일하십니다.

우리가 섬기는 하나님은 "소멸하는 불"입니다. 비록 언약의 하나님이라 하더라도 말입니다. 사랑의 하나님은 동시에 거룩하시며 공의로우신 하나님입니다. 어떤 사람들은 "하나님은 그리스도 밖에서 소멸하는 불"이라고 생각합니다. 이것은 본문을 부당하게 변개(變改)시키는 것입니다. 본문은 "우리" 하나님이라고 말합니다. 다시 말해서 "하나님은 그리스도 안에서 소멸하는 불"이라는 것입니다. "우리 하나님"은 언약 가운데 우리와 함께 하시는 하나님을 의미합니다. 그것은 우리 아버지 하나님, 우리와 화해하신 하나님을 의미합니다. 그럼에도 불구하고 우리 하나님은 여전히 "소멸하는 불"입니다. 많은 그리스도인들이 이러한 하나님을 믿지 않습니다. 그들은 긍휼의 하나님을 고백합니다. 그러면서 하나님의 공의에 대해 설교하는 것을 들을 때, 그들은 분개합니다. 소멸하는 불이신 하나님은 오늘날의 교만한 19세기에 의해 받아들여지지 않습니다. 오늘 나는 죄인을 결코 그대로 두지 않으시는 히브리서의 하나님을 강력하게 제시하고자 합니다. 아브라함과 이삭과 야곱의 하나님은 홀로 유일하신 하나님이며, 오늘 나는 그를 나의 하나님으로 선포합니다. 여호와는 이스라엘의 거룩한 자입니다. 그는 온 땅의 하나님으로 일컬어질 것입니다. 홍해에서 바로를 치시고 여러 왕들을 죽이신 자는 나의 하나님이시며, 나는 그를 하나님으로서 그리고 나의 주 예수 그리스도의 아버지로서 믿습니다. 나는 아브라함의 하나님, 여호와, 스스로 계신 자 외에 다른 하나님을 알지 못합니다. 신약 아래서 하나님은 구약의 하나님보다 털끝만큼도 덜 가혹하지 않습니다. 은혜언약 아래서 하나님은 율법 아래서보다 추호도 덜 의롭지 않습니다. 우리가 은혜로 구원받는다고 해서 죄가 처벌받지 않은 채 간과되는 것은 결코 아닙니다. 복음 아래서도 율법은 여전히 확고하게 섭니다. 예수의 대속(代贖)은 지옥 불 못지않게 죄에 대한 하나님의 진노를 분명하게 나타냅니다. 하나님은 무한히 긍휼하신 하나님이며, 그의 이름은 사랑입니다. 그럼에도 불구하고 우리 하나님은 여전히 소멸하는 불입니다. 그러므로 어떤 죄도 하나님 앞에서 살아 남을 수 없습니다. 만일 여러분과 내가 악한 제물을 드린다면, 그것은 하나님께 가증한 것이 될 것입니다. 하나님의 눈은 모든 악을 꿰뚫어 볼 정도로 순전합니다. 만일 우리의 예배와 섬김 속에 위선과 교만이 섞여 있다면, 하나님은 그것을 결코 참지 않으실 것입니다.

만일 내가 이 말씀이 나의 소망이라고 말한다면, 아마도 여러분은 깜짝 놀랄 것입니다. 그러나 나에게 있어 우리 하나님이 소멸하는 불인 것은 큰 기쁨입니다. 갈멜 산 위에 세워진 두 개의 제단을 보십시오. 바알 숭배자들은 그 가운데 한 제단 위에 자신들의 제물을 올려놓았습니다. 여러분은 그들이 그 제단 주위에서 미친 듯이 뛰는 것을 봅니까? 여러분은 그들이 광적으로 소리를 지르며 칼과 창으로 자신들의 몸을 베는 것을 봅니까? "바알이여 우리에게 응답하소서 바알이여 우리에게 응답하소서"(왕상 18:26). 거기에 제물이 놓여 있습니다. 그러나 바알이 그들에게 응답한 어떤 흔적도 없습니다. 왜냐하면 그들의 신은 소멸하는 불이 아니기 때문입니다. 드디어 엘리야가 등장합니다. 그는 "통 넷에 물을 채워다가 번제물과 나무 위에 부으라"고 명령합니다(33절). 그리고 계속해서 똑같은 명령을 세 번 반복합니다. 그렇게 하여 물이 제단에 두루 흐르고 도랑에도 가득 차게 되었습니다(35절). 그러자 엘리야 선지자는 하늘을 향해 기도를 올립니다. 그리고 불이 떨어집니다. 그것은 하나님의 제물이며, 하나님은 그것을 받으십니다. 그는 소멸하는 불이시며, 그의 임재의 증표가 명백하게 나타났습니다. 그러자 백성들은 "여호와 그는 하나님이시로다 여호와 그는 하나님이시로다"라고 부르짖습니다(39절). 이제 여러분의 눈을 금과 보석으로 화려하게 치장한 솔로몬 성전으로 돌려 보십시오. 솔로몬은 온 땅의 하나님께 자신이 만든 성전을 받아달라고 탄원하며 간구합니다. 보십시오. 제사장들이 에봇을 입고 거기서 있으며, 제단 위에 제물이 올려져 있습니다. 만일 불이 떨어지지 않는다면, 하나님이 그것을 받지 않으신 것입니다. 그러나 우리는 다음과 같은 말씀을 읽습니다. "솔로몬이 기도를 마치매 불이 하늘에서부터 내려와서 그 번제물과 제물들을 사르고 여호와의 영광이 그 성전에 가득하니"(대하 7:1). 만일 내가 참되며 신실한 신자로서 두려움과 경건함으로 하나님 앞에 겸손한 제물을 드린다면, 하나님은 그것을 받으실 것입니다. 왜냐하면 그는 소멸하는 불이시므로 나의 제물은 살라지고 그에게 올려질 것이기 때문입니다.

　　어떤 사람들은 이런저런 일을 한 후에 스스로 이렇게 생각하는지 모릅니다. "우리는 매우 훌륭하게 해냈어. 우리는 충분히 칭찬받을 수 있을 거야." 그럴는지도 모릅니다. 그러나 만일 여러분이 스스로에게 칭찬을 돌리면, 여러분은 하나님의 제단을 탈취하고 있는 것이 됩니다. 만일 하나님이 여러분의 제물을 받으신다면, 그 제물은 그의 불에 의해 모두 살라질 것입니다. 보십시오. 열납된 제물은 모두 없어집니다. 왜냐하면 완전히 불에 소멸(燒滅)되기 때문입니다. 하나님이 우리에게 그를 섬기는 힘을 주시고 우리로부터 모든 자기칭찬(self-congratulation)을 빼앗으실 때, 우리는 크게 기뻐하며 감사해야 합니다. 이것은 그 모든 것이 하나님의 불에 의해 완전히 살라졌음을 증명합니다. 만일 하나님이 받지 않으셨다면, 우리는 스스로 자화자찬하며 자신의 허영심을 만족시킬 것입니다. 그러나 만일 하나님이 그 모든 것을 빼앗으신다면, 우리에게는 크게 기뻐하며 즐거워할 충분한 이유가 있는 것입니다. 만일 하나님이 우리를 받으신다면, 그의 불이 우리를 소멸할 것입니다. 그의 전(展)을 향한 열심이 우리를 삼킬 것입니다.

　　하늘에 있는 하나님의 집에 들어갈 때, 우리는 그의 임재를 두려워하지 않습니다. 설령 그가 소멸하는 불이라 하더라도 말입니다. 하나님이 희게 하시고 정결하게 하신 자들은 그의 거룩하심을 두려워하지 않습니다. 다음과 같은 은혜로운 말씀을 기억하십시오. "우리 중에 누가 삼키는 불과 함께 거하겠으며 우리 중에 누가 영영히 타는 것과 함께 거하리요 하도다 오직 공의롭게 행하는 자, 정직히 말하는 자, 토색한 재물을 가증히 여기는 자, 손을 흔들어 뇌물을 받지 아니하는 자, 귀를 막아 피 흘리려는 꾀를 듣지 아니하는 자, 눈을 감아 악을 보지 아니하는 자, 그는 높은 곳에 거하리니 견고한 바위가 그의 요새가 되며 그의 양식은 공급되고 그의 물은 끊어지지 아니하리라"(사 33:14-16). 참된 성도들에게 있어 하나님을 닮는 것은 큰 영광일 것입니다. 또 그들에게 있어 하나님의 완전한 거룩하심의 충만한 광채 가운데 사는 것은 말할 수 없는 행복일 것입니다. 그들은 그들의 주님과 같아질 것입니다. 왜냐하면 그의 계신 그대로 볼 것이기 때문입니다. 거룩한 모든 것은 하나님의 불을 견딜 것입니다. 그러나 우리 안에 있는 불결한 것들은 속히 소멸(燒滅)될 것입니다. 그러므로 공포가 아니라 경건한 두려움으로 하나님을 섬깁시다. 그리고 이러한 섬김이 우리 생애 전체를 통해 계속되도록 합시다.

지난 한 주 동안의 우리의 삶의 제물을 그분 앞에 가져갑시다. 모든 허물에 대한 회개와 함께 말입니다. 그리고 주의 은혜로 그것을 받아달라고 겸손하게 간구합시다. 우리가 행한 모든 일이 예수 그리스도로 말미암아 하나님께 영광이 되기를 간절히 열망하면서 말입니다. 아멘.

제
42
장

—

# 결코! 결코! 결코! 결코! 결코!

—

**"그가 친히 말씀하시기를 내가 결코 너희를 버리지**
**아니하고 너희를 떠나지 아니하리라 하셨느니라."**
— 히 13:5

　　"그가 친히 말씀하시기를"이란 표현을 주목해 보십시오. 그것은 얼마나 강력한 힘을 가진 표현입니까! "하나님이 내게 이렇게 말씀하셨다"고 굳게 믿는 사람은 그 손에 엄청난 능력을 가진 무기를 가지고 있는 것입니다. 이러한 양날 검에 의해 베어지지 않을 의심이 무엇이겠습니까? 하나님의 언약의 활로부터 발사된 이러한 화살 앞에 치명상을 입고 쓰러지지 않을 두려움이 무엇이겠습니까? 인생의 괴로움과 죽음의 고통, 내적인 부패와 외적인 유혹, 위로부터의 시험과 아래로부터의 시험 — 이 모든 것들이 대수롭지 않은 것으로 여겨질 것입니다. 만일 우리가 스스로를 "하나님이 내게 이렇게 말씀하셨다"는 확신의 보루(堡壘) 속에 감출 수만 있다면 말입니다. 평온함 가운데 있을 때든 환난 가운데 있을 때든, 우리는 "그가 친히 말씀하시기를"이라는 표어를 굳게 붙잡고 의지해야 합니다.

　　그러므로 나의 형제들이여, 성경을 상고하는 것이 얼마나 중요한 일인지 깨달으십시오. 성경 속에 여러분의 상황과 정확하게 부응하는 약속이 있음에도 불구하고 여러분이 잘 모를 수 있습니다. 그래서 그것이 주는 위로를 놓칠 수 있습니다. 여러분은 토굴 속에 갇혀 있는 죄수와 같습니다. 열쇠 꾸러미 가운데 옥문을 열고 여러분을 자유롭게 해 줄 수 있는 하나의 열쇠가 있을는지 모릅니다. 그렇지만 만일 여러분이 그것을 찾지 않는다면, 여러분은 여전히 수감된 상태로 남아 있을 것입니다. 자유가 바로 눈앞에 있는데도 말입니다. 성경이라는 이름의 거대한 제약사전 속에 여러분의 병을 고쳐줄 강력한 약이 있을는지 모릅니다. 그러나 여러분은 여전히 병든 가운데 남아 있습니다. 여러분의 병을 고쳐줄 정확한 처방이 있음에도 불구하고 말입니다. 만일 여러분이 그 사전을 찾아보기만 한다면, 여러분은 그 처방을 발견하게 될 것입니다. 성경을 많이 읽는 것 외에 우리는 하나님의 약속들을 풍성하게 기억해야 합니다. 우리는 위인(偉人)들의 말을 외우기도 하고 유명한 시인들의 시구(詩句)를 암송하기도 합니다. 그렇다면 하물며 하나님의 말씀이야 얼마나 더 그래야 마땅하겠습니까? 성경은 그리스도인의 고전이 되어야 합니다. 변사(辯士)들이 호메로스나 베르길리우스나 호라티우스를 인용하는 것처럼, 우리는 하나님의 약속들을 인용할 수 있습니다. 우리가 어떤 의심이나 어려운 문제를 해결하고자 할 때, "그가 친히 말씀하시기를"은 모든 부요의 원천이며 또한 모든 위로의 원천입니다. 그 말씀이 "영생하도록 솟아나는 샘물"처럼 여러분 안에 풍성하게 거하게 하십시오(요 4:14).

나의 형제들이여, 또한 우리는 부지런히 성경을 시험해 보아야 합니다. 성경을 부지런히 찾고 읽으며, 그것을 기억 속에 많이 저장시켜 놓을 뿐만 아니라 또한 우리는 그것을 경험으로 시험해 보아야 합니다. 약속이 사실임을 자주 확인할수록, 우리 역시도 "이 말씀은 나의 고난 중의 위로라 주의 말씀이 나를 살리셨기 때문이니이다"라고 노래한 옛 시인처럼 노래할 수 있게 될 것입니다(시 119:50). 약속을 시험해 보십시오. 하나님이 발행한 수표를 은행 창구로 가져가 현금으로 바꿀 수 있는지 시험해 보십시오. 여러분의 시련을 들어올리는 하나님의 지렛대를 붙잡고 그것이 실제로 힘을 가지고 있는지 시험해 보십시오. 여러분의 마라의 쓴물에 하나님의 나무를 던져 보십시오. 그리고 쓴물이 어떻게 달게 변하는지 보십시오. 또 소금을 취하여 흙탕물에 던져 보십시오. 그리고 그 물이 어떻게 달게 변하는지 확인하십시오. 예전에 엘리사에 의해 그렇게 되었던 것처럼 말입니다. 여호와가 선하심을 맛보아 아십시오. 왜냐하면 그를 경외하는 자들에게는 결코 부족함이 없기 때문입니다.

사도들을 보십시오. 그들은 기회만 있으면 성경을 인용하곤 했습니다. 그들의 주님이 그랬던 것처럼 말입니다. 그들은 성령에 감동된 사람들로서 얼마든지 새로운 말씀을 제시할 수 있었음에도 불구하고 "그가 친히 말씀하시기를"이라고 인용하기를 더 좋아했습니다. 설교자들도 그렇게 해야 합니다. 설교자의 말이 아무리 달콤하다한들 하나님의 말씀보다 더 달콤하겠습니까? 오래된 주화(鑄貨)를 생각해 보십시오. 그것은 얼마나 값 비싸며 큰 가치를 가지고 있습니까? 마찬가지로 하나님의 옛 말씀들은 무한한 가치와 울림과 무게를 가지고 있습니다. 오늘날에도 우리는 그러한 말씀들을 조금의 부족함도 없이 사용할 수 있습니다.

    본문의 "그가 친히 말씀하시기를"이란 표현을 다시 한 번 주목해 보십시오. 내가 보기에 그러한 표현은 의심과 두려움과 곤란과 마귀를 몰아내는데 유용할 뿐만 아니라 또한 우리의 모든 신적 은혜들을 더 풍성하게 하는 데에도 유용합니다. 본문에서 바울은 우리로부터 자족의 마음을 일깨우기 위해 "있는 바를 족한 줄로 알라 왜냐하면 그가 친히 말씀하시기를"이라고 말합니다. 또 우리로 하여금 담대하며 용기를 내도록 만들기 위해, 그는 "그가 친히 말씀하시기를 그러므로 우리가 담대히 말하되 주는 나를 돕는 이시니 내가 무서워하지 아니하겠노라 사람이 내게 어찌하리요"(6절)라고 말합니다. 또 우리의 믿음을 격려하며 고취하고자 할 때, 그는 성경으로부터 아브라함의 모범과 이삭의 모범과 야곱의 모범과 모세의 모범과 기드온의 모범과 바락의 모범과 입다의 모범을 인용함으로써 그렇게 합니다. 또 야고보를 생각해 보십시오. 그는 우리의 인내를 일깨우기 위해 "너희가 욥의 인내를 기억하거니와"(약 5:11)라고 말합니다. 또 우리의 기도를 격려하기 위해, 그는 "엘리야는 우리와 성정이 같은 사람이로되 그가 비가 오지 않기를 간절히 기도한즉 삼 년 육 개월 동안 땅에 비가 오지 아니하고 다시 기도하니 하늘이 비를 주고 땅이 열매를 맺었느니라"(약 5:17, 18)라고 말합니다. 이와 같이 "그가 친히 말씀하시기를"은 모든 죄를 위한 죽음일 뿐만 아니라 또한 모든 은혜를 위한 양식입니다. 또 그것은 악한 것을 위한 독이면서 동시에 선한 것을 위한 양분입니다. 그러므로 부지런히 성경을 상고하십시오. 그럼으로써 여러분은 거룩한 삶에 있어 강하고 건강하며 왕성하게 자라게 될 것입니다.

    이제 본문의 "그가 친히 말씀하시기를 내가 결코 너희를 버리지 아니하고 너희를 떠나지 아니하리라 하셨느니라"는 말씀을 살펴보도록 합시다. 여기에서 우리는 우리의 역본(譯本)이 원문의 의미를 충분하게 전달하지 못하는 사실을 기억할 필요가 있습니다. 헬라어의 충분한 의미를 영어로 완전하게 표현하는 것은 거의 가능하지 않습니다. 우리는 본문을 다음과 같이 번역할 수 있습니다.

"그가 친히 말씀하시기를 내가 결코 결코 너희를 버리지 아니하고 내가 결코 결코 결코 너희를 떠나지 아니하리라 하셨느니라." 헬라어에는 다섯 개의 부정어가 있는데, 나는 이렇게 밖에는 달리 그 의미를 충분히 전달하는 방법을 알지 못합니다. 영어에서 두 개의 부정어는 도리어 부정의 의미를 없애버립니다. 일반적으로 이중의 부정은 강한 긍정을 나타내지 않습니까? 그러나 여기의 헬라어에서 반복되는 부정어들은 그 부정의 의미를 크게 강화시킵니다. 그것은 마치 다윗의 다섯 개의 물맷돌과 같습니다. 하나의 물맷돌이 거인을 쓰러뜨리기에 충분하지 않을 것을 대비하여 또 다른 하나를 준비하고, 그렇게 해서 다섯 개의 물맷돌을 준비한 것처럼 말입니다. 다음과 같은 시는 본문과 관련한 원문의 의미를 매우 훌륭하게 나타냅니다.

> "쉼을 위해 예수에게 기댄 영혼을
> 나는 결코 결코 원수에게 버려두지 아니하리라.
> 설령 모든 지옥이 흔들어댄다 하더라도
> 나는 그 영혼을 결코 결코 결코 떠나지 아니하리라."

여기의 시는 다섯 개의 부정어를 멋지게 배치함으로써 본문과 관련한 원문의 의미를 최대한 잘 나타냅니다.

이러한 오중적인 확신의 표현으로부터 오늘 우리는 다음과 같은 다섯 가지 주제를 살펴볼 것입니다. 첫째로, 하나님으로부터 버려지는 두려운 상태. 둘째로, 그에 대한 은혜의 약속. 셋째로, 성경에서 이와 비슷한 약속이 언급된 다른 곳의 말씀들. 넷째로, 본문이 사실임을 확증하는 몇 가지 이유들. 다섯째로, 이러한 약속의 말씀으로부터 도출되는 필연적인 결론들.

### 1. 첫째로, 하나님으로부터 버려지는 두려운 상태를 주목하십시오.

이와 같은 인간의 상태를 어떻게 충분히 묘사할 수 있을까요? 나는 하나님으로부터 버려지는 것에 대해 오랫동안 크게 두려워하며 악몽도 많이 꾸었음에도 불구하고 그것을 어떻게 묘사할지 잘 알지 못합니다.

1. 버려짐은 완전한 외로움(utter loneliness)을 함축합니다. 어떤 여행자를 황량한 광야에 떨어뜨려 보십시오. 거기에는 사람의 흔적도 없고 발자국도 없습니

다. 홀로 외떨어진 가련한 여행자는 도와달라고 울부짖지만, 대답하는 것은 공허한 메아리뿐입니다. 하늘에는 새 한 마리도 없습니다. 심지어 먹이를 찾아 헤매는 자칼조차 없습니다. 작열하는 태양 가운데 곤충 한 마리조차 그의 친구가 되어주지 않습니다. 심지어 풀 한 포기조차 그에게 하나님을 일깨워 주지 않습니다. 그러나 심지어 이런 곳에서조차 그는 홀로 있지 않습니다. 왜냐하면 황량한 바위 너머 하나님이 계시기 때문입니다. 그의 발 밑에 있는 뜨거운 모래와 그의 머리 위에 있는 작열하는 태양은 살아 계신 하나님을 증언합니다. 그렇다면 하나님으로부터 버림받은 자의 외로움은 어떤 것이겠습니까? 이것보다 더 끔찍한 것은 아무것도 없습니다. 왜냐하면 그는 어디에서도 하나님을 피할 수 없기 때문입니다. 그는 이렇게 말합니다. "내가 새벽 날개를 치며 바다 끝에 가서 거주할지라도 거기에도 그가 계시며"(시 139:9). 이것은 지옥보다 더 끔찍한 상태입니다. 왜냐하면 바로 앞에서 다윗이 "내가 지옥에 내 자리를 펼지라도 거기 계시니이다"라고 말하기 때문입니다(8절, 한글개역개정판에는 "스올"로 되어 있음). 우리 가운데 외로움을 좋아하는 사람이 누가 있겠습니까? 외로움에 어떤 낭만적인 요소가 있는 것처럼 느껴질지 모르지만, 그러나 그것의 포로로 잡혀 있는 자들은 결코 그러한 낭만을 느끼지 못합니다. 일시적인 외로움은 즐거움을 줄 수 있지만 그러나 홀로 외떨어져 있는 완전한 외로움은 끔찍한 것입니다. 하나님 없이 홀로 있는 것은 외로움의 극치입니다. 그것보다 더 두렵고 고통스러운 것이 무엇이겠습니까? 주 예수께서 "만민 가운데 나와 함께 한 자가 없이 내가 홀로 포도즙틀을 밟았는데"라고 말씀하셨을 때, 이러한 언어 속에는 여러분과 내가 상상할 수 있는 훨씬 이상의 것이 내포되어 있습니다(사 63:3). 여러분은 그가 이렇게 말씀하신 것을 기억할 것입니다. "보라 너희가 다 각각 제 곳으로 흩어지고 나를 혼자 둘 때가 오나니 벌써 왔도다 그러나 내가 혼자 있는 것이 아니라 아버지께서 나와 함께 계시느니라"(요 16:32). 이러한 말씀 속에는 특별한 괴로움이 내포되어 있지 않습니다. 그렇지만 "만민 가운데 나와 함께 한 자가 없이 내가 홀로 포도즙틀을 밟았는데"라는 말씀 속에는 얼마나 진한 슬픔과 괴로움이 내포되어 있습니까? "나의 하나님 나의 하나님 어찌하여 나를 버리셨나이까?"는 인간의 본성이 극한의 낙망 가운데 부르짖는 외침입니다. 그러나 감사하게도 여러분과 나는 본문의 약속에 따라 하나님으로부터 버림을 당하는 절망적인 외로움을 경험하지 않습니다. 그렇지만 어쨌든 주님으로부터 버림을 당하는 것은 얼마나 끔찍한 일입니까?

2. 나아가 버려짐은 아무로부터도 도움을 받지 못하는 완전한 무력함(utter helplessness)을 함축합니다. 능력은 하나님께 속합니다. 어떤 사람으로부터 하나님을 거두어 보십시오. 그러면 그는 완전히 무력하게 될 것입니다. 천사장이라도 하나님 없이는 아무것도 아닙니다. 하나님이 없이는 영원한 산도 허물어지며, 땅의 견고한 기둥들도 쓰러집니다. 하나님이 없이는 우리의 육체는 흙으로 돌아갑니다. 하나님이 없을 때, 우리의 영은 다윗처럼 "내가 잊어버린 바 됨이 죽은 자를 마음에 두지 아니함 같고 깨진 그릇과 같으니이다"(시 31:12)라고 애곡합니다. 예수 그리스도는 "나는 벌레요 사람이 아니라"고 말씀하실 때 그것을 아셨습니다. 그는 십자가 위에 달렸을 때 완전히 깨어졌으며 아무 힘도 남지 않았습니다. 그는 이렇게 부르짖었습니다. "내 힘이 말라 질그릇 조각 같고 내 혀가 입천장에 붙었나이다 주께서 또 나를 죽음의 진토 속에 두셨나이다"(시 22:15). 어떤 상한 갈대도 어떤 꺼져가는 심지도 하나님으로부터 버림당한 영혼만큼 미약하지 않습니다. 우리의 상태는 빈들에 버려져 포대기로 싸줄 사람이 아무도 없었던 에스겔의 유아(乳兒)시절만큼 처참합니다. 만일 우리가 하나님으로부터 버려질 수 있다면, 우리의 상태가 바로 그와 같을 것입니다. 우리를 이러한 끔찍한 재앙의 모든 두려움으로부터 벗어나게 만들어 주는 본문의 다섯 부정어들은 얼마나 영광스럽습니까!

3. 하나님으로부터 버려지는 것은 또한 아무런 친구도 없는 상태(utter friendlessness)를 함축합니다. 우리가 아무런 친구도 없는 쓸쓸함을 거의 느끼지 않는 것은 얼마나 감사한 일입니까! 그렇지만 어떤 경우 우리는 아무런 친구도 없는 쓸쓸함을 느끼는 때가 있습니다. 우리가 가진 슬픔을 아무와도 나눌 수 없는 가운데 말입니다. 교회에서 크게 쓰임받은 모든 사람들은 홀로 나아가야만 하는 때가 있음을 압니다. 삼손처럼 말입니다. 그러나 이것은 강한 믿음과 영웅적인 용기에 의해 상쇄됩니다. 그러나 오래 전에 부모가 떠난 가련한 자를 생각해 보십시오. 친척도 없고, 아는 사람도 없습니다. 한때 아버지의 친구였던 사람을 기억하고 그의 집의 문을 두드려보지만 그러나 문전박대를 당합니다. 그는 어린 시절을 회상합니다. 그리고 함께 놀던 어린 시절의 친구를 떠올리며 그의 집에 찾아가 도움을 구하지만 또다시 쫓겨나고 맙니다. 그는 차가운 비를 맞으며 12월의 추운 거리를 배회합니다. 그에게는 아무런 친구도 없으며, 그는 완전

히 의기소침합니다. 그는 빈민구호소에 들어갑니다. 그러나 아무도 그를 동정어린 눈으로 바라보지 않습니다. 그는 단 한 명의 친구도 없으며, 완전히 혼자입니다. 나는 이럴 때 많은 사람들이 자살을 선택한다고 믿습니다. 자기를 사랑해 주는 사람이 있다고 느낄 때, 사람은 자신이 살 가치가 있다고 느낍니다. 그러나 마지막 친구가 떠날 때, 우리는 마치 자신이 뗏목을 타고 망망대해를 떠다니고 있다고 느낍니다. 사방을 바라보아도 배는 보이지 않습니다. 그 때 우리는 "아, 나는 죽음을 기쁘게 맞이하노라"라고 부르짖습니다. 우리 주님은 이와 같은 상태를 경험하셨습니다. 그는 버림을 당하는 것이 무엇인지 아셨습니다. 왜냐하면 모든 친구들이 그를 버렸기 때문입니다. "내 떡을 먹는 자가 내게 발꿈치를 들었나이다"(요 13:18). "제자들이 다 예수를 버리고 도망하니라"(마 26:56). 형제들이여, 많은 성도들이 모든 친구를 잃는 고난을 겪었지만 그러나 그 모든 시련을 용감하게 감당했습니다. 모든 친구들을 잃었음에도 불구하고, 그들은 영원한 친구가 여전히 자기 옆에 계심을 알았습니다. 그들은 "내가 너희를 고아와 같이 버려두지 아니하리라"(요 14:18)는 예수의 음성을 들었습니다. 모든 친구들을 잃었어도 예수 그리스도가 그들의 친구가 되셨습니다. 그들은 그로 인해 강하여졌으며, 모든 것을 다 빼앗겼다고 결코 느끼지 않았습니다. 그러나 하나님으로부터 버려지는 것은 어떻습니까? 아! 그것은 생각하기도 싫습니다. 하늘에 아무 친구도 없습니다. 영광의 보좌를 바라보아도 보이는 것은 오직 흑암과 어둠뿐입니다. 긍휼을 구하지만, 진노만이 있을 뿐입니다. 사랑을 구하지만, 꾸짖음만이 있을 뿐입니다. 하나님께 부르짖지만, 하나님은 귀를 막고 듣지 않으며 도움의 손길을 내밀지 않습니다. 이것은 얼마나 두려운 일입니까! 하나님으로부터 버려지는 것보다 더 두려운 일이 무엇이겠습니까?

4. 하나님으로부터 버려지는 것은 또한 아무런 소망도 없는 상태 (hopelessness)를 함축합니다. 사람들로부터 버림을 당하는 사람은 그래도 어느 정도 소망을 가질 수 있습니다. 그러나 하나님으로부터 버림을 당하는 사람에게는 어떤 소망도 남지 않습니다. 마지막 창문이 닫힙니다. 애굽의 캄캄한 흑암 같은 그의 마음속에 단 한 줄기의 빛도 들어오지 않습니다. 삶이 곧 죽음이며, 죽음은 영원한 나락에 떨어지는 것입니다. 그로 하여금 사람을 바라보게 하십시오. 그러나 사람은 상한 갈대일 뿐입니다. 그로 하여금 천사를 바라보게 하십시오. 그러나 천사는 보응하는 자일 뿐입니다. 그로 하여금 죽음을 바라보게 하십시

오. 그러나 무덤조차도 그에게 피난처가 되지 못합니다. 그로 하여금 자신이 뜻하는 것을 바라보게 하십시오. 그러나 공허하며 두려운 절망이 그를 사로잡을 뿐입니다. 우리의 복되신 주님도 이러한 상태를 아셨습니다. 주께서 다음과 같이 말씀하신 것은 다만 그의 특별한 믿음으로 말미암은 것이었을 뿐입니다. "이는 주께서 내 영혼을 스올에 버리지 아니하시며 주의 거룩한 자를 멸망시키지 않으실 것임이니이다"(시 16:10). "내 마음이 심히 고민하여 죽게 되었으니"(막 14:34)라고 말할 때, 캄캄한 어둠 같은 이런 소망 없는 상태가 그를 뒤덮고 있었습니다. 그리하여 그의 땀은 "땅에 떨어지는 핏방울 같이"(눅 22:44)되었습니다.

5. 하나님으로부터 버려지는 것은 또한 말할 수 없는 고뇌(unutterable agony)를 함축합니다. 고뇌는 우리의 영이 비참과 절망에 짓눌리는 것입니다. 우리의 영이 짓밟히고 뭉개지고 깨어져, 살기보다 차라리 죽기를 바랄 정도로 말입니다. 모든 악이 우리의 마음을 자기 소굴로 만들었다는 두려운 의식, 우리가 하나님이 쏘는 모든 화살의 표적이 되었다는 끔찍한 의식, 하나님의 모든 진노의 풍랑이 우리에게 밀려온다는 의식, 하나님이 더 이상 은혜와 긍휼을 베푸시지 않는다는 의식, 하나님이 당신의 마음을 닫으시고 진노하고 계신다는 의식 ─ 이 모든 것이 하나님으로부터 버려지는 것의 일부로서 오직 지옥의 버려진 영혼들만 알 수 있는 것입니다. 때로 우리의 불신앙은 우리로 하여금 이러한 것들의 아주 작은 부분을 맛보도록 이끕니다. 그러나 그것은 단지 아주 작은 부분일 뿐입니다. 우리가 이러한 끔찍한 악의 모든 두려움으로부터 구원받은 것으로 인해 하나님께 감사합시다.

형제들이여, 만일 하나님이 우리를 그냥 내버려 두신다면, 그 결과가 무엇이겠습니까? 하나님으로부터 버려진 자의 상태는 불확실성과 우연입니다. 최고의 것이라 하더라도 말입니다. 나는 하나님 없이 내 자신의 의지대로 움직이는 천사장이 되기보다 차라리 하나님의 의지에 따라 정한 궤도를 움직이는 원자(原子)가 될 것입니다. 왜냐하면 하나님 없이 내버려진 천사장은 곧 자신의 길을 잃고 지옥에 떨어질 것이기 때문입니다. 그러나 하나님과 함께 하는 작은 원자는 계속해서 자신에게 주어진 궤도를 따라 움직일 것입니다. 그것은 자신의 길을 잃지 않을 것입니다. 그리고 처음 창조되었을 때와 마찬가지로 영원까지 그 힘을 잃지 않을 것입니다. 나는 어떤 사람들이 어째서 그렇게 자유의지를 좋아하는지 이해할 수 없습니다. 자유의지는 죄인들이 기뻐하는 것이며 성도들은 하나님의 의지를 기뻐하며 자랑할 것이라고 나는 굳게 믿습니다. 내가 바라는 가장 큰 바람은 내 자신의 의지로부터 벗어나 하나님의 의지와 목적 속으로 흡수되는 것입니다. 하나님의 뜻을 따라 행하는 사람은 가장 선하며, 가장 진실하며, 가장 지혜로우며, 가장 강한 사람입니다. 내가 볼 때 그는 천국에 살고 있는 사람입니다. 하나님으로부터 독립하기를 원하는 사람은 그렇게 하도록 그냥 내버려 두십시오. 나는 오직 하나님 안에서 살고 하나님 안에서 죽을 것입니다. 사랑하는 친구들이여, 만일 하나님이 우리를 버리신다면, 우리의 길은 불확실한 것이 되고 머지않아 무(無, nothingness)로 끝날 것입니다. 이 땅에 살아 있는 가장 거룩한 사람을 상상해 보십시오. 설령 그런 사람이라 하더라도 만일 하나님이 그를 버리신다면, 그는 즉시로 죄 가운데 떨어져 버리고 말 것입니다. 지금 그는 뾰족한 첨탑(尖塔) 위에 안전하게 서 있습니다. 그러나 만일 보이지 않는 손이 그를 붙잡아주지 않는다면, 그는 즉시로 비틀거리다가 곧 굴러 떨어질 것입니다. 그는 지금 조심스럽게 발걸음을 옮기고 있습니다. 그러나 그로부터 신적 은혜를 제거해 보십시오. 그러면 그는 다른 사람들처럼 진창 가운데 뒹굴 것입니다. 경건한 사람이 있습니까? 그로부터 하나님을 제거해 보십시오. 그러면 그는 이내 악한 자가 될 것이며, 그의 양심은 화인(火印) 맞은 자처럼 무감각해질 것입니다. 그리고 그는 머지않아 무신론자가 되거나 하나님을 훼방하는 자가 될 것입니다. 그리고 그는 그 입에 격노(激怒)의 거품을 물고 죽을 것입니다. 마침내 그는 그를 지으신 자의 심판대 앞에 설 것이며, 영원히 하나님으로부터 버림을 당하고 지옥으로 떨어질 것입니다. 그리고 그는 저주받은 사람들 가운데에서도 가장 나쁜 장소에 떨어질 것입니다. 지옥의 제일 밑바닥으로 말입니다. 그는 일반적인 죄인들에게 떨어지는 진노보다 더 큰 진노를 받게 될 것입니다.

지금까지 하나님으로부터 버려지는 것이 어떤 것인지를 묘사했습니다. 이것을 생각할 때 본문의 오중적인 부정어는 우리에게 얼마나 큰 위로를 줍니까? "내가 결코 결코 너희를 버리지 아니하고 내가 결코 결코 결코 너희를 떠나지 아니하리라." 나는 칼빈주의를 못마땅하게 여기면서 그것을 희화(戲畵)화하는 사람들을 알고 있습니다. 그들은 우리가 사람이 아무리 제멋대로 살아도 하나님이 함께 하기만 하면 결국은 안전할 것이라고 가르친다고 말합니다. 그러나 우리는 결코 그렇게 가르치지 않습니다. 그들은 훨씬 더 많은 것을 알고 있습니다. 그들은 우리의 교리가 반박의 여지가 없는 것이라는 사실을 잘 압니다. 자신들이 그것을 제대로 진술한다면 말입니다. 따라서 그들이 우리를 공격할 수 있는 유일한 방법은 우리를 비방하면서 우리가 가르치는 것을 교묘하게 왜곡시키는 것입니다. 다시 한 번 분명하게 말하거니와, 우리는 결코 그런 것을 가르치지 않습니다. 우리가 가르치는 것은 만일 하나님이 선한 일을 시작하셨다면 사람은 결코 자기 좋은 대로 살지 못할 것이라는 것입니다. 하나님이 그와 함께 할 때, 그는 하나님이 원하시는 대로 살기를 기뻐할 것입니다. 하나님이 어떤 사람 안에서 선한 일을 시작하셨을 때, 그 사람은 그 일을 계속해서 진행시켜 나갑니다. 그는 하나님을 버리지 않으며, 하나님으로부터도 버림을 당하지 않습니다. 그는 마지막까지 경건의 길을 지켜 나갑니다.

### 2. 둘째로, 이제 그와 관련한 하나님의 은혜의 약속을 살펴보도록 합시다.

본문의 약속은 우리에게 무엇을 보증합니까? "내가 결코 너희를 버리지 아니하고"란 말씀을 다시 한 번 주목해 보십시오. 사랑하는 자들이여, 여기에서 하나님이 자기 백성들에게 모든 것을 주고 계시지 않습니까? 하나님의 속성은 어떤 경우에도 결코 중단될 수 없습니다. 그는 강한 하나님입니까? 그는 자기를 믿는 자들을 위해 자신의 강함을 나타내실 것입니다. 그는 사랑입니까? 영원한 사랑으로 그는 우리에게 긍휼을 베푸실 것입니다. 하나님의 모든 속성들은 그 충분한 분량으로 우리에게 펼쳐질 것입니다. 뿐만 아니라 하나님이 가진 모든 것, 그리고 무한한 자 안에 담겨질 수 있는 모든 것, 그리고 만물을 채우는 자 안에 있을 수 있는 모든 것은 그의 백성들과 함께 영원히 있을 것입니다. "그가 친히 말씀하시기를 내가 결코 너희를 버리지 아니하고 너희를 떠나지 아니하리라 하셨느니라." 이것보다 더 크고 광범위한 약속이 무엇이겠습니까? 여러분은 이것이 인간의 능력을 초월하는 것이라는 사실을 알 것입니다.

### 3. 셋째로, 성경에서 본문과 유사한 약속이 언급된 다섯 가지 경우들을 살펴보도록 합시다.

오늘 설교에는 유독 다섯이란 숫자가 자주 등장하는군요. 어쨌든 우리는 우리 삶의 무수한 경우들에서 본문의 의미와 정신을 적용할 수 있습니다. 그리고 우리는 성경 속에서 여기의 약속과 거의 똑같다고 말할 수 있을 정도로 매우 유사한 구절들을 여럿 발견할 수 있습니다. 그 가운데서도 특별히 우리는 다음과 같은 다섯 가지를 주목할 수 있습니다.

1. 첫 번째 경우는 창세기 28장 15절입니다. "내가 너와 함께 있어 네가 어디로 가든지 너를 지키며 너를 이끌어 이 땅으로 돌아오게 할지라 내가 네게 허락한 것을 다 이루기까지 너를 떠나지 아니하리라." 여기의 경우는 시련 가운데 있는 사람에게 주어진 약속입니다. 야곱은 아브라함이나 이삭보다도 더 많은 시련을 겪은 고난의 아들이었습니다. 지금 야곱은 형의 격노(激怒)를 피하여 그리고 어머니의 편애(偏愛)를 뒤로 한 채 아버지의 집으로부터 도망치고 있었습니다. 그러는 가운데 날이 저물자 그는 돌베개를 베고 잠에 떨어졌습니다. 하늘을 지붕 삼고 땅을 침대 삼아 말입니다. 이렇게 홀로 외롭게 자고 있을 때, 하나님이 그에게 말씀하셨습니다. "내가 너를 결코 결코 떠나지 아니하리라." 이후의 야곱의 행적을 생각해 보십시오. 그는 밧단아람으로 인도되었습니다. 그의 인도자이신 하나님은 결코 그를 떠나지 않으셨습니다. 밧단아람에서 라반은 부당하게 그를 여러 번 속였습니다. 그러나 하나님은 그를 떠나지 않으셨습니다. 그리하여 야곱은 점점 더 부유하게 되었으며 마침내 라반을 능가할 정도가 되었습니다. 드디어 야곱은 아내들과 아들들과 함께 밧단아람을 떠납니다. 라반이 급히 뒤쫓지만 그러나 하나님은 그를 떠나지 않습니다. 하나님은 미스바 산에서 라반을 막으시고, 적을 친구로 바꾸십니다. 한편 에서가 야곱을 맞이하기 위해 나옵니다. 적대감을 품은 채 말입니다. 이에 야곱은 얍복 강에서 천사와 씨름합니다. 그리하여 자기 종을 버리지 않는 자의 능력으로 말미암아, 에서는 야곱에게 입을 맞춥니다. 불과 얼마 전까지 만나기만 하면 죽이려고 벼르던 자가 말입니다. 이어 야곱은 숙곳에 장막을 치고 유합니다. 그가 그 땅을 배회하는 동안 그의 아들들이 속임수를 써서 세겜 사람들을 살육합니다. 그러자 세겜 주위의 나라들이 그들의 죽음에 대해 복수하려고 합니다. 그러나 하나님이 또다시 개입하시고 야곱은 구원을 받습니다. 또 가련한 야곱은 그의 아들들로 인해 살 소망을 잃어버립니다. "요셉도 없어졌고 시므온도 없어졌거늘 베냐민을 또 빼앗아 가고자 하니 이는 다 나를 해롭게 함이로다"(창 42:36). 그러나 그의 아들들은 그를 해롭게 하지 않습니다. 하나님은 그를 떠나지 않으셨습니다. 왜냐하면 당신이 말씀하신 모든 일이 아직 다 이루어지지 않았기 때문입니다. 야곱은 노경(老境)에 애굽으로 내려갑니다. 그곳에서 사랑하는 요셉을 만나 그에게 입 맞출 때, 야곱은 다시

금 새 힘을 얻습니다. 그리고 임종의 자리에 그는 실로가 오실 것과 홀이 유다를 떠나지 않을 것을 예언합니다. 이렇게 하여 야곱은 수많은 환난 가운데서도 하나님이 자기 백성들과 함께 하시며 떠나지 않을 것을 증명합니다. 하나님은 언제까지나 변치 않으시며 동일하십니다. 하나님은 자기 백성들을 끝까지 인도하십니다. 고난으로 가득 찬 야곱들이여! 많은 시련과 고난을 겪지만 그러나 여러분은 하나님의 상속자들입니다. 하나님은 여러분 각자에게 이렇게 말씀하셨습니다. "내가 너를 결코 떠나지 아니하리라."

2. 두 번째 경우는 신명기 31장 6절입니다. 이것은 개인에게 한 말씀이라기보다 전체 무리에게 한 말씀입니다. 여기에서 모세는 이스라엘 백성들에게 하나님의 말씀으로 이렇게 말합니다. "너희는 강하고 담대하라 두려워하지 말라 그들 앞에서 떨지 말라 이는 네 하나님 여호와 그가 너와 함께 가시며 결코 너를 떠나지 아니하시며 버리지 아니하실 것임이라." 사랑하는 자들이여, 우리는 이 약속을 하나님의 교회에 대하여 말하여진 것으로 취할 수 있습니다. 이스라엘 백성들은 가나안의 저주받은 나라들과 싸워야 했습니다. 그들은 그곳의 거인들과 철병거를 가진 사람들을 쫓아내야 했습니다. 하나님은 그들을 결코 떠나지 않겠다고 말씀하셨으며, 실제로 그렇게 하셨습니다. 그들이 단으로부터 브엘세바까지 약속의 땅을 소유하고, 즐거이 노래하며 예루살렘으로 올라갔을 때까지 말입니다. 하나님의 교회로서 우리는 우리 앞에 약속의 땅이 놓여 있는 것을 결코 잊어서는 안 됩니다. 우리는 그 땅으로 올라가 그 땅을 취하도록 부름받았습니다. 여호수아처럼 여러분을 이끌고 이곳저곳으로 인도하며 하나님의 원수들을 치고 메시야의 나라를 확장하는 것이 나의 분깃이 될 것입니다. 힘을 다해 우리에게 주어진 임무를 감당합시다. 우리는 결코 실패하지 않을 것입니다. 믿음으로 큰일을 향해 담대하게 나아갑시다. 그러면 우리는 큰 일을 이루게 될 것입니다. 이것이 이성(理性)에게는 광적인 것으로, 교만한 눈에는 터무니없는 일로 보일 것입니다. 그러나 우리는 그 일을 이룰 수 있습니다. 왜냐하면 하나님이 "내가 결코 너희를 버리지 아니하고 너희를 떠나지 아니하리라"고 말씀하셨기 때문입니다. 만일 하나님의 교회가 주님이 결코 자신을 떠날 수 없음을 알기만 한다면, 교회는 지금까지 행한 것보다 더 크고 위대한 일을 행할 수 있을 것입니다. 하나님은 기도하는 백성을 결코 떠날 수 없으며, 힘써 수고하는 교회를 결코 버릴 수 없습니다. 그는 마지막까지 우리를 축복하실 것입니다.

3. 세 번째 경우는 여호수아 1장 5절입니다. 여기에서 하나님은 여호수아에게 이렇게 약속하십니다. "네 평생에 너를 능히 대적할 자가 없으리니 내가 모세와 함께 있었던 것 같이 너와 함께 있을 것임이니라 내가 너를 떠나지 아니하며 버리지 아니하리라." 이것은 사역자의 본문입니다. 백성들을 인도하도록 부름받은 자들이여! 공격의 최전선에서 적과 싸우는 자들이여! 한낮의 뜨거운 열기와 무거운 짐을 진 자들이여! 여기의 약속을 보배로운 위로로 삼으십시오. 하나님은 여러분을 버리지 아니하시고, 떠나지도 아니하실 것입니다. 모든 사람이 공격의 최전선에 설 수는 없습니다. 그리고 공격의 최전선에 서지 않는다고 해서 꼭 하나님으로부터 작은 분깃의 영예만을 받는 것도 아닙니다. 그렇지만 어쨌든 공격의 최전선에 서서 나아가도록 부름받은 사람들도 있습니다. 만일 여러분 가운데 어떤 사람이 하나님의 교회 안에서 그와 같은 위치에 서도록 부름받았다면, 여기의 말씀을 굳게 붙잡으십시오. 이 말씀이 여러분을 강하게 만들 것입니다. "내가 너를 떠나지 아니하며 버리지 아니하리라."

4. 네 번째 경우는 역대상 28장 20절입니다. 이것은 다윗이 말년에 그 아들 솔로몬에게 말한 것입니다. 다윗은 자기 자신이 경험으로 확증한 것을 이야기하고 있었습니다. "너는 강하고 담대하게 이 일을 행하라 두려워하지 말며 놀라지 말라 네가 여호와의 성전 공사의 모든 일을 마치기까지 여호와 하나님 나의 하나님이 너와 함께 계시사 네게서 떠나지 아니하시고 너를 버리지 아니하시리라." 많은 지혜와 분별력과 판단력을 필요로 하는 위치에 놓이는 그리스도인들이 있습니다. 그런 사람들은 이것을 자신의 약속으로 취할 수 있습니다. 스바 여왕이 솔로몬을 만나기 위해 왔습니다. 그녀는 솔로몬에게 어려운 질문들을 많이 했지만, 그러나 하나님은 그를 떠나지 아니하시고 버리지도 아니하시사 그로 하여금 그 모든 질문들에 대해 능히 대답할 수 있도록 하셨습니다. 솔로몬은 이스라엘의 최고 판결자로서 수많은 난제(難題)들을 해결해야만 했습니다. 여러분은 한 아기를 두고 서로 자기 아기라고 주장하는 두 여자에 관한 이야기를 기억할 것입니다. 그는 얼마나 지혜롭게 이 문제를 해결합니까? 성전을 건축하는 일은 전대미문의 대 역사였습니다. 그러나 그에게 주어진 지혜로 말미암아 돌들은 각각 제 모양대로 다듬어져 제자리에 놓였고 마침내 큰 환호성과 함께 머릿돌이 놓이게 되었습니다. 사랑하는 형제들이여, 여러분 역시도 그렇게 할 수 있습니다. 여러분은 여러분에게 맡겨진 일을 완성하게 될 것입니다. 여러분이 제대로 하는지

지켜보는 많은 눈들이 있다 하더라도 말입니다. 사랑하는 자매들이여, 여러분 역시도 그렇게 할 수 있습니다. 설령 여러분에게 일곱 개의 눈이 필요하다 하더라도 말입니다. 여러분은 "여기가 길이니 여기로 걸어가라"고 말씀하시는 하나님의 음성을 듣게 될 것입니다. 여러분은 결코 부끄러움을 당하지도 않고 혼란에 빠지지도 않을 것입니다. 세상 끝까지 말입니다.

5. 다섯 번째 경우는 이사야 41장 17절입니다. 아마도 이 말씀은 대부분의 사람들에게 가장 큰 위로가 되는 말씀일 것입니다. "가련하고 가난한 자가 물을 구하되 물이 없어서 갈증으로 그들의 혀가 마를 때에 나 여호와가 그들에게 응답하겠고 나 이스라엘의 하나님이 그들을 버리지 아니할 것이라." 오늘날에도 여러분은 이런 상태에 빠질 수 있습니다. 여러분은 그리스도를 필요로 함에도 불구하고 그를 찾을 수 없는지 모릅니다. 속죄의 피로부터 말미암는 긍휼을 갖지 못한 채 여러분은 스스로 잃은 자처럼 느낄는지 모릅니다. 여러분은 일도 하고, 예배도 드리고, 기도도 하고, 구제도 하면서도 그 모든 것이 마치 마른 샘처럼 느껴질 수 있습니다. 마침내 여러분은 거의 기도할 수조차 없게 됩니다. 왜냐하면 여러분의 혀가 극심한 목마름으로 입천장에 붙었기 때문입니다. 그러나 이러한 최악의 상태에서조차 그리스도는 여러분을 버리지 않을 것입니다. 그는 여러분을 돕기 위해 나타나실 것입니다.

여러분은 분명 여기의 다섯 경우들 가운데 어느 하나에 해당될 것입니다. 나는 여기에서 여러분에게 한 가지 사실을 분명하게 일깨워 주고 싶습니다. 그것은 만일 하나님이 어떤 사람에게 말씀하셨다면, 그것은 모두에게 말씀하신 것이라는 사실입니다. 하나님이 한 사람을 위해 샘을 여셨을 때, 모든 사람이 그 샘으로부터 물을 마실 수 있습니다. 만나가 내렸을 때, 그것은 단지 광야에 있었던 사람들만을 위한 것이 아닙니다. 우리 역시도 믿음으로 만나를 먹습니다. 어떤 약속도 어느 한 개인이 독점할 수 없습니다. 하나님이 양식을 나누어 주기 위해 곳간 문을 여셨다면, 그 자리에 있던 사람들뿐만 아니라 모든 굶주린 자들이 와서 그 양식을 먹을 수 있습니다. 하나님이 아브라함에게 말씀을 주셨든 모세에게 말씀을 주셨든, 그것은 중요하지 않습니다. 하나님은 그 말씀을 언약의 씨 가운데 하나인 여러분에게 주신 것입니다. 너무나 높아서 여러분이 가질 수 없는 그런 축복은 없습니다. 너무나 넓어서 여러분이 가질 수 없는 그런 긍휼은 없습니다. 눈을 들어 동서남북을 바라보십시오. 모든 것이 여러분의 것입니다. 비스가 산 꼭대기에 오르십시오. 그리고 하나님이 약속하신 땅을 바라보십시오. 그 땅 전체가 여러분의 것입니다. 거기에 흐르는 생수 가운데 여러분이 마실 수 없는 물은 없습니다. 만일 그 땅에 젖과 꿀이 흐른다면, 그 꿀을 먹고 그 젖을 마시십시오. 기름진 짐승들과 달콤한 포도주가 모두 여러분의 것입니다. 모든 성도들이 그것을 마음껏 누릴 수 있습니다. 담대한 믿음을 가지십시오. 하나님이 "내가 결코 너희를 버리지 아니하고 너희를 떠나지 아니하리라"고 말씀하시지 않으셨습니까? 여러분에게 부족한 것은 아무것도 없습니다. 이 땅에서든 영원에서든, 여러분에게 궁핍한 것은 아무것도 없습니다. 살아 있는 동안에도 없고, 죽을 때도 없습니다. 이 세상에서도 없고, 다음 세상에서도 없습니다. "내가 결코 너희를 버리지 아니하고 너희를 떠나지 아니하리라" ― 이 말씀에 포함되지 않는 것은 이 땅에서도 없고, 부활의 아침에도 없고, 하늘에서도 없습니다.

### 4. 넷째로, 이러한 약속이 사실임을 확증하는 다섯 가지 이유들을 살펴보도록 합시다.

1. 하나님이 자기 백성들을 버릴 수 없는 첫 번째 이유는 그들에 대한 그의 관계입니다. 그는 여러분의 아버지입니다. 여러분의 아버지가 여러분을 버리겠습니까? 그가 이렇게 말씀하지 않았습니까? "여인이 어찌 그 젖 먹는 자식을 잊겠으며 자기 태에서 난 아들을 긍휼히 여기지 않겠느냐 그들은 혹시 잊을지라도 나는 너를 잊지 아니할 것이라"(사 49:15). 설령 악인이라 하더라도 자기 자식이 망하도록 그냥 내버려 두겠습니까? 결코 그럴 수 없습니다. 절대로 그럴 수 없습니다. 또 그리스도가 여러분의 남편이라는 사실을 잊지 마십시오. 남편들이여, 여러분은 여러분의 아내가 어떻게 되든 그냥 내버려 둡니까? 만일 남편이 자기 몸인 아내를 돌보지 않는다면, 그것은 얼마나 부끄러운 일입니까? 예수 그리스도가 그와 같이 부끄러운 남편들 가운데 하나가 될 것입니까? 하나님은 이혼 즉 남편이 아내를 버리는 것을 미워한다고 말씀하지 않았습니까?(말 2:16) 또 여러분이 그의 몸의 지체임을 기억하십시오. 아무도 자기 육체를 미워하지 않습니다. 여러분은 작은 손가락에 불과할는지 모릅니다. 그러나 그는 자기 손가락이 썩거나 망하거나 굶주리도록 그냥 내버려 두지 않을 것입니다. 여러분은 모든 지체 가운데 가장 작은 자일는지 모릅니다. 그러나 그가 이렇게 말씀하지 않았습니까? "그뿐 아니라 더 약하게 보이는 몸의 지체가 도리어 요긴하고 우리가 몸의 덜 귀

히 여기는 그것들을 더욱 귀한 것들로 입혀 주며 우리의 아름답지 못한 지체는
더욱 아름다운 것을 얻느니라"(고전 12:22, 23). 만일 그가 아버지라면, 만일 그
가 남편이라면, 만일 그가 머리라면, 만일 그가 모든 것 가운데 모든 것이라면 —
그가 어떻게 여러분을 버릴 수 있겠습니까? 하나님을 지나치게 엄하며 가혹한
분으로 생각하지 마십시오.

2. 하나님이 자기 백성들을 버릴 수 없는 두 번째 이유는 그 자신의 영광 때문
입니다. 만일 어떤 사람이 집을 건축하다가 절반만 건축하고 중단했다면, 우리
는 그 폐허를 보며 "이 사람이 시작은 하였으되 능히 마치지 못하도다"라고 말할
것입니다. 하나님에 대하여서도 이렇게 말하여질 것입니까? 그가 여러분을 구원
하기 시작했지만 그러나 능히 완성할 수 없었노라고 사람들이 수군거리겠습니
까? 하나님이 자기 말을 깨뜨리면서 스스로 자신의 진리를 더럽히는 것이 가능
할 수 있습니까? 사람들이 하나님의 능력과 지혜와 사랑과 신실하심에 대해 코
웃음치며 "겨우 그것밖에 안 돼?"라고 말하는 것이 가능할 수 있습니까? 결코 그
럴 수 없습니다. 절대로 그럴 수 없습니다. 그는 이렇게 말씀합니다. "내가 그들
에게 영생을 주노니 영원히 멸망하지 아니할 것이요 또 그들을 내 손에서 빼앗
을 자가 없느니라"(요 10:28). 신자여, 만일 당신이 멸망을 당한다면, 지옥이 하
나님의 능력을 조롱하며 악마적인 폭소를 터뜨릴 것입니다. 만일 예수께서 구원
하고자 계획한 어떤 사람이 도중에 멸망을 당한다면, 무저갱의 마귀들이 실패한
그리스도를 향해 그리고 실패한 하나님을 향해 경멸의 손가락을 쳐들며 미친 듯
이 기뻐 날뛸 것입니다. 그가 시작은 하였으되 능히 마치지 못하였노라고 하면
서 말입니다.

"가장 미천한 양을 구원함으로써
그리스도의 영광은 분명하게 드러나도다.
아버지께서 자신에게 주신 모든 자들을
그의 손은 확실하게 지키도다."

3. 또한 과거의 모든 일이 하나님이 여러분을 결코 버리지 않을 것임을 분명
하게 확증합니다. 여러분은 때로 깊은 물속에 빠져 허우적거리기도 했습니다.
여러분은 불 가운데 지나며 데이기도 했습니다. 또 여러분은 여러 번 고난을 겪

없습니다. 그 때 하나님이 여러분을 버렸습니까? 여러분은 산 밑으로 굴러 떨어져 잡초로 둘러싸이기도 했습니다. 그 때 하나님이 여러분을 다시 일으켜 세워 주지 않았습니까? 여러분은 쓰라린 환난들을 통과했습니다. 그렇지만 그 때 하나님이 여러분을 구원해 주지 않았습니까? 형제들이여, 하나님이 언제 여러분을 버렸는지 말해 보십시오. 만일 하나님이 여러분을 잊어버렸음을 발견한다면, 그렇다면 그를 의심하십시오. 만일 하나님이 그다지 신뢰할 만하지 않음을 발견한다면, 그렇다면 그를 부인하십시오. 그러나 그 때까지는 그렇게 하지 마십시오. 우리의 과거는 감사의 노래들로 가득 차 있습니다. 그리고 그것의 모든 음정들은 하나님이 자기 백성들을 버리지 않을 것임을 반박의 여지 없이 증명합니다.

4. 이것으로도 부족하다면, 앞서 간 성도들에게 물어 보십시오. 그리스도를 믿고 망한 사람이 있습니까? 어떤 설교자들은 참된 신자라 하더라도 은혜로부터 떨어져 멸망을 당할 수 있다고 가르칩니다. 이것은 스스로를 거짓에 팔아넘기는 것입니다. 나는 그런 경우를 결코 알지 못합니다. 하나님은 자신의 모든 성도들을 지키십니다. 그들 가운데 단 한 사람도 멸망을 당하지 않습니다. 그들은 그의 손 안에 있으며, 그 안에서 영원히 보존되며 지켜집니다. 다윗은 "주의 모든 파도와 물결이 나를 휩쓸었나이다"(시 42:7)라고 애통하며 말합니다. 그러나 곧바로 그는 이렇게 외칩니다. "너는 하나님께 소망을 두라 나는 그가 나타나 도우심으로 말미암아 내 하나님을 여전히 찬송하리로다"(11절). 요나는 "땅이 그 빗장으로 나를 오래도록 막았도다"(욘 2:6)라고 애통하며 말합니다 그러나 그는 곧바로 "구원은 여호와께 속하였나이다"(9절)라고 말합니다. 여러분은 위에 있는 성도들을 칭송합니다. 그들은 많은 환난을 통과하여 나라를 유업으로 받았으며 흰 옷을 입었습니다. 그들은 자신들의 영광스러운 보좌로부터 미소를 지으며 우리에게 말합니다. "하나님을 의심하지 말며 불신하지 말라. 그는 자기 백성들을 버리지 않으셨으며 그의 택하신 자들을 떠나지도 않으셨도다."

5. 마지막으로, 하나님이 우리를 버릴 아무런 이유도 없습니다. 여러분은 하나님이 여러분을 버릴 어떤 이유를 제시할 수 있습니까? 기근입니까? 적신(赤身)입니까? 위험입니까? 칼입니까? 그러나 이 모든 일에 우리는 우리를 사랑하시는 자로 말미암아 넉넉히 이깁니다. 당신은 그것이 당신의 죄라고 말합니까? 그러나 죄조차도 하나님이 자기 백성을 버릴 이유는 결코 될 수 없다고 나는 단언합니다. 왜냐하면 하나님이 자기 백성들을 끌어안은 것은 그들이 죄 가운데 빠져 있

을 때였기 때문입니다. 그럼에도 불구하고 하나님은 그들을 사랑하셨습니다. 하나님은 그들이 죄와 허물로 죽었을 때 사랑하셨습니다. 그렇다면 그들의 죄가 어떻게 그들을 또다시 하나님으로부터 단절시키는 이유가 될 수 있겠습니까? 바울의 다음과 같은 외침을 들어 보십시오. "내가 확신하노니 사망이나 생명이나 천사들이나 권세자들이나 현재 일이나 장래 일이나 능력이나 높음이나 깊음이나 다른 어떤 피조물이라도 우리를 우리 주 그리스도 예수 안에 있는 하나님의 사랑에서 끊을 수 없으리라"(롬 8:38, 39). 하나님의 자녀들이여, 나는 여러분이 이러한 보배로운 말씀을 악용(惡用)할 것이라고는 결코 생각하지 않습니다. 엉터리 신자는 이렇게 말하는지 모릅니다. "옳지, 얼마든지 죄를 지어도 괜찮겠군, 어쨌든 하나님이 버리지 않을 테니까." 그러나 천국의 상속자인 여러분은 결코 그렇게 말하지 않을 것입니다. 도리어 여러분은 이러한 말씀으로 자신의 마음을 굳게 묶으면서 "자기 백성들을 이토록 끝까지 사랑하시는 하나님을 내가 어떻게 사랑하지 않을 수 있단 말인가?"라고 말할 것입니다. 사랑하는 하나님의 자녀들이여, 우리를 이토록 사랑하신 하나님께 영광을 돌립시다.

> "모든 죄와 걱정과 근심 가운데서도
> 하나님의 영은 나를 그냥 내버려 두지 않으시도다."

하나님의 저주를 두려워하는 노예들은 가십시오. 우리는 그의 아들들입니다. 우리는 그가 우리를 그의 마음으로부터 쫓아낼 수 없음을 압니다. 하나님이여! 하나님이 신실하지 않을 수 있으며, 그리스도가 자기 백성을 버릴 수 있으며, 그의 지체들이 멸망을 당할 수 있다고 가르치는 거짓된 교리의 멍에로부터 우리를 구원하여 주소서! 성경이 우리에게 가르쳐 주는 가장 확실한 진리는 하나님의 자녀들은 결코 멸망을 당할 수 없다는 사실입니다. 성경이 수없이 반복하며 가르치는 가장 확실한 사실은 다음과 같은 말씀들입니다. "의인은 그 길을 꾸준히 가고 손이 깨끗한 자는 점점 힘을 얻느니라"(욥 17:9). "산들이 떠나며 언덕들은 옮겨질지라도 나의 자비는 네게서 떠나지 아니하며 나의 화평의 언약은 흔들리지 아니하리라"(사 54:10).

**5. 마지막으로, 이러한 약속으로부터 필연적으로**

## 도출되는 결론들은 무엇입니까?

1. 첫째는 만족입니다. 바울은 이렇게 말합니다. "돈을 사랑하지 말고 있는 바를 족한 줄로 알라 그가 친히 말씀하시기를 내가 결코 너희를 버리지 아니하고 너희를 떠나지 아니하리라 하셨느니라." 그는 다른 곳에서 또 이렇게 말합니다. "우리가 먹을 것과 입을 것이 있은즉 족한 줄로 알 것이니라"(딤전 6:8). 하갈의 아들 이스마엘은 병에 물을 가지고 있었습니다. 그리하여 그는 이삭을 조롱할 수 있었습니다. 왜냐하면 이삭은 병을 가지고 있지 않았기 때문입니다. 그러나 그들 사이의 차이는 바로 여기에 있었습니다. 이삭은 우물 곁에서 살았던 것입니다. 오늘날 우리 가운데 어떤 사람들은 세상에서 아주 적은 것밖에는 가지고 있지 못합니다. 우리는 병을 가지고 있지 않습니다. 돈도 별로 없습니다. 그러나 우리는 우물 곁에 살며, 이것이 훨씬 더 낫습니다. 매일같이 신실하신 하나님을 의지하며 살아가는 것은 일 년에 이만 파운드를 버는 것보다 훨씬 더 낫습니다.

2. 둘째는 용기입니다. 담대히 이렇게 말합시다. "주는 나를 돕는 이시니 내가 무서워하지 아니하겠노라 사람이 내게 어찌하리요"(6절). 하나님의 자녀여, 두렵습니까? 하나님의 자녀와 두려움은 전혀 어울리지 않습니다. 만일 어떤 사람들이 당신을 박해한다면, 그들의 얼굴을 응시하면서 즐겁게 감당하십시오. 만일 그들이 당신을 조롱하면, 조롱하게 내버려 두십시오. 그들이 개처럼 짖어댈 때, 당신은 그들을 바라보며 웃을 수 있습니다. 만일 어떤 사람들이 당신을 경멸한다면, 어리석은 자들에 의해 경멸당하는 것으로 만족하십시오. 도리어 세상이 당신을 사랑하는 것을 두려워하십시오. 세상이 당신을 미워하는 것은 아주 쉬운 일입니다. 세상이 당신을 비방하며 악하다 할 때, 도리어 기뻐하며 즐거워하십시오. 그리고 다음과 같은 말씀을 기억하십시오. "너는 어떠한 자이기에 죽을 사람을 두려워하며 풀 같이 될 사람의 아들을 두려워하느냐 하늘을 펴고 땅의 기초를 정하고 너를 지은 자 여호와를 어찌하여 잊어버렸느냐"(사 51:12, 13).

3. 셋째는 낙망을 버려야 한다는 사실입니다. 오늘 아침 어떤 사람들은 낙망의 마음을 끌어안고 이 자리에 나왔을 것입니다. 우리는 지금 저쪽 창문을 통해 들어오는 햇빛을 보고 있습니다. 얼마나 눈부시게 빛나는 햇빛입니까! 몇몇 사람들은 너무도 눈이 부신 나머지 창문 앞에 있는 커튼을 내렸습니다. 그렇지만 "내가 결코 너희를 버리지 아니하고 너희를 떠나지 아니하리라"는 말씀을 듣는 가

운데 지금 여러분의 마음속으로 뚫고 들어오는 거룩한 기쁨의 빛줄기는 차단하지 마십시오. 절대로 그렇게 하지 마십시오. 하나님은 우리를 고난 가운데 홀로 버려두지 아니하시며 우리로부터 결코 노래를 뺏어가지 아니하실 것입니다.

4. 넷째는 가장 큰 기쁨입니다. 만일 하나님이 결코 우리를 버리지 않는다면, 우리는 말할 수 없는 기쁨으로 얼마나 기뻐해야 마땅합니까? 단순히 노래를 부르는 것만으로는 충분하지 않습니다. 마음이 정직한 자들이여, 기쁨으로 소리치십시오.

5. 마지막은 믿음입니다. 우리의 모든 체중을 실어 하나님께 기댑시다. 우리 스스로를 하나님의 신실하심 위에 던집시다. 마치 우리 몸을 침대 위에 던지는 것처럼 말입니다. 우리의 모든 피곤함과 곤고함을 그의 달콤한 안식 속으로 가져갑시다. 우리 몸과 영혼의 모든 무거운 짐들을 하나님께 던집시다. 왜냐하면 그가 "내가 결코 너희를 버리지 아니하고 너희를 떠나지 아니하리라"고 말씀하셨기 때문입니다.

사랑하는 형제들이여, 본문의 약속이 여러분 모두에게 속하기를 기원합니다. 그렇게 될 수만 있다면, 나는 기꺼이 나의 오른손이라도 내줄 것입니다. 그러나 여러분 가운데 본문의 약속을 붙잡지 않는 사람들도 분명 있을 것입니다. 그렇다면 여기의 약속은 그들에게는 속하지 않을 것입니다. 왜냐하면 그 약속은 오직 그리스도를 믿는 사람들에게만 해당되는 배타적인 약속이기 때문입니다. 어떤 사람이 말합니다. "아, 그렇다면 나는 그리스도를 믿을 것입니다." 그렇게 하십시오. 부디 그렇게 하십시오. 만일 당신이 그를 믿는다면, 그는 결코 당신을 버리지 않을 것입니다. 당신의 죄가 진홍같이 붉을지라도, 그는 당신을 깨끗하게 씻어주실 것입니다. 그는 결코 당신을 버리지 않을 것입니다. 당신이 아무리 악할지라도, 그는 당신을 거룩하게 만들 것이며 결코 당신을 버리지 않을 것입니다. 설령 당신에게 그의 사랑을 받을 만한 것이 아무것도 없다 하더라도, 그는 당신을 자기 품에 끌어안을 것입니다. 그는 결코 당신을 버리지 않을 것입니다. 살든지 죽든지, 이 땅에서든지 영원에서든지, 그는 결코 당신을 버리지 않을 것입니다. 도리어 당신의 손을 잡고 아버지께 데려가 이렇게 말할 것입니다. "보소서! 아버지께서 내게 주신 아들이나이다."

부디 하나님이 그리스도로 인해 본문의 다섯 부정어를 여러분의 마음과 기억 속에 인치시기를 기원합니다. 아멘.

제
43
장
—

# 최고의 약속

—

"돈을 사랑하지 말고 있는 바를 족한 줄로 알라 그가 친히
말씀하시기를 내가 결코 너희를 버리지 아니하고 너희를 떠
나지 아니하리라 하셨느니라." — 히 13:5

사도들이 예수 그리스도를 믿는 신자들에게 특정한 의무를 행할 것을 훈계
할 때 어떤 방식으로 그렇게 하는지 주목해 보십시오. 사도들은 이렇게 말하지
않습니다. "너희는 이것 혹은 저것을 행해야만 하느니라. 그렇지 않으면 형벌을
받을 것이니라. 이것 혹은 저것을 행하라. 그러면 그로 인해 상급을 받을 것이
라." 그들은 하나님의 자녀들에게 율법의 채찍을 휘두르지 않습니다. 그들은 형
벌을 두려워하는 저급한 동기에 의해 움직이는 사람과 좀 더 높은 동기에 의해
움직이는 거듭난 사람 즉 새로운 본성으로 하나님의 뜻을 행하기를 기뻐하는 사
람 사이의 차이를 잘 알고 있었습니다. 따라서 그들의 훈계는 "돈을 사랑하지 말
고 있는 바를 족한 줄로 알라 그렇지 않으면 하나님이 그 모든 것을 빼앗아 가시
리라"가 아니라 "돈을 사랑하지 말고 있는 바를 족한 줄로 알라 왜냐하면 그가
친히 말씀하시기를 내가 결코 너희를 버리지 아니하고 너희를 떠나지 아니하리
라 라고 말씀하셨기 때문이니라"였습니다.

사도들은 약속에 근거하여 어떤 훈계를 제시합니다. 다시 말해서 약속이 훈
계의 기초가 되며, 언약의 축복 위에 순종이 요구됩니다. 하나님이 "내가 결코
너희를 버리지 아니하고 너희를 떠나지 아니하리라"고 말씀하지 않으셨는가? 그

러면 어떠한가? 여전히 내가 돈을 사랑하며 족한 줄을 알지 못할 것이란 말인가? 결코 그럴 수 없도다. "내가 결코 너희를 버리지 아니하고 너희를 떠나지 아니하리라"는 약속이 얼마나 절대적이며 얼마나 무조건적인지 생각하여 보라. 그것을 생각할 때, 나는 돈을 사랑하며 족함을 알지 못하는 삶을 버리고 하나님 앞에서 만족하며 살아갈 것이라. 사랑하는 형제들이여, 이러한 복음의 동기를 보십시오. 바로 이것이 값없는 은혜의 동기입니다. 그것은 시내 산의 병기고로부터 취한 무기가 아닙니다. 그것은 십자가와 사랑의 언약으로부터 취한 무기입니다.

본문으로부터 우리가 주목해야 할 것이 또 하나 있는데, 그것은 바울 사도가 여기에서 구약을 인용하고 있다는 사실입니다. "그가 친히 말씀하시기를 내가 결코 너희를 버리지 아니하고 너희를 떠나지 아니하리라 하셨느니라." 여기에서 성경이 얼마나 큰 가치를 가지고 있는지 보십시오. 영감 받은 사도가 성경을 인용했다면, 영감 받지 못한 우리야 얼마나 더 그렇게 해야 마땅하겠습니까? 우리는 부지런히 성경을 찾아야 합니다. 어떤 주제에 대해 논증한다든지 혹은 상대방과 변론을 벌일 때, 성경으로부터 어떤 본문을 취하여 "그가 친히 말씀하시기를"이라고 말하는 것은 매우 큰 힘을 갖습니다. 그 힘과 능력이 있어 이것과 비견할 수 있는 것은 아무것도 없습니다. 우리는 어떤 것을 생각할 수 있습니다. 그러나 그것이 도대체 무엇이란 말입니까? 우리의 생각이나 의견은 아주 작은 가치밖에 가지지 못합니다. 일반적인 권위나 보편적인 의견이 그것을 뒷받침해 줄 수도 있습니다. 그렇지만 그것이 도대체 무엇이란 말입니까? 지금까지 세상은 수많은 오류를 범해 왔으며, 대중의 생각과 의견은 변덕스럽기 짝이 없습니다. 그러나 "하나님이 친히 말씀하시기를"은 얼마나 강력한 힘을 갖습니까? 불변의 진리가 말하기를, 영원한 진리가 말하기를, 천지를 창조하신 하나님이 말씀하시기를, 영원히 변치 않는 하나님이 말씀하시기를, 영원히 살아 계시는 하나님이 말씀하시기를 — 이 얼마나 강력한 힘을 갖는 표현입니까? "그가 친히 말씀하시기를 내가 결코 너희를 버리지 아니하고 너희를 떠나지 아니하리라 하셨느니라." 이러한 말씀 속에 얼마나 강한 힘이 있습니까? 그러므로 부지런히 성경을 상고합시다. 부지런히 성경으로부터 양식을 공급받읍시다. 성경의 가장 깊은 속으로 들어가 그 양식을 먹읍시다. 그리고 나서 성경을 인용하는 습관을 가집시다. 거짓과 오류에 대항하는 무기로서 하나님의 진리를 수호하기 위해 성경을 부지런히 사용합시다.

이제 본문의 약속으로 다시 돌아오도록 합시다. "내가 결코 너희를 버리지 아니하고 너희를 떠나지 아니하리라."

### 1. 첫째로, 이러한 약속이 얼마나 특별한지 주목하십시오.

사람들은 때로 우리를 버리기도 하고 떠나기도 하는 반면 하나님은 결코 그렇게 하지 않는 사실은 얼마나 특별한 일입니까? 그의 구속받은 백성 하나하나에 대해, 하나님은 "내가 결코 너희를 버리지 아니하고 너희를 떠나지 아니하리라"고 말씀하십니다. 사람들은 얼마나 자주 불과 얼마 전까지 친구라고 불렀던 자들을 버리기도 하고 떠나기도 합니까? 그들이 어떤 이유로 가난해졌을 때 말입니다. 아! 이런 일들은 얼마나 잔인하며 슬픈 일입니까! 여러분에게는 결코 그런 친구들이 없기를 바랍니다. 그런 사람들은 자신의 이른바 친구들이 근사한 새 옷을 입고 있을 때는 무척 친근해하며 가까이 합니다. 그러나 그 옷이 낡아지고 색이 바래면, 그들을 멀리합니다. 친구들이 일주일에 한 번씩 근사한 식탁을 베풀고 자신들을 초대하면 기뻐하며 가까이 하지만, 그러나 궁핍의 때에 자신들의 문을 두드리며 도움을 청하면 단호히 외면해 버립니다.

이와 같이 상황이 바뀌면, 예전에는 소중하게 여겨졌던 친구들도 잊혀지고 맙니다. 실제로 그들은 그 따위 비루한 친구들을 갖고 있는 스스로를 불쌍히 여깁니다. 그러면서 스스로를 불쌍히 여기는 가운데 비루함 가운데 빠져 있는 친구들에 대해서는 조금도 불쌍히 여기지 않습니다. 황금이 사라질 때 사랑도 사라지는 것은 얼마나 흔한 일입니까? 아니, "사랑"이라기보다 "위장된 사랑"이라고 말하는 것이 좋겠습니다. 그 거하는 집이 저택에서 오두막으로 바뀔 때, 영원할 것이라고 떠들어대던 우정은 얼마나 갑자기 사라지고 맙니까?

그러나 형제들이여, 하나님은 결코 가난 때문에 우리를 버리지 않습니다. 우리가 아무리 처참하며 궁핍한 지경에 떨어진다 할지라도, "내가 결코 너희를 버리지 아니하고 너희를 떠나지 아니하리라"는 약속은 계속해서 남아 있습니다. 여러분의 식탁이 극도로 초라해질는지 모릅니다. 필요한 것을 얻기 위해 고된 일을 해야 할는지도 모릅니다. 이러한 궁핍으로부터 영원히 벗어날 수 없을 것처럼 느껴질는지도 모릅니다. 모든 친구들이 등을 돌리고 떠나갈는지도 모릅니다. 그러나 여전히 하나님은 "내가 결코 너희를 버리지 아니하고 너희를 떠나지 아니하리라"고 말씀하십니다. 그러므로 그의 풍성함 속에서 여러분은 피난처를 발견할 것입니다. 사람들은 모두 여러분으로부터 손을 거둘는지 모릅니다. 그러나 그 때에도 하나님의 손은 여전히 여러분 앞에 펼쳐질 것입니다. 뜨거운 사랑과 긍휼로써 궁핍 가운데 빠진 영혼을 도우시며 건지시기 위해 말입니다.

또 어떤 일시적인 불명예 속에 빠질 때 모든 친구들이 떠나가는 경우도 흔히 있습니다. 실제로 그는 잘못한 것이 아무것도 없을 수 있습니다. 도리어 옳은 일을 했을 수도 있습니다. 그럼에도 불구하고 대중적인 비방이나 중상모략으로 인해 비난과 정죄를 당할 수 있습니다. 그러면 사람들은 돌연히 그를 외면하며 멀리합니다. 그들은 그를 모른 체합니다. 도대체 어떻게 그럴 수 있단 말입니까? 그들에게 그는 더 이상 예전의 그가 아닙니다. 세상이 그를 싸늘하게 대할 때, 그의 친구들 역시 똑같이 그렇게 합니다. 그들은 모두 그를 버리고 떠납니다. 왜냐하면 그의 불명예에 어떤 모양으로든 연결되는 것을 두려워하기 때문입니다. 그러나 우리 하나님은 결코 그렇게 하지 않습니다. "내가 결코 너희를 버리지 아니하고 너희를 떠나지 아니하리라." 여러분은 바울과 실라처럼 토굴 속에 던져질 수 있습니다. 그러나 하나님은 여러분으로 하여금 거기에서도 노래할 수 있도록 만드실 것입니다. 심지어 한밤중에조차 말입니다. 여러분은 돼지우리에 던져질 수 있습니다. 그러나 거기에서도 하나님은 여러분으로 하여금 크게 기뻐하도록 만드실 것입니다. 여러분은 뜨거운 풀무 속으로 던져질 수도 있습니다. 그러나 거기에서도 여러분은 하나님과 함께 불꽃을 밟으며 걸을 것입니다. 사람들이 여러분을 수치스럽고 불명예스럽게 대할 수 있습니다. 하나님의 독생자에 대해 그렇게 했던 것처럼 말입니다. 그리고 여러분을 수치스러운 십자가 위에 높이 달아 죽일 수도 있습니다. 그러나 여러분은 "나의 하나님 어찌하여 나를 버리셨나이까?"라고 부르짖지 않을 것입니다. 여러분의 주님은 여러분의 모든 죄를 담당하셨을 때 그렇게 부르짖으셨습니다. 그러나 여러분은 결코 그렇게 부르짖을 필요가 없습니다. 왜냐하면 여러분의 모든 죄는 영원히 제거되었고, 하나님은 영원히 여러분 곁에 계시기 때문입니다. 하늘 아버지에게 있어 수치와 멸시를 당하고 있는 자녀보다 더 귀한 자녀는 없습니다. 하나님은 자신을 위해 수치와 멸시를 당하는 자들을 가장 사랑하십니다. 하나님의 마음은 어느 누구보다도 그들에게 더 가까이 계십니다. 하나님은 그들에게 기뻐하며 즐거워하라고 말씀하십니다. 왜냐하면 하늘에서 그들의 상급이 클 것이기 때문입니다. "박해를 당하는 자여, 내가 결코 너를 버리지 않을 것이라. 내가 네 마음속에 큰 기쁨을 부어줄 것이요 네가 모든 수치를 잊을 것이라. 내가 천사를 보내어 너를 돕게 할 것이라. 내가 너와 함께 할 것이요 너는 나의 구원으로 인해 기뻐할 것이라. 네 마음은 환난과 박해 속에서도 기쁨과 고요함 가운데 있을 것이라."

　　사람이 우리에게 가져다줄 수 있는 모든 수치와 침 뱉음조차도 우리를 하나님으로부터 끊을 수 없는 사실은 얼마나 감사한 일입니까?"그가 친히 말씀하시기를 내가 결코 너희를 버리지 아니하고 너희를 떠나지 아니하리라 하셨느니라." 자신들의 즐겁고 안락한 삶에 더 이상 도움이 되지 않는다고 하여 친구를 버리는 것은 얼마나 슬픈 일입니까? 얼마나 많은 사람들이 그런 이유로 이른바 친구들로부터 버림을 당했습니까? 많은 사람들이 마치 낡아서 쓸모없게 된 가구처럼 그렇게 버려졌습니다. 틀림없이 사람들은 우리로부터 무엇인가를 얻을 수 있는 동안에는 우리를 버리지 않을 것입니다. 그러나 더 이상 아무것도 얻을 것이 없게 될 때, 사람들은 너무도 쉽게 버려짐을 당합니다. 삶의 대열에서 더 이상 자신의 역할을 할 수 없게 된 어떤 사람을 생각해 보십시오. 그는 마치 나폴레옹의 행군대열에서 낙오한 병사처럼 됩니다. 대열에서 낙오하여 쓰러진 그를 다른 병사들이 밟고 지나갑니다. 조금 자비를 베푸는 것이라야 쓰러진 그를 밟지 않고 피하여 지나가는 것뿐입니다. 그를 돌보기 위해 멈추는 병사는 거의 없습니다. 불치병에 걸린 사람들이 얼마나 자주 이와 같이 버려집니까? 그러나 하나님은 이렇게 말씀하십니다. "내가 결코 너희를 버리지 아니하고 너희를 떠나지 아니하리라." 설령 우리가 너무나 늙어 더 이상 하나님의 교회에 봉사할 수 없게 된다 하더라도, 설령 우리가 심한 병에 걸려 단지 가정의 짐밖에 되지 못한다고 하더라도, 설령 우리가 너무나 약해져서 심지어 수저조차도 들 수 없게 된다 하더라도, 그럼에도 불구하고 그들을 향한 여호와의 영원한 사랑은 조금도 줄어들지 않습니다. 지금 여러분이 극도로 비참한 상태에 빠져 있다 하더라도, 여러분은 하나님의 사랑이 항상 여러분을 떠받치고 있는 것을 발견할 것입니다. 여러분이 아무리 미약하다 하더라도, 하나님의 영원한 팔이 여러분을 굳게 붙잡으실 것입니다. 그리고 하나님은 여러분이 고난 속에서 영원히 쓰러진다든지 혹은 여러분의 영혼이 지옥에 떨어지는 것을 결코 허락하지 않으실 것입니다. 오늘의 본문은 얼마나 값지고 귀한 말씀입니까! 사람들은 수만 가지 이유로 우리를 버릴 수 있습니다. 그러나 하나님은 "내가 결코 너희를 버리지 아니하고 너희를 떠나지 아니하리라"고 말씀하셨습니다. 그렇다면 무엇이 문제이겠습니까? 다른 것들은 가라고 하십시오. 만일 주 여호와께서 우리의 오른편에 서 계신다면, 우리는 우리를 버리고 떠나는 모든 친구들의 등을 아무렇지도 않게 바라볼 수 있습니다. 왜냐하면 삼위일체 하나님이 우리의 영원한 친구가 되시기 때문입니다.

또 우리가 하나님에 대해 어떻게 행동하는지 생각할 때, 본문의 약속은 얼마나 특별합니까? "그가 친히 말씀하시기를 내가 결코 너희를 버리지 아니하고 너희를 떠나지 아니하리라 하셨느니라." 우리도 종종 하나님에게 이와 비슷하게 말하곤 하지 않았습니까? 우리는 베드로와 비슷했습니다. 우리는 구주를 사랑한다고 느꼈습니다. 또 우리는 구주를 사랑한다고 확신했습니다. 우리는 우리가 그를 버릴 정도로 거짓되고 충성되지 못할 수 있다고는 믿지도 않았고 믿을 수도 없었습니다. 우리는 우리의 신실함을 증명할 수 있는 어떤 시험 같은 것을 바라기까지 했습니다. 우리는 다른 사람들의 신실치 못함이 드러날 때 그들에 대하여 화를 내기도 했습니다. 우리는 결코 그들과 같이 행동할 수 없다고 마음으로 느꼈습니다. 우리는 어떤 상황에서도 조금도 흔들리지 않고 굳게 설 것이라고 느꼈습니다. 그러나 형제들이여, 실제로 그러했습니까? 베드로를 고소한 수탉이 또한 여러분을 고소하지 않습니까? 여러분은 주님을 부인하지 않았습니까? 여러분은 주님을 잊어버린 것으로 인해 밖에 나가 애통하며 울지 않았습니까? 여러분은 그를 결코 버리지 않았습니까? "모두가 다 주를 버려도 나는 결코 주를 버리지 않겠나이다"라고 고백하고 나서 막상 사람들이 그를 조롱하며 비방할 때, 여러분은 에브라임 자손들처럼 행동하지 않았습니까? 무장을 하고 활을 들고 있었음에도 불구하고 정작 싸움의 날에 등을 돌린 에브라임 자손들처럼 말입니다. 여러분은 말로 그리스도를 부인하지 않았을는지 모릅니다. 그렇지만 마음으로 부인한 적은 없습니까? 말은 하지 않았지만 그러나 여러분의 영혼이 때로 애굽의 옛 고깃가마로 돌아가 "다시금 옛 친구들과 옛 방식으로 즐거움을 찾기를 원하노라"라고 속삭이지 않았습니까? 아, 여러분은 주님께 얼마나 배은망덕하게 행동했습니까! 그럼에도 불구하고 하나님은 "내가 결코 너희를 버리지 아니하고 너희를 떠나지 아니하리라"라고 말씀하셨습니다. 여러분이 종종 그를 잊어버렸음에도 불구하고, 그의 사랑은 결코 변하지 않았습니다. 여러분의 변덕스러움에도 불구하고, 그는 결코 변덕스럽지 않으셨습니다. 때로 여러분이 그를 믿지 않았음에도 불구하고, 그의 이름에 영광을 돌릴지니 그는 여전히 신실하셨습니다.

또 하나님의 엄격한 공의를 생각할 때, 본문의 약속은 얼마나 특별합니까? 하나님의 공의는 이렇게 외칠 수 있습니다. "하나님의 자녀라 하더라도 하나님께 대하여 죄를 범하면 버림을 당하는 것이 지극히 합당하도다." 정말로 그렇습니다. 설령 하나님이 율법의 엄격한 원리에 따라 자기 자녀를 버린다 하더라도, 그렇게 행하시는 하나님은 여전히 정당합니다. 죄는 하나님께 대한 특별한 종류의 반역입니다. 설령 자기 백성을 쫓아낸다 하더라도, 하나님은 정당합니다. 그러나 여기에서 내가 역설하고 싶은 것은 이것입니다. 즉 본문의 약속 가운데 어떤 형태의 유보조항도 없다는 사실입니다. 본문은 "만일 너희가 나를 버리지 않으면, 나도 결코 너희를 버리지 아니하고 너희를 떠나지 아니하리라"라고 말하지 않습니다. 뿐만 아니라 그것은 또한 "만일 너희가 이러저러하게 행하면, 내가 결코 너희를 버리지 아니하고 너희를 떠나지 아니하리라"라고 말하지도 않습니다. 거기에는 어떤 유보조항도 없습니다. 본문은 결코 "if"를 사용하여 가정법을 만들지 않습니다. 그것은 어떤 조건도 전제되지 않은 절대적인 약속입니다. "내가 결코 너희를 버리지 아니하고 너희를 떠나지 아니하리라."

예수를 믿는 사람은 은혜로부터 최종적으로 떨어지도록 하나님에 의해 버려짐을 당하지 않을 것입니다. 그는 그의 하나님을 포기하도록 버려짐을 당하지 않을 것입니다. 왜냐하면 그의 하나님이 그로 하여금 믿음을 포기하도록 그를 포기하지 않을 것이기 때문입니다. 하나님이 강한 팔로 우리를 붙잡으심으로 우리가 요동치 않을 것입니다. 설령 우리가 죄를 범한다 하더라도, 다음과 같은 달콤한 말씀을 기억하십시오. "만일 누가 죄를 범하여도 아버지 앞에서 우리에게 대언자가 있으니 곧 의로우신 예수 그리스도시라"(요일 2:1). 우리의 모든 죄와 허물의 머리 위에서 이 약속이 마치 아름다운 은종(銀鐘)처럼 울립니다. "내가 결코 너희를 버리지 아니하고 너희를 떠나지 아니하리라."

개중에는 이러한 약속을 악용하면서 죄 속으로 들어가는 사람들도 있습니다. 그러나 그렇게 함으로써 그들은 자신들이 하나님의 자녀가 아니라는 사실을 스스로 증명합니다. 그들은 자신들이 아무것도 알지 못함을 스스로 나타냅니다. 왜냐하면 하나님의 참된 자녀는 무조건적인 약속 속에서 거룩함을 발견하기 때문입니다. 그들의 마음은 감사로 가득 찹니다. 그러므로 의를 행함에 있어 그들은 유보조항이라든지 조건이라든지 형벌의 위협 따위를 필요로 하지 않습니다. 그들은 두려움에 의해 움직여지지 않고, 사랑에 의해 움직여집니다. 그들은 거룩한 감사에 의해 지배됩니다. 거룩한 순종에 있어 이것보다 더 강한 끈이 무엇이겠습니까? 그러므로 하나님의 자녀들에게 있어 하나님이 자신을 버리지도 않고 떠나지도 않을 것임을 아는 것은 결코 그들을 죄 가운데 떨어지도록 이끌지 않습니다. 도리어 그들은 죄를 미워하면서 이렇게 말합니다.

> "나의 하나님으로부터 큰 사랑을 받았으므로
> 나의 마음은 뜨거운 사랑으로 불타도다.
> 창세 전에 그로부터 택함을 받았으므로
> 나는 그를 나의 하나님으로 택하도다."

또한 본문의 약속의 특별함은 그것이 사람의 관례와도 반대되며 또 우리 자신의 행동과도 반대된다는 사실 속에 나타납니다. 그것은 절대적이며 무조건적입니다. 그것은 정말로 놀랍도록 특별한 약속입니다.

이러한 약속은 우리의 마음을 낙망하게 만드는 모든 것들을 단번에 쓸어버리지 않습니까? 오늘날 당신이 예전의 뜨거운 마음을 느끼지 못한다고 상상해 보십시오. 당신은 지금 믿음의 길을 달려감에 있어 예전과 같은 열정과 생동감을 많이 잃어버렸습니다.

신자가 이와 같은 상태 가운데 있을 때, 혹시 내가 전혀 그리스도인이 아닌 것이 아닐까 하는 의심이 떠오를 수도 있습니다. 또 이럴 때 그는 복음의 자유를 얻기 위해 애굽으로 돌아가야만 한다고 느끼기도 합니다. 그러나 그것은 얼마나 어리석은 생각입니까! 본문의 약속을 다시 읽어 보십시오. "내가 결코 너희를 버리지 아니하고 너희를 떠나지 아니하리라." 하나님은 당신을 버리지도 않으셨고 떠나지도 않으셨습니다. 당신이 지금 무슨 생각을 하든 또 어떤 마음을 느끼든 또 당신이 지금 얼마나 낮은 곳에 떨어져 있든, 영원한 하나님은 여전히 신실하십니다. 그는 당신을 잊지 않으셨습니다. 지금 그에게 가십시오. 그리고 새롭게 회복시켜 달라고 간구하십시오. 그는 분명 당신을 새롭게 회복시켜 주실 것입니다. 어쩌면 오늘 밤 어떤 하나님의 자녀는 다음과 같은 양심의 소리를 듣게 될지도 모릅니다. "오늘 쓸데없는 일로 무척 바빴지? 너는 정말로 그리스도인답지 않아. 그러니까 하나님이 너를 버릴 거야." 만일 당신이 그 소리를 믿는다면, 당신은 내일 오늘보다 더 나쁜 삶을 살게 될 것입니다. 그리고 그 다음 날은 더 나빠질 것입니다. 그러나 만일 당신이 "결코 그렇지 않아. 하나님은 나를 버리지도 않고 떠나지도 않겠다고 분명하게 말씀하셨어"라고 대답할 수 있다면, 그리고 어린아이 같은 믿음으로 하나님께 나아가 그날의 죄를 자백하고 다시금 예수 그리스도의 보혈로 씻는다면, 당신의 내일은 오늘보다 훨씬 더 나은 날이 될 것입니다. 하나님을 기뻐하는 것이 죄를 이기는 당신의 능력이 될 것입니다. 그리고 아버지의 변치 않는 사랑에 대한 당신의 확신이 그러한 유혹을 확실하게 밟아 버릴 것입니다. 어쩌면 마귀가 오늘 밤 당신의 영혼 속에 온갖 종류의 이상한 것들을 주입할는지 모릅니다. 하나님이 당신을 버리셨다느니, 그가 더 이상 당신에게 은혜를 베풀지 않으실 것이라느니 하는 따위의 거짓말들을 말입니다. 그러나 하나님은 "내가 결코 너희를 버리지 아니하고 너희를 떠나지 아니하리라"고 분명하게 말씀하셨습니다. 만일 당신이 이러한 약속을 붙잡을 수 있다면, 당신은 마귀가 던지는 모든 유혹을 능히 물리치게 될 것입니다. 사탄아, 물러가라! 나는 예수의 보혈에 내 자신을 던질 것이라! 어떤 경우에도 하나님은 나를 버리지도 않고 떠나지도 않으실 것이라! 나는 그것을 확신하노라! 설령 나의 영이 깊음 가운데 떨어진다 하더라도, 여전히 하나님은 나를 버리지 않으셨으며 또 버리지 않으실 것이라! 설령 나의 죄가 나를 옥죄며 나의 양심이 나를 쳐서 참소하며 나로 하여금 안식과 평안을 느끼지 못하게 한다 하더라도, 여전히 나는 예수를 붙잡을 것이라. 역풍 가운데 있든 순풍 가운데 있든 하나님은 "내가 결코 너희를 버리지 아니하고 너희를 떠나지 아니하리라"라고 말씀하셨느니라! 모든 사람과 마귀와 심지어 나의 양심까지 거짓을 말할지라도, 그러나 하나님은 참되시다 할지어다.

### 2. 둘째로, 본문의 약속 가운데 담겨 있는 특별한 위로를 주목하십시오.

본문의 약속이 우리에게 얼마나 풍성한 위로를 주는지 보십시오. 무엇보다도 먼저 그것의 지속성을 주목하십시오. "내가 결코 너희를 버리지 아니하고 너희를 떠나지 아니하리라." 다시 말해서 단 하루도, 단 한 시간도, 단 일 분도 버리지 않고 떠나지 않겠다는 것입니다. 하나님의 사랑에는 어떤 단절도 없습니다. 하나님은 자기 백성들을 떠났다가 나중에 다시 돌아오지 않습니다. 그는 "내가 결코 결코 너희를 버리지 아니하고 너희를 떠나지 아니하리라"고 확증하십니다. 어쩌면 여러분의 사랑하는 자녀가 병들어 죽을는지 모릅니다. 그러나 그런 순간에도 하나님은 여러분을 떠나지 않을 것입니다. 또는 여러분의 남편이 병들어 누울 수도 있습니다. 그럼에도 불구하고 하나님은 단 한순간도 여러분을 떠나지 않을 것입니다. 도리어 그러한 시련의 때에 여러분은 하나님의 능력과 위로를 경험하게 될 것입니다.

어쩌면 여러분이 경영하는 회사가 큰 손실을 입고 마침내 파산하게 되는지도 모릅니다. 여러분에게 아무런 잘못도 없음에도 불구하고 말입니다. 그러나 그런 때에도 하나님은 여러분을 떠나지도 아니하고 버리지도 아니하실 것입니다. 어쩌면 여러분은 오스트레일리아로 가야만 하게 되는지도 모릅니다. 여러분은 고국을 떠나는 것을 몹시 두려워할 수도 있습니다. 그러나 그 때에도 하나님은 여러분을 버리지도 아니하고 떠나지도 아니하실 것입니다. 어쩌면 여러분은 주위 사람들로부터 오해와 불신을 받게 되는지도 모릅니다. 아무런 잘못도 없이 말입니다. 심지어 하나님의 교회에서조차 그렇게 될 수도 있습니다. 그럼에도 불구하고 그 때에도 하나님은 여러분을 버리지도 아니하고 떠나지도 아니하실 것입니다. 단 한순간도 말입니다. 사랑하는 형제들이여, 만일 하나님이 단 한순간이라도 우리를 그냥 내버려 두신다면, 그 결과가 무엇이겠습니까? 만일 하나님이 자기 백성들을 잠시 동안이나마 그냥 내버려 두신다면, 나는 그들이 가장 깊은 지옥 속에 떨어질 것이라고 믿습니다. 그러나 하나님은 심지어 그곳에서조차 그들을 떠나지 아니하실 것입니다. 만일 자기 백성을 홀로 내버려 두는 것이 위험하다면, 하물며 일상적인 삶 속에서 그들을 원수들 가운데 그냥 내버려 두는 것이야 얼마나 더 그렇겠습니까? 호시탐탐 그들의 말과 행동 속에서 비방거리를 찾고자 애쓰는 원수들 가운데 말입니다. 그러나 그런 때에도 하나님은 한순간도 자기 백성을 버리지도 아니하시고 떠나지도 아니하실 것입니다. 하나님은 매 순간 그들과 함께 하실 것입니다. 그리고 위급한순간마다 그들의 오른 편에 계심으로써, 그들은 결코 요동하지 않을 것입니다.

다음으로 그것의 영속성을 주목하십시오. 하나님의 사랑에는 단절이 없을 뿐만 아니라 또한 끝도 없습니다. "내가 결코 너희를 버리지 아니하고 너희를 떠나지 아니하리라." 여러분은 더 이상 살기를 바라지 않을 정도로 나이가 들고 온 몸이 쇠하게 되는지도 모릅니다. 그러나 그 때에도 하나님은 여러분을 버리지도 아니하고 떠나지도 아니하실 것입니다. 우리를 하나님의 보좌로 옮기는 죽음은 분명 고통스러운 것입니다. 그러나 그 때에도 하나님은 여러분을 버리지도 아니하시고 떠나지도 아니하실 것입니다. 하나님은 결코 자기 백성을 버리지 않습니다. 하나님에게 있어 자기 백성들로 인해 더 이상 참을 수 없게 되는 때는 결코 없습니다. 하나님은 그들을 자기 배필로 맞아들였으며, 그들과 결혼했으며, 그들과 영원히 연합되셨습니다. 시간이 흐르고 세대가 바뀌어도 하나님은 결코 자기 백성들을 버리지도 아니하시고 떠나지도 아니하실 것입니다. 이와 같은 하나님의 사랑의 영속성을 굳게 신뢰하십시오. 그리고 그 위에서 스스로를 위로하십시오.

　　그러나 우리를 가장 기쁘게 하는 것은 그 약속의 충만함입니다. 본문 속에는 매우 풍성한 의미가 담겨 있습니다. 본문은 우리에게 돈을 사랑하지 말라고 훈계합니다. 왜 우리가 그래야 합니까? 어째서 우리가 탐욕에 사로잡혀서는 안 됩니까? 하나님은 결코 우리를 버리지 않겠다고 말씀하셨습니다. 만일 우리가 하나님을 소유하고 있다면, 우리는 모든 것을 소유하고 있는 것입니다. 하나님과 만물을 소유하고 있는 사람이 도대체 무엇 때문에 탐심에 빠질 필요가 있단 말입니까? 본문은 계속해서 우리에게 "있는 바를 족한 줄로 알라"고 가르칩니다. 미래를 위해 지나치게 많이 쌓아 두려고 애쓰지 말라는 것입니다. 우리가 그렇게 해야 하는 이유가 무엇입니까? 그것은 하나님이 "내가 결코 너희를 버리지 아니하고 너희를 떠나지 아니하리라"고 약속하셨기 때문입니다. 그렇게 약속하신 하나님이 미래를 위해 필요한 것을 공급해 주시지 않겠습니까? 하나님은 자기 종들이 충분하게 갖게 될 것을 보증하십니다. 이러한 보증 위에서 탐심과 족하게 여길 줄 모르는 마음은 설 자리를 잃게 될 것입니다. 본문의 약속은 우리의 일상적인 삶 속에서 얼마나 광범위하게 적용됩니까? "내가 결코 너희를 버리지 아니하고 너희를 떠나지 아니하리라"는 약속은 언뜻 보기에 우리의 일상적인 삶과는 별로 상관이 없는 것처럼 보입니다. 그러나 결코 그렇지 않습니다. 왜냐하면 바로 앞에서 우리는 돈을 사랑하지 말고 있는 바를 족한 줄로 알라는 말씀을 듣기 때문입니다. 이와 같이 본문의 약속은 우리의 일상적인 삶에 직접적으로 적용됩니다. "나는 심지어 금전적인 일들에서조차 너희를 버리지 아니하고 떠나지 아니하리라." 참새 한 마리도 그의 허락 없이는 땅에 떨어지지 않습니다. 그런 그가 자기 자녀들이 궁핍 가운데 떨어지도록 내버려 두시겠습니까? 물론 그의 사랑하는 백성이라 하더라도 일시적으로 궁핍 가운데 떨어질 수 있습니다. 그러나 그들에게 그 모든 것은 합력하여 선으로 귀결될 것입니다. 진실로 그들은 땅에 거하면서 풍성하게 채워질 것입니다. 이와 같이 본문의 약속 가운데 담겨 있는 충만함은 완전히 무제한적입니다. 하나님이 자기 종들과 함께 계실 것이라고 말씀할 때, 그것이 의미하는 바는 이것입니다. "나의 지혜가 그들과 함께 하여 그들의 길을 인도할 것이라. 나의 사랑이 그들과 함께 하여 그들을 기쁘게 할 것이라. 나의 영이 그들과 함께 하여 그들을 거룩하게 할 것이라. 나의 능력이 그들과 함께 하여 그들을 지킬 것이라. 나의 영원한 힘이 그들과 함께 하여 그들로 하여금 넘어지거나 낙망하지 않게 할 것이라." 하나님을 갖는 것이 일만 명의 군대를 갖는 것보다 훨씬 더 낫습니다. 수많은 친구들이 하나님 한 분보다 못합니다. 하나님이 어떤 사람 안에 거하실 때, 하나님은 거기에서 졸지도 아니하시고 주무시지도 아니하십니다. 그가 고난 가운데 빠져 있을 때, 하나님은 무관심하지도 아니하시고 외면하지도 아니하시고 무신경하지도 아니하십니다. 도리어 고난당하는 자를 뜨거운 마음으로 동정하시며, 도우시며, 지키십니다. 그리고 합당한 때, 다시 말해서 그 자신이 기뻐하시는 때에 영광스럽게 그를 건지십니다. 본문의 약속은 얼마나 값지며 보배로운 약속입니까! 그 안으로 뛰어드십시오. 왜냐하면 그것은 대양(大洋)과도 같은 약속이기 때문입니다. "내가 결코 너희를 버리지 아니하고 너희를 떠나지 아니하리라."

더 놀라운 사실은 그 약속이 확실한 사실이라는 점입니다. "내가 결코 너희를 버리지 아니하고 너희를 떠나지 아니하리라"는 약속이 사실임은 과거 모든 세대의 성도들에 의해 증명되었습니다. 성경을 펼쳐 보십시오. 그리고 그리스도를 믿음으로 인해 마침내 부끄러움을 당한 자가 있는지 보십시오. 보이지 않는 하나님과 씨름한 자가 결국 좌절 가운데 떨어지고 만 경우가 있는지 보십시오. 하나님이 고난 가운데 있는 자기 백성들과 함께 머물지 않았습니까? 하나님을 신실하게 섬겼던 어떤 성도가 멸망으로 떨어진 것을 찾느니 차라리 왕들의 목이 꺾이고 제국들이 쭉정이처럼 바람에 날아갔던 것을 찾는 것이 훨씬 더 빠르지 않습니까?

본문의 약속은 또한 여러분 자신의 경험 속에서도 사실이었지 않았습니까? 여러분 역시도 본문이 사실임을 발견했습니다. 여러분은 불 가운데로 통과하기도 했고, 물 가운데로 통과하기도 했습니다. 그러나 하나님은 여러분을 버리지도 않으시고 떠나지도 않으셨습니다. 때로 여러분의 배는 암초로 가득한 지역을 지나가기도 했지만 그러나 파선하지 않습니다. 어쩌면 여러분 가운데 어떤 사람들은 파선을 경험하기도 했을는지 모릅니다. 그러나 그런 경우에도 여러분은 안전하게 육지에 발을 디뎠습니다. 여러분은 많은 것을 잃었을는지 모릅니다. 그러나 여러분은 잃음으로써 더 많은 것을 얻었습니다. 여러분은 영원한 긍휼과 은혜로 말미암아 지금 이 자리에 있습니다. 여러분의 일생 전체를 통해 주의 선하심과 인자하심이 따름으로써, 여러분은 지금 이 자리에 서 있습니다. 이것보다 더 좋은 상태가 무엇이겠습니까? 그러므로 여러분은 이렇게 고백할 수밖에 없습니다.

> "은혜의 강이 계속해서 흐르므로
> 나는 가장 큰 찬미의 노래를 부를 것이라."

그러므로 두려워하지 마십시오. 지금까지 은혜와 긍휼로 인도하신 하나님이 갑자기 그 섭리를 바꾸시겠습니까? 믿음이 적은 자여, 결코 그럴 수 없습니다. 여러분의 의심을 던져 버리십시오. 여러분의 걱정을 날려 버리십시오. 지금까지 여러분을 도우신 자는 변치 아니하시는 하나님입니다. 그는 여러분을 끝까지 도우실 것입니다. "내가 결코 너희를 버리지 아니하고 너희를 떠나지 아니하리라"는 약속은 얼마나 진실한 약속입니까! 어떻게 하나님이 그토록 비싼 값으로 산 자들을 버릴 수 있단 말입니까? 하나님은 우리를 구속하기 위해 자기 아들의 피를 주셨으며, 우리를 새롭게 하기 위해 그의 영의 능력을 주셨습니다. 하나님이 스스로 시작한 일을 끝마치지 못하고 도중에 포기하시겠습니까? 하나님이 스스로 끝마칠 수 없는 일을 시작하셨단 말입니까? 하나님의 능력이 고작 그 정도밖에 안됩니까? 어떤 사업에 많은 돈을 쓴 어떤 기업가를 생각해 보십시오. 그는 그 사업을 끝마치기 위해 더 많은 돈을 쓸 것입니다. 왜냐하면 그는 이미 많은 돈을 썼기 때문입니다. 하나님은 그리스도의 사역을 잃지 않을 것입니다. 하나님은 자기 아들의 보혈을 잃지 않을 것입니다. 하나님은 자신이 시작한 일을 반드시 끝까지 진행시켜 나갈 것입니다. 뿐만 아니라 하나님이 자기 백성들을 버릴 수 없는 것은 그들을 자기 자녀로 부르셨기 때문입니다. 그러므로 어떻게 하나님이 자기 자녀를 버릴 수 있겠습니까? "여인이 어찌 그 젖 먹는 자식을 잊겠으며 자기 태에서 난 아들을 긍휼히 여기지 않겠느냐 그들은 혹시 잊을지라도 나는 너를 잊지 아니할 것이라"(사 49:15). 심지어 아들이 아버지의 이름을 더럽혔을 때조차도 아버지의 사랑은 단절되지 않습니다. 하나님은 자신이 낳은 아들들을 결코 버리지 않을 것입니다. 사랑하는 자들이여, 그리스도는 자기 백성들과 결혼했습니다. 그런데 그가 어떻게 그들을 버릴 수 있겠습니까? 그는 이렇게 말씀하십니다. "신랑이 신부를 기뻐함 같이 네 하나님이 너를 기뻐하시리라"(사 62:5). 그런데 이와 같이 하나로 연합된 그들을 그가 버리겠습니까? 결코 그럴 수 없습니다. "내가 결코 너희를 버리지 아니하고 너희를 떠나지 아니하리라." 만일 하나님이 자기 백성들을 버린다면, 그것은 무엇을 의미하는 것이겠습니까? 그것은 사탄과의 모든 싸움을 포기하는 것을 의미합니다. 하나님의 백성들의 마음속에서 선과 악 사이의 큰 싸움이 벌어지고 있습니다. 그러므로 그들을 버리는 것은 전장(戰場)을 그의 대적에게 내주는 것이 됩니다. 그러면 지옥에서 얼마나 큰 웃음이 터져 나오겠습니까? 지옥의 마귀들은 "하나님이 자기 백성을 버렸도다. 그의 택한 자들을 버렸도다. 그가 구속한 자들이 멸망에 떨어지도록 내버려 두었도다. 그가 자신을 믿는 거듭난 자들을 버렸도다"라고 말하며 미친 듯이 기뻐 날뛸 것입니다. 이런 생각 자체가 얼마나 불경한 생각입니까! 결코 그럴 수 없습니다. 절대로 그럴 수 없습니다. "내가 결코 너희를 버리지 아니하고 너희를 떠나지 아니하리라."

나는 본문의 약속에 대해 더 이상 설명할 필요를 느끼지 않습니다. 왜냐하면 여러분이 조금만 시간을 내어 묵상한다면, 그것은 그 의미를 스스로 충분하게 드러낼 것이기 때문입니다. 나는 본문보다 더 부요한 말씀을 알지 못합니다. 또 본문보다 더 큰 위로를 주는 말씀도 알지 못합니다. 그것은 하나님의 진리의 긴 실타래입니다. 그것을 푸십시오. 그것은 마치 애굽의 모든 곡식을 저장한 요셉의 곡물창고와 같은 거대한 곡물창고입니다. 그 문을 여십시오. 그리고 배부르게 먹으십시오. 아무리 먹어도 그 안에 담겨 있는 곡물은 결코 마르지 않을 것입니다. "내가 결코 너희를 버리지 아니하고 너희를 떠나지 아니하리라."

### 3. 셋째로, 본문의 약속으로부터 말미암는 특별한 결과들을 주목하십시오.

본문의 약속이 산출하는 첫 번째 복된 열매는 완전한 만족입니다. 사실 사람이 만족한다는 것은 쉽지 않은 일입니다. 그렇지만 내 주변에는 완전히 만족하며 살아가는 형제들이 몇 명 있습니다. 그들 스스로도 그렇게 말하며, 나 역시도 그에 대해 추호도 의심하지 않습니다. 내가 알기에 그들에 있어 이루어지지 않은 바람 혹은 열망은 없습니다. 그들은 마음이 바랄 수 있는 모든 것을 가졌습니다. 그러나 그들은 세상에서 가장 부유한 사람들이 아닙니다. 또한 그들은 외적 환경으로 인해 주변 사람들로부터 부러움을 받는 사람들도 아닙니다. 그럼에도 불구하고 그들은 완전히 만족합니다. 그들로 하여금 다른 사람들이 불평할 만한 상황 속에서 즐겁게 노래할 수 있도록 만들어 주는 것은 하나님의 은혜입니다. 다른 사람들이 쉽게 불만족할 이유를 찾는 곳에서 그들은 만족합니다. 하나님이 항상 그리고 모든 상황 가운데 자신과 함께 할 것을 아는 어떤 사람을 상상해 보십시오. 그에게 있어 그와 같이 만족하는 것은 얼마나 쉬운 일이겠습니까! 만일 "만족"이라는 식물을 온전하게 자랄 수 있도록 만들어 주는 일종의 온실 같은 것이 있다면, 위와 같은 믿음이 바로 그것입니다. 하나님은 "내가 결코 너희를 버리지 아니하고 너희를 떠나지 아니하리라"고 말씀하셨습니다. 번연의 「천로역정」에 나오는 순례자를 생각해 보십시오. 그로 하여금 수욕의 골짜기(the Valley of Humiliation)에서 노래할 수 있도록 만든 것이 바로 그러한 믿음이었습니다.

> "바닥에 있는 자는 떨어질 것을
> 두려워할 필요가 없도다.
> 낮은 자는 교만할 것이 없도다.
> 겸손한 자는 하나님을
> 자신의 인도자로 삼을 것이라."

그리하여 크리스천은 자신이 가진 것이 많든지 적든지 만족하노라고 말합니다(Christian : 천로역정의 주인공의 이름). 그리하여 그는 자신의 모든 것을 하나님께 맡깁니다. 나의 친구들이여, 본문의 약속을 여러분의 영혼 속으로 깊이 취하십시오. 그리고 그것을 굳게 붙잡으십시오. 그러면 여러분은 만족하게 될 것입니다.

또한 본문의 약속은 여러분의 탐심을 치료할 것입니다. "내가 결코 너희를 버리지 아니하고 너희를 떠나지 아니하리라"는 약속을 아는 자가 언제까지나 계속해서 돈을 긁어모으는데 혈안이 되겠습니까? 한 철학자가 알렉산더에게 묻습니다. "폐하는 언제 스스로를 충분히 즐길 것입니까?" 알렉산더가 대답하지 못하고 머뭇거리자 철학자는 이렇게 말합니다. "폐하는 다음 번에 무슨 일을 할 것입니까?" "먼저 우리는 그리스를 정복할 계획이오." "좋습니다, 그러고 나서 쉴 것입니까?" "아니요, 계속해서 우리는 소아시아를 정복할 것이오." "그러면 소아시아까지 정복하고 난 후에 쉴 것입니까?" "그렇지 않소, 우리는 계속해서 페르시아로 진격할 것이오." "페르시아를 정복한 후에는 무엇을 할 것입니까?" "우리는 인도로 갈 것이오." "인도를 정복한 다음에는 무엇을 할 것입니까?" "그러면 우리는 편히 앉아 스스로를 즐길 것이오." 철학자가 말합니다. "차라리 그리스나 페르시아나 소아시아나 인도로 가기 전에 스스로를 즐기기 시작하는 편이 훨씬 더 낫지 않겠습니까?" 우리 역시도 그렇지 않습니까? 우리에게 있어 지금 하나님이 주신 적당한 수입으로 만족하는 것이 훨씬 더 낫지 않습니까? 하나님이 지금 우리에게 주신 것으로 감사하며 즐깁시다. 그리고 우리 자신을 그분을 섬기는 일에 기쁘게 드립시다. 그렇게 하는 대신 항상 더 많은 것을 찾는다면, 분명 우리는 설령 물질적으로는 부유해진다 하더라도 영적으로는 더 가난해질 것입니다. 그리고 더 많은 것을 가지고도 덜 만족하게 될 것입니다. 오늘 주어진 것으로 만족하지 않는다면 말입니다. "내가 결코 너희를 버리지 아니하고 너희를 떠나지 아니하리라" ― 이러한 약속이야말로 탐심을 치료하는 최고의 약입니다.

사랑하는 자들이여, 본문의 약속은 우리로 하여금 하나님을 얼마나 신뢰하도록 만듭니까? 여기의 약속은 우리의 모든 삶에 있어 우리의 영혼을 지탱해 주는 강력한 버팀줄입니다.

이러한 약속을 붙잡을 때, 우리의 영혼은 낙망과 침체로부터 벗어나 새롭게 소생할 것입니다. 어쩌면 여러분은, 우리와 같이 항상 대중들 앞에서 하나님의 진리를 전파하는 사람들은 마음이 가라앉는다든지 혹은 그 영혼이 침체 가운데 떨어지는 일이 결코 없을 것이라고 상상하는지 모릅니다. 만일 여러분이 그렇게 생각한다면, 그것은 완전히 틀린 생각입니다. 우리는 이 모든 것을 통과합니다. 또 그럼으로써 비슷한 경험을 통과하는 사람들에게 때에 맞는 말씀을 전달할 수 있게 될 것입니다. 너무나 많은 일들이 나의 손에 달려 있습니다. 그 모든 일들은 도움의 손길들이 없다면 결코 감당할 수 없는 일들입니다. 그러한 일들을 감당하는 가운데 나는 항상 "내가 결코 너희를 버리지 아니하고 너희를 떠나지 아니하리라"는 약속을 붙잡습니다. 만일 내가 내 자신의 지혜로 감당하려고 한다든지 혹은 그 안에서 나의 영광을 구하려고 한다면, 나는 그 모든 일이 땅에 떨어지고 말 것이라는 사실을 압니다. 그리고 마땅히 그렇게 되어야 합니다. 그러나 내가 내 자신의 지혜나 바람이나 야망이 아니라 신적 충동에 의해 움직일 때, 어떻게 하나님이 나를 버릴 수 있겠습니까? 내가 아무리 약하다 하더라도 말입니다. 어떻게 하나님이 거짓말을 하실 수 있겠습니까? 하나님이 자기 종을 전장(戰場)에 내보내셨는데, 싸움이 매우 불리하게 전개됩니다. 그런 상황에서 어떻게 하나님이 자기 종을 돕지 않고 그냥 내버려 두겠습니까? 하나님은 우리야를 최전선에 내보내고는 그냥 죽도록 내버려 둔 다윗이 아닙니다. 하나님은 자기 종들을 전선에 내보낸 후 그대로 버려두는 그런 분이 결코 아닙니다. 사랑하는 형제들이여, 하나님이 여러분에게 감당할 수 없는 일을 맡기셨습니까? 그렇다면 그는 분명 그 일을 감당할 수 있는 힘까지도 주실 것입니다. 또 하나님이 여러분의 등을 계속해서 떠밉니까? 걱정하지 마십시오. 그와 함께 하나님은 여러분 곁에 천군천사들을 붙여 주실 것입니다. "내가 결코 너희를 버리지 아니하고 너희를 떠나지 아니하리라." 그렇다면 무엇이 문제입니까? 세상 전체가 여러분을 대적한다 하더라도, 여러분은 세상 전체를 찢어 버릴 수 있을 것입니다. 마치 삼손이 사자를 염소 새끼 찢듯이 찢은 것처럼 말입니다(삿 14:6). 만일 하나님이 여러분을 위하시면, 누가 여러분을 대적할 수 있겠습니까? 설령 세상과 지옥과 모든 군대가 합세하여 여러분을 대적한다 하더라도 만일 야곱의 하나님이 여러분 뒤에서 계시면, 여러분은 그 모든 것을 마치 밀을 타작하듯 타작할 것이며 쭉정이를 날리듯 키질 할 것입니다. 그리고 그 모두는 바람에 날려 사라질 것입니다. 그러므로 형제들이여, 여기의 약속을 항상 입 안에서 굴리십시오.

　본문의 약속이 여러분 모두에게 속하기를 간절히 바랍니다. 여러분 모두가 그 약속을 분깃으로 갖기를 바랍니다. 그러나 안타깝게도 어떤 사람들은 예수께로 피하지 않습니다. 그렇지만 여러분은 모두 그렇게 하기를 바랍니다. 그의 속죄의 희생제사를 믿는 자들은 구원을 받을 것입니다. 우리의 위대한 대속물을 바라보십시오. 그리고 구원을 위해 그에게 의지하십시오. 그러면 여러분은 구원을 받을 것입니다. 그러면 본문의 약속이 바로 여러분 자신에게 속하게 될 것입니다.

　하나님이 그의 무한하신 긍휼 가운데 예수 그리스도로 인해 여러분을 축복하시기를 기원합니다. 아멘

제
44
장
—

# 영원히 동일하신 예수

—

"예수 그리스도는 어제나 오늘이나 영원토록
동일하시니라." — 히 13:8

서리 교구(Surrey parish)에서 시무하는 목사 한 분은 새해가 될 때마다 항상 나에게 사랑의 마음을 듬뿍 담은 편지를 보내오곤 합니다. 그는 매주 인쇄본으로 받아보는 나의 설교문으로부터 매우 큰 도움을 받는다며 따뜻한 감사의 마음을 표합니다. 그리고 그 편지 속에다가 그는 항상 성경 구절 하나를 적어 넣습니다. 그러면서 그는 내가 그 구절을 가지고 새해 첫 주일 설교를 하기를 기대합니다. 올해 그가 내게 적어 준 구절은 바로 오늘의 본문입니다. "예수 그리스도는 어제나 오늘이나 영원토록 동일하시니라." 나는 전에 이 구절을 본문으로 하여 설교한 적이 있습니다. 여러분은 나의 설교집 속에서 그것을 찾을 수 있을 것입니다. 그렇지만 우리는 동일한 본문을 가지고 또다시 설교하는 것을 조금도 두려워할 필요가 없습니다. 말씀은 무궁무진하며 끝이 없습니다. 어떤 본문이 여러 번 포도주틀 속에 들어가 으깨어졌을는지 모르지만 그러나 그 안에서 여전히 풍성한 포도주가 흘러나옵니다. 우리는 어떤 본문을 가지고 또다시 설교하는 것을 주저해서는 안 됩니다. 같은 우물에서 두레박을 두 번 내려 물을 푸는 것이 도대체 무슨 문제란 말입니까? 복음의 진리에는 항상 새로움이 있습니다. 물론 본질적인 주제는 동일할는지 모릅니다. 그러나 새로운 빛으로 말씀을 상고하는 가운데 우리는 새로운 기쁨으로 가득 채워질 수 있습니다.

그리스도와 관련한 교훈을 아무리 여러 번 반복한들 그것이 무슨 문제이겠습니까? 우리는 만왕의 왕과 관련한 교훈을 — 그것이 동일한 교훈이라 하더라도 말입니다 — 반복적으로 듣고 또 들어야 하지 않습니까? 그렇게 반복하여 듣는 것은 결코 낭비가 아닙니다. 예수에 관하여 반복적으로 듣는 것이 여러 가지 주제를 다양하게 듣는 것보다 훨씬 더 낫습니다. 이와 같이 우리는 주 예수 그리스도를 영화롭게 하는 보배로운 진리를 반복적으로 듣는 것이 최고의 달변가들로부터 세상의 온갖 지혜를 다양하게 듣는 것보다 훨씬 더 낫다고 단언합니다. 여러분의 집 벽에 위대한 예술작품이 걸려 있다고 생각해 보십시오. 여러분은 매일 같이 그것을 보지만 그러나 결코 질리거나 싫증이 나지 않습니다. 어떤 위대한 건축가는 이런 종류의 건축물이 몇 개 있다고 말하면서, 그 중의 하나로서 웨스트민스터 사원을 꼽습니다. 그렇지 않습니까? 웨스트민스터 사원을 아무리 자주 바라본들 질리거나 싫증이 나겠습니까? 도리어 새로운 감동과 탄성이 터져 나오지 않습니까? 창조세계의 위대한 경관(景觀)도 마찬가지입니다. 눈을 들어 거대한 대양(大洋)을 바라보십시오. 요란한 꽝음을 내며 떨어지는 나이아가라 폭포를 보십시오. 여러분은 똑같은 광경을 바라보고 있지만 그러나 바라볼 때마다 물의 색깔이라든지 물결의 움직임이라든지 물에 반사된 빛의 반짝임 같은 것들이 여러분의 마음을 매혹시키지 않습니까? 우리의 사랑하는 주님 안에서 발견되는 모든 기쁨의 거대한 대양에서도 우리는 같은 것을 느끼지 않습니까?

　　이러한 마음을 가지고 본문의 익숙한 주제를 새롭게 바라보도록 합시다. 복된 성령이시여, 본문을 묵상하는 동안 우리에게 새로운 기름으로 부어 주소서! 본 설교에서 우리는 다음과 같은 몇 가지 주제를 살피고자 합니다. 첫째로, 예수 그리스도라는 우리 주님의 이름. 둘째로, 어제나 오늘이나 영원토록 동일한 그의 속성. 셋째로, 이러한 속성으로부터 말미암는 그의 명백한 요구.

### 1. 첫째로, 여기에 제시된 "예수 그리스도"라는 우리 주님의 이름을 주목하십시오.

　　"예수"라는 이름이 먼저 나옵니다. "예수" 혹은 "여호수아"는 우리 주님의 히브리 이름입니다. 그 단어는 구원자를 의미합니다. "아들을 낳으리니 이름을 예수라 하라 이는 그가 자기 백성을 그들의 죄에서 구원할 자이심이라 하니라"(마 1:21). 이 이름이 그에게 주어진 것은 그가 구유에 누워 있을 때였습니다.

　　"찬 구유 위에 이슬방울은 반짝이도다.
　　그는 마구간의 구유 위에 짐승들과 함께 누웠도다.
　　잠들어 있는 그에게 천사들이 경배하도다.
　　만유의 창조자요 왕이요 구주이신 그에게."

　그가 아직 모친의 품에 안긴 아기였을 때, 그는 구주로 인식되었습니다. 왜냐하면 하나님의 성육신의 사실은 확실한 약속이며, 보증이며, 인간 구원의 시작이었기 때문입니다. 그의 탄생과 관련하여 마리아는 이렇게 노래합니다. "내 마음이 하나님 내 구주를 기뻐하였음은"(눅 1:47). 하나님이 스스로를 낮추사 사람에게 내려오실 때, 비로소 사람이 하나님께 올라갈 소망이 생깁니다. 구유에 누인 예수는 구주라 일컬음 받을 자격이 있습니다. 왜냐하면 "하나님의 장막이 사람들과 함께 있으매 하나님이 그들과 함께 계시리니"(계 21:3)라고 말하여질 수 있을 때 비로소 타락한 인류에게 선한 일이 생길 소망이 있기 때문입니다. 그는 또한 소년 시절에도 예수라 불렸습니다. "거룩한 아이 예수"(the Holy Child Jesus, 행 4:27, 한글개역개정판에는 "거룩한 종 예수"라 되어 있음). 그가 부모와 함께 성전에 올라가 선생들로부터 듣기도 하고 묻기도 한 것 역시 예수로서였습니다. 선생으로서 예수는 구주입니다. 그는 사람들의 마음을 미신으로부터 해방시키고 조상의 유전으로부터 풀어줍니다. 그는 심지어 아이의 손으로 진리의 씨앗들 곧 인간의 마음을 거짓된 철학과 헛된 교훈으로부터 해방시켜 줄 영광스러운 자유의 요소들을 뿌립니다. 또한 그는 공생애 중에도 친구들과 적들에 의해 공히 예수라 불렸습니다. 그가 병자를 고치고, 죽은 자를 살리고, 물에 빠진 베드로를 건져내고, 바람을 잔잔케 한 것 역시 구주 예수로서였습니다. 그의 3년간의 공생애 속에서, 그의 모든 가르침 속에서, 그의 개인적인 기도 속에서, 그는 여전히 구주 예수입니다. 그의 수동적이며 동시에 능동적인 순종으로 말미암아 우리는 구원을 받습니다. 그의 지상 생애 전체를 통해, 인자가 온 것은 잃은 자를 찾아 구원하려 함이라는 사실이 분명하게 드러납니다. 만일 그의 피가 우리를 죄로부터 구속한다면, 그의 생애는 우리가 어떻게 죄의 권능을 이길 수 있는지 보여줍니다. 만일 그가 십자가의 죽음으로 우리를 위해 사탄의 머리를 깨뜨렸다면, 그는 자신의 거룩한 생애를 통해 우리가 어떻게 우리 안에 있는 용의 머리를 깨뜨릴 수 있는지 가르쳐 줍니다. 그는 아기일 때도 구주이며, 소년일 때도 구주이며,

공생애 중에도 구주입니다. 그는 힘쓰며 수고할 때도 구주이며, 시험을 당한 자로서도 구주입니다. 그러나 그가 예수임이 가장 분명하게 나타나는 것은 그가 십자가 위에서 죽으실 때입니다. 빌라도는 죄패에 "나사렛 예수, 유대인의 왕"이라고 쓰면서 "내가 쓸 것을 썼다"고 말했는데, 그 때에도 그의 이름은 분명하게 "예수"로 불렸습니다(요 19:19, 22). 그의 가장 두드러진 모습은 구주였습니다. 그는 우리를 위해 저주가 되셨습니다. 우리로 하여금 그 안에서 하나님의 의가 되게 하려고 말입니다. 십자가 위에서 죽어가는 주님을 지켜보고 난 오랜 후, 사도 요한은 이렇게 말합니다. "아버지가 아들을 세상의 구주로 보내신 것을 우리가 보았고 또 증언하노니"(요일 4:14). 십자가 위에서 인자는 자신은 구원하지 않았지만 그러나 다른 사람들을 구원했습니다. "그가 남은 구원하였으되 자기는 구원할 수 없도다"(막 15:31). 그가 죄로 인한 하나님의 진노를 받았을 때, 그리고 우리의 대속물로서 말할 수 없는 고통을 겪었을 때, 그리고 신적 진노의 빽빽한 흑암과 뜨거운 불을 통과했을 때, 그는 "모든 사람 특히 믿는 자들의 구주"(딤전 4:10)였습니다. 그렇습니다. 그리스도가 특별히 구주인 것은 십자가 위에서입니다. 만일 그가 단순히 우리의 위대한 모범 이상의 아무것도 아니라면, 도대체 우리에게 무슨 소망이 있단 말입니까? 그가 우리의 위대한 모범인 것으로 인해 우리는 감사할 수 있습니다. 우리가 그를 본받을 수 있다면 말입니다. 그러나 우리를 살리는 죄 사함과 우리에게 거룩을 위한 능력을 부여하는 신적 은혜가 없다면, 설령 최고의 모범이라 하더라도 그것이 도대체 우리에게 무슨 유익이 된단 말입니까? 도리어 우리를 더욱 힘들고 고통스럽게 만드는 것이 되지 않겠습니까? 우리가 마땅히 어떠해야 함을 보이면서 그러나 그러한 상태에 도달할 수 있는 방법을 제시하지 않는다면, 그것은 우리를 더욱 비참하게 만드는 것이 될 것입니다. 그러나 예수 그리스도는 자신의 속죄의 희생제물의 효력으로 우리가 빠져 있었던 끔찍한 진흙구덩이로부터 먼저 우리를 끌어내시고, 우리의 발을 반석 위에 세우셨습니다. 그리고 난 연후에 그 자신이 친히 온전함으로 향하는 길로 우리를 이끄십시다. 이와 같이 하여 그는 삶에 있어(in life), 그리고 죽음에 있어(in death) 공히 구주가 되십시다.

> "예수께서 죄와 지옥으로부터 구원하신 것은
> 확실한 신적 진리로다.

이러한 반석 위에 우리 믿음은
견고하게 서도다."

    그가 죽은 자로부터 다시 살아난 것 역시 예수라는 이름으로서였습니다. 복음서 기자들은 그가 동산에서 막달라 마리아에게 나타나셨을 때라든지, 혹은 그가 문을 잠근 채 모여 있는 제자들에게 나타나셨을 때 그를 예수라 부르기를 기뻐했습니다. 부활한 자로서 제자들과 함께 계셨을 때에도 그는 항상 예수였습니다. 사랑하는 자들이여, 우리는 그의 부활로 의롭다함을 받지 않습니까? 그러므로 우리는 그의 부활의 측면에서 더욱 그를 구주로 인식합니다. 구원은 부활하신 그리스도와 더욱 분명하게 연결됩니다. 왜냐하면 그의 부활 안에서 사망이 멸망을 당하고 무덤의 옥문이 깨어지기 때문입니다. 그가 우리의 구주인 것은 특별히 그가 마지막 원수를 정복했기 때문입니다. 그의 죽음으로 말미암아 죄로부터 구원받은 우리는 또한 그의 부활을 통해 죽음으로부터 구원받습니다. 나아가 그는 영광 가운데에서도 예수라 불립니다. 사도행전 5장 31절을 보십시오. "이스라엘에게 회개함과 죄 사함을 주시려고 그를 오른손으로 높이사 임금과 구주로 삼으셨느니라." 그는 오늘날에도 "몸의 구주"입니다. 우리는 그를 홀로 지혜로우신 하나님과 우리 구주로서 경배합니다. "그러므로 자기를 힘입어 하나님께 나아가는 자들을 온전히 구원하실 수 있으니 이는 그가 항상 살아 계셔서 그들을 위하여 간구하심이라"(히 7:25). 예수로서 그는 곧 오실 것이며, 우리는 "복스러운 소망과 우리의 크신 하나님 구주 예수 그리스도의 영광이 나타나심을"(딛 2:13) 기다립니다. 우리는 매일같이 "아멘 주 예수여 오시옵소서"(계 22:20)라고 부르짖습니다. 한 걸음 더 나아가, 그가 이 시간 하늘에서 가지고 있는 이름 역시 이 이름 "예수"입니다. 그가 처녀 마리아에게 잉태되기 전에도 가브리엘 천사는 그를 그렇게 불렀습니다. 또 천사들은 예수로서의 그를 섬기며, 그의 명령을 수행합니다. 그가 밧모 섬에 있는 요한에게 말씀하신 것을 생각해 보십시오. "나 예수는 교회들을 위하여 내 사자(angel)를 보내어 이것들을 너희에게 증언하게 하였노라"(계 22:16). 천사들은 이러한 이름 아래 그의 오심을 예언했습니다. 그들은 서서 하늘을 쳐다보는 사람들에게 "갈릴리 사람들아 어찌하여 서서 하늘을 쳐다보느냐 너희 가운데서 하늘로 올려지신 이 예수는 하늘로 가심을 본 그대로 오시리라"(행 1:11)라고 말했습니다. 뿐만 아니라 이러한 이름 아래 마귀들은 그를 두려워합니다. 그들이 "내가 예수도 알고 바울도 알거니와 너희는 누구냐?"
(행 19:15)라고 묻지 않았습니까? 이와 같이 "예수"란 이름은 사랑의 끈으로 그룹
(cherubim)의 마음을 묶는 마법의 이름이며, 또한 지옥의 마귀들로 하여금 두려
움으로 떨며 움츠리게 만드는 능력의 이름입니다. 그 이름은 이 땅에 있는 교회
의 기쁨이며 또한 하늘에 있는 교회의 기쁨입니다. 이 땅에 있는 하나님의 자녀
들은 그들의 사랑하는 구속자를 그 이름으로 부릅니다. 그리고 하늘에서도 역시
그들은 그렇게 노래합니다.

> "그들은 비파를 켜며 주 예수를 찬미하도다.
> 그들은 '예수 나의 사랑이여' 하며 노래하도다.
> 예수를 찬미하는 즐거운 곡조가
> 모든 비파로부터 달콤하게 울려 퍼지도다."

　　최근 타계한 하나님의 사람 헨리 크레이크(Henry Craik)는 히브리어 연구와
관련한 그의 책에서 예수란 이름이 얼마나 풍부한 의미를 갖는지를 잘 보여줍니
다. 그에 따를 때 "예수"란 단어는 폭과 너비를 의미하는 어근으로부터 옵니다.
그리고 그 단어는 계속해서 넓고 자유롭게 놓여지는 것 혹은 구원받는 것을 의
미하는데 이르다가 마침내 구주를 의미하기에 이릅니다. 한편 예수라는 이름 안
에는 두 개의 단어가 들어 있는데, 하나는 "여호와"라는 단어의 축약형이며, 다
른 하나는 바로 앞에서 이야기한 것처럼 마침내 "구원"을 의미하기에 이른 단어
입니다. 둘을 합치면, 예수라는 단어는 여호와-구원(JEHOVAH-SALVATION)을
의미합니다. 여기에서 여러분은 여호와 즉 "스스로 존재하는 자"로서 나타나는
그리스도의 본질을 보게 됩니다. 그리고 그의 이름의 두 번째 부분에서 여러분
은 모든 고통으로부터 자유롭게 풀어주는 자로서 그의 위대한 사역을 보게 됩니
다. 사랑하는 자들이여, 주 예수의 인격 안에 담긴 폭과 넓이와 높이와 풍부함과
무한한 충족함을 생각해 보십시오. "아버지께서는 모든 충만으로 예수 안에 거
하게 하시고"(골 1:19). 여러분의 그리스도는 결코 작고 보잘것없는 존재가 아닙
니다. 여러분의 구주는 결코 좁고 편협하지 않습니다. 아, 그의 사랑의 무한함이
여! 아, 그의 은혜의 풍성함이여! 아, 우리를 향한 그의 부요한 사랑의 지극히 크
심이여! 우리 주 예수 그리스도의 영광의 부요함은 얼마나 충만하며 무제한적이

며 무한합니까? 도대체 무슨 말로 그 무한함을 온전히 표현할 수 있겠습니까? "예수" 혹은 "여호수아"란 이름의 어근(root)은 때로 부요함의 의미를 갖습니다. 우리 주님 안에 담겨 있는 신적 지혜와 영광의 부요함을 누가 측량할 수 있겠습니까?

헨리 크레이크는 그 단어의 또 다른 형태는 "부르짖음"을 의미한다고 말합니다. "나의 왕, 나의 하나님이여 내가 부르짖는 소리를 들으소서"(시 5:2). 이와 같이 구원과 부요함과 부르짖음이 모두 같은 뿌리(root)로부터 나옵니다. 그 모든 것은 우리의 여호수아 혹은 그리스도 안에서 그 응답을 찾습니다. 그의 백성들이 그들의 감옥으로부터 부르짖을 때, 그가 와서 그들을 자유롭게 해줍니다. 그는 그의 영원한 은혜의 모든 부요함을 가지고 그리고 그의 넘치는 능력의 모든 풍성함을 가지고 그들에게 옵니다. 그리고 그들을 모든 형태의 멍에로부터 풀어줌으로써, 그는 그들에게 그 자신 안에 담겨 있는 모든 영광의 부요함을 향유하도록 해줍니다. 만일 여러분이 이러한 해석으로 인해 예수의 이름이 조금이라도 더 사랑스럽게 느껴진다면, 나는 기뻐하고 또 기뻐할 것입니다. "예수"라는 하나의 단어에 이토록 많은 의미가 담겨 있는 것을 생각해 보십시오. 그렇다면 그 자신 안에 도대체 얼마나 많은 것들이 담겨 있겠습니까? 그리스도에게 속하는 한 개의 히브리 이름에 그 충분한 의미를 부여하는 것이 이토록 어려운 일이라면, 그의 성격(character)을 충분하게 이해하는 것은 얼마나 더 어려운 일이겠습니까? 단순한 이름이 이토록 많은 의미를 갖는다면, 그의 인격은 얼마나 더 그렇겠습니까? 단지 그의 옷의 일부에 불과한 이것에 몰약과 침향과 계피의 냄새가 진동한다면, 그의 거룩한 인격 안에는 얼마나 더 그렇겠습니까? 그의 인격 안에 우리의 영혼을 영원히 기쁘게 하는 향유 냄새가 가득하지 않겠습니까?

"예수의 이름은 얼마나 보배로운가?
누가 그 이름의 가치를 절반이라도 나타낼 수 있으랴?
천사들이여, 그 이름을 찬미하라.
황금 비파들이여, 달콤한 노래를 부를지어다.

골고다로 향한 그의 발걸음은 얼마나 보배로운가?
그가 저주받은 나무를 짊어지셨도다.

그의 속죄의 죽음은 얼마나 보배로운가?
나를 위해 죄를 영원히 끝내셨도다.

피로 얼룩진 형벌은 얼마나 보배로운가?
그로부터 거룩한 핏방울이 흘러내리도다.
그를 향한 진노의 파도는 얼마나 격렬한가?
그의 거룩한 영혼이 압도되도다.

그의 승리의 죽음은 얼마나 보배로운가?
그가 지옥의 세력을 무너뜨렸도다.
그의 영광스러운 부활 안에서
그는 승리의 면류관을 쓰셨도다.

무엇으로도 표현할 수 없는 보배로운 주여!
주는 영원히 거룩하시며 아름다우시나이다.
영광과 존귀와 능력과 축복이
자금 이후 영원토록 주의 것이나이다."

　지금까지 예수라는 히브리 이름을 살펴보았는데, 이제부터는 그리스도라는 칭호를 살펴보도록 합시다. 이것은 그리스 이름이며 이방인의 이름으로서, 기름 부음 받은 자를 의미합니다. 이와 같이 우리는 히브리 이름인 여호수아 혹은 예수와 그리스 이름인 크리스토스 즉 그리스도를 갖게 됩니다. 여기에서 우리는 이제 더 이상 유대인도 이방인도 없으며, 모두가 예수 그리스도 안에서 하나라는 사실을 알 수 있습니다. 여러분 모두 아는 것처럼 그리스도라는 단어는 기름 부음 받은 자를 의미합니다. 우리 주님은 때로 "그 그리스도"(the Christ) 혹은 "바로 그 그리스도"(the very Christ)라고 불립니다. 그런가 하면 어떤 때는 "주의 그리스도"(the Lord's Christ), 또 어떤 때는 "하나님의 그리스도"(the Christ of God)라고 불리기도 합니다. 이와 같이 그는 주의 기름 부음 받은 자로서 우리의 왕이시며 우리의 방패이십니다.

　"그리스도"라는 단어는 우리에게 세 가지 중요한 하나님의 진리를 가르칩니다. 첫째로, 그것은 그의 직분을 나타냅니다. 그는 기름 부음이 필요한 세 가지 직분을 갖고 계십니다. 그것은 왕의 직분과 제사장의 직분과 선지자의 직분입니다.

첫째로, 그는 형제들 가운데 기쁨의 기름으로 기름 부음을 받은 시온의 왕입니다. 시편 89편의 다음과 같은 말씀을 주목해 보십시오. "내가 내 종 다윗을 찾아내어 나의 거룩한 기름을 그에게 부었도다 내 손이 그와 함께 하여 견고하게 하고 내 팔이 그를 힘이 있게 하리로다 … 내가 또 그의 손을 바다 위에 놓으며 오른손을 강들 위에 놓으리니 … 내가 또 그를 장자로 삼고 세상 왕들에게 지존자가 되게 하며"(20, 21, 25, 27절). 이스라엘의 첫 번째 왕인 사울은 기름병으로 기름 부음을 받았습니다. 반면 다윗은 기름뿔로 기름 부음을 받았는데, 그것은 그의 권세가 더 크고 그의 나라가 더 탁월함을 나타내는 것이었습니다. 그러나 우리 주 예수 그리스도는 한량없는 성령의 기름 부음을 받았습니다. 그는 주의 기름 부음 받은 자이며, 그를 위하여 등이 준비되었습니다. "내가 거기서 다윗에게 뿔이 나게 할 것이라 내가 내 기름 부음 받은 자를 위하여 등을 준비하였도다"(시 132:17). 사랑하는 자들이여, 그리스도란 이름을 생각해 보십시오. 그 이름을 생각할 때, 우리는 그 앞에 우리 영혼을 순복시켜야 마땅하지 않습니까? 하나님이 그를 왕으로 기름 부어 세우셨다면 말입니다. 교회에 대한 그의 왕권을 굳게 세웁시다. 왜냐하면 그는 시온의 왕이기 때문입니다. 교회를 통치할 권리를 가진 자가 교회의 머리인 그 외에 누구겠습니까? 또 우리 마음에 대한 그의 통치권을 굳게 세웁시다. 다른 것들은 몰아냅시다. 우리 영혼을 그리스도를 위해 순전하게 지킵시다. 그리고 우리 몸의 모든 지체들로 하여금 기름 부음 받은 왕을 추종하도록 만듭시다.

둘째로, 그리스도는 제사장입니다. 제사장 역시 기름 부음을 받았습니다. 그들은 제사장의 직분을 스스로 취할 수 없었으며, 그들을 따로 구별하는 성별의 의식(儀式)을 통과하지 않고는 제사장이 될 수 없었습니다. 반면 우리 주 예수 그리스도는 어떤 제사장도 결코 가진 적이 없는 신적 은혜를 가지셨습니다. 그들의 기름 부음은 단지 상징에 불과했습니다. 그러나 그의 기름 부음은 참되며 실제적인 것이었습니다. 제사장의 기름 부음은 단지 모형과 그림자에 불과했으나, 예수 그리스도의 기름 부음은 실체였습니다. 그는 지극히 높은 자로부터 실제적인 기름 부음을 받았습니다. 사랑하는 자들이여, 항상 기름 부음 받은 제사

장으로서의 그리스도를 바라봅시다. 나의 영혼아, 너는 영원히 살아 계시며 참
되신 우리의 기름 부음 받은 대제사장을 통하지 않고는 결코 하나님께 나아올
수 없도다. 그 없이 하나님께 나아오려고 단 한순간도 생각하지 말지어다. 스스
로 제사장이라고 자칭하는 자들을 통하여 하나님께 나아오려고 단 한순간도 생
각하지 말지어다. 하나님의 집의 대제사장이시여, 우리는 당신이 그와 같이 세
워진 것을 아나이다. 그러므로 우리는 우리의 모든 것을 당신의 손에 맡기나이
다. 우리의 희생제물을 하나님의 보좌에 올려 주소서! 우리의 기도를 하나님의
보좌에 올려 주소서! 우리의 찬미를 금향로에 담아 아버지의 보좌 앞에 올려 주
소서! 나의 형제들이여, 기뻐하십시오. 매 시간 여러분은 그리스도라는 이름을
듣습니다. 그 이름을 가진 그는 제사장으로 기름 부음을 받은 자입니다.

　　셋째로, 그리스도는 선지자입니다. 우리는 엘리사가 선지자로서 기름 부음
을 받은 것을 발견합니다. 그와 같이 예수 그리스도는 자기 백성들 가운데 기름
부음 받은 선지자입니다. 베드로는 고넬료에게 이렇게 말합니다. "하나님이 나
사렛 예수에게 성령과 능력을 기름 붓듯 하셨으매 그가 두루 다니시며 선한 일
을 행하시고 마귀에게 눌린 모든 사람을 고치셨으니 이는 하나님이 함께 하셨음
이라"(행 10:38). 그는 기쁜 소식을 전파하기 위해 그리고 이스라엘의 주가 되시
기 위해 기름 부음을 받았습니다. 우리는 그리스도의 증언 외에 어느 누구의 가
르침도 권위 있는 것으로서 받아들이지 않습니다. 오직 그리스도의 가르침만이
우리의 교리(敎理)이며, 그 외에 다른 어떤 것도 우리의 교리가 될 수 없습니다.
우리는 어느 누구도 다른 사람의 양심을 속박할 권리를 갖지 못한다고 선언합니
다. 설령 그들이 아무리 경건하고 학식이 깊은 사람이라 하더라도 말입니다. 우
리는 아우구스티누스나 칼빈 같은 사람들을 존귀하게 여깁니다. 왜냐하면 하나
님이 그들을 존귀하게 하셨기 때문입니다. 그럼에도 불구하고 그들 역시 하나님
의 백성들의 개인적인 판단을 억압할 아무런 권리도 갖지 못합니다. 예수 그리
스도는 기독교 세계 전체의 선지자입니다. 그의 말씀이 항상 알파와 오메가가
되어야 합니다. 바로 이것이 "크리스토스"란 단어의 의미입니다. 그는 왕으로서,
제사장으로서, 선지자로서 기름 부음을 받았습니다.

　　그러나 그리스도란 이름은 그 이상을 의미합니다. 그 이름은 그러한 직분들
에 대한 그의 권리를 선언합니다. 그는 스스로 왕의 자리를 차지함으로써 왕이 된
것이 아닙니다. 하나님이 당신의 거룩한 시온 산 위에 그를 왕으로 세우셨으며,

그로 하여금 그 모든 것을 통치하도록 그에게 기름을 부으셨습니다. 그는 또한 제사장이지만, 그러나 그는 제사장의 직분을 스스로 취하지 않으셨습니다. 왜냐하면 그는 하나님이 인간의 죄를 위해 보낸 속죄제물이기 때문입니다. 그는 하나님이 세우신 중보자입니다. 그리고 하나님과 사람 사이에 유일한 중보자로 세워졌습니다. 그의 선지자 직분도 마찬가지입니다. 그는 스스로 말하지 않고, 오직 아버지로부터 들은 것을 말합니다. 그는 스스로 선지자의 직분을 취하지 않으셨습니다. 오직 하나님이 그로 하여금 가난한 자들에게 복된 소식을 전하도록 맡기셨습니다. 그는 영원한 사랑의 복된 소식을 가지고 자기 백성들 가운데 오셨습니다.

　　기름 부음이 나타내는 세 번째 사실은 그가 그 일을 위한 자격을 가지고 계시다는 사실입니다. 그는 왕이 되도록 기름 부음을 받았습니다. 하나님은 그에게 왕의 능력과 지혜와 통치권을 주셨습니다. 하나님은 그를 교회와 세상을 통치하기에 적합하도록 만드셨습니다. 그리스도보다 더 나은 왕은 없습니다. 가시면류관을 쓴 그보다 더 위엄 있는 왕은 없습니다. 뿐만 아니라 하나님은 그에게 하늘과 땅의 모든 권세를 주셨습니다. 또한 그는 제사장의 자격을 가지고 계십니다. 그것은 멜기세덱조차도 가지지 못했던 자격입니다. 또 그것은 아론의 혈통을 따라 나온 모든 제사장들에서도 발견될 수 없는 자격입니다. 복된 하나님의 아들이시여, 당신은 스스로 완전하며, 스스로를 위해 희생제물을 드릴 필요가 없나이다. 당신은 하나님께 당신이 구별하신 자들을 영원히 온전하게 한 희생제물을 드렸나이다. 그리고 이제 또 다른 제사를 드릴 필요가 없이 당신은 영원히 죄를 제거했나이다. 우리 주님은 또한 선지자의 자격을 가지고 계십니다. 그는 가르치는 권능을 가지고 계십니다. "왕은 은혜를 입술에 머금으니 그러므로 하나님이 왕에게 영원히 복을 주시도다"(시 45:2). 그리스도의 모든 말씀들은 지혜이며 진리입니다. 참된 철학과 확실한 지식의 실체는 하나님의 지혜이며 능력이신 그 안에서 발견됩니다. 이와 같이 "그리스도"란 단어 안에는 얼마나 풍성한 의미가 담겨 있습니까? 지금까지 살펴본 대로 그것은 우리에게 그리스도의 세 가지 직분과 그러한 직분들에 대한 그의 권리와 그것을 위한 그의 자격을 보여줍니다.

　　"그리스도여, 우리 영이 당신께 경배하나이다.
　　당신은 왕과 제사장과 선지자이나이다.

그리스도, 여호와의 기름 부음 받은 자여,
우리가 영원히 당신을 찬미하나이다."

이제 예수와 그리스도 즉 구주와 기름 부음 받은 자라는 두 이름을 하나로
결합해 보도록 합시다. 그러한 두 개의 음정은 얼마나 아름다운 하모니를 이룹
니까! 여러분은 우리의 사랑하는 주님이 정식으로 임명된 구주, 충분한 자격을
가진 구주라는 사실을 볼 수 있습니까? 내 영혼아, 만일 하나님이 그리스도를 죄
인들의 구주로 임명하셨다면, 너는 어찌하여 의문을 제기하느뇨? 하나님은 그를
죄인들의 구주로 보내셨습니다. 그러므로 죄인들이여, 그를 받아들이십시오. 그
를 영접하십시오. 그리고 그 안에서 안식하십시오. 그럼에도 불구하고 만일 우
리가 쓸데없는 의문이나 제기하며 트집이나 잡으려고 한다면, 우리는 얼마나 어
리석은 자들입니까? 하나님은 그리스도가 그를 믿는 모든 자들의 구주임을 선언
하십니다. 나의 보잘것없는 마음은 그를 믿습니다. 그리고 그럴 때 나의 마음은
평안을 얻습니다. 그런데 어째서 여러분 가운데 어떤 사람들은 그가 자신을 구
원할 수 없을 것이라고 생각합니까? 어째서 여러분은 "도대체 어떻게 이 사람이
나를 구원할 수 있단 말인가"라고 말합니까? 하나님이 그를 임명하셨습니다. 그
를 받아들이십시오. 그리고 그 안에서 안식하십시오. 뿐만 아니라 하나님은 그
에게 자격을 주셨습니다. 그에게 구주의 기름 부음을 주셨습니다. 무엇이라고
요? 하나님이 그에게 충분한 능력으로 덧입혀 주지 않았다고요? 그에게 여러분
같은 사람을 구원할 수 있는 충분한 공로가 구비(具備)되지 않았다고요? 여러분
은 하나님이 행하신 일을 제한할 것입니까? 여러분은 그의 기름 부음이 불완전
하다고 생각합니까? 여러분은 그의 기름 부음에도 불구하고 그가 여러분을 구원
할 만한 충분한 자격이 없다고 생각합니까? 제발 하늘의 은혜를 모독하지 마십
시오. 제발 하나님의 지혜를 멸시하지 마십시오. 지금 나아와 그를 믿으십시오.
그렇게 함으로써 하나님의 기름 부음 받은 구주를 존귀하게 하십시오.

### 2. 둘째로, 영원히 동일한 그의 속성을 주목하십시오.

본문은 "예수 그리스도는 어제나 오늘이나 영원토록 동일하시니라"라고 말
씀합니다. 물론 예수 그리스도가 모든 때에 항상 동일한 상태 가운데 있었던 것
은 아닙니다. 그에게 천사들에 의해 경배를 받던 때가 있었는가 하면 사람들로

부터 침 뱉음을 당한 때도 있었습니다. 그는 하늘의 영광을 이 땅의 가난과 죽음과 무덤과 맞바꾸었습니다. 또 예수 그리스도는 그 하는 일에 있어 항상 동일하지는 않을 것입니다. 한때 그는 잃은 자를 찾아 구원하려고 오셨습니다. 그러나 다시 오실 때는 그렇게 낮은 모습으로 오시지 않을 것입니다. 그는 전혀 다른 목적으로 오실 것입니다. 그는 원수들을 쇠몽둥이로 쳐부수기 위해 오실 것입니다. 그러므로 우리는 "동일하다"는 표현을 무제한적인 의미로 취하지 않을 것입니다. 헬라어 원어를 보십시오. 그것은 또한 이렇게도 읽혀질 수 있습니다. "예수 그리스도는 어제나 오늘이나 영원토록 그 자신이시니라"(Jesus Christ Himself yesterday and today and forever). 기름 부음 받은 구주는 항상 그 자신입니다. 그는 항상 예수 그리스도입니다. 내가 볼 때 "동일하다"(same)는 단어는 본문의 두 칭호를 가장 밀접하게 연결시키는 것으로 보입니다. 그것은 예수 그리스도는 어제나 오늘이나 영원토록 항상 예수 그리스도라고 말하는 것과 마찬가지입니다. 예수 그리스도는 항상 그 자신입니다. 설령 이것이 정확한 번역은 아니라 하더라도, 어쨌든 이것은 가장 올바르며 축복된 문장입니다. 예수 그리스도가 항상 그 자신인 것은 얼마나 축복된 사실입니까? 그에게 불변성의 속성이 돌려집니다.

자기 백성들에게 그는 지금 그러한 것처럼 항상 그러했습니다. 왜냐하면 그는 어제나 오늘이나 영원토록 동일하시기 때문입니다. 스스로 지혜롭다고 여기는 어떤 사람들은 그리스도께서 오시기 전에 살았던 하나님의 백성들과 그 이후에 살았던 백성들 사이를 구별했습니다. 심지어 우리는 그리스도께서 오시기 이전에 살았던 사람들은 하나님의 교회에 속하지 않는다는 극단적인 주장까지 듣습니다. 그러나 이것은 얼마나 어리석은 주장입니까! 두말 할 필요도 없이, 모든 장소의 모든 하나님의 자녀들은 동일한 발판 위에 서 있습니다. 우리 주님에게 어떤 자녀들은 가장 많이 사랑스럽고, 또 어떤 자녀들은 덜 사랑스럽고, 또 어떤 자녀들은 거의 사랑스럽지 않은 그런 경우는 없습니다. 물론 그리스도께서 오시기 이전과 이후의 사람들 사이에, 그에 대해 아는 분량에 있어 많은 차이가 있었던 것은 틀림없는 사실입니다. 그러나 그리스도 이전에 살았던 사람들 역시도 모두 동일한 피에 의해 씻음을 받았으며, 동일한 속전(贖錢)으로 구속을 받았으며, 동일한 몸의 지체가 되었습니다. 은혜언약 안에서 참 이스라엘은 혈통을 따른 이스라엘이 아니라 모든 세대의 모든 신자들입니다. 그리스도의 초림 이전에, 모

든 모형과 그림자들은 모두 하나의 길을 가리켰습니다. 그 모든 것들은 그리스
도를 가리켰으며, 모든 성도들은 소망을 가지고 그를 바라보았습니다. 그리스도
이전에 살았던 사람들은 우리와 다른 구원으로 구원받지 않았습니다. 우리와 똑
같이 그들 역시도 믿음으로 구원받았습니다. 우리의 믿음이 분투하는 것처럼 그
들의 믿음도 분투했으며, 우리의 믿음이 상을 받는 것처럼 그들의 믿음도 상을
받았습니다. 거울에 비친 얼굴과 진짜 얼굴이 서로 상응하는 것처럼, 다윗의 영
적 생명과 오늘날의 신자들의 영적 생명은 서로 상응합니다. 지금 당장 시편을
들고 읽어 보십시오. 그리고 이것이 오래 전의 책이란 사실은 잠시 잊으십시오.
그러면 여러분은 이 책이 최근에 기록된 책과 별반 다르지 않다는 사실을 깨닫
게 될 것입니다. 그리스도에 대해 기록할 때에도, 다윗은 마치 그리스도 이후에
살았던 사람처럼 기록합니다. 자신의 구주를 볼 때나 자기 자신을 볼 때나, 그는
한 사람의 유대인이라기보다 한 사람의 그리스도인으로서 글을 쓰고 있는 것처
럼 보입니다. 그리스도 이전에 살았음에도 불구하고, 그는 오늘날의 우리와 동
일한 소망과 동일한 두려움과 동일한 기쁨과 동일한 슬픔을 가지고 있었습니다.
복된 구속주에 대해 생각함에 있어서도, 그는 오늘날의 우리가 생각하는 것과
동일하게 생각합니다. 예수는 오늘날 그의 백성들에게 기름 부음 받은 구주인
것과 똑같이 어제도 동일한 구주였습니다. 어제의 백성들과 오늘의 백성들이 모
두 그로부터 동일한 보배로운 선물을 받았습니다. 만일 옛 선지자들이 오늘날의
우리에게 말할 수 있다면, 그들 모두는 우리에게 그들의 시대에 그리스도는 모
든 직분에 있어 동일했다고 증언할 것입니다. 그가 오늘날 우리 시대에 그러한
것처럼 말입니다.

또 예수 그리스도는 과거에 그랬던 것과 똑같이 오늘날에도 그러합니다. 왜냐하면
본문이 "예수 그리스도는 어제나 오늘이나 동일하시니라"라고 말하기 때문입니
다. 그는 영원 전부터 그러했던 것처럼 오늘날에도 동일하게 그러합니다. 창세
전에 그는 우리의 구원을 계획하셨습니다. 그는 자신이 그 일을 떠맡기로 아버
지와 더불어 언약을 맺으셨습니다. 그는 장차 사람의 아들들에게 이루어질 일을
바라보며 기뻐하셨으며, 오늘날에도 그리고 영원히 그 언약에 신실하십니다. 그
는 자신에게 주어진 자들을 결코 잃지 않을 것입니다. 뿐만 아니라 그 언약의 모
든 항목들이 성취될 때까지, 그는 결코 낙망하거나 포기하거나 중단하지 않을
것입니다. 영원 전부터 그리스도의 마음속에 있었던 무한한 사랑은 오늘날에도

그곳에 동일하게 있습니다. 또 예수는 이 땅에 계셨을 때에 그러했던 것처럼 오늘날에도 동일하게 그러합니다. 이러한 사실은 우리에게 얼마나 큰 위로를 줍니까? 사람들 가운데 장막을 치셨을 때, 그는 그들을 구원하기를 가장 간절히 열망하셨습니다. "수고하고 무거운 짐 진 자들아 다 내게로 오라" — 이것이 그의 간절한 부르짖음이었습니다. 지금도 그는 여전히 수고하고 무거운 짐 진 자들을 자신에게 오라고 초청하고 계십니다. 육체로 계시는 날 동안, 그는 간음한 여자를 정죄하지 않으셨으며 또한 자신에게 나아온 세리와 죄인들을 거절하지 않으셨습니다. 지금도 예수는 죄인들을 향해 "나도 너를 정죄하지 아니하노니 가서 다시는 죄를 범하지 말라"(요 8:11)라고 말씀하십니다. 그의 입술로부터 흘러나왔던 "너의 많은 죄가 사하여졌도다"(눅 7:47)라는 은혜의 말씀은 지금도 여전히 그의 아름다운 입술로부터 똑같이 흘러나옵니다. 그리스도께서 하늘에 계시므로 이제 우리와 너무나 멀리 떨어져 있으며 그러므로 그에게 가까이 다가갈 수 없게 되었다고 결코 생각하지 마십시오. 예전에 여기에 계셨던 것처럼, 그는 지금도 여기에 계십니다. 예전에 순하고 온유한 어린 양이었던 것처럼, 그는 지금도 똑같이 그러합니다. 예전에 사람들이 아무런 주저함 없이 가까이 다가갈 수 있었던 인자(人子)였던 것처럼, 그는 지금도 똑같이 그러합니다. 가장 비천한 죄인들이여, 담대히 그에게 나아가십시오. 상한 마음과 뜨거운 눈물을 가지고 그에게 나아가십시오. 엄위한 광채로 둘러싸인 왕이며 제사장임에도 불구하고 그는 여전히 사람의 아들들을 향한 뜨거운 사랑과 동정심을 가지고 계십니다. 뿐만 아니라 예수 그리스도는 그 능력에 있어서도 동일합니다. 그는 여전히 예수 그리스도 곧 기름 부음받은 구주입니다. 세상에 계실 때, 그는 나병환자에게 손을 대시며 "내가 원하노니 깨끗함을 받으라"라고 말씀하셨습니다. 그가 무덤으로부터 나사로를 불러내자 나사로가 나왔습니다. 죄인들이여, 오늘날에도 예수는 예전에 그랬던 것과 마찬가지로 여전히 여러분을 고칠 수 있으며 또한 여러분에게 생명을 불어넣을 수 있습니다. "그러므로 자기를 힘입어 하나님께 나아가는 자들을 온전히 구원하실 수 있으니 이는 그가 항상 살아 계셔서 그들을 위하여 간구하심이라"(히 7:25). 그의 보배로운 피가 흘려지지 않았습니까? 희생제사가 충분하게 드려지지 않았습니까? 그러므로 그리스도의 구원의 능력에는 아무런 제한이 없습니다. 그러므로 그에게 나오십시오. 지금 그를 의지하고 그 안에서 구원을 찾으십시오. 사랑하는 형제들이여, 끝까지 구원을 이루고야 마는 그의 성실하심을 기억하십시오. 그는 "아버지께서 내게 주신 자 중에서 하나도 잃지 아니하였사옵나이다"(요 18:9)라고 말할 수 있었습니다. 그가 오늘날에도 동일함을 기뻐하십시오. 그는 여러분 가운데 단 한 사람도 버리지 않을 것입니다. 그는 소자 하나도 잃지 않을 것입니다. 그는 육체로 계실 때에 모든 자들을 안전하게 지켰습니다. 그는 영광 가운데 계신 오늘날에도 모든 자들을 안전하게 지키고 계십니다. 그는 이 땅에 계셨던 때와 똑같이 오늘날에도 동일합니다.

뿐만 아니라 예수 그리스도는 사도들의 시대와 똑같이 오늘날에도 동일합니다. 그 때 그는 성령의 충만을 주셨습니다. 또 승천하실 때, 그는 사람들에게 각종 은사를 주셨습니다. 그들이 오순절 날 보았던 것을 오늘날 우리가 볼 수 없다고 생각하지 마십시오. 그는 동일한 그리스도입니다. 베드로의 때에 한 번의 설교로 3,000명의 회심자가 생겼던 것처럼, 예수는 오늘날에도 한 번의 설교로서 3,000명의 회심자를 만들 수 있습니다. 그의 성령은 고갈되지 않았습니다. 왜냐하면 하나님이 그에게 성령을 한량없이 부어 주셨기 때문입니다. 우리는 그에게 우리 가운데 복음을 전파하는 특별한 종들을 일으켜 달라고 기도해야 합니다. 우리는 사역을 위해 충분히 기도하지 않습니다. 복음사역은 특별히 승천의 선물입니다. 승천하면서 그는 사람들에게 각종 은사를 주셨으며, 그러한 은사 속에는 사도와 복음전도자와 교사가 포함되어 있었습니다. 우리는 피에 호소하여 구원을 간청합니다. 그런데 어째서 우리는 승천에 호소하면서 사역자들을 간청하지 않는단 말입니까? 만일 우리가 그렇게 한다면, 우리는 우리 가운데 더 많은 휫필드와 웨슬리들이 일어나는 것을 보게 될 것입니다. 또 교회에 더 많은 루터와 칼빈들이 일어날 것이며, 그럴 때 교회는 새롭게 부흥될 것입니다. 예수 그리스도는 승천하던 해와 마찬가지로 올해 즉 1869년에도 모든 영적 은사들로 동일하게 자기 백성들을 부요하게 하십니다. "예수 그리스도는 어제나 오늘이나 영원토록 동일하시니라."

또 예수는 우리 조상들에게 그러했던 것과 마찬가지로 오늘날에도 동일하게 그러합니다. 그들은 자기 안식에 들어갔지만 그러나 안식에 들어가기 전에 그리스도가 그들에게 무엇이었는지를 우리에게 말해 주었습니다. 그리스도는 그들이 위험 가운데 빠져 있었을 때 그들을 지켜 주었습니다. 그리스도는 그들이 슬픔 가운데 있었을 때 그들을 건져 주었습니다. 그는 그들을 위해 행하셨던 바로 그 일을 오늘의 우리를 위해 똑같이 행하실 것입니다. 우리 앞에 살았던 어떤 사람들은 화형대에서 불병거를 타고 하늘로 올라갔습니다. 그러나 그리스도는 화형대에서조차 그들에게 가장 고귀한 분이셨습니다. 우리는 우리 앞에 있는 순교자들의 이야기를 놀람과 경탄으로 읽습니다. 이러한 이야기는 감옥에 있는 자들과, 사자들에게 던져진 자들과, 양과 염소의 가죽을 쓰고 유리방황하는 자들에게 얼마나 큰 힘과 위로를 줍니까? 영국과 스코틀랜드와 그리스도가 전파된 모든 나라들은 그의 피로 채색되고 충성된 증인들의 증언으로 존귀한 나라가 되었습니다. 예수는 이미 세상을 떠난 우리 조상들에게 그러했던 것처럼 여전히 오늘날의 우리에게도 동일하게 그러합니다. 우리는 단지 하나님께 간청하기만 하면 됩니다. 그러면 우리는 동일한 은택을 받을 것입니다.

본문은 "예수 그리스도는 어제나 오늘이나 동일하시니라"라고 말합니다. 그는 과거에 우리에게 그러하셨던 것처럼 오늘도 동일하게 그러합니다. 우리는 과거에 하나님의 임재를 풍성하게 향유했습니다. 우리는 그의 사랑을 기억합니다. 그러나 만일 우리가 오늘날 과거와 동일한 기쁨을 향유하지 못한다면, 그것은 그의 잘못이 아닙니다. 우물 안에는 여전히 똑같은 물이 있습니다. 그러나 만일 우리가 그 물을 긷지 않는다면, 그것은 우물의 잘못이 아니라 우리 자신의 잘못입니다. 우리가 냉랭함을 느끼는 것은 우리 자신이 불로부터 멀리 떨어져 있기 때문입니다. 우리의 발걸음이 어긋나는 것은 우리가 그와 어긋난 채로 걷기 때문입니다. 그에게로 돌이킵시다. 그러면 그는 지금 우리를 기쁘게 영접할 것입니다. 우리가 처음 회개할 때 그랬던 것처럼 말입니다. 그의 마음은 사랑으로 가득 차 있습니다. 그리고 그는 우리의 목을 붙잡고 우실 준비가 되어 있습니다. 우리가 처음 그에게 나아가 용서를 구할 때 그랬던 것처럼 말입니다. 본문은 우리에게 얼마나 큰 기쁨과 위로를 줍니까? 그러나 우리는 더 이상 이러한 주제에 머물러 있을 수 없습니다. 다만 우리에게 있어 예수 그리스도는 어제와 마찬가지로 오늘도 동일함을 기억하는 것으로 충분합니다.

나아가 그리스도는 어제 그러했고 오늘 그러한 것과 마찬가지로 내일도 또한 그러할 것입니다. 우리 주 예수 그리스도는 우리 생애 전체를 통해 결코 변하지 않을 것입니다. 우리에게 아직 삶의 시간이 많이 남아 있을는지 모릅니다. 그렇지만 머지않아 우리의 머리는 희어질 것이며, 사지(四肢)는 수척해질 것이며, 눈은 흐려질 것입니다. 그러나 그 때에도 예수 그리스도는 젊음의 싱싱함을 가지고 계실 것이며, 그의 충만한 사랑은 여전히 우리에게 흘러넘칠 것입니다. 뿐만 아나라 예수 그리스도는 다시 오셔서 영광 가운데 통치하실 때에도 자기 백성들에게 동일하실 것입니다. 지금과 마찬가지로 말입니다. 어떤 사람들은 재림 이후에 그리스도가 지금과는 전혀 다르게 자기 백성들을 다룰 것이라고 주장합니다. 나는 현대 학파에 속한 어떤 학자들로부터 우리 가운데 어떤 사람들은 그리스도께서 다시 오실 때 그의 나라로부터 배제될 것이라는 말을 종종 듣곤 합니다. 우리는 그의 보혈로 구원을 받았으며, 하나님의 가족으로 받아들여졌습니다. 그리고 우리의 이름은 그리스도의 흉패 위에 새겨졌습니다. 그럼에도 불구하고 우리 가운데 어떤 사람들은 그의 나라로부터 배제될 것이라는 것입니다. 이 얼마나 터무니없는 말입니까! 나는 하나님의 말씀으로부터 그와 같은 이론을 뒷받침해 주는 어떤 구절도 찾을 수 없습니다. 하나님의 백성들은 똑같이 그리스도의 보혈로 산 바 되었으며, 똑같이 예수의 마음에 귀한 자들입니다. 그들은 동일한 척도와 토대 위에서 다루어질 것입니다. 그들은 결코 율법 아래 놓이지 않을 것입니다. 예수 그리스도는 결코 그들을 율법적인 재판장으로서 다스리지 않을 것이며, 천년왕국의 영광으로부터 그들을 쫓아내지 않을 것입니다. 그는 자신의 구속받은 자녀들 가운데 어떤 사람들을 배제하는 권세를 어느 누구에게도 주지 않을 것입니다. 그들은 그가 항상 자신들을 변함없는 사랑과 은혜로 다루심을 발견할 것입니다. 천년왕국의 상급은 항상 신적 은혜의 상급일 것입니다. 그것은 하나님의 가족 가운데 가장 작은 자도 배제되지 않는 그러한 상급일 것입니다. 모든 사람은 사랑하는 구주의 손으로부터 상급의 보증을 가질 것입니다. 오늘 나를 사랑하시고 나에게 그의 얼굴빛을 주시고 나로 하여금 그의 이름을 기뻐하게 하시는 그가 장차 다시 오실 때 나를 그의 나라로부터 배제시킨단 말입니까? 결코 그럴 수 없습니다. 나는 연옥의 교리를 털끝만큼도 믿지 않습니다. 나는 프로테스탄트 교파 일각에서 스스로 분파주의자가 아니라고 말하는 어떤 사람들로부터 연옥의 교리가 옹호되고 있는 사실에 놀라움을 금치 못합니다. 그러면 그들은 옳고 우리 모두가 틀렸다는 말입니까? 그들이 가장 위대한 신학자들조차도 발견하지 못했던 것을 발견하기라도 했다는 말입니까? 예수 그리스도가 오늘날과 마찬가지로 장래에도 똑같이 자기 백성들을 사랑할 것이라는 교훈은 얼마나 중요한 교훈입니까? 만일 그러한 교훈이 파괴되거나 부인된다면, 그것은 전체 하나님의 가족에게 얼마나 큰 슬픔과 절망을 가져다주겠습니까? 영원에서 영원까지 자기 백성들에게 동일한 사랑을 가진 동일한 예수 그리스도가 있을 것입니다. 그들은 그와 더불어 동일한 교제를 가질 것입니다. 그들은 영원히 변하지 않는 기름 부음받은 구주로서 그를 얼굴과 얼굴로 볼 것이며, 그 안에서 영원히 기뻐할 것입니다.

### 3. 셋째로, 이러한 속성으로부터 말미암는 그의 명백한 요구를 주목하십시오.

우리 주님의 불변성의 속성으로부터 말미암는 그의 첫 번째 명백한 요구는 우리가 그를 끝까지 따라야만 한다는 것입니다. 7절을 주목해 보십시오. "하나님의 말씀을 너희에게 일러 주고 너희를 인도하던 자들을 생각하며 그들의 행실의 결말을 주의하여 보고 그들의 믿음을 본받으라." 이것의 의미는 이러한 거룩한 자들이 자신들의 삶을 그리스도와 함께 끝마쳤다는 것입니다. 그들의 결말은 예수에게로 가서 그와 함께 다스리는 것이었습니다. 사랑하는 자들이여, 만일 주님이 어제나 오늘이나 영원토록 동일하시다면, 그에게 도달할 때까지 그를 따르십시오. 그러한 삶의 결말은 그가 계신 곳으로 여러분을 데려다줄 것입니다. 그리고 여러분은 그곳에서 그가 항상 동일하셨음을 발견하게 될 것입니다. 여러분은 그의 계신 그대로 그를 볼 것입니다. 만일 그가 순간순간 변하는 도깨비불이라면, 그를 따르는 것은 매우 위험한 일이 될 것입니다. 그러나 그는 여러분이 흠모할 만한 모범으로서 영원히 동일하신 분입니다. 그러므로 영원히 그를 따르십시오. 프랑스의 앙리 6세는 전투가 있기 전날 밤 자신의 병사들에게 이렇게 말했습니다. "병사들이여, 그대들은 위대한 프랑스인이며 나는 그대들의 왕이니라." 그와 같이 예수 그리스도는 이렇게 말씀합니다. "너희는 나의 백성이며, 나는 너희의 지도자니라." 그러한 주님을 위해 우리가 행할 수 없는 일이 무엇이겠습니까? 또 그가 우리에게 준 시민권보다 더 크고 귀한 것이 무엇이겠습니까? 만일 우리가 정말로 그의 것이며 그가 정말로 영원히 동일하신 분이라면, 우리가 그의 성령의 권능으로 면류관을 얻을 때까지 끝까지 인내하는 것이 마땅하지 않습니까?

우리를 향한 그리스도의 두 번째 명백한 요구는 우리가 믿음에 견고하게 서야 한다는 것입니다. 9절을 주목해 보십시오. "예수 그리스도는 어제나 오늘이나 영원토록 동일하시니라 그러므로 여러 가지 다른 교훈에 끌리지 말라." 신학(神學) 가운데 새로운 것은 아무것도 없습니다. 만일 있다면, 그것은 그릇된 것일 뿐입니다. 참된 모든 것은 예전부터 있었던 것입니다. 오래된 것이라고 해서 모두 참된 것은 아니라 하더라도 말입니다. 물론 모든 학문에는 발전이라는 측면이 있습니다. 그러나 어떤 사람들은 발전을 마치 우리가 아직 전체적인 기독교를 발견하지 못한 것처럼 말합니다. 그러나 바울의 종교는 성령으로 말미암아 깨우침을 받은 모든 사람들의 종교입니다. 그러므로 우리는 단 한순간도 그리스도의 교훈을 바로잡는 새로운 것이 발견되었다는 따위의 개념을 받아들여서는 안 됩니다. 또 우리는 어떤 새로운 철학이나 과학의 발견으로 말미암아 우리 구주에 대한 신앙고백을 고칠 수밖에 없게 되었다고 생각해서도 안 됩니다. 우리는 우리가 받은 것을 굳게 붙잡아야 합니다. 그리고 그리스도 자신에 의해 "성도들에게 전달된 진리"를 결코 버려서는 안 됩니다.

그리스도의 불변성의 속성으로부터 말미암는 세 번째 명백한 요구는 우리가 그에게 최고로 엄숙하게 예배를 드려야 한다는 사실입니다. 불변성의 속성은 오직 하나님 한 분에게만 돌려질 수 있는 속성입니다. "어제나 오늘이나 영원토록 동일하신" 자가 하나님 외에 누구겠습니까? 그렇다면 우리는 마땅히 예수께 합당한 경배를 드려야 하지 않겠습니까? 십자가에 달린 자의 발 앞에 여러분의 면류관을 던지십시오. 스스로 낮추사 십자가의 부끄러움을 받으신 그에게 최고의 존귀를 돌려드리십시오. 하나님의 아들이 여러분을 위해 사람이 되신 것을 최대한 자랑하십시오. 그를 영원히 복되신 하나님으로 경배하십시오.

그의 불변의 속성으로부터 말미암는 네 번째 명백한 요구는 우리가 그를 믿어야만 한다는 사실입니다. 만일 그가 항상 동일하다면, 그는 움직일 수 없는 반석입니다. 그 위에 집을 지으십시오. 또 여러분의 소망의 닻을 그 반석에 매십시오. 그러면 여러분의 배는 아무리 폭풍이 거세게 몰아치는 때에도 결코 부서지지 않을 것입니다. 만일 그리스도가 변할 수 있는 존재라면, 그는 여러분의 믿음의 대상이 될 수 없을 것입니다. 그러나 그는 영원히 변하지 않습니다. 그러므로 두려워하지 말고 그 위에 안식하십시오.

마지막으로, 만일 그가 항상 동일하다면, 그를 기뻐하며 영원히 기뻐하십시오. 만일 여러분이 그리스도 안에서 기뻐할 근거를 갖는다면, 여러분은 항상 기뻐하게 될 것입니다. 왜냐하면 그는 결코 변하지 않으시기 때문입니다. 만일 여러분이 어제 그로 말미암아 노래할 수 있었다면, 여러분은 오늘도 그로 말미암아 노래할 수 있습니다. 만일 그가 변한다면, 여러분의 기쁨도 변할 수 있습니다.

그러나 만일 여러분의 기쁨의 강이 오직 영원히 동일하신 예수의 깊은 샘으로부터 흘러나온다면, 그 강은 결코 흐르기를 멈추지 않을 것입니다. 사랑하는 자들이여, 그리스도 안에서 항상 기뻐하십시오. 내가 다시 말하노니 기뻐하십시오. 우리가 그를 얼굴과 얼굴로 보며 그와 같이 변화될 복된 날이 도래할 때까지, "예수 그리스도는 어제나 오늘이나 영원토록 동일하시니라"가 여러분의 기쁨이 되게 하십시오. 아멘.

제
45
장
—

# 변할 수 없는 그리스도

—

**"예수 그리스도는 어제나 오늘이나 영원토록**
**동일하시니라."** ─ 히 13:8

본문의 바로 앞 구절을 읽어 보십시오. 어떤 본문을 읽든지 항상 앞뒤 문맥과 연결하여 읽으려고 노력하는 것은 참으로 좋은 습관입니다. 내가 생각하기에 어떤 말씀을 문맥과 상관없이 취하는 것은 잘못된 태도입니다. 그렇게 함으로써 하나님의 말씀을 손상시키기도 하고, 때로는 그것이 가르치는 참된 교훈과 실제적인 의미를 놓치기도 합니다. 어떤 사람이 밀턴의 「실낙원」으로부터 몇 구절을 떼어 읽고는 저자(著者)의 마음을 모두 이해했다고 생각한다면, 그것은 얼마나 터무니없는 일이겠습니까? 그러므로 어떤 본문을 읽든지 항상 그것이 위치한 전후문맥과의 관련 속에서 읽으십시오. 오늘의 본문을 바로 앞 구절과 연결하여 다시 읽어보도록 합시다. "하나님의 말씀을 너희에게 일러 주고 너희를 인도하던 자들을 생각하며 그들의 행실의 결말을 주의하여 보고 그들의 믿음을 본받으라 예수 그리스도는 어제나 오늘이나 영원토록 동일하시니라"(7, 8절).

7절 속에 있는 "생각하며"라는 말씀을 주목해 보십시오. 하나님의 백성들은 생각을 해야 합니다. 그들은 깊이 생각하며, 주의하여 보아야 합니다. 이것이 7절의 가르치는 바입니다. 만일 그들이 자신들을 인도하던 이 땅의 지도자들을 깊이 생각한다면, 그들은 큰 지도자이신 주 예수를 훨씬 더 많이 생각하게 될 것입니다. 그리고 그의 복된 입술로부터 흘러나오는 모든 진리들을 훨씬 더 많이 생각하게 될 것입니다. 나는 오늘날 그리스도인들이 많이 생각하기를 바랍니다. 그렇지만 우리는 너무나 급하며, 요동하며, 걱정하며, 허둥대며 살고 있습니다. 그러는 가운데 우리는 생각하는 일에 많은 시간을 할애하지 않습니다. 우리의 위대한 청교도 조상들은 고난의 날에도 자신들의 길을 굳게 견지할 수 있었던 심지가 굳고 견고하며 독립적인 사람들이었습니다. 그렇게 할 수 있었던 것은 그들이 생각하는데 많은 시간을 할애했기 때문이었습니다. 그들은 은밀하게 하나님과 교제하는데 많은 시간을 할애했으며, 자신들의 매일의 경험을 꼭 일기로 기록했습니다. 그들로부터 배우십시오. 그리고 생각하는데 좀 더 많은 시간을 할애하십시오. 오늘날 런던은 얼마나 바쁩니까? 또 이 시대는 얼마나 시험이 많은 시대입니까? 이러한 때에 더 많이 생각하고 또 생각하십시오.

또 하나님의 백성들을 본받을 줄 알아야 합니다. 7절이 인도자들을 생각하며 그들을 본받으라고 말하지 않습니까? "하나님의 말씀을 너희에게 일러 주고 너희를 인도하던 자들을 생각하며 그들의 행실의 결말을 주의하여 보고 그들의 믿음을 본받으라." 오늘날의 사람들은 지나치리만큼 독창성을 추구하며 스스로 새로운 길을 찾으려고 갈망하는 경향이 있습니다. 만일 어떤 양이 그렇게 한다면, 그 양은 나쁜 양일 것입니다. 양들은 목자를 따라야 합니다. 또 그들은 어느 정도 피차 따라야 합니다. 모두 무리를 지어 함께 목자를 따를 때 말입니다. 우리의 위대한 주님은 결코 독창성을 추구하지 않으셨습니다. 심지어 그는 스스로 말하지 않고 오직 아버지께로부터 들은 것을 말한다고 말씀하셨습니다. 그는 항상 하나님에 대해 열려 있었습니다. 하나님의 아들과 종으로서, 그의 귀는 항상 아버지의 가르침을 듣느라 열려 있었습니다. 그는 "나는 항상 그가 기뻐하시는 일을 행하노라"(요 8:29)고 말씀하실 수 있었습니다. 그리스도인에게 있어 참된 길은 예수 그리스도를 따르는 것이며 또한 모든 참된 성도들을 따르는 것입니다. 마땅히 모범이 될 만한 자격이 있는 그런 성도들 말입니다. 그들이 그리스도를 본받는 한 우리는 그들을 본받아야 합니다. 바울 사도는 "그들의 믿음을 본받으라"고 단호하게 말합니다. 스스로 새로운 길을 찾으려고 애쓰는 젊은 그리스도인을 생각해 보십시오. 그는 틀림없이 많은 실패와 고난을 겪게 될 것입니다. 반면 앞서 간 위대한 성도들을 본받고자 하는 자들은 그들의 발자국이 새겨진 길을 따르게 될 것이며 결국 목자의 발자국을 따르게 될 것입니다. 이와 같이 하나님의 백성들은 자신들에게 하나님의 말씀을 일러준 인도자들을 생각하며 그들의 믿음을 본받아야 합니다.

　　그러나 본문이 제시하는 '성도들을 본받아야 하는 가장 중요한 이유'는 우리 주님과 그를 믿는 믿음이 항상 동일하기 때문입니다. "예수 그리스도는 어제나 오늘이나 영원토록 동일하시니라"(8절). 옛 기초가 움직인다고 상상해 보십시오. 우리의 믿음이 항상 변한다고 상상해 보십시오. 그렇다면 우리는 앞서 간 성도들을 따를 수 없을 것입니다. 만일 우리의 기독교가 특별히 19세기를 위한 기독교라면, 1세기의 사람들을 본받는 것은 얼마나 우스꽝스러운 일이겠습니까? 바울과 다른 사도들은 이미 오래 전에 사라진 옛 안개가 아니겠습니까? 만일 우리가 세기를 거듭하면서 계속해서 향상되는 것이라면, 나는 여러분에게 종교개혁자들과 위대한 옛 성도들을 가리키면서 "그들을 본받으라"고 말할 수 없을 것입니다. 왜냐하면 정말로 기독교가 계속해서 변화되고 향상되었다면, 그렇게 말하는 것은 참으로 이상한 일이 될 것이기 때문입니다. 도리어 후대(後代)의 우리가 전대(前代)의 그들의 모범이 되어야 할 것입니다. 물론 그들은 우리를 따를 수 없습니다. 왜냐하면 그들은 이미 이 땅을 떠났기 때문입니다. 그렇지만 정말로 우리가 그들보다 훨씬 더 잘 안다면, 그들로부터 무엇인가를 배우는 것이 도대체 무슨 의미가 있단 말입니까? 사도들은 우리보다 훨씬 못 미치는 자들입니다. 우리는 그들보다 훨씬 더 진보되고 향상되었습니다. 정말로 그렇다면, 우리는 마땅히 그들의 모든 것을 잊어야 하지 않겠습니까? 우리는 위대한 19세기의 찬란한 빛 아래 있는 반면 그들은 고작 1세기의 보잘것없는 빛 아래 있었으니까 말입니다. 사랑하는 자들이여, 그러나 실상은 어떠합니까? 오늘날의 악한 풍조는 차마 입에 담기조차 민망합니다. 오늘날의 세대는 얼마나 거짓과 오류로 얼룩져 있습니까? 그러면 우리 믿음의 영원한 기초들이 움직였습니까? 그러한 기초들이 정말로 움직였다면, 우리는 다음과 같은 질문들을 던질 수밖에 없을 것입니다. "그러면 의인은 어떻게 행해야 할 것인가? 이제 우리는 누구를 본받을 것인가? 이제 우리는 누구를 따를 것인가? 지계표(地界標)가 옮겨졌도다. 이제 우리에게 남아 있는 거룩한 모범의 보고는 도대체 어디에 있단 말인가?"

## 1. 첫째로, 예수 그리스도는 영원히 동일하며 항상 그 자신이라는 사실을 주목하십시오.

"예수 그리스도는 어제나 오늘이나 영원토록 동일하시니라"는 본문으로부터 내가 첫 번째로 주목하는 것은 바로 이것입니다. 그는 항상 동일하며, 동일했으며, 동일할 것입니다.

첫 번째로, 예수 그리스도는 자기 백성들에 대한 큰 사랑에 있어 항상 동일합니다. 물론 그의 상태와 상황에 있어서는 변화가 있다 하더라도 말입니다. 첫 번째 별이 빛나기 전에, 그리고 첫 번째 피조물이 창조주를 찬미하는 노래를 부르기 전에, 그는 영원한 사랑으로 자기 교회를 사랑하셨습니다. 그는 교회를 예정(豫定)의 거울로 바라보셨으며, 자신의 신적 예지(豫知)로 그리셨으며, 온 마음으로 사랑하셨습니다. 그리고 바로 이 이유 때문에 그는 아버지를 떠나 우리 가운데 오셨습니다. 우리를 구속하기 위해서 말입니다. 또 그가 그들과 함께 이 땅의 모든 눈물골짜기를 통과한 것도 바로 이 이유 때문이었습니다. 그는 십자가 위에서 자신의 몸으로 그들의 모든 죄를 짊어지고 그들의 빚을 갚으셨습니다. 또 자신을 세상으로 내려오게 만든 사랑과 동일한 사랑으로, 그는 그들을 위해 무덤 속에서 잠드셨습니다. 또한 그는 동일한 사랑의 마음으로 다시 살아나셨습니다. 그리고 그는 또한 동일한 사랑으로 자신의 영광에 들어가셨습니다. 그의 은혜로 온전하게 된 배필을 맞이하기 위해 다시 올 혼인날을 기다리면서 말입니다. 그의 택하신 자들에 대한 그의 사랑은 단 한순간도 변하지 않았습니다. 그가 영원히 찬송 받으실 하나님으로 계실 때든, 인자(人子)로서 사람의 몸을 입고 이 땅에 계실 때든, 죽은 자로서 무덤에 계실 때든, 부활하시고 승천하셨을 때든 상관없이 말입니다. 그는 "어제나 오늘이나 영원토록 동일하신" 예수 그리스도입니다.

두 번째로, 자신의 사랑하는 교회에 대한 그의 신적 목적 역시 변하지 않습니다. 그는 영원 속에서 그들 가운데 하나가 되고자 결정하셨습니다. 그들로 하여금 자신과 함께 있는 자가 되도록 만들기 위해서 말입니다. 그리고 때가 차매 그는 여자에게서 나시고 율법 아래 나셨습니다. 그는 죄 있는 육체의 모양을 취하셨습니다. "오히려 자기를 비워 종의 형체를 가지사 사람들과 같이 되셨고 사람의 모양으로 나타나사 자기를 낮추시고 죽기까지 복종하셨으니 곧 십자가에 죽으심이라"(빌 2:7, 8). 그러나 그는 결코 자신의 목적을 포기하지 않으셨습니다. 그는 굳은 결심을 가지고 예루살렘으로 올라가셨습니다. 쓴 잔이 그의 손 위에 놓였을 때 잠시 비틀거리는 것처럼 보였지만, 그러나 그는 굳은 결심으로 본래의 목적으로 되돌아왔습니다. "내 아버지여 만일 할 만하시거든 이 잔을 내게서 지나가게 하옵소서 그러나 나의 원대로 마시옵고 아버지의 원대로 하옵소서"(마 26:39). 그 목적은 그에게 있어 너무도 크고 강렬한 것이었습니다. 왜냐하면 시온을 위해 그는 자신의 안위를 돌보지 않을 것이며, 또한 예루살렘의 의와 구원이 등처럼 빛날 때까지 그는 결코 쉬지 않을 것이기 때문입니다. 예수 그리스도는 여전히 자신의 위대한 일을 이루어 나가고 계시며, 그는 그 가운데 결코 좌절하거나 낙망하지 않을 것입니다. 그는 자신의 피로 산 모든 자들이 그의 권능으로 말미암아 영화롭게 될 때까지 결코 만족하지 않을 것입니다. 그는 자신의 모든 양 떼를 하늘의 풀밭으로 모을 것이며, 거기에서 그들 하나하나를 자신의 손으로 친히 셀 것입니다. 사랑하는 여러분, 그는 결코 그의 목적을 바꿀 수 없습니다. 그의 목적을 바꾸는 것은 그의 본성과 어긋나는 일입니다. 왜냐하면 그는 "어제나 오늘이나 영원토록 동일하신" 예수 그리스도이기 때문입니다.

세 번째로, 그는 또한 자신의 직분에 있어서도 어제나 오늘이나 영원토록 동일하십니다. 그는 여전히 선지자입니다. 사람들은 그를 어느 한쪽 측면으로 몰아가려고 애를 씁니다. 오늘날 소위 말하는 과학은 자꾸만 그의 입에 자물쇠를 채우려고 합니다. 그러나 그의 양들은 그의 음성을 아는 고로 그를 따르지만, 타인은 결코 따르지 않을 것입니다. "양들이 그의 음성을 아는 고로 따라오되 타인의 음성은 알지 못하는 고로 타인을 따르지 아니하고 도리어 도망하느니라"(요 10:4, 5). 신약의 교훈들은 1,800년 전과 마찬가지로 오늘날에도 똑같이 참되며 견고합니다. 그것들은 털끝만큼도 그 가치를 잃지 않았습니다. 그것들은 마치 영원한 산처럼 그 절대적인 확실성을 오늘날에도 동일하게 가지고 있습니다. 예수 그리스도는 선지자였으며, 그는 "어제나 오늘이나 영원토록" 동일하십니다.

그는 또한 제사장으로서 동일하십니다. 오늘날 어떤 사람들은 그의 보혈을 조롱합니다. 아, 그의 보혈이 조롱을 당하는 것은 얼마나 분한 일입니까! 그러나 그의 택하신 자들에게 그의 보혈은 여전히 고귀합니다. 오늘날에도 그의 보혈 안에는 그의 택하신 자들을 사는 값이 포함되어 있습니다. 그들은 그의 보혈로 말미암아 이깁니다. 그들은 어린 양의 피로 말미암아 승리를 얻습니다. 그들은 하늘에서 그의 보혈을 찬미할 것을 압니다. 왜냐하면 그들은 어린 양의 피로 희게 되었기 때문입니다. 그들은 사람들의 죄를 위해 단번에 드려진 그들의 큰 제사장과 그의 놀라운 희생제사로부터 결코 돌이키지 않을 것입니다. 그들은 아버지의 보좌 앞에서 그의 영원한 제사장직을 찬미합니다. 예수 그리스도가 "어제나 오늘이나 영원토록 동일하신" 제사장이라는 사실로 인해 우리는 기뻐하며 또 기뻐할 것입니다.

그는 또한 왕으로서 동일하십니다. 그는 교회의 주권자입니다. 오, 예수여! 당신 앞에 당신의 모든 신하들이 엎드려 경배하나이다! 모든 단들이 당신의 단 앞에 절하나이다! 해와 달과 모든 별들이 당신께 순종하며 당신을 섬기나이다! 만왕의 왕이시며 만주의 주시여! 당신은 몸인 교회의 머리이나이다! 사랑하는 자들이여, 이와 같이 우리 주님은 선지자와 제사장과 왕의 직분에 있어 영원히 동일하십니다. 만일 그에게 또 다른 직분이 있다면, 우리는 그 직분에 대해서도 "어제나 오늘이나 영원토록 동일하다"고 말할 수 있을 것입니다.

네 번째로, 그는 또한 자기 백성들에 대한 관계에 있어 어제나 오늘이나 영원토록 동일하십니다. 예수 그리스도는 과거에 자기 교회의 남편이었던 것처럼 오늘날에도 여전히 그의 남편입니다. 그는 과거에 이혼을 미워하셨던 것과 똑같이 오늘날에도 이혼을 미워하십니다. 또 그는 첫 제자들의 형제였던 것처럼 오늘날에도 여전히 우리의 신실한 형제입니다. 뿐만 아니라 그는 과거의 그들에게 형제보다 더 친밀한 친구였던 것처럼 오늘날에도 똑같이 우리의 친구입니다. 자기 백성들에 대한 주 예수 그리스도의 관계는 어제나 오늘이나 영원토록 아무런 차이도 없습니다. 과거에 자기 백성들의 위로가 되셨던 그는 오늘날에도 똑같이 우리의 위로가 되십니다. 과거에 그는 나사로로 인해 슬픔 가운데 빠져 있었던 마르다와 마리아에게 찾아 오셨습니다. 그는 오늘날에도 이런저런 슬픔 가운데 빠져 있는 여러분을 돕기 위해 여러분의 베다니로 찾아오십니다. 나의 형제들이여, 예수 그리스도는 지금도 이 세상의 먼지투성이의 길을 하루 종일 걸은 여러분의 발을 씻어 주십니다. 그는 우리를 씻어 주시기 위해 대야와 수건을 준비하고 계십니다. 제자들의 발을 씻어 주실 때 그렇게 하셨던 것처럼 말입니다. 그 때 그들에게 그러하셨던 것처럼, 그는 지금도 여전히 우리에게 그러하십니다. 우리가 "베드로와 요한과 막달라 마리아에게 그러하셨던 것처럼, 그는 또한 우리에게 어제나 오늘이나 영원토록 동일하시다"고 말할 수 있는 것은 우리에게 있어 얼마나 복된 일입니까?

사랑하는 자들이여, 사람들은 변합니다. 사람들은 얼마나 자주 변합니까? 서리가 내리면 초록색의 숲은 흰색으로 변하지 않습니까? 또 모든 잎은 가지를 붙잡고 있는 힘을 잃고 가을바람에 떨어지지 않습니까? 이와 같이 우리의 친구들도 시험의 때에 우리를 붙잡고 있는 힘을 잃고 우리로부터 떨어져 나갑니다. 그러나 예수 그리스도는 우리에게 과거에 그러하셨던 것처럼 항상 그러합니다. 우리가 늙어 아무런 힘도 남아 있지 않을 때 그래서 사람들로부터 외면을 당할 때조차도, 그는 우리에게 "노경(老境)에도 나는 너를 붙잡으며 인도하며 이끌 것이라"고 말씀하실 것입니다. 왜냐하면 그는 "어제나 오늘이나 영원토록 동일하신" 예수 그리스도이기 때문입니다.

### 2. 둘째로, 예수 그리스도는
### 그의 교훈에 있어서도 항상 동일합니다.

본문은 "예수 그리스도는 어제나 오늘이나 영원토록" 동일하다고 말씀합니다. 그런데 그러한 동일함 속에는 그의 교훈의 동일함까지도 포함되어 있는 것이 분명합니다. 왜냐하면 본문과 관련한 문맥이 이렇게 말하기 때문입니다. "하나님의 말씀을 너희에게 일러 주고 너희를 인도하던 자들을 생각하며 그들의 행실의 결말을 주의하여 보고 그들의 믿음을 본받으라 예수 그리스도는 어제나 오늘이나 영원토록 동일하시니라 여러 가지 다른 교훈에 끌리지 말라 왜냐하면 마음은 은혜로써 굳게 함이 아름답기 때문이니라"(7-9절). 문맥의 연결 관계로 볼 때, 8절 본문은 그리스도의 교훈이 어제나 오늘이나 영원토록 동일하다고 말하고 있는 것이 명백합니다. 어떤 어리석은 자들은 그리스도의 교훈이 계속해서 발전한다고 생각합니다. 그리스도의 교훈 역시도 다른 모든 학문들과 마찬가지로 오늘날의 계몽된 세대의 화려한 지혜의 물로 뿌림을 받으며 계속해서 자라간다는 것입니다.

그러나 형제들이여, 우리는 결코 그렇게 생각하지 않습니다. 왜냐하면 주 예수 그리스도는 하나님의 완전한 계시이기 때문입니다. 그는 아버지의 인격의 완전한 형상이며 그의 영광의 광채였습니다. 지나간 세대에 하나님은 자신의 선지자들을 통해 우리에게 말씀하셨지만, 그러나 이 마지막 때에 그는 자기 아들로 우리에게 말씀하셨습니다. 예수 그리스도가 완전한 계시였다는 사실을 생각해 보십시오. 그것을 생각할 때, 하나님의 아들이신 예수 그리스도의 인격과 사역 안에서 나타난 것보다 더 진전된 계시가 있을 수 있다고 상상하는 것은 얼마나 하나님을 모독하는 잘못된 태도이겠습니까? 그는 하나님의 최종적인 계시입니다. 하나님이 자기 아들을 보내셨습니다. 여러분은 독생자 안에서 나타난 계시보다 더 밝은 계시를 상상할 수 있습니까? 나는 결코 그렇게 할 수 없음으로 인해 하나님께 감사합니다. 나에게 있어 예수 그리스도는 하나님의 최고(最高)의 계시이며, 최대(最大)의 계시이며, 최후(最後)의 계시입니다. 예수 그리스도는 계시의 책을 닫으면서, 그것으로부터 아무것도 제하지 말라고 엄명합니다. 그러나 만일 여러분이 그것으로부터 무엇인가를 제한다면, 그는 생명의 책으로부터 여러분의 이름을 제할 것입니다. 또 그는 거기에다가 아무것도 더하지 말라고 엄명합니다. 그러나 만일 여러분이 거기에다가 무엇인가를 더한다면, 그는 여러분에게 그 책에 기록된 모든 재앙을 더할 것입니다.

우리 주 예수 그리스도의 구원은 예전 세대와 마찬가지로 오늘날에도 동일합니다. 예수 그리스도는 여전히 죄인들을 죄의 권능과 형벌과 오염으로부터 구원합니다. 오늘날에도 똑같이 "다른 이로써는 구원을 받을 수" 없습니다. 왜냐하면 "천하 사람 중에 구원을 받을 만한 다른 이름을 주신 일이"(행 4:12) 없기 때문입니다. 예수 그리스도는 여전히 만물을 새롭게 하십니다. 그는 사람의 아들들 안에 새 마음과 새 영을 창조하시고, 그들의 마음판 위에 그의 율법을 새깁니다. 새로운 구원은 없습니다. 어떤 사람들은 마치 새로운 구원이 있는 것처럼 말하지만, 그러나 그런 것은 없습니다. 오늘날 여러분에게 구원은 다메섹 도상의 다소의 사울에게 의미했던 것과 동일한 것을 의미합니다. 만일 여러분이 그것을 다른 의미를 가진 것으로 생각한다면, 여러분은 실제로 그것을 놓친 것입니다.

예수 그리스도의 구원은 예전과 마찬가지로 오늘날에도 동일한 방법으로 사람들에게 임합니다. 오늘날에도 구원은 믿음으로 말미암아 옵니다. 바울의 시대에 사람들은 믿음으로 말미암아 구원을 받았습니다. 이것은 오늘날에도 마찬가지입니다. 오늘날에도 사람들은 행함으로 구원받지 않습니다. 사도들의 시대에 사람들은 성령으로 시작했습니다. 이것은 오늘날에도 마찬가지입니다. 오늘날에도 사람들은 육체로 시작하지 않습니다. 우리가 구원을 받는 방법에 어떤 변화가 생겼습니까? 결코 그렇지 않습니다. 성경 속에서나 성도들의 경험 속에서나 그와 관련한 어떤 암시도 나타나지 않습니다. 오늘날에도 사람은 오직 그리스도로 말미암아 삽니다. "너희는 그 은혜에 의하여 믿음으로 말미암아 구원을 받았으니 이것은 너희에게서 난 것이 아니요 하나님의 선물이라"(엡 2:8). 구원은 과거에 그랬던 것과 마찬가지로 오늘날에도 똑같이 하나님의 선물입니다. 왜냐하면 예수 그리스도는 "어제나 오늘이나 영원토록 동일하시기" 때문입니다.

또한 이러한 구원을 받을 사람들 역시도 동일합니다. 오늘날에도 예전과 마찬가지로 모든 사람에게 복음이 전파되어야 합니다. 그러나 복음은 하나님의 은혜로 자신의 죄를 자백하는 사람들에게 특별한 능력으로 호소합니다. 복음은 수고하고 무거운 짐을 진 채 깨어진 마음으로 나아오는 자들에게 특별한 능력으로 임합니다. 복음이 거대한 달콤함으로 임하는 것은 바로 이런 사람들에게입니다. 조셉 하트(Joseph Hart)의 다음과 같은 표현을 깊이 생각해 보십시오.

> "죄인은 거룩한 제물이라.
> 　성령이 그를 그렇게 만들었도다."

예수 그리스도는 진실로 오직 죄인들만을 위한 구주입니다. 그는 의인을 구원하러 오지 않았습니다. 그는 잃은 자를 찾아 구원하러 오셨으며, 지금도 똑같이 그러합니다. "이 사람이 죄인을 영접하고 그들과 함께 음식을 같이 먹는도다"(눅 15:2). 그는 지금도 똑같이 그러합니다. "가난한 자에게 복음이 전파되며" — 이러한 언급에는 아무런 변화도 없습니다(마 11:5). 복음은 하나님으로부터 가장 멀리 떨어져 있는 자들에게 임했으며, 오늘날에도 동일하게 그러합니다.

사랑하는 여러분, 나는 사람들의 마음에 임하는 복음의 효과 역시 똑같이 동일하다고 확언할 수 있습니다. 지금도 여전히 복음은 사람들의 마음속으로 뚫고 들어옵니다. 복음은 여전히 상처를 내고, 또 여전히 치유합니다. 복음은 여전히 죽이고, 또 여전히 다시 살립니다. 복음은 여전히 사람들을 죄에 대한 두려운 경험 속에서 지옥으로 내동댕이칩니다. 그리고 여전히 그들을 하늘의 말할 수 없는 즐거움으로 끌어올립니다. 그들이 복음을 붙잡고 그 능력을 영혼으로 느낄 때 말입니다. 존 번연(John Bunyan)의 시대에 탄생과 죽음의 복음이며 죽임과 살림의 복음이었던 그 복음은 오늘날 우리의 마음 위에도 동일한 효과를 가집니다. 그것이 성령의 능력으로 임할 때 말입니다. 오늘날에도 복음은 과거와 동일한 결과를 산출하며, 사람들을 거룩하게 만드는 동일한 영향력을 가집니다.

주 예수 그리스도의 복음으로 말미암아 산출된 영원한 결과 역시 항상 그랬던 것과 마찬가지로 오늘날에도 동일합니다. 예수 그리스도를 영접하는 사람들에게 오늘날에도 복음의 약속은 과거에 그랬던 것과 동일하게 성취됩니다. 영원한 생명이 그들의 기업입니다. 그들은 그와 더불어 그의 보좌 위에 앉을 것입니다. 반면 왼편에 있는 자들에게 "저주를 받은 자들아 나를 떠나 마귀와 그 사자들을 위하여 예비된 영원한 불에 들어가라"(마 25:41)는 두려운 말씀 역시 동일하게 성취될 것입니다. 그를 믿지 않는 자는 정죄를 받을 것입니다. 약속의 말씀이든 경고의 말씀이든, 그의 말씀은 결코 변하지 않습니다. 그러므로 그를 따르는 자들은 결코 그의 말씀을 변개(變改)시키려고 해서는 안 됩니다. 왜냐하면 그의 교훈은 "어제나 오늘이나 영원토록 동일하기" 때문입니다.

만일 여러분이 단 한순간이라도 복음이 실제적으로 바뀌었다거나 변화되었다고 생각한다면, 여러분은 큰 오류를 범한 것입니다. 보십시오. 여기에 1세기를 위한 복음이 있습니다. 1세기 사람들은 1세기를 위한 복음을 통해 천국으로 갔습니다. 또 여기에 2세기를 위한 복음이 있습니다. 2세기 사람들 역시 그들 세기의 복음을 통해 천국으로 갔습니다. 그렇게 해서 19세기까지 오면, 우리는 열아홉 개의 복음을 갖게 될 것입니다. 그러면 하늘에는 열아홉 종류의 사람들이 있게 될 것이며, 그들은 열아홉 개의 서로 다른 노래들로 노래를 부를 것입니다. 그렇다면 그들의 음악에 도대체 무슨 화음이 이루어질 수 있겠습니까? 어떤 사람들은 "값없는 은혜와 죽으심의 사랑"을 노래할 것이며, 다른 사람들은 "진보와 발전"의 복음을 노래할 것입니다. 그렇다면 그 노래는 얼마나 귀에 거슬리는 불협화음이 되겠습니까? 그러면 그러한 하늘은 얼마나 꼴불견의 모습이 되겠습니까? 천국이 그런 곳이라면, 나는 그곳에 가기를 사양할 것입니다. 나로 하여금 다음과 같이 오직 예수 그리스도 한 분만 찬미하는 곳으로 가게 하십시오. "우리를 사랑하사 그의 피로 우리 죄에서 우리를 해방하신 그에게 영광과 능력이 세세토록 있기를 원하노라 아멘"(계 1:5, 6). 이것은 1세기 성도들이 노래한 것입니다. 뿐만 아니라 이것은 모든 세기의 성도들이 노래할 것입니다. 단 한 사람의 예외도 없이 말입니다. 그 노래는 영원히 바뀌지 않을 것입니다. 천지가 없어질 때까지 같은 복음으로부터 같은 결과가 흘러나올 것입니다. 왜냐하면 예수 그리스도는 "어제나 오늘이나 영원토록 동일하시기" 때문입니다.

### 3. 셋째로, 예수 그리스도는
### 그의 일하는 방식에 있어서도 동일합니다.

"예수 그리스도는 어제나 오늘이나 영원토록 동일하시니라." 과거에 예수 그리스도는 어떻게 영혼을 구원하셨습니까? "하나님께서 전도의 미련한 것으로 믿는 자들을 구원하시기를 기뻐하셨도다"(고전 1:21). 교회 역사 전체를 살펴보십시오. 그러면 여러분은 큰 부흥이 있을 때마다 항상 그것이 복음전파와 연결되어 있었던 것을 발견하게 될 것입니다. 감리교도들은 그와 같은 움직임을 만들어 내는 사람들을 무엇이라고 불렀습니까? 그런 사람들을 그들은 "감리교 복음전도자들"(Methodist preachers)이라고 불렀습니다. 그들은 항상 "감리교 복음전도자가 여기에 왔다"고 말하곤 했습니다. 사랑하는 형제들이여, 세상은 결코 감리교 박사들이나 침례교 박사들에 의해 구원받지 않을 것입니다. 사람들은 하나님의 은혜로 말미암아 복음전도자를 통해 구원받을 것입니다. 하나님은 구원의 큰 일을 다른 사람들이 아닌 복음전도자들에게 맡기셨습니다. 예수 그리스도는 "너희는 만민에게 복음을 전하라"(막 16:15)고 말씀하셨습니다. 그러나 사람들은 하나님의 계획에 대해 싫증을 냅니다. 그들은 사제들에 의해 구원을 받고자 하며, 음악에 의해 구원을 받고자 하며, 연극에 의해 구원을 받고자 합니다. 좋습니다. 이런 것들을 사용해 보라고 하십시오. 그렇게 하기를 원한다면 말입니다. 그러나 그들은 결국 완전한 실망과 혼란에 빠지고 말 것입니다. 하나님은 모조품 복음과 그것에 의해 만들어진 수많은 위선자들을 기뻐하지 않습니다. 그 결과가 무엇이겠습니까? 교회는 마침내 세상과 비슷한 수준으로 전락하고 말 것입니다. 하나님의 무기를 붙잡으십시오. 오직 복음을 전파하며, 하나님의 말씀만을 가르치십시오. 왜냐하면 하나님은 여전히 전도(preaching)의 미련한 것으로 믿는 자들을 구원하시기를 기뻐하시기 때문입니다. 이 부분에 있어서도 "예수 그리스도는 어제나 오늘이나 영원토록" 동일하십니다.

그러나 복음전파와 함께 항상 성도들의 기도가 있어야만 한다는 사실을 잊지 마십시오. 초대교회 당시의 새로운 회심자들의 모습을 주목해 보십시오. "그들이 사도의 가르침을 받아 서로 교제하고 떡을 떼며 오로지 기도하기를 힘쓰니라"(행 2:42). 먼저 그들은 사도들의 가르침을 받고 그에 대해 많이 묵상했습니다. 또 그들은 서로 교제하기를 힘썼습니다. 그들은 당시에 교회 공동체 안에 들어오게 되는 것이 무엇을 의미하는 것인지 많이 생각하며 묵상했습니다. 또 그들은 떡을 뗐습니다. 그들은 당시에 주의 만찬의 복된 규례를 소홀히 하지 않았습니다. 그러고 나서 무엇이 따릅니까? 오로지 기도하기를 힘썼다고 말씀하지 않습니까? 어떤 사람들은 오늘날 기도모임은 낡은 종교관습이 되었다고 말합니다. 이제는 낡은 종교관습이 되었다고요? 천만의 말씀입니다. 기도모임은 오순절을 가져온 위대한 모임이었습니다. 전체 교회가 한 장소에 모여 한 마음으로 기도했을 때, 갑자기 그 장소가 흔들리지 않았습니까? 그리고 그 때 급하고 강한 바람 같은 소리를 듣지 않았습니까? 그리고 그 때 성령께서 강림하시지 않았습니까? 여러분은 기도모임 없이도 복음을 전하는 일을 행할 수 있을 것입니다. 그러나 그 결과가 무엇이겠습니까? 기도가 멀어지면, 하나님의 영도 멀어질 것입니다. 그러면 복음전파는 아주 작은 열매밖에는 맺지 못할 것입니다. 복음전파와 함께 성도들의 기도가 있어야만 합니다. 구원에 이르는 하나님의 능력이 나타나기 위해서는 말입니다. 이러한 사실은 바울 시대 이래로 달라진 것이 아무것도 없습니다. 예수 그리스도는 "어제나 오늘이나 영원토록" 동일하십니다. 이스라엘 백성들은 여전히 하나님의 일하심을 간청해야 합니다. 그리고 하나님은 여전히 자기 백성들의 믿음의 기도에 응답하여 축복을 허락하십니다.

뿐만 아니라 주 예수 그리스도는 항상 자기 종들의 영적 능력을 통해 일하십니다. 그 안에 아무것도 없는 사람으로부터는 아무것도 나오지 않습니다. 하나님을 위해 위대한 일을 행하는 종들을 보십시오. 그러면 여러분은 하나님이 먼저 그들 안에서 그리고 그들로 말미암아 강력하게 일하시는 것을 발견하게 될 것입니다. 여러분은 먼저 위로부터 임하는 능력을 받아야만 합니다. 그렇지 않으면 여러분은 미미한 열매밖에는 산출하지 못할 것입니다. 사랑하는 자들이여, 우리의 교회 지체들은 더 나은 사람이 될 필요가 있습니다. 어린아이 같은 그리스도인은 장성한 그리스도인이 되어야 합니다. 또 우리 가운데 장성한 그리스도인은 "주 안에서와 그 힘의 능력으로 강건해져야"(엡 6:10) 합니다. 하나님의 종들이 하나님의 일에 적합해질 때, 하나님이 그들을 통해 일하실 것입니다. 그리고 하나님은 자신의 도구들을 자신의 일에 적합하도록 만들 것입니다. 그들 안에 어떤 강함이 있을 때, 그것은 그들 자신 안에 있는 것이 아닙니다. 그들이 약할 때, 하나님의 강함이 그들 안에 임합니다. 지금도 여전히 하나님은 자기 종들을 자신의 일에 적합하게 만드십니다. 지금도 여전히 하나님은 자신의 도구들을 통해 큰 일을 행하시기 전에 먼저 그들을 깨끗하게 만드십니다. 이 일에 있어서도 역시 예수 그리스도는 "어제나 오늘이나 영원토록" 동일하십니다.

세상에서 행해지는 모든 선한 일은 성령으로 말미암아 행해집니다. 성령이 예수 그리스도를 영화롭게 하는 것처럼, 예수 그리스도는 성령을 영화롭게 합니다. 만일 여러분과 내가 ― 개인적으로든 교회로든 ― 성령 없이 행하고자 한다면, 하나님은 곧 우리 없이 행하실 것입니다. 만일 우리가 성령을 의지하지 않는다면, 우리는 마치 머리털이 잘린 삼손과 같이 될 것입니다. 블레셋 사람들이 잡으려고 왔을 때, 그는 예전처럼 행하려고 떨치고 일어났지만 그러나 아무 일도 할 수 없었습니다. 우리는 항상 "성령이시여, 나와 함께 거하소서! 성령이시여, 당신의 종과 함께 거하소서!"라고 기도해야 합니다. 우리는 온전히 성령을 의지해야 합니다. 그것이 바로 우리 주님의 가르침이며, 그는 어제나 오늘이나 영원토록 동일하십니다.

### 4. 넷째로, 예수 그리스도는 항상 동일한 자원을 가지고 계십니다.

왜냐하면 그는 어제나 오늘이나 영원토록 동일하시기 때문입니다. 다시 한 번 말하겠습니다. 예수 그리스도는 항상 동일한 자원(資源)을 가지고 계십니다. 때로 우리는 큰 슬픔 가운데 앉아 "지금은 너무도 캄캄한 때야"라고 말하곤 합니다. 때로 너무도 두렵고 캄캄한 어둠이 우리를 둘러쌀 수 있습니다. 그럼에도 불구하고 "여호와께서 살아 계시니 나의 반석을 찬송할 것이라"(시 18:46)는 고백은 여전히 사실입니다.

교회는 신실한 사람들을 필요로 합니다. 하나님은 우리에게 그런 사람들을 많이 보내주실 수 있습니다. 교황이 온 세상을 통치하고 있을 때, 수도사 한 사람이 일어나 옛 믿음을 다시 회복할 줄을 도대체 누가 생각할 수 있었습니까? 하나님이 한 수도원 안에 종교개혁의 위대한 지도자를 가지고 계실 줄이야 누가 생각할 수 있었겠습니까? 그러나 "세상을 뒤흔든 한 수도사"가 있었으니, 그는 마르틴 루터였습니다. 그가 무슨 일을 행할지 사람들은 아무것도 알지 못했지만 그러나 하나님은 그에 대한 모든 것을 알고 계셨습니다. 뿐만 아니라 위대한 「기독교 강요」를 쓴 칼빈이 있었습니다. 그는 여러 가지 병을 가진 매우 병약한 사람이었습니다. 어떤 때는 그의 몸에 60가지 질병이 한꺼번에 있었던 때도 있었습니다. 그는 그러한 질병으로 큰 고통을 겪었습니다. 그의 초상화를 보십시오. 얼마나 핼쑥하며 창백합니까! 뿐만 아니라 그는 젊었을 때 매우 소심하며 겁이 많았습니다. 제네바로 갔을 때, 그는 자신이 책을 쓰도록 부름받았다고 생각했습니다. 그러나 파렐(Farrel)은 그에게 "당신은 이곳 제네바에서 우리를 이끌며 복음을 전파하도록 부름받았소"라고 말했습니다. 칼빈은 그러한 일로부터 움츠리며 "그렇지 않습니다!"라고 대답했습니다. 그러나 파렐은 "만일 당신이 그 일을 감당하지 않는다면, 전능하신 하나님의 광풍이 당신 위에 임할 것"이라고 말했습니다. 결국 파렐의 강력한 권고로 칼빈은 그 일을 떠맡았습니다. 그리고 그는 살든지 죽든지 흔들리지 않고 혼신의 힘을 다해 하나님의 일을 감당했습니다. 또 취리히에 츠빙글리(Zwingli)가 있었습니다. 또 멜란히톤(Melancthon)도 있었습니다. 도대체 누가 그들이 그토록 위대한 일을 행할 것이라고 상상할 수 있었겠습니까? 아무도 없었습니다. 주께서 그들에게 말씀을 주셨으며, 그들은 그것을 가지고 위대한 일을 행했습니다. 오늘날에도 마찬가지입니다. 그가 말씀을 주실 때, 여러분은 위대한 복음전파자들이 일어나 세상을 움직이기 시작하는 것을 보게 될 것입니다. 왜냐하면 그는 예전과 마찬가지로 항상 동일한 자원을 가지고 계시기 때문입니다. 그는 "어제나 오늘이나 영원토록 동일하신" 예수 그리스도입니다.

예수 그리스도는 또한 동일한 은혜의 자원을 가지고 계십니다. 여전히 성령은 사람들을 회심시킬 수 있으며, 살릴 수 있으며, 빛을 비출 수 있으며, 거룩하게 할 수 있으며, 가르칠 수 있습니다. 그가 행한 것 가운데 또다시 행할 수 없는 것은 아무것도 없습니다. 하나님의 곳간은 사도들의 시대와 마찬가지로 지금도 충만하며 흘러넘칩니다. 그러나 만일 우리가 그러한 충만함과 흘러넘침을 보지 못한다면, 그것을 억제하는 힘은 어디에 있는 것일까요? 그것은 두말 할 것도 없이 우리의 불신앙에 있습니다. "믿는 자에게는 능히 하지 못할 일이 없느니라"(막 9:23). 올해가 끝나기 전에, 하나님은 잉글랜드와 스코틀랜드와 아일랜드에 부흥의 물결을 일으킬 수 있습니다. 그렇습니다. 그는 복음의 물결로 세상 전체를 덮을 수 있습니다. 우리가 그 일을 위해 간절히 부르짖기만 한다면 말입니다. 그는 그렇게 하기를 원하십니다. 왜냐하면 그는 그의 은혜의 자원에 있어 "어제나 오늘이나 영원토록" 동일하시기 때문입니다.

### 5. 마지막으로, 예수 그리스도는 항상 나에게 어제나 오늘이나 영원토록 동일하십니다.

여러분은 얼마나 오랫동안 예수 그리스도를 알아 왔습니까? 오랫동안 예수 그리스도를 알아 왔던 사람들도 있을 것이고, 그렇지 않은 사람들도 있을 것입니다. 여러분은 여러분이 처음 그를 알게 된 때를 기억합니까? 여러분은 예수 그리스도가 여러분을 만나준 장소를 기억합니까? 처음에 그는 여러분에게 어떤 존재였습니까? 그가 내게 어떤 존재였는지 여러분에게 말해 주고자 합니다.

처음에 예수 그리스도는 나의 유일한 신뢰의 대상이었습니다. 나는 너무도 강렬하게 그를 의지하며 그에게 기댔습니다. 왜냐하면 그 때 나에게 무거운 짐이 있었기 때문이었습니다. 나는 나 자신과 나의 무거운 짐을 그의 발 앞에 내려 놓았습니다. 그는 나에게 '모든 것 가운데 모든 것'(All in All)이었습니다. 나는 그를 떠나서는 어떤 소망도 가지고 있지 않았습니다. 나에게는 나를 위해 십자가에서 죽으시고 부활하신 그 외에 어떤 믿음의 대상도 없었습니다. 그것은 지금도 마찬가지입니다. 지금도 나는 그리스도의 보혈과 그의 의 외에 어떤 믿음의 대상도 가지고 있지 않습니다. 처음에 나는 매우 강렬하게 그를 의지하며 그에게 기댔습니다. 그러나 지금은 더 강렬하게 그를 의지합니다. 때로 나는 그의 품안에서 몽롱해지곤 합니다. 나는 그의 생명 안에서 죽었으며, 그의 충만 안에서 잃어졌습니다. 그는 나의 모든 구원이며 나의 모든 소망입니다. 나는 지금 나 자신에 대해 말하고 있습니다. 나는 예수 그리스도가 나에게 "어제나 오늘이나 영원토록 동일하시다"고 말하고 있습니다. 그렇지만 이것은 여러분에게도 마찬가지입니다. 예수 그리스도의 십자가는 내가 살아가는 동안 나의 힘인 것과 마찬가지로 내가 죽을 때에 나의 위로가 될 것입니다.

처음에 예수 그리스도는 나에게 어떤 존재였습니까? 그는 나의 가장 뜨거운 사랑의 대상이었습니다. 그것은 여러분에게도 마찬가지 아니었습니까? 그는 여러분에게 가장 사랑스러운 존재가 아니었습니까? 그의 사랑하는 얼굴에는 얼마나 큰 아름다움과 매력이 있었습니까? 또 그 안에는 얼마나 큰 새로움과 신선함과 즐거움이 있었습니까? 우리가 그를 따라 광야로 들어온 초기 시절에 그랬지 않았습니까? 황량한 광야를 지나갈 때, 그는 우리에게 '모든 것 가운데 모든 것'이었습니다. 그러면 오늘날에는 어떻습니까? 지금 그는 우리에게 예전보다 더 사랑스럽습니다. 그는 우리가 소유한 단 하나의 보석입니다. 그와 비교할 때, 다른 보석들은 보잘것없는 돌 부스러기 외에 아무것도 아닙니다. 우리는 그것들을 우리의 보석상자로부터 던져 버렸습니다. 그러나 그는 우리 영혼이 기뻐하는 단 하나의 극상품 보석입니다. 그는 하나의 절대적인 완전함을 만드는 모든 완전함들(all perfections)입니다. 그는 우리에게 흘러넘치는 모든 은혜들(all Graces)입니다. 우리는 그에 대해 "예수 그리스도는 어제나 오늘이나 영원토록 동일하시다"고 말할 수 있지 않습니까?

처음에 예수 그리스도는 나에게 어떤 존재였습니까? 예, 그는 나의 최고의 기쁨이었습니다. 어린 시절, 나의 마음은 그의 이름을 들을 때 춤을 추었습니다. 여러분도 그랬지 않았습니까? 나이가 들면서 우리의 목소리는 탁해지고, 몸은 무거워지고, 사지의 움직임은 둔해질 수 있습니다. 그러나 그의 이름은 예전과 마찬가지로 여전히 우리에게 큰 매혹과 아름다움을 가집니다. 우리로부터 참된 음악이 나오도록 만들 수 있는 자는 우리 주님 외에 아무도 없습니다. 그가 나를 그의 입술에 댈 때, 나는 일곱 나팔 가운데 하나가 됩니다. 나로 하여금 그토록 아름다운 소리를 내도록 만들 수 있는 자는 그 외에 아무도 없습니다. 나 스스로는 그와 같이 아름다운 음악을 만들어 낼 수 없습니다. 나의 마음을 황홀하게 만들며 나의 영혼을 감동시킬 수 있는 자는 그 외에 아무도 없습니다. 러더퍼드(Rutherford) 목사가 "주여, 당신은 올바른 현(絃) 위에 있사오니 계속해서 그곳에 계시옵소서"라고 기도했는데, 나 역시 그러합니다. 주 예수 그리스도는 내 영혼의 모든 음정을 압니다. 그는 세상 전체를 울릴 아름다운 음악의 하모니로 우리의 존재 전체를 깨울 수 있습니다. 그렇습니다. 그는 우리의 기쁨이며, 우리의 모든 것입니다. 그는 어제나 오늘이나 영원토록 동일하십니다.

그러므로 시간과 감각의 변하는 것들을 지나 변하지 않는 구주께 나아갑시다. 그러면 우리는 곧 그를 영광 가운데 만날 것입니다. 그리고 그는 심지어 그곳에서도 변하지 않고 우리를 사랑하며 동정하실 것입니다. 우리가 그에게 가서 영광의 광채 가운데 그를 볼 때 말입니다. 그리고 그가 머리 둘 곳조차 없을 때 자기 제자들에게 그러하였던 것처럼 말입니다.

당신은 그를 압니까? 정말로 당신은 그를 압니까? 정녕 당신은 그를 압니까? 만일 그렇지 않다면, 오늘 밤 그로 하여금 긍휼 가운데 당신에게 스스로를 나타내게 하십시오. 아멘.

제
46
장
—

# 평생에 할 일

—

"그러므로 우리는 예수로 말미암아 항상 찬송의 제사를
하나님께 드리자 이는 그 이름을 증언하는
입술의 열매니라." — 히 13:15

이 구절이 전체 문맥에서 차지하고 있는 위치를 살펴보는 것이 유익합니다. 관련 구절들은 본문의 보석을 빛내주기 위해 금과 같은 역할을 하고 있습니다. 여기서 우리는 하나님 앞에서 가져야 할 신자의 위치에 대한 말씀을 보게 됩니다. 그분은 모든 세속 규례들을 폐하셨고, 모세 율법의 의식규정들에 대해서는 관심이 없으셨습니다. 모든 외적 모형들의 실체이신 예수 안에서 신자가 된 우리들은 더 이상 금이나 돌로 만든 제단에서 제사를 드리지 않습니다. 우리의 예배는 영적 예배이고, 또한 그것이 우리의 제단입니다.

"그리스도께서 죽으셨으니, 우리는 제단을 세우지 않는다.
더 이상 우리는 제사 기구를 진열하지 않는다."

정말 그렇습니까? 우리는 희생제사를 드리지 않아도 됩니까? 그렇습니다. 이제 그것과는 상관이 없습니다. 우리는 하나님께 항상 제사를 드리도록 부르심을 받습니다. 아침과 저녁에 어린 양을 드리고, 정해진 거룩한 날에 소와 양을 죽여서 희생제사를 드리는 대신에, 우리는 하나님께 지속적으로 찬송의 제사를 드려야 합니다. 외적 규례들은 폐기시키고 지금 우리는 내적이고 영적 예배에 온전하게 드려져야 합니다. 사랑하는 형제들이여, 여러분의 소명을 알고 있습니까?

더구나 신자는, 만약 그가 바람직한 자리에 있으려면, 지금 그의 주님처럼 "영문 밖으로" 나가야 합니다. "그런즉 우리도 그의 치욕을 짊어지고 영문 밖으로 그에게 나아가자"(히 13:13). 이것이 무슨 뜻일까요? 우리가 영문 밖으로 나간다면, 우리는 어떻게 됩니까? 우리는 사람들과 하나님으로부터 배척을 받습니까? 우리는 세상에 속해 있지 않기 때문에 흥분하고 다투어야 합니까? 아닙니다. 오히려 반대로 우리는 더 고상한 목적을 열렬하게 추구하고, 하나님의 찬송과 영광을 위해 우리의 흐트러진 마음을 추슬러야 합니다.

우리는 주님이 그러셨던 것처럼 사람들의 조롱 속에 있습니까? 우리가 "그분이 당하신 수모를 겪는 것"이 당연합니까? 우리는 절망 속에 나가떨어져야 합니까? 우리는 이 무거운 짐을 짊어지고 고꾸라져야 합니까? 아닙니다. 진실로 우리는 영예를 잃은 반면에 우리 하나님께 영예를 돌려야 합니다. 우리는 그리스도를 위해 조롱당할 가치가 있다고 생각되면 기꺼이 그렇게 해야 합니다. 우리는 하나님을 항상 찬송해야 합니다. 우리 입술의 열매는 그분의 이름을 더욱 담대하게 고백하는 것이 되어야 합니다. 우리는 더욱더 진지하게 그분의 영광과 은혜를 선포해야 합니다. 조롱이 쓰다면, 찬양은 달콤합니다. 우리에게 달콤한 꿀의 바다에서 쓰디쓴 방울들이 떨어질 것입니다. 악이 우리를 손상시키는 것처럼 우리의 이름이 무시를 당한다면, 우리는 더더욱 주님께 그분의 이름에 합당한 영광이 돌려질 수 있도록 해야 합니다. 원수가 우리를 끊임없이 조롱한다면, 우리의 유일한 반응은 주 우리 하나님께 끊임없이 "찬송의 제사"를 드리는 것이 되어야 합니다.

또한 사도는 "우리가 여기에는 영구한 도성이 없다"(히 13:14)고 말했습니다. 그렇습니다, 그렇다면 우리는 세상으로부터 찬송으로 관심을 바꾸어야 합니다: "항상 찬송의 제사를 하나님께 드리자." 만일 이 세상의 모든 것이 지나가는 것이라면, 지나가게 합시다. 그러나 우리는 찬송을 멈추어서는 안됩니다. 만일 만물의 끝이 가까이 왔다면, 끝나게 놔둡시다. 그러나 살아 계신 하나님에 대한 우리의 찬송은 끝없이 세상에 남아 있어야 합니다. 만일 여기 이 땅에서의 시민권을 위협하는 결과들을 피할 수 없는 상태가 되면, 우리는 천국 시민권을 사용해야 할 것입니다. 새로운 사회주의를 건설하고 소유물을 분배하는 것은 우리가 할 일이 아닙니다. 우리는 이 세상에 속하지 않는 나라 곧 하늘에 있는 영원한 하나님의 나라에 속해 있습니다. 정치가들의 이상을 추구하는 것은 우리의 몫이 아닙니다. 우리의 몫은 하나님이 정하신 제사장들로서 희생제사를 드리는 것입니다. 우리는 이 세상에 속해 있지 않기 때문에 다가올 세상을 추구하고, 그리스도 안에 있는 성도들이 영원히 다스릴 나라를 지향하는 것이 우리의 몫입니다.

사랑하는 성도들이여, 그렇다면 여러분은 본문이 그 문맥 속에서 굉장히 파격적인 말씀이라는 것을 보아야 합니다. 그러나 적절하게 조명해 본다면, 그것은 가장 합당한 말씀이라고 볼 수 있습니다. 우리가 세상에서 사는 삶이 이상한 나라에서 살고 있는 이방인들처럼 느껴지면 느껴질수록 우리는 함께 살고 있는 하나님을 찬양하는데 그 만큼 더 심혈을 기울여야 합니다. 우리는 세상에 대해서 십자가에 못 박히고, 세상은 우리에 대해서 십자가에 못 박혔기 때문에, 우리는 유일한 믿음과 기쁨이 되시는 하나님을 찬양하는데 시간을 투자해야 합니다. 오, 세상이 어떻게 돌아가든 하나님을 끊임없이 찬양하고 결코 그분을 찬양하기를 지체하지 마십시오.

사랑하는 형제들이여, 이번 설교에서 제가 특별히 전하고자 하는 것은 예수 그리스도로 말미암아 하나님이 왕과 제사장을 삼으신 여러분들로 하여금 거룩한 직분을 감당하도록 도전을 주는 것입니다. 그 목적을 위해 저는 첫 번째로, 그리스도인이 감당해야 할 희생제사에 대해 묘사하고, 두 번째로, 그 본질을 검토하고, 세 번째는, 그 실천을 추천하며, 마지막 네 번째는, 그것을 당장 시작하도록 권고할 것입니다.

## 1. 희생제사에 관한 설명

첫째로, 성도와 관련하여 저는 그리스도의 희생제사를 설명하겠습니다. "그러므로 우리는 예수로 말미암아." 우리가 하나님께 드리는 모든 희생제사는 항상 그리스도와 함께 시작됩니다. 우리는 예수님 없이는 한 걸음도 앞으로 나아갈 수 없습니다. 위대하신 중보자 없이는 우리는 하나님께 나아갈 수 없습니다. 그리스도와 상관이 없다면 하나님이 받으시기에 합당한 기도는 없고, 그분은 어떤 희생제사도 기뻐하시지 않습니다. "그러므로 우리는 예수로 말미암아." 우리는 "성문 밖에서 고난을 받으신"(히 13:12) 예수님 없이는 입을 벌리는 것을 인정받을 수 없습니다. 우리의 고백의 대상인 대제사장은 우리를 성전 문으로 인도하십니다. 우리는 그분의 손에 희생제물을 드리고, 그러면 그분은 우리를 위해 그것을 드리실 것입니다. 여러분은 달리 되는 것을 바라지 않을 것이라고 저는 확신합니다. 만일 그분 없이 어떤 것을 행할 수 있다면 여러분은 그렇게 하는 것에 두려움을 느낄 것입니다. 그분이 여러분과 함께 있을 때 여러분은 오직 안전함을 느끼고, 여러분은 "사랑하는 자 안에"(엡 1:6) 있게 됩니다. 여러분의 거룩한 제사가 시작될 때 여러분의 눈이 우리 주님을 향해 돌려진 것에 대해 감사하십시오. 여러분은 항상 희생제사를 드리면서 예수님을 바라보아야 합니다. 보라, 우리의 위대하신 멜기세덱이 우리를 만족시키리라! 우리는 그분에게 모든 것의 십일조를 드려야 하고, 그러면 천 배로 갚아 주시는 축복을 받습니다. 우리는 가인이나 어리석은 자들의 희생제사가 되지 않도록 그분으로부터 벗어난 제물을 드려서는 안 됩니다. 그분은 제물과 드리는 자 모두를 성결하게 만드는 제단이십니다. 그러므로 우리의 희생제사는 그분으로 말미암아 하나님께 드려지는 찬송과 자선의 제사가 되어야 합니다.

그 다음, 이 희생제사는 끊임없이 드려져야 한다는 것을 주목하기 바랍니다. "그러므로 우리는 예수로 말미암아 항상 찬송의 제사를 하나님께 드리자." 본문을 주의 깊게 살펴보기 바랍니다. 여러분은 "우리는 주일에 하나님을 찬송하도록 교훈받는다"고 말해서는 안됩니다. 저는 여러분에게 이렇게 가끔씩 의무를 수행하라고 권면하지 않았습니다. 본문은 "항상"이라고 말하고, 그것은 일주일 내내를 의미합니다. 저는 여러분에게 "그분은 우리가 잠에서 깬 아침과 잠자기 전 밤에 하나님을 찬송해야 한다고 말씀합니다"라고 말하지 않았습니다. 물론, 그 때에도 실수 없이 찬송해야 하겠지요. 그러나 그것이 제가 여러분에게 권면하는 것은 아닙니다. "그러므로 우리는 예수로 말미암아 항상 찬송의 제사를 하나님께 드리자" — 말하자면, 쉬지 말고. 우리는 "쉬지 말고 기도하라"(살전 5:17)는 구절과 비교해서 "쉬지 말고 찬양하라"고 말해야 합니다. 여기뿐만 아니라 저기, 아니 모든 곳에서 우리는 주 우리 하나님을 찬양해야 합니다. 우리는 행복한 상태에 있을 때뿐만 아니라 침체와 고통 속에 있을 때에도 찬양해야 합니다. 향단으로부터 풍기는 향연(香煙)은 천국을 향해 밤낮으로, 태초부터 종말까지 올라가야 합니다. 우리가 하나님을 찬양하기 위해 성도들의 회합 속에 있을 때뿐만 아니라 죄인들이 모이는 허영의 시장(Vanity Fair)을 통과하도록 부르심

받을 때에도 찬양해야 합니다. "내가 여호와를 항상 송축함이여"(시 34:1). 하나님과의 교제의 향기로 가득 찬 은밀한 골방에 홀로 있을 때뿐만 아니라 들에, 거리에, 그리고 바쁘고 시끄러운 공장에 있을 때에도 찬양해야 합니다. 여러분은 그분에 대한 찬양을 항상 말할 수는 없지만, 그분을 찬양하는 삶을 항상 살 수는 있습니다. 하나님을 찬양하는 데 드려지는 마음은 산중턱까지 솟아오르는 샘물처럼 그 예정된 과정을 따라 계속 흘러갈 것입니다. 하나님에 대한 감사로 흠뻑 적셔진 영혼은 찬양의 신성한 향기를 계속 쏟아냄으로써, 모든 곳의 공기를 꿰뚫을 뿐만 아니라 영적 코를 갖고 있는 모든 사람들에게 달콤한 향기를 풍길 것입니다. 하나님에 대한 찬양을 정당하게 지연시킬 수 있는 시간은 절대로 있을 수 없습니다: "그러므로 우리는 예수로 말미암아 항상 찬송의 제사를 하나님께 드리자." 이것은 특별한 사람들 ― 목사, 장로, 집사 그리고 특별사역자들 ― 뿐만 아니라 모든 신자들에 의해서 이루어져야 합니다. 사도는 "드리자"고 했습니다. 따라서 그는 영문 밖으로 그분과 함께 나가기 위해 그리스도의 위대하신 희생제사에 참여한 우리 모든 사람들에게, 처해 있는 각각의 자리에서 그분과 함께 서서 하나님을 향한 찬송의 제사를 쉬지 말고 드리도록 촉구하고 있습니다. 그렇다면 여러분은 다음과 같은 두 가지 중요한 요점을 보아야 합니다: 항상, 그리고 예수로 말미암아 항상.

　사도는 계속해서 희생제사가 무엇인가를 우리에게 말해 줍니다. 그것은 찬송의 제사입니다. 찬송은 마음의 예배 또는 경배입니다. 경배는 지상에서 드리는 예배 중 최고의 예배입니다. 우리는 여호와 곧 살아 계시고 참되신 유일하신 하나님께 모든 영예와 영광을 돌립니다. 우리는 그분의 사역을 볼 때, 그분의 말씀을 들을 때, 그분의 은혜를 맛볼 때, 그분의 섭리를 느낄 때, 그분의 이름에 관해 생각할 때, 우리의 영혼은 그분 앞에 가장 낮은 자세를 취하고 그분을 영광의 주님으로서 높여야 합니다. 우리는 경배의 정신을 항상 견지해야 합니다. 왜냐하면 이것이 가장 순수한 의미의 찬양이기 때문입니다.

　찬양은 하나님을 마음으로 의탁하고 마음으로 만족하는 것입니다. 의탁은 경배가 실제적으로 적용된 결과입니다. 우리는 세상 속에서 하나님을 의탁하고, 그분이 만물을 잘 다스리는 것을 믿으며, 그분이 명하신 모든 것을 그대로 행하기로 결심해야 합니다. 왜냐하면 그분의 인격과 그분의 명령은 우리에게 가혹한 것이 아니기 때문입니다. 우리는 주님이 스스로를 즐겁게 계시한 대로 그분을 즐거워합니다. 그 계시는 주어진 그대로 존중되어야 합니다. 우리는 하나님이 계신다는 사실을 믿을 뿐만 아니라 "그가 자기를 찾는 자들에게 상 주시는 이심을"(히 11:6) 믿습니다. 우리는 만일 우리의 사역에 직접적인 보상이 없다고 해도 하나님을 찬양해야 합니다. 왜냐하면 우리는 그분이 불의한 분이 아니고, 우리의 믿음의 활동을 결코 잊지 아니하신다는 것으로 만족하기 때문입니다. 우리는 하나님이 행하거나 정하시는 어떤 것과 모든 것으로 완전히 만족함으로써 그분을 찬양해야 합니다. 우리는 그분과 관련된 모든 것 속에서 신성한 즐거움을 취해야 합니다. 그분이 "(우리의) 큰 기쁨의 하나님"(시 43:4)이 되셔야 합니다. 여러분은 하나님을 즐거워하는 것이 무엇을 의미하는지 아십니까? 아신다면 항상 만족하면서 그분을 끊임없이 찬양하십시오. 하나님이 인생 곧 그 영혼과 머릿속에 함께 하실 때 인생은 더 이상 슬픔이 아닙니다. 우리가 하나님을 알고 있고 그분의 사랑을 맛보고 있는 한 그것은 고통스럽고 고생스러운 상태에서도 살 만한 가치가 있습니다. 그분이 오직 우리에게 하나님이 되시고, 우리에게 자신을 아버지와 하나님으로 부르도록 허락하신다면 그분에게 선한 것을 행하도록 합시다.

찬양은 마음의 즐거움으로서, 감사와 경이에 빠지는 것입니다. 주님은 제게 제가 주님을 찬양하지 않고는 못견딜 정도로 또는 마치 제가 제 안에 불을 담아두고 있는 것처럼 느낄 정도로 큰 일을 행하셨습니다. 저는 여러분에 관해서도 그렇게 말할 수 있습니다. 왜냐하면 여러분 역시 여러분을 위해 "그분이 큰 일을 행하셨기"(욜 2:20) 때문입니다. 주님은 여러분을 크게 선대하셨습니다. 땅이 생기기 전 그분은 여러분을 택하셨고, 여러분과 언약을 맺으셨습니다. 그분은 그 아들을 여러분에게 내주셨습니다. 그분은 세상이 아니라 여러분에게 자신을 계시하셨습니다. 지금도 그분은 여러분이 "아빠 아버지"(롬 8:15)라고 부를 때마다 여러분 속에 새로운 영을 창조하십니다.

확실히 여러분은 그분을 찬양해야 합니다! 여러분이 그분을 높이지 않는다면 여러분의 마음의 갈망을 어떻게 충족시킬 수 있을까요? 여러분의 감사는 땅보다 하늘이 높은 것만큼 여러분보다 훨씬 더 높이 올라가야 합니다. 여러분의 영혼의 배는 이 사랑의 바다에서 발견되었고, 그 깊이는 50길이나 되었습니다. 그 돛대머리 위로 높고 높은 영원한 자비의 대양이 은혜의 거대한 파도와 함께 넘실거리고 있습니다. 여러분은 무한한 사랑의 심연 속으로 삼키움을 당합니다.

여러분은 숭배에 대한 경이와 감동으로 흡수됩니다. 레아가 유다를 낳았을 때 "내가 이제는 여호와를 찬송하리로다"(창 29:35)라고 외치는 것과 같습니다.

　여기에 덧붙여 여러분은 여러분 속에 하나님에 대한 깊은 사랑이 불타오를 때 마음에서 우러나오는 찬양이 있지 않습니까? 여러분은 여러분이 하나님을 사랑하는 것만큼 다른 누구를 사랑할 수 있었습니까? 여러분은 세상에서 가장 사랑하는 사람에게 사랑의 강물을 쏟아 붓고 나면, 그 어떤 피조물도 담을 수 없는 어떤 감동을 마음속에 느끼지 않습니까? 우리가 피조물을 사랑하는 한, 사람의 마음은 사랑을 낳는데 한계가 없고, 우리가 어떤 존재를 사랑할 때 그 물줄기는 너무 커서 그 물을 저장소에 담기에는 역부족입니다. 오직 무한하신 하나님만이 항상 사랑하는 마음의 모든 사랑을 담을 수 있습니다. 여호와가 마음의 사랑의 유일한 대상일 때, 마음에 가장 큰 만족감이 있고, 그 감정도 가장 충만하게 됩니다. 나의 하나님, 저는 당신을 사랑합니다! 당신은 만사를 알고 계십니다. 당신은 제가 당신을 사랑한다는 것도 아십니다.

　우리는 성경에서 주님에 관해 읽는 어떤 엄격한 진리 때문에 그분에 대해 불평하기보다는, 그분의 계시에 대해 우리의 이성을 굴복시킴으로써 이 진리들 안에서 그분을 경배할 수 있게 됩니다. 우리가 이해할 수 없는 것을 우리는 그럼에도 불구하고 믿습니다. 그리고 믿음으로써 우리는 그분을 경배합니다. 우리가 할 일은 전능자를 참소하는 것이 아니라 그분에게 복종하는 것입니다. 우리는 그분의 감독자가 아니라 그분의 종들입니다. 우리는 법을 정하는 자가 아니라 사랑하는 자들입니다. 그분은 선하신 분으로, 우리가 최고로 공경해야 할 만큼 선하십니다. 그리고 그분은 우리의 마음속에서 무한히 찬송을 받으실 분입니다. 우리는 그분이 어떻게 존재하셔야 하는지 헤아리지 못하지만 그분이 존재하신다는 것은 압니다. 그리고 그것만으로도 우리는 그분을 사랑하고 경배합니다.

　본문은 분명히 말로 드리는 찬양에 관해 언급하고 있습니다: "그러므로 우리는 예수로 말미암아 항상 찬송의 제사를 하나님께 드리자 이는 그 이름을 증언하는(감사하는) 입술의 열매니라." 또는 개역성경(RV)에서 번역한 것처럼 "그 이름을 고백하는 입술의 열매"입니다. 그래서 우리는 하나님에 대한 찬양을 입술로 해야 하고, 경배의 감정을 느끼는 것으로는 충분하지 않습니다. 신자들의 제사장직은 입술로 하나님을 찬양하도록 요청합니다. 우리가 현재 부르는 것보다 더 많이 노래를 부르면 안 됩니까? 시편과 찬송 그리고 영가 등이 우리 가정에 충만해야 합니다. 가능한 한 가장 많이 찬송하는 것은 우리의 의무입니다.

우리는 기도하는 만큼 많이 찬양해야 합니다. 어떤 사람은 "나는 그만한 목소리를 갖고 있지 않다"고 말할 것입니다. 그렇다면 그런 목소리를 가질 때까지 그것을 계발하십시오. "그러나 나는 쉰 목소리입니다." 아, 그래요! 사람의 귀에는 쉰 목소리로 들릴 수 있겠지만 하나님께는 감미로운 음성으로 들릴 것입니다. 그분에게 음악은 심령 속에 있지, 소리 속에 있는 것이 아닙니다. 시와 노래로 주님을 찬양하십시오. 제가 알고 있는 일부 경건한 사람들은 밭에서 일할 때나 길을 걸을 때나 끊임없이 콧노래로 찬송을 부릅니다. 이들은 우리 왕의 음유시인이자 가수들입니다. 얼마나 행복한 직업일까요! 우리도 이러한 낙원의 새가 될 수 있다면! 불경건한 세상이 자기들의 쾌락의 소리들을 얼마나 많이 쏟아놓는지 들어보십시오. 종종 그들의 노래는 너무 어리석어서 아무 의미가 없습니다. 그들이 부끄러워합니까? 그렇다면 우리도 부끄러워해서는 안됩니다. 하나님의 자녀들이여, 시온의 노래를 부르십시오. 여러분의 마음이 여러분의 왕 앞에서 즐거워하도록 하십시오. "즐거워하는 자가 있느냐 그는 찬송할지니라"(약 5:13).

그러나 만일 우리가 원하는 대로 잘 또는 항상 찬송할 수 없다면, 대화로 하기 바랍니다. 우리는 "나는 대화할 수 없다"고 말할 수 없습니다. 아마 어떤 사람들은 말을 좀 삼가는 것이 더 좋을 수 있습니다. 우리는 확실히 쉬지 않고 말을 할 수 있기 때문에 그분의 이름을 좋게 말함으로써 "찬송의 제사"를 항상 하나님께 드려야 합니다. 그분의 놀라운 이적들에 대해 말하십시오. 우리는 "주의 크신 은혜를 기념하여"(시 145:7) 말해야 합니다. 우리는 "여호와의 인자하심과 인생에게 행하신 기적으로 말미암아 그분을 찬송해야"(시 107:8) 합니다.

여러분이 불신자들에게 여러분에게 개인적으로 역사하신 하나님에 관한 이야기를 들려준다면, 그들은 큰 관심을 가질 것입니다. 그러나 그들이 관심을 보이지 않는다고 해도, 여러분은 그에 대한 책임이 없습니다. 여러분은 기회가 있는 대로 자주 그것을 말해 주십시오. 예수님이 고쳐준 사람에게 "집으로 돌아가 주께서 네게 어떻게 큰 일을 행하사 너를 불쌍히 여기신 것을 네 가족에게 알리라"(막 5:19)고 말씀하신 것처럼, 여러분도 해야 합니다. 다른 사람들의 교훈을 위해, 믿음이 있는 사람들의 확신을 위해, 그리고 믿음이 없는 사람들의 의심의 제거를 위해 말하고 또 말하십시오. 하나님이 여러분을 위해 행하신 바를 전해

주십시오.

우리의 대화가 하나님에 대한 찬양으로 더 깊은 맛을 내야 할 필요가 없습니까? 우리는 그 속에 불평의 식초는 너무 많이 넣고, 감사의 설탕을 넣는 것은 잊어버립니다. 금년에 파괴자의 입들이 수확물을 삼켜 버리는 것처럼 보였을 때, 우리 동료들은 "아니요, 사태는 곧 좋아질 것입니다"라고 말합니다. 저는 그들이 그렇게 긍정적인 말을 하는 것에 대해 감사를 드립니다. 흔히 일반적인 대화를 들어 보십시오. "사태는 악화될 거야. 사업이 지독히 안풀리네. 장사가 너무 안돼." 확실히 우리는 더 좋은 말을 하고, 하나님이 우리를 위해 베푸신 것에 대해 밝고 기쁘게 말해야 합니다. 우리가 끝없이 그분의 섭리에 대해 악담을 한다면, 어떻게 "항상 하나님께 찬송의 제사를 드릴" 수 있겠습니까? 그리스도인들이여, 만일 여러분이 항상 불평하도록 이끌린다면, 그것은 단지 약점을 보여주는 부질없는 실수에 불과하므로 그것을 감사와 즐거움으로 바꾸는 것이 여러분이 취할 적절하고도 인정할 만한 자세일 것입니다. "그들 가운데 어떤 사람들이 원망하다가 멸망시키는 자에게 멸망하였나니 너희는 그들과 같이 원망하지 말라"(고전 10:10)는 주님의 말씀을 들으십시오.

찬양은 이것을 의미합니다. 곧 여러분과 저는 봄의 새들이 태양 앞에서 깨어나 노래하기 시작하는 것처럼 — 이 때 새들은 온힘을 다해 노래합니다 — 하나님의 인자하심을 노래하도록 지명 받았습니다. 하나님의 합창대원이 됩시다. 항상 주님을 찬양합시다. 심지어는 노래와 합창 교향곡을 가지고 밤낮으로 노래하는 사람들처럼 그분의 보좌 주위에서 즐겁게 찬양합시다. 이것은 여러분의 거룩하고 특권적인 직무입니다.

"글쎄요, 나는 찬양에 힘쓸 힘이 없습니다"라고 어떤 사람은 말하겠지요. 저는 여러분이 찬양에 힘을 쏟아 붓기를 바라지 않습니다. 이 찬양은 자연스러운 것이 되어야 합니다. 찬양은 입술의 열매로 불립니다. 사도가 인용했던 호세아서를 보면 "입술의 수송아지"라고 말합니다. 그 말이 히브리어 원어상 "수송아지"인지 그 여부에 대해서는 논란이 있습니다. 그러나 70인경의 번역자들은 그것을 확실히 "열매"로 번역하고 있습니다. 이것이 더 분명하고 더 명쾌하게 보입니다. 사도는 그것을 헬라어 역본으로부터 인용할 때 그것을 정확한 것으로 인정하고 있습니다.

우리의 입술은 열매를 맺어야 합니다. 우리의 말들은 잎들입니다 — 그것들은 얼마나 빨리 시들어 버릴까요! 하나님에 대한 찬양은 저장되어 주님께 드릴 수 있는 열매입니다. 열매는 자연적 산물입니다. 그것은 힘을 주지 않아도 자랍니다. 그것은 나무의 자동적인 결과입니다. 그래서 찬양은 그렇게 하려는 의지가 있을 때 자동적으로 여러분의 입술로부터 자라는 것입니다. 그것이 여러분에게 자연스러운 것이 되게 하십시오. 사람들이 그분의 성스러운 이름을 모독하는 것이 자연스럽게 보이는 것처럼 거듭난 사람들이 하나님을 찬양하는 것은 자연스러운 일입니다.

이 찬양은 진지하고 진실해야 합니다. 본문의 다음 구절은 우리에게 "오직 선을 행함과 서로 나누어 주기를 잊지 말라 하나님은 이 같은 제사를 기뻐하시느니라"(히 13:16)고 말씀합니다. 선을 행하는 것이 하나님을 찬양하는 것과 연결되어 있습니다. 많은 사람들이 말들의 홍수를 하나님께 쏟아 붓지만, 그 말들의 형식 속에 참된 감사의 물방울은 거의 없습니다. 주님의 사역에 관해 많은 염려로 압박감을 느낄 때, 저는 성도들이 교회의 경제적인 어려움에 대해 조금 더 관심을 갖기를 소망해 봅니다. 저는 돈을 잘 버는 사람들이 교회 사역의 다른 부분들을 도와준다면, 크게 안도할 것입니다. 주님을 섬기는데 자신의 물질을 사용하는 것이 그리스도인의 기쁨이 되어야 합니다. 우리는 올바른 마음을 갖고 있다면 우리에게 도움을 요청하는 사람의 필요를 무시해서는 안됩니다. 우리는 가서 "도움이 필요한 일이 있습니까? 주님의 사역의 어느 부분이 어려움 속에 있습니까?" 하고 물어보아야 합니다.

성도들이 그런 부담을 느낄 때 돕지 않아서가 아니라 기회를 선용할 준비된 마음이 없기 때문에 특별한 사역들이 도움 없이 방치되어 있는 것을 볼 때 저는 종종 아쉬움을 많이 느낍니다. 그러나 준비된 마음이야말로 참된 희생제물입니다. 저는 모든 곳에서 요구받을 때까지 기다리지 않고 교회 활동 속에서, 가난한 사람들 사이에서, 또는 복음전파를 위해서 주님의 사업을 자신의 사업으로 삼는 그리스도인들을 보기를 소원합니다. 단지 말로만이 아니라 행함과 진실함으로 하나님을 찬양하는 것을 보여줌으로써 여러분의 은사가 기쁨을 취하는 자유롭고 은혜로운 영의 역사가 되기를 바랍니다. 우리는 풍부한 은사를 가져야 합니다. 우리는 주님의 집에서 필요한 모든 것을 살펴보고 어떤 부분에서도 부족함이 없도록 해야 합니다. 이렇게 실제적으로 하나님을 찬양하는 것은 모든 참된 신자의 필수적 직무입니다.

## 2. 둘째로 우리는 이 희생제사의 본질을 간단하게 검토해 보아야 합니다.

"그러므로 우리는 예수로 말미암아 항상 찬송의 제사를 하나님께 드리자." 항상 하나님을 찬송하는 것은 어린아이처럼 그분을 믿는 믿음이 필요합니다. 여러분은 그분의 말씀을 믿어야 합니다. 그렇지 아니하면 여러분은 그분의 이름을 찬양하지 못할 것입니다. 의심은 수금의 현을 끊어 버립니다. 의심은 모든 멜로디를 엉망으로 만듭니다. 그분을 신뢰하고, 그분을 의지하고, 그분을 기뻐하십시오. 그렇게 하지 않는 한 여러분은 그분을 결코 찬양하지 못할 것입니다. 불신앙은 찬양의 치명적인 원수입니다.

믿음은 여러분을 주님과의 인격적 교제 속으로 이끌어 줄 것입니다. 찬양을 드려야 할 대상은 바로 주님이시지 우리의 동료 그리스도인들이 아닙니다. 세상에서 가장 아름다운 노래는, 설사 음악비평가들의 귀에 그렇게 들린다고 해도, 아무 가치가 없습니다. 찬양은 오로지 하나님을 위해 마련된 것입니다. "오 나의 주님, 나의 노래가 당신을 즐거워하기를! 나의 존재의 모든 부분이 그 찬양의 한 부분이 될 것입니다. 나는 주님을 향해 노래 부릅니다. 오직 주님께만 말입니다." 여러분은 하나님과 교제하며 살아야 하며, 그렇지 않으면 그분을 찬양할 수 없습니다.

여러분은 또한 그분 안에서 누리는 충만한 만족감 곧 참된 즐거움이 있어야 합니다. 사랑하는 형제, 자매들이여, 여러분의 기쁨을 잃어버리지 않도록 주의하십시오. 만일 여러분이 기독교가 주는 기쁨을 잃어버린다면, 여러분은 그 능력도 함께 상실할 것입니다. 불행한 신자가 되는 것에 만족하지 마십시오. 불행한 신자는 불쌍한 피조물입니다. 그러나 그렇게 되기를 자초하는 자는 위험한 상태에 있는 것입니다. 그것을 믿으십시오. 대부분의 사람들이 생각하는 것보다 거룩한 행복에 더 가까이 나아가는 것이 중요합니다. 여러분이 주님 안에서 행복할 때 그분의 이름도 찬양할 수 있게 될 것입니다. 여러분이 그분을 찬양할 수 있도록 주님을 즐거워하십시오.

이것에 관해서는 또한 거룩한 진지함이 있어야 합니다. 찬양은 아주 거룩하고 엄숙한 일이기 때문에 희생제사로 불립니다. 제단에 희생제물을 드렸던 사람들은 공손한 침묵과 떨리는 마음을 갖고 그곳에 나아갔습니다. 우리는 경솔한 마음으로 하나님을 찬양할 수 없습니다. 그분은 하늘에 계시고 우리는 땅 위에 있습니다. 그분은 거룩하신 분이고 우리는 죄인입니다. 우리는 겸손한 마음으로 신발을 벗고, 깊은 존숭심으로 예배를 드려야 합니다. 그렇지 아니하면 그분은 우리의 희생제사를 기뻐하실 수 없습니다. 진실한 생명은 진지한 법입니다. 그것이 전능자를 찬양하는데 드려질 때 진실할 뿐만 아니라 진지해야 합니다.

항상 하나님을 찬양하기 위해 끊임없이 감사를 계발해야 합니다. 확실히 그렇게 하는 것은 어렵지 않습니다. 그냥 넘어간 모든 불행은 은혜의 역사라는 것을 기억하십시오. 사함받은 모든 죄는 은혜가 허락된 결과입니다. 이행된 모든 의무 또한 은혜가 받아들여진 결과입니다. 하나님의 백성들은 무한하신 하나님이 주신 온갖 귀한 것이 다 들어 있는 무한한 보물 상자를 가지고 있습니다. 이 모든 축복 때문에 우리는 그분을 넘치도록 찬양해야 합니다. 여러분의 찬양이 샘물처럼 충만하게 흘러넘치도록 하십시오. 그 줄기가 폭발적인 열정 속에 하늘로 솟아오르게 하십시오. 그것이 은혜의 소나기가 되어 땅으로 다시 떨어지도록 하십시오. 그것이 여러분의 일상생활의 물동이를 채우고, 다른 사람들의 인생 속으로 흘러들어가게 하십시오. 그렇게 하면 빛나는 기쁨의 폭포수가 계속해서 흘러나올 것입니다.

찬양을 위해 여러분은 주 하나님에 대한 깊고 열렬한 경배가 필요합니다. 아버지를 경배하십시오. 그분의 사랑에 대해 많이 생각하십시오. 그분의 완전하심과 친숙하십시오. 완전히 사랑하는 자이신 하나님의 아들을 경배하십시오. 그분의 온유하심, 자기부인, 사랑 그리고 은혜를 주목할 때 여러분의 마음은 완전히 그분에게 매혹될 것입니다. 여러분을 찾아오셔서 여러분 안에 거하시고 여러분과 함께 하시는 성령의 인내와 겸손을 경배하십시오. 성화되고 순종적인 마음속에 주 하나님에 대한 찬양을 가득 채우는 것은 어렵지 않습니다. 이것이 찬양의 원료입니다. 감사로 불이 붙고, 즐거움과 기쁨으로 부채를 부치며, 하나님을 지혜롭게 경배하는 것은 항상 찬양을 낳을 것입니다. 하나님과 인격적인 관계를 이루고 그분을 어린아이처럼 자기 아버지로 믿고 사는 영혼은 예수 그리스도를 통하여 하나님께 항상 "찬송의 제사"를 드리는 것이 어렵지 않을 것입니다.

### 3. 셋째로, 저는 이 복된 찬양을 실천하도록 권면합니다.

"항상 찬송의 제사를 하나님께 드리자." 그렇게 함으로써 여러분은 존재 이유를 발견하게 될 것입니다. 모든 피조물은 그 지음받은 목적대로 행할 때 가장 행복한 법입니다. 하늘을 높이 날도록 지음받은 새는 새장 속에서 탄식합니다. 심지어 물속에서 헤엄치며 살아야 할 물고기가 강의 제방 위에서는 죽는 것처럼 독수리가 물 속에서는 죽을 것입니다. 그리스도인들은 하나님을 영화롭게 하도록 지음받았습니다. 우리는 그분을 찬양할 때까지 사람이 아닙니다. 여러분이 가장 행복한 순간은, 열등한 모든 피조물을 보지 않고 여호와의 보좌 앞에서 경배의 즐거움과 감격스러운 찬양으로 무릎을 꿇는 순간이었습니다. 저는 그렇게 해 왔다고 말할 수 있고, 또 여러분도 그렇게 하리라는 것을 의심하지 않습니다. 전 영혼이 찬양으로 충만할 때, 여러분의 심령이 겨냥하는 목표에 드디어 도달하게 될 것입니다. 여러분의 배는 이제 충분히 항해하게 될 것입니다. 여러분의 인생은 부드럽고 안전하게 진행될 것입니다. 이것이 앞으로 나아가야 할 길입니다. 전에 여러분이 해서는 안 될 일을 하려고 했었다면 지금 여러분은 참된 길을 가는 것입니다. 여러분의 새 본성은 하나님을 찬양하도록 주어졌고, 그렇게 할 때에 안식을 발견하게 됩니다. 이 사역을 잊지 마십시오. 그것을 소홀히 함으로 자신의 지위를 떨어뜨리지 마십시오.

　　그것이 하나님의 몫이기 때문에 그분을 찬양하십시오. 여호와께서 찬양받지 않은 상태로 있게 하셔야 합니까? 찬양은 그분이 우리에게 모든 축복을 베푸신 대가로 요청하시는 빚입니다. 우리가 그 지불을 늦추어야 하겠습니까? "사람이 어찌 하나님의 것을 도둑질하겠느냐"(말 3:8). 그분에 대한 빚을 갚는 일이 행복한 일이 될 때, 그것을 게을리해서야 되겠습니까? 하나님을 찬양하는 것은 우리를 축복하는 것입니다. 우리가 그분께 영광을 돌리는데 인색해야 하겠습니까? 그분은 자신의 은혜를 베푸실 때 우리에게 인색하지 않으셨습니다. 만일 여러분에게 최근에 어떤 슬픈 일이 있었다면, 나아와 여러분의 우울한 마음을 떨쳐 버리고 주님을 찬양하는 모든 악기를 드십시오. 불평과 원망이 그분의 성도들에게 용납되어서는 안됩니다. "여호와께 그의 이름에 합당한 영광을 돌리며"(시 29:2). 주님이 찬양받아서는 안 됩니까? 하나님의 자녀들이 그분의 이름을 찬양하지 아니하면 확실히 돌과 바위들이 대신 일어나 찬양함으로써 그들의 침묵을 깨뜨릴 것입니다.

　　항상 그분을 찬양하십시오. 왜냐하면 그것이 다른 모든 것에 대해서도 여러분에게 유익이 되기 때문입니다. 찬양으로 충만한 사람은 다른 모든 거룩한 사역들에 대해서도 준비된 사람입니다. 만일 하나님을 찬양하도록 신자들에게 권면해야 한다는 것을 느끼지 못했다면, 그것은 제 육체의 고통과 연약함 때문이었을 것입니다. 저는 저의 고통이 제 말을 강조해 준다고 생각했습니다. 저는 하나님을 찬양합니다. 저는 그분을 찬양하지 않으면 안됩니다. 저는 마지막 순간까지 성령의 도우심을 받아 찬양하는 것이 저의 소원입니다. 찬양은 제가 목회하는 것을 도와주기 때문입니다. 여러분은 어떤 봉사를 할 때마다 비록 그것이 가게 문을 열고 카운터 뒤에서 기다리는 일보다 못한 일이라고 할지라도, 찬양과 감사의 마음으로 할 때 그것은 가장 좋은 일이 될 것입니다. 만일 여러분이 가정부로서 하나님을 항상 찬양할 수 있다면, 여러분은 집 안에서 위로를 얻을 것입니다. 여러분이 주인으로서 인생의 환난 속에 빠져 있음에도 불구하고 여러분의 마음이 항상 하나님을 찬양한다면, 여러분의 영은 좋은 상태가 되어 주위 사람들에게 결코 악하거나 완고한 모습을 보여주지 아니할 것입니다. 주님을 찬양하는 것은 양식이자 약입니다. 이상한 말이지만 천국의 새들에게는 이 찬송이 날아다니는 날개의 깃털을 다듬는 것이 될 것입니다! 하나님을 찬양하는 것은 순례자의 발에 날개를 다는 것으로서, 달릴 뿐만 아니라 날아다니게 될 것입니다.

찬양은 우리를 많은 악들로부터 보호해 줄 것입니다. 마음이 하나님에 대한 찬양으로 가득 차면, 그것은 잘못을 범하거나 다른 사람들에게 교만하게 화를 내는 시간을 허락하지 않을 것입니다. 어떤 사람이 우리에게 모욕을 줄 수 있습니다. 그 때 우리는 항상 하나님을 찬양하는 것으로 반응해야 합니다. 현재 우리는 해야 할 큰 일이 있고, 말다툼할 여유가 없습니다. 자기애(自己愛)와 그 자연적 본능은 찬양의 불꽃을 소멸시킵니다. 만일 여러분이 항상 하나님을 찬송한다면, 인생의 괴로움들과 환난들은 즐거운 일로 바뀔 것입니다. 찬양은 행복한 사람을 강한 사람으로 만듭니다. "여호와로 인하여 기뻐하는 것이 너희의 힘이니라"(느 8:10). 하나님을 찬양하는 것은 우리를 시냇가로 인도하여 물을 마시고 고개를 들게 하는 것입니다. 우리는 찬양하는 동안에 절대로 두려워할 필요가 없습니다. 세상의 쾌락에 매수되거나 그 위협으로 겁먹을 수 없습니다. 찬양은 천사들을 우리편으로 만듭니다. 우리는 그 안에서 충만할 것입니다.

우리는 그것이 우리를 위한 유익한 수단이 되기 때문에 하나님을 찬양해야 합니다. 저는 하나님을 찬양하는 것으로 보낸 인생은 본질상 사명자의 일생이었다고 생각합니다. 설교나 강의를 결코 해본 적이 없는 한 신실한 부인을 생각해 보겠습니다. 그녀의 일생은 조용하고, 행복하고, 유익하고, 사랑이 넘치는 일생이었습니다. 그녀의 모든 가족들은 그녀로부터 주님을 신뢰하는 법을 배웠습니다. 심지어는 그녀가 죽은 후에도 그들은 그녀의 영향력을 느꼈을 것입니다. 왜냐하면 그녀는 그 집의 천사였기 때문입니다. 그들은 그녀에게 "그가 죽었으나 그 믿음으로써 지금도 말하느니라"(히 11:4)고 할 것입니다. 찬양으로 충만한 심령은 하나님께 웅변이 됩니다. 단순히 말이 많은 것은 추풍낙엽과 같은 것으로 숨 막히는 연기 속으로 사라져 버리지 않겠습니까? 그러나 찬양은 포도원지기에게 주어지는 은으로 만든 바구니 속의 황금열매들입니다.

이것이 그분이 사랑하는 것이기 때문에 하나님을 찬양하십시오. 그 다음 구절을 보십시오. "하나님은 이 같은 제사를 기뻐하시느니라"(히 13:16). 하나님을 기쁘시게 하는 일은 무엇이든 해야 하지 않겠습니까? 우리가 항상 복 주시는 분에게 즐거움을 나누어 드릴 수 있는 것은 너무나 선하고 복된 일입니다. 왜냐하면 그렇게 할 때 하나님은 그의 자녀들의 찬양과 선물을 크게 기뻐하실 것이라고 선언하셨기 때문입니다. 그러므로 우리는 우리의 사랑하는 아버지, 우리의 복 주시는 하나님으로부터 조금이라도 후퇴해서는 안 됩니다. 제가 그분을 기뻐할 수 있습니까? 그 과정을 저에게 말해 주십시오. 저는 당장 그렇게 하겠습니다. 저는 주저하지 않고 즉각 그렇게 하기를 서두르겠습니다. 만일 제가 주저한다면 그것은 단지 두 배로 그것을 행하기 위해서 또는 더 정확하게 그것을 행하기 위해서입니다. 만일 제가 그분을 찬양할 수 있다면 그것은 영광스러운 일이고, 저를 천국에 있게 할 것입니다.

이 권면을 마감하면서 한 가지 기억해야 할 것은 찬양을 실천하는 것은 여러분에게 천국을 준비시키는 일이라는 것입니다. 다음 찬송은 그 열망을 잘 표현하고 있습니다.

"나는 여기서 찬송을 시작하리라
그러면 내 영혼이 깨어나리라."

여러분은 여기서 찬송을 부를 수 있습니다. 지금 여기서 하나님을 찬양하는 할렐루야를 시작하십시오. 여러분이 그분의 얼굴을 뵙고 다시 죄에 빠지지 않을 때 그것이 얼마나 하나님을 찬양하게 될 것인지 생각해 보십시오. 지금 여기서 주님을 최고로 높이십시오. 그리고 하늘의 음악을 실천하십시오. 영광 중에 여러분은 하늘 높이 들려 올라갈 수 있지만, 찬송은 지금 여기서 그와 똑같은 일이 일어나게 할 것입니다. 그분을 찬양하십시오! 그분을 더욱더 찬양하십시오! 찬양의 계단으로 그분의 영광의 사다리 꼭대기까지 올라가십시오. 오, 그러면 우리의 인생은 절대로 깨뜨려질 수 없고, 오직 하나 — 하나의 시편 — 로 묶여 한 구절 한 구절 영원한 할렐루야 곡조가 되어 하늘로 올라가리라!

### 4. 본문으로부터 우리가 배울 마지막 요점은 우리가 지금 당장 시작해야 한다는 것입니다.

본문에서 우리는 "그러므로 우리는 … 항상 찬송의 제사를 하나님께 드리자"는 내용을 읽습니다. 그것은 "여러분이 일을 포기하고 은퇴했을 때 또는 죽음이 가까웠을 때 결국 이 사역에 임하라"고 말하지 않습니다. 오히려 그것은 "지금 우리가 찬송의 제사를 드리자"고 말합니다.

들으십시오! 누가 말하고 있습니까? 제가 누구의 목소리를 듣고 있습니까? 저는 압니다. 그것은 사도 바울입니다. 그는 "우리가 항상 찬송의 제사를 하나님께 드리자"고 말합니다. 지금 바울이 어디에 있습니까? 그의 목소리는 한 작은 방에서 울려 퍼지고 있습니다. 제가 생각하기로는 그는 토굴 속에 갇혀 있습니다. 바울이여, 손을 높이 드십시오! 저는 쇠사슬이 흔들리는 소리를 듣습니다. 바울이 '우리가 항상 찬송의 제사를 드리자' 로마의 감옥에 갇혀 있는, 늙은 나 바울은 여러분에게 나와 함께 하나님을 찬송하는 제사를 드리자"고 외칩니다. 바울이여, 우리도 그렇게 하겠습니다. 우리는 감옥에 갇혀 있지 않고, 모두 나이를 먹은 것도 아니고, 우리들 가운데 누구도 착고에 매여 있는 것도 아니지만, 우리도 당신과 함께 진심으로 하나님을 찬양하는데 함께 할 수 있습니다. 나아오십시오. 오셔서 우리가 하나님을 찬양합시다.

> "일어나서 주님을 찬송하라
>   너는 그의 택한 백성이니,
>   일어나서 너의 하나님 여호와를
>   마음과 힘과 음성을 다하여 찬송하라."

여러분은 바울의 음성을 들었습니다. 지금 저도 듣습니다. 저와 함께 합시다. 그래서 우리가 찬송의 제사를 드립시다. 그분의 교회와 백성들로서 우리는 주님의 손으로부터 크신 축복을 받을 것입니다. 오십시오. 그래서 우리가 마음과 손으로 함께 하며 시간과 공간을 가로질러 주님의 이름을 찬송하고 그분 앞에서 즐겁게 경배합시다. 말과 재능으로 "항상 찬송의 제사를 하나님께 드립시다." 만일 제가 여러분을 선택할 수 있다면 여러분의 이름을 부르면서 "오시오, 와서 우리가 '항상 찬송의 제사를 하나님께 드립시다'"라고 말할 것입니다. 저는 여러분들 가운데 많은 사람이 "아, 다른 누구도 그분을 찬양할 수 없다면, 우리가 할 수 있습니다. 우리가 하겠습니다"라고 반응하리라 확신합니다. 그렇습니다. 그렇습니다. 외적 표현상으로는 짐짓 꾸미는 가식이 있을 수 있기 때문에 우리는 내면적으로 즉각 예수 그리스도로 말미암아 "찬송의 제사를 하나님께 드려야" 합니다.

우리는 서로 찬양하도록 격려해야 합니다. 우리는 오늘, 내일 그리고 우리 인생의 모든 날들 속에서 하나님을 찬양해야 합니다. 만일 우리가 조금이라도 또는 냉정하게 침묵으로 서로에 대해 일관한다면, 우리는 서로 비난하는 결과에 이르게 됩니다. 그것은 불평거리가 아닙니다. 우리는 하나님을 찬양해야 합니다. 오케스트라의 지휘자가 지휘봉을 가볍게 움직여 주위를 환기시키고, 이어서 지휘를 시작하는 것처럼 저도 지금 여러분에게 주위를 환기시키고 주님께 찬송의 제사를 드리자고 자극을 주고 있습니다.

사도는 곤경 속에서 우리에게 권면합니다. 그는 우리에게 찬송의 제사를 드리도록 강권합니다. 여러분은 그가 10절에서 말했던 내용을 아십니까? "우리에게 제단이 있는데"(히 13:10). 이 제단은 실제 제단이 아니고 영적 제단입니다. 옛 율법의 제사장들이 그 위에서 희생제사를 드릴 수 있었습니까? "장막에서 섬기는 자들은 그 제단에서 먹을 권한이 없나니"(10절). 그들은 옛 율법의 제단들 위에 올려진 희생제물을 먹었습니다. 그러나 그들은 여기서는 먹을 권한이 없습니다. 의식법을 준수하고 외적 규례를 지키는 자들은 여기서 아무 권한이 없습니다. 그러나 "우리에게는 제단이 있습니다" 형제자매들이여, 우리는 이 제단이 주님에 의해 사용되지 않은 채 우리에게 주어졌음을 상상할 수 있습니까? 최고의 제단 위에 드려진 희생제물이 없습니까? "우리는 제단을 갖고 있습니다." 그런데 어떻게? 만일 우리가 제단을 갖고 있다면 그것이 사용되지 않은 채 방치되고 아무 제물이 없도록 놔두어서는 안됩니다. 거미들이 그 위에 거미줄을 치는 것은 안됩니다. 그것이 게으름의 먼지로 더럽혀지게 해서는 안됩니다. "우리는 제단을 갖고 있습니다." 그러면 어떻게 해야 할까요? "그러므로 우리가 항상 찬송의 제사를 하나님께 드리자." 여러분은 그 주장의 힘을 느끼지 않습니까? 그 주장에 순종하십시오.

제단과 더불어 우리는 대제사장을 소유하고 있습니다. 이 순간 영광과 아름다움으로 옷을 입으시고, 휘장 안에 서서 우리의 희생제물을 드리려고 준비하고 계시는 주 예수 그리스도가 계십니다. 그분이 거기 계시며 아무 일도 하시지 않습니까? 우리의 크신 대제사장이 자신의 희생으로부터 하나님께 드릴 것이 아무 것도 없는 상태로 제단에서 기다리고 계신다고 여러분은 어떻게 상상할 수 있습니까? 아닙니다. "그러므로 우리는 예수로 말미암아 항상 찬송의 제사를 하나님께 드립니다." 하나님의 백성들이여, 여러분의 찬양을, 여러분의 기도를, 여러분의 감사예물을 가지고 나아와 그것들을 전능자께 드리십시오!

만일 본문의 전체 문맥을 따라 그것을 이해한다면 여러분은 희생제사를 더 잘 드릴 수 있게 될 것입니다. 왜냐하면 그 구절은 여러분 앞에 하나님을 찬양하도록 이끄는 많은 일들을 제시하고 있기 때문입니다. 영문 밖에서 희생제물로 드려진 고난 속의 구주를 바라보십시오! 그분의 피 흘리신 상처, 가시관의 생채기가 난 그분의 성스러운 머리, 고뇌로 일그러진 그분의 얼굴, 죄의 고통으로 터질 것 같은 그분의 마음을 응시하십시오! 여러분은 그 모습을 보고서도 주 하나님을 경배할 수 없습니까? 성취된 대속, 사함받은 죄, 이루어진 구원, 사라진 지옥, 소멸된 죽음, 그리고 여러분의 복 주시는 주인이자 주님이신 그분을 통해 이루어진 이 모든 일을 주목하십시오! 여러분은 이 모든 것을 보고도 그분을 찬양할 수 없습니까? 그분의 보배피가 여러분에게 떨어져서 여러분을 깨끗하게 만들고, 여러분을 하나님께 가까이 나아가도록 이끌며, 지존자의 무한하신 거룩 앞에 여러분이 용납 받을 수 있도록 하십시오! 여러분은 여러분에게 베풀어진 이 같은 은혜를 알고서도, 그것을 가져온 보배피를 보고서도 그분의 이름을 찬양할 수 없습니까?

어쩌면 너무 멀리 떨어져 있어서 희미하게 보였는지 모르겠지만, 그렇다고 할지라도 의심하지 말고 "하나님이 계획하시고 지으실 터가 있는 성"(히 11:10)을 바라보십시오. 흰옷을 입고 깨끗하게 된 사람들이 황금 수금을 타며 찬송하고 있는 그곳에 여러분도 곧 당도할 것입니다. 얼마간 세월이 흐르면 여러분도 영화된 사람들 중에 있을 것입니다. 면류관과 수금이 여러분을 위해 준비되어 있을 것입니다. 그런데도 여러분은 여러분을 위해 예비되어 있는 천국을 위해 하나님을 찬양하고 그분을 영화롭게 하지 않겠습니까? 참으로 놀랍게 대조되는 이 두 장면 ― 고난과 낙원, 낮아지신 예수님과 영광 속에 있는 예수님 ― 속에 놀랍게도 여러분이 똑같이 동참하게 되는 것을 알게 될 것입니다. 확실히 만일 여러분이 하나님께 지속적으로 감사의 제사와 찬양의 제사를 드리지 않는다면 여러분은 돌보다 더 굳은 사람임에 틀림없습니다. 하나님, 우리가 오늘 영원토록 멈추지 않고 찬양을 시작하게 하소서!

오, 전에 하나님을 찬양해 본 적이 없는 사람들은 지금 찬양을 시작하십시오! 슬프도다! 여러분 가운데 어떤 이들은 찬양할 그리스도도 없고, 경배할 구주도 없습니다. 그러나 여러분은 그 길에 머물러서는 안됩니다. 여러분은 믿음으로 예수님을 붙잡으십시오. 그러면 그분은 여러분의 것이 될 것입니다. 그분을 신뢰하십시오. 그러면 그분은 여러분의 신뢰를 정당화하실 것입니다. 주 안에서 안식하십시오. 그러면 주님은 여러분의 안식이 되실 것입니다. 여러분은 믿을 때 시간을 허비하지 말고, 여러분이 지음 받고, 구속 받고, 부르심 받은 목적에 합당한 사역을 즉각 시작하십시오. 그리고 향로에 감사와 사랑의 달콤한 양념들을 치고, 진지함과 열렬함의 불타는 연료들을 집어넣으십시오. 그리하면 찬양이 불기둥처럼 솟아날 때 지존자 앞에서 향로는 이리저리 흔들거릴 것입니다. 더욱 더 크게 영원토록 살아 계신 주님을 찬양하고, 찬송하고, 경배하십시오. 여러분의 마음이 그분의 이름의 소리에 따라 춤추도록 하십시오. 그러면 여러분의 입술은 그분의 구원을 크게 선포할 것입니다.

주님이 이 순간 여러분을 그리스도를 위한 찬양의 제사장으로 기름 부어 주시기를 바랍니다! 아멘.

제
47
장
—

# 영원한 언약의 피

—

"양들의 큰 목자이신 우리 주 예수를 영원한
언약의 피로 죽은 자 가운데서 이끌어 내신
평강의 하나님이" — 히 13:20

하나님은 항상 언약에 근거하여 사람들과 관계를 맺으십니다. 하나님은 언약을 통해 우리와 관계를 맺으시기를 기뻐하셨습니다. 뿐만 아니라 우리 역시도 언약의 방법을 떠나서는 하나님과 관계를 맺을 수 없습니다. 에덴 동산의 아담은 하나님과의 언약 아래 있었으며, 하나님 역시도 그와의 언약 아래 계셨습니다. 그러나 아담은 그 언약을 금방 깨뜨렸습니다. 그것은 두려운 권능을 가진 언약으로서, 지금도 계속되는 언약입니다. 여기에서 나는 "두려운"이라는 단어를 사용했는데, 그것은 그 언약이 사람들에 의해 계속해서 깨어지고 그럼으로써 하나님이 그 엄중한 경고와 형벌을 반드시 이룰 것이기 때문입니다. 그것은 행위 언약입니다. 하나님은 이 언약으로 모세를 다루셨습니다. 또 하나님은 이 언약으로 첫 아담이 대표했던 전체 인류를 다루십니다. 나중에 하나님은 노아와 관계를 맺으셨는데, 그 역시 언약에 의해서였습니다. 또 그 후에 아브라함과 관계를 맺을 때에도 하나님은 여전히 언약에 의해 스스로를 그에게 결속시키기를 기뻐하셨습니다. 하나님은 그 언약을 지키시고 보존하셨으며, 그 언약은 그의 많은 후손들에게 계속해서 새롭게 되풀이되었습니다. 하나님은 심지어 자기 마음에 합한 자인 다윗과 관계를 맺을 때에도 언약으로 말미암아 그렇게 하셨습니다. 또 하나님은 자신의 기름 부음 받은 자와 더불어 언약을 맺으셨습니다. 사랑하는 여러분, 뿐만 아니라 하나님은 오늘날 여러분과 나와 더불어 관계를 맺으실 때에도 여전히 언약에 의해 그렇게 하십니다. 정죄와 심판을 행하실 때에도 하나님은 언약에 의해, 다시 말해서 '시내 산 언약'의 칼로 치실 것입니다. 또 구원의 은혜를 베푸실 때에도 하나님은 언약에 의해, 다시 말해서 '시온 산 언약' 즉 하나님이 그의 백성들의 머리이며 대표인 주 예수 그리스도와 더불어 맺으신 언약으로 말미암아 우리에게 오실 것입니다. 또 우리가 하나님과 더불어 친밀한 관계를 맺는 것도 언약으로 말미암아 그렇게 됩니다. 회심 이후 우리는 하나님과 더불어 감사의 언약(covenant of gratitude)을 맺습니다. 우리는 하나님이 우리를 위해 행하신 일을 인식하면서 그에게 나옵니다. 그리고 우리 스스로를 그에게 드립니다. 우리가 세례를 통해 그의 교회와 연합될 때, 우리는 그 언약에 우리의 인을 칩니다. 그리고 떡을 뗄 때마다 우리는 그러한 언약의 맹세를 새롭게 되풀이합니다. 그리고 그렇게 하여 우리는 하나님과 더불어 인격적인 교제를 맺습니다. 나는 은혜언약으로 말미암지 않고는 하나님께 기도할 수 없습니다. 나는 첫째로 그리스도께서 나를 사신 언약으로 말미암아, 그리고 둘째로 내가 스스로를 포기하고 나의 모든 것을 드린 언약으로 말미암아 하나님의 소유가 되는데, 이것이 아니고는 나는 결코 하나님의 자녀가 아닙니다. 이것은 매우 중요합니다. 왜냐하면 그러한 언약이야말로 하늘로 올라가는 유일한 사다리이며, 또한 하나님이 우리와 더불어 교제하고 또 우리가 하나님과 더불어 관계를 맺을 수 있는 유일한 길이기 때문입니다. 그러므로 우리는 언약과 언약 사이를 구별하는 방법을 알아야만 합니다. 우리는 무엇이 은혜언약이고 무엇이 은혜언약이 아닌지에 대해 분명하게 알아야만 합니다. 오늘 아침 우리는 첫째로 본문이 말하는 은혜언약에 대해, 둘째로 그것의 영원한 특성에 대해, 그리고 셋째로 그것과 피의 관계에 대해 살펴보고자 합니다.

### 1. 첫째로, 본문이 말하는 언약에 대해 살펴보도록 합시다.

먼저 본문이 말하는 언약이 아닌 것부터 살펴보도록 합시다. 우리는 첫눈에 이것이 행위언약이 아니라는 사실을 분명하게 알 수 있습니다. 왜냐하면 이것은 영원한 언약이기 때문입니다. 행위언약은 어떤 의미에서도 결코 영원한 언약이 아니었습니다. 그것은 영원하지 않았습니다. 최초에 그것은 에덴 동산에서 세워졌습니다. 그 언약에는 시작이 있었으며, 곧 깨어졌습니다. 또 그것은 계속해서 깨어지고 위반될 것이며, 마침내 종결되고 사라질 것입니다. 그러므로 그것은 어떤 의미에서도 결코 영원하지 않습니다. 행위언약에는 "영원한"이라는 수식어가 붙여질 수 없습니다. 본문이 "영원한 언약의 피"라고 말하는 것을 보십시오. 그러므로 그것은 행위언약이 아닙니다. 하나님이 처음에 사람과 더불어 언약을 세우셨을 때, 그것은 이런 것이었습니다. "사람아, 만일 네가 순종하면 살고 복을 받을 것이지만, 그러나 불순종하면 망할 것이라. 불순종하는 날에 정녕 죽을 것이라." 이러한 언약은 우리의 대표자였던 첫 아담 안에서 우리 모두와 더불어 맺어졌습니다. 만일 아담이 그 언약을 지켰다면, 우리 모두는 멸망에 떨어지지 않고 보존되었을 것입니다. 그러나 그가 그 언약을 깨뜨림으로써 여러분과 나, 그리고 우리 모두는 멸망으로 떨어지고, 또한 죄의 상속자로서 진노의 자녀로 간주되었습니다. 그러나 하나님의 백성들에게 그 언약은 지나갔습니다. 그 언약은 새롭고 더 나은 언약에 의해 폐기되고 대체되었습니다. 후자의 찬란한 광명이 전자의 희미한 빛을 완전히 가려 버린 것입니다.

또 본문이 말하는 언약은 하나님의 자녀와 그의 구주 사이에 맺어진 감사의 언약이 아닙니다. 감사의 언약은 매우 올바르며 합당한 언약입니다. 나는 구주를 아는 모든 사람들이라면 마땅히 마음으로 다음과 같이 고백했을 것이라고 굳게 믿습니다.

"이루어졌도다. 위대한 거래가 이루어졌도다.
　나는 주의 것이요, 주는 나의 것이로다."

우리는 모든 것을 그에게 드렸습니다. 그러나 본문이 말하는 언약은 그와 같은 감사의 언약이 아닙니다. 왜냐하면 본문이 말하는 언약은 영원한 언약이기 때문입니다. 감사의 언약은 단지 수년 전에 맺어진 것일 뿐입니다. 그리스도를 알기 전에 우리는 그 언약에 대해 알지 못하며 무관심했습니다. 그 언약의 연대 (年代)는 기껏해야 우리 자신의 나이만큼도 되지 못합니다.

지금까지 우리는 '본문이 말하는 언약이 아닌 것'에 대해 살펴보았습니다. 이제부터는 본문이 말하는 언약에 대해 살펴보도록 합시다. 이러한 주제를 좀 더 효과적으로 설명하기 위해, 나는 본 주제를 다음과 같은 네 가지로 세분하는 것이 필요하다고 생각합니다. 첫째로 언약의 당사자에 대해, 둘째로 언약의 내용에 대해, 셋째로 언약의 대상에 대해, 그리고 마지막으로 언약의 동기에 대해.

1. 은혜언약 혹은 영원한 언약의 당사자는 누구입니까? 은혜언약은 창세 전에 아버지 하나님과 아들 하나님 사이에 맺어졌습니다. 혹은 우리는 그것이 삼위일체의 세 인격 사이에 맺어졌다고 말할 수도 있습니다. 이 언약은 하나님과 사람 사이에 맺어진 것이 아닙니다. 그 때 사람은 존재하지도 않았습니다. 다만 그리스도께서 사람의 대표로서 그 언약의 당사자가 되셨습니다. 이런 의미에서 우리는 그것이 하나님과 사람 사이에 맺어진 언약이라고 인정할 수 있기는 하지만 그러나 어쨌든 그것은 하나님과 어떤 사람 사이에 개인적으로 맺어진 언약은 결코 아닙니다. 또 그것은 창세 전에 '그리스도와 함께 한 하나님'(God with Christ)과 '그리스도를 통해 그의 피로 사신 그의 모든 씨' 사이에 맺어진 언약이었습니다. 칼빈주의 교리는 그 언약이 샛별이 자신의 자리를 알기 오래 전에, 하나님이 무(無)로부터 "빛이 있으라"고 말씀하시기 전에, 천사가 아직 궁창을 날기 전에 맺어졌다고 가르칩니다. 하나님은 자신과 더불어 자신의 아들과 더불어 자신의 영과 더불어 거룩한 의논(議論)을 하셨으며, 그 의논 속에서 자기 백성들의 구원을 결정하시고 계획하시고 예정하셨습니다. 더욱이 하나님은 영원한 언약 가운데 자신의 목적을 유효하게 하기 위한 수단과 방법을 정하셨습니다. 지금 나의 영혼은 믿음과 상상력을 통해 하나님의 거룩한 의논장소로 날개를 치며 날아 올라갑니다. 그리고 믿음으로 나는 아버지가 아들에게 맹세하는 것과, 아들이 아버지에게 맹세하는 것과, 성령이 아버지와 아들에게 맹세하는 것을 봅니다. 훗날 모든 성도들의 기쁨과 소망과 자랑이 된 그 언약은 이와 같은 방식으로 이루어지고 확정됩니다.

2. 그 언약의 내용은 무엇이었습니까? 하나님은 사람이 행위언약을 깨뜨릴 것을 내다보셨습니다. 아담이 낙원을 소유하는 조건, 즉 선악과 열매를 먹어서는 안 된다는 조건은 매우 '온화하며 부드러운'(mild and gentle) 것이었음에도 불구하고 그러나 그것은 아담에게 지나치게 가혹한 것처럼 느껴질 것이었습니다. 그리하여 필경 그는 그것을 발로 차 버림으로써 스스로를 파멸시킬 것이었습니다. 하나님은 또한 자기의 택하신 자들이 아담의 죄로 말미암아 타락하게 될 것을 내다보셨습니다. 왜냐하면 아담이 그들을 포함한 모든 인류를 대표했기 때문입니다. 그러므로 영원한 언약의 목적 속에는 택하신 백성들을 회복시키는

것이 포함되어 있었습니다. 이제 우리는 그 언약의 내용이 무엇인지 이해할 수 있는 준비가 되었습니다. 아버지의 측면에서, 그 언약은 이렇게 진행됩니다. 나는 여러분에게 그것을 그것이 본래 기록된 하늘의 영광스러운 언어로 표현할 수 없습니다. 나는 오직 그것을 유한한 인간의 마음과 육체의 귀에 적합한 방식으로 표현할 수 있을 뿐입니다. 어쨌든 그 언약은 이렇게 진행됩니다. "이에 지극히 높은 자 나 여호와는 나의 사랑하는 아들에게 하늘의 별처럼 무수한 백성들을 주노라. 그들은 그로 말미암아 씻음을 받을 자들이요, 그로 말미암아 보존되고 보호되고 인도될 것이며, 마침내 그로 말미암아 흠이나 주름 잡힌 것이 없이 나의 보좌 앞에 세워질 것이라. 나는 나 자신으로 말미암아 약속하며 맹세하나니 이는 나보다 더 큰 자가 없음이라. 지금 내가 그리스도에게 주는 자들은 영원히 나의 사랑의 대상이 될 것이라. 나는 나의 아들의 피의 공로로 말미암아 그들을 용서할 것이요, 그들에게 완전한 의를 줄 것이라. 나는 그들을 나의 자녀로 삼을 것이요, 그들은 그리스도로 말미암아 나와 함께 영원히 왕 노릇 할 것이라." 영원한 언약의 영광의 측면은 이와 같이 진행됩니다. 또 그 언약의 이러한 측면에서 언약의 당사자 가운데 하나인 성령은 이렇게 선언합니다. "이에 나는 아버지가 아들에게 준 모든 자들을 때가 되면 살릴 것이라. 나는 그들에게 구속의 필요성을 보일 것이라. 나는 그들로부터 근거 없는 소망을 제할 것이요, 그들의 모든 거짓 피난처를 파괴할 것이라. 나는 그들을 뿌린 피로 데려갈 것이라. 나는 그들에게 믿음을 줄 것이요 그럼으로써 뿌린 피가 그들에게 적용될 것이라. 나는 그들 안에서 모든 은혜를 일으킬 것이라. 나는 그들의 믿음이 산 믿음이 되도록 이끌 것이라. 나는 그들을 씻고, 그들로부터 모든 더러운 것들을 제할 것이며, 마침내 그들은 흠 없고 점 없는 모습으로 드려지게 될 것이라." 이것이 오늘날 온전하게 지켜진 영원한 언약의 한쪽 측면 즉 영광의 측면입니다. 그 언약의 다른 쪽 측면은 그리스도와 관련된 것입니다. 그리스도는 아버지와 더불어 다음과 같이 약정하며 선언합니다. "나의 아버지여, 나의 측면에서 나는 때가 차면 사람이 되고 타락한 인류의 모양과 본성을 취할 것을 언약하나이다. 나는 그들의 타락한 세상에서 살 것이며, 나의 백성을 위해 율법을 완전하게 지킬 것이나이다. 나는 아버지의 공의와 거룩한 율법이 요구하는 완전한 의를 이룰 것이나이다. 때가 되면 나는 나의 모든 백성들의 죄를 짊어질 것이나이다. 아버지께서는 그들의 모든 죄를 내 위에 얹으실 것이나이다. 내가 징벌을 받으므로 그들이 평화를 누릴 것이요, 내가 채찍에 맞으므로 그들이 나음을 입을 것이나이다. 나의 아버지여, 내가 언약하며 약속하나니 나는 십자가에서 죽기까지 순종할 것이나이다. 그럼으로써 나는 아버지의 율법을 존귀하게 하며 영화롭게 할 것이나이다. 나는 그들이 받아야 할 모든 고통을 감당할 것이나이다. 나는 아버지의 율법의 저주를 담당할 것이요, 아버지의 진노의 모든 잔은 내 머리 위에 쏟아지고 부어질 것이나이다. 그러고 나서 나는 다시 살아날 것이나이다. 나는 하늘로 올라갈 것이요, 아버지의 오른편에서 그들을 위해 중보할 것이나이다. 나는 그들을 끝까지 책임질 것이요, 아버지께서 내게 주신 자 가운데 한 사람도 잃지 않을 것이나이다. 그리고 마침내 그들 모두를 아버지께 안전하게 데려갈 것이나이다." 은혜언약은 이와 같이 진행됩니다. 이제 여러분은 은혜언약에 대해 분명한 개념을 갖게 되었을 것입니다. 그것은 하나님과 그리스도 사이의 언약이며, 아버지 하나님과 성령 하나님과 모든 택하신 자들의 언약의 머리이며 대표이신 아들 하나님 사이의 언약입니다. 지금까지 우리는 은혜언약의 내용에 대해 살펴보았습니다. 그 언약은 한쪽 측면에서 완전하게 성취되었습니다. 아들 하나님이 모든 택하신 자들의 빚을 갚으셨습니다. 그는 우리의 구속을 위해 하나님의 모든 진노를 받으셨습니다. 그가 계속해서 중보하며 자신의 모든 구속하신 자들을 안전하게 영광으로 데려갈 것은 의심의 여지 없는 분명한 사실입니다.

　　아버지의 측면에서, 은혜언약의 이러한 부분은 무수한 무리의 사람들에게 성취되었습니다. 아버지 하나님과 성령 하나님은 신적 계약에 있어 뒤로 물러나 계시지 않으셨습니다. 은혜언약의 이러한 측면은 다른 측면과 마찬가지로 충분하며 완전하게 성취되고 또 완성될 것입니다. 예수 그리스도는 자신에게 부과된 모든 일에 대해 "다 이루었다"고 말씀하실 수 있었습니다. 다른 모든 언약의 당사자들도 그렇게 말씀하시게 될 것입니다. 그리스도께서 위하여 죽으신 모든 자들은 사함을 받을 것이며, 의롭다함을 받을 것이며, 자녀로 받아들여질 것입니다. 성령께서 그들 모두를 살리실 것이며, 그들 모두에게 믿음을 주실 것이며, 그들 모두를 하늘로 데려갈 것입니다. 그리고 그들 모두는 사랑하는 자녀로 받아들여져 아버지의 보좌 앞에 서게 될 것입니다.

　　3. 이제 그 언약의 대상에 대해 살펴보도록 합시다. 영원한 언약은 아담의 자손인 모든 사람을 위한 것이었습니까? 결코 그렇지 않습니다. 우리는 실제적으로 나타나는 결과를 통해 그것을 알 수 있습니다. 우리는 오늘날에도 많은 사람

들이 멸망을 당하는 것을 보고 있습니다. 많은 사람들이 계속해서 악한 길로 달려가며 그리스도의 복음의 초청을 거절합니다. 그들은 성령을 훼방하면서 인자의 피를 발로 짓밟습니다. 그들은 점점 더 악한 길로 달려가며 마침내 죄 가운데 멸망을 당합니다. 나는 그들이 영원한 언약에 일부의 분깃을 가지고 있다고 믿을 만큼 어리석지 않습니다. 구주를 배척하며 회개하지 않고 죽는 자들은 분명 신적 은혜의 거룩한 언약에 아무런 분깃도 가지고 있지 않습니다. 만일 그들이 영원한 언약 안에 어떤 분깃을 가지고 있다면, 그와 관련한 분명한 표적과 증거가 나타나야만 합니다. 우리는 적당한 때에 그들이 회개하고 구주의 피로 씻음을 받으며 구원받는 것을 보아야만 합니다. 그러므로 단도직입적으로 말해서 우리는 그 언약이 오직 택함받은 자들과만 관련된다고 밖에는 달리 말할 수 없습니다. 이러한 교리가 어떤 사람들에게 매우 불쾌하게 들린다 하더라도 말입니다. 이러한 교리가 당신에게 거슬립니까? 그렇다고 하더라도 어쩔 수 없습니다. 그리스도께서 무엇이라고 말씀하셨습니까? "내가 그들을 위하여 비옵나니 내가 비옵는 것은 세상을 위함이 아니요 내게 주신 자들을 위함이니이다 그들은 아버지의 것이로소이다"(요 17:9). 만일 그리스도께서 오직 택하신 자들만을 위해 기도했다면, 어째서 당신은 영원한 언약의 대상이 오직 택함받은 자들뿐이라는 교리에 대해 그토록 못마땅하게 생각한단 말입니까? 많은 사람들이 그리스도를 믿고, 끝까지 보존되고, 영원한 안식으로 들어갈 것입니다. 바로 그들이 영원한 언약과 연결된 자들이며, 그 외에는 아닙니다.

4. 마지막으로 그 언약의 동기에 대해 살펴보도록 합시다. 영원한 언약이 맺어진 이유는 무엇이었습니까? 하나님으로 하여금 강제로 그렇게 하도록 강요한 것은 아무것도 없었습니다. 더욱이 그 때는 아직 어떤 피조물도 존재하지 않았던 때였습니다. 설령 어떤 피조물이 창조주에게 다소간의 영향을 끼칠 수 있다 하더라도, 그 언약이 맺어지던 때에는 어떤 피조물도 없었습니다. 그 언약과 관련하여 우리는 하나님 자신 안에서 외에는 어디에서도 그 동기를 발견할 수 없습니다. 왜냐하면 그 당시는 문자 그대로 "오직 나만 있고 나 외에는 다른 이가 없느니라"라고 말하여질 수 있었기 때문입니다(습 2:15). 그러면 그 때 왜 하나님은 영원한 언약을 맺으셨습니까? 그것은 절대적인 주권이 그렇게 시켰기 때문이었습니다. 그렇지만 어째서 어떤 사람들은 그 언약의 대상이 되고, 또 어떤 사람들은 그 언약의 대상이 되지 않았습니까? 그것은 주권적인 은혜로 말미암은 것

이었습니다. 그것은 사람의 공로가 아니었습니다. 하나님이 우리 안에서 어떤 것을 미리 내다보시고 그 결과로 어떤 사람들은 선택하고 또 어떤 사람들은 죄 가운데 그대로 내버려 두게 된 것은 결코 아니었습니다. 하나님으로 하여금 그렇게 하도록 이끈 것은 사람들 안에 있는 어떤 것이 아니라 하나님 자신의 주권과 은혜였습니다. 사랑하는 형제들이여, 만일 여러분이 은혜언약에 연결되어 있다면, 여러분은 필경 이렇게 노래할 것입니다.

> "도대체 내 안에 무슨 공로가 있으며
> 창조주를 기쁘시게 할 것이 있단 말인가?
> 그것은 오직 아버지로 말미암은 것이었으며,
> 오직 그가 그렇게 하시기를 기뻐하셨기 때문이로다."

"내가 긍휼히 여길 자를 긍휼히 여기고 불쌍히 여길 자를 불쌍히 여기리라 하셨으니 그런즉 원하는 자로 말미암음도 아니요 달음박질하는 자로 말미암음도 아니요 오직 긍휼히 여기시는 하나님으로 말미암음이니라"(롬 9:15, 16). 그의 주권이 선택했으며, 그의 은혜가 구별했으며, 그의 불변하심이 결정했습니다. 어떤 사람들을 택하심에 있어 하나님 안에 있는 사랑의 동기와 신적 주권의 동기 외에 다른 동기는 결코 없습니다. 두말 할 필요도 없이 그러한 언약을 세우심에 있어서 하나님의 큰 목적은 그 자신의 영광이었습니다. 하나님은 오직 그 자신 안에서 동기를 찾으셔야만 합니다. 어떤 동기를 찾음에 있어, 도대체 무엇 때문에 하나님이 좀이나 벌레들을 바라보아야만 한단 말입니까? 그는 "스스로 계신 자"가 아닙니까?

> "그는 결코 불안한 보좌에 앉아 계시지도 않으며
> 누구로부터도 허락을 구하지 않으시도다."

하나님은 자신이 뜻하시는 대로 행하십니다. 누가 그의 손을 붙잡으며 "지금 무슨 일을 하고 있는 거요?"라고 말할 수 있겠습니까? 진흙이 옹기장이에게, 도대체 무슨 동기로 자신을 어떤 그릇으로 빚느냐고 물을 수 있습니까? 지음받은 물건이 지음받기 전에 그 짓는 자에게 이러저러하게 지으라고 명령할 것입니까? 결코 그럴 수 없습니다. 오직 하나님으로 하여금 하나님 되게 하십시오. 인간의 본질이 무엇입니까? 결국 무(無)로부터 지음받은 '아무것도 아닌 존재' (nothingness)가 아닙니까? 그러한 사실을 알고 잠잠하십시오. 하나님이 당신을 높이실 때, 마치 그것이 당신 자신 안에 그럴 만한 이유가 있는 양 우쭐거리며 스스로 자랑하지 마십시오. 하나님은 오직 그 자신 안에서 당신의 동기들을 찾으십니다. 그는 스스로 충족하신 하나님입니다. 그는 그 자신 외에 어느 누구로부터도 어떤 것을 필요로 하지 않습니다. 지금까지 우리는 영원한 언약과 관련한 첫 번째 주제를 가능한 한 상세히 살펴보았습니다. 부디 성령께서 우리를 이러한 장엄한 진리 속으로 이끄시기를 기원합니다.

### 2. 둘째로, 그 언약의 영원한 특성을 주목하십시오.

그 언약은 영원한 언약으로 불립니다. 여기에서 우리는 이 언약이 매우 오래된 것임을 곧바로 알아차리게 됩니다. 영원한 언약은 모든 것 가운데 가장 오래된 것입니다. 나의 영혼은 은혜언약이 행위언약보다 더 오래된 것이라는 사실로 인해 크게 기뻐합니다. 행위언약에는 시작이 있지만, 그러나 은혜언약에는 시작이 없습니다. 또 행위언약에는 끝이 있지만, 그러나 은혜언약은 천지가 사라져도 굳게 설 것입니다. 은혜언약의 오래된 특성은 우리로 하여금 감사한 마음으로 그것을 바라보도록 이끕니다. 하나님의 진리는 우리의 마음을 고양(高揚)시킵니다. 나는 이것보다 더 크고 위대한 교리를 알지 못합니다. 그것은 모든 시적(詩的) 영감의 원천입니다. 그것을 묵상할 때, 나의 영은 종종 기쁨의 황홀경에 빠지곤 합니다. 여러분은 하나님이 만물을 창조하시기 전에 여러분을 생각하셨다는 사실을 상상할 수 있습니까? 아직 산들이 있기 전에, 하나님이 보잘것없는 벌레와 같은 여러분을 생각하셨단 말입니다. 하늘의 별들이 아직 비추기 전에 그리고 행성들이 아직 태양 주위를 돌기 전에, 하나님은 영원한 언약을 굳게 세우셨습니다. 광대무변의 거대한 우주를 생각해 보십시오. 하늘의 무수한 별들을 보십시오. 하나님이 보잘것없는 인생을 우주 전체보다 더 귀하게 여기신 것을 도대체 어떻게 상상할 수 있단 말입니까? 이러한 사실은 결코 우리를 교만하게 만들지 않고 도리어 우리로 하여금 행복을 느끼도록 만듭니다. 왜냐하면 그것은 신적 진리이기 때문입니다. 신자여, 당신은 스스로를 '아무것도 아닌 존재' (nothing)로 생각합니다. 그러나 하나님은 당신에 대해 그렇게 생각하지 않으시다. 사람들은 당신을 대수롭지 않게 생각하지만, 그러나 하나님은 만물을 창조하시기 전에 당신을 기억하셨습니다. 하나님이 '당신을 대신한 그의 아들'과 세우신 사랑의 언약은 이 세상의 그 무엇보다도 오래되었습니다. 아직 시간이 시작되기 전이나 혹은 거대한 암석이 형성되기 전으로 되돌아가 보십시오. 심지어 그 이전에, 하나님은 당신을 사랑하시고 택하셨으며 당신을 위해 언약을 세우셨습니다.

영원함의 또 다른 특성은 확실성(sureness)입니다. 그것이 영원한 언약인 것은 그것이 확실한 언약이기 때문입니다. 확실하지 않은 것은 결코 영원할 수 없습니다. 사람은 어떤 구조물을 세우고는 그것이 영원할 것이라고 생각합니다. 그러나 바벨탑조차도 무너졌으며, 거대한 피라미드들은 폐허의 표적들일 뿐입니다. 사람이 만든 것 가운데 영원한 것은 아무것도 없습니다. 왜냐하면 결국엔 썩음에 굴복할 수밖에 없기 때문입니다. 그러나 은혜언약과 관련하여 다윗은 이렇게 말합니다. "만사에 구비하고 견고하게 하셨으니"(삼하 23:5). 영원한 언약은

>    "서명되고 인쳐지고 확정된 언약이며
>    만사에 구비된 언약입니다."

거기에는 처음부터 끝까지 "만일"(if)이나 "그러나"(but)와 같은 가정이나 유보조항이 없습니다. 인간의 자유의지는 하나님의 의지(God's "shalls" and "wills")를 싫어하고, 사람의 가정과 유보조항(man's "ifs" and "buts")을 좋아합니다. 그러나 은혜언약 안에는 "ifs"나 "buts"가 없습니다. 하나님은 "내가 이러저러하게 행하리라"(I will) 혹은 "그들이 이러저러하게 될 것이라"(they shall)고 말씀하십니다. 아버지는 그렇게 말씀하시고, 아들은 그것을 성취합니다. 그것은 참되며, 참될 수밖에 없습니다. 그것은 확실하며, 확실해야만 합니다. 왜냐하면 "스스로 있는 자"가 그렇게 결정하셨기 때문입니다. "하나님은 사람이 아니시니 거짓말을 하지 않으시고 인생이 아니시니 후회가 없으시도다 어찌 그 말씀하신 바를 행하지 않으시며 하신 말씀을 실행하지 않으시랴"(민 23:19). 그것은 확실한 언약입니다. 어떤 사람이 다리나 혹은 집을 건축하려고 하고 있다고 가정해 봅시다. 그런데 그가 나에게 돌 하나나 혹은 목재 하나를 내가 원하는 대로 임의의 자리에

놓을 수 있도록 허락했습니다. 그러면 어떻게 될까요? 그 다리나 집은 마침내 무너지고 말 것입니다. 여기에 다리를 건축하려고 하는 사람이 있습니까? 그러면 나에게 돌 하나만 내가 원하는 자리에 놓도록 허락해 주십시오. 그러면 나는 당신에게 "어디 한번 튼튼한 다리를 만들어봐"라고 도전할 것입니다. 당신이 어떻게 다리를 건축하든, 그 다리는 마침내 무너지고 말 것입니다. 아르미니우스주의자의 언약(Arminian's covenant)이 바로 그와 같습니다. 그것은 결코 견고하게 설 수 없습니다. 왜냐하면 그 안에 인간의 의지에 의존하는 돌이 한두 개 있기 때문입니다. 어떤 사람이 구원받을 것인가 그렇지 않을 것인가 하는 것은 피조물인 그 자신의 의지에 남겨집니다. 만일 그가 구원받고자 의지하지 않는다면, 그의 의지를 이길 수 있는 힘은 아무것도 없습니다. 아르미니우스주의자에 따를 때 말입니다. 그러므로 문제는 사람에게 남겨집니다. 그러면 무엇입니까? 하나님조차도 인간의 의지를 이길 수 없으며, 인간이라는 피조물에게 패배를 당할 수 있단 말입니까? 이 얼마나 신성모독적인 개념입니까? 시작부터 끝까지 전체 구조물이 하나님의 손 안에 있습니다. 그 언약의 조건 자체가 그것의 인(印)과 보증이 됩니다. 인간의 의지(意志) 여하와 상관 없이, 일점일획에 이르기까지 모든 것은 확실하게 이루어지며, 또 그리스도 예수에 의해 확실하게 성취되어야만 합니다. 그것은 피조물의 언약이 아닙니다. 그것은 창조주의 언약입니다. 그것은 사람의 언약이 아닙니다. 그것은 전능자의 언약입니다. 사람의 의지 여하에 상관 없이, 하나님이 그 언약을 실행하시고 성취하실 것입니다. 사람이 하나님과 불화하며 구원받기를 싫어한다 하더라도, 하나님이 그를 구속하실 수 있습니다. 바로 이것이 하나님의 은혜의 영광입니다. 하나님의 의지는 "너는 이러저러 할 것이라"(you shall)입니다. 반면 인간의 의지는 "나는 이러저러하지 않을 것이라"(I will not)입니다. 그러나 하나님의 의지("shall")가 인간의 의지("I will not")를 이깁니다. 전능자의 은혜가 자유의지의 목을 꺾고, 그것을 불가항력적인 은혜와 사랑의 포로로 만듭니다. 이와 같이 그 언약은 확실한 언약이며, 그러므로 "영원한"이란 수식어를 붙이기에 합당한 자격을 갖습니다.

영원함이 갖는 또 하나의 특성은 불변성입니다. 변할 수 있는 것은 영원할 수 없습니다. 변하는 것은 사라집니다. 그 안에 "변화"의 속성을 가진 것은 단지 시간의 문제일 뿐 마침내 죽어 소멸됩니다. 그러나 영원한 언약 가운데 모든 것은 불변합니다. 하나님이 세우신 것은 반드시 이루어지며, 일점일획도 바뀔 수 없습니다. 성령께서 맹세하신 것은 반드시 이루어집니다. 하나님의 아들이 약속하신 것은 성취되었으며, 또한 그의 나타나실 날에 완성될 것입니다. 만일 우리가 영원한 언약이 취소되거나 소멸될 수 있다고 믿을 수 있다면, 우리는 절망 가운데 빠지지 않을 수 없을 것입니다. 어떤 설교자들은 오직 그리스도인이 거룩한 상태에 있을 때에만 언약 가운데 있는 것이라고 가르칩니다. 죄를 범하면 언약으로부터 배제되고, 회개하면 다시 회복된다는 것입니다. 그러다가 또다시 죄를 범하면 또다시 언약으로부터 배제된다는 것입니다. 그는 마치 자신의 집을 들락날락하는 것처럼 언약 안으로 들어갔다 나왔다 합니다. 그는 한쪽 문으로 들어갔다가 다른 쪽 문으로 나옵니다. 그는 때로 하나님의 자녀가 되었다가, 때로 마귀의 자녀가 됩니다. 그는 때로 천국의 상속자가 되었다가, 때로 지옥의 상속자가 됩니다. 나는 60년 동안 은혜 안에 거하다가 그의 생애의 마지막 한 해를 은혜로부터 떨어졌던 한 사람을 알고 있습니다. 만일 그가 그런 상태로 죽으면, 그는 영원히 멸망을 당하고 하나님에 대한 지난 60년 동안의 그의 모든 믿음과 사랑은 헛것이 되었을 것입니다. 그러나 이러한 하나님 개념은 내가 마귀에 대하여 가지고 있는 개념입니다. 나는 결코 그러한 신(神)을 믿을 수 없으며, 그러한 신 앞에 엎드려 경배할 수 없습니다. 오늘 사랑하다가 내일 미워하는 신, 약속을 주고는 그 약속이 이루어지지 못할 것을 내다보는 신, 오늘 용서하고 내일 형벌을 내리는 신, 오늘 의롭다 하고 내일 심판을 내리는 신 — 이런 신을 나는 결코 견딜 수 없습니다. 그런 신은 성경의 하나님이 아닙니다. 나는 분명히 확신합니다. 성경의 하나님은 변할 수 없으며, 의로우며, 거룩하며, 참되며, 자기 백성을 사랑하는 하나님입니다. 하나님은 그들을 끝까지 사랑하실 것입니다. 만일 하나님이 어떤 사람에게 약속을 주셨다면, 그 약속은 반드시 지켜질 것입니다. 그리고 한 번 은혜 안에 들어온 사람은 영원히 은혜 안에 있게 되며, 그는 반드시 영광 안으로 들어가게 될 것입니다.

또 그 언약이 영원한 것은 그것이 결코 종결되지 않을 것이기 때문입니다. 그 언약은 성취될 것이지만, 그러나 그대로 굳게 설 것입니다. 그리스도께서 모든 것을 완성하시고 모든 신자들을 천국으로 데려갈 때, 아버지께서 자신의 모든 백성들이 모이는 것을 보실 때, 그 언약은 완성에 이르게 될 것이지만 그러나 종결되지는 않을 것입니다. 왜냐하면 그 언약에 따라 은혜의 상속자들이 영원히 복을 받을 것이기 때문입니다. 이러한 영원한 언약은 그것의 대상인 모든 신자들의 행복과 안전과 영화(榮化)를 요구할 것입니다.

### 3. 셋째로, 그 언약과 피의 관계를 주목하십시오.

"영원한 언약의 피." 그리스도의 피는 영원한 언약에 대해 사중(四重)의 관계를 갖습니다. 첫째로, 그리스도와 관련하여 겟세마네와 가바다와 골고다에서 흘려진 그의 보혈은 그 언약의 성취입니다. 이 피로 말미암아 죄가 제거되었습니다. 예수의 고난으로 말미암아 공의가 만족되었습니다. 그의 죽음으로 말미암아 율법이 존귀하게 되었습니다. 그리고 그의 보혈로 말미암아 ― 그것의 모든 중보적 효력과 모든 정결하게 하는 능력 안에서 ― 그리스도는 그의 백성들을 위해 그에게 요구된 모든 것을 이루었습니다. 사랑하는 자들이여, 그리스도의 피를 보십시오. 그리고 거기에서 그리스도가 자신에게 부과된 언약의 모든 요구를 이행했음을 기억하십시오. 이제 하나님의 측면에서 아직 이루어지지 못한 채 남아 있는 것은 아무것도 없습니다. 예수께서 그 모든 것을 이루셨습니다. 여러분의 자유의지로 무엇인가를 더해야 할 것은 아무것도 없습니다. 하나님이 요구하는 모든 것을 그리스도께서 이루셨습니다. 그리스도의 피는 그 언약에 있어 빚진 자(debtor)의 측면에서의 성취입니다. 이제 하나님은 그 자신의 거룩한 맹세에 따라 그리스도께서 자신의 피로 구속한 모든 자들에게 은혜와 긍휼을 나타내실 수밖에 없게 되었습니다.

둘째로, 그 피는 또 다른 측면에서 아버지 하나님에게 언약의 속박입니다. 십자가 위에서 죽으신 그리스도를 바라볼 때, 나는 그곳에서 자신의 거룩한 맹세와 언약에 따라 자신에게 부과된 모든 언약의 조항들을 이행하도록 속박되는 영원한 하나님을 봅니다. 그 언약은 이렇게 말합니다. "내가 그들에게 새 마음을 주고 그 속에 새 영을 줄 것이라"(겔 11:19). 그러한 약속은 반드시 지켜져야만 합니다. 왜냐하면 예수께서 죽으셨으며, 그의 죽음은 그러한 언약을 인치는 것이기 때문입니다. 그 언약은 또 이렇게 말합니다. "내가 맑은 물을 너희에게 뿌려서 너희로 정결하게 하되 곧 너희 모든 더러운 것에서와 모든 우상 숭배에서 너희를 정결하게 할 것이며"(겔 36:25). 이러한 약속 역시 지켜져야만 합니다. 왜냐하면 그리스도께서 자신의 몫을 이루셨기 때문입니다. 그러므로 우리는 그러한 언약을 더 이상 의심해서는 안 됩니다. 반대로 우리는 그리스도를 통해 하나님께 나아와 겸손하게 무릎을 꿇고 하늘 아버지께서 그 안에 담겨 있는 약속들을 부인하지 아니하시고 도리어 예수 그리스도의 피로 말미암아 그 모든 약속들이 우리에게 "예"와 "아멘"이 되도록 만드실 것을 충분히 확신할 수 있습니다.

　셋째로, 그 피는 언약의 대상으로서 우리 자신들과 관련됩니다. 그것은 그리스도와 관련하여 성취이며 아버지와 관련하여 속박일 뿐만 아니라 또한 그것은 우리 자신들과 관련하여 증거입니다. 사랑하는 형제들이여, 이 시간 여러분에게 뜨거운 마음으로 묻습니다. 여러분은 전적으로 그 피를 의지하고 있습니까? 그리스도의 보배로운 피가 여러분의 양심에 뿌려졌습니까? 여러분의 죄가 그의 피로 말미암아 사해진 것을 여러분은 알고 있습니까? 여러분은 예수의 피로 말미암아 죄사함을 받았습니까? 여러분은 예수 그리스도의 희생제사를 자랑합니까? 그의 십자가가 여러분의 유일한 소망이며 피난처입니까? 그렇다면 여러분은 영원한 언약 안에 있는 것입니다. 어떤 사람들은 자신이 택함 받았는지 여부를 알고 싶어 합니다. 그러면 다음과 같은 질문에 대답해 보십시오. 당신은 믿습니까? 당신의 믿음은 그리스도의 보혈 위에 세워져 있습니까? 그렇다면 당신은 언약 안에 있는 것입니다. 그러나 가련한 죄인이여, 당신은 지금 어찌할 바를 알지 못한 채 우물쭈물하고 있습니까? 당신은 지금 "나는 그에게 감히 나아갈 수 없어요, 나는 두려워요, 나는 언약 안에 있지 않아요"라고 말하면서 뒤로 움츠리고 있습니까? 마음을 열고 들으십시오. 예수 그리스도께서 지금 당신에게 "나에게 오라"고 말씀하고 계십니다. "수고하고 무거운 짐 진 자들아 다 내게로 오라." 그는 이렇게 말씀하십니다. "만일 네가 언약의 아버지(Covenant Father)께 올 수 없다면, 언약의 보증(Covenant Surety)에게로 오라. 나에게 오라. 그러면 내가 네게 쉼을 주리라." 만일 당신이 그에게 왔다면 그리고 그의 피가 당신에게 적용되었다면, 택한 자들의 이름을 기록한 붉은 두루마리 안에 당신의 이름이 포함되어 있음을 의심하지 마십시오. 여러분은 그 두루마리 안에서 여러분의 이름을 볼 수 있습니까? 그러면 여러분은 어느 날 황금글자로 기록된 여러분의 이름을 보게 될 것입니다. 믿는 자는 택함받은 것입니다. 그리스도의 피는 여러분에게 은혜언약의 상징이며, 증표며, 보증이며, 담보며, 인침입니다. 그의 피는 여러분으로 하여금 멀리 떨어져 있는 것들을 보도록 만들어 주는 망원경입니다. 여러분은 맨눈으로 택하심을 볼 수 없습니다. 그러나 그리스도의 피를 통해 여러분은 그것을 분명하게 볼 수 있습니다. 가련한 죄인들이여, 그 피를 믿으십시오. 그 피는 여러분이 천국의 상속자라는 사실을 보여주는 증거입니다.

넷째로, 그 피는 셋 모두와 관련하여 셋 모두의 영광입니다. 아들에게 그것은 성취이며, 아버지에게 그것은 속박이며, 죄인에게 그것은 증거입니다. 그리고 아버지와 아들과 죄인 모두에게 그것은 공통의 영광과 자랑입니다. 여기에서, 아버지는 기뻐하십니다. 여기에서, 아들 역시도 기쁨으로 자신의 고난으로 산 자들을 내려다봅니다. 그리고 여기에서, 죄인은 자신의 위로와 영원한 노래를 발견합니다. "예수여 당신의 피와 의는 영원무궁히 나의 영광이며 나의 노래이나이다."

사랑하는 형제들이여, 여러분에게 한 가지 묻고자 합니다. 여러분은 영원한 언약의 소망을 가지고 있습니까? 여러분은 그 피를 믿습니까? 지금까지 내가 말한 것을 생각해 보십시오. 나는 여러분에게 복음은 오직 특정한 사람들에게 제한된 것임을 이야기했습니다. 그러면서 동시에 그것은 모두에게 값없이 전파되어야 하는 것임을 잊지 마십시오. 택하심은 제한됩니다. 그러나 좋은 소식은 제한되지 않습니다. 복음 즉 좋은 소식은 세상만큼 넓으며 우주만큼 넓습니다. 나는 천하만민에게 복음을 전파합니다. 왜냐하면 주께서 그렇게 명령하셨기 때문입니다. 하나님의 비밀은 그의 택하신 자들에게 제한됩니다. 그러나 그의 메시지는 제한되지 않습니다. 그것은 모든 열방에 선포되어야 합니다. 여러분은 수없이 복음을 들었습니다. 그것은 이렇게 선포합니다. "미쁘다 모든 사람이 받을 만한 이 말이여 그리스도 예수께서 죄인을 구원하시려고 세상에 임하셨다 하였도다"(딤전 1:15). 여러분은 그것을 믿습니까? 이렇게 고백하십시오. "나는 죄인입니다. 나는 그리스도께서 나를 위해 죽으셨음을 믿습니다. 나는 그의 피의 공로를 의지합니다. 나에게 그것 외에 다른 소망은 없습니다."

"나에게는 아무 공로도 없나이다.
　나는 오직 당신의 십자가만을 붙잡나이다."

여러분은 복음을 들었습니다. 여러분은 그것을 마음으로 받아들였습니까? 여러분은 그것을 붙잡고 있습니까? 그러면 여러분은 언약 안에 있는 것입니다. 그런데 어째서 선택의 교리가 여러분을 두려워 떨게 만듭니까? 만일 여러분이 그리스도를 선택했다면, 그리스도가 여러분을 선택한 것입니다. 만일 눈물에 젖은 여러분의 눈이 그를 바라보고 있다면, 그의 전능한 눈이 오래 전부터 여러분을 바라보고 있었던 것입니다. 만일 여러분의 마음이 그를 사랑한다면, 그의 마음이 여러분을 더 많이 사랑한 것입니다. 여러분은 지금 "나의 아버지여, 당신은 나의 젊은 날에 나의 인도자가 될 것이나이다"라고 말하고 있습니까? 그렇다면 내가 여러분에게 한 가지 비밀을 알려 주겠습니다. 그것은 하나님이 지금까지 여러분의 인도자이셨으며, 바로 여기까지 여러분을 이끌어 오셨다는 사실입니다. 그리고 앞으로도 계속해서 여러분을 인도하실 것이며, 마침내 여러분을 안전하게 데려가실 것이라는 사실입니다. 그러나 다음과 같이 말하는 '자유의지를 자랑하는 교만한 자들'이 있습니다. "나는 내가 원할 때 회개하고 믿을 것이라. 나의 의무를 행할 때, 나는 구원받을 합당한 권리를 가지노라. 그럴 때 나는 의심의 여지 없이 나의 상을 받을 것이라." 만일 당신이 보편적인 속죄를 주장하면서 구원받는 여부가 사람의 의지 여하에 달려 있는 것으로 생각한다면, 가서 당신의 주장을 하십시오. 그러나 당신은 필경 실망하게 될 것입니다. 하나님은 결코 당신을 그런 토대 위에서 다루지 않으실 것입니다. 도리어 하나님은 이렇게 말씀하실 것입니다. "내게서 떠나라. 나는 너를 도무지 알지 못하노라. 나의 아들을 통해 나에게 오지 않는 자는 결코 나에게 오지 못할 것이라." 나는 하나님의 택하심의 사랑과 주권적 은혜를 받아들이지 않는 자는 자신이 참된 그리스도인인지 여부를 결코 확신할 수 없다고 믿습니다. 왜냐하면 그것을 받아들이지 않는 영은 마귀의 영이며 거듭나지 못한 교만한 자의 영이기 때문입니다. 부디 하나님이 여러분의 마음으로부터 그와 같은 보배로운 진리에 대한 혐오감을 제거해 주시기를 기원합니다. 그리고 자기 아들의 피로 말미암아 여러분으로 하여금 그 자신과 화해하게 하시기를 기원합니다.

제
48
장
—

# 평강의 하나님과
# 우리의 거룩함

—

"양들의 큰 목자이신 우리 주 예수를 영원한 언약의 피로 죽
은 자 가운데서 이끌어 내신 평강의 하나님이 모든 선한 일
에 너희를 온전하게 하사 자기 뜻을 행하게 하시고 그 앞에
즐거운 것을 예수 그리스도로 말미암아 우리 가운데서 이루
시기를 원하노라 영광이 그에게 세세무궁토록 있을지어다
아멘." — 히 13:20-21

바울 사도는 18절에서 하나님의 백성들의 기도를 간절히 요청합니다. 모든
형제들을 위하여, 그는 "우리를 위하여 기도하라"고 말합니다. 그리고 자신을 위
하여, 그는 계속해서 "내가 더 속히 너희에게 돌아가기 위하여 너희가 기도하기
를 더욱 원하노라"(19절)라고 덧붙입니다. 바울 사도가 형제들의 기도를 필요로
했다면, 하물며 모든 면에서 그보다 훨씬 못한 우리야 얼마나 더 그렇겠습니까?
우리 역시도 그리스도 안에서 형제와 자매인 여러분에게 우리를 위해 하나님께
기도해 줄 것을 간절한 마음으로 요청합니다. 여러분의 기도 없이 우리가 무슨
일을 할 수 있겠습니까? 여러분의 기도는 우리를 하나님의 전능하심과 연결시킵
니다. 여러분의 기도는 마치 구름을 뚫고 내려오는 번개 빛처럼 신비하며 강력
한 힘을 위로부터 끌어 내립니다. 그러나 바울은 자신이 받고자 하는 것을 먼저

주는 일에 결코 소홀하지 않습니다. 그리하여 본문에 나타나는 것처럼 그는 그의 형제와 자매들을 위해 간절히 기도합니다. 이러한 사실로부터 우리는 만일 우리가 다른 사람들이 우리를 위해 기도해 주기를 바란다면 먼저 우리가 그들을 위해 기도하는 본을 보여야 한다는 교훈을 배울 수 있습니다. 만일 기도의 영이 우리 안에 거하지 않는다면, 우리는 다른 사람들의 기도를 기대할 수 없습니다. 이와 관련하여 우리 주님도 우리가 다른 사람들에게 후히 줄 때 우리에게 누르고 흔들어 넘치도록 주실 것이라고 말씀하셨습니다. 만일 우리가 다른 사람들을 위해 열심히 기도한다면, 다른 사람들도 우리를 위해 열심히 기도하게 될 것입니다. 다른 사람들이 여러분을 위해 기도해 주기를 바란다면, 먼저 그들을 위해 기도하십시오.

기도는 우리에게 있어 너무도 크고 중요합니다. 그래서 바울도 형제들에게 자신과 자신의 동역자들을 위해 기도해 달라고 간절히 요청한 것입니다. 성령은 그의 마음을 히브리인들을 위한 큰 사랑과 그들의 유익을 위한 간절한 열망으로 가득 채웠습니다. 그리하여 그는 하나님의 백성들에게 있어 가장 큰 축복 즉 "모든 선한 일을 위해 온전하게 하사 그의 뜻을 행하게 하시고 하나님이 당신의 기뻐하시는 것을 그들 안에서 이루시기를" 간구했습니다. 하나님의 사랑하는 백성들을 위해 기도할 때, 우리는 능히 최고의 축복들을 간구할 수 있습니다. 왜냐하면 하나님은 자기 백성들을 사랑하시고 그리스도 예수 안에서 그들에게 풍성한 은혜를 베푸시기를 원하시기 때문입니다.

여기의 기도 혹은 축도가 서신의 말미(末尾)에 나타나는 사실을 주목하십시오. 대부분의 예배 모임에서 마지막에 축도가 행해지는 것처럼 말입니다. 우리의 모든 행동의 끝이 사람들에게 축복이 되고 하나님에게 영광이 되게 하십시오. 사랑하는 형제들이여, 살아 있는 동안 다른 사람들에게 축복이 되도록 힘쓰십시오. 그리고 죽을 때, 여러분의 생애를 축복으로 끝맺으십시오. 여러분의 주님이 그렇게 하셨던 것처럼 말입니다. 그는 승천하실 때조차도 자신의 백성들을 축복하지 않았습니까? 야곱은 천사가 자신을 축복할 때까지 그를 가도록 허락하지 않았습니다. 그와 같이 우리는 다른 사람들에게 주의 이름으로 편지를 쓴다든지 혹은 말씀을 전파하는 등의 일을 결코 멈추어서는 안 됩니다. 그들에게 하나님의 축복이 임했다는 확신이 들 때까지 말입니다.

본문의 축복기도는 우리에게 많은 교훈을 줍니다. 우리는 그 안에 전체적인 복음이 함축되어 있음을 보게 됩니다. 그것은 응축된 영적 양식입니다. 하나의 작은 축복 안에 모든 것이 함축되어 있습니다. 모든 단어들이 지극히 값진 진주와 같으며, 깊은 바다와 같습니다. 물론 형제를 가르치는 것이 기도의 목적은 아닙니다. 기도와 설교는 항상 명확하게 구분되어야 합니다. 기도의 이름으로 다른 사람들을 가르치려고 한다든지 혹은 심지어 변론하며 훈계하려고까지 하는 사람들이 있습니다. 그러나 이것은 크게 잘못된 것입니다. 그럼에도 불구하고 성경에 나타난 기도들 가운데 그것을 연구하는 사람들에게 풍성한 가르침을 주지 않는 기도는 단 하나도 없습니다. 시편을 보십시오. 비록 하나님께 드려지는 것이라 하더라도, 그러나 그 안에서 설교자는 주의 교훈과 훈계를 가르치기 위한 수만 가지 본문들을 발견합니다. 우리 주 예수 그리스도께서 하신 기도들도 마찬가지입니다. 그것들로부터 기름이 뚝뚝 떨어지지 않습니까? 특별히 "주기도문"을 보십시오. 거기에 얼마나 풍성한 교훈과 진리들이 가득 차 있습니까? 또 요한복음 17장의 기도를 생각해 보십시오. 그것은 마치 송이꿀과 같지 않습니까? 예전에 역사(役事)하셨던 성령은 오늘날 우리 안에서도 똑같이 역사합니다. 그러므로 나는 그가 오늘날에도 우리로 하여금 형제들을 위해 기도하도록 이끄신다고 확신합니다. 물론 기도의 첫 번째 목적은 형제들을 가르치는 것이 아닙니다. 그럼에도 불구하고 기도는 다른 사람들을 유익하게 하기에 충분한 선한 것들로 가득해야 합니다. 특별히 대중기도(public prayer)는 하나님의 백성들에게 더 좋은 은혜의 수단이 됩니다. 대중 앞에서 기도하는 자가 진실한 마음으로 준비가 되어 있다면 말입니다. 의심의 여지 없이, 교회에서 통상적으로 사용되는 경건한 표현들을 단순히 반복적으로 나열하는 것만으로는 충분하지 않습니다. 우리는 성령으로 말해야 합니다. 또 우리는 하나님께 나아간다는 분명한 인식을 가지고 말해야 합니다. 그럴 때 우리의 형제 그리스도인들의 마음이 우리와 함께 연합되고 고양(高揚)될 것입니다. 깊은 묵상이 결여된 채 대중 앞에서 활력 없이 기도하는 자는 기도의 불꽃을 꺼뜨립니다. 기도의 열기를 더욱 뜨겁게 타오르도록 만들 책임이 있음에도 불구하고 말입니다. 특별히 대중기도를 맡은 자들은 이러한 사실을 마음에 깊이 명심해야 합니다.

나아가 우리는 본문의 '히브리인들을 위한 바울의 기도' 속에 그가 마음속으로 가지고 있었던 목적이 분명하게 담겨 있음을 주목해야 합니다. 그는 자신의 기도를 외적인 미사여구로 화려하게 꾸미지 않았습니다. 뿐만 아니라 그는 불필요한 교리적 언급들을 끌어들이지도 않았습니다. 도리어 모든 단어들은 그의 기도의 유일한 목적인 '개인적이며 실제적인 거룩함'을 위한 그의 간절한 탄원을 뒷받침하기 위해 의도된 것들이었습니다. 그는 거룩함이 어디로부터 오는지 또 어떻게 오는지 또 그것이 우리 안에서 어떻게 역사하는지 또 그것이 우리 안에서 역사할 때 무엇과 같은지 보여주는 가운데, 히브리 신자들 안에서 이러한 거룩함이 풍성하게 역사하도록 간절히 기도합니다. 오늘 나는 본문의 단어들을 깊이 숙고(熟考)하고자 합니다. 왜냐하면 각각의 단어 속에 매우 풍성한 의미가 담겨 있기 때문입니다. 나는 오늘의 짧은 설교 속에서 본문의 전체적인 의미를 충분히 제시할 수 있을 것이라고는 결코 기대하지 않습니다. 도대체 누가 자신의 작은 손으로 광대무변의 대양(大洋)을 담을 수 있단 말입니까? 도대체 누가 한편의 짧은 설교로 본문의 풍성한 의미를 온전히 깨달을 수 있단 말입니까? 그럼에도 불구하고 나는 여러분으로 하여금 본문의 길이와 넓이와 깊이와 높이를 가능한 한 풍성하게 이해할 수 있도록 이끌고자 합니다.

### 1. 첫째로, 여기의 기도에 나타난 "평강의 하나님"이란 특별한 호칭을 주목하십시오.

성경에서 기도하는 가운데 불러지는 하나님의 호칭들은 항상 특별한 의미를 갖습니다. 옛 성도들은 하나님을 항상 하나의 이름으로만 부를 정도로 언어에 빈곤한 사람들이 아니었습니다. 지극히 높은 자에게 나아갈 때, 그들은 자신이 바라는 축복과 관련되는 신적 본성의 속성을 주의 깊게 고려했습니다. 예컨대 적을 물리칠 필요가 있었을 때, 그들은 하나님의 강한 팔에 호소했습니다. 또 예컨대 불의한 일을 당했을 때, 그들은 공의의 하나님께 기도했습니다. 또 죄 사함이 필요할 때, 그들은 긍휼의 하나님께 호소했습니다. 옛 성도들의 기도 속에서 여호와, 엘로힘, 샤다이 등의 호칭들은 무차별적으로 사용된 것이 결코 아닙니다. 도리어 그들은 하나님의 다양한 호칭들을 그 때그 때 주의 깊게 선택하여 사용했습니다. 그러면 어째서 여기에서 바울은 하나님을 "평강의 하나님"이라고 불렀을까요? 여기에는 분명한 이유가 있었습니다. 그러면 그것은 무엇이었을까요?

"평강의 하나님"이라는 호칭은 바울 특유의 표현입니다. 그러한 호칭은 오직 바울의 글에서만 발견됩니다. 그것은 성령의 인도하심으로 말미암아 바울 자신이 만들어 낸 호칭입니다. 바울에게는 하나님의 성품과 관련하여 특별히 이와 같은 독특한 특성을 인식하도록 이끄는 많은 경험들이 있었습니다. 각각의 사람들은 각자 자신의 눈으로 하나님의 이름 속에서 특별한 어떤 것을 보게 마련입니다. 이방인의 사도는 지금 히브리 신자들에게 편지를 쓰고 있는 가운데 특별하게 유대인과 이방인을 그리스도 안에서 화평하게 하시고 하나로 만드신 "평강의 하나님"을 바라보고 있었습니다. 여러분은 로마서 15장 33절에서 그가 "평강의 하나님께서 너희 모든 사람과 함께 계실지어다"라고 기도하는 것을 발견할 것입니다. 또 같은 서신 16장 20절에서, 그는 "평강의 하나님께서 속히 사탄을 너희 발 아래에서 상하게 하시리라"라고 말합니다. 또 고린도후서 13장 11절에서, 그는 "온전하게 되며 위로를 받으며 마음을 같이하며 평안할지어다 또 사랑과 평강의 하나님이 너희와 함께 계시리라"라고 말합니다. 또 빌립보서 4장 9절에서, 그는 자신의 훈계를 "너희는 내게 배우고 받고 듣고 본 바를 행하라 그리하면 평강의 하나님이 너희와 함께 계시리라"라는 말로 끝맺습니다. 그러나 오늘의 본문과 가장 유사한 구절은 특별히 데살로니가전서 5장 23절입니다. 거기에서 그는 이렇게 기도합니다. "평강의 하나님이 친히 너희를 온전히 거룩하게 하시기를 원하노라." 이러한 기도의 주제는 거룩함입니다. 히브리서 본문에서 "모든 선한 일에 너희를 온전하게 하사 그의 뜻을 행하게 하시고"라고 기도하는 것처럼, 그는 또한 데살로니가인들에게 "너희의 온 영과 혼과 몸이 우리 주 예수 그리스도께서 강림하실 때에 흠 없게 보전되기를 원하노라"라고 기도합니다. 이와 같이 바울은 "평강의 하나님"이란 호칭을 그 자신이 특별히 좋아했을 뿐만 아니라, 또한 "평강의 하나님"과 "신자들의 거룩함"이 매우 긴밀하게 연결되는 것으로 생각했습니다. 바로 이런 이유 때문에 데살로니가전서와 히브리서에서 그는 신자들의 거룩함을 위해 기도할 때 특별히 "평강의 하나님"이란 호칭을 사용했던 것입니다.

또 "평강의 하나님"이란 호칭은 복음적인 호칭입니다. 구약에서 하나님은 평강의 하나님으로 불리지 않았습니다. 도리어 그는 "용사"(man of war)로 불렸습니다(출 15:3). 그는 "고관들의 기를 꺾으시며 세상의 왕들에게 두려움이 되는"(시 76:12) 분이십니다. 또 그는 시편이나 선지서에서 종종 "전쟁에 강하고 능한 여호와"로 불립니다. 또 이스라엘 백성들은 그가 강한 왕들을 죽인 것으로 인해 "그의 인자하심이 영원함이로다"라고 찬미합니다. 또 구약에서 우리는 "만군의 여호와"라는 호칭을 계속해서 보게 되는데, 어떤 학자들은 여기에 전쟁과 적대감의 개념이 내포되어 있다고 말합니다. 그러나 이제 우리는 더 이상 "만군의 여호와"에 대해 말하지 않고 "평강의 하나님"에 대해 말합니다. 왜냐하면 예수께서 우리의 평강이 되심으로써 적대감이 죽임을 당했기 때문입니다. 메시야의 통치는 하늘로부터 울려퍼지는 "땅에서는 하나님이 기뻐하신 사람들 중에 평화로다"(눅 2:14)라는 노래와 함께 시작되었습니다. 그의 목적은 평강이었습니다. 그의 영은 평강이었습니다. 그의 가르침은 평강이었습니다. 그의 마지막 말은 평강이었습니다. 그의 속죄를 통해 열린 하늘로부터, 평강과 위로의 하나님이 사람의 아들들을 내려다보십니다.

데살로니가 5장 23절의 기도를 다시 한 번 생각해 보십시오. "평강의 하나님이 친히 너희를 온전히 거룩하게 하시고." 여기에서 바울이 그들의 거룩함을 위해 기도할 때 "평강의 하나님"이란 호칭을 사용한 것은 너무도 적절한 것이었습니다. 왜냐하면 거룩함이 곧 평강이기 때문입니다. 하나님 자신이 평강이며 거룩함입니다. 거룩함이 우주 전체에 왕 노릇 할 때, 평강 역시도 왕 노릇 합니다. 본래 천사였던 자가 마귀가 되어 거룩하신 하나님께 반역을 행하기 전까지는 하늘에 전쟁이 없었습니다. 죄가 다툼을 가져옵니다. 반면 거룩함은 평강을 낳습니다. 온전함에는 평강이 있습니다. 따라서 바울은 하나님의 자녀들의 온전함을 위해 평강의 하나님께 간구합니다. 거룩함은 하나님을 기쁘시게 합니다. 그리고 하나님이 기뻐하실 때, 모든 것은 평강합니다. 따라서 바울은 계속해서 하나님으로 하여금 그의 기뻐하시는 것을 그들 안에서 행하시도록 기도합니다.

평강의 하나님은 또한 예수 그리스도로 말미암아 평강을 회복시키고 우리를 그와 화해시키지만, 그러나 그것은 오직 죄를 제거함으로 말미암습니다. 왜냐하면 죄가 남아 있는 한 평강은 불가능하기 때문입니다. 본문이 언급하는 "영원한 언약의 피"는 하나님이 자신과 사람 사이에 세우신 평강의 언약을 인치는 것이었습니다. 오래 전에 하나님은 자신의 마음속에 택하신 자들에 대한 평강의 개념을 가지고 계셨습니다. 때가 차매 그리스도께서 오시고 그가 속죄의 죽음을 죽으심으로써 평강이 실제적으로 이루어졌습니다. 왜냐하면 그리스도께서 자신의 십자가의 피로 말미암아 평강을 이루셨기 때문입니다. 그리스도는 우리에게 하나님의 대사(大使)입니다. 그리고 그의 대속의 희생제사로 말미암아 평강이 실제로 이루어졌습니다. 왜냐하면 그는 우리의 평강이기 때문입니다. 영원한 언약의 피로 말미암아 하나님과 그의 택하신 자들 사이에 맹약이 맺어졌습니다. 우리 주님의 부활과 승천을 본문은 "평강의 하나님이 우리 주 예수를 죽은 자 가운데서 이끌어 내신" 것으로 표현하는데, 이것은 평강을 공적으로 선언하는 것이었습니다. 예수께서 무덤 안에 계시는 동안에는 평강이 공적으로 선언되지 않았습니다. 그것은 확실하게 이루어졌지만, 그러나 공적으로 선언되지는 않았습니다. 그러나 그가 다시 살아나시고 특별히 승천하여 하나님 우편에 앉으셨을 때, 하나님이 사람의 아들들과 평강을 이루셨다는 사실이 전체 우주 앞에 공식적으로 선언되었습니다. 예수는 그의 백성들의 대표입니다. 그러므로 하나님이 그와 더불어 평강을 이루셨다는 것은 그 안에 있는 모든 자들과 평강을 이루셨음을 의미하는 것입니다. 그는 우리 죄를 위해 죽으시고 우리를 의롭다 하시기 위해 다시 살아나셨습니다. 그는 우리의 거할 처소를 예비하기 위해 하늘로 올라가셨습니다. 우리가 하나님과 더불어 화해했음을 보여주는 증거로서 이것보다 더 강력한 것이 무엇이겠습니까? 만일 우리의 대표가 하나님 오른편에 앉으셨다면, 우리는 하나님과 더불어 온전히 화해되었음을 충분히 확신할 수 있습니다.

본문을 다시 한 번 읽어 보십시오. "평강의 하나님이 모든 선한 일에 너희를 온전하게 하사 자기 뜻을 행하게 하시고"라고 말씀하고 있지 않습니까? 여기에서 여러분은 "평강의 하나님"이란 호칭의 중요성을 분명하게 알 수 있을 것입니다. 왜냐하면 우리로 모든 선한 일에 온전하게 하사 그의 뜻을 행하게 하시는 것은 곧 우리에게 평강을 주는 것이기 때문입니다. 물론 모든 그리스도인은 그리스도 안에서 믿음으로 말미암아 의롭다 하심을 받으며, 그럼으로써 하나님과 더불어 법정적인 평강을 갖게 됩니다. 그럼에도 불구하고 우리는 우리 자신의 양심과 더불어 온전한 평강을 누릴 수 없습니다. 어떤 죄가 우리 안에 있다든지 혹은 우리가 어떤 죄를 범할 때 말입니다. 우리 안에 죄의 성향이 남아 있는 동안, 우리는 평강을 누리지 못하고 혼돈과 다툼 가운데 있게 될 것입니다. 죄가 은혜와 더불어 다툴 것입니다. 거듭난 은혜가 내적인 죄와 더불어 전쟁을 벌일 것입니다. 죄와 은혜는 서로 합할 수 없습니다. 마치 물과 불이 서로 합할 수 없는 것처럼 말입니다. 심지어 평강의 하나님조차도 선과 악 사이에 평강을 세우지 않습니다. 평강의 길은 거룩함의 길입니다. 죄를 던져 버리십시오. 그러면 여러분은 혼돈과 다툼을 던져 버리게 될 것입니다. 악을 정복하십시오. 그러면 평강이 승리를 거둘 것입니다. 사랑하는 자들이여, 우리에게 있어 거룩함의 길을 통하지 않고 행복을 찾는 것은 아무 소용 없는 일입니다. 우리는 우리 주 예수 그리스도의 속죄 사역을 통해 하나님과 더불어 평강을 이루었습니다. 그러나 깊은 마음의 평강과 양심의 고요함을 위해서는, 우리 안에 거룩함의 역사(役事)가 있어야만 합니다. 죄는 우리의 원수입니다. 그리고 우리 안에 있는 새 생명은 악과 더불어 끊임없이 다투며 불화합니다. 그러므로 우리 본성(本性)의 왕국에서 평강은 결코 선포될 수 없습니다. 우리가 항상 예수 그리스도를 통해 하나님의 기뻐하시는 것을 행할 때까지는 말입니다.

　　이것이 전부가 아닙니다. 바울이 평강의 하나님께 우리의 거룩함을 간구할 때, 그것은 동시에 만일 우리가 하나님의 뜻을 행하고자 한다면 우리는 그를 평강의 하나님으로 바라보아야만 한다는 사실을 의미하는 것이기도 합니다. 가련한 자여, 하나님이 당신의 적입니까? 그렇다면 당신은 그를 섬기지도 않고 그의 기뻐하시는 바를 행하지도 않을 것입니다. 지금 이 순간 당신은 하나님에 대해 두려움을 느낍니까? 그의 이름을 들을 때 불안을 느낍니까? 그렇다면 당신은 그를 기쁘시게 하는 일을 결코 행할 수 없습니다. 왜냐하면 믿음이 없이는 하나님을 기쁘시게 할 수 없기 때문입니다. 믿음의 반대는 두려움입니다. 당신은 먼저 당신과 하나님 사이에 평강이 있음을 알아야만 합니다. 그러고 난 연후에 비로소 당신은 그를 기쁘시게 할 수 있습니다. 그러한 앎은 오직 그리스도 예수를 통해서만 당신에게 올 수 있습니다. 왜냐하면 평강은 오직 "영원한 언약의 피"를 통해서만 이루어지기 때문입니다. 먼저 당신은 하나님이 당신과 더불어 영원한 언약을 이루셨음을 알아야만 합니다. 그러고 난 연후에 비로소 당신은 그의 기뻐하시는 일을 행할 수 있는 지렛대를 갖게 될 것입니다. 그러나 그 때까지는 당신은 결코 그의 기뻐하시는 일을 행할 수 없습니다. 하나님과 평강을 이루는 것이 모든 덕(德)의 뿌리입니다. 그의 아들의 죽음으로 말미암은 화해가 그의 아들의 삶과 일치되는 삶으로 들어가는 문입니다. 우리 모두가 우리의 큰 목자를 그의 속죄의 죽음과 살아 있는 모범 속에서 평강을 주는 자로서 알기를 바랍니다.

　　또한 바울이 "평강의 하나님"께 기도할 때, 나는 그가 자신의 마음의 눈으로 전체 히브리인들의 교회 혹은 하나의 기독교회를 바라보고 있었다고 생각합니다. 형제들이여, 우리가 교회에서 평강을 갖는 것은 본질적으로 중요합니다. 밖에서는 어떤 불화와 적대가 있다 하더라도, 우리는 서로 사랑해야 합니다. 만일 우리가 사랑 안에서 행하지 않는다면, 우리는 결코 형통할 수 없을 것입니다. 오직 하나님만이 교회에 평강을 줄 수 있습니다. 그리고 하나님은 오직 그 지체들을 거룩하게 하시고, 그들로 하여금 선한 일을 행하도록 고무하시며, 그들을 거룩하게 지키시며, 그들로 하여금 하나님을 위해 수고하며 하나님의 기뻐하시는 일을 행하도록 만드심으로 말미암아 평강을 주십니다. 교회들 가운데 불화와 다툼이 있는 것을 들을 때, 여러분은 그러한 것들을 바로잡으려고 과도하게 애쓸 필요가 없습니다. 여러분은 무화과나무로부터 많은 가시들을 모으지 않을 것입니다. 만일 우리가 육신적이지 않고 거룩하다면, 우리 가운데 다툼과 전쟁은 벌어지지 않을 것입니다. 만일 우리가 좀 더 영적인 마음을 가지고 있다면, 우리는 싸우고 다투는 대신 더 사랑하며 용서할 것입니다. 바울은 이렇게 말합니다. "어떤 이는 말하되 나는 바울에게라 하고 다른 이는 나는 아볼로에게라 하니 너희가 육의 사람이 아니리요"(고전 3:4). 먼저 평강의 하나님으로 하여금 각각의 신자들을 거룩하게 하도록 하십시오. 그러면 모든 신자들은 형제의 선(善)과 평강의 일을 구하게 될 것입니다. 예루살렘의 평강을 구할 때, 그 일은 오직 거룩함을 통해서만 이루어진다는 사실을 잊지 마십시오.

본 단락을 마치기에 앞서 "평강의 하나님"이라는 호칭이 본문의 전체 기도에 빛을 비추며 모든 단어들과 아름답게 조화를 이루는 사실을 다시 한 번 주목하십시오. 본문을 다시 한 번 한 줄씩 읽어 보도록 합시다. "우리 주 예수를 죽은 자 가운데서 이끌어 내신 평강의 하나님이." 전쟁은 사람들을 무덤으로 끌고 갑니다. 전쟁은 사람들을 무덤으로 데려가는 큰 앞잡이입니다. 지금 이 순간에도 세상에서는 계속해서 그러한 사실이 증명되고 있지 않습니까? 전쟁은 사망을 초래합니다. 반면 평강의 하나님은 사망으로부터 이끌어 냅니다. 예수 그리스도가 무덤으로부터 이끌어 냄을 받은 것은 평강의 행동이었으며, 평강이 영원히 이루어진 것에 대한 보증으로서 행해진 것이었습니다. "양들의 큰 목자" ― 양들은 평화로운 동물입니다. 목자의 일은 피로 물든 전쟁터와는 거리가 멉니다. 양 우리의 안락함과 푸른 초장의 평온함은 항상 평강의 개념과 연결됩니다. 목가적인 풍경은 항상 평강의 분위기를 풍깁니다. "영원한 언약의 피로." "언약"이라는 단어 또한 평강의 분위기로 가득합니다. 특별히 그것이 영원한 사랑의 하나님이 자신과 사람 사이에 세우신 평강의 언약이라는 사실을 생각할 때 더욱 그러합니다. 언약 혹은 협정이 없을 때는 언제든지 전쟁이 일어날 수 있습니다. 그러나 언약이 맺어지는 곳에 평강과 쉼이 있습니다. 계속해서 바울은 이렇게 기도합니다. "모든 선한 일에 너희를 온전하게 하사 자기 뜻을 행하게 하시고." 만일 우리가 하나님의 뜻을 행한다면, 거기에 평강이 있게 됩니다. 왜냐하면 그럴 때 어떤 불화의 근거도 존재할 수 없기 때문입니다. "그 앞에 즐거운 것을 우리 가운데서 이루시기를 원하노라." 이러한 기도는 얼마나 달콤합니까? 우리 안에 있는 모든 것이 하나님 앞에 즐거운 것이 될 때, 하나님은 우리에게 정말로 평강의 하나님이 되십니다. 그리고 마지막 영광송 역시 매우 의미심장합니다. 왜냐하면 그것은 사실상 평강의 보편적이며 영원한 통치를 선언하는 것이기 때문입니다. "영광이 그에게 세세무궁토록 있을지어다 아멘." 전능하신 주 하나님이 통치하시며 열방이 그를 찬미하며 그에게 영광을 돌릴 때, 세상과 우주에 무슨 분란과 다툼이 있을 수 있겠습니까? 이와 같이 바울 사도가 "평강의 하나님"이라는 호칭을 선택한 것은 까닭 없는 것이 결코 아니었습니다.

### 2. 둘째로, 여기의 기도에 나타난 특별한 행동을 주목하십시오.

"양들의 큰 목자이신 우리 주 예수를 영원한 언약의 피로 죽은 자 가운데서 이끌어 내신." 아마도 바울은 이러한 성경구절을 기록하면서 마음속으로 이사야 63장을 생각하고 있었던 것 같습니다. 거기에서 11절과 12절에 이렇게 기록되어 있습니다. "백성이 옛적 모세의 때를 기억하여 이르되 백성과 양 떼의 목자를 바다에서 올라오게 하신 이가 이제 어디 계시냐 그들 가운데에 성령을 두신 이가 이제 어디 계시냐 그의 영광의 팔이 모세의 오른손을 이끄시며 그의 이름을 영원하게 하려 하사 그들 앞에서 물을 갈라지게 하시고." 여기에서 하나님이 자기 이름을 영원하게 하시는 것과 히브리서 본문의 마지막 영광송 "영광이 그에게 세세무궁토록 있을지어다"가 서로 어떻게 호응하는지 주목하십시오. 계속해서 13절은 이렇게 진행됩니다. "그들을 깊음으로 인도하시되 광야에 있는 말 같이 넘어지지 않게 하신 이가 이제 어디 계시냐." 그 안에서 여호와가 "자신의 즐거운 것을 행하는" 자들은 진실로 넘어지지 않습니다. 계속해서 14절을 보십시오. "여호와의 영이 그들을 골짜기로 내려가는 가축 같이 편히 쉬게 하셨도다" ― 여기에 평강의 하나님이 있습니다. "주께서 이와 같이 주의 백성을 인도하사 이름을 영화롭게 하셨나이다" ― 여기에 영광송이 있습니다. "영광이 그에게 세세무궁토록 있을지어다." 여기에서 이사야 선지자가 언급하는 역사적 사건은 애굽으로부터의 구원과 홍해를 건넌 사건입니다. 문 인방과 좌우 설주에 뿌려진 언약의 피로 자기 백성을 구원하시고 난 후, 하나님은 그들을 홍해로 인도하셨습니다. 그러자 그들의 원수들은 곧바로 그들을 뒤쫓아 왔습니다. 이스라엘 백성들은 홍해 밑으로 내려갔습니다. 그들은 홍해의 깊음을 통과했으며, 거기에서 장사되었습니다. 홍해는 그들에게 죽음의 장소와 같았습니다. 그들은 "다 구름 아래에 있고 바다 가운데로 지나며 모세에게 속하여 다 구름과 바다에서 세례를"(고전 10:1, 2) 받았습니다. 그들은 세례를 받음으로 홍해의 무덤에 장사되었습니다. 그러나 보십시오! 그들은 다시 밖으로 나왔습니다. 그들은 바로의 무덤이 된 곳으로부터 안전하게 인도되었습니다. 노래를 부르며 즐거운 소리를 외치면서 말입니다. 그와 병행관계를 이루는 것이 이것입니다. 모세와 아론보다 훨씬 더 큰 "양들의 큰 목자"가 자기 백성들을 위해 죽음의 장소로 내려가야만 합니다. 그는 양 떼의 대표로서 무덤에 내려가야 합니다. 그는 실제로 그렇게 했습니다. 왜냐하면 십자가 위에서 머리를 떨어뜨린 채 죽으셨기 때문입니다. 그러나 보십시오! 여호와가 깊음으로부터 다시 그를 인도해 냈습니다. 그는 다시 살아나셨으며, 영광으로 일어나셨습니다. 그리고 그와 함께 그의 모든 백성들도 그렇게 되었습니다. 그 날에 영광스러운 노래가 울려퍼졌습니다. 홍해를 건넌 후 미리암이 "너희는 여호와를 찬송하라 그는 높고 영화로우심이요 말과 그 탄 자를 바다에 던지셨음이로다"(출 15:21)라고 노래한 것처럼 말입니다. 그러나 "영원한 언약의 피"로 이루어진 더 큰 구원 안에서, 찬미의 노래는 "용사이신 하나님"이 아니라 "평강의 하나님"에게 드려집니다. 같은 하나님에게 영광이 돌려지지만, 그러나 좀 더 부드러운 호칭 하에서 그렇게 됩니다. 영광이 그에게 세세무궁토록 있을지어다. 나는 본문에서 바울이 최소한 부분적으로라도 모든 구원 가운데 가장 상징성이 풍부한 홍해의 상징을 빌려왔음을 추호도 의심하지 않습니다. 그것은 심지어 하늘에서조차 사용되는 최고의 상징입니다. 왜냐하면 그곳에서 사람들이 하나님의 종 모세와 어린 양의 노래를 부르기 때문입니다.

주 예수를 죽은 자 가운데서 이끌어 내신 것은 그가 자신의 사역을 완성했음을 인치는 것이었으며, 그로 말미암아 우리의 평강과 궁극적인 온전함을 인치는 것이었습니다. 주 예수는 더 이상 사망의 멍에에 묶여 있을 수 없었습니다. 그는 정당하게 자신의 보좌로 돌아갈 수 있었습니다. 그가 자신의 모든 일을 마쳤기 때문에, 권위의 말씀은 그의 자유를 선언했고 그는 본래의 영광으로 되돌아왔습니다. 그가 모든 의를 행하고 산 자들 가운데 서셨기 때문에 또 영광의 면류관을 쓰기에 합당한 자격을 가졌기 때문에, 그는 심지어 여호와의 보좌에까지 올라가셨으며 그의 원수들이 그의 발등상이 될 때까지 거기에 앉으셨습니다. 그는 자신의 일을 모두 마치셨습니다. 그리고 하나님은 그를 죽은 자 가운데 다시 일으키심으로 그러한 사실을 인정하셨습니다. 바울은 이와 같이 그리스도가 그의 모든 사역을 끝마쳤으므로 그의 영이 또한 우리 안에서 그의 모든 사역을 끝마칠 것을 간구합니다. 하나님이여, 그리스도께서 온전하게 되셨으니, 당신의 성도들을 온전하게 하소서! 예수께서 당신의 뜻을 이루셨으니, 우리도 그와 같이 행하도록 도우소서! 예수를 죽은 자 가운데 이끌어 내신 하나님이여, 또한 우리를 죄와 사망의 모든 잔재로부터 이끌어 내소서! 그리고 우리를 온전히 거룩하게 하사 그의 이름의 영광에 이르게 하소서!

　　사랑하는 자들이여, 한 걸음 더 앞으로 나아갑시다. 그리스도가 죽은 자 가운데서 다시 이끌어 냄을 받은 것은 실제로 그의 모든 백성들이 이끌어 냄을 받은 것입니다. 그는 잃은 양들을 찾기 위해 무덤에 내려갔습니다. 그는 자기 어깨에 그들을 메고 무덤으로부터 나왔습니다. 그는 자신이 위하여 죽은 양들을 자신의 강한 어깨에 짊어졌습니다. 본문은 "우리 주 예수"라고 말합니다. 그것을 주목해 보았습니까? 우리 주 예수는 목자와 구주의 직분을 가지고 우리를 죽은 자 가운데 끌어내셨습니다. 그가 행한 것은 우리를 위한 것이었습니다. 그는 양들의 큰 목자입니다. 그러므로 그가 행한 것은 양들을 위한 것이었습니다. 어째서 주 예수가 큰 목자인지에 대해 우리는 많은 이유들을 제시할 수 있습니다. 그는 한 무리의 목자가 아니라 모든 세대의 모든 성도들의 목자입니다. 또 양들은 그의 것이며 그의 소유입니다. 그러므로 그는 단지 다른 사람의 양을 치는 자보다 훨씬 더 큽니다. 그러나 어째서 예수가 큰 목자인지와 관련하여 지금 나의 관심을 잡아끄는 이유는 이것입니다. 즉 만일 큰 목자가 있다면, 거기에 큰 무리의 양 떼가 있어야만 한다는 것입니다. 만일 어떤 사람에게 양이 없다면, 여러분은 그를 목자로 부를 수 없습니다. 또 만일 그가 큰 무리의 양 떼를 가지고 있지 않다면, 여러분은 그를 큰 목자로 부를 수 없습니다. 그러므로 "양들의 큰 목자를 죽은 자 가운데서 이끌어 내신"자는 또한 바로 그 행동으로 말미암아 큰 무리의 양 떼를 죽은 자 가운데서 이끌어 내신 것입니다. 우리 주 예수가 진실로 목자로서 불릴 수 있으려면, 그는 반드시 살아 있는 양 떼를 가지고 있어야만 합니다. 그들은 그로부터 분리될 수 없습니다. 그들은 그에게 있어 본질적인 존재입니다. 교회는 그리스도의 충만입니다. 신하 없는 왕은 왕이 아닙니다. 몸이 없는 머리는 머리가 아니며, 양 떼 없는 목자는 목자가 아닙니다. 큰 목자의 개념 속에는 큰 무리의 양 떼의 개념이 내포되어 있습니다. 그가 목자로서 죽은 자 가운데서 이끌어냄을 받은 것 속에는 그 안에서 그의 양들이 이끌어 냄을 받은 것이 내포되어 있습니다. 그리스도의 부활과 영광은 이와 같이 그의 모든 양 떼들의 부활과 영광입니다. 이로 인해 그의 이름에 영광을 돌립시다! 그러므로 본문의 기도는 이렇게 각색될 수 있습니다 — "하나님이여, 당신은 그리스도 안에서 당신의 백성들을 죽은 자 가운데서 이끌어 내셨나이다. 그러므로 죄와 사망의 모든 잔재들로부터 그들을 끌어내소서. 그들을 충만한 생명으로 살리소서. 그들로 하여금 모든 선한 일에 온전하게 하사 당신의 뜻을 행하게 하소서. 그들 안에서 당신의 즐거운 것을 행하소서. 왜냐하면 이것이 그들의 영적 부활이며 또한 당신이 그리스도께 주신 것을 그들에게 주는 것이기 때문이나이다. 그러므로 그들에게 그것을 이루소서."

사랑하는 자들이여, 우리를 거룩하게 하기 위해서는 우리 구주를 죽은 자 가운데서 이끌어 낼 때 필요했던 능력과 동일한 능력이 필요합니다. 그리스도의 죽은 몸을 일으킨 동일한 능력이 우리를 죄 가운데 죽은 상태로부터 다시 일으킵니다. 성도들이 점이나 주름 잡힌 것이 없이 아버지 앞에 드려지게 되기 위해서는, 그리스도를 일으키고 하늘로 올리며 보좌를 취하도록 이끈 능력과 동일한 능력이 행사되어야만 합니다. 그렇습니다. 바로 그 능력이 우리에게 임하는 것은 그리스도께서 다시 살아나셨기 때문입니다. 그는 말합니다. "내가 살았으니 너희도 살겠음이라." 그가 살아 중보하기 때문에 그의 백성들이 악으로부터 보존됩니다. 사탄은 우리를 소유하기를 열망합니다. 그는 마치 밀을 까부르듯 우리를 까부를 수 있습니다. 그러나 죽은 자 가운데서 다시 살아나신 큰 목자가 매일같이 우리를 지키시며 우리를 위해 간구하고 계십니다. 그의 생명의 능력과 그의 나라의 능력과 그의 간구의 능력이 우리 안에 나타나므로, 우리는 유혹을 이기고 하늘을 향한 나그네 길을 힘차게 나아갑니다. 이와 같이 본문은 전체가 한 덩어리를 이루고 있으며, 각각의 단어들은 모두 필요하며 중요합니다. 여기의 표현들은 까닭 없이 한데 묶여 있는 것이 아닙니다. 모든 음절들이 전체의 무게를 더합니다.

　　본문에 묘사된 말씀은 하나님의 영으로 말미암아 우리 안에서 역사되어야 합니다. 예수는 우리가 따르고 일치되어야 할 모범입니다. 사랑하는 자들이여, 여러분은 예수처럼 사망으로 내려가고 그와 함께 장사되어야 합니다. 그와 함께 다시 살아나기 위해서는 말입니다. 그리고 여러분 안에서 모든 육신적인 능력이 죽임을 당해야만 합니다. 그렇지 않으면 여러분 안에서 하나님의 능력이 나타날 수 없습니다. 여러분은 모세처럼 깊음을 알아야만 합니다. 스스로 족하게 여기는 교만한 자아가 빠져 죽는 깊음 말입니다. 여러분은 구름과 바다에서 세례를 받아야만 합니다. 그리고 여러분은 자신에 대해 정죄의 선고를 받아야만 합니다. 여러분은 자신의 육체 안에 선한 것이 거하지 않으며 그러므로 율법의 정죄 아래 있다는 사실을 마음으로 깨달아야 합니다. 그럴 때 비로소 여러분 안에 살리는 역사가 있을 것입니다. 그럴 때 비로소 여러분은 사망과 정죄의 자리로부터 생명으로 나아오게 됩니다. 과거의 헛된 삶의 무덤으로부터 나오는 자는 얼마나 복됩니까? 죄와 세속(世俗)의 수의(壽衣)를 벗어버린 채 중생의 옷을 입고 새 생명으로 나오는 자는 얼마나 복됩니까? 그렇습니다. 여러분은 그리스도와 함께 하늘에 앉아 있습니다. "함께 일으키사 그리스도 예수 안에서 함께 하늘에 앉히시니"(엡 2:6). "이는 너희가 죽었고 너희 생명이 그리스도와 함께 하나님 안에 감추어졌음이라"(골 3:3). 여러분은 이것을 깨달았습니까? 여러분은 세례를 받음으로 장사되었습니다. 그러나 여러분은 그 때 주님의 죽음에 참여했습니까? 만일 여러분이 죽지 않았다면, 여러분에게는 장사될 권리가 없습니다. 여러분은 죽음이 여러분에게 지나갔음을 실제로 압니까? 여러분이 구주와 함께 장사되기 전에 말입니다. 그리고 지금 여러분은 자신 안에 스스로를 생명의 새로움으로 소생시키는 하나님의 생명이 있음을 느낍니까? 그렇다면, 그것은 매일같이 여러분을 점점 더 나은 사람으로 변화시킬 것입니다. 여러분이 최종적으로 하나님의 보좌에 올려질 때까지 말입니다. 여러분이 다시는 죄로 말미암아 더러워지지 아니하고 사탄이 여러분의 발 앞에 상함을 당하고 하나님이 영원히 왕 노릇 하실 바로 그 보좌 말입니다. 여러분이 완전한 거룩함 가운데 거하게 될 때, 그 때 여러분은 완전한 평강 가운데 왕 노릇 하게 될 것입니다. 우리 주 예수를 무덤으로부터 영광으로 이끌어 내신 자가 또한 여러분을 그곳으로 이끄시기를 기원합니다. 여러분이 그와 함께 거하며 영원히 그와 같아질 때까지 말입니다.

### 3. 셋째로, 거룩함이 본문에서
### 어떤 방식으로 묘사되는지 주목하십시오.

"모든 선한 일에 너희를 온전하게 하사 자기 뜻을 행하게 하시고(Make you perfect in every good work to do His will)." 이것은 본문의 기도의 전반부인데, 그러나 엄격하게 말해서 이것은 정확한 번역이 아닙니다. 그것은 다음과 같이 좀 더 잘 번역될 수 있습니다. "모든 선한 일에 너희를 적합하게 하사 자기 뜻을 행하게 하시고"(make you fit in every good work to do His will). 헬라어 원어는 탈골된 뼈를 다시 맞추는 것을 의미합니다. 그러므로 본문이 의미하는 바는 타락(Fall)으로 말미암아 우리의 모든 뼈들이 관절로부터 탈골되어 하나님의 뜻을 행할 수 없게 되었다는 것입니다. 그리하여 바울 사도는 하나님이 그러한 뼈들을 본래의 자리에 되돌려 놓으심으로써 우리로 하여금 모든 선한 일에 온전하게 되어 그의 뜻을 행할 수 있도록 해주시기를 기원합니다. 예를 들어 어깨뼈를 생각해 보도록 합시다. 만일 하나님이 탈골된 어깨뼈를 제자리에 되돌려 놓으신다면, 이제 그것은 처음에 무한한 지혜에 의해 지음받을 때 의도되었던 모든 운동을 온전히 수행할 수 있게 될 것입니다. 탈골된 뼈는 단지 부분적인 운동만 수행할 수 있을 정도로 불충분하게 끼워질 수도 있습니다. 또 수술적인 결함으로 인해 어떤 운동을 수행할 수 없게 될 수도 있습니다. 그런가 하면 관절이 뻣뻣해진다든지 혹은 모양이 흉하게 된다든지 심지어 특정한 운동은 할 수 없게 되는 등의 경우도 있습니다. 우리는 어떤 사람들의 마음속에서 이와 같은 경우들을 발견할 수 있습니다. 그러나 이러한 경우들은 결코 바람직하지 않습니다. 바울은 우리 안에 있는 모든 뼈가 제자리에 놓여짐으로써, 우리의 전체 인성(人性)이 모든 형태의 선한 일을 행하며 주의 뜻을 행하기에 온전하게 되기를 간구합니다. 이것은 얼마나 복된 기도입니까! 오 하나님이여, 당신은 당신의 아들을 온전함 가운데 다시 살리셨나이다. 그의 뼈 하나도 꺾이지 않았습니다. 이제 그의 몸인 우리는 온전한 자리에 함께 놓여질 필요가 있습니다. 모든 뼈와 관절들이 본래의 자리에 놓여져야 합니다. 그리하여 전체 교회가 힘줄로 서로 긴밀하게 연결됨으로써 주의 뜻을 행하기에 온전하게 되어야 합니다. 우리는 본문이 어떤 한 신자에게 말하는 것이라기보다 전체 교회에 말하는 것이라는 사실을 기억해야 합니다. 본문 가운데 나타난 "양들의 큰 목자"라는 표현으로부터 우리는 그러한 사실을 알 수 있습니다. 왜냐하면 그러한 표현으로부터 우리는 바울이 전체 교회를 생각하고 있었다고 밖에는 달리 생각할 수 없기 때문입니다. 바울은 주께서 그의 교회를 온전하게 결합시키시고 조화로운 연합을 이루게 하심으로써 하나님이 이 땅에 있는 교회에게 의도하신 모든 것을 행하기에 적합하게 해 달라고 간구합니다. 우리는 언제 우리의 교회들이 이러한 상태에 있게 되는 것을 보게 될까요?

안타깝게도 우리 교회들의 탈골된 지체들은 몸에 큰 고통과 불화를 일으킵니다. 그리고 오직 거룩함만이 그들을 본래의 적합한 자리로 데려갈 수 있습니다. 본문을 각각의 개인들에게 적용시켜 봅시다. 그러면 본문의 기도는 여러분과 내가 모든 곳에서 하나님의 뜻을 행하기에 적합하게 되며, 고난을 받기에 적합하게 되며, 수고하며 일하기에 적합하게 되며, 교회에서 가장 보잘것없는 직분을 맡기에 적합하게 되며, 교회에서 가장 두드러지는 직분을 맡기에 적합하게 되며, 하나님이 우리에게 바라시는 어떤 일을 행하기에 적합하게 되게 해 달라는 것이 될 것입니다. 그러므로 본문의 기도는 우리가 단지 어떤 일부의 의무들을 위해서만 적합하게 되는 것이 아니라 모든 일에 적합하게 되는 것입니다. 만일 우리가 '각종 은혜들로 가득 찬 그리고 어떤 죄에 의해서도 더럽혀지지 않는' 온전한 성품을 갖게 된다면, 우리는 하나님을 크게 영화롭게 하게 될 것입니다. 본문의 기도는 바로 그것을 구하는 것입니다. 하나님이여, 누가 이 일을 행할 수 있나이까? 누가 우리 안에서 이 일을 행할 수 있나이까? 평강의 하나님이여, 당신이 행하실 수 있나이다. 왜냐하면 당신은 당신의 아들을 무덤으로부터 보좌로 이끌어 내셨기 때문이나이다. 또한 당신은 우리의 망가진 본성을 이끌어 내고, 온전하게 하사, 빛 가운데 성도들의 기업에 영원히 참여하게 하실 수 있나이다. 이와 같이 본문의 기도의 전반부는 거룩함을 위해 적합하게 되는 것과 관련된 것입니다.

계속해서 본문의 기도의 후반부를 보십시오. "그 앞에 즐거운 것을 우리 가운데서 이루시기를 원하노라." 이것은 실제적인 섬김을 위한 것입니다. 여기에서 어떻게 모든 것이 하나님으로부터 말미암는지 주목하십시오. 우리는 바울 사도가 다음과 같이 기도할 것으로 예상할 수 있었습니다. "주여, 우리로 하여금 당신을 위해 행하기에 적합하도록 만드소서. 그리고 우리로 하여금 당신을 섬기도록 도우소서." 그러나 그는 그렇게 기도하지 않습니다. 그는 자신의 기도를 좀 더 겸손한 형태로 제시하는 가운데 주께 우리 안에서 행하실 것을 간청합니다. 여기에서 모든 자기 영광은 한순간에 허물어집니다. 이것은 우리에게 얼마나 큰 교훈을 줍니까! 사랑하는 형제들이여, 주께서 여러분을 모든 선한 일을 행하기에 적합하게 만들었다고 가정해 보십시오. 그럼에도 불구하고 만일 그가 여러분 안에서 행하시지 않는다면, 여전히 여러분은 아무런 선한 일도 행하지 못할 것입니다. 덕과 거룩함을 실천하기에 최고로 적합해진 어떤 사람을 상상해 보십시오. 그러나 만일 주께서 그 안에서 행하시는 가운데 그로 하여금 자신의 즐거운 것을 뜻하게 하시고 행하게 하시지 않는다면, 그는 결코 그러한 것들을 행하지 못할 것입니다.

다음으로 "예수 그리스도로 말미암아"란 구절을 주목하십시오. 이 역시 모든 영광을 하나님께 돌리는 표현 아닙니까? 우리가 행하는 어떤 선한 일을 생각해 보십시오. 그것은 결국 주께서 우리 안에서 행하시는 것입니다. 그러면 무엇입니까? 결국 우리는 단지 예수 그리스도를 통해 행하는 것일 뿐입니다. 우리 주님 없이는 우리는 아무것도 아닙니다. 만일 우리가 주님 앞에 받으심 직한 것을 행한다면, 그것은 오직 예수 그리스도로 말미암은 것일 뿐입니다. 우리는 얼마나 아무것도 아닌 존재입니까! 주께서 우리를 위해 가장 많은 일을 행할 때조차도 그래서 우리의 행한 것들이 그 앞에 즐거운 것이 될 때조차도, 심지어 그럴 때조차도 우리는 아무것도 아닙니다. 우리 안에서 모든 일을 행한 자는 모든 것 가운데 모든 것인 평강의 하나님입니다. 열매를 많이 맺는 가지에게 우리 주님은 "너희의 많은 열매는 나로부터 말미암은 것이니라"라고 말씀하십니다. 여러분의 옷이 해처럼 빛날 때, 여러분을 변화시킨 것은 바로 그분입니다. 여러분의 얼굴이 산에서 내려올 때의 모세의 얼굴처럼 빛날 때, 여러분의 얼굴 위에서 빛나는 것은 하나님의 빛입니다. 우리의 선(善)은 우리의 것이 아닙니다. 왜냐하면 그 모든 것은 그의 만드신 바이기 때문입니다. "우리는 그가 만드신 바라 그리스도 예수 안에서 선한 일을 위하여 지으심을 받은 자니 이 일은 하나님이 전에 예비하사 우리로 그 가운데서 행하게 하려 하심이니라"(엡 2:10).

**4. 마지막으로, 본문의 기도는
마침내 장엄한 영광송으로 마무리됩니다.**

"영광이 그에게 세세무궁토록 있을지어다 아멘." 하나님께 영광을 돌리는 것이 모든 것의 최종적인 목적입니다. 기도의 줄기는 찬미의 꽃을 위해 존재합니다. 하나님을 찬미하는 것은 거룩함의 모든 꽃의 진수(眞髓)입니다. 그리고 그것은 교회의 동산의 모든 장미들의 표어입니다. 씨를 뿌리며 쟁기질하는 것은 궁극적으로 추수를 위한 것입니다. 마찬가지로 복음전파와 목회의 모든 씨 뿌림과 쟁기질은 궁극적으로 추수, 즉 하나님께 영광을 돌리기 위한 것입니다. 지극히 높은 하나님과 그의 독생자에게 영원무궁히 영광을 돌립시다. 이것이 우리의 모든 사역의 궁극적인 목적입니다. 여기의 영광송이 누구에게 돌려지는 것인지, 다시 말해서 "평강의 하나님"께 돌려지는 것인지, 아니면 "우리 주 예수"께 돌려지는 것인지를 결정하는 것은 매우 어려운 일입니다. 그러므로 나는 좀 더 안전하게 둘 모두에게 돌려지는 것이라고 생각하고 싶습니다. 왜냐하면 둘은 하나이기 때문입니다. "영광이 그에게 ─ 다시 말해서 하나님에게 그리고 주 예수에게 ─ 세세무궁토록 있을지어다 아멘." 진실로 그러합니다. 마땅히 그러해야 합니다. 반드시 그러해야 합니다. 또한 반드시 그러할 것입니다. 아멘! 아멘!

　셋이면서 동시에 하나이신 하나님께 영광을 돌립시다. 그를 사랑하는 영혼들이여, 그에게 영광을 돌립시다. 먼저 평강을 생각하시고 계획하사 여러분을 위해 평강의 언약을 세우신 평강의 하나님께 영광을 돌립시다. 오늘날 모든 신자들과 더불어 평강을 이루신 하나님께 영광을 돌립시다. 그는 사랑의 증표로서 구름 위에 무지개를 펼치십니다. 그는 자신의 창과 방패를 내려놓고, 사랑과 웃음으로 부드럽게 말씀하십니다. 그는 평강의 하나님입니다. 거룩한 기쁨으로 그에게 다가가십시오. 그에게 경배를 드리십시오. 그의 이름에 영원히 영광을 돌리십시오.

　다음으로, 우리를 위해 목자를 보내신 것으로 인해 그에게 영광을 돌립시다. 우리는 양 같이 각기 제 길로 갔지만, 그는 자기 아들을 보내시고 우리를 치게 하셨습니다. 그는 자신의 품으로부터 자신의 영원한 아들을 취하시고 그 아들을 이 땅으로 보내셨습니다. 우리를 광야로부터 모으시고 이리들로부터 구원하시기 위해서 말입니다. 이스라엘의 목자여, 당신과 당신을 보내신 아버지께 영광을 돌리나이다.

　다음으로, 영원한 언약으로 인해 그에게 영광을 돌립시다. 하나님이 사람으로 더불어 언약관계 속으로 들어오신 것은 얼마나 큰 긍휼입니까! 언약의 피로 인해 그에게 영광을 돌립시다. 그는 그 언약을 확실하게 하기 위해 자기 독생자를 주셨습니다. 피로 값 주고 사신 자들이 결코 잃어지지 않을 것으로 인해 그에게 영광을 돌립시다. 아버지와 아들과 성령께 영광을 돌립시다. 피로 값 주고 산 바 된 사람의 아들들아, 그를 찬미하라. 그를 찬미하라. 그를 찬미하라. 죽으신 목자를 다시 살리시고 영원히 왕 노릇 하게 하신 자를 감사와 기쁨으로 즐거이 송축하라.

또 그가 그리스도에게 행하신 능력을 지금 여러분에게도 행하고 계시는 것으로 인해 그에게 영광을 돌립시다. 여러분은 완전하지 않습니다. 그럼에도 불구하고 여러분은 각자 자기의 분량대로 모든 선한 일을 행하기에 적합합니다. 여러 가지 방법으로 주님은 여러분을 섬김에 있어 적합하게 만들고 계십니다. 어떤 사람들에게 그는 어떤 일을 행하고 계시고, 또 어떤 사람들에게 그는 자신의 기쁘신 뜻을 따라 인내하고 계십니다. 믿음으로 말미암아 받은 모든 은혜들로 인해 그를 송축합시다. 사랑으로 인해 그를 송축합시다. 정복한 모든 죄로 인해 그를 송축합시다. 우리 안에 거하는 모든 은혜들로 인해 그를 송축합시다. 그를 영원히 송축합시다.

그가 예수 그리스도로 말미암아 우리를 다루는 것으로 인해 그를 송축합시다. 모든 선한 것이 중보자를 통해 우리에게 왔으며 또 계속해서 올 것입니다. 그가 우리를 하늘 보좌로 데려가실 때까지 말입니다. 그 때까지 우리는 우리의 영원한 중보자에게 영광을 돌리고, 아버지와 성령께 찬미를 돌릴 것입니다. 심지어 지금 이 땅에서조차 우리는 그룹과 스랍과 연합하여 모든 경배를 받기에 홀로 합당하신 자에게 영광을 돌립니다.

제
49
장
—

# 언약의 피

—

"양들의 큰 목자이신 우리 주 예수를 영원한 언약의 피로 죽은 자 가운데서 이끌어 내신 평강의 하나님이 모든 선한 일에 너희를 온전하게 하사 자기 뜻을 행하게 하시고 그 앞에 즐거운 것을 예수 그리스도로 말미암아 우리 가운데서 이루시기를 원하노라 영광이 그에게 세세무궁토록 있을지어다 아멘." — 히 13:20-21

우리는 다른 사람들에게 이러저러하게 행하라고 가르치기 전에 먼저 우리 자신이 그렇게 행할 준비가 되어 있어야만 합니다. 자기 자신의 모범으로 뒷받침되지 않는 훈계는 아무런 힘도 갖지 못합니다. 바울은 18절에서 히브리 신자들에게 "우리를 위하여 기도하라"고 당부합니다. 그리고 나서 그는 마치 자신이 먼저 본을 보이기라도 하려는 듯이 그들을 위한 본문의 놀라운 기도를 하나님께 드립니다. 그는 그들을 위해 거짓 없이 중심으로 기도할 수 있었기 때문에 그들에게 "우리를 위하여 기도하라"고 당당하게 말할 수 있었습니다. 또 여러분은 그의 기도가 그가 서신을 기록할 때 마음에 가지고 있었던 주제와 연결되어 있는 것을 주목할 수 있을 것입니다. 히브리서는 구약과 신약 사이의 차이에 대해 많이 다룹니다. 그것의 주된 주제는 옛 언약이 단지 새 언약의 모형에 불과했음을 보여주는 것이었습니다. 옛 언약은 하늘의 것들의 실제 형상이 아니라 단지 그림자에 불과했습니다. 본 서신을 기록함에 있어서의 그의 주제는 언약이었습니다. 그리고 그가 본문의 기도를 드릴 때, 그의 옷은 몰약과 유향과 계피의 달콤한 향기로 가득했습니다. 그는 기도 속에는 많은 생각과 깊은 묵상으로부터 말미암은 그의 간절한 바람이 표현되어 있었습니다. 그의 기도 속에는 그의 깊은 묵상이 스며들어 있었던 것입니다. 이것은 기도에 있어 매우 올바른 방식입니다. 특별히 그 기도가 많은 사람들을 위한 기도일 때 더욱 그렇습니다. 벌이 수많은 꽃들로부터 꿀을 모으는 것을 생각해 보십시오. 그렇지만 그 꿀은 특별히 그 지역에 많이 분포해 있는 어떤 특정한 야생화라든지 혹은 다른 어떤 특별한 꽃의 향기를 낼 것입니다. 그와 같이 우리 영혼은 모든 곳으로부터 풍부한 기도의 꿀을 모으지만 그러나 그 가운데서도 특별히 가장 많은 시간 동안 생각하며 묵상한 것으로부터 가장 아름다운 맛을 내는 기도의 표현을 만들어 낼 것입니다. 지금까지 언약에 대해 이야기하고 난 연후에 본문의 언약적 기도(covenant prayer)가 따르는 것은 얼마나 자연스럽습니까? "양들의 큰 목자이신 우리 주 예수를 영원한 언약의 피로 죽은 자 가운데서 이끌어 내신 평강의 하나님이 모든 선한 일에 너희를 온전하게 하사 자기 뜻을 행하게 하시기를 원하노라."

히브리서의 주제는 매우 심오합니다. 왜냐하면 그것은 초보적인 원리들로부터 좀 더 근본적이며 신비하며 깊은 하나님의 진리로 나아가기 때문입니다. 히브리서는 그리스도의 학교에서 상급반을 위한 책입니다. 그러므로 본문의 기도는 어린아이를 위한 것이 아니라 장성한 자들을 위한 것입니다. 우리는 모든 성도들에게 "여기와 같은 방식으로 기도해야 합니다"라고 말할 수 없습니다. 왜냐하면 본문의 심오한 기도를 그들 모두가 이해하지는 못하기 때문입니다. 그들은 좀 더 단순하게 시작할 필요가 있습니다.

모든 신자들에게 적합한 "하늘에 계신 우리 아버지여"와 같은 방식으로 말입니다. 딱딱한 음식을 먹는 장성한 자들은 깊은 생각과 묵상으로부터 나오는 강력한 기도를 드립니다. 어린아이의 단순한 기도나 젊은이의 활력에 넘치는 기도를 들을 때 탄복하는 것처럼, 또한 우리는 그리스도 안에서 장성한 자들의 기도를 들을 때 그 깊이와 넓이와 장엄함에 큰 기쁨과 감동을 느낍니다. 우리는 본문의 기도로부터 바로 그러한 것들을 발견합니다. 하나님의 깊은 것들을 깨닫는 자들에게, 나는 여기에 나타난 바울의 언약적 기도를 살피는 가운데 성령의 도우심을 간청할 것을 권합니다.

## 1. 첫째로, 바울이 여기에서 사용하는
## 언약적 이름들(Covenant Names)을 주목하십시오.

여기에서 그는 영원히 복되신 하나님을 "평강의 하나님"이라 부릅니다. 그리고 언약의 다른 쪽 측면을 맡은 구속자에게, 그는 "양들의 큰 목자이신 우리 주 예수"라고 호칭을 부여합니다. 사랑하는 친구들이여, 주 예수 그리스도를 믿는 우리는 그리스도 안에 있습니다. 그는 우리의 머리이며, 대표이며, 목자이며, 보증인입니다. 그는 우리를 대표하여 아버지와 더불어 다음과 같은 취지의 언약을 맺으셨습니다. 우리는 죄를 범했으며, 그럼으로써 손상된 공의에 대해 보응이 내려져야만 했습니다. 왜냐하면 하나님의 율법은 존귀하게 되어야만 하기 때문입니다. 아버지의 측면에서, 그는 우리에게 충분한 죄 사함과 받으심과 양자(養子)와 영원한 생명을 주시기로 동의하셨습니다. 이제 그리스도의 측면에서, 그 언약은 지켜졌습니다. 본문은 우리에게 그러한 사실을 확증합니다. 왜냐하면 예수께서 자신의 약속에 따라 그의 피를 흘리셨기 때문입니다. 이제 그 언약은 오직 아버지의 측면에서 성취되도록 섭니다. 그 언약의 이러한 측면 아래, 바울은 아버지를 "평강의 하나님"이라고 부릅니다. 이것은 얼마나 보배로운 이름입니까! 행위언약 아래 그는 보응의 하나님입니다. 죄인들에게 그는 거룩하며 두려운 하나님입니다. 우리 하나님은 소멸하는 불입니다. 그러나 우리에게 그는 "평강의 하나님"입니다. 왜냐하면 그 언약이 우리의 머리시며 대표이신 예수 그리스도로 말미암아 우리의 측면에서 성취되었기 때문입니다. 그리스도인들이여, 여러분과 하나님 사이에 모든 것은 평강입니다. 더 이상 아무런 불화와 두려움의 근거도 남아 있지 않습니다. 영원한 언약은 영원한 평강을 확증합니다. 여러분과 하나님 사이는 잠시 휴전하고 있는 관계가 아닙니다. 또 손상된 공의에 대해 잠시 눈감아 주고 있는 관계도 아닙니다. 그는 가장 깊은 의미에서 평강의 하나님입니다. 그 자신이 평강 가운데 계십니다. 왜냐하면 모든 이해를 초월하는 하나님의 평강이 있기 때문입니다. 뿐만 아니라 그의 긍휼로 말미암아 그의 백성들도 양심의 평강을 누리게 되었습니다. 왜냐하면 하나님과 더불어 화해했음을 느끼기 때문입니다. 여러분의 마음은 하나님 안에서 안식합니다. 여러분을 하나님으로부터 분리시켰던 죄가 제거되었으며, 온전한 사랑이 두려움을 내쫓았습니다. 이와 같이 하나님이 스스로 평강 가운데 계시며 또 여러분이 그를 통해 내적 평강을 누리게 되었을 뿐만 아니라 또한 그는 여러분과 더불어 평강을 이루셨습니다. 왜냐하면 그는 헤아릴 수 없는 사랑으로 여러분을 사랑하시기 때문입니다. 그는 여러분 안에서 당신이 기뻐하시는 것 외에 아무것도 보지 않으십니다. 왜냐하면 언약 안에서 그는 여러분 자신을 보지 아니하시고 여러분의 머리이신 예수 그리스도를 보기 때문입니다. 그리고 하나님의 눈에 우주 안에서 '자신의 사랑하는 아들과 그 아들 안에서 그의 백성들'보다 더 사랑스러운 것은 아무것도 없습니다. 예수 안에는 하나님으로 하여금 우리의 모든 허물들을 잊기에 충분한 아름다움이 있습니다. 예수 안에는 하나님으로 하여금 우리의 모든 허물을 삼키기에 충분한 공로가 있습니다. 우리의 큰 대제사장의 속죄의 피 안에는 하나님으로 하여금 우리의 모든 죄를 씻기에 충분한 효능이 있습니다. 예수 그리스도의 속죄의 피와 우리를 향한 하나님의 사랑을 인식하는 우리의 영혼은 이제 더 이상 하나님과의 불화를 느끼지 않습니다. 예전에 우리는 하나님을 미워하며 대적했습니다. 심지어 지금도 옛 본성이 머리를 들며 우리의 바라는 것이 주의 뜻과 충돌될 때, 우리는 주의 기뻐하시는 바를 행하는 것이 결코 쉽지 않다는 사실을 발견합니다. 그러나 새로운 본성이 우리 안에 들어오고 또 우리를 다스리게 됨으로써 이제 우리 영혼과 하나님 사이의 불화는 끝나게 되었습니다. 우리에게 하나님은 가장 넓고 완전한 의미에서 평강의 하나님입니다. 평강의 하나님이란 이름은 우리에게 얼마나 사랑스러운 이름입니까! 그는 복되신 평강의 하나님입니다. 그는 요동하는 하나님도 아니며, 어지러움의 하나님도 아닙니다. 우리는 우리 자신 안에서 '모든 이해를 초월하는 그리고 우리의 마음과 생각을 지키는'평강을 누리게 되었습니다. 하나님은 우리와 더불어 평강을 이루셨습니다. 그는 더 이상 우리에게 진노하지 않으시며 우리를 꾸짖지 않으실 것이라고 선언하십니다. 우리는 그를 즐거워하며, 그의 율법을 기뻐하며, 그의 영광을 위해 삽니다. 그러므로 매 순간 "평강의 하나님"이란 이름으로 그를 바라봅시다. 왜냐하면 영원한 언약이 그를 그렇게 나타내기 때문입니다.

　　바울 사도는 영원한 언약의 또 다른 측면을 바라보면서 그를 "양들의 큰 목자이신 우리 주 예수"라고 부릅니다. 우리는 영원한 언약 안에서 우리의 구속주를 바라보되, 무엇보다도 예수 즉 우리를 소금언약으로 말미암아 가나안으로 데려가는 구주로서 바라보아야 합니다. 그는 또한 주 예수입니다. 그 본성의 모든 위엄에 있어 그는 모든 정사와 권세를 무한히 능가하며, 우리의 경배와 순종을 받기에 합당한 자입니다. 또 그는 우리 주 예수입니다 ─ 그가 우리의 주인 것은 그가 자신을 우리에게 주셨기 때문이며 또한 우리가 그를 거룩한 기쁨으로 주로 영접하고 받아들였기 때문입니다. 이와 같이 그가 우리 주 예수인 것은 그가 우리를 구원하시기 때문이며, 그가 우리 주 예수인 것은 그가 우리를 자신의 나라로 데려감으로써 우리를 보호하기 때문이며, 그가 우리 주 예수인 것은 우리가 그의 주권 및 그의 구원과 더불어 특별한 관계를 맺고 있기 때문입니다. 통상적으로 우리는 우리 주님의 이름에 많은 주의를 기울이지 않습니다. 그러는 가운데 성경 기자들이 그 때그 때 선택하여 사용하는 주님의 이름이 주는 교훈을 제대로 간파하지 못합니다. 그러나 그 때그 때 사용되는 호칭들에는 큰 의미가 담겨 있습니다. 다른 이름들 속에는 작은 의미밖에는 담겨 있지 않을는지 모르지만, 그러나 예수의 호칭들 속에는 무한한 의미가 담겨 있습니다.

　　나아가 우리 주님은 "양들의 큰 목자"로 불립니다. 영원한 언약 안에서 우리는 양이며 주 예수는 목자입니다. 여러분은 양들과 계약을 맺을 수 없습니다. 그들은 계약을 맺을 수 있는 능력을 가지고 있지 않습니다. 그러나 여러분은 그들을 대신하여 목자와 계약을 맺을 수 있습니다. 그러므로 우리가 길 잃은 양처럼 각기 제 길로 갔음에도 불구하고, 우리는 예수께 속하며 그는 우리를 대신하여 언약을 맺으셨습니다. 그는 우리를 위해 살아 계신 하나님 앞에 서셨습니다. 우리 주 예수는 선한 목자입니다. 왜냐하면 우리를 위해 자신의 생명을 주셨기 때문입니다. 선한 목자는 양들을 위해 자기 생명을 주며 그렇게 함으로써 자신의 선함을 나타냅니다. 또 그는 죽은 자 가운데서 다시 살아나신 큰 목자입니다. 왜냐하면 그의 부활과 승천이 그의 크심을 나타내기 때문입니다. 뿐만 아니라 그는 다시 오실 목자장(chief Shepherd)입니다. 목자장이 나타날 때, 여러분 역시도 영광 가운데 그와 함께 나타나게 될 것입니다. "그리하면 목자장이 나타나실 때에 시들지 아니하는 영광의 관을 얻으리라"(벧전 5:4). 그 때 그는 자신의 초자연적인 주권을 나타낼 것입니다. 우리 주님은 선한 목자였습니다. 왜냐하면 양들을 위해 자신의 생명을 주셨기 때문입니다. 뿐만 아니라 그에게는 그의 양들을 먹이는 다른 선한 목자들이 있습니다. 그가 다시 오실 때, 그는 목자장으로서 다른 목자들과 함께 나타나실 것입니다. 그러나 그의 부활과 우리를 의롭다 함에 있어 그리고 영원한 언약과 관련하여 그는 홀로 섭니다. 오직 그만이 "그 큰 목자"(that great Shepherd)라는 호칭을 홀로 짊어집니다. 그는 구약의 모든 예언이 말한 자입니다. 그 안에서 모든 하나님의 계획이 성취되었으며, 그 앞에서 다른 모든 것들은 뒤로 물러납니다. 그는 홀로 섭니다. 오직 그만이 양들의 유일무이한 목자입니다.

구약 전체를 통해 목자들을 추적해 보는 것은 매우 흥미진진한 일입니다. 우리는 그들을 통해 우리 주님의 모습을 발견할 수 있습니다. 아벨은 '증언하는 목자'(witnessing shepherd)였습니다. 그가 흘린 피는 땅으로부터 부르짖는 피입니다. 아브라함은 '분리하는 목자'(separating shepherd)였습니다. 그는 자신의 짐승 떼를 낯선 땅으로 인도했습니다. 이삭은 '평온한 목자'(quiet shepherd)였습니다. 그는 원수들 가운데서 자기 짐승떼를 위하여 우물을 파고 그들을 평안히 먹였습니다. 야곱은 '양들을 보호하는 목자'였습니다. 그는 많은 수고와 고생을 통해 그들을 얻었습니다. 그는 그들을 분리하여 가나안으로 데려갔으며 밤중에 홀로 기도하며 그들을 지켰습니다. 또 요셉은 '이스라엘을 위한 애굽의 머리인 목자'였습니다. 그에 대해 그의 아버지 야곱은 이렇게 예언했습니다. "그로부터 이스라엘의 반석인 목자가 나도다"(창 49:24). 그 목자는 자기 교회를 위해 만유를 다스리는 머리이며, 자기의 택하신 자들을 위해 모든 세상을 다스리는 왕이며, 양들을 위해 자기에게 주어진 모든 권세를 가진 양들의 큰 목자입니다. 계속해서 모세를 보십시오. 그는 '선택된 목자'였습니다. 그는 그의 백성을 광야를 통과하여 약속의 땅으로 인도했으며, 만나로 먹였으며, 깨어진 반석으로부터 물을 내어 마시게 했습니다. 여기에는 얼마나 많은 의미들이 담겨 있습니까! 또 예수의 모형인 다윗이 있습니다. 그는 약속의 땅에서 그의 백성을 다스린 영광의 왕이었습니다. 지금까지 열거한 모든 목자들을 생각해 보십시오. 그들 모두는 우리로 하여금 "양들의 큰 목자"의 다양한 면들을 보도록 만들어 줍니다.

사랑하는 자들이여, 오늘의 주제는 정말로 광대한 주제입니다. 나는 단지 그것을 살짝 건드릴 수 있을 뿐입니다. 우리의 목자가 큰 목자인 것으로 인해 기뻐합시다. 왜냐하면 그는 자신의 모든 양들을 큰 위험으로부터 보존할 것이며, 또한 크신 하나님과의 큰 언약이 요구하는 모든 요구조건들을 이행할 것이기 때문입니다. 그러한 언약 아래, 예수는 선지자이며 제사장이며 왕입니다. 목자는 양들에게 이 모든 것이 되어야만 합니다. 또 그는 각각의 직분들에 있어 큰 자입니다. 은혜언약 안에서 안식하는 동안, 우리는 우리 주님을 우리의 목자로서 보아야만 합니다. 그리고 양들은 무엇을 먹어야 할지, 어디로 나아가야 할지, 어떻게 보호되어야 할지에 대해 신경 쓸 필요가 없는 사실 안에서 위로를 발견해야 합니다. 양들은 단지 목자를 따라가기만 하면 됩니다. 그러면 양들에게 모든 것은 형통할 것입니다. "그가 나를 푸른 풀밭에 누이시며 쉴 만한 물 가로 인도하시는도다"(시 23:2).

### 2. 둘째로, 언약의 인침(Covenant seal)을 주목하십시오.

"양들의 큰 목자이신 우리 주 예수를 영원한 언약의 피로 죽은 자 가운데서 이 끌어 내신 평강의 하나님이." 그 언약을 인치는 것은 예수의 피입니다. 옛적에 사람들이 서로 언약을 맺을 때, 그들은 일반적으로 약속을 속박하는 어떤 의식(儀式)을 사용했습니다. 그리고 구약시대에 하나님과의 언약은 항상 피와 더불어 확정되었습니다. 희생제물이 죽고 그 피가 흘려지는 순간 상호간의 약정이 확정되었습니다. 하늘 아버지께서 우리를 대신하여 예수 그리스도와 언약을 맺으셨을 때, 그 언약은 "다윗에게 허락한 확실한 은혜"에 따른 참되고 견고한 언약이었습니다. "내가 너희를 위하여 영원한 언약을 맺으리니 곧 다윗에게 허락한 확실한 은혜이니라"(사 55:3). 그러나 그 언약을 견고하게 하기 위해서는 피가 필요했습니다. 그 언약을 인치는 피는 황소와 염소의 피가 아니라 하나님의 아들 자신의 피였습니다. 이로써 그 언약은 견고하게 되었습니다. 그것의 일점일획이 떨어지는 것보다 차라리 천지가 사라지는 것이 더 쉽습니다. 하나님은 자신의 약속들을 지키셔야만 합니다. 그는 자유로운 하나님이시지만, 그러나 거짓말할 수 없다는 변할 수 없는 사실로 인해 스스로를 속박하십니다. 하나님에게 있어 거짓말하는 것은 불가능합니다. 하나님은 큰 목자가 대표한 그의 양들에게 언약의 축복을 주시기로 스스로를 속박하셨습니다. 형제들이여, 만일 우리가 정직한 사람이라면, 우리는 우리 자신의 말에 의해 속박을 당합니다. 만일 우리가 어떤 맹세를 했다면, 우리는 분명 그것으로 인해 갑절로 속박되는 것을 느낄 것입니다. 만일 우리가 구약시대에 살고 있다면 그리고 우리가 맺은 어떤 협정에 피가 뿌려졌다면, 우리는 그 엄숙한 표적을 보면서 감히 그 협정을 되돌릴 꿈도 꾸지 못할 것입니다. 하나님에게 있어 자신이 자기 아들과 더불어 그리고 그 안에서 우리와 더불어 자발적으로 맺은 은혜언약을 깨뜨리는 것은 얼마나 불가능한 일입니까! 그 언약 위에 그 아들의 핏줄로부터 흘러나온 피가 뿌려졌으므로 그 언약은 영원합니다. 그 언약은 영원히 견고합니다. 왜냐하면 그것은 하나님의 아들의 피로 확증되었기 때문입니다.

또한 우리는 하나님의 아들의 피로 말미암아 그 언약이 실제로 성취되었다는 사실을 기억해야 합니다. 왜냐하면 그 언약의 내용은 그리스도가 우리의 죄를 대신하여 고난을 당함으로써 하나님의 율법을 존귀하게 해야만 한다는 것이었기 때문입니다. 그리스도는 그의 생애 동안 율법을 지켰습니다. 그러나 그의 입장에서 그 언약을 완전하게 성취하기 위해서는 죽기까지 순종하는 것이 필요했습니다. 그러므로 피를 흘리는 것은 자신이 약속한 순종을 끝까지 이루는 것이었습니다. 그리스도의 측면에서 피를 흘리는 것은 우리를 대신하여 그 언약을 실제적으로 성취하는 것이었습니다. 그리하여 이제 전체 언약은 견고하게 서야만 합니다. 왜냐하면 그 언약이 의존했던 것이 영원히 이루어졌기 때문입니다. 그 언약은 피의 서명에 의해 확증되었을 뿐만 아니라 그 피로 말미암아 그리스도의 측면에서 실제적으로 이행된 것입니다. 그러므로 영원한 아버지는 자신의 측면에서 이제 그 언약으로부터 뒤로 물러날 수 없게 되었습니다. 왜냐하면 그 언약에 있어서의 우리의 측면이 우리를 위해 자신의 목숨을 내주신 양들의 큰 목자에 의해 문자적으로 이행되었기 때문입니다.

나아가 피가 흘려짐으로 말미암아 그 언약은 유언(Testament)으로 바뀌었습니다. 어떤 역본들은 20절의 "언약"이라는 단어와 관련하여 난외(欄外)에다가 "유언"이라는 단어를 제시하기도 합니다. 사실 성경의 여러 곳에서 우리는 그 단어를 "언약"(Covenant)이라고 번역해야 할지 혹은 "유언"(Testament)이라고 번역해야 할지 결정하기 어려운 때가 종종 있습니다. 어쨌든 이제 그것은 분명 "유언"입니다. 왜냐하면 그리스도께서 그 언약에 있어서의 자신의 몫을 지켰기 때문입니다. 그리스도는 우리에게 하나님으로부터 자신에게 합당한 것을 뜻하십니다. 그는 자신의 죽음으로 말미암아 상급으로서 자신에게 오는 모든 것을 우리에게 양도(讓渡)하십니다. 그리하여 그는 '자신의 죽음에 의해 유효하게 된 유언'으로 말미암아 우리를 그의 상속자로 만듭니다. 그러므로 여러분은 그 단어를 "유언"이라고 이해해도 되고, "언약"이라고 이해해도 됩니다. 다만 그 피가 '예수가 그 목자인 모든 양들'에게 언약과 유언을 모두 확실하게 만들었다는 사실을 반드시 기억해야 합니다.

계속해서 "영원한 언약"이라는 말씀을 살펴보도록 합시다. 오늘날 어떤 사람들은 "영원한"이라는 단어는 실제로 영원한 것이 아니라 그 끝이 조만간 오게 될 어떤 기간을 가리키는 것이라고 말합니다. 나는 이러한 사람들의 이론에 손톱만큼의 공감을 느끼지 못합니다. 나는 천국의 영원함이라든지 혹은 다른 신적 축복들의 영원함을 결코 포기하지 않을 것입니다. 또 미래의 영원한 형벌을 부인함으로써 악인들의 헛된 기호(嗜好)를 만족시켜 주고 싶지 않습니다. 인간의 본성은 그런 방향으로 기울어지지만 그러나 하나님의 말씀은 그렇지 않습니다. 성경의 오류 없는 증거에 따라, 우리는 영구히 견고하게 서는 **영원한 언약**을 기뻐하며 즐거워합니다. 행위언약은 사라집니다. 그것은 인간의 능력 위에 근거했으며, 마침내 허망한 꿈으로 끝났습니다. 만물은 본질적으로 영원할 수 없습니다. 사람은 그것들의 상태를 영원히 유지시킬 수 없습니다. 그것들은 마침내 땅에 떨어집니다. 그러나 은혜언약은 오직 그리스도의 능력과 사랑과 신실하심 위에 근거했습니다. 그는 그 언약에 있어서의 자신의 몫을 지켰습니다. 그리하여 이제 그 언약은 영원히 신실하시며 참되신 하나님 위에 근거합니다.

> "그는 결코 자신의 존재를 중지할 수 없도다.
> 그는 결코 자신의 약속을 잊거나 깨뜨릴 수 없도다."

"여호와는 선하시니 그의 인자하심이 영원하고 그의 성실하심이 대대에 이르리로다"(시 100:5). 그는 이렇게 말씀하셨습니다. "내가 그들에게 복을 주기 위하여 그들을 떠나지 아니하리라 하는 영원한 언약을 그들에게 세우고"(렘 32:40). 그러므로 하나님은 그들에게 선을 베푸셔야만 합니다. 왜냐하면 그는 거짓말하지 아니하시고 후회하지 아니하시는 하나님이기 때문입니다. "하나님은 사람이 아니시니 거짓말을 하지 않으시고 인생이 아니시니 후회가 없으시도다 어찌 그 말씀하신 바를 행하지 않으시며 하신 말씀을 실행하지 않으시랴"(민 23:19). 그러므로 그 언약을 인치는 그리스도의 피는 모든 것을 확실하게 만듭니다.

### 3. 셋째로, 언약의 성취를 주목하십시오.

"양들의 큰 목자이신 우리 주 예수를 영원한 언약의 피로 죽은 자 가운데서 이끌어 내신 평강의 하나님이." 예수 그리스도가 언약의 피로 죽은 자 가운데서 이끌어 냄을 받은 것을 보십시오. 여기에 그 이야기가 있습니다. 그는 우리를 대신한 언약의 당사자였습니다. 그는 우리의 죄를 짊어지고 그로 인해 고난을 받으셨습니다. 그는 십자가에 못 박혀 죽으셨습니다. 그리고 십자가로부터 무덤으로 옮겨졌으며, 거기에서 사망에 묶여 있었습니다. 자, 그것은 언약의 일부였습니다. 하나님 아버지의 측면에서, 하나님은 그리스도의 영혼을 음부에 버려두지 않으시고 그의 거룩한 자로 썩음을 당하지 않도록 하실 것이었습니다. 이러한 협정은 신실하게 지켜졌습니다. 그리스도는 십자가 위에서 그를 믿는 우리 모두를 대표하셨습니다. 그러므로 우리 역시도 그 안에서 십자가에 못 박힌 것입니다. 예수는 또한 무덤 안에서 우리를 대표하셨습니다. 그러므로 우리도 그와 함께 장사되었습니다. 그에게 일어난 일은 그것이 무엇이든 그의 백성들에게도 또한 일어났습니다. 그러면 이제 예수의 몸에 어떤 일이 일어날까요? 하나님이 자신의 언약을 지키실까요? 벌레들이 그의 몸을 파먹을까요? 그렇지 않으면 그의 몸은 썩음에 도전할까요? 하늘로부터 내려온 자는 다시 하늘로 돌아가지 못할까요? 보십시오. 셋째 날 새벽이었습니다. 약속된 때가 왔습니다. 아직 어떤 벌레도 그의 거룩한 몸을 파먹지 않을 때였습니다. 비록 그가 죽은 자 가운데 누워 있었다 하더라도 말입니다. 그러나 셋째 날 새벽, 잠자던 자는 마치 깊은 잠을 통해 새로운 원기를 회복한 사람처럼 깨어 일어났습니다. 그가 살아났습니다. 그의 무덤을 막고 있던 돌이 치워졌습니다. 천사들이 그를 옹위하고 있습니다. 그는 밖으로 나와 제자들에게 말합니다. 피 흘리고 죽었던 예수는 더 이상 사망 아래 있지 않습니다. 그는 제자들과 함께 40일을 계시며 자신의 부활을 그들에게 나타내십니다. 그러나 그는 하늘로 올라가셔야 합니다. 그는 예전의 영광으로 되돌아가야 합니다. 하나님이 그를 다시 예전에 계셨던 곳으로 데려갈까요? 그렇습니다. 때가 되자 그는 감람산에서 하늘로 승천합니다. 하늘을 가르며 그는 제자들 가운데로부터 구름이 그를 받을 때까지 올라갑니다. 그렇지만 그는 본래 그가 계셨던 장소까지 충분히 올라갈까요? 그는 자신의 인격 안에서 자신의 교회를 위해 사망의 모든 폐허로부터 충분한 회복을 얻을까요? 아, 그가 진주문으로 들어가는 것을 보십시오. 아버지가 그를 얼마나 반갑게 맞이합니까? 그가 높이 올리움을 받고 아버지의 보좌에 앉는 것을 보십시오. 하나님이 그를 지극히 높이시고 그에게 모든 이름 위에 뛰어난 이름을 주셨습니다. 그리고 모든 무릎으로 예수의 이름 앞에 꿇도록 하셨습니다.

이제 어떤 방법으로 우리 주님이 죽은 자 가운데서 이 모든 영광으로 되돌아오게 되었는지 주목하십시오. 그것은 그가 영원한 언약의 피를 드렸기 때문이

었습니다. 아버지께서 예수가 그 언약에 있어서의 그의 모든 몫을 지켰음을 보
셨을 때 ― 십자가에 죽기까지 말입니다 ― 아버지는 자기 아들을 무덤으로부터
생명으로, 부끄러움으로부터 존귀로, 수치로부터 영광으로, 사망으로부터 불멸
로 되돌리심으로써 그 언약에 있어서의 자신의 몫을 성취하기 시작하셨습니다.
그의 원수들이 그의 발등상이 될 때까지 그가 이제 어디에 앉으셨는지 보십시
오. 뿐만 아니라 예수에게 일어난 것은 실제적으로 그의 모든 백성들에게 일어
난 것이었습니다. 왜냐하면 주 예수가 죽은 자 가운데서 이끌어 냄을 받은 것은
단지 한 개인으로서가 아니라 "양들의 큰 목자이신 우리 주 예수"로서 이기 때문
입니다. 양들은 목자와 함께 있습니다. 양들의 목자여, 당신의 양 떼는 어디에 있
나이까? 우리는 당신이 그들을 끝까지 사랑하셨음을 아나이다. 그러나 당신은
가셨나이다. 당신은 그들을 광야에 남겨 두셨나이까? 결코 그럴 수 없습니다. 왜
냐하면 "누가 우리를 그리스도의 사랑에서 끊으리요"라고 기록되었기 때문입니
다. 다음과 같이 말하는 목자의 음성을 들어 보십시오. "이는 나를 사랑하신 사
랑이 그들 안에 있고 나도 그들 안에 있게 하려 함이니이다"(요 17:24). "내가 살
았으니 너희도 살겠음이라"(요 14:19). "나 있는 곳에 나를 섬기는 자도 거기 있
으리니"(요 12:26). 사랑하는 자들이여, 양들은 결코 양들의 큰 목자로부터 떨어
지지 않습니다. 그들은 항상 그의 손 안에 있으며, 아무도 그들을 그의 손으로부
터 빼앗을 수 없습니다. 그들은 세상에서 그와 함께 있었으며, 그와 더불어 다시
살아났습니다. 만일 예수가 계속해서 무덤에 남아 있었다면, 그의 모든 양들은
분명 멸망을 당해야만 합니다. 그러나 아버지께서 그를 영원한 언약의 피로 죽
은 자 가운데서 이끌어 내셨을 때, 아버지는 또한 우리를 그 피로 이끌어 내시고
우리에게 산 소망을 주신 것입니다. 우리가 결코 죽지 않을 것이며, 우리의 몸도
때가 되면 그와 같은 모습으로 부활할 것이라는 소망 말입니다.

> "우리의 죄는 요구하도다.
> 우리의 육체가 썩어 흙으로 돌아갈 것을.
> 그러나 우리의 목자가 부활하심으로
> 그를 따르는 모든 자들도 그렇게 될 것이라."

하늘에 계신 예수는 오직 우리의 대표로서 거기에 계시며, 그의 양 떼들은

그를 따릅니다. 나는 이 땅에 살고 있는 여러분이 마음의 눈으로 천국의 풍경을 바라볼 수 있기를 바랍니다. 잠시 동안 우리는 이 땅에서 그의 돌보심 아래 먹고 마십니다. 그리고 저 너머에 '하늘의 산기슭을 흐르는 그리고 우리를 하늘의 초장으로부터 나누는' 강이 있습니다. 한 사람씩 우리의 사랑하는 자들이 선한 목자의 음성에 의해 그 강을 건너오라고 부르심을 받습니다. 그리고 그들은 그의 부르심에 따라 즐겁게 그 강을 건넙니다. 그의 양들의 긴 행렬이 그 강을 건너 목자가 서 계신 곳으로 가고 있는 것이 보입니다. 이러한 행렬은 하늘의 양들과 합쳐져 한 무리를 이룹니다. 여러분은 계속해서 그에게 나아가는 자들을 보지 못합니까? 그들은 다시금 어린 양의 손 아래서 그에 의해 먹고 마시며, 이리들이 결코 올 수 없는 하늘의 초장에 영원히 거하게 됩니다. 이와 같이 한 무리를 이룬 양 떼는 심지어 지금도 목자와 함께 있습니다. 왜냐하면 그에게 있어 모든 곳이 하나의 초장이기 때문입니다. 비록 우리의 눈에는 요단 강에 의해 나누어진 것처럼 보인다 하더라도 말입니다. 각각의 양들에게는 영원한 언약의 피의 표지(標識)가 찍혀 있습니다. 그들 각자는 계속해서 보존됩니다. 왜냐하면 예수께서 살아 계시기 때문입니다. 그가 영원한 언약의 피로 이끌어 냄을 받은 것처럼, 그들 역시도 필연적으로 그렇게 되어야만 합니다. 왜냐하면 그 언약이 영원히 견고하기 때문입니다.

사랑하는 친구들이여, 목자가 양 떼의 형벌을 짊어진 것을 기억하십시오. 목자는 양 떼의 형벌을 짊어지고 죽었다가 다시 살아났습니다. 그러므로 양 떼는 목자 안에서 죽었다가 이제 다시 살아난 것입니다. 이제 그들은 새 생명을 가지고 있습니다. 그리고 그가 자신의 모든 양들에게 그것을 가져다줄 것입니다. 그는 부름받은 자들을 앞으로 그리고 위로 인도할 것입니다. 자신이 무덤으로부터 보좌로, 앞으로 그리고 위로 나아간 것처럼 말입니다. 그는 모든 인생길 가운데 그들을 보존할 것입니다. 자신이 영원한 언약의 피로 보존된 것처럼 말입니다. 그리고 마침내 그는 그들을 온전하게 할 것입니다. 자신이 온전한 것처럼 말입니다. 평강의 하나님이 자기 아들을 영화롭게 한 것처럼, 그는 또한 자기의 모든 택하신 자들을 그와 함께 영원한 영광으로 데려갈 것입니다.

### 4. 넷째로, 언약의 축복을 주목하십시오.

언약의 가장 큰 축복들 가운데 하나는 무엇일까요? 히브리서 기자는 그것을 여기에서 이렇게 말합니다. "양들의 큰 목자이신 우리 주 예수를 영원한 언약의 피로 죽은 자 가운데서 이끌어 내신 평강의 하나님이 모든 선한 일에 너희를 온전하게 하사 자기 뜻을 행하게 하시고 그 앞에 즐거운 것을 우리 가운데서 이루시기를 원하노라." 그 언약의 주된 축복들 가운데 하나는 하나님의 뜻을 행하고자 하는 의지와 그렇게 할 수 있는 능력이라는 사실을 주목하십시오. 옛 언약은 이렇게 말했습니다. "여기에 돌비가 있으니 여기에 기록된 모든 말씀을 순종할지니라. 순종하면 살 것이요 순종치 않으면 죽을 것이라." 사람은 결코 순종하지 못했으며, 그리하여 아무도 율법으로 말미암아 천국에 들어가거나 평강을 찾지 못했습니다. 반면 새 언약은 이렇게 말합니다. "그들의 죄와 허물을 내가 더 이상 기억하지 아니하리라. 내가 나의 율법을 그들의 마음에 기록할 것이라. 내가 그들의 마음에 나를 경외하는 마음을 둘 것이요 그들이 나로부터 떠나지 않을 것이라." 선지자들은 계속해서 이러한 새 언약에 대해 예언했습니다. 그것은 "너희가 이러저러하게 하면 내가 이러저러하게 할 것이라"(if you will I will)는 언약이 아닙니다. 그것은 이렇게 진행됩니다. "내가 이러저러하게 할 것이요 너희가 이러저러하게 될 것이라"(I will and you shall). 나에게 정말로 필요하며 합당한 언약은 바로 이 언약입니다. 만일 내가 행한 어떤 것이 기초가 된다면, 나는 결코 확신할 수 없습니다. 그러나 그리스도가 다 이루신 것이 기초가 될 때, 나는 편안히 안식할 수 있습니다. 하나님은 우리로 하여금 행하게 하시며, 우리는 행합니다. 그러나 그 언약 자체는 전적으로 "나는 그들로부터 결코 돌이키지 않고 그들에게 선을 행할 것이라"는 위대한 약속 위에 근거합니다. 그러므로 하나님께 우리로 하여금 모든 선한 일에 온전하게 되어 그의 뜻을 행하게 해 달라고 기도하는 것은 바울의 권리였습니다. 왜냐하면 예로부터 이것 즉 예수께서 위하여 죽으신 자들이 거룩하고 정결하게 되어 하나님을 섬기기에 합당하게 되는 것은 주된 약속이었기 때문입니다. 그렇게 볼 때, 이러한 기도는 얼마나 위대한 기도입니까! 그것은 언약이 보증하는 것을 구하는 것입니다.

본문에 나타나는 표현들을 차례대로 살펴보도록 합시다. 바울이 간구하는 첫 번째 축복은 우리가 하나님을 섬기기에 적합하게 해 달라는 것입니다. 여기에서 "온전하게 하사"(make you perfect)로 번역된 단어의 헬라어 원어는 실제로 "적합하게 하사"나 "준비되게 하사" 혹은 "할 수 있게 되게 하사"로 번역되어야 합니다. 나는 여기에서 "온전함"의 교리에 대해 논쟁을 벌이고자 하지 않습니다. 어떤 본문도 그러한 논쟁을 해결해 주지 못합니다. 단지 그것을 다루는 것은 그것이 실제적인 문제이기 때문입니다. 어쨌든 본문의 표현은 "너희를 충분히 완비되게 하사"(fully complete) 혹은 "너희를 충분히 적합하게 하사"(fully fitted)라고 번역되어야 합니다. 우리는 하나님의 뜻을 행하기에 적합해지고, 완비되며, 그렇게 적응되도록 간구해야 합니다. 죄로 죽었던 사람이 다시 살아났다면, 이제 "누가 그의 주인이 될 것인가?"라는 문제가 제기됩니다. 양들의 큰 목자 안에서 죽고 죽은 자 가운데서 다시 이끌어 냄을 받은 우리는 스스로를 누구에게 드려야 합니까? 두말 할 필요도 없이 그것은 오직 하나님입니다. 우리의 기도는 우리가 그의 뜻을 행하기에 적합하게 되게 해 달라는 것입니다. 우리 목자는 아버지의 뜻을 행하셨습니다. 그는 "나의 하나님이여 내가 주의 뜻 행하기를 즐기오니"(시 40:8)라고 말씀하셨습니다. 하나님의 뜻으로 말미암아 우리는 거룩하게 되고 그럼으로써 우리는 그의 뜻을 행할 수 있게 됩니다. 이제 하나님을 섬기기에 적합하게 되고, 하나님이 사용할 수 있는 그릇이 되며, 하나님이 쓰시기에 적절한 도구가 되는 것은 모든 그리스도인의 마음속에서 불타는 큰 열망입니다. 우리는 비록 미약하고 연약하지만 그러나 불결한 자가 되지 않기를 간절히 열망합니다. 본래 우리의 자연적인 능력으로는 하나님의 뜻을 행하기에 적합하지 않지만, 그러나 영원한 언약의 피로 씻음을 받음으로써 우리는 적합하게 됩니다. 사랑하는 형제들이여, 하나님을 섬기며 그의 뜻을 행하기에 적합하게 되기를 간구하십시오. 모든 선한 일을 행하기에 충분히 적합하게 되기를 주야로 기도하십시오.

계속해서 바울은 신적 은혜의 내적 역사(役事)를 간구합니다. "그 앞에 즐거운 것을 예수 그리스도로 말미암아 우리 가운데서 이루시기를 원하노라." 내가 모든 것 가운데 가장 열망하는 것은 내 안에 성령의 역사(役事)를 점점 더 분명하고 풍성하게 소유하는 것입니다. 세상에는 껍데기뿐인 신앙이 얼마나 많습니까? 자칫 우리는 그런 것으로 만족하기 쉽습니다. 그러나 결코 그래서는 안 됩니다. 우리는 성령의 임재로 말미암아 우리의 감정이 고양(高揚)되고, 우리의 의지가 순복되며, 우리의 생각이 비췸을 받고, 우리의 본성 전체가 영적으로 변화될 필요가 있습니다. 그 언약의 약속은 바로 이것입니다. "내가 그들 가운데 거하며 두루 행하여 나는 그들의 하나님이 되고 그들은 나의 백성이 되리라"(고후 6:16). 하나님이 '무덤 속에 있는 그리스도' 안에서 행하심으로써 그의 죽은 몸을 다시 살리신 것을 기억하십시오. 하나님은 또한 그리스도를 죽은 자 가운데서 다시 살리실 때 그 안에서 행하셨던 "그의 힘의 위력으로 역사하심을 따라" 우리 안에서 행하셔야만 합니다. 하나님으로 하여금 여러분 안에서 그렇게 행하시도록 간구하십시오. 껍데기뿐인 신앙으로 혹은 아주 작은 분량의 은혜로 만족하지 마십시오. 여러분 안에서 하나님의 에너지가 강력하게 역사하는 것을 느낄 수 있도록 기도하십시오. 죄가 정복되고 은혜가 승리를 거둘 때까지 하나님의 영원한 전능하심이 여러분의 영혼 안에서 강력하게 역사하도록 기도하십시오. 바로 이것이 언약의 축복입니다. 그것을 추구하십시오.

그러나 우리에게는 신적 은혜의 내적 역사뿐만 아니라 또한 외적 역사도 필요합니다. 하나님이 여러분 안에서 자신의 기뻐하는 것을 행하시는 것은 결코 작은 일이 아닙니다. 왜냐하면 온전한 거룩함만이 하나님을 기쁘시게 할 수 있기 때문입니다. 바울은 우리가 모든 선한 일을 행하기에 적합하게 해 달라고 기도했습니다. 그는 우리가 모든 선한 일을 행할 수 있는 '다방면으로 능한 사람'이 되기를 기원합니다. 마치 예수 그리스도가 그랬던 것처럼 말입니다. 또 그는 우리가 어떤 장소에서든 혹은 어떤 위치에서든 적합하며 자격을 갖춘 사람이 되기를 바랍니다. 예수 그리스도가 죽은 자 가운데서 일어나셨을 때, 그는 사람들에게 보였습니다. 단지 그 안에서 생동하는 비밀이 있었을 뿐만 아니라 또한 밖으로 드러나는 생명이 있었습니다. 그는 천사들과 사람들에게 보였습니다. 그는 어느 정도 기간 동안 이 땅에서 사셨으며, 사람들의 눈에 주목되고 관찰되고 보였습니다. 그러므로 사랑하는 형제들이여, 우리 안에 우리가 느끼는 내적 부활뿐만 아니라 또한 겉으로 드러나는 새로운 생명의 활력이 있어야만 합니다. 우리는 우리 주님의 부활의 능력을 알아야 합니다. 그리고 그것을 우리 삶의 모든 행동 속에서 나타내야 합니다. 부디 하나님이 우리를 이렇게 이끄시기를 기원합니다! 시간이 많지 않으므로 이 부분을 길게 다루지는 않겠습니다. 다만 여러분이 그 모든 것을 경험으로 알기를 바랍니다.

계속해서 언약의 축복의 완전성을 주목하십시오. 예수 그리스도는 본래 그가 계셨던 자리로 충분하게 회복되었으며, 피 흘림에도 불구하고 자신의 위엄과 능력을 조금도 잃지 않고 도리어 지극히 높이 승귀(昇貴)되셨습니다. 그와 마찬가지로 하나님의 계획은 아담의 처음 모습처럼 우리를 정결하며 거룩하게 만들고, 우리의 성품에다가 사랑의 힘과 경건의 능력과 완전한 자기희생의 열정을 더하는 것입니다. 만일 우리가 범죄하고 사함을 받지 않았다면 결코 있지 않았을, 그리고 우리를 사랑하사 우리를 위해 자신을 주신 자가 없었다면 우리가 결코 배울 수 없었을 그러한 것을 말입니다. 하나님의 계획은 우리를 우주의 왕족(王族)이나 혹은 여러분이 원한다면 만군의 여호와를 호위하는 자들로 만드는 것입니다. 하나님은 '당신 옆에서, 당신과 가까이 하며, 뜨거운 사랑으로 당신을 경배하는' 무리를 이루시기를 원하십니다. 하나님은 그들을 자신과 비슷하게 만드실 것입니다. 그리고 그들을 신적 본성에 참예하면서도 최고로 순종하는 종들로 만드실 것입니다. 그들은 완전하게 자유롭게 행동하면서도 동시에 생각이나 말이나 행동에 있어 온전히 순종하는 자들이 될 것입니다. 이것이 하나님의 계획이며, 하나님은 지금도 계속해서 그 일을 이루고 계십니다. 그는 우리의 큰 죄들을 용서하고 계십니다. 그는 우리에게 큰 축복들을 주시고 계십니다. 그는 우리를 그의 사랑하는 아들과 더불어 하나로 만들고 계십니다. 그리고 그가 우리를 우리의 영적 죽음의 수의(壽衣)로부터 온전히 자유롭게 하셨을 때, 그는 우리를 예수께서 계신 곳까지 부를 것이며 우리는 모든 것을 능가하는 최고의 사랑과 경배로써 그를 섬길 것입니다. 천사들은 우리만큼 사랑할 수 없습니다. 왜냐하면 그들은 구속의 은혜와 죽으심의 사랑을 결코 맛보지 못했기 때문입니다. 이러한 최고의 사랑과 헌신이 하나님의 목표입니다. 하나님이 주 예수를 죽은 자 가운데서 이끌어 내신 것은 단지 그로 하여금 평범한 삶을 살도록 하기 위한 것이 아니었습니다. 하나님이 주 예수를 지극히 높인 것은 그로 하여금 교회의 머리가 되며 만물을 그의 발 아래 있게 하기 위함이었습니다. 이것은 그리스도인들에게 있어서도 마찬가지입니다. 그들에게 예비된 것은 너무도 놀랍고 신비하며 장엄합니다. 하나님은 단순히 그들을 자연적인 사망으로부터 보통 수준의 도덕성으로 건져내지 않았습니다. 그들에게 운명지워진 것은 단순히 사람들에 의해 칭송받는 박애주의자 훨씬 이상의 것입니다. 그들은 천사들과 정사들과 권세들에게 자신들의 인격 안에서 나타나는 하나님의 놀라운 은혜를 보여주어야 합니다.

제비는 광활한 창공 가운데 단지 자기가 기뻐하는 일부의 공간만을 날아갈 뿐입니다. 그와 같이 나는 지금 본문의 무궁무진한 의미 가운데 단지 아주 작은 일부만을 건드렸을 뿐입니다.

### 5. 다섯째로, 마침내 바울의 기도는
### 언약의 영광송과 함께 마무리됩니다.

"영광이 그에게 세세무궁토록 있을지어다 아멘." 만일 세상에 있는 어떤 것이 사람으로 하여금 그의 하나님을 찬미하도록 만들 수 있다면, 그것은 언약과 자신이 그 안에 있음을 아는 지식일 것입니다. 나는 잠시 설교를 멈추고 여러분에게 언약 안에 있는 하나님의 사랑을 생각해 볼 것을 권유하고 싶습니다. 그것은 여러분 모두에게 속하지 않습니다. 그리스도는 모든 사람의 목자가 아닙니다. 그는 오직 양들의 목자일 뿐입니다. 그는 모든 인류를 위한 언약 안으로 들어가지 않았습니다. 그는 오직 자기 양들을 위한 언약 안으로 들어갔을 뿐입니다. 만일 당신이 그를 믿는다면, 그 언약은 당신을 위한 언약이 됩니다. 그러나 만일 당신이 그를 배척한다면, 당신은 그 언약에 참여할 수 없습니다. 왜냐하면 당신은 당신을 정죄하는 행위언약 아래 있기 때문입니다. 그렇지만 형제여, 잠시 앉아 이토록 큰 긍휼을 생각해 보십시오. 당신의 하나님, 영원한 아버지는 당신을 위해 그리스도와 더불어 거룩한 언약을 맺으셨습니다. 그는 당신을 구원하시고, 지키시고, 거룩하게 만드실 것입니다. 그는 당신을 구원하셨습니다. 그는 이미 당신 안에서 그 언약의 큰 부분을 이행하셨습니다. 왜냐하면 그는 당신을 생명의 길 위에 세우셨을 뿐만 아니라 또한 오늘 이 자리까지 지키셨기 때문입니다. 만일 당신이 정말로 그의 것이라면, 그는 당신을 끝까지 지킬 것입니다. 하나님은 시작은 했으나 끝마치지 못하는 어리석은 건축자가 아닙니다. 그는 자신의 계획을 이루기 시작했다가 도중에 포기하지 않습니다. 그는 자신의 일을 계속해서 진행시킬 것입니다. 그 일이 당신 안에서 완성될 때까지 말입니다. 당신은 기꺼이 그것을 믿을 수 있습니까? 하나님은 사망 아래 있는 보잘것없는 당신과 더불어 영원한 언약을 맺으셨습니다. 본문의 영광송처럼 "영광이 그에게 세세무궁토록 있을지어다"라고 외치지 않으렵니까? 임종의 자리에서 다윗이 말했던 것과 똑같이 여러분도 말할 수 있습니다. "내 집이 하나님 앞에 이 같지 아니하냐 하나님이 나와 더불어 영원한 언약을 세우사 만사에 구비하고 견고하게 하셨으니 나의 모든 구원과 나의 모든 소원을 어찌 이루지 아니하시랴"(삼하 23:5). 이러한 말과 더불어 나는 여러분이 "영광이 그에게 세세무궁토록 있을지어다"라고 덧붙일 것을 확신합니다.

또 우리 하나님은 배타적인 영광을 받기에 합당하십니다. 언약신학은 오직 하나님께만 영광을 돌립니다. 우리 가운데 사람을 높이는 신학들이 많이 있습니다. 그러한 신학들은 구원에 있어 사람의 역할을 강조합니다. 그럼으로써 사람들로 하여금 "나는 훌륭하게 해냈어!"라고 말할 수 있는 근거를 남깁니다. 그러나 언약신학은 사람을 제쳐둡니다. 그것은 사람을 단지 '빚진 자'와 '받는 자'로 만들 뿐입니다. 그것은 사람을 이를테면 무한한 은혜와 긍휼의 바닷속으로 던집니다. 그리고 그것은 사람으로 하여금 모든 자랑을 포기하도록 만듭니다. 그것은 사람으로 하여금 자랑하는 입을 막습니다. 그리고 그 입을 무한한 사랑으로 채움으로써 더 이상 헛된 영광을 말할 수 없도록 만듭니다. 언약으로 말미암아 구원받은 사람은 모든 영광을 하나님의 거룩한 이름에 돌릴 수밖에 없습니다. 왜냐하면 모든 영광은 오직 하나님께만 속하기 때문입니다. 언약으로 말미암아 이루어진 구원 안에서, 하나님은 배타적인 영광을 받기에 합당합니다.

하나님은 또한 끝없는 영광을 갖습니다. "영광이 그에게 세세무궁토록 있을지어다." 사랑하는 형제들이여, 여러분은 하나님의 긍휼의 언약으로 인해 그에게 작은 영광을 돌렸습니까? 가서 계속해서 그를 영화롭게 하십시오. 여러분은 젊었을 때 하나님을 잘 섬겼습니까? 불행하게도 그렇지 못했습니까? 그렇다면 지금 그를 더 잘 섬기십시오. 여러분 자신을 하나님을 영화롭게 하는 일에 던지십시오. 여러분을 구원하는 일은 여러분의 것이 아닙니다. 예수께서 이미 모든 것을 이루셨습니다. 여러분은 이렇게 노래할 수 있습니다.

> "나에게 지켜야만 하는 의무가 있으니
> 그것은 하나님을 영화롭게 하는 일이로다!"

그러나 여러분은 결코 다음과 같이 덧붙일 필요는 없을 것입니다.

> "내가 어떻게 나의 영혼을 구원하고
> 그것을 하늘에 적합하게 만들 수 있을꼬?"

왜냐하면 여러분의 영혼은 이미 구원을 받았기 때문입니다. "하나님이 우리를 구원하사 거룩하신 소명으로 부르심은 우리의 행위대로 하심이 아니요 오직 자기의 뜻과 영원 전부터 그리스도 예수 안에서 우리에게 주신 은혜대로 하심이라"(딤후 1:9). 또 여러분은 영원한 언약의 피로 하늘에 적합하게 되었습니다. 왜 냐하면 바울이 "우리로 하여금 빛 가운데서 성도의 기업의 부분을 얻기에 합당 하게 하신 아버지께 감사하게 하시기를 원하노라"(골 1:12)라고 말하기 때문입 니다. 이제 여러분이 해야 하는 모든 것은, 여러분을 구원하시고 여러분의 발을 반석 위에 세우시고 여러분의 발걸음을 지키시는 하나님을 영화롭게 하는 일입 니다. 자, 모든 힘을 다해 하나님을 영화롭게 하는 일을 행하십시오. 사랑하는 형 제들이여, 여러분은 나이가 들어 흰머리가 늘어가고 있습니까? 그러나 지금 여 러분은 지나간 세월 이상으로 하나님을 영화롭게 해야 합니다. 머지않아 여러분 은 하늘로 올려져 산 자들의 땅에 있게 될 것입니다. 여러분이 이 땅에 머물 시간 은 그리 많이 남지 않았습니다. 더 이상 여러분의 구주를 빈약한 분량으로 영화 롭게 하지 마십시오. 그렇게 하다가 하늘로 간다면, 그것이 어떻게 하나님을 기 쁘시게 하는 일이 될 수 있겠습니까? 하나님의 놀라운 사랑에 대한 나의 감사를 어떻게 표현할 수 있겠습니까? 나의 모든 힘을 다하여도 결코 충분하게 표현할 수 없을 것입니다. 나는 옛 시인이 다음과 같이 노래한 것에 대해 조금도 놀라지 않습니다.

> "그분께 절반의 찬미만 드릴지라도
> 영원의 시간조차 나에게 너무나 짧도다."

사람들은 이러한 표현에 대해 허물을 찾으면서 그것을 과장이라고 말합니 다. 여러분은 시인들의 말을 어떻게 받아들입니까? 과장법은 그들에게 허용될 수 있는 것이 아닙니까? 그러나 나는 이것이 결코 과장이 아니라고 항변합니다. 왜냐하면 영원의 시간조차도 무한하신 여호와를 찬미하기에 결코 충분하지 않 기 때문입니다.

> "우리의 크신 구주를 어떻게 찬미할꼬?
> 천 개의 입술로 노래할지라도 부족하리로다."

"다윗의 하나님과 맺은 언약"은 우리의 모든 노래들 가운데 가장 아름다운 곡조가 될 것입니다. 양들의 큰 목자와 더불어 맺은 언약으로 말미암아 모든 양들이 보존되고, 지켜지며, 영원한 영광의 푸른 초장으로 인도됩니다. 우리는 장차 하늘에서 언약의 사랑에 대해 노래할 것입니다. "어린 양의 피로 인친 언약"은 이 땅에서의 우리의 마지막 노래가 될 것이며, 낙원에서의 우리의 첫 번째 노래가 될 것입니다. 그리스도의 사역자들은 이러한 언약의 교리를 영국 전체에 계속해서 전파해야 합니다. 두 언약을 이해하는 사람은 신학의 핵심을 발견한 것입니다. 그러나 언약에 대해 알지 못하는 사람은 그리스도의 복음에 대해 아무것도 알지 못하는 것이나 마찬가지입니다. 어떤 사람들은 구원이 전적으로 행위에 달려 있으며, 사람이 구원받은 여부는 여전히 불확실하며, 그것은 여전히 "아마도"(perhaps)와 "만일"(ifs)과 "그러나"(buts)의 문제일 뿐이라고 가르칩니다. 그들에게 그리스도의 피라든지, 하나님의 약속이라든지, 하나님의 목적이라든지, 하나님의 뜻 등의 말을 해 보십시오. 그들은 당장 여러분을 칼빈주의자로 부를 것입니다. 그게 도대체 무슨 말입니까? 이러한 교리는 칼빈이 태어나기 전에도 또 그가 생각하기 전에도 이미 사실이었습니다. 칼빈은 우리처럼 그러한 교리를 사랑했지만 그러나 그것은 그로부터 나온 것이 아니었습니다. 바울이 오래 전에 그것을 가르쳤습니다. 아니, 성령이 하나님의 말씀 가운데 그것을 우리에게 가르치셨습니다. 그러므로 우리는 그것을 붙잡습니다. 이러한 하나님의 진리를 다시금 전면에 앞세우는 것은 교회를 위해 매우 큰 일이 될 것입니다. 이러한 대포(大砲)로부터 발사된 포탄으로 하나님은 교황과 그의 수하들을 산산조각 낼 것입니다. 다른 어떤 교리도 그렇게 하지 못할 것입니다. 또 하나님의 은혜로 말미암아 우리는 이러한 교리를 전파할 뿐만 아니라 또한 그것에 의해 살아야 합니다. 양들의 큰 목자이신 우리 주 예수를 영원한 언약의 피로 죽은 자 가운데서 이끌어 내신 하나님이 여러분을 모든 선한 일에 온전하게 하사 그의 뜻을 행하게 하시기를 기원합니다. 그러면 하나님은 그 언약을 통해, 또 여러분을 통해 지금과 또 영원히 영광을 받으실 것입니다. 아멘! 아멘!

● **독자 여러분들께 알립니다!**
  '**CH북스**'는 기존 '**크리스천다이제스트**'의 영문명 앞 2글자와
  도서를 의미하는 '**북스**'를 결합한 출판사의 새로운 이름입니다.

스펄전 설교전집 32

# 히브리서

**1판 1쇄 발행** 2012년 5월 25일
**1판 중쇄 발행** 2023년 4월 1일

**발행인** 박명곤   **CEO** 박지성   **CFO** 김영은
**기획편집** 채대광, 김준원, 박일귀, 이승미, 이은빈, 이지은, 성도원
**디자인** 구경표, 임지선
**마케팅** 임우열, 김은지, 이호, 최고은
**펴낸곳** CH북스
**출판등록** 제406-1999-000038호
**전화** 070-4917-2074   **팩스** 0303-3444-2136
**주소** 서울시 강서구 마곡중앙6로 40, 장흥빌딩 10층
**홈페이지** www.hdjisung.com   **이메일** main@hdjisung.com
**제작처** 영신사

ⓒ CH북스 2012